böhlau

Michael Gehler

Deutschland

Von der geteilten Nation zur gespaltenen Gesellschaft
1945 bis heute

Böhlau Verlag Wien Köln Weimar

Bibliografische Information der Deutschen Nationalbibliothek:
Die Deutsche Nationalbibliothek verzeichnet diese Publikation in der Deutschen Nationalbibliografie; detaillierte bibliografische Daten sind im Internet über https://dnb.de abrufbar.

Umschlagabbildung: Birgit Kinder/Alamy: Trabi, East Side Gallery, Mühlenstraße, Berlin

Satz: SchwabScantechnik, Göttingen
Druck und Bindung: ⊕ Hubert & Co. BuchPartner, Göttingen
Printed in the EU

Vandenhoeck & Ruprecht Verlage | www.vandenhoeck-ruprecht-verlage.com

ISBN 978-3-412-51786-1

Inhalt

Vorwort

Blickt man zurück auf die deutsche Geschichte, so trifft der Titel des Buchs »Achterbahn« von Ian Kershaw zur Geschichte Europas gleichermaßen auch für die Geschichte Deutschlands im 20. Jahrhundert voll und ganz zu. Es erlebte das Ende einer Monarchie, einer Republik und von zwei totalitären Diktaturen. Mit dieser Erfahrung des Zusammenbruchs von vier staatlichen Systemen (1918, 1933, 1945 und 1989/90) musste man umgehen lernen.

Nach der Diktatur der ideologischen Verführung, Vernichtung und Zustimmung des Nationalsozialismus (1933–1945) folgte mit der DDR eine Diktatur der weltanschaulichen Erziehung, Unterdrückung und Überwachung (1949–1989).

In Anlehnung an das autobiographische Werk von Fritz Stern »Fünf Deutschland und ein Leben«, der ausgehend von seinen Erlebnissen in der Weimarer Republik, im »Dritten Reich«, in der DDR, der Bundesrepublik und der Berliner Republik seine Erinnerungen verfasst hat, handelt dieses Buch von drei deutsche Staaten: der BRD von 1949–1990, der DDR im gleichen Zeitraum und der Berliner Republik im Zuge der deutschen Vereinigung.

Allein die Geschichte nach 1945 bietet schon reichlich Stoff für drei deutsche Staaten. Zudem fragt sich nicht nur, wann die Berliner Republik, so ein Buchtitel von Manfred Görtemaker, im Bewusstsein der Menschen eingesetzt und im Denken der Politik eigentlich begonnen hat, sondern inwieweit nach 1945, 1955 und 1989/90 oder auch mit dem Jahr 2015 und der »Flüchtlingskrise« eine weitere Zäsur für eine anders gewordene deutsche Republik gegeben ist.

Aspekte der Innen-, Außen-, Sozial-, Kultur-, Medien-, Industrie-, Technik-, Sport-, Wirtschafts- und Wissenschaftspolitik werden in beiden deutschen Staaten vor 1990 gleichermaßen behandelt, weil es zu lange eine selektive Geschichtsschreibung zu jeweils einem der deutschen Staaten ohne größere Bezugnahme auf den anderen gegeben hat.

Die BRD und die DDR blieben trotz der Auseinanderentwicklung ihrer Gesellschaften und der Entfremdung der Menschen sowie trotz ideologischer Gegensätzlichkeit, politischer Konfrontation der Regime und territorialer Teilung aufeinander bezogen. Mehr noch waren sie voneinander abhängig, bedingt durch die über vier Jahrzehnte währende, verbissen ausgetragene Systemkonkurrenz des doppelten Deutschland (Udo Wengst/Hermann Wentker).

Jeweils der eine Staat wollte den anderen ausstechen, übertrumpfen und sich als der bessere und überlegene erweisen. Permanente Bezogenheit und strukturelle Abhängigkeit beherrschten die Beziehungen. Dieser Dauerzustand hat sich auf die jeweiligen Geschichtsbetrachtungen beiderseits der Elbe ausgewirkt und wirkt in der wechselseitigen Wahrnehmung und Selbstwahrnehmung der Deutschen in Ost wie West bis heute nach.

Hinzu kommt eine weitere Herausforderung: Die Geschichte der Bundesrepublik wurde von der westdeutschen Historiographie weitgehend als Geschichte des ›besseren‹ Deutschlands dargestellt, eines Deutschlands, das als Sieger aus der innerdeutschen Auseinandersetzung hervorgegangen war. Diese Dichotomie von Erfolg und Misserfolg, also die binäre Opposition von ›Gewinnern‹ und ›Verlierern‹ begegnet einem immer noch in vielen Darstellungen. Sie wird die Geschichtsschreibung nicht weiterbringen, zumal wenn sie sich betont einseitig mit Defiziten, Mängeln und Schwächen nur einer Seite befasst, ohne ebenso auf die der anderen Seite einzugehen, um ein einigermaßen ausgewogenes Bild zu zeichnen.

Es reicht bei einer Gesamtbetrachtung auch nicht aus, die beiden deutschen Staaten nur nebeneinander und gegenüberzustellen, denn Deutschland von 1945/49 bis 1990 war mehr als nur die Summe seiner Einzelteile. Es gilt daher, beide Staaten nach gleichen Kriterien zu betrachten und sie nach den gleichen Maßstäben zu beurteilen, nicht lediglich allein aus westlicher oder nur aus östlicher Sicht, sondern aus der Perspektive eines auktorialen Erzählers mit gebührendem Abstand und der Identifizierung von Analogien, Parallelen, Übergängen und Überlappungen.

Eine mittlere und neuere Historiker-Generation, wie beispielsweise Frank Bösch, Stefan Creuzberger, Dominik Geppert oder Dierk Hoffmann fragte sich schon, wie die Geschichte einer gespaltenen Nation zwischen 1945 und 1990 zu schreiben ist, die als »geteilte Geschichte« (Frank Bösch) schon zu schreiben begonnen worden ist. Die Diskussion ist bereits im Gange und zeigt, welche Lücken und Versäumnisse die jeweiligen ›Separat-Historiographien‹ der Teilstaaten hinterlassen haben.

Dieses Buch ist eine ausgeweitete Fortschreibung von »Deutschland. Von der Teilung zur Einigung 1945 bis heute«, das in der Darstellung 2009 endete. Neue Kapitel sind zu den bereits genannten Themenfeldern (Kultur, Literatur, Medien, Industrie, Technik, Sport und Unterhaltung etc.) hinzugekommen. Inzwischen ist nicht nur ein ereignisreiches Jahrzehnt vergangen, das es neu zu erzählen gilt, sondern auch eine Reihe neuester Forschungsliteratur erschienen, die zu berücksichtigen war.

Die »Berliner Republik«, so Manfred Görtemaker, musste als Zentralmacht Europas ihrer Verantwortung im Zeichen wiederkehrender Herausforderungen (Kosovo-Krise, »Euro«-Krise, »Flüchtlingskrise«, Ukraine-Krise, »Brexit«-Krise, Klimakrise und zuletzt die Corona-Krise) gerecht werden. Sie wurde aber auch im Wege ihres Krisenmanagements, v.a. im Rahmen der EU, zunehmend kritisiert und dabei die Rolle von Bundeskanzlerin Merkel hinterfragt. Die veränderte parteipolitische Landschaft mit dem Aufschwung der Grünen und dem Einzug der populistisch-rechtsbürgerlichen Protestwählerpartei »Alternative für Deutschland« (AfD) in den Bundestag war einzuarbeiten und die ausklingende Ära Merkel zu bilanzieren.

Die Jahre ab 2015 in Deutschland sind von einer veränderten innenpolitischen Entwicklung gekennzeichnet gewesen. Das noch junge Selbstverständnis von einer

›Einwanderungsgesellschaft‹ war starken Spannungen ausgesetzt und hat Risse erhalten. Neue politische Bewegungen und eine immer hemmungsloser gewordene Kommunikationsgesellschaft jenseits der öffentlich-rechtlichen Medien haben das gesellschaftliche Klima radikalisiert sowie das klassische politische System der Volksparteien (CDU/CSU und SPD) heftig auseinandergewirbelt und bereits erodieren lassen.
Die verschiedenen Koalitionsregierungen waren und sind mit einer Fülle kaum mehr zu bewältigender Herausforderungen und zahlreicher noch ungelöster Zukunftsaufgaben (Altersversorgung, Digitalisierung, Energiewende, Gesundheitssystem. Klimawandel, Migration, Verkehrsinfrastruktur und Wohnraumfrage) konfrontiert gewesen. Sie brachten sie an die Grenzen ihrer Handlungsfähigkeit und Problemlösungskapazität. Nicht zuletzt deshalb ist seit der staatlichen Einheit Deutschlands Gesellschaft und Politik in der Beurteilung dieser Zukunftsfragen gespaltener denn je, zumal die Folgen der politischen Entscheidungen nicht abschätzbar sind.
Die Große Koalition befand sich mehrfach in einer tiefgehenden Krise. Das führte bereits zu geschwächter deutscher Führungsfähigkeit in der EU. Die Corona-Krise stellte sie vor ungeahnte existentielle Herausforderungen, zumal es um die Gesundheit der Bevölkerung, die Wirtschaft des Landes und die rechtsstaatliche Verfassung ging. Die Große Koalition wuchs angesichts dieser Pandemie über sich hinaus und gewann zunehmend öffentliche Anerkennung zurück.
Autor und Verlag dieses Buches haben sich aus all den genannten Gründen und Überlegungen für ein neues Buch der Geschichte Deutschlands von der geteilten Nation zur gespaltenen Gesellschaft entschieden, zumal die Folgen der deutschen Einigung nach wie vor nicht ausdiskutiert, verarbeitet und immer noch ein kontroverses öffentliches Thema sind.
Ohne die weiter fortwirkende Geschichte der zwei deutschen Staaten – die DDR ist in den Köpfen der mittleren und älteren Generation der Ostdeutschen nach wie vor sehr präsent – in die Gegenwartsbetrachtung miteinzubeziehen, ist Deutschland 30 Jahre nach der »Wiedervereinigung« kaum zu verstehen.
In Form von Kästen werden Kurzbiographien von zentralen politischen Akteuren wie Konrad Adenauer, Walter Ulbricht, Helmut Schmidt, Erich Honecker, Helmut Kohl, Joschka Fischer, Angela Merkel und Wolfgang Schäuble geboten. Eine andere Form von Kästen betreffen historische Ereignisse wie Ulbrichts Dementi des Mauerbaus 1961, Brandts Kniefall in Warschau 1970, Honeckers Besuch in der Bundesrepublik 1987, Schabowskis berühmte Pressekonferenz am 9. November 1989 oder Merkels »Wir schaffen das!« 2015.
Herrn Dr. Otto May/Hildesheim danke ich für postalische Dokumente wie Ersttagsbriefe aus seiner Sammlung. Frank Binkowski hat mich bei der Durchsicht der Kapitel und der Fertigstellung der neuen Kapitel mit Informationen und Material unterstützt. Vom Verlag hat mich Dr. Victor Wang mit Rat und Tat begleitet. Frau Katrin Reineke hat vielfältige Wünsche zu den Grafiken sorgfältig und umsichtig umgesetzt. Frau Löw hat die aktuellen Kapitel Korrektur gelesen. Sie und Herr Binkowski waren auch bei der Umbruchkorrektur im Einsatz. Ihnen allen gebührt mein außerordentlicher Dank.

Für alle verbliebenen Fehler und Unzulänglichkeiten bin ich allein verantwortlich. Es sei das Buch insbesondere Leserinnen und Lesern gewidmet, die sich der Thematik nicht allein aus einer westdeutschen oder ostdeutschen Perspektive nähern, sondern sich um eine ausgewogene, neutrale und objektive Sicht bemühen, unvoreingenommen und unabhängig vom Ausgang der Geschichte die Entwicklung der deutschen Staaten angemessen, aber auch kritisch betrachtet sehen wollen.

Michael Gehler   Hildesheim, Mai 2020

PS: Nach Manuskriptabschluss erschien Edgar Wolfrums Buch »Der Aufsteiger. Eine Geschichte Deutschlands von 1990 bis heute«. Vorliegendes Buch lässt eine solche Rollenzuschreibung nicht zu. Trotz des Zuwachses bei Bevölkerungszahl und Gebietsstand sowie gesteigerter Ausfuhr (bei eigenem Wertschöpfungsverlust der Exportgüter), positiver Leistungsbilanz, ökonomischen Wachstums und gestiegener Wirtschaftsleistung stehen diesen andere Befunde entgegen: Das Land ringt seit 1990 mit dem inneren Zusammenhalt. Es ist ideologisch, gesellschaftlich, politisch und innerparteilich gespalten, ja 2020 zerrissener denn je. Das war seiner Position der Stärke abträglich. Ohne Deutschland wären zwar weder der Euro (2002) noch die EU-Osterweiterung (2004) so schnell gekommen, doch seit der Banken- und Finanzkrise (2010) ist es in der EU angefochten. Seit der »Flüchtlingskrise« (2015) angeschlagen, konnte sich Deutschland unter den EU-27 nicht mehr behaupten. Es hat zur Nord-Süd- und Ost-West-Spaltung der Union in der Euro- bzw. Migrationsfrage mitbeigetragen und sich damit selbst geschwächt sowie den »Brexit« nicht verhindern können. In der Bewältigung der Corona-Krise setzte sich Berlin auch gemeinsam mit Paris gegen EU-Klein- und Mittelstaaten nicht durch. Seit einer Dekade im europa-, integrations- und innenpolitischen Krisenmodus, reicht für die Bändigung der Zentrifugalkräfte in der EU und die Sicherung ihres Zusammenhalts sowie die Verhinderung des Auseinanderdriftens und des Niedergangs des Westens die Kraft nicht mehr aus. Betrachtet man die innerdeutsche Lage stichwortartig und alphabetisch durchdekliniert bezüglich Bahn, Bildung, Bundeswehr, Chancengleichheit, Demokratieschutz, Digitalisierung, Einwanderer-Integration, Energie, Frauenquote, Gleichstellung, Klima, Pflege, Umwelt, Verkehrsinfrastruktur und Wohnraum fragt sich, worin der deutsche Aufstieg besteht. Herfried und Marina Münklers Buch »Abschied vom Abstieg. Eine Agenda für Deutschland« (2019) bringt diese Zustände realistisch und ungeschönt auf den Punkt. Die Sicherung des Bestehenden, sprich Status quo-Wahrung und Verhinderung weiteren Abstiegs, sind für Deutschland und die EU Herausforderung und Aufgabe genug.

1. Deutschland-Frage und zwei deutsche Staaten (1945/49–1961)

1.1 »Germany first«: Die European Advisory Commission (EAC) 1943–45

Der Versuch Adolf Hitlers, mit dem Krieg gegen Polen 1939 und dem Angriff auf die Sowjetunion 1941, »Lebensraum« für das deutsche Volk zu erobern und ein »Großgermanisches Reich« zu schaffen, war aufgrund der gemeinsamen Anstrengungen der Alliierten gescheitert. Bis ins Jahr 1943 gab es allerdings zwischen den drei Hauptverbündeten der Anti-Hitler-Koalition, Großbritannien, der UdSSR und der USA weder eine Vereinbarung noch eine Koordination in der Frage, was nach einem Sieg geschehen sollte. Mit der nach Stalingrad sich abzeichnenden Niederlage der Deutschen Wehrmacht verzahnte sich die Nachkriegsplanung der Alliierten ab Herbst und Winter 1943 stärker.

Die Moskauer Außenministerkonferenz vom 19. Oktober bis 1. November beschloss die Bildung einer gemeinsamen Beratenden Kommission, der European Advisory Commission (EAC). Vom 15. Dezember 1943 bis zur Beendigung ihrer Tätigkeit am 2. August 1945 – ihre Aufgaben wurden vom Alliierten Kontrollrat sowie vom Rat der Außenminister der Vier Mächte übernommen – konzipierte die EAC vier zentrale Dokumente: *erstens* den Entwurf einer Kapitulationserklärung (25. Juli 1944), *zweitens* ein Abkommen der Drei Mächte über die Besatzungszonen und die Verwaltung »Groß-Berlins« (12. September 1944), *drittens* den Kontrollapparat (14. November 1944) sowie *viertens* die Deklaration der Vier Mächte hinsichtlich der Niederlage der Deutschen und der Übernahme der Regierungsgewalt in Deutschland (5. Juni 1945). Außer mit Deutschland beschäftigte sich die EAC nur mit Bulgarien und Österreich. Es waren die Briten, die im Rahmen der EAC am ehesten »europäisch« dachten und auch das stärkste Interesse an ihrem Fortbestand hatten. Das Allied Consultation Committee (ACC), das am 18. Dezember 1944 seine erste Sitzung abhielt, nahm Zusammenfassungen der Vorschläge der »minor allies« vor, die in der EAC jedoch kaum Beachtung fanden. Die britische Regierung informierte vertraulich ihre Dominions über die Beratungen und behandelte das französische nationale Befreiungskomitee (CFLN) privilegiert.

Die übrigen in London ansässigen europäischen Exilregierungen wurden insgesamt nur oberflächlich und mit geringem Zeitvorsprung vor der Öffentlichkeit über die Resultate der EAC informiert. Die Behandlung der übrigen Verbündeten als »minor allies« machte deutlich, dass für die USA und die UdSSR die Europäer nur ein »minor factor« waren. Wenngleich die Arbeiten der EAC nur langsam vorangingen, war ihr Ergebnis beachtlich.

Mit den Vereinbarungen über die Kontrollprozeduren und die Festlegung der Besatzungszonen in Deutschland und Österreich (eingeschlossen Berlin und Wien) hatte sie entscheidende Vorarbeit für die zukünftige Vier-Mächte-Verwaltung in beiden Ländern geleistet. Das »dismemberment of Germany« (»Zerstückelung Deutschlands«) fand aufgrund unterschiedlicher Überlegungen der »Großen Drei« keinen Konsens. Die EAC erzielte daher nur Minimalkompromisse, während in den Grundsatzfragen vieles offenblieb, woran auch der Alliierte Kontrollrat in Berlin scheitern sollte.

Die großen Erwartungen, die das britische Außenamt, das Foreign Office, auf die EAC gesetzt hatte, sollten sich nicht erfüllen, zumal diese nie über die Gestaltung Europas in der Nachkriegszeit beriet. Ganz abgesehen davon, dass die EAC mit den Abkommen über die bedingungslose Kapitulation und die Besatzungssysteme Deutschlands hinreichend beschäftigt war, fehlte es den anderen Mitgliedern am politischen Willen dazu. Die Bereitschaft Washingtons und Moskaus fehlte, aus der EAC ein Forum für die Planung der Neuordnung Europas nach dem Ende des Zweiten Weltkrieges zu machen.

1.2 Widersprüchliche Befreiung 1945: Bedingungslose Kapitulation, Bombenkrieg, »Zusammenbruch« und »Stunde Null«?

Ausgehend von der Forderung der Anti-Hitler-Koalition auf der Konferenz von Casablanca vom 14. bis 26. Januar 1943 kapitulierte die Deutsche Wehrmacht am 8./9. Mai 1945 bedingungslos. Bezeichnend war die Unterfertigung von zwei Kapitulationsurkunden: in Reims gegenüber den westlichen und in Berlin-Karlshorst gegenüber den sowjetischen Militärs. Millionen deutscher Soldaten waren gefallen. Fast jede Familie war davon betroffen.

Das Ende der NS-Herrschaft ging mit der militärischen Besetzung des Deutschen Reichs durch alliierte Truppen einher. Die Sieger und die von der NS-Diktatur unterdrückten und verfolgten Opfer in den Konzentrationslagern empfanden die Niederringung des Hitler-Reichs als Befreiung von der NS-Terrorherrschaft und sprachen darüber auch vollkommen zu Recht so. Als »Befreiung« sah dies aber die Mehrheit der Deutschen nicht unbedingt so. Angesichts des völligen staatlichen Zusammenbruchs herrschte eine gedrückte Stimmung, gleichwohl das Ende des Krieges mit Erleichterung aufgenommen wurde, den die Deutschen durch den amerikanisch-britisch-kanadischen Luftkrieg mit Flächenbombardements in den Städten sowohl als individuelle als auch als kollektive Katastrophe, d. h. als entbehrungsreich und leidvoll erlebt hatten. Mehr als 500.000 Zivilisten fanden dabei den Tod. Am schlimmsten traf es Hamburg, als in einer Woche bis zu 40.000 Menschen umkamen.

Viele deutsche Städte wurden noch in den letzten Kriegswochen in Schutt und Asche gelegt. Nicht nur große, sondern auch mittlere und kleinere Städte waren vom alliierten Bombenkrieg schwer betroffen – viele sind ohne jeglichen militärstrategischen Grund angegriffen und zerstört worden. Das »Nürnberg des Nordens«, das mittelalterliche Städtchen Hildesheim mit seinen vielen Kirchen ging am 22. März 1945 zu fast 90 % im britisch-kanadischen Bombenhagel unter. Über tausend Jahre Stadtgeschichte waren in einem Moment zerstört. »Der Augenblick und die Geschichte« nannte es Manfred Overesch. Besonders schwer traf es auch Dresden, wegen seiner Lage und seiner Kunstschätze das »deutsche Elbflorenz« genannt. Wenige Wochen vor Ende des Kriegs wurde das Gesicht dieser Stadt völlig zerstört. Was war geschehen?

Am 13. Februar 1945 gingen in Dresden um 21.41 Uhr die Alarmsirenen los. Bisher hatte die Stadt nur zwei kleinere Luftangriffe erfahren. Fliegerabwehr (Flak) war kaum vorhanden, da diese zur Panzerbekämpfung an der Ostfront eingesetzt war. Um 22.09 Uhr fielen die ersten Bomben aus 243 schwer beladenen britischen Lancaster-Bombern auf das historische Zentrum der Stadt. Langstreckenjäger Typ »Mosquito« hatten zuvor Leuchtmarkierungen vorgenommen.

Die Angriffe dauerten keine 30 Minuten. Zeit für Rettungsaktionen und Löscharbeit war kaum. Eine neuerliche Welle mit 529 Lancaster-Bombern traf ab 1.22 Uhr wieder die Stadt. Anschließend schien Ruhe zu sein – trügerische Ruhe. Elf Stunden später griffen 311 US-amerikanische B-17 »Flying Fortress« (»Fliegende Festung«) mit jeweils über zwei Tonnen Bomben die wehrlose Stadt an. Mustang-Jäger flogen tief, beschossen mit Bordwaffen Straßen und Plätze. Die bereits nach dem ersten Großangriff ausgefallene große Alarmanlage konnte die Dresdner nicht mehr warnen.

210 B-17-Bomber griffen die Stadt am 15. Februar zum letzten Mal an. Da kaum mehr noch etwas zu zerstören war, fielen die Schäden geringer aus als bei den drei vorherigen Bombardements.

Mehrere Tausend Tonnen Brand- und Sprengbomben wurden abgeworfen, sodass für jedes Haus nahezu ein Zentner Sprengstoff abfiel. Der deutsche Historiker und Publizist Jörg Friedrich sprach in seinem Buch »Der Brand«, welches sich mit dem Luftkrieg gegen Deutschland befasst, im Falle der Bombardements von Dresden und Darmstadt von »Präzisionsvernichtung« und seitens des Alliierten Bomber Command von intendierten »Kolossal-Massakern«.

Diese Art von »Befreiung« war mehr als zwiespältig aufzufassen, zumal sie mit dem Tod zehntausender unschuldiger Zivilisten, dem Verlust von Familienangehörigen sowie der Zerstörung von Hab und Gut verbunden war. Dass die amerikanischer B-39 Bomber den Namen »Liberator« trugen, konnte man vor diesem Hintergrund als zynisch empfinden. Der britische Moralphilosoph und Schriftsteller Anthony C. Grayling bejahte die Frage, ob es sich bei den Flächenbombardements um Kriegsverbrechen handelte. Kriegsvölkerrechtlich sprach zwar nichts gegen diese Art von Kampfführung, sie aber moralisch für verwerflich zu halten, sei schwerlich zu bestreiten.

Das kollektive Gedächtnis des Zerstörungsangriffs gegen Dresden blieb in der Bevölkerung bis zum heutigen Tage wach. Am 15. Februar 1945 war die ausgebrannte

Dresdner Frauenkirche als Folge der Bombenangriffe eingestürzt. Beginnend mit dem Jahr 1946 gab es mehrere erfolglose Wiederaufbaubestrebungen. Seit dem 13. Februar 1982 wurde der Trümmerberg Symbol der Friedensbewegung »Schwerter zu Pflugscharen« in der DDR und Ort des gewaltfreien Protestes. Im November 1989 gründete sich im Zuge der friedlichen Revolution eine Bürgerinitiative für den Wiederaufbau der Dresdner Frauenkirche, aus der 1990 eine »Gesellschaft zur Förderung des Wiederaufbaus der Frauenkirche Dresden e. V.« hervorging. 1992 setzten erste Sicherungs- und Planungsarbeiten ein. Ein Jahr darauf folgte die archäologische Enttrümmerung, die 1994 abgeschlossen wurde, um mit dem Wiederaufbau zu beginnen. 60 Jahre nach Kriegsende war dieser mit der Weihe der Frauenkirche am 30. Oktober 2005 vollendet.
Nicht nur große, sondern auch mittlere und kleinere Städte waren vom Bombenkrieg schwer betroffen. Etwa fünf Millionen Wohnungen waren gänzlich oder stark zerstört (Abb. 1). Die Deutschen lebten in Kellern unter Trümmern, in Baracken oder Behelfswohnungen. Vielfach war die Versorgung mit Strom und Gas zusammengebrochen, Wasser gab es nicht ausreichend. Das Wort »Zusammenbruch« findet seine Erklärung nicht nur mit Blick auf das untergegangene Deutsche Reich und den zerborstenen NS-Staat. Zusammengebrochen und zerstört waren Häuser, Einrichtungen, Verkehrs- und Transportwege, Eisenbahn und Post funktionierten nicht mehr, Behörden und Dienststellen hatten sich aufgelöst.
Die alliierten »Befreier« waren von der Mehrheit der »Volksgenossen« weder herbeigerufen worden, noch war die Besetzung Deutschlands wirklich erwünscht. Es gab Verbote der Verbrüderung (»non-fraternization«) mit den »Befreiten«, die die Art und Weise der Befreiung als zumindest zwiespältig empfanden. Von Freundschaft und Bündnispartnerschaft auf breiter Basis konnte bei Kriegsende und den ersten nachfolgenden Jahren keine Rede sein.
Für viele Deutsche bedeutete das Jahr 1945 einen tiefen persönlichen Einschnitt: Der Nationalsozialismus hatte sich als verbrecherische Bewegung und zerstörerisches System erwiesen. Mitunter war man mitverantwortlich oder gar mitschuldig geworden. Traditionen waren abgeschnitten und Wertvorstellungen erschüttert. »Autorität«, »Führung«, »Fleiß«, »Nation«, »Ruhe« und »Ordnung« hatten bei all ihrer Problematik Werte dargestellt und entsprechende Orientierungen gegeben. Sie schienen nun wertlos, jedenfalls durch Hitler und seine Schergen instrumentalisiert und pervertiert. Die Besetzung des Landes bedeutete für viele Deutsche Angst und Ungewissheit vor der Zukunft. Nicht wenige Herrschaftsträger, Funktionäre sowie Anhänger und Sympathisanten des Nationalsozialismus begingen Selbstmord.
Die Militärokkupation und die unterschiedliche Besatzungspolitik in der sowjetischen Besatzungszone (SBZ) und den westlichen Zonen zogen unterschiedliche Gesellschafts-, Ordnungs-, Sozial- und Wirtschaftssysteme nach sich, die die äußerliche Teilung und die innere Spaltung Deutschlands einleiteten. Weder Hitler, zu dem die Mehrheit der Deutschen bis zuletzt hielten, noch sein Krieg, den viele Deutsche als eine Art »Strafe Gottes« empfanden, sondern die verschiedenen Besatzungs-

Abb. 1: Kriegszerstörungen in den deutschen Städten

praktiken und die gegensätzlichen alliierten Vorstellungen über die zukünftige Regelung der deutschen Frage sollten zu einer geteilten Nation führen.

Auch für viele der Millionen von Flüchtlingen und Vertriebenen aus den deutschen Ostgebieten, die in den Westzonen und der späteren Bundesrepublik unterkamen, musste der Begriff der »Befreiung« zynisch wirken, von der SBZ ganz zu schweigen. Die Men-

schen fühlten sich dort alles andere als »befreit«. Vergewaltigungen, Verhaftungen und Verschleppungen waren in den ersten Monaten nach Kriegsende und zum Teil noch Jahre danach erlebte Alltagserfahrung. Es etablierte sich im neuen Osten Deutschlands eine neue Diktatur, verbunden mit Repression und Terror.
Zunächst galt es, für viele Deutsche die Nöte des Lebensalltags zu meistern. Gemeinsam mit den Militärverwaltungen mussten Transportprobleme gelöst und die Bevölkerung mit Nahrungsmitteln, Brennstoff und Kleidern versorgt werden. Die viel zitierten »Trümmerfrauen« halfen bei der Beseitigung des Bombenschutts und trugen zum Wiederaufbau in den Städten entscheidend mit bei. Verschärft wurde die katastrophale Versorgungslage durch die aus dem Osten eintreffenden Flüchtlinge und von dort Vertriebenen. Der Zwang zum politischen Neuanfang wurde als »Stunde Null« bezeichnet. Tatsächlich gab es sowohl ideologische als auch personelle Kontinuitäten in Verwaltung und Wirtschaft.
Mit der Berliner Erklärung vom 5. Juni 1945 legten nach der bedingungslosen Kapitulation der Wehrmacht die alliierten Hauptsiegermächte des Zweiten Weltkrieges die Prinzipien ihrer Deutschlandpolitik fest, in denen sie die »oberste Regierungsgewalt in Deutschland« übernahmen, womit es jegliche Souveränität verlieren sollte. Die Handlungsspielräume waren damit durch formellen Beschluss der Alliierten auf Null reduziert. Das verstärkte sich noch in den Folgejahren, als die geteilte Nation zum Hauptaktionsfeld des Ost-West-Konflikts in Europa werden sollte, der alsbald eine globale Dimension annahm. Bestimmende Faktoren für die politische Entwicklung Deutschlands waren also die Besatzungsmächte, doch wäre es verfehlt anzunehmen, dass die Deutschen selbst ihr politisches Schicksal nicht in die Hände nehmen und mitentscheiden konnten, wie noch zu zeigen sein wird. Formell und offiziell hatten die Alliierten das eindeutige Sagen. Sie waren verantwortlich und zuständig für Berlin und Deutschland als Ganzes.

1.3 Jalta, Potsdam und die Vertreibung der Deutschen aus dem Osten 1945

Die »Großen Drei« hatten auf der Konferenz von Jalta vom 4. bis 11. Februar 1945 entschieden, Deutschland in Besatzungszonen aufzuteilen. Für die Reichshauptstadt Berlin sollte eine Sektoren-Regelung gelten. Frankreich wurde im Juli als Besatzungsmacht anerkannt und erhielt aus der amerikanischen und der britischen eine eigene Zone im Südwesten sowie einen Sektor im Nordwesten Berlins zugewiesen. Die britische Zone bestand aus dem Nordwesten Deutschlands, die amerikanische aus Bayern sowie Bremen und Bremerhaven. Die UdSSR hatte in ihrer Besatzungszone in Mittel- und Ostdeutschland ohne Absprache mit den Westalliierten das nördliche Ostpreußen unter ihre Verwaltung und das übrige Ostdeutschland jenseits der Oder-Neiße-Linie unter polnische Verwaltung gestellt. Die dort lebenden Deutschen wurden ausgewiesen und vertrieben. Josef W. Stalin schuf damit vollendete Tat-

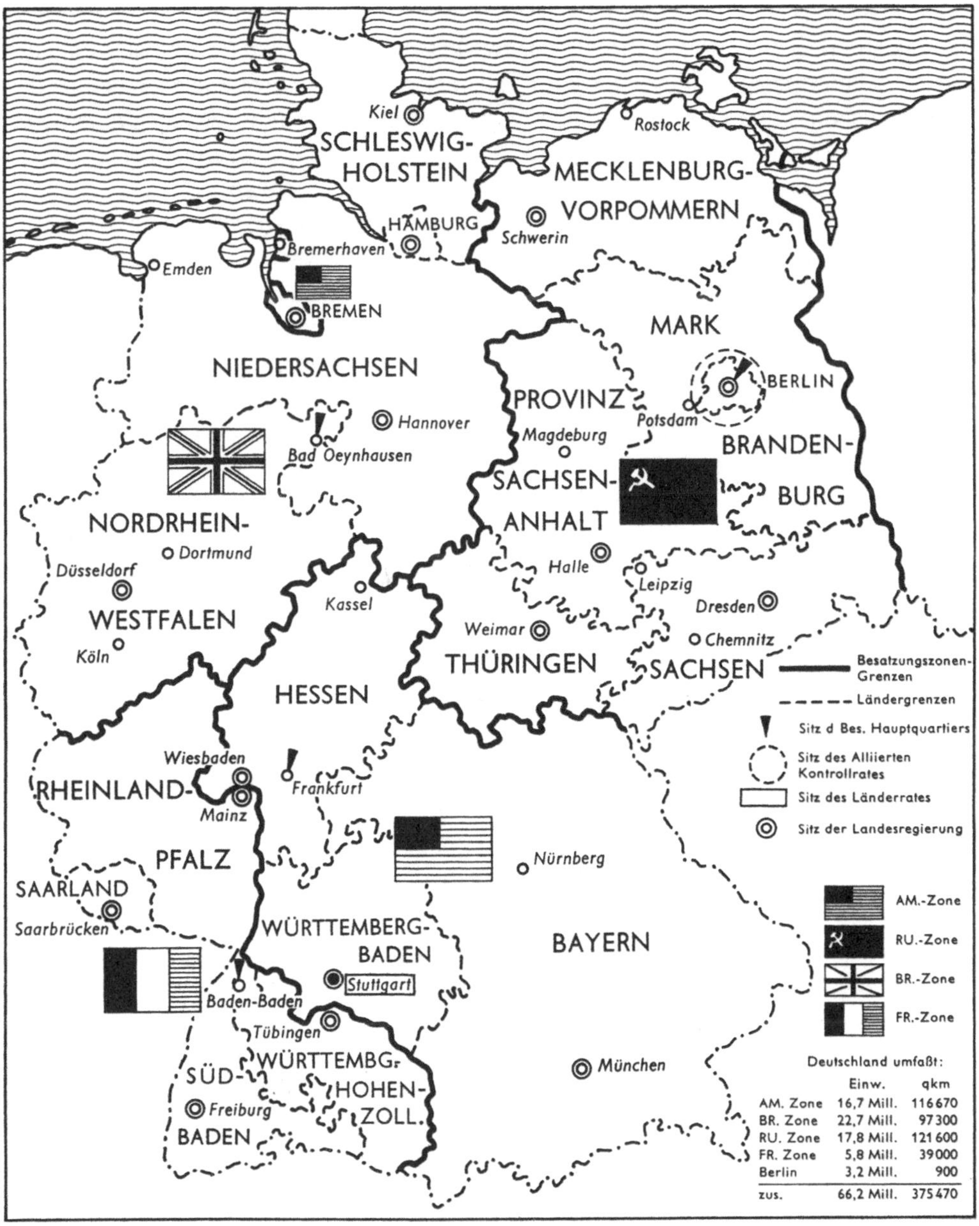

Abb. 2: Die deutschen Länder unter den Besatzungsmächten

sachen und die Westmächte waren dagegen hilflos und machtlos. Die Situation im Westen verschärfte sich durch Millionen von Flüchtlingen und Vertriebenen aus den deutschen Ostgebieten.

Auf der Konferenz von Potsdam vom 17. Juli bis 2. August 1945 wurden weit reichende Beschlüsse über die zukünftige Behandlung Deutschlands getroffen. Die Ziele der »Großen Drei«, Josef W. Stalin, Harry S. Truman und Winston S. Churchill, lauteten: Auflösung der NSDAP und ihrer Verbände, Dekartellisierung und Dezentralisierung der deutschen Wirtschaft, Entfernung von Nationalsozialisten aus öffentlichen und halböffentlichen Ämtern sowie aus verantwortlichen Posten der Privatwirtschaft, demokratische Erneuerung des Erziehungs- und Gerichtswesens, Wiederherstellung der lokalen Selbstverwaltung und Zulassung demokratischer Parteien.

»Deutscher Militarismus« und Nationalsozialismus sollten »ausgerottet« und alle Vorkehrungen getroffen werden, dass Deutschland nie mehr Nachbarn oder den Frieden bedrohen könnte. Verbunden mit diesem Ziel war die Zerschlagung Preußens, welches als vermeintliche Wurzel des deutschen Militarismus galt und per Beschluss des Alliierten Kontrollrats am 25. Februar 1947 aufgelöst wurde. Diese Entscheidung ging u. a. auf Winston Churchill zurück, der vor diesem Hintergrund die von Stalin 1945 durchgeführte Westverschiebung Polens gebilligt hatte, welches von ihm schon in den letzten Kriegsjahren dem sowjetischen Einflussbereich zugeschrieben worden war.

Die Forderung nach »Dekartellisierung« ging ganz maßgeblich auf politische Einflüsse aus den Vereinigten Staaten zurück. Sie wollten Deutschland als industriellen und wirtschaftlichen Rivalen ausschalten. Das war eines der entscheidenden Kriegsziele der Roosevelt-Administration. Deutschland musste daher sein Kartellsystem aufgeben, was eine wesentliche Grundlage seiner Industriepotenziale und eine Quelle hoher Planbarkeit, aber auch Basis seiner Überlegenheit in Europa war und einen Gleichstand mit den USA ermöglicht hatte. Bei der späteren Gründung der Europäischen Gemeinschaft für Kohle und Stahl (EGKS, 1952), auch Montanunion genannt, vermied man daher tunlichst den Begriff »Kartell«, weil man um die amerikanische Gegnerschaft Bescheid wusste.

Mit dem Potsdamer Abkommen sollte der deutschen Bevölkerung die Möglichkeit gegeben werden, sich ihr Leben »auf einer demokratischen und friedlichen Grundlage wieder aufzubauen«. Deutlich abweichende Vorstellungen von »Demokratie« blieben aber bestehen und kamen z. B. in der SBZ rasch zum Vorschein. Der in Potsdam gefasste Beschluss, Deutschland als wirtschaftliche Einheit zu betrachten, wurde von der später hinzugekommenen vierten Besatzungsmacht Frankreich abgelehnt und sabotiert. Die französische Ablehnung gesamtdeutscher Zentralverwaltungsstellen wurde zum Präjudiz für die Jahre später vollzogene Teilung. Potsdam legte ferner fest, dass die Besatzer in ihren Zonen Reparationen nach eigenen Vorstellungen einfordern konnten. Damit war der Grundsatz der wirtschaftlichen Einheit bereits durchlöchert. Das deutsche Auslandsvermögen wurde vom Alliierten Kontrollrat übernommen, die Kriegs- und Handelsflotte aufgeteilt.

Die Grafik 1 basiert auf einer Volkszählung vom 13. September 1950 und zeigt die Verteilung der Bevölkerung. 56,9 % kamen aus den Ostgebieten, 24 % aus der Tschechoslowakei und 8,2 % aus der ehemaligen Republik Polen und der Freien Stadt Danzig, aus Ost- und Südosteuropa 8 % und aus den westlichen Ländern oder Übersee 2,9 %.

Die Flucht und Vertreibung der Deutschen sind im größeren historischen Kontext der ethnischen Säuberungen im und nach dem Zweiten Weltkrieg zu sehen. Zwischen 1939 und 1943 waren bereits 15,1 Millionen Menschen Opfer von Flucht

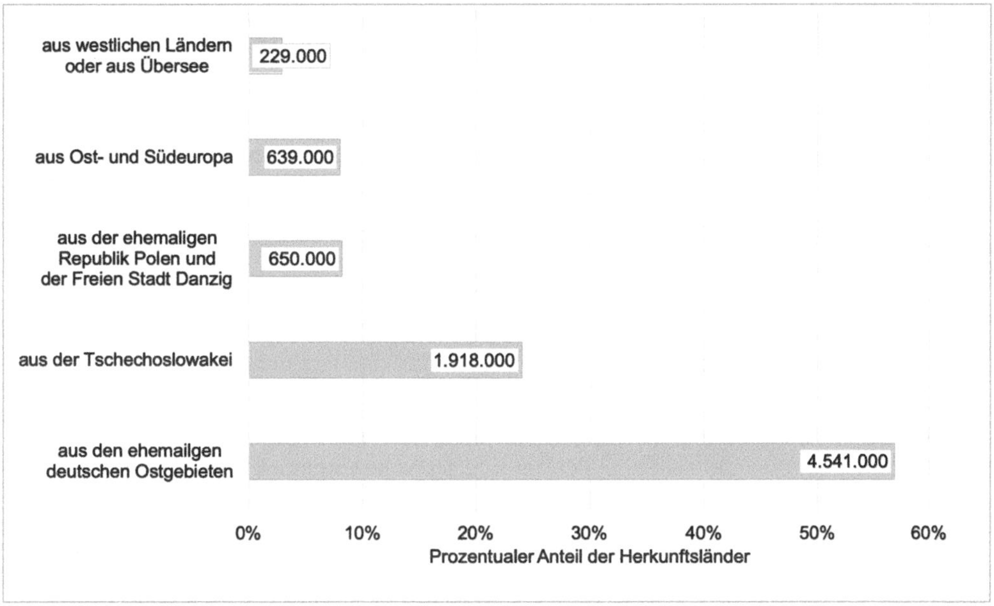

Grafik 1: Flüchtlinge und Vertriebene: Volkszählung 13.9.1950

und Vertreibung geworden (nicht einbezogen die Opfer des NS-Judenmords sowie der NS-Kriegs- und der Besatzungspolitik) und zwischen 1944 und 1948 rund 31 Millionen. Die darunter zahlenmäßig größte Gruppe stellten Deutsche dar: Über 14 Millionen flohen vor der Roten Armee aus den deutschen Ostgebieten, der Tschechoslowakei, Polen, der Sowjetunion, dem Baltikum, Ungarn, Rumänien und Jugoslawien oder wurden von dort vertrieben, wobei nur ein Teil der Ausgetriebenen und Geflohenen die für sie rettenden deutschen Besatzungszonen erreichen konnte. Wie viele dabei umkamen ist umstritten. Die veröffentlichten Zahlen schwanken zwischen gut 600.000 und maximal 2,8 Millionen.

Der Tübinger Historiker Mathias Beer plädierte 2011 unter Würdigung aller verfügbaren einschlägigen Untersuchungen dafür, von deutlich unter einer Million Todesopfern als Folge von Flucht und Vertreibung auszugehen. Die Vertreibung der Deutschen wurde lange monokausal mit dem Argument der Folgewirkung der Politik des »Dritten Reichs« begründet, es gab aber, wie etwa der Berliner Historiker Michael Schwartz argumentiert, längerfristige Ursachen – ältere ethnisch-nationale Konfliktlagen, geostrategische Interessen und bereits vorhandene Politikmodelle ethnischer Säuberungen vor und während des Krieges. Sie wurden durch die nationalsozialistische Politik mobilisiert und radikalisiert. Unabhängig davon stellten alle Formen von Vertreibung Kriegs- bzw. Nachkriegsverbrechen dar, die mit den vorhergegangenen Verbrechen zwar erklärt, aber nicht gerechtfertigt werden können.

In Potsdam waren die Westmächte mit neuen, außenpolitisch z. T. unerfahrenen Politikern vertreten. Für den am 12. April 1945 an einer Hirnblutung verstorbenen und für den Kriegseintritt der USA verantwortlichen Präsidenten Franklin D. Roosevelt kam

Harry S. Truman als Nachfolger zum Zuge. Der britische Kriegspremier Churchill war abgewählt und am 28. Juli durch den Labour-Führer Clement Attlee abgelöst worden. Stalin nutzte die Schwäche und Unentschlossenheit seiner westlichen Verhandlungspartner.
Die kommunistisch geführte polnische Regierung sollte als Kompensation für die an die UdSSR abzutretenden ostpolnischen Gebiete Ostdeutschland bis zur Oder-Neiße-Linie erhalten. In Potsdam führte diese Frage zwar zu Konflikten, letztlich erkannten die Westmächte aber im Abkommen vom 2. August 1945 die Oder-Neiße-Linie als Westgrenze Polens vorbehaltlich einer definitiven Regelung durch einen Friedensvertrag mit Deutschland an. Gleichzeitig stimmten sie der »Überführung« der Deutschen aus diesen Gebieten sowie aus Polen, Ungarn und der Tschechoslowakei zu, wobei diese »in geregelter und menschlicher Weise« erfolgen sollte.
Das Gegenteil war jedoch der Fall, denn die Realität sah völlig anders aus: Vertreibungen hatten schon Monate vor der Konferenz begonnen. Erste Wellen fliehender Deutscher setzten vor dem bedrohlichen Hintergrund der anrückenden Roten Armee ein. Weitere Wellen, die als organisierte Vertreibung zu begreifen sind, offiziell als »Aussiedlung« bezeichnet, erfolgten tatsächlich in ungeregelter und inhumaner Weise. Die Vertriebenen mussten meist ihr gesamtes Hab und Gut zurücklassen. Massen flohen in den »freien Westen«. Die Aufnahme und Integration dieser Flüchtlingsmengen in einem von den Siegermächten weitgehend zerstörten Land, in dem die heimische ausgebombte Bevölkerung selbst kaum Unterkünfte fand und eine extrem schlechte Versorgungslage gegeben war, bedeutete für die Besatzungsmächte und die deutschen Behörden eine enorme zusätzliche Herausforderung. Die im Laufe der 1950er-Jahre weitgehende infrastrukturelle und materielle Integration der Heimatvertriebenen zählt zu den beachtlichsten Erfolgen der deutschen Nachkriegsgesellschaften.

1.4 Alliierte Kontrolle der Reorganisation von Partei- und Länderpolitik 1945–47

Der Alliierte Kontrollrat tagte im Gebäude des ehemaligen Berliner Kammergerichts und setzte sich aus den Oberbefehlshabern der vier Siegermächte zusammen, die als Militärgouverneure in ihrer jeweiligen Besatzungszone die oberste Verwaltung bildeten. Der Kontrollrat befasste sich mit der Aufhebung nationalsozialistischer Gesetze und Verordnungen sowie in Ausführung des Potsdamer Abkommens mit Entnazifizierung, Entmilitarisierung, Dekartellisierung und Demontagen. Er besaß jedoch keine Exekutivgewalt, sondern musste darauf bauen, dass seine Beschlüsse in Form von Anordnungen, Direktiven, Gesetzen und Kundmachungen von den jeweiligen Militärgouverneuren in den verschiedenen Zonen durchgeführt wurden.
Die alliierte Besatzung wurde von national eingestellten und patriotisch gesonnenen Deutschen in ihren Bestrebungen zur Überwindung der geteilten Nation als hinderlich angesehen. Bei der Herstellung der wirtschaftlichen Einheit, wie sie das

Potsdamer Abkommen vorsah, einigte sich der Alliierte Kontrollrat nicht auf ein gemeinsames Agieren. Die einzelnen Oberbefehlshaber der alliierten Militärstreitkräfte konnten in ihren Zonen eigenmächtig vorgehen. Als oberstes Organ hatte der Alliierte Kontrollrat nach dem Einstimmigkeitsprinzip zu entscheiden, d. h. er war bei nur einem einzigen Veto handlungsunfähig.
Die vier militärischen Oberbefehlshaber der amerikanischen, britischen, französischen und sowjetischen Streitkräfte in Deutschland hatten mit ihrer Berliner Erklärung vom 5. Juni 1945 die Errichtung des Alliierten Kontrollrates angekündigt, der am 30. August 1945 seine Tätigkeit aufnahm. Die USA, die UdSSR, das Vereinigte Königreich und Frankreich besaßen als Siegermächte damit die höchste Gewalt in Deutschland und teilten es in vier Besatzungszonen ein. Berlin erhielt vier Sektoren und Vier-Mächte-Status. Unter Respektierung der alten Territorien bildeten die Besatzungsmächte in ihren Zonen Länder. Preußen war durch die Grenzen der Besatzungszonen mehrfach aufgesplittert. Die Verwaltungen wurden mit Deutschen besetzt. Bereits im Juli 1945 wurden in der SBZ die Länder Sachsen, Sachsen-Anhalt, Thüringen, Brandenburg und Mecklenburg gegründet.
Das Office of Military Government of the United States (OMGUS) machte im September 1945 Bayern, Hessen, Württemberg-Baden und im Januar 1947 Bremen zu Ländern. Seit Mitte 1946 wurden in der britischen Zone Nordrhein-Westfalen, Niedersachsen, Schleswig-Holstein und Hamburg als neue Länder gebildet, in der französischen Zone Baden, Württemberg-Hohenzollern und Rheinland-Pfalz. Das Saarland erhielt einen Sonderstatus und wurde in das französische Zollgebiet einbezogen. Ein wesentlicher Grund lag in den dortigen Kohlevorkommen, die für die Stahlproduktion Frankreichs notwendig waren. Ein weiteres Motiv der Abtrennung von Deutschland und für seinen Status als französisches Protektorat lag in der Schwächung der deutschen Wirtschaft.
Trotz Besatzung regte sich alsbald wieder politisches Leben unter den Deutschen. Die Alliierten versuchten jene Personen als Bürgermeister und Ländervertreter einzusetzen, die nicht im Verdacht des Zusammenwirkens mit dem NS-Regime standen und somit als politisch »unbelastet« galten, was jedoch schwerlich gelingen sollte. Im Sommer 1945 wurden Parteien zugelassen, die in ihrer Personal- und Organisationsstruktur vielfach auf die Weimarer Republik zurückgingen.
Moskau erteilte frühzeitig am 10. Juni 1945 den Befehl zur Gründung »demokratischer Parteien« in der SBZ. Dabei spielte der Anspruch auf Gesamtdeutschland eine erhebliche Rolle. Einen Tag darauf startete das Zentralkomitee der Kommunistischen Partei Deutschlands (KPD) einen Appell, der sich auch an bürgerliche Kreise richtete. Sie war die erste Partei, die am 11. Juni 1945 in Berlin aufrief, Deutschland »den Weg der Aufrichtung eines antifaschistisch-demokratischen Regimes, einer parlamentarisch demokratischen Republik mit allen demokratischen Rechten und Freiheiten für das Volk« zu weisen. Eine Vereinigung mit der Sozialdemokratischen Partei Deutschlands (SPD) lehnte sie ab. Walter Ulbricht, kurz vor Kriegsende am 20. April als Leiter deutscher Exilkommunisten aus Moskau nach Berlin eingeflogen, war einer der Unterzeichner, der sich mit großem Engagement in die neue politische Arbeit stürzte.

Kurzbiographie Walter Ulbricht

Als Sohn eines Schneiders wurde Ulbricht 1893 in Leipzig geboren. Im Zuge seiner Wanderschaft als Tischlergeselle nach Dresden, Nürnberg, Venedig, Amsterdam und Brüssel schloss er sich 1912 der SPD an. Während des Ersten Weltkriegs wurde er als Soldat in Polen, Serbien und an der Westfront eingesetzt. 1918 Mitglied im Arbeiter- und Soldatenrat des XIX. Armeekorps, schloss er sich nach seiner Rückkehr in Leipzig dem Spartakusbund an. 1919 wurde er Mitglied der neu gegründeten KPD und 1923 bereits des Zentralkomitees. Für kurze Zeit wurde Ulbricht 1925 Mitarbeiter im Exekutivkomitee der Kommunistischen Internationale (KI) an der Lenin-Schule in Moskau und wirkte als Parteiinstrukteur in Wien und Prag, in den Jahren von 1926 bis 1928 als Abgeordneter des sächsischen Landtags und von 1928 bis 1933 als Reichstagsabgeordneter der KPD. Nach der Machtübernahme der Nationalsozialisten ging Ulbricht im Auftrag der KPD ins Exil nach Frankreich und 1938 schließlich in die Sowjetunion, wo er als KPD-Vertreter in der Kommunistischen Internationale (KI) tätig wurde. 1943 beteiligte er sich an der Gründung der Widerstandsgruppe »Nationalkomitee Freies Deutschland«. Im April 1945 kam er aus Moskau mit geschulten Parteifunktionären, der »Gruppe Ulbricht«, nach Berlin, wo er die Wiederbegründung der KPD forcierte. Seinen engeren Mitstreitern schärfte er ein: »Es muß demokratisch aussehen, aber wir müssen alles unter Kontrolle haben.« Von 1950 bis 1971 war er Generalsekretär des Zentralkomitees der SED und mächtigster Mann in der DDR. 1952 initiierte er den »Aufbau des Sozialismus« in der DDR (der scheiterte und zum 17. Juni 1953 führte) und 1961 den Bau der Berliner Mauer. Ulbricht wurde mit sowjetischer Rückendeckung 1971 von Honecker zum Rücktritt gezwungen und entmachtet. Das unbedeutende Amt des Vorsitzenden des Staatsrates behielt er bis zu seinem Tod. Ehrenhalber wurde er »Vorsitzender der SED«. Er starb am 1. August 1973 im Gästehaus der DDR am Döllnsee, während in Ost-Berlin die X. Weltfestspiele der Jugend und Studenten ohne Unterbrechung weitergingen. Sie waren im »Stadion der Weltjugend« eröffnet worden, das wenige Tage zuvor noch »Walter-Ulbricht-Stadion« geheißen hatte. Sein Name wurde auf stalinistische Weise aus dem öffentlichen Leben der DDR durch Neubenennungen von Betrieben und Institutionen völlig entfernt (mehr weiter unten).

Am 15. Juni 1945 trat in Berlin der Zentralausschuss der SPD mit ehrgeizigen Sozialisierungsforderungen auf und verlangte im Unterschied zur KPD in »moralischer Wiedergutmachung politischer Fehler der Vergangenheit« die Vereinigung der beiden Arbeiterparteien. In Hannover hatte der frühere SPD-Reichstagsabgeordnete Kurt Schumacher mit der Reorganisation der SPD begonnen und wurde im Mai 1946 zu ihrem Vorsitzenden gewählt. Trotz schwerer körperlicher Behinderung nach dem Verlust seines rechten Arms im Ersten Weltkrieg und der Haft in verschiedenen Konzentrationslagern, bei der er die Amputation seines Beins erleiden musste, setzte sich Schumacher engagiert für die politische Aufbauarbeit ein und avancierte zum großen politischen Gegenspieler Konrad Adenauers, den er wegen seiner einseitigen prowestlichen Politik wiederholt scharf kritisieren sollte.

Erschwerend für die Demokratieentwicklung und die Parteiengründungen auf gesamtstaatlicher wie Länderebene wirkte sich die Teilung Deutschlands in alliierte Interessenzonen aus. Die Aufspaltung vollzog sich auch alsbald auf parteipolitischer Ebene. Der Berliner Zentralausschuss der SPD hatte unter sowjetischer Aufsicht im Juni 1945 die »organisatorische Einheit der deutschen Arbeiterklasse« gefordert, was

Abb. 3: Das Plakat »In eins nun die Hände« zeigt Wilhelm Pieck (KPD) und Otto Grotewohl (SPD) anlässlich der bevorstehenden Fusion der Parteien zur SED.

von Schumacher kategorisch verworfen wurde. Der übertrieben zugespitzte Gegensatz führte schon frühzeitig auf der »Reichskonferenz« der SPD in Wennigsen bei Hannover am 5./6. Oktober 1945 zur organisatorischen Trennung: Der Zentralausschuss sollte für die SBZ, Schumacher für die westlichen Zonen zuständig sein. Dem Bericht über Wennigsen in der SPD-Chronik ist zu entnehmen, dass eine frühzeitige Festlegung auf programmatische Positionen der Partei nicht erfolgen sollte, wie auch die Frage einer organisatorischen Einigung mit der KPD als »zur Zeit nicht [als] diskussionsreif« erachtet wurde. Damit hielt man sich vorerst noch alle Optionen offen, doch sollten sich die Wege alsbald trennen. Wie nach dem Ersten Weltkrieg sollte es auch nach dem Zweiten Weltkrieg auf gesamtdeutscher Ebene bei der Spaltung der Linken bleiben.

Es war u. a. Schumachers rigider Antikommunismus, seine unbewegliche Haltung und sein Streben nach Abgrenzung von der KPD – die Kommunisten waren für ihn »rot lackierte Faschisten« –, die zur Spaltung der SPD führten. Es ist nicht zu weit hergeholt, Schumacher als »Spalter« des linken Lagers zu sehen, wobei zu ergänzen ist, dass er in Abgrenzung zu Kommunisten und Links-Sozialisten für Demokratie und Freiheit eingetreten ist.

Als die Kommunisten einsahen, dass sie weniger Anhänger als die SPD haben würden, drängten sie ab Herbst 1945 mit Unterstützung der Sowjetischen Militäradministration (SMAD) auf eine Fusion mit der SPD der SBZ. Schumacher lehnte sowohl den gesamtdeutschen Führungsanspruch der Berliner SPD als auch den Zusammenschluss mit der KPD ab. Die Spaltung der deutschen Arbeiterbewegung in einer zunehmend geteilten Nation fand ihren Abschluss in der Zusammenlegung von KPD und SPD zur Sozialistischen Einheitspartei Deutschlands (SED) in der SBZ. Diese hatte eine eigene Vorgeschichte.

Den Wunsch nach Vereinigung beider Linksparteien, der von nicht wenigen Sozialdemokraten und vom SPD-Zentralausschuss geäußert wurde, hatte die KPD, wie gesagt, abgelehnt. Vorerst sollte die eigene Partei gefestigt und in Kooperation mit der SMAD die SBZ kommunistisch-sozialistisch ausgestaltet werden. Nachdem klar wurde, dass die KPD nicht so viel Zustimmung wie die SPD und bürgerliche Parteien zu erwarten hatte, forderte die KPD ab Oktober 1945 die Vereinigung mit der SPD. Sie und ihr Zentralausschuss in Berlin unter Leitung von Otto Grotewohl, der die Bedingungen für eine Vereinigung formulierte, gerieten nun zunehmend unter Pression der SMAD. So setzten auch Verhaftungen von SPD-Politikern ein. Eine Urabstimmung über den Zusammenschluss wurde auf Betreiben der sowjetischen Verwaltung unterbunden. Die in den Westsektoren Berlins am 31. März 1946 erfolgte Urabstimmung unter SPD-Mitgliedern ergab bei einer Wahlbeteiligung von 73 % über 82 % der Stimmen, die sich gegen eine Vereinigung mit der KPD aussprachen. Trotzdem gab der Zentralausschuss der SPD dem politischen Druck nach.

Am 19. und 20. April 1946 beschlossen der 15. KPD- bzw. der 40. SPD-Parteitag den Zusammenschluss zur SED. Den Vorsitz des neuen Amalgams übernahmen in Kooperation der Kommunist Wilhelm Pieck und der Sozialdemokrat Otto Grotewohl. Die Parteiämter wurden zunächst paritätisch besetzt. Nach dem Bruch zwischen Stalin und Tito im Juni 1948, der für Jugoslawien einen eigenen sozialistischen Weg einschlug, wurde die SED in eine straffe Kaderpartei formiert, eine »Partei neuen Typus« wie es hieß, die sich dem Kurs des Kommunistischen Informationsbüros (KOMINFORM) anschloss und den Vorstellungen Moskaus unterordnete. Auffassungen von einem besonderen deutschen Weg zum Sozialismus wurden zurückgenommen.

Im Jahre 1949 trat die SED offen gegen den »Sozialdemokratismus« auf. Die letztlich unter sowjetisch-kommunistischem Druck erfolgte (Zwangs)Vereinigung von KPD und SPD zur SED bestätigte Schumacher in seinen Vorbehalten, zumal der Handlungsspielraum der Sozialdemokraten in der »Ostzone« auf Null reduziert worden war. Kritiker unter ihnen sowie »Altkommunisten«, die sich dem Zusammenschluss widersetzt hatten, wurden in einem neu errichteten Lager in Buchenwald auf dem Boden

Abb. 4: Umschlag eines regulären Ersttagsbriefs mit Aufdrucken vom 20jährigen Gründungsjubiläum der SED im April 1966 und Briefmarken, die eine Zeichnung von Karl Marx und Wladimir I. Lenin sowie ein Foto mit Walter Ulbricht zeigen.

der ehemaligen KZ-Anlagen der Nationalsozialisten interniert. Tausende Oppositionelle kamen auf diese Weise zu Tode. Erst nach der politischen »Wende« 1989/90 kamen die dort verübten Verbrechen und Untaten ans Tageslicht.
Das Bekanntwerden der Ausmaße der NS-Verbrechen schockierte beide Seiten, sowohl die zum Teil ahnungslose deutsche Bevölkerung als auch die alliierten Sieger. Nach Auflassung der KZs fehlte bei den Besatzungsmächten daher der Glaube an die moralische Integrität und politische Zuverlässigkeit der Deutschen. Die Vertreter der USA und Großbritanniens gestatteten in ihren Besatzungszonen erst im August und September 1945 die Bildung von Parteien. Die neu gegründeten Christliche Demokratische Union (CDU) und ihre bayerische Schwester, die Christlich-Soziale Union (CSU), waren mit der Zentrumspartei bzw. der Bayerischen Volkspartei der Weimarer Zeit nicht mehr vergleichbar, zumal sie als neue christlich-bürgerliche Sammlungsbewegungen aus Opposition und Widerstand gegen den Nationalsozialismus hervorgegangen waren, ein überkonfessionelles Profil entwickelten und damit auch protestantische Wähler für sich gewinnen konnten, die in den 1930er-Jahren deutschnationale oder liberale Parteien gewählt hatten.
CDU und CSU avancierten zu einflussreichen Volksparteien der rechten Mitte, die die Geschichte der Bundesrepublik und Bayerns über Jahrzehnte prägen sollten. Gründungsorte der CDU waren Berlin, Köln und Frankfurt/Main. An der Spitze in Berlin und der SBZ stand Jakob Kaiser, der einen »christlichen Sozialismus« propagierte und damit auch in den Westzonen Zuspruch erfuhr. Diese Programmatik wurde im Rheinland von Karl Arnold propagiert und floss in das Ahlener Programm 1947 ein.
In der SBZ schloss sich die CDU dem »antifaschistischen Block« an und verlor damit die Unabhängigkeit. Alle christdemokratischen Gruppierungen im Westen einigten sich auf der »Reichstagung« in Bonn-Bad Godesberg vom 14. bis 16. Dezember 1945 auf den gemeinsamen Namen CDU, ohne eine Gesamtorganisation zu bilden. Am 13. Oktober 1945 hatte sich in Bayern die CSU als selbständige und überkonfessionelle Partei gebildet. Sie war konservativer und zugleich föderalistischer als die CDU, ihre Schwesterpartei.

Kurzbiographie Konrad Adenauer

Er war die zentrale CDU-Gründungsfigur. Geboren 1876 in Köln als Sohn eines Bäckermeisters und späteren Beamten wurde Adenauer nach Studium der Rechtswissenschaften Gerichtsassessor und ab 1906 Beigeordneter der Stadt Köln und schloss sich dem Zentrum an. Die katholisch-rheinländische Prägung, eine Frankophilie sowie unreflektierte Frömmigkeit und die Ablehnung der protestantisch-preußisch wilhelminischen Welt legten seinem Fortkommen gesellschaftliche Schranken auf. Daraus erwuchs eines seiner Lebensprinzipien, nämlich aus eigener Kraft »etwas zu werden«. Von 1917 bis 1933 amtierte er als Oberbürgermeister von Köln und war Mitglied und Präsident des Preußischen Staatsrates. Während des deutsch-französischen Konflikts anlässlich der Ruhrbesetzung 1923 trat er zeitweise für eine von Preußen losgelöste rheinische Republik innerhalb des Deutschen Reichs in Anlehnung an Frankreich ein, um zum Abbau der Konfrontationspotenziale beizutragen. 1933 von den Nationalsozialisten aus allen Ämtern entlassen, verteidigte er sich selbst vor Gericht gegen alle Vorwürfe, erstritt sich eine fürstliche Pensionsnachzahlung und nutzte die Zeit des politischen Rückzugs zum Bau eines großen Hauses in Rhöndorf in der Nähe von Bonn. Infolge der Begeisterung und des Opportunismus vieler Deutscher gegenüber dem Nationalsozialismus hatte Adenauer beträchtliche Zweifel an ihrer politischen Reife. Dieses Misstrauen, das er grundsätzlich Menschen entgegenbrachte, verfolgte ihn noch als späterer Bundeskanzler gegenüber seinen Landsleuten. 1934 war er zeitweise in Haft. Im Zuge des Attentats auf Hitler am 20. Juli 1944 wurde Adenauer im August neuerlich verhaftet und für einige Monate festgehalten, konnte aber fliehen und überleben. 1945 setzte ihn die US-Militärverwaltung als Kölner Oberbürgermeister ein, doch der britische General John Ashworth Barraclough entließ ihn nach wenigen Monaten wegen »Unfähigkeit« bei der Organisation der Lebensmittelversorgung und der Trümmerbeseitigung. Die Briten verhängten ihm gegenüber ein Parteiverbot vom 6. Oktober bis 4. Dezember 1945. Parteipolitisch blieb Adenauer aber ambitioniert und übernahm 1946 den CDU-Vorsitz sowohl im Rheinland als auch in der britischen Zone. 1950 wurde er erster Bundesvorsitzender (Abb. 5). und 1949 Bundeskanzler (bis 1963) und Außenminister (bis 1955).

Das stark sozial, um nicht zu sagen sozialistisch ausgerichtete Ahlener Programm verabschiedete die CDU in der britischen Zone am 3. Februar 1947. Während die britische Militärverwaltung sozialistischen Vorstellungen gegenüber aufgeschlossen war, lehnten US-Besatzungsbehörden diese ab. US-General Lucius D. Clay, der für ein liberales Wirtschaftssystem in seiner Zone eintrat, sprach sich für den Einsatz von US-Krediten für den Wiederaufbau aus. Diese aber sollten vom US-Kongress nur für eine nicht-sozialistische Volkswirtschaft zu erhalten sein.

Früh richtete sich die CDU auf die US-Besatzungspolitik aus. Der Einfluss der Gewerkschafter in der Partei ging bald zugunsten des bürgerlich-kapitalistischen und industriellen Flügels zurück. Die CDU wandte sich vom Ahlener Programm ab. Es wurde jedoch nie für ungültig erklärt. In den »Düsseldorfer Leitsätzen« vom 15. Juli 1949 bekannte sich die CDU zur »sozialen Marktwirtschaft«, wie sie Professor Ludwig Erhard mit dem Slogan »Wohlstand für alle« propagierte.

Die Gründung liberaler Parteien nach 1945 half die seit dem 19. Jahrhundert bestehende Trennung zwischen Rechts- und Linksliberalismus zu überwinden. Initiatoren waren ehemalige Exponenten der Deutschen Demokratischen Partei (DDP)

Abb. 5: Ersttagsbrief zum ersten Todestag von Konrad Adenauer am 19. April 1968 mit offiziellem Block von Briefmarken mit Zeichnungen von Winston S. Churchill, Alcide De Gasperi und Robert Schuman. Diese Ersttagsbriefe entsprangen im Westen rein privater Initiative, während sie im Osten Deutschlands nur offiziell ausgegeben werden durften.

und der Deutschen Volkspartei (DVP). Am 5. Juli 1945 entstand die Liberal-Demokratische Partei Deutschlands (LDPD) unter dem ehemaligen Oberbürgermeister von Zittau und Reichsinnenminister Wilhelm Külz. Die Partei trat gesamtdeutsch auf, ihr Einfluss blieb aber auf die SBZ beschränkt. Den stärksten Einzugsbereich liberaler Parteien in den Westzonen gab es in Baden und Württemberg. Theodor Heuss und Reinhold Maier waren hier tonangebend. In Hamburg gründete sich im September 1945 die »Partei der Freien Demokraten«, die als spätere Bundespartei fortan den Namen »Freie Demokratische Partei« führte. Sowohl in der britischen als auch in der US-Zone entstanden 1946 liberale Parteien, in der Zone Frankreichs folgten diese erst später. Die Abwehr kirchlichen Einflusses auf den Staat und die Unterstützung der Privatwirtschaft waren ihre Anliegen.

Nachdem die LDPD in der SBZ am »Deutschen Volkskongress« mitwirkte und unter SED-Einfluss kam, löste sich die 1947 gebildete gesamtdeutsche Parteiorganisation rasch auf. Die westzonalen Landesparteien fusionierten am 11. Dezember 1948 in Heppenheim an der Bergstraße zur FDP. Erster Bundesvorsitzender wurde Theodor Heuss.

1.5 Entstehung unterschiedlicher Erinnerungskulturen

Der Umgang mit KZ-Gedenkstätten wie Buchenwald in der DDR oder Bergen-Belsen in der britischen Besatzungszone, im späteren Bundesland Niedersachsen, zeigt signifikante Unterschiede in der Entwicklung der Erinnerungskulturen in den beiden entstehenden deutschen Staaten auf: Bei Bergen-Belsen ging die erste Initiative zur Schaffung eines Gedenkortes von den Häftlingen selbst aus, als diese am 25. September 1945 anlässlich des Kongresses der befreiten Juden ein behelfsmäßiges Holzdenkmal inmitten der Massengräber aufstellten. Da die Kasernen des Truppenübungsplatzes Bergen-Hohne, welche zunächst als Nothospital für die Überlebenden Bergen-Belsens gedient hatten, im Verlauf des Sommers 1945 zu einem Camp für jüdische Displaced Persons (DPs) umfunktioniert worden waren, hatten die jüdischen KZ-Überlebenden die Möglichkeit, den Ort des Gedenkens aktiv mitzugestalten. Bereits am ersten Jahrestag der Befreiung, dem 15. April 1946, konnte das »Belsener jüdische Komitee« ein Denkmal für jüdische Opfer des Holocaust enthüllen. Dieses war auf einem flach gehaltenen treppenartigen Podest mit drei Stufen angebracht, stellte einen hohen quaderförmigen Stein dar und trug eine Inschrift in hebräischer wie englischer Sprache, die an die rund 30.000 in Bergen-Belsen ermordeten Juden erinnerte. Nach dem Beschluss der britischen Militärregierung, das Gelände zu einer ehrenvollen Grab- und Gedenkstätte umzugestalten, setzte Anfang 1947 der Bau eines großen Denkmals ein, welches aus einem 24 Meter hohen Obelisken und einer Inschriften-Mauer mit 50 Metern Länge besteht, auf der in verschiedenen Sprachen der Opfer der NS-Verfolgung erinnert wird, die an dieser Stelle zu Tode gekommen waren.

Neben den großen Konzentrationslagern zur millionenfachen Ermordung von europäischen Juden wie Auschwitz, Belzec, Chelmno, Majdanek, Treblinka und Sobibor, die sich nicht in Deutschland, sondern auf polnischem Territorium befanden, spielten Konzentrationslager auf deutschem Boden auch eine Rolle in der Erinnerung. Im KZ Buchenwald bei Weimar fand bereits der erste Akt des Gedenkens schon wenige Tage nach seiner Befreiung statt: Am 19. April 1945 schufen die gerade erst befreiten Häftlinge ein provisorisches Denkmal auf dem Appellplatz. Eine schwarze Holzsäule, an deren Vorderseite die Buchstaben »K.L.B.« für Konzentrationslager Buchenwald und die Zahl 51.000 als die zu diesem Zeitpunkt geschätzte Anzahl von Toten zu lesen war, stand stellvertretend für alle verscharrten Toten. Nach Nationen geordnet zogen die KZ-Häftlinge am Denkmal vorbei und erwiesen ihren verstorbenen Mithäftlingen die letzte Ehre.

Schon beim ersten Gedenken der Opfer von Buchenwald fühlten sich nicht alle Opfergruppen angesprochen, da v. a. die rassenbiologisch motivierte NS-Verfolgungspolitik ausgeblendet worden war. Bereits 1945 wurden erste Vorschläge für eine dauerhafte Gedenkstätte gemacht. Aufgrund der Übernahme des Geländes durch das sowjetische Volkskommissariat für Inneres, Narodnyj kommissariat wnu-

trennych del (NKWD) und dessen Nutzung als Speziallager konnte dieser Wunsch jedoch nicht umgesetzt werden.
Im Jahre 1949 schaltete sich die SED in die Planungen einer Gedenkstätte direkt ein, als Walter Ulbricht das Buchenwald-Komitee der 1947 ins Leben gerufenen Vereinigung der Verfolgten des Naziregimes (VVN) damit beauftragte, einen Entwurf für ein Mahnmal vorzulegen. Die Gestaltung des bisher geplanten Denkmals war in den Hintergrund gerückt, weil die Informationsabteilung der Sowjetischen Militäradministration (SMAD) vorgeschlagen hatte, das Lager, in dem sich zu diesem Zeitpunkt noch Internierte befanden, zu einer Gedenkstätte umzugestalten. Nachdem auch das Zentralkomitee der SED diesem Vorhaben zugestimmt hatte, legte man das Hauptaugenmerk auf die Ausgestaltung des noch nicht geräumten Häftlingslagers. Durch Würdigung der antifaschistischen Widerstandskämpfer sollte die DDR als neues und besseres Deutschland legitimiert werden. Mit der Bezeichnung »Thälmann-Gedenkstätte« wurde an den ehemaligen Vorsitzenden der KPD (1925–1933) und von Nationalsozialisten ermordeten Ernst Thälmann erinnert, der für den antifaschistischen Widerstand und als Sinnbild für die Erkämpfung der Freiheit stand.
Nachdem das Lagergelände an die DDR übergeben worden war, wurde im Mai 1952 mit der Umsetzung des Beschlusses des ZK der SED vom 9. Oktober 1950, nämlich dem Abriss des Großteils des noch vollständig erhaltenden Häftlingslagers sowie des ehemaligen SS-Bereichs, begonnen. Nur das Krematorium, in dem Thälmann am 18. August 1944 erschossen worden war, der Torbau mit seinen Wachtürmen und Teile des Stacheldrahts sollten bestehen bleiben, der einstige Häftlingsraum aufgeforstet werden.
Die erste ständige Ausstellung wurde im Jahr 1954 durch das Museum für Deutsche Geschichte in Berlin in der ehemaligen Kantine des Häftlingslagers umgesetzt. Mit der Aufstellung einer Gedenktafel für Thälmann war der Grundstein für die Erinnerungskultur in der DDR gesetzt, die den kommunistischen Widerstand in besonderer Weise herausstellte, der in Westdeutschland lange totgeschwiegen wurde. Aber nicht nur die offenkundige Hervorhebung der kommunistischen Häftlinge, sondern auch die bauliche Ausgestaltung der Gedenkstätte, die ein Ineinander von Auslöschung und Erhaltung bestimmter Relikte des Lagers bedeutete, war nach einem bestimmten Interpretationsmuster angelegt, bei dem es jedoch nicht um die Auslöschung der Erinnerung an das Speziallager ging.
Das Konzentrationslager selbst stand für eine zu vieldeutige und ambivalente Geschichte, verwies zu sehr auf das Ausgeliefertsein, die Ohnmacht und das Leid, als dass es ohne die Minimierung der Relikte in eine betont heroische Geschichte kommunistisch geführten politischen Widerstands hätte eingebunden werden können. Angesichts dieser Tatsache war aber diese Minimierung der Relikte Voraussetzung für die Maximierung der Sinnstiftung in heldenhaft kommunistischer Weise.
Die Einweihung der »Nationalen Mahn- und Gedenkstätte Buchenwald« fand am 14. September 1958 statt. Der Besucher sollte dabei verinnerlichen, dass der Sieg des Kommunismus unausweichlich war. Er sollte die selbstständige Befreiung der Gefangenen und die Erlösung durch die Antifaschisten, also durch die DDR, ver-

gegenwärtigen. Zudem sollte er begreifen, dass der Kampf zur Durchsetzung des Kommunismus weitergehen musste. Die Identifikation mit der DDR sollte der Ablehnung Westdeutschlands und der westlichen Allianz als potenziellen Nachfolgern des SS-Staats entsprechen. Diese kommunistisch dominierten Erinnerungskonstruktionen wurden bis zum Ende der DDR weitestgehend beibehalten.
Während der DDR-Zeit war in Buchenwald das »Speziallager Nr. 2« kein Thema. Das historisch-politische Tabu wurde erst im Zeichen der Ereignisse von 1989/90 gebrochen. Zwar wurde die Tatsache, dass an der Stelle des ehemaligen KZ ein Lager der SBZ bestanden hatte, nicht geleugnet, aber es wurde als typisches Internierungslager im Kontext der Entnazifizierung durch die Alliierten charakterisiert. Die hohe Anzahl an Toten des Speziallagers sowie der Bestand von Massengräbern auf dem Gelände waren verheimlicht worden.
Bis zum Ende der DDR lag ein aufgezwungenes Schweigen über der Geschichte der Speziallager in der SBZ. Dabei gab es Jahrzehnte zuvor ein brutales gerichtliches Nachspiel für Insassen dieses Straflagers, das zur Internierung für politische Gegner (Altkommunisten, Sozialdemokraten, SED-Oppositionelle) diente. In den sogenannten Waldheim-Prozessen im Jahr 1950 ging es um aus dem Internierungslager Buchenwald entlassene Personen, die mit Todesurteilen und schweren Haftstrafen konfrontiert worden waren. In diesen berüchtigten Verfahren, benannt nach dem Ort namens Waldheim, wurden in einer einmaligen Prozesslawine allein in zwei Monaten 3.300 Urteile gesprochen. Zwölf Strafkammern in Chemnitz kamen in diesem Urteilsexzess kaum mehr mit ihrer Arbeit nach: 32 Todesurteile und 146-mal »lebenslänglich« wurden verhängt. Rund 2.700 Personen erhielten zehn bis 25 Jahre Haft.
Der zusammenfassende Vergleich der Erinnerungskulturen in Ost- und Westdeutschland am Beispiel Buchenwalds und Bergen-Belsens zeigt, dass das Ende des Zweiten Weltkriegs eine Zäsur darstellte. Die Deutschen hatten sich mit den NS-Verbrechen auseinanderzusetzen. Das Monströse des NS-Massenmords an den Juden war der Bevölkerung zunächst nicht in seinen Ausmaßen bewusst. Die Bilder und Filme über die Zustände in den von den Alliierten befreiten Konzentrationslagern erzeugten umso mehr in der Öffentlichkeit Ablehnung, Entsetzen und Schockzustände.
Nicht nur die staatliche Schuld des NS-Systems, sondern auch die individuelle Verantwortung standen zur Diskussion. Im Zeichen der Entnazifizierung wurde diese Frage auch diskutiert, wobei sich viele Deutsche vom Nationalsozialismus zu distanzieren versuchten, indem sie sich lediglich als Mitläufer oder gar als Verfolgte und Unterdrückte des Hitler-Regimes darstellten. Schuldzuweisungen seitens der Siegermächte trugen dazu bei, die eigene Verstrickung abzustreiten und die persönliche Schuld abzuwehren.
Der Heidelberger Philosoph und Psychiater Karl Jaspers unterschied in einer 1946 erschienenen Schrift »Die Schuldfrage« vier Formen der Schuld: die kriminelle aufgrund objektiv nachweisbarer Gesetzesverstöße, die politische durch Handlungen von Politikern und Staatsleuten, an denen der Einzelne durch seine staatliche Zugehörigkeit und seine regierungspolitische Mitverantwortung beteiligt sei; die moralische durch Handlungen, deren Charakter nicht allein dadurch nicht verbrecherisch

werde, weil sie befohlen seien und die metaphysische Schuld aus Mitverantwortung für Unrecht und Ungerechtigkeit in der Welt. Instanzen zur Klärung der einzelnen Schuldkategorien waren für ihn das Gericht bei der ersten Form; Gewalt- und Sieger-Wille, wenn das (verbrecherische) Regime im Krieg unterlegen sei, bei der zweiten; das persönliche Gewissen bei der dritten und einzig Gott bei der vierten.
Jaspers wollte mit dieser Differenzierung die Oberflächlichkeit des allgemeinen Geredes über Schuld überwinden. Vor dem Hintergrund dieser Unterscheidung konnte für Jaspers nie eine Bevölkerung als Ganzes angeklagt werden, da Verbrecher immer nur als Einzelne handelten. So könne, wie der Philosoph argumentierte, ein Volk nie als Ganzes moralische Schuld tragen, da es keine allgemein verbindliche Moral oder Unmoral eines ganzen Volkes gebe.
Die Deutschen lehnten auch größtenteils die These von der Kollektivschuld ab und verdrängten dabei allzu leicht das vergangene Geschehen. Darunter litt in beiden Teilen Deutschlands die Erinnerungsarbeit, wozu die ab 1947/48 einsetzende Konfrontation im Kalten Krieg in Europa und der Ost-West-Konflikt als globaler Konflikt beitrugen.
Erst seit den 1970er-Jahren, die nicht von ungefähr als Entspannungsperiode in die Geschichte des Kalten Krieges eingingen, setzte eine verstärkte Auseinandersetzung mit der NS-Vergangenheit (jedenfalls in der BRD) ein, die mit Gedenkstättenarbeit auf breiter Basis korrespondierte, nachdem schon die 1960er-Jahre zur Bewusstwerdung des gigantischen Ausmaßes der NS-Verbrechen im Zuge der Diskussion um die Prozesse gegen die Täter und um die Verjährungsfrist für Mord beigetragen hatten.
Zu nennen sind vor allem der weltweit beachtete Prozess gegen den für die Organisation des massenhaften Judenmords verantwortlichen SS-Obersturmbannführer Adolf Eichmann in Israel 1961, aber auch die Auschwitz-Prozesse (1963–65, 1967–68) und schon zuvor die Treblinka-Prozesse (1950/51, 1964–65) in der Bundesrepublik wie auch der IG-Farben (1947/48) und der Sachsenhausen-Prozess (1947). Zeitzeugenbefragungen erfolgten, die historischen Stätten wurden z.T. zu Gedenkstätten umgewandelt bzw. erweitert.
Im Unterschied zu Westdeutschland setzte man sich in der DDR früher mit der Erinnerungsarbeit auseinander, allerdings nicht im Sinne eines Gedenkens aller Opfer der NS-Herrschaft, sondern in erster Linie zur Legitimation des Kommunismus. Erinnert wurde in der SBZ bzw. in der DDR nicht an die Opfer in ihrer gesamten Bandbreite, sondern vor allem an die antifaschistischen Kämpfer, also primär an die Kommunisten, wie die Ausgestaltung der Gedenkstätte Buchenwald demonstrierte.
Das Gedenken an die NS-Zeit besaß in der DDR insgesamt von allen Anfang an einen höheren Stellenwert als in der Bundesrepublik, diente allerdings weniger der Erkenntnisförderung zur Geschichte des Nationalsozialismus, sondern sollte das sich etablierende sozialistische SED-System als Hort des »Antifaschismus« legitimieren und gleichzeitig das politische System der kapitalistischen BRD als Aufenthalts- und Zufluchtsort ehemaliger Faschisten, »Nazis« und Imperialisten diskreditieren. Die Erinnerung an den antifaschistischen Kampf im Erziehungssystem und der Öffentlich-

keit der DDR spielte eine große Rolle und sollte helfen, sich als besseres Deutschland darzustellen.
Übereinstimmung bestand in beiden Teilen Deutschlands zunächst darin, die Schandflecken des NS-Systems zu tilgen. In Bergen-Belsen, in der von den Briten besetzten Zone, fand das Abbrennen sämtlicher Holzbaracken nicht nur aus Gründen der Seuchenbekämpfung statt, sondern galt auch als Zeichen des definitiven Siegs über das NS-Regime. Die Objekte wurden als »Schandmale der Vergangenheit« gesehen und fielen der Vergessenheit anheim, zumal auch die großen und zentralen Stätten der Massentötung hinter dem »Eisernen Vorhang« waren, wie Auschwitz, Belzec, Sobibor oder Treblinka, dort aber auch schon zum Teil von den Nationalsozialisten aufgelöst, zerstört und unkenntlich gemacht worden waren.
Durch das Ende der DDR und die deutsche Einheit hatten sich v. a. die Gedenkstätten in Ostdeutschland der Herausforderung zu stellen, ihre Formen des Erinnerns zu überdenken und neu zu gestalten, um die tendenziöse Deutung durch den DDR-Antifaschismus zu überwinden und sich der zweiten Vergangenheit zu widmen, d. h. sich mit der Existenz der Speziallager auseinanderzusetzen.
Das Jahr 1989 brachte in beiden Teilen Deutschlands eine neue Erinnerungskultur in Gang, die sich durch eine kritische Auseinandersetzung mit der Vergangenheit auszeichnete und durch eine Neugestaltung die Erinnerungsorte der NS-Verbrechen als Orte des Informierens und des Gedenkens einrichtete. Die Gedenkstätte Buchenwald wurde nach Vorschlägen einer Expertenkommission in den 1990er-Jahren so umgestaltet, dass der Öffentlichkeit auch die Geschichte des sowjetischen »Speziallagers Nr. 2« dargestellt werden konnte. Die Erinnerungskultur war in einen umfassenden Prozess eingebunden und wandelte sich mit der Veränderung des Staatssystems.

1.6 Exempel ohne weitreichende Folgen: Das IMT in Nürnberg 1945/46 und die Nachfolgeprozesse, versandete Entnazifizierung und schwierige Wiedereingliederung

In der Moskauer Drei-Mächte-Erklärung vom 30. Oktober 1943 über die »deutschen Grausamkeiten in Europa« hatte die Anti-Hitler-Koalition die Bestrafung von Kriegsverbrechern angekündigt. Nach der Potsdamer Konferenz vereinbarte sie ein »Abkommen über die Verfolgung der Hauptkriegsverbrecher« der »Achsenmächte« und verabschiedeten ein »Statut für den Internationalen Militärgerichtshof«, der von den Siegermächten in Nürnberg, der »Stadt der Reichsparteitage«, eingesetzt wurde.
Am 20. November 1945 begann der Monster-Prozess gegen 22 Hauptangeklagte des NS-Regimes. Er schloss am 1. Oktober 1946 mit der Urteilsverkündung. Zwei Wochen später wurden zehn Todesstrafen vollstreckt.
Die planvolle Kriegsführungspolitik Hitlers zur Gewinnung von »Lebensraum im Osten« konnte zweifelsfrei nachgewiesen werden. Das zusammengetragene Material beinhaltete 42 Dokumentenbände, die 1947 bereits herausgebracht wurden. Das

Monströse der vom Nationalsozialismus zu verantwortenden Gräuel, v. a. der Genozid mit dem industriell organisierten und fabrikmäßig betriebenen millionenfachen Massenmord an den europäischen Juden, wurde aufgezeigt und löste weltweite Entrüstung aus. In der deutschen Bevölkerung dominierten Gefühle von Fassungslosigkeit und Scham, als man die nahe an Konzentrationslagern Wohnenden durch die Todesanlagen führte, so z. B. die Weimarer Bürger auf den Ettersberg in das ehemalige KZ Buchenwald.

Angeklagt waren in Nürnberg neben den NS-Spitzenrepräsentanten auch Organisationen wie die NSDAP, die Geheime Staatspolizei (Gestapo), der Sicherheitsdienst (SD), die Sturmabteilung (SA), die Schutzstaffel (SS), die Reichsregierung und das Oberkommando der Wehrmacht (OKW). Die Anklage bestand aus folgenden Punkten: »Teilnahme an der Planung zu einem Verbrechen gegen den Frieden und Vorbereitung und Durchführung eines Angriffskriegs«; »Verletzung der internationalen Kriegskonventionen (Kriegsverbrechen) und Verbrechen gegen die Menschlichkeit«, insbesondere Völkermord. Drei Hauptverantwortliche, der Reichskanzler und »Führer« Adolf Hitler, Reichspropagandaminister Joseph Goebbels sowie Reichsführer SS Heinrich Himmler, hatten bereits vor dem Prozess ihrem Leben ein Ende bereitet und Selbstmord begangen.

Von den 22 Angeklagten wurden zwölf zum Tode durch den Strang verurteilt, darunter Reichsaußenminister Joachim von Ribbentrop, der Chef des OKW, Wilhelm Keitel, Reichsinnenminister Wilhelm Frick und der Gauleiter von Franken und Herausgeber der antijüdischen Hetzschrift »Der Stürmer«, Julius Streicher. Keitel sprach bemerkenswerte Schlussworte: »Ich habe geglaubt. Ich habe geirrt und war nicht imstande zu verhindern, was hätte verhindert werden müssen. Das ist meine Schuld.« Obgleich offenblieb, an was Keitel geglaubt hatte, zeugten diese Worte im Unterschied zu anderen NS-Kriegsverbrechern von einer Einsicht in eigenes Fehlverhalten und persönliche Schuld. Hermann Göring beging Selbstmord. Gegen Martin Bormann, den ehemaligen Reichsleiter der NSDAP, wurde in Abwesenheit das Todesurteil verhängt.

Sieben Angeklagte wurden zu Haftstrafen zwischen zehn Jahren und lebenslänglich verurteilt. Es gab auch umstrittene Freisprüche wie die des ehemaligen Reichskanzlers Franz von Papen und des früheren Reichsbankpräsidenten Hjalmar Schacht. Mitunter waren es umstrittene Urteilssprüche wie gegen Albert Speer, der in seiner Funktion als Rüstungsminister Zugriff auf Hunderttausende von Zwangsarbeitern hatte und für den Tod vieler von ihnen verantwortlich war. Speer wurde zu 20 Jahren Gefängnis verurteilt, welche er in Spandau abgesessen hatte und 1966 gemeinsam mit dem vormaligen Reichsjugendführer Baldur von Schirach entlassen wurde. Speer hätte eigentlich lebenslänglich verdient, aber er kam wohl glimpflich davon, weil er sich gegen Kriegsende unter Lebensgefahr Hitlers weiteren zerstörerischen Befehlen widersetzte. Seine fragwürdigen Erinnerungen waren Ausdruck eines politischen Chamäleons.

Das IMT verurteilte das NSDAP-Führerkorps, die Gestapo, den SD und die SS als »verbrecherische Organisationen«. Nicht verurteilt wurden hingegen die SA, die

Reichsregierung, der Generalstab und das OKW. Die Verurteilten wurden in ein Kriegsverbrechergefängnis nach Berlin-Spandau gebracht, das die vier Besatzungsmächte abwechselnd bewachten. Bis in die 1960er-Jahre befanden sich die Verurteilten dort in Haft.
Lebenslängliche Haft erhielt der »Führer-Stellvertreter« Rudolf Heß, der am 10. Mai 1940 in eine Falle des britischen Secret Service gelockt worden und nach Schottland geflogen war, um den Briten ein »Friedensangebot« zu unterbreiten und so Hitler den Rücken für seinen Krieg gegen Sowjetrussland freizuhalten. Heß war kein engelhafter »Friedensbote«. Er wollte einen Separatfrieden mit den Briten, um Hitler den Rücken freizuhalten und den Krieg gegen die Sowjetunion führen zu können. Moskau hatte daher an einer vorzeitigen Freilassung kein Interesse. Bis zu seinem mysteriösen und bis zuletzt unaufgeklärt gebliebenen Selbstmord im Jahre 1987 verbüßte er seine Haftstrafe in Spandau. Nach seinem Tod wurde das Gefängnis geschleift, um keinen Ort für einen »Märtyrer« zu hinterlassen.
Die Prozesse des IMT wurden von der deutschen Bevölkerung aufmerksam verfolgt und ihr Ausgang generell befürwortet. Erstmals wurde die individuelle Schuld von Politikern und Militärs untersucht und bestraft. Der Prozess trug maßgeblich zur Aufklärung der NS-Untaten bei. So legitim er politisch wie moralisch war, so juristisch fragwürdig blieb er. Die »Organisationsverbrechen« waren strittig. Die Verstöße gegen die Rechtsgrundsätze »nulla poena sine lege« (keine Strafe darf ohne gesetzliche Grundlage verhängt werden) und »tu quoque« (gleiches Fehlverhalten) wogen schwer. Unrechtshandlungen und Verbrechen der Alliierten durften weder behandelt noch geahndet werden (das »geheime Zusatzprotokoll« des Hitler-Stalin-Paktes 1939 zur Aufteilung Polens, die Zuweisung des Baltikums unter die Herrschaft der Sowjetunion und das Massaker an polnischen Offizieren von Katyn im April und Mai 1940 durch NKWD-Einheiten wurden geleugnet, die angloamerikanischen Flächenbombardements gegen deutsche Städte und die Zivilbevölkerung fanden keinen Eingang in die Anklage, die US-Atombombenabwürfe auf Hiroshima und Nagasaki blieben unerwähnt, geschweige denn das sie geahndet wurden etc.). Das konnte nicht verwundern.
Im Londoner Viermächte-Abkommen vom 8. August 1945, auch Nürnberger Charta genannt, waren die Rechtsgrundlagen und die Prozessordnung des IMT und der US-Militärgerichtshöfe fixiert worden. Sie waren eigens für die Nürnberger Prozesse ins Leben gerufen und darin bereits vereinbart worden, die Behandlung alliierter Völkerrechtsverletzungen im Prozess nicht zuzulassen. »Siegerjustiz« lautete daher der Vorwurf.
Es folgten das ähnlich gelagerte Tribunal der Tokioter Prozesse 1946–1948 gegen die Kriegsschuldigen in Japan und viel später der Kriegsverbrecherprozess gegen Slobodan Milošević 2002–06 seitens des neu installierten Internationalen Strafgerichtshofs (IStG) in Den Haag. International weitgehend folgenlos blieb der IMT für Kriegsverbrechen gegen die Groß- und Supermächte. Eine für alle, nämlich auch siegreiche Mächte verbindliche strafrechtliche Kodifizierung von Angriffskriege ließ sich angesichts deren Machtpolitik naturgemäß nicht durchsetzen, so dass das IMT für eine solche erweiterte Völkerrechtsentwicklung wirkungslos blieb.

Es folgten im Zuge des IMT in den Jahren 1946–1949 noch zwölf Nachfolgeprozesse gegen 39 Ärzte und Juristen, 56 Angehörige der SS und Polizei, 42 Industrielle und Bankiers, 26 militärische Führer sowie 22 Minister und hohe Regierungsvertreter. 35 wurden freigesprochen, 24 zum Tode, 20 zu lebenslanger Haft und 98 zu Freiheitsstrafen zwischen 18 Monaten und 25 Jahren verurteilt.
Im Jahre 1951 setzte US-Hochkommissar John McCloy die Strafen herab. Die Bundesregierung erkannte die Nürnberger Prozesse nicht an. Bundeskanzler Konrad Adenauer und Bundespräsident Theodor Heuss hatten sich auch für die zum Tode Verurteilten eingesetzt. Zwölf davon wurden hingerichtet, elf zu Haftstrafen begnadigt und einer an Belgien ausgeliefert. Nicht nur die großen, sondern auch die »kleinen« Nationalsozialisten sollten zur Verantwortung gezogen werden.
Die hier genannten Zahlen erscheinen angesichts der enormen und starken Verstrickungen dieser Berufs- und Personengruppen in das NS-System gering. Zu einer durchgreifenden und flächendeckenden Entnazifizierung kam es nicht, wobei sich die Frage stellt, ob es zu einer solchen überhaupt kommen konnte. Der Bedarf an Verwaltungsbeamten war beispielsweise zu groß, um alle NS-belasteten Personen auszutauschen und es waren auch nicht ausreichend Alternativen vorhanden. So war es fast ein »normaler« Prozess, der übrigens auch 1918/19 oder nach Brüchen und Zäsuren auch in anderen Ländern so ablief.
Die Entnazifizierung versandete 1948/49 im Zuge der sich vollziehenden deutschen Weststaatsgründung, im Zeichen des voll entbrannten Kalten Krieges und des rasch wiederbelebten Antikommunismus, der in der deutschen Geschichte des 20. Jahrhunderts eine starke und laut Josef Foschepoth viel zu wenig beachtete Tradition hatte. Weniger »Altnazis«, als vielmehr Antikommunisten waren nun auch für die USA in der »neuen« BRD gefragt. Kommunisten galten als größere Staatsfeinde als (ehemalige) Nationalsozialisten. So kann es nicht verwundern, dass belastete Nationalsozialisten in höhere Regierungsfunktionen gelangten. 1960 erfolgte der Rücktritt des Ministers für Vertriebene, Flüchtlinge und Kriegsgeschädigte, Theodor Oberländer (BHE) (1953–1960), und 1964 der seines Nachfolgers, des Ministers Hans Krüger (CDU) (1963/64) wegen belastender Taten während der NS- und Kriegszeit. Kritik erfolgte auch gegen Adenauers Staatssekretär Hans Globke, der an der Redigierung der »Nürnberger Rassengesetze« von 1935 mitgewirkt hatte. Im Jahre 1965 wurden die Verjährungsfristen von NS-Verbrechen verlängert. Die Affäre Hans Filbinger (CDU) im Jahre 1978 führte zum Rücktritt des Ministerpräsidenten von Baden-Württemberg vor allem wegen nachträglicher »Rechtfertigung« der Hinrichtungsurteile als Marinerichter kurz vor Ende des Krieges. Das waren eher prominente Ausnahmen.
Die zuvor genannten Aspekte lassen den auch von deutschnationaler und rechtsgerichteter Seite wiederholt erhobenen Vorwurf von der »Reeducation« als »Gehirnwäsche« zweifelhaft erscheinen. Zum Teil waren damit auch Versuche verbunden, die Verwaltung zu modernisieren. Wenn diese eine Art »Gehirnwäsche« war, dann für die ›Vorzüge‹ des »American way of life and business« im Sinne eines Aufbruchs in die zweite Moderne wie auch für ein (neo)liberales Wirtschaftssystem und eine Anti-

Kartell-Gesetzgebung etc. In diesem Sinne war die »Umerziehung« sicher gegeben und wurde auch in Westdeutschland folgsam und willig umgesetzt. Eine von ideellen, moralischen und humanistischen Leitkategorien ausgehende »Reeducation« konnte den Amerikanern gar nicht vollständig gelingen, weil sie selbst nicht als ein Vorbild angesehen werden konnten.

Die viel bewunderte Nation, die gerade zwei Atombomben auf japanische Städte abgeworfen hatte, wies zu dieser Zeit im eigenen Land einen Rassismus, ein vom Sozialdarwinismus geprägtes Gesellschafts- und Wirtschaftssystem sowie in der politischen Kultur eine stark ausgeprägte Bigotterie und ein Frömmlertum auf – mit Auswirkungen bis in die Gegenwart. Vor diesem höchst problematischen Hintergrund musste eine aus dem gegebenen amerikanischen Selbstverständnis erwachsende politisch motivierte »Umerziehung« der Deutschen ambivalent erscheinen. Der Begriff der »Reeducation« ist zudem ideologieanfällig und daher zu dekonstruieren und zu entmythologisieren – sowohl für die deutsche wie für die amerikanische Seite.

Eine langfristig angelegte, tiefgehende, systematische und wirksame Entnazifizierung der Gesellschaft, der Justiz, des Pressewesens, der Medizin und der Staatlichkeit Deutschlands hat auch in der BRD im Grunde gar nicht stattgefunden. Es galt nach den Erfahrungen von 1918, 1933 und 1945 vor allem, einen starken und souveränen Staat aufzubauen. Dieses Ziel hatte Priorität vor Demokratie, Freiheit, Pluralismus und Rechtsstaatlichkeit (Josef Foschepoth). Zumindest laut Grundgesetz waren diese Anliegen – jedenfalls formal – gleichrangig, ob auch gleichgewichtig ist fraglich. Bekanntlich ist Papier geduldig. Insofern stellen sich die »Suche nach Sicherheit« (Eckart Conze) und die Auffassung von der »geglückten Demokratie« (Edgar Wolfrum) in einem anderen Licht dar.

Der deutsche Begriff der »Entnazifizierung« entstand im Beraterstab von General Dwight D. Eisenhower und stammt vom amerikanischen Wort der »Denazification« ab. Darunter verstand man eine breite Palette von Maßnahmen wie die Auflösung der NSDAP, die Beseitigung von NS-Gedankengut, NS-Gesetzen und NS-Verordnungen, die Abschaffung von NS-Symbolen, Straßennamen und Denkmälern, die Beschlagnahmung von NS-Vermögen und Dokumenten, die Internierung von NS-Funktionären, die Entfernung von NS-Herrschaftsträgern vom öffentlichen Leben und die Untersagung der Verbreitung von NS-Ideologie sowie Verbote von NS-Demonstrationen.

Die Entnazifizierung war ein hochkomplexer Prozess, der mit dem behördlichen und formalrechtlichen Bestreben verbunden war, nach dem Ende des »Tausendjährigen Reiches« Nationalsozialisten von führenden Stellungen in Verwaltung und Wirtschaft auszuschließen und gegen sie – je nach Intensität ihrer Aktivität für die NSDAP, das NS-System und den NS-Staat – »Sühne-Maßnahmen« einzuleiten, die ein Spektrum von Geldbußen und Haftstrafen bis zur Todesstrafe und Hinrichtung umfassen konnten.

In Baden, Bayern und Württemberg-Hohenzollern erließen die jeweiligen Länder gemeinsam mit den französischen und US-amerikanischen Besatzungsregimes spezifische Rechtsvorschriften. Der bürokratisch-justiziellen Entnazifizierung auf strafgesetzlicher Basis folgte die politisch-bürokratische als Ausdruck des Willens der

Besatzer und neuer politischer Eliten sowie die später auch »instrumentalisierte politische Säuberung«, wobei hier an die Vorgänge in der SBZ, der späteren DDR, zu denken wäre, wo unter dem Deckmantel des »Antifaschismus« alle möglichen missliebigen Personen politisch ausgeschaltet werden konnten. Stalinistische Methoden und Praktiken sollten nun auch auf Deutschland bzw. seinen östlichen Teil übergreifen.

Die Entnazifizierung wurde in den verschiedenen Besatzungszonen unterschiedlich gehandhabt. In der SBZ war sie ein Mittel zur Bekämpfung des »Klassenfeinds« und diente auf diese Weise auch zur Transformation des Gesellschafts- und Wirtschaftssystems. Bodenreformen, Enteignungen und Verstaatlichungen wurden damit legitimiert. In der SBZ ergibt sich insgesamt ein widersprüchliches Bild: Die SMAD forcierte einerseits die Entnazifizierung, insbesondere in Rechtsprechung und Verwaltung sowie bei Lehrern, andererseits wurden ehemalige NSDAP-Mitglieder auch rasch in die SED aufgenommen.

In der französischen Besatzungszone wurde die Entnazifizierung auf administrativem Wege, insbesondere nach politischer Zweckmäßigkeit, durchgeführt. Die britische Militärregierung agierte auf ihre Weise pragmatisch und legte die Priorität auf die Wirksamkeit der zu installierenden Verwaltung. Sie besaß Vorrang vor politischer Säuberung, was zur Wiederbeschäftigung zahlreicher ehemaliger NS-Bürokraten führte. Die Briten behielten sich bis Mitte 1947 alle Entscheidungen über Entnazifizierungsmaßnahmen selbst vor.

Die höchste Zahl an Entnazifizierungen erreichte die US-Zone, in der sie äußerst rigoros praktiziert wurden. Grundsätzlich musste ein Fragebogen mit 131 Fragen ausgefüllt werden. Das OMGUS hatte gemeinsam mit deutschen Verwaltungsstellen sogenannte Spruch- und Berufungskammern eingesetzt, die wie Gerichte agierten und die untersuchten Personen verschiedenen Gruppen zuordneten, von denen es fünf gab: Hauptschuldige, Belastete, Minderbelastete, Mitläufer und Entlastete. Die Personen, die den ersten drei Kategorien zugehörig waren, hatten Strafen zu erwarten, die von mehrjähriger Arbeitslagertätigkeit über Berufsverbote, Amts- oder Pensionsverluste bis zur Aberkennung des aktiven und passiven Wahlrechts reichten. »Mitläufer« hatten Geldbußen zu zahlen.

Die Beschlüsse und die damit verbundenen Maßnahmen wurden mitunter als Willkürakte empfunden und wirkten fallweise kontraproduktiv. Selbst bei Gegnern des Nationalsozialismus trafen sie auf Ablehnung. Allein in Bayern waren rund 70 % der Bevölkerung von den Spruchkammerverfahren betroffen, was bürokratische Probleme nach sich zog. Unmut entstand nicht allein deshalb, sondern auch weil die Verwaltung dazu überging, zunächst die leichteren Fälle zu behandeln, während jene von schwerer Belasteten aufgeschoben wurden. Das Unverständnis erhöhte sich aber auch, als die Aktivitäten der Säuberung der US-Regierung im Zeichen der sich zuspitzenden Ost-West-Konfrontation zurückgingen. Das steigerte sich bis zu weitgehender Interesselosigkeit an der Fortsetzung der Entnazifizierung, bis sie am 31. März 1948 eingestellt wurde, ohne dass Verfahren gegen schwerer Belastete abgeschlossen waren! In einem solchen politischen Klima war es für Exilanten (1933–

1945) nicht einfach, ja mitunter unerträglich, an eine Rückkehr nach Deutschland zu denken.
Die überwiegend bürokratisch und nur halbherzig durchgeführte und dann auch auf halbem Wege stecken gebliebene Entnazifizierung löste nicht nur anhaltende Kritik aus, sondern belastete und überschattete auch den personellen und politischen Prozess der Rekonstruktion in Deutschland. Die mit überfrachteten Formalien und der Beschaffung von »Persilscheinen« (Entlastungszeugnissen) zur Farce gewordene Entnazifizierung strafte die Vorstellung von der »Umerziehung« der Deutschen nach 1945 Lügen. In den westlichen Zonen galt die Entnazifizierung als Spruch-Tätigkeit im Großen und Ganzen 1948 als abgeschlossen, sodass ein Jahr darauf in allen Ländern der Bundesrepublik »Entnazifizierungs-Schlussgesetze« erlassen wurden.
War mit dem IMT auf höchster Ebene ein Exempel statuiert worden, das, wie gesagt, international relativ folgenlos geblieben war, so versandete die Entnazifizierung auf der untersten Ebene. Im Zeichen des virulent gewordenen Kalten Krieges wurde die Entnazifizierung eingestellt. Von »Reeducation« war keine Rede mehr. Man brauchte verlässliche Antikommunisten. Das waren die ehemaligen Nationalsozialisten und hohe Wehrmachtsoffiziere. Der Prozess gegen Generalfeldmarschall Erich von Manstein sagt hierzu viel aus. Zunächst im Jahre 1949 von einem britischen Militärgericht als »Kriegsverbrecher« zu 18 Jahren Haft verurteilt, wurde er nach 1953 freigelassen und rehabilitiert. Adenauer hatte sich auch für ihn eingesetzt. Er publizierte anschließend seine militärgeschichtlich wertvollen Memoiren »Verlorene Siege«.
Der unverzügliche Wiederaufbau eines kapitalistisch-privatwirtschaftlichen deutschen Weststaats besaß Vorrang. Die Hauptsorge der meisten Deutschen war vornehmlich auf ihre Existenzsicherung ausgerichtet. Viele hofften, die Vergangenheit vergessen und damit ungeschehen zu machen, v. a. aber mit der Bewältigung der gegenwärtigen Aufgaben »bei Null« anfangen zu können. Auch hier gewinnt der Begriff von der »Stunde Null« eine problematische Bedeutung. Die gesellschaftspolitischen Auswirkungen traten damit Ende der 1960er-Jahre und in den 1970er-Jahren offen zutage.

1.7 Beginn des Kalten Kriegs und Präjudizien für die innerdeutsche Teilung: Bizone, Münchner Ministerpräsidentenkonferenz 1947 und »Trizonesien« 1948

Die Anti-Hitler-Koalition wies bereits während des Krieges Friktionen und Risse auf. Sie zerbrach zwei Jahre nach Kriegsende vollends. Beredtes Zeugnis davon ist das »Long Telegramm« von George F. Kennan, dem US-Botschafter in Moskau, der vor der Gefahr des sich ausbreitenden Kommunismus warnte.
Die Vereinigten Staaten und die UdSSR waren als Weltmächte aus dem Sieg gegenüber NS-Deutschland und Japan hervorgegangen. Großbritannien war bereits ein stark angeschlagener Sieger, Frankreich eine spät hinzugekommene und von den

anderen dreien gerade so geduldete Besatzungsmacht. Briten und Franzosen waren außerdem von amerikanischer Finanz- und Wirtschaftshilfe abhängig. Die Gegensätze in der inneren Verfassungsstruktur und die verschiedenen weltpolitischen Zielsetzungen führten zu massiven Konflikten nicht nur in Europa. Die USA hatten mit der Atombombe zunächst noch einen nuklear-politischen Vorsprung vor der UdSSR. Deutschland war prominenter Schauplatz des Kalten Krieges, was sich auf die Politik der Besatzungsmächte und ihre Zonen unmittelbar auswirkte. Die Ost-West-Konfrontation beeinflusste die politische Kultur der Deutschen in Ost wie West.

Mit Bildung der Parteien begann die Debatte über die zukünftige Gesellschafts- und Wirtschaftsordnung Deutschlands, wobei Mitbestimmung der Arbeiter auf Betriebs- und Unternehmensebene und Sozialisierung gefordert wurden, v. a. von der SPD und den Gewerkschaften. Vergleichbare Überlegungen beinhalteten die Konzepte der Christdemokraten um Jakob Kaiser. Das Ahlener Programm der CDU der britischen Zone vom Februar 1947 hielt fest, »dass die Zeit der unumschränkten Herrschaft des privaten Kapitalismus vorbei ist«. Kohle und Stahl sollten verstaatlicht und Konzerne zerschlagen werden. Die Forderungen nach Sozialisierung fanden sich auch in den Landesverfassungen wieder. Gegen die Sozialisierung stemmten sich die Amerikaner mit Erfolg, worauf die Briten nachgeben mussten. Privatfirmen ließen sich vom übermächtigen US-Dollar leichter aufkaufen als sozialisierte Industrien.

Die »Vergesellschaftung der Produktionsmittel«, die auf dem SPD-Parteitag in Hannover vom 9. bis 11. Mai 1946 von Kurt Schumacher ebenso wie die Abschaffung des privaten Unternehmertums gefordert wurde, war damit für die Westzonen verhindert. Gab es in den Sozial- und Wirtschaftsordnungen in den westlichen Zonen zunächst große Zustimmung für Sozialisierung und Mitbestimmung, was sich in den Länderverfassungen und -gesetzen manifestierte, so vereitelten die USA die Umsetzung solcher Maßnahmen mit dem Argument, die Regelung der Wirtschaftsordnung sei allein Aufgabe eines gesamtdeutschen Staates.

Im Unterschied zur SPD waren FDP und CSU von Anfang an gegen Sozialisierung. In der CDU erfolgte 1948/49 die Hinwendung zu der von Ludwig Erhard entwickelten Politik der »sozialen Marktwirtschaft«, die auf Kapitalismus und Privateigentum gründete und dem Staat soziale Schutz- und politische Korrektiv-Funktion zuwies.

Die Kontroverse über die zukünftige Außenpolitik Deutschlands geriet ebenfalls rasch in den Strudel des Kalten Kriegs. Angesichts des sowjetischen Bedrohungspotenzials traten im Westen nur sehr wenige Politiker für eine Ostorientierung ein. Allerdings war die Westorientierung auch nicht unumstritten. In der CDU wurde zwischen Befürwortern einer Westbindung und den Verfechtern eines Mittelweges zwischen Ost und West gestritten. Führender Exponent der Westoption war der spätere Bundeskanzler Adenauer, für Deutschland als »Brücke« trat Jakob Kaiser, später Minister für gesamtdeutsche Fragen, ein. Adenauer konnte in den Jahren 1949–1955 die kontroverse Frage für sich entscheiden, zumal er die Westmächte auf seiner Seite hatte, die mit ihrer Politik ab 1948/49 auch auf die Schaffung eines westdeutschen Teilstaates abzielten. Die Behauptung seiner Haltung und die Durchsetzung seiner Politik, die die gespaltene deutsche Nation für Jahrzehnte ent-

scheidend bestimmen sollte, war von den politischen Entwicklungen der Jahre von 1947 bis 1949 maßgeblich begünstigt und durch die politischen Entscheidungen von 1949 bis 1955 gefestigt worden.
Erste Anzeichen für eine Teilung Deutschlands hatte es bereits am 1. Januar 1947 gegeben, als Amerikaner und Briten im Zuge der Nahrungsmittel-Knappheiten des Winters 1945/46 und unter französischem und sowjetischem Protest ihre Zonen zusammenführten. Unter Aufsicht der Angloamerikaner erhielt die »Bizone« eine Art Parlament, genannt »Wirtschaftsrat«, einen »Länderrat« sowie eine Exekutive. In diesen Gremien wandelte sich die ordnungspolitische Debatte der CDU-Vertreter von den Forderungen nach Sozialisierung, wie sie noch im Ahlener Programm am 3. Februar 1947 festgelegt worden war, zum Konzept einer »sozialen Marktwirtschaft«. Gemeinsam mit der FDP entschieden sich die westdeutschen Christdemokraten im Wirtschaftsrat für den parteilosen Experten Erhard als Direktor der Verwaltung für die Wirtschaft. Er sollte als späterer Wirtschaftsminister zum Exponenten des »deutschen Wirtschaftswunders« (Kap. 1.10.1) aufsteigen, zumal Adenauer keine Wirtschaftskompetenz besaß.
In der SBZ wie in den Westzonen waren Politiker in der unmittelbaren Nachkriegszeit bemüht, Verbindungen zu halten, um die Einheit aufrechtzuerhalten. Jakob Kaiser, CDU-Vorsitzender in der SBZ, hatte im März 1947 in der interzonalen CDU/CSU-Arbeitsgemeinschaft durchgesetzt, dass Vertreter aus allen Zonen in den Führungsgremien der Parteien einbezogen werden sollten, um im Rahmen einer permanenten Konferenz eine vorbereitende Plattform für eine parlamentarische Vertretung für ganz Deutschland zu bilden.
Dem Plan wurde in den Parteien der Westzonen zugestimmt, er scheiterte aber am Widerstand des SPD-Vorsitzenden Schumacher, der eine Konferenz unter Beteiligung der SED ablehnte, solange die SPD in der SBZ nicht wieder zugelassen sei. Nachdem unter den deutschen Parteipolitikern kein Konsens erzielbar war, ergriffen die Ministerpräsidenten der Länder mit der Idee einer gesamtdeutschen Vertretung die Initiative. Der Wunsch ging stärker von den Ostdeutschen aus. Der bayerische Ministerpräsident Hans Ehard (CSU) lud sodann am 7. Mai 1947 zu einer Zusammenkunft aller Länderregierungschefs für den 6. und 7. Juni 1947 nach München.
Motiv und Gegenstand für diese Zusammenkunft waren »die Beratung von Maßnahmen [...], die von den verantwortlichen Ministerpräsidenten den alliierten Militärregierungen in Vorlage gebracht werden sollen, um ein weiteres Abgleiten des deutschen Volkes in ein rettungsloses wirtschaftliches und politisches Chaos zu verhindern«. Gemeint war damit nicht die Wiederherstellung des deutschen Nationalstaats, sondern die Beratschlagung und Organisation einer künftigen bundesstaatlichen Gestaltung Deutschlands.
Ehard vertrat die Auffassung, dass die Ministerpräsidenten als »Treuhänder des deutschen Volkes« zu sehen seien, solange es keine Instanz für Gesamtdeutschland gab. Die Konferenz sollte neben den brennenden Fragen der Ernährung und Wirtschaft den Stand der Entwicklung der Bizone, deren Existenz nicht gefährdet werden sollte, und das Flüchtlingsproblem behandeln.

Abb. 6: Vorbereitung der »Bizone« durch Zusammenschluss der britischen und amerikanischen Zone

Die Teilnahme der ostzonalen Ministerpräsidenten in München war zunächst gar nicht sicher. Sie mussten Marschall Wassili Danilowitsch Sokolowski die Zustimmung zur Reise nach München förmlich abringen und kämpften regelrecht um ihre Teilnahme. Eingetroffen in München kritisierten sie jedoch, dass bereits eine festgelegte Tagesordnung bestand und das Thema »deutsche Einheit« von der Agenda abgesetzt worden war! Das war für sie enttäuschend. Da ihre Änderungswünsche nur teilweise berücksichtigt wurden, v. a. aber nicht das Thema Gesamtdeutschland, zogen sie ab, bevor die Konferenz begonnen hatte.
Ehard eröffnete die Konferenz mit einem Bekenntnis zur »deutschen Einheit«, um die noch in einem Münchner Hotel weilenden SBZ-Politiker zu einer Rückkehr zu bewegen. Der einzige Versuch, auf dem Wege einer gesamtdeutschen Ministerpräsidentenkonferenz die Einheit Deutschlands zu bewahren, bewirkte jedoch das Gegenteil. Ehard hielt im klaren und vollen Bewusstsein der Abreise der ostdeutschen Amtskollegen fest: »Dieser Vorgang bedeutet die Spaltung Deutschlands.« Die westzonalen Vertreter unternahmen in weiterer Folge nichts mehr, um

das Steuer herumzureißen. Sie fanden sich vorerst mit dem Faktum der Auseinanderentwicklung ab. Dieses von den Deutschen selbst zu verantwortende Szenario hatte weitreichende Folgen für die später vollzogene Teilung, aber auch die Westalliierten hatten ihre Hände im Spiel.

Mehrere Faktoren spielten eine Rolle: Auf Initiative Schumachers hatten sich die Regierungschefs der britischen Zone darauf geeinigt, dass die Münchner Konferenz sich nicht mit politischen Themen befassen sollte. Frankreich hatte den Ministerpräsidenten seiner Zone zur Bedingung gemacht, nur wirtschaftliche Themen zu behandeln. Die Ministerpräsidenten der SBZ waren auf Veranlassung Ulbrichts mit der verbindlichen Auflage beauftragt worden, den Antrag auf Bildung einer deutschen Zentralverwaltung durch Verständigung der demokratischen deutschen Parteien und Gewerkschaften zur Schaffung eines deutschen Einheitsstaates als eigenen Punkt auf die Tagesordnung zu setzen und »im Fall einer Ablehnung sofort die Konferenz zu verlassen«.

Die deutschen Länderchefs hielten sich alle an die Vorgaben der Besatzer und waren offenbar weder zur Emanzipation in der Lage noch zur Einigung bereit und fähig. Hinzu kam das frühe Bestreben der Westalliierten, vor allem der Franzosen und Briten, zur Schaffung eines deutschen Weststaates unter Abkoppelung der SBZ. Die Hoffnungen der westzonalen Landespolitiker richteten sich in München auf einen Anschluss der französischen Zone an das »bizonale Wirtschaftsgebiet«. Frankreich sollte mit Bekenntnissen zur politischen Einheit nicht verstimmt werden. Vorstellungen von einer »Magnettheorie« des Westens spielten nicht nur bei Adenauer, sondern auch bei Schumacher eine Rolle, der Ende Mai 1947 festhielt:

»Die Prosperität der Westzonen [...] kann den Westen zum ökonomischen Magneten machen. Es ist realpolitisch vom deutschen Gesichtspunkt aus kein anderer Weg zur Erringung der deutschen Einheit möglich, als diese ökonomische Magnetisierung des Westens, die ihre Anziehungskraft auf den Osten so stark ausüben muss, dass auf die Dauer die bloße Innehabung des Machtapparates dagegen kein sicheres Mittel ist. Es ist gewiss ein schwerer und vermutlich langer Weg [...].«

Schumachers Annahme beinhaltete einen verhängnisvollen Schlusssatz, der die Problematik der Westzonenpolitik vorwegnahm: Die Hypothek der Teilung der Nation sollte vierzig Jahre auf Deutschland und den Menschen im Osten lasten und die gesellschaftlichen, politischen, menschlichen, seelischen und wirtschaftlichen Folgen unabsehbar sein. Die Spaltung Deutschlands hatten nicht nur die Alliierten, sondern auch deutsche Politiker mit zu verantworten.

»Wir sind die Eingeborenen von Trizonesien, Hei-di-tschimmela, tschimmela-bumm. Wir haben Mägdelein mit feurig-wildem Wesien [...] Wir sind zwar keine Menschenfresser, doch wir küssen umso besser [...] Mein lieber Freund, die alten Zeiten sind vorbei, ob man da lacht, ob man da weint. Die Welt geht weiter, eins, zwei, drei [...]«, lautete ein so frivoler wie dümmlicher Karnevalshit des Komponisten, Texters und Sängers Karl Berbuer, der am »11.11.« 1948 in Köln vorgestellt wurde. Den Titel hatte er noch ändern müssen, denn es hieß ursprünglich »Bizonesien-Lied«.

Vor dem 11. November zeichnete sich bereits ab, dass die Bizone mit der französischen zur »Trizone« vereinigt werden würde. Die britische *Times* titelte im Frühjahr 1949 mit »Die Deutschen werden wieder frech« und argwöhnte aufkeimenden Revanchismus in Deutschland. Tatsächlich ironisierte Berbuer das zur Ideologie überhöhte »deutsche Wesen« zum »Wesien«, was alles andere als NS-Ideologie war. Das besorgte Ausland begriff erst langsam und die Besatzer lernten das Lied auch zu lieben. »Trizonesien« war für die westdeutschen Politiker 1948/49 vordringlicher und wichtiger als die Einheit Deutschlands und dies vor allem aus ökonomischen und politischen Gründen. Privatwirtschaftliche Überlegungen und eine nicht ganz unbegründete Russen-Angst spielten dabei eine wesentliche Rolle.

1.8 Der erste Sieg der Westmächte im frühen Kalten Krieg um Deutschland

1.8.1 Der Marshall-Plan und das Ende des Alliierten Kontrollrats

Bereits im Zweiten Weltkrieg entwickelte sich der weltpolitische Gegensatz zwischen der UdSSR und den USA. Das militärische, vor allem politische Eingreifen der Sowjetunion in Mittel- und Osteuropa, insbesondere die polnischen Grenzregelungen und die Maßnahmen in ihrer Zone in Deutschland bewirkten Skepsis und Misstrauen, und erzeugten Unwillen im Westen.

Am 5. März 1946 hielt der konservative Winston S. Churchill, der zu jener Zeit in politischer Opposition war, eine Rede in Fulton/Missouri, in der er das Bild vom »Eisernen Vorhang« strapazierte, der von Stettin bis Triest über Europa niedergegangen sei. Die Sowjetunion, die ihre im Krieg durch Unterstützung der Angloamerikaner erreichte Einflusssphäre in der Mitte und im Osten Europas nun durch Förderung kommunistischer Einparteiensysteme und staatliche Apparate zur Repression konsolidieren konnte, provozierte damit die Entscheidung des Westens zum Kalten Krieg. Weitere amerikanisch-sowjetische Interessengegensätze in Persien, Griechenland und der Türkei kamen noch hinzu und markierten den Start der nun auch öffentlich wahrnehmbaren Konfrontation 1946/47.

Die Administration unter dem neuen Präsidenten Harry S. Truman reagierte mit einer Politik der »Eindämmung«. Dahinter stand die Vorstellung von Jalta und einer geteilten Welt in Einflusssphären. Deutschland war in erster Linie davon betroffen. Die Westzonen wurden in das von US-Außenminister George C. Marshall am 5. Juni 1947 in Harvard angekündigte »European Recovery Program« (ERP) einbezogen, das Präsident Truman am 12. März mit der verkündeten »containment policy« in Europa bereits initiiert hatte. Die ökonomisch katastrophalen Verhältnisse in Westeuropa wie auch in den deutschen Besatzungszonen wurden aus Sicht

der USA als Erschwernis zur Realisierung des »containment« (»Eindämmung«) eingestuft.
Die Ernährungs- und Versorgungslage war dramatisch. Die Bewirtschaftung aller Konsumgüter im Krieg wurde von den Besatzungsmächten fortgeführt. Die beibehaltenen Lebensmittelkarten sicherten aber nun nicht mehr die vorgesehenen Güter. Infolge der NS-Kriegswirtschaft waren enorme Geldbeträge in privater Hand, denen nur ein geringes Warenangebot gegenüberstand. So blühte der Schwarzmarkt. Die Not war nach dem Kältewinter 1946/47 in den Städten groß. Wer »Ami-Zigaretten« hatte, konnte auf dem Schwarzmarkt so gut wie alle Grundnahrungs- und Lebensmittel erhalten. Viele Deutsche wirkten an diesem verbotenen Tauschhandel mit. Es ging um das nackte Überleben. Die bisherigen US-Hilfen waren nicht ausreichend und weitere Kredite in der amerikanischen Öffentlichkeit umstritten. So sollte ein neues Konzept unter Einbindung der europäischen Staaten unter der Auflage der Liberalisierung des Handels- und Zahlungsverkehrs neue Wege beschreiten helfen.
Der so bezeichnete Marshall-Plan basierte auf der freien Kapital- und Privatwirtschaft. Die UdSSR lehnte mit einer großen Delegation unter Leitung von Außenminister Wjatscheslaw Molotow auf einer Konferenz in Paris am 2. Juli 1947 eine Teilnahme am ERP ab. Ihre »Bruderstaaten« hatten dieser Linie zu folgen.
Die meisten westeuropäischen Staaten schlossen sich hingegen der US-Europapolitik an. Der Marshall-Plan wurde am 3. April 1948 vom US-Kongress verabschiedet. Die Hilfen wurden durch die Organization for European Economic Cooperation (OEEC) in Paris verteilt. Das ERP beinhaltete nicht nur Kredite, sondern v.a. auch Güter-, Dünge- und Lebensmittel sowie Maschinen- und Rohstofflieferungen.
Das über zwölf Milliarden US-Dollar starke ERP kam vor allem Großbritannien (3,6 Milliarden $), Frankreich (3,1 Milliarden $), den deutschen Westzonen bzw. der späteren BRD (1,5 Milliarden $), Italien und Österreich (rund 1 Milliarden $) zugute. Österreich bekam die Hilfe zur Gänze geschenkt, während die Bundesrepublik die erhaltenen Gelder größtenteils zurückzahlen musste.
In den Empfängerländern wurden die Erlöse für die empfangenen Hilfen in inländischen Zahlungsmitteln bei den nationalen Notenbanken gesammelt. So entstanden in den ERP-Staaten aus den Gegenwertmitteln (»Counterparts«) Fonds mit Investitionspotenzial, die eigene wirtschaftliche Aktivitäten im nationalen Rahmen – allerdings unter Kontrolle der USA – ermöglichten.
Moskau interpretierte daher auch den Marshall-Plan als Einmischung in die inneren Angelegenheiten »souveräner« Staaten. Molotow lehnte eine Beteiligung der unter sowjetischer Kontrolle stehenden Staaten Mittel- und Osteuropas insbesondere deshalb ab, zumal das ERP mit kapitalistischen und privatwirtschaftlichen Auflagen verbunden war. Im Juli 1947 reagierte die UdSSR mit dem »Molotow-Plan«, aus dem 1949 der Rat für gegenseitige Wirtschaftshilfe (RGW) bzw. der Council on Mutual Economic Cooperation (COMECON) hervorgehen sollte. Er wurde das Gegenstück zur OEEC und zum Marshall-Plan.
Der D-Mark-ERP-Fonds bei der Bank deutscher Länder wurde vor allem für Investitionen in der Grundstoffindustrie, Landwirtschaft, Forschung, Exportförderung

sowie im Verkehrsbereich und Wohnungsbau und zum Ausbau der Energiewirtschaft eingesetzt. Bis 1957 erhielten die drei Westzonen und West-Berlin bzw. die Bundesrepublik, die dem OEEC-Abkommen am 15. Dezember 1949 beigetreten war, Hilfeleistungen, die Hilfe zur Selbsthilfe, aber weder ausschlaggebend noch entscheidend für das spätere »Wirtschaftswunder« (Kap. 1.10.1) waren, sondern ein psychologisch hilfreicher und propagandistisch werbewirksamer Zusatzfaktor.

Es waren ganz andere Faktoren: Freigelegte bisher gestreckte Materialien und versteckte Ressourcen, der erhebliche Zuwachs an Facharbeiter-Potential der Vertriebenen aus den Ostgebieten und der Flüchtlinge aus der DDR, der Güter- und Konsumbedarf, die Vorleistungen der NS-Zwangsarbeiterschaft, aber auch der Fleiß und Wiederaufbauwille der Deutschen selbst, v.a. der »Trümmerfrauen« und der Kriegsheimkehrer. Genügend vorhandenes Knowhow, das zündende Konzept der »sozialen Marktwirtschaft«, die anziehende Exportkraft der deutschen Wirtschaft sowie die starke Binnennachfrage und nicht zuletzt der »Korea-Boom« waren in Kombination wichtiger als der Marshall-Plan.

Der Krieg in Fernost heizte im besonderen Maße die bundesdeutschen Ausfuhren an. Vor allem aus eigener Kraft und mit Unterstützung der USA gelang in Westdeutschland ein im Unterschied zu Frankreich und Großbritannien beispielloser wirtschaftlicher Aufstieg, der als »Wirtschaftswunder« in die Geschichte einging und die Bundesrepublik zum geachteten Akteur in der westlichen Welt und zum gefürchteten Kontrahenten in der östlichen Welt machte.

Teil des Bildes vom »Wirtschaftswunder« wurde der »Volkswagen«, der VW. Am 5. August 1955 ging der millionste »Käfer« vom Band. Dieses Exemplar wurde vergoldet und befindet sich in der »Autostadt«, dem großangelegten VW-Museum im niedersächsischen Wolfsburg (Abb. 7). Der VW wurde zum Motor der westdeutschen Wirtschaft.

Der Marshall-Plan war von antikommunistischer US-Propaganda flankiert und für das wachsende Selbstbewusstsein der Westdeutschen vor allem psychologisch von Wert. So alternativlos das Konzept des ERP »Tue Gutes und rede darüber« wirkte, für Europa und Deutschland als Ganzes war es verhängnisvoll, weil es durch die Absage der Sowjetunion die Teilung des Kontinents begünstigte und die Spaltung Deutschlands vertiefte.

Die Absage an die britische Sozialisierungspolitik bezüglich des Ruhrgebiets war ebenso mit dem ERP verbunden wie die Amerikanisierung der Ordnungs- und Wirtschaftspolitik. Moskau beurteilte die von Washington eingeleitete wirtschaftliche Vereinigung der Westzonen zur besseren Organisation der Versorgung der Menschen wie auch das ERP als bewusste Einflussnahme des »Dollar-Imperialismus«, zumal die von der UdSSR aus ihrem starken Bedarf an Reparationen motivierte und daher unablässig geforderte Teilhabe an der Kontrolle des Ruhrgebiets von London zurückgewiesen wurde.

Auf das besetzte und geteilte Deutschland wirkte sich die abzeichnende weltpolitische Konfrontation besonders negativ aus, wobei wechselseitige Fehlwahrnehmungen und Missverständnisse keine unbedeutende Rolle spielten. Die Politik der

Abb. 7: Bild vom goldenen VW Käfer, das millionste Exemplar in der Autostadt Wolfsburg

Sowjets wurde von den USA als Versuch interpretiert, ganz Deutschland unter ihre Kontrolle zu bringen, worauf man mit der Doktrin der »Eindämmung« antwortete. Die Maßnahmen zur Machtkonsolidierung in der SBZ wurden aus dieser Perspektive gesehen. Was aber viel schwerer wog: Wiederaufbauhilfe für Westeuropa und Westdeutschland hieß auch gleichzeitig Ausschluss Mittel- und Osteuropas, verbunden mit einer Vorentscheidung für die deutsche Teilung, zumal die SBZ von den US-Hilfen ausgenommen war. Der für die Spaltung Deutschlands und Europas zu zahlende Preis war nach 1989/90 von Deutschland und der Europäischen Union im Sinne des »Aufbau Ost« und der EU-»Osterweiterung« zu übernehmen. Vierzig Jahre Kalter Krieg zwischen der BRD von Konrad Adenauer bis Helmut Kohl und der DDR von Walter Ulbricht bis Erich Honecker, der deutsch-deutsche Kalte Krieg im großen europäischen und globalen Krieg, waren und sind immer noch teuer zu bezahlen.
Die 1947/48 zunehmende Konfrontation und das wachsende Misstrauen zwischen der Sowjetunion und den USA sowie Sonderwünsche von Frankreich und die unterschiedliche Entwicklung in den Besatzungszonen stellten die Arbeiten des Alliierten Kontrollrats zunehmend in Frage.
Am 20. März 1948 verließ der sowjetische Vertreter Sokolowski unter Protest den Alliierten Kontrollrat, und zwar angesichts der ersten Londoner Sechs-Mächte-Konfe-

renz vom 23. Februar bis 6. März, auf der sich die drei westlichen Besatzungsmächte flankiert von den Niederlanden, Belgien und Luxemburg als unmittelbare Nachbarn Deutschlands auf eine gemeinsame staatliche Ordnung für ihre Besatzungszonen geeinigt hatten. Sokolowski verließ den Sitzungssaal für immer. Der Alliierte Kontrollrat war Geschichte und Berlin mit der aufziehenden sowjetischen Blockade 1948/49 eine geteilte Stadt.

1.8.2 Währungsreform und Abwehr der Berlin-Blockade durch die Luftbrücke 1948/49

Die Neuregelung der Währung mit dem Umtausch von Reichsmark in Deutsche Mark war eine amerikanische Vorbedingung für die Teilnahme der deutschen Westzonen am ERP. Nach Gründung der Bank deutscher Länder (BdL) wurde am 19. Juni 1948 ein »Währungsgesetz« der drei westlichen Militärgouverneure über Radio und Extrablätter verlautbart. Die Währungsreform folgte in den Tagen am 20./21. Juni. Der Umtausch erfolgte im Verhältnis von 1 : 1.
Die eigentliche Reform bestand allerdings in zahlreichen Sonderregelungen (Abb. 8). Jeder private Bürger in den Westzonen erhielt im Umtausch gegen das Altgeld von 60 Reichsmark ein einmaliges »Kopfgeld« von 40 Deutschen Mark (D-Mark) und im August noch einmal 20 D-Mark. Unternehmen bekamen für jeden Arbeitnehmer 60 D-Mark als Übergangshilfe. Guthaben der öffentlichen Hand und der Geldinstitute verloren an Gültigkeit – im Gegenzug bestanden Ausgleichsforderungen. Löhne, Gehälter, Pensionen, Renten, Mieten und Pachtzinsen wurden im Verhältnis von 1 : 1 umgewandelt, die meisten anderen Reichsmark-Verbindlichkeiten privater Altgeld-Guthaben 10 : 1, d. h. für zehn Reichsmark bekam man eine Deutsche Mark, zu 50 % frei verfügbar, zu 50 % gesperrt auf einem Festgeldkonto. Später wurden 70 % der Festkonten-Gelder ersatzlos gestrichen.
Es handelte sich um eine fundamentale Vermögensumverteilung. Während es die Sparer traf, weil deren Guthaben durch diese Regelungen eine Abwertung im Verhältnis von 100 : 6,5 erfuhren, wurden Eigentümer von Sachwerten (Grund, Immobilien etc.) bevorzugt. Was viel schwerer wog: Die Währungsreform in den deutschen Westzonen stellte einen weiteren Schritt zur Teilung Deutschlands dar. Bereits 1945 hatte allerdings auch in der SBZ eine Reform des Bank- und Geldwesens eingesetzt, so dass nur zwei Tage nach der Währungsreform im Westen eine solche im Osten stattfand.
Der Schritt zur währungspolitischen Teilung wurde also vom Osten sofort mit vollzogen. Es gab dazu auch keine Alternative. In der Relation von 1 : 1 wurden dort Noten bis zu 70 Reichsmark pro Kopf gewechselt, die restlichen Noten im Verhältnis von 10 : 1 wie auch Ersparnisse zwischen 1.000 und 5.000 Reichsmark, unter 1.000 Reichsmark in der Relation 5 : 1 und unter 100 Reichsmark 1 : 1. So gab es mit »Ostmark« und »D-Mark« zwei deutsche Währungen noch vor der Bildung zweier deutscher Staaten.

Gleichzeitig verkündete Erhard in seiner Funktion als Direktor für Wirtschaft in der Verwaltung der »Trizone« scheinbar in einer selbstständigen Aktion ohne Einverständnis der Besatzungsmächte die nahezu vollständige Beseitigung der Devisenbewirtschaftung und der Preisbindung. Durch diese Maßnahmen und die Währungsreform wurde in den Westzonen der Wiederaufbau angekurbelt. Daraufhin trat eine Entspannung der Lage auf dem Ernährungssektor ein. Versteckte und gehortete Waren wurden nun zum Kauf angeboten. Das Warenangebot war in den Geschäften geregelter, der Schwarzmarkt ging allmählich zurück, während die »Zigarettenwährung« alsbald der Vergangenheit angehörte. Neuester »Renner« wurden Nylonstrümpfe. Bei einem monatlichen Bruttolohn zwischen 250 und 300 D-Mark waren 8 D-Mark für ein Paar Nylons viel Geld.

Die SMAD zog am 23. Juni 1948 mit einer eigenen Währungsreform nach, die auf ganz Berlin ausgedehnt werden sollte. Aufgrund dieser Vorgänge war ein Konflikt in der ehemaligen Reichshauptstadt vorprogrammiert. Bei Kriegsende hatte die Rote Armee unter Beteiligung einiger polnischer Einheiten Berlin allein erobert und dabei fast die Hälfte der Verluste zu beklagen als die USA während des gesamten Zweiten Weltkriegs. Die Kämpfe forderten Schätzungen zufolge über 170.000 Gefallene und 500.000 verwundete Soldaten sowie den Tod mehrerer zehntausend Zivilisten. Für die Aufgabe Thüringens und Sachsens, die zuerst von US-Truppen besetzt worden waren, Gebiete, die die Amerikaner dann den Sowjets übergaben, erhielten die USA und die übrigen Westmächte auch Sektoren in Berlin zugewiesen.

Im Rahmen der European Advisory Commission (EAC) war für Berlin bereits am 12. September 1944 eine Verwaltung durch die Siegermächte, der spätere Vier-Mächte-Status, die Aufteilung in Sektoren, aber keine Regelung für den Verkehr der Truppen zwischen den Zonen festgelegt worden. Nur im Bereich des Luftverkehrs wurde Ende November 1945 vereinbart, drei Korridore von Hamburg, Hannover und Frankfurt/Main nach Berlin sowie eine alliierte Kontrollzone über der Stadt einzurichten.

Der Alliierte Kontrollrat hatte mit dem Rückzug des Sowjetvertreters am 20. März 1948 geendet. Nach dem Auszug der Sowjets auch aus der alliierten Stadtkommandantur am 16. Juni schufen die Westmächte im Dezember 1948 eine Drei-Mächte-Kommandantur in Berlin-West und bestätigten die Wahl Ernst Reuters zum Oberbürgermeister durch die am 5. Dezember 1948 lediglich in den Westsektoren gewählte Stadtverordneten-Versammlung. Aufgrund sowjetischen Einspruchs konnte Reuter bis Dezember 1948 nicht als Oberbürgermeister amtieren. Wiederholt kam es zu Behinderungen westalliierter Truppentransporte auf den Zufahrtswegen nach Berlin durch die Sowjets.

In Reaktion auf die Einführung der D-Mark-Währung in den Westzonen und Westsektoren Berlins verhängte Moskau schließlich am 24. Juni 1948 eine totale Blockade, d. h. eine Sperre der Schienen-, Straßen- und Wasserwege nach Berlin. Die Westsektoren der Stadt waren von den Stromlieferungen aus dem Ostsektor sowie der Zufuhr von Milch und anderen Lebensmitteln aus der SBZ abgeschnitten. Die Sowjetunion interpretierte die einseitig im Westen eingeführte Westzonenwährung als Spal-

Die Abendzeitung

Nummer 44
Freitag, 18. Juni 1948
Preis 20 Pfennig

UNABHÄNGIGES MÜNCHENER NACHRICHTENBLATT

Währungsreform in Kraft getreten

Am Sonntag Auszahlung des neuen Geldes

60 Mark Kopfquote in 2 Raten

München, 18. Juni, 20 Uhr

Das erste Gesetz zur Neuordnung des Deutschen Geldwesens ist von den Militärregierungen Großbritanniens, der Vereinigten Staaten und Frankreichs verkündet worden und tritt am 20. Juni in Kraft. Die bisher gültige deutsche Währung wird durch dies Gesetz aus dem Verkehr gezogen. Das neue Geld heißt die Deutsche Mark; jede Deutsche Mark hat hundert deutsche Pfennig.

Das alte Geld, die Reichsmark, die Rentenmark und die Alliierte Militärmark, ist vom 21. Juni an ungültig. Die einzige Ausnahme sind Altgeldnoten und Münzen mit einem Nennwert von höchstens 1 Mark. Diese Noten und Münzen werden bis zum Ersatz durch neues Kleingeld im Umlauf bleiben, und zwar werden sie ein Zehntel ihres bisherigen Nennwertes wert sein. Niemand braucht jedoch mehr als höchstens fünfzig Einzelstücke dieses alten Kleingelds in Zahlung zu nehmen. Briefmarken bleiben ebenfalls zu einem Zehntel ihres Nennwertes gültig.

Als erste Maßnahme erhält jeder Einwohner der Westzonen eine bestimmte Summe der neuen Deutschen Mark. Dieser Kopfbetrag beläuft sich auf 60 Mark, die gegen den gleichen Betrag von Altgeld ausgezahlt werden. Hiervon werden 40 Mark diesen Sonntag ausgezahlt und die restlichen 20 Mark einen Monat später. Für eine Familie von 4 Personen können also zum Beispiel 240 Mark Altgeld eingezahlt werden, wofür die Familie sofort 160 Deutsche Mark und nach einem Monat weitere 80 Mark erhält.

Andere Geldbeträge in Händen des deutschen Publikums ebenso wie Guthaben bei Banken, Sparkassen, Postsparkassen und Postscheckämtern werden zu einem späteren Zeitpunkt in Deutsche Mark umgetauscht werden. Das Umtauschverhältnis, das den Geldumlauf drastisch reduzieren wird, sowie weitere Einzelheiten über den Umtausch dieser Beträge werden in Kürze in weiteren Gesetzen bekanntgegeben. Bei diesem späteren Umtausch von Altgeld wird der bereits erhaltene Kopfbetrag von den zur Auszahlung oder zur Gutschreibung gelangenden Beträgen Deutscher Mark abgezogen. Wer also zum Beispiel ein Bankguthaben hat, das durch den späteren Umtausch auf 200 Mark zusammenschrumpft, bekommt davon die sechzig Mark abgezogen, die er ja bereits als Kopfgeld in der neuen Währung erhalten hat.

Kartenstellen übernehmen Auszahlung

Die Auszahlung des Kopfbetrages erfolgt durch dieselben Stellen, die für die Verteilung der Lebensmittelkarten zuständig sind, und zwar jetzt am kommenden Sonntag. Für die Auszahlung gelten die folgenden Anweisungen, die jeder zu befolgen hat, um sofort neues Geld zu erhalten:

Einzelpersonen müssen ihre Lebensmittelkarten und ihre Kennkarten vorweisen und 60 Mark Altgeld zum Umtausch einhändigen. Für Familien erfolgt die Auszahlung an den Familienvorstand gegen Vorlegung der Lebensmittelkarten und Kennkarten aller Familienmitglieder und Einzahlung von je 60 Mark Altgeld für jedes einzelne Familienmitglied. Personen, die durch Krankheit oder anderweitig körperlich verhindert sind, können einen Vertreter entsenden, der jedoch durch einen Brief mit Angabe des Verhinderungsgrundes bevollmächtigt sein muß. Wenn ein Familienoberhaupt durch Krankheit oder anderweitig körperlich verhindert ist, kann ein anderes Familienmitglied die Kopfbeträge für die Familie erhalten, wobei ebenfalls eine Vollmacht vorzulegen ist. Für Reisende gelten besondere Bestimmungen, die sie bei der nächsten Ausgabestelle des Neugeldes erfahren.

Löhne und Gehälter sind in der neuen Währung in gleicher Höhe wie bisher zahlbar. Sie werden ab Sonntag in der neuen Währung ausgezahlt. Lohn- und Gehaltsempfänger, die handelsüblich halbmonatlich oder monatlich im voraus bezahlt werden, erhalten für die Zeitspanne vom zehnten Tag nach Inkrafttreten der neuen Währung bis zum nächsten Zahltag eine Nachzahlung in Höhe von siebzig Prozent des in diesen Tagen verdienten Geldes, das sie ja vor der Währungsreform im voraus in Altgeld erhalten haben.

Moratorium für Schulden

Für alle Reichsmarkverpflichtungen wird ein Moratorium von einer Woche, also bis zum 26. Juni gewährt. Das heißt, daß während dieser Woche keine Schulden zu bezahlen sind. Preise werden von der Neuordnung der Währung nicht berührt. In Gesetzen, Verordnungen, Verwaltungsakten, Kontrakten und andern rechtsgeschäftlichen Erklärungen tritt die neue Währung einfach an die Stelle der alten.

Betriebe erhalten auf Antrag eine Uebergangshilfe für geschäftliche Zwecke in der neuen Deutschen Mark. Dieser Betrag bemißt sich nach der Zahl der Arbeitnehmer und der Höhe der Altgeldguthaben des Betriebes, und zwar beträgt die Uebergangshilfe achtzig Deutsche Mark je Arbeitnehmer, höchstens jedoch eine Deutsche Mark für jede Reichsmark Altgeldguthaben.

Um den Umtausch des umlaufenden Altgeldes und der Bank- und Sparkassenguthaben vorzubereiten, ist das in den Westzonen vorhandene Altgeld bis zum 26. Juni, also bis Ende nächster Woche anzumelden und abzuliefern. Alles bis zu diesem Stichtag nicht angemeldete oder abgelieferte Altgeld verfällt. Um ein gerechte Heranziehung des Besitzes an Sachwerten zu gewährleisten, wird den deutschen gesetzgebenden Stellen die Ausarbeitung eines Gesetzes über den Lastenausgleich als vordringliche innerhalb von sechs Monaten zu lösende Aufgabe übertragen. Auch eine Steuerreform wird so schnell wie möglich auf die Währungsreform folgen.

Zum Zwecke der Anmeldung und Ablieferung des Altgeldes müssen Einzelpersonen einen Vordruck A ausfüllen, der ihnen gleichzeitig mit dem Kopfbetrag ausgehändigt wird. Betriebe verwenden einen Vordruck B, der bei den Banken erhältlich ist. Instruktionen für das Ausfüllen der Vordrucke werden über den Rundfunk bekanntgegeben und in den Zeitungen veröffentlicht.

Einmalige Ablieferung von Altgeld

Das Altgeld ist also bis zum 26. Juni anzumelden und abzuliefern, und zwar bei den Banken und Sparkassen, beziehungsweise bei Hilfsumtauschstellen, die von den Landeszentralbanken hierzu ermächtigt werden. Hilfsumtauschstellen werden für Behörden und Betriebe mit einer größeren Anzahl von Arbeitnehmern eingerichtet, denen auf diese Weise der Umtausch erleichtert werden soll. Altgeld kann nicht abgegeben werden bei Postscheckämtern, Postsparkassen und Postämtern. Besonders wichtig ist, daß jede Einzelperson und jeder Betrieb grundsätzlich nur einmal Altgeld abgeben und anmelden darf.

Es ist verboten, Altgeld in die Westzonen einzuführen oder aus den Westzonen auszuführen. Erlaubt ist natürlich, die im eigenen Besitz befindlichen Altgeldnoten zu vernichten statt sie abzuliefern. Zuwiderhandlungen gegen die Vorschriften dieses Gesetzes werden mit Gefängnis bis zu fünf Jahren oder mit Geldstrafen bis zu 50 000 Deutsche Mark oder mit beidem bestraft.

Für in Lagern lebende verschleppte Personen werden der Währungsneuordnung entsprechende Anordnungen erlassen und durch die Lagerleitungen verkündet werden. Sie werden genau so betroffen wie die deutsche Bevölkerung. Angehörige der Besatzungsmächte erhalten Anweisungen von ihren Dienststellen.

Neuordnung ohne Berlin

Die Währungsneuordnung erstreckt sich zunächst nicht auf Berlin, da Berlin von den vier Besatzungsmächten gemeinsam verwaltet wird. Die drei Militärregierungen werden jedoch dafür Sorge tragen, daß die wirtschaftlichen Verbindungen Berlins zum Westen, die für die Wohlfahrt der Stadt unentbehrlich sind, aufrechterhalten und verstärkt werden. Auch Berlin soll an den Vorteilen des europäischen Wiederaufbauprogramms teilhaben, das hinter der neuen deutschen Währung steht. Die Lebensmittellieferungen für Berlin werden von den westlichen Besatzungsmächten selbstverständlich fortgesetzt werden und der Verkauf der Lebensmittel in Berlin wird weiter in der bisher gültigen Währung erfolgen.

Was jeder wissen muß

Die wichtigsten Punkte der Währungsneuordnung für die drei westlichen Besatzungszonen:

Alles Altgeld mit Ausnahme von Kleingeld tritt am Montag außer Kraft. Münzen und Noten bis zu einer Mark bleiben in Umlauf, sind aber nur noch ein Zehntel des Nennwertes wert. Die neue Währung, allein gültig vom 21. Juni an, heißt die Deutsche Mark.

Zunächst erhält jeder Einwohner der drei Westzonen einen Kopfbetrag von 60 Deutschen Mark im Umtausch gegen 60 Mark Altgeld. 40 davon werden sofort, die übrigen 20 einen Monat später ausgezahlt. Der Umtausch erfolgt am Sonntag auf den Lebensmittelkartenstellen. Lebensmittelkarten und Kennkarten sind mitzubringen. Der Familienvorstand kann den Umtausch für die Familie vollziehen. Das übrige Altgeld sowie Bank- und Sparguthaben werden später in Deutsche Mark umgetauscht. Das Umtauschverhältnis wird in Kürze bekanntgegeben. Bis Freitag kommender Woche müssen Personen und Firmen ihre Altgeldbeträge bei Banken und Sparkassen, aber nicht bei der Post, abgeben und anmelden. Formulare hierfür werden mit dem Kopfbetrag beziehungsweise für Betriebe bei den Banken ausgegeben. Alle Schulden sind bis Ende nächster Woche gestundet. Betriebe können eine Uebergangshilfe von 80 Deutschen Mark je Arbeitnehmer erhalten, jedoch nur bis zur Höhe ihres Altgeldbestandes. Löhne und Preise werden durch die Währungsreform nicht betroffen.

Abb. 8: Artikel »Währungsreform in Kraft getreten«, *Die Abendzeitung,* 18.6.1948

tungsversuch und antwortete deshalb mit der Absperrung aller Zufahrtswege nach Berlin.
Was bezweckte Stalin damit? Wollte er zurück zur Vier-Mächte-Verwaltung und damit den geplanten westdeutschen Staat verhindern und dafür ein neutrales Gesamtdeutschland? Wollte er West-Berlin aushungern, wie es Hitlers Blockade von Leningrad im Krieg mit einer Million Toten getan hatte? Wollte er die Westmächte aus Berlin zum Abzug zwingen und sich die gesamte Stadt einverleiben?
Feststeht: Die Versorgung der Westsektoren gestaltete sich mit über zwei Millionen Menschen und mehr als 20.000 dort stationierten westalliierten Soldaten höchst prekär: Die Stromlieferung aus der SBZ war abgeschnitten. Zu Beginn der Blockade gab es Lebensmittel bei knapp bemessener Tagesration für fünf und Koks für sieben Wochen. Arzneimittel und Heizmaterial waren begrenzt. West-Berliner holzten Bäume in Gärten und an Straßen ab.
Der Westen war auf die Totalblockade nicht vorbereitet, reagierte aber relativ schnell. US-Militärgouverneur Clay wollte zunächst die Autobahnsperren mit Panzern durchbrechen, ließ aber rasch davon ab, und überlegte eine Luftbrücke. Sein britischer Kollege Brian Robertson hatte für das sowjetische Zugeständnis freier gesamtdeutscher Wahlen West-Berlin aufzugeben erwogen. Letztlich entschied sein Außenminister Ernest Bevin, dass man bleiben müsse (»We must stay«).
Die Westmächte antworteten zunächst mit einer Gegenblockade, d. h. einem wirkungsarmen Stopp westdeutscher Warenlieferungen in die SBZ. Amerikaner und Briten reagierten sodann mit einer großen Luftbrücke unter Federführung von Clay. Reuter versicherte ihm zwar, dass die West-Berliner die Versorgung aus der Luft ertragen würden, fragte sich aber insgeheim, ob das überhaupt möglich sei. Die Bevölkerung zweifelte, ob ein »airlift« über den Winter helfen würde, was östliche Medien befeuerten. Der Vorsteher der Stadtverordneten-Versammlung, Otto Suhr, befürchtete den Abzug der Westmächte. Reuters Rede am 9. September 1948 vor der Ruine des Reichstagsgebäudes wurde jedoch zum Fanal des Widerstands, als er ausrief: »Ihr Völker der Welt, ihr Völker in Amerika, in England, in Frankreich, in Italien! Schaut auf diese Stadt und erkennt, daß ihr diese Stadt und dieses Volk nicht preisgeben dürft, nicht preisgeben könnt!«
Seit dem 26. Juni waren bereits die ersten US-Maschinen von der Rhein-Main Airbase in Frankfurt/Main gestartet. Ab 8. Juli setzten koordinierte Maßnahmen der Combined Airlift Task Force in Wiesbaden ein: Die personelle und materielle Ausstattung war zu erhöhen, die Aktionen zu verbessern und gesteigerte Transportmengen zu stemmen. Für den Winter bestanden zwei Drittel davon aus Steinkohle, um den Bedarf für Heizungen und Kraftwerke zu sichern. Das war nur mit geeigneten Flugzeugen, ausgebauten Landebahnen, verbesserter Flugzeugwartung, beschleunigter Entladung und optimaler Verwendung der Flugrouten möglich. (Abb. 9)
Die schon erwähnten drei Luftkorridore dienten als Einbahnstraßen, wobei von Hamburg und Frankfurt/Main die Hinflüge und im mittleren Korridor von Berlin nach Hannover die Retourflüge erfolgten. In den Korridoren wurde auf fünf Ebenen mit einem Abstand von 500 Fuß geflogen. Nachkommende Flieger parkten über Berlin

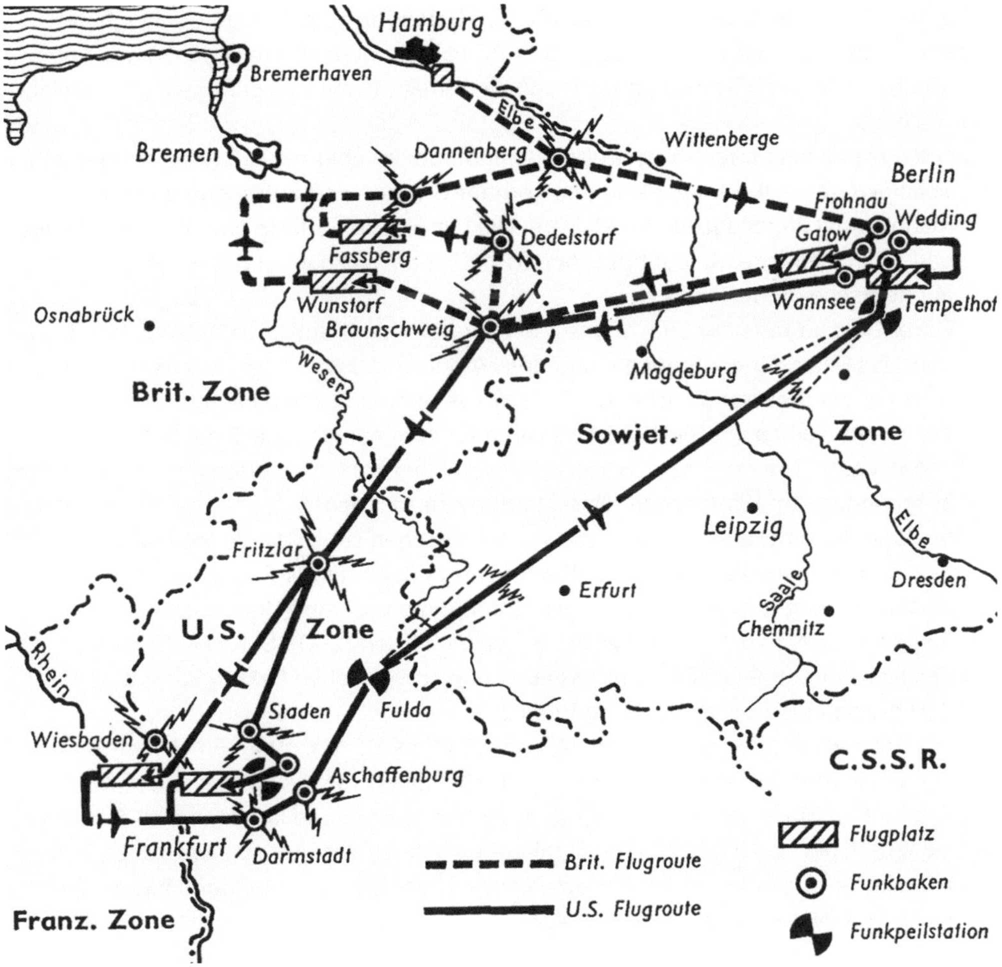

Abb. 9: Karte von der Luftbrücke nach Berlin

in Höhen von 3.000 bis 11.000 Fuß. So konnte alle drei Minuten ein Flieger landen. Neben Amerikanern und Briten waren Piloten aus Australien, Kanada, Neuseeland und Südafrika im Einsatz. Frankreich beteiligte sich nur geringfügig. Es war mit seinen Luftstreitkräften noch im Indochinakrieg gebunden. In Berlin wurden die Flughäfen Gatow im britischen, Tempelhof im US- und Tegel im französischen Sektor angeflogen.

In Berlin-Tegel wurde mit tausenden deutschen Arbeitern in weniger als drei Monaten eine über zwei Kilometer lange Startbahn gebaut – die längste Europas. Elf Monate gab es über 550.000 Hinflüge und Rückflüge. Über 2,3 Millionen Tonnen Fracht wurden mit 277.728 registrierten Flügen nach Berlin gebracht. Zu Spitzenzeiten waren es knapp 13.000 Tonnen bei zirka 1.400 Flügen in 24 Stunden. Den Löwenteil transportierten US-Flugzeuge, davon in Tonnen knapp 1,5 Millionen Kohle, etwa 485.000 Nahrungsmittel und 160.000 Baustoffe zum Ausbau der Flughäfen und eines Kraftwerks sowie 200.000 CARE-Pakete. Dehydrierte Lebensmittel wie Mehl, Milchpulver, Trockengemüse und -kartoffeln wurden eingeflogen, um Gewicht zu sparen.

Die Sowjets reagierten mit gezielten Behinderungen über der SBZ, Blendung durch Scheinwerfer, Flak-Beschuss an den Korridor-Grenzen und Störungen durch Flugmanöver mit Jagdflugzeugen (MiG-15). Die Luftbrücke forderte über hundert Unfälle und zahlreiche Tote: 39 auf britischer, 31 auf amerikanischer und mindestens acht auf deutscher Seite.

Cover-Girls, Entertainer und Tänzerinnen sorgten mit öffentlichen Auftritten und über das Radio für die Propagierung des »American Way of Life«. Die Bezeichnung »Rosinenbomber« tat ein Übriges. Sie soll auf einen britischen Piloten zurückgehen, der zur Vorweihnachtszeit 1948 Süßwaren für Weihnachtsgebäck nach Berlin geflogen hatte. Güter mit dem Etikett »Hergestellt im blockierten Berlin« wurden zudem ausgeflogen, um Propaganda für die Luftbrücke zu machen.

Im Zuge der Blockade erfolgte auf kommunistischen Druck die Verlegung des Stadtparlaments in den Westteil. Ernst Reuter wurde Regierender Bürgermeister. Vor diesem Hintergrund erfolgte auch die Gründung der »Freien Universität« (FU) Berlin. Seit dem 20. November 1948 amtierte Friedrich Ebert (SED), Sohn des früheren Reichspräsidenten, als Oberbürgermeister im sowjetischen Sektor. So vollzog sich die verwaltungsmäßige Trennung Berlins.

Die Berlin-Blockade dauerte vom 24. Juni 1948 bis 12. Mai 1949. Elf Monate lang wurden in rund 195.000 Flügen nahezu 1½ Millionen Tonnen Lebensmittel, Kohle und andere Güter nach Berlin geflogen. Im Minutenabstand landeten die Maschinen auf einem der drei West-Berliner Flughäfen, nachdem sie von acht westdeutschen Flugplätzen aus nur drei Luftkorridore von je 30 km Breite durchflogen hatten. Eine Reihe von Piloten verlor ihr Leben (Abb. 10).

Abb. 10: Umschlag eines Briefs mit einem Jubiläumsstempel »400 Tage Luftbrücke«. Der Brief ging von West-Berlin nach Gelsenkirchen.

Durch die Blockade der Westsektoren Berlins im Zuge der Währungsreform von 1948 wollte Stalin die Westmächte zwingen, auf die Gründung eines deutschen Weststaats zu verzichten. Die Westmächte reagierten mit einer Luftbrücke zur Sicherung der Versorgung der eingeschlossenen West-Berliner. Durchhaltewille der Bevölkerung und Unterstützung aus der Luft führen zur Aufhebung der Blockade nach fast einem Jahr.

Nachdem Stalin die Wirkungslosigkeit seiner Erpressung erkannte, wies er seinen Bevollmächtigen Jakob A. Malik zu Geheimverhandlungen mit dem US-Vertreter Philip Jessup an, die mit einem Vier-Mächte-Abkommen am 12. Mai 1949 das Ende der Blockade vereinbarten. Am gleichen Tag genehmigten die westalliierten Militärgouverneure das Grundgesetz für die Bundesrepublik. Die westlichen Flüge wurden sukzessiv reduziert, bis Lagerbestände für rund zwei Monate gesichert waren. Am 30. September landete in Tempelhof der letzte US-Flieger mit 10 Tonnen Kohle.

Die Luftbrücke war die größte Versorgungsaktion der Geschichte der Luftfahrt. Sie beschleunigte die Gründung der NATO am 4. April und der Bundesrepublik am 23. Mai 1949. Besatzer wurden zu Beschützern. Erstmals kam bei Westdeutschen das Gefühl auf, gegen die Sowjets mit den Westmächten verbündet zu sein.

Umstritten und bis zuletzt unbeantwortet blieb die Frage, ob Stalin auf Einbeziehung Deutschlands in den sowjetischen Herrschaftsbereich abzielte oder ob er lediglich den Anschluss Deutschlands an den kapitalistischen Westen verhindern wollte, um ein bürgerliches, neutrales, der Sowjetunion nicht feindlich gegenüberstehendes Gesamtdeutschland zu schaffen. Im Westen befürchtete man, ganz Deutschland an die UdSSR zu verlieren, und begann die Teilung Deutschlands zu akzeptieren, um einen westdeutschen Separatstaat zu bilden.

Wie auch immer Stalin motiviert war: Er hatte die Stadt in Geiselhaft genommen. Der untaugliche Versuch scheiterte am Widerstand der West-Berliner Bevölkerung und der Westmächte, die die Versorgung Berlins aus der Luft garantierten. Ohne diesen Widerstand wäre ganz Berlin Teil der zukünftigen DDR geworden. So war es aber die erste verlorene Schlacht der Sowjets im Kalten Krieg. Berlin blieb jedoch gespalten und im Westen fand man sich allmählich mit der deutschen Teilung ab. Sie bedeutete auch die Spaltung der Welt.

Blockade und Luftbrücke waren erste Höhepunkte des Kalten Krieges um Deutschland. Sie forcierten die westdeutsche Staatsgründung und machten aus Westdeutschen und Westalliierten Partner in der Abwehr der sowjetischen Bedrohung. Der Sieg der Westmächte trug maßgeblich zur Gründung der BRD und der DDR bei. Von einer »Versöhnung der Westmächte mit den Deutschen« (Edgar Wolfrum) im Zuge der Luftbrücke zu sprechen, scheint allerdings zu weit gegriffen. Sie blieben weiter als Siegermächte, die Besatzungsmächte wurden nun aber auch zu Schutzmächten.

So entstand in dieser Phase der Eindruck unter den West-Berlinern, auf der gleichen Seite mit den Westmächten zu stehen. Für die Masse der westdeutschen Bevölkerung war damit auch ein nahezu reibungsloser Übergang vom nationalsozialistischen zum kapitalistischen Antikommunismus geschaffen. Dies verstärkte die Zusammenarbeit zwischen den USA, dem Vereinigten Königreich und den deutschen Politikern in den Westzonen. Erstmals kam das Gefühl auf, mit den Westmächten gegen Russland verbündet zu sein, worauf viele Wehrmachtssoldaten noch im Frühjahr 1945 – vergeblich – gehofft hatten. An die Abwehr der Berlin-Blockade von Stalin erinnert heute noch der »Platz der Luftbrücke« sowie ein Denkmal in Berlin am Flughafen Tempelhof.

1.9 Ein doppeltes Provisorium unter Besatzungsherrschaft

1.9.1 Der »Parlamentarische Rat« und das »Grundgesetz«

Die Potsdamer Vereinbarung, ganz Deutschland als wirtschaftliche Einheit zu behandeln, hielt keine Besatzungsmacht ein. Dies wurde schon angesichts der schweren Versorgungskrise im Winter 1945/46 deutlich. Frankreich verweigerte seine Zustimmung zur Errichtung deutscher Zentralbehörden. Die USA scheiterten zunächst mit dem Vorstoß einer gemeinsamen Wirtschaftsverwaltung für die drei Westzonen. Während die UdSSR den US-Vorschlag ablehnte und Frankreich sich abwartend verhielt, stimmten die Briten zu. Sie hingen ökonomisch und versorgungstechnisch völlig am Tropf der USA, ja mussten sogar auf der Insel Lebensmittel rationieren, um die Versorgung ihrer eigenen Zone in Deutschland gewährleisten zu können. Der »decline« (Niedergang) und der »overstretch of power« (Überdehnung des Machtbereichs) des British Empire waren bereits vor der Unabhängigkeitserklärung von Indien (1947) am Beispiel der britischen Deutschlandpolitik ablesbar.
Die Absichtserklärung und Wende der angloamerikanischen Deutschlandpolitik erfolgten mit der Rede von US-Außenminister James F. Byrnes am 6. September 1946 in Stuttgart, der für die rasche Errichtung eines nichtkommunistischen deutschen Kernstaates eintrat. Am 1. Januar 1947 trat die amerikanisch-britische Vereinbarung über die »Bizone« in Kraft. Die britische Zone verfügte über Rohstoffe und Grundstoffindustrien, die amerikanische über verarbeitende Industrien. Zusammen umfassten beide Gebiete etwa 39 Millionen Menschen. Amerikaner und Briten hatten sich auf Potsdam bezogen und Sowjets wie Franzosen zum Beitritt ihrer Zonen aufgefordert. Die UdSSR lehnte ab, während Frankreich auf Zeit spielte.
Erst am 8. April 1949 trat es dem vereinigten Wirtschaftsgebiet, nun »Trizone« genannt, bei, was zur Bildung eines deutschen Weststaats führen und ein Präjudiz für die Teilung Deutschlands sein sollte. Die französischen Widerstände gegen den trizonalen Zusammenschluss waren erst auf der Londoner Sechsmächtekonferenz vom 20. April bis 1. Juni 1948 überwunden worden, nachdem Amerikaner und Briten in London in die Offensive gegangen waren, um aus der Fusion der drei westlichen Zonen einen

westdeutschen Teilstaat mit »regierungsartiger Verantwortung« zu formen. Die Ministerpräsidenten der westdeutschen Länder lehnten zunächst diesen Vorstoß wie auch die Angebote der UdSSR und der SED ab, mit der Volkskongressbewegung die deutsche Einheit im Sinne einer sozialistischen Volksbewegung zu forcieren.
Die »Londoner Empfehlungen« waren Basis für die sogenannten »Frankfurter Dokumente«, die die westlichen Militärgouverneure Lucius D. Clay (USA), Brian Robertson (United Kingdom) und Pierre Koenig (Frankreich) den westdeutschen Ministerpräsidenten am 1. Juli 1948 überreichten und sie gleichzeitig damit beauftragten, eine verfassunggebende Nationalversammlung einzuberufen, die spätestens am 1. September 1948 tagen sollte. Ein Statut wurde verlautbart, welches das Verhältnis zwischen der zu bildenden deutschen Regierung und den Besatzungsmächten regeln sollte.
Beide deutsche Staaten waren Gründungen von außen und von oben. Sie vollzogen sich über die Köpfe der Deutschen hinweg. Die Bundesrepublik entstand nach Aufforderung der westlichen Militärgouverneure, die den Auftrag ihrer Staats- und Regierungschefs ausführten. Der westdeutsche Staatskonstrukt entsprang ihrer vollen Überzeugung und eines starken Willens, wofür auch die Teilung Deutschlands in Kauf genommen wurde. Sie wussten gut genug, dass sie nicht nur den besseren Teil, sondern auch den größeren Teil Deutschlands besaßen. Die Bezeichnung »Londoner Empfehlungen« kam im Grunde einem Euphemismus sehr nahe, um ein gewisses Maß an westdeutscher Entscheidungsfreiheit und Souveränität zu suggerieren. Beides existierte bekanntlich nicht. Die westdeutschen Ministerpräsidenten hatten mehr oder weniger zu apportieren und zu parieren.
Der sowjetische Diktator war mit seiner Armee im Jahre 1945 nicht nach Deutschland vorgerückt, um dort eine DDR zu gründen. Ihre Bildung war zwar 1949 seinem Befehl geschuldet, sie war aber für ihn nur eine Not- bzw. Zwischenlösung im Sinne einer Staatsgründung wider Willen, ein »ungeliebtes Kind« (Wilfried Loth). Stalins Bestreben richtete sich vielmehr auf Deutschland als Ganzes (v. a. das Ruhrgebiet) unter welcher zukünftigen Ausrichtung und Staatsform auch immer. Die Teilung Deutschlands wollte er noch nicht akzeptieren und in Kauf nehmen, weil er auch nur den kleineren und wirtschaftlich weniger starken Teil Deutschlands hatte. Seine Gier nach Kriegsbeute konnte damit nicht befriedigt werden. Das vorhandene Potential der DDR wurde von ihm umso mehr rigoros ausgebeutet. Die SMAD war mit ihren Vertretern in Ostdeutschland nur ein Vollzugsorgan des Willens des sowjetischen Alleinherrschers, der weiterhin gesamtdeutsche Ambitionen hegte.
Die westlichen Ministerpräsidenten wollten sich aber nicht so schnell unterbuttern lassen. Sie betonten noch ihre Auffassung, dass vermieden werden müsse, »die Spaltung zwischen West und Ost zu vertiefen«, verwahrten sich gegen den staatlichen Charakter des zu gründenden Gemeinwesens und sprachen sich nur für ein Provisorium aus. In dieser Konsequenz fand dann auch das Wort »Verfassung« keine Zustimmung. Der Hamburger Bürgermeister Max Brauer schlug alternativ dafür »Grundgesetz« vor, was mehrheitsfähig war. Vor der eigenen Bevölkerung fühlten sie sich noch nicht so sicher: Ein Referendum lehnten die Ministerpräsidenten ab. Die

Länderparlamente sollten das Grundgesetz in Kraft setzen. Es sollte nicht von einer von der Bevölkerung gewählten Nationalversammlung, sondern von einem Parlamentarischen Rat ausgearbeitet werden. Dessen 65 Mitglieder sollten von den Länderparlamenten bestimmt werden. Ihre Vorbehalte gegenüber einer westdeutschen Separatstaat-Gründung ließen die Ministerpräsidenten erst dann fallen, nachdem Clay im Lichte der Berlin-Blockade vor den Folgen für das von Stalin eingekesselte Berlin gewarnt hatte und der Regierende Bürgermeister Reuter davon sprach, dass die deutsche Teilung bereits Realität sei.

Die westlichen Ministerpräsidenten beriefen darauf einen »Verfassungskonvent« in Herrenchiemsee in Bayern ein, der vom 10. bis 23. August tagte und einen Verfassungsentwurf erarbeitete. Am 1. September 1948 formierte sich in Bonn der von westzonalen Länderparlamenten gewählte »Parlamentarische Rat«, dem je 27 Abgeordnete der CDU/CSU und der SPD, fünf der FDP und je zwei der KPD, der DP und des Zentrums sowie fünf Abgeordnete aus Berlin angehörten, die allerdings nur beratendes Stimmrecht hatten. Zum Präsidenten wurde Konrad Adenauer gewählt und zum Hauptausschussvorsitzenden Carlo Schmid (SPD).

Strittig waren vor allem materielle Fragen wie die Finanz- und Kompetenzverteilung zwischen Bund und Ländern. Unter Betonung des Provisoriums erarbeitete der »Parlamentarische Rat« ein »Grundgesetz« für die »Bundesrepublik Deutschland«. Am 8. Mai 1949 – auf den Tag genau vier Jahre nach der bedingungslosen Kapitulation der Deutschen Wehrmacht – wurde das Grundgesetz mit 53 gegen zwölf Stimmen (der KPD, der DP und des Zentrums sowie sechs der acht CSU-Abgeordneten) angenommen. Während Bayern die neue Staatsordnung zu zentralistisch war, stimmten alle anderen Landtage der westdeutschen Länder zu. Daraufhin billigten die drei Militärgouverneure das Grundgesetz. Am 23. Mai wurde es verkündet und am 24. Mai 1949 trat es in Kraft. Der bayerische Landtag lehnte es mit seiner CSU-Mehrheit als zu zentralistisch ab und deponierte Vorbehalte, was allerdings politisch folgenlos blieb.

Der symbolträchtige Tag des 8. Mai 1945 mit der bedingungslosen Kapitulation der Deutschen Wehrmacht war der Ausgangspunkt für die historischen Tage des 23. und 24. Mai 1949. Mit dem Inkrafttreten war die Bundesrepublik als parlamentarische Demokratie begründet. In einer Rede anlässlich der Annahme des Grundgesetzes brachte Theodor Heuss, der spätere Bundespräsident, die Ambivalenz, Emotionalität und Widersprüchlichkeit des Geschehens auf eigenartige Weise mit zwei Superlativen zum Ausdruck: »Im Grund genommen bliebt dieser 8. Mai 1945 die tragischste und fragwürdigste Paradoxie der Geschichte für jeden von uns. Warum denn? Weil wir erlöst und vernichtet in einem gewesen sind.«

In bewusster Bezugnahme auf die NS-Diktatur wurde auf die Verankerung der Grund- und Menschenrechte größter Wert gelegt. Artikel 1 des Grundgesetzes lautet:

»Die Würde des Menschen ist unantastbar. Sie zu achten und zu schützen ist Verpflichtung aller staatlichen Gewalt. Das Deutsche Volk bekennt sich darum zu unverletzlichen und unveräußerlichen Menschenrechten als Grundlage jeder menschlichen Gemeinschaft, des Friedens und der Gerechtigkeit in der Welt.«

Die Weimarer Verfassung (1919) kannte eine solche Bestimmung nicht.
In der Präambel des Grundgesetzes wurde auch der vorläufige Charakter des neuen Teilstaates betont: Es ist von einer »Übergangszeit« des staatlichen Lebens die Rede, welches »eine neue Ordnung« benötige. Es sollte auch für die Deutschen gelten, denen eine Mitwirkung versagt war, was folgender Satz zum Ausdruck brachte: »Das gesamte Deutsche Volk bleibt aufgefordert, in freier Selbstbestimmung die Einheit und Freiheit Deutschlands zu vollenden.« Abgelegt wurde das Bekenntnis zur nationalen Einheit Deutschlands in einem vereinten Europa.
Der Parlamentarische Rat hatte dem neuen Staat, der als Fusion der drei Westzonen mit Verlautbarung des Grundgesetzes aus der Taufe gehoben worden war, den Namen »Bundesrepublik Deutschland« (BRD) gegeben. Diese Bezeichnung brachte die Bundesstaatlichkeit zum Ausdruck und die Aufgliederung der staatlichen Aufgaben zwischen dem Bund als gesamtem Staat und den Ländern. Der Zusatz »Deutschland« verwies auf den Anspruch des westdeutschen Teilstaats, für ganz Deutschland zu sprechen, was im östlichen Teilstaat als Anmaßung empfunden wurde, wenngleich es diesem gar nicht ungelegen kam, dass die von ihm ständig angefeindete und herabgewürdigte BRD die politische und moralische Verantwortung für den Nationalsozialismus übernehmen sollte.
Die westdeutsche Bevölkerung sollte im Bundestag vertreten sein. Die Bundesrepublik war eine indirekte, d. h. repräsentative Demokratie. Der Bundestag als oberstes Organ der Legislative stand im Zentrum der politischen Debatte. Der Präsident des Bundestags war nach dem Bundespräsidenten zweithöchster Repräsentant. Der Bundeskanzler wurde nach seiner Wahl vom Bundespräsidenten ernannt. Er konnte dann die von ihm ausgewählten Minister und Staatssekretäre dem Bundespräsidenten zur Ernennung vorschlagen. Bundeskanzler und Bundesminister bildeten die Bundesregierung, in der der Bundeskanzler die Richtlinienkompetenz (quasi das Letztentscheidungsrecht) hatte.
Die Bundesregierung war oberstes Exekutivorgan und vom Vertrauen des Bundestages abhängig, der Bundesrat stellte die Vertretung der Länder dar. Er diente als zweite Kammer und war an der Gesetzgebung des Bundes beteiligt. Im September 1951 wurde das Bundesverfassungsgericht in Karlsruhe errichtet, das die rechtsstaatliche Ordnung zu kontrollieren hatte. Der Bundespräsident wurde von der von ihm einberufenen Bundesversammlung gewählt, die nur für die Wahl des Bundespräsidenten vorgesehen war. Er fungierte als Staatsoberhaupt. Seine Amtszeit war auf fünf Jahre festgelegt und eine einmalige Wiederwahl möglich.
Der Parlamentarische Rat wollte ganz bewusst die Defizite der Weimarer Verfassung von 1919 beseitigen. Nach den mit Volksabstimmungen in der Weimarer Republik gemachten negativen Erfahrungen mit unwägbaren Ergebnissen stand man Elementen direkter und plebiszitärer Demokratie höchst ablehnend gegenüber. So verzichtete man auf die Direktwahl des Staatspräsidenten durch das Volk wie auch kein Referendum (Volksbefragung oder Volksabstimmung) für zulässig gehalten wurde, was auf Dauer einer demokratiepolitischen Entmündigung der Deutschen gleichkommen konnte. Der Bundespräsident selbst hatte vorwiegend protokollarische und repräsen-

tative Aufgaben zu erfüllen. Erster Bundespräsident wurde durch Wahl der Bundesversammlung am 12. September 1949 der FDP-Vorsitzende Theodor Heuss.
Das Grundgesetz stand im Rang eines Verfassungsgesetzes und hatte Priorität vor allen anderen Rechtsnormen. Es konnte nur durch ein Gesetz geändert werden, welches den Wortlaut des Grundgesetzes ausdrücklich änderte oder ergänzte, und zwar mit Zustimmung von 2/3 der Stimmen des Bundestages und 2/3 des Bundesrates. Die Westalliierten legten darauf Wert, dass zentrale Verfassungselemente nicht abgeschafft werden konnten, wie die Unantastbarkeit der Menschenwürde oder die Basis der Staatsstruktur als »demokratischer und sozialer Bundesstaat«. Mit wenigen Vorbehalten genehmigten sie das Grundgesetz und stimmten ihm zu.
Am 10. April 1949 war der Parlamentarische Rat über das auf der Washingtoner Außenministerkonferenz ausgearbeitete Besatzungsstatut in Kenntnis gesetzt worden. Es wurde offiziell nie übergeben und trat am 21. September 1949 in Kraft. Bund und Länder erhielten dadurch gesetzgebende, exekutive und judikative Kompetenz. In Fragen der Abrüstung, Entmilitarisierung und der damit verbundenen Industrie und im Bereich der zivilen Luftfahrt existierten jedoch Einschränkungen. Kontrollmaßnahmen bestanden bezüglich des Ruhrgebiets, der Rückerstattungen, der Reparationen, der Dekartellisierung, des ausländischen Eigentums und vermögensrechtlicher Ansprüche gegen Deutschland.
Das Ansehen und die Sicherheit der alliierten Streitkräfte mussten gewahrt sein sowie eine Kontrolle über Außenhandel und Devisenwirtschaft bestehen. Dieser neue westdeutsche Staat war damit kein souveräner Staat, sondern stand unter Besatzungsstatut. Die Besatzungsmächte behielten sich das Recht vor, die »Ausübung der vollen Regierungsgewalt ganz oder teilweise wieder aufzunehmen, wenn sie der Ansicht sind, dass dies aus Sicherheitsgründen oder zur Aufrechterhaltung der demokratischen Regierungsform in Deutschland unumgänglich ist«. Sie signalisierten allerdings Bereitschaft, nach einem Jahr das Statut zu überprüfen und die Kompetenzen der deutschen Verwaltung zu erweitern.
Im Jahre 1951 wurden die Einspruchsrechte reduziert, bis am 5. Mai 1955 mit Inkrafttreten der Pariser Verträge das Besatzungsstatut formell aufgehoben wurde. Die Bundesrepublik hatte nach zehn Jahren eine eingeschränkte »innere Souveränität« erlangt, auf die offiziell so bezeichnete »äußere Souveränität« musste sie jedoch noch 35 Jahre warten. Die »innere Souveränität« war auch nicht zur Gänze gewährleistet. Es gab weiterhin Einschränkungen, bezüglich aller Rechte im Zusammenhang mit dem Aufenthalt der alliierten Streitkräfte, z. B. in der Frage der Lufthoheit (»Air Policing«), dem Schiffbau sowie dem Finanz- und Justizwesen. Die Bundesrepublik blieb weiterhin eine kontrollierte Demokratie unter westlicher Vormundschaft.
Adenauers Bestreben richtete sich schon früh auf Revision und Reduzierung des Besatzungsstatuts. Sein eigentliches Ziel bestand nicht in der deutschen Einheit, sondern im Nahziel, möglichst viel Souveränität für die Bundesrepublik zu gewinnen (Josef Foschepoth) und diese fest im Westen zu verankern (Hans-Peter Schwarz). Symbolisch war sein Besuch mit den Ministern der Bundesregierung auf dem Petersberg bei Bonn, dem Sitz der westalliierten Hohen Kommissare. Ein Teppich, auf dem

die Vertreter der Besatzung standen, sollte Distanz zwischen ihnen und den Vertretern der Bundesrepublik zum Ausdruck bringen. Adenauer nutzte die Gelegenheit und betrat bei der Begrüßung den Teppich, auf dem die Hohen Kommissare in sichtbarer Distanz zu ihm standen, um so zu demonstrieren, auf gleicher Augenhöhe mit den Siegern zu stehen.
Adenauers faktischer Handlungsspielraum war während des Besatzungsstatuts in den Jahren 1949 bis 1955 weit größer, als es bundesdeutsche Historiker einräumen wollten (Hermann Graml, Rudolf Morsey). Bonn wurde auf Adenauers Betreiben provisorische Hauptstadt bzw. vorläufiger Regierungssitz, obwohl vieles, wenn nicht viel mehr für Frankfurt/Main gesprochen hätte. Dort hatte das Paulskirchen-Parlament im Zuge der bürgerlichen Revolution 1848/49 getagt. Frankfurt war Kultur-, Banken-, Handels- und Wirtschaftsstadt. Hier befand sich die namhafte Johann Wolfgang von Goethe-Universität. Der Wunsch des ersten Bundeskanzlers ging jedoch in Erfüllung.
Die Abkehr vom preußisch-protestantischen Norden und dessen mächtiger Hauptstadt Berlin konnte deutlicher kaum ausfallen: Es ging ins beschauliche, ruhige, ja fast verschlafen wirkende katholisch-rheinische Bonn. Für Adenauer hatte dies einen großen Vorteil, zumal der bereits über 70-Jährige in unmittelbarer Nähe Bonns, in Bad Honnef bzw. Rhöndorf, wohnte und nicht mehr so lange und beschwerliche Reisen auf sich nehmen musste.
Im Petersberg-Abkommen vom 22. November 1949 erreichte Adenauer zwei Monate nach Inkrafttreten des Besatzungsstatuts eine erste vertragliche Abänderung. Der Bundesrepublik wurde gestattet, konsularische Beziehungen zu Drittländern aufzunehmen und internationalen Organisationen beizutreten. Spezifische Einschränkungen beim Bau von Hochseeschiffen wurden fallengelassen und die Demontagen in zahlreichen Werken im Ruhrgebiet, im Rheinland und in West-Berlin eingestellt. Die Bundesrepublik konnte auch der »Internationalen Ruhrbehörde« beitreten und Zustimmung für den Beitritt zum Europarat erzielen. Deutete sich früh die Aufnahme in westeuropäische Institutionen und Organisationen an, so entwickelte sich der östliche Teil Deutschlands gänzlich in Richtung Sowjetunion und ihrer »Bruderstaaten«.

1.9.2 »Volkskongress«, »Volksrat« und DDR-Verfassung

Am 6. und 7. Dezember 1947 gründete sich in Berlin der »Deutsche Volkskongress für Einheit und gerechten Frieden«. Seine Vertreter wurden ausgehend von Informationen und auf Anweisungen der SED aus Parteien und Massenorganisationen der SBZ gewählt. Die Absicht der Westalliierten, einen westdeutschen Separatstaat zu bilden, lag im Osten Deutschlands offen zutage. Daher forderte der unter SED-Führung stehende »Volkskongress« im Interesse der sowjetischen Deutschlandpolitik vorbereitende Maßnahmen für den Abschluss eines Friedensvertrages und die Bildung einer gesamtdeutschen Regierung, die »aus Vertretern aller demokratischen Parteien« zusammengesetzt sein sollte.

Der zweite Volkskongress tagte am 17. und 18. März 1948. Er lehnte den Marshall-Plan ab, erkannte die Oder-Neiße-Linie an, beschloss im Unterschied zu den westdeutschen Verhältnissen ein Volksbegehren zur deutschen Einheit und wählte den »Deutschen Volksrat«, der aus 400 Mitgliedern, darunter 100 aus den Westzonen, bestand. Sein Verfassungsausschuss unter Leitung von Otto Grotewohl erarbeitete auf Basis einer SED-Vorlage vom November 1946 einen Entwurf für die »Verfassung der Deutschen Demokratischen Republik«. Dieser wurde vom Volksrat am 22. Oktober 1948 genehmigt und am 19. März 1949 beschlossen.
1.400 SBZ-Abgeordnete, die am dritten »Deutschen Volkskongress« vom 29. bis 30. Mai 1949 teilnahmen, waren von der Bevölkerung am 15. und 16. Mai aufgrund einer Einheitsliste gewählt worden, die der SED Führung und Kontrolle sicherte. Der teilweise vorhandene Unmut und die latente Unzufriedenheit vieler ostdeutscher Bürger mit den politischen Konstellationen äußerte sich in einem negativen Votum: Die Partei erhielt 31,5 % Nein- und 6,7 % ungültige Stimmen (Abb. 11).

Abb. 11: Zeitgenössische Propagandapostkarte mit einem gesamtdeutschen Anspruch der »Nationalen Front«

Die »Nationale Front des demokratischen Deutschland« war eine Vereinigung aller Parteien und Massenorganisationen der DDR. Ihrem Anspruch zufolge sollten alle politischen Gruppen Einfluss auf gesellschaftliche Prozesse nehmen und Deutschland als »einig Vaterland« formieren. Die »Nationale Front« stellte den Versuch dar, die Blockparteien und Massenorganisationen zu disziplinieren und die Vormachtstellung der SED zu untermauern. Bis 1989 war sie die von der SED gelenkte Sammelorganisation. Sie sollte auch die politisch nicht organisierten Teile der Bevölkerung erfassen, indem sie sich auf Haus- und Hofgemeinschaften aufbaute. Sie übernahm die Koordinierung des Parteiensystems und die Erstellung von Wahllisten.
Der dritte Kongress nahm die Verfassung der DDR an und wählte den zweiten Volksrat, aus dem am 7. Oktober 1949 die provisorische »Volkskammer« der DDR hervorging. Sie verabschiedete ein Manifest für eine »Nationale Front«, die die Volkskongressbewegung ablösen sollte, und beauftragte den früheren Vorsitzenden des Zentralausschusses der SPD Grotewohl mit der Regierungsbildung. Die zweite deutsche Staatsgründung war damit besiegelt. Ostdeutschland hatte nun mit Westdeutschland nachgezogen. Damit waren Vorentscheidungen für die Teilung der Nation gefallen. Deutsche Politiker in West wie Ost hatten keinen geringen Anteil daran.

1.10 Äußere und innere Teilintegration der BRD und DDR

1.10.1 Adenauers Weststaat, Erhards »soziale Marktwirtschaft« und das »deutsche Wirtschaftswunder«

In den deutschen Westzonen formierte sich seit Ende der 1940er-Jahre ein »West Germany made in USA« mit einer ausgeprägten Übernahme des »American way of life«, d. h. Coca-Cola, Jazz-Musik, Jeans etc. Die Britische und französische Besatzungsmacht hatten dieser amerikanischen Massenkultur nichts gleichwertig Populäres entgegenzusetzen. In der SBZ wurden hingegen die kommunistischen Vorgaben der UdSSR für die Ausgestaltung von Politik und Gesellschaft zwingend, sodass sich hier allmählich ein kleines »Sowjetdeutschland« herausbildete.
In den Zonen wurde anfänglich im Osten wie im Westen demontiert. Bald spürten insbesondere die Briten die Last ihrer Besatzung. Neue Wege mussten gefunden werden. Die Schaffung des westlichen deutschen Teilstaates war vor allem auf Entscheidungen amerikanischer und britischer Politiker zurückgegangen. Das waren Premier Clement Attlee und sein Außenminister Ernest Bevin in London und ihre Gegenüber Harry S. Truman und Dean Acheson in Washington. Westdeutschland sollte auf Dauer ihr »besetzter Verbündeter« (Hermann-Josef Rupieper) werden.

Ohne Akzeptanz und Zuspruch deutscher Politiker wäre die Deutschlandpolitik der Siegermächte nicht realisierbar gewesen. Adenauers großer Gegenspieler im zweiten deutschen Teilstaat nahm zunächst eine weit weniger exponierte und prominente Rolle ein. Als Erster SED-Sekretär konnte Ulbricht seine politische Stellung erst nach einer längeren Anlaufzeit behaupten und festigen. Er hatte die politischen »Säuberungen« Stalins im Moskau Ende der 1930er-Jahre überstanden. Ausdauer, Geduld, Hartnäckigkeit und taktisches Gespür waren seine Stärken. Während Adenauer in den USA seine stärkste Stütze hatte, war es für Ulbricht die UdSSR, die auch die Bildung und die Machtstellung der SED erst ermöglichte. Adenauers und Ulbrichts Politik waren anfänglich innerparteilich und innenpolitisch alles andere als unumstritten. Die Verschärfung des Kalten Krieges ab 1950 stärkte jedoch ihre Positionen in den beiden deutschen Teilgebilden, die sich zu Mitspielern des Kalten Krieges aufbauten und zu regelrechten Frontstaaten des deutsch-deutschen kalten Bürgerkriegs entwickelten.

In Adenauer hatten die Westalliierten ihren größten Befürworter und stärksten Verbündeten gefunden, der die Aufforderung zur Weststaatsgründung nicht nur begrüßte, sondern auch willig umzusetzen bereit war – auch auf Kosten der Einheit Deutschlands. Schon im Parlamentarischen Rat spielte er eine exponierte Rolle, die sich im Bundestag fortsetzte. Er führte die CDU, ihre Bundestagsfraktion und die Bundesregierungen autoritär, sodass sich für seine Amtszeit der Begriff »Kanzlerdemokratie« einbürgerte.

Im »Grundgesetz« war über die Ausrichtung der westdeutschen Wirtschaft nichts bestimmt worden, doch bedeutete die Teilnahme der drei Westzonen am Marshall-Plan eine Vorentscheidung für eine kapitalistisch-privatwirtschaftlich-westliche Struktur der Ökonomie. Die Aufhebung der Zwangswirtschaft und die Durchführung der Währungsreform deuteten in diese Richtung, was die erste Bundestagswahl 1949 bestätigte. Sie bewirkte eine Gesetzesmehrheit für die Verwirklichung der »sozialen Marktwirtschaft«.

Adenauer und Erhard waren »ungleiche Gründerväter« (Andreas Metz). Am 15. September 1949 wurde der Rheinländer Adenauer zum Bundeskanzler gewählt – mit einer Stimme Mehrheit. Es war seine eigene. Im gleichen Jahr wurde der Franke Erhard Bundeswirtschaftsminister. Adenauer hatte die CDU als Vorsitzender der Partei in der britischen Zone in den ersten Bundestagswahlkampf geführt, während der parteilose Erhard ein Jahr zuvor auf Initiative der Liberalen zum Direktor der Verwaltung für Wirtschaft in Frankfurt gewählt worden war. Durch Adenauers Hilfe verband er sich vor der Wahl mit der CDU.

Es entwickelte sich jedoch bald eine erbitterte Rivalität, die bis zum Tod Adenauers 1967 andauern sollte. Adenauer und Erhard, die Hauptdarsteller der bundesdeutschen Regierungspolitik dieser Zeit, bildeten ein sehr gegensätzliches und ungleiches, für sich aber erfolgreiches Duo. Dem Zerwürfnis ging keine »große Romanze« (so Daniel Koerfer) voraus. Adenauer hatte nur wenige politische Freunde. Erhards legendäres Konzept der »sozialen Marktwirtschaft« hatte andere Bezugspunkte. Die frühen Kontakte zwischen dem parteiungebundenen, von der Freiburger Schule um Walter Eucken stammenden und der deutschen Nationalökonomie inspirierten Wirtschaftsfachmann und den Freidemokraten (FDP-Vorsitzender war Thomas Dehler und FDP-Fraktionsvorsitzender im Wirtschaftsrat Franz Blücher) spielten eine erhebliche Rolle, aber auch enge Kontakte zu Vertretern aus der Wissenschaft, wie zu Nationalökonomen und Anhängern des Freihandels wie Wilhelm Röpke. Ohne diese Verbindungen hätte Erhards Aufstieg, v. a. mit Blick auf sein vorhergehendes Scheitern als bayerischer Wirtschaftsminister, ein rasches Ende gefunden.

Mit dem Gewerkschafter und sozialistischen Wirtschaftswissenschaftler, Viktor Agartz, Direktor des Verwaltungsamtes für Wirtschaft der Bizone, war es einem exponierten Sozialisten gelungen, eine Schlüsselfunktion zu erlangen. Anhänger der liberalen Schule sammelten sich um Erhard. Nennenswert ist in diesem Kontext der bundesdeutschen Ordnungs- und Wirtschaftspolitik Alfred August Müller-Armack, ein deutscher Nationalökonom und Kultursoziologe, der eigentliche Erfinder des Begriffs der »sozialen Marktwirtschaft« und deren Begründung, der unter Erhard als Staatssekretär im Wirtschaftsministerium tätig war. Wirtschaftsliberalisierung, Währungsreform und Marshall-Plan schienen ihm geeignet, den Aufschwung zu sichern. Herstellung und Verbrauch sollten mehr Freiraum erhalten, Konkurrenz und Leistung als Leitprinzipien verfochten werden.

Das Konzept der »sozialen Marktwirtschaft« ermöglichte nach anfänglichen Hindernissen den Aufschwung der bundesdeutschen Wirtschaft. Das sogenannte »Wirtschaftswunder« (Kap. 1.8.1) war allerdings auch im westeuropäischen Gesamtkontext zu sehen, wo in nahezu allen Ländern Produktionsanstieg und Wachstumssteigerung zu verzeichnen waren. Die »soziale Marktwirtschaft« sah bei Gewährung wirtschaftlicher Freiheit eine Kontroll- und Regelfunktion des Staates vor, um wirtschaftliche Prosperität und soziale Gerechtigkeit zu ermöglichen. Der Staat sollte abträgliche Entwicklungen für die Bürger mildern und korrigieren und der freie Wettbewerb vor Kartellen und Monopolen geschützt werden. Staatliche Aufgabe sollte es auch sein, die Stabilität des Geldwerts zu sichern.

Was Adenauer und Erhard zusammenhielt, war ihre Überzeugung, Westdeutschland und seine Bürger nicht zum Objekt sozialistischer Experimente werden zu lassen. Adenauer hielt sich aus der Wirtschaftsdebatte weitgehend heraus und Erhard von politischen und innerparteilichen Diskussionen fern, um so den Regierungsfrieden nach außen zu wahren. Dies hielt an, bis es in den Jahren 1956/57 um die Teilnahme an dem »Gemeinsamen Markt«, die Europäische Wirtschaftsgemeinschaft (EWG), ging. Adenauer setzte sich hier mit seiner »Richtlinienkompetenz« gegen Erhard und damit auch das Primat der Politik vor der Ökonomie durch.

Erhard, alles andere als Parteipolitiker, nämlich ein Experte, der wissenschaftlichen Erkenntnissen verpflichtet blieb, war bis 1963 kein Mitglied der CDU. Die guten Beziehungen zur FDP hielt er aufrecht. Adenauer erblickte in ihm ein nützliches Werkzeug für den Erfolg der CDU – mehr nicht. Die »Wahllokomotive« Erhard wurde im Zuge der Regierungsformation in seinem Ressort von Adenauer beschnitten, der das Wirtschaftsministerium seiner wesentlichen Kompetenzen beraubte. Der Kanzlerdemokrat und Mann der Ordnung setzte sich über den Individualisten und Fachmann rücksichts-

los hinweg. Dabei wäre ohne Erhard und die Mitte-Rechts-Koalition aus CDU/CSU-FDP und DP ein Bundeskanzler namens Adenauer kaum vorstellbar gewesen.
Kurt Schumacher von der SPD vertrat in der Wirtschaftspolitik ein sozialistisches Konzept und widersetzte sich der Wiederherstellung privat-kapitalistischer Verhältnisse. Er war sich sicher, dass die Sozialdemokraten in der Nachkriegspolitik nicht nur einflussreich, sondern auch führend sein würden. Der Wahlausgang von 1949 machte aus Schumacher jedoch nur den ersten Oppositionsführer des Bundestages. Er bekämpfte die Westintegrationspolitik mit aller Energie und insbesondere Adenauer, den er im Parlament als einen »Kanzler der Alliierten« titulierte. Schumacher ließ wissen: »Wir sind nicht die Knechte der Westmächte und wir sind noch viel weniger die Knechte der Sowjetunion.« Adenauers vorrangiges Ziel war auch nicht die viel zitierte »Wiedervereinigung« mit den »Brüdern und Schwestern in der Zone«, sondern die »volle Souveränität« für die BRD, die allerdings aufgrund der politischen Gesetzmäßigkeiten der von den Alliierten 1945 fixierten Nachkriegsordnung unerreichbar sein sollte. Die unbedingte Westintegration war für Adenauer auch nur durch starke Anlehnung an die USA und weitgehende Ausrichtung auf sie zu verwirklichen.
Schumacher hingegen ging in seiner zutreffenden Lageeinschätzung von der Annahme aus, dass durch die Westintegration der Bundesrepublik die Einheit Deutschlands verhindert werden würde. Für den sozialdemokratischen Oppositionsführer war die Einheit Deutschlands Voraussetzung für die Einigung Europas. Die Integration der Bundesrepublik in den Westen sah er als Vorstufe zur Teilung Kontinents. Auch deshalb lehnte er die Westintegrationspolitik Adenauers ab. Dessen Auffassung, nur und ausschließlich über den Westen zur Einheit Deutschlands zu gelangen, hielt Schumacher für falsch. Er sollte auch hier recht behalten. Infolge des aufreibenden politischen Einsatzes und seiner schweren körperlichen Behinderungen starb er am 20. August 1952 in Bonn. Damit war Adenauer von einem seiner härtesten Widersacher befreit. Schumachers Nachfolger Erich Ollenhauer fehlte die Ausstrahlung und der Kanzlerbonus.
Mit beträchtlichem Spannungspotenzial waren gesellschaftliche und soziale Fragen in der Bundesrepublik verbunden. Die Lage von Sozialhilfe-Empfängern besserte sich durch den Wirtschaftsaufschwung nicht wesentlich. Eine umfassende Umgestaltung der Sozialpolitik stand zur Debatte. Zentrales Element wurde die Pensionsreform von 1957, an der alle politischen Parteien mitwirkten. Den politischen Erfolg konnte jedoch die CDU unter Adenauer für sich verbuchen, als er die Bundestagswahlen von 1957 mit absoluter Mehrheit gewann.
Eine extrem große Herausforderung war die Bewältigung der Integration von Millionen Flüchtlingen und Vertriebenen aus dem ehemaligen deutschen Osten. Hinzu kamen die heimkehrenden Kriegsgefangenen. Für diese Menschen mussten nicht nur Arbeitsplätze geschaffen, sondern auch ihre gesellschaftliche Aufnahme und Einbindung in das westliche Nachkriegsdeutschland ermöglicht werden, d. h. Eigentums- und Vermögensverluste waren zu kompensieren und Pensionsansprüche zu sichern. Hier leistete die Regierung Adenauer finanziell und materiell Beachtliches, was sich auch als Beitrag zur inneren Integration und der gesellschaftspolitischen Stabili-

sierung der Bundesrepublik verstand. Das »Heimkehrer-Gesetz« und das »Lastenausgleichsgesetz« vom 1. Dezember 1952 wurden als Garanten für den sozialen Frieden und die Eingliederung entrechteter, geflohener, heimatlos gewordener, entwurzelter und verarmter Deutscher in die bundesdeutsche Gesellschaft bezeichnet.
Der Mythos von der vollauf gelungenen Integration der deutschen Flüchtlinge und Vertriebenen in die bundesdeutsche Nachkriegsgesellschaft ist jedoch infrage gestellt worden. Neuere Forschungen zeigten: Die mehr als 14 Millionen Flüchtlinge aus den deutschen Ostgebieten wurden von ihren Landsleuten nicht immer mit offenen Händen aufgenommen, sondern ganz im Gegenteil vielfach abgelehnt und ausgegrenzt. Es war eine »kalte Heimat«, so Andreas Kossert, die sie empfing, die Geschichte einer schwierigen Ankunft. Von nationaler Solidarität war wenig zu spüren. Die Westdeutschen fühlten sich durch die »fremden« Zuwanderer »aus dem Osten« bedroht, mit denen sie nun teilen sollten. Vorbehalte aufgrund anderer Herkunft und Sprache (»Die Polacken kommen«) sowie Neid aufgrund der für sie erwachsenden Vorteile aus dem Lastenausgleich führten zu einer neuen Form von Diskriminierung, einem neuen deutschen Rassismus von Deutschen gegen deutsche Vertriebene (»Polacken-Gesindel« und »Rucksack-Deutsche«) einer gespaltenen Gesellschaft. Diese Stimmungslagen und Vorurteile erschwerten mitunter das Miteinander und Zusammenleben. Der Schmerz über die verlorene Heimat der Vertriebenen blieb vielfach unbewältigt und neuer Schmerz kam in der neuen kalten Heimat hinzu.
Allein in der SBZ respektive DDR landeten »verschwiegene vier Millionen« Vertriebene, die unter radikaler Zwangsassimilation zu leiden und als »Umsiedler« zu »verschwinden« hatten. Im Westen erging es ihnen kaum besser. Es gab Heimweh als Todesursache und Rückkehrhoffnungen einerseits sowie Versuche des Aufbruchs und des Neuanfangs andererseits. Einerseits kamen die Vertriebenen meist aus den agrarisch geprägten Gebieten Ostdeutschlands, andererseits galten Zuzugsverbote in die meist ausgebombten Industrie- und Großstädte, sodass viele der Flüchtlinge auf die Flächenländer wie Schleswig-Holstein, Niedersachsen oder Bayern aufgeteilt wurden. Über 80 % der deutschen Vertriebenen haben in der Landwirtschaft Arbeit gefunden. Dort wurden sie teilweise nicht viel besser als die vormaligen »Fremdarbeiter« des NS-Regimes behandelt.
Missverständnisse und Vorurteile blieben. Ohne die Vertriebenen, die als »geduldete Motoren der Modernisierung« gesehen werden können, hätte es allerdings weder einen vergleichbaren Innovationsschub, noch das Wirtschaftswunder in dieser Form gegeben, so Andreas Kossert, worin ein politisches Verdienst der Ära Adenauer gesehen werden kann. Die vermeintliche Erfolgsgeschichte der Westintegration überdeckte die Flüchtlings- und Vertriebenen-Tragödien der Deutschen aus dem Osten, wobei sich eine bereits erkennbare mangelnde Bereitschaft, ja eine Unfähigkeit, zu trauern manifestierte.
Die wirtschaftliche Entwicklung hatte nach Kriegsende in Westdeutschland sehr schwierige Startbedingungen: bombardierter Arbeits- und Wohnraum, kaputte Produktionsstätten und zerstörte Verkehrswege, Transportprobleme und Versorgungsengpässe, Korruption, Selbstversorgung und Schwarzhandel bestimmten

das Bild. Anstelle des Morgenthau-Plans von 1944, der die Begrenzung der deutschen Wirtschaftsleistung auf die Hälfte des Vorkriegsstandes vorsah, lancierten die USA 1947 den Marshall-Plan, der die Westzonen 1948 einbezog. Die alliierten Militärgouverneure vertraten sie im Rahmen der Organization for European Economic Cooperation (OEEC) in Paris, die die Mittel des European Recovery Program (ERP) für alle Teilnehmerländer verteilen half.

Mit der Währungsreform und der Einführung der D-Mark, der schrittweise erfolgten Aufhebung der Devisenbewirtschaftung und des Versorgungssystems sowie dem Übergang zu marktwirtschaftlichen Organisationsformen mit freiem Preis- und Wettbewerbssystem setzten leistungsfördernde Impulse ein. Während das ERP mehr »Hilfe zur Selbsthilfe« (Werner Abelshauser) und nicht entscheidend für das »deutsche Wirtschaftswunder« war, bildeten vielmehr die Einstellung der Demontagen, Arbeitsfleiß und Leistungswille zum Wiederaufbau, die Reform der Währung, günstige Exportchancen sowie erhöhte Investitionstätigkeit und die Schaffung neuer Arbeitsplätze entscheidende Impulse für ein gesteigertes Wirtschaftswachstum in den 1950er-Jahren – gepaart mit dem gestiegenen Bedarf an deutschen Gütern im Zuge des Korea-Krieges und niedrigen Steuersätzen.

Wodurch manifestierte sich das »Wirtschaftswunder« und wodurch prägte es den Lebensalltag? Zunächst wogte eine Fresswelle, v. a. durch Fleischprodukte wie das Eisbein mit Kartoffeln und Sauerkraut. Die Suppen-Würze wurde durch verschiedene Maggi-Sorten möglich. Hinzu kamen nach dem erfolgten Wiederaufbau behagliche Behausungen. Moderne Heizgeräte ersetzten den Kachelofen. Zum Wohnzimmer gehörte ein Schallplattenspieler. Eine Leseecke bot Rückzugsmöglichkeiten. Die Puppenindustrie schuf Kinderspielzeuge.

Zur stolzen Automobilisierung trugen »Opel Admiral«, »Opel Kapitän«, aber auch der »Opel Rekord« mit bei. Die viel bescheidenere weil kleinräumige BMW Isetta vermittelte ein besonderes Fahrgefühl. Teil des »Wirtschaftswunders« war aber v. a. der massenhaft produzierte »Volkswagen«.

Auf die Fresswelle folgte eine Bekleidungswelle. Nach Stillung der Grundbedürfnisse waren Luxusgüter gefragt. Ton-Aufnahmegeräte mit Mikrophonen wurden hergestellt. Die Kunststoffindustrie produzierte Waren wie Plexiglas.

Nach der Kleiderwelle folgte die Reisewelle. Mit dem Postsparbuch war Geldabhebung nirgendwo mehr in Deutschland ein Problem, denn über allem stand die D-Mark: Sie wurde zum Symbol des deutschen Wiederaufstiegs und befeuerte die Urlaubsreisen nach Italien.

Das Schlagwort »Wirtschaftswunder« wurde zum Inbegriff des rasanten Wachstums der Pro-Kopf-Einkommen und der realen Wirtschaftskraft. Das Bruttosozialprodukt stieg seit 1950 von 145 bis zum Jahre 1960 auf 310 Milliarden D-Mark. Die Arbeitslosigkeit sank von 10,4 % (1950) auf 0,7 % im Jahre 1965. Vor allem die Neuinvestitionen schufen viele Beschäftigungsmöglichkeiten. Die Flüchtlingsströme aus dem deutschen Osten sowie aus der DDR brachten wertvolle Facharbeitskräfte. 1957 war Vollbeschäftigung erreicht, 1958 die Konvertibilität der D-Mark erzielt und das »deutsche Wirtschaftswunder« perfekt. Bereits 1959/60 verlangsamte sich allerdings das Wirtschaftstempo und es setzte ein Arbeitskräftemangel ein, der die Anwerbung von »Gastarbeitern« erforderlich machte. Die Arbeitsbedingungen waren schlecht. Die meisten lebten allein in unwirtlichen Unterkünften. Sie wollten ihre Löhne in die Heimat senden, um sich dort eine bessere Existenz aufzubauen. Im Zeichen der Konjunkturdelle von 1966/67 begann eine Diskussion, die Ausländerbeschäftigten zu reduzieren. Im Zeichen der Ölkrise 1973/74 setzte ein Anwerbestopp ein. Gleichwohl ihre Zahl abnahm, blieb die Problematik der »Gastarbeiter« bestehen. Über Jahrzehnte stellte man sich bei der Integrationsfrage taub und überging die Folgen einer nicht integrationsbereiten und -fähigen Einwanderungsgesellschaft.

Abb. 12: Haushaltsgeräte und der Kühlschrank waren Ausdruck des steigenden Wohlstands im Wirtschaftswunder.

1.10.2 Ulbrichts Moskau-Orientierung mit staatlich-sozialistischer »Planwirtschaft«

Eine gänzlich andere gesellschafts- und wirtschaftspolitische Entwicklung setzte im östlichen Teilstaat ein. Die SED hatte ihre Machtstellung überwiegend der sowjetischen Besatzungsmacht zu verdanken. Sie galt als »Russen-Partei«. Jegliche ernstzunehmende politische Opposition war ausgeschaltet. Die Partei trug die Bodenreformen und Enteignungen mit ihrem aufgesetzt wirkenden »Antifaschismus« mit, der zu einer neuen Gesellschaftsordnung führen sollte, indem sie den »Aufbau des Sozialismus« proklamierte, der seit 1952 nicht nur zum zentralen Anliegen der Partei, sondern auch zum Staatsziel erklärt wurde. 1949 wurde die »Planwirtschaft« eingeführt und zwei Jahre später der erste Fünfjahresplan (1951–55) in Kraft gesetzt. Beträchtliche Reparationsleistungen für die UdSSR erschwerten jedoch die wirtschaftliche Situation der DDR.

Unter Ulbricht wurde die Schwerindustrie angekurbelt, um als Basis für die Arbeiterschaft zu dienen bzw. damit entsprechend den Vorgaben des Rates für Gegenseitige Wirtschaftshilfe (RGW) der DDR-Wirtschaft eine Basis zu geben. Mit strenger Einforderung der Arbeitsnormen versuchte das SED-Regime unter größtem Druck die »Vergesellschaftung der Produktionsmittel« zu erreichen.
Im Unterschied zur BRD baute die DDR einen zentralistischen Staat nach dem Muster der Sowjetunion auf, der die Wirtschaft nach Plänen lenken und zentral steuern sollte, also von einer politisch motivierten Zielsetzung ausging. Staatliche Behörden leiteten und kontrollierten die ökonomische Entwicklung. Das Gleiche geschah mit anderen von der UdSSR beherrschten sozialistischen Staaten in Mittel- und Osteuropa, die wie die DDR dem RGW angehörten. Basis dieses Dirigismus waren »Perspektivpläne«, die schrittweise zumeist als Fünfjahrespläne realisiert werden sollten.
Inhalt der Pläne war die Verteilung der Rohstoffe, der Hilfs- und Betriebsgüter auf die einzelnen Wirtschaftszweige in den SED-Bezirken, auf die jeweiligen »Volkseigenen Betriebe« (VEB) und Kombinate, die Fixierung der Preise sowie die Festlegung der Sollwerte der Produktion. Der Gesamtplan war in einzelne Pläne, ausgehend von Investitionen, Produktionen und Konsum aufgeteilt.
Die Zuständigkeit für die Planwirtschaft hatten auf höchster Ebene das Politbüro der SED, der DDR-Ministerrat und die »Staatliche Plankommission«, ein zentrales Organ des Ministerrats. Auf einer unteren Ebene gab es Bezirksplankommissionen als Organe der Bezirksräte, verantwortlich für einzelne Gebiete. Für die örtliche Planung zuständig waren Kreisplan-Kommissionen, die dem Kreisrat zuarbeiteten und ihm unterstellt waren. Zugleich waren sie den Bezirksplan-Kommissionen nachgeordnet. Das war eine extrem starke Bürokratisierung der Wirtschaftspolitik.
Der erste DDR-Fünfjahresplan sollte von 1951 bis 1955 die Industrieproduktion verdoppeln und die Kriegsfolgeschäden, Rückzahlungen und rigiden Demontagen durch die Sowjetarmee beseitigen. Das SED-Regime setzte daher massiv auf die Energieproduktion, den Ausbau der Schwerindustrie und der chemischen Industrie sowie die Maschinenerzeugung. Der Bereich der Konsumgüter kam dabei deutlich zu kurz.
Trotz enormer Belastungen und erheblicher Hindernisse konnten zunächst die Plan-Ziele ganz im Unterschied zu den späteren erreicht werden, was für eine echte sozialistische Aufbruchstimmung und den zunächst noch verinnerlichten und gelebten »Antifaschismus« der Menschen sprach. In der DDR steigerte sich auf diese Weise die Arbeitsproduktivität zunächst um 55 %. Gegner dieses forcierten Kurses waren jedoch mit polizeilichem Terror und der behördlichen Gewalt von Staat und Partei konfrontiert.
Im Februar 1950 wurde in der gerade einmal ein halbes Jahr alten DDR ein Ministerium für Staatssicherheit (MfS) in Berlin eingerichtet. Der Protest gegen den wachsenden Arbeitsdruck und die Verweigerung politischer Mitspracherechte wuchs und entlud sich am 17. Juni 1953 (Kap. 1.14.6). Mit Hilfe militärischen Eingreifens der Sowjets gelang es der SED, die Opposition in weiten Teilen der Bevölkerung zu unter-

drücken. Die Verbesserung der Lebensbedingungen wurde versprochen und der politische Druck zeitweilig abgebaut.
Die »Entstalinisierung«, die KPdSU-Chef Nikita S. Chruschtschow auf dem XX. Parteitag vom 14. bis 25. Februar 1956 in seiner sogenannten »Geheimrede« am letzten Tag der Veranstaltung angekündigt hatte, blieb für die DDR weitgehend folgenlos. Am Ulbricht-Regime änderte sich in der Substanz und im Wesen kaum etwas.
Vor dem Hintergrund der ungarischen Volksaufstände im Oktober und November 1956 wurden in dieser Konsequenz Reformkommunisten der DDR, wie z. B. Wolfgang Harich (Kap. 1.14.7), die einen spezifischen gesamtdeutschen Weg zum Sozialismus propagiert hatten, schwerst bestraft.
Auf dem V. Parteitag der SED 1958 verkündete Ulbricht in einem Anflug von Überschätzung der realen Kapazitäten der DDR, die BRD würde in kürzester Zeit im Pro-Kopf-Verbrauch eingeholt und überflügelt werden. Mit dieser Rede gestand er ein, wie relevant der ständige Vergleich der Lebensbedingungen zwischen den beiden Staaten war und werden sollte. In dem Systemwettbewerb wurde diese Frage zur Lebens-, ja zur Überlebensfrage der DDR. Bereits in den 1960er-Jahren sollte deutlich werden, dass die SED ein unerreichbares Ziel proklamiert hatte. Die Kluft zwischen Staat und Bürgern wie zwischen Partei und Gesellschaft wurde größer. Sie manifestierte sich durch die »Abstimmung mit Füßen«, d. h. in fortgesetzter Flucht, der das SED-Regime nur mit dem Bau einer Mauer in Berlin am 13. August 1961 begegnen konnte.
Das Scheitern der inneren Integration zeichnete sich in der DDR schon früh ab. Der zweite Fünfjahresplan trat erst 1958 in Kraft und wurde aufgrund realitätsferner Vorstellungen wieder fallen gelassen. Er wurde ein Jahr später in einem »Siebenjahresplan« weitergeführt. 1963 beschloss das SED-Regime das »Neue Ökonomische System der Planung und Leitung der Volkswirtschaft« (NÖS), verbunden mit der Erwartung einer effizienteren und rentableren Wirtschaftspolitik, die die Konsumgüterindustrie zu fördern suchte. Im gleichen Jahr wurde der »Siebenjahresplan« durch einen »Perspektivplan« bis 1970 ersetzt, der in Jahresplänen verwirklicht werden sollte. Er war nur bedingt erfolgreich.

1.11 »Wiedergutmachung« der BRD – Ablehnung durch die DDR

1.11.1 Politische und moralische Westintegration – Absage an die Einheit

Mit Anerkennung der moralischen Schuld und der daraus resultierenden politischen Verantwortung für die Verfolgung und massenhafte Tötung nicht nur der deutschen, sondern auch der europäischen Juden durch die NS-Diktatur und dem kontinuierlichen Willen, finanzielle Entschädigungen (»Wiedergutmachung«) zu leisten – ein beispielloser welthistorischer Vorgang – gelang es der Bonner Republik, Aufmerksamkeit, Anerkennung und Respekt zu finden, aber auch Würde zu gewinnen. Die »Wiedergutmachung« ermöglichte die Rückkehr der Bundesrepublik in das Wertesystem des Westens. Sie verschaffte dem jungen Teilstaat Respekt, wenngleich Vorbehalte gegenüber »Deutschen« und »Deutschland« aufgrund der NS-Vergangenheit weiter lebendig blieben und aufgrund des raschen ökonomischen Wiederaufstiegs der Bundesrepublik bald wieder Ängste vor der neuerlichen (Wirtschafts)Macht aufkamen.

Dass es den Westdeutschen ein Jahrzehnt nach Kriegsende bald wieder besser als allen Bevölkerungen im übrigen Europa gehen sollte, die sich als Sieger wähnten, löste Missgunst und Neid aus. Es sollte sich auf deutscher Seite auch als Illusion erweisen, die Hypotheken der NS-Vergangenheit überwiegend mit materiellen Zuwendungen abbauen zu können. Mit den erheblichen Zahlungen versuchte die bundesdeutsche Politik die moralische Last abzutragen und das schlechte Gewissen zu beruhigen. Ihre einseitige Positionierung auf Seiten Frankreichs und den USA nährten nicht nur im Osten Europas bei den sozialistischen Einparteien-Regimen Zweifel an der friedlichen Entwicklung und der Verlässlichkeit des neuen Deutschlands. Wie weit der Vertrauensbildungsprozess aber auch im Westen Europas gelingen sollte bzw. fraglich blieb, zeigte sich bei der Ablehnung, der Reserve und der Skepsis, unter den Staats- und Regierungschefs im Kontext der deutschen Einigung 1989/90 (Kap. 5.9).

Schon auf der Konferenz von Jalta im Februar 1945 war grundsätzlich festgelegt worden, dass das Deutsche Reich nach der Kapitulation die während des Krieges und unter der NS-Herrschaft angerichteten Zerstörungen in den besetzten Ländern wieder gutzumachen hätte. In Potsdam behaupteten sich die USA mit dem Anliegen, jede Besatzungsmacht sollte ihre Ansprüche auf Reparationen aus der eigenen Zone abdecken. Die UdSSR forderte für den Wiederaufbau ihres schwer in Mitleidenschaft gezogenen Landes aber auch Reparationsleistungen aus den westlichen Zonen. Aufgrund des am 3. Mai 1946 verfügten Demontagestopps durch den US-Militärgouverneur Clay wurde dieses Ansinnen unterbunden. Die umso massiver forcierte Demontage in der SBZ erschwerte den Wiederaufbau der DDR weit mehr als jenen in den Westzonen. Während diese vom Marshall-Plan und dem Europäischen Wiederaufbauprogramm der Amerikaner profitierten, kam ein solches für die DDR nicht in Frage und bedeutete einen zusätzlichen Hilfeausfall.

Entschädigung für den Entzug und Rückerstattung des Vermögens durch das NS-Regime hatten die alliierten Militärregierungen beschlossen. Die Bundesrepublik übernahm die Forderung nach »Wiedergutmachung« für Personen und Bevölkerungsgruppen, die in der NS-Zeit aus rassischen, religiösen oder politischen Gründen verfolgt worden waren.

Die israelische Regierung wandte sich in einer Note vom 12. März 1951 an die vier Siegermächte und meldete Entschädigungszahlungen im Wert von 1,5 Milliarden $ an. Eine Milliarde sollte die BRD, 500 Millionen die DDR zahlen. Die Note wurde von den Westmächten abgelehnt, die DDR und die UdSSR gingen gar nicht darauf ein. Adenauer räumte jedoch bezüglich der Höhe der Summe »freie Hand« ein. Die

Bundesregierung erklärte sich am 27. September 1951 schließlich mit einhelliger Zustimmung des Bundestages bereit, dem Staat Israel Wiedergutmachung zu leisten.
Am 10. September 1952 wurde das Luxemburger Abkommen zwischen Adenauer und Israels Außenminister Mosche Scharet unterzeichnet. Die Verhandlungen hatten im März im Schloss Wassenaar in Den Haag begonnen. Die Bundesrepublik sagte darin zu, in den ersten beiden Jahren 200 Millionen D-Mark und im Zeitraum von zwölf bis 14 Jahren Warenlieferungen und Zahlungen im Wert von 3,45 Milliarden D-Mark an den Staat Israel sowie 450 Millionen D-Mark zugunsten der Jewish Claims Conference, der Gesamtvertretung von über 50 jüdischen Organisationen in westlichen Ländern, zu leisten. Die Zahlungen liefen bis in die letzten Jahre (Kap. 12.8). Im Jahre 2007 belief sich die Gesamtsumme aller Entschädigungsleistungen der Bundesrepublik auf mehr als 65 Milliarden Euro. Mit dieser Art von Wiedergutmachung vollzog sich ein bemerkenswerter, ja einmaliger Vorgang in der internationalen Staatengeschichte.
Die israelische Opposition unter Menachem Begin kritisierte jedoch heftig, die Würde der Opfer werde damit missachtet, würden sich die Mörder mit »Blutgeld« von ihrer Schuld loskaufen. Ein versuchter Bombenanschlag auf Adenauer am 27. März 1952 hatte einen beklemmenden Hintergrund: Ausgehend von der ehemaligen israelischen Untergrundorganisation Irgun Zwai Leumi um Begin war dieses Attentat geplant worden, das durch Zufall am Münchner Hauptbahnhof entdeckt werden konnte. Bei der Entschärfung des Pakets mit einer in einem Buch eingebauten Bombe, welches dem Bundeskanzler zugesandt werden sollte, wurde im Keller des Münchner Polizeipräsidiums der Sprengmeister Karl Reichert getötet. Die kriminaltechnischen Ermittlungen einer Sonderkommission und einer Sicherungsgruppe des Bundeskriminalamtes liefen zunächst auf Hochtouren und, als die Hintergründe klar wurden, geheim weiter. Strafrechtliche Verfolgungen wurden dann eingestellt, als sich die Verdachtsmomente erhärteten und bestätigten. Nicht auszudenken, was geschehen wäre, hätte der Anschlag sein Ziel erreicht. Im Interesse der Beziehungen der beiden jungen Staaten wurde das Thema rasch ad acta gelegt und unter Verschluss gehalten. Eine interessiertere deutsche Teilöffentlichkeit sollte davon erst durch ein Buch von Henning Sietz im Jahre 2003 erfahren.
Für den Bundeskanzler gab es zwei wesentliche Motive für seine Haltung in der »Judenfrage«, wie er sie nannte, und die materielle Entschädigung: In einem ZDF-TV-Interview aus dem Jahre 1965 gab er rückblickend zu verstehen, dass das Unrecht und die Verbrechen durch das NS-Regime Sühne und Wiedergutmachung verlangten, um das Ansehen Deutschlands wiederherzustellen. Er verwies aber auch auf die »Macht der Juden [[sic!]« in der Welt und vor allem ihren Einfluss in den USA, den es »nicht zu unterschätzen« gelte. Er ließ bei anderer Gelegenheit wissen, dass die Bundesregierung bestrebt sein musste, »das Hassgefühl des Weltjudentums [sic!] zu mildern«. In dieser Mischung aus moralischer Verantwortung, klischeehaften Vorurteilen und staatspolitischer Instrumentalisierung seiner funktionalen Interessenpolitik war die Haltung Adenauers begründet, der in den frühen 1920er-Jahren als Oberbürgermeister von Köln bereits einem Pro-Palästina-Komitee angehört hatte und für die Bildung eines eigenen Judenstaates eingetreten war.

Die israelische Regierung unter Ben Gurion brauchte das deutsche Geld dringend für den staatlichen Aufbau und die Existenzsicherung des Frontstaats im Nahen Osten. Er sah keine andere Wahl. Israel war von den USA und der Bundesrepublik völlig abhängig.

Der Bundestag stimmte am 18. März 1953 mit den Stimmen der CDU und SPD dem Luxemburger Vertrag zu, obgleich die Höhe der Zahlungen in Reihen der Unionsparteien auch auf erhebliche Bedenken gestoßen war, so bei Finanzminister Fritz Schäffer (CSU). Ein Bundesentschädigungsgesetz (BEG) vom 29. Juni 1956 benannte die vom NS-Regime Verfolgten und regelte die Verfahren. Opfern des Nationalsozialismus wurde damit materieller Schadenersatz gewährt (Abfindungen, Darlehen und Ausbildungsbeihilfen, Kranken- und Hinterbliebenenversorgung und Renten).

Die Politik der Entschädigung, des Lastenausgleichs und der Wiedergutmachung erfolgte seitens der Bundesrepublik nicht aus rein altruistischen und idealistischen Motiven. Sie war instrumenteller Natur und dabei doppelt politisch motiviert. Sie stärkte Adenauers innen- und außenpolitische Stellung. Im Jahre 1953 standen Wahlen und der Besuch des Bundeskanzlers in den USA an. Die Gesetze und Maßnahmen waren auch Teil eines größeren Integrationskonzepts der bundesdeutschen Außenpolitik. Sie war über Jahrzehnte von drei wesentlichen Zielen bestimmt: Westintegration in Verbindung mit der deutsch-französischen Annäherung und Verständigung im Kontext der westeuropäischen Einigung, transatlantische Ausrichtung mit Blick auf das Bündnis mit den USA, was mitunter die Beziehungen zum traditionell US-skeptischen Frankreich belastete, und die »Wiedergutmachung« an Israel, die bis hin zu Kriegsmaterial-Lieferungen (u. a. deutsche Panzern und U-Booten) an diesen nicht nur auf seine Verteidigung konzentrierten, sondern auch auf Angriff ausgerichteten Staat in dieser konfliktreichen Region reichte. Israels Armee zählte mit der Bundesrepublik als ihrem zeitweise größten Waffenlieferanten seither zur bestausgerüsteten Streitkraft im Nahen Osten und zu den schlagkräftigsten der Welt. Am Beispiel und der Erfahrung der Deutschen Wehrmacht konnte man sich auch ein Vorbild für eine durchschlagsfähige Kampfkraft und erfolgreiche Kriegsmaschine nehmen (Martin van Creveld).

Mit dieser aus der bundesdeutschen Staatsräson erwachsenden sowohl ideologisch motivierten Außenpolitik als auch einseitig ausgerichteten Regionalpolitik, die auf diesem Feld mit einer klaren Absage an eine neutrale Haltung einherging, ergriff die Bonner Republik nach dem Ost-West- auch im Nahostkonflikt Partei. Sie wurde auch in dieser Region zu einem der verlässlichsten Partner der westlichen Welt und der USA. Diese Politik trug damit ebenfalls zur Verschärfung der Konfrontation zwischen den »Blöcken« und einer Verfestigung der Teilung Europas und der Welt sowie im Nahen Osten bei.

Nach dem Scheitern einer gesamteuropäischen verfassungsgebenden Versammlung (Konstituante), die sich die Verbände der »Europabewegung« 1948/49 noch erhofft hatten, folgte ein »funktional«-pragmatischer Ansatz zur Vereinheitlichung der westeuropäischen Wirtschaftssektoren. »Kleineuropäer« und Technokraten hatten nun das Sagen. Bonn forcierte die ökonomische und militärische Westintegration der Bundesrepublik. »Dritte Wege« und »Brücken«-Konzepte kamen für den Bundeskanzler nicht infrage. Darüber ließ er auch seine französischen Bündnisgenossen nicht im Zweifel. In einem undatierten Bericht »Die Taktik des Kanzlers Adenauer«, den Victor Koutzine, Vertrauensmann von Frankreichs Außenminister Georges Bidault, an diesen 1951 nach einem Bonn-Besuch weiterleitete, ist das außenpolitische Konzept des deutschen Regierungschefs festgehalten:

»Außenpolitisch hat Bundeskanzler Adenauer die Karte der europäischen Förderation voll ausgespielt. Seine gesamte Außenpolitik ist auf dieses Ziel ausgerichtet, denn er hält die deutsch-französische Verständigung, die zentrale Idee seines Gesamtplans, nur im größeren Rahmen Westeuropas für erreichbar. Bundeskanzler Adenauer opfert daher bewusst die Frage der deutschen Einheit, weil er glaubt, dass die Integration Westdeutschlands wichtiger ist als die Wiederherstellung der Einheit des ehemaligen Reiches.«

Die vertrauliche Übermittlung derart fundamentaler deutschlandpolitischer Bekenntnisse war geeignet, vertrauensbildend mit Blick auf französische Sicherheitsbedürfnisse zu wirken. Sie entsprachen abgesehen von der instrumentellen Funktion auch der innersten Überzeugung Adenauers und seiner politischen Haltung. Diese Mitteilung war streng geheim, doch war diese Tendenz seiner Grundsatzentscheidung auch für die politisch interessierte Öffentlichkeit erkennbar.
Heftig umstritten war diese Außenpolitik zwischen Opposition und Bundesregierung. Zwar waren die Sozialdemokraten unter Schumacher und später unter Ollenhauer nahezu gleich wenn nicht noch stärker antikommunistisch eingestellt wie Adenauer, doch vertraten sie das Anliegen der deutschen Einheit aktiver, beherzter und überzeugungsvoller als die Christdemokraten. Sie neigten auch dazu, ein neutrales Deutschland zu akzeptieren. Adenauers Politik der Westintegration kritisierten sie als voreilig, übertrieben und v. a. für die Einheit Deutschlands als verhängnisvoll, weil damit dessen Teilung vertieft werden würde. Die SPD sollte mit dieser Einschätzung politisch recht behalten, musste aber die Durchsetzungsfähigkeit der »Realpolitik« Adenauers und die Macht der Verhältnisse zur Kenntnis nehmen. Um nicht mehr und mehr unter dem Verlust der Teilungsrealität zu leiden, lenkte sie Ende der 1950er-Jahre ein und gab ihre deutschlandpolitische Opposition gegen die Westintegration auf (siehe den SPD-Parteitag Bad Godesberg 1959, Kap. 1.15.4).
Die Deutschlandpolitik Adenauers war aber auch in den eigenen Parteireihen umstritten. Jakob Kaiser, Minister für gesamtdeutsche Fragen, erwartete sich die Prüfung des Angebots von Stalin über ein bewaffnetes, neutrales und vereintes Deutschland, was der Bundeskanzler schroff ablehnte. Es ist in diesem Zusammenhang auch der Versuch Gustav Heinemanns zu nennen, nach seinem Austritt aus der CDU mit der Gründung der »Notgemeinschaft für den Frieden Europas«, später in der Gesamtdeutschen Volkspartei (GVP), eine »unbewaffnete Neutralität« eines wiedervereinigten Deutschlands zu erreichen. Nach dem Scheitern dieses Unternehmens, das auch von der Mehrheit der SPD mit großer Zurückhaltung aufgenommen wurde, und nach den vollendeten Tatsachen der Politik Adenauers (Militarisierung und NATO-Beitritt der Bundesrepublik) folgte im Jahr 1957 der Beitritt von Heinemann und Johannes Rau mit fast dem gesamten Vorstand der GVP zur SPD.

Adenauer war zwar ein neuer, aber stark reduzierter »Eiserner Kanzler« aus Rhöndorf – ganz im Unterschied zu Otto von Bismarck, der ein Kanzler der deutschen Einheit mit gepflegten Beziehungen zu Russland und einer Frontstellung zu Frankreich gewesen ist. Vielmehr wurde Adenauer erster Kanzler eines antipreußischen Teilstaats im Rahmen einer französisch-westeuropäischen Integrationskonzeption und Mitstreiter der US-Politik im Kampf gegen den Sowjetkommunismus (»Soffjetkommunismus«, so sein Originalton). Sein Antikommunismus war mitunter stärker ausgeprägt als sein Anti-Nationalsozialismus.

1.11.2 Isolation und Ostorientierung

Gänzlich anders als die BRD außenpolitisch ausgerichtet war die DDR. Vom Westen – bedingt durch die Hallstein-Doktrin (Kap 1.15.3) – total isoliert und völlig von der sowjetischen Unterstützung abhängig, erlangte sie aufgrund eines Vertrages mit der UdSSR erst 1955 innerhalb des »Ostblocks« einen gleichrangigen Status im Rahmen des Warschauer Paktes. Die Hallstein-Doktrin besagte, dass die Aufnahme diplomatischer Beziehungen zur DDR durch Drittstaaten als »unfreundlicher Akt« gegenüber der Bundesrepublik betrachtet werden müsse und daher diplomatische Beziehungen mit diesen abzubrechen seien. Das bereitete der DDR zeitweise Probleme, solche mit Drittstaaten aufzunehmen.

Im Unterschied zur BRD sah sie keinerlei Veranlassung für eine Wiedergutmachung gegenüber Israel. Sie argumentierte, dass sie – im Unterschied zur Bonner Republik – nicht Rechtsnachfolgerin des Deutschen Reiches sei und verstand sich als neue Staatsgründung, d. h. als »erster deutscher Arbeiter- und Bauernstaat«, der auf dem Boden des »Antifaschismus« begründet worden sei. Die BRD wurde hingegen als Hort des »Dollar-Imperialismus«, des »Nazi-Faschismus« und des »Kartellkapitalismus« verunglimpft, ein Staat, der quasi deshalb auch Wiedergutmachung zu leisten habe. Darüber hinaus wurde Israel auch als US-amerikanischer Vorposten im Nahen Osten und Ausdruck dieses »Imperialismus« hingestellt, d. h. die gesamte Außenpolitik der BRD verurteilt. Vor diesem Hintergrund vertrat der SED-Staat nicht nur offiziell antiamerikanische, anti-kapitalistische sowie anti-israelische und anti-zionistische Positionen, sondern kultivierte unter der Decke auch antisemitische Einstellungen.

Pankow, der Sitz der DDR-Regierung in Berlin-Ost, erkannte die Chance der Profilierung im östlichen Staatensystem als »anderer« deutscher Staat, aber auch das Dilemma der handelspolitischen und ökonomischen Abhängigkeit vom Westen.

Walter Ulbricht war seit Mitte der 1950er-Jahre bemüht, seine Vorstellung von zwei deutschen Staaten zu propagieren. Seine Botmäßigkeit gegenüber der UdSSR wirkte vertrauensbildend für die Sowjetunion und gab der DDR in den 1960er-Jahren etwas mehr Handlungsspielraum.

Die Teilung betraf die Menschen in Ostdeutschland weit mehr als jene im Westen. Es war für sie eine viel bedrückendere Situation als für die Westdeutschen. Viele

hofften in den ersten beiden Jahrzehnten nach Kriegsende immer um Weihnachten auf die »Einheit« im nächsten Jahr und stellten Kerzen in die Fenster. Dies geschah auch in den grenznahen Gebieten im Westen Deutschlands.
Der wirtschaftliche Wiederaufbau nahm die Deutschen von Anfang an voll in Beschlag und ließ politische Angelegenheiten in den Hintergrund treten. In beiden Staaten wurde einerseits einsatzfreudig und hart gearbeitet, andererseits nach vollbrachter Arbeit der Rückzug in das Private gesucht. Die Deutschen hatten in den Jahren nach Kriegsende »genug von Politik«. Befreit vom Kriegsende und dem Luftkrieg blühte das Familien- und Vereinsleben allmählich wieder auf. Die Kriegs- und NS-Zeit waren kein Thema und wurden verdrängt. Soweit ähnelten sich die Dinge in beiden deutschen Staaten. Die Teilung Deutschlands zog Folgen im Auseinanderdriften der ökonomischen und sozialen Verhältnisse nach sich.
In der Bundesrepublik wurde stufenweise die 40-Stunden-Woche eingeführt, wodurch sich Arbeitskräftemangel ergab. Die Anwerbung von »Gastarbeitern« war eine spätere Folge. Die 1950er-Jahre waren Jahre der Modernisierung, resultierend aus Währungsreform und Wiederaufbau. Da die Kriegszerstörungen massiv waren, musste die Infrastruktur rekonstruiert werden. Alte Städte wurden neu geplant. Die Restaurierung alter Bauwerke wurde kaum mehr ernsthaft in Betracht gezogen, sondern völlig neue Stadtteile aus dem Boden gestampft. Beim Hausbau knüpfte man zum Teil an die Weimarer Republik an. Im Industrie- und Verwaltungsbau löste man sich von dem monumentalen Baustil des NS-Staates. Beim Aufbau zerstörter Städte stützte man sich durchaus auch auf Planungen, die schon während des Krieges ausgearbeitet worden waren, z. B. durch Entfernung alter, dicht gebauter Stadtteile oder Anlegung breiter Durchgangsstraßen usw. Die Bundesrepublik demonstrierte auf diese Weise, ein funktionierender, korrekter, moderner und wohlhabender Staat zu sein.
Der wachsende Wohlstand führte zu einer am Konsum und am Genuss orientierten Bevölkerung, die gesellschaftspolitische Stabilität ermöglichte, aber auch Kritiklosigkeit an den bestehenden Verhältnissen förderte sowie eine wachsende Selbstgenügsamkeit und Selbstgefälligkeit widerspiegelte. Der unbestreitbare wirtschaftliche Aufstieg der BRD besaß Attraktivität für die Bürgerinnen und Bürger in der DDR. Sie profitierten nicht von diesem Aufschwung, waren nicht Teil des US-Wiederaufbauprogramms für Westeuropa und mussten die SED-Diktatur hinnehmen und erdulden. Diese doppelte Unzufriedenheit der DDR-Bewohner – einerseits mit den sozioökonomischen, andererseits mit den politischen Verhältnissen – führte zu einem Anstieg der Flüchtlingszahlen. Es drohte der Exodus des ostdeutschen Teilstaats, zumal jene Menschen gingen, die dringend für den weiteren Wiederaufbau benötigt wurden. Mit dem Aufbau innerdeutscher Grenzsperranlagen ab 1952 und letztlich mit dem Bau der Mauer in Berlin 1961 (Kap. 1.14.8) verhinderte das SED-Regime den vorzeitigen staatlichen und wirtschaftlichen Zusammenbruch des sowjetischen Satellitenstaats in Ostdeutschland. Damit wurde nicht nur die Fluchtbewegung gestoppt, sondern auch eine Konsolidierung und Stabilisierung der DDR eingeleitet. Im Westen schaute man selbstzufrieden und wohlgenährt nach »drüben« auf die »Zone«. BRD und DDR

hatten sich miteinander auseinanderzusetzen und die Abgrenzung und wechselseitige Ausschließung zu institutionalisieren und zu kultivieren. Das gelang auf dem Wege der Blockintegration und der Militarisierung, die in beiden Staaten ein Jahrzehnt nach Kriegsende zügig betrieben wurden.

1.12 Eingeschränkte Westeuropapolitik: Mitbegründung der Montanunion, Beitritt zum Europarat, »Deutschlandvertrag« und Scheitern der Europaarmee

Auf französisches Drängen wurde am 28. April 1949 eine Internationale Kontrollbehörde für das Ruhrgebiet eingerichtet, an der Belgien, Frankreich, Großbritannien, Luxemburg, die Niederlande und die USA mitwirkten. Ansprüche der Sowjetunion auf eine Beteiligung an den dortigen Ressourcen wurden abgelehnt. Das Ruhrgebiet blieb deutsches Territorium, die wirtschaftliche Nutzung aber dieser Kontrollbehörde vorbehalten. Im Petersberg-Abkommen vom 22. November 1949 erklärte sich die Bundesrepublik unter Adenauer bereit, der Ruhrbehörde beizutreten, was SPD-Oppositionsführer Schumacher heftig kritisierte. Der wachsende Druck der US-Politik auf Frankreich hinsichtlich der gewünschten Kooperation mit den Westzonen und der späteren Bundesrepublik führte anstatt ihrer fortgesetzten Kontrolle zu einer Wende der französischen Deutschlandpolitik ab 1947/48 und zum Einlenken 1949/50, um nicht die Mitgestaltungsmöglichkeiten bei der Regelung der Deutschlandfrage zu verlieren. So schlug der frühere französische Ministerpräsident (1947/48) und nunmehrige Außenminister (1948–53) Robert Schuman nach längeren Vorbereitungen am 9. Mai 1950 vor, die gesamte französische und deutsche Kohle- und Stahlproduktion unter eine gemeinsame supranationale »Hohe Behörde« zu stellen, die auch anderen europäischen Ländern offenstehen sollte.
Derartige Überlegungen reichten bis in die 1920er-Jahre zurück. Die Bildung einer westdeutsch-französischen Wirtschaftsunion hatte Adenauer schon im März 1950 angeregt. Entscheidenden Anteil am Schuman-Plan hatte der Leiter des französischen Amtes für Wirtschaftsplanung, Jean Monnet. Mit dem Projekt sollte das trotz Ruhrstatut nicht befriedigte französische Sicherheitsbedürfnis gestillt, eine deutsche Vorherrschaft auf dem Kohle- und Stahlsektor verhindert, Frankreich eine führende Rolle in Westeuropa, aber auch weitgehende französische Unabhängigkeit von den USA zugesichert sowie der beabsichtigten politischen Einigung Europas eine wirtschaftliche Basis gegeben werden.
Am 30. Juni 1950 nahmen Belgien, die Bundesrepublik, Italien, Luxemburg und die Niederlande dieses Projekt als Verhandlungsgrundlage an. Der für 50 Jahre gültige Vertrag über die Europäische Gemeinschaft für Kohle und Stahl (EGKS) wurde am 18. April 1951 in Paris unterzeichnet und trat am 25. Juli 1952 in Kraft. Damit erlosch gleichzeitig das Ruhrstatut, während das Besatzungsstatut noch weiter bestand. Die EGKS bildete den Auftakt für die Bildung weiterer supranational konzipierter Gemeinschaften.

In der unmittelbaren Nachkriegszeit hatte sich im Westen auch eine »Europabewegung« formiert, die ihren Ausdruck in der Gründung vielfältiger Verbände und Vereine fand. Föderalisten forderten einen europäischen Bundesstaat, Konstitutionalisten eine europäische Verfassung und Unionisten einen Staatenbund. Viele träumten von einem »Europa als dritte Kraft« zwischen den sich formierenden Blöcken. Das hätte allerdings eine andere Lösung der Deutschlandfrage als die der Teilung zur Voraussetzung gehabt. Der Haager Europa-Kongress von 1948 hielt diese Hoffnung noch wach. Doch standen die Interessen der Supermächte und das Wiedererwachen des nationalstaatlichen Gedankens diesen idealistischen Vorstellungen entgegen. Die Architekten der EGKS hatten mit der »Europabewegung« auch kaum Berührung.
So kam es am 5. Mai 1949 zwar zur Unterzeichnung des Statuts des Europarats – einer strikt intergouvernemental organisierten internationalen Institution, maßgeblich auf Betreiben Großbritanniens zurückzuführen – durch Vertreter von Belgien, Dänemark, Frankreich, Großbritannien, Irland, Italien, Luxemburg, der Niederlande, Norwegen und Schweden. Griechenland und die Türkei traten noch im gleichen Jahr hinzu. Die damit begründete Institution blieb jedoch weit hinter den Erwartungen von Europaanhängern zurück, die auf eine politische Gemeinschaft oder eine verfassungsgebende Versammlung gehofft hatten.
Der in Straßburg sitzende »Conseil de l'Europe« bildete mit seiner Beratenden Versammlung als konsultatives Gremium ein Diskussionsforum ambitionierter Vorhaben, die jedoch der Zustimmung der nationalen Parlamente bedurften. Mit dem Europarat verbunden sind v. a. die Unterzeichnung der Europäischen Konvention zum Schutz der Menschenrechte und Grundfreiheiten (EMRK) vom 4. November 1950 mit elf Protokollen (in Kraft am 3. September 1953), deren verpflichtende Übernahme durch die Mitgliedsstaaten, zahlreiche kulturpolitische Initiativen sowie die Europäische Sozialcharta vom 18. Oktober 1961.
Der Europarat wurde ausgehend von supranationalem Wunschdenken heraus als »gescheiterter Integrationsversuch« gesehen. Er stand aber für die Anfänge der europäischen Einigung auf der Suche nach Frieden in Freiheit und wirkte als eine Art »Geburtshelfer« und dies viel mehr im Sinne »Vereinigter Staaten« für ein größer angelegtes Europa, als es die von der Bundesrepublik getragene ganz im Westen angesiedelte kerneuropäische Integration zunächst und für lange Zeit tun sollte. Die Methode des Europarats war flexibel. Sie bestand vor allem aus der Diskussion und Setzung einer Vielzahl von politischen Normen aus Kooperation und Integration. Wenn diese neue internationale Organisation auch nicht alle Erwartungen erfüllte, so begann damit funktionell das institutionelle Einigungswerk Europas und erzeugte ein spezifisches europäisches Milieu von Parlamentariern und Politikern. Sie stand für die vielen und verschiedenen »Europas der Europäer« (Wolf D. Gruner).
Am 31. März 1950 erging die Einladung an die Bundesrepublik, dem Europarat zunächst als assoziiertes Mitglied anzugehören und – ebenso wie das Saarland – beizutreten. Am 2. Mai 1951 wurde der deutsche Weststaat Vollmitglied. Der Europarat war als ein gesamteuropäisches Forum gedacht. Es war die einzige europäische Organisation, in der bis zur Auflösung des »Ostblocks« nahezu alle nicht-kommunis-

tischen Staaten Europas vertreten waren. Die sozialistischen Staaten jenseits des Eisernen Vorhangs gehörten ihm jedoch nicht an, so dass der gesamteuropäische Zugang bis 1989/90 nicht verwirklicht werden konnte.
Während der 5. Mai 1949 für die Gründung des Europarats steht, ist der 6. August 1950 fast vergessen. An diesem Tag stürmten in einer gezielten Aktion rund 300 Hochschüler aus neun europäischen Ländern die deutsch-französische Grenze bei Sankt Germanshof/Wissembourg (Weißenburg). Sie rissen Zolltafeln ab, zersägten die metallenen Schranken, verbrannten Schlagbäume und brachten Tafeln mit der Aufschrift »Sie bleiben in Europa!« an. In einer Beschlussfassung brandmarkten sie das zögerliche Verhalten der Politiker mit Blick auf die Schaffung einer europäischen Union und forderten mehr Tatendrang. Die am Feuer kund getane Deklaration »Europa ist Gegenwart!« enthielt den dringlichen Aufruf an die Regierungen und Parlamente Europas sowie die »Straßburger Versammlung« zur Schaffung eines europäischen Bürgerrechts, Bildung einer europäischen Volksvertretung und einer europäischen Regierung.
Am 24. November 1950 folgte eine weitere spektakuläre Demonstration von rund 5.000 jungen Europäern mit Bannern, Fackeln und Sprechchören vor dem Straßburger Europahaus, bei der mehr als 600 Jugendliche zuvor demonstrativ ohne Pass und Visa die deutsch-französische Grenze passiert hatten. Der Vorsitzende der Beratenden Versammlung des Europarats, Paul-Henri Spaak, versuchte auf die aufgebrachte Masse besänftigend einzuwirken, wurde jedoch ausgepfiffen. Eine ihm übergebene Resolution enthielt ein Anhörungsrecht, die Forderung eines Föderal-Pakts, eine Warnung vor der »herannahenden Katastrophe«, den erwarteten Angriff der Sowjetunion auf Westeuropa, die Weigerung, sich für nationale Souveräne töten zu lassen wie auch die Bereitschaft zum militärischen Einsatz für das neue europäische Vaterland. Vorwiegend junge Männer verstanden sich als erste Generation, die für ein neues post-nationales Europa eintrat. Die Politiker Westeuropas dieser Zeit wollten und konnten noch nicht so weit gehen.
Die Bonner Konvention bzw. der »General-Vertrag«, aus propagandistischen Gründen von Adenauer auch »Deutschlandvertrag« benannt und dann auch offiziell so bezeichnet, wurde mit den drei westlichen Besatzungsmächten am 26. Mai 1952 abgeschlossen, betraf aber gar nicht ganz Deutschland, sondern nur die Bundesrepublik. Er sollte die Beendigung des Besatzungsstatuts in Westdeutschland regeln.
Dieser Vertrag wurde an ein weiteres Projekt gekoppelt, das auf einen westdeutschen Verteidigungsbeitrag hinauslief, der vor dem Hintergrund des Korea-Krieges und der wachsenden Furcht vor der kommunistischen Gefahr zustande kommen sollte. Vorgesehen war aber dabei die Kontrolle der neu aufzustellenden deutschen Truppen durch Einbeziehung in eine »Europaarmee«, die Churchill bereits am 11. August 1950 vorgeschlagen hatte. Es wurde sodann offiziell eine französische Initiative, der sogenannte Pleven-Plan, benannt nach dem früheren Verteidigungsminister und sodann Ministerpräsidenten René Pleven (1950/51).
Aufgrund des Koreakriegs hatten die USA auf einen Wehrbeitrag der Bundesrepublik gedrängt. Frankreich stand einer deutschen »Wiederbewaffnung« von Anfang an ab-

lehnend gegenüber, war aber wie mit dem Schuman-Plan wieder zu reagieren gezwungen. Pleven erwog daher ein Projekt zur französischen Mitbestimmung und schlug am 24. Oktober 1950 die Bildung einer »Europäischen Verteidigungsgemeinschaft« (EVG) vor.

Nach zähen Verhandlungen wurde am 27. Mai 1952 in Paris der EVG-Vertrag unterzeichnet, der die Integration von Streitkräften aus Belgien, der Bundesrepublik, Frankreich, Italien, Luxemburg und den Niederlanden zur Schaffung einer gemeinsamen westeuropäischen Verteidigungsstruktur vorsah. Die Bestimmungen wiesen für die Bonner Republik allerdings extrem diskriminierende Elemente auf, über die heftig diskutiert wurde und weiterverhandelt werden musste. Der EVG-Vertrag wurde von den Parlamenten Belgiens, der Niederlande, Luxemburgs und der Bundesrepublik schließlich gebilligt. Italien stand kurz davor, und es wäre – im Unterschied zu Frankreich – problemlos für Rom gewesen, den Vertrag in Kraft zu setzen, doch er sollte in Frankreich scheitern.

Die Wirksamkeit des »Deutschlandvertrags« war laut Artikel 11 vom Inkrafttreten des EVG-Vertrags abhängig. Der auch »Bonner Vertrag« genannte Vorstoß sollte die Hohe Kommission der Westalliierten aufheben und der Bundesrepublik eine Art »innere Souveränität« gestatten, vorbehaltlich alliierter Rechte sowie der Regelung der Fragen Berlins und Deutschlands »als Ganzem«, womit die deutsche Einheit und der Friedensvertrag berührt waren, aber auch Stationierungsrechte von Armeeeinheiten der Westmächte und die Handhabung des Notstands zum Schutz der westalliierten Truppenverbände. Die letztgenannten Bestimmungen verloren juristisch (aber nicht faktisch) mit der Notstandsgesetzgebung von 1968 ihre Bedeutung (Kap. 2.3).

Der »Deutschlandvertrag« verpflichtete die Bonner Republik auf die Charta der Vereinten Nationen und das Statut des Europarats und alle Signatarstaaten auf das gemeinsame Ziel der Einheit Deutschlands in Freiheit und eines frei vereinbarten Friedensvertrages für ganz Deutschland (Artikel 7, Absatz 2). Der »Deutschlandvertrag« sah auch die Regelung der Rechte und Pflichten der alliierten Streitkräfte, die Finanzierung der Besatzung durch die Bundesrepublik sowie die Behandlung von Fragen betreffend Kriegsfolgen vor. In Großbritannien und den USA wurde der »Deutschlandvertrag« 1952 genehmigt. Nach intensiven innenpolitischen Debatten und verfassungsrechtlichen Vorbehalten wurde er 1953 auch in der Bundesrepublik ratifiziert. Er sollte jedoch vorerst nicht in Kraft treten.

Am 30. August 1954 setzte die Assemblée Nationale das Thema EVG von der Tagesordnung ab. Der geschlossen kommunistisch-gaullistische Widerstand gegen die Ratifizierung der EVG war zu stark, zumal sie nicht nur mit dem »Deutschlandvertrag«, sondern auch mit dem Projekt der Europäischen Politischen Gemeinschaft (EPG) eng verknüpft war. Diese wäre mit dem Verzicht auf weitere französische Souveränitätsrechte verbunden gewesen. Auch war der geplante Aufbau einer eigenständigen nuklearen »force de frappe« ein Grund für die Ablehnung der Europaarmee in Frankreich. Adenauer war geschockt und dachte an Rücktritt. Er stand vor einem Scherbenhaufen seiner Europapolitik.

Auf der Londoner Neun-Mächte-Konferenz vom 28. September bis 3. Oktober 1954 einigten sich aber Belgien, die Bundesrepublik, Frankreich, Großbritannien, Italien, Kanada, Luxemburg, die Niederlande und die USA schließlich auf eine Schlussakte, die den Rahmen für die Aufstellung von bewaffneten Verbänden der Bundesrepublik und ihre Integration in das westeuropäische Verteidigungssystem (Brüsseler Pakt, Westeuropäische Union) festlegte und die Basis für die Pariser Verträge vom 23. Oktober 1954 bildete. Sie empfahl die NATO-Mitgliedschaft Westdeutschlands. Die Bundesrepublik verzichtete im Gegenzug u. a. offiziell auf die Produktion und Verwendung atomarer, biologischer und chemischer Waffen, schwerer Rüstungsgüter, z. B. weit reichender oder ferngelenkter Geschosse sowie großer Kriegsschiffe und U-Boote. Abermals wurde festgehalten, dass sich die Politik der Bonner Republik im Einklang mit den Grundsätzen der UNO befinden und sich aller Maßnahmen enthalten sollte, die dem defensiven Charakter der westlichen Verteidigungsgemeinschaft widersprechen würden. Gleichzeitig sollte damit die Beendigung des Besatzungsrechts, die Anerkennung der »inneren Souveränität« der Bundesrepublik und ihr Status als allein berechtigte Vertretung Deutschlands verbunden sein (»Alleinvertretungsanspruch«).
Die Pariser Verträge waren eine Antwort auf das Scheitern der EVG. Damit sollte – grob gesprochen – das Besatzungsstatut für die Bundesrepublik beendet und ihr Beitritt zur NATO und WEU möglich werden. Soweit lautete die verkürzte offizielle Lesart. Hauptbestandteile dieses Komplexes waren allerdings der »Deutschland-Vertrag« mit Frankreich, Großbritannien und den USA, das Protokoll über die Beendigung des Besatzungsregimes in der Bundesrepublik, der Finanzvertrag zwischen ihr und den Drei Mächten, der Vertrag zur Regelung aus Krieg und Besatzung entstandener Fragen (Überleitungsvertrag), der Vertrag über den Aufenthalt fremder Streitkräfte in der Bundesrepublik (Aufenthaltsvertrag) und der Vertrag über die Rechte und Pflichten ausländischer Streitkräfte und ihrer Mitglieder in der Bundesrepublik.
Die Beschränkungen galten als Besatzungsrecht auch nach dem von Adenauer verkündeten »Tag der Souveränität« vom 5. Mai 1955 nicht nur in Form der alliierten Vorbehaltsrechte für den Vier-Mächte-Status von Berlin und »Deutschland als Ganzes« weiter, eingeschlossen die Frage der »Wiedervereinigung«, das Truppenstationierungsrecht der Alliierten und den Schutz ihrer Streitkräfte, sondern auch für die Überwachung des Post- und Fernmeldewesens sowie das unbeschränkte Agieren alliierter Nachrichtendienste auf dem Gebiet der Bundesrepublik.
Diese auf Verhandlungen mit den Westmächten im Oktober 1954 in Paris zurückgehenden Ergänzungen wurden nicht in die offiziellen Verträge, sondern in geheimen Zusatzabkommen mit der NATO festgeschrieben. Es ging daher gar nicht primär um Handlungsfreiheit und Souveränität, sondern um Einbindung, Kontrolle und Überwachung der Bundesrepublik, die sogenannte doppelte Eindämmung: Mit dem bundesdeutschen Potential sollte einerseits der Sowjetkommunismus und mit NATO und WEU andererseits ihr eigenes Potential eingedämmt werden. Mit dem Pariser Vertragswerk war die Teilung der Nation und die deutsche Zweistaatlichkeit wenn nicht besiegelt, so doch vorentschieden und damit auch die Teilung Europas. Es

blieb immerhin die Chance auf die Integration Westeuropas, wenngleich nur in eingeschränktem Ausmaß.
Die britische Hohe Kommission war froh, dass der deutsche Bundeskanzler in einem Brief der Überwachung des Post- und Telefonverkehrs als neuem alliierten Vorbehaltsrecht zugestimmt hatte. Der britische Beamte Frederick (»Fred«) Hoyer-Millar hatte Patrick Hancock im Foreign Office am 22. Oktober 1954 berichtet: »Im Zusammenhang mit diesem Brief wirst Du zu gegebener Zeit vom Hohen Kommissar hören, dass Dr. Adenauer gesagt hat, er beabsichtige, vor Einbringung der Sicherheitsgesetze als vorbereitenden Schritt die Kommunistische Partei in Deutschland zu verbieten. Wir verstehen nicht, warum dies notwendig ist. Vom politischen Standpunkt her scheint es uns ein höchst unkluger Schritt zu sein.« Hocherfreut konnten jedoch die Briten festhalten: »Das ist das erste Mal, dass wir es geschafft haben, die Deutschen in diesem Punkt festzunageln.« Auf der Sitzung des NATO-Rats wurde der Brief Adenauers allseits euphorisch aufgenommen.
Sein Agieren ist zweifelsohne im sicherheitspolitischen Kontext des Antikommunismus und Kalten Kriegs zu sehen. Mit seiner aktiven Mitwirkung an der Schaffung neuen alliierten Vorbehaltsrechts umging er allerdings nicht nur den Deutschen Bundestag, sondern verletzte auch das Grundgesetz. Das Post -und Fernmeldegeheimnis zählte nach Artikel 10 zu den unantastbaren Grundrechten. Sie konnten lediglich durch ein allgemeines Gesetz und selbst dann nicht in ihrem Wesensgehalt geändert, sondern nur vom Bundesverfassungsgericht aufgehoben werden. Was grundgesetzlich untersagt war, wurde nun zum alliierten Vorbehaltsrecht und damit ein wesentliches Grund- und Menschenrecht der Deutschen mit explizitem Einverständnis des Bundeskanzlers eliminiert (Josef Foschepoth).
Adenauer benutzte den westdeutschen Verteidigungsbeitrag als Vehikel zur angeblichen Wiedererlangung partieller Souveränität, um die von den Besatzungsmächten weitgehend eingeschränkte Handlungsfreiheit der Bundesrepublik scheinbar zu erweitern. Neben der britischen sicherheitspolitischen Kooperation und Förderung westdeutschen Souveränitätsstrebens gestaltete der Bundeskanzler die bundesdeutsche NATO-Option aktiv mit. Nach der Ratifizierung der Pariser Verträge trat der »Deutschlandvertrag« am 5. Mai 1955 in Kraft. Der westdeutsche Verteidigungsbeitrag wurde somit im westeuropäischen wie transatlantischen Rahmen der WEU und der NATO realisiert und damit die Präsenz der NATO auf dem europäischen Kontinent für Jahrzehnte festgeschrieben. Die EU leidet aufgrund dieser epochalen Entscheidung bis zum heutigen Tag an ihrer relativen sicherheitspolitischen Impotenz infolge des Einstimmigkeitsprinzips und fehlender gemeinschaftlicher Konzepte und Kontingente. Litt Europa vor 1949/55 an weitgehender, wenn nicht totaler sicherheitspolitischer Schwäche, so wog der Zugewinn an Verteidigungsfähigkeit durch die NATO vieles an europäischen Defiziten wieder auf. Das atlantische Bündnis blieb die Ultima Ratio.

1.13 Westliche vor östlicher Militärblockbildung – die Militarisierung beider deutscher Staaten

1.13.1 Die Bundeswehr

Am 4. April 1949 wurde in Washington D.C. ein Militärbündnis geschlossen, welches sich die Bezeichnung NATO gab, wirtschaftliche und politische Kooperation, Konsultationspflicht sowie gemeinsame militärische Verteidigung bei einem bewaffneten Angriff auf ein oder mehrere Mitglieder allerdings ohne automatische Beistandspflicht sowie eine ständige politische und militärische Organisation vorsah.
Das Bündnis war vor dem Hintergrund kommunistischer Expansionsbestrebungen in der Mitte Europas (kommunistische Machtübernahmen in Ungarn und der ČSR 1947/48 und der Berlin Blockade 1948/49) sowie im Südosten Europas (Bürgerkrieg in Griechenland 1946/47) und Bedrohungsszenarien im Kalten Krieg zu sehen. NATO-Gründungsstaaten waren Belgien, Dänemark, Frankreich, Großbritannien, Island, Italien, Kanada, Luxemburg, die Niederlande, Norwegen, Portugal und die USA. 1952 traten Griechenland und die Türkei und 1955 auch die Bundesrepublik bei.
Im Zuge der Militarisierung der Bundesrepublik durch Wiederaufrüstung und ihrer geplanten Eingliederung in die NATO wurde im Rahmen der Pariser Verträge im Namen der WEU ein kollektiver Beistandspakt abgeschlossen, der den ursprünglich gegen ein wieder erstarkendes Deutschland gerichteten Brüsseler Vertrag (Westunion) vom 17. März 1948 (Benelux, Frankreich und Großbritannien) in ein von der Bundesrepublik und Italien ergänztes Verteidigungsbündnis verwandelte. Es sollte die französischen Vorbehalte gegen die »Wiederbewaffnung« Deutschlands zerstreuen und v. a. mittels Rüstungsbegrenzung und -überwachung für die Bundesrepublik eine kontrollierte Eingliederung ihrer Bundeswehr in die NATO ermöglichen. In der atlantischen Verteidigungsgemeinschaft sollte die Bundesrepublik offiziell gleichberechtigt sein, aber ihre Armee wurde zur Gänze dem NATO-Kommando unterstellt. In der WEU wurde die Bonner Republik de facto diskriminiert, indem sie unter Sonderrecht gestellt war und Auflagen u. a. im Bereich der Rüstungskontrolle bestanden.
Hinsichtlich der westdeutschen Streitkräfte bestimmten die Pariser Verträge die Aufstellung von zwölf Divisionen mit einer Stärke von 500.000 Mann, die nicht überschritten und deren Dislozierung in Übereinstimmung mit der NATO-Strategie abgestimmt werden sollte. Tatsächlich betrugen die »Friedensstärke« der Bundeswehr 500.000 Mann und die »Verteidigungsstärke« 700.000 Mann. Dies konnte allerdings erst nach und nach realisiert werden.
Die Verträge traten am 6. Mai 1955 in Kraft. Drei Tage später wurde die Bundesrepublik Mitglied der NATO. Am 7. Juni 1955 wurde das »Amt Blank« in »Bundesministerium für Verteidigung« umbenannt. Theodor Blank, christlicher Gewerkschafter, Kriegsteilnehmer und Oberleutnant der Reserve der Deutschen Wehrmacht,

wurde erster bundesdeutscher Verteidigungsminister. Im Juni und Juli verabschiedete der Bundestag die ersten Wehrgesetze, das Freiwilligengesetz sowie das Gesetz über den Personalgutachterausschuss, der über die eventuelle Wiederverwendung von Offizieren der Deutschen Wehrmacht zu befinden hatte.
Die Deutsche Wehrmacht war noch allgegenwärtig: Unter den ersten 101 Freiwilligen befanden sich mit den Generälen Hans Speidel und Adolf Heusinger zwei Männer mit NS-Vergangenheit in höchsten Positionen. Speidel war von 1940 bis 1944 in hohen Stabsstellen, Chef des Generalstabs der Heeresgruppe B in Frankreich unter Generalfeldmarschall Erwin Rommel und in den Jahren 1944/45 wegen Widerstand gegen Hitler in Haft.
Speidel war maßgeblich für den Aufbau der Bundeswehr verantwortlich. Von 1957 bis 1963 war er Oberbefehlshaber der NATO-Landstreitkräfte in Mitteleuropa und bis 1964 Sonderbeauftragter der Bundesregierung für Fragen der atlantischen Verteidigung.
Heusinger hatte im Generalstab der Deutschen Wehrmacht den Überfall auf die Sowjetunion mitorganisiert. 1955 war er Vorsitzender des Führungsrats im Bundesverteidigungsministerium, 1957 im Führungsstab der Bundeswehr und von 1961 bis 1964 Vorsitzender im Ständigen Militärausschuss der NATO in Washington. Generaloberst Heinz Guderian, Generalinspekteur der Panzertruppe und Chef des Generalstabs des Heeres, fungierte als Berater für das »Amt Blank«.
Während die Adenauersche Politik der »Wiederbewaffnung« von der Mehrheit der Deutschen, die gegen die Militarisierung im Zeichen der »Ohne-mich-Bewegung« eingestellt war, deutlich abgelehnt wurde, verstand es der autoritär agierende Bundeskanzler, sich durch politische Führerschaft durchzusetzen. Mit der NATO-Mitgliedschaft der Bundesrepublik war automatisch die Verpflichtung zur Etablierung einer westdeutschen Armee verbunden. In der zweiten Jahreshälfte 1955 kam Adenauer seinem Ziel einen beträchtlichen Schritt näher. Das, was die Sowjetunion in den vergangenen Jahren wiederholt befürchtet hatte, wurde Realität: Erste Einheiten der Bundeswehr wurden aufgestellt, was zur Änderung der provisorischen Verfassung von 1949 zwang.
Ein Gesetz zur Ergänzung des Grundgesetzes vom 26. März 1954 schuf die Basis für die Wehrhoheit der Bundesrepublik und ein weiteres Ergänzungsgesetz vom 19. März 1956 bezog die bundesdeutschen Streitkräfte in die bundesdeutsche Rechtsordnung ein und ermöglichte am 21. Juli 1956 die Einführung der allgemeinen Wehrpflicht – etwas mehr als elf Jahre nach der bedingungslosen Kapitulation der Deutschen Wehrmacht. Bis zu diesem Zeitpunkt konnten nur Freiwillige herangezogen werden. Die Bundeswehr sollte sich in drei Teilstreitkräfte gliedern: das Heer, die Luftwaffe und die Marine. Hinzu kam eine eigenständige Wehrverwaltung.
Im September 1955 hatte die Bundesregierung den Aufstellungsplan bekannt gemacht. Bis Januar 1959 sollten die zwölf Divisionen des Heeres aufgestellt und der Aufbau von Luftwaffe und Marine im Januar 1960 finalisiert werden. Die Gesamtkosten wurden mit 51 Milliarden D-Mark veranschlagt. Als Gründungsdatum der

Bundeswehr gilt der 12. November 1955. An diesem Tag, dem 200. Geburtstag von Gerhard von Scharnhorst, überreichte Minister Theodor Blank die Ernennungsurkunden an die ersten 101 Freiwilligen. Anfang 1956 rückten die ersten 1.000 Freiwilligen nach Andernach (Bodentruppen), nach Nörvenich (Luftwaffe) und Wilhelmshaven (Marine) ein. Die politisch höchst umstrittene und kostenaufwendige Militarisierung der Bundesrepublik unter Adenauer war erreicht.

In welcher Tradition stand die Bundeswehr eigentlich? Mit der Wahl des Geburtstags von Scharnhorst ging man weit zurück, im Grunde bis in die Zeit des Königtums Preußens, und erinnerte indirekt an die Befreiungskriege gegen Napoleon, ohne allerdings explizit darauf und auf das preußische Heereswesen Bezug zu nehmen, zumal die Siegermächte, vor allem die westlichen Alliierten, unter Preußentum so klischeehaft wie pauschal »Militarismus« verstanden. Eine Bezugnahme auf die kaiserliche Armee Wilhelms II. erfolgte ebenso wenig wie auf die Reichswehr, abgesehen von der Deutschen Wehrmacht, die schon gar nicht infrage kam, wenngleich es personelle Kontinuitäten gab.

Der Begriff der »Wiederbewaffnung« wurde allerdings irreführend und missverständlich verwendet, zumal er den Kern der Sache nicht traf. Welches Deutschland sollte »wiederbewaffnet« werden – außer vielleicht das alte Reich? Die Bundesrepublik konnte nur bewaffnet, nicht aber »wiederbewaffnet« werden. Offenbar sollte an eine Kontinuität erinnert werden. Wollte man indirekt und subtil an die Tradition der Reichswehr bzw. sogar an jene der Deutschen Wehrmacht anknüpfen? Die Herleitung von Letzterer ließ sich allein von der militärtechnischen Seite, d. h. von der Kampfkraft und Kampfleistung dieser einmaligen und zu ihrer Zeit wohl effizientesten und stärksten Armee (die Hitler als ihr »Führer« zwar aufgebaut, dann aber selbst zugrunde gerichtet hatte) begründen, politisch aber nur schwerlich rechtfertigen, war doch diese Streitmacht ein Instrument der nationalsozialistischen Angriffs- und Expansionspolitik gewesen. Die Bundeswehr hatte so gesehen erklärtermaßen auf keine Tradition aufgebaut.

In der Bundesrepublik wollte man ganz bewusst von der »preußisch-militaristischen« Tradition abrücken, die freilich selbst zu einem guten Teil Mythos und Topos zugleich war. Es sollte etwas völlig Neues geschaffen werden: eine aufgeschlossene und moderne Verteidigungskraft mit Staatsbürgern in Uniform. Die Behutsamkeit und Sensibilität im Umgang mit dieser neuen Armee war nicht gerade gering ausgeprägt. Die Bundeswehr wurde der Kontrolle des Bundestages unterstellt, ein Verteidigungsausschuss etabliert und die Funktion eines Wehrbeauftragten geschaffen, der die Wahrung der Grundrechte gewährleisten sollte. Die Angehörigen der Bundeswehr waren Wehrpflichtige, Soldaten auf Zeit oder Berufssoldaten.

Die Befehls- und Kommandogewalt lag beim Verteidigungsminister, ging jedoch im Ernstfall auf den Bundeskanzler über. Oberster militärischer Berater der Bundesregierung war der Generalinspekteur der Bundeswehr. Im Führungsstab waren ihre drei Teilstreitkräfte (Heer, Luftwaffe und Marine) repräsentiert. Zur Immunisierung demokratiegefährdender Tendenzen wurde das Konzept der »Inneren Führung« entwickelt, das Soldaten sowohl in die Gesellschaft als auch in die Streitkräfte einzu-

binden versuchte und dabei möglichst wenig Grundrechte eingeschränkt sehen wollte. Bundeswehrangehörige genossen aktives und passives Wahlrecht und Koalitionsrecht. Schon bei den Beratungen des Parlamentarischen Rats wurde das Recht auf Kriegsdienstverweigerung (KDV) als Grundrecht begriffen, welches in der DDR nicht bestand. Nur ein waffenloser Bausoldatendienst innerhalb der Nationalen Volksarmee (NVA) war vorgesehen.
Aus Gründen des Gewissens sollte dagegen in der Bundesrepublik niemand zum Dienst mit der Waffe gezwungen werden. Die Praxis der Inanspruchnahme des Rechts auf KDV wurde jedoch in Zeiten des Kalten Kriegs bis in die 1980er-Jahre mitunter einseitig-restriktiv ausgelegt und der »Wehrdienstverweigerer« diskriminiert bzw. gesellschaftlich verächtlich angesehen. Sie hatten einen »Zivildienst« im Kranken- und Sozialwesen zu leisten, der mitunter ein zusätzliches Drittel oder sogar die doppelte Zeit der Dienstpflicht der Bundeswehr betrug, wobei die Soldaten allerdings an Reserveübungen teilnehmen mussten.
Die Bundeswehr wurde zu einer westlichen Bündnisarmee. Militärexperten gehen noch weiter und argumentieren, dass sie nicht nur eine Armee zur Verteidigung, sondern auch eine Armee zur Kriegsverhinderung gewesen sei. Eine militaristische Tendenz gab es in der Bundesrepublik in Folge kaum. Eher nahmen a-militärische und pazifistische Tendenzen zu. Die Stärke der Streitkräfte hatte im Laufe der Zeit von 500.000 auf 230.000 Mann abgenommen, was die These stützt.

1.13.2 Die Nationale Volksarmee (NVA)

Erst sechs Jahre nach Gründung der NATO, die maßgeblich von den USA betrieben worden war, zog der Osten unter Führung der Sowjetunion mit der Gründung eines Militärbündnisses nach. Dabei spielte die sich vollziehende Teilung Deutschlands eine ganz zentrale Rolle. Kurz nach der formellen Aufnahme der Bundesrepublik in die NATO am 5. Mai kam es am 14. Mai 1955 in der polnischen Hauptstadt zur Unterzeichnung eines Vertrages, der als Warschauer Pakt in die Geschichte des Kalten Krieges eingehen sollte.
Albanien, Bulgarien, die DDR, Polen, Rumänien, die ČSR, UdSSR und Ungarn schlossen diesen »Vertrag über Freundschaft, Zusammenarbeit und gegenseitigen Beistand« und bildeten parallel dazu ein »Vereintes Kommando der Streitkräfte«. Die Gründung der Warschauer Vertragsorganisation (WVO), wie sie genau hieß, war z. T. eine Folge der NATO-Gründung, v. a. aber eine bündnispolitische Antwort auf die geplante »Wiederbewaffnung« des westdeutschen Teilstaats, der für die sowjetische Deutschlandpolitik eine scheinbar nicht mehr zu verhindernde Tatsache bildete.
Der Warschauer Pakt lehnte sich im Vertragstext teilweise wörtlich an die NATO an. Er sah seine Existenz im Falle einer Auflösung des transatlantischen Bündnisses für erloschen an. Doch wenden Militärexperten ein, dass die UdSSR auch über bilaterale

Verträge mit den einzelnen Partnerstaaten über entsprechenden Einfluss verfügte. Eine Auflösung des Paktes hätte an der militärischen Bedrohung für den Westen nicht viel geändert.
Neben dem Rat für gegenseitige Wirtschaftshilfe (RGW) wurde die WVO zu einer zweiten wichtigen multilateralen Institution der kommunistischen Staaten. Ausgangspunkt war die Militarisierung der Bundesrepublik und ihre Einbeziehung in die NATO, die Moskau veranlassten, sich Möglichkeiten zur Stationierung seiner Truppen in den Staaten Ostmittel- und Südosteuropas zu sichern.
Es gehört zu den Paradoxien des Kalten Krieges, dass sich sowohl das westliche als auch das östliche Bündnis als Verteidigungsorganisation definierten und jeweils der anderen Seite eine Angriffsabsicht unterstellten. Die Sowjetunion sah das Ziel der WVO in Reaktion sowohl auf die NATO als auch die Gründung der Westeuropäischen Union (WEU), eine Erweiterung des nordatlantischen Bündnisses um die Bundesrepublik und Italien. Der ökonomischen »Ostblock«-Bildung mit dem COMECON (1949) folgte die ökonomische »Westblock«-Bildung mit der Europäischen Gemeinschaft für Kohle und Stahl (EGKS) und der später begründeten Europäischen Wirtschaftsgemeinschaft (EWG). Der militärischen »Westblock«-Bildung mit der NATO (1949) folgte die östliche mit der WVO (1955).
NATO und WVO prägten den Kalten Krieg in Europa von 1949 bis 1991 ganz wesentlich. Sie wären beide ohne die deutschen Teilstaaten kaum denkbar gewesen. BRD und DDR waren daher zentrale Bestandteile der Militarisierung des Kalten Krieges (Vojtech Mastny) in Europa. Sie waren Ergebnis der Uneinigkeit der Hauptsiegermächte in der Deutschlandfrage und der Beanspruchung gegensätzlicher Positionen der deutschen Teilstaat-Politiker.
Auf Drängen Adenauers und mit maßgeblicher Unterstützung durch die USA wurde die »Wiederbewaffnung« der Bundesrepublik forciert. Der Aufbau einer neuen deutschen Armee war zu einem großen Teil nur aus ehemaligen Angehörigen, insbesondere Führungskräften der Deutschen Wehrmacht, möglich, Soldaten, die über »Russland-Erfahrung« verfügten und in Moskau Besorgnis hervorriefen. Auf die Namen Guderian, Heusinger und Speidel ist bereits hingewiesen worden.
Für die UdSSR erfüllte die WVO ferner den Zweck, die Armeen der kommunistischen »Bruderstaaten« unter einem Dach zusammenzuführen und sie eng an sich zu binden. Die WVO war auf die Vorherrschaft der Sowjetunion und ihre Hegemonie in Mittel- und Osteuropa ausgerichtet. Bilaterale Truppenstationierungsverträge mit Polen (1956), der DDR (1957), Rumänien (1957), Ungarn (1957) und der nunmehr so benannten ČSSR (Oktober 1968) folgten.
Die WVO verpflichtete zu Konsultationen, insbesondere bei Gefährdung der Sicherheit der Mitgliedsstaaten, zu gegenseitigem Beistand bei einem Angriff auf ein Mitglied sowie zur Unterstellung der Streitkräfte unter ein gemeinsames Oberkommando. Als politisches Führungsorgan der WVO diente ein »Politischer Beratender Ausschuss« mit jeweils einem Vertreter eines Teilnehmerstaats, während militärisches Führungsorgan das Vereinte Oberkommando mit Sitz in Moskau war, das stets von einem sowjetischen Oberbefehlshaber geführt wurde.

In der DDR wurden zunächst Einheiten der Deutschen Volkspolizei (VOPO) paramilitärisch organisiert. Aus ihr ging 1952 die Kasernierte Volkspolizei (KVP) hervor und erst im Jahre 1956 bildete sich die Nationale Volksarmee (NVA), die zur Streitkraft der DDR avancierte. Ihre Soldaten trugen fast die gleichen Helme und Uniformen wie die Deutsche Wehrmacht und knüpften zum Teil an preußische Traditionen an. Die NVA entwickelte sich aus den schon Jahre zuvor aufgestellten Verbänden der KVP und den seit Beginn der 1950er-Jahre getarnt aufgebauten See- und Luftstreitkräften.
Offizielles Gründungsdatum war der 1. März 1956, als erste Einheiten der KVP in die NVA eingegliedert wurden. Bereits am 28. Januar 1956 war festgelegt worden, NVA-Einheiten in die WVO aufzunehmen und deren Oberkommando zu unterstellen. Die Streitkräfte der DDR waren den Machthabern, der SED-Führung, untergeordnet.
Die Bundeswehr begriff sich als »demokratische Armee«. Die NVA sah sich als »sozialistische Armee«. Während die Bundeswehr elementarer Teil des antikommunistischen Bollwerks im Westen Europas unter Führung der USA wurde, hatte die NVA unter Führung der SED und der UdSSR ihren »revolutionären Auftrag« im Sinne der Bekämpfung des »Klassenfeindes« im kapitalistischen Westen zu erfüllen.
Die Schizophrenie des deutsch-deutschen Kalten Krieges und der geteilten Nation hatte 1955/56 auch das Heereswesen erreicht. Das Ministerium für Nationale Verteidigung (MNV) der DDR war höchste Kommandobehörde und Hauptstab des Oberkommandos des Heeres. Die Seestreitkräfte (Volksmarine) und die Luftstreitkräfte verfügten über eigene Oberkommandos. Der Aufbau der NVA erfolgte ab 1955/56 unter Anweisung und Kontrolle der UdSSR. Wie bei der Bundeswehr wurden ehemalige Wehrmachtsangehörige einbezogen. Sie kamen größtenteils aus russischer Kriegsgefangenschaft und hatten dort eine »antifaschistische« Erziehung »genossen«.
Der General der Deutschen Wehrmacht, Vincenz Müller, diente auch in der NVA. Mitte 1956 zählte die NVA rund 17.500 Dienstleistende. Davon waren 2.600 ehemalige Mannschaftsangehörige und rund 1.600 Unteroffiziere sowie knapp 500 Offiziere und mehr als 25 % ehemalige Wehrmachtssoldaten. Sie wurden im Ministerium, an Schulen und in Führungspositionen eingesetzt. Von rund 80 Kommandostellen in der NVA waren über 60 von Kriegsteilnehmern und Angehörigen der Deutschen Wehrmacht besetzt.
Im Vergleich zur Bundesrepublik war die DDR tendenziell mehr militarisiert: Es gab die paramilitärische »Gesellschaft für Sport und Technik« (GST), Betriebskampfgruppen und vormilitärische Ausbildungen sowie »Wehrkundeunterricht« an den Schulen. Die sowjetische Strategie der Kriegführung wurde praktisch eins zu eins übernommen. Die zentrale Aussage lautete: »Der Angreifer wird auf seinem eigenen Territorium vernichtet.« Bei der Auflösung der NVA 1990 wurden bei einem »Feld-, Wald- und Wiesen-Regiment« Kartensätze aufgefunden, die bis zur französischen Atlantikküste reichten. Tatsächlich war aber für die politische Führung Abschottung das Ziel.
Bereits 1952 hatte SED-Chef Walter Ulbricht den Bau einer Mauer erwogen und angeregt, die DDR als sozialistischen Staat vom Westen abzuschließen und zu konsoli-

dieren. Das sollte aber nur mit Bewilligung der Sowjetunion und dies auch erst neun Jahre später erfolgen. Moskau gab zunächst auch kein grünes Licht für eine generelle Militarisierung der DDR.
Erst nach dem Mauerbau 1961 führte die SED am 24. Januar 1962 die allgemeine Wehrpflicht in der DDR ein – sechs Jahre nach der allgemeinen Wehrpflicht in der Bonner Republik. Es gab auch zeitweise eine stärkere militärische Risikobereitschaft des Pentagon als des Kreml.
Wie die WVO mit Blick auf die NATO zog im Kleinen die NVA im Vergleich zur Bundeswehr nach. Anfangs schlossen sich der NVA nur Freiwillige an. Die Bereitschaft der Bevölkerung zur Militarisierung hielt sich in der DDR ebenfalls in Grenzen. SED und FDJ mussten bis 1962 tatkräftig werben, um die Verbände aufzubauen. Die Kampagnen fruchteten nur zum Teil.
Gleichwohl sie sich als »Friedensarmee« begriff, hatte die NVA Angst erzeugt und Feindbilder produziert, ihre Angehörigen ideologisch zu indoktrinieren verstanden und dabei nicht wenige von ihnen psychisch gebrochen. Mehrmals befand sie sich über längere Zeiträume in erhöhter Gefechtsbereitschaft.
Nach dem Mauerbau 1961, den die NVA logistisch und sichernd unterstützte, stand sie militärisch bereit in der Kubakrise 1962, bei der Niederwerfung des »Prager Frühlings« in der ČSSR durch den Warschauer-Pakt 1968 und im Kontext des Afghanistan-Einsatzes der Sowjetarmee 1979. Im Vorfeld der Verhängung des Kriegsrechts in Polen befand sich die NVA mit kleineren Einheiten in Vorbereitung, gemeinsam mit tschechoslowakischen und sowjetischen Truppen notfalls in Polen gegen die Bewegung der Solidarność einzugreifen, wozu es jedoch nicht kam. Bereitschaft bestand zuletzt auch in den »Wende«-Wochen im Herbst 1989.
Mitte der 1980er-Jahre verfügte die NVA über zirka 135.000 Mann an Kampftruppen- und 38.600 Mann an Grenztruppen-Stärke. Die Zahlen der Armeeangehörigen setzten sich folgendermaßen zusammen: Landstreitkräfte etwa 103.000, Luftverteidigung gegen 29.900, Luftstreitkräfte rund 4.700, Volksmarine um die 14.200, Truppenteile mit zentraler Unterstellung 5.500 und Truppenteile und Einrichtungen der Rückwärtigen Dienste 13.000, also in Summe 173.100 und mit den Grenztruppen Anfang 1989 38.600, in der Gesamtsumme 211.700 Mann. Im Bereich der Zivilbeschäftigten gab es bei der NVA 32.000 und bei den Grenztruppen 8.400 Personen.

1.13.3 Die Organisation Gehlen, der BND und das Ministerium für Staatssicherheit (MfS)

In unmittelbarer Nachkriegszeit registrierten bereits die Geheimdienste auf beiden Seiten in Ost wie West erste Anzeichen der Ost-West-Konfrontation. Die »Organisation Gehlen« (OG), benannt nach Generalmajor Reinhard Gehlen, war eine im Juni 1946 von amerikanischen Behörden in der US-Besatzungszone mit deutschen Mitarbeitern aus der NS-Zeit gebildete Nachrichtenzentrale. Es gab großen Bedarf

an Informationen und dabei auch personelle Kontinuität zu Diensten im Krieg. Die USA nutzten das Knowhow von Hitlers Geheimdienstleuten, da ihre eigenen nur wenig Wissen über die UdSSR und ihr Militär hatten. Darunter waren Mitglieder des Generalstabs der Deutschen Wehrmacht und der Abteilung »Fremde Heere Ost« (FHO), die für die Bewertung der Feindlage durch Ermittlung von Informationen zuständig waren und mit neuer Identität Karrieren im westdeutschen Frontstaat machen konnten. Darunter befanden sich vormalige Angehörige der Gestapo, NSDAP, SS, SD und Wehrmacht. Zunächst war die OG im Camp King in Oberursel/Taunus ansässig, um im Dezember 1947 in der früheren »Reichssiedlung Rudolf Heß« in Pullach bei München angesiedelt zu werden. Der Vorläufer des späteren »Bundesnachrichtendienstes« (BND) umfasste gegen Ende der 1940er Jahre mehrere Tausend Mitarbeiter. Der Hauptsitz Pullach war gleichzeitig die Generaldirektion der OG. Mehrere Generalvertretungen befassten sich an verschiedenen Orten mit den kommunistischen Aktivitäten und Massenorganisationen in der DDR, Gegenspionage in Österreich, Polen, der Sowjetunion, der Tschechoslowakei sowie in Form getarnter Firmen in grenznahen Anlaufstellen mit der Gewinnung, Schulung und Steuerung auch ausländischer Agenten. Es ging um die Abwehr des Kommunismus und Unterminierung des Gegners.
Neben militärischer Abwehr sollten die SBZ und andere sozialistische Staaten beobachtet sowie eine für möglich gehaltene »kommunistische Gefahr« im Westen Deutschlands verhindert werden. Die Vereinigten Staaten organisierten den neuen westdeutschen Spionage-Dienst vorerst als Einrichtung der eigenen Streitkräfte, ab Ende der 1940er Jahre übernahm der US-Auslandsgeheimdienst Central Intelligence Agency (CIA) das Unternehmen.
Chef in Pullach war der mit dem Tarnnamen »Kent J. Marshall« agierende James H. Critchfield. Die OG wurde jährlich mit 1,5 Millionen US-Dollar unterstützt. Eine erste bedeutende Aufgabe bestand in der Funkaufklärung der sowjetischen Luftwaffe während der Berlin-Blockade 1948/49 zur Absicherung der Luftbrücke. Die Infiltrierung mit Maulwürfen und Untergrundkämpfern zur Initiierung subversiver Akte und Aufstandsbewegungen in der SBZ, im Osten Europas und in der UdSSR blieb relativ wirkungslos.
Die OG startete Befragungen im Rahmen der »Aktion Hermes« in Heimkehrer-Lagern von mehr als drei Millionen aus sowjetischer Kriegsgefangenschaft entlassener Wehrmachtsangehöriger, wobei Informationen zu Betriebsanlagen, Industrie-Infrastruktur, Militär, Stimmungslagen, Transport- und Verkehrswegen in der Sowjetunion gesammelt wurden.
Das Interesse galt Spionen der Gegenseite und geschulten »Antifaschisten«. »Feindspione« wurden penibel erfasst. Trotz aller Abwehrmaßnahmen gelang es dem sowjetischen Geheimdienst KGB, den durch NS-Verbrechen erpressbaren Heinz Felfe als Spitzel in die OG einzuschleusen, der Jahre lang aus Pullach dem Osten berichtete.
Durch die Verschärfung des Ost-West-Konflikts im Zeichen des Koreakriegs (1950–1953) setzte eine Debatte über die Etablierung weiterer Geheimdienste im Westen Deutschlands ein. Die Bezeichnung »Bundesnachrichtendienst« (BND) wurde bereits

im Sommer 1952 von Adenauer erwogen. An den Vorbereitungen waren neben Gehlen und seinen Mitarbeitern auch der Staatssekretär im Bundeskanzleramt, Hans Globke, beteiligt. Ab 1. April 1953 konnte der BND zur Gänze aus Mitteln des Bundes finanziert werden und drei Jahre später, gleichzeitig mit der Gründung der Bundeswehr, der BND zur Gänze seine Tätigkeit aufnehmen, die bis zur Einheit Deutschlands ohne jegliche gesetzliche Grundlage erfolgte. Er war weder legal noch verfassungsrechtlich verankert.
In der DDR etablierte sich im Vergleich zum Westen etwas früher und im Unterschied zu ihm ein eigenes gleichzeitig agierendes Geheimpolizei- und Nachrichtendienstsystem, das im Februar 1950 geschaffene Ministerium für Staatssicherheit (MfS), auch »Stasi« abgekürzt. Es diente der SED als Beobachtungs-, Einschüchterungs- und Repressionsmittel gegenüber der Bevölkerung. Im Rahmen des Regierungskabinetts war es ein »Ministerium der bewaffneten Organe«. Die »Hauptverwaltung Aufklärung« (HVA) war als ostdeutscher Auslandsgeheimdienst gedacht.
Das MfS knüpfte ein über die gesamte DDR ausgebreitetes engmaschiges Netz von zehntausenden hauptamtlichen Mitarbeitern und schuf damit ein wirksames Instrument der Kontrolle, Unterdrückung und Verhaftung, kapillar in allen Teilen der Bevölkerung durch Inoffizielle Mitarbeiter (IMs) verankert. Das Unternehmen »Horch und Guck« hatte vornehmlich die Aufgabe des Schutzes von staatlichen Institutionen. DDR-Bürgerinnen und Bürger gelangten in ihr Fadenkreuz, wenn sie in Opposition waren oder gar Widerstand gegen die SED leisteten, Spionage betrieben oder »Republikflucht« beabsichtigten. Das MfS unter ihrem Chef Erich Mielke verfolgte dabei die »Neutralisierung« von Gegnern und Kritikern des Regimes, die als »feindlich-negative Elemente« galten.
In den 1950er Jahren wurde in Stasi-Gefängnissen noch mit physischen Folter-Methoden gearbeitet, aber auch mit allen Mitteln des Psychoterrors. Das MfS besaß mit dem Wachregiment Feliks Dzierzynski, benannt nach dem kommunistischen Berufsrevolutionär und sowjetischen Geheimdienstchef, eine eigenständige Militäreinheit, die bis zuletzt über 10.000 Mann umfasste. Neben der Stasi existierte ein weiterer ostdeutscher Nachrichtendienst, die Militärische Aufklärung der NVA in Berlin-Köpenick.
Der BND war neben dem Bundesamt für Verfassungsschutz (BfV) und dem Amt für den Militärischen Abschirmdienst (MAD) einer der drei Säulen des westdeutschen Informationsbeschaffungswesens. Erst seit 1990 wurden seine Aktivitäten durch ein eigenes BND-Gesetz auf eine rechtliche Basis gestellt. Der BND wurde zu einer dem Bundeskanzleramt untergeordneten Einrichtung und besaß in den 1990er Jahren etwas mehr als 6.000 Bedienstete, hingegen die Stasi bis zum Ende der DDR über 90.000 hauptamtliche und zirka 190.000 Inoffizielle Mitarbeiter (IM). Letztere wurden unter Druck und Erpressung aus allen Bevölkerungskreisen als Spitzel angeworben. In der Bundesrepublik gesuchte Terroristen der Roten Armee Fraktion (RAF) (Kap. 6.5) konnten sich in die DDR absetzen und dort mit anderer Identität weiterleben. In den 1980er Jahren bildete die Stasi sie auch im Umgang mit Dynamit und Waffen aus.
Im Zuge der umbruchartigen Entwicklung im Herbst 1989 wurde unter der Regierung von Hans Modrow das MfS in Amt für Nationale Sicherheit (AfNS) umbenannt,

musste aber seine Aktivitäten aufgrund des Drucks der Bürgerrechtsbewegung alsbald einstellen und wurde aufgelöst. Zur Bereitstellung für die Opfer und Dokumentation für die Forschung wurde 1990 mit Joachim Gauck ein Bundesbeauftragter für die Unterlagen des Staatssicherheitsdienstes (BStU) der DDR zuständig, wodurch seine Aktivitäten umfassend aufgezeigt und nachgewiesen werden konnten.
Bereits während des Zweiten Weltkriegs entstand ein Gegensatz zwischen der UdSSR und den USA als es um Stalins Forderung nach Errichtung einer zweiten Front durch den Westen ging. Das militärische und politische Eingreifen der Sowjetunion in Mittel- und Osteuropa, v. a. die polnischen Grenzregelungen und die Maßnahmen in Ostdeutschland lösten Skepsis aus und erzeugten Misstrauen im Westen.
Am 5. März 1946 hielt der in Opposition befindliche Winston Churchill eine Rede in den USA in Fulton/Missouri, in der er vom »Eisernen Vorhang« sprach, der von Stettin bis Triest über Europa niedergegangen sei und für den er die Sowjetunion verantwortlich machte.
Stalin, der seine im Krieg durch Unterstützung der Angloamerikaner erreichte Einflusssphäre in der Mitte und im Osten Europas nun durch Förderung kommunistischer Einparteiensysteme und staatliche Repressionsapparate zu konsolidieren versuchte, provozierte damit die Entscheidung des Westens zum Kalten Krieg. Weitere amerikanisch-sowjetische Interessengegensätze in Persien, Griechenland und der Türkei markierten den Start der Konfrontation 1946/47.

1.14 Zwei deutsche Staaten – zwei deutsche Systeme

1.14.1 Die »Kanzlerdemokratie« der Ära Adenauer-Erhard mit gesellschaftlich-sozialer Integration zur Stabilisierung des politischen Systems der BRD

1949 wurden in der Bundesrepublik zunächst ein Bundespräsident und dann ein Bundeskanzler gewählt. Die Bundesversammlung wählte am 12. September 1949 den FDP-Vorsitzenden Theodor Heuss zum ersten Staatsoberhaupt. Im Parlamentarischen Rat hatte er am Grundgesetz mitgewirkt. Mit Heuss erlangte das neue Bundespräsidentschaftsamt rasch Anerkennung und Respekt. Seinen Bemühungen zur Überwindung der ideologisch-politischen Gegensätze waren jedoch Grenzen gesetzt. Die Unterschiede zwischen CDU/CSU und SPD vermochte er nicht auszugleichen, geschweige denn zu beseitigen. Eine für den nationalen Zusammenhalt notwendige große Koalition kam in der Bundesrepublik nicht zustande.
Einerseits stand man in einer langen Tradition kleinteilig-partikularer politischer Interessen, Kulturen und Mentalitäten. Andererseits bestanden die Gegensätze der Weimarer Republik zwischen Rechts und Links noch fort. Hinzu kam zeitbedingt, dass

im Zeichen des Kalten Kriegs und der Ost-West-Konfrontation die politische Situation gerade in Deutschland, wo die unterschiedlichen ideologischen Standpunkte direkt aufeinandertrafen, besonders aufgeladen war und polarisierte. Die starke Tradition des Antikommunismus tat ein Übriges zur Teilung der Nation. Hinzu traten weiterhin persönliche Differenzen. Zwischen Adenauer und Ulbricht gab es allein schon von den Charakteren und den Persönlichkeitsbildern sowie den politischen Sozialisationen beträchtliche Unterschiede. In der deutschen Kultur der Konfliktlösungen gab es weit weniger ein »Sowohl-als-auch«, als vielmehr ein »Entweder-oder«. Die genannten Konstellationen spielten den Siegermächten ideal in die Hände, die dadurch ein Leichtes hatten, die Deutschen gegenseitig auszuspielen. Im Osten wie im Westen gab es markante Persönlichkeiten, mit denen sich auch Staat machen ließ.

Heuss agierte als im Ausland anerkanntes Staatsoberhaupt. 1954 wurde er von der Bundesversammlung im Amt bestätigt. 1959 erhielt er als politischer Schriftsteller den Friedenspreis des Deutschen Buchhandels. Auf eine dritte Amtszeit, für die eine Änderung des Grundgesetzes notwendig gewesen wäre, verzichtete er. Heuss starb 1963 in Stuttgart.

Erster Bundeskanzler wurde, wie bereits erwähnt, der am 1. September 1948 zum Präsidenten des Parlamentarischen Rats gewählte CDU-Vorsitzende der britischen Zone, Konrad Adenauer, der als Bundesvorsitzender der gleichnamigen Partei von 1950 bis 1966 amtieren sollte. 402 Abgeordnete des ersten Bundestags wurden am 14. August 1949 gewählt. Die CDU/CSU erhielt 31 %, die SPD 29,2 % und die FDP errang 11,9 % der Stimmen.

Von insgesamt 402 Sitzen hatten CDU, CSU und die SPD das Gros erhalten – allerdings kam es nicht zur Bildung einer großen Koalition wie in Österreich, sondern zu einer bürgerlich konservativen christdemokratisch-liberaldemokratischen Koalition. In der Grafik 2 sieht man die Verteilung nach den Prozentzahlen der Wählerstimmen. Die westdeutsche politische Kultur war grob gesprochen zwischen Sozial- und Christdemokratie aufgespalten und der so genannte Rest, das konservative und liberaldemokratische Lager, relativ zersplittert, sieht man von der FDP, der Deutschen Volkspartei und dem Bund der Vertriebenen ab, die sich relativ lange gehalten haben. Das Ergebnis von 1949 spiegelt noch zu einem guten Teil das sehr aufgesplitterte Wählerspektrum der Weimarer Republik wider, wo es das Verhältniswahlrecht und viele Parteien gegeben hatte.

Am 15. September 1949 wählte der Bundestag den Bundeskanzler. Adenauer erhielt 202 Stimmen und war mit der kleinsten Mehrheit gewählt worden. Mit einer einzigen Stimme Mehrheit (seiner eigenen) wurde er erster Regierungschef und amtierte als solcher bis 1963. Insgesamt dreimal, 1953, 1957 und 1961, gewann der Verbund aus CDU/CSU mit Adenauer die Bundestagswahlen und dies immer klar vor der SPD, 1957 sogar knapp die absolute Mehrheit.

Am 20. September 1949 war die Kabinettsbildung abgeschlossen. Adenauer formte eine bürgerlich-christdemokratisch-freidemokratische Koalition, die aus CDU/CSU, FDP und DP bestand. Diesem Kabinett gehörten 13 Ressort-Minister an. Ein Außenministerium existierte noch nicht, weil die Außenpolitik der Bonner Republik noch

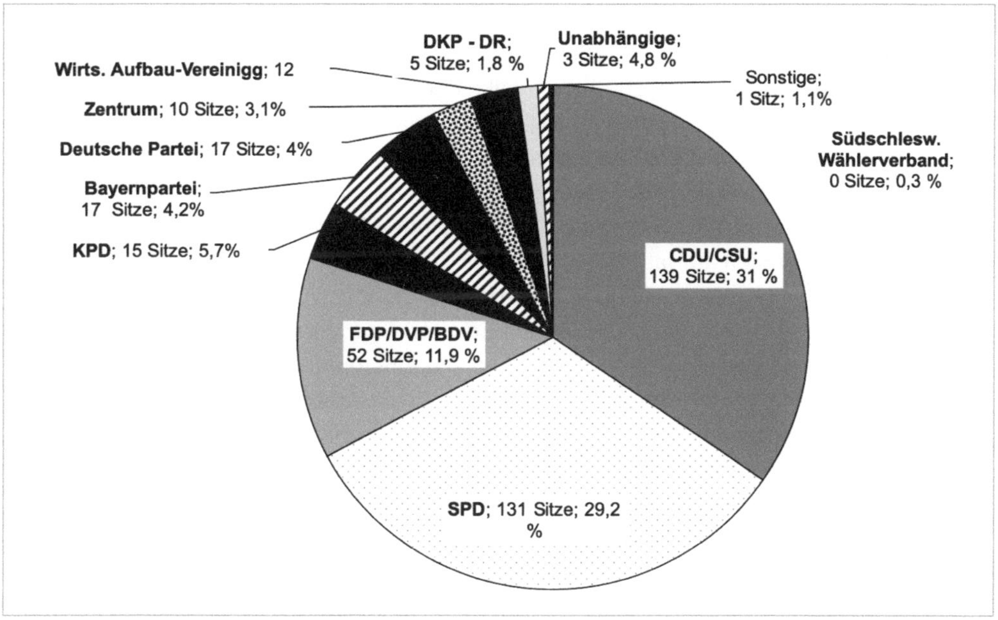

Grafik 2: Bundestagswahlen 14.8.1949

allein den Besatzungsmächten vorbehalten war. Adenauer fühlte sich hierfür zuständig, wenngleich sein außenpolitischer Horizont begrenzt bzw. vornehmlich auf Westeuropa ausgerichtet war.

Zu den brennenden Aufgaben seines ersten Kabinetts gehörten die Unterbringung und Integration von Flüchtlingen und Vertriebenen aus dem deutschen Osten sowie die Zuwendungen gegenüber den Kriegsopfern. Das staatliche Versicherungssystem musste reorganisiert und finanziell neu fundiert werden. Ein eigenes »Bundesversorgungsgesetz« sollte bundesweit die Versorgung der Kriegsopfer regeln, ein Gesetz die Entschädigungen der Heimkehrer bestimmen sowie ein Lastenausgleichsgesetz die Verluste der Vertriebenen und Flüchtlinge erfassen und so gut wie möglich kompensieren. Vor allem galt es den Wohnungsbau zu fördern, hatten doch die ehemaligen Kriegsgegner Deutschlands viele Städte weitgehend ausgebombt und unbewohnbar gemacht.

Die aufgrund des alliierten Luftkriegs katastrophale Wohnungssituation spitzte sich durch die weit mehr als zehn Millionen aus den Ostgebieten eingetroffenen Vertriebenen sowie den harten Nachkriegswinter 1946/47 zu. Die Flüchtlinge zog es – abgesehen von vereinzelten Gruppen in der SBZ/DDR – vor allem in die Westzonen. In den vielfach zerstörten Städten mussten vorerst die Trümmer beseitigt und die nur zum Teil zerstörten Häuser als Behelfsunterkünfte instandgesetzt werden.

Der Wiederaufbau von Wohnungen war eine der primären sozialpolitischen Aufgaben. 1949/50 wurden in der Bundesrepublik über eine halbe Million Wohnungen fertiggestellt, darunter über 400.000 im Rahmen eines staatlich geförderten

Wohnungsbauprogramms. Ein erstes Wohnungsbaugesetz vom 24. April 1950 regelte bundeseinheitlich den Wiederaufbau und förderte den sozialen Wohnungsbau. Er sollte für die breiten Schichten des Volkes bestimmt und geeignet sein. Das Projekt war mit der Schaffung von 1,8 Millionen Sozialwohnungen in sechs Jahren verbunden. Anfang der 1950er-Jahre bestand noch ein Bedarf von knapp fünf Millionen Wohnungen. 1951/52 wurden fast 900.000 Wohnungen gebaut. Etwa ein Fünftel wurde vom Staat, den Ländern und den Gemeinden finanziert. Das Ausmaß der Subventionen belief sich auf fast zwei Milliarden D-Mark.

Eine Novellierung vom 25. August 1953 und ein zweites Wohnungsbaugesetz vom 27. Juni 1956 förderten dann stärker den privaten Eigenheimbau. Im Laufe der 1950er-Jahre ging der soziale Wohnungsbau zugunsten des privaten Wohnbaus zurück, was ein erstes Anzeichen von erkennbarem Wohlstand war. Das Wohnungsbauprämien-Gesetz von 1952 schuf hierfür weitere Anreize.

Nach Kriegsende nahmen Arbeiter und Angestellte unter Führung von Betriebsräten die Produktion wieder auf. Eine Gewerkschaftsbewegung begann sich zu organisieren, die 1949 zur Gründung des Deutschen Gewerkschaftsbundes (DGB) führte. Der DGB bestand aus nach Wirtschaftssektoren gegliederten Industriegewerkschaften und begriff sich als parteipolitisch unabhängige Einheitsorganisation, ganz im Unterschied zu den Richtungsgewerkschaften der Weimarer und Wilhelminischen Zeit.

Die Industriegewerkschaften forderten eine über die Montanmitbestimmung hinausgehende gesetzliche Verankerung auch für die Mitbestimmung der Arbeitnehmer in der Führungsebene, den Aufsichtsräten, der Unternehmen.

Unter Androhung von Streiks in der Stahl- und Eisenindustrie kam es im Januar 1951 zu einer Einigung zwischen dem DGB-Vorsitzenden Hans Böckler und Bundeskanzler Konrad Adenauer: Die bisher geübte Mitbestimmung wurde durch ein Gesetz vom 21. Mai 1951 verankert, bezog sich jedoch nur auf die Bergbauindustrie. Trotz kirchlicher Unterstützung konnten die übrigen gewerkschaftlichen Forderungen nicht durchgesetzt werden. FDP und DP sprachen sich gegen das Gesetz aus, das nur mit den Stimmen der SPD Gültigkeit beanspruchen konnte. Die Einbeziehung von Arbeitnehmern und Betriebsräten wurde durch ein Betriebsverfassungsgesetz vom 11. Oktober 1952 einheitlich geregelt. Demzufolge waren Betriebsräte zu wählen, die u.a. bei Personalfragen, Betriebsordnung, Arbeitszeitregelung und Urlaubsplanung mitbestimmen sollten. Im ökonomischen Bereich hatten die Betriebsräte lediglich Informationsrechte. Aufsichtsräte in Kapitalgesellschaften wurden zu 30–35 % mit Arbeitnehmervertretern besetzt. Damit war für die 1950er-Jahre eine betriebsrechtliche Grundlage geschaffen worden.

Erst in den 1960er-Jahren sollte die Frage der Mitbestimmung wieder aufgegriffen werden, was nach langen Debatten und Verhandlungen durch Erweiterung der Arbeiternehmer-Rechte 1972 in ein Betriebsverfassungsgesetz und 1976 in ein Mitbestimmungsgesetz mündete.

In den ersten Jahren hatte die Bundesregierung für besonders vom Krieg geschädigte Personen Fürsorge zu tragen. Ausgebombte, Flüchtlinge, Vertriebene und Witwen waren zahlreich und hilfsbedürftig. Gesetze mussten beschlossen werden, um Hilfe zu leisten und die Not zu lindern. Im Juni 1950 wurde ein Gesetz über Unterstützungsmaßnahmen für Kriegsheimkehrer, das ehemalige Kriegsgefangene und ihre Angehörigen einbezog, beschlossen. Im Dezember 1950 wurde vom Bundestag ein Bundesversorgungsgesetz verabschiedet, welches die Versorgung von Kriegsopfern, Kriegsbeschädigten und Hinterbliebenen bundesweit regelte.

Von herausragender Relevanz war das »Lastenausgleichsgesetz«, welches am 14. August 1952 verabschiedet wurde, das Schäden und Verluste von Vertriebenen und Flüchtlingen aus den deutschen Ostgebieten und der SBZ/DDR kompensieren sollte. Zur Schadensfestsetzung, Verlustbestimmung und Fixierung der Beträge wurde eine umfangreiche und komplexe Gesetzgebung geschaffen und eine große Verwaltung mit Ämtern für Lastenausgleich aufgezogen. Es handelte sich um Darlehen zur Förderung der Ansiedlung und Integration, Hausratsentschädigungen, Kompensationen von Vermögensschäden, Renten, Wohnraum- und Unterhaltshilfen sowie Währungsausgleich für Sparguthaben von Flüchtlingen und Vertriebenen.

Trotz aller legalistischer Anstrengungen und enormer Leistungen (allein bis 1980 wurden rund 104 Milliarden D-Mark für Entschädigungshilfen nach dem Lastenausgleichsgesetz ausgeschüttet) dauerte es lange, bis die größte Not behoben werden konnte.

Relativ früh zeichnete sich in der Bundesrepublik eine Entwicklung ab, die zeitgleich zu einem westeuropäischen Trend wie in Großbritannien und Frankreich verlief, nämlich zu einem Sozial- und Wohlfahrtsstaat führte, was erhebliche Stabilisierungseffekte nach sich zog. Im Jahre 1951 nahmen die Sozialleistungen mehr als ein Drittel des Bundesbudgets ein, 1955 waren diese sogar bereits auf 42 % angestiegen, was 1951 zehn Milliarden D-Mark ausmachte und dies bei einem gesamten Staatsbudget von rund 30 Milliarden D-Mark. 1955 war bereits ein Fünftel der Bevölkerung auf Sozialleistungen angewiesen. Eine Million Haushalte lebten unter der offiziellen Armutsgrenze von 130 D-Mark Monatseinkommen. Das Sozialsystem der Bundesrepublik war in hohem Grade reformbedürftig. Es gab zwei grundsätzliche Tendenzen: Gewerkschaften und Sozialdemokraten forderten eine einheitliche Versicherung mit gleichen Leistungen für alle Berufe mit einheitlicher Verwaltung, Wirtschaftsverbände hingegen die Wiedereinführung des gegliederten Systems, das jeder Gruppe eigene Versicherungen gewährte.

Die Verfechter des traditionellen Systems sollten sich behaupten. Die Einheitsversicherung wurde verworfen. Bis 1955 kam aber keine Lösung zustande. 1957 standen schon Bundestagswahlen an. Adenauer drängte auf eine Reform, die aber in der verbleibenden Zeit nicht mehr zu verwirklichen war. Nur mehr eine Teilreform war realistisch. Vor allem Rentner lebten in ärmlichen Verhältnissen. Eine Rentenreform sollte deshalb die härtesten Fälle auffangen und Grundlagen für die Gewährung von Sozialleistungen schaffen. Als Modell stand zur Debatte, dass Erwerbstätige einen Teil ihres Einkommens in die Rentenkasse zahlen sollten, der direkt an die Rentner transferiert werden sollte. Dafür würden dem Beitragszahler Punkte gutgeschrieben, die sich nach der Beitragshöhe richteten. Davon ausgehend und nach dem jährlichen Beitrag sollte der Rentenwert ermittelt werden. Die Höhe der Rente sollte sich dann

aus der Punktezahl sowie individuellen Gegebenheiten, wie z. B. Anerkennung als Flüchtling, Berücksichtigung anderer gesetzlicher Ansprüche (z. B. Unfallrenten) usw. ergeben. Die Verbindung der Rentenzahlung mit dem Bruttoeinkommen der Beitragszahler führte zur Bezeichnung »dynamische Rente«.
Dieses Konzept eines »Generationenvertrages« sollte sich in der Auseinandersetzung zwischen Parteien und Ministerien behaupten. Die SPD selbst nahm von der Einheitsversicherung Abstand. Gegen den erbitterten Widerstand Erhards setzte Adenauer die »Dynamisierung der Renten« durch. 1957 wurde die Reform durch den Bundestag beschlossen und noch im gleichen Jahr wurden Nachzahlungen und Erhöhungen geleistet. Im Bereich der Versicherung der Arbeiter stiegen die Renten um durchschnittlich 65 %, bei den Angestellten um über 70 %. Für die CDU Adenauers brachte diese Reform bei den Wahlen im September 1957 die absolute Mehrheit. So sehr der parteipolitische Erfolg dafür sprach, die rentenpolitische Entscheidung sollte sich für die weitere sozial- und finanzpolitische Entwicklung der Bundesrepublik als verhängnisvoll erweisen. Sie bedeutete den Beginn der Staatsverschuldung, die sich in den folgenden Jahrzehnten mehr und mehr ausweitete und im ersten Jahrzehnt des 21. Jahrhunderts alle bis dato gekannten Ausmaße sprengte.
Mit dem neuen Gesetz wurde die Kapitaldeckung in der Rentenversicherung abgeschafft und die Renten an das Wachstum der Löhne gekoppelt. Der hoch gelobte »Generationenvertrag« stellte sich später als kapitale Fehlentscheidung heraus. Die »dynamische Rente« führte zu einer Explosion der gesamten Sozialausgaben in nicht mehr finanzierbare Ausmaße – ein Erbe der Ära Adenauer.
Das Finanzministerium unter Fritz Schäffer und das Wirtschaftsministerium unter Ludwig Erhard waren gegen diese Rentenreform. Erhard hielt eine obligatorische Privatversicherung für geboten, um einen Kapitalstock anzusparen. Die »dynamische Rente« als Generationenvertrag zu bezeichnen, der eigentlich nur eine komplizierte und verschlüsselte Steuerabgabe war, erschien dem Wirtschaftsminister unseriös und unverantwortlich. Einmal mehr geriet Erhard in Gegensatz zu Adenauer, der von Ökonomie wenig bis nichts verstand. Dieser hatte sich von der Funktionsfähigkeit der »dynamischen Rente« allzu rasch und unbedacht überzeugen lassen. Als Wahlgeschenk im Vorfeld der Urnengänge war sie sehr geeignet. Im Anfang der Bundesrepublik war auch ein bundesdeutscher Schuldenkanzler.

1.14.2 Umfassende Bewaffnung, Antikommunismus und KPD-Verbot zur Absicherung und Einzementierung der Westintegration

Zur Konsolidierung und Stabilisierung der politischen Ordnung der Bundesrepublik trug die bürgerlich-christlich-liberale Koalition bei. Eine Kommunistische Partei Deutschlands (KPD) war auch in den westlichen Zonen wieder gegründet worden. Zwischen 1945 und 1948 war sie, abgesehen von Schleswig-Holstein und Württemberg-Hohenzollern, zeitweilig an allen Länderregierungen beteiligt. Sie ver-

focht eine gesamtdeutsche Zielsetzung und legte den Schwerpunkt auf Betriebsarbeit. Mit der SED in der SBZ und der späteren DDR formte sie eine »Arbeitsgemeinschaft«, die für ganz Deutschland eine einheitliche sozialistische Partei anpeilte. Die Vorstellung von der Gründung der Bundesrepublik als Selbstzweck verwarf die KPD. Ihr schwebte ein kommunistisches Gesamtdeutschland vor. Bei den Wahlen 1949 erzielte sie 5,7 % der Stimmen und stellte 15 Abgeordnete im Bundestag.
Beim zweiten Urnengang erhielten die westdeutschen Kommunisten nur noch 2,2 % der Stimmen und scheiterten damit an der inzwischen geltenden Fünf-Prozent-Klausel als Hürde für den Einzug in den Bundestag. Diese Bestimmung sollte die Beteiligung von kleinen oder extremistischen sowie Splitter-Parteien verhindern.
Ab Beginn der 1950er-Jahre grenzte sich die KPD zunehmend von den übrigen Parteien ab und übte sich in revolutionärer Agitation und antikapitalistischer Verbal-Rhetorik. So appellierte sie in klassenkämpferischer Weise an die Arbeiterschaft, sich gegen die »Ausbeutung des deutschen Volkes« und die »Handlanger der Imperialisten« zu wehren. Nur ein Sturz Adenauers, der im Sold der USA dargestellt wurde, könne zur deutschen Einheit führen. Die aggressiv vorgetragenen Parolen rüttelten am Fundament und Selbstverständnis der Bonner Republik.
Es spricht für das Klima des voll entbrannten Kalten Krieges, dass diese 2,2 %-Minipartei in der jungen und noch nicht gefestigten Bundesrepublik im politischen Establishment Besorgnis, Hektik, Nervosität und Unruhe auslöste. Das Gefühl einer kommunistischen Bedrohung wurde von der Adenauer-CDU bewusst geschürt. Antikommunistische Einstellungen hatten in der Geschichte Deutschlands Tradition, so in der Kaiserzeit durch die Sozialistengesetze von Reichskanzler Otto von Bismarck, der Weimarer Republik und im »Dritten Reich« gesteigert durch einen Antibolschewismus in Kombination mit »Herren-Menschentum« und Rassenantisemitismus.
An diese ideologischen Konstrukte konnte teils direkt und explizit, teils indirekt und implizit angeknüpft werden. Dabei handelte es sich im Wesentlichen um einen Antikommunismus ohne Kommunisten (Josef Foschepoth). Die faktisch bedeutungslose KPD mit ihrer umso lautstärkeren Systemkritik veranlasste die Bundesregierung, diese Partei über das Bundesverfassungsgericht (BVG) prüfen zu lassen, was zu ihrem Verbot führte. Diese Absicht sollte parallel mit einem Verbot der rechtsextremen »Sozialistischen Reichspartei« (SRP) unter Führung von Otto Strasser erfolgen, einem Bruder des am 30. Juni 1934 von der SS ermordeten sozialrevolutionären Nationalsozialisten Gregor Strasser. Indes hatte Adenauer mehr Vorbehalte gegenüber der KPD, während er sich mit einer Gewährung der SRP anfreunden konnte.
KPD und SRP beunruhigten durch ihr Auftreten und ihre Programme auch die Westmächte. Doch das geplante Parteiverbot verzögerte sich. Im November 1955 begannen im BVG Verhandlungen über das Verbotsansinnen der Bundesregierung. Am 17. August 1956 sprach das Gericht dann das KPD-Verbot mit der Begründung aus, dass die Partei nicht auf Basis des Grundgesetzes stünde. Ihr Ziel sei eine »sozialistische Revolution«, um die »Diktatur des Proletariats« zu schaffen. Über dieses Verbot ist heftig debattiert worden. Bundes-, Landtags- und Kommunalwahlen 1953 machten bereits deutlich, dass Alarmismus hinsichtlich einer kommunistischen Gefahr im

Grunde fehl am Platze und übertrieben war, da die KPD überhaupt keine politische Relevanz hatte.
Erst im Jahr der Studentenbewegung 1968 (Kap. 2.3) konnte sie unter abgeändertem Namen als Deutsche Kommunistische Partei (DKP) neu gegründet werden, wobei ihr Mitgliederstand auf 7.500 zusammengeschmolzen war. Ächtung und Abgrenzung hatten ihren Teil dazu beigetragen. Der Umgang mit der KPD und der DKP zeigte einerseits, wie empfindlich und verletzlich die neue westdeutsche Republik auf System-Kritik reagierte, andererseits aber auch, wie wehrhaft sich dieser neue Staat verhielt, der gerade im Umgang mit den wenigen Kommunisten besonders stark sein konnte.
Im Umgang mit der marginalen Fundamentalopposition mangelte es an Souveränität und Unabhängigkeit dem noch sehr jungen Staat, der sich als Provisorium begriff, aber von seinem Gründervater auf Dauer angelegt war. Dieser trug seine Erfahrungen aus den 1920er und 1930er-Jahren mit sich: Gab es in der Weimarer Republik noch einen starken Antikommunismus mit vielen Kommunisten so in der Bonner Republik einen ungebrochenen Antikommunismus mit nur sehr wenigen Kommunisten. Das hielt Adenauer nicht davon ab, sich dieser ideologischen Kontinuität aus der Vorkriegszeit zum Zwecke der parteipolitischen Vorteilsverschaffung zu bedienen, zumal er die Furcht vor dem Kommunismus in der Bevölkerung nicht nur zur Profilierung seiner Autorität, sondern auch zur Punzierung der SPD-Opposition nutzte.

1.14.3 Umstrittene »Wiederbewaffnung«, totale Westintegration und Vertiefung der Teilung der Nation

Die Frage der »Wiederbewaffnung« wühlte bereits früh die deutsche Öffentlichkeit auf und führte im Bundestag zu leidenschaftlichen Debatten über die Notwendigkeit deutscher Streitkräfte. Nur mit Mühe konnte die Adenauer-Regierung 1955 die bundesdeutsche Militarisierung im Rahmen der NATO durchsetzen. Damit war auch eine Weichenstellung in Richtung Amerikanisierung Westdeutschlands und der Teilung der Nation erfolgt.
Das Thema Militarisierung war damit aber noch nicht ausdiskutiert. Der amerikanische NATO-Oberbefehlshaber, General Lauris Norstad, verlangte im Februar 1957 die Ausrüstung der Bundeswehr mit Atomwaffen. Nachdem zu dieser Zeit bereits ein atomares Patt zwischen den USA und der UdSSR in der Rüstung bestand, stellte sich die Frage, ob die Bundesrepublik dieses durch Kernwaffen aus dem Gleichgewicht bringen sollte. Die NATO hatte neue strategische Pläne unter Einbeziehung taktischer Atomwaffen mit einer Reichweite bis zu 150 km entwickelt. Adenauer und sein Atom- und Verteidigungsminister Franz Josef Strauß plädierten für die Ausrüstung der Bundeswehr mit Atomwaffen, um den Westen und seine Verteidigungskapazitäten zu stärken. Der Bundeskanzler forderte allerdings auf der NATO-Ratstagung im Dezember 1957 auch einen west-östlichen Entspannungsdialog, um sich vor der

deutschen Öffentlichkeit abzusichern. Letztlich ging es Adenauer um die Mitwirkung und Teilhabe der Bundesrepublik am Nuklearpotenzial der NATO. Die Bundeswehr sollte jedoch aus Sicht der Westmächte über keine Ausrüstung mit Nuklearwaffen verfügen, allerdings konnte sie die Trägermittel besitzen. Die Nuklearwaffen selbst sollten immer in der Verfügungsgewalt der USA bleiben.
Gegen diese entwickelte NATO-Konzeption formierte sich ab 1958 eine breite Protestbewegung in der bundesdeutschen Öffentlichkeit und im Bundestag. Bereits im Vorjahr hatten 18 Atomwissenschaftler im »Göttinger Manifest« gegen die atomare Bewaffnung der Bundesrepublik Stellung genommen. Die SPD machte deutlich, dass weder die Bundeswehr mit Atomwaffen ausgestattet, noch solche Waffen auf dem Gebiet der Bundesrepublik gelagert werden dürften. Im März 1958 trat ein überparteiliches Komitee mit Appellen »Kampf dem Atomtod«, unterstützt von SPD und Gewerkschaften, auf. Im Bundestag wurden die Fragen heftig diskutiert. Die Regierungsparteien CDU/CSU und DP beschlossen nichtsdestotrotz, »die Bundeswehr mit den modernsten Waffen auszurüsten, wenn sich dies politisch und strategisch als notwendig erweisen sollte«.
SPD und DGB mobilisierten die Öffentlichkeit und starteten Protestaktionen, um diesen Beschluss rückgängig zu machen. Rund 10.000 Arbeiter der VW-Werke streikten in Wolfsburg. Mit Arbeitsniederlegungen, Kundgebungen und Schweigemärschen wurde gegen die Aufrüstungspolitik Adenauers demonstriert. Der DGB hielt sich aber in weiterer Folge bedeckt, weil auch unter seinen Mitgliedern viele CDU-Wähler waren. Der Vorstoß der SPD, eine Volksabstimmung zur atomaren Aufrüstung durchzuführen, wurde vom Bundesverfassungsgericht abgelehnt, das Grundgesetz konform keine Plebiszite in Deutschland zulassen wollte, was zu einer demokratiepolitischen Entmündigung der Bundesdeutschen beitrug.
Die Anti-Atomtod-Bewegung scheiterte letztlich an der Mehrheit im Bundestag für die atomare Ausrüstung der Bundeswehr, der unverbrüchlichen Haltung der NATO-Staaten, die im atlantischen Bündnis getroffenen Vereinbarungen umzusetzen, sowie am unbeirrbaren Führungswillen Adenauers. Die CDU gewann die Landtagswahlen in Nordrhein-Westfalen im Juli 1958, die Aktivitäten von DGB und SPD für die Anti-Atomtod-Kampagne gingen zurück. Die alternative Bewegung verlor an Schwungkraft und blieb bis Anfang der 1980er-Jahre Episode.
In der Zwischenzeit hatten bereits streng geheime Verhandlungen zwischen der Bundesrepublik, Italien und Frankreich über den Bau einer gemeinsamen Atombombe stattgefunden. Das Unternehmen wurde aber von Charles de Gaulle nach dessen Machtübernahme in Frankreich im April 1958 sofort gestoppt. Der französische Staatsmann hatte zu diesem Zeitpunkt noch an die Bildung einer »force de frappe nucléaire« gemeinsam mit den USA und Großbritannien geglaubt, die sich jedoch nicht verwirklichen lassen sollte.
Die Bundesregierung beschloss im Oktober 1958 den modernsten Jagdbomber, den Starfighter F 104 G, anzuschaffen, der mit Atombomben bestückt werden und weit in sowjetrussisches Territorium hineinfliegen konnte. Die »Suche nach Sicherheit« (Eckart Conze) der Deutschen in der Bundesrepublik sollte auf dem Wege der Schaf-

fung einer neuen Armee und ihrer Ausrüstung mit Nuklearwaffen erfolgen, wobei die Situation paradox erscheint: Diese Politik führte gleichzeitig zu einer Gefährdung der Sicherheit für Deutsche in Ost und West und zur Steigerung ihrer Unsicherheit, zumal die Konfrontationspotenziale zwischen der DDR und BRD erhöht wurden, die sich damit weiter bekriegen konnten.

Mit seiner einseitigen und prononcierten Westpolitik und seinem autoritären Regierungsstil prägte Adenauer eine Ära, die von amerikanischen, transatlantischen sowie frankophilen und zugleich althergebrachten-konservativen Mustern geprägt war. Hauptanliegen des stark rheinisch geprägten Bundeskanzlers waren die zielgerichtet angestrebte Erlangung von »Souveränität« für den deutschen Weststaat und die trotz starker Widerstände der SPD forcierte Westintegration. Die damit verbundene Teilung Deutschlands nahm Adenauer bewusst in Kauf, indem er in der Öffentlichkeit den Eindruck vermittelte, dass nur durch die Westintegration und eine »Politik der Stärke« gegenüber der UdSSR die Einheit erreicht werden könne.

Dieses auf den ersten Blick so einfache wie einleuchtende Konzept sollte jedoch nicht von Erfolg gekrönt sein, im Gegenteil: Es kam durch diese Politik zu einer Vertiefung der Teilung nicht nur der deutschen Nation, sondern letztlich auch zur Verfestigung der Spaltung Europas. Der Bundeskanzler war Schöpfer eines neuen Weststaats in einer wachsenden westlichen Wirtschaftsgemeinschaft. Damit wurde er auch zum Kanzler der deutschen Teilung, ein Befund, der von deutschen Historikern nie so deutlich und offen festgehalten wurde. Dafür bedurfte es auch günstiger Rahmenbedingungen und eines Mitspielers: Walter Ulbricht, der mit seinem sozialistischen Oststaat dem Konzept Adenauers der Abgrenzung und Distanzierung in die Hände arbeitete. Ulbricht war nicht an einer Einigung Deutschlands unter Aufgabe des DDR-Systems gelegen. Beide ergänzten sich somit auf ihre Weise idealtypisch und spielten das konfliktreiche Spiel des Kalten Krieges auf deutschem Boden nach ihren Kräften und Möglichkeiten mit.

Adenauers »Politik der Stärke« gestaltete sich als Beitrag zur Verschärfung der »Block«-Bildung. In diesem Bereich war er seinem »Gegenspieler« Ulbricht inhaltlich und zeitlich voraus. Bereits im März 1949 – noch vor Gründung der Bundesrepublik – und mehrmals im Sommer und Herbst 1950 machte er seine Bereitschaft klar, einen militärischen Beitrag im Rahmen einer Europaarmee zu leisten. Förderlich für die Adenauersche Politik der Militarisierung der Bundesrepublik war der Koreakrieg, der internationale Aufmerksamkeit erlangte und einen westdeutschen Beitrag erforderlich zu machen schien. Als Gegenleistung verlangte Adenauer die »Souveränität« für seinen Teilstaat.

Ende August 1950 erhielt US-Hochkommissar John J. McCloy, mit dem der Bundeskanzler entfernt verwandt war, ein Memorandum Adenauers. Von Beginn an hatte er eine enge Anlehnung an die Westmächte gesucht. Der deutsche Wehrbeitrag sollte hierzu dienlich sein.

Fundamentale Opposition artikulierten dagegen die Sozialdemokraten unter Kurt Schumacher, der richtig voraussah, dass die einseitige Politik der Westintegration die Aussicht auf eine Einigung Deutschlands verbauen und damit auch der gesamt-

europäischen Einigung zum Schaden gereichen würde. Schumacher sah die deutsche Einheit als Voraussetzung für die Einigung Europas, womit er auf lange Sicht recht behalten sollte.
Die Einigung Deutschlands 1990 wurde die Basis für die später folgende »Osterweiterung« der EU 2004–2007. Solange Deutschland geteilt blieb, war Europa gespalten. Diese Einsicht fehlte nicht in der CDU. Selbst in Adenauers eigener Partei rührte sich Widerstand gegen einen zu einseitigen Westkurs. Innenminister Gustav Heinemann trat aufgrund der Politik der deutschen »Wiederbewaffnung«, die die Militarisierung der Bundesrepublik bedeutete, im Oktober 1950 von seinem Amt zurück. Heinemann sah durch die Politik Adenauers den Frieden in Europa gefährdet und eine Vertiefung der deutschen Teilung. Adenauer behauptete sich unter Beschwörung der kommunistischen Gefahr und der Versicherung, »keine Experimente« zu wollen, und erhielt die Zustimmung der Bundesbürger. Bei der zweiten Wahl zum Bundestag am 6. September 1953 erzielte die CDU/CSU Stimmenzuwächse und 1957, wie schon erwähnt, sogar die absolute Mehrheit.
Aufgrund der festgefahrenen bipolaren Konstellation in Europa und der sich vertiefenden Teilung Deutschlands wurden Alternativkonzepte von deutschen Neutralitätsanhängern und »Neutralisten« mehr und mehr chancenlos und waren schließlich zum Scheitern verurteilt. Obgleich Persönlichkeiten aus dem bürgerlichen, christ- und freidemokratischen Lager und etablierten Parteien wie Jakob Kaiser (CDU), Gustav Heinemann (CDU), Karl Georg Pfleiderer (FDP) und Thomas Dehler (FDP) oder renommierte Publizisten wie Rudolf Augstein *(Der Spiegel)* oder Paul Sethe *(Frankfurter Allgemeine Zeitung)* an die gesamtdeutsche Verantwortung erinnerten und Schriftsteller wie Hans Werner Richter oder Alfred Andersch ähnlich wie Jakob Kaiser sich Deutschland als »Brücke zwischen Ost und West« vorstellten, entwickelte sich keine breite durch Massen gestützte Widerstandsbewegung gegen Adenauers Politik, worauf Moskau vergeblich setzte und die SED-Führung spekulierte.
Es gelang den Befürwortern der Neutralität und den Neutralisten in Deutschland weder, eine gemeinsame, geschlossen auftretende und wirksame Lobbybewegung zu bilden, noch mehr als einen Minimalkonsens zu finden, der über die durchaus denkbare und grundsätzlich richtige These hinausreichte, dass die Einheit Deutschlands in den 1950er Jahren nur über eine Allianzfreiheit bzw. die Bündnislosigkeit zu erreichen war, wobei – bewusst oder unbewusst – wiederholt nicht zwischen Neutralität, Neutralisierung und Neutralismus unterschieden wurde (Alexander Gallus). Die Deutschen blieben in dieser Frage im Osten wie im Westen ihres Landes gespalten.
Die Gewerkschaften wären eventuell dazu in der Lage gewesen, waren aber in der Frage der »Wiederbewaffnung« uneinig. Ihre Führung stimmte dem bundesdeutschen Wehrbeitrag zu, während die Basis und die Jugend gegen deutsche Streitkräfte opponierten. Daraufhin steuerte die Gewerkschaftsspitze auf einen Kompromiss zu und verlangte seit 1952 gemeinsam mit der SPD-Führung Neuwahlen. Die DGB-Führung schloss sich zwar der »Paulskirchenbewegung« an, die gegen die Integration der Bundesrepublik in die NATO demonstrierte, was als Konzession an

die Gewerkschaftsbasis zu verstehen war. DGB-Chef Walter Freitag sicherte Adenauer gleichzeitig einen »Stillhalte-Kurs« zu.
Einen außenpolitischen Schwerpunkt setzte Adenauer mit der Herstellung von Verbindungen zu Vertretern des Staates Israel, verbunden vor allem mit dem Bekenntnis und der Bereitschaft zur Leistung von »Wiedergutmachung«. Das geschah bereits zu Beginn der 1950er-Jahre. Mit politischen Repräsentanten Frankreichs suchte Adenauer ebenfalls früh Kontakt. Es wäre übertrieben, schon für die 1950er-Jahre von einer Aussöhnung zu sprechen. Es war zunächst ein vorsichtiges Abtasten und Vorfühlen bei Georges Bidault und Robert Schuman von den parteiverwandten Volksrepublikanern (Mouvement Républicain Populaire = MRP) in Frankreich. Es ging um die heikle Frage der Regelung des Ruhrstatuts und die Zugehörigkeit des Saargebiets. Adenauer verfolgte ein Europäisierungsprojekt mit Blick auf das Saarland, doch entschied sich die dortige Bevölkerung in einer Volksabstimmung im Jahre 1955 für die Rückkehr zur Bundesrepublik, die zwei Jahre später formell vollzogen werden sollte. Bestenfalls handelte es sich zu dieser Zeit um eine Politik der Verständigung zwischen Bonn und Paris. Das französische Misstrauen gegenüber den Deutschen war noch beträchtlich. Von Versöhnung konnte angesichts des noch frischen Kriegserlebnisses und der deutschen Besatzungszeit kaum die Rede sein. Die »deutsche Gefahr« wurde in den ersten Nachkriegsjahren in Frankreich größer eingeschätzt als das Bedrohungspotential der Sowjetunion – eine krasse Fehlbeurteilung der Lage. Erst der am 22. Januar 1963 in Paris unterzeichnete Elysée-Vertrag, der propagandistisch so benannte »Deutsch-Französische Freundschaftsvertrag«, der einfach nur Deutsch-Französischer Vertrag hieß, sollte Wege zu einer dichten politischen, ökonomischen wie kulturellen Kooperation eröffnen und Voraussetzungen für eine Aussöhnung schaffen.
Anlässlich des Besuchs von Adenauer in Moskau vom 8. bis 14. September 1955 gestattete die Kremlführung die Entlassung von noch in der Sowjetunion befindlichen Kriegsgefangenen für die von Bonn bis dato nicht angestrebte Aufnahme diplomatischer Beziehungen. Auf die Frage, was Adenauers bedeutendste Leistung war, antworteten mehr als zehn Jahre später bei Umfragen 75 % der Bundesbürger die »Heimholung der letzten Kriegsgefangenen«, was mythologisiert worden ist, zumal es vor 1955 nicht in seinem primären politischen Interesse war.
In der Mitte der vierten Amtsperiode trat Adenauer am 15. Oktober 1963 zurück, nachdem die Kritik aus den eigenen Parteireihen immer stärker wurde. Zu seinem Nachfolger wurde der erfolgreiche Wirtschaftsminister Ludwig Erhard, der als »Vater des Wirtschaftswunders« verklärt wurde.

1.14.4 »Auferstanden aus Ruinen«

Mit geringer zeitlicher Verzögerung erfolgte nach Bildung der BRD in der SBZ durch Verkündung einer Verfassung am 7. Oktober 1949 die offizielle Gründung der DDR.

Der am 30. Mai 1949 aus der »Volkskongress«-Bewegung entstandene »Deutsche Volksrat« verwandelte sich am gleichen Tag als provisorische Volkskammer zum Parlament des ostdeutschen Teilstaates. Am 10. Oktober 1949 bildeten die fünf Länderparlamente der SBZ eine provisorische Länderkammer aus 34 Vertretern. Volkskammer und Länderkammer wählten am 11. Oktober 1949 den SED-Vorsitzenden Wilhelm Pieck zum ersten Präsidenten der DDR.
Am 10. Juni 1945 war Pieck auf der konstituierenden Sitzung des Zentralausschusses (ZA) der SPD zum Vorsitzenden gewählt worden. Neun Tage später tauchte sein Name als Mitunterzeichner eines Aktionsbündnisses mit der KPD auf. Mitte Juli firmierte er als Mitbegründer eines »Blocks antifaschistisch-demokratischer Parteien«, des sogenannten »Antifa-Blocks«. Anfang Oktober 1945 untersagte ihm die britische Besatzungsmacht die Einreise zur SPD-Konferenz in Wennigsen bei Hannover. US- und französische Besatzungsbehörden reagierten gleich.
Otto Grotewohl schloss sich als Mitglied der Studienkommission des ZA der SPD und des ZK der KPD zur Erarbeitung der »Grundsätze und Ziele und des Parteistatuts der SED« an, wurde ab 1946 Parteivorstandsmitglied der SED und mit Pieck SED-Vorsitzender. Die ersten Wahlen zur DDR-Volkskammer fanden am 15. Oktober 1950 aufgrund einer Einheitsliste der »Nationalen Front« statt und erbrachten die in Diktaturen üblichen 99,7 % Ja-Stimmen. Dieses dem Wähler keine Alternative bietende System wurde vierzig Jahre lang bis zum Ende des SED-Regimes 1989/90 praktiziert.

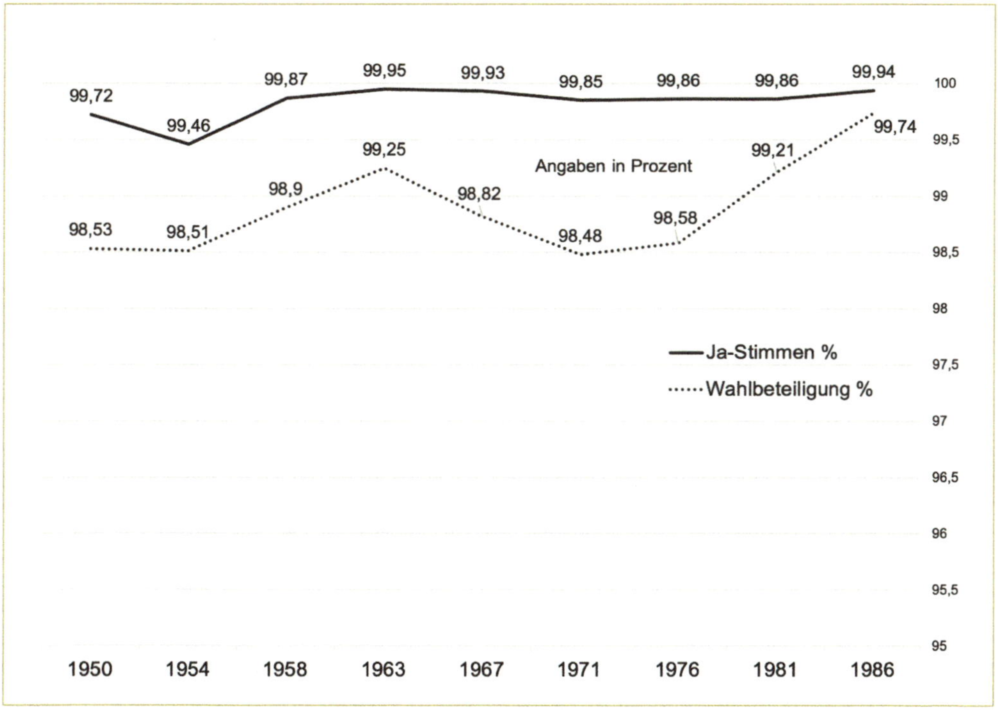

Grafik 3: Ergebnisse der Einheitslisten zu den Volkskammerwahlen 1950–1986

Die Ergebnisse der Einheitslistenwahlen zur Volkskammer in den Jahren 1950 bis 1986, also in der Ära Walter Ulbricht und Erich Honecker, zeigen eine sich stark parallel entwickelnde Konstellation von »Ja«-Stimmen und einer Wahlbeteiligung mit Prozentzahlen, die verdächtig stimmen. Die Ziffern bewegten sich alle weit über 90 % nahe der 100 %-Marke. Bei einer Wahlbeteiligung z. B. 1986 von 99,74 % mit »Ja«-Stimmen von 99,4 % lag der Verdacht der Fälschung nahe. Spätestens 1988 war diese dann offenkundig geworden. Grafik 3 zeigt außerdem den extrem auf eine Partei zugeschnittenen Systemansatz. Die Darstellung macht deutlich, dass allgemeines Wahlrecht nicht vorhanden war. Der Satz »Ich gehe falten« statt »Ich gehe wählen« bestätigte überdies, dass die Einheitslistenwahlen mit Wahlen im eigentlichen Sinne nichts zu tun hatten.

Die Konstitution der DDR erinnerte formal an jene von Weimar. Deutschland wurde als »unteilbare demokratische Republik« begriffen, die sich auf Ländern gründete. Sie sicherte Grundrechte des Bürgers, z. B. die Rede-, Presse-, Versammlungs- und Religionsfreiheit sowie das Streikrecht. Sie gewährleistete das Eigentum und hielt fest, dass die Wirtschaft »dem Wohle des ganzen Volkes und der Deckung seines Bedarfs zu dienen« habe. Der Staat sollte durch gesetzgebende Organe den öffentlichen Wirtschaftsplan aufstellen.

Obwohl sie einen gesamtdeutschen Anspruch stellte und demokratische Grundsätze beschwor, entwickelte sich diese Verfassung alsbald zu einem Werkzeug zur Ausgestaltung eines sozialistischen Staats mit politischer Repression und Verfolgung andersartiger Gesinnungen. Der Artikel 6 wurde hierbei besonders schlagend, weil er eine »Boykott-Hetze gegen demokratische Einrichtungen und Organisationen« als Verbrechen qualifizierte. Die DDR-Verfassung bot damit eine Handhabe für eine zunehmend politisch agierende Justiz, die gegen wirkliche oder scheinbare Opponenten dieses neuen deutschen Teilstaats gezielt ermittelte und hart durchgriff. Berühmt und gleichsam berüchtigt agierte in diesem Zusammenhang die Justizministerin der DDR, die fanatische Kommunistin Hilde Benjamin, die Ulbrichts Moskau-Orientierung kategorisch guthieß und massiv gegen »Abweichler«, »Faschisten«, »Imperialisten«, »Konterrevolutionäre«, »Nazis«, »Provokateure«, »Titoisten«, »Trotzkisten« und »Zionisten« vorging. Diese Art der Charakterisierung und die Zahl der »Gegner des Klassenkampfs« und der »Republik-Feinde« schien schier grenzenlos. Der deutsche Sozialismus ging dabei nicht nur mit Antikapitalismus, sondern auch mit Antisemitismus Hand in Hand.

Die Verfassung der DDR geriet mit ihren eigenen rechtsstaatlichen Elementen und den realen politischen Verhältnissen in Widerspruch. Im Jahre 1952 wurden ohne Befragung der betreffenden Bevölkerung und der Landesvertretungen von Brandenburg, Mecklenburg, Sachsen, Sachsen-Anhalt und Thüringen diese historischen Länder durch 14 Bezirke ersetzt. Hierfür wurde keine Verfassungsänderung für notwendig angesehen.

Im Unterschied zur BRD wurde in der DDR die Herrschaft nicht durch den Staat und seine Organe ausgeübt, sondern durch eine »Einheitspartei«, die SED und ihre Gremien. Das SED-Politbüro war das Zentrum der Macht. Hinzu kam der Apparat des

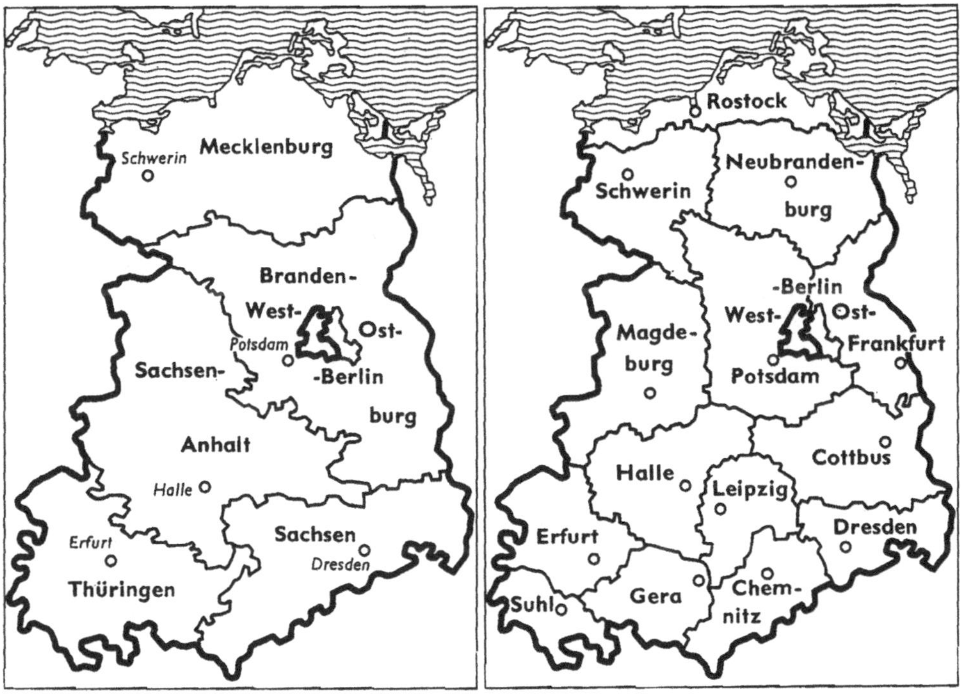

Abb. 13: Die Verwaltungsbezirke in der DDR vor und nach dem Juli 1952

Zentralkomitees (ZK), der mehr als 2.000 Mitarbeiter aufwies und der der Staatsverwaltung übergeordnet war. Es galt der Grundsatz des von Louis Fürnberg komponierten Liedes aus dem Jahr 1950:

»Die Partei, die Partei, die hat immer recht und Genossen, es bleibe dabei! Denn wer kämpft für das Recht, der hat immer Recht gegen Lüge und Ausbeuterei. Wer das Leben beleidigt, ist dumm oder schlecht, wer die Menschheit verteidigt, hat immer recht. So aus Lenin'schem Geist wächst von Stalin geschweißt die Partei, die Partei, die Partei!«

Die SED übte weitreichende Kontrolle über die Staatstätigkeit aus. Das ZK der SED, die Abart einer innerparteilichen Demokratie und ein Pseudoparlament in der Partei, welches im Abstand einiger Monate zusammengerufen wurde, fungierte als Sprachrohr der politischen Vorgaben des Politbüros und nahm nur in wenigen Fällen die ihr in der Theorie zugeschriebene Kontrollaufgabe gegenüber einer allmächtigen und selbstgefälligen Parteiführung wahr.
Wie niedrig die Partei der Arbeiter und Bauern die reale Relevanz der DDR-Verfassung von 1949 für den Staat einstufte, wird daran deutlich, dass erst im Jahre 1968 eine neue »sozialistische Verfassung« in Kraft trat, die das System der DDR zutreffender beschrieb und auch die Vorherrschaft der SED unverhohlen proklamierte. Sie verstand sich als Partei der Arbeiterklasse und untermauerte ihren Führungs-

anspruch mit der Lehre von der »Diktatur des Proletariats« nach Marx und Lenin. Die »Diktatur des Proletariats« beinhaltete ganz konkrete Elemente eines totalitären Systems, die als »notwendige Maßnahmen« Schutz vor einer Restauration des Kapitalismus gewährleisten sollten.

Träger dieses Einparteiensystems waren Gliederungen und Unterorganisationen der SED. Die Freie Deutsche Jugend (FDJ) war die alleinig statthafte Jugendorganisation und hatte im Rahmen der sogenannten Massenorganisationen einen hohen Stellenwert. Die FDJ sollte als Rekrutierungsbasis für den SED-Nachwuchs und als »Kaderreserve« der Partei dienen. Die Partei hatte sie als führend anerkannt. Die FDJ sollte unter dem Motto »Jugend erwach, bau auf, bau auf, bau auf, für eine bessere Zukunft richten wir die Heimat auf!« zur Politisierung der jungen Menschen beitragen, für das »sozialistische Vaterland« eintreten und den kapitalistischen »Klassenfeind« bekämpfen.

In Betrieben, Bildungsstätten und Wohneinheiten wurde die FDJ verankert, die politisch-ideologische Gleichschaltung angestrebt sowie die fachliche Erziehung und die Freizeit gestaltet. Es galt, möglichst viele Jugendliche zu erreichen und für die FDJ zu engagieren. Verbunden mit ihr waren auch die »Jungen Pioniere« bzw. die Pionierorganisation »Ernst Thälmann«, benannt nach dem KPD-Führer aus der Weimarer Zeit. Die Jugendorganisation der SED wurde am 7. März 1946 unter Leitung des späteren SED-Generalsekretärs Erich Honecker als angeblich »überparteiliche« Jugendorganisation begründet und systematisch aufgebaut.

Kurzbiographie Erich Honecker

Der 1912 in Neunkirchen im Saarland geborene Honecker war Funktionär der Jung-Spartakus-Bundes und später der verbotenen KPD. Der gelernte Dachdecker war von 1935 bis 1945 wegen Widerstands gegen den Nationalsozialismus inhaftiert. Nach der Befreiung durch die Rote Armee gelangte er im Mai 1945 zur »Gruppe Ulbricht« und baute als Jugendsekretär des ZK der KPD die »Antifa«-Jugendausschüsse auf, die 1946 zur Gründung der FDJ in Ost-Berlin führten, deren Vorsitzender er bis 1955 war. Ab 1961 agierte er als Sekretär für Sicherheitsfragen des ZK der SED. Er war organisatorisch am Mauerbau maßgeblich beteiligt und den damit verbundenen Schießbefehl gegen »Republikflüchtlinge«. Als Generalsekretär des ZK der SED, Vorsitzender des Staatsrats sowie Vorsitzender des Nationalen Verteidigungsrates der DDR (1971–1989) war er der führende Politiker. Sein größter Erfolg bestand in ihrer internationalen Anerkennung und ihrer Mitgliedschaft in der UNO 1973. Nachdem ab Mitte der 1980er-Jahre die ökonomische und gesellschaftliche Lage in der DDR prekärer und das Verhältnis zur Schutzmacht UdSSR aufgrund der innersowjetischen Reformen unter Gorbatschow zunehmend schwieriger wurde, kam es zu Spannungen mit Moskau wegen seines Besuchswunsches in Bonn. Bei seiner dennoch durchgesetzten Staatsvisite in der BRD wurde Honecker im September 1987 von Bundeskanzler Kohl mit allen Ehren empfangen, was gleichzeitig der Höhepunkt seiner politischen Karriere war. Am 17. Oktober 1989 wurde er jedoch aufgrund der Krisen- und Mängelerscheinungen in der DDR vom SED-Politbüro zum Rücktritt aufgefordert, dem er tags darauf Folge leisten musste. 1992 wurde Honecker in Berlin wegen seiner Verantwortung für Menschenrechtsverletzungen des DDR-Regimes vor Gericht gestellt, das Verfahren aber aufgrund seines Gesundheitszustandes eingestellt.

Die Anklage war aufgrund seiner Funktion als Partei- und Staatschef der DDR sowie einer schwierigen Rechtslage umstritten. Honecker reiste über Moskau zu seiner Familie nach Chile, wo er im Mai 1994 in Santiago de Chile starb.

Die Ausrichtung der FDJ auf die KPD und später auf die SED wurde in den 1950er-Jahren abgeschlossen. Seitdem hatte sie zur Aufgabe, den Marxismus-Leninismus zu propagieren, die SED-Beschlüsse durchzuführen und sich an der vormilitärischen Ausbildung zu beteiligen.

Die FDJ sollte über zwei Millionen Mitglieder umfassen. Nach offiziellen Angaben waren rund 70 % der Jugendlichen in der DDR zwischen 14 und 25 Jahren Mitglieder der FDJ. Der Schüler- und Studierendenanteil war besonders hoch. Die FDJ-Funktionäre waren oft gleichzeitig SED-Mitglieder. Die FDJ-Sekretäre zählten auch zum Politbüro. Die FDJ bildete auch eine Fraktion im »Parlament«. Ab den 1960er-Jahren waren etwas weniger als ein Zehntel aller Volkskammer-Mitglieder der FDJ-Fraktion zugehörig. Die FDJ wurde zu einem Garanten der Hegemonie der SED.

Die Landwirtschaftspolitik stand bereits ab den 1950er-Jahren ganz im Zeichen der sozialistischen Umgestaltung der DDR. Das SED-Regime forcierte die Kollektivierung nach dem Modell in der UdSSR. Einige Monate nach Kriegsende, im Oktober 1945, hatten Bodenreformen eingesetzt, was die entschädigungslose Enteignung und Neuverteilung von landwirtschaftlichem Grundbesitz von über 100 Hektar bedeutete. Großgrundbesitz wurde aufgelöst. Zahlreiche Neubauern waren auf relativ kleine Flächen ohne technische Hilfsmittel angewiesen. Die Einheitspartei machte massiv Propaganda für die Gründung landwirtschaftlicher Produktionsgenossenschaften (LPGs), denen sich die Bauern »freiwillig« anschließen sollten. Die Freiwilligkeit hielt sich in Grenzen. In der BRD erfolgten hingegen ab 1955 Subventionierungen der Landwirtschaft.

Nachdem sich viele nur skeptisch oder zögernd der SED-Agrarpolitik anschlossen, war Agitation gegen widersetzliche Landwirte angesagt. Ende der 1950er-Jahre lief eine Kampagne gegen Verweigerer. Wer nicht folgte, wurde unter Druck gesetzt, verhaftet oder sogar körperlich misshandelt. Im Rostocker Stasi-Gefahr mussten widersetzliche Bauern in Zellen in eiskalten Wasserbecken stundenlang stehen. Bis ins Frühjahr 1960 rollte die Propagandalawine weiter und parallel dazu wurde die Vergesellschaftung der landwirtschaftlichen Produktionsmittel vorangetrieben und die Enteignung weitgehend zu einem Ende gebracht.

Nach dem Grad der Kollektivierung und der daraus resultierenden Verteilung der genossenschaftlichen Einkünfte wurden die LPGs in drei Typen eingeteilt: genossenschaftlicher Ackerbau, möglicherweise mit Grünland und Waldflächen, genossenschaftliche Viehwirtschaft aufgrund eines sogenannten »Perspektivplans«; Zusammenführung aller land- und forstwirtschaftlichen Flächen, Maschinen und Gerätschaften und des gesamten Viehbestandes. Ackergebiet und Viehanzahl zur eigenen Nutzung waren Beschränkungen unterworfen, z. B. ein halber Hektar Ackerland pro Familie. Mit den erzwungenen Enteignungen war eine weitgehende Zer-

störung der Identität, Gewohnheit und Tradition der Bauern verbunden, die ihre Individualität verloren und nun als Genossenschaftsproduzenten zu funktionieren hatten. Das eigene Gut und die individuelle Herstellung verloren an Wert. Es galt nun die Massenproduktion.
Alarmiert und verunsichert verließen viele Landwirte mit ihren Familien die DDR und machten sich auf den Weg in den Westen Deutschlands, was der ostdeutschen Lebensmittelversorgung abträglich war. Der Ulbricht-Staat formte LPGs zu neuen landwirtschaftlichen Betrieben um, wenn diese die Bereitschaft zur überbetrieblichen Kooperation zeigten. Die Fusionen führten zu »Kooperativen« mit speziellen Anbau- und Zuchtaufträgen.
Der anhaltende Flüchtlingsstrom in den »freien« Westen machte deutlich, dass die SED und ihr Programm in der Bevölkerung nicht sonderlich gut ankamen geschweige denn beliebt waren. Innerhalb der Partei regten sich alsbald Stimmen, die sich gegen Ulbricht und seine sowjetische Herrschaftspraxis zu Wort meldeten. Eine Säuberung setzte schon Ende der 1940er-Jahre gegen frühere SPD-Mitglieder und immer noch renitente Altkommunisten ein, die sich gegen den Zusammenschluss von KPD und SPD ausgesprochen hatten. Ihr Widerstand richtete sich v. a. gegen die Umgestaltung der SED in eine stalinistische Kaderpartei.

1.14.5 DDR-Losung »Deutsche an einen Tisch!« und Adenauers Ablehnung der Stalin-Note

Mit der Losung »Deutsche an einen Tisch« hatte die SED unter Ministerpräsident Otto Grotewohl seit den 1950er-Jahren ihre Deutschlandpolitik verknüpft. Beide deutschen Staaten sollten demzufolge unabhängig von den Siegermächten direkt über die deutsche Einheit verhandeln. Am 30. November 1950 antwortete die BRD auf die von der DDR erhobene Forderung mit einem Gegenvorschlag zur Abhaltung von freien gesamtdeutschen Wahlen unter Aufsicht der Vereinten Nationen, die allerdings damals im Zeichen des Koreakriegs auf Seiten der USA standen und als westliches Instrument im Kalten Krieg dienten. Der UN-Generalsekretär und Norweger Trygve Lie arbeitete mit dem US-amerikanischen Auslandsgeheimdienst, der Central Intelligence Agency (CIA) zusammen. Bonn beharrte auf seinem Standpunkt: Nur unter dieser Bedingung gebe es Gespräche mit der DDR. Ein UNO-Engagement wäre angesichts ihrer prowestlichen Positionierung aber einer Kapitulation des östlichen Regimes vor dem weltanschaulichen Gegner gleichgekommen.
Die SED-Offensive ging auf die Prager Außenministerkonferenz vom Oktober 1950 zurück, bei der die Außenminister der »sozialistischen Bruderstaaten« gegen die bundesdeutsche Wiederbewaffnung und die Westintegration der Bundesrepublik Einwände erhoben sowie einen aus ost- und westdeutschen Delegierten paritätisch zusammengesetzten »Gesamtdeutschen Konstituierenden Rat« verlangt hatten, der die Bildung einer entsprechenden Regierung vorbereiten sollte.

Die Westmächte unterstützten die Forderung Bonns. Auf ihren Antrag setzten die Vereinten Nationen am 20. Dezember 1951 eine Kommission ein, die die Voraussetzungen für freie Wahlen in beiden Teilen Deutschlands prüfen sollte. Die DDR verweigerte ihr die Einreise.
Mit der diplomatischen Note Stalins vom 10. März 1952 an die Westmächte begann eine neue Phase in der Deutschlandpolitik. Adenauer lehnte jedoch diesen Vorschlag, der gar nicht an ihn adressiert, sondern an die westlichen Botschafter in Moskau gerichtet war, umgehend ab, bevor der Westen überhaupt erst offiziell reagieren konnte. Die eilfertige und überstürzte Ablehnung war einer seiner schwersten politischen Fehler, weil er damit sowohl die Glaubwürdigkeit seiner Deutschlandpolitik schwer belastete, als auch sich auf Dauer und noch Jahrzehnte nach Ende seiner politischen Karriere dem Vorwurf aussetzte, er wollte nicht einmal Sondierungen über die deutsche Einheit. Die Stalin-Note vom Tisch zu wischen war nicht nur eine »vertane Chance« (Rolf Steininger) Adenauers zur Prüfung der Möglichkeiten für die deutsche Einheit, sondern auch eine versäumte Gelegenheit, sich aller Zweifel an seiner gesamtdeutschen Haltung und Verdächtigungen, er sein kein deutscher Patriot, zu entledigen.
Mit seiner schroffen Abweisung des sowjetischen Einheitsangebots bestätigte Adenauer die Skeptiker und Kritiker seiner Politik. Anhänger und Befürworter seiner Politik gaben ihm hingegen recht, das »Täuschungs-« und »Störmanöver« abgewiesen zu haben, weil Stalin ein neutrales und vereintes Deutschland nur unter seine politisch-ideologische Kontrolle bringen wolle. Dabei wurde aber übersehen, dass dies der UdSSR nicht einmal im Falle des neutralen Finnlands oder kleinen Österreichs vorschwebte bzw. gelungen war. Warum auch?
Ein NATO-Rückzug aus Westdeutschland war motivierend genug und der Stopp der militärischen Westintegration der Bundesrepublik bereits ein verlockendes, ja geradezu maximales Ziel für den Kreml. Bei einer Neutralisierung und einer gemeinsamen Vier-Mächte-Verwaltung Deutschlands hätte sich auch die Chance eines Zugriffs auf das Ruhrgebiet bzw. das Rheinland für die Sowjetunion eröffnet, was Adenauer unbedingt verhindern wollte.
Die SED-Führung war durch die Stalin-Offerte beunruhigt und irritiert. Sie stellte ihre Kampagne »Deutsche an einen Tisch« ein. Auch Adenauer war besorgt, konnte aber die Westmächte erfolgreich davon abbringen, in Moskau zu sondieren bzw. höchstens zum Schein mit Stalin zu verhandeln, was US-Außenminister Dean Acheson wollte, aber der deutsche Bundeskanzler zu verhindern verstand. Adenauer wollte »keine Experimente«, um zur deutschen Einheit zu gelangen. Die Wiederherstellung der Einheit war aber nur mit Experimenten und vor allem auch nur mit allen vier Mächten zu erreichen. Darauf wollte sich der »Alte« aus Rhöndorf gar nicht erst einlassen, zumal damit seine eigene politische Machtposition gefährdet worden wäre.
Was aber motivierte die seit mehr als einem halben Jahrhundert fortlebende Historiker-Kontroverse um dieses ominöse Angebot Stalins? Klar und unanfechtbar war die Frage nicht zu beurteilen, sonst hätte der Streit nicht bis in die letzten Jahre an-

gedauert (Bernd Bonwetsch). Bis heute kann die Streitfrage trotz neu ausgewerteter sowjetrussischer Quellenfunde nicht definitiv und endgültig beantwortet werden, zumal Stalins Gedankengänge weder klar belegbar noch eindeutig bestimmbar sind. Unstreitig beinhalteten seine ersten Angebote (10. März und die zweite Note vom 9. April) inhaltliche Substanz und neue Vorschläge. Sie waren detailliert und sachbezogen. Mehr war hinsichtlich eines ersten Schritts für eine Diplomatie, wie sie der Praxis folgt, nicht zu erwarten. Selbst eine einseitige Räumung der besetzten Länder durch die Sowjetunion hätten die Westmächte immer noch als »Falle« auslegen und ihre Truppenpräsenz aufrechterhalten können. Schließlich war von ihnen aber nicht zu erwarten, mehr für die deutsche Einheit zu tun, als westdeutsche Spitzenpolitiker selbst zu tun bereit waren.

Wie ernsthaft war Stalins Angebot vom 10. März und die noch am 9. April nachgeschobene Note, in der freie gesamtdeutsche Wahlen angeboten waren? Die denkbaren und möglichen Motive können vor einem größeren historischen Hintergrund besser eingeordnet und verstanden werden.

- Das Denken der sowjetischen Politik ging v. a. seit der Potsdamer Konferenz wiederholt von Deutschland als wirtschaftlichem Gesamtkomplex aus. Die Gründung eines ostdeutschen Staates war trotz früherer vorhandener Teilungspläne nicht beabsichtigt, geschweige denn von langer Hand in Moskau geplant, sondern vielmehr Produkt der Entwicklungen von 1945 bis 1948/49.
- Die in Reaktion auf die im Mai 1949 erfolgte Weststaatsgründung im Oktober 1949 aus der Taufe gehobene DDR war ein ›Abfallprodukt‹ der im Zuge der fehlgeschlagenen Berlin-Blockade 1948/49 vorerst gescheiterten sowjetischen Deutschlandpolitik.
- In den weiteren sowjetischen Angeboten ist trotz dieser ersten und schwersten Niederlage der Sowjetunion im Kalten Krieg (so der sowjetische Deutschlandexperte und Diplomat Valentin Falin) wiederholt von Deutschland als Ganzem die Rede – ein (Separat) Friedensvertrag mit der DDR wurde von Moskau nie abgeschlossen.
- Die formelle »Anerkennung« bzw. »Souveränität« der DDR ließ nach ihrer Gründung noch Jahre auf sich warten und wurde erst nach Stalins Tod seitens des Kreml »gewährt« – eine echte Souveränität besaß die DDR nie.
- Die »Wiederbewaffnung« Westdeutschlands in Kombination mit dem US-amerikanischen Militärpotential und dem Vorsprung ihrer Nukleartechnologie sollte für Stalin eine Bedrohungsvorstellung sein, zumal noch viele deutsche Offiziere mit »Russland-Erfahrung« verfügbar waren und der sowjetische Triumph im »Großen Vaterländischen Krieg« ohne die Unterstützung der USA nicht möglich gewesen wäre.
- Eine westintegrierte Bundesrepublik im EGKS- und NATO-Kontext war für Stalin die schlechteste aller Lösungen der Deutschlandfrage im Vergleich zu einem bündnis- bzw. koalitionsfreien (auch von Moskau mit zu kontrollierenden) Gesamtdeutschland.

Meine These lautet: Stalins Vorschläge waren Angebote für alle Fälle: sie enthielten einerseits für die Öffentlichkeit bestimmte Propagandaelemente und andererseits für Diplomatie und Politik seriöse Verhandlungselemente. Die Noten wiesen defensive und offensive Dimensionen auf. Sie weckten Hoffnungen und Erwartungen, beinhalteten aber auch Drohungen, Gefahren und Risiken sowohl für die Bundesrepublik als auch für den Westen. Mit seiner mehrdimensionalen Politik hielt sich Stalin alle möglichen Optionen offen: Aufwiegelung, Mobilisierung und Verunsicherung der westdeutschen Öffentlichkeit gegenüber der Regierung Adenauer, Spaltung und Verwirrung im westlichen Lager, Schuldzuweisung an die Bundesrepublik und den Westen für die Teilung Deutschlands, Erleichterung der Ostintegration der DDR, Verhinderung der Westintegration der BRD und ihre Herauslösung aus dem atlantisch-europäischen Verbund, Anfachen antiwestlicher neutralistischer Stimmungen, Schaffung eines einheitlichen blockfreien, neutralen bzw. neutralisierten Deutschlands zur Einbremsung der Aufrüstungsspirale etc. Die absolute Führungsspitze der UdSSR verfolgte mit dieser genial anmutenden Strategie gleichzeitig Minimal- wie Maximalziele, d. h. Verzögerung oder Verhinderung der Blockintegration der Bundesrepublik.
Insgesamt handelte es sich bei den Stalin-Noten vom März und April 1952, deren Seriositätsgehalt im Vergleich zur Propaganda der beiden folgenden Noten auffällt, um dynamische, flexible, offene und vieldeutige Angebote, die verschiedene Interpretationen ermöglichen. Nur jeweils einen der genannten Punkte herauszugreifen und sich auf diesen zu versteifen, wie es in der Forschungsliteratur jahrzehntelang geschehen ist, greift zu kurz. Die eine Richtung sprach von einem »Bluff«, einer »Falle« und »Finte«, von »Lockungen«, einem »Störmanöver« und »Täuschungsversuch«, die andere von »Ernsthaftigkeit«, »Substanz« und einer »verpassten Gelegenheit«.
Die jeweiligen Deutungen gingen in ihrer Ausschließlichkeit an der Mehrdimensionalität und Vielfältigkeit der Angebote und der hinter ihr stehenden Intentionen und Strategien vorbei. Jahrzehntelang wurde in den diversen Archiven, zuletzt in russischen, nach dem entscheidenden Beleg gesucht und es wurden Dokumente zusammengetragen, die jeweils die eine oder andere These stützen sollten. Der definitive Beweis für das »Störmanöver« (Hermann Graml), die »vertane Chance« (Rolf Steininger) oder »Stalins großen Bluff« (Peter Ruggenthaler) konnte trotz gegenteiliger Ansagen und noch so stark wirkender Buchtitel nicht erbracht werden. Stalins Denken und Handeln variierte. Es lässt sich nicht genau auf einen Punkt bringen und generalisieren. Seine Note vom 10. März war eine diplomatisch-politische Mehrzweckwaffe.
Viel wahrscheinlicher dürfte es sich um einen Verbund von in der Summe zutreffenden Teilaspekten handeln, die sich nicht widersprechen mussten, ja miteinander kombinieren ließen. So gesehen relativieren sich die zugespitzten Thesen vom Täuschungsmanöver, der vergebenen Gelegenheit und dem Bluff mit Blick auf die Haltung Adenauers. Relativierung heißt allerdings nicht Entwertung dieser die Forschung anregenden Thesen, denn der deutsche Bundeskanzler spielte im Frühjahr

1952 eine Schlüsselrolle im Kontext der Stalin-Noten und der westlichen Österreich-Politik. Wenngleich er gar nicht Adressat der Vorschläge des sowjetischen Diktators war, hing vom Urteil des Bundeskanzlers viel ab. Hätte er auf eine Sondierung der Angebote gedrängt, wäre eine Prüfung ihrer Ernsthaftigkeit möglich gewesen. Daran war er aber gar nicht interessiert. Zur Entlastung seiner kritisierten Politik hätte dies zweifelsohne beigetragen. Sichtlich fürchtete er die Gefahren und scheute das Risiko eines Eingehens auf die Angebote – womöglich, weil er sie doch auch als ernst gemeinte Versuche bewertete, die Westintegration der Bundesrepublik zu vereiteln, was eines der Hauptmotive des »roten Zaren« gewesen ist.

Ging es Stalin möglicherweise gar nicht um Gesamtdeutschland, sondern »nur« um die Neutralisierung der Bundesrepublik? Er hätte in eventuellen Sondierungen oder gar Verhandlungen mit den Westmächten im Falle des Angebots einer neutralisierten BRD bei Fortbestehen der Eingebundenheit der DDR in seinem Herrschaftsbereich – die Maximallösung – nicht den Hauch einer Chance zur Akzeptanz gehabt. Auf einen solchen Vorschlag wären weder die Westmächte noch Adenauer eingegangen. Bei aller denkbaren ideologischen Fixiertheit konnte sich der russische Diktator, der weit mehr Pragmatiker als Ideologe war, ein solches Ergebnis an den Fingern einer Hand abzählen. Der Realist Stalin konnte mit einer solchen Naivität des Westens nicht rechnen. Konsequent und opferbereit war er wiederholt – auch gegenüber seinen eigenen Anhängern und Parteigängern.

So wie Stalin nach Abschluss des Nichtangriffspakts mit dem Dritten Reich 1939 die deutschen Kommunisten im Moskauer Exil an Hitler-Deutschland ausgeliefert hatte, so hätte er wahrscheinlich auch die SED-Politiker für ein neutralisiertes Gesamtdeutschland 1952 geopfert. Diesem skrupellosen Diktator war alles zuzutrauen, um seine Macht zu festigen und auszubauen. Amerikaner, Briten und Franzosen zu einem Abzug aus Deutschland zu bewegen, wäre für die UdSSR als weiterer großer Erfolg nach dem »Großen Vaterländischen Krieg« zu bewerten gewesen. Dazu sollte es nicht kommen – dank Adenauers!

Bei aller Genialität der sowjetischen Deutschlandnoten von 1952: sie führten zu keinem positiven Ergebnis für Moskau, ja, sie bedeuteten einen »verlorenen Sieg« für Stalin, was ähnlich wie für Hitler zehn Jahre zuvor galt. Stalin hatte vor allem Zeit verloren, ein Faktor, der unwiederbringlich ist. In den Jahren 1950/51 wäre in der Deutschlandfrage noch weit mehr zu bewegen gewesen als 1952, aber selbst in diesem Jahr war für die sowjetische Deutschlandpolitik noch nicht alles verloren. Wenn für 1952 von einer »vertanen Chance« (Rolf Steininger) gesprochen wurde, kann allerdings nicht übersehen werden, dass die Sowjetunion sowohl vor als auch während dieser Zeit keine erkennbaren Zeichen in Österreich setzte, einem Land, welches sich für einen Vergleich mit Deutschland aufgedrängt, ja eine Demonstrationsmöglichkeit für die Glaubwürdigkeit der eigenen Deutschlandpolitik geboten hätte. Dieser Umstand wiegt umso schwerer, als die Opfer einer solchen Politik für Moskau – im Vergleich zu Deutschland – nicht so groß gewesen wären. Wenn den Angeboten Stalins nicht nur propagandistische Absichten innegewohnt haben, dann sind hinsichtlich des »Testfalls« Österreichs auch von sowjetischer Seite Chancen vergeben worden. Stalins Noten fielen seiner Deutschland-Fixierung und Österreich-Ignoranz zum Opfer.

1.14.6 Der Massenaufstand am 17.6.1953 und doppelte Eindämmung statt Neutralisierung – die bessere Lösung für Adenauer und die Westmächte

Am 5. März 1953 starb Stalin. Erleichterung und Trauer kennzeichneten die gemischte Stimmung in der sowjetischen Bevölkerung. Es gab Hoffnung auf einen Rückgang der staatlichen Repression, des politischen Terrors und eine internationale Entspannung, besonders im Verhältnis zu den Westmächten. Veränderungen zeichneten sich auch in der DDR ab. Der autoritäre, dogmatische und unduldsame SED-Generalsekretär Walter Ulbricht, der Stalin in seinem kleinen deutschen Sowjetstaat nachzueifern versuchte, stand Gerüchten zufolge vor der Ablösung.
Der neue sowjetische Hohe Kommissar Wladimir Semjonow hatte Weisungen aus Moskau, wonach die SED-Führung mehr Flexibilität zeigen sollte. Am 28. Mai 1953 hatte der DDR-Ministerrat noch eine allgemeine Erhöhung der Normen verkündet, damit für weiteren Unmut unter der Arbeiterschaft gesorgt und die Fluchtbewegung noch angefacht. Hinzu kamen Engpässe auf dem Lebensmittelsektor und gesteigerte Verfolgung durch willkürliche Verhaftungen. Das SED-Regime unter Ulbricht gebärdete sich phasenweise stalinistischer als die Sowjets.
Erst auf erhöhten Druck Moskaus machte das Pankower Regime ökonomische Konzessionen gegenüber seiner eigenen Bevölkerung und verlautbarte widerwillig einen »Neuen Kurs«, der Lockerungen des Produktionsdrucks, eine Rücknahme von Preiserhöhungen und Verbesserungen im Konsum einleitete. Die Ende Mai verfügte Erhöhung der Normen für Industriebetriebe und die Bauwirtschaft um 10 % wurde jedoch nicht revidiert, worauf Bauarbeiter auf der Stalin-Allee in Berlin-Ost am 16. Juni zu streiken begannen.
Am nächsten Tag äußerte sich, befeuert durch Sendungen vom Rundfunk im amerikanischen Sektor (RIAS) Berlins, der Unmut in einer spontanen massenhaften Erhebung in der gesamten DDR, in deren Verlauf in mehr als 560 Orten, vor allem in den Industriezentren, demonstriert und gestreikt wurde. Rund 10 % der Arbeitnehmer beteiligten sich an den Aktionen. Zunächst wurden wirtschaftliche Forderungen erhoben, die sich an der Zurücknahme der Normen-Erhöhungen orientierten. Rasch entwickelten sich daraus politische Forderungen nach Rücktritt des SED-Regimes, der Ablösung Ulbrichts sowie schließlich auch nach freien Wahlen und der deutschen Einheit.
Die SED-Führung verlor vollständig die Kontrolle über die Lage. Ohne russische Rückendeckung wäre sie auf verlorenem Posten gewesen und gelyncht worden. Es blieb letztlich keine Wahl mehr, als die Parteispitze in Karlshorst zu vergattern und die völlig aus dem Ruder gelaufene Bewegung durch sowjetische Truppen zu stop-

pen. Russische Panzer vertrieben und zerstreuten die aufgebrachten Volksmassen in Berlin und anderen größeren Städten der DDR.
Die Zahl der Todesopfer schwankt zwischen einigen Dutzend und mehreren Hundert. Zu langjährigen Haftstrafen wurden weit über 1.000 Personen verurteilt. Eine Reihe von Todesurteilen wurde vollstreckt. Soldaten von der Sowjet-Armee wurden wegen spontaner Solidarisierungen mit der DDR-Bevölkerung oder Übergriffen gegen diese von der sowjetischen Militärverwaltung hingerichtet.
Gewinner des niedergeschlagenen Aufstandes war paradoxer Weise Ulbricht, der seine Machtposition festigen, v.a. mangels Alternativen geeigneter Führungspersonen wieder und weiter mit sowjetischer Unterstützung rechnen konnte, zumal seine innerparteilichen Widersacher Rudolf Herrnstadt und Wilhelm Zaisser verhaftet wurden.
Am 19. Juni sprachen die westlichen Hohen Kommissare ihren Protest gegen das sowjetische Vorgehen aus und forderten die Wiederherstellung der »normalen Lebensverhältnisse«. Öffentlich brachten sie ihre Ablehnung über die sowjetische Brutalität zum Ausdruck und ließen die Ostdeutschen wissen, dass sie an ihrem Schicksal teilnahmen. Die westliche Presse unterstützte in großer Aufmachung die Aufständischen und erweckte den Eindruck westlicher Anteilnahme und Hilfe, doch der Schein trog.
Großbritannien hatte tatsächlich kein Interesse daran, den ostdeutschen Bürgern Hilfe zukommen zu lassen. Der britische Hochkommissar Sir Ivone Kirkpatrick vertrat intern die Auffassung, dass der Einsatz der sowjetischen Truppen legitim gewesen wäre. Für ihn hatte auch die UdSSR prinzipiell das Recht, ihre Zone notfalls mit Gewalt unter Kontrolle zu halten. Ausgehend von diesem Standpunkt muss die Passivität Großbritanniens verstanden werden. Bestätigt wird sie durch eine interne Bemerkung des britischen Außenministers Selwyn Lloyd:

»Deutschland ist der Schlüssel für den Frieden in Europa. Ein geteiltes Europa hat ein geteiltes Deutschland bedeutet. Deutschland zu vereinen, während Europa geteilt ist, ist, selbst wenn es praktikabel ist, mit Gefahren für alle verbunden. Deshalb fühlen alle – Dr. Adenauer, die Russen, die Amerikaner, die Franzosen und wir selbst – in unseren Herzen, dass ein geteiltes Deutschland vorerst sicherer ist. Aber keiner von uns wagt es, dies so offen zu sagen, weil es die öffentliche Meinung in Deutschland beeinflusst. Deshalb unterstützen wir alle öffentlich ein vereintes Deutschland, beide zu den eigenen Bedingungen.«

Am Nachmittag des 17. Juni erfuhr US-Außenminister John Foster Dulles von der blutigen Niederschlagung des ostdeutschen Aufstandes und erkannte, dass sich dieses Ereignis ausgezeichnet als Propagandamittel verwenden ließ. Kurzzeitig wurde auch ein amerikanisches Eingreifen erwogen, aber bald davon abgelassen. US-Präsident Dwight D. Eisenhower, der sich bis dato strikt einer US-Teilnahme an einer Vier-Mächte-Konferenz verweigert hatte, besaß nun noch ein starkes Gegenargument. In Washington stellte man sich jedoch die Frage:

»Wie konnte Churchill annehmen, man könne sich mit einer Regierung an den Verhandlungstisch begeben und den Gesprächspartner Vertrauen entgegenbringen, deren Politik gerade Dutzende von Menschen in Ost-

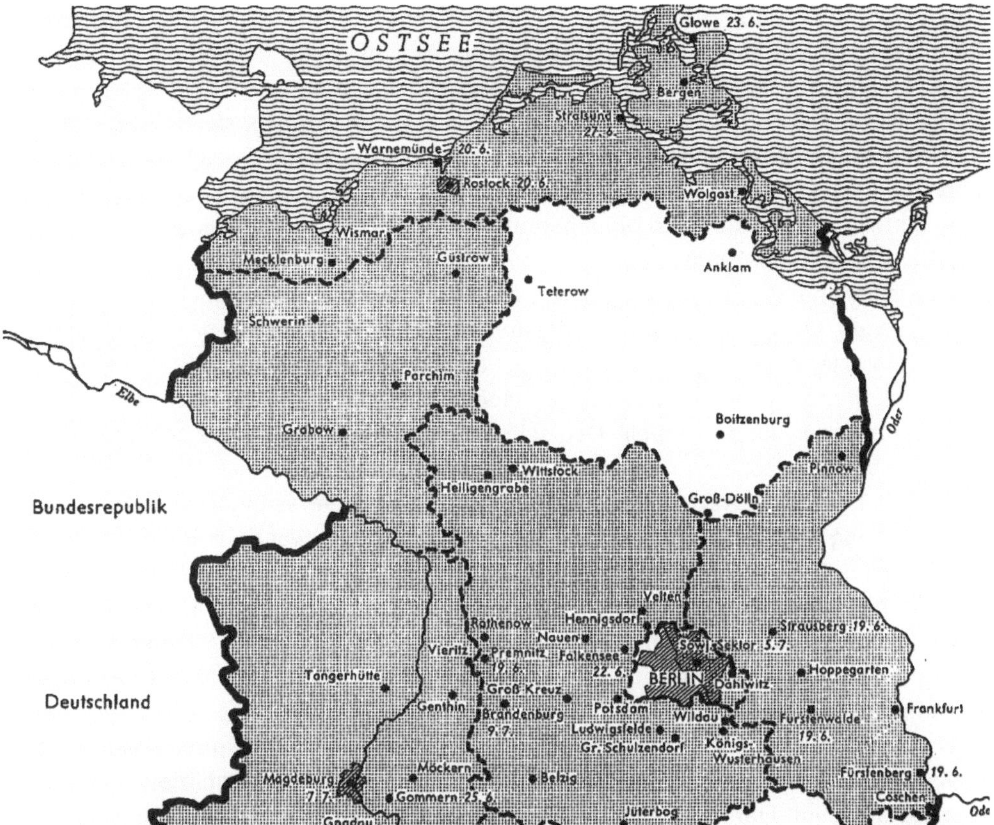

Abb. 14: Brennpunkte vom Volksaufstand des 17. Juni 1953 in der DDR

deutschland das Leben gekostet hatte und die sich verzweifelt bemühte, gegen den Willen der Bevölkerung ein inkompetentes und verhasstes Regime an der Macht zu halten?«

Warum Angloamerikaner und Franzosen letztlich passiv blieben, als in Ost-Berlin Steine gegen Panzer flogen und Menschen sterben mussten, die sich als eine der ersten nach Errichtung des Eisernen Vorhangs gegen ein stalinistisches Terrorsystem in Mittel- und Osteuropa erhoben hatten, war lange in der ahnungslosen deutschen Öffentlichkeit unbekannt.
Inzwischen hat die Forschung gezeigt, dass der Aufstand und das Schicksal der Ostdeutschen, für Adenauer und den Westen nachrangig waren bzw. nur instrumentellen Charakter besaßen, nämlich um eine vor dem 17. Juni noch deutschlandpolitisch zu mehr Konzessionen bereite Sowjetunion zu konterkarieren, v.a. aber um die Westintegration der Bundesrepublik Deutschland ungefährdet voranzutreiben und unumkehrbar zu machen.
Der Bundeskanzler war von dem Volksaufstand völlig überrascht. Weder über die Entstehung noch über das Ausmaß des Protestpotentials war er im Bilde. Am Nachmittag des 17. Juni drückte er im Rundfunk dann seine innere Verbundenheit mit den Demonstranten aus. Gleichzeitig forderte er sie auf, »sich nicht durch Provokationen zu unbedachten Handlungen hinreißen zu lassen«. Diese zaghafte Stellungnahme war bezeichnend, enttäuschte die ostdeutsche Bevölkerung und nahm ihr jegliche Hoffnung auf eine baldige »Wiedervereinigung«.
Das Jahr 1953 hatte für Adenauer außenpolitisch besonders erfolgreich begonnen. Am 19. März hatte der Bundestag den Vertrag der Europaarmee ratifiziert. Nur die Unterschrift Frankreichs fehlte noch. Ein Scheitern der Verhandlungen wollte Adenauer unbedingt vermeiden. Aus diesem Grund verhielt er sich bei den Juni-Ereignissen in der DDR reserviert. Der UdSSR sollte außerdem kein Anlass geboten werden, um Beschuldigungen in Richtung Westen zu äußern. Darüber hinaus war die Ungewissheit über die Folgen eines möglichen westlichen Eingreifens zu groß.
Erst nachdem Adenauer in den folgenden Tagen zunehmend unter innenpolitischen Zugzwang geraten war, wandte er sich am 21. Juni mit einem Telegramm an die drei westalliierten Regierungschefs. Darin appellierte er an sie, alles dafür zu tun, »um die unhaltbaren Zustände in der Sowjetzone zu beseitigen und dem deutschen Volk die Einheit und die Freiheit wiederzugeben«. Zwei Tage später fuhr er nach Berlin, um an der Trauerfeier für die Opfer des Aufstands teilzunehmen. Anschließend erklärte er vor dem Schöneberger Rathaus, dass man nicht ruhen werde, »bis ganz Deutschland wieder vereinigt« sei.
Die Niederschlagung des 17. Juni war tatsächlich Adenauer dienlich, zumal er sich in seiner bisherigen Politik bestätigt sehen und angesichts sowjetischer Repressionen in der DDR und des Festhaltens der Sowjetführungsriege an der SED von Gesprächen auf Vier-Mächte-Ebene abraten konnte, wenngleich er aus taktischen Gründen öffentlich solche forderte. Zu dem standen Wahlen bevor. Die Westdeutschen vertrauten ganz auf seine Losung »Keine Experimente« und die von ihm verfolgte Westpolitik.

Abb. 15: Sowjetische Panzer gegen Demonstranten am 17. Juni 1953 in Ost-Berlin

Berlins Regierender Bürgermeister Ernst Reuter hatte impulsiver auf das dramatische Geschehen reagiert. Nachdem er erst am 18. Juni verspätet von einem Besuch aus Wien zurückkommen konnte, legte er dagegen Protest bei den Amerikanern ein, die ihn zunächst von einer rascheren Rückkehr abgehalten hatten. Lauthals forderte er, »alle Kräfte [zu mobilisieren], um [dem] Wahnsinn ein Ende zu machen«. Später erklärte er in einer Rundfunkrede, »dass ein Volk auf Dauer doch nicht mit Standrechten, Bajonetten und Panzern niedergehalten werden« könne. Sichtlich über die Untätigkeit der Alliierten geschockt, sagte er: »Es gibt kein Problem, das so eindringlich ist wie die Wiedervereinigung Deutschlands. Es gibt keine Ruhe, es gibt keinen Frieden, ehe dieses Problem nicht gelöst ist.«
Geteilt wurde diese Meinung v. a. von der SPD, die noch sehr gesamtdeutsch orientiert war. Mit Solidaritätskampagnen, die im Voraus von den Besatzern abgelehnt wurden, zeigte sie ihre innere Verbundenheit mit den Ostdeutschen. Verärgert über den Ungehorsam, erhielten die an Protesten teilnehmenden Parteigenossen in Berlin-West eine Strafpredigt von den Westalliierten. Auch der Regierende Oberbürgermeister wurde wegen seines Verhaltens gescholten. Letztlich sollte ihm bewusst werden, dass er nichts ändern konnte und sein Hilferuf ungehört blieb.
Der 17. Juni ist ein Schlüsseldatum der deutschen Nachkriegsgeschichte: Mehr als eine halbe Million Menschen waren an diesem Tag auf der Straße, streikten oder demonstrierten gegen die ostdeutsche Diktatur. Sowjetische Panzer walzten

die Volkserhebung nieder und retteten das SED-Regime. Der 17. Juni wurde dennoch zum langlebigen Trauma der DDR-Führung, der die Angst vor der eigenen Bevölkerung mehr denn je im Nacken saß – trotz Mauer und Stasi, die alles dagegen unternehmen sollte.
Eine erste Lehre des Aufstands lautet, dass zu spät eingeleitete Reformen, die Arbeiter davon ausnehmen und noch Normen-Erhöhungen verlangen, zur Explosion des Unmuts führen können. Zuvor gab es bereits Massenproteste im tschechischen Pilsen am 1. Juni. Es war das erste Aufbegehren gegen ein sozialistisches Terrorsystem hinter dem Eisernen Vorhang.
Zweite Lehre: Der Tod des großen Diktators Stalins am 5. März hatte einen Umbruch nicht nur in Deutschland, sondern auch in Mitteleuropa angedeutet. Die Forschung sieht das Aufbegehren vom 17. Juni im Rückblick der Umbrüche von 1989, woraus eine dritte Lehre folgt: Eine Revolution im »Ostblock« konnte nur bei gleichzeitigen länderübergreifenden Aufständen Erfolgsaussicht haben. Die Bildung revolutionärer Organisationsformen von längerem Bestand war aufgrund des rigiden staatlichen Repressionsapparats mit sowjetischer Unterstützung allein in der DDR nicht möglich. Der 17. Juni war – wenn auch gescheitert – dennoch beispielgebend und langfristig wirksam, obwohl er keine zentrale Führungsfigur hervorbrachte. Diese besaßen die Aufstände in Ungarn (1956) mit Imre Nagy, die Reformen in der Tschechoslowakei (1968) mit Alexander Dubček oder die Streiks in Polen (1980er-Jahre) mit Lech Wałesa. Das allein war aber auch noch keine Erfolgsgarantie.
Eine vierte Lehre besagt, dass eine erfolgreiche Revolution nicht nur Zustimmung des internationalen Umfelds, sondern auch dessen Unterstützung braucht. Das militärische Eingreifen der Sowjetunion war nur ein Grund für das Scheitern. Der Aufstand des 17. Juni misslang auch, weil der Westen nicht aktiv werden wollte. Aus Sicht der USA sollte der »Topf auf kleiner Flamme kochen, ohne es zum Überkochen kommen zu lassen«.
Die Tragik des Aufstands bestand darin, dass sein Scheitern allen Gegnern eines Kompromisses zwischen Ost und West sowie all jenen nutzte, die unbedingt am Status quo festhalten wollten. Die Ostdeutschen erwarteten vom Westen mehr als nur zur Schau getragene menschliche Anteilnahme und propagandistische Kundgebungen.
Lernen kann man vom 17. Juni ferner, dass revolutionäre Ereignisse unbeabsichtigte Eigendynamiken entwickeln: Entgegen ihrer Einheitsforderung trugen die Aufbegehrenden ungewollt zur Verstetigung der deutschen Teilung bei. Churchills Vorschlag im Rahmen einer Unterhausrede vom 11. Mai, mit dem Kreml über ein neutralisiertes Gesamtdeutschland zu verhandeln, wurde mit dem 17. Juni unmöglich. Die westliche Bereitschaft sank auf Null. Ein Befürworter der Preisgabe des Ulbricht-Regimes, Stalins Ex-Geheimdienstchef und Innenminister Lawrenti Berija, kam in Moskau durch den 17. Juni selbst in Bedrängnis, wurde gestürzt, aller Ämter beraubt und schließlich im Dezember erschossen.
Die Niederschlagung des Aufstands war dafür Adenauer dienlich, weil seine Westpolitik Bestätigung fand und er angesichts der sowjetischen Repression von Vier

Mächte-Gesprächen abraten konnte, wenngleich er taktisch zur Beschwichtigung der deutschen Öffentlichkeit solche forderte. Der 17. Juni stärkte seine Position sowohl im Bündnis mit den Westmächten als auch in der Innenpolitik, wie sein Wahlsieg vom 6. September bewies. Die Wahlbeteiligung betrug 86 %. Die Unionsparteien erhielten 45,2 % der abgegebenen Stimmen (nach 31 % 1949) und bildeten die nun aller stärkste Fraktion. Adenauer brauchte für eine Mehrheit der Sitze im Bundestag nur noch einen Koalitionspartner. Er setzte jedoch die seit 1949 amtierende Koalition mit der FDP und der Deutschen Partei (DP) fort und erweiterte sie noch um den Bund der Heimatvertriebenen und Entrechteten (BHE). Damit besaß er eine Zwei-Drittel-Mehrheit und seine Politik der Westintegration eine breite parlamentarische Basis.
Von den revolutionären Ereignissen profitierten also alle anderen als die Aufständischen selbst: Nachdem in Bonn der Besitzstand gewahrt werden konnte und der Prozess der deutschen Teilung voranschritt, hielt Moskau weiter an Ulbricht fest. Es herrschte eine eigentümliche Dialektik: Solange das Primärziel der Westmächte die bundesdeutsche Westintegration blieb, solange war die Ostintegration der DDR dienlich.
Die Sieger des Zweiten Weltkrieges blieben bei ihrem Konsens und aus Prinzipientreue Verbündete gegen Deutschland, zumal es dort um die Konsolidierung ihrer Einflussbereiche ging. Die Verlierer waren das schwächste Element des Geschehens, die Deutschen hinter dem Eisernen Vorhang, die auf die Einheit gehofft hatten. Psychologisch blieb der 17. Juni für das Selbstverständnis der Menschen in der DDR aber bedeutsam. Im Jahre 1953 zeigte sich, dass politische Systeme bei anhaltender Mangelwirtschaft und unterlassenen Reformen rasch existentielle Legitimationsprobleme im eigenen Machtbereich bekommen sollten.
Der 17. Juni wurde in der Bundesrepublik am 4. August 1953 zum gesetzlichen Feiertag erklärt, dem »Tag der deutschen Einheit«. Die Bürger im freien Westen Deutschlands nutzten den zusätzlichen freien Tag zu ausgiebigen Ausflügen und intensiver Freizeitbeschäftigung. Das Schicksal der Aufständischen und der eigentliche Sinn des 17. Juni als Gedenktag gingen verloren oder wurden verdrängt.
Mit Blick auf den 9. November 1989 erschien der 17. Juni, der – einem Vorschlag Herbert Wehners (SPD) im Bundestag zufolge als »Tag der deutschen Einheit« bis 1990 als gesetzlicher Feiertag begangen worden war – gleichermaßen als vorrevolutionärer Aufstand. Eine allzu lineare und retrospektive Deutung kann jedoch die Entstalinisierung (ab 1956), den Grundlagenvertrag BRD-DDR (1972), die KSZE-Schlussakte von Helsinki (1975) mit der Entspannungspolitik sowie die Reformen von Gorbatschow ab 1985 nicht unberücksichtigt lassen, die auf der langen Wegstrecke vom 17. Juni bis zum 9. November 1989 lagen.
Zuletzt lehrt der 17. Juni, dass alle politischen Tabus einmal enden: Die Geschichte schlug zurück und brach der Wahrheit Bahn, als die Lesart vom »Putschversuch faschistischer Provokateure« und von der »Konterrevolution« trotz und gerade aufgrund staatlicher Propaganda und offizieller Geschichtsklitterung nicht mehr haltbar war. Die revolutionären Veränderungen in der DDR im Jahre der 40. Wiederkehr der Staatsgründung führten zur gewaltlosen Entmachtung der SED-Spitze sowie zur Um-

orientierung der nun als »Wendehälse« bezeichneten Politfunktionäre. Die Partei verlor mit der Kommunikation auch die Legitimation. Der »antifaschistische Schutzwall« war zum Stigma des Sozialismus geworden. Im kollektiven Bewusstsein war die Erfahrung mit dem 17. Juni so verankert, dass darin ein Schlüssel zur Beantwortung der Frage gesehen werden kann, warum der Herbst 1989 insgesamt friedlich und relativ gewaltfrei verlaufen ist.

Mit dem 17. Juni war Churchills Vorschlag vom 11. Mai 1953, auf höchster Ebene mit dem Kreml ein Arrangement über ein neutralisiertes Gesamtdeutschland zu erzielen, vorläufig die Grundlage entzogen. Er war davon überzeugt gewesen, dass der Westen, ausgehend von einer »Position der Stärke«, mit den Sowjets verhandeln hätte können, um die Gefahr eines Atomkrieges abzuwenden. Tatsächlich war aber die Bereitschaft zu Verhandlungen mit Moskau in den westlichen Hauptstädten nicht sonderlich stark ausgeprägt, obwohl man in den Vorgängen in der DDR vor dem 17. Juni durchaus auch die sowjetische Absicht zu erkennen glaubte, auf eine Vier-Mächte-Konferenz über die deutsche Frage zu drängen. Der Vorschlag Churchills wurde im übrigen Westen nicht nur als unrealistisch, sondern v.a. aber als unerwünscht angesehen. Aus dem geplanten Dreier-Gipfel im Jahre 1953 wurde lediglich eine Konferenz der drei westlichen Außenminister.

Zwei Jahre später sollte sich am Beispiel Österreichs, aber vielmehr noch anlässlich der Genfer Konferenz herausstellen, dass Großbritannien und Frankreich auch aufgrund ihrer Stellung im Kalten Krieg, die energieaufwendig und kostenintensiv war, an einem Dialog mit Moskau interessiert waren. Selbst US-Präsident Eisenhower hatte sich, ausgehend von der »Österreich-Lösung« vom 15. Mai 1955 mit dem vereinbarten Abzug der Truppenverbände aus der Alpenrepublik für die Zusage einer immerwährenden Neutralität, für die Möglichkeit eines neutralen Staatengürtels in Europa ausgesprochen. Er wurde vom Oberbefehlshaber der NATO als Ausgleich zwischen Ost und West und Möglichkeit zur Befriedung und Entspannung, aber auch als denkbare Variante eines Vier-Mächte-Arrangements gesehen.

Es gab so etwas wie ein gemeinsames Denken und stilles Übereinkommen der Mächte der ehemaligen Anti-Hitler-Koalition auch während des Kalten Krieges. Die Sieger des Zweiten Weltkrieges blieben auch während der Tage um den 17. Juni 1953 aus Prinzipientreue Verbündete *gegen* Deutschland, zumal es primär um Sicherung und Konsolidierung ihrer deutschen Teilstaaten-Einflussbereiche ging. Die eigentlichen Verlierer waren das schwächste Element im Spiel, die Deutschen hinter dem Eisernen Vorhang und alle jene, die auf die Wiederherstellung der deutschen Einheit gehofft hatten.

Eine Vereinigung Deutschlands hätte unter den Vorzeichen des Kalten Krieges und des Ost-West-Konflikts nur im Wege eines Kompromisses zwischen den Supermächten, d.h. konkret in einer Neutralisierung Gesamtdeutschlands erfolgen können, eine Lösung, so wie sie der politisch und ideologisch völlig unverdächtige Konservative Churchill am 11. Mai 1953 öffentlich ausgesprochen hatte. Eine Neutralisierung Deutschlands war weder in der Theorie ausgeschlossen noch in der Praxis unmöglich, sie war allerdings von Adenauer und dem Westen offiziell als politisch nicht machbar, weil unerwünscht, erklärt worden, obwohl interne Überlegungen in alternative Richtungen wiesen und andere Optionen eröffnen sollten. Beispielsweise hatte man im State Department in Washington noch im Juli 1955 (!) – also nach bereits erfolgtem Inkrafttreten der Pariser Verträge und der NATO-Mitgliedschaft der Bundesrepublik – in einem sechsseitigen, ohne Zeilenabstand verfassten Geheimpapier »Problems and policies of a reunified neutralized Germany« eine Neutralisierung Deutschlands für denkbar, möglich und machbar gehalten. Entgegen der antikommunistischen Propaganda und zeitgenössischen Hysterie in Bonn wurde in Washington zu den innenpolitischen Auswirkungen im Zuge möglicher gesamtdeutscher Wahlen unaufgeregt festgehalten:

»Freie gesamtdeutsche Wahlen würden den gemäßigt konservativen Parteien und den Sozialdemokraten eine überwältigende Mehrheit der Stimmen und Parlamentssitze verschaffen. Angenommen, den Kommunisten gelänge es, die Unterstützung von Segmenten aus der Zone [DDR] wie der ostdeutschen Jugend zu gewinnen, und angesichts der größeren Disziplin der kommunistischen Wähler, könnte es durchaus sein, dass die KPD in einem vereinigten Deutschland einen höheren Prozentsatz der Stimmen gewinnen würde als in der Bundesrepublik; dennoch würde die Partei eine kleine Gruppe von möglichen 5 bis 7 Prozent der Wählerschaft bleiben.«

Über den Ausgang gesamtdeutscher freier Wahlen und die Aussichten einer neuen Regierungsbildung konnte man in Washington nur spekulieren. Während vieles auf einen Zuwachs der Sozialdemokraten in Ostdeutschland hindeutete, hielt man nach dem 17. Juni und den Bundestagswahlen vom September 1953 noch einen größeren Triumph Adenauers für möglich. Bei der unter den Bedingungen einer Neutralisierung für möglich gehaltenen »Wiedervereinigung« wurde ein beträchtlicher Prestigegewinn für den Bundeskanzler erwartet und argumentiert, dass dann in ihm ein »zweiter Bismarck« gesehen werden könnte. Es ist dabei bemerkenswert, welche Gedanken man sich im State Department über ein zukünftiges neutralisiertes Gesamtdeutschland machte – offenbar weit mehr als in Bonn. Adenauer war jedenfalls kein zweiter Bismarck, die Souveränität seines westdeutschen Teilstaats im Rahmen des westeuropäisch-atlantischen Bündnissystems war sein Maximalziel.

Trotz des für denkbar gehaltenen neutralisierten Status wurde es im State Department für wahrscheinlich gehalten, dass ein so geeintes Deutschland – ebenso wie Österreich – westlich orientiert und – erstaunlich genug – militärisch an den Interessen der NATO ausgerichtet sein und ihre Position stärken würde. Rechnete man intern in Washington im Falle einer Neutralisierung Deutschlands mit einem geheimen Verbündeten des Westens, so wurde in der westdeutschen Öffentlichkeit von christdemokratischer Seite mit Blick auf eine solche Konstellation Weltuntergangsstimmung verbreitet. Adenauers CDU beschwor die Gefahr des Kommunismus und setzte »Neutralisierung« mit »Sowjetisierung« gleich. Franz Josef Strauß von der CSU ging noch weiter und strapazierte das in bürgerlichen Kreisen schon in Zeiten der Weimarer Republik befürchtete Horrorszenario der »Bolschewisierung«, sollte man sich auf eine Neutralisierung Deutschlands einlassen. Von alledem war in der vertraulichen Analyse des State Department überhaupt keine Rede. Die von lokalen Arbeiterunruhen ausgehenden und rasch zu einem republikweiten Massenaufstand übergehenden Geschehnisse des 17. Juni drohten den Prozess der Westintegration der Bundesrepublik kurzzeitig zu stören, weil die revolutionäre Bewegung zwangsläufig zur deutschen Einheit zu führen schien.

Das amerikanische »roll back« hatte sich als undurchführbar erwiesen. Übrig blieb Kalte-Kriegs-Psychologie und Kalte-Kriegs-Propaganda, flankiert von humanitären Maßnahmen – über fünf Millionen Lebensmittelpakete gelangten vom 27. Juli bis 3. Oktober 1953 in die DDR –, die auf gewisse Weise sogar das Ulbricht-Regime konsolidieren halfen. Aus US-amerikanischer Sicht galt die Devise »keeping the pot simmering but not to bring it to a boil«. Dass die USA gleichzeitig das Geschäft des »to keep the Germans down« durch ihre Gegner besorgen ließen und in Berlin zusahen, wie dies geschah, ist im Falle des 17. Juni als Machiavellismus des »roll back« anzusehen. Tatsächlich wurde »dual containment« praktiziert, d.h. die kommunistische und die deutsche »Gefahr« sollten gleichzeitig eingedämmt werden: Für den Normalbürger war dieses subtile Spiel nicht zu durchschauen. Psychologisch aber dürfte es für das Selbstverständnis der Aufständischen und langfristig für die Stabilisierung des schwer angeschlagenen DDR-Systems von nicht zu unterschätzender Wirkung gewesen sein. Die Westmächte hatten, um größeres Risiko zu vermeiden, auf das von der ostdeutschen Bevölkerung erhoffte Eingreifen in Ost-Berlin verzichtet und sich auf Proteste beschränkt.

1.14.7 Ausschaltung der »Konterrevolutionäre« zur Fortsetzung der Ära Ulbricht

Der Volksaufstand in der DDR war auch von Auseinandersetzungen und verstärkten oppositionellen Tendenzen in der SED begleitet. Justizminister Max Fechner wurde aufgrund seiner Kritik an der Terrorwelle nach dem 17. Juni verhaftet. Erst in der zweiten Hälfte der 1950er-Jahre, als nach dem XX. Parteitag der KPdSU im Februar 1956 eine Entstalinisierung einsetzte, wurde in der SED vorübergehend Kritik an der bürokratischen und zentralistischen Planwirtschaft geäußert, die zum Scheitern der Wirtschaftspläne beigetragen hatte. Statt diesen gut gemeinten Vorstößen Raum zu geben, wurden die Kritiker als »Konterrevolutionäre« denunziert und es wurde mit aller Härte gegen sie vorgegangen. Ab 1956 setzte eine Verschärfung ein. Die Philosophen Wolfgang Harich und Ernst Bloch sowie der Naturwissenschaftler Robert Havemann, die für einen »Sozialismus mit humanem Antlitz« standen, verloren ihre Ämter und Berufspositionen.

Beeinflusst durch die marxistischen Intellektuellen Georg Lukács und Ernst Bloch gehörte Harich dem »Kreis der Gleichgesinnten«, einem Zirkel reformsozialistischer Intellektueller an, der eine Entstalinisierung der SED verlangte. Harich sollte ausgehend von diesem Kreis die Resultate der Debatte als eine »Plattform für den besonderen deutschen Weg zum Sozialismus« formulieren. Dieses Dokument forderte die Entmachtung Ulbrichts und die deutsche »Wiedervereinigung« als entmilitarisierter und neutraler Staat. Es wurde dem sowjetischen Botschafter in Berlin zugeleitet. Harich, der mit Bertolt Brecht in Beziehung stand und den Literaten Gerhard Zwerenz und Erich Loest freundschaftlich verbunden war, hatte Vorstellungen von einer »Erneuerung der Partei« und einen »besonderen deutschen Sozialismus« angeregt, der vom Stalinismus befreit werden sollte. Er hatte seine Rechnung ohne den Stalinisten Ulbricht gemacht und wurde kurz nach dem Ungarnaufstand am 29. November 1956 verhaftet. Im Zuge der blutigen Niederschlagung der aufständischen Ungarn durch sowjetische Streitkräfte startete die SED-Spitze einen Schauprozess, in dem Harich im Frühjahr 1957 wegen »Bildung einer konspirativen staatsfeindlichen Gruppe« zu zehn Jahren Zuchthaus verurteilt wurde. In einem Folgeprozess bekamen Walter Janka, Gustav Just, Manfred Hertwig, Bernhard Steinberger, Richard Wolf und Heinz Zöger mehrjährige Zuchthausstrafen.

Acht Jahre saß Harich in Bautzen in Einzelhaft. Nach seiner Entlassung aus der Haft unter Amnestie im Dezember 1964 konnte er zwar wieder arbeiten – als freier Mitarbeiter des Akademie-Verlages, während eine Lehrtätigkeit an der Humboldt-Universität, wie er sie seit Beginn der 1950er-Jahren innehatte, die Partei nicht mehr erlaubte. Mit zahlreichen Inoffiziellen Mitarbeitern (IM) wachte das MfS Erich Mielkes über den streitbaren Denker, der dem SED-Staat nicht mehr gefährlich werden sollte.

Im Jahre 1979 konnte er mit einem Langzeitvisum in die BRD, nach Österreich, Spanien und die Schweiz ausreisen. Er engagierte sich in der Bonner Republik für die Friedens- und Umweltschutzbewegung. 1981 kehrte er in die DDR zurück. Nach der Einheit 1990, die Harich begrüßte, sprach er der BRD das Recht ab, DDR-Unrecht juristisch zu verfolgen und die DDR-Vergangenheit aufzuarbeiten.

Dem Philosophen Ernst Bloch, der als Ideengeber der »Revisionisten« galt, wurde 1957 sein Lehrstuhl an der Leipziger Universität entzogen. Wegen seiner offenen Kritik an der doktrinären Erstarrung des Marxismus in der DDR und der Verurteilung der blutigen Niederschlagung des Ungarnaufstandes wurde er zwangsweise emeritiert. Während eines Aufenthalts in der BRD zusammen mit seiner Frau wurde er vom Mauerbau überrascht und entschied sich, nicht mehr in die DDR zurückzukehren.

Er nahm in Folge eine Professur in Tübingen an. Von der Ost-Berliner Akademie der Wissenschaften wurde er 1962 ausgeschlossen. Bloch gehörte später zu den Kritikern der US-Kriegspolitik in Vietnam und den dort verübten Kriegsverbrechen. Mit Theodor Adorno und Max Horkheimer sowie Herbert Marcuse war Bloch eine der Leitfiguren der 68er-Studentenbewegung.

Robert Havemann, Mitglied der KPD seit 1932, Gründungsmitglied einer Widerstandsgruppe »Europäische Union« 1942, verhaftet durch die Gestapo 1943, von der Roten Armee 1945 aus dem Zuchthaus befreit, später Professor für angewandte physikalische Chemie an der Humboldt-Universität, stieß durch kritische Aufsätze (»Meinungsstreit fördert die Wissenschaften«) und Vorlesungen auf offene Kritik durch das SED-Organ *Neues Deutschland.* 1964 wurde Havemann aus der Partei ausgeschlossen und mit Hausverbot an der Humboldt-Universität belegt. 1965 ver-

öffentlichte die Hamburger Wochenzeitung *Die Zeit* einen Artikel Havemanns »Ja, ich hatte unrecht. Warum ich Stalinist war und Antistalinist wurde«. Daraufhin wurde er fristlos entlassen und erhielt Hausverbot auch für die Deutsche Akademie der Wissenschaften in Ost-Berlin. Im Jahr darauf wurde er aus ihren Listen gestrichen. Havemann weigerte sich, die DDR zu verlassen. 1975 strich ihn die SED von ihrer Liste der »antifaschistischen Widerstandskämpfer«. Er protestierte gegen die Ausweisung des regimekritischen Liedermachers Wolf Biermann. In Folge erhielt Havemann Hausarrest. Wegen Verstoßes gegen das Devisengesetz wurde er 1979 zu einer Geldstrafe von 10.000 Mark verurteilt. 1982 unterzeichnete er den »Berliner Appell« von Rainer Eppelmann »Frieden schaffen ohne Waffen«. Bis zu seinem Tod im gleichen Jahr wurde Havemann gesellschaftlich und politisch systematisch isoliert.
Die Wirtschaftswissenschaftler Fritz Behrens und Arne Benary, die sich für eine »Produzenten-Selbstverwaltung« nach jugoslawischem Vorbild einsetzten, wurden von der SED streng gemaßregelt. Im Politbüro verloren die SED-Funktionäre Karl Schirdewan und Ernst Wollweber ihre Funktionen, nachdem sie sich für eine Aufrechterhaltung der Entstalinisierung einsetzten.
Nach der eigenwilligen Definition des ostdeutschen Einparteien-Staates verkörperte sich in ihm die Herrschaft des Volkes. In dieser schlichten Logik richteten sich Kritik und Opposition gegen die SED immer »gegen das Volk« und waren deshalb konsequent zu verfolgen. Dabei tendierte dieser Staat zur Anwendung der seit dem französischen Revolutionstribunal und der Guillotine bekannten Verfahren bzw. zeitweise auch zu den im Nationalsozialismus praktizierten Methoden der Exekution durch Hinrichtungen per Fallbeil bzw. Genickschüsse im Sinne der »Vernichtung des politischen Gegners«. Die System- und SED-Opposition gegen das »herrschende Volk« wurde auf diese Weise diffamiert, kriminalisiert und liquidiert. Trotz Elimination, Repression und Unterdrückung machten sich wiederholt oppositionelle Strömungen gegen die SED-Diktatur bemerkbar.
Aktionen wie die Aberkennung der DDR-Staatsbürgerschaft für den Dichter und Sänger Wolf Biermann anlässlich einer Reise in die BRD, die Verhaftung und Abschiebung des Sozialwissenschaftlers und Schriftstellers Rudolf Bahro, die Übersiedlung der Lyriker Reiner Kunze und Sarah Kirsch und der Umgang der DDR-Behörden mit der Friedensbewegung im eigenen Land verweisen auf die Fragwürdigkeit des im Inneren so »friedliebenden« Staates.
Die DDR-Führung vertrieb damit weitgehend eine durchaus dem Sozialismus nicht immer abgeneigte, aber kritische Intelligenz und denkende Vernunft aus dem öffentlichen Leben im eigenen Land. Sie zwang sie nicht nur zur inneren Emigration, sondern auch ins äußere Exil und dünnte damit den ostdeutschen Staat mehr und mehr geistig und intellektuell aus. Dass dies alles unter dem ehemaligen Emigranten Ulbricht geschah, zeigt, wie stark ideologisch verbohrt und wie wenig Einfühlsamkeit und Verständnis für Andersdenkende dieser deutsche Kommunist hatte, der Menschen abweichender oder anderer Gesinnung ebenfalls ins Exil trieb.
Nach Gründung der SED wurde Walter Ulbricht zunächst hinter Grotewohl und Pieck deren stellvertretender Vorsitzender und Mitglied des Zentralsekretariats. In den

Jahren 1950–53 avancierte der gelernte Tischler zum Generalsekretär der Partei und übernahm damit faktisch die Führung der SED. Nach dem 17. Juni 1953 stieg er zum Ersten Sekretär des ZK der SED auf und hatte diese Funktion bis 1971 inne. 1955 wurde er Erster Stellvertreter des Vorsitzenden des Ministerrats und festigte damit auch seine Position im DDR-Staatsapparat. Ab 1949 auch Mitglied der Volkskammer wurde er nach dem Tode des ersten Staatspräsidenten Pieck Vorsitzender des 1960 neu geschaffenen Staatsrates und gleichzeitig Vorsitzender des Nationalen Verteidigungsrates. Damit waren alle relevanten Funktionen des deutschen Oststaats in Personalunion, d.h. in seinen Händen vereint.

Mehr als zwei Jahrzehnte bestimmte Ulbricht wie kein anderer Mann die Geschicke des deutschen Staates von Moskaus Gnaden. Nach Ausschaltung aller innerparteilichen Gegner wurde er zum mächtigsten und einflussreichsten Politiker der DDR. Nach offiziellen Verlautbarungen sollte sie unter seiner Führung zum zweitstärksten Industriestaat im sogenannten »Ostblock«, jedenfalls zu dem am meisten loyalen und zuverlässigsten Gefolgsstaat der UdSSR werden. Die ostdeutschen Kommunisten waren in der Regel kommunistischer und Moskau-konformer als ihre Genossen in Polen und Ungarn.

Ulbricht überlebte Stalin und Chruschtschow und erwies sich auch noch als folgsamer Satrap von Breschnew. Ab Mitte der 1960er-Jahre versuchte er die Rolle der DDR im COMECON und Warschauer Pakt aufzuwerten und eine gewisse Lockerung der Abhängigkeit von der sowjetischen Hegemonie in Mitteleuropa zu erreichen. 1968 war er ein entschiedener Befürworter der militärischen Niederschlagung des reformkommunistischen Prager Frühlings in der Tschechoslowakei. Er teilte Breschnews Auffassung, wonach Militärinterventionen in »sozialistischen Bruderstaaten« bei »Konterrevolutionen« durchzuführen seien und vertrat nach außen unverbrüchlich die Positionen der UdSSR.

Im Jahr 1963, ein Jahr vor dem Sturz Chruschtschows, initiierte er eine von der SED kontrollierte Wirtschaftsreform und inszenierte sich damit als sozialistischer deutscher Staatsmann, der in der DDR ein eigenes Modell des Sozialismus konzipiert hatte, das für moderne Industriestaaten vorbildlich sein sollte. Dieser Hang zur Selbstüberhöhung sorgte für Irritationen und Verstimmung im Kreml, der sich der wachsenden Kritik am Kurs Ulbrichts im Politbüro anschloss und seine Ablösung unterstützte. Vorgeblich aus »gesundheitlichen Gründen«, v.a. aber aufgrund sowjetischen und innerparteilichen Drucks sowie infolge eines Putsches durch Erich Honecker, musste Ulbricht am 3. Mai 1971 als Erster Sekretär der SED zurücktreten und dem aufstrebenden FDJ-Aktivisten Honecker Platz machen. Er gab auch den Vorsitz im Nationalen Verteidigungsrat (NVR) ab und verlor gänzlich an politischem Einfluss, obwohl er, erkrankt, bis zu seinem Tode am 1. August 1973, in Ost-Berlin, formell noch das Amt des Staatsratsvorsitzenden innehatte.

1.14.8 Flucht über die Todesstreifen in den Westen, Mauerbau und die DDR als Zufluchtsort

Bereits in den letzten Kriegswochen und nach Festlegung der Besatzungszonen setzte eine Fluchtbewegung der deutschen Bevölkerung aus den von der Roten Armee okkupierten Gebieten in den Westen ein. Daran konnte auch die Gründung der DDR nichts ändern – im Gegenteil: Viele Mittel- und Ostdeutsche konnten sich mit dem »Russen-Staat« nicht identifizieren und kehrten ihm den Rücken zu. Dabei spielten auch individuelle, familiäre und materielle Gründe eine Rolle.

Schon im Jahr der BRD-Gründung 1949 wurden Notaufnahmelager in Berlin-West und in Westdeutschland errichtet, die über 100.000 Flüchtlinge erfassten. Die Zahlen stiegen in den 1950er-Jahren weiter an. Der 17. Juni 1953 verzeichnete mit der einsetzenden Verhaftungsaktion und Terrorwelle einen Höhepunkt der »Abstimmung mit den Füßen«. Im Jahr der blutigen Unterdrückung des Arbeiter- und Volksaufstandes in der DDR gingen mehr als 300.000 Menschen über die »Staatsgrenze« der DDR, wie sie im Osten offiziell und »innerdeutsche Grenze« wie sie im Westen bezeichnet wurde. Streng völkerrechtlich war es weder eine staatliche noch eine nicht-staatliche Grenze, sondern eine Demarkationslinie zwischen den ehemaligen Besatzungszonen und dem juristisch weiter existierenden Deutschlands in den Grenzen von 1937, solange die Siegermächte keine definitive Regelung in der Deutschlandfrage im Sinne eines Friedensvertrages ausgehandelt hatten. Insofern blieb nicht nur die Bundesrepublik ein »besetzter Verbündeter« (Hermann-Josef Rupieper) mit einer provisorischen Außengrenze zum zweiten deutschen Staat, sondern auch die DDR eine Protektorat der UdSSR. Es waren genau genommen zwei »besetzte Verbündete« jeweils von der Sowjetunion und den Westmächten bzw. den USA. Schärfer formuliert kann man von einem östlich und einem westlich kontrollierten Quasi-Satelliten- bzw. Vasallen-Staat sprechen. Dabei war der eine für die Deutschen weitaus begehrter und beliebter als der andere, was sich an den Zahlen der Ausreisewilligen und Flüchtlingen festmachen lässt.

Gerade nach dem Jahr des 17. Juni war die Zahl der »Republikflüchtlinge« aus der DDR weiterhin sehr hoch. Die anhaltende Abwanderung traf den ostdeutschen Staat am Lebensnerv. Ihm drohte der Exitus durch Ausblutung, zumal es vor allem die im arbeitsfähigen Alter stehenden jüngeren und mittleren Generationen waren, die in »den Westen« gingen. Rund die Hälfte der Flüchtlinge waren Jugendliche unter 25 Jahren, fast 60 % erwerbstätig und im Pensionsalter weniger als 10 %.

Die Zahlen steigerten sich per anno von 130.000 (1949) bis 200.000 und sogar weit über 300.000 im Jahr des Volksaufstands. Hohe Werte ergaben sich 1961, die eine Gesamtsumme von über 200.000 betrugen. Die härtere Gangart des SED-Regimes und die Zwangskollektivierung der Agrarwirtschaft hatten 1960 die Flüchtlingszahlen gesteigert, die 1961 eine dramatische Entwicklung erfuhren. Im Juni und Juli 1961 verließen jeweils 30.000 Menschen die DDR. Sie hatten genug und gingen über die

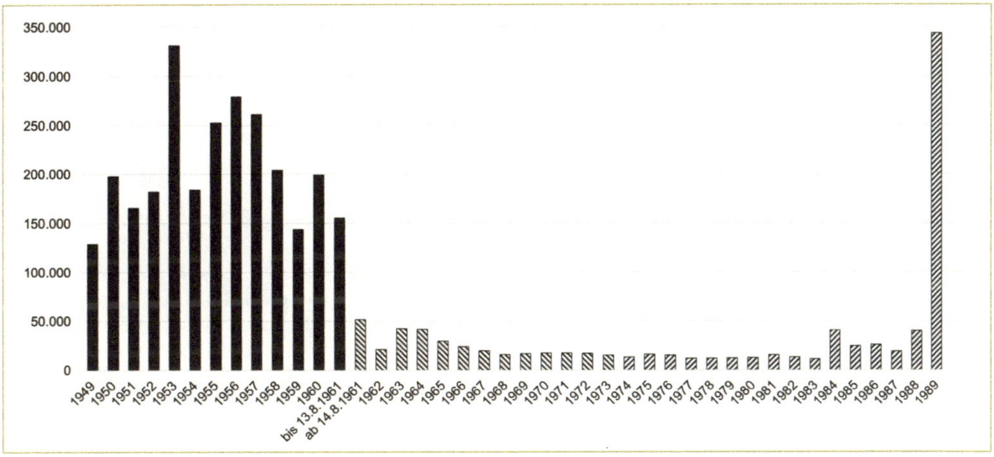

Grafik 4: Flüchtlinge und Übersiedler aus der DDR

noch offene Grenze. Im August diesen Jahres flohen noch 47.433 Menschen über Ost-Berlin in den Westen.

Von der Gründung des ostdeutschen Staates 1949 bis zum Mauerbau am 13. August 1961 flohen insgesamt registrierte 2,686.942 Menschen in den Westen, was ein Siebtel der ostdeutschen Bevölkerung ausmachte. An der Grafik 4 ist diese Entwicklung abzulesen.

Jahrelang hatte das SED-Regime siegesgewiss verlautbaren lassen, nur »Klassenfeinde« würden den »Arbeiter- und Bauernstaat« verlassen. Seit Kriegsende hatten bereits mehr als zwei Millionen Menschen die DDR verlassen. Gerüchte kursierten, dass die letzte Fluchtmöglichkeit über West-Berlin nicht mehr lange gegeben sein würde. Das wollte Ulbricht dementieren.

Historisches Ereignis: Kein Mauerbau 1961?

Am 15. Juni 1961 hatte der Staatsratsvorsitzende bei einer Pressekonferenz auf eine Nachfrage der Journalistin Annamarie Doherr von der *Frankfurter Rundschau* gelogen. Sie wollte Folgendes wissen:

»Herr Vorsitzender bedeutet die Bildung einer freien Stadt Ihrer Meinung nach, dass die Staatsgrenze am Brandenburger Tor errichtet wird und sind Sie entschlossen, dieser Tatsache mit allen Konsequenzen Rechnung zu tragen?«

Ulbricht erwähnte in seiner Antwort zweimal das Stichwort »Mauer«, ohne dass dieses Wort in der Frage von Doherr enthalten war:

»Ich verstehe Ihre Frage so, dass es Menschen in Westdeutschland gibt, die wünschen, dass wir die Bauarbeiter der Hauptstadt der DDR mobilisieren, um eine Mauer aufzurichten, ja? Äaah, mir ist nicht bekannt, dass solche Absichten bestehen, [aber] dass sich die Bauarbeiter in der Hauptstadt hauptsächlich mit Wohnungsbau beschäftigen und ihre Arbeitskraft dafür voll ausgenutzt wird, voll eingesetzt wird [Zwei Sekunden Pause] Niemand hat die Absicht, eine Mauer zu errichten! Ich habe vorhin schon gesagt: Wir sind für vertragliche Regelung der Beziehungen zwischen West-Berlin und der Regierung der Deutschen Demokratischen Republik. [Zwei Sekunden Pause] Das ist der einfachste und normalste Weg zur Regelung dieser Frage.«

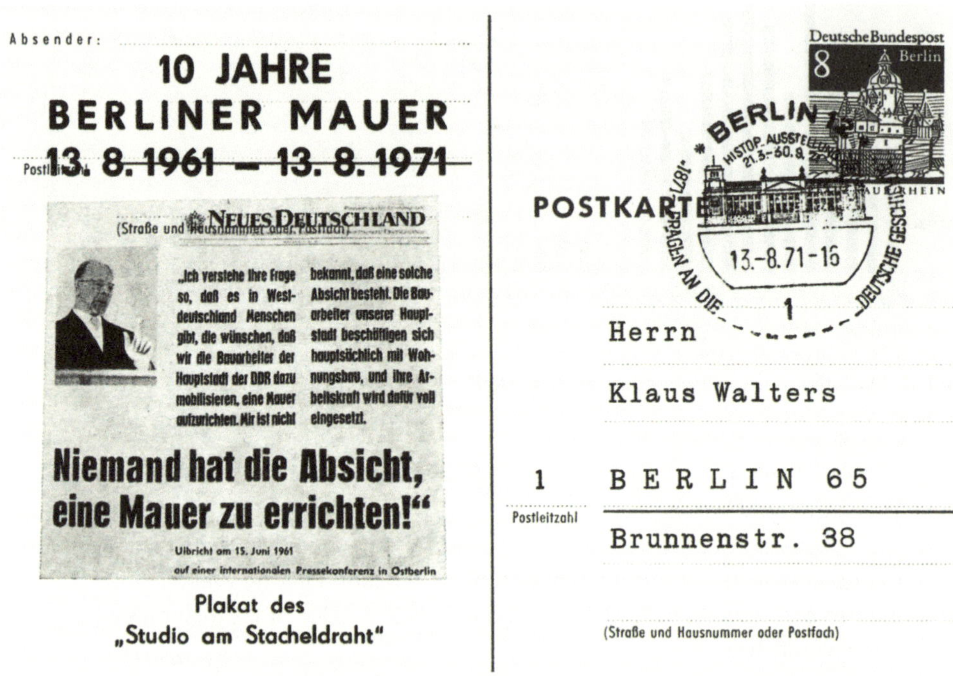

Abb. 16: Deutscher Kalter Krieg ist auch deutsch-deutscher Postkrieg: »10 Jahre Berliner Mauerbau« mit der Versicherung Ulbrichts »Niemand hat die Absicht, eine Mauer zu errichten!« auf einer Postkarte, 13.8.1971

Keine zwei Monate nach dem Dementi und der Desinformation Ulbrichts sperrte die DDR die Sektorengrenze zwischen Ost- und West-Berlin. Es begannen Arbeiten an einer Mauer in Berlin und in Folge am Ausbau eines zunehmend perfektionierten Systems von Grenzanlagen, mit scharfen Hunden, hohem Stacheldraht, Selbstschussanlagen und Wachtürmen, sogenannten »Todesstreifen« (Abb. 32).

Nach Bekanntwerden der Aussage Ulbrichts kletterten die Flüchtlingszahlen noch einmal nach oben. Bis zum 13. August 1961 gelangten allein bis dato über 155.000 DDR-Bürgerinnen und Bürger in den Westen. Nach diesem Tag waren es im gleichen Jahr immer noch knapp 52.000 Flüchtlinge, die unter Todesgefahr den ihre Freiheit beraubenden Staat verließen. Die Mehrzahl gelangte unter hohem Risiko über die Sektorengrenzen nach Berlin-West, wo sie nach Erfassung in Flüchtlingslagern in die Bundesrepublik ausgeflogen wurde. Nur die wenigsten wollten in der gefühlten und so empfunden »Falle« Berlin-West bleiben. Sie fürchteten sich vor Bedrohung und Verfolgung durch die ostdeutschen Agenten, die sich allerdings auch in der Bundesrepublik aufhielten und dort ihrer Spionage- und Verfolgungstätigkeit nachgingen.

Abb. 17: Letzte Überreste der Berliner Mauer 20 Jahre nach ihrer Öffnung

West-Berliner Demonstranten forderten vor dem Brandenburger Tor »Macht das Tor auf!« Der Regierende Bürgermeister Willy Brandt hielt im Zuge des Mauerbaus in einer Rede fest:

»Die Sowjetunion hat ihrem Kettenhund Ulbricht ein Stück Leine gelassen. Sie hat ihm gestattet, seine Truppen einmarschieren zu lassen in den Ostsektor dieser Stadt. Die Sowjetunion hat ihrem Kettenhund die Vollmacht gegeben, internationales Recht zu brechen. Die Panzer, die in Stellung gebracht wurden, um die Massenflucht aus der Zone zu stoppen, diese Panzer haben unter ihren Ketten den gültigen Vier-Mächte-Status Gesamtberlins zermahlen.«

Ulbricht verteidigte hingegen den »antifaschistischen Schutzwall«. Die SED-Führung war sich längst der gesellschaftlichen, sozialen und ökonomischen Katastrophe für die DDR bewusst, sollte der Aderlass nicht gestoppt werden. Schon 1952 hatte Ulbricht den Bau einer Mauer erwogen, dafür aber keine Zustimmung Stalins erhalten. 1957 wurde neben Verschärfung der Kontrollen auch der Reiseverkehr eingeschränkt und der Straftatbestand der »Republikflucht« eingeführt. Mit dem Mauerbau konnte die DDR alle Verbindungen zwischen dem sowjetischen Sektor und den drei Westsektoren Berlins unterbinden und den Flüchtlingsstrom zum Versiegen bringen. Die

Abb. 18: Checkpoint Charlie in Berlin – ein historischer Gedächtnisort des Kalten Krieges

DDR wäre ohne den Bau der Mauer und die Grenzanlagen weitgehend entvölkert worden. Die Zahl der Ausreisenden, Übersiedler und nicht zuletzt auch der »Republikflüchtlinge« ab dem Bau der Berliner Mauer konnte das SED-System im Zeichen einer inneren politischen Konsolidierung und entsprechenden gesellschaftlichen Stabilisierung von über 40.000 (1963) auf ca. 11.000 (1983) senken. Die abflachende Tendenz hielt sich jedoch konstant um die 20.000 bis 25.000. Daher war der Aderlass über die Jahrzehnte für den »Arbeiter- und Bauernstaat« alles andere als unbeträchtlich.
Wie aber erklärt sich die Entwicklung der zehntausenden Bürgerinnen und Bürger, die in den Jahren nach 1962 die DDR verließen? Es handelte sich um die Übersiedlung von Rentnern in den Westen, um Familienzusammenführungen in Härtefällen oder um den Verbleib von DDR-Bürgerinnen und Bürger im Westen während eines genehmigten Auslandsaufenthalts, darunter Sportler, Künstler oder Wissenschaftler. Die Zahlen ab 1961 setzt sich zusammen aus einer verschwindend kleinen Zahl an Flüchtlingen und einer großen Zahl legal aus der DDR ausgereister Personen. Durch Vereinbarungen mit der DDR konnte die BRD Ausreise- und Übersiedlungsmöglichkeiten in den Westen Deutschlands erwirken, z. B. aufgrund von Freikäufen, Verwandtschaftszusammenführungen und finanziellen Zuwendungen. Insgesamt suchten rund 5,2 Millionen Ostdeutsche in Zeiten des Kalten Krieges den Weg in die Bundesrepublik, was der Haupttrend war – umgekehrt waren es weit weniger Menschen.

Abb. 19: Hinweisschild am Checkpoint Charlie, Mauermuseum Berlin

Im Jahre 1984 war die DDR dann gezwungen, dem immer stärker werdenden Überdruck der Ausreisewilligen nachzugeben und die Tore für über 40.000 zu öffnen. Im Zuge des Honecker-Besuchs in der Bundesrepublik vom 7. bis 11. September 1987 musste das SED-Regime höhere Besucherzahlen von DDR-Bürgerinnen und Bürger in den Westen Deutschlands zulassen, was zu einem erheblichen Anstieg von BRD-Aufenthalten von 19.000 (1987) auf zirka 40.000 (1988) führte. Vor allem Bürgerinnen und Bürger jüngeren und mittleren Alters bekamen so einen Eindruck von einer gänzlich anderen Welt und brachten ihre überaus positiven Reiseeindrücke vom »Klassenfeind« in den sozialistischen Staat zurück, was seiner gesellschaftlichen Stabilität nicht förderlich war.

Es drohte vor 1961 über kurz oder lang der totale Exodus des ostdeutschen Staates, was den Maßnahmen um den Mauerbau einen existenzsichernden Charakter verlieh, wobei die Begriffe des »antifaschistischen Schutzwalls« und der »Notwehr« Schutzbehauptungen der SED-Propaganda waren. Die DDR war kein ausgeprägter Rechtsstaat mit Meinungsfreiheit, wie der beklemmende Fall der Werdauer Oberschüler im Jahre 1951 zeigt, die nach dem Vorbild der antinazistischen Widerstandsgruppe »Weiße Rose« der Geschwister Scholl in München aus dem Jahre 1943 durch eine Handdruckmaschine auf mehreren Flugzetteln festgestellt hatten, dass NSDAP und SED, HJ und FDJ sowie Gestapo und MfS das gleiche System verkörperten. Alle Beteiligten wurden durch ein Gericht in Zwickau verurteilt. Es hagelte gegen die Wer-

dauer Oberschüler im Prozess 130 Jahre Zuchthaus, von sechs bis 15 Jahren aufwärts.
Mit dem Mauerbau verschärften sich die Repressionsmaßnahmen des Minimalrechtsstaats DDR. Die Behörden konnten nun noch ungehemmter und ungestörter als bislang agieren. Ein Berliner Arzt, der aus Protest gegen das SED-Regime mit einem schwarzen Mantel tagelang auf dem Alexanderplatz gestanden war, wurde ohne gesetzliche Grundlage 1½ Jahre eingesperrt. Auf das Erzählen politischer Witze standen drei bis sechs Jahre Zuchthaus, wie an einem Urteil des Bezirksgerichts Halle 1963 hervorging. Der betreffende Witz wurde als so »gemein« qualifiziert, dass auf seine Wiedergabe im entsprechenden Akt verzichtet worden war.
Am 9. April 1969 war in Berlin-Mitte der 28jährige Dekorationsmaler Johannes Lange aus Dresden unbeirrt und scheinbar unaufhaltsam auf die Mauer zugelaufen. Er schien durch nichts mehr zum Halt und zum Rückzug zu bewegen. Seine Fluchtchance war jedoch gleich Null, denn die sechs Meter hohe Mauer hätte er nie überwinden können. Trotzdem erfolgte die »Vernichtung des Grenzverletzers«, wie die Diktion bei der »Erfüllung des Kampfauftrags« lautete, und zwar mit 148 Schüssen einer MG-Salve. Der »Fluchtversuch bei Nacht« galt dabei als besonders verwerflich. Für die Schützen, die ohne Not abgedrückt hatten, gab es Armbanduhren als Erfolgsprämien.
Bei der späteren Strafverfolgung in der Bundesrepublik galt es, die »Schusswaffengebrauchsregelung« der DDR zu beachten. Teile der späteren Anklageschriften betrafen auch führende politische Repräsentanten der DDR wie Erich Honecker, Erich Mielke, Willi Stoph und Egon Krenz. Die eigentliche juristische Aufarbeitung erfolgte vielfach erst Jahrzehnte später nach 1989/90. Das Strafmaß war an Verantwortungsbereichen ausgerichtet, orientierte sich in der Hierarchie von oben nach unten, wodurch es auch um mittelbare Täterschaft, also die Täter hinter dem Täter, ging. So wurden auch Politiker wie Krenz mit sechs Jahren und sechs Monaten oder Generäle mit vier bis fünf Jahren Haft belegt. Generaloberst Fritz Strelitz erhielt fünf Jahre.
In einem Urteil des Landgerichts Stuttgart von 1963 wurde die Befehlsstruktur im Sinne der Verantwortlichkeiten aufgezeigt und entsprechend berücksichtigt. Viele DDR-Interna waren dem zeitgenössischen Bundesbürger jedoch verborgen geblieben. Die Grenz- und Mauerschützen wurden nach erfolgten Taten in der Regel sofort von der jeweiligen Truppe aus der Grenzregion abgezogen, weil Irritationen und Unstimmigkeiten zu erwarten waren. Sie wussten in der Regel nichts von ihren Opfern. Vielfach handelte es sich um jugendliche Täter mit einem Alter von 20 Jahren, die sich über das Ausmaß und die Folgen ihrer Handlungen nicht immer bewusst waren, geschweige denn vorher darüber nachgedacht hatten.
Die bundesdeutsche Strafjustiz war mit diesen Fällen oftmals überfordert. Ein Strafausmaß von einem Jahr und drei Monaten schien vor diesem Hintergrund auch erklärlich und vertretbar. Die Strafverfolgung in der Bundesrepublik musste sich an den DDR-Gesetzen, d. h. den Vorschriften im DDR-Strafrecht, orientieren, die sich auch mit Übertretungen wie Justizunrecht und willkürliche Tötungen befassten. Straftatbestände im DDR-Recht waren »ungesetzliche Verbindungsaufnahme«, »öffentliche

Herabwürdigung der DDR« oder »Beeinträchtigung der staatlichen Tätigkeit« (Hans Jürgen Grasemann).
»Geh doch rüber in die DDR!« lautete ein arroganter und gängiger Vorschlag aus der ganz rechtskonservativen Ecke gegenüber westdeutschen Kritikern in der BRD. Es waren auch gar nicht so wenige, die diesen Weg einschlugen. Lange verschwiegen wurden Erkenntnisse der Forschungen von Bernd Stöver, der herausfand, dass auch Westdeutsche in nicht unbeträchtlicher Zahl nach Ostdeutschland überwechselten, »innerdeutsche Migranten« wie sie genannt werden, also Personen, die »rüber machten«, wie es früher hieß.
So waren dies im Jahre 1950 z. B. rund 40.000 Personen, die in die DDR übersiedelten, 1953, im Jahr der Niederwerfung des Volksaufstands, immerhin über 22.000 Menschen und im Mauerjahr 1961 noch knapp 20.000, im Jahre 1983 sogar noch 1.344 Personen. Für den gesamten Zeitraum bis 1990 waren es insgesamt rund 500.000 BRD-Bürger, für die die DDR offenbar interessant genug war, um dem Westen Deutschlands den Rücken zuzukehren: Die Anziehungskraft des Antifaschismus, des Sozialismus, Arbeitsplatz- und Wohnungsgarantien, politische und militärische Karrieremotive, umfassende Kinderbetreuung, Verwandtschaftsbeziehungen und nicht zuletzt auch Liebesbeziehungen spielten dabei eine Rolle. Die »Rüber Macher« standen im Westen einerseits unter dem Verdacht, »Asoziale«, »Kriminelle«, »Verlierer« des »Wirtschaftswunders« oder »Verräter« zu sein. Im Ringen um Anerkennung beider Staaten dienten sie der DDR andererseits zur Verdeutlichung ihrer Existenzberechtigung und Legitimation. Nicht wenige von ihnen waren von der DDR aber enttäuscht und kehrten wieder zurück oder versuchten es.
Die größte Frustration vieler Übersiedler war Stöver zufolge die individuelle Erfahrung mit dem SED-Regime und dem deutschen Kommunismus Moskauer Prägung, der bis tief in das normale Leben und den gesellschaftlichen Alltag eingriff. Diese Rigidität sowie die fehlende Bereitschaft, sich den gegebenen Anforderungen und neuen Bedingungen anzupassen, wurden nicht nur ein schwer zu lösendes Problem für die Zuwanderer und Vertriebenen, sondern auch für das »Wirtschaftswunder« im Westen und den Mauerbau im Osten. Nach dem 13. August verlor die DDR weiter an Attraktivität und Glaubwürdigkeit. Genaue Zahlen an »reumütigen« Rückkehrern in die BRD sind nicht bekannt.

1.14.9 Der Sport von der geteilten Nation zum vereinten Deutschland

Deutschlands beliebtester Sport war mit Abstand der Fußball. Der deutsche Fußballmeister wurde von 1902/03 bis 1962/63 in einer Endrunde ermittelt. Bei der Fußball-Weltmeisterschaft in der Schweiz besiegte am 4. Juli 1954 die deutsche Nationalelf im Finale nach 0 : 2 Rückstand Ungarn als das seinerzeit weltbeste Team mit 3 : 2. Das ging als »Wunder von Bern« in die Geschichte ein. Radioreporter Herbert Zimmermann wurde mit seinem begeisterten Schrei »Aus dem Hintergrund müsste

Rahn schießen – Rahn schießt – Tooooor! Tooooor! Tooooor! Tooooor!« berühmt. Der Sieg im Wankdorf-Stadion vor rund 60.000 Zuschauern löste große Freude in Deutschland aus. Die Spieler um Kapitän Fritz Walter und Bundestrainer Sepp Herberger wurden als die »Helden von Bern« gefeiert. Neun Jahre nach dem verlorenen Krieg und den schändlichen nationalsozialistischen Verbrechen war man wieder »wer«. Das Ereignis ging Hand in Hand mit dem einsetzenden »Wirtschaftswunder« (Kap. 1.10.1). Es wird als »Geburtsstunde der Bundesrepublik« gesehen und sollte die Politik der Westintegration von Adenauer unterstützen.

Während des Kalten Krieges und der Eiszeit zwischen beiden deutschen Staaten war Sport auch Mittel der Politik, so insbesondere für die DDR ein politisches Instrument, um Eigenständigkeit und Stärke zu zeigen, der eigenen Bevölkerung wie der Weltöffentlichkeit staatliche Legitimation nachzuweisen, den Anspruch auf Anerkennung als gleichwertiger Staat durchzusetzen und die eigene Systemüberlegenheit zu demonstrieren.

Der junge FDJ-Führer Erich Honecker bezeichnete bereits 1948 Sport »nicht als Selbstzweck, sondern Mittel zum Zweck«. Für die SED bildeten er und Politik »eine Einheit«. Gefördert wurde er im Osten durch den Deutschen Turn- und Sportbund (DTSB). In Betriebssport- (BSG), Sport- (SG) und Schulsportgemeinschaften (SSG) war kostenlose Mitgliedschaft möglich. Wehrsportgruppen der Gesellschaft für Sport und Technik (GST), Kinder- und Jugendsportschulen standen offen.

Schach wurde in der DDR nach dem Vorbild der UdSSR besonders gefördert, da dieses Spiel als »echte Waffe gegen Kapitalismus und religiöse Verblendung« propagiert wurde. Schachweltmeister stammten v. a. aus der UdSSR wie Anatoli Karpow und Garri Kasparow, keiner jedoch aus der DDR.

Die Deutsche Hochschule für Körperkultur (DHfK) in Leipzig war die Zentrale des staatlich betriebenen Zwangsdopingsystems. Sport konnte zwar politisch als innerdeutsche Klammer begriffen werden, die Bundesrepublik betrieb aber keine dezidierte Sportpolitik. Der organisierte Sport hielt Distanz zur Politik, um nicht vereinnahmt zu werden. Willi Daume, Präsident des Deutschen Sportbundes (DSB), wies aber bereits 1951 dem Sport auch eine staatstragende Rolle für die BRD zu, die sich von Honecker kaum unterschied: »Er ist nicht Selbstzweck. Er tut schlichten Dienst am Vaterland.«

Im Jahre 1949 wurde das Nationale Olympische Komitee für Deutschland (NOK) in Bonn und 1951 das Nationale Olympische Komitee der DDR gegründet. Während das bundesdeutsche NOK 1950 unter dem Namen »Bundesrepublik Westdeutschland« provisorisch und als vollberechtigtes Mitglied 1951 im IOC Aufnahme fand, wurde der Antrag des DDR-NOK auf Mitgliedschaft abgewiesen, weil nicht zwei Komitees aus einem Land anerkannt werden könnten.

Im Zeichen der Hallstein-Doktrin (Kap. 1.15.3) übte die Bundesrepublik 1955 politischen Druck auf die westeuropäischen Sportverbände aus, um ihren »Alleinvertretungsanspruch« auch im internationalen Sport zu behaupten.

Nach Kontroversen um ein gesamtdeutsches Olympia-Team war mit Einführung des Hammer- und Zirkel-Emblems auf DDR-Staatsflaggen am 1. Oktober 1959 der

Konflikt vorprogrammiert, weil laut Verordnung bei allen internationalen Sport-Ereignissen mit ostdeutscher Beteiligung die DDR-Staatsflagge zu hissen war. Das Bundesinnenministerium opponierte gegen die »Sowjetzonenflagge« als »Störung der verfassungsmäßigen Ordnung und damit der öffentlichen Ordnung«. Die Athleten wurden angewiesen, der Fahne aus dem Weg zu gehen.
Das Eishockey-Team trat bei der WM 1961 in der Schweiz folglich nicht gegen die DDR an. Das Spiel wurde mit 5 : 0 für die DDR gewertet und die Bundesrepublik landete auf dem letzten Gruppen-Platz. So grotesk äußerte sich auf der Ebene des Sports die Teilung Deutschland, die sich ab Anfang und im Laufe der 1960er-Jahre immer mehr zu einer geteilten Sportnation entwickelte.
Ab 1961 wurden Veranstaltungen mit DDR-Teilnehmern in der Bundesrepublik nicht mehr gestattet und westdeutschen Sportlern untersagt, in der DDR an Wettkämpfen teilzunehmen. Bonn konnte jedoch ein Einreiseverbot für DDR-Sportler in NATO-Staaten nur bis Mitte der 1960er Jahre erzwingen, da andere westliche Sport-Nationen eine solche Haltung ablehnten. Die Bundesrepublik musste die Blockade aufgeben, weil das IOK der DDR 1965 eine eigene Olympiamannschaft anerkannte. 1968 erhielt sie auch das Recht auf eigene Flagge und Hymne. Bonn musste sie bei den Olympischen Sommerspielen 1972 hinnehmen.
Der Fußball in Westdeutschland und die Leichtathletik in der DDR spielten sowohl nach außen zur Eingliederung beider deutscher Staaten in die Weltgemeinschaft, als auch nach innen zur Identitätsbildung und Sinnstiftung eine nicht unerhebliche Rolle.
Die Bundesliga startete 1963. Schon nach 58 Sekunden erzielte Timo Konietzka für Borussia Dortmund gegen Werder Bremen das erste Bundesliga-Tor. Über 300.000 Zuschauer sahen den ersten Spieltag. Der Deutsche Fußballverband (DFB) entschied, mit SC Tasmania 1900 einen zweiten Berliner Klub aufzunehmen, zumal Bonn West-Berlin als Teil der Bundesrepublik beanspruchte. Tasmania stieg sofort wieder ab und stellte mehrere Negativrekorde auf.
1965 stiegen dagegen mit dem VfL Borussia Mönchengladbach und dem FC Bayern München zwei Vereine auf, die nach kurzer Zeit die Bundesliga dominierten. Mönchengladbach verteidigte als erster Verein erfolgreich die Meisterschaft (1970/71). In sechs Spielzeiten danach erzielten zuerst die Bayern (1972–1974) und dann Mönchengladbach (1975–1977) einen »Titel-Hattrick«, was in Folge nur mehr den Bayern gelang, die zum Rekordmeister avancierten.
Mit dem 1. FC Nürnberg stieg 1969 zum ersten und bisher einzigen Mal ein amtierender Meister unter dem österreichischen Chefcoach Max Merkel ab. Im Jahre 1998 marschierte der 1. FC Kaiserslautern nach dem ersten Abstieg der Klubgeschichte durch und wurde im Jahr nach dem sofortigen Wiederaufstieg unter Trainer Otto Rehagel sensationell Meister.
Am 25. Februar 1970 spielte zum ersten Mal ein Bundesligaclub in Israel. Die Gladbacher besiegten die israelische Nationalmannschaft im restlos ausverkauften Bloomfield-Stadion in Tel Aviv mit 6 : 0. Die Fans flippten angesichts der berauschend aufspielenden »Fohlen«-Elf vom Niederrhein vor Begeisterung aus. Die völkerverbindende

Bedeutung des Fußballs ging auf den Kontakt zwischen Borussen-Coach Hennes Weisweiler und Emanuel »Edi« Schaffer, einem Juden aus Recklinghausen zurück, dessen Familie von den Nazis ermordet worden war. Der nach Israel emigrierte Schaffer hatte Ende der 1950er-Jahre bei Weisweiler an der Sporthochschule Köln das Trainerdiplom erworben. *Kicker*-Journalist Werner Jacobs geriet ins Schwärmen:

»Borussia hat viel mehr zu den Beziehungen Deutschland – Israel beigetragen als manche anderen Stellen mit viel gutem Willen, viel Geld und viel offiziellerer Stellung. Die 90 Minuten Borussia-Spiel werden im israelischen Volk in Erinnerung bleiben als beste deutsche Wertarbeit. In fünf Jahren deutscher Botschaft gab es so was noch nie.«

Seit 1965 bestanden offizielle diplomatische Beziehungen zwischen der Bundesrepublik und Israel. Dass Borussia damals zu solch diplomatischen Diensten bereitstand, erfreut heute noch den sehr verdienstvoll amtierenden Vereinspräsidenten Rolf Königs.

Durch den WM-Sieg der deutschen Nationalmannschaft 1974 unter Chefcoach Helmut Schön stiegen die Zuschauerzahlen weiter an. Den Europapokal der Landesmeister errangen die Bayern 1974f.und 1976 und Mönchengladbach zweimal den UEFA-Pokal (1975, 1979). In den 1980er Jahren sank dann das Interesse. Aufgrund der Tennis-Erfolge von Boris Becker und Stefanie Graf verlagerte sich das mediale Interesse auf diese neu entdeckte Sportart.

Die aus Mannheim stammende »Steffi« Maria Graf wurde eine der erfolgreichsten Tennisspielerinnen der Welt. Mit insgesamt 22 gewonnenen Grand-Slam-Turnieren hatte sie 377 Wochen den Rekord bei der Führung in der Weltrangliste inne. 1988 gewann sie als erste und bisher einzige Tennisspielerin auch den Golden Slam.

Becker wurde der jüngste Wimbledon-Sieger in der Geschichte des Tennis-Turniers. Er gewann insgesamt 49 Wettbewerbe, u. a. sechs Grand-Slam-Turniere, dreimal Wimbledon sowie 15 Titel im Doppel. »Bum-Bum-Becker« faszinierte eine Nation und machte den Tennissport zusammen mit Graf in ganz Deutschland populär.

In der DDR hatte der FDGB den Fußballpokal ausgelobt, um den ab 1949 gespielt wurde. Erster Pokalsieger war »Waggonbau Dessau« (1949) und Hansa Rostock 1991 letzter. Die erfolgreichsten Mannschaften waren Dynamo Dresden und der 1. FC Magdeburg mit sieben Pokalen.

Erstmals trat eine DDR-Fußball-Nationalmannschaft 1952 an und unterlag Polen in Warschau mit 0:3. Rekordnationalspieler und bester Torschütze war Joachim Streich mit 102 Spielen und 55 Toren. Bis auf die Olympischen Spiele (Gold 1976, Silber 1980, Bronze 1972) war die DDR unter Trainer Georg Buschner aber weniger erfolgreich. Bei der WM 1974 erzielte sie durch ein Tor von Jürgen Sparwasser das legendäre 1:0-Sieg über die Bundesrepublik, schied aber dann im weiteren Turnier aus. Der Goldtorschütze setzte sich später in den Westen ab und kickte für Eintracht Frankfurt, ebenso wie Lutz Eigendorf vom Stasi-Klub BFC Dynamo Berlin, der für den FC Kaiserslautern spielte. Der Arm der Stasi (Kap. 1.13.3) reichte jedoch auch über die Grenze: Durch eine Manipulation an seinem Auto soll Eigendorf einen tödlichen Verkehrsunfall erlitten haben.

Katarina Witt wurde berühmt als ostdeutsche Eiskunstläuferin, die im Einzellauf Olympiasiegerin (1984, 1988), Europa- (1983, 1988) und Weltmeisterin (1984f., 1987 und 1988) wurde und als Aushängeschild der DDR diente. Nach der Einheit startete sie für das geeinte Deutschland, konnte aber an die großen internationalen Erfolge nicht mehr anknüpfen. Danach trat sie als Moderatorin und Schauspielerin auf.
Die im Vergleich zur Bevölkerungszahl exorbitant großen Erfolge von DDR-Sportlern, v.a. in den olympischen Disziplinen, aber auch im Skispringen durch Jochen Danneberg und Jens Weißflog hoben das Selbstwertgefühl der »Zonis« als Sport-Nation. Ungeachtet der erst nach der »Wende« aufgedeckten Zwangsdoping-Maßnahmen trugen die Sporterfolge dazu bei, die aus den Gängelungen und Repressionen resultierende Unzufriedenheit der Menschen 40 lange Jahre im Zaum zu halten.
Mit der deutschen Einigung gewann die Bundesliga mehr Attraktion. Die deutsche Einheit und der Fußball-Weltmeisterschaftssieg 1990 fielen sogar kurioserweise zusammen. 1991 trat der Deutsche Fußball-Verband der DDR (DFV) dem DFB bei. Das ostdeutsche Ligasystem wurden dem westdeutschen Spielbetrieb angeglichen.
Der FC Hansa Rostock und Dynamo Dresden wurden aus der DDR-Oberliga in die Bundesliga aufgenommen, so dass mit 20 Vereinen gespielt wurde, von denen vier absteigen mussten. Erster gesamtdeutscher Meister wurde der VfB Stuttgart. Der Fußball einte hin und wieder die geteilte Nation wie auch die gespaltene Gesellschaft.

1.14.10 Wissenschaft, Industrie und Technik

Mit der radikal angegangenen Bodenreform und entschädigungsloser Enteignung in der SBZ, die Großgrundbesitzer, Industrielle und Unternehmer schwer traf, entstanden Sowjetische Aktiengesellschaften (SAG), Betriebe mit staatlicher Beteiligung (BSB), die später verstaatlicht wurden, und Volkseigene Betriebe (VEB). Agrarland ging in Landwirtschaftliche Produktionsgenossenschaften (LPG) über.
Unter Adenauer und Erhard wurden hingegen Beteiligungen des Bundes an Unternehmen zum Teil privatisiert (Preussag, Volkswagen AG und VEBA). Mit dem Bundeskartellamt und dem Gesetz gegen Wettbewerbsbeschränkungen wurde der Grundsatz der Wettbewerbsfreiheit festgeschrieben. Ein Sachverständigenrat zur Begutachtung der gesamtwirtschaftlichen Entwicklung sollte die Bundesregierung und Öffentlichkeit jährlich mit unabhängiger wissenschaftlicher Expertise und Prognose versorgen, was bis heute geschieht.
Die industriell-technische Entwicklung erfuhr in Deutschland nach 1945 grundlegende Veränderungen. Die Konzentration auf bestimmte Industrien wurde in der DDR in den 1970er-Jahren fortgesetzt, v.a. der Maschinenbau. Die UdSSR senkte infolge der Ölkrise 1973/74 den Ölpreis für ihre verbündeten Abnehmer und für die DDR auch das Rohölvolumen. Daraufhin reagierte der SED-Staat mit petrochemischen Produkten (Benzin und Diesel), exportierte diese bevorzugt in den

Westen und setzte selbst verstärkt auf Braunkohle, aber auch auf Atomstrom mit den AKWs in Rheinsberg, Greifswald und Stendal sowie sowjetische Reaktoren. Der marxistische Fortschrittsglaube gab die Richtung für Wissenschaft und Technik vor, um die »Produktivkräfte« zu steigern und die notwendigen Ressourcen für den Sozialismus zu liefern. Das Ziel bestand in Bildung einer »technischen Intelligenz aus den Reihen der Arbeiterklasse und der mit ihr verbündeten Schichten«, was zu einer Erhöhung der Studenten- und Dozenten-Zahl, v. a. im naturwissenschaftlich-technischen Bereich, führte.

Die SED erhob neben der Arbeit, dem Boden und dem »Volksvermögen« die Wissenschaft zur »vierten Produktivkraft«. Der Vorstellung von der Schaffenskraft der »Werktätigen« unter Einsatz von Wissenschaft und Technik zur Verbesserung des Kommunismus standen ungünstigere Arbeitsbedingungen für Ingenieure und Wissenschaftler, eine geringere Bezahlung und eine schlechtere wirtschaftliche Lage als im Westen entgegen. Für Spitzenforschungsleistungen im Weltmaßstab fehlten die finanziellen Mittel und der ungehinderte Zugang zur internationalen Wissenschaftsgemeinschaft (»scientific community«). Umso mehr sollten Erfolge in der Wirtschaftsspionage durch die HVA des MfS, z. B. bei IBM und Siemens, erzielt werden, konnten aber keinen Ersatz schaffen.

Die DDR exportierte vorwiegend Elektro-, Industrie- und Konsumgüter. Vor allem erstere Waren erfreuten sich im anderen Teil Deutschlands durchaus großer Beliebtheit und fanden rege Abnahme durch Bestellungen über Kataloge wie »Otto-Versand Hamburg« oder »Quelle« in Fürth bei Nürnberg. Die DDR setzte zunehmend befristete Vertragsarbeiter vietnamesischer Herkunft in der Konsum- und Leichtindustrie ein, um Produktionssteigerungen zu erzielen. Der Außenhandel wurde überwiegend mit sozialistischen Ländern, v. a. der UdSSR, abgewickelt, da mit westlichen Industrieländern zu große Konkurrenz bestand.

Wissenschaft und Technik waren in der DDR den ideologischen Vorgaben des Sozialismus unterworfen. Die technisch-industrielle Produktion war dennoch weitgehend ausdifferenziert, entsprechend diversifiziert und reichhaltig. Sie verfügte über eine große Palette an Produkten auf verschiedensten Gebieten und war auf die Herstellung von Elektrotechnik, Elektronik (z. B. Halbleiterproduktion im VEB Kombinat Mikroelektronik Erfurt), Bau von Flugzeugen (VEB Dresden), Fahrzeugen (PKWs wie Trabant und Wartburg), Kleintransporter (Frankenberg Motorenwerke = Framo und Barkas), Lastwägen (Industrievereinigung Fahrzeugbau = IFA), Lokomotiven (VEB Lokomotivbau Karl Marx = LKM Babelsberg-Potsdam, Henningsdorf), Maschinen, Motorräder (VEB Motorradbau Zschopau = MZ), Waggons, Schiffe (Schiffswerft Neptun und Warnow in Rostock und die Peene-Werft in Wolgast) konzentriert. Die chemische und optische Industrie (Fotoapparate wie Pentacon, EXA, Ferngläser, Fernrohre, Filmkameras, Messtechnik, Planetarien und Navigationstechnik, z. B. im VEB und Kombinat Carl Zeiss in Jena) sowie die Militärtechnik kamen nicht zu kurz und sind nennenswert. Militär- und Verkehrsflugzeuge (MiG, Sucoi), Passagiermaschinen (Iljuschin, Tupolew) und Hubschrauber (Mil) wurden aus der Sowjetunion importiert.

Zum Symbol gescheiterter SED-Wissenschaftspolitik wurde jedoch die Entwicklung der Computertechnologie. Die kostenaufwendige Produktion leistungsfähiger Chips blieb hinter den westlichen Konkurrenten weit zurück wie auch die Massenproduktion bei »Robotron«.
Die Gesellschaftswissenschaften unterlagen in der DDR dem ideologischen Diktat des Marxismus-Leninismus. Unkonventionell agierende Wissenschaftler wie Manfred von Ardenne schufen sich jedoch staatlich geduldete Freiräume.
In der Weltraumforschung und -technik, z. B. mit der »Multispektralkamera MKF6« zur geologischen Erdbeobachtung und militärischen Fernerkundung, eingesetzt in sowjetischen Raumstationen ab den 1970er-Jahren, konnte die DDR spektakuläre Achtungserfolge erzielen.
Der erste Kosmonaut kam nicht aus West-, sondern aus Ostdeutschland mit Sigmund Jähn, der am 26. August 1978 mit Sojus 31 im »Interkosmos-Programm der sozialistischen Staatengemeinschaft« zusammen mit dem Kosmonauten aus der UdSSR, Waleri Fjodorowitsch Bykowski, zu dem in der DDR offiziell viel bejubelten und propagandistisch entsprechend ausgeschlachteten »ersten deutsche Kosmonauten im Weltall« avancierte.
Bei der Entwicklung und Massenfertigung von Gütern der Unterhaltungs- (Fernseher, Radios) und Industrieelektronik sowie Industrieelektrotechnik bei »Robotron« konnte die DDR auch sehr punkten.
Die Wissenschaften im Westen erfreuten sich vielmehr einer viel stärkeren gezielten branchenspezifischen Förderung durch die Deutsche Forschungsgemeinschaft (DFG) und diversen Stiftungen (Henkel, Krupp, Thyssen, VW). Automobilindustrie und Informationstechnologie entwickelten sich v. a. in der Bundesrepublik zu Schlüsselindustrien mit deutlichem Vorsprung gegenüber dem Osten, weshalb der Bund regelmäßig weiter in die Infrastruktur groß investierte. Auch und insbesondere auf diesem Gebiet wurde der deutsch-deutsche Kalte Krieg mitentschieden.
Aus dem 1973 aufgestellten Bundesverkehrswegeplan wurden große Summen in den Fernstraßenbau investiert. Deutschland wurde mit Audi, ursprünglich in Zwickau und Chemnitz, dann ab 1949 in Ingolstadt, den Bayerischen Motorenwerken (BMW) in München, Mercedes-Benz mit dem Sitz der Zentrale in Stuttgart, Opel in Rüsselsheim am Main und VW in Wolfsburg zum »Auto-Land«. Die Deutsche Bundesbahn, später in Deutsche Bahn AG teilprivatisiert umbenannt, trat dagegen merklich in den Hintergrund.
Seit den 1960er-Jahren änderte sich die deutsche Energiewirtschaft grundlegend. Die Schwerindustrie und der Bergbau hatten erhebliche Bedeutungsverluste hinzunehmen. Für die Kohleindustrie gingen die Haushalte und das Gewerbe verloren, weil diese auf Erdgas und Öl setzten. Im Ruhrgebiet wurde die Kohleförderung reduziert. Es folgte die Schließung vieler Großzechen. Die Zeche Zollverein in Essen wurde zu einer Stätte des UNESCO-Weltkulturerbes.
Die einst blühende und expandierende Bekleidungs- und Textilindustrie war in den 1990er-Jahren nur mehr eine durch Importquoten geschützte Wirtschaftsbranche. Das »Manchester vom Niederrhein«, die Stadt Mönchengladbach, befand sich mit ihrer Textilwaren-Herstellung im Laufe der 1970er-Jahre im Niedergang.

Arbeitsintensive Produktionsschritte wurden in Niedriglohnländer verlegt. Traditionelle Standorte – das Textilviertel in Augsburg oder die Schuhindustrie in Pirmasens – gingen zurück. Die entsprechenden Gewerkschaften fusionierten. Der Dienstleistungssektor (Banken, Versicherungen und Unterhaltungsindustrie) boomte spätestens ab den 1980er-Jahren. Briefzentren und Callcenter der Deutschen Post AG, Geldautomaten bei der Bank, Fastfood-Ketten und bei Lebensmitteln der Supermarkt waren Zeichen des wirtschaftlichen Wandels. Das Konsumverhalten privater Haushalte und die Freizeitindustrie explodierten: Die Fünf-Tage-Woche wurde schon 1955/56 schrittweise eingeführt, die 40-Stunden-Woche folgte 1965 und die 35 bzw. 38,5 Stunden-Woche seit 1984. Seit Mitte der 1990er-Jahre stieg aufgrund des verstärkten Wettbewerbs im Zeichen der Globalisierung die Wochenarbeitszeit in vielen Branchen allerdings wieder.
Das von der Treuhandanstalt (THA) nach der deutschen Einheit übernommene Volkseigentum wurde bis 1994 privatisiert, was zu einer weitgehenden Deindustrialisierung des Ostens führte (Kap. 6.2). Dagegen blieb der von den Bundesländern gehaltene Besitz an Unternehmen weitgehend im Staatsbesitz.
In den 1990er-Jahren wurde ein leitungsgebundenes Telefonnetz von der Deutschen Telekom digitalisiert. Mehrere Mobilfunkbetreiber errichteten Mobilfunk-Netze für große Teilnehmerzahlen. Deutschland verkaufte ab 1996 seinen Anteil an »T-Aktien« der Deutschen Telekom. Informations- und Kommunikationstechnologie wurden zu den relevanten Standortfaktoren.

1.15 Konträre Außenpolitik der BRD und DDR

1.15.1 Modellfall für das gesamte Deutschland 1955? Adenauer lehnt eine »Österreich-Lösung« ab – Ulbricht befürwortet sie

Die überraschend einsetzenden Vorverhandlungen in Moskau seitens einer österreichischen Regierungsdelegation unter Beteiligung von Bundeskanzler Julius Raab (ÖVP), Vizekanzler Adolf Schärf (SPÖ), Außenminister Leopold Figl (ÖVP) und Staatssekretär Bruno Kreisky (SPÖ) vom 11. bis 15. April sowie die ungewöhnlich schnell erfolgte Einigung der Botschafter und Außenminister der Vier Mächte vom 2. bis 15. Mai 1955 in Wien, die zur Unterzeichnung des österreichischen Staatsvertrags führten, verbunden mit der Zusage der Neutralität für den Truppenabzug der Besatzungsmächte, wirkten wie Paukenschläge für die Bonner Republik.
Aus dem Tagebuch des CDU-Politikers Heinrich Krone geht hervor, dass Figl den CSU-Politiker Hanns Seidel in Bayern wissen ließ, dass in Wien »eine zu beachtende Meldung aus Moskau« vorliege, der zufolge »die Russen die Absicht hätten, einer

»Wiedervereinigung« Deutschlands in Freiheit zuzustimmen, diesem Deutschland militärische Kräfte zuzugestehen und einen Teil des Gebietes jenseits der Oder-Neiße-Linie zurückzugeben [!]; die einzige Gegenleistung der Bundesrepublik müsse sein, dass Deutschland sich aus dem NATO-Bündnis löse«. Diese brisante Mitteilung drang weder an die Öffentlichkeit noch wollte Adenauer darauf eingehen. Sie war gleichen Inhalts wie die Stalin-Note 1952 (Kap. 1.14.5).

Blenden wir zum besseren Verständnis in das erste Nachkriegsjahrzehnt zurück. Die Gegenüberstellung der Behandlung und Regelung der Österreich- und Deutschlandfrage in den Jahren von 1945 bis 1955 liefert dabei Erkenntnisse, die auf die verschiedene, aber nicht unvergleichbare Lage beider Länder verweisen. Seit Ende 1945 bestand bereits eine gesamtösterreichische Zentralregierung in Wien, die auch in der sowjetischen Besatzungszone aus freien Wahlen hervorgegangen war. Damit war die Grundlage für eine lange währende Große Koalition (1945–1966) gelegt, die in Deutschland an den parteipolitischen Gegensätzen zwischen SPD und KPD bzw. der SED einerseits sowie der CDU/CSU, FDP und DP andererseits scheiterte und daher 1945–1955 nie eine Chance bekam.

Das Zweite Alliierte Kontrollabkommen für Österreich vom 28. Juni 1946 stellte eine wesentliche Grundlage für die innere Souveränität dar, die einen »Vorsprung an Staatlichkeit« (Manfried Rauchensteiner) gegenüber Deutschland bedeutete. Die Wirtschafts- und Währungseinheit wurde in Österreich gewahrt, weil der Marshall-Plan auch für Ostösterreich, also für das gesamte Land zur Anwendung kam. Die gemeinsame Vier-Mächte-Kontrolle im Alliierten Rat in Wien funktionierte während der gesamten Besatzungszeit relativ reibungslos wie auch der Verkehr zwischen den einzelnen Zonen. In Berlin war der Alliierte Kontrollrat bereits 1948 zusammengebrochen. Während die Siegermächte in den Jahren 1945 bis 1949 in ihren deutschen Besatzungszonen unterschiedlich durchgreifende ökonomische und politische Maßnahmen ergriffen, war die Österreich-Frage mit dem nicht abgeschlossenen Staatsvertrag über 1949 hinaus offengeblieben, wobei sich das Land durch das funktionierende Kontrollabkommen und in Bezug auf seinen politischen Status in einer Art inneren Schwebezustand befand.

In Bonn wie in Wien herrschte Konsens über die Unterschiedlichkeit beider Lagen und die Unübertragbarkeit der jeweils einen auf die andere Konstellation. Innerhalb der österreichischen Regierung bestand allerdings Einigkeit über die Vorrangigkeit der Aufrechterhaltung der Landeseinheit. Es gab nach 1945 keine nennenswerten separatistischen Bewegungen in den Bundesländern.

Die Bundesrepublik war nicht souverän, als wesentliche Entscheidungen ihrer Europa- und Integrationspolitik und somit ihrer zukünftigen Ausrichtung getroffen wurden. Bei der Außen- wie Integrationspolitik besaßen die Westalliierten weitgehende Kontrollmöglichkeiten, die der bundesdeutschen Forderung nach Gleichberechtigung im Weg standen und diese blieb bis 1990 »ein in letzter Konsequenz unerfüllter Wunsch« (Gregor Schöllgen).

Während sich Bonn der Politik der drei Westmächte unterzuordnen hatte, musste Wien in seiner Innen- und Außenpolitik auf die Interessen von vier Besatzungsmächten Bedacht nehmen, was die Außen- und Europapolitik nicht weniger schwierig machte. Vor diesen Hintergründen scheint Österreich mit Deutschland (im Sinne einer Gleichsetzung) nicht vergleichbar zu sein. Fehlende Vergleichsmöglichkeiten schlossen aber eine gleiche oder zumindest ähnliche Politik bzw. Behandlung beider Fragen nicht aus.

Die Entwicklung ab 1954/55 mit dem NATO-Beitritt der Bundesrepublik im Zeichen der Pariser Verträge erwies sich als förderlich für die Ziele des Ballhausplatzes, »Einheit und Freiheit« (Gerald Stourzh) gleichermaßen zu erreichen. Mag Bundeskanzler Adenauer mit seiner strikten Auffassung von der Unvergleichbarkeit Österreichs und der Bundesrepublik Recht gehabt haben, so hat er sich mit seiner vorschnellen Ablehnung interessanter Denkmöglichkeiten zur Lösung der deutschen Frage verschlossen.

Dabei kann es hier nicht darum gehen, aufzuzeigen oder gar zu beweisen, ob es die Chance zu einer »Österreich-Lösung« für Deutschland gab, sondern lediglich zu zeigen, dass Adenauer eine solche gar nicht zu suchen bereit war. Ganz anders hingegen argumentierte in bemerkenswerter Weise »Genosse« Walter Ulbricht auf der 24. Tagung des ZK der SED im Amtssitz des Präsidenten, in Berlin-Niederschönhausen am 1. und 2. Juni 1955:

»Die Moskauer Verhandlungen über den österreichischen Staatsvertrag haben große Wellen in Berlin und in Westdeutschland geschlagen. In der Stellungnahme zum österreichischen Vertrag und im Zusammenhang damit zu einem Deutschland, das nicht an Militärpakte gebunden ist, aber einen Friedensvertrag hat, wird blitzartig die wirkliche Situation der verschiedenen politischen Kräfte in Deutschland beleuchtet. Der Österreich-Vertrag hat in den Kreisen der Bonner Koalitionsparteien große Verwirrung hervorgerufen. Man kann sagen, daß in allen Schichten der Bevölkerung über den Österreich-Vertrag diskutiert wird. Im Volk hört man die Meinung, die Österreicher waren schlauer als wir Deutschen. In der Bevölkerung ist durch den Abschluß des österreichischen Staatsvertrages das Ansehen der Sowjetunion bedeutend gestiegen, denn alle friedliebenden Bürger anerkennen, daß die Sowjetunion alles nur mögliche tut im Interesse der Verständigung zwischen den Völkern und Staaten und für die Sicherung des Friedens [...] Die österreichische Regierung hat entsprechend dem Willen des Volkes die nationalen Interessen über die Interessen der USA und Großbritannien gestellt. In Westdeutschland ist jedoch eine Regierung am Ruder, die die Interessen der herrschenden Kreise der USA höher stellt als die vaterländischen Interessen des deutschen Volkes. Das Auftreten Adenauers in der letzten Tagung des Bundestages hat das erneut bestätigt. Adenauer sprach in seiner Rede nicht einmal das Wort Wiedervereinigung aus. Adenauer erklärte ausdrücklich, daß der österreichische Weg für Deutschland nicht beschritten werden könne, weil das den strategischen Interessen der USA und Großbritanniens widerspricht. Das Hauptargument, das Adenauer ins Feld führt, ist die Feststellung, daß, wenn Deutschland nicht an den westlichen Militärpakt gebunden bleibt, der Atlantikpakt erledigt sei. Das heißt, Adenauer gibt offen zu, daß er die Wiedervereinigung Deutschlands dem Atlantikpakt opfert, und er erklärt weiter, daß, wenn Deutschland nicht an den westlichen Militärblock gebunden sei, Gefahren für die Bevölkerung der Vereinten Staaten entstehen könnten. [...] Nach dem Abschluß des österreichischen Staatsvertrages ist in der Bevölkerung in Deutschland der Wille zur Verständigung gewachsen. Es wird ein stärkerer Wille geäußert zur Annäherung der beiden Teile Deutschlands im Interesse der Herbeiführung der Wiedervereinigung Deutschlands.«

Es erstaunt, welchen Raum Ulbricht in seiner Rede der Neutralität der Alpenrepublik einräumte, auf die er wiederholt zurückkam. Er pries die »Österreich-Lösung« auch öffentlich in einem Artikel des *Neuen Deutschland* an, wobei man sich nicht des Eindrucks erwehren kann, dass er diese in erster Linie dazu nutzte, um Adenauers Haltung anzuprangern. Wie sich eine solche Lösung für die DDR ausgewirkt hätte, blieb in Ulbrichts Ausführungen jedoch offen. Musste er nicht bei einer gesamtdeutschen Entwicklung das Ende seiner Machtstellung befürchten? Die gleiche Frage musste sich aber auch für Adenauer stellen.

In der deutschen Zeitgeschichtsforschung wird mehrheitlich bezweifelt, dass der Kreml im ersten Nachkriegsjahrzehnt einer »Einheit in Freiheit« für Deutschland zuzustimmen bereit war. Die sowjetische Deutschlandpolitik wird in den Jahren von 1945 bis 1955 im Übergang vom zunächst vorhandenen Bestreben nach formaler Kooperation zu anschließend offener Kooperation und diese demgemäß auch als folgerichtig interpretiert (Gerhard Wettig). Das SED-Regime, welches Moskau als selbstständigen Akteur ins Spiel zu bringen versuchte, folgte laut Wettig stets detaillierten Weisungen. Wenn dieses Urteil zutrifft, so kann die interne wie öffentliche Empfehlung des Österreich-Modells für die Lösung der deutschen Frage durch Ulbricht als Wunschvorstellung von sowjetischer Seite für die Zukunft Deutschlands verstanden werden.

Ob die Sowjetunion mit dem Österreich-Beispiel (Unterzeichnung des Staatsvertrags, Truppenabzug für Neutralitätserklärung) 1955 eine ähnliche Lösung für Deutschland schaffen wollte, ist eine Streitfrage, die in Zeiten des Kalten Krieges zu bejahen ideologisch und politisch völlig inopportun war sowie aus westlicher Sicht als Denkoption von vornherein kategorisch ausgeschlossen worden ist – dies vollzog die bundesdeutsche Forschung mehr oder weniger auch konsequent mit und verteidigte diesen Standpunkt. Hinzu kam, dass dieses Muster geeignet war, die folgenschwere Entscheidung der Westbindungspolitik der Bundesrepublik grundsätzlich infrage zu stellen und ein unerwünschtes alternatives Szenario zum deutschen Weststaat darzustellen. Letztlich ging es um die fundamentale Frage, inwieweit 1955 die in Zentraleuropa geschaffene Nachkriegskonstellation unveränderbar oder doch noch zu revidieren war.

Maßgebliche Kreise der französischen Diplomatie sahen im Frühjahr 1955 in der sowjetischen Österreich-Politik eine Zielrichtung, die »einzig auf Deutschland gerichtet« war. Im angloamerikanischen Lager überwog die Auffassung, die UdSSR meine es mit dem »Modellfall« für Deutschland ernst, was als »gefährliche« Lösung – allerdings auch für die Sowjetunion selbst – gesehen wurde. Der deutsche Bundeskanzler sah Moskaus Österreich-Politik gegen die Westintegration seiner Bundesrepublik gerichtet. In negativer Weise sah er im »Modellfall« ein bedrohliches Alternativ-Szenario und mögliches Präjudiz für die alliierte Deutschlandpolitik. Die Vier sollten nicht mehr über Deutschland und seinen Kopf hinweg beraten und verhandeln! US-Präsident Eisenhowers öffentlich geäußerte positive Stellungnahme zu einem neutralen Staatengürtel in Europa, die von ihm bekundete Sympathie für eine bewaffnete Neutralität Deutschlands nach Schweizer Muster in einer Pressekonferenz am 18. Mai 1955 und die sich infolge des alliierten Truppenrückzugs aus Österreich bildenden Befürchtungen, verbunden mit Sorgen vor einer Rückverlegung von US-Truppen aus Europa, begründeten das Misstrauen und den Argwohn des deutschen Bundeskanzlers.

Diese Aspekte bildeten den Kern seiner Verärgerung über das südliche Nachbarland. Die sehr nachteilige Regelung des deutschen Eigentums durch den Staatsvertrag war nur der äußere Anlass, der seine Verstimmung über die, wie er es intern nannte »ganze österreichische Schweinerei«, zum Ausbruch brachte. »Es gibt kaum ein anderes Beispiel dafür, daß er so ausfallend geworden ist«, hielt der Berliner Historiker Henning Köhler fest.

Die Sowjetunion versuchte offensichtlich, nach dem 17. Juni 1953 in der DDR und der gescheiterten Außenministerkonferenz in Berlin 1954 mit der Österreich-Lösung den Beweis ihres guten Willens zu einer vertrauensbildenden Maßnahme und zur Entspannung zu liefern, was Abbau von Konfrontations- und Konfliktpotenzialen be-

Abb. 20: Deutschland in den Grenzen von 1937?
Wahlplakat der CDU aus den 1950er-Jahren

deutete. Hierbei war es nur logisch, dass dabei auch der Kern der Problematik, die Deutschlandfrage, mit einbezogen und einer in diesem Sinne zu erfolgenden Lösung unterzogen werden sollte. Moskau wollte vor allem die SPD-Opposition gegen Adenauers Westkurs stimulieren und damit die deutsche »Wiederbewaffnung« verzögern. So gesehen war die österreichische »Modellfall«-Wirkung als »Störversuch« gegen die Blockeinbindung der Bundesrepublik zu verstehen, andererseits aber auch als konstruktiver Beitrag zu einer einvernehmlichen Regelung der Deutschlandfrage zwischen Ost und West.

Österreichs diplomatischer Vertreter in Moskau, Norbert Bischoff, sah im Februar 1955 in der Verschiebung oder gar Verhinderung der Ratifizierung der Pariser Verträge das »Ziel Nr. 1« der sowjetischen Politik. Sie würde die Lage in Europa als »sehr ernst« betrachten und »nach wie vor an ihren alten Grundvorstellungen von der wünschenswerten Lösung der deutschen Frage« festhalten: »ein geeintes, friedliebendes (d. h. nicht auf Territorialgewinn im Osten ausgehendes), nicht militaristisches, und selbstverständlich nicht in einem Militärbündnis mit Amerika stehendes Deutschland; nach Molotows bekanntem Wort eine verbesserte Weimarer Republik.« In einem solchen Deutschland würde die KPD »nur eine recht bescheidende Rolle spielen«. Trotzdem werde diese Lösung einer Zweiteilung Deutschlands entschieden vorgezogen.

Dass mit Adenauer ein vereintes Deutschland nicht zu haben war, wurde allen intern Beteiligten der Bonner Republik spätestens im Dezember 1955 völlig klar. Der außenpolitische Redakteur des *Observer,* Alastair Buchan, hatte, wie die deutsche Botschaft in Paris in Erfahrung bringen konnte, ein Gespräch mit dem stellvertretenden NATO-Oberbefehlshaber und britischen Feldmarschall Bernard Law Lord Montgomery geführt, der »in ganz besonderer Weise die Notwendigkeit der deutschen Wiedervereinigung betont« hatte. Botschafter Vollrath von Maltzan hatte in einem geheimen Bericht vom 14. Dezember an das Auswärtige Amt mitgeteilt – ein Durchdruck ging an Adenauer, der Bundeskanzler und zuvor noch Außenminister in einer Person gewesen war:

»Er [Montgomery] habe erklärt, daß es ohne eine Wiedervereinigung niemals Frieden in Europa geben könne und daß der Westen alles daran setzen müsse, dieses Problem zu lösen. Dabei dürfe man nicht in starren Formeln denken. Er, Montgomery, sei schon seit langem davon überzeugt, daß ein künftiger Krieg, wenn er überhaupt je komme, durch Atomwaffen und andere allermodernste technische Entwicklungen entschieden werde. Daraus folge, daß Bodentruppen und konventionelle Waffen zwar nicht überflüssig geworden seien, aber an Bedeutung stark verloren hätten. Eine moderne Strategie zur Verteidigung Europas könne daher durchaus ohne die amerikanischen Bodentruppen und ohne einen deutschen militärischen Beitrag innerhalb der NATO auskommen. Eine Lösung der Wiedervereinigungsfrage, durch die Deutschland außerhalb der NATO bleibe, sei daher militärisch durchaus vertretbar.«

Adenauer war aufs Höchste alarmiert, ja entsetzt. Er ließ sofort den deutschen Botschafter in London, Hans von Herwarth, informieren, um im britischen Außenamt zu intervenieren und die Dinge aus seiner Sicht klarzustellen. In einer vertrau-

lichen Unterredung ließ Herwarth den ranghöchsten britischen Diplomaten in der Behandlung der Deutschlandfrage, Sir Ivone Kirkpatrick, wissen, dass Adenauer die Westintegration für wichtiger als die Einheit halte und kein Vertrauen in das deutsche Volk habe. Selbst bei einem aus freien Wahlen hervorgegangenen gesamtdeutschen Regime mit völliger innen- und außenpolitischer Handlungsfreiheit sei er dagegen, weil er fürchte, dass Deutschland wieder einen Handel mit Russland eingehe, wenn er von der politischen Bühne abgetreten sei.
Vom Foreign Office hatte man Herwarth nach der gescheiterten Genfer Vier-Mächte-Außenminister-Konferenz zuvor wissen lassen, zu einer flexibleren Haltung übergehen zu wollen und zwar »to move to a position in which we declared that provided Germany was unified by means of free elections and provided the unified German Government had freedom in domestic and foreign affairs, we should sign any reasonable security treaty with the Russians« (»zu einer Position überzugehen, in der wir erklärten, dass wir, sofern Deutschland durch freie Wahlen geeint wird und sofern die geeinte deutsche Regierung Freiheit in inneren und äußeren Angelegenheiten hat, jeden vernünftigen Sicherheitsvertrag mit den Russen unterzeichnen sollten«). Kirkpatrick hielt in einer Notiz »German Unity« vom 16. Dezember 1955 die entsprechende Reaktion von bundesdeutscher Seite dazu fest (Abb. 21):

»[...] Der deutsche Botschafter sagte mir, dass er diese Möglichkeit sehr vertraulich mit dem Kanzler besprochen habe. Dr. Adenauer wollte mir mitteilen, dass er es ablehnen würde, diese Position zu erreichen. Der einfache Grund war, dass Dr. Adenauer kein Vertrauen in das deutsche Volk hatte. Er hatte Angst, dass eine zukünftige deutsche Regierung, wenn er von der Bildfläche verschwindet, ein Geschäft mit Russland auf deutsche Kosten machen könnte. Daher war er der Meinung, dass die Integration Westdeutschlands in den Westen wichtiger sei als die Vereinigung Deutschlands. Er wollte, dass wir wissen, dass er alle seine Energien darauf richten würde, dies in der ihm verbleibenden Zeit zu erreichen, und er hoffte, dass wir alles in unserer Macht Stehende tun würden, um ihn bei dieser Aufgabe zu unterstützen.
[...] In dieser Mitteilung an mich betonte der Botschafter natürlich, daß der Kanzler wünschte, daß ich seine Meinung wisse, aber daß es natürlich für seine politische Position ziemlich katastrophal wäre, wenn die Ansichten, die er mir gegenüber so offen geäußert hatte, jemals in Deutschland bekannt würden.«

Dieses Dokument wurde 1986 von dem am Deutschen Historischen Institut in London tätigen Historiker Josef Foschepoth entdeckt und sorgte begreiflicherweise für einige politische Aufregung in der veröffentlichten Meinung und der Forschung der Bundesrepublik, hatte diese doch vielfach die Auffassung vertreten, Adenauer habe die Einheit gewollt.

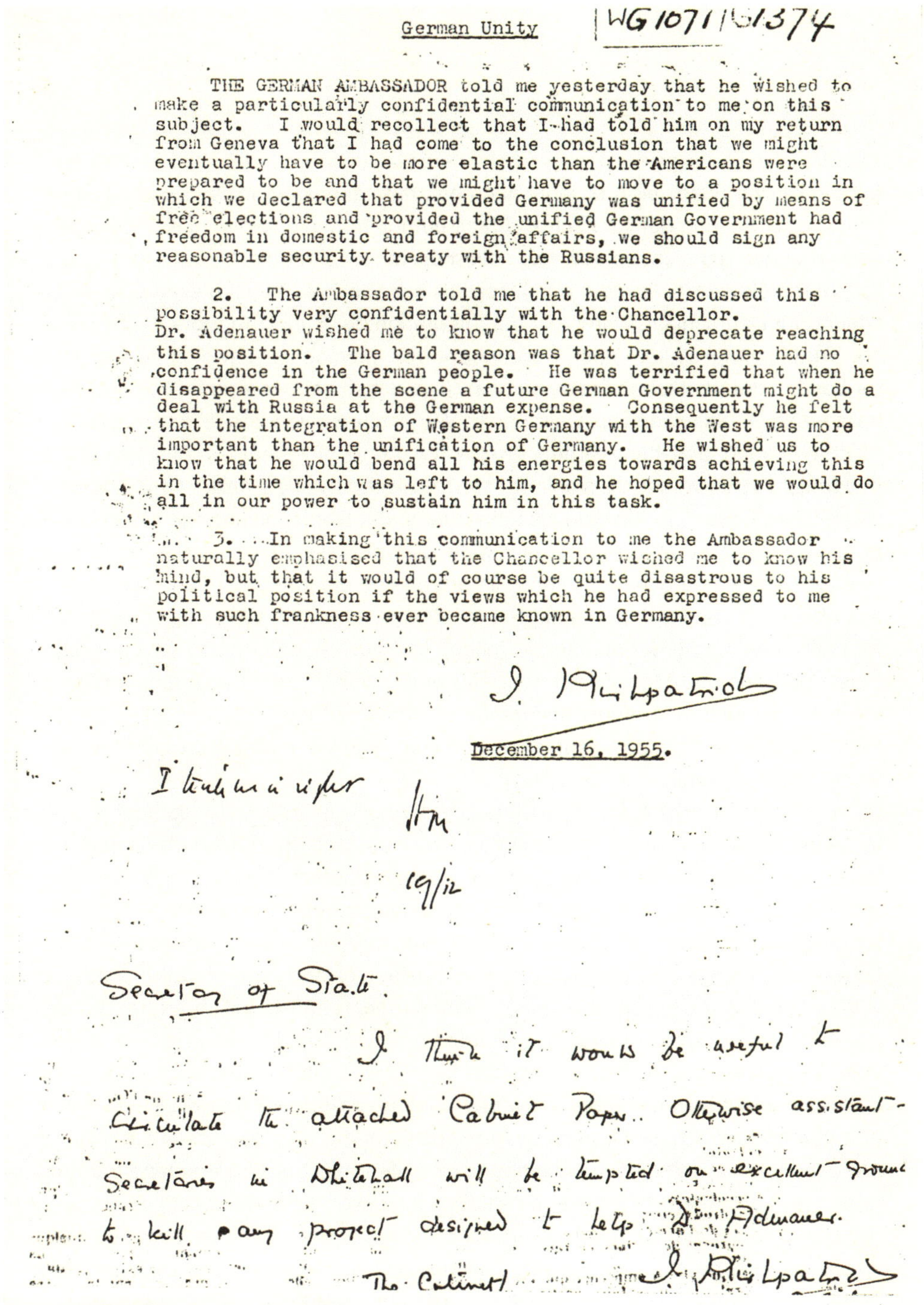

WG 1071/1374

German Unity

THE GERMAN AMBASSADOR told me yesterday that he wished to make a particularly confidential communication to me on this subject. I would recollect that I had told him on my return from Geneva that I had come to the conclusion that we might eventually have to be more elastic than the Americans were prepared to be and that we might have to move to a position in which we declared that provided Germany was unified by means of free elections and provided the unified German Government had freedom in domestic and foreign affairs, we should sign any reasonable security treaty with the Russians.

2. The Ambassador told me that he had discussed this possibility very confidentially with the Chancellor. Dr. Adenauer wished me to know that he would deprecate reaching this position. The bald reason was that Dr. Adenauer had no confidence in the German people. He was terrified that when he disappeared from the scene a future German Government might do a deal with Russia at the German expense. Consequently he felt that the integration of Western Germany with the West was more important than the unification of Germany. He wished us to know that he would bend all his energies towards achieving this in the time which was left to him, and he hoped that we would do all in our power to sustain him in this task.

3. In making this communication to me the Ambassador naturally emphasised that the Chancellor wished me to know his mind, but that it would of course be quite disastrous to his political position if the views which he had expressed to me with such frankness ever became known in Germany.

I. Kirkpatrick

December 16, 1955.

HM

19/12

Secretary of State.

I think it would be useful to circulate the attached Cabinet Paper. Otherwise assistant-Secretaries in Whitehall will be tempted on excellent grounds to kill any project designed to help Dr. Adenauer.

The Cabinet

I. Kirkpatrick

Abb. 21: Original der Aufzeichnung von Sir Ivone Kirkpatrick 16.12.1955

1.15.2 Adenauers Vorschlag einer »Österreich-Lösung« für die DDR – ein letzter gescheiterter deutschlandpolitischer Versuch 1958

Bundeskanzler Raab ließ drei Jahre nach Austrias »annus mirabilis« 1955 mit einer Initiative zur Lösung der Deutschlandfrage aufhorchen, die zeigte, dass modellhafte Überlegungen gar nicht so abwegig sein mussten, wie der westlichen Öffentlichkeit vermittelt würde. Anregungen hinsichtlich möglicher Chancen einer Österreich-Lösung für Deutschland waren *vor* der Integration der Bundesrepublik in das westliche Verteidigungssystem noch völlig inopportun gewesen. Der Modellfall Österreich zur Lösung der deutschen Frage war von Raab dabei weit weniger im Sinne einer Neutralisierung Deutschlands als vielmehr im Verhandlungsweg, d. h. in Form einer Vier-Mächte-Lösung, gesehen worden, die die »Wiedervereinigung« ermöglichen sollte.
Im Frühjahr 1958 versuchte sich der österreichische Bundeskanzler vor seinem neuerlichen Besuch in Moskau als Vermittler in der Deutschlandfrage einzubringen. Er schlug eine alliierte Kommission vor, die die Voraussetzungen für gesamtdeutsche Wahlen unter entsprechender Kontrolle prüfen und ein entsprechendes Wahlgesetz ausarbeiten sollte. Raab präsentierte den »österreichischen Weg« als Lösungsmodell für die Überwindung der deutschen Teilung in Form eines Vermittlungsvorschlags zwischen Bonn und Moskau auf der Basis einer paritätischen Expertenkommission, die zunächst nicht über einen eng gesteckten Rahmen hinausgehen sollte. Die Vermittlungen liefen über den deutschen Botschafter in Wien, Carl-Hermann Mueller-Graaf, und Außenminister Heinrich von Brentano.
So sehr Adenauer Konzepte zur Neutralisierung für die Lösung der deutschen Frage in aller Öffentlichkeit ablehnte, so bewegten und beschäftigten ihn diese Gedanken doch sehr. Als er im März 1958 dem sowjetischen Botschafter Andrej Smirnow in Bonn den geheimen Vorschlag einer »Österreich-Lösung« für die DDR als Tausch für die Zurückstellung des Ziels auf »Wiedervereinigung« (!) und Verbesserung der Lebensbedingungen für die Menschen in Ostdeutschland unterbreitete, wurden die Wirkungen des »Österreich-Beispiels« einmal mehr deutlich. Während der Bundeskanzler in dieser Sache schwach zu werden und nachzugeben schien, allerdings nur eine wenig hilfreiche Teillösung anpeilte, konnte sich die bundesdeutsche Außenpolitik zu einem solchen Vorschlag eines »Österreich-Status« für die DDR gar nicht erst durchringen. Irreale Horrorszenarien und wahnhafte Katastrophenvorstellungen korrespondierten mit diesen Überlegungen. Außenminister von Brentano befürchtete noch kurz vor seinem Tod, dass mit solchen Initiativen automatisch die Gegenforderung nach einer Neutralisierung der Bundesrepublik die Folge gewesen wäre, was den »Zusammenbruch der europäischen und der atlantischen Politik und der erste Schritt in die Bolschewisierung Europas« bedeutet hätte! Es ist Hans-Peter Schwarz in der Auffassung zuzustimmen, im »Österreich-Plan« einen hilflosen Versuch Adenauers beim Weiterbauen an seinem einsturzgefährdeten deutschlandpolitischen »Kartenhaus« zu erblicken.

Seine Versuche zur Anwendung des Österreich-Beispiels machen auf zwei Dinge aufmerksam: Er hatte es weder in seinem Wesenscharakter begriffen, noch sah er es als einen möglichen und prüfenswerten Lösungsweg zur deutschen Einheit. Das kam schon darin zum Ausdruck, dass er weder intern noch öffentlich zwischen Neutralität und Neutralisierung zu unterscheiden vermochte.

Im Mai 1958 ventilierte Raab nochmals den Vorschlag einer Vier-Mächte-Kommission zur Regelung der deutschen Frage. Hinter seinem Plan verbarg sich nach Ansicht Mueller-Graafs die Idee, »die Brücke zwischen der sowjetischen Forderung nach Verhandlungen der ›beiden deutschen Staaten‹ und der deutschen bzw. westlichen Ablehnung solcher Verhandlungen zu finden«. Es war die Vorstellung der von Wien betriebenen Balance-Politik zwischen den »Blöcken«. Die Vier-Mächte-Kommission sollte nach Botschafter Karl Gruber zwar nicht mit amtlichen Vertretern, aber wohl mit »Experten« sowohl aus der Bundesrepublik als auch aus der »sogenannten« DDR verhandeln und auf diese Weise eine Einigung über einige grundlegende Schritte erzielen, die zur »Wiedervereinigung« führen sollten. Konkret gedacht war an ein Wahlgesetz, aufgrund dessen eine konstituierende Versammlung einzuberufen gewesen wäre, die dann zunächst – unbeschadet des weiteren Funktionierens der beiden Staaten – eine gemeinsame Verfassung auszuarbeiten gehabt hätte.

Auch wurde die Notwendigkeit eines Amnestiegesetzes betont, welches die Machthaber und den Apparat der »Sowjetzone« begnadigen sollte. Auf diese Weise sollten »der Sowjetzone goldene Brücken« gebaut, Widerstände ausgeräumt und gleichzeitig das Gesicht der Sowjetunion gewahrt werden. Mueller-Graaf leitete die Vorschläge weiter, beim Chef des Auswärtigen Amtes fanden die Gedanken jedoch wenig Gegenliebe. Die Vermittlungsaktion stieß nicht nur auf Vorbehalte in Bonn; auch Ost-Berlin sprach sich öffentlich gegen dieses Vorhaben aus und der Kreml war ebenso auf Distanz gegangen. Ulbricht handelte wie 1955 Moskau-konform und lehnte dieses Mal die Österreich-Lösung für seinen Teilstaat ab. Dahinter war eine gewisse Logik, denn eine analoge und folgerichtige Neutralisierung der Bundesrepublik wurde von Bonn wie auch vom Westen kategorisch abgelehnt.

Was veranlasste aber Österreichs Bundeskanzler, sich über die deutsche Frage den Kopf zu zerbrechen? 1955 ging es Raab nach Abschluss des Staatsvertrags um eine Initiative bzw. um einen ersten Schritt, um »das größte Spannungsfeld in Europa zu beseitigen«. Im Unterschied zu Adenauer, der keine Vier-Mächte-Verhandlungen über Deutschland favorisiert hatte, sah Raab als das viel größere Übel »das ungelöste Problem der Wiedervereinigung« als »eine ständige Gefahr für den Weltfrieden« und wollte dazu beitragen, diese zu beseitigen.

Die Forderung Moskaus nach einem Gespräch zwischen Bonn und Pankow bezeichnete er als »abwegig und illusorisch«. In Bezug auf mögliche sowjetische Gegenforderungen, wie z. B. »Neutralisierung«, zeigte er sich aber in einer Erklärung im Düsseldorfer Industriekurier optimistisch und äußerte »überzeugt, daß sich ein ›Deutschland-Wunder‹ ereignen werde, ebenso wie es ein ›Triest-Wunder‹ und ein ›Österreich-Wunder‹ gegeben habe«. Es müsse »lediglich eine günstige Verhandlungsgrundlage und ein günstiger Zeitpunkt abgepasst werden«.

Die Modellfall-Initiative sollte letzten Endes wirkungslos verpuffen, weil in Bonn die Grundsatzentscheidung längst getroffen worden war. Die bundesdeutsche Politik hatte sich frühzeitig auf das westliche Junktim eingelassen, wonach die uneingeschränkte Mitwirkung der Bundesrepublik an der westeuropäischen Integration – d. h. in anderen Worten formuliert die Aufrechterhaltung des Konfrontationszustandes mit der Sowjetunion und die Fortsetzung des Kalten Kriegs in der Mitte Europas – die Voraussetzung für die Zustimmung der Westmächte zur deutschen Einheit bildete. Die Führung der Bundesrepublik hatte damit auch ihrerseits die Frage der gesamtstaatlichen Einheit vom Willen und von der Zustimmung der Westmächte abhängig gemacht. Trotz der enormen finanziellen und wirtschaftlichen Reserven des Westens, vor allem der USA, zur Niederringung der UdSSR musste der Zusammenbruch der sowjetischen Misswirtschaft aber eine unbestimmte Zeitfrage sein. Dabei stellte sich auch die finanzielle Frage für den noch jungen Weststaat und zwar in mehrfacher Hinsicht: die Kosten der Besatzung und der Truppenstationierung, der Aufrüstung und Militarisierung, der Grenzsicherung und am fernen Horizont auch die der Folgen durch die Teilung, sollte es zur Einigung kommen. Welches enorme Ausmaß diese Kosten annehmen würden und wann es zur deutschen Einheit kommen würde, war allerdings nicht abzusehen.

Einen derart langen und kostenintensiven Weg zur staatlichen Einheit konnte und wollte Österreich nicht gehen. Dafür war das Land zu klein, seine Lage im Ost-West-Konflikt zu prekär und seine nationalstaatliche Identität noch zu bescheiden. Bei einer Ost-West-Teilung, die den kleineren östlichen Teil mit Wien vom Westen abgetrennt hätte, wäre wohl kein Teil mehr für sich eigenständig und überlebensfähig gewesen. Insofern waren die Befürchtungen vor einem neuerlichen Anschluss an Deutschland und damit verbundene Sorgen in Moskau und Paris gar nicht so abwegig. Stärker aber noch waren Ängste in Englands und Frankreichs politischer Klasse vor einem deutsch-russischen Zusammengehen, dem »Rapallo-Komplex« (der aus der Zeit der Weimarer Republik herrührte, als das Deutsche Reich mit der Sowjetunion im Jahre 1922 in der italienischen Stadt Rapallo ein Bündnis geschlossen hatte), die von westlicher Seite auch zur Ablehnung von sowjetischen Vorschlägen zur »Wiedervereinigung« führten.

So erstaunlich Raabs Initiative 1958 zu bewerten ist, deutschlandpolitisch waren Jahre zuvor schon die Würfel gefallen. Durch die Ablehnung der sowjetischen Vorschläge von 1952 war eine Vorentscheidung gegen Gesamtdeutschland im Sinne der Vorrangigkeit der Westintegration der Bundesrepublik gefallen. Die Bundesrepublik legte sich somit von Anfang an mit Adenauers »kompromissloser Option für die Westintegration« (Wolf D. Gruner), die »eine defensive Wiedervereinigungspolitik« (Hans-Peter Schwarz) implizierte, auf ein westliches »Kleineuropa« fest, wobei zu fragen bleibt, ob »die exponierte geografische Lage« tatsächlich »nur eine Option für den Westen und seine Hegemonialmacht oder für den Osten und die Sowjetunion« (Wolf D. Gruner) erlaubte bzw. die Mächte überhaupt eine alternative Politik gestattet hätten. Der »Vorrang von teilstaatlicher Freiheit vor gesamtstaatlicher Einheit in möglicher Unfreiheit« war laut Rudolf Morsey ein Grundmotiv von Adenauers Deutschland-

politik. Dabei wurde der Begriff der »Freiheit« nicht kritisch hinterfragt. Die Grundsatzentscheidung für den »freien« Westen war mit Kaltem Krieg und Konfrontationspolitik eng verknüpft. Je länger diese dauern und je heftigere Formen sie annehmen sollten, desto mehr waren die Bundesdeutschen gefordert und desto mehr wurden sie für diese auch gebraucht (Ludolf Herbst) – mit allen Folgen für die Festschreibung und Vertiefung der geteilten Nation. Es stellte sich dabei auch stets die Frage, inwiefern die Bundesrepublik zu etwas gezwungen werden musste, was sie ohnehin wollte.
Die Begriffsverwendung von Hans-Peter Schwarz gibt jedenfalls zu denken, wonach sich Adenauer »auf einen längeren Stellungskrieg in der deutschen Frage« einrichtete, wobei zu fragen ist, um welchen Preis sich die Bundesrepublik im Kalten Krieg mit dem Westen solidarisierte (solidarisieren konnte) bzw. was sie dafür tatsächlich als Gegenleistung erhielt. Das 1989/90 seitens der westeuropäischen Partner gezeigte Misstrauen und die Skepsis gegenüber der deutschen Einheit lassen Zweifel am bis dato geschaffenen Wert der integrationspolitischen Vorleistungen und des faktisch geleisteten Verzichts auf eine aktive Deutschlandpolitik der Jahre vor dem Fall der Mauer aufkommen.

1.15.3 In der deutschlandpolitischen Sackgasse: Hallstein-Doktrin, westeuropäische Integration und die Umorientierung der SPD

Bald nach seiner Gründung erklärte der deutsche Weststaat, der einzig legitimierte Vertreter deutscher Interessen zu sein und allein für alle Deutschen in Ost und West zu sprechen. Darauf gründete sich der »Alleinvertretungsanspruch« der Bundesrepublik. Mit dieser Selbstprivilegierung waren die Abgrenzung vom ostdeutschen Staat und die Abwertung der DDR verbunden, deren Abkürzung man zunächst gar nicht aussprechen sollte und später dann nur wie die *Bild*-Zeitung in Anführungszeichen schrieb. Diese Vorgabe erfolgte auf Geheiß des Medienkonzerninhabers Axel C. Springer über seinen Tod von 1985 hinaus und wurde bis zum Ende der Existenz zweier deutscher Staaten von seinen Presseorganen *(Bild, Hörzu)* so gehandhabt. Diese abschätzige Haltung von oben herab setzte sich bei vielen Westdeutschen gegenüber ihren ostdeutschen Landsleuten nach 1989/90 weitgehend fort. Gerechtfertigt wurde dieser Anspruch vor 1989 mit einem demokratiepolitischen Argument, nämlich dass nur der westliche Teil Deutschlands über eine legitime Regierung verfüge, die aus allgemeinen, gleichen, freien und geheimen Wahlen hervorgegangen sei, während in der DDR gleichsam eine Einheitspartei mit irrelevanten »Blockparteien« agiere, also die Diktatur einer Partei herrsche. Das Argument war für die Ostdeutschen nicht leicht von der Hand zu weisen.
Stalin hatte lange mit einer Festlegung der Definition und Rolle des ostdeutschen Staates gezögert. Moskau ließ seinen Status bis Mitte der 1950er-Jahre offen. Erst nach Integration der Bundesrepublik in das westliche Militärbündnis proklamierte

sein Nachfolger Chruschtschow mit den übrigen verbündeten Staaten des Ostens und der DDR die Idee der »friedlichen Koexistenz« als übergeordnete Formel und in diesem Zusammenhang die sogenannte »Zweistaaten-Theorie«, wonach auf dem Territorium des ehemaligen Deutschen Reichs nun zwei angeblich souveräne deutsche Staaten entstanden seien.

Die Bundesregierung bemühte sich mit allen Mitteln, diese Auffassung zu bestreiten und zu verhindern, dass nach der Sowjetunion weitere Staaten mit der DDR diplomatische Beziehungen aufnehmen und damit als Staat anerkennen würden. Die Bonner Republik leistete aber dieser Entwicklung mit ihrer forcierten Politik der Westintegration selbst Vorschub. Als Adenauer vom 8. bis 14. September 1955 zu Besuch in Moskau war, kam er an der Zustimmung zur Aufnahme diplomatischer Beziehungen zwischen der UdSSR und der Bundesrepublik als Gegenleistung für die Freilassung der letzten deutschen Kriegsgefangenen nicht mehr vorbei. Der Austausch von Botschaftern wurde vereinbart. Die UdSSR hatte bereits zuvor im Jahre 1954 diplomatische Beziehungen zur DDR aufgenommen.

Kaum war Adenauer abgereist, traf eine DDR-Delegation in Moskau ein und die offiziellen Beziehungen der UdSSR zu zwei deutschen Staaten waren damit demonstrativ verdeutlicht. Gerechtfertigt hatte Adenauer die Aufnahme diplomatischer Beziehungen zur Sowjetunion mit dem Argument, dass sie eine der Vier Mächte sei und man damit die Freilassung der noch in sowjetischen Lagern befindlichen deutschen Kriegsgefangenen zu erreichen hoffte (was Moskau schon früher angeboten hatte, eine Regelung, die Adenauer aber aus Sorge vor einem russischen Prestigeerfolg in der westdeutschen Öffentlichkeit zur Verhinderung der Ratifizierung der Westverträge hinausgezögert hatte).

Auf der Rückreise nach Bonn zerbrach sich die bundesdeutsche Delegation den Kopf, wie gegen die zu erwartende Serie diplomatischer Anerkennungen der DDR ein außenpolitischer Damm errichtet werden könnte. Der Freiburger Völkerrechtsgelehrte Wilhelm Georg Grewe, Leiter der Politischen Abteilung des Auswärtigen Amtes, und der Staatssekretär im Auswärtigen Amt, der vormalige Professor für Privat- und Gesellschaftsrecht an den Universitäten Rostock und Frankfurt, Walter Hallstein, entwickelten eine Konzeption, die den Namen des Letztgenannten tragen sollte.

In der Regierungserklärung vom 23. September 1955 wurde die »Hallstein-Doktrin« verkündet. Ihr Zweck bestand in der Isolierung der DDR als ein quasi illegitimes Konstrukt. In Folge entwickelte sich diese Doktrin zu einem Dogma der bundesdeutschen Außenpolitik. Die Bundesrepublik erklärte, basierend auf dem »Alleinvertretungsanspruch für das gesamte deutsche Volk«, mit keinem Staat der Welt diplomatische Beziehungen aufzunehmen oder zu pflegen, der seinerseits diplomatische Beziehungen zur DDR unterhalten oder solche eingehen würde.

Gestützt auf das enorme wirtschaftliche Potenzial und die massiven Entwicklungshilfezahlungen im Vergleich zur ökonomisch limitierten und durch sowjetische Ausbeutung geschwächten DDR, erwies sich diese Doktrin zunächst als nützlich, die Anerkennung der DDR durch nichtkommunistische Staaten zu vereiteln. Doch bekam diese von außen unternommene Strategie der diplomatischen Einmauerung und Isolierung der DDR bald Löcher und Risse. So musste die Bonner Republik die Beziehungen zu Jugoslawien 1957 und zu Kuba 1963 abbrechen, weil diese die DDR anerkannt hatten.

Mittel- und langfristig führte die Hallstein-Doktrin zu einer Selbstblockade der bundesdeutschen Außenpolitik und verhinderte eine flexiblere und offenere Diplomatie. Über Kanäle zum Ballhausplatz in Wien und dessen Drähte in die mittel- und osteuropäischen Staaten versuchte Bonn dringend benötigte Lageeinschätzungen und Informationen zu erlangen. Völlig fragwürdig wurde die Hallstein-Doktrin, als die Bundesrepublik 1967 Beziehungen zu Rumänien und 1969 wieder zu Jugoslawien aufnahm, Staaten, die längst die DDR anerkannt hatten. Die Hallstein-Doktrin hatte unsinniger Weise dazu geführt, dass bis dato keine deutschen Botschaften in Belgrad, Budapest, Bukarest, Prag, Sofia und Warschau existierten, in Moskau aber schon, und man folglich keine einschlägigen Kenntnisse aus diesen Ländern hatte. Adenauer hatte sich mit der Hallstein-Doktrin in eine deutschland- und außenpolitische Sackgasse manövriert, die an der Berliner Mauer endete. 1968 erwies sich die dogmatische Handhabung als unanwendbar. Das bedeutete gleichzeitig das Scheitern der »Politik der Stärke«.

Nach Bildung der SPD-FDP-Koalition 1969 änderte sich die Einstellung der bundesdeutschen Politik gegenüber dem Osten grundlegend. Im Zuge des deutsch-sowjetischen Vertrages von 1970 und des Grundlagenvertrags von 1972, in dem die BRD die DDR als Staat, gleichwohl nicht als Ausland, anerkannte, wurde die »Hallstein-Doktrin« gänzlich obsolet. Das Konzept hatte sich als untauglich erwiesen, nachdem nicht nur die neutrale österreichische, sondern auch die westliche Diplomatie Bonn dazu gedrängt hatten, von einer veralteten Konzeption abzulassen.

Der Name Hallstein ist hingegen im Kontext der westeuropäischen Integration mit positiven Konnotationen verbunden. In US-Kriegsgefangenschaft hatte er 1945 eine Lageruniversität organisiert, die Frankfurter Universität 1946 wiedereröffnet und 1948 eine Gastprofessur an der Georgetown University in Washington innegehabt. 1950 beauftragte ihn Adenauer als Staatssekretär für Außenpolitik mit der Leitung der bundesdeutschen Delegation für die Pariser »Schuman-Plan«-Verhandlungen. Sechs Staaten schlossen sich im April 1951 im Sinne einer gemeinsamen Kohle- und Stahlpolitik zur Montanunion zusammen.

Am 25. März 1957 unterzeichneten die Vertreter der gleichen Staaten die Römischen Verträge auf dem Kapitol der Heiligen Stadt. Für Adenauer war »dieser Zusammenschluss das wichtigste Ereignis der Nachkriegszeit«. Die Vereinbarungen, die am 1. Januar 1958 in Kraft traten, begründeten zwei neue europäische Gemeinschaften: die Europäische Atomgemeinschaft (EURATOM) sollte die wissenschaftliche Forschung und friedliche Nutzung der Atomenergie ermöglichen (was nur bedingt gelang) und die Europäische Wirtschaftsgemeinschaft (EWG) einen »Gemeinsamen Markt« mit Wettbewerbspolitik und einer Zollunion zustande bringen.

Die Steigerung des Lebensstandards und eine Intensivierung der Handels- und Wirtschaftspolitik waren die Ziele. Die Gemeinsame Versammlung der EGKS sollte zum

Europäischen Parlament werden, das allerdings erst 1979 direkt gewählt wurde. Im Ministerrat waren Vertreter der Regierungen der Nationalstaaten. Je nach Ressort tagten die Fachminister. Beim Rat lag die Entscheidung, wobei Mehrheitsentscheidungen erst nach einer Übergangsfrist gelten sollten, ein Prinzip, das Frankreichs Staatspräsident Charles de Gaulle mit seiner Veto-Politik torpedierte. Initiativ-Organ und Hüterin der Verträge war die Kommission, der ernannte Mitglieder der Regierungen angehörten. Die Kommission musste die Ratsbeschlüsse umsetzen und überwachen. Kommissionspräsident war von 1958 bis 1967 Hallstein. De Gaulles anhaltender Widerstand gegen supranationale Politik und seine Vorstellung von einem Europa der Regierungszusammenarbeit (häufig missverständlich mit seiner angeblichen Vorliebe für ein »Europa der Vaterländer« in Verbindung gebracht) standen Hallsteins Traum von einem europäischen Bundesstaat entgegen. Sein Amt als Kommissionspräsident legte er auch aus gesundheitlichen Gründen 1967 nieder.
De Gaulle, der damals als französischer »Nationalist«, Integrationsgegner und Europaskeptiker eingestuft wurde, akzeptierte jedoch die Römischen Verträge als Handels- und Wirtschaftsverträge sowie v. a. auch als Möglichkeit, die französische Ökonomie aus der Isolation zu befreien und zu modernisieren sowie ihre Wettbewerbsfähigkeit gegenüber der deutschen zu stärken. Gleichzeitig diente »Europa« und seine »Integration« auch als Mittel zur Erzielung finanzieller Unterstützung durch die Bundesrepublik. Bonn war allerdings Ende der 1960er-Jahre nicht mehr bereit, diese finanziellen Forderungen zu akzeptieren. De Gaulle versuchte die EWG ihres politischen Gehalts zu entkleiden und ihren Charakter der Supranationalität zu umgehen, womit er sich die Gegnerschaft Hallsteins zuzog. Dominieren sollte nicht die EWG Frankreich, sondern Frankreich Europa und zwar durch fortgesetzte Einbindung und Kontrolle des westdeutschen Staats auf der Grundlage der Teilung Deutschlands. Die Zollunion der EWG funktionierte und erzielte den Abbau der Binnenzölle schon 1968. Die »Gemeinsame Agrarpolitik« (GAP) wurde aufgrund der massiven Lobbypolitik Frankreichs durch einen Europäischen Ausrichtungs- und Garantiefonds für die Landwirtschaft, letztlich aber v. a. durch deutsche Mittel finanziert. 1967 wurden mit dem Fusionsvertrag die Exekutiven von EGKS, EURATOM und EWG vereint, sodass seitdem für alle drei Gemeinschaften gemeinsame Organe zur Verfügung standen: der Europäische Gerichtshof, das Europäisches Parlament, der Ministerrat und die Europäische Kommission.
Seit dem Tod ihres Parteiführers Schumacher im Jahre 1952 vollzog sich in der SPD ein personeller und programmatischer Wandel. Auf dem Stuttgarter Parteitag 1958 wurde ein Drittel des Vorstands neu gewählt, darunter Willy Brandt, Helmut Schmidt und Gustav Heinemann. Das bis dato gültige Heidelberger Programm von 1925, welches nur durch temporäre Aktions- und Wahlprogramme ergänzt worden war, wurde als veraltet angesehen. Im Januar 1959 war sich das Parteipräsidium einig, die seit Mitte der 1950er-Jahre anhaltenden innerparteilichen Debatten zu bündeln und einen außerordentlichen Parteitag abzuhalten, auf dem ein neues Programm diskutiert und beschlossen werden sollte.

Der historisch zu nennende Bad Godesberger Parteitag fand vom 13. bis zum 15. November 1959 statt. Herbert Wehner war die führende Figur und maßgeblich in die Programmneugestaltung eingebunden. Nach seiner Rückkehr aus dem Exil in Moskau und Schweden trat er 1946 der SPD bei, arbeitete für eine Parteizeitung und wurde von Schumacher unterstützt. Er war Mitglied des Bundestags bis 1983 und bekleidete wichtige Funktionen in der Partei. In der Emigration soll er auf Druck »Genossen« denunziert haben. Ausgerechnet der politisch zwielichtige Wehner sollte die SPD auf Westkurs bringen. Die marxistischen Grundsätze wurden zugunsten der »Freiheit«, »Gerechtigkeit« und »Solidarität« als neue Ziele aufgegeben. An die Stelle der Aufhebung der »kapitalistischen Produktionsverhältnisse« durch Sozialisierung und Planwirtschaft wurde »Mitbestimmung« zur Kontrolle unternehmerischer Macht gesetzt.

Das Godesberger Programm war Ausdruck der grundsätzlichen und nachträglichen Zustimmung zur NATO- und Westintegrationspolitik Adenauers. Die SPD hatte die normative Kraft des Faktischen, also die politischen Realitäten, hinzunehmen. Die neue Programmatik wurde nahezu einstimmig angenommen. Die Akzeptanz der sozialen Marktwirtschaft und der Westintegration bedeuteten eine parteigeschichtliche Zäsur in Westdeutschland und die späte Versöhnung der SPD mit der Politik des ersten Bundeskanzlers – ganz anders sahen es die Sowjets. Mit ihrem neuen Deutschland-Plan aus dem gleichen Jahr erregten die Sozialdemokraten nur kurzzeitig Aufmerksamkeit.

Der Plan ging von Wehner aus, der Vorsitzender des Arbeitskreises für Außenpolitik und gesamtdeutsche Fragen der SPD-Fraktion im Bundestag war. Unter seiner Leitung erarbeitete eine Siebener-Kommission den Vorschlag, demzufolge in Mitteleuropa eine atomwaffenfreie und entmilitarisierte Zone der Entspannung zu schaffen sei, die sowohl von den USA als auch von der UdSSR zu sichern sein würde. In einem Drei-Phasen-Modell sollte dann die »Wiedervereinigung« erreicht werden sowie in der ersten Stufe eine von der BRD und der DDR paritätisch besetzte »Gesamtdeutsche Konferenz« Vorbereitungen treffen. Das lief praktisch auf eine Aufgabe der »Hallstein-Doktrin« und eine zumindest implizite Anerkennung der DDR hinaus. Weder in Washington noch in Moskau fanden diese Überlegungen jedoch Anklang. Selbst innerparteilich wurde der Vorstoß Wehners kontrovers debattiert, da den Westmächten eine Mitverantwortung für die zweite Berlin-Krise nach dem Chruschtschow-Ultimatum von 1958 (Kap. 1.15.4) zugewiesen wurde. Am 30. Juni 1960 erklärte Wehner im Bundestag, dass die SPD den Plan nicht mehr verfolge und anerkannte den fortgesetzten Westkurs Adenauers.

Mit Bad Godesberg versuchte die SPD den historischen Gegensatz zwischen marxistischer Programmatik und revolutionärer Rhetorik einerseits und der sozialdemokratischen Praxis andererseits zu überbrücken. Die Überwindung des Gegensatzes zu den Kirchen und ein klares Bekenntnis zur Landesverteidigung zeigten den Wandel auf. So erhielten die Sozialdemokraten auch Zulauf durch Akademiker und Intellektuelle und verloren ihr Image als klassische Arbeiterpartei. Für bürgerliche Schichten wurde die SPD wählbarer. Die Partei wandelte sich von einer »Klassen«- zu einer

»Volks«-Partei. Das Godesberger Programm ebnete ihr den Weg von einer sozialistischen Oppositionspartei zu einer sozialdemokratischen Koalitions- und Regierungspartei.

1.15.4 Teilhabe der DDR am »Gemeinsamen Markt«, Zementierung der Teilung durch die Mauer und das Ende der Ära Adenauer

Mit Inkrafttreten des EGKS-Vertrags (1952) und dem Beitritt zur NATO (1955) war die Bonner Republik fest im Westen verankert. Die Unterzeichnung der Römischen Verträge zur Gründung von EWG und EURATOM (1957) war ein weiterer entscheidender Schritt zur Westintegration. Diese Verträge interpretierte die SED-Propaganda im Kontext der deutschen Teilung, des Ost-West-Konflikts, der Außenpolitik der USA und im Zeichen von Re-Kolonisierung und Neokolonialismus. Die gängigen Feindbilder und Propagandamuster fanden in dieser Beurteilung eine Bestätigung. Entbehrten Interpretationen, wonach die Römischen Verträge Ausdruck aggressiver US-Außen- und Wirtschaftspolitik seien, der Grundlage, so war die These, wonach sie die politische Spaltung Europas vertiefen würden, nicht von der Hand zu weisen.
Es war eine Tatsache, dass durch Inkrafttreten der EWG 1958 allein schon Westeuropa handels- und zollpolitisch geteilt wurde, von ganz Europa gar nicht zu reden. Problematisch wurde es, wenn von SED-Seite die Römischen Verträge als Beitrag zur weiteren Vertiefung der Spaltung Deutschlands bezeichnet wurden, zumal das Zusatzprotokoll des EWG-Vertrages vorsah, dass der Handel zwischen der BRD und der DDR als Binnenhandel zu betrachten sei. D. h. der deutsch-deutsche Handel sollte Teil des »Gemeinsamen Marktes« und damit die DDR »geheimes EWG-Mitglied« werden, zumindest handels- und zollpolitisch.
Mit Blick auf die Weltanschauung der »Werktätigen« im »friedliebenden Arbeiter- und Bauernstaat« hingegen mussten die an die Bonner Adresse gerichteten Vorwürfe des »Militarismus«, »Imperialismus«, der »Kolonialisierung« und der »Ausbeutung der Arbeiter« vertiefend auf die Spaltung wirken. Mit diesen gängigen Propaganda-Schlagworten wurden EWG und EURATOM in die übliche kommunistische Negativ-Berichterstattung eingebettet und als Steuerungsinstrumente Washingtons gesehen, um Westeuropa nach den Interessen der USA auszurichten.
Löst man sich etwas von diesen Propagandaphrasen, so ergibt sich auch ein objektivierbarer Kern. Wenn z. B. das SED-Organ *Neues Deutschland* argumentierte, dass Deutschland mit Kernwaffen ausgerüstet werden sollte und dies möglicherweise die Beziehungen zwischen den europäischen Ländern verschärfen würde, so kann dem historische Evidenz nicht abgesprochen werden, zumal es zwischen 1956 und 1958 geheime trilaterale Verhandlungen zwischen der Bundesrepublik, Frankreich und Italien zwecks Entwicklung einer gemeinsamen Atombombe gab. Die in diese Richtung gehenden Vermutungen, die von Seiten der DDR geäußert wurden, waren nicht so abwegig.

An Evidenz mangelte es auch nicht beim unterstellten Zusammenhang zwischen EWG und EURATOM einerseits und der NATO andererseits, der wiederholt entsprechend herausgestellt wurde. Alle sechs EWG-Gründer waren Mitglieder des atlantischen Bündnisses. Wenn das *Neue Deutschland* einen Tag vor Unterzeichnung der Römischen Verträge davon sprach, dass »die deutschen Imperialisten in Nordafrika das wankende französische Kolonialregime unterstützen würden, um bei dieser Gelegenheit ihre französischen Konkurrenten zu beerben« und Einfluss »auf die afrikanischen und asiatischen Kolonien Frankreichs, Italiens, Belgiens, Hollands und Portugals zu nehmen«, so bestand der zutreffende Kerngehalt in der Einbeziehung der französischen Überseegebiete in den »Gemeinsamen Markt«, finanziert durch die Bonner Republik. Der bundesdeutschen Politik wurde aber von ostdeutscher Seite eine viel zu starke Rolle zugewiesen, d. h. eine hegemonial-imperialistische Absicht unterstellt.

Die SED-Propaganda-Strategie bestand darin, die eigene Unschuld an der Teilung der Nation und Europas herauszustellen und einseitig der Adenauer-Regierung die Verantwortung für die Spaltung Deutschlands anzulasten. Es ging darum, den direkten Konkurrenten, »die BRD«, zu diskreditieren und zu disqualifizieren, weshalb auch der größere globale Kontext mit der angloamerikanischen kolonialen Politikdimension ins Spiel kam. Dass die DDR Nutznießer der Römischen Verträge war, wurde verschwiegen. Mit der Bezeichnung »innerdeutscher Handel« wurde der Begriff »Interzonenhandel« dann auch substituiert. Gemeint war der Warenaustausch zwischen BRD und DDR.

Früh war bereits das Frankfurter Abkommen zum »Interzonenhandel« nach Gründung beider deutscher Staaten am 8. Oktober 1949 geschlossen worden. Zwei Jahre später, am 20. September 1951, wurden die Wirtschaftsbeziehungen zwischen der BRD und der DDR einschließlich der beiden getrennten Teile Berlins geregelt. Das Abkommen wurde nach Vollendung der EWG-Zollunion 1968 neu formuliert und war bis zur deutschen Einigung in Kraft.

Zur Überwindung der Währungsunterschiede erfolgten gemäß dem Verhältnis eine Westmark = eine Ostmark über Verrechnungseinheiten die Zahlungen über zentrale Verrechnungskonten bei der Deutschen Bundesbank in Frankfurt und der Staatsbank der DDR. Als Organe dienten die »Treuhandstelle Industrie und Handel« in West-Berlin und für die DDR das Ministerium für Außenhandel in Ost-Berlin. Der innerdeutsche Handel war zunächst weder Außen- noch Binnenhandel. Da eigenständige und unterschiedliche Währungsgebiete betroffen waren, musste er eigens geregelt werden. Die Sonderstellung des Interzonenhandels war bei der Gründung der EWG auch in Rechnung zu stellen.

Mit den Römischen Verträgen wurde dann der Interzonenhandel in der EWG als Binnenhandel (»innerdeutscher Handel«) bewertet. Die DDR kam so in den Genuss der EWG-Vergünstigungen und blieb fortan ein heimliches Mitglied der Europäischen Gemeinschaften. Jahresweise wurden Warenlisten erstellt. Die BRD lieferte Maschinen, elektrotechnische und chemische Produkte, die DDR Textilien, Land- und forstwirtschaftliche Produkte sowie Holzwaren und Mineralölerzeugnisse.

Die Integration der BRD und der DDR in die jeweiligen Militärblöcke hatte, wie schon ausgeführt, die Aufstellung von deutschen Streitkräften in beiden deutschen Teilstaaten zur Folge. Seit 1955/56 waren Politiker in Ost wie West bemüht, nach Mitteln und Möglichkeiten zu suchen, die deutschen Teilstaaten aus den Bündnissen herauszuführen. Damit verbunden waren Abrüstungsvorschläge und die Schaffung von atomwaffenfreien Zonen in Europa, um auf diese Weise das »Gleichgewicht des Schreckens« zu überwinden.
Der vom polnischen Außenminister Adam Rapacki (1956–68) in der UNO-Vollversammlung am 2. Oktober 1957 vorgeschlagene Plan eines Disengagements zum »Auseinanderrücken der Blöcke« und zur Bildung einer atomwaffenfreien Zone in Mittel- und Ostmitteleuropa, an dem auch der SPD-»Deutschlandplan« von 1959 anzuknüpfen versuchte, umfasste in seiner ursprünglichen Version Polen und die beiden deutschen Staaten. Die Verwendung von Nuklearwaffen gegen diese Territorien sollte untersagt werden, die Vereinbarung für diese selbst wie für die Atommächte Frankreich, Großbritannien, UdSSR und USA verpflichtend sein. Der Zeitpunkt war geschickt gewählt, da parallel dazu in der Bundesrepublik die Auseinandersetzungen um die atomare Bewaffnung der deutschen Bundeswehr und die Aktivitäten der »Anti-Atomtod«-Kampagne voll im Gange waren (Abb. 22).

Abb. 22: Demonstration gegen die geplante Atombewaffnung der Bundeswehr in München 1958

Die UdSSR unter Chruschtschow machte sich den Vorschlag erst voll zu eigen, als sich die westliche Ablehnung abzeichnete. Die DDR-Führung unter Ulbricht schloss sich dem Vorgehen an und ventilierte ihrerseits die Idee einer Konföderation beider deutscher Staaten auf Basis der Gleichrangigkeit, was die Bundesrepublik aufgrund ihres »Alleinvertretungsanspruchs« nicht akzeptieren wollte. Im Westen wurde der Rapacki-Plan vorschnell als Initiative zur Lockerung der Abhängigkeit Polens von der UdSSR und Rapacki als »Agent Chruschtschows« (fehl)gedeutet. Tatsächlich war der Plan zur Stabilisierung des Status quo ausgearbeitet und dabei die sowjetische Botschaft in Warschau, nicht aber die Regierung der UdSSR konsultiert worden.

Am 14. Februar 1958 wurde ein zweiter, überarbeiteter Rapacki-Plan vorgeschlagen, der neben Polen und den beiden deutschen Staaten auch die ČSR einschloss. Er sah ein Verbot der Herstellung, Lagerung und Stationierung von Kernwaffen bzw. damit zusammenhängender Geräte und Einrichtungen vor, ferner umfangreiche Möglichkeiten der Kontrolle und Inspektion sowie den Rückzug der Besatzungstruppen aus diesen Staaten. Vor allem sollte die Installierung von US-Mittelstreckenraketen in der Bundesrepublik verhindert werden.

Von der NATO, der WEU und der BRD wurde auch dieser Rapacki-Plan abgelehnt. Bonn befürchtete, die Frage der Anerkennung der DDR wie auch der deutsch-polnischen Grenze zu präjudizieren. Die »Hallstein-Doktrin« stand der Akzeptanz weiterer Variationen des Rapacki-Plans vom 4. November 1958 und vom 28. März 1962 entgegen. So waren die ersten entspannungspolitischen Vorschläge eines »Ostblock«-Politikers, die im Westen aufgegriffen und z. T. auch anerkannt wurden, zum Scheitern verurteilt.

Die führenden Westmächte lehnten die Vorschläge Rapackis vor allem mit dem Argument ab, dass sich dadurch das militärische Gleichgewicht in Europa wegen der konventionellen Überlegenheit der UdSSR zugunsten des Warschauer Paktes verschieben würde.

In der Debatte über die Zukunft Mitteleuropas und einen Abbau der Militärblöcke meldete sich auch Pankow zu Wort und deponierte in mehreren Noten an die Bonner Adresse die Idee einer »Konföderation« beider deutscher Staaten auf Basis der Gleichrangigkeit als Vorstufe einer späteren Einigung. Diese von der UdSSR unterstützten Vorstöße wurden jedoch in Bonn mit Einverständnis der Westmächte abgelehnt und als Versuch interpretiert, die Bundesrepublik aus dem transatlantischen Bündnis und westeuropäischen Verbund herauszulösen.

Adenauer erwog eine »Österreich-Lösung« für den Verzicht auf »Wiedervereinigung«, aber nur für die DDR, um dort den Menschen die Lebensbedingungen zu erleichtern. Die Versuche des österreichischen Bundeskanzlers Raab, mit seinem Deutschlandplan einer Vier-Mächte-Regelung zur Zusammenführung von BRD und DDR fruchteten, wie erwähnt, nicht, weil sich sowohl Bonn als auch Pankow ihm widersetzten.

Im Herbst 1958 ging der sowjetische Partei- und Regierungschef Chruschtschow in die Offensive. In einer Rede am 10. November 1958 machte er klar, dass die Westalliierten kein Recht mehr hätten, ihre Truppen in Berlin zu stationieren, was für Aufsehen sorgte. Am 27. November verschärfte er seine Gangart, indem er den Westmächten ein Ultimatum überreichte und die Umwandlung Berlins in eine »selbstständige politische Einheit« und die Umformung zu einer »entmilitarisierten freien Stadt« forderte. Innerhalb von sechs Monaten sollten Verhandlungen zu diesem Status führen, sonst würde die UdSSR mit der DDR eine Regelung treffen, wonach sie die ihr zustehenden Hoheitsrechte ausüben könne, was auch für alliierte Militärtransporte gelte.

Bereits vor dem Ultimatum hatte die Volkspolizei (VOPO) der DDR damit begonnen, US-Transporte durch ostdeutsches Territorium zu kontrollieren, zu behindern und zu beschlagnahmen. Das versetzte das Oberkommando der NATO in Alarmzustand und ließ intern Überlegungen aufkommen, auch Gewalt gegen die VOPO anzuwenden. Auf der Tagung des NATO-Rates im Dezember 1958 wurden die Forderungen Chruschtschows zurückgewiesen. Dieser unterstrich in einer Note vom 10. Januar 1959, dass es um eine Neugestaltung in Deutschland gehe und die Westmächte sich zurückziehen sollten. Er legte den Entwurf eines Friedensvertrages vor, der von zwei deutschen Staaten und einer entmilitarisierten »freien Stadt Berlin« ausging. Bonn reagierte mit Gegenvorschlägen, die bei Maximalforderungen an die östliche Seite auf den Status quo hinausliefen und besonders die Westmächte zur Ablehnung des Ultimatums und Bekräftigung ihrer Garantien für Berlin animieren sollten.

Bemerkenswert war der Umstand, dass die von östlicher Seite initiierten Vorstöße nun auch eine deutschlandpolitische Bewegung in der Bonner Republik auslösten. Sowohl der »Globke-Plan« der Regierung, benannt nach dem Staatssekretär im Bundeskanzleramt und ehemaligen Mitarbeiter an den Nürnberger Rassegesetzen von 1935, Hans Globke, wie auch der »Deutschland-Plan« der SPD (Kap. 1.15.3) schlossen die Anerkennung der DDR nicht mehr von vornherein aus. Der »Globke-Plan« verwarf allerdings sogleich den Gedanken einer entmilitarisierten Bundesrepublik, für ganz Berlin hingegen schien nach ihm eine solche Variante denkbar. Nach einer Interimsperiode sollten diesem Plan zufolge freie Wahlen in ganz Deutschland stattfinden und Maßnahmen für die deutsche Einigung eingeleitet werden. Der »Deutschland-Plan« war von der Rüstungskontrollzone Rapackis ausgegangen, ging aber wiederum bezüglich Berlins nicht so weit, wie die im Globke-Plan entwickelten Vorstellungen. Wie bei diesem sollte am Ende ein vereintes Deutschland stehen, Überlegungen, die sich an SED-Vorschläge einer »Konföderation« anlehnten.

Primär ging es wohl beiden bundesdeutschen Initiativen darum, Moskau zu Verhandlungen zu veranlassen. Am 11. Mai 1959 stimmte Außenminister Andrej Gromyko einer Außenministerkonferenz zu. Damit war erkennbar, dass die Sowjetunion nicht auf Einhaltung des bis zum 27. Mai befristeten Ultimatums insistieren würde. Im Juni 1959 wurde in Genf eine Vier-Mächte-Konferenz einberufen und noch einmal über die Deutschland- und die Berlin-Frage verhandelt. Die beiden deutschen Teilstaaten waren mit Beobachterdelegationen an »Katzentischen« vertreten.

In zwei Sitzungsrunden vom 11. Mai bis 20. Juni und vom 13. Juli bis 5. August 1959 lief die Konferenz ab. Drei Tage vor Beginn trat US-Außenminister Christian A. Herter im US-Fernsehen entschieden für die deutsche »Wiedervereinigung« ein. Die Bundesregierung hatte zuvor die Kritik der Sowjetunion zurückgewiesen, die sich entschieden gegen eine atomare Bewaffnung der Bundeswehr gerichtet hatte. Auf der Genfer Außenministerkonferenz schlug Herter vor, die Vereinten Nationen (UNO) mit der Überwachung subversiver Aktionen in beiden Teilen Berlins zu beauftragen.

In Genf ließ sich letztlich kein Durchbruch im Ringen um eine Lösung der Deutschlandfrage erkennen, aber eine Wende im Klima der Ost-West-Beziehungen. Die russischen Drohungen wurden schwächer. Zwischen Chruschtschow und Eisenhower wurde Einverständnis über eine zeitlich unbefristete Wiederaufnahme der Gespräche über Berlin erzielt. Die UdSSR schien sich mit dem Status quo in der ehemaligen Reichshauptstadt abzufinden.

Am Morgen des 13. August 1961 begann das SED-Regime mit der Errichtung von Sperranlagen und dem Bau der Mauer (Kap. 1.14.8), die den Ostsektor Berlins abriegeln sollte. Die Bauarbeiten wurden von VOPO und NVA bewacht. Die Verkehrsverbindungen zwischen den Teilen Berlins waren abgeschnitten. An allen Grenzen nach West-Berlin und zur Bundesrepublik wurde scharf kontrolliert. Vertreter Berlins und Bonns reagierten auf die Aktionen ohnmächtig und hilflos. Die flehentlichen Bitten um Proteste der westlichen Alliierten gegen den Mauerbau erfolgten verspätet und verpufften wirkungslos.

Egon Bahr, Leiter des Presse- und Informationsamtes in West-Berlin, erinnerte sich:

»Uns war in Berlin klar geworden, dass Adenauers Politik der Stärke zwangsläufig in eine Sackgasse führte und ein Überdenken der außenpolitischen Strategie unabdinglich war. Wenn auf Seiten der Siegermächte niemand bereit war, die Berliner Mauer einzureißen bzw. den von der Teilung der Stadt betroffenen Menschen zu helfen, dann mussten wir versuchen, diese Mauer zumindest zeitweilig durchlässig zu machen, sodass Menschen – und sei es nur für Stunden oder für Feiertage – ihre Angehörigen im Ostteil der Stadt wieder besuchen konnten. Das war kein Konzept, sondern eine unausweichliche Reaktion auf eine kommunale Notsituation. [...] Wir sind also aus dem Mauerbau in Berlin zu der Erkenntnis gekommen, dass niemand ›deutscher‹ sein wird als die Deutschen. Deshalb müssen wir anfangen, uns um unsere Interessen selbst zu kümmern. Im Prinzip ist der Mauerbau der Anfang dessen geworden, was später als ›Entspannungspolitik‹ bekannt geworden ist.«

Aus diesen Befunden ergibt sich die Erkenntnis, dass die Politik der Entspannung und Normalisierung in Berlin geboren wurde, d. h. anders formuliert keine Bonner Erfindung gewesen ist.

In der Bundesrepublik lief unterdessen der Wahlkampf für den Bundestag im September 1961 an. Er stand auch im Mittelpunkt des Interesses von Adenauer, der es nicht für klug befand, sofort nach Berlin zu fahren und seine Solidarität mit den bedrückten und bedrängten Landsleuten zu demonstrieren. In Bonn war man wie beim 17. Juni bemüht, die Vorgänge nicht eskalieren zu lassen und die Bevölkerung von spontanen Aktionen abzuhalten. Der Regierende Bürgermeister von Berlin, Willy Brandt, war um eine deutlichere Politik bemüht. Adenauer setzte sein Wahlkampfprogramm in Bayern fort und besuchte erst am 16. August die geteilte Frontstadt des deutsch-deutschen Kalten Kriegs, ein Verhalten, das ihm leidenschaftliche Kritik eintrug. In einer Rede in Regensburg verunglimpfte er Brandt »alias Frahm«, indem er auf dessen uneheliche Geburt und seine Rolle als »Emigrant« anspielte. Brandt war vor der NS-Diktatur nach Norwegen geflohen.

Die Westmächte waren durch ihre Nachrichtendienste über die östlichen Maßnahmen unterrichtet. Schon im Frühsommer 1961 hatten sie der sowjetischen Seite signalisiert, ihr im Ostsektor freie Hand zu lassen. Die Sowjetunion hatte der Abriegelung der DDR schließlich zugestimmt, weil sie keine andere Möglichkeit mehr sah, ihre ökonomische Lage zu stabilisieren. Die Regierungen in Pankow und Moskau nahmen die kurzzeitig aufflammende Kritik im Westen in Kauf.

Nach der Bundestagswahl vom 17. September 1961 bei einer Wahlbeteiligung von 87,7 % mit der CDU/CSU (45,3 %) als klarem Wahlsieger vor der SPD (36,2 %), der FDP (12,8 %) und Sonstiger wie der Gesamtdeutschen Partei, der Deutschen Friedens-Union u. a. (insgesamt 5,7 %) konnte Adenauer noch einmal die Regierung bilden. Es war jedoch ein Kabinett mit Ablauffrist, denn der Koalitionspartner FDP machte den vorzeitigen Abgang des Kanzlers zur Bedingung für eine neuerliche Koalition. Sie wurde dann auch von Krisen heimgesucht.

Die schwerste war die *Spiegel*-Affäre im Oktober 1962. Das Magazin hatte einen kleinen, aber kritischen Bericht (»Bedingt abwehrbereit«) über NATO-Manöver publiziert, worauf die Redaktionsräume des Hamburger Wochenmagazins durchsucht und Journalisten wie Conrad Ahlers und Rudolf Augstein verhaftet wurden. Bundesinnenminister Hermann Höcherl erklärte in despektierlicher Art und Weise im September 1963 als das Bundesamt für Verfassungsschutz unter Verstoß gegen das Telefongeheimnis des Grundgesetzes Telefonabhörmaßnahmen durch alliierte Dienststellen hatte vornehmen lassen: »Die Beamten können nicht den ganzen Tag mit dem Grundgesetz unter dem Arm herumlaufen.«

Fünf Freidemokraten erklärten ihren Rücktritt. Nachdem Verteidigungsminister Franz Josef Strauß im Bundestag die Unwahrheit gesagt hatte, musste auch er gehen. Die Bonner Republik zeigte sich Anfang der 1960er Jahre als ein sehr nervöser Frontstaat im Kalten Krieg.

Im Dezember 1962 kündigte Adenauer den Rücktritt von seinem Amt für den Herbst des nächsten Jahres an. Das Ende seiner Ära deutete sich schon mit der missglückten Idee zur Kandidatur als Bundespräsident 1959 an und war mit der *Spiegel*-Affäre stark beschleunigt worden. Am 16. Oktober 1963 wählte der Bundestag den bisherigen Bundeswirtschaftsminister Ludwig Erhard zum neuen Bundeskanzler.

1.15.5 Der Ausweg aus der deutschlandpolitischen Sackgasse: Die Formel »Wandel durch Annäherung« wird geboren

Der Mauerbau in Berlin half der DDR ihren drohenden Exodus abzuwehren, führte zu ihrer Stabilisierung und bedeutete gleichzeitig das Ende von Adenauers »Politik der Stärke«, die sich als Politik der Hilflosigkeit und Schwäche darstellte sowie auch allmählich als Politik westlicher Enthaltung und Verweigerung einer aktiven Deutschlandpolitik entpuppte. Die Enttäuschung Adenauers über die Haltung der USA führte zur Annäherung an Charles de Gaulle und zum deutsch-französischen Vertrag vom 22. Januar 1963.

Kennedys Besuch in Berlin mit seinem legendären Ausspruch bei seiner Rede vor dem Schöneberger Rathaus »Ich bin ein Berliner!« am 26. Juni 1963 konnte kaum mehr darüber hinwegtäuschen, dass der Westen die Einheit Deutschlands keinesfalls als seine Priorität sah.

Die UdSSR hielt nach dem Mauerbau offiziell weiter am Maximalziel der Einbeziehung ganz Berlins in die DDR fest, fand sich aber mit den herrschenden Machtverhältnissen in der geteilten Stadt auch praktisch ab, zumal die Westmächte an den politischen Garantien für West-Berlin und der Sicherung der Zufahrtswege festhielten und auf ihrem Recht beharrten, weiterhin den Ostsektor der Stadt ungehindert zu betreten. Brandt sah die Gefahr, dass Berlin einen von der Bundesrepublik losgelösten neutralen Status erhalten könnte. Auf sein Drängen an Bundeskanzler Adenauer und dem Auswärtigen Amt in Bonn vorbei erreichte er durch eine direkte Initiative bei US-Präsident John F. Kennedy eine neuerliche US-Garantieerklärung für den Status von Berlin.

In seiner Rede am 26. Juni 1963 vor dem Rathaus Schöneberg anlässlich des 15. Jahrestags der Berliner Luftbrücke und des ersten Besuchs eines US-amerikanischen Präsidenten nach dem Mauerbau 1961 brachte er seine Solidarität mit der Bevölkerung von West-Berlin zum Ausdruck (Abb. 23).

Abb. 23: John F. Kennedy mit Willy Brandt und Konrad Adenauer in Berlin, 26.6.1963

Die definitive Spaltung der Stadt, mit der sich alle in West wie Ost abgefunden hatten, war damit aber nicht zu ändern. Mit dieser bitteren Realität mussten sich jene Adenauer-Anhänger abfinden, die naiver Weise geglaubt hatten, die Westintegration führe zur »Wiedervereinigung« und die Westmächte würden sich für die Einheit Deutschlands einsetzen.

Die DDR triumphierte hingegen nach dem Mauerbau, den die SED-Propaganda als »antifaschistischen Schutzwall« und als »Sieg des Sozialismus« über den »Imperialismus« feierte. Es gab genügend fehlgeleitete, verirrte, aber auch überzeugte DDR-Bürgerinnen und Bürger, die diese offiziellen Propaganda-Slogans tatsächlich glaubten.

Am 15. Juli 1963 hielt Egon Bahr eine denkwürdige Rede in der Evangelischen Akademie Tutzing am Starnberger See, die unter dem Schlagwort »Wandel durch Annäherung« in die Geschichte eingegangen ist. Bahr führte dabei u. a. aus: »Wir haben bitter gelernt, Realitäten anzuerkennen, auch wenn sie einem gar nicht gefielen. Das war der Beginn des Umdenkens.« Was war damit gemeint?

Ausgangspunkt seiner Überlegungen war der Mauerbau in Berlin. Laut Bahr konnte man sich unentwegt darüber entrüsten, dagegen demonstrieren und protestieren oder aber aktiv werden, sich rühren, Gesprächen zuwenden und sich dem Gegner zu öffnen, um ihn zu öffnen und die Voraussetzungen für eine friedliche Änderung der Lage zu schaffen:

»Die amerikanische Strategie des Friedens läßt sich auch durch die Formel definieren, daß die kommunistische Herrschaft nicht beseitigt, sondern verändert werden soll. Die Änderung des Ost/West-Verhältnisses, die die USA versuchen wollen, dient der Überwindung des Status quo, indem der Status quo zunächst nicht verändert werden soll. Das klingt paradox, aber es eröffnet Aussichten, nachdem die bisherige Politik des Drucks und Gegendrucks nur zu einer Erstarrung des Status quo geführt hat. Das Vertrauen darauf, daß unsere Welt die bessere ist, die im friedlichen Sinn stärkere, die sich durchsetzen wird, macht den Versuch denkbar, sich selbst und die andere Seite zu öffnen und die bisherigen Befreiungsvorstellungen zurückzustellen.«

Die Rede war auch eine Abrechnung mit der »Politik der Stärke« und der Westintegration von Adenauer der 1950er-Jahre. Bahr rekurrierte auf die im Vergleich zu US-Präsident Eisenhower und US-Außenminister Dulles veränderte Zugangsweise der Kennedy-Administration zur Sowjetunion unter Chruschtschow. Im Kern ging es Bahr um das Schicksal der Menschen hinter der Mauer und darum, die Menschen durchzubringen, d. h. um humanitäre Erleichterungen für die Ost-Berliner und Ostdeutschen.

Die Zielrichtung des Gedankens »Wandel durch Annäherung« bestand in der Ablehnung der Verweigerung der politischen Realitäten, also in der Anerkennung des militärisch-politischen Status quo. Auf den Punkt gebracht, besagte die Zielrichtung: Kontakte und Kooperation statt Konflikt und Konfrontation. Zentrale Motivation war die Annäherung an einen Versuch zur Lösung der deutschen Frage:

»Die erste Folgerung, die sich aus einer Übertragung der Strategie des Friedens auf Deutschland ergibt, ist, daß die Politik des Alles oder Nichts ausscheidet. Entweder freie Wahlen oder gar nicht, entweder gesamtdeutsche

Entscheidungsfreiheit oder ein hartes Nein, entweder Wahlen als erster Schritt oder Ablehnung, das alles ist nicht nur hoffnungslos antiquiert und unwirklich, sondern in einer Strategie des Friedens auch sinnlos. Heute ist klar, daß die Wiedervereinigung nicht ein einmaliger Akt ist, der durch einen historischen Beschluß an einem historischen Tag auf einer historischen Konferenz ins Werk gesetzt wird, sondern ein Prozeß mit vielen Schritten und vielen Stationen. Wenn es richtig ist, was Kennedy sagte, daß man auch die Interessen der anderen Seite anerkennen und berücksichtigen müsse, so ist es sicher für die Sowjet-Union unmöglich, sich die Zone zum Zwecke einer Verstärkung des westlichen Potentials entreißen zu lassen. Die Zone [sic! recte: DDR] muß mit Zustimmung der Sowjets transformiert werden. Wenn wir soweit wären, hätten wir einen großen Schritt zur Wiedervereinigung getan.«

Eine »Strategie des Friedens« konnte für Bahr mit der Aufrechterhaltung eines geteilten Deutschlands nicht vereinbart werden. Sie bestand für ihn im Versuch der Lösung der deutschen Frage. Ohne eine Befriedung und Einigung Deutschlands sollte auch Europa nicht zum Frieden und zu seiner Vereinigung kommen. Das war im Grunde eine Diplomatie und Politik zur Überwindung der geteilten Nation auch im Sinne europäischer Verantwortung. Bahr sah umso mehr einen großen Fehler darin, aus Angst und Sorge angesichts der Größe des Kontrahenten vor Ehrfurcht zu erstarren und in eine reine Abwehrhaltung zu verfallen. Vielmehr sollten dessen Defizite und Schwachpunkte erkannt und analysiert werden, um zu wissen, wie damit selbstbewusst umzugehen sei:

»Wir haben gesagt, daß die Mauer ein Zeichen der Schwäche ist. Man könnte auch sagen, sie war ein Zeichen der Angst und des Selbsterhaltungstriebes des kommunistischen Regimes. Die Frage ist, ob es nicht Möglichkeiten gibt, diese durchaus berechtigten Sorgen dem Regime graduell so weit zu nehmen, daß auch die Auflockerung der Grenzen und der Mauer praktikabel wird, weil das Risiko erträglich ist. Das ist eine Politik, die man auf die Formel bringen könnte: Wandel durch Annäherung. Ich bin fest davon überzeugt, daß wir Selbstbewußtsein genug haben können, um eine solche Politik ohne Illusionen zu verfolgen, die sich außerdem nahtlos in das westliche Konzept der Strategie des Friedens einpaßt, denn sonst müßten wir auf Wunder warten, und das ist keine Politik.«

Der aufsehenerregende Effekt dieser Rede war durch einen Regie-Fehler entstanden. Brandt sollte in Tutzing vor Bahr sprechen. Dieser referierte entgegen dem Ablaufplan vor Brandt, der erst verspätet eintraf. Brandt war von der Bahr'schen Formulierung nicht überzeugt gewesen. Er hatte Sorge vor Missverständnissen und innerparteilicher Überforderung. Es sollte dann in der innenpolitischen Auseinandersetzung auch nicht lange der Vorwurf der ideologischen Selbstaufgabe und der politischen Unterwerfung vor dem weltanschaulichen Gegner auf sich warten lassen. Bahr hatte aber richtig erkannt, dass sich die Deutschen in der Frage der Überwindung der geteilten Nation nicht auf die Westmächte verlassen konnten und selbst aktiv werden mussten. Am Anfang dieser Erkenntnis stand die Idee vom »Wandel durch Annäherung«. Die Schlussfolgerung war eigentlich banal: Wenn man von einem Anderen etwas wolle, müsse man sich ihm nähern und Kontakt suchen. Das Vorhaben ging davon aus, dass Veränderungen, die kurzfristig nicht durch eine »offensive« Interessenpolitik der Auseinandersetzung realisiert werden können, langfristig durch Kooperationsbereitschaft in Form von Annäherung an das Gegenüber erreicht werden könnten.

Was Bahr in Tutzing vor der Rede Brandts ausführte, war nicht mehr als eine Formel. Aus dieser musste erst im Planungsstab des Auswärtigen Amtes ein Konzept entwickelt werden. Es wurde ein langer und mühsam zu beschreitender langjähriger Weg bis zum Moskauer Vertrag (1970) und zum Grundlagenvertrag (1972), gepflastert vom wiederkehrenden Abbau von Misstrauen und Spannungen, wiederholtem Streit um Begriffe und deren Neuformulierungen, dem Aufbau eines speziellen Kommunikationsdrahtes (Stichwort back channel) zur Vermeidung von Missverständnissen, Verhinderung von Gesichts- und Prestigeverlust, aber auch von der Beibehaltung eines Parallelkanals ins Weiße Haus. Voraussetzungen der neuen Ostpolitik waren ein Mindestmaß an Risikobereitschaft, die Ignorierung von parallel laufenden konterkarierenden Geheimdienstaktivitäten sowie der Umstand, dass Walter Scheel ganz auf der Linie Brandts blieb, also das Verhältnis Außenminister und Vizekanzler zu Bundeskanzler trotz bestehender Irritationen, Rivalitäten und Spannungen zwischen Bundeskanzleramt und Auswärtigem Amt klar geregelt war. Aus der Formel wurde schließlich ein Konzept mit einer Abfolge von Verträgen, welches letztlich zur Konferenz über Sicherheit und Zusammenarbeit (KSZE) führte (Kap. 3).

2. Verfestigung der Teilung (1961–1972)

2.1 Stabilisierung der DDR und fortgesetzte Westintegration der Bundesrepublik unter Erhard und Kiesinger

2.1.1 Auf dem Weg zur »sozialistischen Nation«: Politisch-ökonomische Konsolidierung der »protestantischen« DDR und die Passierschein-Abkommen

Mit dem Mauerbau setzte in der DDR eine Phase der ökonomischen und politischen Stabilisierung ein. Das letzte Schlupfloch in den »freien Westen« war nun geschlossen. Die ostdeutsche Bevölkerung besaß ab jetzt über den Landweg keine Chance mehr zur Flucht in den Westen (die Ostsee wurde noch als Fluchtmöglichkeit genutzt). Sie fügte sich überwiegend in die Gegebenheiten, fand sich mit ihrem Los ab und passte sich mehr oder weniger stark den politischen Verhältnissen im deutschen real existierenden sozialistischen Staat an. Der gesellschaftlichen Desintegration, bedingt durch »Abstimmung mit den Füßen«, und dem Massenexodus war mit dem Mauerbau definitiv Einhalt geboten und die Lähmung des ökonomischen Aufbaus der DDR überwunden.

Das SED-Regime propagierte stärker als bisher den Gedanken des Zusammenhalts. Es warb um Mitarbeit und stellte bessere Arbeits- und Lebensbedingungen in Aussicht. Zur Umgestaltung und Optimierung der ökonomischen Verhältnisse und des politischen Ordnungssystems beschlossen das ZK der SED und der DDR-Ministerrat im Juni 1963 die Einführung des »Neuen Ökonomischen Systems der Planung und Leitung der Volkswirtschaft«. Staatliche Plankommissionen sollten für längere Zeiträume Perspektivpläne erstellen und mit untergeordneten Einrichtungen Jahrespläne entwickeln. Hierbei spielten die »Volkseigenen Betriebe« (VEB) eine besondere Rolle. Mit Prämien wurden Anreize geschaffen. Höhere Erträge, die Tätigung eigener Investitionen und die Auszahlung leistungsbezogener Löhne waren das Ziel.

Mit diesen flexibleren Methoden, verbunden mit der Förderung des Konkurrenzdenkens, sollten Defizite der bis dato zentral gesteuerten Planwirtschaft umschifft werden. Mit dem sogenannten »Neuen Ökonomischen System«, das in gewisser Weise an die »Neue Ökonomische Politik« von Wladimir Iljitsch Lenin aus den frühen 1920er-Jahren in der Sowjetunion erinnerte, versuchte sich die DDR zum Pionier wirtschaftlicher Reformen gegenüber den übrigen »sozialistischen Bruderstaaten« in Mittel- und Osteuropa aufzuschwingen, was nicht immer zu deren Freude geschah.

Der ostdeutsche Kommunismus und seine Repräsentanten wurden im sozialistischen Lager mit Argwohn und Skepsis gesehen, und zwar aufgrund ihrer Konsequenz in der Umsetzung des Marxismus-Leninismus sowie der Bestrebungen, einen sozialistischen Musterstaat auf deutschem Boden aufzubauen, v. a. aber wegen ihrer Linientreue gegenüber Moskau. Der deutsche Spießer-Sozialismus mit seinem perfektionierten Bespitzelungs- und Überwachungssystem war krasseste Ausformung im »real existierenden Sozialismus« unter den Staaten in Mittel-, Ost- und Südosteuropa. Die Außengrenzen der DDR waren die schärfsten und unmenschlichsten im Vergleich zu allen anderen der »Bruderstaaten« (Abb. 24).

In der letzten Phase der Ära Walter Ulbricht und Erich Honecker gab es Anzeichen von Emanzipationsbestrebungen gegenüber der Sowjetunion, allerdings von geringer Bedeutung und nur kurzer Dauer. Sie waren von der politischen Illusion, ja von der wahnwitzigen Vorstellung getragen, es noch besser zu wissen und zu können als die kommunistischen Lehrmeister im Kreml. Diese Versuche waren zum Scheitern verurteilt.

Erklärung der Regierungen der Warschauer-Vertrags-Staaten

Wir sichern unsere Grenzen!

Warschauer-Vertrags-Staaten richten Ansuchen an Regierung der DDR
Maßnahmen gegen Wühltätigkeit aus Westberlin getroffen

- Es gibt auf der Erde keinen Ort, wo so viele Spionage- und Wühlzentralen fremder Staaten konzentriert sind und sich so ungestraft betätigen können wie in Westberlin
- Herrschende Kreise der Bundesrepublik und der NATO-Länder benutzen Lage an Westberliner Grenze für Wirtschaftsstörungen gegen die DDR, Betrug, Korruption, Erpressung von DDR-Bürgern
- Die Wühltätigkeit gegenüber der DDR und den sozialistischen Ländern hat sich in letzter Zeit verstärkt, besonders nach den Vorschlägen der Sowjetunion und der Länder des Sozialismus zur Friedensregelung mit Deutschland
- Die Regierungen der Warschauer-Vertrags-Staaten wenden sich an die Volkskammer und an die Regierung der DDR, an alle Werktätigen der DDR mit dem Vorschlag, an der Westberliner Grenze eine Ordnung einzuführen, durch die der Wühltätigkeit zuverlässig der Weg verlegt wird
- Selbstverständlich werden diese Maßnahmen die geltenden Bestimmungen für Verkehr und Kontrolle an den Verbindungswegen zwischen Westberlin und Westdeutschland nicht berühren
- Die Notwendigkeit dieser Maßnahmen entfällt, sobald die Friedensregelung mit Deutschland verwirklicht ist (Wortlaut der Erklärung auf S. 2)

Dem Treiben der westdeutschen Militaristen einen Riegel vor

Beschluß des Ministerrats der Deutschen Demokratischen Republik

Berlin (ADN) Der Ministerrat der Deutschen Demokratischen Republik hat folgenden Beschluß gefaßt:

„Auf Grund der Erklärung der Teilnehmerstaaten des Warschauer Vertrages den Weg zu öffnen für die Sicherung des Friedens und die Wiedergeburt Deutschlands als friedliebender, antiimperialistischer, neutraler Staat. Der Standpunkt der Bonner Ziele des faschistischen deutschen Imperialismus zur Zeit des Dritten Reiches. Aus der Niederlage Hitlerdeutschlands im zweiten Weltkrieg hat die Bonner Regierung die Schlußfolgerung

Diese neuerliche Bedrohung des deutschen Volkes und der europäischen Völker durch den deutschen Militarismus konnte zu einer akuten Gefahr werden, weil in der westdeutschen steigernden Gebietsforderungen gegenüber der Deutschen Demokratischen Republik und den Nachbarstaaten Deutschlands erfolgt, die in enger Verbindung steht mit der beschleunigten

Abb. 24: Zeitungsartikel »Wir sichern unsere Grenzen!«

Die DDR war nicht nur ein Produkt sowjetischer Besatzungspolitik in Deutschland, sondern ihre Existenz in hohem Grade abhängig vom Wohl und Wehe der UdSSR. Es war Leonid Breschnew, der Erich Honecker mahnte, die deutsche Überheblichkeit gegenüber den Nachbarn einzustellen. Bereits 1970 hatte Breschnew Honecker klargemacht: »Erich, vergiss das nie: Die DDR kann ohne uns, ohne die Sowjetunion, ihre Macht und Stärke nicht existieren. Ohne uns gibt es keine DDR.«

In Polen herrschte Sorge vor einem sozialistischen Gesamtdeutschland. Die Beziehungen zwischen Warschau und Ost-Berlin waren nicht frei von Belastungen und Konflikten. Dabei spielte auch der weit schlechtere Lebensstandard in Polen eine Rolle. Die Oder-Neiße-Grenze bewirkte auch in Teilen der DDR-Bevölkerung Ablehnung und Unmut. Stettin etwa wurde als deutsche und nicht als polnische Stadt gesehen.

Das »Neue Ökonomische System« führte in der Pankower Republik zur »Normalisierung« der Verhältnisse. Damit wurde ein Grundstein für die Entwicklung der DDR auf dem Weg zur zweitstärksten Industrienation im Rahmen des COMECON gelegt, wobei die SED-Propaganda entsprechend nachhalf, dieses Bild zu vermitteln, und die spätere Selbststilisierung von der »zehnt-stärksten Industriemacht der Welt« diese Vorstellung maßlos überhöhte.

Einseitig blieb bei dieser neuen Wirtschaftspolitik die Ausgabenseite, die auf gewisse Branchen fokussiert war, sodass Verzerrungen die Folge waren, d. h. Versorgungsengpässe im Konsumgüterbereich entstanden. Da zunächst der Investitionsgüterbereich – auch aufgrund wechselseitiger Verpflichtungen im RGW – bevorzugt wurde, musste die Konsumgüterproduktion zurückstehen.

Der Interzonenhandel bewirkte zwar mit dem »Swing« eine gewisse Milderung. Dieser Begriff der Außenwirtschaft (Austausch nach Devisen) bedeutete bei zweiseitigen Handelsverträgen einen Betrag, bis zu dem ein Land (in diesem Falle die DDR), das mit seiner Lieferung in Verzug war, vom Handelspartner (der BRD) einen Kredit erhalten sollte. Die genannten strukturellen Schwierigkeiten bekam aber die DDR-Bevölkerung bald zu spüren. Sie führten Anfang der 1970er-Jahre zu einem Stopp ökonomischer Reformbestrebungen. Die Komplikationen setzten sich bis zum Ende der DDR fort, da wiederholt Besorgnis bestand, die Reformversuche hätten einen, wenn auch nur vorübergehenden Rückgang der laufenden Industriegüterproduktion zur Folge. War die DDR vom Lebensstandard der BRD nach wie vor weit entfernt, so blieb immerhin die Existenz des ostdeutschen Staatswesens vorerst gesichert.

Mit der 155 km langen Ummauerung von Berlin-West (was der Berliner Mauerbau praktisch war) und der damit verbundenen Absperrung war auch den West-Berlinern jede Gelegenheit verwehrt, Familienangehörige und Freunde in Berlin-Ost zu treffen. Ost-Berlinern und DDR-Bürgern war es gleichzeitig unmöglich gemacht, ihre bisher in westlichen Stadtteilen ausgeübten Berufe fortzusetzen. Betroffen waren davon rund 60.000 Personen. Sie mussten nun für ihre im Westen der Stadt verloren gegangenen Arbeitsplätze im Ostsektor Berlins oder in der DDR Ersatz suchen.

Anstrengungen des West-Berliner Senats, lediglich in den Wochen um Weihnachten 1963 die Absperrungen zu lockern, trugen zu Verhandlungen mit dem SED-Regime bei, die mit Zustimmung Bonns direkt zwischen dem West-Berliner Senat und den DDR-Behörden am 17. Dezember 1963 zu einem ersten Passierscheinabkommen führten. »Wenn man von einem anderen etwas will, dann muss man mit ihm reden«, war die fundamentale Erkenntnis, gleichwohl eine simple, aber zum Erfolg führende Devise der Vorstellung von »Wandel durch Annäherung« von Egon Bahr, dem Berater des Regierenden Bürgermeisters von Berlin-West, Willy Brandt.

28 Monate nach dem Mauerbau bekamen die West-Berliner durch diese Vereinbarungen eine Chance, ihre Verwandten im Ostsektor zwischen dem 19. Dezember 1963 und dem 5. Januar 1964 zu besuchen. Massenandrang vor den Schaltern der begehrten Passierscheine war die Folge. Über eine Million Menschen kamen nach Ost-Berlin. Die DDR-Führung zeigte sich mit einem Mal großzügig und gönnerhaft.

Mit dem von Bahr entwickelten Abkommen wollte sich die zweite deutsche Diktatur im 20. Jahrhundert den Anschein eines normalen Staatswesens geben, welches sie als völkerrechtliche Vereinbarung zu interpretieren und damit als internationale Legitimation auszunutzen versuchte. Bonn und Berlin-West waren dagegen äußerst bemüht, einen solchen Eindruck erst gar nicht aufkommen zu lassen und behandelten den Vorgang als verwaltungstechnisches Abkommen. Die um Anerkennung und Prestige bemühten Anstrengungen im protokollarisch-staatsrechtlichen Bereich sollten kennzeichnend für die deutsch-deutschen Anomalien werden und sich in den folgenden Jahren wiederholen.

Abb. 25: Umschlag eines Ersttagsbriefs unter dem Motto »XI. Parteitag April 1986«. Die »Sozialistische Einheitspartei Deutschlands« (SED) war 1946 in der sowjetischen Besatzungszone (SBZ) aus der infolge sowjetischen Drucks vorgenommenen (Zwangs)Vereinigung von KPD und SPD hervorgegangen. Sie entwickelte sich unter dem Einfluss der SBZ zu einer kommunistischen Kader- bzw. Staatspartei und ermöglichte damit die Errichtung einer Parteidiktatur. Die Briefmarken zeigen die Vereinigungssymbolik mit dem Handschlag von KPD und SPD; Karl Marx, Friedrich Engels und Wladimir I. Lenin, den KPD-Führer Ernst Thälmann mit einem Honecker-Zitat sowie einen fürsorglichen NVA-Offizier mit Frau und Kind unter dem Motto »Alles für das Wohl des Volkes – Alles zur Sicherung des Friedens«.

Neue Passierscheinabkommen folgten im Herbst 1964, zur Jahreswende 1964/65 und 1965/66 sowie zu Ostern und Pfingsten 1966. Auf diese Weise gelangten über vier Millionen Westdeutsche zu ihren hinter der Mauer lebenden Bekannten und Verwandten. Jahre später erst setzte eine dauerhaftere und grundsätzlich verbesserte Praxis des Personenverkehrs von West-Berlin nach Ost-Berlin ein. Zu dieser Zeit feierte die SED ihren 20. Geburtstag (Abb. 25).

Die Adenauer 1963 nachfolgenden Regierungen unter Ludwig Erhard (1963–1966) und Kurt-Georg Kiesinger (1966–1969) versuchten im Unterschied zu ihrem Vorgänger das Verhältnis zu den sozialistischen Staaten (an der DDR vorbei) neu zu gestalten und zu normalisieren, was das SED-Regime seinerseits wiederum motivierte, alles zu tun, um die Eigenständigkeit und Unabhängigkeit des ostdeutschen Teilstaats herauszustellen.

Die Geschichte der Teilung der deutschen Nation kann ohne das Faktum der Glaubensspaltung in zwei maßgebliche Richtungen nicht gänzlich nachvollzogen werden, weswegen hier ein Exkurs angebracht erscheint: Bemerkenswert ist die konfessionelle Trennlinie, die nicht nur in beiden deutschen Staaten vorhanden war, sondern auch zwischen Deutschland als Ganzem verlief. In der DDR dominierte deutlich der Anteil der Protestanten und Lutheraner in der Bevölkerung, während es in der BRD, bedingt durch das konfessionelle Übergewicht im Süden und Westen, einen viel stärkeren Anteil an Katholiken im Vergleich zu jenen in der DDR gab.

Das Religionsrecht der Weimarer Verfassung und das Reichskonkordat von 1933 wurden in der Bundesrepublik durch Entscheid des Bundesverfassungsgerichts (BVG) in Karlsruhe mit dem neuen politischen System für vereinbar erklärt und übernommen. Es verpflichtete den Staat zu Neutralität, Toleranz und Parität gegenüber den Konfessionen. Dennoch kam es in den ersten Nachkriegsjahren zu Schwierigkeiten besonders in kleineren Ortschaften mit den Protestanten, aber auch in größeren Städten. Die Integration dauerte in etwa eine Generation. Die konfessionellen Gegensätze sollten sich mehr und mehr abschleifen – auch im Kontext der Auseinandersetzung mit dem Kommunismus im Zeichen des Kalten Krieges.

Auch die DDR sagte sich formell vom Reichskonkordat von 1933 nicht los. Laut Verfassung waren hier Staat und Kirche voneinander getrennt. Sie sicherten angeblich zwar Religionsfreiheit zu, doch mischten sich Partei und Staat in Belange der Kirche ein und beschränkten ihr Leben. Darüber hinaus setzte eine weitere Tendenz zur Entkonfessionalisierung ein. Staatliche Ersatzrituale wie »Kinder-«, »Jugend-«, »Ehe-« und »Grabweihen« wurden durch die Partei- und Massenorganisationen propagiert – Feiertage wie Buß- und Bettag, Christi Himmelfahrt oder Ostermontag aufgehoben. Die beiden stärksten Kirchen (Evangelisch-Lutherische Kirchengemeinde und katholische Kirche) in der DDR befanden sich in einem Übergang von der »Volkskirche« zur »Bekenntniskirche«. Der sich verstärkende kommunistisch-sozialistische Einfluss in der DDR förderte einen Trend zur Säkularisierung und zum Agnostizismus bis hin zum Atheismus.

Die Aufgliederung zwischen römisch-katholischen einerseits und protestantisch-lutherischen Bürgern andererseits ist erkennbar. Versuchten beide Lager, das evangelische und das katholische, zunächst noch über die Landeskirchen die Einheit zu wahren, so entwickelten sich die Wege seit den 1970er-Jahren mehr und mehr auseinander. Von 1948 an hatte die Evangelische Kirche in Deutschland (EKD) die evangelischen Landeskirchen des gesamten Deutschlands umfasst. 1969 verselbstständigten sich acht EKD Gliedkirchen der DDR und bildeten den »Bund der Evangelischen Kirchen in der DDR«, womit auch die Spaltung der evangelischen Kirchenorganisationen besiegelt war. Die rechtliche Zuständigkeit der für die Territorien in der DDR zuständigen katholischen Diözesanbischöfe (Fulda für Erfurt,

Paderborn für Magdeburg, Osnabrück für Schwerin und Würzburg für Meiningen) wurde vom Vatikan 1973 aufgehoben. Die Kirchensprengel wurden jedoch beibehalten.

In der DDR bekannten sich in den 1970er-Jahren von mehr als 17 Millionen Einwohnern rund zehn Millionen als Protestanten und zirka 1,2 Millionen als Katholiken. Kleinere russisch-orthodoxe Gemeinden wären noch zu nennen. Der Rest – rund 6 Millionen Menschen – war kirchenfrei bzw. konfessionslos (Grafik 5).

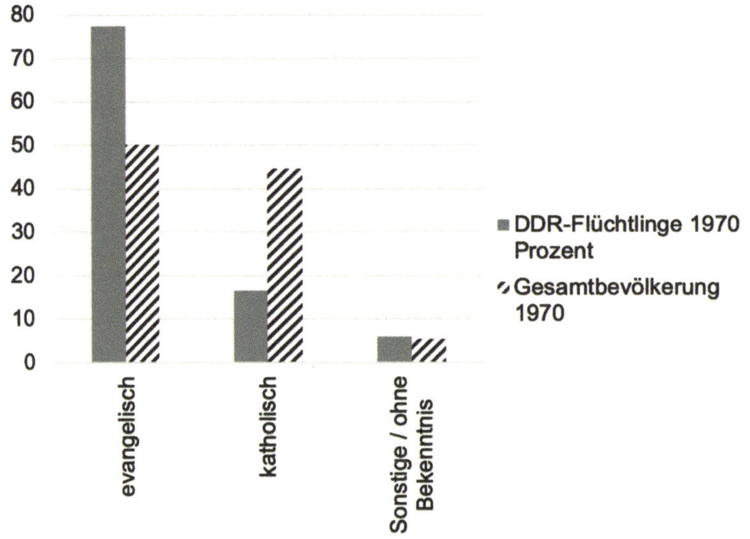

Grafik 5: Religionszugehörigkeit in der Bundesrepublik 1970

Durch den Zuzug von Flüchtlingen aus Ostdeutschland, davon waren 77,4 % evangelisch, 16,6 % katholisch und 6 % »Sonstige« oder konfessionslos – stieg der Anteil der Protestanten in der Bundesrepublik noch an. Schlüsselt man die deutsche Gesamtbevölkerung (BRD und DDR) Anfang der 1970er-Jahre nach Konfessionen auf, so ergibt sich ein Anteil von 50,1 % evangelischen, 44,6 % katholischen und 5,3 % konfessionslosen Bürgern. In der Bundesrepublik hielt sich das Verhältnis zwischen Katholiken und Protestanten die Waage mit leichtem Übergewicht der römisch-katholischen Bevölkerung. 1987 waren in der alten Bundesrepublik 42,9 % römisch-katholisch, 41,6 % evangelisch, 11,4 % konfessionsfrei, 2,7 % Muslime und 1,2 % »Sonstige«.

Mit der deutschen Einigung 1990 gliederte sich die Religionszugehörigkeit anders: Nun waren nur mehr 35,4 % römisch-katholisch, 36,9 % evangelisch, 22,4 % konfessionslos, 3,7 % Muslime und 1,6 % »Sonstige«. Einer Untersuchung zufolge waren im Jahre 2004 19 % der Westdeutschen und rund 70 % der Ostdeutschen konfessionslos. Eine andere Hochrechnung zu den Konfessionen der Deutschen aus dem Jahr 2008 ergab 30 % Katholiken, 29,9 % Evangelische und 34,1 % (!) Konfessionsfreie.

So kann man heute – abgesehen von den Muslimen mit deutscher Staatsbürgerschaft – im vereinten Deutschland grob gesprochen von einer deutschen konfessionell-religiösen Drittel-Gesellschaft sprechen: Ein Drittel ist evangelisch, ein Drittel katholisch und ein Drittel konfessionslos. Es dürfte kaum eine deutlichere Hinterlassenschaft bzw. ein spürbareres »Erbe Honeckers« geben als die gesteigerte und weiter wachsende Religionslosigkeit der Deutschen nach 1989/90. Das vierzigjährige SED-Regime hat nach der Französischen Revolution und dem Nationalsozialismus mit Blick auf die Auswirkungen auf die deutsche Gesellschaft einen weiteren ganz wesentlichen historischen Schub der Säkularisierung bewirkt.

Kommen wir kurz zur jüngeren Entwicklung: Nimmt man die Religionszugehörigkeiten der Gesamtbevölkerung als Kriterium, so waren von den Bürgerinnen und Bürgern in Deutschland im Jahre 2018 etwas mehr als die Hälfte – formell oder informell bzw. mehr oder weniger einen aktiven Glauben Praktizierende – christlichen Konfessionen zugehörig. Die lange Zeit an sich für selbstverständlich gehaltenen christlichen Werte wie Ehe, Familie etc. wurden demnach noch mindestens von zirka 50 % geteilt. Praktisch existiert damit eine Spaltung der in Deutschland lebenden Bevölkerung in christlich geprägte und nicht-christlich bekennende Menschen.

Mitte der 1960er-Jahre gelangen der DDR auch Achtungserfolge, die in Bonn allmählich Zweifel an der Erfolgsaussicht der viel beschworenen »Hallstein-Doktrin« aufkommen ließen. 1965 weilte Staatsratsvorsitzender Ulbricht in Ägypten zu einem Staatsbesuch und im gleichen Jahr besuchte der ehemalige Partisanenführer und jugoslawische Staatschef Josip Broz »Tito« offiziell Berlin-Ost. Diese Aktionen gaben der DDR und der SED staatstragenden Charakter und trugen in Kombination mit der Stabilisierung durch das »Neue Ökonomische System« dazu bei, das Selbstwertgefühl der ostdeutschen Kommunisten unter ständiger Hervorhebung der Selbstständigkeit der DDR zu artikulieren.

In den Jahren 1967/68 verhandelte der Vorsitzende des Ministerrats, Willi Stoph, mit der BRD sogar über ein Abkommen, das auf die Anerkennung der DDR als gleichwertigen deutschen Staat abzielte, was von der Bonner Republik jedoch (vorerst noch) abgelehnt wurde. Zeitgleich wurde diese Politik durch ein »Gesetz über die Staatsbürgerschaft der DDR« vom 20. Februar 1967 innerstaatlich und verfassungsmäßig flankiert und damit Distanz zur BRD demonstriert.

Im folgenden Jahr verfügte Pankow den Pass- und Visumzwang bei Reisen zwischen BRD und West-Berlin auf der einen und der DDR auf der anderen Seite, was auch für den Transitverkehr zwischen BRD und West-Berlin galt. Das SED-Regime fixierte ferner einen Mindestumtausch von zehn D-Mark pro Tag und Person für einen Aufenthalt im »Arbeiter- und Bauernstaat« sowie fünf D-Mark für den begehrten Aufenthalt in Berlin-Ost.

Es folgten umfassende staatliche Reformen in der DDR. Die Verfassung vom 7. Oktober 1949 wurde am 6. April 1968 durch die neue »sozialistische Verfassung« auf dem

Wege einer Volksabstimmung abgelöst. Nach einer achtwöchigen »Volksaussprache« votierten von rund 98 % der Wahlberechtigten – wie in Diktaturen zur Behauptung nach innen und zur Legitimation nach außen üblich – zirka 94,5 % für die neue Verfassung. Der erste und einzige Volksentscheid in der Geschichte der DDR diente vor allem dazu, den Macht- und Führungsanspruch des Einparteiensystems festzuschreiben.

Es gab zwar offiziell und formal mehrere Parteien und die sogenannten Massenorganisationen, die unterschiedliche Anhänger und Wähler ansprechen, befriedigen und einbinden sollten, doch erschöpfte sich ihre eigentliche Funktion darin, für die Anliegen der SED einzutreten und ihr zuzuarbeiten. Politik wurde als »gemeinsames Handeln« begriffen. Opposition gegen die SED galt als Vergehen gegen den Staat, das wie ein Verbrechen geahndet wurde.

Die aus 500 Abgeordneten bestehende Volkskammer wurde als »oberstes staatliches Machtorgan« bezeichnet. Ihr realer politischer Einfluss blieb gering. Seit 1950 war sie auf Basis von Einheitslisten der in der sogenannten »Nationalen Front« formierten Parteien und Massenorganisationen alle vier Jahre gewählt worden. Die Volkskammer wies zwar mehrere Fraktionen auf, doch nur die der SED war maßgebend.

Neben der SED und den vier »Blockparteien« (z. B. CDUD, DBD, LDPD, NDPD), die auch als »Blockflöten« ironisiert wurden, gab es noch den »Freien Deutschen Gewerkschaftsbund« (FDGB) als Einheitsgewerkschaft, die Freie Deutsche Jugend (FDJ) als sozialistische Jugendorganisation, den Demokratischen Frauenbund (DFB) und den Kulturbund (KB). Die Volkskammer hatte Gesetze zu beraten und zu verabschieden, trat zu diesem Zweck alle zwei Monate zusammen und war durch ihre regelmäßig einstimmig gefassten Beschlüsse ein willfähriges Organ der SED-Diktatur.

In der neuen DDR-Konstitution war – im Vergleich zu 1949 – auch eine Reihe von Grundrechten gestrichen worden: das Recht auf Auswanderung, die freie Berufswahl, das Privateigentum, Streik und Widerstand, individuelle Freiheiten und das Zensurverbot für die Presse. Soziale Grundrechte wurden dafür ausgeweitet: das Recht auf Arbeit, Bildung, Erholung, Freizeit und Wohnraum. Aufbau und Struktur der Staatsorganisation wurden in der neuen DDR-Verfassung umfassend und detailliert beschrieben.

Nach dem Tod von Pieck wurde 1960 ein Staatsrat institutionalisiert, dessen Vorsitzender die bisherigen Aufgaben des Staatspräsidenten wahrnahm. Beschlüsse und Erlässe hatten unmittelbar nach Verlautbarung Gültigkeit. Staatsratsvorsitzender Ulbricht interpretierte Verfassung und Gesetze und beaufsichtigte das Oberste Gericht. Ministerrat und Staatsregierung nahmen ökonomische Aufgaben wahr. Ihre Angehörigen kamen v. a. aus den Industrie- und Wirtschaftsministerien. Partei- und Staatsfunktionen waren stark verflochten, sodass die öffentlichen Gremien die Vorgaben der SED zu implementieren hatten. Die Mitglieder der Partei hatten ihre Direktiven umzusetzen. Parteibeschlüsse waren für Ministerrat und Staatsapparat verbindlich.

Dieses in sich fragwürdige System des »demokratischen Zentralismus« erlaubte keine politisch-gesellschaftliche Alternative, sorgte für geistig-ideologische Uniformierung und umfassende Kontrolle der Bürger. Die enge Verzahnung des Staates mit der »Einheitspartei« (ein begrifflicher Widerspruch in sich) und die Unterordnung aller seiner Organe unter die Hegemonie dieser einen Partei wirkte sich auf Kreativität und Originalität der politischen Verhältnisse in der DDR einseitig und mitunter paralysierend aus. Der von der SED beherrschte Staatsapparat besaß nur wenig flexibles Reaktionsvermögen auf die gesellschaftlichen, ökonomischen und politischen Herausforderungen und Veränderungen der 1960er-Jahre.

In ihrer neuen Verfassung bezeichnete sich die DDR als »sozialistischer Staat deutscher Nation«. Vorerst wurde noch an der Möglichkeit der zukünftigen Einigung Deutschlands, allerdings auf der Basis des Sozialismus, festgehalten. In den 1970er-Jahren setzte dann aber eine zunehmende Ideologisierung der DDR-Außenpolitik mit einer gezielten »Abgrenzung« von der Bundesrepublik ein, die aufgrund des gesellschaftspolitischen Antagonismus von Sozialismus (DDR) und Kapitalismus (BRD) legitimiert wurde. Letztlich bewegte sich im System der internationalen Beziehungen die ostdeutsche Außenpolitik in engen Grenzen (Hermann Wentker).

Im Jahre 1971 wurde Ulbricht als Erster Sekretär der SED durch einen Putsch von Erich Honecker abgelöst. Er behielt bis zu seinem Tod 1973 nur noch seine Funktion als Staatsratsvorsitzender bei und büßte rapide an Einfluss ein. Dieser Machtwechsel war ein Einschnitt in der Geschichte der DDR, verbunden mit einer innenpolitischen Wende, die sich unter dem Motto »Einheit von Wirtschafts- und Sozialpolitik« manifestierte. Sie trug im Zuge deutsch-deutscher Vertragspolitik zum Auftreten der DDR auf der weltpolitischen Bühne bei.

Am 7. Oktober 1974 erfolgten bemerkenswerte Modifikationen der »sozialistischen Verfassung« der DDR. Nicht nur der Begriff der »deutschen Nation« wurde gestrichen, sondern auch jegliche Andeutung auf eine Einigung beider deutschen Staaten war verschwunden. Die neue und einzige »sozialistische Nation« der DDR sollte unter Honecker das allein berechtigte Deutschland sein.

2.1.2 Die BRD im Spagat zwischen Paris und Washington – der Elysée-Vertrag unter Betonung der atlantischen Beziehungen

Während die Politik der fortgesetzten und vertieften Ostintegration der DDR nach dem 13. August 1961 wieder mit mehr Erfolg aufgenommen werden konnte, forcierte Adenauer die westeuropäische Integrationspolitik weiterhin, gleichwohl er die Erkenntnis gewinnen musste, dass seine »Politik der Stärke«, d. h. gemeinsam mit den Westmächten, insbesondere mit den Angloamerikanern, zur deutschen Einigung zu gelangen, gescheitert war, falls der Bundeskanzler damit wirklich jemals gerechnet und die Vereinigung der beiden Teile Deutschlands überhaupt gewollt haben sollte.

Die 1958 erfolgte Machtübernahme von Charles de Gaulle in Frankreich unterminierte zunächst das inzwischen schon angelaufene Projekt zwischen seinem eigenen Land, Italien und der Bundesrepublik zum Aufbau nuklearer Waffensysteme und zur Konstruktion einer gemeinsamen Atombombe. Unmittelbar nach seinem zweiten Regierungsantritt im Juni 1958 hatte de Gaulle die trilateralen Geheimverhandlungen gestoppt, welche die Kooperation in der Entwicklung von auch militärischen Nukleartechniken vorsahen, falls die Signatarstaaten nicht volle Mitsprache am Einsatz der angloamerikanischen Atomwaffen erhielten.

US-Präsident Dwight D. Eisenhower hatte den Regierungsantritt de Gaulles als Garantie für die Stabilisierung Frankreichs zunächst begrüßt. Während de Gaulle für Frankreich nicht nur eine führende Stellung auf dem Kontinent anstrebte, sondern auch die militärische Integration innerhalb der NATO lockern und damit den Führungsanspruch der USA in Europa ablösen wollte, war Adenauer nicht bereit, die atomare Garantie der USA für die Bundesrepublik und West-Berlin infrage stellen zu lassen. Um einem französisch-deutschen Alleingang auf dem atomaren Sektor zuvorzukommen, billigte Eisenhower im September 1958 die Bildung einer »Multilateral Force« (MLF), wodurch die Bundeswehr im Kriegsfall automatisch über taktische atomare Gefecht-Waffen verfügen konnte und womit de Gaulles Konzeption einen Teilsieg errungen hatte.

Der französische Staatspräsident war kein Anhänger eines supranationalen Europa, was feststehen dürfte. Was ihm wiederholt bis heute nachgesagt wird, war ein »Europe des patries«, bei dem Frankreich eine Hegemonialstellung innehaben sollte. De Gaulle behauptete jedoch in einem Interview des französischen Fernsehens mit Michel Droit am 14. Dezember 1965, dass er nie den Ausdruck »Europa der Vaterländer« (»l'Europe des patries«) verwendet habe, sondern das »Europa der Staaten« (»l'Europe des Etats«) oder das »Europa der zwischenstaatlichen Zusammenarbeit« (»l'Europe de la coopération entre Etats«). Im gleichen Interview behauptete er, dass er nie »l'intentionance suivra« gesagt habe, was man mit »Die Wirtschaft wird folgen (dem politischen Willen)« übersetzen könnte.

De Gaulle hatte demnach die Tatsache nicht ignoriert, dass wirtschaftliche und finanzielle Faktoren bei der Behauptung der Staatsmacht eine Rolle spielten. Er hat sich nicht in die Einzelheiten der Wirtschaftspolitik vertieft, aber den Zusammenhang zwischen wirtschaftlicher Macht, finanzieller Solidität und politischem Einfluss verstanden. Daher unterstützte er die EWG, während viele Beobachter, darunter auch US-amerikanische Diplomaten, glaubten, dass er die Gemeinschaft bei seiner Rückkehr an die Macht im Jahr 1958 ablehnen würde, was jedoch ein Missverständnis war (Laurent Warlouzet).

Wie hatte zuvor noch Adenauer darauf reagiert? Nach der Enttäuschung, die der Bundeskanzler mit der passiven Haltung der Angloamerikaner in der Berlin-Krise (1958–1961) erleben musste, wandte er sich Frankreich zu. Es kam zu weiteren Begegnungen mit de Gaulle, der Adenauer übrigens schon früher als einzigen Politiker und Staatsgast auf seinem Privatsitz in Colombey-les-Deux-Églises empfangen hatte. Nach dem gescheiterten Werben de Gaulles um eine französische Mitwirkung an der angloamerikanischen »liaison nucléaire« verweigerte er den Briten den Beitritt zur

EWG. Am 14. Januar 1963 sprach er auf einer Pressekonferenz sein »Non« öffentlich aus. Eine weitere Folge der französischen Verweigerung einer britischen EWG-Mitgliedschaft war der bundesdeutsch-französische »Elysée-Vertrag« vom 22. Januar 1963, ein europapolitisch ambivalentes Dokument der Bilateralisierung, das auf den Mitglieder-Status-quo der EWG, also auf ein implizites »Briten draußen halten« hinauslief und damit nicht ausgesprochen integrationsfreundlich war. Dieses Vertragswerk führte die deutsch-französischen Beziehungen zu einer elementaren Entente (Ulrich Lappenküper) mit langfristig wirkungsvoller Dimension, besonders in Fragen der europäischen Integrationspolitik bis ins 21. Jahrhundert.

In diesem Vertrag verpflichteten sich Bonn und Paris zu permanenter Konsultation und regelmäßigen Treffen, um über Fragen der Außen-, Wirtschafts-, Verteidigungs- und Kulturpolitik zu beraten. Ziel war ein verstärkter deutsch-französischer Jugendaustausch, aus dem ein Deutsch-Französisches Jugendwerk hervorgehen sollte. Zweimal jährliche Treffen und Konferenzen wurden auch von den nachfolgenden Regierungen durchgeführt.

Der oftmals irreführend bezeichnete »Freundschaftsvertrag« war zweifelsohne ein bemerkenswertes Ereignis im besonderen Verhältnis zwischen Westdeutschland und Frankreich, weil er einen Neuanfang markierte, um eine »Erbfeindschaft« zu überwinden (Ulrich Lappenküper). Dennoch gab es Differenzen in der Auslegung und Deutung und der sich daraus ergebenden Folgen, was an der Frage der Präambel des Elysée-Vertrags erkennbar wurde.

Jean Monnet, vormaliger Ideengeber des Schuman-Plans von 1950 und Intimfeind de Gaulles mit nach wie vor ausgezeichneten Beziehungen zu den USA, erreichte über Washington, Abgeordnete des Bundestages zu beeinflussen und zu veranlassen, dass dem Elysée-Vertrag eine Präambel vorangestellt wurde. Nachdem in Bonn die sogenannten »Atlantiker«, übrigens auch der Linken, gegenüber den »Gaullisten« der Rechten die Mehrheit bildeten, erreichte die Intervention Monnets ihr Ziel.

In der Präambel sollte festgehalten werden, dass durch den Elysée-Vertrag Rechte und Pflichten aus den von der Bundesrepublik eingegangenen multilateralen Verträgen »unberührt« bleiben würden, was eine Bestätigung der pro-atlantischen Orientierung der Bonner Republik sein und damit dem bundesdeutsch-französischen Vertragswerk nun mehr eine US-freundliche Note geben sollte. Während de Gaulle eine stärker eigenständige Politik Europas, auch gegenüber den Vereinigten Staaten, befürwortete und Frankreich 1966 aus den militärischen Bindungen der NATO herauslösen sollte, betonte die Bonner Republik wiederholt, auch in Rücksichtnahme auf West-Berlin, ihre enge Bindung an die USA und die NATO.

Für de Gaulle war die Formulierung der Präambel Prüfstein für die Frage einer möglichen Emanzipation der Bundesrepublik von ihrem Vormund. Die Bonner Republik bestand zu seiner Enttäuschung den Test nicht und flüchtete sich in ihre vorgegebene US-amerikanische Abhängigkeit. Ungeachtet dessen wurde der Elysée-Vertrag zu einem wichtigen Baustein der bundesdeutsch-französischen Kooperation.

Außenpolitisch unternahm Adenauer-Nachfolger Ludwig Erhard im Kontext der sich anbahnenden Entspannung zwischen Ost und West Vorstöße zur Normalisierung im Verhältnis zu den sozialistischen Staaten Europas. In einer Friedensnote vom 25. März 1966 bot er eine Vereinbarung zum Gewaltverzicht an, beging jedoch einen diplomatisch-politischen Fehler. Er bezog die DDR nicht in dieses Konzept mit ein und hielt unvermindert an der »Hallstein-Doktrin« fest, womit die Initiative zum Scheitern verurteilt war. Erhard und Außenminister Gerhard Schröder gaben als »Atlantiker« dem Bündnis mit den USA Priorität vor den Europa-Konzeptionen de Gaulles, der von »welkenden Rosen« sprach. Die Beziehungen zu Frankreich schwächten sich unter Erhard merklich ab. Dagegen zielten die »Gaullisten« in der CDU/CSU, an der Spitze Franz Josef Strauß, auf eine stärkere Kooperation mit Paris ab.

2.1.3 Geteilte Kulturpolitik, Literaturszene und Medienstruktur

In der NS-Diktatur wurde nur »deutsche« Kunst gefördert. Alles andere galt weitgehend als »entartet«. Die Aktion »wider den undeutschen Geist« führte bereits im Jahr der »Machtergreifung« Hitlers (1933) zu Bücherverbrennungen. Nach dem Krieg fanden die Kulturschaffenden in Ost- und Westdeutschland sehr unterschiedliche Bedingungen vor. Ihre Arbeiten reflektierten die jeweiligen ideologisch-politischen Systeme im Kalten Krieg. Sie wurden je nachdem kritisch beäugt oder unterbunden, sei es durch die Zensur der Besatzungsmächte oder die Vorgaben und Verbote der SED-Diktatur.

Bereits im Juli 1945 wurde von der SMAD der »Kulturbund zur demokratischen Erneuerung Deutschlands« zur Einbindung der künstlerischen Kräfte und ihrer Unterstützung des Sozialismus mit der Zeitschrift *Aufbau* als wichtigstem Organ geschaffen. Seit 1958 wurde er in »Deutscher Kulturbund« umbenannt. Er organisierte sich in Ortsgruppen, Freundeskreisen, Interessen- und Arbeitsgemeinschaften, umfasste rund 200.000 Mitglieder und war mit einer eigenen Fraktion in der Volkskammer vertreten.

Erster Vorsitzender war Johannes R. Becher (1945–1958) als personifizierter Ausdruck einer sozialistisch orientierten, parteipolitisch durchdrungenen und zentral gelenkten Kulturpolitik. Westdeutsche Künstler reagierten zunehmend zurückhaltender auf seine Einladungen zu gesamtdeutschen Treffen. Es setzten in den 1950er Jahren erste Abgrenzungstendenzen ein.

Die deutsche Dichtkunst und Literatur waren nach 1945 von den Folgen und dem Ende der NS-Diktatur geprägt. Schriftsteller aus dem Exil, wie Bertolt Brecht, Alfred Döblin, Thomas und Heinrich Mann, wurden nun mehr gelesen. Exilschriftsteller stießen in der DDR zunächst auf größere Resonanz als in der BRD. Da diese Autoren vielfach linksorientiert oder zumindest sehr gesellschaftskritisch eingestellt waren und ihre Aufnahme aus dem Exil das Prestige der DDR beförderte, wurden sie von der SED stärker unterstützt als dies im Westen Deutschlands der Fall war.

Jüngere Autoren versuchten dort einerseits an die Zeit vor dem Jahr 1933 anzuschließen, andererseits einen radikalen Neubeginn, so Wolfgang Borchert oder Wolf-

gang Weyrauch. Einige Schriftsteller orientierten sich an einem religiösen Frühling und einem erneuerten Christentum wie Elisabeth Langgässer. Hans Werner Richter und Alfred Andersch riefen 1946 die Zeitschrift *Der Ruf* ins Leben, in der sie für eine sozialistische Demokratie warben und die Besatzungspolitik kritisierten, worauf das Organ verboten wurde. Die beiden gründeten daraufhin mit anderen die »Gruppe 47«, um »die Junge Literatur zu sammeln und zu fördern«. Darunter befanden sich Ilse Aichinger, Ingeborg Bachmann und Paul Celan. Autoren des äußeren Exils und der inneren Emigration blieben jedoch unberücksichtigt.
In den westlichen Zonen Deutschlands bewirkten der stark verbreitete Antikommunismus und ›restaurative‹ Tendenzen in der Adenauer Ära eine ablehnende Haltung gegenüber Exil-Literaten. Sie wurden als »Emigranten« angefeindet, die den Krieg im ›sicheren Ausland‹ überstanden hätten und sich deshalb mit den Schriftstellern des »inneren Exils« auseinandersetzen mussten, wie die Debatte über Thomas Mann u. a. zeigte.
Thematisiert wurde in Gedichten die Vertriebenen-Problematik wie durch die dem »Führer« einst ergebene Agnes Miegel. Kritische Auseinandersetzungen mit der jüngsten Vergangenheit fehlten zunächst bis auf wenige Ausnahmen, wie durch Wolfgang Borchert mit »Draußen vor der Tür« (1947) oder Carl Zuckmayers »Der Seelenbräu« (1945). Eine hermetische Lyrik wie von Celan und Bachmann verschloss sich der Alltagssprache und schuf eine politische Gegenwelt. Konkrete Poesie verkörperten Ernst Jandl oder Eugen Gomringer. Im Rundfunk erzeugte das Hörspiel beispielsweise durch Günter Eich Aufmerksamkeit.
Einen Aufbruch nach Europa stellte ab 1946 die »Neue Gesellschaft« mit den bis 1984 bestehenden »Frankfurter Heften« unter Walter Dirks und Eugen Kogon aus links-katholischem Milieu dar.
Im Laufe der 1950er Jahre waren Kunst und Literatur im Westen Deutschlands mit dem grassierenden Konsumverhalten und überbordenden Wachstumsdenken konfrontiert. Sie äußerte Skepsis gegenüber dem »Wirtschaftswunder«. Die aufkeimende Wohlstandsgesellschaft produzierte Grotesken und Satiren. Die NS-Vergangenheit war immer noch kein starkes Thema. Mit Politik wollte man nichts mehr zu schaffen haben. Im Zeichen des Korea-Kriegs (1950–1953) kam Angst vor einem Dritten Weltkrieg auf. Autoren zweifelten am Fortbestand der Familie aufgrund der ihr fremd gewordenen Heimkehrer, Kriegstoten und nicht mehr zurückkehrten Kriegsgefangenen. Die Frage nach der Schuld und inwieweit der Völkermord geduldet wurde, kamen seit Ende der 1950er-Jahre stärker auf.
In der SBZ entstand sowohl eine antifaschistische Kultur als auch eine zentralistisch gesteuerte Literatur aufgrund der heimgekehrten Exilanten, die durch Erlässe der SED im Zeichen des »Sozialistischen Realismus« die geplanten gesellschaftlichen Veränderungen legitimieren sollten. Im Jahre 1947 wurde die »Konfiskation nazistischer und militaristischer Literatur« zur »schnellen Ausmerzung der nazistischen Ideen und des Militarismus« befohlen.
Auf dem ZK-Plenum der Partei führte Otto Grotewohl 1951 aus: »Literatur und bildende Künste sind der Politik untergeordnet, aber es ist klar, dass sie einen starken

Einfluss auf die Politik ausüben. Die Idee der Kunst muss der Marschrichtung des politischen Kampfes folgen.«

Es dominierte daher in den 1950er Jahren in der DDR »Aufbauliteratur« wie bei Eduard Claudius mit »Menschen an unserer Seite« (1951) und mit Erzählungen von Industrie-Arbeitern als Helden, während »Saboteure« den Erfolg verhindern und als »westliche Agenten« entlarvt wurden und fliehen müssen. Die Literatur stand im Zeichen des »Aufbaus des Sozialismus«, der ab 1952 forciert werden sollte. Ein neuer Literaturbegriff wurde geprägt, nämlich der des »sozialistischen Realismus«, ausgehend von zurückkehrenden kommunistischen Exilliteraten wie Johannes R. Becher, Bertolt Brecht, Stephan Hermlin, Stefan Heym oder Anna Seghers.

Im folgenden Jahrzehnt spricht die Literaturgeschichtsschreibung von »Ankunftsliteratur«, die nach dem Mauerbau 1961 mit der neuen Realität umzugehen hatte. Christa Wolf mit »Der geteilte Himmel« (1963) arbeitete beispielsweise mit gezielten Perspektiven-Wechseln, Rückblenden und weiblichen Akteuren.

Kulminationspunkt der die SED und die DDR preisenden Dichtkunst und Literatur waren die »Bitterfelder Konferenzen« in den Jahren 1959 und 1964, die das Konzept der »schreibenden Arbeiter« als Laien-Literaten-Bewegung initiieren und die Berufsschriftsteller auf das Thema »Volkseigener Betrieb« einschwören sollten. Dagegen gab es Druck und Repression mit Blick auf eine Gegenkultur.

Eine Demo von Beat-Musikfans in Leipzig endete 1965 mit einer Massenfestnahme und Strafverfahren. Als »antisozialistisch«, »antikommunistisch«, »klassenfeindlich«, »formalistisch« oder einfach »westlich« bezeichnete Werke erhielten keine Förderungen oder wurden untersagt. Die Forderung nach einer »sauberen Leinwand« führte zum Verbot von einem Dutzend von Filmen der Deutsche Film AG (DEFA). Die Stasi-Überwachung trug dazu bei, dass Künstler die DDR verließen. Die ostdeutschen Sänger und Schriftsteller Wolf Biermann und Stefan Krawczyk konnten ein Lied davon singen.

In den 1960er-Jahren intensivierte sich der Trend zur kritischen Auseinandersetzung mit der deutschen Vergangenheit des Nationalsozialismus und des Zweiten Weltkriegs in der Bundesrepublik durch Autoren wie Günter Grass, Peter Härtling, Siegfried Lenz, Martin Walser oder Gerhard Zwerenz, die sich auch zunehmend dem Schicksal der Juden zuwandten wie Ilse Aichinger. Die Studentenunruhen Ende der 1960er-Jahre (Kap. 2.3) führten zu stärkerer Kritik der Literatur an den gesellschaftlichen Rahmenbedingungen und politischen Verhältnissen, u. a. den Kriegsverbrechen der US-Militärführung in Vietnam und der Militärintervention der Warschauer Pakt-Staaten in der ČSSR im Jahre 1968.

Die Beschäftigung mit der Arbeitswelt in Form der historischen und nicht-fiktionalen Reportage wurde von Günter Wallraff am stärksten verkörpert, der sich u. a. zum Schein als Journalist für die *Bild*-Zeitung verdingte und dabei gleichzeitig deren fragwürdigen Methoden der Berichterstattung aufzeigte. Fragen der Friedensbewegung sowie der Psychologie und Psychiatrie spielten ebenfalls als Stoffe eine Rolle in der westdeutschen Literaturszene.

Trotz parteipolitischer Einflüsse und staatlicher Eingriffe durch SED-Beschlüsse sowie eines »Büros für Urheberrechte und Zensur« entwickelte sich mit dem Bau der Berliner Mauer eine kritischere DDR-Literatur jüngerer Autorinnen und Autoren durch Hermann Kant, Günter Kunert, Heiner Müller, Ulrich Plenzdorf, Brigitte Reimann oder Christa Wolf, die der Gesellschaft, der Partei und dem Staat unbefangener gegenüberstanden als die Vertreter der früheren kommunistischen Exilliteratur.

Eine ungebrochen einheitliche deutsche Literatur existierte spätestens in den 1960er-Jahren nicht mehr, zumal die westdeutsche Seite Exponenten wie Bertolt Brecht, Peter Huchel, Anna Seghers oder Arnold Zweig (Präsident des Deutschen P.E.N.-Zentrums Ost und West, ab 1967 nur mehr »P.E.N.-Zentrum DDR«) überging. Eigenständige DDR-Schriftsteller wie Johannes Bobrowski mit »Sarmatische Zeit«, Gedichte (1961), Günter de Bruyn mit »Ein schwarzer abgrundtiefer See« (1963) oder Heiner Müller mit »Zement« (1972) wurden erst allmählich im Westen wahrgenommen.

In den 1960er-Jahren setzte im Westen Deutschlands eine stärkere Auseinandersetzung mit der ›unbewältigten Vergangenheit‹ ein. Die Selbstsicherheit der Aufbauzeit war im Schwinden. Autoren engagierten sich auch stärker politisch und hinterfragten mehr und mehr die aktuelle Politik. Die Kritik an den Konventionen äußerte sich durch Sprachspiele wie durch Siegfried Lenz mit der »Deutschstunde« (1968) und Friedrich Dürrenmatts Stück »Die Physiker« (1961). Max Frisch zeigte mit »Andorra« (1961), wie leicht Menschen Vorurteile zum Opfer fallen können und zu manipulieren sind.

Die »Gruppe 61« bildete sich im Gegensatz zur »Gruppe 47« um Fritz Hüser, Paul Polte und Walter Köpping und setzte sich mit der Welt der Arbeit und dem Technik-Zeitalter auseinander, um soziale Probleme aufzuzeigen. Es ging um Menschen in Isolation, Krise, Vereinsamung und ihren Verlust der Wirklichkeit. Dokumentartheater und neue Volksstücke mit der Montage von Interviews sowie Protokoll- und Reportagen-Literatur machten sich bemerkbar. Rolf Hochhuth mit »Der Stellvertreter« (1963), Heinar Kipphardt »In der Sache J. Robert Oppenheimer« (1964) und Peter Weiss mit »Rapporte« (1968) zählten dazu, doch die Verbindung von Politik und Literatur brachte nicht den erwarteten Erfolg der gesellschaftlichen Veränderung.

Günter Grass erzählte in »Die Blechtrommel« (1959) die Geschichte des Oskar Matzerath aus Danzig aus der Sicht des Dreißigjährigen, der in einer Heil- und Pflegeanstalt lebt. Mit drei Jahren entschloss sich Oskar, nicht mehr zu wachsen. Als Trommler bringt er die Marschmusik Danziger Nazis aus dem Takt. Seine schrille Stimme lässt bei Zumutungen Glas zerspringen.

Heinrich Böll, der mitunter bekannteste Schriftsteller der Bundesrepublik, empfing 1972 den Literatur-Nobelpreis. In Hörspielen, Kurzgeschichten und Romanen befasste er sich kritisch mit der jungen Bundesrepublik. In dem Roman »Die verlorene Ehre der Katharina Blum oder: Wie Gewalt entstehen und wohin sie führen kann« (1974) wird erzählt, wie eine vollkommen unschuldige Frau aufgrund Freundschaft zu einem Straftäter Opfer der Boulevard-Presse wird.

Die 1970er-Jahre waren von »Neuer Innerlichkeit« und »Subjektivität« mit autobiografischer Tendenz geprägt. Der einsetzende Terrorismus der Roten Armee Fraktion (RAF) führte die Literatur zu neuerlicher Distanz von der Politik und einer Wende nach Innen. Es ging nun mehr um Privates und weniger um Krieg und die gescheiterten

Forderungen der Studentenbewegung. Diese Richtung verkörperten Botho Strauß mit »Trilogie des Wiedersehens« (1977) und Martin Walser mit »Ein fliehendes Pferd« (1978).
In den 1980er-Jahren wandte sich Literatur gegen Umweltzerstörung und Wettrüsten wie Günter Grass mit »Die Rättin« (1986). Eine neue Tendenz zur Überwindung der Trennung zwischen west- und ostdeutscher Literatur brach sich Bahn, die ausgelöst wurde durch die Übersiedlung von DDR-Schriftstellern und ihre Rezeption in Westdeutschland wie es mit Günter Kunert mit »Im Namen der Hüte« (1967), Reiner Kunze mit »Die wunderbaren Jahre« (1976) oder Sarah Kirsch mit der »Rückenwind« (1976) geschah. Die Ausbürgerung des Liedermachers Wolf Biermann (»Die Drahtharfe« 1965) war spektakulär, eines Künstlers, der noch kurz vor dem 17. Juni 1953 von Hamburg nach Ostberlin übergesiedelt war. Die Lyrik der 1980er-Jahre war u.a. auch im Zeichen der Debatte um atomares Wettrüsten und ihre Verhinderung insgesamt von Geschichtspessimismus sowie Technik-Kritik und Fortschrittsskepsis gekennzeichnet.
Die DDR-Belletristik genoss zeitweise den Status einer »kritischen Öffentlichkeit«, die die SED-Presse allerdings nicht aufgriff. Es gab zwar offiziell keine Zensur, aber durch Änderungsauflagen sowie über die Förderung von Verlagen, die von früheren Zensoren geleitet wurden, und die Zuteilung von Papier konnte einschränkender Einfluss genommen werden. Existenzsichernd für viele Künstler waren die Auftragswerke durch gesellschaftliche Auftraggeber wie Betriebe und Organisationen, so die Kunstsammlung der Leuna-Werke.
Der Machtwechsel von Ulbricht auf Honecker im Jahre 1971 bedeutete eine Wende für Kunst und Literatur in der DDR. Eine »zweiten Generation« profitierte davon. Nicht mehr so sehr der Sozialismus an sich, sondern Probleme des Individuums im Sozialismus rückten in den Vordergrund. Das neue Programm wurde jedoch 1976 durch die Ausweisung von Schriftstellern in die Bundesrepublik konterkariert. Die Übersiedlung Reiner Kunzes in den Westen Deutschlands kommentierte der Präsident des Schriftsteller-Verbands der DDR und Nachfolger Seghers, Hermann Kant, mit den Worten »Kommt Zeit, vergeht Unrat«.
Die 1970er-Jahre ermöglichten eine gewisse Liberalisierung für die Literaturszene in der DDR, während die 1980er-Jahre eine Untergrundliteratur mit subversiven Tendenzen hervorbrachten, z.B. Christoph Hein mit »Drachenblut« (1985). In vereinzelten Nischen existierten Subkulturen. Im Ostberliner Stadtviertel Prenzlauer Berg sahen junge Literaten von Verlags-Publikationen ab, veröffentlichten entweder nur in kleinen Auflagen oder machten Lesungen, um ihre Werke zu verbreiten. Sie schrieben so irrational, dass die Stasi sie nicht verstehen konnte. Hauptakteure dieser Szene wie Sascha Anderson und Rainer Schedlinski konnten nach dem Ende der DDR als IMs des MfS enttarnt werden.
Absolute Tabuthemen wie Depression, »Republikflucht«, Kritik an Funktionären der Partei und Misswirtschaft, Rückzug in die Privatsphäre, Selbstaufgabe und Suizid wurden ebenfalls thematisiert. Das führte so weit, dass die Staats- und Parteiführung Künstler und Literaten ausweisen musste, um destabilisierenden bzw. system-

gefährdenden Tendenzen Einhalt zu gebieten wie es mit Biermann, Huchel, Kunze und Kirsch geschah. Die Politik der Einschränkung wandelte sich. Nach Repression und Liberalisierung setzten wieder stärkere Repression und Restriktion ein. Ein Teil der Bürger- und Protestbewegung von 1989 rekrutierte sich aus kritischen Literatur- und Kunstschaffenden.

Die Bundesrepublik sah im Sinne des Föderalismus die Kulturhoheit der Bundesländer vor. Der Bund gestattete damit das Recht konkurrierender Gesetzgebung zum Schutz deutscher Kulturgüter, um Bildung und Forschung zu fördern. Durch eine Rahmengesetzgebung übte der Staat durch finanzielle Subventionen über die Kulturabteilungen des Auswärtigen Amtes sowie anderer Ressorts dennoch seinen Einfluss aus. Ein Teil der Kompetenzen wurde an das Bundesministerium für wissenschaftliche Forschung übertragen, später gab es ein Ministerium für Bildung und Wissenschaft sowie für Forschung und Technologie.

In der DDR war die Kulturpolitik zentralisiert. Schule, Erziehungseinrichtungen und die Berufsausbildung wurden vom Ministerium für Volksbildung geführt. Für öffentliche Kulturinstitutionen einschließlich der Filmproduktion war das Ministerium für Kultur, Universitäten und Fachhochschulen zuständig.

Im Westen Deutschlands wurden 1949 die alliierte Kontrolle und der Lizenzzwang im Medienbereich aufgehoben. Im gleichen Jahr schlossen sich die Nachrichtenagenturen der Westzonen zur Deutschen Presseagentur (dpa) zusammen. Frühere Verleger und Verlage konnten ihre Druckwerke, Organe und Presseerzeugnisse wieder neu begründen und auflegen. Die großen Zeitungen der Hauptstädte aus der Zeit vor 1933/39 wurden nicht mehr ins Leben gerufen, dagegen die Lokal- und Regionalzeitungen, die sogenannte »Heimatpresse«, so auch die überregionalen Qualitätsblätter wie die *Frankfurter Allgemeine Zeitung (FAZ), Die Welt* oder die *Süddeutsche Zeitung (SZ)* und die für das gehobene und intellektuelle Publikum veröffentlichte Wochenzeitung *Die Zeit,* die von Marion Gräfin Dönhoff, später von Helmut Schmidt, herausgegeben wurde.

Anfang der 1950er-Jahre gab es Blätter, die im Straßenverkauf angeboten wurden. Ein Blatt tat sich dabei besonders hervor: Die *Bild*-Zeitung führte unter dem Medienzar Axel Springer zu steigendem Absatz und wurde das beherrschende Massenmedium der deutschen Regenbogenpresse mit fallweise fragwürdigen Recherchemethoden und entsprechender Qualität.

Täglich erscheinende Parteiorgane wurden nicht mehr publiziert. Die Konzentrationsprozesse im Verlagswesen trugen zu einem Absinken selbstständiger Zeitungen schon Mitte der 1950er-Jahre von 225 auf knapp 120 Ende der 1970er-Jahre bei. Die Gesamtauflage verdoppelte sich im gleichen Zeitraum von rund 12,5 auf 25 Millionen, v. a. verursacht durch die erhöhten Auflagen der Boulevard- und Kaufpresse.

Ende der 1940er-Jahre entwickelte sich aus den Rundfunksendern der alliierten Militärbehörden durch Verordnungen der Besatzungsmächte und Landesgesetze neue Rundfunkanstalten des öffentlichen Rechts in Hamburg mit dem Nordwestdeutschen Rundfunk (NWDR), München (Bayerischer Rundfunk), Bremen (Radio Bremen), Stuttgart (Südfunk) und Baden-Baden (Südwestfunk).

Erst 1955 folgten der Saarländische Rundfunk (SR) in Saarbrücken, der Norddeutsche Rundfunk (NDR) in Hamburg sowie der Westdeutsche Rundfunk (WDR) in Köln. Die beiden letztgenannten Rundfunksender entstanden aus einer regionalen Aufspaltung des NWDR, Anstalten des Bundesrechts waren die »Deutsche Welle« und der »Deutschlandfunk«.
Anfang der 1950er-Jahre setzte bereits eine Zusammenarbeit bei Programmen, beim Finanzausgleich und bei der Technik der Anstalten in der sogenannten »Arbeitsgemeinschaft der öffentlich-rechtlichen Rundfunkanstalten der Bundesrepublik« (ARD) ein.
Im Jahre 1952 wurde in Hamburg ein periodisches TV-Programm gestartet, das sich zwei Jahre später ARD-Programm »Deutsches Fernsehen« nannte. Wie massiv die Bundespolitik bzw. Adenauer an der Gestaltung der Medienstruktur und der Medienpolitik interessiert waren und entsprechend parteipolitischen Einfluss nahmen, wird daran deutlich, dass für den Kanzler die ARD zu SPD-orientiert, d. h. zu kritisch und linkslastig ausgerichtet war.So kam nach langem und zähem Ringen 1963 am Ausklang seiner Ära das »Zweite Deutsche Fernsehen« (ZDF) in Mainz zustande, gegründet durch einen zwei Jahre zuvor geschlossenen Staatsvertrag der Bundesländer, die tendenziell mehr CDU- und CSU-orientiert waren.
Die Zahl der Rundfunkhörer stieg von Ende der 1950er-Jahre von 14 Millionen bis Ende der 1960er-Jahre auf 18,5 Millionen, eine Zahl, die sich bis Ende der 1970er-Jahre auf über 22 Millionen steigern sollte. Die TV-Zuschauer nahmen sich Ende der 1950er-Jahre mit rund 700.000 Konsumenten zahlenmäßig noch relativ bescheiden aus.
Mit dem einsetzenden Siegeszug des Fernsehapparats im Laufe der 1960er-Jahre waren es 1967 bereits 13 Millionen Fernsehzuschauer und Ende der 1970er-Jahre schon über 20 Millionen TV-Zuseher. Die Zahlen sollten sich in der Folge mehr als verdoppeln, bedingt durch eine Explosion des privaten Fernsehangebots und von »Pay-TV«, was die Printmedien enorm unter Druck setzte, zur Senkung von Auflagen und zum Verlust von Werbeschaltungen und damit auch zu einem tiefgreifenden Wandel der Medienstruktur in Deutschland führte. Damit ging auch – subjektiv wie objektiv betrachtet – ein Qualitätsverlust der Fernsehsendungen Hand in Hand, die im Zeichen einer immer hemmungsloser werdenden Spaßgesellschaft und seichter werdender Freizeit- und Unterhaltungskultur standen. Der auch im TV-Medium vertretene Schriftsteller Marcel Reich-Ranicki, lange Jahre mit einer eigenen regelmäßigen Sendung, »Das literarische Quartett« präsent, die dann im Auslaufen begriffen war, kritisierte diese aus seiner Sicht negative Entwicklung anlässlich einer öffentlichen Preisverleihung im Jahre 2009, die er überraschender Weise für sich persönlich ablehnte.
Im Osten Deutschlands entwickelten sich das Pressewesen und die Publizistik ganz anders: Das Kontroll- und Lizenzsystem der SMAD wurde nach Gründung der DDR beibehalten. Jedes Periodikum bedurfte einer Genehmigung des »Presseamtes beim Vorsitzenden des Ministerrats der DDR«. Zentralorgan der dominierenden Partei war die Zeitung *Neues Deutschland,* das als Regionalausgaben auch in den 14 Bezirken der SED erschien. Insgesamt gab es in der DDR rund 40 Tageszeitungen mit einer

Gesamtauflage von rund acht Millionen Exemplaren. Die zentral gelenkte Presse erschien im Verlagskonzern der SED, der »VOB Zentrag«.
Weit früher als in der Bundesrepublik wurde bereits 1946 noch in der SBZ der »Allgemeine Deutsche Nachrichtendienst« (ADN) gegründet. Er sollte 1953 dem Ministerpräsidenten und dem Presseamt unterstellt werden. Für Presse und Propaganda war ausgehend von der Parteiführung Albert Norden verantwortlich.
Schon 1947 wurde die Rundfunkarbeit in der sowjetischen Zone bei einer »Generalintendanz« ebenfalls zentralisiert, jedoch 1968 in ein »Staatliches Komitee für Rundfunk« und ein »Staatliches Komitee für Fernsehen« nach erfolgter Umwandlung für beide Funkmedien getrennt organisiert. Im Radiobereich gab es zwei Programme, den Europadienst »Stimme der DDR« und den Auslandsdienst »Radio Berlin International«.
Seit 1952 gab es ein erstes, seit 1969 ein zweites TV-Programm in der DDR. So blieb es bis 1989. Erst in den Wochen des Umbruchs im »Wende«-Herbst wurde ein alternatives TV-Programm »11–89« geschaltet, dessen Wirkung im Sinne einer reformorientierten und überlebenswilligen DDR jedoch begrenzt blieb.
Die Zahl der Radiohörer bewegte sich Ende der 1950er-Jahre lediglich um fünf Millionen und stieg bis in die 1960er-Jahre nur auf etwas mehr als 6,2 Millionen, was sich auch später nicht wesentlich änderte, während die DDR-Bürgerinnen und Bürger v. a. Westradiosendungen zu empfangen versuchten, die viel beliebter und populärer waren.
Die Zahl der »Fernseher« war Ende der 1950er-Jahre in der DDR noch begrenzt, nämlich rund 70.000. Sie stieg Ende der 1960er-Jahre auf 3,6 Millionen und schließlich bis Ende der 1970er auf fünf bis sechs Millionen. Auch diese Ziffern sollten noch im weiteren Ansteigen begriffen sein, doch galt für die TV-Branche auch, was für das Radio festgestellt wurde: Durch steigende Möglichkeiten des Empfangs von westdeutschen TV-Programmen machten sich die Menschen im Osten Deutschlands ein eigenes, viel zu angehimmeltes und verklärtes Bild von der Bundesrepublik, denn die Medien der DDR galten als Mittel der Agitation, Manipulation und Propaganda zur »sozialistischen Bewusstseinslenkung« durch parteipolitisch-ideologische Prägung. Diese Einseitigkeit war im Vergleich zu den Westmedien krass, was die Sendung »Der Schwarze Kanal« verdeutlichte (Abb. 26). Der ehemalige Intendant des NWDR Karl-Eduard von Schnitzler, der 1947 in die SBZ überwechselte und anschließend der SED beitrat, machte durch Wiedergabe gezielt ausgewählter negativer Ausschnitte aus westdeutschen TV-Berichten auf seine Weise »Gegenpropaganda«. Sein Gegenspieler war der rechtskonservative TV-Journalist Gerhard Löwenthal, der einen gezielten Gegenkurs steuerte und in seiner deutschlandpolitisch motivierten Sendung »ZDF-Magazin« v. a. Menschenrechtsverletzungen in der DDR anprangerte und Unrechtshandlungen des SED-Systems brandmarkte.
Der deutsch-deutsche kalte Medienkrieg fand seinen bizarren Ausdruck in dem Umstand, dass die DDR seit 1959 streng geheim von Leipzig aus einen von einem aus Bulgarien stammenden Türken betriebenen Rundfunksender, »Bizim Radyo«, unterhielt. Dieser strahlte in türkischer Sprache Sendungen aus und versuchte damit

Abb. 26: DDR-TV-Sendung »Der Schwarze Kanal« von Karl-Eduard von Schnitzler, DDR-Museum Berlin

die »Gastarbeiter« aus der Türkei in der Bundesrepublik mit antikapitalistischer und kommunistischer Ideologie zu versorgen und zu infiltrieren, d. h. auf diese Weise zu Aktionen des Aufbegehrens und des Aufruhrs anzustacheln sowie damit zur Destabilisierung der BRD beizutragen. Der Sender war bis 1989 in Betrieb, bewirkte jedoch, ausgehend von den genannten Zielsetzungen, nach allem, was bisher bekannt ist, keinen nennenswerten oder gar durchschlagenden Erfolg, zumal der Westdeutsche Rundfunk (WDR) in Köln in den 1960er-Jahren begann, auch in türkischer Sprache pro-kapitalistisch-westliche Sendungen auszustrahlen, um die »Gastarbeiter« im westlichen Sinne zu beeinflussen und sie gegen die via DDR lancierte Propaganda zu immunisieren (Jörg Becker).

Insgesamt betrachtet war das westdeutsche Medienwesen auch nicht ›frei‹ und ›unabhängig‹, sondern von Interessengruppen geleitet, v. a. aber weitgehend in den Systemkonflikt zwischen Ost und West eingebunden, d. h. tendenziell stark pro-amerikanisch-transatlantisch ausgerichtet, was einer neutralen und unparteilichen Berichterstattung abträglich war.

Nach 1989/90 und mit dem dem Ende zu gehenden deutsch-deutschen Kalten Krieg vollzog sich allmählich eine Veränderung in der alt-bundesrepublikanisch geprägten Medienwelt zu einer offeneren, kritischeren und neutraleren Berichterstattung, wie sie beispielsweise der ORF in Österreich oder die Schweizer Rundfunk- und Fernsehgesellschaft (SRG) auch in Hochzeiten des Ost-West-Konflikts gepflegt und praktiziert hatten.

Dank vieler neuer Privatsender kam es nicht nur zu einer stärkeren Entstaatlichung, sondern auch zu einer Diversifizierung, Internationalisierung und Pluralisierung des deutschen TV-Angebots. Die negativen Folgen sollten aber bald zutage treten: Anstieg der Massen- und Populärkultur, Minderung der Qualitätssendungen, geistig-intellektuelle Verflachung bis hin zur seichten Unterhaltung und offensichtlichen Ver-

blödung. In den Zeiten der Postmoderne und der »Spaßgesellschaft« lagen diese TV-Programme ganz »im Trend«.
Die deutsche Unterhaltungskultur lebte insbesondere von Stars. Romy Schneider war eine der größten deutschen Schauspielerinnen. Mit »Sissi« landete sie einen gigantischen Kassenerfolg und wurde als »Prinzessin aller deutschen Herzen« zum erfolgreichsten deutschen Jugend-Filmstar.
Heinz Erhardt wurde berühmt für seine zahlreichen witzigen Gedichte, Redewendungen und Wortspiele. Seine Darbietungen schlossen Klavierspiel, Intonierung und Tanz, meist im kleinen Format, mit ein, was ihn zum Alleinunterhalter machte. Im Film trat er auch mit Hans-Joachim Kulenkampff und Peter Alexander sowie auf der Bühne mit Rudi Carrell und Udo Jürgens auf.
Hans Rosenthal wurde bekannt durch die Moderation der ZDF-Sendung »Dalli Dalli« mit der sich stets wiederholenden Frage an das Publikum »Sie sind der Meinung, das war …?«, worauf das Publikum auf Kommando frenetisch »Spitze!« rief, während Rosenthal einen im TV-Bild kurz »eingefrorenen« Luftsprung vollführte, der zu seinem Markenzeichen wurde.
»Was bin ich?«, das heitere Berufe-Raten, war eine Quizsendung, die von 1955 bis 1958 und von 1961 bis 1989 vom Ersten Deutschen Fernsehen und Bayerischen Rundfunk ausgestrahlt wurde. Moderator der 337 Folgen war Robert Lembke.
Der Showmaster Wim Thoelke wurde bekannt durch die Sendung »Drei mal Neun« und »Der große Preis«, die Spendengelder für die »Aktion Sorgenkind« einwarb. Bei Auftritten mit dem von Vicco von Bülow alias »Loriot« gezeichneten und gesprochenen Hund »Wum« rief dieser den Showmaster immer mit einem langgezogenen »Thöööölke«. Diesem gesellten sich später noch der ebenfalls von Loriot geschaffene Elefant Wendelin und ein Außerirdischer in einem kleinen Raumschiff, »der Blaue Klaus«, hinzu.
Erik Ode agierte in der erfolgreichsten Krimiserie der ersten Fernsehjahrzehnte der Bundesrepublik, »Der Kommissar«, in der er von 1968 bis 1975 in 97 Episoden die Rolle des Kommissars Keller spielte, begleitet von Fritz Wepper in der Rolle des Assistenten »Harry«. Horst Tappert spielte den Oberinspektor »Derrick« in der gleichnamigen TV-Krimiserie. Große Beliebtheit erzielten als Fernsehmoderator Thomas Gottschalk, als Filmschauspieler Heinz Rühmann, Mario Adorf oder die Schauspielerin Inge Meysel.
Der Comiczeichner, Komiker und Ostfriese »Otto« Waalkes war einer der erfolgreichsten Vertreter des deutschen Humors. Nach Heinz Erhardt und Vicco von Bülow belegte Waalkes den dritten Platz in der Beliebtheitsskala deutscher Komiker. »Didi« Hallervorden punktete als Kabarettist und Schauspieler mit »Spott-Light«. Die Sendung »Verstehen Sie Spaß?« war mit Kurt Felix und Paola ein Publikumserfolg. Beatrice Richter und Klaus Havenstein gehörten zur Stammbesetzung von »Rudis Tagesshow« von Rudi Carrell. Dieter Krebs unterhielt die Deutschen mit der Comedy-Serie »Sketchup« mit Beatrice Richter und Iris Berben als Partnerinnen.
Sie alle hielten die geteilte Nation bei Laune. Sie alle wurden in Ost- wie Westdeutschland im TV gesehen. Bei der Unterhaltung im Fernsehen war die Nation im

Grunde wieder geeint. Fast jeder Ostdeutsche hatte den Westen somit in seinem Wohnzimmer.
Der Deutschen liebster Sport erfuhr durch eine immer stärker um sich greifende Kommerzialisierung und Vermarktung eine stärkere Breitenwirkung. Pay-TV-Sender berichteten live von den Fußballspielen. SAT.1 erhielt mit »ran« TV-Übertragungsrechte für den Samstagabend und der Zahlsender »Sky« folgte nach »Premiere« mit noch größerem Erfolg. Die Zuschauerzahlen erreichten immer neue Rekordzahlen, auch beflügelt durch die Fußball WM 2006. Damit bewies das neue, moderne und vereinte Deutschland einen freundlichen, sympathischen und weltoffenen Patriotismus. »Deutschland – ein Sommermärchen« lautete der Titel eines viel besuchten Kinoschlagers des Regisseurs Sönke Wortmann.

2.2 Die kurze Kanzlerschaft Ludwig Erhards (1963–1966) und die Große Koalition unter Kurt-Georg Kiesinger (1966–1969) als Übergangsphasen

Ludwig Erhard war 1949 als Wirtschaftsminister in die Regierung Adenauer eingetreten und bis 1963 in allen Kabinetten vertreten. Mit der »sozialen Marktwirtschaft« hatte er am Aufschwung des westdeutschen Teilstaats maßgeblich Anteil. Als »Wahllokomotive« half er der CDU/CSU zum Gewinn aller Bundestagswahlen, die deutlich vor der SPD gewonnen werden konnten. 1961 war der schon starrsinnig gewordene, aber nicht minder widerborstige 85jährige Bundeskanzler Adenauer auf Druck des Koalitionspartners FDP verpflichtet worden, nach der Hälfte der neuen Legislaturperiode sein Amt abzugeben. Die CDU/CSU-Fraktion schlug Erhard als Nachfolger vor, gleichwohl sich Adenauer dessen Kandidatur stark widersetzte. Er hielt ihn als Bundeskanzler für ungeeignet. Doch Adenauers Zeit war abgelaufen und sein Einfluss minimal geworden. So amtierte Erhard seit Oktober 1963 und im September 1965 gewann er die Bundestagswahl mit der CDU/CSU.
Im Zuge der Regierungsbildung kam es aber bereits zu ersten Differenzen mit der FDP, die sich gegen den rechtskonservativen bayerischen CSU-Vorsitzenden Franz Josef Strauß als Regierungsmitglied wehrte. Wirtschaftspolitisch traf die Regierung Erhard eine 1966 überraschend einsetzende Rezession, die Arbeitslosigkeit bewirkte und eine Budgetkrise auslöste. Im Konflikt um den Ausgleich des Haushalts zerfiel die Koalition mit der FDP. Alle ihre Minister traten am 27. Oktober 1966 zurück. Nach einer schweren Wahlniederlage der CDU in Nordrhein-Westfalen im Juli 1966 wurde Erhard bereits in eigenen Parteikreisen infrage gestellt. Als Landtagswahlen in Hessen und Bayern im November 1966 der rechtsradikalen NPD viel Zulauf brachten, starteten Spitzenpolitiker der CDU/CSU mit der SPD Verhandlungen über eine Große Koalition. Sie entschieden sich hinter dem Rücken des amtierenden Bundeskanzlers für Kurt Georg Kiesinger, den Ministerpräsidenten von Baden-Württemberg, als Nachfolger, während Erhard noch mit einem Minderheitenkabinett regierte.

Es ist bezeichnend für das Ausmaß an Kritik und Vertrauensverlust gegenüber Erhard, dass man diesem Wirtschaftsfachmann die Lösung der Krise offenbar nicht mehr zutraute. Er trat folglich zurück und gab im Jahr darauf auch den CDU-Vorsitz an Kiesinger ab. Mit seiner Wahl zum Ehrenvorsitzenden probierte die Parteiführung noch eine Rehabilitation, doch der Autoritäts- und Imageverlust war damit nicht mehr aufzuwiegen. Als »Vater des deutschen Wirtschaftswunders« ist der in Bonn 1977 verstorbene Erhard trotz alledem zu einer politischen Ikone der bundesdeutschen Nachkriegsgeschichte geworden.

Der studierte Jurist, Historiker und Philosoph Kiesinger war zunächst als Rechtsanwalt beim Kammergericht Berlin tätig und von 1940 bis 1945 wissenschaftliche Hilfskraft und stellvertretender Leiter der Rundfunkabteilung im Auswärtigen Amt. In den ersten Nachkriegsjahren in Ludwigsburg interniert, wurde er 1948 Landesgeschäftsführer der CDU in Südwürttemberg-Hohenzollern. Von 1949 bis 1958 war er Bundestagsabgeordneter und anschließend Ministerpräsident von Baden-Württemberg.

Am Tag seiner Wahl zum Bundeskanzler stellte er seine Regierung vor. Die sich zuspitzende ökonomische Krise mit hohem Budgetdefizit und die wachsende Arbeitslosigkeit in Kombination mit der Sorge vor einer Ausbreitung des Rechtsradikalismus führten zu einer politischen Wende und zeigten gleichzeitig, wie unsicher das politische Establishment der Bonner Republik war. Bezeichnend erscheint, dass man sich von dem ehemaligen NSDAP-Mitglied Kiesinger die Lösung dieser politischen Krise erhoffte. Entscheidender waren tatsächlich parteipolitische Motive bei CDU und SPD, eine Große Koalition zu bilden, von der sich alle Vorteile in der Überwindung der ökonomischen Krise versprachen. Diese Regierungsform war zu diesem Zweck bestimmt und daher auf diese einzige Aufgabe begrenzt. Die Große Koalition kam vor allem auch durch eine große Strukturkrise im Ruhrgebiet zustande. Seit 1962 erfuhr die Kohleförderung Subventionierung. Viele Zechen mussten geschlossen werden. Die Ruhrkohle AG wurde gebildet. Es ging die Angst um, dass auch dort rechtsradikale Parteien Zulauf erhalten könnten.

Nach dem innerparteilichen Revirement in der CDU wählte der Bundestag am 1. Dezember 1966 Kiesinger zum Bundeskanzler. Stellvertreter und Außenminister wurde der SPD-Vorsitzende und Regierende Bürgermeister von Berlin, Willy Brandt. In der Großen Koalition war Kiesinger Moderator zwischen divergenten politischen Kräften, die sich misstrauisch beäugten und nur zögerlich die Macht teilten.

Sowohl der Regierungswechsel innerhalb einer Legislatur als auch die Große Koalition waren in der noch jungen Bonner Republik ein Novum. Die Große Koalition galt als unvermeidliche Notwendigkeit und Regierung auf Zeit. Man sparte auch nicht mit Kritik, weil das gewohnte Verhältnis zwischen Regierung und Opposition nicht mehr als gegeben gesehen wurde. 49 FDP-Abgeordnete standen 447 CDU/CSU- und SPD-Abgeordneten gegenüber.

Die Lösung des Budgetproblems und die Überwindung der wirtschaftlichen Rezession waren die Ziele der neuen Regierung. Als Methoden dienten ein »Stabilitätsgesetz« und die »konzertierte Aktion«, mit der man der Probleme Herr zu werden versuchte. Wirtschaftsminister war Karl Schiller (SPD) und Finanzminister Franz

Josef Strauß (CSU), die gut miteinander harmonierten und für den Erfolg der neuen Regierungsform sorgten. Reformen des gesellschaftlichen Systems und Staatserneuerung wurden ermöglicht: Ein reformiertes Finanzsystem regelte das Steueraufkommen zwischen dem Staat und den Bundesländern neu und legte gemeinsame Verantwortlichkeiten fest, die sowohl vom Bund als auch von den Ländern getragen und bezahlt wurden. Im Bereich Kultus und Forschung bekam der Staat mehr Kompetenzen. Die Errichtung von Universitäten, die Gestaltung von Bildung und die länderübergreifende Förderung von Forschung sollten gemeinsam übernommen werden. Eine Strafrechtsreform, die maßgeblich von SPD-Justizminister Gustav Heinemann mitformuliert und zur Gesetzesreife gebracht wurde, führte zur Beseitigung der Zuchthäuser und zur Lockerung der Sexualkonventionen.

Das »Gesetz zur Förderung der Stabilität und des Wachstums der Wirtschaft« vom 8. Juni 1967 bildete eine wichtige Basis mit öffentlichen Ausschreibungen, staatlichen Auftragsprogrammen und antizyklischer Konjunktursteuerung, um die negative Wirtschaftsentwicklung einzudämmen. Staat und Bundesländer, die eine mittelfristige Finanzvorschau erarbeiten sollten, wurden durch das Stabilitätsgesetz auf das viel zitierte »magische Viereck« eingeschworen: Geldwertstabilität, außenwirtschaftliches Gleichgewicht, Vollbeschäftigung und wirtschaftliches Wachstum.

Mit dem Stabilitätsgesetz, der darin zugrunde gelegten »konzertierten Aktion« und der Bestellung eines Konjunkturrates für die öffentliche Hand vermochte die Regierung die ökonomische Krise zu bewältigen. Ein nach ausländischen Mustern gebildeter Sachverständigenrat empfahl eine »konzertierte Aktion«, die von Schiller organisiert und realisiert wurde. Alle am ökonomischen Geschehen maßgeblich beteiligten Institutionen und Kräfte waren eingebunden: Arbeitgeberverbände, Gewerkschaften, Gebietskörperschaften, Bundes-, Länder- und Gemeindevertreter sowie solche aus der Agrarwirtschaft. Mit »Orientierungsdaten« sollte das Agieren abgestimmt werden. Die so etablierte »konzertierte Aktion« bewährte sich und funktionierte ein Jahrzehnt über die Große Koalition hinaus. Erst 1977 scherten die Gewerkschaften aus, nachdem die Arbeitgeber beim Bundesverfassungsgericht Klage gegen das Mitbestimmungsgesetz von 1976 erhoben hatten.

Während Wirtschafts- und Finanzminister gut zusammenwirkten, gab es keinen großkoalitionären Konsens in der Ost- und Deutschlandpolitik. Während Kiesinger getreu der Kontinuität Adenauers am Alleinvertretungsanspruch der Bundesrepublik nicht rütteln wollte, hielt Außenminister Brandt Ausschau nach neuen Wegen und strebte eine beweglichere Politik gegenüber den Staaten der Mitte und des Ostens Europas sowie der DDR an.

Als DDR-Ministerpräsident Stoph im September 1967 Verhandlungen über eine Normalisierung der Beziehungen und die Anerkennung der bestehenden Grenzen angeregt hatte, widersetzte sich Kiesinger dieser Initiative und signalisierte nur sein Einverständnis, »Gespräche« über eine Intensivierung der Kontakte zwischen den Menschen in Ost- und Westdeutschland zu führen. Auf diese Weise entwickelte die Große Koalition in der Ostpolitik zwar humanitäre, aber keine politisch vielversprechenden Ansätze für die »Brüder und Schwestern« in der »Zone«.

Kiesinger befürwortete zwar Vertrauensbildung gegenüber der UdSSR und der Volksrepublik Polen, doch rückten er und seine Regierung von der Hallstein-Doktrin offiziell nicht ab. Die Bundesrepublik allein sollte berechtigt sein und bleiben, »für das ganze deutsche Volk zu sprechen«. Dieses Dogma konnte aber nicht mehr lange aufrechterhalten werden, was 1967 am Beispiel der Aufnahme diplomatischer Beziehungen zu Rumänien ablesbar wurde, die über das Auswärtige Amt lief. Zaghafte Sondierungen und ein erfolgloser Briefwechsel Kiesingers mit Stoph waren letztlich als Resultate zu bescheiden, um aus der deutschlandpolitischen Sackgasse der Ära Adenauer herauszufinden.

Nicht nur die Außenpolitik war ein Konfliktfeld der Großen Koalition. Kontroversen lähmten auch andere Ressorts. Im Vorfeld der Wahlen 1969 waren kaum mehr Gemeinsamkeiten zwischen CDU und SPD erkennbar. Die Wahl des früheren Adenauer-Gegners, des aus der CDU ausgetretenen und zur SPD gewechselten Justizministers Gustav W. Heinemann zum neuen Bundespräsidenten am 5. März 1969 mit Stimmen von SPD und FDP im dritten Wahlgang gegen den auch von der NPD unterstützten Kandidaten der CDU/CSU, Bundesverteidigungsminister Gerhard Schröder, markierte bereits einen Richtungswechsel. Heinemann hatte auch den größten Teil der FDP-Stimmen erhalten. Das war als deutliches Signal für eine Koalitionsbereitschaft von SPD und FDP aufzufassen. Die zwei Jahrzehnte christdemokratisch geführte Regierungskoalition sollte ihrem Ende zugehen. Die Große Koalition war so gesehen auch eine Regierung auf Abruf. Sie zerbrach nach der Bundestagswahl im September 1969.

Die Große Koalition hatte beachtliche innenpolitische Reformen bewirkt, u. a. zur Modernisierung der westdeutschen Gesellschaft beigetragen, in der Außenpolitik blieb sie aber relativ starr wie unter Adenauer. Die Bildung einer Regierung aus CDU/CSU und SPD, die von über 90 % der Bundestagsabgeordneten unterstützt wurde, hatte zur Folge, dass die innenpolitischen Konflikte im Parlament nicht mehr in der bis dahin gewohnten Weise öffentlich debattiert wurden. Das Fehlen einer wirksamen Opposition im Bundestag trug zur Entstehung der sogenannten »Außerparlamentarischen Opposition« (APO) bei.

Bei der Wahl konnte Kiesinger zwar mit knapp über 46 % der Stimmen gegenüber der SPD mit 42,7 % ein bemerkenswertes Ergebnis erzielen. Vor den Urnengängen hatten aber SPD und FDP verkündet, gemeinsam eine Regierung anzustreben, sodass Kiesinger und seine Partei trotz ihres Wahlsieges zur Opposition verurteilt waren.

2.3 Die anderen und neuen Gesichter der BRD: »Gastarbeiter«, Extremismus und die 1968er-Studentenbewegung

Die rasante Wirtschaftsentwicklung der 1950er-Jahre bewirkte einen ebenso raschen Rückgang der Arbeitslosen. Bald ergab sich sogar ein Mangel an Arbeitskräften, z. B. auf dem Bausektor oder in Kleinbetrieben sowie in der Landwirtschaft. Die Bundesregierung griff den Unternehmern unter die Arme und begann mit der gezielten Anwerbung von Arbeitskräften in eigens dafür eröffneten Auslandsbüros in den südeuropäischen Ländern und der Türkei. Als »Gastarbeiter« waren sie auf dem Arbeitsmarkt der Bundesrepublik höchst willkommen. 1964 war die Eine-Million-Marke bereits überschritten, als ein Portugiese im »Wirtschaftswunderland« begrüßt werden konnte. Als Geschenk erhielt er ein Moped.

Anfang der 1970er-Jahre war bereits die zweifache Zahl an »Gastarbeitern«, wie sie genannt wurden, festzustellen. Am Beispiel dieser Bezeichnung wird deutlich, dass die bundesdeutsche Gesellschaft davon ausging, dass »Gastarbeiter« wieder »nach Hause« gehen würden. Dass jedoch die eigene Gesellschaft eine Einwanderungsgesellschaft werden sollte, wollte man sich noch sehr lange nicht eingestehen.

Zunächst wurden diese Personen aus dem Ausland in den Betrieben eingeführt und rechtlich abgesichert. In Folge zogen jedoch auch vielfach die Familienangehörigen nach. Damit stellten sich alsbald Fragen der gesellschaftlichen Integration, v. a. im Bereich der Schulbildung und im Berufswesen. Im Zuge der Wirtschaftskrise (Ölschock, Konjunktureinbruch, Kollaps des internationalen Finanzsystems etc.) der Jahre ab 1973 verschlechterte sich die Situation am Arbeitsmarkt auch in der Bundesrepublik. Mit steigender Arbeitslosigkeit wandelte sich auch das Verhältnis der Bundesdeutschen zu den »Gastarbeitern«, was im Grunde absehbar war. Die Bundesregierung hatte dagegen keine Vorkehrungen getroffen und umso weniger ein Konzept entwickelt.

Die »Fremden« waren nun weniger gefragt. Man machte sie zunehmend für Probleme des Sozial- und Wohlfahrtsstaats verantwortlich. Die gesellschaftlichen Verwerfungen ließen nicht lange auf sich warten. Soziale Konflikte produzierten Ausländerhass und Fremdenfeindlichkeit. Davon profitierten besonders politisch extremistisch ausgerichtete und rechtsradikale Gruppen, die mit Gewalt und Hetze agierten. Man war, wie schon gesagt, davon ausgegangen, dass die »Ausländer« und »Fremden« wieder gehen würden.

Die vielfach misslungene Eingliederung war aufgrund des anderen Glaubens und unterschiedlicher Kulturen, des Zusammenzugs mit Verwandten und durch Sprachprobleme für eine Abgrenzung der »Gastarbeiter« gegenüber der deutschen Bevölkerung verantwortlich. Eine Gettoisierung in den mittleren und größeren Städten, die sich als soziale Brennpunkte entwickelten, war die Folge.

Eine solcherart fremdenfeindlich ausgerichtete Partei, die Deutsche Reichspartei (DRP), hatte aber schon seit 1945 unabhängig von einer Ausländerproblematik als Sammelbecken von ehemaligen Nationalsozialisten und Neonazis existiert und bei den ersten Wahlen 1,8 % der Stimmen und fünf Sitze im Bundestag errungen. Die seit 1953 eingeführte Fünf-Prozent-Klausel verhinderte weitere Mandatare solcher extremer Splitterparteien. 1949 spaltete sich die Sozialistische Reichspartei (SRP) von der DRP ab. Sie huldigte dem Führerprinzip und verfocht NS-Propaganda. 1951 gelangen ihr bei den Landtagswahlen in Niedersachsen 11 % und in Bremen knapp 8 % der Stimmen.

Das Bundesverfassungsgericht verbot daraufhin diese Partei 1952 als Nachfolgeorganisation der NSDAP. Ein Teil ihrer Anhänger kehrte wieder zur DRP zurück.

In Hannover ging aus der Fusion von DRP mit anderen verstreuten Rechtsgruppierungen die Nationaldemokratische Partei Deutschlands (NPD) hervor, die zum Rekrutierungsfeld neonazistischer Kreise avancierte. Im Zeichen der Wirtschaftskrise zog sie Protestwähler an und konnte bei den Landtagswahlen in Hessen 1966 knapp 8 % der Stimmen erringen, ein Erfolg, der keine Ausnahme bildete: In diesem und im Folgejahr zog die NPD in sechs Länderparlamente ein. In Baden-Württemberg erreichte sie 1968 mit knapp 10 % das beste Ergebnis, und zwar mit einer kombinierten Agitation aus Deutschnationalismus, Fremdenfeindlichkeit und der Idee vom starken Staat. Die NPD propagierte außerdem ein wiedervereinigtes Deutschland in Europa. Die Revision der Ostgrenze und die »Heimholung« der an Polen abgetretenen Gebiete war ebenso Teil ihrer Programmatik wie die Forderung zur Einstellung der Prozesse gegen NS-Verbrecher. Bei den Bundestagswahlen von 1969 blieb die NPD mit etwas mehr als 4 % nicht nur unter den Erwartungen, sondern auch knapp unterhalb der besagten Prozent-Klausel. Der Erfolg in den Ländern ließ sich auch nicht wiederholen. Anfang der 1970er-Jahre verlor die NPD alle Landtagssitze, bei der Bundestagswahl 1972 musste sie Stimmeneinbußen hinnehmen und fiel auf unter 1 % ab. Die erst aufgrund der veränderten ökonomischen Rahmenbedingungen virulenter werdende »Gastarbeiter«-Problematik hatte keinen so starken Zusammenhang mit der Entwicklung extremistischer politischer Parteien, weil diese in den 1970er-Jahren wieder an Einfluss verloren. Doch blieb der Rechtsextremismus und Neonazismus im Unterschied zur DDR, wo aufgrund der diktatorischen Polizeistaatsstrukturen vergleichbare Strömungen und Tendenzen gar nicht erst aufkommen konnten, in der BRD ideologisch-gedanklich weiter lebendig.

Ende der 1970er-Jahre traten neonazistische Vereinigungen wieder deutlicher in Erscheinung und setzten Gewaltaktionen, so z. B. die von der bayerischen Landesregierung in München im »Freistaat« von Ministerpräsident Franz Josef Strauß geduldete »Wehrsportgruppe Hoffmann« oder die 1983 verbotene »Aktionsfront Nationaler Sozialisten/Nationale Aktivisten« mit ihrem Führer, Michael Kühnen, einem vormaligen Bundeswehrleutnant.

Rechtsgerichtete Parteien wie die »Republikaner« unter dem früheren Waffen SS-Mitglied und populären Journalisten des Bayerischen Rundfunks, Franz Schönhuber, die Deutsche Volksunion (DVU) mit dem einflussreichen Verleger Gerhard Frey und die wiederbelebte NPD unter Günter Deckert hatten gegen Ende der 1980er-Jahre bei Landtags- und Gemeindewahlen stärkeren Zulauf und konnten Mitglieder in die entsprechenden Parlamente entsenden.

Auch in den 1990er-Jahren gab es solche Tendenzen und verstärkt nach der deutschen Einheit in den neuen Bundesländern. Die genannten Parteien hatten auf der Bundesebene aber bis zum Aufkommen der Alternative für Deutschland (AfD) (2013) keine Chance. Sie spielten im Bundestag keine Rolle, geschweige denn, dass eine Beteiligung an irgendeiner Regierung in Betracht gekommen wäre. Die Erschütterung des Jahres 1945, die Desavouierung, Diskreditierung und Pervertierung nationalistischer Ideologie durch Hitler und die damit verbundenen Lehren aus der deutschen Geschichte der ersten Hälfte des 20. Jahrhunderts wirkten bis zuletzt nach, auch aufgrund einer fortgesetzten Medialisierung und Sensibilisierung der öffentlichen Meinung, v. a. mit Blick auf die Erinnerung an den millionenfachen Judenmord, den Holocaust.
Anders verlief der Umgang mit Linksextremismus bis hin zum Linksterrorismus. Die Studentenbewegung in Deutschland war kein singuläres, sondern ein europäisches und globales Phänomen. In den Vereinigten Staaten richtete sich der Protest gegen den Krieg und die US-Verbrechen in Vietnam und nahm Partei für die Gleichberechtigung der Schwarzen. Diese Strömungen wirkten sich in den 1960er-Jahren auch auf Europa aus. In Berlin, Paris und Rom kam es zu Unruhen.
An der Freien Universität in Berlin-West protestierten Studierende gegen die veralteten Strukturen. Die bescheidene Opposition gegenüber der Großen Koalition im Bundestag stimulierte den Unmut in Kombination mit Protestgruppen. Dieses Missverhältnis führte zur Bildung von Protestkulturen außerhalb des Bundestages, die als »Außerparlamentarische Opposition« (APO) in die bundesdeutsche Geschichte eingingen und dabei das gesamte System der Bundesrepublik infrage stellten. Es waren vor allem junge Menschen, die einen neuen Lebensstil suchten und sich gegen autoritäre Denkmuster wandten. Die Unruhen betrafen die Familien, die Schulen und die Universitäten.
Die Protestbewegung, die zeitgleich in westlichen Industriestaaten aufkam, hatte ihre Hintergründe in der Unzufriedenheit Jugendlicher und junger Erwachsener mit den gesellschaftlichen Verhältnissen der Adenauer- und Erhard-Republik. Der Unmut war nicht nur politisch motiviert, sondern betraf viele Lebensbereiche. Die APO verstand sich als »antiautoritär« und wollte eine »Kulturrevolution« wie sie Mao Tse-tung scheinbar erfolgreich betrieb.
Die Machtstrukturen in Ehe und Familie, Schulen und Universitäten, Betrieben und Verwaltung sollten nicht nur hinterfragt, sondern aufgebrochen werden. Wertvorstellungen und Umgangsformen veränderten sich, die gesellschaftlichen Machtverhältnisse blieben jedoch im Wesentlichen unverändert. Die APO war in der Substanz studentisch getragen, erreichte aber auch Lehrlinge und Schüler. Sie inspirierte die spätere Frauenbewegung und bewirkte Veränderungen in der SPD, der FDP sowie in den Gewerkschaften.
Der Protest richtete sich auch gegen diktatorische Staatsformen weltweit. Als der iranische Schah Reza Pahlevi die Bundesrepublik besuchte und in West-Berlin Studenten gegen sein Regime demonstrierten, gingen seine Leibwächter mit Holzlatten auf die Protestierenden los. Die Berliner Polizei war auch im Einsatz. Am 2. Juni 1967

kam der Student Benno Ohnesorg durch eine Pistolenkugel in den Hinterkopf ums Leben.
Wie erst 2009 bekannt wurde, war der in Zivil tätige West-Berliner Polizeibeamte und Waffennarr Karl-Heinz Kurras, der Ohnesorg getötet hatte, auch von 1955 bis mindestens 1967 für die DDR-Staatssicherheit tätig. Der Todesschuss von Kurras und sein Freispruch führten zur Radikalisierung. Die Situation eskalierte und der Protest weitete sich auf viele Städte und ihre Universitäten in der Bundesrepublik aus. Blockaden, Sitzstreiks (»sit ins«) und Behinderungen des Straßenverkehrs kennzeichneten die Lage. Es kam auch zu Sachbeschädigungen. Der Axel-Springer-Konzern galt als »Systempresse«. Brandanschläge gegen das Verlagsgebäude in West-Berlin, aber auch gegen Kaufhäuser, so in Frankfurt am 3. April 1968, ließen die Proteste ins kriminelle Fahrwasser abdriften. Zentrum der Protestbewegung wurde zunehmend West-Berlin, wo Jugendliche in vielen leerstehenden Wohnungen Unterschlupf fanden. Die sogenannte »Hausbesetzer«-Szene nahm von hier aus ihren Anfang. Sie stellte die Behörden vor allem vor sicherheitspolizeiliche Probleme.
Die »Frankfurter Schule« um Theodor Adorno, Max Horkheimer und Herbert Marcuse wirkte mit ihren Schriften rund um die »Kritische Theorie« anregend und stimulierte damit auch indirekt viele Studierende, in Zentren des »Systems« einzudringen und gegen die »repressive Toleranz« und den »Konsumterror« vorzugehen.
Nach einem Attentat des jungen Hilfsarbeiters Josef Bachmann auf den Anführer der studentischen Protestbewegung Rudi Dutschke am 11. April 1968 – er traf sein Opfer zweimal in den Kopf und einmal in die linke Schulter – steigerten sich erneut die demonstrativen Aktionen gegen den Springer-Konzern. Bachmann hatte Ausschnitte der *National-Zeitung* bei sich mit der Schlagzeile »Stoppt den roten Rudi jetzt«. Ein Sternmarsch auf Bonn im Mai 1968, an dem sich Zehntausende Demonstranten beteiligten, richtete sich gegen die Notstandsverfassung.
Obwohl die Studentenbewegung sich mit der Arbeiterschaft in einer inneren Beziehung wähnte, erzielte sie kaum Akzeptanz bei ihr. Diese konnte sich mit den studentischen Aktionen nicht identifizieren. Nur im Vorgehen gegen die Notstandsgesetze kam es zu einem zeitweiligen Bündnis mit den Gewerkschaften. Die Studentenbewegung ging 1969 deutlich zurück und zerfiel in Folge. Kleinere Gruppen wollten nicht aufgeben, radikalisierten sich, gingen in den Untergrund und drifteten in den Terrorismus ab.
Durch die bewegten Ereignisse der Jahre 1967/68 erfuhr das politische Klima in der Bonner Republik eine spürbare Veränderung. Polizeistaatsstrukturen begannen sich im Zeichen der politischen Radikalisierung von rechts und links zu stärken. APO-Mitglieder und APO-Sympathisanten schlossen sich der SPD an. Nur wenige gingen zur FDP, manche folgten der Deutschen Kommunistischen Partei (DKP) oder maoistischen »K-Gruppen«.
Die bereits seit Ende der 1950er-Jahre begonnene Debatte um die Notstandsgesetzgebung wurde kontrovers geführt, wonach laut »Deutschlandvertrag« in der neuen Fassung vom 23. Oktober 1954 den früheren Besatzungsmächten Frankreich, Großbritannien und USA noch verbliebene Zuständigkeiten für Schutz und Sicherheit

ihrer in der Bundesrepublik stationierten Streitkräfte nun deutschen Behörden übertragen werden sollten, sobald diese von der deutschen Gesetzgebung Vollmachten erhalten haben würden, um die Sicherheit dieser Streitkräfte zu gewährleisten. Das bedeutete, dass dieser vermeintliche Gewinn an hoheitlicher Gewalt (Souveränität) der Regierung Beschlüsse in Fällen des Notstands und deren Legalisierung durch Einbeziehung in das Grundgesetz voraussetzte. Entwürfe des Innenministeriums aus den Jahren 1958, 1960 und 1963, die auf eine Stärkung der Exekutivrechte hinausliefen, verfügten nicht über die erforderliche Zustimmung im Bundestag.
Die ab 1966 regierende Große Koalition hatte die Mehrheit und beschloss die Notstandsgesetze, womit die alliierten Vorrechte – um dem Anschein zu genügen – formell abgeschafft waren. Mit der SPD gelang es der CDU/CSU gegen die FDP-Opposition die neu entworfenen Gesetze am 30. Mai 1968 mit der notwendigen Zweidrittel-Mehrheit zu beschließen. Die Diskussionen verliefen sowohl im Bundestag als auch in der Öffentlichkeit äußerst kontrovers. Gewerkschaften und Studenten befürchteten einen unzulässigen Machtzuwachs des Staats und beteiligten sich bundesweit an Demonstrationen.
Am 28. Juni 1968 trat jedoch die Notstandsgesetzgebung in Kraft. Die Kompetenz der Gesetzgebung und die Weisungsbefugnisse des Staates wurden gegenüber den Bundesländern im Falle der Verteidigung erweitert. In einzelne Grundrechte konnte fallweise erheblich eingegriffen werden, was auch für den inneren Notstand oder im Falle einer Katastrophe galt. Wenngleich die Regierung einen Missbrauch dieser Verfassung zu vermeiden bemüht war, bildete sich eine Protestkultur dagegen aus und beflügelte maßgeblich die Studentenbewegung, deren radikale Kerne später in der linksextremistischen terroristischen Organisation RAF anzutreffen waren.

2.4 Machtwechsel in Bonn: Die sozialliberale Koalition Brandt-Scheel (1969–1974)

2.4.1 Der Start der neuen Regierung und das neue Betriebsverfassungsgesetz

Als Regierender Bürgermeister von Berlin (1957–66) war Willy Brandt in und außerhalb Deutschlands sehr populär. In den Bundestagswahlen 1961 und 1965 verlor er noch gegen Adenauer und Erhard. Seit 1964 SPD-Bundesvorsitzender wurde er dann in der Großen Koalition 1966 Vizekanzler und Außenminister. Bei der Bundestagswahl am 28. September 1969 errang die CDU/CSU 242, die SPD 224 und die FDP 30 Mandate. Brandt kündigte daraufhin selbstbewusst seinen Anspruch an, die Führung einer SPD-FDP-Koalition anzustreben. Die FDP mit ihren gerade mal ergatterten 5,8 % und minus 3,7 %-Verlusten stimmte der Koalition zu. Kurt-Georg Kiesinger trotz 1,5 % Verlusten und immerhin mit 46,1 % eigentlicher Wahlgewinner musste die SPD-FDP-

Koalitionsbildung mit Bitterkeit und Enttäuschung hinnehmen. Er hatte den Freidemokraten vor Bildung der sozialliberalen Koalition eine Garantie gegen jede Form einer Wahlrechtsänderung gegeben, die jedoch nicht wahrgenommen wurde. Er drohte dann darauf damit, die CDU werde in allen Landtagen darauf hinarbeiten, »diese Partei herauszukatapultieren, die sich jetzt als Schlüsselfigur in der Bundesrepublik betätigt«, was ihm einen erheblichen Imageverlust eintrug. Kiesingers Amtszeit mit gerade drei Jahren wurde die kürzeste aller bisherigen und folgenden Bundeskanzler.
Nach der Wahl war es Brandt, der als Bundeskanzler mit der FDP eine sozialliberale Koalition bildete. Walter Scheel (FDP) fungierte als Außenminister. Unter Adenauer und Erhard war Scheel Minister für wirtschaftliche Zusammenarbeit, Vizepräsident des Bundestages 1967–1969 und seit 1968 FDP-Parteivorsitzender. 1974 wurde er mit den Stimmen der SPD und FDP zum Bundespräsidenten gewählt und siegte gegen den CDU/CSU-Kandidaten Richard von Weizsäcker.
Brandt sprach in der Regierungserklärung vom 28. Oktober 1969 davon, ein umfangreiches Reformkonzept unter dem Motto »mehr Demokratie wagen« zu verwirklichen. In diesem Zusammenhang wird von einer einsetzenden Politik der »Modernisierungseuphorie« gesprochen (Andreas Rödder). So gab es auch Erfolge zu verzeichnen: Das neue Betriebsverfassungsgesetz vom 15. Januar 1972 löste das alte Gesetz von 1952 ab. Es regelte die Position der Gewerkschaften und ermöglichte ihnen verstärkten Zugang zum Betrieb. Konzernbetriebsräte wurden installiert. Die schon existierenden Arbeiternehmer-Vertretungen erhielten zusätzliche Mitwirkungsrechte. Die Mitbestimmung wurde ausgeweitet. Anhörungs-, Beschwerde- und Vorschlags-Rechte kamen hinzu.

2.4.2 Die Treffen von Willy Brandt und Willi Stoph in Erfurt und Kassel

Alsbald nahmen Brandt und Scheel die Ostpolitik in Angriff. Deutschlandpolitisch akzeptierten sie die DDR als anderen deutschen Staat und offerierten Verhandlungen auf Regierungsebene. In der Außen- und Sicherheitspolitik berief sich die SPD-FDP-Koalition auf die Friedensnote Erhards vom März 1966 und die Regierungserklärung Kiesingers vom Dezember 1966. Angekündigt wurde die Unterzeichnung des Atomwaffensperrvertrags. Parallel dazu folgten die Bekräftigung des transatlantischen Bündnisses und das Treuebekenntnis zu den USA. Brandt knüpfte daran die Erwartung, mit der Sowjetunion und anderen Warschauer Pakt-Staaten eine Gesprächsbasis herzustellen, die zu wechselseitiger Verständigung führen sollte.
Ein Mittel zur Aufweichung der Konfrontationspolitik des deutsch-deutschen Kalten Kriegs von Adenauer und Ulbricht bestand in der Idee des Gewaltverzichts, die Erhard schon 1966 den ost- und mitteleuropäischen Staaten angeboten hatte. Nun war sie aber auch auf die bestehenden Grenzen in Europa bezogen und die DDR wurde ebenfalls einbezogen. Das lief auf eine Anerkennung der Oder-Neiße-Linie als Westgrenze Polens und der DDR als zweiten deutschen Staat hinaus.

Brandt und Scheel verfolgten im Unterschied zu ihren Vorgängern Adenauer und Erhard tatsächlich eine aktivere und intensivere Ostpolitik, um den Gedanken der Einheit der Deutschen aufrechtzuerhalten und zu wahren, während gleichzeitig das Verlangen der DDR auf völkerrechtliche Anerkennung zurückzuweisen sein sollte. Brandt hatte in der Regierungserklärung vom 28. Oktober 1969 ausgeführt: »Auch wenn zwei Staaten in Deutschland existieren, sind sie doch füreinander nicht Ausland; ihre Beziehungen zueinander können nur von besonderer Art sein.« Vertreter der Opposition attackierten Brandt im Bundestag dafür und sahen darin eine »dunkle Stunde für dieses Haus, für unser Volk«.

Was für die Gegner und Kritiker der SPD-FDP-Außenpolitik viel weniger klar bzw. nicht öffentlich zugestanden wurde, waren folgende Rahmenbedingungen und Umstände: Die sozialliberale Koalition handelte in Bezug auf die Entspannungspolitik im Einvernehmen mit den USA, die selbst auch schon unter den Präsidenten John F. Kennedy (1961–1963) und Lyndon B. Johnson (1963–1969) um eine Öffnung zur UdSSR und anderen sozialistischen und kommunistischen Ländern bemüht waren, vor allem US-Secretary of State Henry Kissinger. Dies sollten auch die Gespräche zur Begrenzung strategischer Rüstung (Strategic Arms Limitation Talks = SALT), über den amerikanischen Truppenabzug aus Vietnam und die Begründung diplomatischer Beziehungen zwischen den USA und der Volksrepublik China unter Federführung von Präsident Richard Nixon (1969–1974) mit der berühmten »Ping-Pong-Diplomatie« zeigen.

Die neue »Ostpolitik« war ein eigenständiger außenpolitischer Vorstoß der Bundesrepublik. Allerdings wurden dabei die USA regelmäßig von allen Schritten Bonns unterrichtet und diese mit ihnen auch abgestimmt. Voraussetzung für ein Gelingen dieser neuen Strategie war die amerikanische Unterstützung, die gegeben war.

Egon Bahr erinnerte sich:

»Die Vereinigten Staaten waren *der* entscheidende Faktor aller Überlegungen. Ohne Amerika und seine Rückendeckung hätten wir nichts machen können. Ich habe schon im September 1969 Henry Kissinger in Washington über unsere Vorhaben informiert, eine auf Ausgleich mit den Staaten des Ostblocks zielende Außenpolitik zu etablieren. Kissinger war misstrauisch, er löcherte mich geradezu mit Fragen und gab Hinweise. Ich habe ihm allerdings gesagt: ›Henry, ich bin nicht hierhergekommen, um zu konsultieren. Ich bin nach Washington gekommen, um zu informieren. Wir werden es machen!‹

Noch heute bin ich den Amerikanern dankbar, dass sie es zugelassen haben. Ohne ihre Zustimmung hätten wir die neue Ostpolitik nicht durchführen können. Das Kalkül in Washington lässt sich mit großer Sicherheit wie folgt zusammenfassen: ›Es kann ja nichts passieren. Wir haben die Deutschen in jedem Fall an der Leine. Gegenüber der Sowjetunion sind wir die Stärkeren, das weiß Moskau auch. Also lassen wir die Verrückten in Bonn mal probieren, mit der mächtigen Sowjetunion über einen Gewaltverzicht zu verhandeln.‹ Tatsächlich entbehrte dieser Plan nicht eines komischen Beigeschmacks – die Bundesrepublik verzichtet auf Gewalt gegenüber der Sowjetunion. Abgesehen davon, hätten wir ja gar keine Macht gehabt, Gewalt gegenüber der Sowjetunion anzuwenden. Den Deutschen war durch den Zweiten Weltkrieg das Kreuz gebrochen worden. Darüber hinaus wollte auch niemand mehr etwas von spezifisch deutscher Macht oder deutschem Einfluss wissen. Wir hätten die Umerziehung im Prinzip gar nicht gebraucht. Bis zum heutigen Tage kann man sehen, wie unwillig

Abb. 27: Bild vom Treffen Brandt-Stoph in Erfurt, 19.3.1970

die Deutschen sind, an militärischen Interventionen teilzunehmen. ›Nie wieder Krieg‹ ist durch den totalen Zusammenbruch 1945 bis ins Mark gegangen.«

Die neue »Ostpolitik« verstand sich nicht nur als Entspannungs-, sondern auch als Friedenspolitik. Tragender Gedanke war v. a. das Bestreben der sozialliberalen Koalition, den Zusammenhalt zwischen den Menschen in der BRD und in der DDR zu wahren und die Existenz West-Berlins zu sichern. Die UdSSR, Polen und die DDR hatten signalisiert, zu Verhandlungen bereit zu sein. Gespräche zwischen Bonn, Moskau und Warschau über Verträge hatten bereits stattgefunden, als im Januar/Februar 1970 Willy Brandt und Willi Stoph Briefe wechselten und Begegnungen für den 19. März 1970 in Erfurt (Abb. 27) und am 21. Mai 1970 in Kassel vereinbarten. Die Vorverhandlungen gestalteten sich jedoch höchst mühsam. Seit der Ministerpräsidentenkonferenz von München 1947 waren, sage und schreibe, 23 Jahre vergangen, in denen keine offizielle Begegnung mehr zwischen ost- und westdeutschen politischen Repräsentanten stattgefunden hatte – ein untrüglicher Beweis für die Gespaltenheit der Nation und die Eiszeit des deutsch-deutschen Kalten Krieges. Mit Abschottung, Gegnerschaft, Gesprächsverweigerung und Konfrontation konnte »die Suche nach Sicherheit« (Eckart Conze) schwerlich auf Dauer erfolgreich und damit auch kaum glaubhaft sein. Es war vielmehr die Suche nach Austausch, Entspannung, Kontakten und Normalität, die auch in weiten Teilen der Bevölkerung auf Zustimmung

Abb. 28: Willy Brandt blickt vom Hotelfenster auf zujubelnde DDR-Bürger in Erfurt, 19.3.1970.

trafen. Die Suche nach Normalität um aus der Lage der prekären Unsicherheit heraus zu gelangen, war das eigentliche Anliegen, ja das Thema der 1970er-Jahre. Diese Suche fand nun auch verstärkt unter Brandt und Scheel statt.

In Erfurt durchbrachen am Bahnhofsvorplatz Menschenmassen die Absperrungen der Polizei, um nach seinem Eintreffen dem deutschen Bundeskanzler ihre Sympathie zu bekunden. In Kassel demonstrierten hingegen rechtsextreme Gruppen, die die »Ostpolitik« der Bonner Regierung als »Ausverkauf deutscher Interessen« und »Verrat« ablehnten. Das in guter Atmosphäre verlaufene Erfurter Treffen stand im Kontrast zur Begegnung in Kassel, die zwischen den Vertretern beider Staaten in kühler Stimmung endete.

Die Ergebnisse waren sowohl für Brandt als auch für Stoph so enttäuschend wie ernüchternd. Die politische Unbeweglichkeit war auf beiden Seiten noch viel zu stark ausgeprägt, um die starren Standpunkte aufzubrechen. Die DDR insistierte auf der vollen völkerrechtlichen Anerkennung, während die Bundesrepublik die Verpflichtung zur »Einheit der Nation« betonte. Brandt erkannte sowohl die Gleichberechtigung der DDR als auch den Austausch von Bevollmächtigten (sogenannter »Ständiger Vertreter«, nicht aber Botschaftern) an. Das alles war aber zu wenig, um zu einem Verhandlungsdurchbruch zu gelangen.

In der DDR-Bevölkerung waren durch den Brandt-Besuch große Erwartungen geweckt worden, Erwartungen, wie man im Westen Deutschlands wusste, die nicht in Erfüllung gehen konnten (Abb. 28).
»Willy«-Jubel brach aus und »Willy«-Rufe wurden bei seinem Besuch in Erfurt skandiert. Nach »Willy Brandt ans Fenster!«-Chören zeigte sich der Bundeskanzler am Fenster seiner Hotelunterkunft des »Erfurter Hofs«. Neben der Freude über die Zustimmung beschlich ihn auch Unbehagen, wie er in seinen Memoiren bekannte:

»Ich war bewegt. Doch ich hatte das Geschick dieser Menschen zu bedenken: Ich würde anderntags wieder in Bonn sein, sie nicht. [...] So mahnte ich durch eine Bewegung meiner Hände zur Zurückhaltung. Man hat mich verstanden. Die Menge wurde stumm. Ich fand mich schweren Herzens ab. Mancher meiner Mitarbeiter hatte Tränen in den Augen. Ich fürchtete hier könnten Hoffnungen wach werden, die sich nicht würden erfüllen lassen.«

Auch die DDR-Führung hatte Befürchtungen, wie aus einem internen Papier der Außenpolitischen Kommission der SED hervorgeht: Die Ostpolitik der Regierung Brandt-Scheel wurde als Fortentwicklung der »Globalstrategie des US-Imperialismus« durch die Nixon-Administration gesehen. Der »Imperialismus« spekuliere aufgrund des weiteren Ausbaus des ökonomischen, wirtschaftlich-technischen und technologischen Vorsprungs der USA und »anderer führender kapitalistischer Staaten« gegenüber den sozialistischen Ländern auf »die Spaltung des sozialistischen Weltsystems und der kommunistischen Weltbewegung«. Die Brandt-Regierung, so der Politjargon der SED weiter, verfolge ihre »eigene Expansionspolitik des westdeutschen Imperialismus«. Über das Dilemma und die Problematik der »Ostpolitik« für das eigene Staatswesen war man sich im Klaren: »Es wächst die Gefahr des Eindringens des Nationalismus in die DDR«, lautete eine der wesentlichen Erkenntnisse, die Rolf Steininger ermittelt hat.
Demzufolge sollte mehr als bisher auf eine Politik der »Abgrenzung« gesetzt werden, wobei Ulbricht von einem solchen Kurs nicht gänzlich überzeugt schien: Bereits vor dem Erfurter Treffen hatte er im Politbüro klargemacht, dass die DDR für die von Bonn geforderte Anerkennung einen hohen Preis zu zahlen habe und der Grat zwischen Abgrenzung, die für das Weiterleben der DDR erforderlich sei, und Öffnung, ohne die Zugeständnisse nicht zu erhalten seien, »schmal« sei (Rolf Steininger).
Hier tat sich jenes Dilemma auf, an welchem die DDR letztlich scheitern und zugrunde gehen sollte: Anerkennung und Normalisierung der Beziehungen waren von Bonn nur mit Öffnung und Liberalisierung zu haben, womit die Eigenständigkeit und Existenzfähigkeit des hermetisch abgeriegelten Staatswesens zur Disposition stand. Ulbricht wusste um diese prekäre Situation seines Landes, aber auch um den größeren Kontext der bundesdeutschen Ostpolitik, die nicht nur das Verhältnis zur DDR, sondern auch jenes zur Sowjetunion und zur Volksrepublik Polen auf neue Grundlagen zu stellen versuchte und damit auch diesen Ländern gegenüber Normalisierung und Öffnung anstrebte. Diese Strategie sollte zu mehr Bewegung und Veränderung im viel zitierten »Ostblock« führen, der so homogen und monolithisch gar nicht war, wie ihn Zeitgenossen in Ost und West empfanden und bezeichneten.

2.4.3 Moskauer und Warschauer Vertrag

Parallel gab es Gespräche zwischen Bonn und Moskau, die auch auf eine Normalisierung des Verhältnisses zwischen der BRD und DDR ausgerichtet waren. So wurden die Kontakte zwischen Bonn und Ost-Berlin auf Verlangen Moskaus verstärkt. Die von Brandt in Kassel angeregten 20 Punkte als Entwurf für einen deutsch-deutschen Vertrag bildeten eine Basis für den später unterzeichneten »Grundlagenvertrag«. Die Vorverhandlungen hatte Bahr seit Januar 1970 in Moskau geführt. Während die Sowjets zunächst auch auf völkerrechtliche Anerkennung der DDR pochten, zielte Bonn auf Gewaltverzicht ab. Die Bundesregierung gab Bahr grünes Licht, auch über die Anerkennung bzw. Bestätigung der Grenzen zu sprechen.

Bei den Fühlungsnahmen der deutschen Botschaft in Moskau unter Helmut Allardt wurde von bundesdeutscher Seite auf das Verlangen nach Gewaltverzicht bestanden, während der sowjetische Außenminister Gromyko auf der völkerrechtlichen Anerkennung des Status quo insistierte. Das sogenannte »Bahr-Papier« ging von einem konkreten Gewaltverzicht aus und sollte als Angebot die Verständigung auf Basis des existierenden Gebietsstandes ermöglichen. Dieser wurde zwar von Bonn politisch respektiert, nicht aber völkerrechtlich akzeptiert, weil wie Bahr gegenüber Gromyko überzeugend argumentierte, die auch für die Sowjets so wichtigen alliierten Vorbehalte und Vorrechte in Bezug auf Berlin und Deutschland als Ganzes unangetastet bleiben müssten und sollten. Das bundesdeutsche Einlenken auf die von Gromyko geforderten Grenzgarantien veranlasste Moskau, die Forderung nach völkerrechtlicher Anerkennung der DDR fallen zu lassen. Das aufgrund einer Indiskretion durch Veröffentlichung in der *Bild*-Zeitung am 12. Juni 1970 bekannt gewordene »Bahr-Papier« verursachte heftigen innenpolitischen Streit. Die Opposition glaubte damit den entscheidenden Beleg gefunden zu haben, dass die sozialliberale Koalition voreilig agiert und unumstößliche Grundsätze deutschlandpolitischer Positionen und Rechtsgrundsätze geopfert habe. Die Regierung schien dadurch belastet, ließ sich aber nicht von ihrem Kurs abbringen und beirren.

Am 12. August 1970 unterzeichneten die beiden Regierungschefs, Bundeskanzler Willy Brandt und Ministerpräsident Alexei Kossygin, sowie die Außenminister Scheel und Gromyko in Moskau den nach der sowjetischen Hauptstadt benannten Vertrag. Er verstand sich als Beitrag zur Normalisierung der Lage in Europa und zur Förderung friedlicher Beziehungen zwischen allen europäischen Staaten, sprach sich für Gewaltverzicht und Anerkennung der territorialen Integrität aller Staaten in Europa in ihren bestehenden Grenzen aus und enthielt eine Erklärung, dass keine Gebietsansprüche gegen irgendjemanden bestünden und in Zukunft auch nicht erhoben werden würden. Die Unverletzlichkeit der Grenzen, einschließlich der Oder-Neiße-Linie, die die Westgrenze der Volksrepublik Polen bildete, und die Bestätigung der Grenze zwischen der BRD und der DDR waren fundamentale Einigungen.

Scheel machte gegenüber Gromyko in einem »Brief zur deutschen Einheit« klar, dass dieser kein Widerspruch zum erklärten Ziel der Bundesrepublik sei, einen Zustand des Friedens in Europa anzustreben, »in dem das deutsche Volk in freier Selbstbestimmung seine Einheit wiedererlangt«. Der Brief wurde von Moskau ohne Vorbehalt angenommen und Teil des Vertrags.
Gleichzeitig zu den Gesprächen in Moskau wurden auch Vorverhandlungen über einen Vertrag mit Polen geführt. Dieser wurde am 7. Dezember 1970 von Brandt und dem polnischen Ministerpräsidenten Jószef Cyrankiewicz sowie den Außenministern Walter Scheel und Stefan Jedrychowski unterzeichnet. Die auf der Konferenz von Potsdam im Jahre 1945 erfolgte Festlegung, wonach die Oder-Neiße-Linie »die westliche Staatsgrenze der Volksrepublik Polen bildet«, wurde bestätigt. Beide Seiten bekräftigten ebenfalls die »Unverletzlichkeit ihrer bestehenden Grenzen jetzt und in der Zukunft«, verpflichteten sich zur uneingeschränkten Achtung ihrer Gebietsstände und erklärten sich zum Verzicht auf jeweilige Gebietsansprüche bereit. Gewaltverzicht, Normalisierung (Austausch von Botschaftern) und umfassende Entwicklung der Beziehungen waren weitere Grundsätze. In einem Anhang erklärte sich Polen bereit, im Zuge der Familienzusammenführung Einwohner deutscher Abstammung ausreisen zu lassen. Auch bekräftigte die Regierung in Warschau eine auf ganz Deutschland bezogene Erklärung vom 24. August 1953, mit der sie von 1954 an auf jegliche Reparationsleistungen verzichtet hatte.
Beim Besuch in Warschau legte Brandt am 7. Dezember 1970 auch einen Kranz am Denkmal für die Opfer des jüdischen Ghettoaufstandes nieder. Überraschend für alle Beobachter und einer spontanen Eingebung folgend, kniete er für eine Gedenkminute vor dem Mahnmal nieder. Die Bilder gingen um die Welt. Die symbolische Handlung wurde als Geste der Versöhnung von Opfern und polnischer Seite positiv aufgenommen, sie war aber in der Bundesrepublik als »Kniefall« heftig umstritten.

Abb. 29: Willy Brandts Kniefall vor dem Mahnmal des Warschauer Ghettoaufstandes. 7.11.1970

Historisches Ereignis: Brandts Kniefall am Warschauer Ghetto-Denkmal

Die einmalige historische Geste von Brandt gab zu viel Interpretation und Kontroversen Anlass. Was bewegte ihn zu dieser Symbolik? In seinen 1989 erschienenen Memoiren hielt er seine damaligen Empfindungen fest: *»Immer wieder bin ich gefragt worden, was es mit dieser Geste auf sich gehabt habe. Ob sie etwa geplant gewesen sei? Nein, das war sie nicht. Meine engen Mitarbeiter waren nicht weniger überrascht als jene Reporter und Fotografen, die neben mir standen, und als jene, die der Szene ferngeblieben waren, weil sie ›Neues‹ nicht erwarteten. [...] Ich hatte nichts geplant, aber Schloß Wilanow, wo ich untergebracht war, in dem Gefühl verlassen, die Besonderheit des Gedenkens am Ghetto-Monument zum Ausdruck bringen zu müssen. Am Abgrund der deutschen Geschichte und unter der Last der Millionen Ermordeten tat ich, was Menschen tun, wenn die Sprache versagt.«* Brandts engster außenpolitischer Berater Bahr hielt dazu in seinen Erinnerungen von 1996 fest: *»Als die Wagenkolonne sich zum Ghetto-Ehrenmal in Bewegung setzt, vergleichen Berthold Beitz und ich unsere Eindrücke. Wir steigen in Ruhe aus und haben es nicht eilig, uns der dichten Menge von Journalisten und Photographen zu nähern – da wird es plötzlich ganz still. Daß dieses hartgesottene Völkchen verstummt, ist selten. Beim Nähertreten flüstert einer: ›Er kniet.‹ Gesehen habe ich das Bild erst, als es um die Welt ging. Den Freund zu fragen, habe ich mich auch am Abend beim letzten Whisky gescheut. Daß einer, der frei von geschichtlicher Schuld, geschichtliche Schuld seines Volkes bekannte, war ein Gedanke, aber große Worte zwischen uns waren unüblich. ›Ich hatte das Empfinden, ein Neigen des Kopfes genügt nicht.‹«*

Bei der Behandlung der »Ostverträge« im Bundesrat und im Bundestag gab es im Februar 1972 mehrtägige Redeschlachten. War Brandts Deutschlandpolitik innenpolitisch sehr umstritten, so fand sie im Ausland durchwegs Anerkennung.
Am 10. Dezember 1971 wurde die Sitzung im deutschen Bundestag plötzlich mit einer sensationellen Nachricht unterbrochen. Für seinen Beitrag zur politischen Entspannung in Europa sollte Brandt den Friedensnobelpreis in Oslo erhalten.

2.4.4 Transitabkommen und Verkehrsvertrag BRD – DDR

Die Entspannungspolitik machte bereits im März 1970 Gespräche zwischen den Siegermächten über eine neue Berlin-Regelung möglich. Die Botschafter der USA, Großbritanniens und Frankreichs in Bonn und der sowjetische Botschafter in der DDR kamen im früheren alliierten Kontrollratsgebäude in West-Berlin zusammen. Seit 22 Jahren war dort nicht mehr getagt worden. Zwei Berlin-Krisen (1948/49 und 1958–1961) hatten für Angst und Unsicherheit gesorgt. Die Lage West-Berlins mitten in der DDR war ungewiss. Selbst nach dem Mauerbau wurde der Verkehr zwischen der BRD und Berlin oft gestört. Die DDR übte sich wiederholt in einer Politik der Nadelstiche. Bonn und die Westmächte wollten diese Probleme lösen und die Lebensfähigkeit West-Berlins gewährleisten.
Nachdem der Moskauer Vertrag und der Warschauer Vertrag unterschriftsreif waren, brachte die Bundesrepublik in Abstimmung mit den Westmächten gegenüber der

UdSSR die Ratifizierung des Moskauer Vertrages mit einer zufriedenstellenden Regelung der Berlin-Frage in Verbindung (in der Diplomatensprache heißt dies Junktim). Der Kreml zielte auf eine gesamteuropäische Sicherheitskonferenz, die als Konferenz über Sicherheit und Zusammenarbeit in Europa in die Geschichte der Beendigung des Kalten Kriegs eingehen sollte, und zwar zur faktischen Anerkennung der seit 1945 bestehenden Grenzen in Mittel- und Osteuropa führte. Die Moskauer Vereinbarungen sollten nicht mehr infrage gestellt werden.

Diese Grenzen waren von Stalin geschaffen und von den Westmächten auf der Konferenz von Jalta (4. bis 11. Februar 1945) und von Potsdam (17. Juli bis 2. August 1945) abgesegnet worden. Bis heute trägt die Landkarte Europas in der Mitte und im Osten die Handschrift des sowjetischen Diktators. Die Folgen der angloamerikanischen Duldung seiner Expansionspolitik haben sich nachdrücklich in das mittel-, nord- und osteuropäische Gedächtnis eingebrannt. Damit zwang Stalin auch einem Teil Deutschlands seine Herrschaft auf und schuf die Basis für die deutsche Teilung, die auf eine deutsche Zweistaatlichkeit hinauslief. Die Nachfolger waren nun auf Absicherung und Konsolidierung seiner Expansionserfolge bedacht. Die beabsichtigte Sicherheitskonferenz setzte auch zwingend die Mitwirkung beider deutscher Staaten voraus.

Diese Zusammenhänge trugen dazu bei, dass ein Vier-Mächte-Abkommen über Berlin am 3. September 1971 von den Botschaftern geschlossen werden konnte. Es war das erste Abkommen der Alliierten seit Beginn des Kalten Kriegs, der von beiden deutschen Staaten so eilfertig und willig mitgeführt worden war. Es legte die Verantwortlichkeiten und Rechte der Vier Mächte unter Wahrung ihrer unterschiedlichen Rechtsgrundsätze so fest, dass die gegebenen Verhältnisse nicht einseitig verändert werden sollten.

Die Präsenz der Westmächte in Berlin-West war damit festgeschrieben. Die UdSSR sagte zu, den Transit ziviler Personen und Güter zwischen den Westsektoren der Stadt und der BRD auf Straßen, Schienen- und Wasserwegen durch das DDR-Gebiet nicht zu behindern. Damit war der Pankower Republik das alleinige Verfügungsrecht über den Verkehr nach Berlin entzogen, das sie oft als Mittel der Pression genutzt hatte.

Geschmälert wurde aus bundesdeutscher Sicht die Vereinbarung durch den Umstand, dass die Westsektoren Berlins wie bislang kein Bestandteil der Bundesrepublik sein und auch weiterhin nicht von ihr regiert werden durften. Die kritische Lage dieser Frontstadt des Kalten Krieges, die 25 Jahre schon ein Ort der Unsicherheit war, wurde durch das Vier-Mächte-Abkommen immerhin entspannt und stabilisiert. Ausgehend von diesem Zentrum des deutsch-deutschen Kalten Kriegs war die Entkrampfung der Situation in Berlin die Ausgangsbasis für weitere Verträge.

Seit März 1971 gab es bereits Gespräche zwischen dem Senat von West-Berlin und der DDR-Führung über die Regelung des Reise- und Besucherverkehrs von West-Berlin nach Ost-Berlin und in die DDR, die am 20. Dezember 1971 abgeschlossen wurden. Staatssekretär Egon Bahr und DDR-Staatssekretär Michael Kohl verhandelten parallel über ein Transitabkommen, das den Verkehr zwischen der BRD

und West-Berlin regeln sollte und am 17. Dezember 1971 in Bonn unterzeichnet wurde, gefolgt von einem allgemeinen Verkehrsvertrag vom 26. Mai 1972.
Beide Abkommen traten ergänzend zum Vier-Mächte-Abkommen mit diesem am 3. Juni 1972 in Kraft. Die Berliner und die Menschen in der BRD und der DDR empfanden die Vorzüge dieser Vereinbarungen als Verbesserung. Die Besuche in Ost-Berlin und der DDR nahmen seit 1972 stark zu.

2.4.5 Der Grundlagenvertrag und der Vertrag mit der Tschechoslowakei

Die SPD-FDP-Koalition hatte von Anfang klargemacht, dass ihr eine Neuregelung im Verhältnis beider deutscher Staaten ein Anliegen war. Brandt hatte in Kassel Stoph eine Vorlage für einen Vertrag übergeben. Wie beim Transitabkommen und beim Verkehrsvertrag wurden die Verhandlungen von Egon Bahr und Michael Kohl geführt. Am 16. August 1972 begannen die offiziellen Verhandlungen über das, auch »Grundvertrag« genannte, Abkommen, das am 8. November 1972 mit der Paraphierung in Bonn und am 21. Dezember 1972 mit der Unterzeichnung in Ost-Berlin abgeschlossen wurde.
Normale gutnachbarliche Beziehungen auf Grundlage der Gleichberechtigung ausgehend von der UN-Charta, wechselseitiger Verzicht auf Gewalt und Androhung derselben sowie die Unverletzlichkeit der zwischen ihnen bestehenden Grenze, die Achtung des jeweiligen Gebietsstands und die Respektierung der Unabhängigkeit und Selbstständigkeit jedes der beiden Staaten in den inneren und äußeren Angelegenheiten wurden explizit betont.
BRD und DDR erklärten sich damit einverstanden, friedliche Beziehungen zwischen den Staaten Europas zu fördern und zur kontrollierten internationalen Abrüstung beizutragen. Der Austausch ständiger Vertretungen wurde auch vereinbart. Begleitdokumente betrafen die Arbeit von Journalisten, Reiseerleichterungen und Fragen der Familienzusammenführung. Der Grundlagenvertrag ermöglichte auch die Mitgliedschaft beider Staaten in den Vereinten Nationen. Wie beim Moskauer Vertrag übergab die Bundesregierung einen »Brief zur deutschen Einheit«.
Am 22. September 1972 billigte der Bundestag einstimmig bei neun Enthaltungen der CDU/CSU den von Bahr und Kohl ausgehandelten Verkehrsvertrag. Er trat am 17. Oktober 1972 in Kraft und war der erste Vertrag zwischen den beiden deutschen Staaten, den diese aus eigenem Recht und nicht im Rahmen alliierter Vereinbarungen schlossen. In ihm wurden alle technischen Fragen des Verkehrs auf Straße, Schiene und dem Wasser geregelt. Im Zuge der Reiseerleichterungen konnten Verwandte und Bekannte mehrmals im Jahr in der DDR besucht werden und DDR-Bürger bei dringenden Familienanliegen in die BRD reisen. Bisher war dies nur DDR-Bürgern im Rentenalter gestattet.
Die SPD-FDP-Regierung war insoweit erfolgreich, völkerrechtlich verbindliche Verträge mit Moskau und Warschau zu realisieren wie auch das damit in Zusammen-

hang stehende Vier-Mächte-Abkommen über Berlin in Kraft zu setzen und die Paraphierung des Grundlagenvertrags mit der DDR vorzunehmen, bevor die Bundestagswahlen im November 1972 anstanden.
Im Zeichen der von der sozialliberalen Koalition konsequent fortgesetzten Ostpolitik wurden nach dem Moskauer und Warschauer Vertrag sowie dem Grundlagenvertrag seit Mai 1973 auch Verhandlungen mit der Regierung der ČSSR aufgenommen, denen schon seit 1971 zähe Gespräche vorausgingen. Besonders schwierig gestaltete sich die Lösung der Frage, ob das Münchner Abkommen von 1938, in dem das Deutsche Reich, Italien, Großbritannien und Frankreich die Tschechoslowakei zur Abtretung des mehrheitlich von Deutschen bewohnten Sudetenlands veranlasst hatten, als gültig anzusehen sei.
Ferner war strittig, wieweit dieses Abkommen »von Anfang an« (»ex tunc«) oder erst rückwirkend, gleichsam von nun an (»ex nunc«) oder generell, Geltung beanspruchen konnte. Prag insistierte auf eine Ungültigkeitserklärung »ex tunc«, Bonn sah darin nicht absehbare Folgen staats- und privatrechtlicher Natur.
In den Verhandlungen konnte sich die bundesdeutsche Position behaupten, demzufolge das Münchner Abkommen im Vertrag als »nichtig« bezeichnet wurde, woraus keine Nachteile für Geschädigte oder materielle Ansprüche der Tschechoslowakei erwachsen sollten. Gewaltverzicht und Unverletzlichkeit der Grenzen waren die bereits bewährten Grundsätze. Am 11. Dezember 1973 unterzeichneten die Regierungschefs Willy Brandt und Lubomir Štrougal sowie die Außenminister Walter Scheel und Bohuslav Chnoupek in Prag den deutsch-tschechoslowakischen Vertrag. Gleichzeitig wurden diplomatische Beziehungen zwischen beiden Staaten aufgenommen.
Zehn Tage später wurde in Bonn, Sofia und Budapest mitgeteilt, dass auch zwischen Bulgarien, Ungarn und der Bundesrepublik Deutschland diplomatische Beziehungen aufgenommen wurden. Damit wurde die Hallstein-Doktrin in ihrer programmatischen Festlegung als untaugliches Mittel in der Geschichte der Diplomatie definitiv ad acta gelegt und eine neue Ära in den deutsch-sowjetischen Beziehungen eingeleitet.

2.4.6 Das gescheiterte Misstrauensvotum gegen Willy Brandt

Brandt hatte die Ostpolitik nur gegen härteste innenpolitische Widerstände durchsetzen können. Es war sein langjähriger politischer Berater und Weggefährte, Egon Bahr, der die SPD-Ostpolitik wesentlich vordachte, prägte und ausgestaltete. Er war maßgeblich in Gesprächen, Sondierungen und Verhandlungen in Moskau und in Berlin-Ost eingebunden. Die Art seiner Verhandlungen erzürnte die CDU/CSU-Opposition, die von einigen Zeitungen, vor allem den Springer-Blättern, flankiert wurde, und durch Indiskretion zu einem Pressewirbel geführt hatte. Wiederholt wurde Kritik laut, Rechtspositionen würden unnötigerweise aufgegeben, die von der vormaligen Politik der CDU/CSU aufgestellt und beibehalten worden waren. Es

ging bis zum Vorwurf des »Ausverkaufs Deutschlands« und des »nationalen Verrats« bezogen auf die Kooperation mit den sozialistischen Ländern der Mitte und des Ostens Europas.
Die westlichen Verbündeten verfolgten die Ostpolitik nicht ohne Skepsis und Sorge, doch war die sozialliberale Koalition bemüht, eine Politik der Ost-West-Entspannung zu entwickeln und diese unter Abstimmung mit den USA unter Präsident Richard Nixon und Außenminister Henry Kissinger zu betreiben. Das wusste die CDU/CSU-Opposition. Es blieb aber ihr klares Ziel, die nur schwache parlamentarische Mehrheit der Regierungskoalition – das Verhältnis lautete 254 zu 242 Stimmen – zu Fall zu bringen.
Jeder Schritt Brandts musste daher im zähen Ringen mit der zum großen Teil noch auf Adenauers Westkurs beharrenden CDU/CSU-Opposition getan werden. Das Schwergewicht der Regierung Brandt-Scheel lag zweifelsohne auf der »Ostpolitik« und provozierte die CDU/CSU zu massiver Opposition. Das absorbierte viele Energien und die Regierung konnte die angekündigten inneren Reformen nicht durchziehen.
Im Laufe der sozialliberalen Regierungszeit waren im Zeichen der »Ostpolitik« Bundestagsabgeordnete der FDP zur CDU oder CSU übergetreten. Im Oktober 1970 waren drei Mandatare des konservativen Flügels der FDP, darunter der frühere FDP-Vorsitzende Erich Mende, im Januar 1972 der SPD-Abgeordnete Herbert Hupka, Vorsitzender der Landsmannschaft Schlesien, und am 23. April 1972 der FDP-Abgeordnete Wilhelm Helms, jeweils unter Beibehaltung ihrer Mandate, zur CDU/CSU gewechselt. Die Mehrheit der Regierungskoalition schwand somit.
Erfolge bei Landtagswahlen bewegten die CDU/CSU, durch ein konstruktives Misstrauensvotum Brandt als Bundeskanzler zu stürzen. CDU und CSU argumentierten, die Regierung habe für ihre Politik keine Mehrheit mehr. Der Bundestag wurde aufgefordert, den Vorsitzenden der CDU/CSU-Bundestagsfraktion Rainer Barzel zum neuen Bundeskanzler zu wählen und den Bundespräsidenten zu ersuchen, Brandt zu entlassen. Die Opposition hoffte, bei der geheimen Abstimmung am 27. April 1972 weitere Stimmen aus der sozialliberalen Koalition zu erhalten.
Es wurde ein Fehlschlag. Die Abstimmung brachte für Barzel nur 247 Stimmen statt der notwendigen 249. Die zwei fehlenden Stimmen waren von der Stasi jeweils für 50.000 D-Mark gekauft worden. Der durch das Grundgesetz gedeckte Vorgang des konstruktiven Misstrauensvotums war bei Teilen der Bevölkerung sehr umstritten gewesen und abgelehnt worden, weil das Bundestagswahlergebnis von 1969 übergangen worden wäre, ohne die Wähler zu befragen. Gegen das Misstrauensvotum erfolgten zahlreiche Demonstrationen und Arbeitsniederlegungen.
Nach Scheitern des Misstrauensvotums rangen sich die Bundestagsfraktionen doch zu einer »gemeinsamen Entschließung« durch, in der Gemeinsamkeiten für die Abstimmung über die Ostverträge formuliert wurden. Dennoch konnte die Entschließung eine breite Mehrheit für die Ratifizierung der Verträge, der 491 Abgeordnete zustimmten, nicht herbeiführen.
Bei der Schlussabstimmung am 17. Mai 1972 stimmten dem Moskauer Vertrag 248 Abgeordnete zu, zehn stimmten mit »Nein«, 238 enthielten sich der Stimme.

Dem Warschauer Vertrag stimmten ebenfalls 248 Abgeordnete zu. Hier ergaben sich 17 »Nein«-Stimmen und 231 Enthaltungen. Bei Stimmenthaltung des größten Teils der CDU/CSU-Fraktion – nur ein einziger von ihr war dafür, nämlich Richard von Weizsäcker (CDU) – waren damit die Verträge im Bundestag angenommen. Am 19. Mai 1972 ratifizierte auch der Bundesrat bei Stimmenthaltung der CDU/CSU-geführten Länder die beiden Ostverträge.
Die Regierung besaß aber keine Mehrheit mehr, um das Budget zu verabschieden. Brandt stellte am 20. September die Vertrauensfrage und bewirkte damit die vorzeitige Auflösung des Bundestages und Neuwahlen. Am 19. November 1972 wurde dann die Koalition eindrucksvoll bestätigt. Brandt erzielte einen Sieg für die SPD, die mit über 45 % der Stimmen stärkste Bundestagsfraktion wurde. Die Regierungskoalition konnte mit einer klaren Mehrheit von 271 Abgeordneten gegenüber der CDU/CSU mit 225 Abgeordneten gestärkt ihre Arbeit wieder aufnehmen.

3. »Wandel durch Annäherung«, Entspannung und Normalisierung (1972–1979)

3.1 Schwierige Begegnungen und extrem mühsame Verhandlungen: EG-Erweiterung, UNO-Beitritte, KSZE und die deutsch-deutschen Beziehungen

Durch Fusion der Organe von EGKS, EWG und EURATOM entstanden 1967 die Europäischen Gemeinschaften (EG), die nun gemeinsam einen Ministerrat, eine Kommission, ein Europäisches Parlament und einen Europäischen Gerichtshof besaßen. Ab 1974 gab es auch den Europäischen Rat als Gremium der Staats- und Regierungschefs, der mindestens zweimal jährlich tagte. Die Bundesrepublik zielte mit anderen EG-Mitgliedern auf eine politische Union in Westeuropa. Frankreich hatte noch unter Charles de Gaulle eine solche Politik abgelehnt. Es wollte nur »politische Kooperation« und widersetzte sich auch dem Beitritt Großbritanniens, das nach Auffassung des Generals und französischen Staatschefs zu enge Verbindungen mit den Vereinigten Staaten besaß.

Nach der Ära de Gaulle erfolgte jedoch eine »auffällige Konstellationsverschiebung« (Holm A. Leonhardt) – nun waren es die Fünf, allen voran die Bundesrepublik, die sich – gegen weniger französischer Vorbehalte – für eine engere politische Zusammenarbeit einsetzten. Anders als noch 1961/62 und 1967 gelang es gemeinsam mit Frankreich, Auffassungsunterschiede pragmatisch anzugehen und für die Probleme, wenn auch keine Maximallösungen anzupeilen, so doch ein Resultat zu erzielen. Ein Ergebnis des Haager Gipfels von 1969 war die Europäische Politische Zusammenarbeit (EPZ).

Das Vereinigte Königreich hatte nach der EWG-Gründung gemeinsam mit Dänemark, Norwegen, Österreich, Portugal, Schweden und der Schweiz 1960 die Europäische Freihandelsassoziation (EFTA) gegründet, die in Wettbewerb zur EWG trat, in ihrem politischen Profil jedoch bescheiden blieb. Das Thema Erweiterung blieb nach de Gaulles Rücktritt in Frankreich weiter ein Ziel der bundesdeutschen Europapolitik. In Den Haag setzte sich Willy Brandt mit dem Vorschlag durch, Beitrittsverhandlungen mit Großbritannien, Dänemark, Irland und Norwegen aufzunehmen. Er fand darin auch Unterstützung durch Georges Pompidou. Inzwischen war die Zollunion der sechs EWG-Staaten bereits realisiert. Pläne für eine Wirtschafts- und Währungsunion wurden beschlossen und 1973 Großbritannien, Dänemark und Irland neue EG-Mitglieder. In Norwegen votierte die Bevölkerung allerdings gegen den EG-Beitritt. 1979

konnten erstmals in einer Direktwahl die Mandatare des Europäischen Parlaments gewählt werden.
Von all diesen Entwicklungen der Europäisierung blieb der östliche Teil Deutschlands ausgeschlossen. Dagegen versuchte der SED-Staat auf dem Feld der Internationalisierung mit der Bundesrepublik Schritt zu halten. So gab es auf internationaler Ebene Annäherung und Abstimmung. In einem Zusatzprotokoll des Grundlagenvertrags hatten sich BRD und DDR darauf geeinigt, abgestimmt aufeinander ein Ansuchen um Aufnahme an die UNO zu richten. Der gleichzeitige Antrag schuf keine ernsthaften Hindernisse mehr in der östlichen und westlichen Staatenwelt. Am 18. September 1973 wurden im Rahmen der 28. Vollversammlung der United Nations in New York die DDR als 133. und die BRD als 134. Mitglied in die 1945 gegründete internationale Organisation aufgenommen.
Außenminister Walter Scheel unterstrich, dass die Bundesrepublik für die Freiheit und Würde der Menschen eintreten und Solidarität mit den Armen üben werde. Voraussetzung sei eine Politik der Entspannung, die allen nützen solle und an der die Bundesregierung mitwirke. Durch den Abbau der Konfrontationspotenziale könnten neue Energien entstehen, die zur Beseitigung sozialer Ungerechtigkeit und Linderung wirtschaftlicher Not verwendet würden. Die Aufnahme der DDR in die UNO erfolgte mit weniger ambitionierten weltpolitischen Zielen und bedeutete zuallererst ihre weltweite Anerkennung. Mit diesem Schritt war die Hallstein-Doktrin auch international zu Grabe getragen.
Die von Scheel angesprochene Entspannungspolitik hatte bereits seit Ende der 1960er-Jahre eingesetzt. Die Idee war ursprünglich von östlicher Seite ausgegangen und wurde dann von den neutralen Staaten Europas, insbesondere Finnland, aufgegriffen und unterstützt. Die UdSSR hatte schon 1954 und die Warschauer Pakt-Staaten hatten schließlich 1967 den Vorschlag einer europäischen Sicherheitskonferenz unterbreitet, an der alle Staaten des Kontinents teilhaben sollten. Moskau verfolgte dabei das Ziel der vertraglichen Anerkennung der Ergebnisse des Zweiten Weltkriegs. Die Sowjetunion wollte von Anfang an die Westintegration der Bundesrepublik und damit auch die westeuropäische Block-Bildung verhindern, stieß jedoch, wie zu erwarten war, auf Ablehnung bei den Westmächten, die das bundesdeutsche Potenzial für ihre Interessen nicht preisgeben wollten.
Seit Mitte der 1960er-Jahre gingen von der Sowjetunion neuerlich Initiativen zur Einberufung einer Sicherheitskonferenz in Europa aus. Die NATO reagierte wieder reserviert und erwiderte diese mit der Forderung nach gleichzeitiger Behandlung von Menschen- und Bürgerrechtsfragen. Seit 1968/69 reagierten dann aber die Staaten des transatlantischen Bündnisses mehr und mehr positiv, v. a. die Westeuropäer.
Im Zeichen der Abkehr von Adenauers »Politik der Stärke« und der neuen Ostpolitik unter Brandt-Scheel sowie der Gewaltverzichtsverträge mit der UdSSR, Polen, der ČSSR und der DDR war eine reelle Basis für eine gesamteuropäische Sicherheitsarchitektur gegeben. Der zwischen Washington und Moskau geschlossene erste Vertrag über die Strategic Arms Limitation Talks (SALT-I) bot eine weitere wichtige Voraussetzung für die »Konferenz über Sicherheit und Zusammenarbeit in Europa« (KSZE).

Die KSZE ermöglichte internationale Begegnungen beider »Blöcke«, aber auch neutraler und »blockfreier« Staaten, nach vorhergehenden Sondierungen, Kontakten und Gesprächen vom 22. November 1972 bis 8. Juni 1973. Sie wurden offiziell in Helsinki am 3. Juli 1973 mit einem Außenministertreffen eröffnet, vom 18. September 1973 bis 21. Juli 1975 in Genf fortgesetzt und am 1. August 1975 durch die Staats- und Regierungschefs mit der »Schlussakte von Helsinki« finalisiert. Die Teilnehmer kamen aus 33 europäische Staaten sowie Kanada und den USA.
Anteil an der Entspannungspolitik der 1970er-Jahre hatte neben der Ostpolitik von Brandt und Scheel auch die aktive Neutralitätspolitik Österreichs unter Bundeskanzler Bruno Kreisky, der mit Schwedens Ministerpräsident Olof Palme kooperierte.
Drei Themenkomplexe waren bei der KSZE im Mittelpunkt der Debatten gestanden: »Korb I« umfasste u. a. Sicherheitsfragen, »Korb II« Kooperationen auf dem Sektor Wirtschaft, Wissenschaft, Technik und Umwelt, während »Korb III« menschliche Kontakte, Kultur- und Informationsaustausch betraf. Die »Körbe« I und III waren strittig, wobei die neutralen und nicht an einem Militärpakt gebundenen »N+N- (Non-aligned and Neutral) Staaten« mit Erfolg vermittelten. Es folgte eine weitere Phase der KSZE von September 1973 bis Juli 1975 in Genf, die der Ausarbeitung der Schlussdokumente diente.
Beim Gipfeltreffen in Helsinki vom 30. Juli bis zum 1. August 1975 unterzeichneten die Staats-, Regierungs- oder Parteichefs der Teilnehmerstaaten die KSZE-Schlussakte, die zwar keinen völkerrechtlich verbindlichen Vertrag bedeutete, aber immerhin gemeinsame Absichtserklärungen und eine politische Selbstverpflichtung der beteiligten Regierungen beinhaltete. Die von der BRD Anfang der 1970er-Jahre geschlossenen Verträge nahmen zu einem gewissen Teil die leitenden KSZE-Prinzipien (Gewaltverzicht, Unverletzlichkeit der Grenzen, territoriale Integrität, friedliche Konfliktregelung, Nichteinmischung) vorweg, wobei die Achtung der Menschenrechte, der Grundfreiheiten, der Gleichberechtigung und das Selbstbestimmungsrecht der Völker und die Zusammenarbeit zwischen den Staaten weitere wichtige Grundsätze bildeten.
Vertrauensbildende Maßnahmen (darunter die Ankündigung von Truppenbewegungen und Manöverbeobachtungen) sowie ökonomische und technische Kooperation und die Förderung menschlicher Kontakte über Grenzen hinweg gehörten ebenfalls zu den Vereinbarungen.
Man kann rückblickend feststellen, dass die »Ostblock«-Staaten die Kröte »Korb III« schluckten, weil sie dadurch wichtigere Erfolge bezüglich ihrer Sicherheit und der Zusagen für wirtschaftliche Kooperationen erzielten. Die grund- und menschenrechtlichen Aspekte hatten Breschnew und seine sozialistischen »Bruderstaaten«-Genossen weniger wichtig genommen, was sich nachträglich betrachtet als verhängnisvoller Fehler erweisen sollte.
SPD-Bundeskanzler Helmut Schmidt und SED-Generalsekretär Erich Honecker hatten sich erstmals beim KSZE-Gipfel in Helsinki getroffen. Auf vertraulichem Wege setzten sie ihren Austausch seither weiter fort. Der langjährige Fraktionsvorsitzende der SPD im deutschen Bundestag, Herbert Wehner, der sich nach seinen Erfahrungen in

der Weimarer Republik und im Moskauer Exil (wo seine Rolle nicht eindeutig geklärt ist) vom Kommunismus abgewendet hatte, besaß einen »direkten Draht« zu Honecker und hatte ihn auch privat besucht. Beide kannten sich aus der Zeit ihrer früheren Mitgliedschaft in der KPD. Auf diese Weise gab es auf der persönlichen Ebene eine sozialdemokratisch-sozialistische gesamtdeutsche Verbindung, die jedoch an den realexistierenden Machtverhältnissen wenig änderte.

Die deutsch-deutschen Verhandlungen verliefen auf Beamten- und Expertenebene äußerst zäh, zumal es schwierige bis unlösbare Streitfragen gab, z. B. das bundesdeutsche Anliegen eines vertraglichen Arrangements der Einbeziehung von West-Berlin oder die Forderung des SED-Regimes nach Anerkennung einer DDR-Staatsbürgerschaft.

Eine Post- und Fernmeldevereinbarung – gleichwohl genauestens überwacht – schuf immerhin bessere Verständigungsmöglichkeiten. Im innerdeutschen Reiseverkehr kam es schrittweise zu Erleichterungen. Im Dezember 1975 erfolgten Regelungen beim Berlin-Verkehr. Eine neue Autobahn von der ehemaligen Reichshauptstadt nach Hamburg wurde in Planung genommen. Die Festsetzung der Transit-Pauschalen, d. h. die Bezahlung von Straßenbenutzungsgebühren bei Fahrten durch die DDR (auch von Westdeutschland nach Berlin), diente als wichtige Deviseneinnahmequelle für den SED-Staat. Trotz aller Verkehrsmaßnahmen blieb es bei der geteilten Nation. Sie wurde trotz der Durchlässigkeit der Grenze mehr und mehr als unabänderliche Wirklichkeit empfunden. So schrieb Helmut Schmidt zur Frage der deutschen Nation am 18. September 1975 an den Verleger Siegfried Unseld:

»30 Jahre nach Kriegsende sind auf deutschem Boden zwei Staaten mit völlig unterschiedlicher Gesellschaftsordnung eine politische Realität. Und niemand wird füglich erwarten, daß diese beiden Staaten zu einem staatlichen Gebilde früherer Identität ›wiedervereinigt‹ werden könnten – etwa in dem Sinne, daß etwas Verlorenes bloß wiedergefunden würde. Diese Art geschichtlicher Re-Aktion findet gewiss nicht statt. Übrigens nimmt wohl auch die Zahl derjenigen ab, die darüber Trauer empfinden.«

Das schrieb Helmut Schmidt zur Frage der deutschen Nation am 18. September 1975 an den Verleger Siegfried Unseld.

In dieser Zeit prägten sich zwischen der BRD und der DDR in ihren Beziehungen Verhaltensmerkmale aus, die bis zur Einheit kennzeichnend für beide deutsche Staaten waren. Die differierenden Auffassungen und gegensätzlichen Interessen gestatteten nur schwer erarbeitete Kompromisse und ließen keinen wirklichen Durchbruch zur grundlegenden Veränderung der Verhältnisse zu.

Die nach Brandt und Scheel folgende sozial-liberale Koalition Schmidt-Genscher konnte trotz existierender KSZE-Vereinbarungen, vielfältiger diplomatisch-politischer Anstrengungen und erheblicher Finanzmittel die bedrückenden Bedingungen der Menschen in der DDR kaum ändern: verstärkte Repression durch das SED-Regime, Erschossene und Verletzte an der »Staatsgrenze der DDR« bzw. der »innerdeutschen Grenze«, Behinderungen auf den Transitwegen von und nach Berlin, Verzweiflungshandlungen wie die Selbstverbrennung des Pfarrers Oskar Brüsewitz oder Zwangs-

maßnahmen wie bspw. die Ausweisung von westdeutschen Korrespondenten oder des Liedermachers Wolf Biermann aus der DDR markierten die harten Realitäten des deutsch-deutschen Kalten Kriegs trotz der viel beschworenen »Entspannung«. Studiert man die Dokumente zur Deutschlandpolitik, herausgegeben vom Bundesministerium des Inneren und vom Bundesarchiv, so erhält man einen nachhaltigen Eindruck von der Komplexität und Schwierigkeit der Materie für die verhandelnden Personen auf beiden Seiten. Dabei wird u. a. deutlich, welche D-Mark-Unsummen die Bundesrepublik aufzubringen hatte, um ihre Deutschlandpolitik einigermaßen gestalten und entwickeln zu können, was vielfach auf eine regelrechte Erpressung durch die SED-Führung hinauslief, obwohl diese einen hohen Bedarf an West-Devisen für die DDR hatte.
Aus der »Information des Staatssekretärs im Ministerium für Außenhandel der DDR«, Alexander Schalck-Golodkowski, über das Gespräch mit dem Ministerialdirektor im Bundeskanzleramt Carl Werner Sanne vom 16. September 1975 geht hervor, dass eine Transitpauschale in Höhe von jährlich 400 Millionen D-Mark für die Jahre 1976 bis 1979 vereinbart wurde. Für die Erlaubnis des ostdeutschen Regimes, Bundesbürgern die Fahrt in die DDR bzw. nach West-Berlin einzuräumen, hatte Bonn zu zahlen. Da die bundesdeutschen Verhandlungsexperten davon ausgegangen waren, dass dieser Betrag »weit überzahlt« war, sollte eine Prüfung erfolgen, ob »an Hand effektiver Ergebnisse Ende des Jahres 1977 Verrechnungen von Mehr- oder Minder-Einnahmen an die betreffenden Partner 1978/79 ausgeglichen werden«. Einem zeitgleich verfassten Dokument ist zu entnehmen, dass die Bundesregierung für 1976/77 zu viel hätte zahlen müssen. Deutlich erkennbar wird, wie bürokratisch, detailversessen, überreguliert und daher auch extrem mühsam sich die deutsch-deutschen Beziehungen entwickelten. Letztlich waren die Kosten der deutschen Teilung schon für die alte Bundesrepublik enorm, gigantisch sollten sie dann für die neue Bundesrepublik werden.

3.2 Die Affäre Guillaume als Pyrrhussieg der DDR – SED-Abgrenzungspolitik – Fortsetzung der sozialliberalen Koalition unter Schmidt und Genscher

Der 25. April 1974 war der schwärzeste Tag in der politischen Karriere für Willy Brandt. Die Bundesanwaltschaft verlautbarte, dass ein enger Mitarbeiter des Bundeskanzlers verhaftet worden sei, weil er im Verdacht stand, als DDR-Spion tätig gewesen zu sein. Es handelte sich um Günter Guillaume, der 1956 angeblich in die BRD geflohen war. Tatsächlich war er von Anfang an Stasi-Mitarbeiter der DDR und Offizier der NVA und seit dieser Zeit insbesondere im Rahmen der SPD nachrichtendienstlich aktiv. 1970 war er trotz eingehender Prüfung durch entsprechende Sicherheitsbehörden in der Bundesrepublik in das Bundeskanzleramt gelangt und hatte seit 1972 im Büro von Brandt die Termine des Regierungschefs sowie die Korrespondenz

mit der Partei organisiert. Dies alles geschah, obwohl man ihn durch die »Mühle der Dienste gedreht« (Egon Bahr) hatte.
Brandt war menschlich enttäuscht und politisch erschüttert. Die Opposition verlangte Aufklärung. Am 6. Mai übernahm Brandt persönlich die Verantwortung wegen »Fahrlässigkeiten« in der Affäre und erklärte seinen Rücktritt, um den noch viele Spekulationen aufkommen sollten.
So sollten angeblich die Geheimdienste der Bundesrepublik Brandt nicht rechtzeitig vor Guillaume gewarnt haben, als schon Verdachtsmomente auf eine Spionagetätigkeit hingedeutet hätten, ja, Brandt soll absichtlich im Unklaren gelassen worden sein. Auch der damalige Innenminister und der Kanzleramtsminister, die den Geheimdiensten übergeordnet waren, sollen in die Affäre involviert gewesen sein. Alle Zusammenhänge lassen sich heute nicht zur Gänze aufklären. Brandt erklärte jedenfalls, zu seinem Rücktritt habe auch beigetragen, dass er sich nicht erpressen lassen wolle!
Die SPD reagierte mit der Bestellung des Bundesfinanzministers Helmut Schmidt, der am 16. Mai 1974 vom Bundestag zum neuen Bundeskanzler gewählt wurde. Guillaume und seine Frau Christel wurden 1975 wegen schweren Landesverrats zu 13 bzw. acht Jahren Gefängnis verurteilt und 1981 in die DDR abgeschoben, wo der Meisterspion vom Auslandschef der Stasi, Markus »Mischa« Wolf, als »Held des Sozialismus« im Kampf gegen den »Klassenfeind« feierlich empfangen wurde. Guillaume verstarb am 17. April 1995. Die Affäre zog auch im zwischenmenschlichen Bereich tragische Konsequenzen nach sich. Egon Bahr erinnert sich:

»Die andere Sache war, dass Guillaume ebenfalls versucht hatte, meine Sekretärin zu bezirzen. Also ich will das jetzt nicht mehr im Einzelnen erläutern, aber ich hatte sie als zweite Sekretärin auch aus dem Grunde eingestellt, weil ich angenommen hatte, sie wäre wenig attraktiv für einen Mann … aber das war eine falsche Einschätzung! Guillaume hat selbst dieses Opfer gebracht. Ich bin [nach Aufkommen der Affäre] ins Büro gekommen, hab die Sekretärin angeschaut und da fing sie sofort an zu weinen. Ich war schon sofort sicher, das ist es. Sie hat es auch sofort zugegeben. Und ich habe völlig vergeblich versucht, sie zu beruhigen und ihr zu sagen: ›Ihnen passiert nichts.‹ Guillaume kam zum ersten Mal in mein Büro, am zweiten oder dritten Tag nach der Unterschrift unter den Grundlagenvertrag. Er konnte überhaupt nichts Operatives mehr verraten. Ich habe der Sekretärin dann gesagt: ›Nun gehen Sie erst mal in den Urlaub, beruhigen Sie sich erst mal. Wir werden sehen, Sie nicht zu erwähnen. Es ist ja auch nichts weiter passiert, was nicht nur allein Sie persönlich angeht.‹ Nach einem halben Jahr hat sie sich erhängt. Sie ist eines der vielen namenlosen Opfer der deutschen Teilung gewesen.«

Für die DDR war die Enttarnung Guillaumes und der damit verbundene Sturz Brandts ein Pyrrhus-Sieg, weil ein mit der Entspannung und Normalisierung der Beziehungen verbundener bundesdeutscher Spitzenpolitiker sich von der Regierungsspitze verabschieden musste und die CDU/CSU-Opposition dadurch weiteren Auftrieb bekommen sollte. Brandt blieb zwar noch bis 1987 SPD-Parteivorsitzender und wurde 1976 auch Vorsitzender der Sozialistischen Internationale sowie von 1977 bis 1980 ebenfalls Vorsitzender der internationalen Nord-Süd-Kommission, doch die Affäre Guillaume blieb politisch an ihm zeit seines Lebens haften.

Die Jahre 1971/72 bedeuteten in der DDR-Geschichte eine doppelte Zäsur. 1971 wurde eine Wachablöse in der SED vollzogen und 1972 der Grundlagenvertrag unterfertigt. Nach Ulbrichts Tod 1973 wurde der bisherige Ministerpräsident Stoph Vorsitzender des Staatsrats. Diese Funktion übernahm 1976 auch noch Honecker, der als Parteichef und Generalsekretär amtierte, während Stoph wieder den Ministerratsvorsitz übernahm.

Nach dem Grundlagenvertrag wurde die DDR von nahezu allen Staaten der Welt anerkannt. Damit verbunden war auch die schon erwähnte Aufnahme in die Vereinten Nationen. Das SED-Regime hatte sein Ziel der internationalen Anerkennung erreicht. Die damit verbundene Steigerung des Austausches und die Intensivierung der Kontakte, die im Zuge der Normalisierung der Beziehungen zur Bundesrepublik unvermeidlich wurden, weckten bei der ostdeutschen Staatsführung Ängste mit Blick auf die innere Stabilität. Gegenüber der BRD forcierte die DDR daher eine intensivierte Abgrenzungspolitik.

Während Bonn die Einheit der deutschen Nation und die gemeinsame deutsche Geschichte und Kultur betonte, stellte Pankow die Unterschiede im politischen und gesellschaftlichen Bereich zur BRD heraus. Kurz nach dem von Honecker initiierten Sturz Ulbrichts hatte sein Nachfolger auf dem VIII. Parteitag der SED 1971 die These formuliert, »daß der Prozess der Abgrenzung zwischen beiden Staaten in allen Bereichen des gesellschaftlichen Lebens immer tiefgehender« werde. Die DDR stand demgemäß für eine friedliebende »sozialistische Nation«, während die BRD aus ihrer Sicht eine kapitalistisch-imperialistische »bürgerliche Nation« repräsentiere.

Der euphorische Empfang, den die Erfurter Bürgerinnen und Bürger Brandt anlässlich seines Besuchs bereitetet hatten, veranlasste unter anderem die DDR-Staatsführung zu einer grundlegenden Verfassungsreform im Oktober 1974, bei der alle Hinweise auf die Gemeinsamkeiten mit Blick auf die deutsche Nation getilgt wurden. Die »sozialistische Verfassung« von 1968 hatte noch von der »ganzen deutschen Nation«, der »Überwindung der vom Imperialismus der deutschen Nation aufgezwungenen Spaltung Deutschlands« sowie einer Schritt für Schritt erfolgenden »Annäherung der beiden deutschen Staaten bis zu ihrer Vereinigung auf der Grundlage der Demokratie und des Sozialismus« gesprochen.

Im Jahre 1974 hieß es nun dagegen, dass die DDR »ein fester Bestandteil der sozialistischen Staatengemeinschaft« und »für immer und unwiderruflich« mit der UdSSR verbündet sei. Zahlreiche Institutionen und Organisationen der DDR nahmen Änderungen ihrer Bezeichnungen vor. Begriffe wie »deutsch« oder »Deutschland« wurden vollends gestrichen.

Die staatlicherseits bestehende Befürchtung, die DDR-Bevölkerung könne mit westlichen Journalisten in Berührung kommen, trug 1974 und 1979 zu einer Verschärfung des politischen Strafrechts bei. Informationen »zum Nachteil der Interessen der DDR« wurden schon als »landesverräterische Nachrichtenübermittlung« bestraft, selbst wenn derartige Auskünfte nicht von der Geheimhaltung betroffen waren. Die weitgehende Auslegung des Worts »Geheimnisträger« führte praktisch zu einer Kontaktsperre von DDR-Bürgerinnen und Bürgern gegenüber Gästen und Journalisten aus dem Westen. Dortige Veröffentlichungen wurden mit weit schwereren Strafen belegt. Regimekritiker wie Robert Havemann, Rudolf Bahro oder Wolf Biermann waren zunehmend Repressalien und Überwachung ausgesetzt, die von ständiger Begleitung über Hausarrest bis zur Verhaftung und Ausbürgerung reichten.

Mit legalistischen Zwangsinstrumenten versuchte das SED-Regime Nachrichten über die DDR zu kontrollieren und zu steuern. Westlichen Berichterstattern wurden strenge Vorschriften auferlegt, die auf eine Einschränkung des freien Journalismus hinausliefen, indem Gespräche und Meinungserhebungen jeglicher Form in einer Verordnung vom 11. April 1979 der Genehmigungspflicht unterlagen. Vereinzelt verfügte der ostdeutsche Zwangsstaat auch Ausweisungen unangenehmer Berichterstatter und die Schließung von Redaktionsräumen.

An der Auslegung und Handhabung der Meinungs- und Pressefreiheit wurde wiederholt erkennbar, dass die DDR den Namen »demokratische Republik« zu Unrecht trug und eine gleichsam totalitäre Diktatur darstellte, auch wenn dies Apologeten, ehemalige Repräsentanten oder Nostalgiker des SED-Staates ungern zugeben wollen oder gar schlichtweg abstreiten.

Den Staatsratsvorsitz und somit die Funktion des Staatsoberhaupts übernahm 1976 Erich Honecker, der bereits fünf Jahre zuvor Ulbricht aus der wichtigen Funktion des Ersten Sekretärs des ZK der SED verdrängt hatte. Damit wurde er zum Hauptverantwortlichen der sozialistischen Parteidiktatur.

Am 16. Mai 1974 wählte der Bundestag mit den Stimmen von SPD und FDP Helmut Schmidt zum neuen Bundeskanzler. Am vorherigen Tag hatte die Bundesversammlung den bisherigen Vizekanzler und Außenminister Scheel zum Bundespräsidenten gewählt, nachdem Gustav Heinemann auf eine zweite Kandidatur verzichtet hatte.

Kurzbiographie Helmut Schmidt

Der 1918 als Sohn eines Studienrates in Hamburg geborene Schmidt war als Offizier der Deutschen Wehrmacht Kriegsteilnehmer, studierte anschließend Staatswissenschaften und wurde 1946 SPD-Mitglied. Als Mitglied des Bundestages profilierte er sich als Verteidigungsexperte. Bei der Abstimmung über die Römischen Verträge (EWG und EURATOM) im Bundestag enthielt er sich der Stimme. Als Innensenator in Hamburg wurde Schmidt durch sein Krisenmanagement während der Sturmflutkatastrophe von 1962 bekannt. Seit 1967 Fraktionsvorsitzender wurde er 1969 Verteidigungsminister und 1972 nach dem Rücktritt Schillers kurzzeitig Bundesminister für Wirtschaft und Finanzen. Nach seiner Zeit als Bundeskanzler (1974–1982) erlangte er als »elder statesman« große Beliebtheit. Bis zu seinem Tod 2015 war er Mitherausgeber der Wochenzeitung *Die Zeit.*

Kurzbiographie Hans-Dietrich Genscher

Der in Reideburg bei Halle an der Saale 1927 geborene, studierte Jurist Hans-Dietrich Genscher war nach 1945 zunächst Mitglied der LDPD in der SBZ. 1952 setzte er sich in den Westen ab und arbeitete ab 1954 als Rechtsanwalt. Als Bundesgeschäftsführer der FDP und seit 1965 Mitglied des Bundestages wurde er in der sozialliberalen Koalitionsregierung ab 1969 Innenminister und traf hierbei Maßnahmen im Bereich des Umweltschutzes. In der 1974 von Schmidt gebildeten Koalition war Genscher als Außenminister und Vizekanzler tätig und löste, nachdem Scheel Bundespräsident geworden war, ihn auch als FDP-Vorsitzenden ab.

Mit dem Leitsatz »Kontinuität und Konzentration« wollte die neue Regierung Schmidt-Genscher die sozialliberale Politik von Brandt-Scheel fortführen. Die CDU/CSU munitionierte sich und betrieb weiter heftige Opposition.

In der Union hatte ein politischer Führungswechsel stattgefunden. Barzel, der bei der Bundestagswahl 1972 unterlegen war, gab 1973 seine Funktionen als CDU/CSU-Bundesvorsitzender und CDU/CSU-Fraktionsvorsitzender auf. Auf einem CDU-Sonderparteitag wurde im Juni 1973 der rheinland-pfälzische Ministerpräsident Helmut Kohl neuer Parteivorsitzender.

Kohl war auch Kanzlerkandidat bei der Bundestagswahl 1976 und übernahm nach der Wahlniederlage den Fraktionsvorsitz im Bundestag. Die bei diesen Wahlen erzielten 47 % der Stimmen für CDU/CSU machten deutlich, dass die bundesdeutsche Entspannungspolitik keineswegs unumstritten war. Die Opposition der Christdemokraten richtete sich weiterhin dagegen. Das politische Erbe der nicht-existierenden bzw. verfehlten Ostpolitik Adenauers war für sie nur schwer abzustreifen. Die Union hatte große Probleme mit der Normalisierung der Beziehungen zur DDR und den »Ostblock«-Staaten. Dabei war diese eine natürliche Folge der gescheiterten Konfrontationspolitik.

Mit ihrer grundsätzlichen Ablehnung der KSZE manövrierte sich die CDU/CSU nicht nur in eine innenpolitische, sondern auch in eine internationale Isolation. An der Schlussakte von Helsinki vom 1. August 1975 ließ sich zweifelsohne Kritik üben, zumal der Ost-West-Konflikt in seinen Grundstrukturen weiter bestand, doch wurden mit den KSZE-Prinzipien Absichtserklärungen und Grundsätze verlautbart, denen sich auch die kommunistischen Staaten nicht zu entziehen, sondern zu stellen hatten.

Unter Wahrung des westlichen Bündnisses hielt die Regierung Schmidt-Genscher an der Ostpolitik der Regierung Brandt-Scheel fest und baute sie weiter aus. Während im Zeichen der Weltwirtschaftskrise einige Reformvorhaben zurückgestellt werden mussten, wurde die Entspannungspolitik konsequent fortgesetzt.

Nach den von der SPD-FDP-Koalition gewonnenen Bundestagswahlen von 1976 und 1980 wurde Schmidt erneut Bundeskanzler. Bei der Abwehr des Terrorismus der Roten Armee-Fraktion demonstrierte er Durchsetzungsvermögen und Führungskraft, zumal in einer Zeit als die Bundesrepublik an der Grenze der Rechtsstaatlichkeit im Zeichen des Ausnahmezustandes wandelte.

Aufgrund seiner ökonomischen Kenntnisse und seiner Fähigkeit als Staatsmann genoss Schmidt hohes Ansehen im Inland wie im Ausland. Mit dem befreundeten französischen Staatspräsidenten Valéry Giscard d'Estaing setzte er die Politik der Verständigung mit Frankreich fort und trug mit der Begründung des Europäischen Währungssystems (EWS) und der Einführung der Rechnungseinheit European Currency Unit (ECU) maßgeblich zur Vorbereitung der Vertiefung der europäischen Integration bei.

3.3 Ölkrise, Wachstumsgrenzen, Arbeitslosigkeit und die »Einheit von Wirtschafts- und Sozialpolitik«: Die Lage in beiden deutschen Staaten

Die Politik unter Bundeskanzler Brandt und vor allem die unter Helmut Schmidt standen im Zeichen von »Krisenmanagement« (Andreas Rödder). Im Zuge des israelisch-arabischen Kriegs vom Oktober 1973 wurde erstmals Öl als politisches Druckmittel eingesetzt. Die arabischen Förderstaaten erhöhten nicht nur den Preis für das schwarze Gold, sondern legten auch fortgesetzte Produktionseinschränkungen fest. Gegen die Vereinigten Staaten und die Niederlande verhängten sie aufgrund ihrer pro-israelischen Position einen Lieferboykott, der sich alsbald auch schmerzlich für andere westliche Staaten in Europa spürbar machte.

Die Organisation erdölexportierender Länder (OPEC), zu der auch nicht-arabische Ölförderstaaten zählten, schloss sich dieser Politik an. Der Preis für Rohöl, für das 1970 noch 1,4 US-Dollar je Barrel (= 158,8 Liter) zu bezahlen war, vervierfachte sich drei Jahre später. Westliche Ölkonzerne profitierten dabei vom eingeschränkten Ölangebot und steigerten ihre Gewinne.

In der rohstoffarmen Bundesrepublik musste der Energieverbrauch reduziert werden. Vier autofreie Sonntage verfügte die Bundesregierung im November und Dezember 1973. Eine temporäre Einführung von Geschwindigkeitsbeschränkungen (»Tempo 100 Kilometer pro Stunde« auf den Autobahnen) folgte. Die Bevölkerung bekam so erstmals die einseitige Abhängigkeit der Gesellschaft und Ökonomie vom Erdöl drastisch vor Augen geführt.

Militärischen Insiderkenntnissen zufolge wären die Fahrverbote aber gar nicht notwendig gewesen. Nach Aufklärungsergebnissen der »Sidelooking Airborne Radar« (SLAR) der Luftwaffe sowie der Elektronischen Aufklärung (ELOKA) der Bundeswehr gab es noch ausreichend Ölvorräte in Europa wie auch Reserven in der Bundesrepublik. Die Politik schien zu sorgsam, voreilig und übervorsichtig zu Werke zu gehen, tatsächlich praktizierte sie echte Führungsfähigkeit (»leadership«).

Der Ölschock von 1973/74 war Auslöser für die schwerste Wirtschaftskrise seit dem Zweiten Weltkrieg nicht nur in Westdeutschland, sondern auch in anderen westlichen Industriestaaten. Ab 1974 erhöhte die OPEC abermals die Öl-Preise. Die Revolution im Iran 1979 löste einen weiteren Ölschock aus. Der Rohölpreis stieg auf knapp 23 Dollar pro Barrel, was aber noch lange nicht das Höchstmaß war. Im Oktober 1981 erreichte er einen Stand von 34 Dollar.

Im Zuge der Ölkrise 1973 war es in der Bundesrepublik bereits zu einem Rückgang der Beschäftigung und der Inlandsnachfrage sowie zu anhaltender Inflation (auch Stagflation genannt) gekommen.
Der Ölpreisanstieg führte zu einem Geldabfluss von den Industrienationen in die Förderstaaten. Die Weltwirtschaftskrise ist auch im Kontext des Zusammenbruchs der Weltwährungsordnung von Bretton Woods (1944), des angeschlagenen Dollars und des kostenaufwendigen Vietnam-Kriegs der USA zu sehen, der in beiden Teilen Deutschlands zunehmend auf Ablehnung und öffentliche Kritik stieß, zumal amerikanischerseits Kriegsverbrechen begangen worden waren.
Die Kombination dieser Krisen zeigte die Schwächen und Defizite der Bonner Republik deutlich auf. Im Ruhrgebiet, der Region des deutschen »Wirtschaftswunders« der 1950er-Jahre, insbesondere in den traditionellen Kohle- und Stahlindustrien waren Überkapazitäten zu beklagen. Hinzu kamen japanische Erzeugnisse auf dem mikroelektronischen und optischen Sektor auf dem Markt, aber auch in der Automobilbranche, die für deutsche Anbieter einen dramatischen Wettbewerb bedeuteten. Textilien-Hersteller aus der sogenannten »Dritten Welt«, die mit weit niedrigeren Löhnen und Sozialleistungen kalkulieren konnten als ihre deutschen Konkurrenten, verschärften die Situation für die deutschen Produzenten. Das rheinische Manchester Mönchengladbach begann zunehmend zu leiden.
Relativ gesehen konnte die Bundesrepublik im Unterschied zu anderen westlichen Industrienationen die Situation noch meistern. Die SPD-FDP-Regierung unter Schmidt versuchte die Krise sowohl im Rahmen eines internationalen Wirtschaftsgipfels als auch auf innerstaatlicher Ebene zu bewältigen.
Mit dem Kollaps des internationalen Währungssystems und der Ölkrise 1973/74 war jedoch eine globale Krise entstanden, die alle westlichen Industrieländer betraf. Wie in den 1930er-Jahren bestand das große Risiko, dass die Staaten die ökonomischen Probleme im Alleingang und im nationalen Rahmen lösen und dabei zum Protektionismus zurückkehren, d. h. Zollschranken errichten oder andere Handelsbeschränkungen einführen würden.
Die sich ausbreitende Wirtschaftskrise suchte Schmidt durch nationale und internationale Maßnahmen zu überwinden. Staatliche Kreditaufnahmen wurden verstärkt und der Arbeitslosigkeit mit beschäftigungswirksamen öffentlichen Programmen erfolgreich gegengesteuert. Schmidt war – nachdem die »konzertierte Aktion« 1977 geendet hatte – um wirtschaftspolitischen Ausgleich mit Gewerkschaften und Unternehmern bemüht. International suchte die Bundesregierung eine Abstimmung der Wirtschaftspolitik. Ein Ziel war die Verhinderung protektionistischer Maßnahmen der Einzelstaaten, die den eigenen Markt schützen und damit den Handel insgesamt erschweren würden. Hierzu diente auch die Mitwirkung an jährlich stattfindenden Wirtschaftsgipfelkonferenzen der wichtigsten westlichen Staaten seit 1975. Die wirtschaftliche Zusammenarbeit mit den kommunistischen Staaten wurde gleichzeitig ausgebaut.
In dieser schwierigen internationalen Lage war es Frankreichs Staatspräsident Valéry Giscard d'Estaing, der die Staats- und Regierungschefs der Bundesrepublik, des Ver-

einigten Königreichs, Italiens, Japans und der USA vom 15. bis 17. November 1975 in das Schloss Rambouillet bei Paris einlud, um dort die drängenden Weltwirtschaftsfragen zu beraten.
Bei der nächsten Konferenz im Juni 1976 in Puerto Rico nahm bereits Kanadas Premier teil. Die Wirtschaftsgipfel wurden fortan jedes Jahr zwischen Mai und Juli in einem der sieben Teilnehmerländer abgehalten, darunter 1978 und 1985 in Bonn sowie 1992 in München.
Giscard und Schmidt sprachen sich für eine Abstimmung der Wirtschafts- und Finanzpolitik der teilnehmenden Länder und die Abwehr protektionistischer Maßnahmen aus, was sie ebenso wenig durchsetzen konnten wie den Abbau des gigantischen Haushaltsdefizits der USA, dessen Folgen hohe Zinsen gegenüber den westeuropäischen Staaten, aber auch den Entwicklungsländern bedeuteten, was große wirtschaftliche Schäden bewirkte.
Trotz der mageren Ergebnisse dieser Wirtschaftsgipfel, die Ausgangspunkt der späteren G7- und G8-Gipfel waren, bestand die Möglichkeit zur Begegnung und zum Informationsaustausch der wichtigsten Staatsmänner der westlichen Welt. Mit der Konferenz in Williamsburg/USA im Jahre 1983 wurde auf Drängen der USA die ursprüngliche Begrenzung der Tagesordnungspunkte auf Wirtschafts- und Finanzpolitik aufgegeben und auch die Behandlung politischer Fragen einbezogen. Bewirkten die Wirtschaftsgipfel nur relativ wenig, so doch die innerstaatlichen Maßnahmen in der Bundesrepublik einiges.
»Vollbeschäftigung« war stets wirtschaftspolitisches Ziel. Die Arbeitsprogramme ließen zwar die Staatsschulden wieder steigen und wirkten auf die Inflation fördernd, doch war diese Politik insofern erfolgreich, als 1978 die Senkung der Arbeitslosenziffer gelang, d. h. auf unter eine Million gedrückt werden konnte. In den Folgejahren fiel sie auf weniger als 900.000, was immerhin noch eine Arbeitslosenquote von 3,8 % bedeutete, die 1975 auf 4,7 % usw. anstieg, nachdem sie 1974 auf 2,6 % gefallen war. Es verschärfte sich also das Problem wieder.
Im Jahre 1972 legte der »Club of Rome« einen Bericht über die Grenzen des Wachstums vor und warnte vor einer Zerstörung der Welt durch hemmungsloses Wirtschaftswachstum. Der Bericht verhallte relativ wirkungslos, zu sehr war die Gesellschaft der Bundesrepublik wie die der westlichen Industriewelt weitgehend einem unkritischen Wachstumsoptimismus verfallen.
Der gesellschaftliche Konsens und die politische Stabilität der staatlichen Ordnung der Bundesrepublik waren – ähnlich wie in anderen modernen Industrieländern, z. T. auch im »Ostblock« – einseitig auf betontes Leistungsdenken und ständiges Wirtschaftswachstum ausgerichtet, zumal die Einkommens- und Vermögensumverteilung lediglich aus den Zuwachsraten vorgenommen wurde. Die Ölschocks hatten gezeigt, dass dieser Rohstoff knapper werden und teurer werden kann.
Seit Ende der 1970er-Jahre wuchs die Einsicht, dass der Wachstumsoptimismus naiv, ja gefährlich für Mensch und Natur sein würde. Staatlicher Umweltschutz hatte schon seit Anfang der 1970er-Jahre eingesetzt. Vorbeugende Maßnahmen zur Vermeidung neuer Umweltschäden wurden eingeleitet. Allmählich brach sich die Erkenntnis Bahn,

dass Umweltschutz bei Einsatz moderner Technologie auch Arbeitsplätze schaffen würde. Im Laufe der 1970er-Jahre wurde auch deutlich, dass der Gegensatz zwischen den reichen Industriestaaten des Nordens und den armen Ländern des Südens der Weltkugel, also der Nord-Süd-Konflikt, weit dramatischer und gefährlicher sein könnte als der in der Ära Adenauer vielfach einseitig beschworene Ost-West-Konflikt.
Das enorme Bevölkerungswachstum in der »Dritten Welt« führte zu Ernährungskrisen und Hungerkatastrophen, während die »Erste Welt« für konventionelle und atomare Hochrüstung Unsummen aufzubringen bereit war und sich eine Lebensmittelüberproduktion leistete. Der vor allem von sozialdemokratischen Parteien im Rahmen der Sozialistischen Internationale geforderte notwendige Ausgleich der krassen Ungleichheiten im Rahmen eines »Nord-Süd-Dialogs« fand nicht die notwendige Resonanz, z.B. im Rahmen der seit 1975 stattfindenden Konferenz über internationale wirtschaftliche Zusammenarbeit mit den sogenannten unterentwickelten Staaten. Sie forderten die Stabilisierung der Rohstoffpreise und den Zugang zu den Märkten der Industriestaaten.
Im Jahre 1977 wurde eine unabhängige »Nord-Süd-Kommission« unter Vorsitz von Brandt eingerichtet, die 1980 Vorschläge für einen partnerschaftlichen Ausgleich zwischen Nord und Süd unterbreitete, die allerdings auf die politische Realität keine Wirkung nach sich zogen. Der Schuldenstand der »Entwicklungsländer« erhöhte sich angesichts der US-Hochzinspolitik weiter.
Die Entwicklungspolitik der Bundesrepublik lief in den 1970er-Jahren unter dem Motto »Hilfe zur Selbsthilfe«, wie es einst mit dem Marshall-Plan verlautet hatte, aber mit diesem Programm nicht einmal im Ansatz zu vergleichen war. Verbesserung der Lebensbedingungen, Bekämpfung der Arbeitslosigkeit und Zurückstellung außenpolitischer Interessen, Sicherung des Friedens und die Gewinnung von »Handelspartnern von morgen« standen im Blickpunkt.
Erstaunlich ist vor diesem Hintergrund, wie starr und unbeweglich das ostdeutsche Gesellschaftsgefüge sowie sein Wirtschaftssystem waren und auch weiter blieben. Ein Vergleich der Berufs- und Erwerbsstrukturen in beiden deutschen Staaten zeigt, wie wenig Bewegung in der DDR- und wie weit mehr Wandel in der BRD-Ökonomie vorhanden war.
Die Grafik 6 zeigt einen Land- und Forstwirtschaftsbereich, der sich von der ausklingenden Ära Ulbricht und der beginnenden Ära Honecker bis zum Fall der Mauer nicht bewegte.
Im produzierenden Gewerbe finden sich auch relativ gleichbleibende Werte, im Verkehrs- und Nachrichtenwesen verhielt es sich ähnlich und in den sonstigen Bereichen ebenfalls. Wir sehen eine Gesellschaft, die wenig Dynamik, Umschichtungen oder Veränderung erkennen lässt. In der DDR scheint sich im Vergleich zum Westen der Wandel hin zum dritten Wirtschaftssektor, also hin zur Dienstleistung, überhaupt nicht vollzogen zu haben. Der Vergleich mit dem Bundesgebiet zeigt hingegen, dass sich die Sektoren 1 f.und 3 verlagerten und die Land- und Forstwirtschaft so gut wie gar nicht mehr relevant waren, dafür aber der Dienstleistungssektor immer wichtiger wurde.

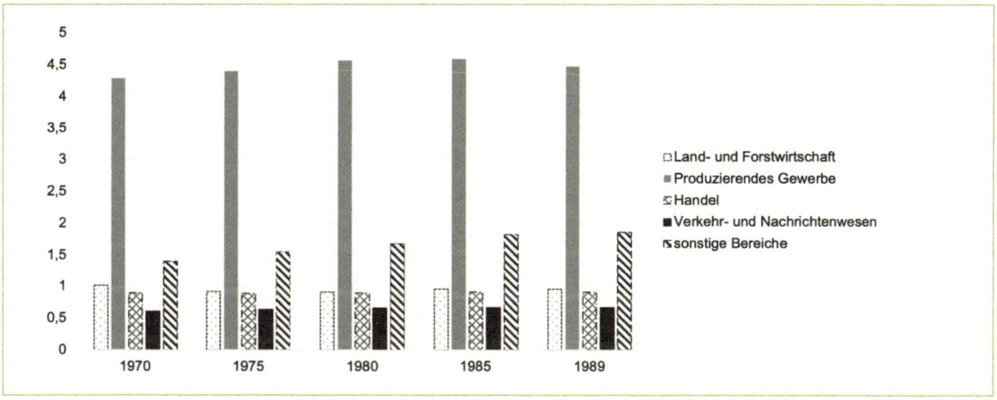

Grafik 6: Erwerbstätige nach Wirtschaftsbereichen in der DDR in Millionen

Die Wirtschaftsbereiche in der Bundesrepublik zeigen einen Rückgang des Agrarsektors. Stabil geblieben ist das produzierende Gewerbe, während im Dienstleistungs- und Handelsbereich eine Verdoppelung der Zahl der Erwerbspersonen festzustellen ist. In dieser Berufsstruktur ist somit einiges in Bewegung geraten. Es sind deutliche Verschiebungen vom Primärsektor zum Sekundärsektor und Tertiärsektor zu erkennen.
Nach der deutschen Einheit verstärkte sich der bundesdeutsche Abwärtstrend auf dem Agrarsektor noch. Der Landwirtschaftsbereich nahm von über 1 Million um etwa die Hälfte ab, um sich dann ab 2005 stetig auf rund 600.000 Beschäftigte zurückzuentwickeln. Das produzierende Gewerbe ging tendenziell auch zurück, um sich dann ab 2010 v. a. aufgrund des Bedarfs im Baugewerbe etwas zu steigern. Handel, Verkehr und Gastgewerbe hatten nach der deutschen Einheit rückläufige Trends, die sich erst wieder ab 2005 nach oben bewegten, um dann im Zuge der Banken- und Finanzkrise (Kap. 8.5) abzufallen, jedoch ab 2013/14 wieder nach oben zu klettern (Grafik 7).

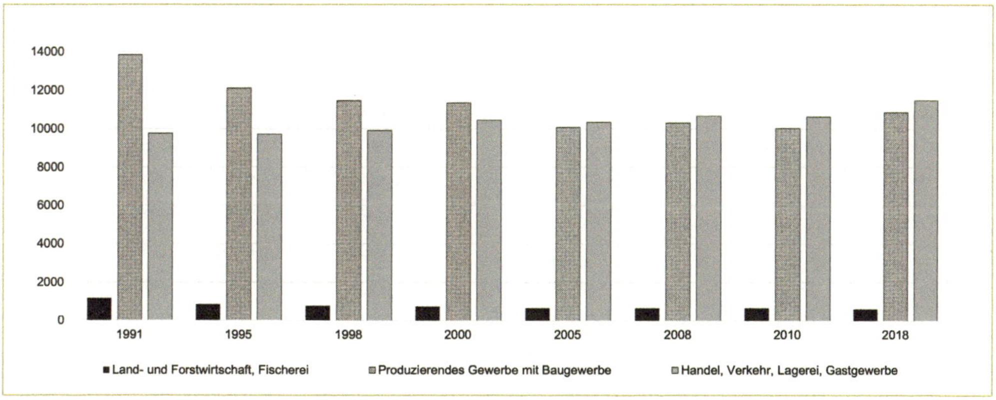

Grafik 7: Erwerbstätige nach Wirtschaftsbereichen, Angaben in Tausend

Die Weltwirtschaftskrise der 1970er-Jahre ging auch am zweiten deutschen Staat nicht spurlos vorüber. Ende der 1960er-Jahre musste das SED-Regime bereits erkennen, dass es trotz der nach erfolgtem Mauerbau initiierten Wirtschaftsreformen nicht gelungen war, den Wachstumsrückstand zur BRD aufzuholen und den Wohlstand der Bundesbürger auch nur annähernd zu erreichen.
Während des VIII. SED-Parteitags vom 15. bis 19. Juni 1971 hatte der vor Selbstbewusstsein nur so strotzende Erich Honecker noch den Glauben seines Vorgängers Ulbricht an »außerplanmäßige Wunder« ironisiert und eine Wende zu einer »realistischeren« Politik versprochen. Es erfolgte ein Kurswechsel, der unter dem Motto der »Einheit von Wirtschaft- und Sozialpolitik« stand. Honeckers Politik zielte im kollektivistischen Sinne darauf ab, die Sozialleistungen der DDR gegenüber dem individuellen Lebensstandard in den Mittelpunkt der staatlichen Erfolgspropaganda zu stellen. Berufstätige Mütter wurden gefördert, Mindestrenten und Mindestlöhne erhöht, Wohnbauprogramme finanziert sowie stabile Preise für Grundnahrungsmittel und Mieten garantiert. Diese Sozialmaßnahmen wurden als Aufbesserung der Löhne verkauft, womit der Rückstand im Lohn- und Rentenniveau der BRD überspielt werden sollte. Die DDR feierte in dieser Zeit den Mauerbau (Abb. 30).
Das war jedoch eine Politik auf Kosten Dritter vornehmlich der BRD, die die DDR in eine massive Schuldenfalle trieb. Es waren Verbindlichkeiten, die im Gegensatz zu westlichen Währungen nicht durch produktive Werte kompensiert werden konnten. In der ersten Hälfte der 1970er-Jahre war dieser Eindruck aber noch nicht zu gewinnen, zumal ein nicht unbeträchtliches ostdeutsches Wirtschaftswachstum erzielt wurde.

Abb. 30: Deutsch-deutscher Kalter Krieg im Postverkehr: Ein Brief, der nicht wegen der Briefmarken, sondern wegen des Aufdrucks »10 Jahre antifaschistischer Schutzwall«, also Propaganda für den Mauerbau seitens des SED-Regimes, zurückgeschickt worden ist. Eine Briefmarke zeigt Leonid Breschnew und Erich Honecker, Hände schüttelnd vor der Fahnen der Sowjetunion und der DDR.

Die Realeinkommen der DDR-Bürger erfuhren von 1971 bis 1975 eine Steigerung um etwa 30 bis 35 %. Trotz dieses Trends konnte das Warenangebot nicht in ausreichendem Maße Schritt halten. Das SED-Regime musste Zugeständnisse machen: Infolge eines neuen Devisengesetzes konnten DDR-Bürger seit 1973 in den seit Anfang der 1960er-Jahre existierenden »Intershops« Güter und Waren aus dem Westen einkaufen, allerdings nur für westliche Währung. Damit führte sich der sozialistische Staat bis zu einem gewissen Grad selbst ad absurdum, obgleich Staatschef Honecker versicherte, dass die Intershops keine permanente Begleiterscheinung des Sozialismus seien. Sie machten dennoch auf die Attraktivität und Begehrlichkeit ka-

pitalistischer Produkte in der DDR aufmerksam und bewiesen die stärkere Leistungskraft und wirtschaftliche Überlegenheit der bundesdeutschen Marktwirtschaft.
Die D-Mark wurde Westdeutschen bei ihren Besuchen in Ostdeutschland abgebettelt und zu einer zweiten Währung in der DDR, mit der man den täglichen Bedarf rascher und wirksamer decken konnte, sei es nicht nur durch Einkäufe in den Intershops, sondern auch bei Bedürfnissen im Bereich der Dienstleistungen und des Handwerks. Der Besitz von D-Mark oder West-Devisen erhöhte die Lebenschancen und das Selbstwertgefühl der DDR-Bürger mitunter mehr als höher erzielte Einkommen in der ostdeutschen Wirtschaft.
Trotz aller mit Selbstsicherheit und betonter Zuversicht inszenierter Auftritte von Honecker und seiner Beschwörungen der Folgerichtigkeit der sozialistischen Idee verschlechterte sich die wirtschaftliche Lage der DDR in der zweiten Hälfte der 1970er-Jahre. Die Ölpreisschocks waren für den devisenschwachen und an Rohstoff armen Staat weit gravierender als für die ökonomische Lage der Bundesrepublik, zumal nur noch wenige Investitionsmittel für die Wirtschaft und ihre Verbesserung zur Verfügung standen. Die ostdeutsche Staatsverschuldung nahm beträchtlich zu. Die erwähnten staatlichen Förderungsmaßnahmen im Bereich der Sozialpolitik trugen zur Verschärfung dieser Lage bei. Die DDR geriet in ein immer größer werdendes Dilemma ihrer Defizitpolitik. Der »Ostblock« generell verpasste zudem den Aufbruch in das Computerzeitalter, was sich zu einem gravierenden Nachteil gegenüber dem fortgeschritteneren Westen auswirkte.
Der erste stellvertretende Ministerratsvorsitzende Werner Krolikowski wies im Januar 1980 in ungewohnter Offenheit und in einer an Deutlichkeit nichts vermissen lassenden Notiz auf den »Pump- und Pomp-Sozialismus« Honeckers und seines Wirtschaftsberaters Günther Mittag hin: »Als Breschnew 1979 zum dreißigsten Jahrestag der DDR in Berlin war – die DDR hatte damals gerade ca. 30 Milliarden Valuta-Mark Westverschuldung – schlug Breschnew vor dem gesamten Politbüro mit der Faust auf den Tisch und warf Honecker sehr ernst vor, dass er mit seiner Westverschuldung die DDR in den Bankrott führt« (Helmut M. Müller).
Das waren deutliche Worte aus der Zentrale der Macht, aber der ostdeutsche Kommunist blieb von diesen Warnungen nach außen völlig unbeeindruckt. Mithilfe weiterer finanzieller Zuwendungen aus der Bundesrepublik, umstrittener Milliarden-Kredite, vermittelt durch Franz-Josef Strauß und den westlichen Ländern, glaubte er, diese riskante (und ruinöse) Politik fortsetzen zu können.
Hinter der Fassade des so fortschrittlich dargestellten »Arbeiter- und Bauernstaats« – als angeblich einer der leistungsstärksten Industrienationen der Welt – verbarg sich tatsächlich ein die eigenen Bürger ausbeutendes, defizitäres und korruptes System von Parteibonzen, die sich ungeahnte Privilegien anmaßten und in ihren von der Öffentlichkeit abgeschirmten Villen in Wandlitz westliche Konsumgüter genossen. Selbst ihr Müll wurde bewacht, um keinesfalls Argwohn und Unmut über ihren überzogenen westlichen Lebensstil aufkommen zu lassen.
Die DDR-Sozialpolitik schuf zwar ein höheres Maß an ökonomischer Gleichheit für die breiten Massen und diente damit wesentlich der politischen Legitimation der

SED-Herrschaft, aber die gleichzeitige materielle Privilegierung partei- und staatsnaher Eliten und damit verbunden steigende Kosten für den Staat standen damit im zynischen Widerspruch zur Parteipropaganda.
Die Befriedigung der Grundbedürfnisse manifestierte sich durch Preisstützungen für Grundgüter – Luxusgüter waren eine exquisite Sache und davon ausgenommen –, im Gesundheitsbereich und im Wohnungsbau. Das Preisniveau und die soziale Versorgung passten sich im Laufe der Zeit den gestiegenen Ansprüchen der Bevölkerung immer weniger an und wurden dadurch mehr und mehr unwirksam.
In den 1980er-Jahren verstärkten sich die Signale, dass der ostdeutsche Staat sowie seine Bürgerinnen und Bürger weit über ihre Verhältnisse lebten und die eigenen Mittel weitgehend verbraucht waren. Ein paternalistisch angelegtes Versorgungssystem überwog bei Weitem das Leistungsprinzip. Die von Honecker versuchte Politik einer sozialistischen Sozialstaatspolitik war ohne westliche Finanzspritzen nicht mehr durchzuhalten.
Nach außen baute die SED-Propaganda ein Potemkinsches Dorf nach dem anderen auf, wonach die DDR-Bürgerinnen und Bürger sozial abgesichert und glücklich seien sowie der Staat in sich politisch und ökonomisch gefestigt wäre. Doch waren die Risse und Warnzeichen unübersehbar, die auf den wirtschaftlichen Abstieg und die politische Erosion des Systems in der zweiten Hälfte der 1980er-Jahre verwiesen. Nur mit dem öffentlichen Druck der allgegenwärtigen Staatssicherheit (»Stasi«), ihrem aus zahllosen geheimen und inoffiziellen Mitarbeitern bestehenden Spitzelsystem eines zunehmend perfektionierten Überwachungsstaats und einer unmenschlich scharf bewachten Grenze zur BRD konnte der Zusammenhalt noch erzwungen werden.
Wie das Regime reagieren würde, wenn sich die Unzufriedenheit und der Unmut in massenhafter Form artikulierten, war eine offene Frage. Dass das SED-Regime sich überhaupt so lange halten konnte, war nur aufgrund von Angst, Einschüchterung und Terror möglich, wodurch sein Repressionsapparat »Ruhe und Ordnung« schuf. Hinzu kam eine der am schärfsten bewachten Grenzen der Welt, deren Überwindung nur unter größter Lebensgefahr möglich war. An dieser mörderischen Trennlinie zwischen einer Bevölkerung der gleichen Sprache sollte die DDR noch im ausgehenden 20. Jahrhundert scheitern. Die betroffenen Menschen in den grenznahen Gebieten und die überlebenden Opfer und ihre Angehörigen sollten noch lange nach dem Fall des »Eisernen Vorhangs« daran leiden.

3.4 Zentrale Erfassungsstelle Salzgitter, Extremisten-Beschluss, Berufsverbote und die Rote Armee Fraktion

Die Bundesrepublik schuf eine Einrichtung, die zur Erfassung aller Vorgänge an der Demarkationslinie zwischen beiden Staaten dienen sollte. Sie ging auf Brandt, den Regierenden Bürgermeister von Berlin, zurück, der im August 1961, wenige Tage nach den einsetzenden Maßnahmen der Absperrung durch DDR-»Staatsorgane« in Berlin, Beweissicherungen und die Erarbeitung eines Katalogs begangener Unrechtshandlungen an der »innerdeutschen Grenze« gefordert hatte. Wieder handelte es sich um eine Initiative zur Lösung der deutsch-deutschen Beziehungen, die von Berlin ausgegangen war.

Von 1961 bis 1989 bestand die »Zentrale Erfassungsstelle« (ZESt) in Salzgitter, einer Stadt in Niedersachsen, nahe der Grenze. Hintergrund: Das Grundgesetz hatte nur beschränkte Gültigkeit, und zwar für das Gebiet der BRD. Die Bundesregierung hatte keine direkte Einflussmöglichkeit auf Vorgänge in der DDR bzw. an der »innerdeutschen Grenze« bzw. der »Staatsgrenze« der DDR. So sollte die ZESt die Aufgabe der Registrierung wahrnehmen. Sie war keine Dienststelle des Bundes, sondern eine Einrichtung der Länder. Zur weiteren Behandlung der erfassten Vergehen erfolgte nach richterlicher Vernehmung die Abgabe der Materialien an verschiedene Staatsanwaltschaften.

Die Beweissicherung betraf die Feststellung verschiedener Tatbestände: alle Gewaltakte sowie Handlungen der Tötung gegen Flüchtlinge, Rechtsbeugungen, Misshandlungen in Justiz- und Strafvollzugsanstalten der DDR sowie politische Denunziationen durch Anzeigen bei der Volkspolizei oder bei der Staatssicherheit, dem Ministerium für Staatssicherheit (MfS). Untersuchungshaft war in der DDR vielfach mit »Fluchtgefahr« begründet worden, die es eigentlich gar nicht geben durfte bzw. konnte. Kern des gesamten Komplexes waren rund 42.000 Vorermittlungsverfahren. Mit der ZESt war eine eminent wichtige politische Anerkennung und Benennung der Unrechtshandlungen verbunden sowie eine moralische Würdigung der Leidtragenden und Opfer des DDR-Regimes.

Die Arbeiten der ZESt waren zwar politisch umstritten, erhöhten aber den Rechtfertigungsdruck auf das SED-Regime. So bezeichnete die DDR sie als »Relikt des Kalten Krieges«. Honecker formulierte »Geraer Forderungen« an die Bonner Adresse anlässlich einer Rede am 13. Oktober 1980 bei der Eröffnung des Parteilehrjahres 1980/81 auf der Parteiaktivtagung des SED-Bezirks Gera in der dortigen Erwin-Panndorf-Halle, benannt nach einem 1942 im KZ Sachsenhausen ermordeten deutsch-sowjetischen Arbeitersportler, Gewerkschafter, Kommunisten und antifaschistischen Widerstandskämpfer. Die Rede beinhaltete vier Punkte: *Erstens* sollte die Elbgrenze in der Mitte des Stromes zwischen Lauenburg und Schnackenburg verlaufen und *zweitens* die Staatsbürgerschaft der DDR anerkannt werden. Dies hätte eine rasche und unproblematische Aufnahme von DDR-Flüchtlingen erschwert und auch eine Asylbeantragung von Deutschen durch Deutsche in Deutschland bedeutet.

Abb. 31: Bild vom DDR-Grenzpfahl und dem Hoheitszeichen der DDR

Drittens wurde die Umwandlung der Ständigen Vertretungen der beiden deutschen Staaten in Botschaften gefordert, was die Aufnahme von internationalen Beziehungen zwischen BRD und DDR bedeutet hätte und eine völkerrechtliche Anerkennung der DDR durch Bonn. Die SPD-FDP- und die folgende CDU-FDP-Koalition lehnten dieses Ansinnen ab. Bonn sprach immer von »besonderen Beziehungen«, »innerdeutschen Beziehungen« oder »deutsch-deutschen Beziehungen«. *Viertens* forderte Honecker die Abschaffung der ZESt, was auf indirekte Weise ihre politische Relevanz sowie ihre deutschlandpolitische Effizienz verdeutlichte.

Allein schon die Existenz dieser Erfassungsstelle mitten in Europa war Ausdruck einer abnormen, also nicht-normalen Situation. Sie wurde zum Synonym für Menschenrechtsverletzungen der DDR. Sie war im Westen wie im Osten Deutschlands ein Begriff. Doch hatte die Frage des Festhaltens an dieser offenbar den Nerv des SED-Regimes treffenden Stelle innerhalb der Bundesrepublik auch Kontroversen ausgelöst. Führende SPD-Politiker wie die Ministerpräsidenten von Schleswig-Holstein (Björn Engholm) und von Niedersachsen (der spätere Bundeskanzler Gerhard Schröder) forderten die Auflösung der ZESt. Sie verstanden ihre Auflassung als Entgegenkommen gegenüber der DDR. Führende Kreise in der SPD um Egon Bahr und Hans-Jochen Vogel wollten den Geraer Forderungen Honeckers nachkommen, doch gab es Widerstände in der eigenen Partei wie auch vor allem seitens der CDU, CSU und FDP, sodass es bei der ZESt in Salzgitter blieb. Dafür gab es fortbestehende berechtigte Gründe.

So wurden weiterhin alle Handlungen und Untaten dieser inhumanen und menschenrechtswidrigen Grenze erfasst, an der Schießbefehl galt und 1,3 Millionen Bodenminen verlegt sowie SM-70-Splitterminen an den engmaschigen grauen Metallgitterzäunen angebracht waren. Die Zahl der Toten ist bis heute nicht zur Gänze geklärt. Ab dem Bau der Berliner Mauer vom 13. August 1961 waren es über 1.000 Todesfälle, die registriert werden konnten, wobei auch Selbstmorde, Unglücksfälle durch Ertrinken in der Elbe oder in der Ostsee hinzuzurechnen sind. Der Schießbefehl bestand sogar bei schwimmenden Flüchtlingen, die wegtauchten. In solchen Fällen galt Handgranaten-Einsatz.

Aus bundesdeutscher Sicht bestand die rechtliche und moralische Verantwortung, das Schicksal der Toten und Verletzten an dieser Grenze zu prüfen und zu dokumentieren. Der Oberstaatsanwalt bei der Generalstaatsanwaltschaft Braunschweig, Hans Jürgen Grasemann, bilanzierte im Jahre 2010: 62.000 Ermittlungsakten der ehemaligen vor Ort tätigen Staatsanwaltschaften konnten in den neuen Ländern von Rostock bis Leipzig erfasst werden. Die Anklagequote belief sich auf 1,7 %, vor allem gegen »Justizjuristen«, die verurteilt wurden. Es handelte sich um Urteile gegen Richter und Staatsanwälte, die Todesurteile gesprochen bzw. anderweitige Unrechtshandlungen gedeckt bzw. veranlasst hatten. Das SED-System versuchte mit dieser

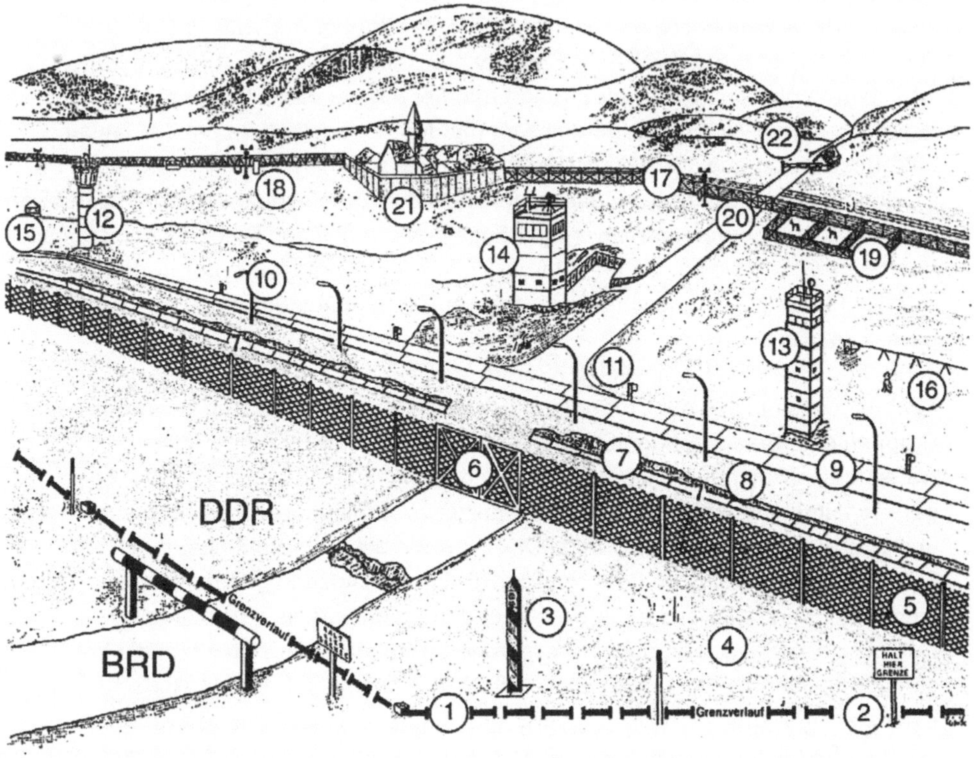

Abb. 32: Schaubild von den DDR-Grenzsicherungsanlagen

1 Grenzverlauf mit Grenzsteinen
2 Grenzpfahl, teilweise mit Hinweisschild »Landesgrenze«
3 DDR-Grenzsäule schwarz-rot-gold mit Hoheitszeichen
4 »Vorgelagertes Hoheitsgebiet« der DDR
5 Grenzzaun-I
6 Gassentor
7 Kfz-Sperrgraben
8 Kontrollstreifen K-6
9 Kolonnenweg
10 Lichttrasse
11 Ruf- und Sprechsäule
12 Beobachtungsturm BT-11 (runde Bauweise, Durchmesser 1 m)
13 Beobachtungsturm BT-11 (quadratische Bauweise, Durchmesser 2 × 2 m)
14 Führungsstelle
15 Beobachtunsbunker
16 Hundelaufanlage
17 Grenzsignal- und Sperrzaun-II
18 Stromverteilungs- und Schalteinrichtung für den GSSZ-II
19 Hunde-Freilaufanlage
20 Signalzauntor
21 Betonsperrmauer
22 Kontrollpunkt an den Zufahrtsstraßen ins Grenzgebiet

Politik »Angst vor diesem Staat« zu erzeugen. Als Rechtsstaat im weitergehenden Sinne konnte die DDR nicht bezeichnet werden. Sie war ein Minimal-Rechtsstaat.
Die Bilanz des Grauens ist nicht genau bezifferbar: Zwischen 1952 und 1989 mussten Hunderte Menschen an der innerdeutschen Grenze an den Folgen von Tretminen in den Todesstreifen, Selbstschussanlagen an den meterhohen Stacheldrahtzäunen (Abb. 32) oder durch die Schüsse von DDR-Grenzsoldaten sterben, die bei »Fluchtgefahr« entsprechend »Gebrauch von der Schusswaffe zu machen« hatten, was auf einen Schießbefehl hinauslief. Tausende Fluchtversuche scheiterten. Zwischen den beiden deutschen Staaten herrschten durch diese Grenze völlig abnorme Verhältnisse. In der Zwischenzeit verschärfte sich in der Bonner Republik das politische Klima – auch aufgrund des deutsch-deutschen Kalten Krieges.
Infolge der politischen Radikalisierung Ende der 1960er-Jahre fasste die Bundesregierung unter Willy Brandt gemeinsam mit den Bundesländern am 28. Januar 1972 Beschlüsse über die Mitgliedschaft von Staatsdienern in extremistischen Vereinigungen. Dabei sollte die Eignung der Bewerber für ein Infragekommen einer Beamtenlaufbahn geprüft werden. Angehörige des öffentlichen Dienstes mussten sich zum Grundgesetz bekennen und auf die freiheitliche demokratische Grundordnung verpflichten. In der öffentlichen Debatte wurden diese Vorkehrungen als »Radikalenerlass« kritisiert.
In der Praxis kam es tatsächlich zu Berufsverboten. In CDU/CSU-Kreisen wurde befürchtet, dass die aus der Studentenbewegung hervorgegangenen linksextremen Gruppen eine Gefahr für den Staat seien. Die Anführer der Studentenbewegung waren tatsächlich mit der Losung des »langen Marsches durch die Institutionen« aufgetreten und hatten mit ihren Aktionen selbst zur Entstehung dieser Befürchtungen und Sorgen beigetragen. SPD und FDP-Politiker machten Vorbehalte gegen den Extremisten-Beschluss und dessen fragwürdige Umsetzung geltend, insbesondere wegen der Kontrolle Tausender Bewerber durch den Verfassungsschutz.
Das Bundesverfassungsgericht in Karlsruhe beschied schließlich 1975, die Entscheidung über die Eignung eines Kandidaten sei nicht von der Mitgliedschaft in einer als verfassungsfeindlich bewerteten oder aber als verfassungswidrig verbotenen Partei, sondern letztlich von der Person selbst und ihrem Verhalten abhängig. Der von der sozial-liberalen Regierung im Bundestag verabschiedete Gesetzesentwurf zur Änderung dienstrechtlicher Vorschriften scheiterte an der CDU/CSU-Mehrheit im Bundesrat.
Die Bundesländer waren in der Kontroverse uneins. Während die CDU/CSU dominierten Länder auf den Extremisten-Beschluss in alter Fassung beharrten, wandten die SPD-Länder und der Bund die liberaleren Regelungen des gescheiterten Gesetzentwurfes an.
Mehr als zwei Jahrzehnte lang hatte die »Rote-Armee-Fraktion«(RAF) Angst und Schrecken verbreitet und damit ein wesentliches Ziel des Terrorismus erreicht: Im Jahre 1970, nach der Studentenrevolte der 1960er-Jahre von Ulrike Meinhof, Andreas Baader und Gudrun Ensslin begründet, überzog diese linksextremistische Gruppierung die Bonner Republik mit einer Blutspur von Gewaltaktionen. Die RAF wollte den

Abb. 33: Fahndungsplakat zu den RAF-Terroristen

von ihr so empfundenen Staat der »Ausbeuter«, »Faschisten« und »Repression« beseitigen. Sie sagte dem »Imperialismus« und »Monopolkapitalismus« den Kampf an und versuchte dessen Gesellschaftsordnung zu zerstören (Abb. 33).
Begonnen hat es mit einer Kaufhausbrandstiftung im April 1968 in Frankfurt, um ein Zeichen gegen den Vietnamkrieg der USA zu setzen. Baader und Ensslin wurden verhaftet, aufgrund des Engagements der linksgerichteten Journalistin Meinhof jedoch alsbald aus der Haft befreit. Alle drei schlossen sich zusammen und bildeten den Kern der RAF. Sie folgte dem Vorbild lateinamerikanischer Stadtguerilleros, ließ sich von palästinensischen Freischärlern ausbilden und intensivierte den »bewaffneten Kampf« im Untergrund. Die drei RAF-Führer wurden zwar alsbald aufgegriffen und im Hochsicherheitstrakt Stuttgart/Stammheim inhaftiert. Von dort heraus gelang ihnen jedoch der Aufbau einer »zweiten Generation« von Terroristen.
»Stammheim« wurde in der Bundesrepublik zu einem Synonym für die strafrechtliche Debatte über den RAF-Terrorismus. Auf dem Gelände der Strafanstalt war mit

aufwendigen Sicherheitsvorkehrungen ein Gerichtsgebäude geschaffen worden, von wo aus am 21. Mai 1975 vom Oberlandesgericht Stuttgart der Prozess gegen die RAF-Anführer Baader, Meinhof, Ensslin und Jan-Carl Raspe geführt wurde. Gericht und Bundesanwaltschaft waren mit der Herausforderung konfrontiert, mit den Mitteln des Strafrechts die kriminellen Aktivitäten der Angeklagten zu ahnden, die für sich den Status als Kriegsgefangene beanspruchten und die Anwendung des Kriegsrechts forderten. Die Verteidigung stellte zahlreiche Befangenheitsanträge. Nach dem 85. Antrag wurde im Januar 1977 der vorsitzende Richter von der Prozessführung entbunden. Diese Entbindung erfolgte wegen Kontaktaufnahme zu einem Mitglied des eventuell zuständigen Revisionssenats (seinem Kartellfreund) und Aushändigung vertraulicher Prozessakten.

Es folgten zeitweilige Prozessboykotts seitens der Verteidiger sowie ein Hungerstreik der Angeklagten. Die Justiz wendete rechtsstaatlich bedenkliche Maßnahmen an, wie z. B. die Entpflichtung der Wahlverteidiger bis auf einen, die Fortsetzung der Verfahren in Abwesenheit der Angeklagten und das Abhören der Gespräche zwischen Anwälten und Angeklagten.

Am 25. April 1977 wurden die Urteile verkündet. Baader, Raspe und Ensslin erhielten lebenslängliche Haftstrafen wegen vollendeten bzw. versuchten Mordes in mehreren Fällen sowie wegen Bildung einer »kriminellen Vereinigung«. Meinhof hatte schon im Mai 1976 Selbstmord verübt. Die Urteile erhielten keine Rechtskraft, da die Verteidigung Revision einlegte, die jedoch mit dem Selbstmord der Angeklagten im Oktober 1977 überflüssig wurde. Dem ging Jahre zuvor eine dramatische Entwicklung voraus, die im Jahr 1977 kulminieren sollte.

Mit der Entführung des Berliner CDU-Vorsitzenden Peter Lorenz am 27. Februar 1975 erpresste ein Terroristen-Kommando der »Bewegung 2. Juni«, dass fünf inhaftierte Gesinnungsgenossen nach Südjemen ausgeflogen wurden. Da die Terroristen durch Banküberfälle bereits über genügend Geldmittel verfügten, wurde angenommen, der Hauptgrund der Entführung von Lorenz wäre die Freipressung inhaftierter Gesinnungsgenossen. Schon bei dem früheren Attentat auf den Berliner Kammergerichtspräsidenten Günther von Drenkmann im November 1974 und bei der später folgenden Ermordung des Bankiers Jürgen Ponto am 30. Juli 1977 waren die Sicherheitsbehörden davon ausgegangen, dass die Mordopfer ursprünglich entführt werden sollten und erst nach ihrer heftigen Gegenwehr erschossen wurden.

Im »Deutschen Herbst« 1977 eskalierte dann die terroristische Gewalt: Generalbundesanwalt Siegfried Buback wurde am 7. April 1977 mit seinen zwei Begleitern ermordet, der Vorstandsvorsitzende der Dresdner Bank, Ponto, von Susanne Albrecht, Tochter eines befreundeten Rechtsanwalts, Christian Klar und Brigitte Mohnhaupt im Juli vor der eigenen Haustüre erschossen. Der Höhepunkt war mit der Entführung und dem anschließenden Mord an Arbeitgeberpräsident Hanns-Martin Schleyer im Oktober erreicht.

Die RAF vermittelte dem Begriff der »inneren Sicherheit« in der Bundesrepublik einen neuen Sinngehalt. Das Strafrecht sollte sich seither grundlegend ändern. Die Gesetzgebung und Justiz wurden wie nie zuvor durch Vorgänge in der bundes-

deutschen Kriminalgeschichte beeinflusst. Die Terroristen provozierten die Regierung unter Schmidt zu Gratwanderungen am Rande der Demokratie, der Legalität und der Rechtsstaatlichkeit.
Die »Anti-Terror-Gesetze« von 1974 und 1976 wurden im »Deutschen Herbst« erweitert. Während der Schleyer-Entführung wurde das »Kontaktsperregesetz« erlassen, welches verhindern sollte, dass Gefangene untereinander mit Entführern in Kontakt treten konnten. Den Verteidigern wurde trotz gegenteiliger gerichtlicher Beschlüsse der Zutritt zu ihren Mandanten verwehrt. Durch Erlass einer Nachrichtensperre vom 8. September 1977 wurde verhindert, dass die RAF ihre Motive, Ideen und Ziele in die Öffentlichkeit bringen konnte. Das Entführungskommando sollte sich außerdem nicht über die Medien ein Bild über den Stand der Ermittlungen machen dürfen.
Die staatlichen Absichten konnten weitgehend erreicht werden, durch die Geheimhaltung entstanden jedoch auch Schreckensvorstellungen in der Öffentlichkeit, wodurch der RAF eine weit größere Bedeutung zugeschrieben wurde, als sie tatsächlich besaß. Die Medien unterwarfen sich freiwillig der geforderten Kontrolle und reichten sogar Nachrichten der Terroristen, die an Agenturen und an sie geschickt worden waren, zur Begutachtung an das Bundeskriminalamt weiter.
Die konsequente Umsetzung dieser Maßnahmen ermöglichten ein Kleiner und ein Großer Krisenstab, die sich beide einer parlamentarischen Kontrolle entzogen. In diesen Entscheidungsgremien waren Exekutive und Legislative zusammengelegt und die politisch gewählten Gremien weitgehend ausgeschaltet.
Der Bundeskanzler ermöglichte und rechtfertigte die partielle Umgehung demokratisch-rechtsstaatlicher Grundsätze. In der Ausnahmesituation kollektiver Bedrohungsgefühle entstand ein massenhafter Konsens, in dem der Staat die alleinige Kompetenz in der Terrorismusbekämpfung erhielt und es ihm zu vermitteln gelang, dass seine Interessen wichtiger waren als individuelle Bürgerfreiheiten. Die politischen Oppositionskräfte verloren an Bedeutung und die Medien ihre Kontrollfunktion. Der Behördenapparat weitete sich aus. Bundeskriminalamt und Verfassungsschutz erfuhren eine Aufstockung der Bediensteten und ihres Budgets.
In der Gesellschaft blieb die RAF, abgesehen von wenigen linken Splittergruppierungen und extremistischen Gewaltbefürwortern, weitgehend isoliert. In der breiten Bevölkerung wurde sie abgelehnt, es fanden sich aber immer wieder Sympathisanten, die sich beispielsweise für die Zusammenlegung der inhaftierten RAF-Mitglieder engagierten.
Die RAF-Versuche, mit den Mordanschlägen Effekte der Solidarisierung in der deutschen Öffentlichkeit zu erzielen, schlugen insgesamt fehl. Das war auch einer konsequent agierenden Staatsmacht zu verdanken. Die Politik wurde laut Umfragen vom Großteil der Bevölkerung gutgeheißen. Die überwiegende Mehrheit votierte für die Einführung der Todesstrafe. Der Kampf gegen die RAF wurde so auch instrumentalisiert: Kritiker der staatlichen Politik wurden zuweilen als »Helfershelfer des RAF-Terrorismus« denunziert und damit Oppositionelle gegen die Politik der Bundesregierung an den Pranger gestellt.

Nachdem 1972 der harte Kern mit Baader, Meinhof, Ensslin, Raspe und Holger Meins verhaftet worden war, rückte das Ziel der Befreiung der Mitstreiter in den Mittelpunkt der RAF-Bestrebungen. Um die Freilassung der in Stammheim Gefangenen zu bewirken, entführten vier Terroristen, Stefan Wisniewski, Peter-Jürgen Boock, Sieglinde Hofmann und Willy Peter Stoll, am 5. September 1977 Hanns-Martin Schleyer in Köln-Braunsfeld. Die RAF-Kidnapper hatten einen Kinderwagen in den Weg gerollt, um die aus drei Wagen bestehende Kolonne der PKWs zum Bremsen zu zwingen, um sogleich aus einem VW T 1-Kombiwagen das Feuer auf seine Bewacher mit einer MP zu eröffnen. Schleyers Chauffeur und drei Begleitpolizisten wurden praktisch durch Präzisionsgeschosse hingerichtet und der Präsident des Bundesverbandes der deutschen Industrie im Wagen der Kidnapper weggefahren.
Die internationale Dimension des RAF-Terrorismus kam zum Ausdruck, als ein palästinensisches Kommando am 13. Oktober eine Lufthansa-Maschine namens »Landshut« mit 86 Passagieren und der fünfköpfigen Besatzung kaperte, um die Forderung nach Freilassung der in Stammheim Inhaftierten zu verstärken. Am 18. Oktober 1977 gelang jedoch einer bundesdeutschen Elite-Einheit, der »Anti-Terror-Gruppe« GSG-9, einer Spezialeinheit der deutschen Bundespolizei zur Bekämpfung von Schwerst- und Gewaltkriminalität sowie Terrorismus mit Standorten in Sankt Augustin-Hangelar und Berlin, ein Überraschungsschlag gegen diese Terroristen.
Die GSG-9 war nach dem palästinensischen Attentat auf das jüdische Sportler-Team bei den Olympischen Spielen in München aufgebaut worden. Am 5. September 1972 hatte der Anschlag auf die Sportler-Delegation Israels im olympischen Dorf einen schweren Schock ausgelöst: 17 Tote, darunter elf israelische Athleten waren die Folge und arabische Terroristen die Urheber. Auf dem Flughafen Fürstenfeldbruck war die geplante Befreiungsaktion der Kontrolle der Fahnder entglitten. Sie endete in einem Fiasko, was die Gründung einer professionellen Einsatzgruppe zur Folge haben sollte.
Das war die Geburtsstunde der GSG-9, die sieben Jahre später die am Flughafen der somalischen Stadt Mogadischu stehende »Landshut« in einer Blitzaktion stürmen sollte: Sie befreite alle Geiseln der Lufthansa Boeing 737 unverletzt und tötete drei der vier Terroristen. Daraufhin begingen Baader, Ensslin und Raspe in Stammheim Selbstmord. Meinhof hatte sich, wie erwähnt, schon früher in ihrer Zelle erhängt. Schleyer wurde nach 43-tägiger Geiselhaft noch am selben Tag durch mehrere Schüsse der RAF-Kidnapper ermordet. Sein Leichnam wurde im Kofferraum eines Autos im elsässischen Mülhausen gefunden.
Seit Ende der 1970er-Jahre befand sich die RAF in der Defensive. Um den intensivierten Fahndungsmaßnahmen zu entgehen, begaben sich die meisten ihrer Mitglieder ins Ausland, wodurch es zu starker personeller Veränderung kam. Viele wurden verhaftet, einige begaben sich in die DDR und neue stießen hinzu. Brigitte Mohnhaupt, Peter-Jürgen Boock, Rolf Clemens Wagner und Sieglinde Hofmann wurden im Mai 1978 in Jugoslawien festgenommen, aufgrund diplomatischer Differenzen zwischen Belgrad und Bonn jedoch nicht ausgeliefert. Nach einem halben Jahr reisten sie in den Irak weiter. Wisniewski wurde zur gleichen Zeit in Paris verhaftet.

In einer von inneren Auseinandersetzungen geprägten Phase zog sich die RAF in das südjemenitische Aden zurück. Von dort wollte sie ihre Aktionsfähigkeit wieder unter Beweis stellen. Mit einem Attentat auf NATO-Oberbefehlshaber General Alexander Haig am 25. Juni 1979 sollte dies demonstriert werden, doch der Anschlag schlug fehl, da das Opfer unverletzt blieb.

Nachdem ursprünglich Spitzenvertreter der Bundesrepublik in das Visier der RAF genommen worden waren, zielten die Terroristen nun auf US-amerikanische Behörden und Militäreinrichtungen. Auf das Hauptquartier der US-Luftwaffe in Ramstein erfolgte am 31. August 1981 ein Anschlag, 14 Tage später auf den Oberkommandierenden der US-Streitkräfte in Europa, General Frederick Kroesen, der das Attentat leicht verletzt überstand.

Der Auflösungsprozess der RAF war jedoch in den 1980er-Jahren unaufhaltsam. Schon seit Sommer 1980 gewährte die DDR-Führung Mitgliedern der RAF die Möglichkeit zum Untertauchen, um im ostdeutschen Staat eine neue Identität anzunehmen und sich eine andere Existenzmöglichkeit aufzubauen. Im Zuge der deutschen Einigung wurden diese Umstände im Juni 1990 bekannt, die »Aussteiger« verhaftet und vor Gericht gestellt. Nach Hinweisen von Bürgern und Stasi-Mitarbeitern konnten u. a. die RAF-Aussteiger Susanne Albrecht in Cottbus, Inge Viett in Magdeburg, Monika Helbing und Ekkehard Freiherr von Seckendorff-Gudent in Frankfurt/Oder verhaftet werden. Sie hatten in der DDR ein biederes und unauffälliges Leben geführt. Das Ministerium für Staatssicherheit war ihnen bei der Einbürgerung, Eingliederung, Wohnungs- und Arbeitssuche behilflich gewesen. Sie profitierten nach ihrer Enttarnung von der »Kronzeugenregelung«, die im Falle umfassender Aussagen erleichterte Haftbedingungen und verkürzte Strafen vorsah. Das SED-Regime wollte sich damit potenzielle Gegner des bundesdeutschen Systems in Reserve halten, wobei sich die Frage stellt, ob damit der Bundesrepublik nicht einen Gefallen getan wurde, weil damit eine personelle Schwächung der RAF erfolgte.

Im Jahre 2009 wurde durch Eingeständnisse des Bundesinnenministeriums bekannt, dass das RAF-Mitglied Verena Becker offenbar Informantin des bundesdeutschen Geheimdienstes war und während ihrer Haft dafür bezahlt worden ist. Sie hatte dem Verfassungsschutz über andere RAF-Mitglieder vertrauliche Mitteilungen gemacht. Dies bestätigte der hochrangige Verfassungsschutz-Beamte Winfrid Ridder in einer Dokumentation des SWR zum Mord an Buback.

Die neuen Erkenntnisse, die zur Verhaftung von Becker geführt hatten, gingen auf intensive Forschungen des Sohnes, Michael Buback, und seiner Frau zurück. In seinem Buch »Der zweite Tod meines Vaters« (2008) war er zum Ergebnis gekommen, dass Becker bereits Jahre vor dem Mordanschlag Kontakt zu westdeutschen Sicherheitsbehörden unterhalten hatte. Davon ausgehend äußerte er den Verdacht, dass aufgrund dessen, aber auch wegen der Geheimhaltung der Akten des Bundesinnenministeriums, hinter dem Mord an seinem Vater eine Verschwörung der Geheimdienste stecken würde, was Ridder jedoch zurückwies.

In einem Dokument der Staatssicherheit vom 2. Februar 1978 zur »BRD-Terroristin Becker, Verena« steht jedoch zu lesen: »Es liegen zuverlässige Informationen vor,

wonach die B. seit 1972 von westdeutschen Abwehrorganen wegen der Zugehörigkeit zu terroristischen Gruppierungen bearbeitet bzw. unter Kontrolle gehalten wird.« Die Auslegungen dieser Notiz, deren Inhalt 1973 und 1976 noch einmal bestätigt worden war, lauteten unterschiedlich. Der ehemalige RAF-Strafverteidiger und spätere Grünen-Politiker Hans-Christian Ströbele ließ wissen, dass die »Stasi« »viel aufgeschrieben« habe, »da gab es viel Aufschneiderei, alles zu wissen«. Er könne sich nicht erinnern, dass einer seiner Mandanten aus der RAF in der Haft vom Verfassungsschutz kontaktiert worden sei. Ströbele war allerdings nur bis 1975 RAF-Verteidiger. Neuere Forschungen zeigten vielmehr, dass insbesondere ab der »zweiten« und vor allem in der »dritten Generation« der RAF bundesdeutsche Geheimdienste sie so stark unterwandert hatten, das wahrscheinlich keine terroristische Operation ohne nachrichtendienstliche Mitwisserschaft oder eventuell sogar Mittäterschaft erfolgen konnte (Sieker/Landgraeber/Wisnewski).
Siegfried Buback war mit der Anklage gegen den DDR-Spion Guillaume befasst gewesen. Vermutungen kamen auf, dass der Generalbundesanwalt im Rahmen dieser Tätigkeit – er hatte sich in den Fall Guillaume intensiv eingearbeitet, ja geradezu verbissen – darauf gestoßen sein könnte, dass westdeutsche Nachrichtendienst-Angehörige schon lange über die Rolle des DDR-Spions Bescheid wussten. Gegnern der Entspannungspolitik im Bundesnachrichtendienst (BND) soll Brandt schon seit Längerem ein Dorn im Auge gewesen sein. Hatte Buback möglicherweise ermittelt, dass Kreise des BND beim Sturz Brandts mitgeholfen hatten?
Verschleierungen der Behörden um den Buback-Mord sind zweifelsfrei nachweisbar. Das Innenministerium, welches Becker Geheimhaltung ihrer Mitteilungen zugesichert hatte, wand sich wie ein Aal und verweigerte die Einsicht in Geheimakten mit dem Hinweis, eine Freigabe widerspreche dem Zeugenschutzprogramm. Nicht absehbare Folgen seien zu erwarten, zumal der Nachrichtendienst dann nicht mehr so erfolgreich in der »Quellenanwerbung« sei.
Die Folgen der »Roten Armee Fraktion« stellten sich zuletzt so dar: Von seinen Anfängen bis 1993 forderte ihr Terrorismus dutzende Opfer, und zwar über 60 Tote – darunter wurden 34 Personen von den Terroristen ermordet (neben hochrangigen Politik- und Wirtschaftsvertretern zumeist die Leibwächter, einfache Polizisten oder Soldaten) –, etwa 230 Verletzte und rund 250 Millionen Euro Schaden. Zirka elf Millionen Seiten Ermittlungsakten und rund 1.500 Verurteilungen sind die schreckliche Bilanz dieses einmaligen Scheiterns des deutschen Linksradikalismus. Im Zeichen der Bekämpfung des Terrorismus haben die Erfahrungen aus dem Stammheim-Prozess zu Änderungen im Strafprozessrecht geführt, die die Rechte von Angeklagten und Verteidigern einschränkten.

3.5 Bürgerinitiativen, Frauen-Emanzipation, Mitbestimmung, alternative Energien und Erweiterung des traditionellen Parteienspektrums

Bereits 1968/69 gründeten sich in der Bundesrepublik erste Bürgerinitiativen. Das waren von Parteien und Verbänden losgelöste Aktivitäten politisch und ideologisch ähnlich ausgerichteter Menschen, die spezifische Anliegen durchsetzen wollten. Ausgangspunkt solcher Bemühungen waren tatsächliche Defizite, Mängel und Unzulänglichkeiten im Bereich des Bauwesens, der Bildung oder Erziehung, des Verkehrs und Städtewesens oder des Naturschutzes. Zunächst konzentrierten sich die informellen Initiativen auf Probleme in den Gemeinden, agierten oft dilettantisch und unprofessionell, gewannen aber in Folge an Ausstrahlung, Organisationsstärke sowie Profil und weiteten sich aus.

Die zwei Ölschocks 1973 und 1979 hatten auf die Abhängigkeit der Bundesrepublik von Energieimporten hingewiesen wie auch die gestiegene Bedeutung der Kernenergie verdeutlicht. Die Regierungspolitik strebte eine Reduzierung des Erdölverbrauchs an und setzte auf Erdgas, heimische Kohle und Kernenergie. Der Bau von Kernkraftwerken provozierte jedoch Ablehnung und Widerstand in der Bevölkerung, besonders in direkter Nähe oder weiterem Umfeld geplanter Kraftwerksstandorte. Lokale und regionale Bürgerinitiativen demonstrierten und protestierten oder setzten sich auch mit rechtlichen Mitteln zu Wehr. Es entwickelte sich eine bundesweite Anti-AKW-Bewegung. An Orten wie Wyhl am Kaiserstuhl in Baden, Kalkar am Niederrhein oder Brokdorf in Schleswig-Holstein kam es zu heftigen Auseinandersetzungen, Besetzungen, Großdemonstrationen und Polizeieinsätzen. Die Proteste in Wyhl, Kalkar oder Brokdorf erzwangen wiederholt Baueinstellungen, im niedersächsischen Gorleben wandten sie sich entgegen einer bereits getroffenen Entscheidung der Landesregierung gegen eine atomare Wiederaufbereitungsanlage.

Diverse Planungen mussten zurückgenommen werden, zumal sich der Energiebedarf als geringer erwies als ursprünglich angenommen. Die Zahl der geplanten AKWs wurde verringert. Unbefriedigend war vor allem die offene Frage der Entsorgung des radioaktiven Mülls. Da die sogenannte »Endlagerung« keinen 100 %-Schutz der Menschen und der Umwelt bot, entzündete sich an dieser Problematik der politische Streit. Im Unterschied zur Kernenergie wurde in der Bundesrepublik der Erforschung alternativer Energien (Biogas, Erdwärme, Sonnenenergie und Windkraft) in den 1970er und 1980er Jahren nur wenig Beachtung geschenkt. Dafür wurden auch nur wenig Förderungsmittel bereitgestellt. Dagegen wurde Energiesparen aufgrund der Ressourcenknappheit und des Umweltschutzes propagiert. Die Erneuerung privater Heizungsanlagen, die Nutzung von Abwärme und Wärmedämmungen von Gebäuden waren Beispiele für neue Konzepte der Energienutzung.

Mit Erfolg wandten sich Bürgerinitiativen auch gegen den Bau einer Automobil-Teststrecke bei Boxberg im Odenwald und veranlassten den Daimler-Benz-Konzern, seine Vorhaben zu modifizieren. Sie hatten ganz maßgeblich eine Volkszählung zur Wah-

rung des Persönlichkeitsschutzes vereitelt, die nach einer Gesetzesänderung erst ein Jahrzehnt später durchgeführt werden konnte.
Das im Grundgesetz verankerte Gleichberechtigungsgebot stellte Männer und Frauen zwar gleich, tatsächlich waren aber Frauen in der Gesellschaft der Bundesrepublik in Bezug auf ihre berufliche Stellung benachteiligt und in der gesellschaftlichen Rangordnung diskriminiert und zwar bis heute, v.a. bei den Einkommen. Diese Tatsachen waren im Bereich der Ausbildung, der beruflichen Entwicklung, der Entlohnung und der Besetzung öffentlicher und politischer Ämter jahrzehntelang zu beobachten.
Ende der 1960er-Jahre nahm im Zeichen der studentischen Protestbewegung und unter dem Einfluss der neuen, aber auch nicht sonderlich starken Frauenbewegung in den Vereinigten Staaten eine autonome, linksgerichtete Frauenorganisation ihren Anfang, die an Strömungen des 19. und frühen 20. Jahrhunderts anzuschließen versuchte. Sie spaltete sich alsbald in eine sozialistische und eine feministische Richtung. Letztere wollte primär die geschichtlich anachronistisch gewordene Vorherrschaft des männlichen Geschlechts in Staat und Gesellschaft überwinden. Diese Richtung kämpfte gegen das Patriarchat. Die andere bewegte sich mehr im linken und links-ökologischen Parteienspektrum.
Der Richtungsstreit wurde jedoch durch das gemeinsame Agieren der Frauen für die politisch höchst kontroverse Aufhebung der Strafvorschriften des § 218 (betreffend den Schwangerschaftsabbruch) wieder abgeschwächt. Nach einer für die Frauenbewegung enttäuschenden Reform dieses Paragrafen im Jahre 1976 zogen sich die überwiegend feministisch ausgerichteten Gruppen aus der direkten politischen Konfrontation zurück und befassten sich mit ihrer Selbstverwirklichung, d.h. der Selbstbestimmung für Frauen und der Organisation der Selbsthilfe. Es entstanden Frauenhäuser, Frauenzentren und Frauenzeitschriften.
Ein namhaftes Medium war die 1977 von einer der Hauptvertreterinnen der feministischen Frauenkultur, Alice Schwarzer, begründete Zeitschrift *Emma,* die, von den spezifischen Bedürfnissen der Frau ausgehend, eine grundlegende Veränderung der gesellschaftlichen Normen, insbesondere der traditionellen Rollenverteilung, forderte. Diese profilierte Exponentin umfasste mit ihrer Frauenbewegung zu Beginn lediglich einen kleinen Teil der Frauen in der Bundesrepublik, bewirkte aber durch die Politisierung der Thematik steigende gesellschaftliche Akzeptanz und Veränderung.
Der Feminismus wurde im Unterschied zur 1968er-Bewegung, wo er nur marginal und noch im Hintergrund vorhanden war, zu einem integralen Bestandteil der alternativen Bewegung und hatte maßgeblichen Anteil an der Gründung und Entwicklung der Grünen Partei, blieb aber auch nicht einflusslos auf andere Parteien. Die Anti-Baby-Pille wurde zum Ausdruck einer sich wandelnden weiblichen Sexualität und der Emanzipation der Frauen von den Männern.
Nach der Bundestagswahl von 1972 hatte die Regierung auch das Problem der überbetrieblichen Mitbestimmung in Angriff genommen. Zwischen SPD und FDP bestanden unüberwindliche Differenzen, da die Liberalen die Verfügungsrechte der Unternehmer unangetastet bleiben lassen wollten. Nach zähem Hin und Her fand

sich ein Ausgleich, der die Basis für ein ab 1. Juli 1976 gültiges Mitbestimmungsgesetz bot: Demzufolge waren Aufsichtsräte in Unternehmen mit mehr als 2.000 Beschäftigten zu gleichen Anteilen mit Vertretern der Anteilseigner und der Arbeitnehmer zu besetzen. Die Gewerkschaften konnten mindestens zwei Arbeitnehmer in dieses Gremium schicken, die übrigen Arbeitnehmersitze sollten auf Arbeiter, Angestellte und leitende Angestellte verteilt werden.

Nachdem das Gesetz in Kraft trat, wollten die Debatten nicht enden. Die Gewerkschaften bemängelten, dass durch Tricks wie Unternehmenstrennungen das Gesetz umgangen würde. Die Unternehmerseite sah das Eigentumsrecht missachtet und legte Beschwerde beim Bundesverfassungsgericht ein, erlitt mit dieser Initiative jedoch Schiffbruch.

Die Zunahme von Bürgerinitiativen und Protestbewegungen war ein ernstzunehmender Faktor für die Partei- und Regierungspolitik der Bonner Republik. Ihre Existenz deutete auf das Versagen politischer Entscheidungen hin und ließ Zweifel an der Bürgernähe der Politiker aufkommen. Letztlich ging es um die Frage, ob die Meinung der Menschen noch in den Parteien repräsentiert würde. Die Aktivitäten trugen zu einer Veränderung des politischen Klimas und der politischen Kultur in der Bundesrepublik bei. Der Alleinvertretungsanspruch der Parteien war infrage gestellt. Die Bürgerinitiativen beeinflussten auch die Parteien.

Bisher wenig beachtete oder unterdrückte Themen wurden nun aufgegriffen und diskutiert. An der grundlegenden Struktur des bundesdeutschen Systems konnten die Bürgerinitiativen aber nichts Wesentliches ändern. Diese enttäuschende Erfahrung trug mit dazu bei, dass seit Ende der 1970er-Jahre Überlegungen für eine alternative Partei in Gang kamen. Diese Gedanken waren aus Bürgerinitiativen, Protestgruppen wie der Frauenbewegung, der Hausbesetzerszene und der Arbeitslosen hervorgegangen. Unter ihnen bestanden nur lockere Verbindungen. Im politischen Bereich gab es Kontakte besonders mit der Friedensbewegung. Kultur-, Sozial- und Wirtschaftsprojekte, oft in genossenschaftlicher Weise in Druckereien, Buchläden, Handwerksbereichen oder Lebensmittelgeschäften mit biologischer und ökologischer Ausrichtung, prägten die Szene.

Das Jahr 1968 stellte jedenfalls noch keine entscheidende Trendwende mit Blick auf zunehmende Frauenerwerbstätigkeit dar. Sie war vorher schon angelegt und seit den 1960er-Jahren bereits im Ansteigen begriffen. Sie sollte im langfristigen Trend weiter kontinuierlich zunehmen. In diesem Zusammenhang ist darauf hinzuweisen, dass die so genannten »Trümmerfrauen« für den Wiederaufbau nach 1945 eine herausragende Rolle einnahmen, was zumindest vorübergehend zu einer höheren Anerkennung ihrer Stellung in der Gesellschaft führte.

Die Frauenerwerbsquote der 15- bis 64-Jährigen in der Bundesrepublik zeigte eine progressive Entwicklung bis über 50 % in den 1980er-Jahren. Ein leichter Knick zu Beginn der 1980er-Jahre ist zwar zu vermerken, worauf ein weiterer Anstieg bis auf 57 % folgte. Anfang der 1980er-Jahre zeigte sich hinsichtlich der Entscheidung zwischen Karriere und Familie zwar eine kurze Trendwende, was im Zeichen der »konservativen Wende« durch die CDU/CSU-FDP-Regierung erklärt werden könnte: Frauen entschieden sich wieder etwas mehr für eine Rolle zu Hause und in der Familie. Der Trend ist insgesamt allerdings eindeutig, wonach immer mehr Frauen Berufe ausübten und nicht mehr nur allein den Weg der Kindererziehung und des Familienlebens wählten. Ungefähr zwei Drittel der deutschen Frauen gingen langfristig betrachtet einem Erwerb nach.

Nach der deutschen Einheit gab es bei der Frauenerwerbsquote (Grafik 8) einen leichten Abschwung, was mit den bereits vorhandenen und durch die Einigung Deutschlands noch steigenden Arbeitslosenzahlen korreliert haben dürfte. Diese Werte pendelten sich dann ab 1992/93 auf einen Mittelwert von 55–56 % ein. Ab der Jahrtausendwende erfolgte dann ein leichter Anstieg auf knapp 58–59 %, der ab 2005 zu einem stetigen Aufwärtstrend von 60 % bis zu über 70 % führte.

Die Flexibilisierung der Arbeitsmöglichkeiten, der Trend zur Teilzeitarbeit, die Installierung und Etablierung von »Heimarbeit« (Home Offices), die stärkere Öffnung der Gesellschaft für die Arbeit von Frauen im Sinne einer verstärkten Gleichstellungspolitik oder gar Beförderung und Begünstigung im Vergleich zum männlichen Geschlecht bei gleicher Qualifikation haben diese veränderte Entwicklung begünstigt wie auch ein grundsätzlicher Einstellungswandel der Frauen, auch neben oder losgelöst von Haus, Heim und Herd einem Erwerb nachzugehen.

Aus den Bürgerinitiativen, der Frauenemanzipation, v. a. aber aus der Umweltschutzbewegung entstanden bereits Ende der 1970er-Jahre in der Bundesrepublik »grüne Listen«, die bei Gemeinde- und Landtagswahlen antraten. Durch eine Fusion dieser verschiedenen heterogenen Vereinigungen mit der »Grünen Aktion Zukunft« und

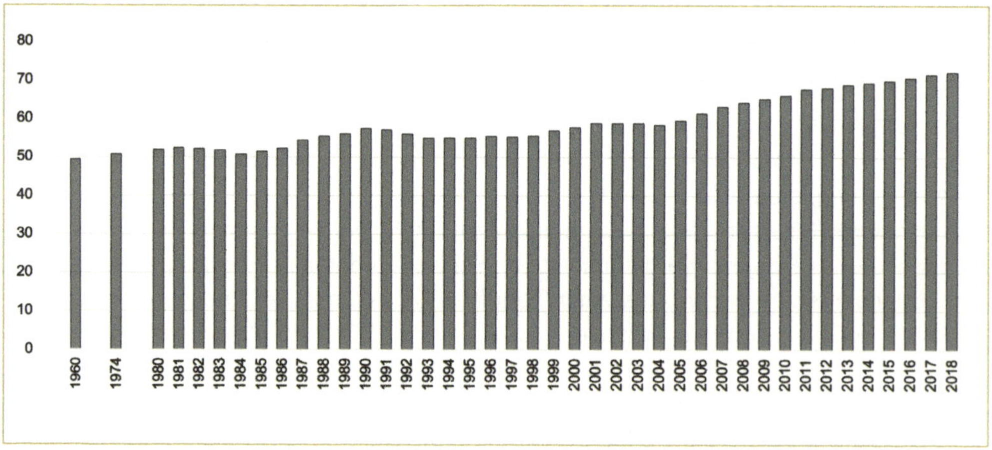

Grafik 8: Angaben in Prozent der Frauenerwerbsquote 1960–1990: Erläuterung zu den Daten 1991–2018: Anteil der Erwerbstätigen an der gleichaltrigen Bevölkerung. Bis 2004: Ergebnis einer Berichtswoche im Frühjahr. Ab 2005: Jahresdurchschnittswert. Ab 2011: Hochrechnung auf Basis Zensus 2011, davor Volkszählung 1987 bzw. zentrales Einwohnerregister der ehemaligen DDR. Ab 2016: aktualisierte Auswahlgrundlage der Stichprobe auf Basis des Zensus 2011. Ab 2017: Bevölkerung in Privathaushalten (ohne Gemeinschaftsunterkünfte). Stand 11.07.2019

Beteiligung der Frauen- und der alternativen Bewegung entstand Anfang 1980 auf Bundesebene die Partei »Die Grünen«, die für die Anliegen »ökologisch – sozial – basisdemokratisch – gewaltfrei« eintrat.
Mit Erfolg propagierte die Partei der Grünen die Erhaltung der Natur als Grundlage für das menschliche Leben. Früher und intensiver als die anderen Parteien machte sie dieses Thema zum Gegenstand der Politik und stellte den Grundsatz von der Notwendigkeit stetigen Wirtschaftswachstums in Frage. Ihre pazifistische Grundeinstellung machte die Grünen zu einem wichtigen Teil der Friedensbewegung. Sie lehnten die Militärblöcke ab und plädierten für einen Austritt der Bundesrepublik aus der NATO. Das war eine mutige Auffassung und brachte frischen Wind in die festgefahrenen partei- und regierungspolitischen Strukturen.

4. Entspannung in der Krise, Neue Konfrontation, Rüstungsabbau und Blockerosion (1979–1989)

4.1 Afghanistan-Intervention der UdSSR, KSZE-Nachfolgeprozess, NATO-Doppelbeschluss, Friedensbewegung und Raketen-Stationierung und Helsinki-Effekte dank Gorbatschow

Mit der KSZE-Schlussakte von Helsinki vom 1. August 1975 war die Frage der Entspannung noch lange nicht erfolgreich gelöst. Es war eine Absichtserklärung ohne völkerrechtliche Bindung. Die Entspannungspolitik durchlief seither verschiedene Phasen: Zunächst ging es um Abbau von Spannungs- und Konfrontationspotentialen (bis 1977/78), dann um Bewältigung der inneren Krise und Vermeidung des Zusammenbruchs der KSZE im Kontext der Verschärfung des Kalten Kriegs (1979–1983), schließlich um Unterstützung des Reformkurses des neuen KPdSU-Generalsekretärs Michail Gorbatschow (1985–1991) sowie letztlich um die Entwicklung eines Auffangmechanismus für den sich auflösenden Warschauer Pakt, das zusammengebrochene Sowjetimperium und die von ihm freigewordenen vormaligen Sowjetrepubliken. Die wechselseitige Anerkennung und die Normalisierung der Beziehungen zwischen BRD und DDR waren wesentliche Bausteine für den Entspannungsprozess. Beide Staaten bildeten wesentliche Bausteine der KSZE. Ohne ein Aufeinanderzugehen von Willy Brandt und Willi Stoph und ohne die Verständigung zwischen Helmut Schmidt und Erich Honecker hätte es keine Entspannungspolitik in Europa gegeben. Es trugen daneben auch die blockfreien und neutralen Staaten zur Sicherheit und Zusammenarbeit in Europa bei. Die KSZE regte die Vertragspartner zu kooperativem Umgang an, eröffnete indirekt westliche Einflussmöglichkeiten in den östlichen Gesellschaften, unterstützte dortige Bürgerrechtsgruppen und förderte den Erosionsprozess der poststalinistischen Regime in Ost-Mitteleuropa. Nach Helsinki folgten Nachfolgekonferenzen in Belgrad von 1977 bis 1979 und Madrid von 1980 bis 1983. Eine eigene neuartige »Konferenz über Vertrauensbildung und Abrüstung in Europa« (KVAE) fand in Stockholm von 1984 bis 1986 statt. Die dritte KSZE-Nachfolgekonferenz in Wien von 1986 bis 1989 wurde von Außenministern der 35 Teilnehmerstaaten einschließlich der Vereinigen Staaten und von Kanada beschickt.
KSZE stand für »Konferenz über Sicherheit und Zusammenarbeit in Europa«. Diese Thematik hat in der zeitgeschichtlichen Forschung zum Kalten Krieg lange Zeit ein Schattendasein gefristet und noch keinen eigenen Stellenwert im kollektiven Ge-

dächtnis des »Neuen Europa« gefunden. Es kann auch nicht behauptet werden, dass der 1. August 1975 mit der Unterzeichnung der Schlussakte von Helsinki in gemeinsamer Erinnerung der Europäer in Ost wie West fest verankert wäre. Gleichwohl sie eine Politik der Verantwortungsübernahme für den gesamten Kontinent darstellte, war sie höchst umstritten. Das hatte viele Gründe: ursprünglich von der Sowjetunion inspiriert, in dem als »finnlandisiert« geltenden Helsinki als bloße Absichtserklärung verabschiedet, deshalb völkerrechtlich unverbindlich, waren die Menschenrechtsforderungen des Westens nur eingeschränkt im Osten realisiert worden. Russische Dissidenten wie Alexander Solschenizyn und Andrej Sacharow lehnten die KSZE ab, in der sie eine Rechtfertigung der Vormachtstellung der UdSSR in Ostmitteleuropa erblickten. Der dreijährige Verhandlungsvorlauf von hunderten von Diplomaten aus 35 Ländern unter Einschluss Kanadas und der USA wurde in der westlichen Öffentlichkeit kritisch gesehen. Jimmy Carters Sicherheitsberater Zbigniew Brzeziński war ein entschiedener Gegner der KSZE. Die Opposition im Osten reagierte die ersten Jahre nach der Schlussakte reserviert und sah die Gefahr eines Ausverkaufs ihrer Ziele durch den Westen. Für Timothy Garton Ash war der Beitrag der KSZE nichts anderes als ein ex-post konstruierter »Helsinki-Mythos« – welch' merkwürdige Einschätzung eines der später prominentesten Zeitzeugen-Protagonisten, die das Jahr 1989 hinter dem Eisernen Vorhang aktiv miterlebten und mit seinen epochemachenden Ereignissen und Umbrüchen ebenso eindrücklich darstellten.
Für den Helsinki-Mythos sprachen die (scheinbare) Besiegelung des hegemonialen Anspruchs der UdSSR auf Ostmitteleuropa, die Festschreibung der Teilung des Kontinents, der angebliche »Verrat« am Freiheitsstreben jenseits des »Eisernen Vorhangs«, die Gegensätze bei den Folgetreffen, die sowjetische Aufrüstung, der NATO-Doppelbeschluss, der neue Rüstungswettlauf, die Modernisierung der Atomwaffen, die Entwicklung neuer Raketenabwehrsysteme und die Ausrufung des Kriegsrechts in Polen. Für den »Helsinki-Effekt« sprachen dagegen die Dynamik des Konferenzsystems, der gewonnene Handlungsspielraum der mittleren und kleineren Staaten in Ostmittel- wie Westeuropa, die KSZE als Katalysator für die Europäische Politische Zusammenarbeit (EPZ) der Europäischen Gemeinschaften, die Einbeziehung der humanitären Dimension in den Nachfolgekonferenzen, die Förderung der politischen Integration der EG-Staaten und ihr forscheres Auftreten gegenüber den USA, die Lockerung der Fesseln der sogenannten »Breschnew-Doktrin« seitens der ostmitteleuropäischen Staaten, die Aufwertung der Neutralen und ihre Vermittlerrolle zwischen Ost und West im Sinne der Transformation Europas in den 1980er-Jahren, der Abschluss der deutschen Ostpolitik, die Absicherung des Vier-Mächte-Status von Berlin sowie die neue und wachsende Rolle nicht-staatlicher Akteure, wie z. B. der Menschenrechtsgruppen, für den gesellschaftlichen Wandel. Diese erhielten durch die KSZE eine Berufungs- und Legitimationsgrundlage. Als Erfolgskriterium kann auch gelten, dass der KSZE-Prozess trotz Krisen und Spannungen beibehalten wurde. An seiner Fortsetzung blieben v. a. die neutralen Staaten interessiert. Die USA waren in Menschenrechtsfragen zunächst nicht eindeutig positioniert. Für den knallharten Diplomaten und Realpolitiker Henry Kissinger hatten diese keine Priorität. Mit der Amtszeit

Jimmy Carters (1977–1981) nahmen sie jedoch einen bedeutenderen Stellenwert ein – auch unter Inkaufnahme des Zusammenbruchs des KSZE-Nachfolgeprozesses. Die französische KSZE-Politik unter Valéry Giscard d'Estaing machte sich für Abrüstung und Rüstungskontrolle, insbesondere Kulturaustausch, stark. Für den deutschen Bundeskanzler Helmut Schmidt waren Fortschritte in Menschenrechtsfragen wegen der Deutschen in der DDR elementar. Den Briten gelang der Spagat zwischen der erwünschten Förderung der Veränderung der sozialen Verhältnisse in Osteuropa bei gleichzeitiger Wahrung des transatlantischen Zusammenwirkens. Einen flexibel-pragmatischen Kurs in Menschenrechtsfragen praktizierte Bundeskanzler Bruno Kreisky, womit Österreich vom Osten als Vermittler ernst genommen werden wollte. Die Schweiz ging noch weiter, verließ die Linie der neutralen und nicht-gebundenen so genannten »N+N-Staaten« und forderte die Menschenrechte so massiv wie die USA unter Carter ein. Schweden engagierte sich mehr für vertrauensbildende Maßnahmen. Die DDR und Polen spürten die Auswirkungen der KSZE-Nachfolgetreffen auf ihre Gesellschaften. Amnesty International verschaffte sich mehr und mehr Geltung. Unterschiedliche Helsinki-Gruppen entstanden. In Madrid waren die sowjetischen Vertreter in der Frage der Familienzusammenführung konzessionsbereit, um westliche Zustimmung zu einer Abrüstungskonferenz zu erlangen. Damit desavouierte Moskau die Interessen der DDR-Führung, die in der Folge durch eine Welle von Ausreiseanträgen am stärksten unter Druck kam. Die Ostdeutschen waren auf der Wiener Nachfolgekonferenz in einer Zwangslage, da die Öffnungsbereitschaft der UdSSR unter Michail S. Gorbatschow zu einer Einschränkung der Handlungsspielräume des SED-Regimes und letztlich auch zur friedlichen Revolution in der DDR beitrug. Das Wiener Folgetreffen hatte für den Reformprozess in der UdSSR unter Gorbatschow keinen unwesentlichen Einfluss. Eine Bedeutung hatte die KSZE auch für das Freiheitsstreben der baltischen Helsinki-Gruppen.

Für den deutschen Außenminister Hans-Dietrich Genscher, der die Bedeutung des Nachfolgeprozesses spätestens nach Belgrad voll erkannt hatte, war die Schlussakte von Helsinki 1975 »ein internationaler Vertrag neuen Typs«. Gleichwohl von Moskau ursprünglich als gesamteuropäisches Sicherheitssystem initiiert und vom Westen auch noch zurückgewiesen, waren die damit verbundenen sowjetischen Ziele (Verdrängung der USA aus Europa, Akzeptanz des eigenen Gebietsstandes sowie Mitsprache bei der Entwicklung in Staaten Westeuropas) nicht erreicht, ja im Wege der »Umkehrung der Diplomatie« das Gegenteil bewirkt worden: die Einbeziehung der USA in das Konferenzgeschehen und Stärkung ihrer Verantwortung in und für Europa durch die NATO, Nicht-Bestätigung der russischen Hegemonialstellung in Ostmitteleuropa und die Hervorhebung der humanitären Dimension von Politik als zentrales Thema. Es handelte sich nach Genschers Einschätzung um einen »Schulfall einer Umkehrung einer sowjetischen Idee«.

Frühere Forschungen zeigten bereits: Die Bonner Ostpolitik versuchte schon Ende der 1960er-Jahre/Anfang der 1970er-Jahre die Entspannungspolitik so multilateral zu nutzen, um die Ostverträge mit Moskau, Warschau, Berlin-Ost und Prag abzuschließen, die deutsche Frage damit offen zu halten und einen Wandel der kommunistischen Gesellschaftssysteme einzuleiten. Das war das Bahr-Brandt-Konzept »Wandel durch Annäherung«, das die kompromisslose Westintegrationspolitik der 1950er-Jahre abgelöst (die in eine deutschlandpolitische Sackgasse führte) sowie neue Perspektiven für die ungelöste deutsche Frage eröffnet hatte. Die sozial-liberale Koalition nahm praktisch Europa in die Verantwortung zur Lösung der deutschen Frage. Das war europäische Verantwortungspolitik, die Helmut Kohl als Bundeskanzler seit 1982 eins zu eins übernehmen sollte. 1990 sollte die deutsche Einheit im europäischen Sinne durch doppelte Integration der DDR in die BRD und beide in die EG/EU gefunden werden. In den Verhandlungen über die Schlussakte wollte Bonn die deutsche Frage nicht auf der Tagesordnung haben, sollte die KSZE doch nicht zu einer »Ersatzfriedenskonferenz« werden, hatte die Bundesrepublik mit Montanunion und Römischen Verträgen ja schon ein westliches Arrangement für einen Separatfrieden, den Integrationsfrieden (Hanns Jürgen Küsters), gefunden.

Als Mittelmacht und gespaltene Nation im geteilten Europa vor 1989/90 war die Bundesrepublik ein Schlüsselland und zeigte daher auch größtes Interesse an der Aufrechterhaltung des KSZE-Prozesses, der Ende der 1970er, Anfang der 1980er-Jahre nach der Afghanistan-Intervention der UdSSR, der Kriegsrechtsverhängung in Polen und dem NATO-Doppelbeschluss vor dem Zusammenbruch stand, was die USA in der ersten Phase unter Präsident Ronald Reagan wohl auch in Kauf genommen hätten. Mehr als andere Staaten steuerte und erhielt die Bundesrepublik unter Mithilfe der Neutralen den diplomatischen Umkehrprozess. Das war auch möglich, weil die Sowjetunion nach einer Phase der Hochrüstung an deren Drosselung Interesse bekundete. Der KSZE-Nachfolgeprozess unterstützte das bundesdeutsche Bestreben, die Ostpolitik fortgesetzt zu multilateralisieren und Informationsflüsse und Kontaktmöglichkeiten im geteilten Deutschland zu verbessern. Wie inzwischen nachgewiesen, war das Auswärtige Amt nicht nur formal federführend, sondern auch inhaltlich gestaltend. Dagegen trat das Bundeskanzleramt merklich zurück. Schmidt dachte weit mehr in traditioneller Machtpolitik auf der Grundlage des Gleichgewichts der wechselseitigen Abschreckung. Militär und Wirtschaft waren für ihn relevanter, gleichwohl die KSZE auch für Abrüstung und Rüstungskontrolle Chancen eröffnet hatte, was Manövrierraum für das Auswärtige Amt schuf. Im Vorfeld der Madrider Folgekonferenz verfolgte es eine Doppelstrategie: militärische Vertrauensbildung und humanitäre Initiativen. Das half auch die immense Ausmaße annehmende, innenpolitische Opposition in Form der Friedensbewegung gegen die NATO-Nachrüstung in der Bundesrepublik etwas zu dämpfen. Genscher nahm trotz der Krise in Polen, die mit dem Verbot der Solidarność im Oktober 1982 gipfelte, eine Schlüsselrolle bei der Fortsetzung des KSZE-Prozesses ein. Madrid bedeutete für den Bundesaußenminister einen Wendepunkt von der Strategie der Stabilisierung zur Transformation. Der KSZE-Prozess wurde laut dem Historiker Matthias Peter 1982/83 zum zentralen Instrument deutscher Außen- und Sicherheitspolitik und blieb über den Koalitionswechsel hinweg als ein integrales Element der Kontinuität bestehen. Genscher meinte schon im März 1982 zu US-Vizepräsident George H. W. Bush, Madrid habe ein Fenster geöffnet, durch das »frische Luft nach Osteuropa geweht« habe. Gegenüber

US-Präsident Ronald Reagan ging er noch weiter, als er argumentierte, Helsinki habe den Willen zur Selbstbestimmung der Völker und gegen die kommunistische Vorherrschaft angeregt. Damit setzte sich Genscher auch von der SPD ab, die in Opposition die KSZE-Ergebnisse als Grund für die Unruhen im Ostblock, v. a. in Polen, kritisierte. Er blieb auf Kurs und sah im Nachfolge-Prozess die Chance für ein Klima der Öffnung und sollte damit Recht behalten: Im Rahmen der KSZE sollte sich die deutsche Einheit 1989/90 vollziehen. Genscher sah den KSZE-Prozess nicht – wie Zeitgenossen – als Appeasement (»Beschwichtigung«), sondern als »Teil eines umfassenden politisch-militärischen Strategiewechsels des Westens« im Kalten Krieg.

In der Debatte über die Erfüllung der in der KSZE-Schlussakte vereinbarten Grundsätze hatten die westlichen Vertreter wegen der Missachtung von Menschenrechten wiederholt Vorwürfe gegen die Staaten des »Ostblocks« erhoben. Dass sich jedoch auf diesem Feld auch die politischen Veränderungen insbesondere aufgrund der sowjetischen Politik der Perestroika positiv auswirkten, spiegelte das Schlussdokument der Konferenz vom 15. Januar 1989 wider. Es verzeichnete Fortschritte in Menschenrechtsfragen grundsätzlicher Art und in der humanitären Zusammenarbeit einzelner Teilnehmerstaaten. Gleichzeitig wurde beschlossen, Verhandlungen über konventionelle Streitkräfte in Europa (VKSE) abzuhalten.

Die Entspannungspolitik hatte in der zweiten Hälfte der 1970er-Jahre allerdings noch eine schwere Krise durchlitten. Seit 1976/77 hatte die UdSSR ihre auf Westeuropa gerichteten älteren Mittelstreckenraketen durch moderne Raketen vom Typ SS 20 mit jeweils drei Sprengköpfen erneuert. Bonn erblickte darin eine Infragestellung der sicherheitspolitischen Balance in Europa. Helmut Schmidt forderte in einer Rede am 28. Oktober 1977 am International Institute for Strategic Studies (IISS) in London eine Reaktion des atlantischen Bündnisses, die zum NATO-Doppelbeschluss führen sollte: Entweder die Sowjets ziehen die SS 20-Raketen zurück oder die NATO reagiert mit der Aufstellung von Raketen des Typs Pershing II. In Washington, das dieser Frage zu dieser Zeit zunächst kaum Aufmerksamkeit widmete, stieg das Interesse, die eigene Stellung gegenüber der UdSSR durch erstmalige Installierung von US-Mittelstreckenraketen auf dem Kontinent zu stärken. Schmidt hielt fest:

»1977 löste meine Londoner Rede zu Ehren Alastair Buchan die Debatte über die Notwendigkeit aus, dass der Westen Gegenmaßnahmen gegen die Aufstellung von russischen Mittelstrecken-Raketen in Europa ergreift. Zu Tisch nach meiner Rede entwickelte ich die zugrundelegenden Überlegungen. Es war Helmut Sonnenfeldt, damals Mitglied des Verwaltungsrats des Instituts, der bei diesem Essen anwesend war und der half, dass diesen Überlegungen in den USA eine angemessene Aufmerksamkeit gewidmet wurde. Das Endergebnis meiner Londoner Rede war der Doppelbeschluss der NATO von 1979. Schließlich führte das zum Nachgeben Russlands. Die Russen zogen ihre SS-20 zurück; es wurden keine amerikanischen Pershing II in Europa aufgestellt.«

Im letzten Punkt sollte Schmidt irren: In der Bundesrepublik wurden, nachdem der Bundestag zugestimmt hatte, drei amerikanische Pershing II-Bataillone mit insgesamt 120 Raketen aufgestellt, und zwar bei Sigmaringen, Illertissen und Heilbronn.

Es ist bemerkenswert, wie der deutsche Bundeskanzler die USA zu weiteren Rüstungsanstrengungen zu stimulieren verstand. Klar war dabei, dass ein mögliches zukünftiges Schlachtfeld in erster Linie Deutschland und die Bundesrepublik so wie in den 1950er-Jahren wieder ein Objekt in der Ost-West-Konfrontation sein würde.
Im Unterschied zur Ära Adenauer, die maßgeblich zur Verschärfung des Kalten Krieges in Europa beigetragen und Demonstrationen und Proteste gegen die »Wiederbewaffnung« provoziert hatte, die jedoch allesamt überwunden werden konnten, sollte sich anhaltender und bleibender innen- und parteipolitischer Widerstand gegen weitere Rüstungsanstrengungen auf deutschem Boden äußern.
Die am 12. Dezember 1979 von den NATO-Außen- und Verteidigungsministern getroffene Entscheidung zur Nachrüstung, maßgeblich zurückgehend auf die Initiative von Schmidt, bestand aus zwei Elementen und wurde daher auch NATO-»Doppelbeschluss« genannt: erstens aus Stationierung bodengestützter atomarer Mittelstreckenwaffen (108 Pershing II-Raketen und 464 Cruise Missiles) in Europa bis Ende 1983; zweitens im Angebot an die UdSSR zu Verhandlungen mit den USA über Mittelstreckenwaffen in Europa. Das Resultat sollte über die Durchführung der Stationierung entscheiden. Als Vater des »NATO-Doppelbeschlusses« kann Schmidt gelten. Er sollte jedoch aufgrund seines Festhaltens an der Nachrüstung am innerparteilichen Widerstand der SPD scheitern.
Die Verhandlungen begannen am 30. November 1981 in Genf. In der Zwischenzeit hatte seit Anfang der 1980er-Jahre in zahlreichen NATO-Staaten eine Bewegung für den Frieden eingesetzt, um die Regierungen zum Verzicht auf die Nachrüstung zu veranlassen. Zur Verschärfung der Lage führte noch eine weitere durch den Kreml veranlasste Aktion: Der Einmarsch sowjetischer Truppen in Afghanistan am 25./26. Dezember 1979, der eine deutliche Verschlechterung der Ost-West-Beziehungen bewirkte.
Anfang der 1980er-Jahre entwickelte sich ein gesamtdeutsches Phänomen. Es entstand eine Friedensbewegung in beiden deutschen Staaten, wenngleich diese unterschiedliche Wurzeln und Ausdrucksformen hatte. Informell und lose organisiert war sie in der Bundesrepublik und umfasste eine bunte Bandbreite von Gruppen unterschiedlicher sozialer Herkunft und politischer Ausrichtung, teilweise auch infiltriert von östlich-kommunistischer Seite. Gewerkschaftliche Gruppen, kirchliche Organisationen, Ärzte, Initiativen der Grünen, der DKP und Teile der SPD, aber auch Gruppen der CDU engagierten sich. Enge Verbindungen bestanden zur alternativen und der Frauen-Bewegung sowie zum Umweltschutz. In der Bundesrepublik wuchs sich diese pazifistische Strömung unter der Losung »Frieden schaffen ohne Waffen!« zu einer politischen Massenbewegung aus, die angesichts der weltweiten nuklearen Aufrüstung zum Stopp, zur Kontrolle und zur Verminderung der Rüstungsproduktion aufrief. Innerhalb der SPD erstarkte die Gegnerschaft zur Nachrüstung. Der Druck auf Bundeskanzler Schmidt nahm durch den Anti-Nachrüstungs-Flügel in der eigenen Partei derartige Formen an, dass dieser mit zum Regierungswechsel im Herbst 1982 beitragen sollte. An den größten Demonstrationen in der Geschichte der Bundesrepublik nahmen am 10. Oktober 1981 rund

250.000 Personen und am 10. Juni 1982 zwischen 300.000 bis 350.000 Menschen in Bonn teil.
In der DDR kam es als einzigem Staat im »Ostblock« zu einer eigenständigen Friedensbewegung »Schwerter zu Pflugscharen«, die neben der offiziellen Propaganda gegen die »böse« westliche Rüstung auch gegen die Aufrüstung schlechterdings auftrat.
Der Pastor Friedrich Schorlemmer an der Schlosskirche zu Wittenberg hatte bereits 1980 einen Friedenskreis in der Lutherstadt gegründet, der auch nach dem Verbot des Aufnähers »Schwerter zu Pflugscharen« in der DDR und dem Abklingen der westdeutschen Friedensbewegung weiterhin Aktivitäten entfaltete. Die öffentliche Verwendung dieses zugkräftigen Mottos wurde 1982 verboten. Verteidigungsminister Heinz Hoffmann äußerte sich dazu im März vor der Volkskammer: »Unsere Soldaten tragen ihre Waffen für den Frieden. So gerne wir auch unsere Waffen verschrotten werden, noch braucht der Sozialismus, braucht der Frieden Pflugscharen und Schwerter.« Im Januar des gleichen Jahres hatte der von Robert Havemann und Rainer Eppelmann verfasste Berliner Appell »Frieden schaffen ohne Waffen« verkündet. Den beiden zivil-couragierten Bürgerrechtlern ging es um eine fortbestehende Basis einer gesamtdeutschen Friedensordnung. Sie verfochten ein politisches Grundsatzanliegen, das nicht nur die Abwesenheit von Krieg, sondern eine gehaltvolle Entspannung zum Ziel hatte. Christlich geprägte Friedensgruppen plädierten für Abrüstung in Ost und West, waren aber staatlicher Kontrolle und Repression ausgesetzt. Doch artikulierte sich hier bereits Bürgerprotest, aus dem sich 1989/90 gemeinsam mit alternativen und umweltbewussten Gruppen die Opposition gegen die SED-Diktatur speisen sollte.
Obgleich die Friedensbewegung zunächst scheiterte und ihr Ziel mit dem ergebnislosen Abbruch der Genfer Verhandlungen und der Stationierung von US-Mittelstreckenraketen seit November 1983 nicht erreichte, waren ihre politischen Wirkungen beachtlich.
Kurz vor der Raketenstationierung organisierte sie im Oktober 1983 im gesamten Bundesgebiet eine »Aktionswoche«, an der sich nach Angaben der Veranstalter rund drei Millionen Menschen beteiligten und sich im Wege überregionaler Demonstrationen in einer Kette von Stuttgart nach Neu-Ulm zusammenschlossen. Aus vereinzelten Gruppen war eine Massenbewegung entstanden, die sich in Opposition zu den im Bundestag vertretenen Parteien bewegte und die öffentliche Debatte über Sicherheitsfragen bis zum Ende des Kalten Kriegs wesentlich mitbestimmte.

4.2 Konstruktives Misstrauensvotum gegen Schmidt, konservative Wende unter Kohl und Etablierung der Grünen

In der Kontroverse mit der CDU/CSU unter ihrem Kanzlerkandidaten Franz Josef Strauß hatten die Sozial- und Freidemokraten die Bundestagswahl vom 5. Oktober

1980 noch gewinnen und ihre Regierung fortsetzen können. Die FDP hatte mit ihrem Abwehrengagement gegen Strauß und dem Versprechen, die Koalition mit Schmidt fortzusetzen, ihren Stimmenanteil von 7,9 % von 1976 auf 10,6 % steigern können. Die SPD hatte sich von 42,6 % auf 42,9 % nur leicht verbessert, während die CDU/CSU von 48,6 % auf 44,5 % absank. Es war ihr schlechtestes Wahlresultat seit 1949.
In der FDP-Spitze, insbesondere beim Parteivorsitzenden und Außenminister Hans-Dietrich Genscher, reifte indes die Erkenntnis, die nächsten Wahlen mit der sozialliberalen Koalition nicht mehr erfolgreich gestalten zu können, zumal sich die SPD in einem Niedergang zu befinden schien. Freundschaftlich verbunden mit Kohl, baute Genscher für einen Koalitionswechsel vor. Im Unterschied zu Strauß, der eine Verbindung mit der FDP verwarf, vertrat Kohl schon seit geraumer Zeit die Vorstellung eines Bündnisses mit der FDP, zumal er eine absolute Mehrheit für die CDU nicht für möglich hielt. Eine Koalition mit der FDP sollte aus Kohls Sicht auch den nicht immer geliebten Einfluss der CSU unter Strauß begrenzen.
In der sozialliberalen Koalition entstanden nach 1980 in der Frage der Überwindung der Arbeitslosigkeit und Wirtschaftskrise vermehrt Auffassungsunterschiede. Die FDP wollte die Kreditaufnahme durch den Staat weit mehr reduzieren, deutlich bei den Sozialausgaben sparen und die von den Sozialdemokraten beabsichtigte Ergänzungsabgabe für höhere Einkommen verhindern.
Die Regierungspolitik schien ihr sozialdemokratisches Profil einzubüßen. Die Distanz zwischen Bundeskanzler Schmidt, der den Zenit seines weltweiten Ansehens erreicht hatte, und der von Brandt weiter geführten Partei vergrößerte sich. Schmidt war stets anerkannt und respektiert, Brandt beides und darüber hinaus noch sehr beliebt, was beim amtierenden Kanzler Bitterkeit schuf. Einschnitte im Sozialbereich führten zu Protesten aus den eigenen Parteireihen. In der SPD wuchs die Kritik am liberalen Wirtschaftskurs festhaltenden Koalitionspartner, aber auch an der Sparpolitik der eigenen Partei, die Arbeitnehmerinteressen immer weniger wahrzunehmen schien. Bei der Verabschiedung des Bundeshaushalts für 1982 wurden unterschiedliche Konzepte deutlich.
In einem Brief an die FDP-Mitglieder im Sommer 1981 forderte Genscher eine »Wende« in der bundesdeutschen Politik. Im Zuge der Behandlung des Bundeshaushalts für das Jahr 1983 kam es im September 1982 zum Auseinanderbrechen der sozialliberalen Koalition. Ein Papier von Wirtschaftsminister Otto Graf Lambsdorff (FDP), im Wesentlichen konzipiert von dem beamteten Staatssekretär im Finanzministerium, Hans Tietmeyer, dem späteren Bundesbankpräsidenten, hatte diese Tendenz verstärkt. Darin wurden im Unterschied zum Koalitionskurs tiefste Einschnitte im Sozialstaat gefordert. Als Schmidt durchblicken ließ, dass die Entlassung des Wirtschaftsministers eine Option sei, traten die vier FDP-Minister Hans-Dietrich Genscher, Otto Graf Lambsdorff, Gerhart Baum und Josef Ertl am 17. September 1982 zurück. Schmidt übernahm das Außenministerium und führte nun eine Minderheitsregierung an. In der FDP und in ihrer Bundestagsfraktion setzten heftige Debatten über die Frage ein, ob am Bündnis mit der SPD festzuhalten gewesen wäre bzw. eine SPD-Minderheitsregierung zu tolerieren sei. Die Anhänger Genschers wollten eine Koali-

tion mit der CDU/CSU. Er vermochte sich durchzusetzen. Nach raschen Verhandlungen mit den Unionsparteien konnte eine Koalitionsvereinbarung getroffen werden. Im Rahmen eines neuerlichen konstruktiven Misstrauensvotums gegen den SPD-Regierungschef wählte der Bundestag am 1. Oktober 1982 den CDU-Vorsitzenden Helmut Kohl zum neuen Bundeskanzler, was als »konservative Wende« angekündigt wurde. Schmidt wurde auf diese Weise gestürzt, blieb aber eine geachtete Persönlichkeit und machte durch zahlreiche wichtige Stellungnahmen wiederholt von sich reden. Trotz aller Kritik an seiner Person als Politiker seitens der CDU/CSU herrschte außen- und sicherheitspolitisch in weiterer Folge Kontinuität. Egon Bahr war insofern positiv überrascht, als von der Ostpolitik der sozial-liberalen Koalition durch die neue CDU/CSU geführte Regierungspolitik unter Kohl und Genscher kein Beistrich geändert werden sollte. Innenpolitisch waren dem unbestreitbaren Erneuerungsverlangen Kohls jedoch Grenzen gesetzt.

Kurzbiographie Helmut Kohl

Der 1930 in Ludwigshafen am Rhein geborene Sohn eines Zollbeamten studierte Geschichte und Staatswissenschaften und war nach der Promotion in der Industrie tätig. 1946 Mitbegründer der Jungen Union in Ludwigshafen, schloss er sich 1947 der CDU an und übernahm verschiedene Ämter in der Jungen Union und in der CDU. Seit 1959 im Landtag von Rheinland-Pfalz wurde Kohl 1963 CDU-Fraktionsvorsitzender, war seit 1966 auch CDU-Landesvorsitzender und 1969 Ministerpräsident von Rheinland-Pfalz. Nach dem Rücktritt Barzels wurde Kohl 1973 CDU-Vorsitzender. 1976 wurde er von CDU und CSU als Kanzlerkandidat aufgestellt. Die Union erreichte zwar mit 48,6 % der Stimmen das zweitbeste Wahlergebnis ihrer Geschichte, doch blieb die SPD-FDP-Koalition bestehen. Kohl gab das Amt des Ministerpräsidenten von Rheinland-Pfalz ab und ging als CDU/CSU-Fraktionsvorsitzender nach Bonn. Für den Bundestagswahlkampf 1980 verzichtete er auf die Kanzlerkandidatur, blieb aber nach der Wahl Oppositionsführer im Bundestag, von wo aus er nach dem konstruktiven Misstrauensvotum und dem Koalitionswechsel der FDP zur CDU/CSU die Chance bekam, Bundeskanzler zu werden. Kohl sollte 1990 zum »Kanzler der Einheit« avancieren und aufgrund seines Einsatzes für die europäische Einheitswährung 1998 durch die Staats- und Regierungschefs der EU nach Jean Monnet zum zweiten »Ehrenbürger Europas« ernannt werden.

Eine zweite markante Figur der neuen Regierung aus CDU, CSU und FDP war Hans-Dietrich Genscher. Die Koalition wurde im Oktober 1982 gebildet und in den folgenden Bundestagswahlen 1983, 1987, 1990 und 1994 bestätigt. Als Vizekanzler übernahm Genscher neuerlich den Posten als Außenminister. Er hielt diesen bis 1992 und wurde längstdienender Träger dieses Amts der Welt. Die dritte markante Persönlichkeit der Ära Kohl war Richard Freiherr von Weizsäcker. Seit 1950 gehörte er der CDU an und wurde von 1969 bis 1981 im Bundestag aktiv tätig. Bereits 1979 CDU-Spitzenkandidat in Berlin, wurde er nach vorgezogenen Wahlen 1981 Regierender Bürgermeister von Berlin. Von der Bundesversammlung wurde er 1984 mit einer breiten Mehrheit zum Bundespräsidenten gewählt. Als solcher erwarb er sich aufgrund

seiner parteiübergreifenden Autorität und als wichtiger Impulsgeber Anerkennung im In- und Ausland.
Die neue Koalitionsregierung wurde durch vorgezogene Bundestagswahlen am 6. März 1983 klar im Amt bestätigt. Der versprochene Aufschwung äußerte sich durch eine tatsächliche Belebung der Wirtschaft, doch war binnen drei Jahren zwischen 1982 und 1985 ein Anstieg der Arbeitslosigkeit von 1,8 auf 2,2 Millionen zu beklagen. Bemerkenswert ist, dass Kohl an der vielfach kritisierten und abgelehnten Entspannungs- und Ostpolitik der sozialliberalen Koalitionen unter Brand-Scheel und Schmidt-Genscher nichts ändern ließ. Genscher war Garant für eine erfolgreiche Kontinuität der Außen- und Deutschlandpolitik der Bundesrepublik. Hinzu kam das klare Bekenntnis zum atlantischen Bündnis und zum NATO-Doppelbeschluss. Gegen den Widerstand einer breiten Friedensbewegung, der sich auch die SPD anschloss, setzte die CDU-FDP-Regierung 1983 die Stationierung der US-Mittelstreckenraketen in der Bundesrepublik durch.
Nachdem die Grünen bei den Wahlen von 1980 nur 1,5 % der Stimmen errungen hatten, konnten sie 1983 mit 5,6 % der Stimmen die 5 %-Klausel überwinden und in den Bundestag einziehen. 1987 erreichten sie in der Bundestagswahl sogar 8,3 % der Stimmen. Die anhaltenden leidenschaftlichen Flügelkämpfe innerhalb der Partei zwischen »Fundamentalisten« (»Fundis«), die jede Macht-Teilhabe kategorisch verwarfen, und den Realpolitikern (»Realos«), die eine Regierungsbildung mit der SPD favorisierten, beeinträchtigten nicht nur ihr Bild in der Öffentlichkeit, sondern lähmten auch ihre Arbeit und drohten zu einer Spaltung zu führen. Nach einer Konsolidierungsphase erzielten die Grünen auch Sitze in Landtagen und die Bildung von Koalitionsregierungen, so zum Beispiel in Hessen, wo die Koalition mit der SPD allerdings nicht lange währte und scheitern sollte.

4.3 Der INF-Vertrag und die Verantwortungsgemeinschaft der deutschen Staaten

Eine Zuspitzung des Ost-West-Konflikts ergab sich nach dem sowjetischen Einmarsch in Afghanistan auch infolge der Entwicklung in Polen, wo sich im Sommer 1980 nach Massenstreiks die unabhängige Gewerkschaft »Solidarność« formierte. Im Westen rechnete man auch in diesem Fall mit einer Militärintervention der UdSSR, die jedoch von Moskau gar nicht beabsichtigt war.
Dass im »Ostblock« einiges in Bewegung geraten war, ließ sich an der Bewegung der Solidarność gut ablesen. Auf mögliche Veränderungen in der DDR hatte sich dieser Trend aber in der ersten Hälfte der 1980er-Jahre noch nicht ausgewirkt, wobei sich fragt, ob hierbei auch traditionelle deutsche Aversionen gegen Polen eine Rolle spielten und welche Rolle die bundesdeutsche Außenpolitik spielte.
Die Jahre 1953 und 1956 mit der gewaltsamen Niederwerfung der Arbeiter- und Volksaufstände in der DDR und der Unruhen in Posen sowie der Unterdrückung der

Ungarnaufstände durch die Sowjetunion wirkten zweifelsohne noch nach. Der Ostpolitiker und Sicherheitsexperte Egon Bahr meint hierzu:

»Was Solidarność angeht, habe ich nach den Erfahrungen der 1950er-Jahre gedacht: ›Die sind verrückt! Wollen die das noch einmal ausprobieren?‹ Wegen der Schnaps-, Zigaretten- und Fleischpreise einen Generalstreik auszurufen, hielt ich für gefährlich. Deshalb haben wir eine Doppelstrategie gefahren, indem wir den Gewerkschaften empfohlen haben, engsten Kontakt zu Solidarność zu halten, während es gleichzeitig Versuche gab, kalmierend auf die Polen einzuwirken. Darüber hinaus haben wir über den back channel [einem spezifischen geheim-diplomatischen Informationskanal nach Moskau] ganz deutlich zu verstehen gegeben, dass bei einem militärischen Eingreifen von sowjetischer Seite die Entspannungspolitik beendet wäre. Kurze Zeit später erhielten wir folgende Antwort: ›Wir wollen gar nicht eingreifen, sondern nur eine Drohkulisse aufbauen, die ausreicht, die Ereignisse in Polen unter Kontrolle zu halten. Wenn die Situation nicht unter Kontrolle bleibt, dann müssen wir leider eingreifen, denn wir können nicht zulassen, dass die Verbindung zu unserer stärksten Armee westlich von Polen in der DDR kaputt geht.‹ Ich glaube noch heute, dass wir den Polen durch unsere diplomatischen Bemühungen geholfen haben.«

Gänzlich anders sah dies aus ostdeutscher Perspektive aus: Am 26. November 1980 trat SED-Generalsekretär Honecker an Breschnew mit der Bitte heran, ein Treffen der Parteichefs anzuberaumen, »um kollektive Hilfsmaßnahmen für die polnischen Freunde [...] auszuarbeiten«. Im Mai des folgenden Jahres appellierte der DDR-Staatschef an den russischen Staatsmann, die polnische Regierung unter General Wojciech Jaruzelski abzusetzen und »eine Führung zu schaffen, die bereit ist, den Ausnahmezustand zu verhängen und entschieden gegen die Konterrevolution vorzugehen«. Dabei hatte Jaruzelski entgegen seinen späteren Verlautbarungen Breschnew um eine sowjetische Militärintervention gebeten, dieser jedoch abgelehnt. Zwischen Bonn und Berlin-Ost gab es in diesem Punkt bezüglich der Wiederherstellung von Ruhe, Sicherheit und Ordnung in Polen auch gewisse Absprachen und ein stilles Einvernehmen. Diese Abstimmung erfolgte beim Treffen von Bundeskanzler Helmut Schmidt und dem SED-Generalsekretär und Staatsratsvorsitzenden Erich Honecker 1981 in dem zu einer Geisterstadt verwandelten Ort Güstrow. Unter strengsten Sicherheitsvorkehrungen fand dieser Besuch statt. Nur bestellte, speziell eingeteilte und schweigende Vertrauensmänner standen am Straßenrand, als der Wagen Schmidts durch den gespenstisch kalten Ort zur Begegnung mit Honecker fuhr. Spontane Beifallsbekundungen und Jubelszenen der DDR-Bürger, wie sie sich beim Besuch von Brandt in Erfurt ereignet hatten, wurden durch die Staatssicherheit erfolgreich unterbunden.
Der seit 1981 amtierende US-Präsident Ronald Reagan nahm die Konfrontationspolitik mit der UdSSR aus der Zeit der Eisenhower-Dulles-Administration der 1950er-Jahre wieder auf. Dazu zählte das Programm der »Strategic Defence Initiative« (SDI), welches mit einer Rüstung des Weltraums und einem »Krieg der Sterne« assoziiert wurde, tatsächlich jedoch mehr auf dem Papier stand und eine Simulationsübung war als reale Bedrohung der Sowjetunion und ihrer Verbündeten wurde. Ähnliches demonstratives Drohpotential wurde mit der Konstruktion der »Neutronenbombe«

durch den US-Atomphysiker Edward Teller entwickelt, der schon bei SDI involviert war. Vor diesem Hintergrund schien jedenfalls das Ende der Entspannungspolitik sehr nahe.

Bemerkenswert und erstaunlich zugleich ist hierbei jedoch der Befund, dass in diesem Kontext der aufgeheizten Konfliktsituation beide deutsche Staaten die Folgen neuerlicher Ost-West-Gegensätze abzumildern bestrebt waren und diese nicht auf die deutsch-deutschen Beziehungen abfärben lassen wollten. Die von Brandt-Scheel und Schmidt-Genscher aufgebauten Beziehungen wurden nicht nur beibehalten, sondern noch intensiviert. Kohl baute auf dem Fundament der vorher verschmähten »Ostpolitik« konsequent weiter auf. Der Regierungswechsel in Bonn im Herbst 1982 stellte daher auch keine deutschlandpolitische Wende oder gar eine Zäsur dar, zumal die CDU-FDP-Regierung Kohl die Deutschlandpolitik der sozialliberalen Koalition weiterentwickelte.

Eine Reihe praktischer Fragen wurde geregelt. Nach dem Besuch Bundeskanzler Schmidts in Ostdeutschland verfügte die DDR im Februar 1982 Erleichterungen im Reiseverkehr in die Bundesrepublik. Bei der Gewährung von zwei Milliardenkrediten in den Jahren 1983 und 1984 an die von Devisen abhängige DDR seitens bundesdeutscher Banken, für den die Bonner Republik sogar noch bürgte, war der bayerische Ministerpräsident Strauß maßgeblich beteiligt, gerade jener impulsiv und emotional agierende Politiker, der die »Ostpolitik« der SPD-FDP-Regierung in den 1970er-Jahren noch vehement verurteilt hatte. Der Chef für Devisenbeschaffung der DDR, Alexander Schalck-Golodkowski, war ein persönlicher Freund des bayerischen Regierungschefs und weilte mehrmals privat auf Urlaub bei Strauß. Nach dem Ende der DDR erhielt er ein Haus am Starnberger See und seine Ehefrau eine Boutique. Mehrfach kam es zu vertraulichen Treffen in Bayern mit Vertretern von Industrie, Politik und Wirtschaft.

Strauß gab sich als Gerne-auch-Außenminister und machte geltend, dass durch die Kredite Erleichterungen an der innerdeutschen Grenze erzielt würden wie dem Abbau von Selbstschussanlagen. Diese war aber ohnedies schon von DDR-Seite vorbereitet und veranlasst worden. Die Bayerische Hypo-Vereinsbank soll zudem an der Kreditgewährung beteiligt gewesen sein. Während die DDR finanziell stabilisiert und damit politisch weiter am Leben erhalten wurde, bekräftigte die CDU/CSU-FDP-Regierung ihre NATO-Nachrüstungspolitik in der Hoffnung, dadurch die UdSSR zu einem Einlenken zu bewegen.

Der SPD-Parteitag in Köln entschied sich im November 1983 mit einer deutlichen Mehrheit gegen die Raketenstationierung in der Bundesrepublik. CDU/CSU und FDP ließen sich jedoch von ihrer Haltung zum NATO-Beschluss nicht abbringen. Sie setzten auf einen Verhandlungsdurchbruch in Genf, waren allerdings auch bei einem Misserfolg zur Stationierung der US-Raketen entschlossen. Das westliche Bündnis sollte keiner Gefährdung ausgesetzt werden und zusammenhalten. Absolute Bündnistreue rangierte klar vor einem eventuellen Sicherheitsrisiko.

Ob diese Politik im Sinne des Mottos einer »Suche nach Sicherheit« (Eckart Conze) für eine Geschichte der Bundesrepublik stehen kann, eine Politik, für die atomare

Hochrüstung mit der Gefahr eines nuklearen Overkills auf deutschem Boden in Kauf genommen wurde, erscheint mehr als fraglich. Es war vielmehr die Hinnahme eines großen Risikos. Sie war jedenfalls unter Zeitgenossen höchst umstritten. Das Unbehagen gegen die Nachrüstung, die als ambivalente, wenn nicht als falsche und kontraproduktive Sicherheitspolitik interpretiert wurde, verschaffte den Grünen weiteren Zulauf. Seit den Wahlen 1983 waren sie im Bundestag vertreten. Ihre Etablierung schritt voran, als sie 1985 in Hessen erstmals eine Koalitionsregierung mit der SPD bildeten.

Indes brachte Genf keine Einigung zwischen USA und UdSSR, obwohl die Verhandlungsleiter einen Lösungsweg aufgezeigt hatten. Der Bundestag beschloss in vorauseilender Bündnistreue am 22. November 1983 nach einer zweitägigen leidenschaftlichen Auseinandersetzung mit einer Mehrheit von CDU/CSU und FDP die Stationierung der Atomraketen in der Bundesrepublik. Tags darauf begannen die USA mit der Aufstellung der Pershing II-Raketen, worauf die Sowjetunion die Verhandlungen in Genf abbrach.

Erst im März 1985 wurden die Verhandlungen zur globalen Reduktion der gesamten amerikanischen und sowjetischen Mittelstreckenraketen wieder aufgenommen und im zwei Jahre darauffolgenden Vertrag über »Intermediate-Range Nuclear Forces« (INF) finalisiert. INF stand für »Kernwaffen mittlerer Reichweite«. Zähe Verhandlungen und zwei amerikanisch-sowjetische Gipfel im November 1985 in Genf und im Oktober 1986 in Reykjavik führten am 8. Dezember 1987 in Washington zur Unterzeichnung durch US-Präsident Ronald Reagan und KPdSU-Generalsekretär Michail Gorbatschow, der seit dem 11. März 1985 dieses Amt innehatte. Die Vereinbarung zielte auf den kompletten und weltweiten Abbau aller amerikanischen und sowjetischen landgestützten Mittelstreckenraketen längerer und kürzerer Reichweite, eingeschlossen Abschussvorrichtungen, in einem Zeitraum von drei Jahren. Der Vertrag wurde als Durchbruch in den Abrüstungsbestrebungen gefeiert. Es ging nicht nur um Rüstungskontrolle mit spezifischen Obergrenzen für Nuklearwaffen, sondern um Beseitigung ganzer Kategorien von Raketen auf beiden Seiten, gekoppelt an einer erstmaligen Vereinbarung wirksamer Kontrollverfahren. Es handelte sich auch um Abzug von US-Giftgas aus Europa.

Sowohl von der BRD als auch von der DDR wurde – als den hauptsächlich von einem atomaren Vernichtungsschlag betroffenen Staaten – der INF-Vertrag begrüßt. Honecker wie Kohl hatten während der Unterbrechung der Verhandlungen ihre Beziehungen aufrechterhalten und die Kontakte vertieft. Beide Seiten hatten hinter den Kulissen ihren jeweiligen Hegemonialmächten die Notwendigkeit zur Abschaffung der Mittelstreckenraketen deutlich gemacht. Beiden deutschen Republiken, Pankow bzw. Berlin-Ost wie Bonn, war klar geworden, dass es im Falle eines Atomkriegs, d. h. bei einem Ersteinsatz und entsprechendem Gegenschlag, um ihrer beider Existenz ging und nicht mehr viel von ihren jeweils proamerikanisch und prosowjetisch ausgerichteten Satellitenstaaten übrigbleiben würde. Das INF-Abkommen verbesserte nicht nur das Klima zwischen den Supermächten, sondern eröffnete auch neue Perspektiven für eine weitere Normalisierung der deutsch-deutschen Beziehungen, vor

allem aber auch für die Abrüstung konventioneller Streitkräfte in Europa, eine Frage die durch den INF-Vertrag noch offengeblieben war.
In der historischen Forschung wurde lange die Auffassung vertreten, dass die feste und kompromisslose Haltung des Westens in der Raketenstationierung zum Zusammenbruch der UdSSR beigetragen habe, was aber in dieser verengten Argumentation zu bezweifeln ist. Der wirtschaftliche Niedergang des Sowjetimperiums und ihres Satellitenverbundes hatte sich schon seit Mitte der 1970er-Jahre abgezeichnet. Der globale Wettbewerb mit Asien und Lateinamerika war bereits eine große Herausforderung gewesen, mit der Moskau und seine Verbündeten nicht zu Rande kamen. Der Entspannungsprozess hatte zuvor schon Schwächen und Risse im Sowjetblock erkennbar werden lassen. 1978 hatte sich China von der UdSSR abgewandt. Der forcierte Rüstungswettlauf, in dem der Westen, allen voran die USA, dank seines stärkeren Innovationspotentials und effizienteren Wirtschaftssystems überlegen war, verstärkte die genannten Trends des Niedergangs noch im Sinne der Tot-Rüstung der Sowjetunion. So konnte Reagan umso leichter verkünden »I have won the Cold War«. Dieser war aber wohl schon vor seiner Amtszeit vorentschieden worden, wenn man an die gescheiterte Berlin-Blockade 1949, die blutige Unterdrückung der Aufstände in der DDR 1953, in Ungarn 1956, der Tschechoslowakei 1968 mit kontraproduktiven Folgen und die ebenso gescheiterte Invasion in Afghanistan seit 1979 erinnert.

4.4 Erinnerung an die Weltkriege, Historikerstreit und die Frage der Aussiedler

1984/85 wurde in der Bundesrepublik an den Beginn des Ersten Weltkriegs erinnert, v. a. aber an das Ende des Zweiten Weltkriegs gedacht. Der Erste Weltkrieg fand in einer spezifischen deutsch-französischen Erinnerungssymbolik seinen Ausdruck, auf die noch einzugehen sein wird. Im Unterschied zu früheren Gedenktagen in den Jahren 1955, 1965 und 1975 wurde im Jahre 1985 bei Siegern wie Verlierern des Zweiten Weltkriegs dem Tag der Kapitulation der Deutschen Wehrmacht, dem 8. Mai 1945, größere Aufmerksamkeit gewidmet. Strittig war dabei, ob es sich um eine »Stunde Null« gehandelt habe. Durch den Nationalsozialismus war nicht nur das Geschichtsbewusstsein der Deutschen belastet, sondern auch jede Art von Nationalstolz anrüchig und Patriotismus verdächtig geworden, von deutschem Nationalismus gar nicht zu sprechen. Dies führte zu einer jahrzehntelangen Blockade und Verkrampfung des eigenen Geschichtsverständnisses – weit mehr in der BRD als in der DDR, wo man sich auch durchaus »national« und patriotisch zu geben verstand. Während in der bundesdeutschen Öffentlichkeit weit mehr an den Holocaust und die »Nazi«-Verbrechen erinnert wurde, griff sich die DDR in der ersten Hälfte der 1980er-Jahre die »positiven« Seiten der deutschen Geschichte heraus: das Martin Luther-Gedenkjahr, die Enthüllung des Reiterdenkmals von Friedrich dem Großen Unter den Linden in Berlin und eine spezifische Aufwertung Preußens und seiner Reformen mit

den traditionell guten Kontakten zu Russland stehen beispielhaft für diesen Trend. Eine öffentliche und zugleich strittige Geschichtsdebatte gab es in der DDR nicht. Kontrovers verlief hingegen die Diskussion über die Kapitulation der Deutschen Wehrmacht 1945 in der Bundesrepublik. War es die Befreiung Deutschlands und damit auch ein Beitrag für die Freiheit Europas? War es nicht eigentlich der Zusammenbruch des Reiches und der Untergang Deutschlands? Während SPD und Gewerkschaften den 8. Mai 1945 positiv als Tag der Befreiung vom Nationalsozialismus bewerteten, sahen die Christdemokraten und Konservativen darin auch den Anfang der Unfreiheit und der Unterdrückung des östlichen Teils Europas. Andere Interpreten deuteten den 8. Mai als definitives Ende des deutschen Nationalstaats und als Beginn der deutschen Teilung. Beides war irrig: Weder war die Geschichte deutscher Nationalstaatlichkeit zu Ende, noch die deutsche Teilung 1945 entschieden worden.
Die Versöhnung zwischen Frankreich und der Bundesrepublik fand mit dem 1984 stattgefundenen Treffen von Bundeskanzler Helmut Kohl und Frankreichs Staatspräsident François Mitterrand auf dem ehemaligen Schlachtfeld des Ersten Weltkriegs in Verdun – nach den Begegnungen von Adenauer und de Gaulle in den 1960er-Jahren – einen weiteren Höhepunkt. Diese Begegnung, bei der sich die Politiker fest die Hände hielten, hatte zur Anerkennung und Wertschätzung auf beiden Seiten und zur Festigung einer Freundschaft geführt. Dagegen waren die geschichtspolitisch aufgeladenen Begegnungen zwischen Reagan und Kohl in der Bundesrepublik im Mai 1985 für beide Seiten teils belastend, teils irritierend.
Der vom US-Präsidenten zunächst geäußerte Wunsch eines Besuchs der KZ-Gedenkstätte Dachau wurde von Kohl als ungeeignet zurückgewiesen. (Kohl sollte später auch seine Präsenz bei der Einweihung des Holocaust-Memorial in Washington als »Ort der deutschen Schande« ablehnen.) Reagan wollte wiederum am 8. Mai keine Rede in der Bundesrepublik halten und sprach an diesem Datum lieber vor dem Europäischen Parlament in Straßburg. Kohl regte schließlich an, gemeinsam einen Soldatenfriedhof zu besuchen, eine Idee, die im Weißen Haus Anklang fand. Zusammen mit dem US-Präsidenten besuchte der Bundeskanzler am 5. Mai einen deutschen Soldatenfriedhof in Bitburg in der Eifel. Nachdem jedoch im Vorfeld öffentlich wurde, dass dort auch Angehörige der Waffen-SS begraben waren, protestierten vor allem jüdische Interessenvertretungen heftig und lösten einen Pressewirbel in den USA aus. Daraufhin wurde in das Besuchsprogramm des Präsidenten noch schnell ein Besuch im ehemaligen KZ Bergen-Belsen am Vormittag des 5. Mai eingebaut, um als eine Art Kompensation zu fungieren – ein merkwürdiger und eigenartiger geschichtspolitischer »deal«, der zeigte, wie schwer sich Bonn noch mit den »Schatten der Geschichte« tat. Mit Bitburg hatte sich Kohl aber gegen Kritiker durchgesetzt und Reagan Wort gehalten.
Im Zuge dieser Peinlichkeiten, Versteifungen und Verrenkungen sorgte die Ansprache des Bundespräsidenten am 8. Mai 1985 im Plenarsaal des Bundestages für Erleichterung und löste Zuversicht aus. In einer aufsehenerregenden Rede, die verbindlich und versöhnlich und dennoch eindeutig und unbestechlich war, beein-

druckte Weizsäcker die deutsche und internationale Öffentlichkeit. Sein Wort hatte Gewicht. Er erklärte rückblickend den 8. Mai zum »Tag der Befreiung«, der alle von der menschenverachtenden NS-Gewaltherrschaft befreit habe. Niemand werde um dieser Befreiung willen vergessen, welche schweren Leiden für viele Menschen mit dem 8. Mai erst begannen und danach folgten. Man dürfe aber nicht im Ende des Krieges die Ursache für Flucht, Vertreibung und Unfreiheit sehen. Sie lag vielmehr in seinem Anfang und im Beginn jener Gewaltherrschaft, die zum Krieg geführt habe. »Wir dürfen den 8. Mai 1945 nicht vom 30. Januar 1933 trennen«, führte er mit Blick auf Ursache und Wirkung in der Geschichte aus. Erinnerung sei bedeutsam und mache Versöhnung erst möglich. Eine »Stunde Null« habe es nicht gegeben, »aber wir hatten die Chance zu einem Neubeginn«. Man habe sie genutzt, »so gut wir konnten«. Anstatt der Unfreiheit habe man demokratische Freiheit gesetzt. Über die Zukunft der deutschen Nation äußerte Weizsäcker Zuversicht, »dass der 8. Mai nicht das letzte Datum unserer Geschichte bleibt, das für alle Deutschen verbindlich ist«. Weizsäcker ließ auch durch einprägsame deutschlandpolitische Worte aufhorchen: So brachte er zum Ausdruck, solange das Brandenburger Tor geschlossen sei, bliebe auch die deutsche Frage offen.

Im darauf folgenden Jahr entzündete sich an einer Aussage des Berliner Historikers und Faschismusforschers Ernst Nolte eine heftige Debatte, der im »Rassenmord« der Nationalsozialisten, dem Holocaust, eine Antwort auf den zeitlich früher einsetzenden »Klassenmord« der Bolschewiki, dem Archipel Gulag, sah. Dieses »faktische Prius« und »asiatische Vorbild« habe zu einer Art »Putativnotwehr« der Nationalsozialisten geführt, indem sie auch »russische Methoden« anwandten. Der »Historikerstreit« rief nicht nur Geschichtswissenschaftler, sondern auch Philosophen und Politologen auf den Plan. Jürgen Habermas warf Nolte vor, er wolle den Deutschen die Schamröte aus dem Gesicht treiben und relativiere die NS-Verbrechen mit dem Vergleich des Gulag. Der Bielefelder Historiker Hans-Ulrich Wehler warf Nolte den Versuch einer »Entsorgung der deutschen Vergangenheit« vor. Die wenig produktive und ohne neue Quellenfunde geführte Debatte endete mit der Stigmatisierung und Ächtung Noltes, der auch persönliche Attacken und einen Brandanschlag auf sein Auto erfahren musste. Das Tabu des Vergleichs war, wenngleich die komparative Methode durch Noltes Argumentation z. T. diskreditiert war, letztlich erfolgreich gebrochen worden. Vergleichende Genozid-Forschung ist inzwischen auch in Deutschland möglich, ohne mit dem permanenten Vorwurf konfrontiert zu werden, man minimiere oder verharmlose die Verbrechen des Nationalsozialismus, wobei sein industriell und fabrikmäßig betriebener Massenmord in der Geschichte Europas – wie sollte es in der Geschichte auch anders sein – singulär blieb. Die übertriebene Betonung der Singularität war aber gerade aus der Sicht der moralisierend argumentierenden Volkspädagogen problematisch, weil damit das Argument von der Gefahr der Wiederholung der Geschichte entfiel.

Ein Historikerstreit im Historikerstreit war die Debatte der kontroversen Frage, ob Hitler durch seinen Überfall auf die Sowjetunion am 22. Juni 1941 nicht einem Angriff Stalins zuvorgekommen wäre, also eine Notwehrhandlung vorlag. So vehement dies auch zurückgewiesen wurde, so haben neuere Forschungen darauf hingewiesen, dass Hitler zwar weder subjektiv noch objektiv einen Präventivkrieg gegen die UdSSR geführt hatte, sondern einen Eroberungs- und Raubkrieg, Stalin hingegen aber einen Krieg gegen Deutschland spätestens für das Jahr 1943 plante (Bogdan Musial). So emotional die Diskussionen in der zweiten Hälfte der 1980er-Jahre über diese Streitfragen auch geführt wurden – die Sowjetunion existierte damals noch –, so sieht man die Dinge heute weit abgeklärter, gelassener und nüchterner.

Die von Weizsäcker damals auch schon thematisierte Verfolgung der Deutschen wurde in der zweiten Hälfte der 1980er-Jahre ebenfalls ein Thema. Trotz der massenhaften Vertreibungen der Deutschen aus dem Osten lebten noch Hunderttausende von Menschen deutscher Herkunft und Sprache in den mittel- und osteuropäischen Staaten, vor allem in Polen, aber auch in Rumänien und in der Sowjetunion. Nach dem Grundgesetz von 1949 (Art. 116, Abs. 1) stand diesen Menschen und ihren Angehörigen (Frauen und Kindern) die deutsche Staatsbürgerschaft zu. Bei ihrer Ausreise aus den genannten Staaten und ihrer Ankunft im Aufnahmelager Friedland in der Bundesrepublik wurden sie offiziell als »Aussiedler« bezeichnet. Ein Interesse an einer Ausreise in die DDR bestand so gut wie nicht.

Alle deutschen Bundesregierungen waren seit den 1970er-Jahren im Zeichen der Entspannung und Normalisierung der Beziehungen zu den sozialistischen Staaten mit Aufrufen und sogar vertraglichen Vereinbarungen wie 1975/76 mit Polen dahingehend bemüht, für diese Auslandsdeutschen die Ausreise zu erwirken. In der zweiten Hälfte der 1980er-Jahre zeigten die mittel- und osteuropäischen Regime mehr und mehr Bereitschaft, ihre deutschstämmigen Bewohner ausreisen zu lassen. So kamen 1987/88 aus Polen rund 200.000, aus der UdSSR mehr als 60.000, aus Rumänien rund 27.000 und aus der ČSSR, Ungarn und Jugoslawien jeweils unter Tausend Aussiedler in die Bundesrepublik. Viele von den Jüngeren sprachen kein Wort Deutsch. Beim Entschluss zur Einreise in die Bundesrepublik spielten insbesondere ökonomische Anreize eine Rolle. Die Behörden waren aufgrund des massiven Zulaufs unvorbereitet und überfordert. Es gab Probleme bei der Organisation von Deutschkursen, der Beschaffung von Wohnraum bis hin zur Vermittlung von Arbeit in einem Land mit hoher Beschäftigungslosigkeit. Aufgrund des angespannten Wohnungsmarktes und den bereits vorhandenen rund zwei Millionen Arbeitslosen gab es genug Stoff für Reibungen und Spannungen. Im September 1989 war Bonn gezwungen, einen Gesetzesentwurf vorzulegen, in dem die Zahlung von Arbeitslosengeld an Aussiedler wie an Übersiedler durch Gewährung eines einheitlichen Übergangsgeldes von rund 1.000 D-Mark monatlich abgelöst wurde. Die Neuregelung des Asylrechtsverfahrens im Grundgesetz musste 1993 angesichts des enormen Zustroms von neuen Asyl-Suchenden und aufgrund der angespannten sozialen Verhältnisse in der Bundesrepublik in Angriff genommen werden.

4.5 Tschernobyl und die Anti-AKW-Bewegung – Proteste gegen die Wiederaufbereitungsanlage Wackersdorf – Fortschritte in der EG-Integration

Am 26. April 1986 ereignete sich im Kernkraftwerk Tschernobyl in der Ukrainischen Sozialistischen Sowjetrepublik ein folgenreicher und verhängnisvoller Störfall. Der Reaktor-Kern des AKWs war zusammengeschmolzen. Es brannte und radioaktive Stoffe traten in großen Mengen aus. Der verheerende Unfall wurde der Weltöffentlichkeit durch die verhaltene und zensierte Informationspolitik der UdSSR erst Tage nach der Katastrophe voll bewusst. In weiten Teilen Europas wie in der Sowjetunion wurde ein Anstieg radioaktiver Strahlung gemessen. Tschernobyl wurde zum Symbol für die Problematik der Nutzung der Kernenergie. Eine breite öffentliche Diskussion über deren Sinn und Wert setzte in der Bundesrepublik ein. Die Grünen sahen sich in ihrer AKW-Ablehnung vollauf bestätigt. Ihrer Forderung nach Stilllegung aller Kraftwerke schloss sich nun auch die SPD an, die bis dato die Kohle-Nutzung favorisiert und einen weiteren Ausbau der Kernenergie befürwortet hatte. Nun waren auch die Sozialdemokraten für einen sukzessiven Rückzug. CDU/CSU und FDP nahmen ihre Befürwortung der Atomenergie nur teilweise zurück und wollten von ihr als »Übergangstechnologie« bis ins 21. Jahrhundert nicht ablassen.

Abgesehen von den bisherigen Brennpunkten der Anti-AKW-Proteste in Brokdorf, Gorleben, Kalkar und Wyhl fokussierte sich der Protest nun auf die aufzubauende atomare Wiederaufarbeitungsanlage (WAA) in Wackersdorf in der bayerischen Oberpfalz. Dieser Ort wurde nach dem Reaktorunfall in Tschernobyl zur Zielscheibe massenhafter Protestaktionen. Es kam zur Anwendung von Gewalt zwischen Demonstranten und Polizeiorganen.

Verschiedene Motive spielten eine Rolle: Fundamentalopposition gegen die Atomenergie, Kostengründe, wonach die Aufbereitung abgebrannter Kernbrennstäbe teurer als die Endlagerung sei, sowie der Naturschutz. Bayerns Ministerpräsident Strauß (CSU) war unerbittlich und hielt eisern am Projekt fest. Der Protest tausender AKW-Gegner ging aber weiter. Der Baustopp am 30. Mai 1989 wurde dann nicht durch die anhaltenden Demonstranten, sondern durch Kostenüberlegungen der Energiewirtschaft verursacht. Mit dem französischen Unternehmen Cogema entwickelte sich eine Kooperation, wonach abgebrannte deutsche Brennelemente in La Hague billiger zwischengelagert werden konnten. Die Endlagerung von Atommüll blieb aber ein grundsätzliches Problem, v. a. was die Lagerung der langlebigen Nuklide betrifft (z. B. Plutonium 239, Halbwertzeit 24.000 Jahre), zumal die Strahlung radioaktiven Urans erst nach Millionen von Jahren (Isotope mit Halbwertzeiten bis 4.5 Milliarden Jahren) abnehmen sollte. Die umstrittene Endlagerung sollte in einem Salzstock bei Gorleben geschehen.

Die Bonner Republik hielt weiter Kurs auf europäische Integration, sowohl in Richtung Vertiefung als auch hinsichtlich der Erweiterung. 1981 wurden mit ihrer Unterstützung Griechenland und 1986 Spanien und Portugal in die EG aufgenommen. Bei

Spanien spielte auch seine Aufnahme in die NATO eine nicht unwesentliche Rolle, besonders im Denken Kohls. Weitere Länder des Mittelmeer-Raums, darunter die Türkei, die unter Regierungschef Turgut Özal seit 1987 die volle Mitgliedschaft anstrebte, und über 60 Staaten der sogenannten Dritten Welt waren schon seit längerem mit der EWG bzw. EG durch Assoziationsabkommen oder Zollvereinbarungen verbunden.

1985 wurde mit der Unterstützung Bonns ein neuerlicher Anlauf unternommen, die europäische Vereinigung zu fördern. Eine Regierungskonferenz erhielt den Auftrag, »konkrete Fortschritte auf dem Weg zur Europäischen Union herbeizuführen« und entwickelte die »Einheitliche Europäische Akte« (EEA), die nach Inkrafttreten durch die zwölf EG-Mitgliedstaaten 1987 gültig wurde. Sie bewirkte eine Aufwertung der Gemeinschaftsorgane, eine Zunahme von Mehrheitsentscheidungen im Ministerrat und eine stärkere Beteiligung des Europäischen Parlaments an der Gesetzgebung, wobei die Entscheidungskompetenz beim Ministerrat verblieb. Die bisher eher bescheiden gebliebene »Europäische Politische Zusammenarbeit« (EPZ), verbunden mit der Aussicht auf eine gemeinsame Außenpolitik, wurde Teil des europäischen Vertragswerks. Ambitioniertestes Ziel war die Realisierung des Binnenmarktes bis 1992. Dieser integrationspolitische Neuanlauf führte zu Konsequenzen im »Sowjetblock«. Der Rat für gegenseitige Wirtschaftshilfe (RGW), dem die östlichen Staaten angehörten, nahm auf Wunsch von Gorbatschow 1988 offizielle Beziehungen zur EG auf. Nach mehr als drei Jahrzehnten Abwehrhaltung, Feindschaft und Nichtanerkennung gegenüber den westeuropäischen Gemeinschaftsinstitutionen war dies ein Novum und deutete bereits den Wandel der internationalen Beziehungen und das Ende des Ost-West-Konflikts an.

In der Entwicklungspolitik gab es Akzentverschiebungen. Im Verständnis der christlich-liberalen Bundesregierung sollte die Entwicklungshilfe Bestandteil global orientierter Politik, d. h. auf Ausgleich, Frieden und Stabilität ausgerichtet sein. Das »Gebot christlicher Nächstenliebe«, »mitmenschliche Solidarität«, aber auch das Eigeninteresse der exportorientierten Bundesrepublik spielten hierbei gleichermaßen eine Rolle. Einen einheitlichen Kurs der Entwicklungspolitik legten die EG-Staaten mit diversen Vereinbarungen von mittlerweile 70 »AKP«-Staaten (Staaten des afrikanischen, karibischen und pazifischen Raumes) fest. AKP-Erzeugnisse, Agrarprodukte allerdings ausgenommen, sollten freien Zugang zum Gemeinsamen Markt Westeuropas bekommen. Die finanzielle Unterstützung war in einem Abkommen von Lomé 1989, dem vierten, erheblich erhöht worden.

War in der (bundes)deutsch-französischen Kooperation ein Element der Kontinuität der bundesdeutschen Kanzler und ihrer Außen- und Europapolitik in den 1950er, 1960er, 1970er wie in den 1980er-Jahren gegeben, so in der gesamteuropäischen Orientierung und somit auch im gesamtdeutschen Interesse Helmut Kohls doch ein beträchtlicher Unterschied zu dem kern- und westeuropäisch ausgerichteten Adenauer. Aus einem Gespräch Kohls mit dem finnischen Ministerpräsidenten Harri Holkeri war für österreichische Beobachter Folgendes im Dezember 1988 zu entnehmen:

»Der Bundeskanzler bezeichnete die deutsch-französische Zusammenarbeit als Motor der EG. Die Integration werde unwiderruflich voranschreiten: Rückschritte würden heute bereits schwerer fallen als Fortschritte. Freilich seien vielleicht die größten Hürden noch zu überwinden. Die EG sei nicht gleichbedeutend mit Europa (»es gibt auch Städte nördlich von Kopenhagen«). Auch die RGW-Länder wären ein Teil von Europa; Bonn wolle nie vergessen, dass ›Leipzig, Prag, Warschau, Budapest, Kiew auch Städte in Europa sind‹. Der Binnenmarkt dürfe nicht zu einer ›Festung Europa‹ führen, die EG könne sich unnötige Isolationspolitik gar nicht leisten.«

Kohl verwies auf die Vorteile einer nicht-protektionistischen Haltung und betonte »die große Rolle der ›europäischen Kulturlandschaft‹. Da heute bereits 90 % des Unterhaltungs-Fernsehens von außerhalb Europas komme, bedürfe es Überlegungen zur Förderung der eigenen Programme in der europäischen Filmproduktion. Der deutsche Bundeskanzler zeigte sich in diesem Zusammenhang enttäuscht darüber, dass in den EG-Organen nur Englisch und Französisch gesprochen werde: Die Bedeutung, welche die Bundesregierung der Stärkung und Verbreitung der deutschen Sprache im Ausland beimesse, gehe u. a. aus der Einrichtung eines eigenen Auswärtigen Amts-Referates für diesen Bereich hervor.
Deutsche Außenpolitik unter Kohl und Genscher umfasste weit mehr als westeuropäische Integrationspolitik. Sie war auch Verantwortungspolitik mit Blick auf Geschichte, Gegenwart und Zukunft. Die Beziehungen zu den mittel- und osteuropäischen Staaten wurden in der zweiten Hälfte der 1980er-Jahre besonders intensiviert.
Vom 10. bis 13. Januar 1988 weilte Genscher zum Besuch in Polen. Dort betonte er, dass die deutsch-polnischen Beziehungen für ganz Europa von Bedeutung seien, »denn ohne den Vertrag vom Dezember 1970 hätte es zweifelsohne keine Schlussakte von Helsinki gegeben«. Genscher weiter: »Deutschland unterstreiche seine Verantwortung für die Vergangenheit und es sei bereit, sie auch zu tragen.« Polens Außenminister Marian Orzechowski erwiderte, dass der Zweite Weltkrieg auch über Deutschland maßloses Leid gebracht habe und man dies auf polnischer Seite respektieren müsse: »Unsere Beziehungen haben auch eine moralische Dimension.« Genscher antwortete: »Auch ich will nie wieder, daß Menschen in Europa fliehen müssen, so wie meine Frau im Alter von 9 Jahren mit dem Handkarren aus Schlesien fliehen musste.«
Es galt für die westdeutsche Republik weiterhin Priorität auf die westeuropäische Einigungspolitik zu legen bei gleichzeitiger Öffnung zum Osten. Beim Besuch des tschechoslowakischen Außenministers Bohuslav Chnoupek in Bonn am 9. September 1988 machte Genscher klar, dass die Bundesrepublik »jedenfalls Nummer 1 des Integrationsprozesses bleiben« werde: Man wolle aber »die Zäune in Europa nicht höher machen und strebe keine Isolierung vom RGW an«.

4.6 Steigende Arbeitslosigkeit, Staatsverschuldung sowie Skandale in der Bonner Republik und der DDR

In den Jahren 1981/82 hatte sich das Bruttosozialprodukt (»Minuswachstum«) bereits verringert und 1982 real nur die Größe des Jahres 1979 erreicht. Die Arbeitslosigkeit stieg 1981 auf 1,3 und 1982 auf 1,8 Millionen an. Dies war einer der Hauptgründe, warum die sozialliberale Koalition 1982 zerbrochen war. Doch auch die von der CDU/CSU-FDP geführte Regierung unter Kohl konnte dieses Problem nicht lösen. Zwar wuchs 1983/84 das Bruttosozialprodukt wieder und konnten auch die Inflation sowie die staatliche Kreditaufnahme gesenkt werden, doch erreichte die Arbeitslosigkeit einen Höchststand von 2,2 Millionen. Die Gewerkschaften forderten mit dem Argument, dass bei steigender Arbeitsproduktivität, aber ausbleibender Absatzsteigerung die Zahl der Arbeitsplätze zwangsläufig abnehme, die Arbeitszeitverkürzung. Die Tarifauseinandersetzungen um eine Reduktion der Wochenarbeit von 40 auf 35 Stunden führten in der Metall- und Druckerindustrie 1984 zu wochenlangen Arbeitskämpfen. Der erzielte Ausgleich von 38,5 Stunden mit Flexibilisierung der Arbeitszeit wurde auch von anderen Branchen übernommen.

Die Debatte um den Wirtschaftsstandort Deutschland hatte die Perspektive einer weiteren Verkürzung der Wochenarbeitszeit zur Erhaltung von Arbeitsplätzen verändert – dies trotz anhaltend hoher Arbeitslosigkeit. Hohe Lohn- bzw. Arbeitskosten wurden als Wettbewerbsnachteil von Seiten der Arbeitgeber genannt. Flexibilisierung der Arbeitszeit und bessere Auslastung der Maschinen würden höhere Produktivität gewährleisten. Möglichkeiten zur Arbeitszeitreduzierung durch Teilzeitarbeiten wurden mehr angeboten, verschoben aber einen Teil der Verantwortung für gerechte Arbeitsverteilung von der staatlichen auf die individuelle Ebene. Die Arbeitslosigkeit verringerte sich nicht. Hinzu kam die hohe Staatsverschuldung der Bundesrepublik, die dazu führte, dass durch Erhöhung der Wochenarbeitszeit eine Verlängerung der Lebensarbeitszeit für Beamte erfolgte.

Der forcierte ökonomische Wandel, sinkende Wachstumsraten und die fortschreitende Individualisierung waren die großen Herausforderungen für den deutschen Sozialstaat gewesen, wie sie Andreas Wirsching für die 1970er und 1980er-Jahre benannt hat. Gesprochen wurde auch von der Inszenierung einer gesellschaftspolitischen »Wende« im Jahr 1982, deren Verlauf jedoch »im Zeichen der Kontinuität« (Andreas Wirsching) gestanden habe: »Das einzige, was die Regierung Kohl gesellschaftspolitisch tatsächlich versuchte und zwar mit einem insgesamt dreistelligen Milliardenaufwand, galt der Förderung der Familie. Ziele waren eine gesellschaftlich akzeptierte Äquivalenz von Kindererziehung und Erwerbstätigkeit sowie zumindest eine Abschwächung der negativen demographischen Entwicklung. Beides ist gescheitert.«

Im Verlauf der 1980er-Jahre war es auch nicht gelungen, das bundesdeutsche Steuer- und Sozialsystem substantiell zu reformieren. Seit den 1950er-Jahren gab es eine nahezu ungebremste, personenbezogene und versicherungsrechtlich abgefederte wohlfahrtsstaatliche Expansion. Dies bedeutete hohe Ausgaben und steigende Schulden. Hier gab es eine Kontinuität von Adenauer bis Kohl.

In einer Geschichtsdarstellung der Bundesrepublik können öffentlichkeitswirksame Skandale nicht fehlen, weil sie über die politische Kultur und die gesellschaftspolitischen Verhältnisse Aufschluss geben. Auf die *Spiegel*-Affäre wurde kurz bereits eingegangen (Kap. 1.15.4).

Gesellschaftliche Konventionen und politische Tabubrüche machten sich auch an Affären und Skandalen fest. Im Jahre 1951 spielte Hildegard Knef die Prostituierte Marina im Film »Die Sünderin« und erreichte durch eine Nacktszene ihren Durchbruch. Das Thema Sterbehilfe im Film passte nicht in die Zeit. Geistliche warfen Stinkbomben in Kinofoyers, Politiker verteilten Flugblätter, wonach der Film »ein Faustschlag ins Gesicht einer jeden anständigen deutschen Frau« sei. Ostdeutschland blieb auch nicht skandalfrei, nur durfte darüber nicht berichtet werden.

Im Jahre 1957 hatte der DDR-Maschinenbau-Minister Gerhart Ziller vergeblich auf Wirtschaftsreformen gedrängt und den Sturz Ulbrichts geplant. Durch eine Unvorsichtigkeit wurde das vorzeitig bekannt, worauf er sich erschoss. Sein Abschiedsbrief wurde im Politbüro verlesen. »Dann können wir das Ganze ja dem Archiv übergeben«, war Ulbrichts trockener Kommentar. Zillers Mitverschworene Karl Schirdewan und Ernst Wollweber wurden 1958 ihrer Posten enthoben. Das alles blieb aber der Öffentlichkeit verborgen.

Der bundesdeutsche Vertriebenen-Minister Theodor Oberländer musste wegen angeblicher Kriegsverbrechen seinen Platz räumen. Die DDR-Staatssicherheit hatte Dokumente über seine Tätigkeit als Verbindungs- und Geheimdienstoffizier an der Ostfront präsentiert, die mit Fälschungen gewürzt waren, und inszenierte damit in Ost-Berlin einen Schauprozess in Abwesenheit. Über Monate wurde Druck aufgebaut, bis der Beschuldigte im Mai 1960 zurücktrat. Bis zu seinem Lebensende gewann Oberländer mehrere Prozesse gegen Autoren und Journalisten, die die falschen Vorwürfe wiederholten.

Im Jahr darauf löste eine kleine Tablette einen Arzneimittel-Skandal aus. Die Firma Grünenthal bewarb ihre Arznei sowohl als Schlafmittel als auch als Wunderpille gegen »Angst- und Kontaktschwäche«. Mehr als 4.000 Kinder wurden durch »Contergan« mit Missbildungen geboren. Das vermeintlich »völlig ungiftige« Schlafmittel wurde zum folgenreichsten Medizinskandal der Bundesrepublik. Der Streit um angemessene Rentenzahlungen zog sich bis in die jüngere Zeit.

Im Jahre 1962 erschütterte die *Spiegel*-Affäre die Bundesregierung. Aufgrund eines kritischen Artikels über die Bundeswehr mit dem Titel »Bedingt abwehrbereit« wurde auch der Chefjournalist Rudolf Augstein verhaftet. Adenauer sah sich vor »einem Abgrund von Landesverrat«. Verteidigungsminister Strauß musste jedoch in Folge von Verfehlungen zurücktreten.

Die Beschaffungsumstände eines Abfangjägers für die deutsche Luftwaffe waren Mitte der 1960er-Jahre skandalös. Die gegen Expertenrat gekauften 916 »Starfighter« entpuppen sich mit 292 Abstürzen als »Witwenmacher«. 116 Bundeswehr-Piloten starben dabei. Wieder war Strauß im Fokus der Kritik, der nicht nur die

Beschaffung der Düsenjäger, sondern auch den Erhalt von Schmiergeldern zu verantworten hatte.
Das Jahr 1971 bedeutete das schwärzeste Kapitel des Profifußballs: Horst-Gregorio Canellas, Präsident von Kickers Offenbach, lieferte Beweise, dass Spiele gegen Geld verschoben wurden. Sein Klub hatte gegen Schalke 04 2 : 1 gewonnen. Rot-Weiß Oberhausen und Arminia Bielefeld war es dadurch gelungen, den Klassenerhalt zu schaffen. DFB-Chefankläger Hans Kindermann ermittelte, dass 18 Spiele der letzten acht Spieltage in der Saison 1970/71 verkauft und damit verschoben waren. 52 Spieler, zwei Trainer sowie sechs Vereinsfunktionäre wurden bestraft. Bielefeld und Offenbach erhielten keine Bundesligalizenz mehr. Viele Zuschauer blieben fortan aus.
Bereits seit 1971 erhielten Rhesus negative Schwangere in der DDR eine Impfung mit Anti-D-Immunglobulin. Hergestellt wurde es am Blutspende-Institut in Halle. Das Verfahren hatte der Leiter Wolfgang Schubert mit einer Chemikerin entwickelt und dafür 1976 den »Nationalpreis« der DDR erhalten. Im Winter 1978/79 waren die Spritzen jedoch durch Spender verseucht, die für die Herstellung des notwendigen Blutplasmas Hepatitis als eine lebensbedrohliche Lebererkrankung hatten, wodurch junge Schwangere angesteckt wurden. Der Skandal bestand in einer Straftat: Da Geld für neue Impfdosen fehlte und das Gesundheitsministerium Druck ausübte, hatte sich Schubert entschlossen, die infizierte Spenden zu verdünnen, um die Hepatitis-Viren so abzutöten, was nicht gelang: Mehrere tausend Frauen wurden mit Hepatitis C angesteckt und ihre Leiden begannen bald nach der Entbindung. Nicht alle überlebten. Viele kämpften mit den Spätfolgen: Bauch- und Gliederschmerzen, Fieber, Juckreiz und Schwächezustände. Die DDR tat alles, um den Fall zu vertuschen. Den Frauen blieben über ihre Zustände in Unkenntnis und wurden von ihren Familien isoliert. Ein Gerichtsverfahren brachte dann Klarheit und Schubert musste 1979 seinen Arztberuf an den Nagel hängen.
Der mutige Steuerfahnder Klaus Förster löste 1981 in der Bundesrepublik die Flick-Affäre aus. Der Industrielle und Milliardär hatte verbotene Parteispenden geleistet. Alle maßgeblichen Parteien hatten vom »Zahlmeister der Republik« profitiert. Die BRD erschien als gekaufte Republik (s. unten).
In den 1980er-Jahren erschütterten weitere Skandale die durch Parteiklientel belastete und schon vom Parteifilz durchzogene Bonner Republik. Einer der größten Skandale im deutschen Weststaat war die Neue Heimat Affäre: Am 23. Januar 1983 veröffentlichte der Konzern Auszüge aus einem unabhängigen Gutachten der Wirtschaftsprüfer-Gesellschaft »Treuarbeit« aus dem hervorging, dass der ehemalige Vorstandschef Albert Vietor durch Privatgeschäfte dem Unternehmen einen Verlust von 105 Millionen D-Mark bereitet hatte. Das gewerkschaftliche Unternehmen musste verkauft werden.
Eine der einflussreichsten Firmenzusammenschlüsse in der Bundesrepublik, die Flick-Gruppe, erwirtschaftete 1975 beim Verkauf von Daimler-Benz-Aktien einen Erlös von 1,9 Milliarden D-Mark, die regulär mit einem Höchststeuersatz von 56 % zu versteuern gewesen wären, von denen jedoch ein Betrag von 1,5 Milliarden D-Mark so-

gleich wieder investiert wurde. Für die Neuveranlagung beantragte die Flick-Gruppe gesetzesgemäß Steuerbefreiung. Die Anträge wurden bewilligt. Bundeswirtschaftsminister Hans Friderichs und sein Nachfolger Otto Graf Lambsdorff (beide FDP) hatten bestätigt, dass die Investition von volkswirtschaftlich besonderer Würdigung sei. 1983 leitete die Staatsanwaltschaft in Bonn ein Verfahren gegen beide Minister wegen Bestechlichkeit ein. Mit dem gleichen Delikt wurde der ehemalige persönlich haftende Flick-Gesellschafter Eberhard von Brauchitsch konfrontiert. Laut Anklage sollte er durch Zahlung von rund einer halben Million D-Mark an Friderichs und Lambsdorff auf deren Entscheidungen über die Steuervergünstigungen eingewirkt haben. Nach Eröffnung des Hauptverfahrens trat Lambsdorff 1984 zurück. Das Bonner Landgericht fällte im Februar 1987 ein rechtskräftiges Urteil, wonach alle drei Angeklagten vom Vorwurf der Bestechung bzw. Bestechlichkeit zwar freigesprochen, jedoch wegen Steuerhinterziehung bzw. Beihilfe dazu verurteilt wurden: Brauchitsch wurde zu zwei Jahren Freiheitsstrafe auf Bewährung und 550.000.– D-Mark Geldbuße, Lambsdorff zu einer Geldstrafe von 180.000.– D-Mark und Friderichs zu einer Geldstrafe von 61.500.– D-Mark verurteilt.
Die Flick-Affäre führte 1984 auch zum Rücktritt von Bundestagspräsident Rainer Barzel. Sie stand im Kontext von Parteispenden, wobei sich bald herausstellte, dass CDU, CSU, FDP und SPD gleichermaßen gesetzeswidrig unversteuerte Spenden vielfach über den Umweg gemeinnütziger Organisationen entgegengenommen und damit der Vorschrift zur Nennung der Großspender zuwidergehandelt hatten. Der Versuch der christlich-liberalen Regierung, im Eilverfahren ein Amnestiegesetz für Spender und Parteifunktionären zu erlassen, wurde von der Parteibasis der Freidemokraten abgewendet. Das einflussreiche Unternehmen »Flick«, das schon durch finanzielle Zuwendungen in den 1930er-Jahren Parteipolitik zu seinen Gunsten zu steuern versuchte, wurde zum Symbol von Dekadenz, Filz und Werteverfall der Parteien-Demokratie. In der öffentlichen Debatte wurde die Frage aufgeworfen, ob die Bonner Republik käuflich sei und die Politik durch finanziellen Einfluss von potenten Einzelpersonen manipuliert würde. Die enge Verflechtung von Wirtschaft und Politik wurde in der Öffentlichkeit zwar medial angeprangert, es sollte sich aber strukturell nur wenig Durchgreifendes ändern, wie der 1999 aufgedeckte Parteispendenskandal in der CDU zeigen sollte. Ein weiterer Fall von parteipolitischer Kulturlosigkeit erschütterte die Bonner Republik durch Vorgänge in Kiel. Das Watergate der Bundesrepublik war die Affäre an der »Waterkant«.
Kurz vor der Landtagswahl in Schleswig-Holstein, am 12. September 1987, meldeten Fernsehen und Rundfunk sowie der bald darauf erscheinende *Spiegel* eine unfassbare Story: CDU-Ministerpräsident Uwe Barschel soll seinen Medienreferenten und Wahlkampfleiter Reiner Pfeiffer beauftragt haben, gegen den SPD-Spitzenvertreter und Oppositionsführer Björn Engholm eine anonyme Strafanzeige wegen Steuerhinterziehung zu stellen, diesen durch ein Detektivbüro zu beschatten und eine »Wanze« in Barschels Diensttelefon einzubauen, um dies SPD und Engholm vorzuwerfen und anderes mehr. Die Landtagswahl am 13. September bedeutete für die CDU den Verlust der absoluten Mehrheit, sodass im Vergleich mit den übrigen

Parteien ein Gleichstand in der Sitzverteilung gegeben war. Barschel stritt alle Beschuldigungen ab und gab im TV sein Ehrenwort. Sie seien »erstunken und erlogen«, obwohl ein Untersuchungsausschuss und staatsanwaltliche Erhebungen gegen ihn sprachen. Aus der über Wochen anhaltenden Debatte zog er schließlich die Konsequenzen und trat Anfang Oktober 1987 als Ministerpräsident zurück. Zehn Tage später fanden Journalisten des deutschen Wochenmagazins *Stern* die Leiche Barschels im Zimmer des Genfer Nobelhotels Beau Rivage. Die Schweizer Organe argumentierten mit Selbstmord und beharrten auf diesem Standpunkt auch nachdem die Familie des Toten aufgrund der dubiosen Begleitumstände von einem Mord ausging. Im Abschlussbericht des Untersuchungsausschusses des schleswig-holsteinischen Landtags vom 5. Februar 1988 hieß es, »dass Teile der Staatskanzlei und der Pressestelle der Landesregierung widerrechtlich zur Wahlkampfführung für den CDU-Spitzenkandidaten missbraucht« worden seien. Die kritische Nachforschung durch die Presse wurde gewürdigt und eine Reihe von Änderungen der Landesverfassung vorgeschlagen. Gemunkelt wurde über Machenschaften, die über den Wahlkampf in Schleswig-Holstein hinausgingen, u. a. Waffengeschäfte mit der DDR und damit in Zusammenhang stehende Erpressungsversuche. Jahre später musste Engholm als neuer Ministerpräsident von Schleswig-Holstein zugeben, dass er entgegen seinen Angaben von dem Skandal viel früher gewusst hatte und die Sache quasi laufen ließ, um daraus parteipolitisches Kapital zu schlagen. Er musste ebenfalls die Konsequenzen ziehen und trat 1993 auch in seiner Funktion als Bundesvorsitzender der SPD zurück.
Im Jahre 1988 hielt das Gladbecker Geiseldrama die Republik in Atem, das drei Menschenleben kostete. Die Bankräuber gaben Live-TV-Interviews von einem gekidnappten Autobus, was zu einer Schuld-Debatte über das Verhalten der Medien führte. Im Jahre 2004 wurde der Deutsche Bank-Chef Josef Ackermann im Mannesmann-Prozess im Falle der Untreue in Millionenhöhe freigesprochen, was den Vorwurf der »Klassenjustiz« aufkommen lässt.

4.7 Weder Glasnost noch Perestroika in der DDR, Honecker-Besuch in Bonn, SED-Repression, Kirchenopposition und erste Anzeichen der Erosion

Im Kontext des NATO-Doppelbeschlusses und der Kontroverse um die Stationierung von US-Mittelstreckenraketen in der Bundesrepublik betonten beide deutschen Staaten, von deutschem Boden dürfe nie mehr Krieg ausgehen. Das Wort von der »deutsch-deutschen Verantwortungsgemeinschaft« machte die Runde. Das SED-Regime hielt auch nach dem Bonner Regierungswechsel am Bemühen fest, die verschärfte weltpolitische Ost-West-Spannung möglichst wenig auf das deutsch-deutsche Verhältnis einwirken zu lassen – mit Blick auf die finanzielle und ökonomische Abhängigkeit von der Bundesrepublik aus nachvollziehbarem und gutem Grund. Das

Bewusstsein von der »deutsch-deutschen Verantwortungsgemeinschaft« erfolgte seitens der DDR nicht aus deutschlandpolitischem Altruismus, sondern aus Gründen der eigenen Existenzsicherung.
Zu Beginn des Jahres 1984 übernahm der Berliner Senat die S-Bahn in West-Berlin von der DDR. Über 10.000 DDR-Bürger konnten im gleichen Jahr auf ihren Wunsch in die Bundesrepublik ausreisen. Gehäufte Spionagefälle 1985 blieben ohne größeren Einfluss auf das Verhältnis zwischen Bonn und Pankow. Man hatte sich in der deutschen Zweistaatlichkeit eingerichtet und diese für »normal« gehalten.
Nach dem rasch folgenden Ableben von Juri Andropow und Konstantin Tschernenko als Nachfolger Breschnews wurde 1985 Gorbatschow neuer Generalsekretär des ZK der KPdSU. »Glasnost« (Öffnung) und »Perestroika« (Umbau) lauteten die Stichworte seiner Politik, die auf Reformen in der Ökonomie, Politik und Gesellschaft der UdSSR hinauslaufen sollten. Die im Vergleich zum Westen rückständige Wirtschaft sollte durch Aufgabe von zentralen Steuerungselementen, Genehmigung begrenzten Privateigentums und Elemente der Marktwirtschaft eine Leistungssteigerung erfahren. Neben den ökonomischen Neuerungen sollte unter Beibehaltung des Herrschaftsmonopols und der Führungsrolle der KPdSU eine Demokratisierung des politischen Systems, u. a. durch Aufstellung mehrerer Kandidaten für Wahlen und die Betonung der Eigenverantwortlichkeit auf unteren Ebenen, eingeleitet werden. Der umfassende Reformvorgang würde, so Gorbatschow, durch Öffnung der Gesellschaft und eine breit angelegte Diskussion in Gang gesetzt und fortgeführt werden. Alle Medien sollten durch »Glasnost« zur öffentlichen Debatte und politischen Transparenz beitragen, d. h. Meinungsbildung und Entscheidungsfindung durchsichtig machen, Einwände und Kritik der Öffentlichkeit, z. B. zu Systemschwächen und Strukturdefiziten wie der Konsumgüterversorgung oder Konflikten wie beispielsweise die Frage der Minderheiten, zulassen. Die Geschichte der UdSSR unter dem roten Alleinherrscher und Diktator Stalin wurde nun auch kritisch beleuchtet. Die KPdSU gab im internationalen Kontext ihre Hegemonialposition unter den kommunistischen Parteien auf, rückte von der Breschnew-Doktrin ab und verfocht fortan die Auffassung von der Souveränität der kommunistischen Staaten.
Die DDR sah in der letzten Botschaft eine Argumentationsgrundlage, um sich von Gorbatschows »Glasnost« und »Perestroika« zu distanzieren und ihren politischen Kurs unabhängig davon fortzusetzen. Im ökonomischen Bereich argumentierte die SED, dass viele der Reformen Gorbatschows in der DDR bereits vollzogen seien, sie nicht die Defizite der Sowjet-Wirtschaft aufweise und unter den sozialistischen Staaten eine Spitzenstellung innehabe.
Mit dieser Status quo-orientierten Position und ihrer machtpolitischen Verblendung versäumte die gealterte, ja mitunter schon vergreiste SED-Führungsriege die historische Chance eines »Neuen Kurses«, d. h. einer öffentlichkeitswirksamen Politik der Erneuerung der DDR, die in den Jahren von 1985/86 bis 1988/89 zumindest noch hätte inszeniert werden können und damit optisch zur Schau zu tragen gewesen wäre. Eine solche Politik der echten Wende hätte die dann abrupt erfolgende sogenannte »Wende« (ein Wort aus dem Munde von Honecker-Nachfolger Egon

Krenz) von 1989/90 möglicherweise noch auffangen, abfedern oder anders gestalten können. Eine wirklich durchgreifende Reformpolitik à la Gorbatschow wie in der UdSSR war in der DDR aber weder strukturell noch personell möglich. Die Apparate der Repression waren so fest gefügt, die SED weder willens noch bereit, von ihrem historisch gewachsenen Herrschaftsmonopol abzurücken, die Substanz des Staates weitgehend aufgebraucht und dieser selbst beim Westen hoffnungslos verschuldet. Es fehlte somit nicht nur an Bereitschaft, sondern auch an Fähigkeit zur Erneuerung. Hinzu kam der scheinbar große außenpolitische Anerkennungserfolg durch die Einladung zum Besuch Honeckers nach Bonn im Jahre 1987, der nicht wenigen DDR-Bürgern das Gefühl der völligen Anerkennung und gänzlichen Gleichberechtigung mit der BRD vermittelte und sie mit Genugtuung und Stolz erfüllte. Die DDR schien auf dem Höhepunkt ihres Erfolgs und ihrer Macht, tatsächlich aber bewegte sie sich am Rande des finanziellen Abgrunds und stand wenige Jahre vor ihrem totalen gesellschaftlichen, politischen und moralischen Zusammenbruch.

Historisches Ereignis: Honecker besucht die BRD 1987

Nach langwierigen und zählebigen Sondierungen war es zu dieser bemerkenswerten deutsch-deutschen Begegnung gekommen. Für die DDR-Führung bedeutete der Arbeitsbesuch des Staatsratsvorsitzenden und SED-Generalsekretärs in der BRD, der vom 7. bis 11. September 1987 absolviert wurde, den Gipfelpunkt des internationalen Prestiges. Honecker wurde in der Bonner Republik mit allen protokollarischen Ehren empfangen, die einem Staatsoberhaupt eines souveränen Staates zustanden. In Bonn fanden Gespräche zwischen Honecker, Weizsäcker, Kohl und weiteren hochrangigen Politikern statt. Der DDR-Staats- und SED-Parteichef versicherte, die »Normalisierung« des Verhältnisses zwischen den beiden deutschen Staaten weiter zu fördern. Das galt auch für einen zunehmenden kulturellen Austausch und Auftritte von Popmusikern aus dem Westen in der DDR. Ein solches Konzert fand z. B. mit Udo Lindenberg im »Palast der Republik« statt, der Honecker auch bei seinem BRD-Besuch die Aufwartung machte. Der Liedermacher widmete sogar einen eigens für diese Thematik komponierten Song mit dem Titel »Sonderzug nach Pankow«, in dem es hieß, dass »Honnie« in Wirklichkeit auch ein »Rocker« sei, sich die »Lederjacke« anziehe und heimlich auf dem Klo »Westradio« höre.
In Wiebelskirchen im Saarland, nahe seinem Geburtsort Neunkirchen, ließ Honecker seinen Gefühlen freien Lauf und bekannte, dass die Grenzen die Deutschen eines Tages »nicht mehr trennen, sondern vereinen« könnten. Beim Staatsempfang in Bonn wahrte Kohl die Fassung, fand verbindliche, aber auch klare Worte. In seiner Tischrede vom 7. September 1987 hielt er in seiner pragmatischen und realpolitischen Art fest: »Konzentrieren wir uns in diesen Tagen auf das Machbare, und bleiben wir uns auch einig, die zurzeit unlösbaren Fragen nicht in den Vordergrund zu stellen.« Er sprach aber auch als Deutscher und Patriot, wenn er festhielt: »Die Menschen in Deutschland leiden unter der Trennung. Sie leiden an einer Mauer, die ihnen buchstäblich im Wege steht und die sie abstößt.« Neben Bonn und Neunkirchen besuchte Honecker Nordrhein-Westfalen, Rheinland-Pfalz und Bayern. In Trier besichtigte er das Karl Marx-Haus. Der außenpolitische Triumph Honeckers in der BRD konnte jedoch nicht darüber hinwegtäuschen, dass das DDR-System nicht nur ökonomisch marode war, sondern auch politisch erodierte.

Schon zehn Jahre zuvor, am 6. März 1978, hatte Honecker bei einer Begegnung mit dem Vorstand des Evangelischen Kirchenbunds eingeräumt, die SED-Auffassung vom Absterben der Religion im Sozialismus zu modifizieren und die Kirche in der DDR als eigenständige, weitgehend autonome und von den evangelischen Kirchen in der BRD unabhängige Organisation mit gesellschaftlicher Bedeutung im Sozialismus anzuerkennen. Trotz des Zugeständnisses kirchlicher Sendungen in Radio und Fernsehen hielten Kontroversen und Reibungen im Verhältnis zur SED an. Als »Kirche im Sozialismus« insistierte die Kirchenführung auf den unüberbrückbaren weltanschaulichen Gegensatz zu Staat und Partei, verzichtete aber als Gesamtorganisation im Unterschied zu einzelnen Kirchenmitgliedern auf Oppositionspolitik.

Am 15. Januar jeden Jahres wurde in der DDR offiziell der 1919 erfolgten Morde an Rosa Luxemburg und Karl Liebknecht durch rechtsextreme Freikorpsangehörige gedacht. Luxemburg und Liebknecht hatten die KPD begründet, gehörten zu den ideologischen Leitfiguren der DDR und boten den Legitimationsstoff für den »Arbeiter- und Bauernstaat«, dem ersten sozialistischen Staat auf deutschem Boden. Die Begehung des Jahrestags verlief 1988 anders. Im Verlauf der offiziellen Kundgebung gab es am 17. Januar eine Gegendemonstration von Ausreisewilligen, Bürgerrechtlern und Einzelpersonen, die sich auf das demokratische Erbe Luxemburgs beriefen und Transparente mit der Losung »Freiheit ist immer die Freiheit des anders Denkenden« trugen. Das nervös gewordene DDR-Regime, das schon zuvor Angehörige dieser regimekritischen Zirkel verhaftet und temporär festgesetzt hatte, interpretierte das couragierte Auftreten dieser Gegendemonstranten als »Konterrevolution« und schlug brutal zu. Über 120 Demonstranten wurden aufgegriffen und einige wegen »Zusammenrottung« im Schnellverfahren zu Haftstrafen bis zu einem Jahr verurteilt. Gegen 54 DDR-Bürger wurde aufgrund »landesverräterischer Tätigkeit« ermittelt. Mit der Option einer späteren Rückkehr in die DDR wurden sie in die BRD abgeschoben, so der Liedermacher Stefan Krawczyk und die Regisseurin Freya Klier.

Nach dem brutalen Eingreifen der Staatssicherheit gegen die Zionsgemeinde in Ost-Berlin 1987 und die Gegendemonstranten während der Luxemburg-Gedenkfeiern 1988 setzten sich offensivere Kräfte in der Kirche durch. Der Protest ging vor allem von Jugendlichen aus. Er richtete sich gegen die staatliche Willkür, die Überwachungen und Verhaftungen durch die Stasi sowie Abschiebungen von Oppositionellen. Der Unmut und die Wut führten zu überfüllten Gottesdiensten und Kundgebungen unter dem schützenden Dach der Kirche, wo in Fürbitten und Mahnwachen der Inhaftierten gedacht und ihre Freilassung gefordert wurde. Die DDR sollte vor der größten inneren Zerreißprobe seit dem 17. Juni 1953 stehen.

Die Tendenzen des Aufbegehrens und Protestes in der DDR wurden in Bonn nicht in ihrer Tragweite mit Blick auf die Folgen für die deutsch-deutschen Beziehungen in unmittelbar bevorstehender Zeit erkannt, wobei Innen- und Parteipolitik Vorrang vor der Deutschlandpolitik genossen, wie Österreichs Botschafter Friedrich Bauer in Bonn im April 1988 beobachtete. Ängstlichkeit, Behutsamkeit und Vorsicht standen im Vordergrund. Regierungsvertreter, selbst der politische Staatssekretär im innerdeutschen Ministerium, gaben ihm zu verstehen, dass »eine Wiedervereinigung der-

zeit nicht absehbar« sei. Bundeskanzler Kohl plädierte für »Augenmaß, Nüchternheit und Geduld«. Auf der einen Seite bestand der verfassungsrechtliche Auftrag der Wiederherstellung der Einheit, auf der anderen Seite die Sorge, politisch extreme Gruppen könnten das Thema besetzen, v. a. dass das rechte Spektrum zu Lasten der CDU/CSU an Zulauf gewinne, wie Bauer berichtete. Die SPD habe hingegen immer weniger Interesse an der »Wiedervereinigungsfrage«. Bahr spreche von zwei getrennten Friedensverträgen und befinde sich in der eigenen Partei im Abseits. Er und Brandt seien nach dem Mauerbau entmutigt gewesen und hätten den Glauben an eine Wiedervereinigungspolitik verloren. Die Bundesregierung in Bonn sah der österreichische Vertreter auf einem schwierigen Balance-Gang, »stets über die Deutschlandfrage zu reden, ohne in der Öffentlichkeit übertriebene Hoffnungen oder Illusionen wecken zu dürfen«. Die »überwiegende Mehrheit der bundesdeutschen Politiker aller Parteien« sehe »keine konkreten Aussichten auf die Wiedervereinigung«. Bauer erkannte den rhetorischen Anspruch und die politische Realität:
»Es geht in Wirklichkeit nur um Aufrechterhaltung von Wiedervereinigungsansprüchen, derer man sich international nicht verschweigen möchte; im Übrigen soll die deutsche Frage durch pragmatische Schritte zur Aufrechterhaltung und Verbesserung der Kontakte und Beziehungen zwischen den Menschen, was in Bonn als Voraussetzung für die Erhaltung eines einheitlichen Nationalgefühls betrachtet wird, offengehalten werden. In dieser praktischen Ausformung der Politik hat seit 1982 ›keine Wende‹ stattgefunden.«

5. Wiederkehr der »Deutschen Frage« und Vereinigung Deutschlands (1989/90)

5.1 Hintergründe und Voraussetzungen der Veränderungen in Ostdeutschland

Die revolutionären Umwälzungen erreichten in der Mitte und im Südosten Europas 1989 einen Höhepunkt. Die kommunistischen Systeme mussten allesamt ihr Machtmonopol aufgeben und lösten sich nacheinander auf. Zum politisch-ideologischen Fiasko hatten die ökonomische Dauerkrise des Staatssozialismus, die Politik der Entspannung des KSZE-Prozesses und des gezielten Embargos sowie die kostspielige Aufrüstungspolitik der NATO wesentlich beigetragen.

Frankreichs Staatspräsident François Mitterrand meinte in seiner Neujahrsansprache 1990, die Ereignisse überträfen in ihrer Bedeutung alles, was man seit dem Zweiten Weltkrieg erlebt habe und reihten sich in die herausragenden Momente der Geschichte ein. Wenige Wochen zuvor hatten KPdSU-Generalsekretär Michail S. Gorbatschow und US-Präsident George H. W. Bush (Senior) vor der Mittelmeerinsel Malta den Kalten Krieg für beendet erklärt, was in der Charta von Paris am 21. November 1990 für ein neues Europa offiziell deklariert werden sollte.

Der US-Politologe Francis Fukuyama sprach so irreführend wie missverständlich vom »Ende der Geschichte«. Er meinte damit den endgültigen Sieg und Triumphzug der westlich-liberalen Demokratie und das Verschwinden weltanschaulicher Gegensätze, was sich alsbald als fraglich erwies, denn 1989 bedeutete nach der Revolution im Iran 1979 die Freilegung eines radikal islamischen Fundamentalismus. Was zu Ende ging, war die Bipolarität der internationalen Beziehungen.

Noch im Januar 1989 hatte Honecker allen Ernstes behauptet, die Mauer würde noch in 50 oder 100 Jahren stehen. Die reformfreudige Sowjetunion unter Michail S. Gorbatschows, dem seit 1985 amtierenden Generalsekretär der KPdSU, musste die DDR förmlich nötigen, das Schlussdokument der Wiener KSZE-Nachfolgekonferenz zu unterfertigen, welches u. a. das Recht auf Ausreise aus jedem Land, verbunden mit der Möglichkeit der Rückreise, vorsah. Honecker wurde von dem Bürgerrechtler und späteren Bundestagspräsidenten Wolfgang Thierse als »störrischer, uneinsichtiger, kleinkarierter Mensch und Politiker« beschrieben. Honecker begriff weder Gorbatschow mit seinen Reformen (über dessen Sinn und Zweckmäßigkeit sich streiten ließ), noch was sich im eigenen Lande an Veränderungen, an Opposition und

innerer Differenzierung selbst in der SED vollzogen hatte. Er erschien am Ende als traurig starrsinnige und vergreiste Gestalt.
Beim Besuch Kohls in Moskau vom 4. bis 6. Juli 1983 drohte der greise Breschnew-Nachfolger Juri Andropow noch mit dem Dritten Weltkrieg und dem Aufbau eines Raketenzauns. Nach Andropows Tod stand mit Konstantin Tschernenko abermals ein sehr alter und gesundheitlich angeschlagener Mann an der Spitze der UdSSR, der alsbald starb. Kanzlerberater Horst Teltschik erinnert sich, wie froh man in den westlichen Hauptstädten war, »als nach drei alten Sowjet-Führern endlich ein gesunder jüngerer Mann in Moskau ans Ruder kam«. Der Bundeskanzler fand zunächst nicht den richtigen Ton. Als »kapitale Dummheit« bezeichnete Kohl rückblickend sein verunglücktes Interview mit dem amerikanischen Wochenmagazin *Newsweek* am 27. Oktober 1986, in dem er Gorbatschow mit Hitlers Reichspropagandaminister Joseph Goebbels verglichen hatte, worauf zwischen Moskau und Bonn politische Eiszeit angesagt war.
Der KPdSU-Generalsekretär wollte die Bundesrepublik daraufhin isolieren und dem Bundeskanzler eine Lektion erteilen. Die Beziehungen waren wieder von Irritationen und Spannungen gekennzeichnet. Sie konnten erst nach großen Anstrengungen, u. a. durch Vermittlung und Gespräche von Bundespräsident Richard von Weizsäcker, abgebaut werden. Es blieb aber nach deren Lösung ein anhaltendes Misstrauen, das Gorbatschow – noch im Jahr der deutschen Einigung 1990 – gegenüber Kohl empfand. Dabei beeinflusste ein dezidierter Antiamerikanismus die sowjetische Europa- und Amerika-Politik.
US-Präsident Ronald Reagan hielt bei seinem Besuch anlässlich der 750-Jahresfeier von Berlin im Westen der Stadt am 12. Juni 1987 eine Rede, in der er den Sowjetführer bewusst und gezielt mit zwei Sätzen aufforderte: »Mister Gorbatchev open this gate! Mr. Gorbatchev tear down this wall!« Der Auftritt des US-Präsidenten war begleitet von jugendlichen und studentischen Protestaktionen und nur unter strengsten Sicherheitsvorkehrungen möglich.
Die Reise des Bundespräsidenten nach Moskau vom 6. bis 11. Juli 1987 bewirkte dann eine Entkrampfung und Normalisierung der bundesdeutsch-russischen Beziehungen. Gorbatschow erklärte gegenüber von Weizsäcker, die Geschichte entscheide einst die deutsche Frage, und damit war sie für offen erklärt.
Kohl fand sodann eine gemeinsame Sprache mit Gorbatschow. Bei seinem Besuch in Moskau vom 24. bis 27. Oktober 1988 konnte das Eis gebrochen werden. Ganz privat war Kohl im gleichen Jahr in die DDR gereist, um sich ein Bild von Land und Leuten zu machen. Bei seinem aufsehenerregenden Besuch im anderen Teil Deutschlands konnte er vereinzelt Kontakt zu den Menschen suchen. Spätestens seit diesem Jahr verfolgte der Kanzler eine Langzeitstrategie in der Lösung der deutschen Frage.
Gorbatschow besuchte vom 12. bis 15. Juni 1989 Bonn und verkündete vor dem Rathaus einer jubelnden Menschenmenge, dass die Mauer nicht auf Ewigkeit errichtet und ohne die Bundesrepublik ein »gemeinsames Haus Europa« nicht möglich sei. Eine gemeinsam verabschiedete Erklärung sprach von sowjetischer Seite erstmals das Selbstbestimmungsrecht der Völker auch allen Deutschen zu sowie von der

Gültigkeit des internationalen Völkerrechts nach innen und nach außen. Diese Feststellungen mussten auch Auswirkungen auf die DDR haben.
Die politischen Veränderungen in der DDR ließen nicht mehr so lange auf sich warten. Sie standen zeitlich gesehen in der Mitte der revolutionären Ereignisse in Mittel- und Osteuropa. Die Deutschen machten bei den Umsturz-Bewegungen nicht den Anfang, sondern folgten Polen und Ungarn. Die polnische Gewerkschaftsorganisation »Solidarność« hatte bereits seit 1980 zur Aufweichung der kommunistischen Herrschaft in Polen beigetragen. In Ungarn hatte seit 1987/88 eine spürbare Liberalisierung des ökonomischen und politischen Systems eingesetzt.
Die Öffnung der Grenzübergänge in Berlin in der Nacht vom 9. auf den 10. November 1989 entwickelte sodann politische Schubkraft für die Umwälzungen in der Tschechoslowakei und Rumänien. Die Freiheitsbewegungen, die sich schon vor 1989 in Polen und in Ungarn Bahn gebrochen hatten, wirkten stimulierend für den Aufbruch und Umbruch in der DDR und in der ČSSR. Die revolutionären Ereignisse, denen nicht immer unmittelbare revolutionäre Ergebnisse folgten, hatten mehrere Ursachen.
Wichtigster Hintergrund waren die versuchten Reformen des seit dem 10. März 1985 neu amtierenden KPdSU-Generalsekretärs Gorbatschow. »Glasnost« und »Perestroika« sollten nicht nur zur Erneuerung und Öffnung der sowjetischen Gesellschaft beitragen, sondern alsbald auch block-interne und außenpolitische Dimensionen annehmen. Die Folge war ein partieller Rückzug Moskaus von globalen Verpflichtungen sowie die Bereitschaft des Kreml zur Abrüstung. Die sogenannte Breschnew-Doktrin wurde aufgegeben und den sozialistischen »Bruderstaaten« erstmals eine selbstständige Entwicklung der inneren Verhältnisse zugestanden. Die Reformbestrebungen Gorbatschows in der Sowjetunion verliehen den Andersdenkenden im so genannten »Ostblock« politische Motivation und moralische Legitimation.
Die Gewerkschaftsbewegung »Solidarność« war in Polen nur mit Verhängung des Kriegsrechts im Dezember 1981 und damit auch nur vorläufig zu unterdrücken. Sie wurde für das kommunistische Regime als Machtfaktor immer gefährlicher und verboten, wirkte aber im Untergrund geheim weiter. In Ungarn hatten Reformkommunisten marktwirtschaftliche Prinzipien in die Wirtschaftspolitik eingeführt. Die sich seit Mitte der 1970er-Jahre formierenden Bürgerrechtsgruppen, wie die »Charta 77« in der ČSSR, beriefen sich auf die KSZE-Schlussakte von 1975 und forderten von den kommunistischen Einparteienregimen demokratische Freiheitsrechte.
Zu den Voraussetzungen der Umbrüche 1989 ist auch die westeuropäische Integration zu rechnen. Mit der Einheitlichen Europäischen Akte (EEA, in Kraft 1987) hatten die zwölf Mitglieder der Europäischen Gemeinschaften festgelegt, bis zum 31. Dezember 1992 den »Binnenmarkt« zu schaffen. Hinzu kam das Projekt des Europäischen Wirtschaftsraums (EWR), der in Form einer multilateralen Assoziation der EFTA- mit den EG-Staaten den größten einheitlichen Wirtschaftsraum der Welt bilden und mit der NAFTA in den USA und dem MERCOSUR in Lateinamerika Nachahmer finden sollte. Die wirtschaftliche Einigung im Westen des Kontinents wirkte auf die Sowjetunion und ihre Verbündeten anziehend.

5.2 Wirtschaftlicher Niedergang, Botschaftsbesetzungen, Radikalisierung und gelungene Massenflucht über Ungarn

Die DDR galt lange als politisch stabil. In Wirklichkeit war ihre ökonomische Lage schon in den 1980er-Jahren prekär. Die Tatsache, dass der deutsche Oststaat nicht über ausreichend Fremdwährungen verfügte – Inlandspapiergeld gab es zwar genug, dies verschleierte aber nur diesen Befund – und quasi hohe Auslandsverschuldung und extreme Devisen-Knappheit bestanden, wurde von den Menschen in Ost- wie Westdeutschland lange Zeit nicht realisiert. Ein deutlicher, ja eindeutiger Hinweis auf die katastrophale Finanz- und Wirtschaftslage des SED-Staats war bereits am Beispiel der ostdeutschen Devisenbeschaffung mittels Freikäufen von politischen Gefangenen durch die Bundesrepublik erkennbar. Menschenhandel war demnach notwendig geworden, damit sich das Honecker-Regime weiter westliche Fremdwährungen sichern konnte. Der Schuldenstand war dramatisch angestiegen. Eine schleichende Erosion der Ideologie setzte ein, die nicht mehr konform mit der Realität des real-existierenden Sozialismus ging. Der Konsumsozialismus der 1970er-Jahre neigte sich seinem Ende zu.
Die wirtschaftliche Entwicklung der BRD wird im Vergleich zur DDR mit Blick auf die abgeschwächten Zuwachsraten des realen Nationaleinkommens (DDR) und des realen Bruttoinlandsprodukts (BRD) erkennbar (Grafik 9). Letztere Zuwachsraten sanken von ca. 8 % in der Nachkriegszeit bis auf ein Drittel herab. Der Abwärtstrend begann schon in den 1950er-Jahren, pendelte sich dann aber auf eine Größe um 2 % in den 1970er-Jahren ein. Ein klarer Wachstumsrückgang erfolgte im Nationaleinkommen der DDR bis zum Bau der Mauer. Danach folgte eine Phase der Stabilisierung, der sich wieder ein Abwärtstrend in der Ära Honecker anschloss. Ab den 1980er-Jahren – hier spielten die von bundesdeutschen Banken gewährten Milliardenkredite auch eine Rolle, die Bayerns Ministerpräsident Franz-Josef Strauß eingefädelt hatte (aber auch Österreich hatte zuvor schon einen solchen ermöglicht, Maximilian Graf) – folgte wieder ein leichter Zuwachs.

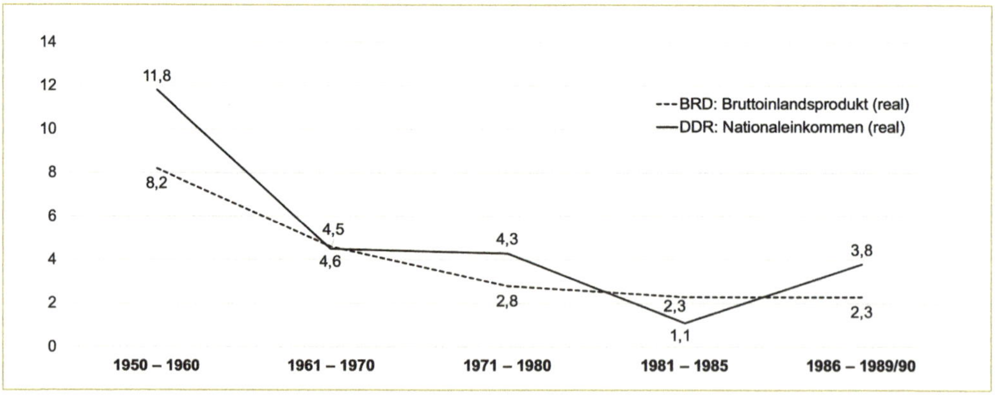

Grafik 9: Vergleich der Entwicklung in Prozent zwischen dem Nationaleinkommen in der DDR und dem Bruttoinlandsprodukt in der BRD

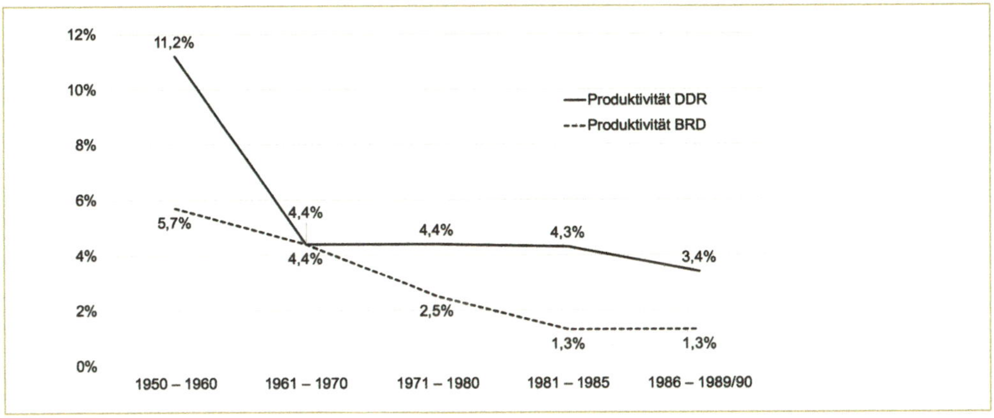

Grafik 10: Produktivität in der DDR und Produktivität in der BRD im Vergleich

Die DDR hatte demzufolge über ihre Verhältnisse gelebt. Das Konsumverhalten ihrer Bürgerinnen und Bürger war zu ausgeprägt. Beide deutschen Staaten waren aber auch von einem tendenziellen Rückgang des Zuwachses des BIP bzw. des NE betroffen. Es wuchs zwar weiter, aber nicht mehr so stark.

Der Vergleich der wirtschaftlichen Entwicklung der BRD und der DDR zeigt aufschlussreiche Trends (Grafik 10). Die Produktivität der DDR sank bis zum Bau der Mauer dramatisch ab. Der Exodus von Werktätigen ist hier eines der gravierenden Probleme gewesen: Junge Leute, Erwerbstätige, Facharbeiter, Leute mit Perspektive und Ambition verließen den ostdeutschen Staat. Nach dem Bau der Mauer setzt eine Konsolidierung der Produktivität ein. Der Stand von 1961 wurde gehalten, brach dann aber Anfang der 1980er-Jahre wieder ein und sank von 4,3 auf 3,4 %.

Die Bundesrepublik erlebte erstaunlicherweise auch einen Produktivitätsrückgang, der allerdings nicht so drastisch war. Vom extrem hohen Niveau der 1950er-»Wirtschaftswunder«-Jahre begannen mit den 1960er-Jahren Rückgang und Rezession. Seit den 1970er-Jahren befand sich die Weltwirtschaft in einer Krise, die von Erdölschocks, Rezession und Konjunktureinbrüchen gekennzeichnet war. Von den 1980er-Jahren hielt die Bundesrepublik den Stand bis zur deutschen Einigung. Im Westen pendelte sich die Produktivität nach ihrer Absenkung auf ein gleichbleibendes Niveau ein. Nach dem Bau der Mauer erfuhr die DDR eine Abschwächung der bis dato dramatischen Produktivitätskrise.

Bei den Zuwachsraten der Exporte wird klar, dass die bundesdeutschen Ausfuhren stark nachließen (Grafik 11). Man fragt sich, ob es sich um einen »Exportweltmeister« handelt, wenn die Zuwächse der 1950er-Jahre von 13,5 % auf zirka die Hälfte in den 1960er-Jahren zurückgingen. Sie entwickelten sich in den 1970er-Jahren im Zeichen der Weltwirtschaftskrise noch weiter zurück. Wenn die Exporte ursprünglich extrem hoch waren, spielt ein gewisser Rückgang prozentual kaum eine Rolle. Sodann blieben die Zuwachsrate relativ konstant bis zur deutschen Einigung.

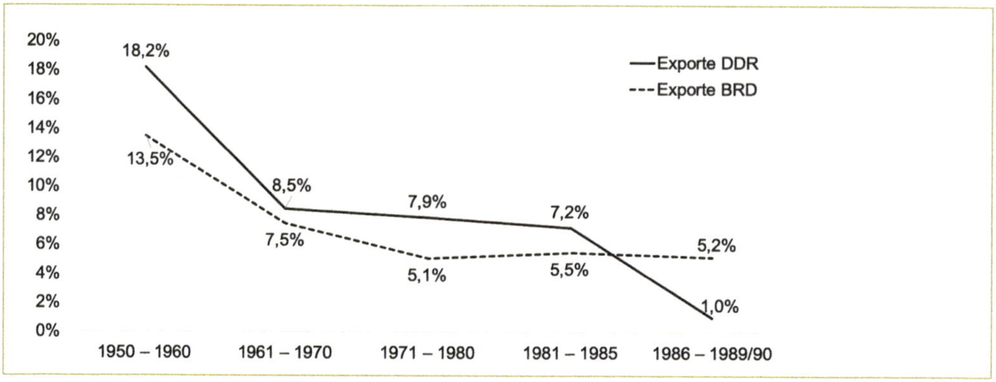

Grafik 11: Exporte aus der DDR und aus der BRD im Vergleich

Was aber ist die Basis bzw. der Richtwert dieser Trends? Ausgangspunkt waren die Jahre des »Wirtschaftswunders«. Dass es Anfang der 1950er-Jahre enorme, ja explodierende Zuwächse gab, lag an der mit Kriegsende am Boden liegenden Wirtschaftskraft und dann an der Anfeuerung der deutschen Industrie durch den »Korea-Boom«.

Das extrem hohe Niveau des Wirtschaftswachstums zu Beginn der Gründungsjahre der Bundesrepublik ist also in Rechnung zu stellen. Eine teilweise Sättigung des Nachholbedarfs setzte ein, der durch den Krieg bedingt war, was für Deutschland wie für seinen Export ins Ausland zu Buche schlug. Von dieser komfortablen Ausgangsposition ließen die Zuwachsraten der Exporte in den folgenden Jahrzehnten auch angesichts der Konjunkturdelle in der zweiten Hälfte der 1960er-Jahre und der Rezession im Zeichen der Weltwirtschaftskrise in den 1970er-Jahren nach.

Die Zuwachsraten der DDR-Exporte gingen stark zurück. Es waren mehr als die Hälfte weniger bis zum Bau der Mauer, und dann hielt man das Niveau. Ab den 1980er-Jahren folgte ein weiterer Rückgang, der mit der Verschärfung des Kalten Kriegs, der Globalisierung und Staaten in Ostasien als Konkurrenten auf den Weltmärkten zusammenhängt. Die »real existierenden« kommunistischen Staaten konnten auch mit dem »großen Bruder« Sowjetunion im Hintergrund nicht mehr mithalten und verzeichneten erhebliche Exporteinbußen neben einer sich steigernden Staatsverschuldung.

Bei den Zuwachsraten der Einfuhren verlief die Entwicklung der DDR parallel mit der der Ausfuhren (Grafik 12). Es gab einen Abwärtstrend bis 1961, einen weiteren von 1971 bis 1981 und dann ging es leicht aufwärts.

Die DDR war in den 1980er-Jahren importabhängiger als die BRD. Diese wiederum musste immer weniger einführen, sodass sich die Entwicklung seit den 1970er-Jahren in etwa auf dem gleichen Niveau bewegte. Zur Bundesrepublik lässt sich sagen, dass keine negative Außenhandelsbilanz vorlag. Auch wenn das Wachstum bei den Exporten zurückging, so war der Importrückgang in diesem Fall kein Nachteil, sodass wieder ein Ausgleich erzielt werden konnte.

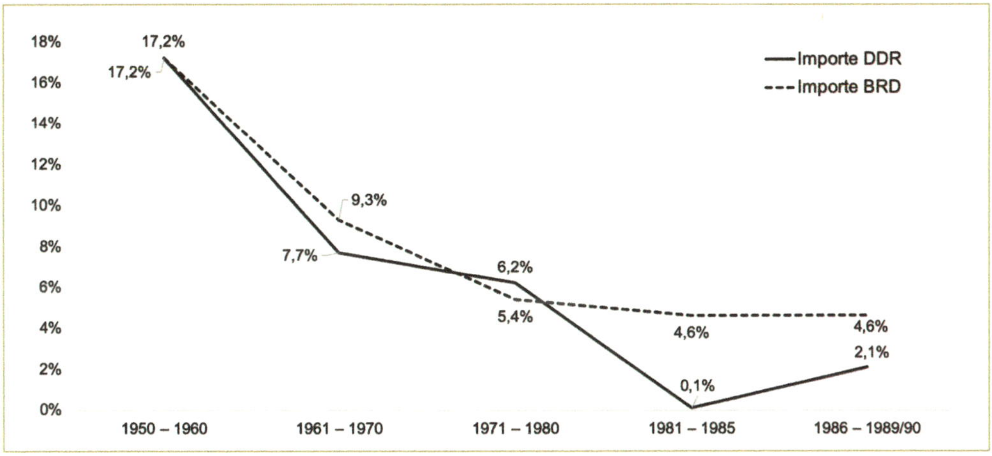

Grafik 12: Importe in die DDR und in die BRD im Vergleich

Bei der DDR gestaltete sich das Bild anders. Erst mit D-Mark-Krediten konnte sie wieder mehr importieren. Der ostdeutsche Staat war im steigenden Maße vom westdeutschen Pendant devisen- und finanziell abhängig.

Seit den 1970er-Jahren wurden von der Bundesrepublik für einen Betrag von 600 Millionen D-Mark jährlich, der sich bis zu 1,5 Milliarden D-Mark steigern sollte, verfolgte und verhaftete Bürgerinnen und Bürger aus der DDR freigekauft. Der SED-Staat war ökonomisch immer stärker an die Bundesrepublik gebunden. Trotz Verminung der innerdeutschen Grenze seit 1952 und dem Mauerbau 1961 blieb die gesamtdeutsche Orientierung und der Sehnsuchts-Raum Westdeutschland bei Bürgerinnen und Bürger der DDR bestehen. Der Wunsch nach Überwindung der geteilten Nation und nach Einheit war im Osten weit lebhafter ausgeprägt als im Westen Deutschlands. Das ist angesichts des fortwirkenden Unterdrückungsapparats der ostdeutschen Behörden im Sinne einer Trotzreaktion der Menschen umso bemerkenswerter.

Bis 1981 wurde in der DDR die Todesstrafe vollstreckt. Im Strafgesetzbuch war sie noch bis 1987 enthalten. In Dresden waren sogar Enthauptungen durch Gerätschaften erfolgt, die noch aus der NS-Zeit stammten. Besonders schwer traf es »Verräter des MfS«, u.a. Flüchtlinge, die nach ihrer »Rückführung« in der DDR hingerichtet wurden. Erst im Vorfeld des Besuchs von Honecker im September 1987 in Bonn erfolgte die Entscheidung des Staatsrats der DDR zur demonstrativen Abschaffung der Todesstrafe als Ausdruck der politischen »Normalität«. Schätzungen zufolge gab es rund 250.000 DDR-Justizopfer. Alle potentiellen Oppositionsgruppen waren vom SED-Regime kriminalisiert und verfolgt worden – trotz der KSZE-Schlussakte von Helsinki, wovon sich das SED-Regime auch von harten Haftstrafen und Unrechtsmaßnahmen nicht abhalten ließ. So erhielten DDR-Bürgerinnen und Bürger, die 1988 in die sowjetische Botschaft »Unter den Linden« in Berlin-Ost mit dem Appell »Befreit uns noch mal!« und »Gorbi et orbi!« gelangt waren, eineinhalb Jahre Haft

wegen »ungesetzlicher Verbindungsaufnahme«. Ähnlich erging es DDR-Urlaubern, die in Ungarn Aufnahme in der bundesdeutschen Botschaft in Budapest gesucht hatten, um Ausreiseanträge zu stellen. Nach der Rückkehr vom Urlaub stand die Stasi vor der Haustüre und es folgten Haftstrafen (Hans Jürgen Grasemann).
Geschätzte 4,5 bis 5,2 Millionen Menschen hatten die DDR seit ihrem Bestehen verlassen. Es war die größte Fluchtbewegung nach dem Zweiten Weltkrieg. Das SED-Regime verwendete jedoch oder gerade deswegen bis weit in den Spätsommer 1989 keinen Gedanken an einen Abbau der Grenzanlagen oder der Mauer.
Die Partei hatte zeitweise bis zu 3,5 Millionen Mitglieder. Durch sie und die ihr angeschlossenen »Massenorganisationen« herrschte nicht nur eine Uniformität, sondern auch ein hohes Maß an Selbstsicherheit. So schienen Stabilität und Treue gewährleistet. Doch waren seit Jahresbeginn 1989 ein allgemeines Unverständnis und breitere Proteste gegenüber dem SED-System und seinen Herrschaftspraktiken nicht mehr zu übersehen.
Am 11. Januar 1989 besetzte eine Gruppe zur Ausreise entschlossener DDR-Bürger die Ständige Vertretung der BRD in Ost-Berlin und erzwang somit ihre Abwanderungsmöglichkeit. Sie erreichte nicht nur Straffreiheit, sondern auch die Bewilligung ihrer Ausreiseanträge. Doch blieb der SED-Staat hart und unversöhnlich. Im Februar und März beantwortete er neuerliche Fluchtversuche mit Todesschüssen. Der 20-jährige Chris Gueffroy war das letzte Opfer des berüchtigten Schießbefehls. Er starb in der Nacht vom 5. auf den 6. Februar 1989 im Hagel von zehn Kugeln der »Mauerschützen«. Sein Freund Christian Gaudian wurde schwer verletzt festgenommen. Beide hatten versucht, durch den Britzer Verbindungskanal von Treptow in Berlin-Ost nach Neukölln in den Westen der freien Stadt zu gelangen. Es sollte ihnen nicht gelingen.
Vier Grenzsoldaten wurden mit dem »Leistungsabzeichen der Grenztruppen« und je 150 Mark Prämie ausgezeichnet. Nach der Einigung wurden sie vom Berliner Landgericht angeklagt. Die Mutter Gueffroys ließ nicht locker und sorgte dafür, dass nach dem Ende der DDR der »Mauerschützen-Prozess« in Gang kam. Das Ergebnis konnte aber kaum befriedigen. Zwei von ihnen wurden 1992 freigesprochen, einer erhielt eine Bewährungsstrafe. Der Grenzsoldat, der den tödlichen Schuss ins Herz abgegeben hatte, wurde zu dreieinhalb Jahren verurteilt. In der Berufungsverhandlung wurde das Urteil 1994 auf zwei Jahre mit Bewährung reduziert. Ein mit dem Tod von Gueffroy in keinem direkten Zusammenhang stehender Jugendinstrukteur und Politoffizier des Berliner Grenzregiments 33 (Treptow) war nach dem Ende der DDR bei der Bundespolizei in führender Funktion tätig geworden. Seine Funktion in diesem berüchtigten und mörderischen DDR-Grenzsystem war für seine spätere Karriere kein Hindernis.
Insgesamt rund 100 Personen starben an der Sektorengrenze in Berlin, über 1.000 Personen an der »Staatsgrenze« der DDR, darunter acht Soldaten, die von ihren eigenen Kameraden erschossen wurden.
Honecker selbst bekannte sich nach dem Ende der DDR zu seiner Verantwortung für den Mauerbau, lehnte aber jede individuelle Schuld für die zu Tode gekommenen Opfer ab. Aufgrund seines schlechten Gesundheitszustandes setzte das Gericht die

Untersuchungshaft des ehemaligen SED-Staatschefs aus. Er ging mit seiner Frau nach Santiago de Chile ins »Exil«, wo er am 29. Mai 1992 im Alter von 81 Jahren starb. Andere DDR-Spitzenfunktionäre wurden zu Haftstrafen zwischen viereinhalb und siebeneinhalb Jahren und »Stasi-Chef« Mielke wegen Mordes an zwei Polizisten in Berlin 1931 zu sechs Jahren verurteilt.
Proteste von Bürgerrechtlern gegen offenkundige behördliche Manipulationen der Gemeindewahlen in der DDR am 7. Mai 1989 artikulierten breiten Unmut, der die unmittelbare Vorgeschichte friedlicher Massendemonstrationen in Ostdeutschland bildete. Die sich überstürzenden Ereignisse liefen gleichzeitig ab.
In Ungarn war nach Polen die Demokratisierung am weitesten fortgeschritten. Im Januar 1989 hatte die ungarische Volksvertretung neuen Parteigründungen zugestimmt. Im Februar 1989 gab es eine neue Verfassung, in der das Monopol der kommunistischen Partei nicht mehr verankert war. Im April verließen erste sowjetische Truppen das Land. Im Mai 1989 – das ZDF berichtete bereits frühzeitig davon – wurde mit dem Abbau der ungarischen Grenzanlagen zum Westen begonnen, der von DDR-Urlaubern alsbald zur Flucht genutzt wurde, nachdem sich deren Instandhaltung und Erneuerung für das kommunistische Regime als zu kostspielig und nicht mehr finanzierbar erwiesen hatte.
Am 27. Juni durchschnitten die Außenminister Österreichs und Ungarns, Alois Mock und Gyula Horn, vor laufenden Kameras demonstrativ den Eisernen Vorhang – nur noch Reste waren vorhanden gewesen. TV-Bilder davon gingen um die Welt und konnten auch in Ostdeutschland gesehen werden.
Während in den Sommermonaten Hunderte von DDR-Bürgern in die BRD-Botschaften in Budapest, Prag und Warschau drängten, um ihre Ausreise zu verlangen, nutzten am 19. August hunderte DDR-Urlauber in Ungarn ein von ungarischen Reformkommunisten unter Imre Pozsgay organisiertes und unter der Schirmherrschaft von Otto von Habsburg gemeinsam mit seiner Tochter Walburga stehendes »Paneuropa-Picknick« an der österreichisch-ungarischen Grenze bei Klingenbach/Šopron zur Flucht in die Freiheit. Für einige wenige Stunden war die Grenze geöffnet worden.
Im gleichen Monat wurden mehr als 100 DDR-Besetzer der Botschaft in Budapest, die am 14. August wie andere Botschaften in anderen Hauptstädten Mittel- und Osteuropas wegen Überfüllung geschlossen werden musste, nach Wien ausgeflogen.
Das war der Auftakt einer Fluchtwelle, die stark anstieg und sich in weiteren Botschaftsbesetzungen in Prag, Warschau und Budapest sowie der Ständigen Vertretung in Ost-Berlin äußerte. Wenige Tage später erhielten die in die Budapester BRD-Botschaft geflohenen DDR-Flüchtlinge die Ausreiseerlaubnis.
Die ungarische Regierung betonte, dass die Flüchtlingsfrage von beiden deutschen Staaten gelöst werden müsse. Sie setzte am 11. September ein mit der DDR getroffenes Abkommen über den Reiseverkehr unter Berufung auf die KSZE-Schlussakte außer Kraft und gab mit der definitiven Grenzöffnung den Weg für alle ausreisewilligen DDR-Bürger in Ungarn frei.
Seit der zweiten Hälfte der 1980er-Jahre bestanden bereits enge Kontakte des Kanzleramts in Bonn mit ungarischen Reformkommunisten, um die block-interne

Lage zu erkunden und zu erfahren, wie Moskau diese beurteilte. Die Regierung Miklos Németh hatte kurz vor der Grenzöffnung von der Bundesrepublik Zusagen in Milliardenhöhe erhalten. Bis zum 1. Oktober gelangten ersten Angaben zufolge rund 25.000 Ostdeutsche über Ungarn in den freien Westen (Kap. 5.3).

Die SED-Führung, die sich in Vorbereitung der 40. Geburtstagsfeier zur Gründung der DDR am 7. Oktober befand, übte sich in fortgesetzter Realitätsverweigerung und nahm zu den Fluchtbewegungen so gut wie keine Stellung.

»Man sollte ihnen keine Träne nachweinen«, lautete ein Satz im *Neuen Deutschland,* der am 2. Oktober 1989 in einem mit dem Kürzel »ADN« gezeichneten Kommentar über die Flüchtlinge erschienen war, die seit Wochen die DDR in Richtung Westen verlassen hatten. Der Satz war von Honecker dem Textentwurf hinzugefügt worden. Im Juni 1989 hatte die Gattin des Staats- und Parteichefs, »Genossin« Margot Honecker, Ministerin für Volksbildung der DDR, noch ein Grundsatzreferat gehalten, in dem sie kämpferisch und militant ausführte: »Da alle dem Sozialismus feindlichen Kräfte erneut auf den Plan getreten sind, um den Sozialismus aufzuhalten, braucht diese Zeit eine Jugend, die kämpfen kann, die den Sozialismus verteidigt – wenn nötig, mit der Waffe in der Hand.«

Ihr Mann hatte es dagegen weit moderater formuliert. Nachdem er zu Jahresbeginn 1989 prophezeit hatte, dass die Mauer noch in 100 Jahren stehen würde, ließ er in seiner biederen Art in reimender Form wissen: »Den Sozialismus in seinem Lauf halten weder Ochs noch Esel auf.« Tatsächlich war die Massenflucht aus der DDR nicht mehr aufzuhalten.

Während sich der Exodus der DDR ereignete, war man in Bonner Kreisen noch sehr mit sich selbst beschäftigt. Als Ungarn in der Nacht vom 10. auf den 11. September um 0 Uhr seine Grenzen öffnete und damit DDR-Bürgern die Ausreise gestattete, hatten die CDU-internen Gegner Kohls (Ernst Albrecht, Kurt Biedenkopf, Norbert Blüm, Heiner Geißler, Lothar Späth und Rita Süssmuth) auf dem zeitgleich stattfindenden Bremer Parteitag den Sturz Kohls geplant. Der Bundeskanzler, der in diesen Tagen unter ärztlicher Behandlung stand und an extremen Unterleibsschmerzen litt, wusste um seine bedrängte Lage. Er machte nach Absprache mit den ungarischen Verantwortlichen deren Entscheidung im richtigen Moment öffentlich bekannt und nahm damit seinen innerparteilichen Gegnern den Wind aus den Segeln. Die Deutschen aus Ostdeutschland sollten zu seinen Rettern werden.

Kohl erinnerte den denkwürdigen Bremer Parteitag:

> »Um die Mittagszeit des 10. September [...] erhielt ich vom ungarischen Botschafter die Nachricht aus Budapest, dass es um 24 Uhr an diesem Sonntag endlich so weit sein werde: Dann könnten die Deutschen aus der DDR von Ungarn aus in ein Land ihrer Wahl ausreisen. Das zeitliche Zusammentreffen dieses Ereignisses mit dem Bremer Parteitag war weder geplant noch beabsichtigt, aber natürlich kam es mir bei der Abwehr des Angriffs der Gruppe um Geißler, Späth und Süssmuth sehr gelegen.«

Kohl ergriff die einmalige Gelegenheit gegen seine parteiinternen Gegner: »Ich bat die ungarische Seite, das Ereignis bereits um 20 Uhr öffentlich zu machen. Zu diesem Zeitpunkt begann der traditionelle Presseabend in der Bremer Stadthalle, auf dem ich dazu würde sprechen können.« Rückblickend äußerte sich der Altkanzler nicht ohne Bitterkeit über die Diskussionsgegenstände unter den Parteikollegen: »In einem Moment, wo die ganze Welt hinschaute, das Gebälk im Warschauer Pakt ächzte, haben wir uns 17 Stunden lang über die abwegigsten Dinge unterhalten.« Diese Bonner Republik war zu provinziell und selbstbezogen, um die von deutschem Boden mitgetragenen weltpolitischen Veränderungen richtig einschätzen und entsprechend vorbereitet darauf reagieren zu können. Der von vielen politischen Beobachtern und seinen parteipolitischen Gegnern unterschätzte Kohl hatte für die deutsche Frage ein Sensorium und die Frage der deutschen Einheit noch nicht abgeschrieben.

Im Laufe des Septembers 1989, als sich die Fluchtbewegung über Ungarn verstärkte, drängten Tausende von DDR-Bürgern in das Gelände der deutschen Botschaft in Prag und Hunderte in die Botschaft von Warschau. Am Abend des 30. September konnte Außenminister Hans-Dietrich Genscher den anwesenden, zirka 6.000 DDR-Flüchtlingen die Nachricht überbringen, dass ihr Weg in die Freiheit möglich sei. Um 18.59 Uhr sprach Genscher auf dem Balkon des Palais Lobkowicz in Prag im Halbdunkel an der Balustrade über ein schwaches Megafon ruhig und betont sachlich einen Satz, den er nicht zu Ende bringen konnte und der zu jenen Sätzen gehört, die immer wieder in Dokumentationen zitiert werden: »Wir sind heute zu Ihnen gekommen, um Ihnen mitzuteilen, dass heute Ihre Ausreise [ein urplötzlicher Aufschrei der Begeisterung und des Jubels tausender DDR-Bürger im bundesdeutschen Botschaftsareal brandete auf, während die letzten drei Worte nicht mehr zu hören waren] möglich geworden ist«. Neben Genscher stand Kanzleramtsminister Rudolf Seiters auf dem Balkon, der die gesamte Aktion eingefädelt und vorbereitet hatte. Er gab im Anschluss noch am Ort ein Interview vor Genscher mit den Worten: »Ich denke, wer das gesehen hat, der darf auch als Politiker Gefühle zeigen. Und ich möchte sagen, dies ist eine gute Stunde für viele Menschen, für die wir dankbar sind.«

Genscher musste allerdings bei der »bewegendsten Stunde meiner politischen Arbeit« auch darüber informieren, dass die Flüchtlinge in Sonderzügen der ostdeutschen Reichsbahn über DDR-Gebiet in die BRD gebracht werden würden. Das war eine Bedingung, die das SED-Regime in demonstrativer Ausübung seiner vermeintlichen Macht noch gestellt hatte und die unter den Ausreisewilligen zu großer Sorge führte.

Genscher hatte wenige Wochen nach einer Herzoperation bei einem Besuch bei den Vereinten Nationen in New York erfahren, dass die DDR-Flüchtlinge nicht über die bayerisch-tschechische Grenze gebracht würden, sondern durch die DDR fahren müssten. Ihm war bewusst, welche Ängste dies auslösen musste und entschloss sich, mit einem der Züge zu fahren, um persönlich die Bürgschaft zu übernehmen. Die DDR-Führung war jedoch dagegen. Genscher wollte es schließlich »nicht riskieren, daß jemand in Ost-Berlin einen Aufhänger findet, das Ganze im letzten Moment scheitern zu lassen«.

Die Sache ging noch glimpflich aus, als die DDR-Bürger am Schienenstrang standen und ihren Mitbürgern zujubelten. Einige versuchten sogar, auf die Züge aufzuspringen. Sie wurden am Dresdener Hauptbahnhof unter Einsatz von Gewalt der Sicherheitskräfte daran gehindert. So kam es zu heftigen Auseinandersetzungen einer großen Zahl von DDR-Bürgern mit der Polizei, die die Menschen beim Aufspringen auf die Züge hinderten bzw. ein Blockieren der Gleise vermeiden wollte. Dem SED-Regime war zur Lösung der Flüchtlingsproblematik im Spätsommer 1989 nichts Intelligenteres mehr eingefallen, als die Botschaft der Bundesrepublik in Prag »einmauern zu lassen, was selbst die tschechoslowakischen Kommunisten ablehnten und ihrerseits mit dem Vorschlag beantworteten, den Zaun um die Botschaft zu erhöhen«. Gleichzeitig forderte Prag Berlin-Ost auf, das Problem selbst zu lösen, was der »Ausgangspunkt für das DDR-Reisegesetz« (Schwan/Steininger) wurde, welches Schabowski am 9. November vorzeitig und unvorbereitet in den wichtigen Details verkünden sollte.
Am 4. Oktober vollzog sich noch mit mehr als 7.000 DDR-Flüchtlingen eine weitere Massenausreise aus Prag, nachdem ein Tag zuvor der visafreie Verkehr zwischen der DDR und der ČSSR ausgesetzt worden war. Erstmals seit dem Mauerbau im Jahre 1961 bekamen DDR-Bürger wieder Chancen, ihren Ausreisewillen kundzutun und dem ostdeutschen Staat den Rücken zuzukehren. Nur wenige ahnten, dass sie aufgrund ihrer »Abstimmung mit den Füßen« und der spektakulären Flucht zum baldigen Untergang des missliebigen SED-Systems beitragen würden. Zehntausende Ostdeutsche nutzten zwischen Juli und November 1989 den Weg über Ungarn und Österreich, um in die für sie heiß ersehnte Bundesrepublik überzusiedeln, die den meisten nur über westliche Fernsehbilder und die darin enthaltenen verlockenden Werbesendungen bekannt war.
In der DDR setzten zeitgleich Ansammlungen von Bürgerrechtlern und Protestaktionen von Oppositionsgruppen ein, die sich allmählich zu Kundgebungen mit Aufmarschcharakter ausweiteten. Sie kritisierten die reformunwillige SED-Führung und machten sie für die Massenflucht verantwortlich. Mit Sprechchören »Wir bleiben hier!« und »Wir sind das Volk!« machten sich die Demonstranten Luft und verlangten Reformen (Abb. 34). Die TV-Bilder über die massenhafte Flucht über Ungarn wirkte als Drohkulisse und Druckmittel für die erstarrte, wie gelähmt wirkende unflexible SED-Führung.
Die Überführung der Prager Botschaftsflüchtlinge über ostdeutsches Territorium (Prag-Dresden-Plauen-Hof) war ein weiterer schwerer politischer Fehler der SED-Führung. In Dresden kam es am Bahnhof zu schweren Ausschreitungen von Bürgerinnen und Bürger, die auch auf die Züge aufsteigen wollten. Die Republik-Feierlichkeiten mussten sehr fragwürdig erscheinen, wenn Menschen offenkundig massenhaft das Land verlassen wollten. Die Tausenden von Flüchtlingen untergruben somit die Staatsautorität. Die DDR-Regenten kritisierte offen den »Verrat der Ungarn« und ärgerten sich über die »Zuschauerrolle der Sowjetunion«. Die Parteiführung stand vor der Alternative, rasche Reformen einzuleiten oder eine Politik der Gewalt mit verschärften Grenzkontrollen zu den sozialistischen Nachbarstaaten zu praktizieren.

Abb. 34: Transparente »Wir sind ein Volk!« von den Massendemonstrationen im Herbst 1989 in der DDR, Deutsches Historisches Museum Berlin

Sie entschied sich zunächst für das Letztere. Am 3. Oktober 1989 schloss sie die Grenze zur ČSSR und am Staatsfeiertag, dem 7. Oktober, ließ sie die Demonstranten in Berlin brutal niederknüppeln und gewaltsam verfolgen.
Angesichts der einsetzenden Montagsdemonstrationen in Leipzig drohte eine »chinesische Lösung« (Kap. 5.3). Honecker und Mielke wollten die »Zusammenrottungen verhindern«. Der im Sommer 1989 einsetzende Massenexodus aus der DDR und die dort zeitgleich stattfindenden Bürgeraufmärsche verdeutlichten, dass der ostdeutsche Staat mit seinen Bestrebungen gescheitert war, Akzeptanz, Glaubwürdigkeit und Legitimation bei seinen Bürgern zu erzielen.
Die Frage »bleiben oder gehen« wühlte die Bevölkerung auf. Besonders die als »indoktriniert« geltenden Jugendlichen fühlten sich durch Demonstrationen und Protestaktionen angesprochen und begehrten auf. Unbeschränkte Reisefreiheit und westliche Lebensformen machten die Bundesrepublik für viele von ihnen zu einem Traumland, wobei die harte wirtschaftliche Konkurrenz und die mitunter drückenden sozialen Verhältnisse aufgrund der dortigen Massenarbeitslosigkeit unbekannt waren bzw. unterschätzt wurden.

5.3 Vorboten des 9. November: Abbau der ungarischen Grenzanlagen, das Paneuropa-Picknick und die offizielle Grenzöffnung zu Österreich und die Angst vor einer »chinesischen Lösung«

Der Umstand, dass geraume Zeit vor der Öffnung der Grenzübergänge in Berlin im Herbst 1989 die Vorentscheidung in der Deutschlandfrage bereits im Sommer an der österreichisch-ungarischen Grenze gefallen war, wurde bisher von der bundesdeutschen Historiografie überhaupt nicht in den Blick genommen und konnte daher auch nicht gewürdigt werden, wie sich auch die Beachtung und Berücksichtigung der Rolle der kleineren Nachbarstaaten in der Geschichtsschreibung Deutschlands in Grenzen hält. Das Ende der DDR ist keinesfalls nur wegen des Versehens eines SED-Funktionärs erfolgt. Die Öffnung der Grenzübergänge hatte ein Vorspiel an der ungarisch-österreichischen Grenze, was als »der erste Riss in der Mauer« (Andreas Oplatka) bezeichnet worden ist. Der Abbau der ungarischen Grenzanlagen hatte bereits Anfang Mai 1989 eingesetzt. Das Durchschneiden des Eisernen Vorhangs durch die Außenminister Alois Mock und Guyla Horn am 27. Juni betraf nur noch letzte Überreste der Grenzzäune.

Die brutale und blutige Zerschlagung der studentischen Protestbewegung am Platz des Himmlischen Friedens in der chinesischen Hauptstadt am 4. Juni 1989 machte deutlich, wie die führenden Kreise und Politiker in Ost-Berlin dachten und möglicherweise in einem vergleichbaren Fall in der DDR vorzugehen schienen. TV-Chefkommentator Karl Eduard von Schnitzler, hielt den Militäreinsatz für gerechtfertigt. Der zweite Mann im SED-Staat, Egon Krenz, kommentierte die Ereignisse in Peking damit, es sei »etwas getan worden, um die Ordnung wiederherzustellen«, ohne sich nur im Ansatz vom konkreten Vorgehen der chinesischen »Parteifreunde« zu distanzieren.

Die Volkskammer hieß die Aktion ausdrücklich gut wie auch das SED-Politbüro. Die chinesische »Volksmacht« habe sich gezwungen gesehen, »Ordnung und Sicherheit unter Einsatz bewaffneter Kräfte wiederherzustellen«, erklärte der SED-Abgeordnete Ernst Timm vor der Volkskammer. »Dabei«, so Timm, »sind bedauerlicherweise zahlreiche Verletzte und auch Tote zu beklagen«. Die Abgeordneten spendeten zu seinen Ausführungen Applaus.

Vier Tage später, am 12. Juni 1989, bekräftigte DDR-Außenminister Oskar Fischer in einem Gespräch mit dem chinesischen Außenminister Qian Qichen »die Solidarität und Verbundenheit mit der Volksrepublik China und dem chinesischen Brudervolk«. SED-Politiker wie Hans Modrow, Günter Schabowski und Egon Krenz besuchten China, um ihre Unterstützung zu dokumentieren.

Besonders nachdrücklich betonte Krenz, stellvertretender Staatsratsvorsitzender, seine Solidarität: Ende September 1989 reiste er zu den Feierlichkeiten des 40. Jahrestages der Volksrepublik nach Peking und erklärte dort, »Klassensolidarität« sei für die Kommunisten der DDR »eine Sache der Klassenehre und Klassenpflicht«. Man stehe »auf der Barrikade der sozialistischen Revolution« dem gleichen Gegner

gegenüber. Der Chef der Kommunistischen Partei Chinas, Jiang Zemin, bedankte sich »für die Gefühle brüderlicher Verbundenheit«. Diese Solidaritätsbekundungen waren ein untrügliches Warnsignal für die politische Opposition in der DDR. Eine Mischung aus Angst und Wut machten sich breit.
Bereits am 6. Juni versammelten sich vor der chinesischen Botschaft in Berlin-Pankow zirka 30 Personen, um ihre Solidarität mit den Opfern zu bekunden. Alle wurden festgenommen, verhört und bekamen Geldstrafen. Nach den ersten Hinrichtungen in China nahmen die Proteste zu, nicht zuletzt wegen der Kommentare in den Zeitungen: »Es gab keinen Grund, die Urteile zu revidieren«, befand das *Neue Deutschland.* DDR-weit mahnten Jugendliche und riefen in den vom Regime nicht politisch kontrollierten Kirchen zum Gedenken auf.
Die unterschiedlichen Reaktionen der Warschauer Pakt-Staaten auf die Ereignisse in China und die Umbettung von Imre Nagy in Budapest, des reformkommunistischen Freiheitshelden von 1956, wurden in Wien am Ballhausplatz rechtzeitig als Signale erkannt und zutreffend interpretiert. Demnach gab es »eine auffallende Divergenz der Äußerungen«, die einerseits das Zerbröckeln des monolithischen Charakters des Warschauer Paktes und andererseits eine Herausbildung von zwei Lagern dokumentierte. Polen und Ungarn äußerten Bestürzung über die Ereignisse in China. Der Außenpolitische Ausschuss des ungarischen Parlaments brachte seine tiefe Besorgnis zum Ausdruck. Der Ministerrat sprach von internationaler Verantwortung im Sinne der Menschenrechte. Der polnische Regimekritiker Adam Michnik äußerte sich, dass die Ereignisse in Polen und China Ausdruck des Verfalls politischer Macht seien. Die polnischen Medien sahen in der Neubestattung von Nagy das Ende des Stalinismus in Ungarn. Die DDR, Rumänien und die ČSSR reagierten auf die Umbettung Nagys negativ.
Von rumänischer Seite nahm kein Vertreter an den Begräbnisfeierlichkeiten teil, der ungarische Botschafter in Bukarest wurde in das rumänische Außenministerium zitiert, wo ihm eine Protestnote übergeben wurde. Der ZK-Generalsekretär der KPČ kritisierte »gewisse Kreise im Westen«, die in der Bestattung von Nagy »das symbolische Begräbnis des Sozialismus in Ungarn« sehen würden.
Die amtliche Nachrichtenagentur ADN der DDR stellte fest, dass die Feierlichkeiten Feindschaft zwischen der ungarischen KP und der UdSSR darstellten. Ebenso einheitlich – führend war dabei die DDR – äußerten sich diese drei Staaten und Bulgarien über die Vorgänge in China, wobei die Notwendigkeit des Eingreifens der Armee zur Beseitigung von »Fehlern« und »zur Bekämpfung eines konterrevolutionären Aufruhrs« seitens der ČSSR in weniger prononcierter Form gesehen wurde. In der DDR kritisierte die Kirche die offizielle Haltung von Partei und Staat zur »chinesischen Lösung«. Bulgarien hielt sich zum Begräbnis von Nagy zurück, bewertete aber die Ereignisse in China als »konterrevolutionären Aufstand«.
Die Sowjetunion nahm in ihren Verlautbarungen zu den genannten Ereignissen in beiden Fällen eine Mittelstellung ein, es kamen liberalere als auch orthodoxe Meinungen zum Ausdruck, wobei im Falle des Begräbnisses von Nagy auffallendes Bemühen um Objektivität feststellbar war. Der Kongress der Volksdeputierten ver-

abschiedete zu den Ereignissen in China eine ausgewogene Resolution, die den Einsatz von Truppen und Todesopfer erwähnte, aber auch die Auffassung vertrat, dass es sich dabei um eine innere Angelegenheit handelt und man keine unbedachten, voreiligen Schlussfolgerungen ziehen sollte.

In Folge hatte das vom Erzherzog Thronfolger, dem Europaparlamentarier Otto von Habsburg (CSU), seiner Tochter Walburga und dem ungarischen Reformkommunisten Imre Pozsgay organisierte Paneuropa-Picknick in der Grenzregion auf ungarischem Boden am 19. August Signal- und Testcharakter. Ausschlaggebend war es aber noch nicht für die Bereitschaft Ungarns zur offiziellen Grenzöffnung, sondern vielmehr ein ganz anderes Ereignis: In der Nacht vom 21. auf den 22. August war der DDR-Bürger Kurt-Werner Schulz bei einem Handgemenge mit einem ungarischen Grenzbeamten erschossen worden. Eine Kugel soll sich aus der Maschinenpistole des Beamten gelöst haben.

Der Vorfall ereignete sich auf österreichischem Territorium im Gemeindegebiet Lutzmannsburg. Nach Verständigung Österreichs durch die ungarischen Behörden trat umgehend eine Grenzkommission zur Klärung des Vorfalls zusammen. Außenminister Mock bedauerte den Zwischenfall. Ein weiterer Todesfall ereignete sich Tage später. Ein 40-jähriger Ostdeutscher war nach geglückter Flucht an einem Herzinfarkt gestorben. Die Überführung der Leiche übernahm das bundesdeutsche Rote Kreuz. Die Obduktion ergab, dass der Mann gesund, aber am Ende seiner Kräfte war. Fünf Tage lang hatte er ohne Essen in einer Budapester Kirche ausgeharrt, um seine Verlobte aus der Bundesrepublik zu treffen.

Ungarns Regierungschef Miklós Németh bekannte in einem zwanzig Jahre später ausgestrahlten ORF-Fernsehinterview, dass diese tödlichen Zwischenfälle, v. a. der Tod des DDR-Bürgers Schulz, zum entscheidenden Auslöser für die definitive ungarische Bereitschaft zur Öffnung der Grenze wurde. Engste Mitarbeiter hatten ihn darauf aufmerksam gemacht, dass er angesichts des so wahrgenommenen aggressiven Verhaltens mancher DDR-Flüchtlinge für weitere Zwischenfälle und Todesopfer die Verantwortung tragen müsste. Die interne Entscheidung war gefallen, freilich war diese aber noch nicht auf höchster Ebene zwischen Budapest, Bonn und Wien akkordiert sowie von Moskau toleriert.

Die ungarische Regierung hatte mit der Freigabe der Ausreise der Flüchtlinge aus der deutschen Botschaft in Budapest gegen den Warschauer Pakt verstoßen. Zum ersten Mal durften ostdeutsche Bürger ohne Rückkehr in die DDR nach Westdeutschland ausreisen. Bisher mussten sie stets in ihre Heimatorte in der DDR zurückreisen und wurden von dort bestenfalls gegen ein hohes Freikaufgeld der Regierung der BRD in den Westen entlassen. Die ungehinderte Gruppen-Ausreise der Botschaftsflüchtlinge war neu.

Die große Lösung für die in den Lagern lebenden Flüchtlinge erforderte allerdings Gespräche auf höchster Ebene. Am Freitag, dem 25. August, also einen Tag nach der Ankunft der Botschaftsflüchtlinge aus Budapest in Wien/Schwechat, kamen Németh und Horn auf Schloss Gymnich bei Bonn zusammen, um geheime Gespräche mit Bundeskanzler Kohl und Außenminister Genscher zu führen.

Über dieses Gespräch ist eine Aufzeichnung Genschers in der 1998 erschienenen Dokumentensammlung des deutschen Bundeskanzleramtes veröffentlicht, es enthält aber nichts über die Öffnung der ungarischen Grenze für die DDR-Flüchtlinge, sondern berichtet nur über die Darstellung der schwierigen wirtschaftlichen Lage Ungarns, die von Németh gegeben wurde. Németh hatte im Laufe des Gesprächs zur Ausreise der deutschen Fluchtsuchenden in Ungarn gesagt, eine Abschiebung der Flüchtlinge zurück in die DDR komme nicht infrage, und hinzugefügt: »Wir öffnen die Grenze. Wenn uns keine militärische oder politische Kraft von außen zu einem anderen Verhalten zwingt, werden wir die Grenze für DDR-Bürger geöffnet halten.« Die Ausreise der Flüchtlinge solle »bis Mitte September 1989« erfolgen. Kohl war bewegt und gerührt: »Mir stiegen die Tränen in die Augen, als Németh dies ausgesprochen hatte«, bekannte er später.
Die bundesdeutsche Seite ließ sich diese Zusage auch etwas kosten und sagte eine staatliche Finanzhilfe in Form eines Warenkredits in der Höhe von einer halben Milliarde D-Mark zu. Die Länder Bayern und Baden-Württemberg vereinbarten noch Kreditverträge zu jeweils 250 Millionen D-Mark, sodass die Deutschen insgesamt eine Milliarde für Ungarns Haltung zahlten. Kohl sagte nicht nur wie zuvor Mock Unterstützung für Ungarns Annäherung an die EG zu, sondern auch Ausgleichszahlungen, falls das Land durch wirtschaftliche Vergeltungsmaßnahmen der sozialistischen »Bruderländer« betroffen sein sollte.
Am 21. August hatte Genscher in einem Interview erklärt, man ermuntere niemanden in der DDR, die Heimat zu verlassen. Wer aber komme, dem müsse in der Not geholfen werden. Im gleichen Interview teilte er mit, dass er seine »fähigsten Mitarbeiter« eingeschaltet habe, um Hilfe sicherzustellen. Er nannte den Staatssekretär im Auswärtigen Amt und höchsten Beamten, Jürgen Sudhoff, und seinen ehemaligen Kabinettschef Michael Jansen.
Sudhoff war mehrfach in Budapest, Jansen in Budapest und in Wien, um Hilfe zu organisieren. Jansen war für die Organisation der Hilfe in Österreich die entscheidende Person. Er hatte Botschafter Dietrich Graf von Brühl, der sich vorsorglich in Tirol »auf Urlaub« befand, auf Posten geholt. Er reiste noch am gleichen Tage nach Wien. Jansen war am 25. August in Wien, um von Außenminister Mock für die Durchreise grünes Licht zu erhalten. Die österreichische Zustimmung wurde sofort erteilt. Bei wichtigen Details wurde zwischen dem 28. August und dem 10. September mit dem Leiter der Konsularabteilung des Außenministeriums Einvernehmen erzielt. Brühl erinnert sich:

»Es waren angenehme Gespräche. Das Ziel war klar. Der Weg musste gebahnt werden. Aber er war nicht so einfach, wie sich das heute anhört. War doch Österreich zum Beispiel durch einen Vertrag mit der DDR gebunden, nur solche Personen aus der DDR einreisen zu lassen, die über ein Einreisevisum verfügten.«

Die deutsche Botschaft in Wien versorgte in der Zeit vom 10. Juli bis 13. November rund 15.000 Flüchtlinge direkt mit Geld, Fahrkarten und Ausweisen. Zusätzlich hat das Österreichische Rote Kreuz (ÖRK) ab 11. September an ca. 5.000 oder mehr Personen Benzingeld zu je 700 österreichische Schilling ausgegeben. Mit Bussen des ÖRK oder aus Ungarn kamen mehr als 20.000 Flüchtlinge durch Österreich nach Deutschland, sodass die gesamte geschätzte Flüchtlingswelle mindestens cirka 40.000 Personen umfasste.

Ungezählt bleiben die vielen, die von westdeutschen Touristen aus Ungarn mitgenommen wurden oder direkt von der österreichisch-ungarischen Grenze von westdeutschen Verwandten abgeholt wurden. So waren es insgesamt bis zu mindestens 50.000 Flüchtlinge im Sommer und Herbst 1989, die ihren Weg durch Österreich in die Bundesrepublik wählten.

Die Kosten der deutschen Botschaft im Haushaltsjahr 1989 (Zehrgeld, Hotelkosten, Fahrkarten, Buskosten, allgemeine Betreuung) betrugen rund 3,8 Millionen D-Mark. Mit dem ÖRK wurden rund 1,5 Millionen D-Mark abgerechnet, insgesamt also ein Betrag von 5,2 Millionen D-Mark (= rund 40 Millionen Schilling). Die deutsch-österreichische Kooperation, die, ohne es zu wissen, zur Verschärfung der Erosion des SED-Regimes beitrug, war so teuer nicht.

Medienpolitik war für beide Seiten von Anfang an ein Drahtseilakt. Einerseits war, wie Brühl betonte, »ohne das Bild vom Durchschneiden des Stacheldrahts durch die beiden Außenminister, das durch die Welt ging, und die Reaktion der fluchtbereiten DDR-Bürger darauf, der schnelle Zusammenbruch des Sozialismus in seiner kommunistischen Ausprägung undenkbar«. Das »tägliche Trommeln« der Medien durch Meldungen über die wachsende Zahl der Flüchtlinge hielt den Druck der Öffentlichkeit auf die Politik aufrecht, zu helfen.

Ohne den Einfluss der Medien wären die Ereignisse des Sommers 1989 nicht vorstellbar gewesen. Angaben über Flüchtlinge mussten jedoch stets unterbleiben. Schon das Erscheinen vor der Fernsehkamera konnte Repressalien gegenüber den in der DDR zurückgebliebenen Verwandten der Flüchtlinge auslösen. Für Botschafter Brühl stand fest:

> »Ohne die schnelle Verbreitung der Nachricht über die Beseitigung des Todesstreifens, vor allem das außerordentlich publikumswirksame Bild von der Durchtrennung des Stacheldrahts durch die beiden Außenminister am 27.6.1989 wäre es wahrscheinlich nicht so schnell zu der Flüchtlingsbewegung gekommen.«

Bonn würdigte Wien: Dank und Sympathie wurden für die österreichische Haltung zum Ausdruck gebracht. Kohl bedankte sich persönlich bei den Burgenländern. Am Ballhausplatz wurde registriert, wie die Bundesrepublik die »Mahnung beharrlicher Geduld«, die bleibende Westintegration, die aktive Beteiligung der Bundesrepublik am europäischen Einigungsprozess und die »erleichterte Dankbarkeit« für Vertrauensbekundungen von Verbündeten wie durch US-Präsident George W. H. Bush artikulierte.

5.4 Gescheitertes Jubiläum 40 Jahre DDR, Ablöse Honeckers und Kollektiv-Rücktritt des ZK

Das SED-Regime, ganz auf den 40. Jahrestag des Bestehens des ostdeutschen Teilstaats eingestellt, feierte sich und den 77-jährigen von einer Operation aufgrund einer Gallenblasenkolik wieder genesenen Erich Honecker im Palast der Republik. Als Gorbatschow in Berlin-Ost gelandet war und mit seiner schwarzen Limousine in die Stadt fuhr, wurde er zunehmend unruhig. Für ihn war die DDR bis dato ein Hort der Stabilität gewesen. Tatsächlich waren zahlreiche spontan gezeigte Schilder mit der Aufschrift »Gorbi« zu sehen und die Menschen am Straßenrand riefen unüberhörbar »Hilf uns!« und »Rette uns!« Nur ein einziges Plakat war ihm mit dem Spruch »Erich – mach weiter so!« in Erinnerung.

Gorbatschow unterschätzte ähnlich wie Honecker das Ausmaß der Entwicklungsdynamik, er überschätzte die Attraktivität eines reformierten Sozialismus, vor allem aber unterschätzte er die Bedürfnisse der DDR-Bürger, ihren Drang zur politischen Freiheit und zur deutschen Einheit. Er war ursprünglich davon ausgegangen, dass es den Menschen im ostdeutschen Staat weit besser gehen würde als jenen in der Sowjetunion und sie deshalb mit ihrer Lage insgesamt zufrieden seien. Gorbatschow betrachtete die Geschehnisse aus der Perspektive einer Welthegemonie, ohne die eigene bröckelnde Machtposition zu erkennen. Die Deutschlandfrage besaß für ihn nicht die oberste Priorität. Vor ihr rangierten die Gesellschafts- und Wirtschaftsreformen sowie die Nationalitäten-Problematik in der UdSSR.

In seiner Festrede vom 6. Oktober 1989 erwähnte Honecker mit keinem Wort die DDR-Flüchtlinge und die damit verbundenen infrastrukturellen Probleme in Ostdeutschland. Am nächsten Tag kam es im Schloss Niederschönhausen zur Aussprache mit Gorbatschow, der gegenüber Honecker und dem SED-Politbüro Klartext sprach: Mutige Entscheidungen seien erforderlich, jede Verzögerung werde zu einer Niederlage führen. Sinngemäß gab der KPdSU-Generalsekretär dem »Genossen Honecker« zu verstehen, dass er es »für sehr wichtig« halte, »den Zeitpunkt nicht zu verpassen und keine Chance zu vertun«. Gorbatschow weiter: »Wenn wir zurückbleiben, bestraft uns das Leben sofort.« Es müssten »weitreichende Beschlüsse« gefasst werden und diese »gut durchdacht« sein, »damit sie reiche Früchte tragen«. Die Erfahrungen mit Polen und Ungarn hätten gezeigt: »Wenn die Partei nicht auf das Leben reagiert, ist sie verurteilt.« Man hätte »nur eine Wahl«, nämlich »entschieden voranzugehen«.

Honecker überging die mahnenden Hinweise und warnenden Aufforderungen in seiner Antwort, was Gorbatschow noch deutlicher werden und das Gespräch dann plötzlich abbrechen ließ. Gorbatschows Sprecher Gennadi Gerassimow formte aus den Worten des Generalsekretärs auf der anschließenden Pressekonferenz am Abend des 7. Oktober das berühmte Zitat, das gar nicht von Gorbatschow selbst stammte: »Wer zu spät kommt, den bestraft das Leben«.

Während der Republik-Feierlichkeiten hatten auf dem Alexanderplatz in Berlin-Ost Jugendliche gegen die Wahlfälschung bei den Kommunalwahlen vom Mai 1989 pro-

testiert, was sie an jedem siebten der vergangenen Monate durch Pfeifen zum Ausdruck gebracht hatten. Sie zogen zum Palast der Republik, wo sich Honecker und die Staatsgäste befanden. Die auf mehrere Tausend Leute angewachsene Menge übte sich in Sprechchören »Gorbi, Gorbi« und hielt Mahnwachen für politische Gefangene ab. Bei der Nachrichtenagentur ADN angekommen, riefen die Demonstranten »Lügner, Lügner« und »Pressefreiheit«. Polizeiwagen fuhren an. Handgreiflichkeiten und Verhaftungen folgten. Der Bahnhof Schönhauser Allee wurde von Polizei- und Staatssicherheits-Einheiten abgeschottet. Zu später Stunde schlugen die Sicherheitskräfte zu und lösten die Demonstration gewaltsam auf. Vergleichbare Vorgänge ereigneten sich in Arnstadt, Dresden, Ilmenau, Jena, Karl-Marx-Stadt, Leipzig, Magdeburg und Plauen. »Stasi in die Produktion« und »Wir sind das Volk« lauteten skandierte Losungen der Demonstranten. Das gewaltsame Einschreiten von Polizei- und »Stasi«-Einheiten gegen die friedlichen Demonstranten an diesem 7. Oktober in der »Hauptstadt der DDR« und anderen Städten löste internationale Proteste aus. Die Umwälzungen in der DDR kamen revolutionären Ereignissen gleich. Es war eine von der evangelischen Kirche unterstützte und getragene sowie zunächst eine vor allem städtische Revolution.
Am 2. Oktober demonstrierten in Leipzig rund 10.000 bis 20.000 Menschen. Polizei griff ein, Festnahmen und Verletzte waren die Folge. Im Auftrag Honeckers wurden für den Montag der nächsten Woche, den 9. Oktober, Krankenhäuser frei gemacht, Hundertschaften der NVA aufgeboten, Betriebskampfgruppen und Volkspolizei – insgesamt 8.000 Mann – standen bereit. Die Stimmung war hochexplosiv.
Es war eine sächsische Revolution, die von Plauen über Dresden nach Leipzig überging, von wo aus der Funke dann auf Ost-Berlin übersprang. In Dresden hatten sich bereits am 8. Oktober Demonstranten, eine »Gruppe der 20«, mit der SED-Spitze in Verbindung gesetzt und entschieden, den Dialog miteinander zu versuchen. Hierbei spielte Oberbürgermeister Wolfgang Berghofer eine wichtige Rolle. In der Stadt Plauen waren bereits am 7. Oktober von 70.000 Einwohnern rund 15.000, also etwa ein Viertel der gesamten Bevölkerung, auf der Straße.
Tage darauf demonstrierten auf dem gesamten Staatsgebiet der DDR Hunderttausende Menschen für demokratische Reformen. Massenhaft erschallten Rufe »Wir sind das Volk!« Literaten, Theaterleute, Liedermacher und Musiker traten mit Resolutionen auf, in denen an das SED-Regime appelliert wurde, mit Reformen Ernst zu machen, um den fortgesetzten Flüchtlingsstrom zum Erliegen zu bringen. Eine entscheidende Rolle als Zufluchtsort spielten die protestantischen Kirchen und besonnene und zugleich mutig agierende Pastoren wie der Leipziger Pfarrer Christian Führer, der über Jesus predigte und die Kirchgänger vor dem Verlassen des Gottesdienstes mit den Worten verabschiedete: »Wer sein Leben einsetzt und es verliert, wird es gewinnen.«
Zum Erstaunen und zur Verblüffung der Sicherheitskräfte waren statt der erwarteten 20.000–30.000 am 9. Oktober rund 70.000 Demonstranten gekommen, die mit Sprechchören wie »Keine Gewalt!« und »Wir sind das Volk!« am Leipziger Ring friedlich marschierten. »Wir waren auf alles vorbereitet, nur nicht auf Kerzen und Gebete«,

lautete eine interne Einschätzung der SED-Oberen. Dabei hatte es noch zuvor geheißen, »zur Not auch von der Waffe Gebrauch zu machen, um die Errungenschaften des Sozialismus zu verteidigen«. Journalisten aus dem Westen durften nicht nach Leipzig – nur einer war »schwarz« gekommen. Nach der missglückten Geburtstagsfeier des sozialistischen Staats folgten nach den Montagsgebeten am 9. Oktober in Leipzig weitere Massenaufmärsche, auf denen eine Erneuerung der DDR gefordert wurde.

Dieser Tag war der entscheidende Wendepunkt in der Entwicklung der revolutionären Geschehnisse in der DDR. Dieser Tag hätte es verdient, zum Tag der deutschen Einheit erklärt zu werden. Volkspolizei und Sicherheitskräfte waren passiv geblieben. Unklar war lange Zeit, ob es einen Schießbefehl gegeben hat bzw. wer diesen – wenn vorhanden – zurücknahm. Honecker soll diesen erwogen haben. Der greise Politbürochef und Staatsratsvorsitzende war in der ersten Oktober-Hälfte noch fälschlicherweise davon ausgegangen, dass die sowjetischen Militärs Panzer schicken würden. Doch die Breschnew-Doktrin besaß keine Gültigkeit mehr. Bereits im Spätsommer hatte Außenminister Schewardnadse in Moskau einen Befehl durchgesetzt, sich bei Massenaufläufen in der DDR nicht einzumischen und in diesem Sinne auf die NVA einzuwirken. Die zuständige 20. Garde-Mot. Division mit ihren 271 Panzern hielt sich an diese Anweisung, als in Leipzig die Aufmärsche einsetzten. Gorbatschow galt für alle als sichtbarer Staatslenker ohne Gewalteinsatz. Der in Bezug auf seine Einschätzung gegenüber Krenz völlig unverdächtige Pastor Friedrich Schorlemmer hielt bei aller Kritik am Kronprinzen von Honecker fest:

»Krenz wird, so empfinde ich, aber auch Unrecht angetan. Er hatte den Schießbefehl am 9. Oktober, dem wichtigsten Tag der deutschen Geschichte nach dem 13. August 1961, dem Mauerbau in Berlin, nicht ausführen lassen. Geredet wird immer vom Schießbefehl an der Grenze und an der Mauer. Die Exekutivkräfte hatten am 9. Oktober keinen Schießbefehl mehr.«

Am 7. Oktober war die NVA noch in Bereitschaft gewesen. Die jungen Soldaten duckten sich jedoch größtenteils weg. Sie zeigten keine Bereitschaft, auf die eigenen Leute zu schießen. Viele Waffen wurden weggeschlossen oder versteckt. Ab dem 9. Oktober wurde nicht mehr geschossen und ab dem 9. November nur noch diskutiert. Der 9. Oktober bedeutete den Vollzug des Übergangs zu immer mehr friedlichen Bürgerprotesten.

Seither fühlten sich die Menschen der Allmacht der »Stasi« gegenüber mutiger und traten immer geschlossener und selbstbewusster auf. Am 16. Oktober waren es 120.000 Teilnehmer an der Montagsdemonstration, am 23. Oktober 200.000, am 30. Oktober 300.000 und am 6. November 500.000. Inzwischen hatten auch in Berlin-Ost am 4. November 1989 eine halbe Million Menschen für Veränderungen in der DDR demonstriert, was ein deutliches Zeichen in der »Hauptstadt der DDR« war. Das überalterte und schwerfällig reagierende SED-Politbüro fand sich am 10. und 18. Oktober zu Krisensitzungen ein. Erstmals wurde Kritik an Honeckers starrsinnigem Führungsstil laut, der völlig unbeweglich war. Als sich der Staatsratsvorsitzende und SED-Generalsekretär abermals allen erwünschten Reformversuchen widersetzte, beantragten zahlreiche Politbüromitglieder seine Absetzung. Er ging nicht freiwillig. Gegen seinen Willen hat das Zentralkomitee noch tags zuvor einstimmig seine Absetzung beschlossen. Der Druck auf der Straße war zu stark geworden. Man wollte gegenüber der Öffentlichkeit ein Zeichen setzen und einen Sündenbock präsentieren. »Erich, es geht nicht mehr. Du musst gehen«, soll Ministerpräsident Willi Stoph am 17. Oktober im Politbüro gesagt haben. Er stellte den Antrag auf Abwahl. Als Honecker dies zu überhören versuchte und trotzdem einfach zur Tagesordnung übergehen wollte, soll Erich Mielke gedroht haben, falls Honecker nicht zurücktrete, werde er kompromittierende Informationen herausgeben, die er besitze.

Am 18. Oktober musste er seine Aufgabe als Generalsekretär abgeben. Die Politbüromitglieder Günter Mittag und Joachim Herrmann wurden ebenfalls abberufen. Neuer SED-Generalsekretär wurde Krenz, der in einer Fernsehansprache mit »Liebe Genossinen und Genossen!« an die Bevölkerung gerichtet »die Wende« verkündete, allerdings im gleichen Atemzug zur »Ausgestaltung der sozialistischen Gesellschaft« aufrief.

Stammt der Begriff von der »Wende« von Krenz, was ihm wiederholt nachgesagt wird? Der Kulturhistoriker und Kultursoziologe Bernd Lindner verneint das. Er hat herausgefunden, dass dieses Wort bereits 1988 als Titel eines Gedichts von Volker Braun aufgetaucht und am 11. Oktober 1989 in einem Prolog Brauns zum Spielzeitbeginn des Berliner Ensembles folgendermaßen verwendet worden ist:

»Unsere Bühne, Raum bietend/den großen Widersprüchen/wird wieder eröffnet./Der Planwagen der Händlerin/ und der Eisenwagen der Genossen/stoßen aufeinander. Was für alte/Fahrzeuge, die nicht wenden können! Ihre sichtbare/Schwierigkeit macht uns Mut/zu einer andern Bewegung. Eröffnen wir/auch das Gespräch/über die Wende im Land.«

Am 24. Oktober wurde Honecker völlig entmachtet. Er wurde auch als Staatsratsvorsitzender und Vorsitzender des »Nationalen Verteidigungsrates« von Krenz abgelöst. Damit war ein rasanter Erosionsprozess der personellen Machtkonstellationen eingeleitet worden, der am 8. November mit dem kollektiven Rücktritt des ZK der SED eine Fortsetzung fand. Die Berufung von Honeckers Wunschkandidat Krenz war ein weiterer politischer Fehler. Für die DDR-Bürgerprotestbewegung war dieser nicht weniger schlimm als sein Vorgänger. Ein glaubhafter Reformer wie Hans Modrow hätte eine andere Wirkung entfaltet.

Kohls Berater Horst Teltschik hielt die Bedeutung eines jener aufregenden Tage als entscheidende Wende fest:

»Seit sich am 4. November nahezu eine Million Menschen [sic!] auf dem Ost-Berliner Alexanderplatz versammelt hatten, um friedlich für Reformen zu demonstrieren, war für jedermann offensichtlich, daß die DDR-Führung die Lage nicht mehr unter Kontrolle hatte. Keiner in der nächtlichen Runde glaubte jetzt so recht daran, daß Egon Krenz, der Erich Honecker beerbt hatte, die Probleme wird lösen können. Der Kanzler ist voller

Misstrauen ihm gegenüber und lehnt ein sofortiges Treffen nicht zuletzt deshalb ab. Krenz war im Mai als Wahlleiter für die Fälschungen bei den Kommunalwahlen verantwortlich und als Leiter der Abteilung Sicherheit des Zentralkomitees der SED auch dem Staatssicherheitsdienst gegenüber weisungsbefugt. Zumindest bisher hatte er stets unmissverständlich erklärt, dass der Sozialismus in der DDR für ihn nicht zur Disposition stehe und die DDR ein souveräner Staat bleiben müsse. Krenz gilt niemandem als besondere Geistesgröße, nur einige wenige kennen ihn persönlich.«

Am 13. November – nach der Öffnung der Grenzübergänge vier Tage zuvor – wurde von den 150.000 Teilnehmern einer weiteren Demonstration »Deutschland, einig Vaterland!« gerufen. Gegen diese Menschenmassen waren Betriebskampfgruppen, NVA, »Stasi« und Volkspolizei machtlos. Wie aber kam es dazu?

5.5 Die Öffnung der Grenzübergänge am 9. November und Kohls »Zehn-Punkte-Plan«

Nach dem Sturz Honeckers jagte ein Ereignis das andere. Nachfolger Krenz wurde am 24. Oktober trotz starker Vorbehalte in der Bevölkerung von der Volkskammer bei 26 Nein-Stimmen zum Staatsratsvorsitzenden gewählt. Er hatte die blutige Niederschlagung der Studentenproteste durch Militärs und Panzer am »Platz des himmlischen Friedens« (Tian'anmen Square) in Peking vom 3. und 4. Juni 1989 nicht verurteilt. Seither grassierte die Angst in der DDR vor einer »chinesischen Lösung«. Krenz bemühte sich um einen neu wirkenden Führungsstil, indem er nach allen Seiten »Dialog«-Bereitschaft signalisierte. Er kündigte als erste Reform »Reiseerleichterungen« an und warb um Vertrauen.
Am 27. Oktober wurde eine Amnestie für Flüchtlinge und Demonstranten verkündet und ein Ermittlungsverfahren gegen Polizei- und Stasi-Angehörige wegen der gewalttätigen Vorgänge um den 7. Oktober gegen Protestierende eingeleitet.
Ab 1. November wurde der visumfreie Reiseverkehr in die ČSSR eingeführt, wodurch die Ausreisezahlen und Flüchtlingsziffern wieder emporkletterten. Demonstrationen in vielen Städten folgten. In Ost-Berlin forderten am 4. November bei der größten Massenversammlung geschätzte rund 500.000 Menschen freie Wahlen, das Ende des SED-Machtmonopols sowie Presse-, Meinungs- und Reisefreiheit. Krenz selbst war dort nicht aufgetreten.
Die Parteiführung hatte ihre Glaubwürdigkeit längst verspielt. Krenz und seiner neuen Führung wurde kein Vertrauen mehr geschenkt. Sie galten als »Wendehälse«, ein Wort, das die Schriftstellerin Christa Wolf als Antwort auf die von Krenz verkündete »Wende« prägte.
Am 7. November trat der Ministerrat unter seinem Vorsitzenden Stoph zurück, tags darauf das gesamte Politbüro. Das ZK der SED wählte ein neues, von 21 auf elf Mitglieder reduziertes Politbüro. Darunter befand sich der Dresdner SED-Bezirkschef Hans Modrow. Krenz wurde zwar noch als Generalsekretär bestätigt, der als »Re-

former« geltende Modrow galt aber als der neue Mann, der allerdings bei den mit der Reichsbahn von Prag in die Bundesrepublik transportierten DDR-Flüchtlingen am Dresdner Bahnhof Polizeieinheiten einsetzen ließ, um Aufsprünge von Ausreisewilligen gewaltsam zu verhindern. Für viele an einer besseren und neuen DDR interessierte Kommunisten figurierte der aufrichtig wirkende und in bescheidenen Verhältnissen lebende Modrow als glaubwürdiger »Hoffnungsträger«.

Seit Mitte der 1970er-Jahre hatte es bereits SED-interne Diskussionen über die sich häufenden Strukturprobleme gegeben. In den 1980er-Jahren stand die DDR mehrfach vor der Devisenpleite und der Staatsinsolvenz, die durch Milliarden-Kredite von Banken aus der Bundesrepublik abgewendet werden konnte.

Beim bald folgenden Besuch von Krenz bei Gorbatschow am 1. November 1989 offenbarte sich die dramatische wirtschaftliche Lage der DDR einmal mehr, die für Aufregung sorgte. Im Zwiegespräch hatte der SED-Vertreter den »Genossen Michael Sergejewitsch« gefragt, ob sich die Sowjetunion noch zur Vaterschaft ihres Kindes DDR bekenne, worauf Gorbatschow zunächst schwieg, dann flüsterte und zuletzt verwundert entgegnete, was Krenz für eine Frage stelle. Er kenne keinen, der die Wiedervereinigung wolle – auch nicht Kohl. Der Dolmetscher gab sodann ein russisches Sprichwort wieder, das Gorbatschow zitierte. Es lautete sinngemäß »und ist der Faden noch so lange, er wird einmal ein Ende haben«. Entscheidend bei dieser Begegnung sollte die von Krenz dringend erbetene Hilfe von der UdSSR sein, die Gorbatschow jedoch nicht mehr zusagen konnte. Krenz kehrte aus Moskau tief beunruhigt zurück. Die DDR hatte über ihre Verhältnisse gelebt und der »große Bruder« konnte nicht mehr helfen.

Die eilig angesetzte Moskau-Reise von Krenz hatte folgenden Hintergrund: Im Auftrag von Krenz hatte der Vorsitzende der Staatlichen Plankommission beim Ministerrat und Politbüro-Mitglied Gerhard Schürer, gemeinsam mit Gerhard Beil, Arno Donda, Ernst Höfner und Alexander Schalck-Golodkowski eine »Analyse der ökonomischen Lage der DDR mit Schlußfolgerungen« als Vorlage für die Politbürositzung vom 30. Oktober 1989 vorgenommen. Aus ihr ging die hohe Staatsverschuldung gegenüber den westlichen Ländern und eine unmittelbar bevorstehende Zahlungsunfähigkeit der DDR hervor. Der Bericht wirkte so alarmierend wie schockierend, gleichwohl die darin festgestellten Befunde zur Auslandsverschuldung, Devisenpleite und Insolvenz der DDR später relativiert wurden. Laut der Bank für Internationalen Zahlungsausgleich (BIZA) und der Bundesbank war Devisenliquidität der DDR 1989 noch vorhanden. Aufgrund von SED-Beschlüssen waren Guthaben, v.a. des komplizierten Komplexes »Kommerzielle Koordinierung« (KoKo) von Schalk-Golodkowski nicht in der Politbürovorlage enthalten gewesen. Einen Tag nach der Volkskammerwahl wurde der »Schürer-Bericht« in der Berliner *Tageszeitung (taz)* am 19. März 1990 unter dem Titel »Geheimpapier: DDR kurz vor der Zahlungsunfähigkeit« bekannt, was die gefühlte öffentliche Wahrnehmung vom Ende des ostdeutschen Staates noch verstärkte.

Die latente Krise der SED-Herrschaft war auch ein Ergebnis der strukturellen Krise der Ökonomie. Das wiederum bewirkte eine Verunsicherung im Politbüro, die die Sprachlosigkeit steigerte. Losgelöst von allen denkbaren und späteren Berichtigungen machten die katastrophalen Befunde vom 31. Oktober zur ökonomischen Lage einen niederschmetternden Eindruck auf die Politbüromitglieder: Die Produktionspotentiale waren verschlissen, es drohte Zahlungsunfähigkeit und ein Bankrott stand bevor. Eine weitere Empfehlung schien ein Ding der politischen Unmöglichkeit: Nur mit einer Senkung des Lebensstandards um 25 % war die Situation noch zu retten. Ein D-Mark-Kredit in der Höhe von zwölf bis dreizehn Milliarden war dringend notwendig. Bonn überlegte und war nur für eine größere Durchlässigkeit der Mauer dazu bereit. Es kam zu Geheimverhandlungen zwischen dem DDR-Unterhändler und dem Devisen-Eintreiber Schalck-Golodkowski, Kanzleramtsminister Rudolf Seiters und Innenminister Wolfgang Schäuble.

Die neue SED-Führung war zum Handeln gezwungen und setzte Zeichen, als es schon zu spät war: Am 1. November hob sie die Reisesperre zur Tschechoslowakei auf, am 4. November gab das Politbüro grünes Licht für die Ausreise der DDR-Bürger aus der Tschechoslowakei, nachdem die ČSSR in Ost-Berlin gegen die »Völkerwanderung durch ihr Land« protestiert und die direkte Ausreise verlangt hatte.

Am 8. November deutete Kohl für die Erfüllung von weiteren Freiheitsbedingungen seine Bereitschaft an, Wirtschaftshilfe für die DDR in völlig neuen Dimensionen zu gewähren. Kurz vor Antritt eines Besuchs in Warschau gab der Bundeskanzler vor dem Bundestag in Bonn einen »Bericht zur Lage der Nation« und sagte darin der DDR »umfassende wirtschaftliche Hilfe« zu für den Fall, dass zuvor »eine grundlegende Reform der politischen und wirtschaftlichen Verhältnisse verbindlich festgelegt« worden sei. Darunter nannte Kohl den Verzicht der SED auf ihr Machtmonopol, die Zulassung unabhängiger Parteien und die feste Zusicherung freier Wahlen.

Die Ereignisse überstürzten sich. Als erkennbar wurde, dass die Volkskammer das von der Regierung geplante Reisegesetz ablehnen würde, das den DDR-Bürgern Auslandsreisen gestatten sollte, diese jedoch mit bürokratischen Verfahren und finanziellen Voraussetzungen verknüpfte, trat die SED-Führung unter Krenz die Flucht nach vorn an und plante die Öffnung der Grenzübergänge.

Historisches Ereignis: Die Grenzöffnung am 9. November 1989

Am Abend des 9. November machte Günter Schabowski, Mitglied des Politbüros und des ZK der SED, auf einer eilig einberufenen Konferenz des Internationalen Pressezentrums in der Mohrenstraße in Berlin-Ost unfreiwillig eine sensationelle Mitteilung. Erst kurz vor Beendigung der sich langweilig dahinziehenden Veranstaltung, kurz vor 19 Uhr, stellte der italienische Journalist und ANSA-Korrespondent Riccardo Ehrman in etwas gebrochenem Deutsch eine Frage, mit der er eine ungeahnte Entwicklung ins Rolle brachte: »Herr Schabowski, Sie haben von Fehler gesprochen. Glauben Sie nicht, dass es war ein großer Fehler, diesen Reisegesetzentwurf, das Sie haben jetzt vorgestellt vor wenigen Tagen?« Schabowski verneinte die Frage, man wisse jedoch über »das Bedürfnis der Bevölkerung zu reisen oder die DDR zu verlassen«. Er sprach von einer Überlegung, »eine komplexe Erneuerung der Gesellschaft« zu bewirken. Es gebe dabei eine Abfolge von Elementen und vielen Schritten, zu denen auch eine Erweiterung,

Legalisierung und Vereinfachung der Ausreise gehörten als »souveräne Entscheidung des Bürgers«. Er erwähnte sodann den Entwurf eines Gesetzes über die »ständige Ausreise«. Diese neue Regelung sei nach seiner Kenntnis schon veröffentlicht worden – was jedoch nicht stimmte. Auf das Gemurmel im Saal unter den Journalisten bezüglich der Gültigkeit und des Zeitpunkts des Inkrafttretens einer solchen Regelung rief der für die DDR zuständige BILD-Korrespondent Peter Brinkmann »ab sofort?« in den Saal, worauf der schlecht vorbereitete Schabowski aus den mitgebrachten Unterlagen den Text einer Mitteilung des Regelungsentwurfs heraussuchte und daraus vorlas: »Privatreisen nach dem Ausland können ohne Vorliegen von Voraussetzungen (Reiseanlässe und Verwandtschaftsverhältnisse) beantragt werden. Die Genehmigungen werden kurzfristig erteilt. Die zuständigen Abteilungen Pass- und Meldewesen der Volkspolizeikreisämter in der DDR sind angewiesen, Visa zur ständigen Ausreise unverzüglich zu erteilen, ohne dass dafür noch geltende Voraussetzungen für eine ständige Ausreise vorliegen müssen. [...] Ständige Ausreisen können über alle Grenzübergangsstellen der DDR zur BRD [...] bzw. zu West-Berlin erfolgen.« Auf die konkrete Nachfrage des Journalisten Ralph T. Niemeyer »Wann tritt das in Kraft?« antwortete Schabowski mit folgenden Worten: »Das tritt nach meiner Kenntnis ... ist das sofort, unverzüglich.« Es herrschte Verwirrung unter den Journalisten, die kurz nach Beendigung der Konferenz auf Schabowski einstürmten und Nachfragen stellten. Als erste Nachrichtenagentur kommunizierte Reuters die Ausreiseregelung. ADN verbreitete die vollständige und vorbereitete Meldung um 19:04 Uhr gleichzeitig mit der dpa. Um 19:05 Uhr sprach Associated Press bereits von »Grenzöffnung« und um 19:17 Uhr brachte die ZDF-Nachrichtensendung Heute Ausschnitte aus Schabowskis Pressekonferenz, ANSA meldete um 19:31 Uhr den Fall der Berliner Mauer.

Die vorzeitige Nachricht war eine Panne, denn geplant war die Öffnung der Grenzübergänge erst am 10. November. Um vier Uhr am Morgen, wenn alles noch zu Bette lag und schlief, sollte die Mitteilung via Rundfunk erfolgen und ab 6 Uhr die Reisepass-Beantragung erfolgen. Durch Schabowskis Uninformiertheit, Verunsicherung und Voreiligkeit wurde die neue Reiseverordnung auf der Pressekonferenz jedoch schon am Vorabend auf ungeordnete Weise vorzeitig bekannt.

Die Bekanntgabe der Entscheidung erfolgte nicht abgestimmt, d.h. ohne das Einverständnis Moskaus, und sollte politisch folgenschwer sein. Nicht nur, dass der UdSSR und der DDR damit vorzeitig ein wichtiges Faustpfand für mögliche deutsch-deutsche Verhandlungen aus der Hand genommen war, die »Maueröffnung« sollte den Anfang vom Ende des Regimes von Pankow bedeuten.

Es war für die DDR-Bevölkerung aber nicht die Verlautbarung auf dieser Pressekonferenz, sondern die Information in den westdeutschen Medien, vor allem durch das Fernsehen, welches mit »DDR öffnet Grenze!« in den »Tagesthemen« durch Hanns Joachim Friedrichs den Fall der Mauer vorwegnahm. Er eröffnete die TV-Nachrichtensendung mit den Worten: »Die DDR hat mitgeteilt, dass ihre Grenzen ab sofort für jedermann geöffnet sind. Der Reiseverkehr in Richtung Westen ist frei. Die Tore in der Mauer stehen weit offen.«

Zu diesem Zeitpunkt war noch kein Tor geöffnet, Fiktion wurde aber zur Realität.

Die SED-Führung handelte unkoordiniert und war nicht mehr Herr der Lage. Die Öffnung der Grenzübergänge war nicht mehr zu verhindern, als ein Ansturm ein-

Abb. 35: Bild eines Modells von der Maueröffnung, Sonderausstellung zur Geschichte Berlins und zum Fall der Mauer im Miniatur Wunderland, der größten Modelleisenbahn der Welt in den Speicherhäusern in Hamburg

setzte (Abb. 35). Die unbeabsichtigte Selbstauflösung (Hans-Hermann Hertle) des Einparteienstaates stand kurz bevor. Das Volk kam dem Regime zuvor. Die »Maueröffnung« war für alle überraschend. Sie traf die Menschen völlig unvorbereitet – Oppositionelle wie Politiker in Ost und West. In Kreisen des Bundesnachrichtendienstes (BND) und des seit 1956 bestehenden Militärischen Abschirmdienstes (MAD) der Bundeswehr war man durch die Ereignisse des 9. November völlig überrascht worden. Auf die Mitteilung »Die Mauer ist weg!« wurde gefragt »Welche Mauer?« An der Bornholmer Straße wurde ein erster Grenzübergang aufgemacht. Noch in den Abendstunden sammelten sich die Menschen, um in den Westen der Stadt zu gelangen. Tausende von DDR-Bürgerinnen und Bürger warteten auch vor anderen Übergängen, wo die unvorbereiteten, aber kontrolliert agierenden Grenzer förmlich überwältigt und veranlasst wurden, die Schlagbäume zu öffnen. Es kam zu tränenreichen Begegnungen und spontanen Freudentänzen zwischen Ost- und Westdeutschen. Im Bundestag sangen die Abgeordneten spontan das Deutschlandlied (Abb. 36). Helmut Kohl musste einen Staatsbesuch in Polen unterbrechen, was der polnischen Seite offenbar nicht recht und nur schwer begreiflich zu machen war. Der Bundes-

Abb. 36: Westdeutsche stehen am 10. November 1989 auf der Mauer in Berlin.

kanzler ließ sich aber nicht davon abbringen. Er hatte zu Recht das Gefühl, »zur falschen Zeit am falschen Ort zu sitzen«, wie Horst Teltschik notierte.
Die Reise nach Berlin erwies sich als kompliziert. Da DDR-Gebiet nicht überflogen werden durfte, musste zunächst Hamburg angeflogen werden. Mit einer US-Militärmaschine ging es von dort weiter nach West-Berlin, das nach wie vor der Vier-Mächte-Kontrolle unterlag. Dort herrschte eine chaotische Situation. Die Parteien hatten sich nicht auf eine gemeinsame Kundgebung einigen können. Der rot-grüne Senat veranstaltete eine solche vor dem Schöneberger Rathaus, die Berliner CDU später eine am Breitscheidplatz. Kohl war wütend über die eigene Partei, denn die Presseleute hatten sich am ersten Ort versammelt. In seinem Ärger bezeichnete er die Partei als »unfähig«. Kohl wurde am Schöneberger Rathaus von dem in seinen Worten »ganzen linken Pöbel« gnadenlos ausgepfiffen, was international einen schlechten Eindruck hinterließ, während Willy Brandt zuvor die richtigen Worte gefunden und verlautbart zu haben schien: »Jetzt wächst zusammen, was zusammengehört. Er zeigte sich dankbar, dass er das noch miterleben durfte. Tatsächlich gab es das berühmte Brandt-Zitat erst ein Jahr später, und zwar in einer Bundestagsrede am 4. Oktober 1990, einem Tag nach dem Beitritt der DDR zum Grundgesetz (Kap. 5.12):

»Herr Bundeskanzler, verehrte Kolleginnen und Kollegen, damit wir uns nicht mißverstehen: Ich setze natürlich darauf, daß wir es schaffen werden. Die wirtschaftliche Aufforstung und die soziale Absicherung liegen nicht außerhalb unseres Leistungsvermögens. (Beifall bei der SPD, der CDU/CSU und der FDP sowie bei Abgeordneten der GRÜNEN und der PDS) Die Überbrückung geistig-kultureller Hemmschwellen und seelischer Barrieren mag schwieriger sein. Aber mit Takt und mit Respekt vor dem Selbstgefühl der bisher von uns getrennten Landsleute wird es möglich sein, daß ohne entstellende Narben zusammenwächst, was zusammengehört.«

Brandt sollte sich nicht ausmalen, welche Hindernisse und Schwierigkeiten dem Vorhaben sich noch entgegenstellen würden.
Zurück zum 9. November 1989: Hunderttausende von DDR-Bürgern strömten nach Bekanntmachung der Grenzöffnung zu Besuchen nach West-Berlin und in die Bundesrepublik. Rund zwei Millionen DDR-Bürger sollten bis zum Wochenende am 12. November West-Berlin besuchen. Rund 500.000 genossen die errungene Reisefreiheit mit Besuchen in bundesdeutschen Städten.
Das DDR-Verteidigungsministerium verkündete am 13. Dezember, dass »mit sofortiger Wirkung« alle Sperrzonen entlang der Berliner Mauer und der gesamten Grenze zur Bundesrepublik aufgehoben seien. Doch kam es früher schon zu Öffnungen (Abb. 37).

Abb. 37: Seltene Postkarte mit einem Stempel aus der unmittelbaren Zeit der Maueröffnung am 9./10.11.1989 um 16 Uhr. Es handelt sich um kurzzeitig verfügbare Erinnerungsstempel – wahrscheinlich mit einem authentischen tagesgetreuen Ersttagsstempel, wobei das Bild mit den durch den Mauerbruch fahrenden Trabants nachträglich auf den Umschlag produziert worden ist.

Trotz der Öffnung hielten die Massendemonstrationen in der DDR weiter an. Inzwischen wurde statt »Wir sind das Volk!« der Ruf »Wir sind ein Volk!« und der damit verbundene Wunsch nach einem vereinten Deutschland lauter.
Durch die ostdeutschen Bürgerproteste sah sich Kohl zum weiteren Handeln gezwungen. Am 28. November präsentierte er weder in Absprache mit Außenminister Genscher noch in Konsultation mit den Westmächten im Bundestag einen »Zehn-Punkte-Plan«, der über zeitlich nicht konkretisierte Schritte einer »Vertragsgemeinschaft und konföderativer (Staatenbund ähnlicher) Strukturen« langfristig auf die Einheit Deutschlands zu zielen schien. Damit ergriff Kohl die Initiative. Es war ein geschickter Schachzug, mit dem er eine zeitgemäße Antwort auf die in Fluss geratene deutsche Frage gab.

Der Plan sah zunächst Sofortmaßnahmen hinsichtlich der Zusammenarbeit auf dem Gebiet des Umweltschutzes sowie der Erweiterung des Telefon- und des Eisenbahnnetzes vor. In einem nächsten Schritt sollten nach einer Verfassungsänderung der DDR mit neuem Wahlrecht marktwirtschaftliche Verhältnisse geschaffen werden. In einem weiteren Schritt sollte mit gemeinsamen Institutionen auf verschiedensten Ebenen die von Ministerpräsident Modrow vorgeschlagene »Vertragsgemeinschaft« aufgebaut und nach freien Wahlen ein Staatenbund, die Rede war von »konföderativen Strukturen«, geschaffen werden, um zu einer deutschen Föderation bzw. einer bundesstaatlichen Ordnung vorzudringen. Die Frage der konkreten Form eines »wiedervereinigten Deutschland« ließ Kohl unberührt, er wies aber auf die Relevanz des europäischen Rahmens für den deutsch-deutschen Einigungsprozess hin.
Das Zehn-Punkte-Programm enthielt keinen Zeitplan, um nicht unnötig zu verschrecken. Das viel zitierte Konzept – das als eine Art Fahrplan für die Einheit gelesen werden konnte – erreichte den US-Präsidenten zur gleichen Zeit, als ihn Kohl im Parlament verkündete. Kanzlerberater Teltschik ließ wissen, dass man mit dem Fax nach Washington lange gewartet hatte. Es war kein kommunikatives Missgeschick, sondern politische Absicht: Bush sollte sich nicht gegen das Vorhaben aussprechen können und er tat dies auch nachträglich nicht.
Die Opposition im Bundestag stimmte dem Programm im Prinzip zu, bemängelte aber ebenso wie der Koalitionspartner FDP den Alleingang des Bundeskanzlers. Vor allem kritisierte sie das Ausbleiben einer klaren Garantieerklärung zur polnischen Westgrenze. Die DDR-Blockparteien reagierten ebenfalls kritisch: Der angedeuteten Einheit hielten sie die Eigenständigkeit der DDR entgegen.

5.6 SED-Krise, Bürgerrechtsgruppen, die Übergangsregierung Modrow und der »Zentrale Runde Tisch«

Auf Transparenten und in Sprechchören machten die Demonstranten in der DDR darauf aufmerksam, dass die SED ihre Glaubwürdigkeit verloren habe und nicht mehr zurückgewinnen könne, indem sie einfach einige Spitzenvertreter abberufen oder aus der SED ausgeschlossen hätte. Honecker-Nachfolger Krenz war alles andere als Vertrauen einflößend, zumal ihn seine Kritiker auch für die Manipulation bei den Gemeindewahlen am 7. Mai 1989 verantwortlich machten.
Am 13. November stimmten die Vertreter der Volkskammer über einen neuen Präsidenten ab. Nachfolger von Horst Sindermann (SED) wurde der Vorsitzende der Demokratischen Bauernpartei (DBD) Günther Maleuda. Nach Auflösung des alten Ministerrats, der mit seinem Rücktritt die Option für eine »Erneuerung des Sozialismus« offenhalten wollte, wählte die Volkskammer Hans Modrow zum neuen Ministerpräsidenten.
Er stellte am 17. November in der Volkskammer seine »Regierung des Friedens und des Sozialismus« vor und sicherte tief greifende Veränderungen der Ökonomie, der Bildung und der Verwaltung zu. Wortreich umschiffte er die tatsächlich längst in

Fluss geratene Entwicklung und hielt am deutsch-deutschen Status quo fest. DDR und BRD sollten die »Verantwortungsgemeinschaft« mit dem Ziel »qualifizierter guter Nachbarschaft« und »kooperativer Koexistenz« zu einer »Vertragsgemeinschaft« weiter entwickeln, die über bisherige Vereinbarungen hinausgehen sollte.
Krenz und Modrow hatten zunächst viele Möglichkeiten zum uneingeschränkten Agieren, da stark organisierte Oppositionsgruppen noch kaum vorhanden waren. Diese formierten sich – im Unterschied zur ČSSR, Polen und Ungarn – erst relativ spät in der DDR. In der zweiten Jahreshälfte 1989 diversifizierte sich das parteipolitische Spektrum. Anzumerken ist jedoch hier, dass unter der Decke bereits seit den 1980er-Jahren Veränderungen im Gange waren. Die Bürgerrechtsgruppen des Herbst 1989 kamen nicht aus dem »Nichts«. Schon Jahre zuvor hatte sich bereits eine informelle Gesellschaft als zweite politische Kultur in der DDR gebildet, die sich gegen die Militarisierung der Gesellschaft wandte (Christiane Lemke). So existierten Gruppen von »Frauen für den Frieden« in Jena, Halle oder Leipzig und ein feministischer Lesezirkel in Berlin-Ost. Daraus ging zum Teil der »Unabhängige Frauenverband« hervor. Kritik an der staatlichen Umweltpolitik wurde im »Pleißer Marsch«, einem friedlichen Schweigemarsch, zum Ausdruck gebracht. Ärzte beklagten sich über die schlechten Arbeitsbedingungen und Gesundheitsgefährdungen ihrer Patienten aus Regionen der Schwerindustrie.
Ein deutliches Signal des Aufbruchs wurde 1985 in der Bestellung Gorbatschows zum KPdSU-Generalsekretär gesehen. In der DDR wurden wieder aufmerksamer und intensiver die *Prawda* gelesen und die deutlichen Zeichen der Veränderungen bewusst wahrgenommen.
Die am 9./10. September ins Leben gerufene Bürgerinitiative »Neues Forum« unter Bärbel Bohley war noch zwei Wochen später vom alten DDR-Innenministerium als »staatsfeindlich« abgelehnt worden. Es erhielt in den folgenden Tagen und Wochen sprunghaften Zulauf. Nach Öffnung der Grenzübergänge warnte das »Neue Forum« vor dem drohenden Ausverkauf der DDR und sprach sich gegen die Einheit aus.
Die am 1. Oktober entstandene Bürgerbewegung »Demokratie Jetzt« appellierte sowohl an Christen als auch an Marxisten, an der demokratischen Neugestaltung der DDR mitzuwirken sowie gegen die starke Umweltverschmutzung vorzugehen.
Andere Aktivisten wie Markus Meckel und Martin Gutzeit setzten am 7. Oktober mit der Sozialdemokratischen Partei der DDR (SDP) einen historischen Schritt. Nach der Zwangsvereinigung von SPD und KPD zur SED gab es nun wieder eine sozialdemokratische Partei. Die Anfang Oktober begründete Initiative »Demokratischer Aufbruch« formierte sich am 16./17. Dezember 1989 mit Wolfgang Schnur als Vorsitzendem der Partei. Schnur entpuppte sich jedoch als »Stasi-Spitzel« und verschwand wieder rasch in der politischen Versenkung, ähnlich wie Ibrahim Böhme, der sich bei der SDP/SPD zunächst auffallend hervortat. Neben einer grünen Partei gab es auch eine »Vereinigte Linke«, die an der Selbstständigkeit der DDR festhielt und gegen den Einigungstrend auftrat.
Die Bürgerrechtsgruppen lehnten das SED-Regime klar ab. Uneinig waren sie sich jedoch in der Frage, ob eine reformierte, eigenständige, freie »sozialistische DDR«

oder eine schnelle »deutsche Einheit« angestrebt werden sollte. Nach dem 9. November kursierten im oppositionellen Lager unterschiedliche Konzepte für das Überleben der DDR, sodass das Vertrauen der breiten Bevölkerung in die Opposition zurückging.
Am 1. Dezember 1989 kam es zu einem einschneidenden Ereignis, als die DDR-Volkskammer das Führungsmonopol der SED aus der Verfassung eliminierte. Die massenhaft durchgeführten Protestaktionen nahmen jedoch weiter zu. Innerhalb der SED wuchs die Kritik an Krenz so stark, dass dieser und auch die Parteiführung ihren Rücktritt erklären mussten. Zeitgleich wurde das Gros der früheren Partei- und Staatsführung, darunter Honecker und Mielke, aus der SED ausgeschlossen. Wenige Tage später, am 6. Dezember, legte Krenz auch seine Funktion als Staatsratsvorsitzender nieder.
Ministerpräsident Modrow erwarb sich zwar innen- und außenpolitische Anerkennung, war aber angesichts der chaotischer werdenden politischen Entwicklung und der völlig außer Kontrolle geratenen Machtverhältnisse innerhalb der SED nur eine Übergangsfigur. Bürgerrechtsgruppen und Oppositionelle traten immer selbstbewusster und fordernder auf. Sie verlangten in dieser turbulenten Phase eine Mitwirkung an den Entscheidungen der Regierung.
Nach dem Vorbild in Polen musste in Berlin-Ost am 7. Dezember auch ein »Zentraler Runder Tisch« gebildet werden, der aus Repräsentanten der Kirchen, der Opposition, der Volkskammerparteien und der Regierung zusammengesetzt war und in den folgenden Wochen zu einem mitentscheidenden Organ in der DDR avancierte. Vereinbart wurden Maßnahmen zur Ausarbeitung einer neuen Verfassung und der Ausschreibung von Neuwahlen für den 6. Mai 1990.
In einer »Regierung der Nationalen Verantwortung«, die von Modrow am 5. Februar 1990 gebildet wurde, entsandte der »Zentrale Runde Tisch« acht Minister ohne Geschäftsbereich und einigte sich auf eine Sozialcharta, die die von Bonn inzwischen schon angepeilte »Währungs-, Wirtschafts- und Sozialunion« flankieren sollte. Auf seiner letzten Sitzung am 12. März sprach er sich gegen eine Übernahme des Grundgesetzes für die DDR aus und legte einen eigenen Entwurf für eine DDR-Verfassung vor, die aber in Folge keine politische Rolle spielen sollte.

5.7 Deutsch-deutsches Treffen in Dresden, Öffnung des Brandenburger Tors, Wochen des Schweigens in Moskau und Vermeidung eines Chaos

Nachdem klar geworden war, dass aus Moskau keine Finanzhilfe für die marode DDR-Wirtschaft zu erlangen war, hatte Krenz alsbald um ein Treffen mit Kohl gebeten. Dieser lehnte jedoch ab, nachdem Gorbatschow ihn hatte wissen lassen, dass er sich mit dem neuen SED-Chef gar nicht treffen solle. Er würde den nächsten Parteitag nicht überstehen, womit der Kremlchef recht behielt.

Die politischen Vertreter der westeuropäischen Staaten und der Sowjetunion beobachteten die sich überschlagenden Ereignisse in Ostdeutschland mit großer Skepsis und wachsender Sorge, zumal sie keine reelle Chance hatten, etwas Wirksames dagegen zu unternehmen. Vorerst beruhigend wirkte auf sie das am 19. und 20. Dezember 1989 stattgefundene erste offizielle Treffen zwischen Kohl und Modrow in Dresden. Die Repräsentanten beider deutscher Staaten traten der aufgrund der Entwicklung kritisch bis ablehnend gegenüberstehenden internationalen Gemeinschaft behutsam und verantwortungsvoll auf. Trotz unüberhörbarer Rufe nach Vereinigung aus beiden Teilen Deutschlands rüttelten die Vertreter der Bonner und der Pankower Republik nicht an der Tatsache der zwei bestehenden deutschen Staaten und einigten sich zunächst auf eine »Vertragsgemeinschaft«, die im Frühjahr 1990 finalisiert werden sollte. Kohl und Modrow sprachen sich auch für die anschließende Abhaltung einer KSZE-Gipfelkonferenz aus. Sie vereinbarten in Dresden auch, noch vor Weihnachten das Brandenburger Tor für Fußgänger zu öffnen.
Nachdem Wochen vorher Passanten, Schaulustige und Fernsehteams aus aller Welt vor dem historischen Ort auf den Tag gewartet hatten, an dem der symbolische Vorgang der Öffnung stattfinden würde, begannen am 21. Dezember Arbeiten auf ostdeutscher Seite mit dem Abbau der Mauer, die sich noch lange hinziehen sollten (die geschredderten Teile wurden in Ostdeutschland für die Straßen verwendet, die in einem zum Teil schlechten bis miserablen Zustand waren. Durch Löcher und wegbrechende Fahrbahnränder mussten die Trabbis oftmals auf die Mitte der Straßen ausweichen).
Kurz nach Mitternacht, exakt um 0.37 Uhr gelang es, einen ersten Durchbruch der Mauer zu erzielen. Zur Feier am 22. Dezember waren fast eine halbe Million Menschen aus der Stadt und Gäste aus Ost und West an den zentralen Ort der Teilung Europas gekommen, um den Ansprachen bei Dauerregen zu lauschen.
Modrow sprach nun – im Unterschied zu Erich Honecker, der noch vor Monaten prophezeit hatte, die Mauer werde noch in 100 Jahren stehen – von einem Bauwerk in seiner neuen verbindenden Aufgabe als »Tor des Friedens«. Kohl forderte die Deutschen in Ost wie West zu »Geduld und Augenmaß« auf. Die Bürgermeister der Stadt, Walter Momper von Berlin-West und Erhard Krack von Ost-Berlin, unterstrichen die neue Funktion der Stadt in einer Zeit des Zusammenwachsens der beiden bis dato getrennten Teile Deutschlands.
Nach dem umjubelten Besuch von Helmut Kohl in Dresden, wo er in seiner Rede vor der Ruine der im Krieg durch alliierte Bombardements schwer zerstörten Frauenkirche stürmisch gefeiert worden war, kam es am 13. und 14. Februar 1990 zum Gegenbesuch Modrows in Bonn mit 17 (!) Ministern, davon allein acht Repräsentanten der Opposition vom »Runden Tisch«, die zu der seit dem 5. Februar gebildeten »Regierung der Nationalen Verantwortung« zählten. Die politische Lage war nach wie vor ungeklärt. Der ursprünglich angesetzte Wahltermin in der DDR konnte nicht mehr gehalten werden, was der Regierung Modrow nur mehr wenig Glaubwürdigkeit verlieh, denn es blieben ihr nur noch wenige Wochen bis zu ihrer voraussehbaren Ablösung.

Die von Modrow angeführte Delegation hatte einen einmaligen Bittgang in der deutsch-deutschen Geschichte angetreten: Sie erbat eine »Soforthilfe« in Form von 15 Milliarden D-Mark »Solidarbeitrag«, was Kohl und sein Team jedoch ablehnten. Das saure Gesicht von Modrow nach der Begegnung mit Kohl war in den TV-Bildern für alle sichtbar. Resultat des Gedankenaustausches war nur der Beschluss zur Schaffung einer Kommission, die eine Währungs-, Wirtschafts- und Sozialunion vorbereiten sollte.
Gorbatschow, der die UdSSR reformieren und den Sozialismus modernisieren wollte, vollzog in seiner Deutschlandpolitik 1989/90 einen konsequenten Rückzug auf Raten. Auf die Öffnung der Mauer reagierte er zurückhaltend. Er willigte zur Einigung Ende Januar intern und Anfang Februar 1990 auch öffentlich ein, nachdem Außenminister Schewardnadse Kohls Zehn-Punkte-Plan vom 28. November des Vorjahrs noch als »Diktat« bezeichnete, »das nicht einmal Hitler gewagt hätte«. Dem sowjetischen Außenminister war offensichtlich alles zu schnell gegangen.
Nach dem Treffen mit Bush vor Malta am 2./3. Dezember 1989 war für Gorbatschow die Einheit Deutschlands als Gesprächsthema kein Tabu mehr, der Ablauf, der Zeitpunkt und die Modalitäten waren aber noch offen. Für die sowjetischen Militärs war aber die Situation noch alles andere als entschieden. Im Januar 1990 gab es im Kreml mit einem Mal keine Empfänge mehr für ausländische Gäste, sondern Kontaktsperre. Es herrschte für Bonn besorgniserregende Funkstille. Erst Ende Januar bekam Kohl einen Besuchstermin für Anfang Februar genannt. Was war los? Schewardnadse ließ später gegenüber Teltschik durchblicken, dass eine schreckliche interne Diskussion zu führen war, ob eine militärische Intervention in der DDR erfolgen solle. Am 15. Januar war in Berlin-Ost das ehemalige Stasi-Gebäude gestürmt worden, ein kritischer Augenblick. Die Situation war offen, die Sowjetunion reagierte unter Gorbatschow aber wieder nicht mit dem Einsatz militärischer Gewalt.
Am 26. Januar fand dann eine hochrangige Ad-hoc-Sitzung im Kreml statt, die der »Wiedervereinigung« zustimmte, allerdings sollte diese, so Gorbatschow, erst in zehn Jahren kommen. Er sollte sich irren, zu sehr war die Entwicklung bereits in Fluss geraten und die Sowjetunion abhängig von westlicher Hilfe, v. a. bundesdeutscher Unterstützung.
Die ökonomische Lage in der UdSSR war extrem angespannt, was Kohl wusste. Ab der dritten Januarwoche 1990 lieferte die Bundesrepublik für einen vom Bundeshaushalt subventionierten Freundschaftspreis von 220 Millionen D-Mark Lebensmittel, darunter 52.000 Tonnen Rindfleisch-Konserven, 50.000 Tonnen Schweinefleisch, 20.000 Tonnen Butter, 15.000 Tonnen Milchpulver und 5.000 Tonnen Käse in die Sowjetunion, wie aus den Aufzeichnungen von Horst Teltschik hervorgeht. In einer zwischen Finanzminister Theo Waigel, Landwirtschaftsminister Ignaz Kiechle und dem sowjetischen Botschafter in Bonn, Juli A. Kwizinski, abgestimmten Aktion, wurde im Wege einer einmaligen logistischen Meisterleistung mit Hunderten von Güterzügen und Kühlvorrichtungen den hungernden Menschen in Russland ihr Überleben gesichert.
Trotz der spektakulären Maueröffnung und der erkennbaren Reformbereitschaft der Regierung Modrow versiegte der Strom an Übersiedlern aus der Pankower Republik

nicht. Viele glaubten nicht an die versprochene »Wende«, zu tief hatten sich die negativen Erfahrungen mit dem Stasi-Staat in das Gedächtnis eingegraben, zu tief saßen die Enttäuschungen und Frustrationen in der Bevölkerung wegen der Wahlfälschungen.
Die verschmähte Partei benannte sich zwar in »Partei des Demokratischen Sozialismus« (PDS) um, was aber viele DDR-Bürger als Taschenspielertrick empfanden und nur als Hinhalte-Manöver verstanden. Der andauernde Konflikt um die Suspension der »Stasi« war für viele ein untrüglicher Hinweis, dass mit einem glaubwürdigen Kurswechsel nicht zu rechnen war.
Beide Seiten – in Ost- wie Westdeutschland – waren zum Handeln gezwungen: Im Februar 1990 lautete eine erste Hochrechnung für das Jahresende, dass rund eine Million DDR-Bürger nach Westdeutschland drängen würde. Diese Meldung war ausschlaggebend für rasches Handeln in Bonn. Kanzlerberater Horst Teltschik bekannte: »Das war entscheidend dafür, dass es sehr schnell ging.« Es waren die DDR-Bürgerinnen und Bürger, die zum Handeln zwangen. Für die DDR hätte es einen unwiederbringlichen Verlust junger und arbeitsfähiger Kräfte bedeutet. Die Bundesrepublik hätte in so kurzer Zeit weder Wohnraum noch Arbeitsplätze für so viele Menschen zur Verfügung stellen können. Es galt, für beide Seiten Chaos zu vermeiden. Hauptsorge blieb aber in Bonn, dass der vertrauenswürdige Gorbatschow entscheidend an Macht und seine Position verlieren könnte. Es galt, ein Paket zu schnüren, um ihm zu helfen. Im Mai 1990 wurde der Sowjetunion von Bonn ein Fünf-Milliarden-Kredit zugesichert.

5.8 Schwer lastendes Stasi-Erbe und vorgezogene Volkskammerwahlen

Eine schwere Belastung für die neue DDR-Regierung bildete die informelle Weiterexistenz von Strukturen der aufgelösten »Stasi«. Im Zuge der Erosion der SED-Herrschaft im Herbst 1989 richtete sich der Unmut der Massen vehement gegen deren Allmacht, die über die Jahrzehnte ein dichtes, kapillares und flächendeckendes Spitzelsystem über die gesamte DDR ausgebreitet hatte. Nichts schien ihr verborgen zu bleiben. In nahezu allen denkbaren Bereichen wurden DDR-Bürger beobachtet, kontrolliert und überwacht. Für das MfS hatten rund 85.000 hauptamtliche und Hunderttausende sogenannter »Inoffizieller Mitarbeiter« (»IMs«) gearbeitet – rein personell und quantitativ weit mehr als es für die Geheime Staatspolizei (Gestapo) im NS-Staat bei einer dreimal größeren Bevölkerung der Fall war.
Ehemänner bespitzelten ihre Frauen, wie die Bürgerrechtlerin Vera Lengsfeld zu beklagen hatte. Kinder lieferten ihre Eltern aus. Geschwister verrieten sich gegenseitig. Keiner konnte dem anderen trauen. Die Deformation der ostdeutschen Gesellschaft war weit fortgeschritten. »IMs« waren allgegenwärtig. Sie waren in Betrieben, Fabriken, Hotels, Restaurants, kirchlichen Einrichtungen, im Kino und Theater wie auch in

der NVA und selbstverständlich in allen Parteiorganisationen – zuletzt auch unter den Bürgerrechtsgruppen und Demonstranten, so dass der Verdacht aufkam, die Stasi hätte auch die revolutionären Ereignisse beeinflusst, wenn nicht sogar teilweise mitgetragen!

Wie weit das zutrifft, dürfte fraglich sein. Tatsache ist, dass die Oppositionsgruppierungen von »IMs« unterwandert waren. Es schien vielen DDR-Bürgerinnen und Bürger so, dass es keinen Bereich des politischen und privaten Lebens gab, der unkontrolliert und unbeeinflusst geblieben wäre.

In den ersten Monaten nach der Jahreswende 1989/90 erfuhr die DDR-Bevölkerung durch eine freiere Berichterstattung wie auch durch westliche Medien das gesamte Ausmaß ihrer Beobachtung, Verfolgung und Unterdrückung, aber auch der Privilegien der SED-Führungsspitze, was zur mehrfachen Entlarvung der Täuschungen führte. Viele Menschen fühlten sich so gesehen mit einem dreifachen Betrug konfrontiert. Die Parteioberen hatten einen Lebensstandard des »Klassenfeindes« genossen. Im streng abgeschotteten und bewachten Dorf Wandlitz, 30 Kilometer von Berlin entfernt, getarnt als »Wildforschungsgebiet«, profitierte die SED-Elite hinter den acht Kilometer langen Mauern vom unbegrenzten Zugriff auf Westwaren im »Ladenkombinat« der Waldsiedlung für Ostmark. Anfänglich gab es Waren aus beschlagnahmten Paketen aus dem Westen. Jährlich waren es dann Ausgaben für eine Million Devisen und gesteigert bis 1989 neun Millionen für Konsumprodukte aus dem Westen. Schalk-Golodkowski hatte die Produkte direkt »von drüben« beschafft. Was es im Kombinat nicht gab, wurde direkt bestellt. In der »Wende«-Zeit wurden über Nacht noch schnell große Teile des Warenangebots in Ostprodukte umgetauscht, um den Unmut der getäuschten und enttäuschten Öffentlichkeit zu dämpfen.

Das Wissen um die Verschuldung und Zahlungsunfähigkeit des eigenen Staates sowie das Ausmaß der Tätigkeit der Staatssicherheit wirkten zudem schockartig. Man fühlte sich nicht nur bespitzelt, sondern auch betrogen. Dieser doppelte Schock und die Empörung über die Privilegien der Parteioberen sowie der Wunsch nach Gleichem und der Drang zur D-Mark belasteten und erdrückten schließlich die Reformkräfte. Die Mehrheit der Bevölkerung wollte nun auch eine reformierte DDR nicht mehr. Sie hatte genug vom SED-Staat und einer weiterexistierenden DDR.

Im Zusammenhang mit der Spionage ist anzumerken, dass auch Bürger aus der Bundesrepublik für die »Stasi« arbeiteten. »Wir müssen alles erfahren«, lautete eine der Devisen des Ministers für Staatssicherheit, Erich Mielke, der praktisch in allen gesellschaftlichen und privaten Lebensbereichen aushorchen und überwachen ließ – und dies nicht nur in der DDR. Niemand – auch in der Bundesrepublik – konnte sich sicher sein. Die Kontrollen und Überwachungen erfassten auch Personen, die sich in den Westen Deutschlands abgesetzt hatten. Aber auch Westdeutsche bespitzelten für die Stasi ihre Mitbürger, was nach Enttarnungen und Entlarvungen zu menschlichen Enttäuschungen und tiefgehenden Verwerfungen führte. Verschiedene Motive spielten dabei eine Rolle: Abenteurertum, Geltungssucht, Profitgier und Verdienstzugewinne. Die »Stasi« war aber eigentlich gar nicht der Kern der Problematik der deformierten und manipulierten ostdeutschen Gesellschaft. Staat wie Staatssicherheit waren lediglich Produkte der SED. Es war die Einheitspartei, die die DDR geschaffen und die »Firma Horch und Guck« befehligt hatte. Das Misstrauen der Öffentlichkeit war und blieb aber v.a. gegenüber dem »MfS« enorm, weit weniger gegenüber der Partei. So lastete der Stasi-Komplex sehr auf der neuen reformorientierten DDR-Regierung unter Modrow, die sich mehr und mehr als ein Regime auf Abruf darstellte und eine Volksvertretung auf Zeit zu verstehen hatte. Doch reichte der Moloch Stasi weit über die PDS hinaus.

Mancher Neopolitiker der gerade erst aus der Taufe gehobenen Parteien musste aufgeben und sich zurückziehen, wenn Hinweise auf »kooperative Tätigkeiten« in Zusammenhang mit der »Stasi« auftauchten und nicht entkräftet werden konnten. Hauptverantwortlicher für den kleinbürgerlichen, miefigen, spießigen und totalitären Überwachungsstaat war der »Antifaschist« Erich Mielke, der noch zur Zeit der Weimarer Republik am 9. August 1931 mit seinem Freund Erich Wichert bei einem Vergeltungsschlag gegen eine verhasste Polizeieinheit in Berlin die Polizisten Paul Anlauf und Franz Lenk aus dem Hinterhalt erschossen hatte, worauf Mielke in die Sowjetunion floh. Für diese Straftat wurde er schließlich 1993 verurteilt.

Als Nachfolger von Ernst Wollweber war Mielke seit 1957, also über 30 Jahre lang, Minister für Staatssicherheit in der DDR. Der »zweite Erich« war nach Honecker einer der ersten Systemträger, der von der gewandelten Volkskammer abgesetzt wurde. In einem peinlichen Auftritt am 13. November 1989 vor dem gleichnamigen Gremium hatte er nach Aufforderung eines Mandatars, nicht alle Abgeordneten mit »Genossen« anzusprechen, mit den Worten geantwortet: »Ich liebe doch alle – alle Menschen – na, ich liebe doch – ich setze mich doch dafür ein.« Lautstarke Proteste begleiteten die Ausführungen jenes Mannes, der für den gesamten Apparat der Repression und der Tötung von DDR-Bürgerinnen und Bürger, einschließlich den Schießbefehl an der innerdeutschen Grenze und der Mauer, mitverantwortlich war. Er meinte wohl nur »sozialistische Menschen« mit der von ihm kund getanen Liebe.

Der Unmut der real existierenden Menschen gegen den schon nachlassenden Staatsterror war weder zu besänftigen noch zu bremsen. Am 15. Januar 1990 drang eine demonstrierende Menge in die Zentrale der »Stasi« in der Normannenstraße in Berlin-Ost ein, wobei auch inszenatorische Elemente der »Stasi« selbst mit im Spiel waren. Ein Motiv des Protests bestand im Lavieren der Regierung Modrow im Falle der Auflassung des Amtes für »Nationale Sicherheit« (Nasi), das das Ministerium für Staatssicherheit abgelöst hatte. In den Tumulten oder möglicherweise auch schon früher sind 381 CD-ROMs in der Aktion *rosewood* (Rosenholz) mit etwa 350.000 Dateien von mikroverfilmten Karteikarten der Hauptverwaltung Aufklärung (HVA), des Auslandsnachrichtendienstes der DDR betreffend Spione im Westen in die Hände des US-amerikanischen Auslandsgeheimdienstes, der Central Intelligence Agency (CIA), gefallen.

In Leipzig wurde die Stasi-Zentrale an der »runden Ecke« ebenfalls eingenommen. Die Bürgerrechtsbewegung tat alles, um die geheimen Dokumente des Überwachungsstaates vor der Vernichtung durch die Reiß-Wölfe zu retten.

Für anhaltende Kontroversen sorgte die Frage der Aufbewahrung und Auswertung der MfS-Akten. Zur Verhinderung eines Transfers in das Bundesarchiv in Koblenz – und sich daraus ergebener eingeschränkter Nutzung der Daten – besetzten Bürgerrechtler das MfS-Gebäude. Es handelte sich um Millionen von Personalakten von Bürgern aus der DDR und der BRD. Es erfolgte eine Lagerung in Außenstellen des Bundesarchivs auf ostdeutschem Gebiet. Ein Jahr nach der Einheit wurde mit einem eigenen »Stasi-Unterlagen-Gesetz« eine »Bundesbehörde für die Unterlagen des Staatssicherheitsdienstes der ehemaligen DDR« in Berlin geschaffen. Der Pastor Joachim Gauck, ein Gegner des SED-Regimes und Mitbegründer des »Neuen Forums«, wurde Leiter der Behörde, seine Nachfolgerin Marianne Birthler, die ebenfalls aus der Bürgerrechtsbewegung hervorging. Der Bürgerrechtler, Mitbegründer der oppositionellen Friedensgemeinschaft Jena und 1983 Zwangsausgebürgerte Roland Jahn folgte Birthler als Leiter 2011 nach.
Die sich steigernde Ungeduld der DDR-Bürgerinnen und Bürger mit dem Systemwandel äußerte sich alsbald auch gegenüber der Regierung Modrow, sodass die Volkskammerwahlen auf den 18. März 1990 vorverlegt werden mussten. Der bald einsetzende Wahlkampf war von westdeutschen Parteien und ihren Vertretern dominiert, die sich größerer Befürwortung, stärkeren Jubels und breiteren Zulaufs erfreuten als die noch weitgehend unbekannten Kandidaten der neuen Parteigründungen in der DDR.
Die SPD der BRD fand in der von unbelastet scheinenden Vertretern neu gegründeten Sozialdemokratischen Deutschen Partei (SDP) rasch eine Verbündete. Die westdeutschen Christdemokraten taten sich vorerst schwerer. Auf Anweisung der Parteizentrale aus Bonn wurde eine »Allianz für Deutschland« geschmiedet, die aus der Ost-CDU, einer ehemaligen »Blockpartei«, der mit Unterstützung der bayerischen CSU ins Leben gerufenen »Demokratisch-Sozialen Union« (DSU) und der Oppositionsgruppe »Demokratischer Aufbruch« (DA) bestehen sollte. Die FDP unterstützte ein liberales Bündnis. Einig waren sich alle in der Orientierung der DDR auf eine ökologisch orientierte soziale Marktwirtschaft und ein vereintes Deutschland. Die Vorverlegung des Wahltermins ließ den neuen, noch so jungen Parteien und Wählergemeinschaften in der DDR nicht genügend Zeit zur Vorstellung ihrer Kandidaten und der Kommunikation ihrer Programme. Der »Zentrale Runde Tisch« hatte zwar eine parteipolitische Unterstützung aus der BRD abgelehnt, aber der Wahlkampf war letztlich wesentlich durch bundesdeutsche Finanzmittel, Parteien und Politiker beherrscht. Kritische Beobachter sahen sich in ihrer Einschätzung eines bevorstehenden »Ausverkaufs« und einer politischen Abhängigkeit »vom Westen« rasch bestätigt.
Die Volkskammerwahl am 18. März 1990 brachte einen Sieg mit relativer Mehrheit (40,8 %) für die »Allianz für Deutschland«, einem Bündnis der Ost-CDU mit dem DA und der DSU. Es war im Grunde ein Plebiszit für die Einheit Deutschlands.
Die SED-Nachfolge »Partei des demokratischen Sozialismus« (PDS) schnitt mit 16,4 % erstaunlicherweise gut ab – Berlin-Ost mit seinem »Speckgürtel« und Brandenburg wiesen in Relation zum Wahlgebiet einen hohen Anteil von (Alt)»Genossen« auf –,

während die sonstigen und nur vereinzelt kandidierenden Bürgerrechtsgruppen als Verlierer dastanden.

Auf bittere Weise mussten deren Exponenten die Erfahrung aus der Geschichte der Umsturz-Bewegungen zur Kenntnis nehmen, dass die Revolution ihre Kinder immer wieder frisst. Der »Bund Freier Demokraten« bekam 5,3 %, während das »Bündnis 90« mit 2,9 % seine Anhänger enttäuschte. Entgegen den allerdings in der DDR nur bedingt aussagekräftigen Umfragen war die SPD mit nur knapp 22 % der eigentlich große Wahlverlierer, während deutsch- und rechtsnationale Parteien völlig in der Versenkung verschwanden.

Im Unterschied zu den Vorhersagen der angeblich traditionell sozialdemokratisch geprägten Regionen der ehemaligen DDR wie Sachsen und Thüringen sowie der Großstadt Berlin wurde die CDU mit den knapp 41 % klarer Sieger. In der gemeinsamen »Allianz für Deutschland« mit der ebenfalls noch schwach abschneidenden DSU (6,3 %) und dem marginalen DA (0,9 %) verfehlte sie nur knapp die absolute Mehrheit.

Die Wahlbeteiligung war extrem hoch und betrug 93 %. Aus der Grafik 13 geht klar hervor, dass die »Allianz« mit 163 Mandaten Wahlgewinner war. Deutlich darunter lag das Bündnis zwischen der SDP (DDR-Sozialdemokraten) und der SPD. Nicht unbeträchtlich war der Anteil von 66 Mandaten der Nachfolgepartei der SED, der PDS.

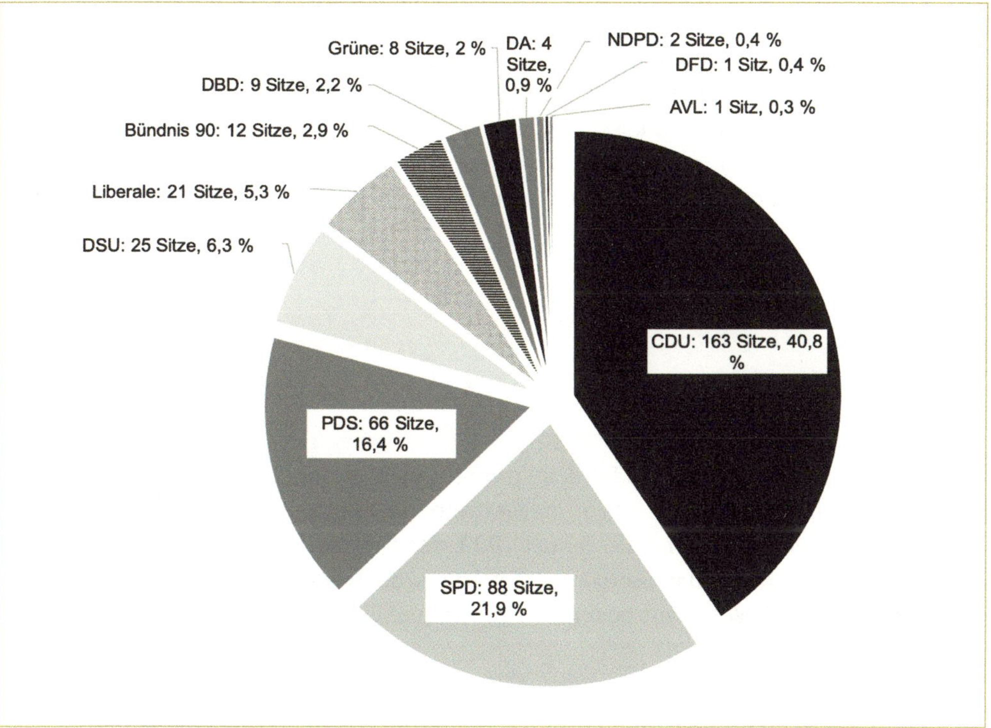

Grafik 13: Volkskammerwahlen 18.3.1990

Hieran wird deutlich, dass es nur eine relative Mehrheit für die »Allianz« gab. Es blieb ein starkes Gegengewicht: Wenn man die Gewinne der SDP und SPD und die der PDS zusammenrechnet, so kommt man auf 38,3 %. Das kommt dem »Allianz«-Ergebnis relativ nahe, d. h. so eindeutig war dieser Sieg der Einigungsbefürworter in der noch existierenden DDR nicht. Es blieb ein relativ starker Linksanteil. Das Wählerspektrum war gespalten.
Die Wahl erbrachte zwei Erkenntnisse: Es gab noch einen beachtlichen Wählerbestand ehemaliger Staats- und Parteisympathisanten. Der Großteil der Bürger hatte sich aber für eine zügige Vereinigung mit der Bundesrepublik und für die D-Mark ausgesprochen. Der 18. März bedeutete nicht nur das Ende für das Modrow-Regime, sondern auch faktisch das Ende der DDR und damit die Einheit Deutschlands.
Der Rechtsanwalt und Ost-CDU-Vorsitzende Lothar de Maizière formte eine Koalition aus »Allianz«, Liberalen und Sozialdemokraten, also eine Große Koalition, die für eine Einigung Deutschlands notwendige Regierungsform, die die Westdeutschen bis dato in ihrer Geschichte nur einmal (1966–1969) zustande gebracht hatten.
Am 5. April 1990 konstituierte sich die erste frei gewählte Volkskammer der DDR und wählte Sabine Bergmann-Pohl (CDU) zur Präsidentin, die damit auch Staatsoberhaupt wurde. Die neue DDR-Volkskammer – ein Parlament im staatspolitischen Ausnahmezustand – wurde in der kurzen Amtszeit ihrer Existenz äußerst aktiv. Sie hob als erste Maßnahme den Staatsrat auf und wählte am 12. April de Maizière zum Ministerpräsidenten.
Das politisch noch unerfahrene Kabinett und die Fraktionschefs der Großen Koalition leisteten in einer bewegten und hektischen Zeit des Übergangs enorme Arbeit. Die Regierung behandelte in lediglich sechs Monaten 759 Vorlagen und die neu gewählte Volkskammer beschloss 96 Gesetze. All dies geschah in einem Bewusstsein, wie es de Maizière in seiner nüchtern-trockenen Art feststellte: »Wir müssen uns selbst überflüssig machen, wir müssen uns abschaffen« (Ed Stuhler).

5.9 Deutsch-deutsche Währungsunion, die Oder-Neiße-Frage, Sorge bei den westlichen Partnern und die »Zwei-plus-Vier-Verhandlungen«

Den entscheidenden Anstoß für das Konzept der Währungsunion gab ein anregender Artikel von Ingrid Matthäus-Maier, stellvertretende Vorsitzende der SPD-Bundestagsfraktion, in *Die Zeit* am 19. Januar 1990, der mit dem Titel »Signal zum Bleiben« überschrieben war und in dem argumentiert wurde, dass eine Währungsunion den Umbau der DDR-Wirtschaft beschleunigen könne. Der erste Absatz lautete:

»Die deutsch-deutsche Politik steht unter Erfolgsdruck: Der anhaltende Übersiedlerstrom aus der DDR erschwert dort die Reformen und verschärft in der Bundesrepublik die Probleme auf dem Wohnungs- und Arbeitsmarkt sowie bei den sozialen Sicherungssystemen. Um den Exodus zu stoppen, muß den Menschen in der DDR rasch eine Zukunftsperspektive eröffnet werden, damit sie in ihrer Heimat bleiben. Die bisher vorgeschlagenen Reformansätze zur notwendigen Sanierung der DDR-Wirtschaft werden aber mehr Zeit beanspruchen, als die Menschen in der DDR und die Regierungen in Ost-Berlin und Bonn haben. Hier könnte die Währungspolitik eine Lösung bieten.«

Es folgten eine Reihe von Thesen, die es in sich hatten: Wenn die Währung der DDR nicht allgemein als »Geld« akzeptiert werde, werde sich die D-Mark in der DDR weiter ausbreiten und die DDR-Mark verdrängen. Die DDR brauche eine konvertible Währung. Die Schaffung einer konvertiblen DDR-Mark aus eigener Kraft erfordere viel Zeit, die die DDR nicht habe. Eine rasch wirksame Lösung wäre die Bildung eines deutsch-deutschen Währungsverbundes. Nur die stabile D-Mark als eindeutige und unbestrittene Leitwährung könne den Erfolg des deutsch-deutschen Währungsverbundes garantieren. Denkbar und konsequent wäre ein Währungsverbund mit einer einheitlichen Währung, also eine Währungsunion. Eine Währungsunion mit der D-Mark wäre für die Bürger in der DDR ein einsichtiges und überzeugendes Signal für eine rasche wirtschaftliche Besserung, das sie zum Bleiben in ihrer Heimat veranlassen könnte.

Der Artikel schlug in Bonn wie eine Bombe ein. Er bot eine Steilvorlage, für die bis dato konzeptlos Regierenden. Das Finanzministerium entwickelte daraufhin unter Theo Waigel nach Fürsprache Kohls ein Programm für eine »Währungs-, Wirtschafts- und Sozialunion«, für das Staatssekretär Horst Köhler und Thilo Sarrazin, der das Referat »Innerdeutsche Beziehungen« leitete, verantwortlich waren und am 6. Februar öffentlich angekündigt wurde.

Die Wirtschaftsweisen waren alles andere als erbaut und Oppositionsführer Oskar Lafontaine übte scharfe Kritik. Er hatte die Gefahr richtig erkannt: massenhafte Arbeitslosigkeit und soziale Verwerfungen würden in Ostdeutschland kommen. Das Versprechen eines »zweiten deutschen Wirtschaftswunders« könne so nicht in Erfüllung gehen.

Bereits im April 1990 setzten Verhandlungen über eine Währungs-, Wirtschafts- und Sozialunion zwischen BRD und DDR ein. Mit der neuen, demokratisch legitimierten DDR-Regierung nahm die Bundesregierung in Bonn sogleich diese Aufgabe in Angriff. Am 18. Mai 1990 wurde in Bonn der Staatsvertrag von den Finanzministern beider deutscher Staaten unterzeichnet. Mit Inkrafttreten am 1. Juli 1990 wurde die D-Mark alleiniges, offizielles Zahlungsmittel in der DDR. Löhne, Gehälter und Renten wurden zum Kurs von 1 : 1 umgestellt. Ebenfalls 1 : 1 umgetauscht wurden Sparguthaben für Kinder bis 2.000 D-Mark, für Erwachsene bis 4.000 D-Mark, für Senioren bis 6.000 D-Mark. Alle weiteren Sparguthaben sowie die Schulden wurden zum Kurs 2 : 1 umgestellt. Zum Währungsumtausch von 1 : 1 gab es für Waigel keine Alternative, »außer wir hätten eine neue Grenze gemacht«, d. h. zoll- und währungspolitisch, was nach Kohls Lagebeurteilung für die Menschen in der ehemaligen DDR »eine ganz schwierige psychologische Situation« bedeutet hätte. Die Umtauschentscheidung von 1 : 1 bzw. 1 : 2 war daher eine politische, auch wenn diese enorme Transfersummen von West nach Ost zur Folge haben sollte. Dieser Vorgang schien

aber vom psychologisch-moralischen Standpunkt die Ultima Ratio. Außerdem war der westdeutsche Sozial- und Wohlfahrtsstaat in seiner Geschichte schon sehr an Zahlungen (Kap. 12.8) gewöhnt.
Zeitgleich wurden umgehend marktwirtschaftliche Verhältnisse eingeführt und eine Angleichung der DDR-Sozialversicherung an das bundesdeutsche Versicherungssystem vorgenommen. Im Bundestag und Bundesrat stimmten die Mandatare, darunter auch der überwiegende Teil der SPD, dem Staatsvertrag trotz Kritik und Vorbehalten angesichts einer drohenden Massenarbeitslosigkeit im Osten und massiver Staatsverschuldung im Westen zu. Die gerade auf dem Wege der Einigung befindliche Nation drohte mit neuen und verstärkten Spaltungen der beiden Gesellschaften konfrontiert zu werden.
Der Gegner Kohls und SPD-Kanzlerkandidat Oskar Lafontaine meinte angesichts der sich abzeichnenden sozialen Verwerfungen in der untergehenden DDR seine politische Chance kommen sehen. Er hatte erhebliche Bedenken gegen eine rasche deutsche Einigung geäußert, massive Einwände vorgebracht und damit Zweifel am Sinn eines schnellen Vollzugs der Einheit Deutschlands artikuliert. Mit seiner betreffend v. a. die ökonomischen Folgen realistischen Lageeinschätzung und der damit verbundenen kritischen Prognose hatte er jedoch im Wahlkampf keine Chance. Die Ostdeutschen wollten Aufbruch und Zuversicht vermittelt bekommen. Kohls Diktum von den »blühenden Landschaften«, das sich zunächst als übertriebener Optimismus herausstellte, zog weit mehr.
Die sich rasch vollziehende Entwicklung zur Einigung der beiden deutschen Staaten weckte bei einer Reihe von Nachbarstaaten historische Erinnerungen aus der Zeit des Zweiten Weltkriegs, als Deutschland beispielsweise 1940 in wenigen Monaten halb Europa unter seine Kontrolle brachte. Polen fürchtete ein Ausbleiben der definitiven Anerkennung seiner Westgrenze. Seine Führung reagierte auf die deutsch-deutsche Entwicklung äußerst kühl, zurückhaltend und argwöhnte deutschen Revisionismus, wenn nicht Revanchismus, weil eine rasche Anerkennung ihrer Westgrenze nicht erfolgte. Deutschland als Ganzes war aber immer noch Sache der Vier-Mächte und unter ihrem Vorbehalt gestanden.
Die europäischen Kleinstaaten sorgten sich vor allem, dass die schon als Wirtschaftsmacht führende alte Bundesrepublik, nach ihrer bevorstehenden Erweiterung um die »neuen Länder« von rund 60 auf nun mehr als 80 Millionen Einwohner angewachsen, nicht nur zu einer ökonomischen, sondern nun auch zu einer politischen Hegemonialmacht in Europa aufsteigen würde.
In Israel gab es erhebliche Ängste, artikuliert durch Medien und Politiker, wobei der Holocaust als mahnende Erinnerung beschworen wurde.
Die friedlich verlaufene Revolution in der DDR sowie das Ende der SED-Herrschaft wurden zwar in der europäischen Öffentlichkeit in der Regel positiv aufgenommen, aber das politische Establishment und staatliche Vertreter reagierten alles andere als begeistert, nämlich skeptisch, zögerlich, wenn nicht sogar ablehnend.
Distanziert bis zurückweisend äußerte sich die konservative »Eiserne Lady« Margaret Thatcher. Sie wähnte Deutschland als verspäteten Sieger des Zweiten Weltkriegs

und war der Auffassung, dass Kohl keine Ahnung von den Empfindlichkeiten anderer in Europa habe. Er scheine vergessen zu haben, dass die Teilung Deutschlands Folge eines Krieges sei, den Deutschland begonnen habe. Sie war entsetzt zu sehen, wie sich die Abgeordneten im Bundestag nach Öffnung der Mauer erhoben, um das Deutschlandlied zu singen. Ihre Furcht vor den Deutschen erschien nahezu atavistisch, hatte aber konkrete Motive: Sie sorgte sich um die Position von Gorbatschow, den sie als »ihr Kind« betrachtete, die europäische Sicherheit und wegen der polnischen Westgrenze.

Die Diplomaten des Foreign Office, die für eine offene und pragmatische Haltung plädierten, waren über die einseitige und emotionale, ja feindselige Position der Premierministerin frustriert. Kohl sprach nur von »dieser Frau«. Im *Wallstreet Journal* vom 26. Januar 1990 erschien ein »ärgerliches Interview« mit Thatcher, wie Teltschik es nannte, in dem sie »die Pose einer Beschützerin Gorbatschows annimmt«. Eine schnelle Einheit würde »enorme Probleme« für ihn, möglicherweise sogar seinen Sturz bedeuten, »eine Katastrophe für alle«. Nur bei Berücksichtigung aller Verpflichtungen könne die deutsche Einheit Wirklichkeit werden, sonst alles destabilisieren, was in höchstem Maße »unfair« gegenüber Gorbatschow wäre, »der all dies erst ermöglicht habe«. Dann ließ die »Lady« gänzlich ihre Maske fallen: Kohl und Genscher sollten »ihre engen nationalistischen Ziele der längerfristigen Sicht der Bedürfnisse Europas unterordnen«. Daher müsse man ihnen »diese weitsichtigere Vision eintrichtern«. Teltschik hielt Thatchers Worte folgendermaßen fest: »Die deutsche Einheit [...] zerstöre das wirtschaftliche Gleichgewicht der EG, in der Westdeutschland schon heute dominiere.« (Abb. 38)

Kohl war außer sich und ließ den britischen Botschafter in Bonn, Christopher Mallaby, mitteilen, »daß er diese Äußerung als ungewöhnlich unfreundlich empfinde«. Er wollte bei nächster Gelegenheit Thatcher darauf ansprechen, da sie sich weder telefonisch noch bei dem EG- und NATO-Gipfel derart kritisch geäußert habe. Die britische Premierministerin hatte offensichtlich nicht nur die Contenance, sondern auch ihren Mut gegenüber Kohl verloren.

Mallaby hatte bereits am 9. Dezember 1989 eine weitsichtige Analyse an das Foreign Office gesandt, in der es u. a. hieß: »Kohl spielt das Spiel seines Lebens, mit hohem Risiko. Wenn er es richtig spielt, wird er die Bundestagswahl im nächsten Jahr gewinnen und dann kann er als Kanzler der Einheit in die Geschichte eingehen.« Es blieb aber vorerst noch bei Ablehnung und Skepsis in Downing Street No. 10.

François Mitterrands angebliche Liebe zu Deutschland und vermeintliche Freundschaft zu Kohl kannten ebenfalls Grenzen. Frankreichs Staatspräsident war noch im Januar 1990 der Meinung, die plötzliche Chance zur Einheit habe den Deutschen »eine Art mentalen Schock« versetzt, der sie wieder in jene »Bösen« verwandelt habe, die sie einmal gewesen seien. Er erkannte jedoch früher als Thatcher, dass es die sowjetische Schwäche war, die die wieder erstarkte deutsche Position ausmachte: »La faiblesse soviétique fait la force des Allemands« (Ulrich Lappenküper). Mitterrand musste mehr oder weniger einlenken und gute Miene zu einem für ihn wenig wünschenswerten Spiel machen.

Abb. 38: Karikatur: »Maggie Liebling, bist Du nicht zu pessimistisch wegen der Wiedervereinigung?« Anspielung auf die deutschen Luftangriffe im Zweiten Weltkrieg auf Großbritannien und den Gang in den Luftschutzkeller

Der italienische Ministerpräsident Giulio Andreotti demonstrierte zur großen Enttäuschung Kohls alles andere als christdemokratische Solidarität. Er sprach sich für zwei deutsche Staaten in Europa, also gegen deren Einigung, aus, was jedoch nicht dem prodeutschen Stimmungsbild in der italienischen Öffentlichkeit entsprach (Deborah Cuccia).

Auf der Konferenz der Europäischen Volkspartei (EVP) in Pisa am 17. Februar 1990 konnte Kohl Fehldeutungen seiner Politik richtigstellen, Missverständnisse auf der Seite seiner Parteifreunde aus den vergangenen Wochen klären und dabei auch Andreotti in die Schranken verweisen. Der Bundeskanzler war einige Tage zuvor in Moskau zu Besuch gewesen, wo er von Gorbatschow die Zusicherung erhalten hatte, dass die Deutschen die Frage ihrer Einheit und ihrer Nation selbst lösen könnten. Kohl fehlte nie bei den Treffen der Regierungschefs der EVP-Führungsgruppe. Wenn er sein Kommen zusagte, wollte auch keiner der übrigen Staatenvertreter fehlen. Thomas Jansen, Generalsekretär der EVP (1983–1994) erinnert sich: Kohl ergriff – wie immer bei den Treffen der Führungsgruppe der EVP – auch in Pisa als Erster das Wort und gab die Richtung klar vor. Er machte unter Anwesenheit der christdemokratischen Regierungschefs Ruud Lubbers (Niederlande), Wilfried Martens (Belgien), Jacques Santer (Luxemburg), Garret Fitzgerald (Irland) und Giulio Andreotti (Italien), der mit seiner Gegnerschaft zur Möglichkeit der deutschen Einheit eine besondere Rolle gespielt hatte, mit voller Überzeugung klar, dass mit der Frage der Einheit

Deutschlands für die europäische Einigung keine Gefahren, aber viele Chancen verbunden seien. Er verwies auf die hohen Flüchtlingszahlen aus dem Osten Deutschlands, die nicht nur zu einem Problem für die Bundesrepublik, sondern im Zuge dieser Konstellation auch für die westlichen Nachbarstaaten Konsequenzen hätten. Kohl versicherte, dass die Einheit nur gelingen könne, wenn sie in den politisch-institutionellen Rahmen des atlantischen Bündnisses und der Europäischen Gemeinschaft eingebettet bleibe. Der Bundeskanzler wartete mit exakten Daten und Zahlen zur wirtschaftlichen Ausrichtung und Verflechtung der Bundesrepublik auf. Sie sei so stark in Westeuropa verankert, vor allem ökonomisch, dass jede Gefahr einer deutschen Schaukelpolitik ausgeschlossen werden könne. Es bleibe, wenn die Einheit gelinge, »ein existentielles deutsches Anliegen, daß das europäische Einigungswerk gelinge. Beide Prozesse, die europäische und die deutsche Einigung, gehörten zusammen und bedingten sich gegenseitig«, erinnert sich Jansen an die Ausführungen Kohls, der mit seiner Argumentation voll durchdrang.

Noch am Abend anlässlich einer von den Europäischen Jungen Christlichen Demokraten (EJDC) im Kontext des Kongresses in Pisa organisierten Pressekonferenz fragte der Italien-Korrespondent der *FAZ,* Heinz Joachim Fischer, Andreotti, ob er noch zu seiner Äußerung stehe, dass die Existenz zweier deutscher Staaten ein wichtiges Element der Stabilität in Europa sei (Kap. 6.6). Der italienische Ministerpräsident räumte ein, dass er »die Dinge heute tatsächlich anders« sehe. Der politische Kontext habe sich geändert und es gebe keinen Grund, die ihm und seinen Kollegen von Bundeskanzler Kohl gegebenen Zusicherungen zu bezweifeln. Jansen hält fest, dass es das in Pisa von Kohl hergestellte Vertrauen war, welches zu einem Verhalten der christdemokratischen Regierungen führte, das zur Vereinigung Deutschlands »absolut loyal« sein sollte.

Wie auch immer und stark diese Loyalität ausgeprägt sein sollte: Deutlich wird bei diesem Vorgang, dass Kohl erst in seiner eigenen europäischen Parteienfamilie Klarheit schaffen musste, bevor er zielstrebig die deutsche Einheit durchsetzen konnte. Nachdem er seine eigenen innerparteilichen Gegner – die auf die innerparteiliche und innenpolitische Lage fixiert waren und die sich ändernde internationale Lage vernachlässigt hatten – im September 1989 in Bremen in die Schranken verwiesen hatte (Kap. 5.2), musste er im Februar 1990 in Pisa für klare Verhältnisse bei seinen internationalen Partnern sorgen. Beides gelang Kohl auf bemerkenswerte Weise. Wer sich nicht beugen und fügen wollte, musste mit seinem kaum zu zügelnden Zorn rechnen und hatte es dann auch zu büßen.

Der niederländische Premier Ruud Lubbers zählte ebenfalls zu den Kritikern und Zweiflern der deutschen Einigung. Er hatte sich wie Andreotti offen gegen die Einheit ausgesprochen. Kohl rächte sich dafür später, als er sich 1994 gegen dessen Nominierung als EU-Kommissionspräsident und Nachfolger von Jacques Delors aussprach und für den Luxemburger Kandidaten, Jacques Santer stark machte. Santer wurde es und Kohl hatte sich auch hier behauptet. Auch als Lubbers Interesse an der Position des NATO-Generalsekretärs äußerte, machte ihm Kohl einen Strich durch die Rechnung.

Die europäischen Staaten nahmen die deutsch-deutschen Entwicklungen 1989/90 sehr ernst und auch sehr unterschiedlich wahr. Ihre Beobachtungen, Beurteilungen und Positionen wichen z. T. stark voneinander ab (Michael Gehler/Maximilian Graf). Das traf auch für die internationalen Reaktionen zu. Während US-Präsident George H. W. Bush und Außenminister James Baker eindeutig für die deutsche Einheit plädierten, bestanden im State Department unterschiedliche Strömungen. In der politischen Führung des Vereinigten Königreich gab es, freundlich formuliert, nur »eingeschränkte Sympathien«. Premierministerin Margaret Thatcher hing noch sehr am viktorianischen Modell des 19. Jahrhunderts, dem zufolge Großbritannien das Gleichgewicht der europäischen Staatenwelt im Sinne der »balance of power« zu bestimmen und zu regeln hätte, während der längst eingetretene Bedeutungsverlust des britischen Empire als Weltmacht schon mehr als offensichtlich zu Tage getreten war. Frankreichs Führung verhielt sich zunächst sehr zurückhaltend: Präsident François Mitterrand reagierte auf die Einheit zuerst abwartend und sehr zögerlich. Er glaubte zu Beginn weder an freie Wahlen in der DDR noch an eine Zustimmung Gorbatschows zu einem vereinten Deutschland in der NATO.
Die Schweiz betrachtete die deutsche Einigung wiederum überaus pragmatisch als deutsche Angelegenheit und sah sie praktisch als alternativlos an. Österreichs Diplomatie agierte 1989/90 noch zurückhaltend. Die politische Führung war gespalten: Außenminister Alois Mock unterstützte Kohls »Zehn-Punkte-Plan«, während Kanzler Franz Vranitzky noch am 26. Januar 1990 Hans Modrow mit einer großen ostdeutschen Delegation bei ihrem Besuch in Wien hofierte.
Die traditionell pro-britischen Skandinavier reagierten abwartend bis kühl. Finnland verhielt sich zurückhaltend: Es hatte zwar als einer der ersten Staaten die DDR anerkannt, sah aber auch in einem vereinten Deutschland ein mächtiges und notwendiges Gegengewicht zur Sowjetunion. Dänemark und Schweden waren hingegen ob eines in Zukunft zu mächtigen Deutschlands besorgt. Norwegen sah die NATO mehr denn je als Garanten für die eigene nationale Sicherheit an.
Die Benelux-Staaten reagierten sehr unterschiedlich. Während sich Luxemburg unter Premier Jacques Santer seiner eigenen geringen Größe bewusst war und die deutsche Einigung aufgrund sehr guter Beziehungen zu Kohl dennoch begrüßte, sprach sich Belgien unter Ministerpräsident Wilfried Martens ebenso positiv über die veränderte Lage in Deutschland aus. Der niederländische Ministerpräsident Lubbers hingegen unterstützte, wie erwähnt, den Kurs Thatchers, was ihm Kohl nie verzeihen sollte.
Die Mitteleuropäer äußerten sich auch abweichend. Während Ungarn unter den Reformkommunisten wie Gyula Horn wohlwollend reagierte, sah die Tschechoslowakei die Umwälzungen in Ostdeutschland höchst kritisch und skeptisch: Gustáv Husák war dem früheren SED-Regime unter Erich Honecker verbunden. Für Polen war die deutsche Einheit ein überaus sensibles Thema, nicht zuletzt aufgrund des langen Zögerns von Helmut Kohl, die Oder-Neiße-Grenze anzuerkennen. Vergeblich machte sich in Warschau Hoffnungen, ein Akteur der Zwei-Plus-Vier-Verhandlungen zu sein, was nicht gelang. Immerhin wurde Polen im Rahmen dieses Prozesses beigezogen und konsultiert.

Die iberischen Staaten und Südeuropäer reagierten ebenfalls unterschiedlich. In Spanien sprach sich der Sozialist Felipe González klar für die deutsche Einheit aus, zumal sich Kohl einst für Spaniens NATO- und EG-Mitgliedschaft eingesetzt hatte. Portugal befürchtete hingegen bei einer weiteren Öffnung des Ostens Einbußen aus den EG-Kohäsions- und Strukturfonds. In Italien äußerte sich v. a. Andreotti zunächst überaus ablehnend (»Niemand in Europa wünscht sich die deutsche Wiedervereinigung«, so Deborah Cuccia), während sich der traditionell prodeutsch eingestellte Staatspräsident Francesco Cossiga sehr befürwortend aussprach.

Von griechischer Regierungsseite war man sehr skeptisch – alsbald kamen Forderungen nach deutschen Reparationszahlungen auf. Für die Türkei war die deutsche Frage nur insofern interessant, wie sich die in Deutschland lebenden Türken verhalten würden bzw. wie es ihnen ergehen würde – der Zerfall der Sowjetunion bot hingegen für Ankara weit größere Chancen im transkaukasischen Raum, von Infrastrukturprojekten über die Erweiterung des politischen Einflussgebiets bis hin zur Re-Islamisierung der Region.

Der Präsident der Europäischen Kommission, Jacques Delors, sprach sich schon früh für die deutsche Einheit im Sinne von Artikel 23 des Grundgesetzes aus. Er sah den Zutritt der DDR zur Bundesrepublik als Stärkung seines Projekts des europäischen Binnenmarktes an. Er kann geradezu als ein »vergessener Akteur« der deutschen Einheit bezeichnet werden. Die EG-Kommission in Brüssel war neben Bonn und Paris ein mitentscheidender Akteur im Rahmen der deutschen Einigung.

Kohl sollte es nie vergessen, dass während der irischen EG-Ratspräsidentschaft unter Premier Charles J. Haughey in der ersten Hälfte 1990 die deutsche Einigung bereits positiv vorentschieden worden ist. Alle zwölf EG-Staats- und Regierungschefs waren am 28. April 1990 auf dem Gipfel in Dublin für diese Sache gewonnen. Dabei ist auch an die Zusicherung Kohls zu erinnern, dass sich aus der deutschen Einheit keine finanziellen Verpflichtungen der EG und ihre Mitgliedstaaten ergeben würden.

Neben den sehr zurückhaltenden oder gar kritischen politischen Akteuren gab es, insgesamt betrachtet, eine generell sehr positive und zustimmende öffentliche Meinung Europas zur deutschen Einigung, auch und gerade in Ländern wie Frankreich, Italien und sogar dem Vereinigten Königreich.

Während Andreotti, Gorbatschow und Thatcher zunächst noch 1989 an der deutschen Zweistaatlichkeit festhalten wollten, wünschte sich Modrow eine deutsch-deutsche Vertragsgemeinschaft als länger anhaltende Lösung. Der ehemalige sowjetische Botschafter in Bonn und Deutschlandexperte, Valentin Falin, wünschte sich für Deutschland eine zukünftige Neutralität, um ein vereintes Deutschland in der NATO zu verhindern.

Der im Wesentlichen gewaltfrei und friedlich verlaufende Prozess der Umgestaltung in Mitteleuropa wie auch jener der deutsche Einigung führten allerdings auch zu Fehlbeurteilungen und Unterschätzungen zeitgleich entstehender, gänzlich anders gelagerter Konflikte wie im Baltikum (Litauen 1991), insbesondere aber im blutig zerfallenden Jugoslawien ab 1991 (Kroatien, Slowenien) und 1992–1995 (Herzegowina-Bosnien).

Zusammenfassend lässt sich über Europas Antwort und die internationalen Reaktionen zur deutschen Einheit sagen, dass es sich um eine »Sternstunde der Diplomatie« (Philip Zelikow/Condoleezza Rice) mit zahlreichem Interessenausgleich im Kompromisswege handelte. Alle primären Akteure konnten Teil-Ziele erreichen: Helmut Kohl die Einheit; George Bush ein vereintes Deutschland in der NATO mit der Perspektive einer zukünftigen Ost-Erweiterung, an die damals noch kaum jemand dachte bzw. denken konnte; Michail Gorbatschow existentiell notwendige Finanzhilfen für sein vermeintliches politisches Überleben; François Mitterrand den Euro und die deutsche Einbindung in einer gemeinsamen Währung; Margaret Thatcher ein von der NATO kontrolliertes Deutschland und Jacques Delors ein besser in die zukünftige EU eingebundenes Deutschland im Sinne einer doppelten Integration.
Der Schlüssel zur deutschen Einigung lag in Moskau. Letztlich war sie v. a. ein Ergebnis des Zerfalls der UdSSR. Anders formuliert, ja fast etwas zynisch, könnte man sagen, die Einheit Deutschlands war ein Abfall- und Nebenprodukt des Zusammenbruchs der Sowjetunion, der sich schon seit 1989 abgezeichnet hatte (Helmut Altrichter).
Alle Bremser und Blockierer der deutschen Einigung im westlichen Lager mussten sich letztlich den von den Ostdeutschen geschaffenen deutschlandpolitischen Fakten beugen, die sie selbst unumkehrbar gemacht hatten. Hinzu kam die Unterstützung aus den USA, wobei diese wiederum auf die Zahlungsfähigkeit der Bundesdeutschen setzten. Als Kohl Ende Februar 1990 Bush aufsuchte, stand für den US-Präsidenten fest, dass die ökonomisch angeschlagene UdSSR nicht fähig sein würde, dem Westen zu diktieren, ob Deutschland in der NATO bleiben würde oder nicht: »Zum Teufel damit. Wir haben die Oberhand gewonnen und nicht sie. Wir können nicht zulassen, daß die Sowjets die Niederlage in einen Sieg ummünzen.« Als Kohl meinte, dass die Russen den »Preis« für ihre Zustimmung eher den USA als der Bundesrepublik nennen würden, erwiderte Bush launig, der Kanzler habe doch »große Taschen« (Schwan/Steininger). Gemeint waren Geldtaschen. Die bundesdeutsche Politik war an das Zahlen gewöhnt. Auch die Einheit musste sie sich kaufen. Kohl sollte diese Politik exzessiv betreiben. Gorbatschows Einsehen und sein Kurswechsel in der Deutschlandpolitik wurden fürstlich honoriert.
Der Umstand, dass die Bundesrepublik zu den Mitgliedern der NATO und EG zählte, während die DDR dem COMECON und dem Warschauer Pakt angehörte, machte es unausweichlich, dass die Einigung nicht von der Bundesrepublik im Sinne eines Alleingangs oder gar durch eine »Politik der Stärke« à la Adenauer vollzogen werden konnte, sondern nur mit den beiden deutschen Staaten und darüber hinaus in Absprache und Koordination mit den Vier-Mächten sowie dann später auch durch bilaterale Verträge mit der ČSFR und Polen. Es waren die vier Ex-Alliierten des Zweiten Weltkriegs gefordert. Sie verwiesen auch auf ihre Verantwortung für »Deutschland als Ganzes« sowie für Berlin.
Auf der ersten gemeinsamen Konferenz vom 12. bis 14. Februar 1990 vereinbarten NATO- und Warschauer Pakt-Staaten im kanadischen Ottawa »Zwei-plus-Vier-Verhandlungen« zwischen beiden deutschen Regierungen und den vier Siegermächten

und legten die Einbettung des vereinten Deutschland in Europa fest, was im Rahmen eines KSZE-Treffens erfolgen sollte. Differenzen bestanden in der Frage der polnischen Westgrenze und vor allem in der Bündniszugehörigkeit eines Gesamtdeutschlands. Die DDR-Delegation reiste mit einem enttäuschenden Eindruck nach Ost-Berlin zurück. Die bundesdeutsche Regierung unter Kohl akzeptierte die Modrow-Regierung nicht mehr so wie im Dezember 1989. Der Kanzler machte deutlich, dass der amtierende DDR-Ministerpräsident kein gleichwertiger Partner mehr sei und er grundsätzliche Vereinbarungen erst mit einer demokratisch gewählten DDR-Regierung treffen wolle.

Die Verhandlungen mit der UdSSR sollten sich schwierig gestalten. Ihre Zustimmung zu den geopolitischen Veränderungen in der Mitte Europas zu erlangen, war alles andere als sicher. Polen und Ungarn waren wichtige Vorboten für die revolutionären Ereignisse in der DDR. Bei aller Bedeutung und Wichtigkeit von Solidarność und des ungarischen Reformkommunismus, war die DDR für Moskau die Siegestrophäe gewesen. Im Zweiten Weltkrieg hatte die Rote Armee den »Hitler-Faschismus« niedergerungen. Die DDR war die westlichste Bastion des sozialistischen Lagers. Sie galt es zu halten – so die Generalität und die »Rechtsaußen« in Diplomatie und Partei wie Valentin Falin oder Jegor Ligatschow. Ganz im Unterschied zu Polen und Ungarn war die deutsche Frage für Moskau stets von besonderer Bedeutung: extrem sensitiv, emotional besetzt und auch innenpolitisch relevant. Jetzt stand die DDR zur Disposition. Nun sollten die einst siegreichen russischen Truppen aus Deutschland abziehen. Gorbatschow selbst wollte zunächst weder eine Aufgabe der DDR noch ihre Vereinigung mit der BRD. Die Vorstellung, er habe die deutsche Einheit angestrebt und gewollt, gehört zu den Geschichtslegenden der Deutschen in Ost wie West. Für Realpolitiker war klar, dass Moskau mit einer Zustimmung zur deutschen Einheit die DDR, d. h. das westliche Vorfeld ihres Einflussbereichs und ihrer Sicherheitspolitik preisgeben würde. Dazu war der Kreml zunächst nicht bereit. Im Januar 1990 erinnerte Gorbatschow an die Note Stalins vom 10. März 1952 im Sinne der Ernsthaftigkeit des Angebots und schlug ein neutrales Gesamtdeutschland, d. h. einen wechselseitigen Truppenabzug von sowjetischen wie westalliierten Truppenverbänden aus den beiden deutschen Staaten, vor. Modrow griff diese Idee auf und schlug nach seinem Besuch in Moskau am 30. Januar ein militärisch neutrales Deutschland als »seine Idee« vor. Eingebunden war diese Vorstellung in einen mittel- bis langfristig zu verwirklichenden Dreistufen-Plan: Erstens eine nachbarschaftliche Vertragsgemeinschaft mit konföderativen Elementen sowie eine Wirtschafts-, Währungs- und Verkehrsunion, zweitens eine Konföderation der beiden deutschen Staaten mit gemeinsamen Organen und Institutionen, zum Beispiel einem parlamentarischen Ausschuss, einer Länderkammer und gemeinsamen Exekutivorganen und drittens ein einheitlicher deutscher Staat in Form einer Föderation oder eines Bundes – mit gemeinsamem Parlament und gemeinsamer Regierung. Das mediale Echo auf Modrows Vorstoß war enorm und nicht durchgehend negativ. Im Westen fand jedoch die Neutralität keine Zustimmung. Gorbatschow gab zwar seine Zustimmung zu erkennen, ließ aber bald nach den Moskau-Besuchen von US-Außenminister James Baker (9.) und Kohl (10. Februar) davon ab.

Für den US-Präsidenten, der im Unterschied zum State Department der Frage der deutschen Einigung – verglichen mit den anderen Westmächten – am offensten und positivsten gegenüberstand, kristallisierte sich rasch eine wesentliche Bedingung für eine der deutschen Einigung gewogene Haltung heraus: Das gesamte Deutschland sollte im westlichen Bündnis, d. h. in der NATO, bleiben. George Bush Senior und sein Außenminister Baker gaben unter dieser Voraussetzung volle Rückendeckung für Kohl – dagegen hatten Mitterrand und Thatcher mit ihrer Opposition bzw. Skepsis gegen eine rasche deutsche Einigung keine Chance.

Moskau lavierte und zögerte noch lange, zumal eine sicherheitspolitische Aufgabe der DDR nicht infrage kommen sollte. Zwischen Ende Mai und Anfang Juli 1990 bewegte sich Gorbatschow allerdings weiter und stimmte der freien Bündniswahl für die Deutschen zu, was de facto auf die NATO-Mitgliedschaft Gesamtdeutschlands hinauslief. Völlig auf die Finanzhilfe aus dem Westen angewiesen, war die UdSSR damit v. a. politisch abhängig von Krediten und Zahlungen seitens der Bundesrepublik und der USA. So gab die Sowjetunion anlässlich eines Treffens zwischen Staatspräsident Gorbatschow und Bundeskanzler Kohl am 16. Juli im Kaukasus definitiv ihre Zustimmung zur Aufnahme eines vereinigten Deutschlands in die NATO, was als Sensation empfunden werden konnte. Insgesamt hatte die Bundesrepublik auch dafür Zahlungen von rund 60 Milliarden D-Mark (rund 30 Milliarden Euro) an die UdSSR zu leisten.

Trotz der Konzessionen Moskaus konnte von einem Ausverkauf sowjetischer Interessen nicht gesprochen werden, denn Gorbatschow handelte einige Vorteile heraus: vorläufiger Verbleib der russischen Truppenverbände in Ostdeutschland bis 1994, Bezahlung von dann folgenden Rücktransfers und Unterbringung in der Sowjetunion sowie keine Stationierung von (nicht-deutschen) NATO-Verbänden auf dem Gebiet der ehemaligen DDR.

Bei Vereinbarungen in Moskau erklärte Kohl seinerseits für das vereinigte Deutschland den Verzicht auf ABC-Waffen und verpflichtete sich, die bundesdeutschen Streitkräfte bei einer Obergrenze von 370.000 Mann zu belassen. Solange noch russische Truppen auf dem ehemaligen DDR-Gebiet stünden, würde es dort keine der NATO unterstellten Einheiten geben und dies auch in weiterer Zukunft nicht. Auf DDR-Boden waren 350.000 Sowjet-Armee-Angehörige stationiert, in Ungarn und der ČSSR noch rund 150.000, in Summe also eine halbe Millionen Soldaten. Aus Ostdeutschland sollten sie tatsächlich erst vier Jahre später abziehen. Kohl kam für ihre Rückführung, Unterbringung und Vorbereitung für das zivile Leben auf.

Die Billigung der Zugehörigkeit des geeinten Deutschland in der NATO durch Gorbatschow am 16. Juli machte den Weg für den Abschluss der »Zwei-plus-Vier-Gespräche« über den Status des vereinten Deutschland frei. Letztlich waren Kohl, Bush, Mitterrand, Thatcher und die nicht-sowjetischen Warschauer Pakt-Staaten alle für den NATO-Beitritt.

Wieder ging es um Eindämmung des deutschen Potenzials, das zu dieser unheiligen Allianz führte. Ein neutrales bzw. neutralisiertes Deutschland schien zu riskant und unkalkulierbar, ein NATO-Deutschland hingegen kontrollierbar. Mit dem atlantischen Bündnis war weit mehr eine Sicherheitsgarantie gewährleistet als durch alle anderen Optionen. Gorbatschow leuchtete Deutschland als NATO-Mitglied ein. Nicht aus Furcht vor der Sowjetunion, sondern wegen Deutschlands Nachbarn, die sich sicher fühlten, wenn das geeinte Deutschland im westlichen Bündnis verankert sei, argumentierten selbst die deutschen Verhandlungsvertreter gegenüber dem sowjetischen Staats- und Parteichef. Wieder war die deutsche Politik wie unter Adenauer zur »Selbsteindämmung« bereit. Kohls Doppelstrategie bestand in den dramatischen Umbruchjahren 1989/90 hauptsächlich darin, den Einigungsprozess voranzutreiben und nichts zu unternehmen, was Gorbatschow schwächen und ihn seine Macht kosten könnte. Diese Strategie verfolgte auch Washington.

Am 12. September 1990 unterzeichneten in Moskau die Außenminister der vier Siegermächte sowie Genscher und de Maizière den »Souveränitätsvertrag« (»Zwei-plus-Vier-Vertrag« oder »Vertrag über die abschließende Regelung in Bezug auf Deutschland«) für das neu vereinte Staatsterritorium. Die Außenminister vereinbarten, die Vier-Mächte-Rechte bereits am 3. Oktober 1990 – noch vor der Ratifizierung des Vertrages durch die Parlamente – zu suspendieren. Damit schien das vereinte Deutschland seine volle und uneingeschränkte Souveränität zu erhalten. Dies beinhaltete auch das Eingeständnis, dass die alte Bundesrepublik nur eingeschränkt souverän, d. h. abhängig von den Westmächten gewesen war. Tatsächlich bestanden auch nach 1990 die westalliierten Vorbehaltsrechte in Westdeutschland im Rahmen der NATO weiter, was gerade aufgrund der noch fortbestehenden russischen Truppenpräsenz in Ostdeutschland nicht so abwegig war.

Am 25. April 1991 ratifizierte der Bundestag den »Vertrag über gute Nachbarschaft, Partnerschaft und Zusammenarbeit« zwischen der Bundesrepublik und der UdSSR. Einstimmig befürworteten die Abgeordneten den ersten internationalen Vertrag des vereinigten Deutschlands. Gorbatschow und Kohl hatten den deutsch-sowjetischen Vertrag am ersten Jahrestag der Maueröffnung, am 9. November 1990, im Bonner Palais Schaumburg unterzeichnet. Artikel 3 besagte:

»Die Bundesrepublik Deutschland und die Union der Sozialistischen Sowjetrepubliken bekräftigen, daß sie sich der Androhung oder Anwendung von Gewalt enthalten werden, die gegen die territoriale Integrität oder politische Unabhängigkeit der anderen Seite gerichtet oder auf irgendeine andere Art und Weise mit den Zielen und Grundsätzen der Charta der Vereinten Nationen oder mit der KSZE-Schlußakte unvereinbar ist.

Sie werden ihre Streitigkeiten ausschließlich mit friedlichen Mitteln lösen und keine ihrer Waffen jemals anwenden, es sei denn zur individuellen oder kollektiven Selbstverteidigung. Sie werden niemals und unter keinen Umständen als erste Streitkräfte gegeneinander oder gegen dritte Staaten einsetzen. Sie fordern alle anderen Staaten auf, sich dieser Verpflichtung zum Nichtangriff anzuschließen. Sollte eine der beiden Seiten zum Gegenstand eines Angriffs werden, so wird die andere Seite dem Angreifer keine militärische Hilfe oder sonstigen Beistand leisten und alle Maßnahmen ergreifen, um den Konflikt unter Anwendung der Grundsätze und Verfahren der Vereinten Nationen und anderer Strukturen kollektiver Sicherheit beizulegen.«

So setzte sich Moskau mit seinem traditionellen Anliegen einer ihm zugesicherten Neutralitätspolitik des geeinten Deutschlands durch, welches schon mit dem Vertrag von Rapallo zwischen Weimar-Deutschland und der Sowjetunion aus dem Jahre 1922, aber auch 30 Jahre später in den Angeboten von Stalin zum Ausdruck gekommen war. Damit hatte Gorbatschow ein kontinuierliches deutschlandpolitisches Ziel der Sowjetunion verfolgt und auch erreicht.

Der deutsch-sowjetische Vertrag bedeutete eine Art deutsch-russische Neutralitätspartnerschaft, die im Westen weder groß thematisiert noch von bundesdeutschen Historikern sonderlich beachtet wurde. Die genannte Lösung und ihre Bestätigung ließ sich auch mit der jahrzehntelangen Strategie der Stigmatisierung und Tabuisierung der Idee von der Neutralität oder gar der »Neutralisierung« Deutschlands nicht recht vereinbaren. Nach der Auflösung der Sowjetunion zum 21. Dezember 1991 galten die geschlossenen Vereinbarungen wie auch dieser Vertrag mit Russland als Rechtsnachfolger der UdSSR weiter.

Die sich rasch vollziehende Vereinigung der beiden deutschen Staaten hatte in der polnischen Bevölkerung Ängste geweckt, ein vereinigtes starkes Deutschland könnte eine Revision der deutsch-polnischen Grenze anstreben. Genährt wurden diese Befürchtungen durch die wiederholt von westdeutschen Politikern öffentlich vertretene Auffassung, völkerrechtlich bestünde Deutschland bis zu einem Friedensvertrag noch immer in den Grenzen von 1937 fort. Die DDR hatte bereits im Görlitzer Vertrag 1950 mit der Volksrepublik Polen die Oder-Neiße-Grenze als »Friedens- und Freundschaftsgrenze« anerkannt – die Bundesrepublik zunächst nicht. Im Warschauer Vertrag hatten Polen und die Bundesrepublik 1970 die Oder-Neiße-Linie als Westgrenze Polens bezeichnet und »die Unverletzlichkeit ihrer bestehenden Grenze jetzt und in Zukunft« bestätigt.

Die neue polnische, erstmals nichtkommunistische Regierung unter Tadeusz Mazowiecki erwartete sich frühzeitig und rasch eine endgültige Garantieerklärung von Bonn und reagierte besorgt, als Kohl wiederholt darauf aufmerksam machte, dass die Entscheidung einer zukünftigen gesamtdeutschen Regierung aufgrund der Rechtslage nicht präjudiziert werden könne. Kohl hatte auch emotionale Vorbehalte gegenüber einer (vorzeitigen) Anerkennung der Oder-Neiße-Linie, was bei seinem Besuch in Moskau am 10. Februar 1990 erkennbar wurde. Es galt allerdings besonders auf innenpolitische Konstellationen Rücksicht zu nehmen. Teltschik notierte schon angesichts der Polen-Visite des Bundeskanzlers im November 1989:

»Im Vorfeld des Besuches [...] waren viele Hindernisse zu überwinden gewesen; es hatte Missverständnisse und Streit um eine erneute öffentliche Festlegung auf die Oder-Neiße-Grenze sowie um einen Gottesdienst auf dem Annaberg [in Oberschlesien] gegeben. In der Grenzfrage hatte sich Helmut Kohl vor der Reise darauf beschränkt, die Rechtspositionen zu wiederholen, die alle Regierungen vor ihm vertreten haben. Aber wer lesen konnte und vor allem wollte, wußte, daß dieser Bundeskanzler an der Endgültigkeit der Oder-Neiße-Grenze nicht zweifelte. Daß er dies nicht entschiedener formulierte, hatte ausschließlich partei- und innenpolitische Gründe. Er wollte verhindern, daß die Frage der Oder-Neiße-Grenze zum innenpolitischen Kampfthema der Rechten würde. Mehr noch, er wollte sich von Anfang an für seine Politik gegenüber Polen eine breite Mehrheit sichern. Dazu brauchte er auch die Unterstützung der Vertriebenen.«

Ergänzend fügt Teltschik hinzu: »Für uns war besonders wichtig, daß die Polen bei der Vorbereitung der Reise zugestimmt hatten, in die ›gemeinsame Erklärung‹ Sätze zur kulturellen Identität der in Polen lebenden Deutschen aufzunehmen, deren Existenz die polnische Seite damit zum ersten Mal offiziell anerkannte.« In den folgenden Monaten und vor der Befassung der Vier Mächte mit der Deutschlandfrage war mit einer Entscheidung in der Grenzfrage realistischerweise nicht zu rechnen.
Warschau wollte eine Beteiligung an den »Zwei-plus-Vier«-Verhandlungen durchsetzen, scheiterte aber mit diesem Anliegen bei den Großen. Da die internationalen Mächte eine eindeutige Erklärung von der Bundesrepublik erwarteten, erklärten am 21. Juni 1990 beide deutschen Parlamente, Bundestag und Volkskammer, in einer gleichlautenden Entschließung zur deutsch-polnischen Grenze, dass »der Verlauf der Grenze zwischen dem vereinten Deutschland und der Republik Polen durch einen völkerrechtlichen Vertrag endgültig bekräftigt wird«, der auf den Verträgen von 1950 und 1970 basieren würde. Der deutsch-polnische Freundschafts- und Nachbarschaftsvertrag wurde am 14. November 1990 abgeschlossen, womit die Irritationen beseitigt werden konnten.

5.10 Keine militärische Vereinigung: Die NVA als ungeliebtes Kind der deutschen Einheit

Die Nationale Volksarmee (NVA) zählte vor 1989 insgesamt über rund 170.000 Mann. Vor dem 3. Oktober 1990 war sie bereits durch Entlassungen, u. a. der Politoffiziere, reduziert worden. Nach dem »Tag der deutschen Einheit« war laut Verhandlungen über den Abbau von konventionellen Streitkräften und des Zwei-Plus-Vier-Vertrags eine deutliche Reduzierung vorgesehen. Praktisch sollte die Bundeswehr um 10 % und die NVA auf 10 % reduziert werden. Der Minister für Abrüstung und Verteidigung der Regierung de Maizière, Rainer Eppelmann, hing noch bis Juli 1990 einer Zwei-Armeen-Theorie an. Ab Juli erfolgte jedoch schon der Startschuss zur Abwicklung und Übernahme der NVA durch die Bundeswehr. Das Ende der NVA war am 2. Oktober 1990 um 0 Uhr eingetreten.
Als Rainer Eppelmann seinem Amtskollegen Gerhard Stoltenberg am 3. Oktober 1990 in Strausberg die NVA der Bundeswehr übergab, »verweigerte die westdeutsche Seite der ostdeutschen den symbolischen Akt der Würde, die alte Flagge einzuholen und die neue zu hissen«, erinnert sich Egon Bahr in seinen Memoiren. Ebenso wurde darauf verzichtet,

»den Einschnitt auch musikalisch durch das Abspielen der alten und dann der neuen Hymne zu markieren. Die Rede Eppelmanns anlässlich der Übergabe vergaß man zu drucken. Viele Offiziere aus dem Westen hatten ihre Frauen mitgebracht – es war ja auch ein toller Anlass! Die in die Bundeswehr übernommenen Offiziere aus dem Osten waren hingegen ohne weibliche Begleitung. Vielleicht hatte man einfach vergessen, sie einzuladen [...].«

Das NVA-Militärgerät war von der Bundeswehr wenig geschätzt. Ausrüstung und Bewaffnung wurden verscherbelt oder größtenteils verschrottet. Die ostdeutsche Armee bezeichnet Bahr als »ungeliebtes Kind der Einheit, trotz oder gerade wegen der beträchtlichen Mitgift von rund 80 Milliarden D-Mark«. So viel immerhin war ihr »bewegliches Material« wert. Mit Verkauf und Verschrottung ließen sich dann 100 Milliarden D-Mark gewinnen. So entschied sich Stoltenberg für Letzteres, zumal das Großgerät der NVA nicht den NATO-Standards entsprach.
Die Bilanz der NVA-Auflösung liest sich wenig erfreulich: Eine Zahl von etwa 2.000 Liegenschaften galt als hochgradig verseucht. Großer Sanierungsbedarf war gegeben. Es gab ungelöste Umweltfragen aufgrund einer Unmenge von Gefahrenstoffen, Waffen und Munition. Über 30.000 Minen galt es zu entsorgen. Die Kosten beliefen sich auf 27 Millionen Euro. Über die an geheimen Orten stationierten Atomwaffen gab es weder Auskunft noch Kenntnis.
Die zwei Armeen tatsächlich zusammenwachsen zu lassen war nach Artikel 23 Grundgesetz nicht möglich gewesen. »Es wurde übernommen, verschrottet, eingeschmolzen, abgewickelt, aufgelöst, übergeben«. So zieht Bahr Bilanz: »Insofern passierte der NVA nichts anderes als dem Land und seinen Menschen insgesamt, die mit großer Mehrheit so schnell wie möglich Bundesbürger werden wollten.«
Die Übernahme der ostdeutschen Armee verlief tatsächlich auf sehr entwürdigende Weise. Nach der Einigung sollte und wollte kein Bundeswehr-General neben einem NVA-General stehen. Sie wurden allesamt nicht übernommen. Die Bundeswehr übernahm kurzfristig über 90.000 Mann und über 40.000 Zivilbeschäftigte. Im Ergebnis fanden von den länger NVA-Gedienten zirka 2.800 Offiziere und 5.700 Unteroffiziere ihren Platz in der Bundeswehr. Die Selbstauskünfte wurden durch die Bundesbehörde der Stasi-Unterlagen (BStU) streng geprüft. Man sprach von »Ausgauckern«. Ursprünglich bestand die Absicht, einen breit angelegten Austausch zu ermöglichen. Westdeutsche sollten nach Ostdeutschland und gleichermaßen umgekehrt an verschiedene Standorte verlegt werden.
Tatsächlich verhielt es sich anders: So wurden rund 35.000 Personen nach Ostdeutschland verlegt. Sie erhielten, wie auch viele Offiziere der Bundeswehr, für dieses »Opfer« mit Pendelmöglichkeit eine »Buschzulage«, wie es despektierlich für die Ostdeutschen lauten musste. Die westdeutschen Bundeswehr-Angehörigen erhielten Ränge, die sie sonst nie erhalten hätten. Vielfach wurden die ›falschen‹ Leute in die neuen Länder geschickt. Für die übernommenen NVA-Soldaten in der Bundeswehr gab es eine ein- bis zweifache Rangabstufung, was einer formellen wie gefühlten Degradierung gleichkam, eine schmerzliche und verletzende Erfahrung, die viele Offiziere erleben mussten (Nina Leonhard).
Eine Überwindung der geteilten Militär-Nation kam so schwerlich zustande, geschweige denn eine »Armee der Einheit«. Erst Jahre später stellte sich ein Zustand ein, der sich mit »Alle haben gleiche Rechte und Pflichten« beschreiben ließe. Eine Armee des geeinten Deutschlands entstand auch erst durch gemeinsame Einsätze von Ost- und Westdeutschen in Kambodscha, Somalia und Afghanistan im Laufe des 1990er-Jahre und im 21. Jahrhundert. Die Bundeswehr war von einer Armee ohne

echt gefühlte Wiedervereinigung zu einer Einsatzarmee mit mäßiger und veralteter Ausrüstung geworden. Bemerkenswert ist zum Abschluss dieses Kapitels aber auch ein Zitat, das zu denken gibt: »Wenn es anders gekommen wäre, wären wir mit Euch anders umgegangen«, meinte ein NVA-Offizier zu einem Bundeswehr-Offizier nach der deutschen Einheit.

5.11 Doppelte Repräsentation und das Ende der geteilten Auslandskulturpolitik 1989/90

Das Jahr 1990 bedeutete auch das Ende »der kulturellen Doppelrepräsentation« (Jörg Schumacher), wenn man die auswärtige Kulturpolitik der Bundesrepublik und der DDR am Beispiel ihrer Kulturinstitute untersucht. In der DDR war es die »Liga für Völkerfreundschaft« unter Manfred Feist, dem Schwager Erich Honeckers, also dem Bruder seiner Frau Margot. Die Liga war für die Organisation der Auslandskulturarbeit zuständig.

Für die Bundesrepublik waren es in erster Linie die Goethe-Institute. Das hatte die paradoxe Konsequenz, dass sich zwei deutsche Staaten nicht nur an der »innerdeutschen Grenze« bzw. der »Staatsgrenze der DDR«, sondern auch im Ausland bzw. auf neutralem Boden mit ihrer Auslandskulturpolitik gegenüberstanden. So handelte es sich um mehr als nur eine Dopplung bzw. Duplizierung von deutscher Auslandskulturpolitik, sondern um einen Kampf um Gunst, Lufthoheit und Überlegenheit im jeweiligen Gastland.

Bis zu seinem Untergang unterhielt der SED-Staat neun Kulturzentren im Ausland, die »Kultur- und Informationszentren« der DDR hießen: in der ČSSR (Prag) seit 1956, der Volksrepublik Polen (Warschau) seit 1957, der Volksrepublik Ungarn (Budapest) seit 1960, in Finnland (Helsinki) seit 1960, in Ägypten (Kairo) seit 1965, in Syrien (Damaskus) seit 1966, in Schweden (Stockholm) seit 1967, im Irak (Bagdad) seit 1968 und in Frankreich (Paris) seit 1983. Die Schwerpunktregionen befanden sich in Mitteleuropa, Nord- und Westeuropa sowie im Nahen Osten.

Die Goethe-Institute waren dagegen mit mehr als 120 Niederlassungen die im Ausland größte Einrichtung der bundesdeutschen Auswärtigen Kulturpolitik, in vielen anderen Regionen gleich wie die DDR präsent, so auch in Mittel-, Ost- und Südosteuropa, z. B. in Jugoslawien (Belgrad) seit 1970, in Kroatien (Zagreb) seit 1971, in Rumänien (Bukarest) seit 1979, in Ungarn (Budapest) seit 1988 und in Bulgarien (Sofia) seit 1989. Als die Goethe-Institute in Warschau und Prag ihre Arbeit 1991 bzw. 1992 aufnahmen, waren die DDR-Kulturzentren bereits aufgelöst. Die Institute betreuten im Wesentlichen drei Bereiche: Sprach- und Kulturarbeit sowie das Bibliothekswesen.

Beide deutsche Staaten stellten bis 1989 durch ihre auswärtige Kulturpolitik ihr spezifisches Deutschlandbild vor und entwickelten dabei ihr eigenes Profil in der internationalen Staatengemeinschaft. Die DDR hatte nicht nur in der Handels-, Wirtschafts- und Währungspolitik das Nachsehen, sondern auch in der Kulturpolitik. In seiner vierzigjährigen Geschichte konnte der »Arbeiter- und Bauernstaat« keine dem Goethe-Institut vergleichbare weltweite kulturelle Präsenz entwickeln. Auch war es ihm durch seine weltanschauliche Fixierung nicht möglich, eine ideologisch unbelastete Kulturarbeit im Ausland zu realisieren. Dieser Befund kann angesichts der realen Macht- und Stärke-Verhältnisse nicht sonderlich überraschen.

Die verschiedenen Einrichtungen beider Staaten waren trotz Abgrenzung und Konkurrenz aufeinander bezogen. Dies galt nicht nur mit Blick auf die Konzeption auswärtiger Kulturpolitik, sondern auch hinsichtlich der Arbeit in den betreffenden Ländern, wo man gemeinsam auftrat. Differierende Strategien reflektierten unterschiedliche Organisationsstrukturen. Im SED-Staat erfolgten die Entscheidungen ausgehend von der Parteizentrale, während im Goethe-Institut bis in die 1980er-Jahre relative Autonomie der Vertretungen gegeben war. Das Programm war im Wesentlichen lokal geplant und der Einfluss zentraler Instanzen eher bescheiden.

Trotz der zentralisierten Struktur war auch die Arbeit der DDR-Kulturzentren unterschiedlich. Die Arbeit in den sozialistischen Ländern unterschied sich von der in Frankreich, Finnland und Schweden deutlich. Nach ihrer internationalen Anerkennung, die bis Anfang der 1970er-Jahre Hauptanliegen des SED-Regimes war, ging die DDR-Führung in den 1980er-Jahren davon aus, sich unter Aufrechterhaltung ihrer Abgrenzungspolitik zur Bonner Republik im »kapitalistischen Ausland« offener und inhaltlich breiter aufgestellt vorstellen zu können, wie das Luther-Gedenkjahr 1983 in Schweden deutlich macht. Die Angebote der DDR-Kulturzentren in Helsinki, Paris und Sofia waren in der Lage, neu gewonnene Freiheiten zu nutzen. Die Kontaktsperre für das entsandte DDR-Personal förderte jedoch die Unkenntnis der westdeutschen Vertreter, die durchgehend DDR-Kulturzentren fälschlich als »Herder-Institute« bezeichneten.

Die von den Deutschen selbst geförderte und mitgetragene Teilung ihres Landes schlug sich in der Arbeit der Kulturinstitute beider Staaten deutlich nieder. Die ostdeutschen Stellen unterstrichen den eigenständigen Kulturbeitrag der DDR und grenzten sich gegenüber Vereinnahmungstendenzen durch die westdeutschen Einrichtungen ab. Die Ideologie von der »sozialistischen Nation« hemmte aber die Kulturpolitik der DDR im Ausland. Ihre Beiträge wurden einerseits nicht als spezifisch ostdeutsch wahrgenommen, und verwies man auf den sozialistischen Charakter der DDR-Kultur, so erzielte man kein größeres Auditorium. Fehlende Offenheit und eine kleinliche Regelungswut erschwerten den Austausch und den Transfer von Kultur. Das Goethe-Institut vertrat die Linie, dass eine fortgesetzte Konfrontation mit der DDR die Teilung weder erträglicher machen noch zu ihrer Überwindung beitragen würde. Nachdem Kooperationen ausgeschlossen waren, hielt man Konkurrenz für angemessen. Die Bundesrepublik konnte auf ein vielfältiges Kulturangebot zurückgreifen, das von Diskussion und Meinungsaustausch ausging, was in den sozialistischen Ländern nicht immer gut ankam. Aufgrund fehlender Devisen und Mittelknappheit hatte die DDR Formate und Strukturen (»Freundschaftsgesellschaften«, Betreuung mehrerer Länder von einem Standort aus, »Andere über uns«) entwickelt.

Schwerpunkte der Programme konzentrierten sich auf Veranstaltungen außerhalb des eigenen Hauses, um ihre Sichtbarkeit und Rezeption zu stärken und dabei Kosten zu sparen.
Die Reaktionen auf die »Wende« im SED-Staat fielen sehr unterschiedlich aus. In den DDR-Kulturzentren wurde die sich überstürzende Entwicklung mitunter als »Katastrophe« empfunden, in anderen mit der Hoffnung auf mehr Bewegungsfreiheit verknüpft. Die Kulturzentren in Damaskus und Stockholm verfielen »in eine Art Schockstarre« und ließen wenig Aufbruchstimmung, sondern vielmehr Hilflosigkeit erkennen. Dagegen wurden in Helsinki und Paris bis Mitte 1990 neue und innovative Programme entwickelt, die die Lage in der DDR kritisch reflektierten. In Bulgarien und Frankreich kam es zwischen November 1989 und Oktober 1990 sogar zu gemeinsamen Veranstaltungen zwischen DDR-Kulturzentren und Goethe-Instituten. In Paris und Helsinki wurden Möglichkeiten für einen Fortbestand anderer Trägerschaften unter Einbeziehung der Bundesrepublik diskutiert. In allen Ländern wurden die Aktivitäten des jeweils anderen Staates als Begründung für eine Intensivierung des eigenen Engagements genutzt.
Die Konkurrenz zwischen DDR und BRD war für die Gastländer durchaus nützlich gewesen, allerdings auch der Einfluss der Stasi auf die kulturellen Auslandsbeziehungen der DDR elementar. Im Pariser Kulturzentrum gelang es dem Auslandsgeheimdienst der DDR, der Hauptverwaltung Aufklärung (HVA) sogar, den Posten des Direktors mit seinem Wunschkandidaten zu besetzen. Die Arbeit der Goethe-Institute im Ausland wurde regelmäßig beobachtet. In den sozialistischen Staaten nahm die DDR-Kulturpolitik eine »Wächterfunktion« ein, wenn innenpolitische Liberalisierungen erkennbar auf den eigenen Staat überzugehen schienen, was es zu verhindern galt. Dies betraf Ungarn, aber auch die ČSSR sowie Polen. Kulturarbeit war nur insofern opportun, als sie am sozialistischen Status quo nichts ändern durfte. Trotz aller Unterschiede waren die Arbeiten der Kulturinstitute oft sehr ähnlich (Jörg Schumacher).

5.12 Helmut Kohl als »Kanzler der Einheit« – Kontrastprogramm zur »Deutschlandpolitik« von Konrad Adenauer

Die Politik von Helmut Kohl wies – wie es bei allen großen Persönlichkeiten der Fall ist – Licht- und Schattenseiten auf.

»Kohls Stärke während seiner 16-jährigen Regierungszeit als Kanzler war sein ungebrochenes Verhältnis zu sich, sein Vertrauen in die eigene Person; seine Schwäche bestand in seiner Unfähigkeit, jemanden gleichberechtigt neben sich zu tolerieren. Er nutzte die Fertigkeiten anderer, vermittelte ihnen Vertrauen, auch Geborgenheit. Aber wehe, wenn sie nicht auf seiner Schiene liefen, dann konnte er unerbittlich nachtragend sein. Viele Menschen hielten ihn für zuverlässig und vertrauenswürdig, für einen der ihren. Bürgern diente er als Identifikationsfigur. Phänomenal war seine Belastbarkeit, seine Fähigkeit zur Regeneration nach strapaziösen Stunden, Tagen und Wochen. Kohl ruhte in sich selbst. Er hielt viel von persönlichen Beziehungen – auch und gerade im politischen Leben. Das galt für die amerikanischen Präsidenten Ronald Reagan, eine Freundschaft, die 1980 in Bonn bei Bratkartoffeln und Spiegelei begann, für George Bush und Bill Clinton, für Gorbatschow und Jeltsin – und Mitterrand. Nach 16 Jahren Kanzlerschaft kam auch ein Stück Überheblichkeit hinzu: bei der Wahlniederlage 1998 hatte sich der Machtmensch verschätzt«.

So charakterisieren Heribert Schwan und Rolf Steininger diesen Machtmenschen, der ausdauernd und zäh, aber auch erstaunlich dünnhäutig und empfindlich sein konnte. Schwan war sein langjähriger Biograph und Chronist, bis sich Kohl mit ihm völlig überwarf. Steininger ist einer der besten Experten der westalliierten Deutschlandpolitik und der deutschen Nachkriegsgeschichte.

Die geäußerte Kritik an Kohl und die gemachten Vorbehalte unter seinen westeuropäischen Partnern gegen den »Zehn-Punkte-Plan«, der mittel- bis langfristig auf die Einheit abzielte, waren für den deutschen Bundeskanzler eine bittere Erfahrung. Dass das aufgebaute europäische Vertrauenspotenzial der Bundesrepublik in den vergangenen Jahrzehnten im Ernstfall der nationalen Entscheidungsfrage 1989/90 so bescheiden, ja so kritisch ausfallen würde, war für ihn so erstaunlich, ernüchternd und enttäuschend zugleich. Er reagierte extrem empfindlich und konnte auch sehr ärgerlich darüber sein – wie noch zu zeigen sein wird –, zumal die Frage der Bewerkstelligung der deutschen Einigung nicht nur »Chefsache«, sondern auch ein Herzensanliegen für ihn war.

Das Recht seiner Landsleute in Ost wie West, sich nach Jahrzehnten der geteilten Nation wieder zu begegnen und zu vereinen, wurde von ihm als Selbstverständlichkeit angesehen und sollte von niemandem und keinem Staat der Welt bestritten werden.

Die deutschlandpolitische Devise des im Westen überaus geschätzten Adenauer hatte »keine Experimente« gelautet, was zu einer Alternativlosigkeit und Ende der 1950er- und Anfang der 1960er-Jahre zur völligen Ausweglosigkeit seiner Deutschlandpolitik führte. Dokumentiert wurde dies mit dem Mauerbau in Berlin, der auch zur weitgehenden Hoffnungslosigkeit der Deutschen im Osten führte. Der deutsch-deutsche Status quo, den die Sowjetunion – mit mehr oder weniger tauglichen Mitteln – vergeblich zu überwinden versuchte, fand Gefallen und Zustimmung unter den westlichen Partnern, was der Jurist und Realist Adenauer zur Kenntnis nehmen musste. Die Weichenstellungen seiner Deutschlandpolitik in den Jahren 1952–1955 führten in eine Sackgasse. Sie sollten für die folgenden Jahrzehnte unumkehrbar sein und für die ostdeutsche Bevölkerung für viel Leid sorgen.

Die Nachfolger im Bundeskanzleramt – Ludwig Erhard, Kurt-Georg Kiesinger, Willy Brandt und Helmut Schmidt – hatten diese politische Entscheidung zu akzeptieren. Ihre Politik bewegte sich im Rahmen der von Adenauer vorgegeben Politik. Der deutschlandpolitische Handlungsspielraum der Bundesrepublik blieb begrenzt, zumal er sich nur im Bereich des atlantischen Bündnisses und des westeuropäischen Integrationsverbundes bewegen durfte. Veränderungen mussten vom Osten ausgehen, um aus der festgefahrenen Konstellation herauszukommen. Der Schlüssel zur

deutschen Einheit lag von Anfang an in Moskau. Die Menschen in der DDR wussten dies, vor allem nach den Enttäuschungen mit der Politik Adenauers und der Westmächte. Sie mussten ihr Schicksal in die eigenen Hände nehmen.
So waren es erst Kohl und seiner Kanzlerschaft vierzig Jahre nach Gründung der Bundesrepublik vorbehalten, die politische Veränderungen im Zuge der revolutionären Neuerungen in der DDR mitzugestalten und mitzutragen, die von der ostdeutschen Bevölkerung ausgegangen waren. Dabei setzte Kohl ganz andere deutschlandpolitische Akzente als der Gründungskanzler. Solcherlei Unterschiede besonders zu betonen, war natürlich weder sein Anliegen noch das der CDU und der Konrad Adenauer Stiftung, galt es doch aus naheliegenden geschichtlichen und politischen Motiven sowie parteipolitischer Räson sowohl mit dem Gründungskanzler eine Tradition zu begründen, als auch eine Kontinuitätslinie der Politik von Adenauer bis Kohl herzustellen, wenngleich die unterschiedlichen Möglichkeiten, verschiedenen Optionen und abweichenden Zielsetzungen deutlich ins Auge springen.
Der Pfälzer, ein studierter Historiker und von der Reichsgeschichte ausgehender Politiker, verheiratet mit einer gebürtigen Leipzigerin, hatte eine andere Orientierung als der vom rheinischen Katholizismus geprägte Verwaltungsjurist und ehemalige Kölner Oberbürgermeister Adenauer, der Vorbehalte, wenn nicht sogar Aversionen gegen-

Abb. 39: Helmut Kohl, Theo Waigel, Hans-Dietrich Genscher und Michail S. Gorbatschow am 9. November 1990 nach Unterzeichnung des deutsch-sowjetischen Vertrags im Palais Schaumburg

über dem »ostelbischen Junkertum« und Preußen hatte. Nach dem Ersten Weltkrieg hatte er mit der Vorstellung einer selbstständigen Rolle des Rheinlands im Reichsverband sympathisiert. Für manche seiner Gegner galt er daher sogar als »Separatist«, was wohl ein etwas zu weitgehender Vorwurf ist. Nach dem Zweiten Weltkrieg schienen sich allerdings diese Vorurteile zu bestätigen, als sich Adenauer für einen separaten deutschen Weststaat stark machte. Adenauer-Kritiker wie Rudolf Augstein *(Der Spiegel)* sprachen von dem Gebilde eines neuen »Rheinbunds«. Gesamtdeutsche Sehnsüchte lagen dem alten Kanzler fern. Er hatte es sich in einem großen Haus mit schönem Garten im Siebengebirge unterhalb des Drachenfels in Rhöndorf bei Bonn sehr gut eingerichtet.

Ganz anders dachte und agierte sein »Urenkel« Kohl: Er besuchte 1988 unter strengsten Sicherheitsmaßnahmen und Überwachungsvorkehrungen der Stasi in Begleitung seiner Frau »ganz privat« den anderen Teil Deutschlands und knüpfte zu völlig überraschten DDR-Bürgern Kontakte, die ihren Augen kaum trauen wollten, den Kanzler leibhaftig vor sich zu haben. Kohl überzeugte sich bei diesem Besuch vom gesamtdeutschen Empfinden der Ostdeutschen. Er besuchte u. a. die Semperoper in Dresden und ein Fußballspiel seines Lieblingsklubs »Dynamo« gegen Carl Zeiss Jena.

Als sich im Spätherbst 1989 die Chance zur Einigung Deutschlands bot, begriff er die immer noch offen gebliebene Thematik sofort als seine Aufgabe und übernahm selbstbewusst die Initiative. Im Unterschied zu Bedenkenträgern und Bremsern im Inland und Ausland entfaltete er eine aktive Deutschlandpolitik und agierte zielstrebig. Er nahm mit dem »Zehn-Punkte-Plan« das Heft in die Hand, agierte teils eigenständig, teils unilateral, verhandelte aufgrund der essenziell wichtigen Rückendeckung der USA direkt mit der Sowjetunion über die deutsche Einheit und akzeptierte letztlich auch den unvermeidlichen Vier-Mächte-Rahmen zur Regelung der deutschen Frage.

Ohne eine Vorab-Einigung mit der UdSSR war eine Lösung der Deutschlandfrage im Sinne der »Einheit in Frieden und Freiheit« nicht möglich. Adenauers einseitige Westbindung hatte jegliche gehaltvolle und auf die deutsche Einheit abzielende »Ostpolitik« ausgeschlossen.

Kohl handelte 1989/90 nach dem Österreich-Muster, d. h. gleich der Verhandlungsmethode als Bundeskanzler Julius Raab mit Koalitionspartner Adolf Schärf 1955 zunächst eine Reise nach Moskau angetreten hatten, um dann im Anschluss mit allen Alliierten in Wien gemeinsam eine »Eins plus vier«-Lösung zu erreichen. Für Deutschland lautete diese nach dem getroffenen Einvernehmen in Moskau und im Kaukasus im Jahre 1990 »Zwei plus Vier«.

Adenauer hatte ein direktes Verhandeln mit der Sowjetunion über die deutsche Einheit, eine Beteiligung der DDR und auch den Vier-Mächte-Rahmen strikt abgelehnt, ja diesen zu verhindern und damit die einzig denkbare Lösung der deutschen Frage im Sinne der Einheit zu hintertreiben verstanden.

In diesen Punkten unterschied sich Kohls Deutschlandpolitik vom Ansatz und von der Methode fundamental von jener seines politischen Urgroßvaters. Sie hob sich damit auch befreiend und produktiv für die Deutschen östlich der Elbe ab. Und nicht nur dies: Während Adenauers Westintegrationspolitik eine Absage für ein geeintes Europa war, öffnete Kohl mit seiner aktiven deutschen Einheitspolitik auch das Tor für die Vereinigung Europas, jenes wie Deutschland ebenfalls jahrzehntelang geteilt gebliebenen Kontinents.

Anders gewendet: War die Teilung Deutschlands quasi die Voraussetzung Adenauerscher Politik für die westeuropäische Integrationsbildung mit EGKS (1951/52) und EWG (1957/58), so gelang Kohl durch Experimentierfreudigkeit, Hartnäckigkeit, Risikobereitschaft, Zähigkeit und Wagemut – Qualitäten, die Adenauer in seiner Deutschlandpolitik in dieser Kombination so nicht besaß oder entwickeln wollte – ein doppeltes Kunststück: Er zog nicht nur das Projekt »deutsche Einheit« zur Überwindung der Teilung der deutschen Nation und die gesamtstaatliche Vereinigung konsequent durch, sondern vermochte auch die national-deutsche Lösung mit der Weiterentwicklung der europäischen Integration zu vereinen: Die Einigung Deutschlands mit der deutschen Währungs-, Wirtschafts- und Sozialunion war verbunden mit einem beträchtlichen Schub für die Europäischen Gemeinschaften, die sich folglich zur Europäischen Union (EU) und zur »Wirtschafts- und Währungsunion« (WWU) weiterentwickelten.

Mit dieser Politik setzte sich Kohl nicht nur ein deutsches, sondern auch ein europäisches Denkmal. Die EU-Staats- und Regierungschefs beschlossen 1998 unter der österreichischen Ratspräsidentschaft, Kohl zum »Ehrenbürger Europas« zu ernennen, eine Auszeichnung, die bis dato nur dem Franzosen und Ideengeber für die Montanunion, Jean Monnet, zuteil geworden war. Kohl wurde zum Kanzler der Einheit (Abb. 40), während Adenauer die partielle »innere Souveränität« der Bundesrepublik und ihre Westintegration erreichte, aber zum Kanzler der Teilung wurde, was die bundesdeutsche Historiografie in der Regel ausblendet oder übergeht.

Bei aller Kritik an Adenauer kann aber nicht übersehen werden, dass der Begründer der alten Bundesrepublik mit der Politik der Westintegration die Basis schuf, die auch zur grundlegenden Voraussetzung für die deutsche Einheit wurde, d. h. die Gesetzmäßigkeiten festzulegen und die Regeln zu bestimmen, mit bzw. unter

Abb. 40: Umschlag eines »Numis-Briefs« (mit eingefasster 1 DM-Münze) vom ersten gesamtdeutschen Bundeskanzler Helmut Kohl anlässlich der Wahl zum Deutschen Bundestag am 2.12.1990, gestempelt um 13 Uhr. Die Briefmarken zeigen Menschen auf der Mauer stehend mit dem Brandenburger Tor im Hintergrund sowie vom Mauerdurchbruch.

denen sich die Einbindung der vormaligen DDR, also der neuen Bundesländer, in die Bundesrepublik zu vollziehen hatte. Es waren die Bedingungen der Weichenstellung der Westintegration der 1950er-Jahre (EGKS, NATO, EWG). Insofern hat sich der Gründungskanzler des westdeutschen Teilstaats in der Art der Durchführung und Umsetzung der deutschen Einheit 1990 auch verewigt. Ob er all das so Geschehene – ein vereintes »ostelbisches« Deutschland mit Berlin als Hauptstadt und seinem protestantischen Anteil – selbst auch so wollte, steht freilich auf einem anderen Blatt und ist wohl nicht vorauszusetzen.

Bei dieser vergleichenden Analyse hat allerdings noch ein weiterer Aspekt Gewicht: Kohls Deutschlandpolitik mag in der Konzeption und Methodik von derjenigen Adenauers abgewichen sein, in der grundsätzlichen pro-atlantischen und pro-europäischen Ausrichtung bewegte sie sich auf einer Kontinuitätslinie und in den Bahnen der Politik seines berühmten Vorgängers. Kohl beabsichtigte die Einheit im Rahmen des atlantischen Bündnisses und der europäischen Integration fortzusetzen und verwirklichte diese auch so. Dabei versicherte er seinen westlichen Partnern glaubwürdig, dass eine deutsche »Schaukelpolitik« ausgeschlossen sei. Das war ein wiederholt von Adenauer strapaziertes Szenario, welches als große Problematik hochstilisiert, ja als bedrohliche Gefahr dämonisiert worden war.

Dabei fragt sich allerdings auch, ob ein geeintes und starkes Deutschland mit seiner Zentralstellung in der Mitte Europas auf Dauer weiterhin eine total einseitige Ausrichtung seiner Außenpolitik vornehmen konnte und nicht automatisch nach allen Seiten – Ost wie West – offen und partnerschaftlich sein sollte, ja sein musste, vor allem wenn es um die Wahrung seiner eigenen geoökonomischen, handels-, wirtschafts- und stabilitätspolitischen Interessen ging, denen es ja auch zu dienen galt. Musste es vor diesem strukturellen Hintergrund nicht automatisch zu einer Art von neuer »Schaukelpolitik« kommen, jedenfalls ansatzweise so, wie sie von Weimar-Deutschland betrieben wurde?

In der kontroversen Debatte um Adenauers Deutschlandpolitik ist noch auf die zu erwartende Gegenfrage von Anhängern und Befürwortern seiner Politik einzugehen: Gab es zu seiner Außenpolitik überhaupt eine realistische Alternative? Hier mag ein vergleichender Blick auf die Jahre 1989/90 und die Politik Kohls wieder weiter helfen: Der Wille hierzu war die erste und entscheidende Voraussetzung für eine aktive Politik der deutschen Einheit und der Überwindung der Teilung der Nation. Kohl hatte diesen Willen. Die zweite Voraussetzung war das Bemühen um die Herstellung eines substanziellen Einvernehmens mit der Sowjetunion, um mit ihr eine deutschlandpolitische Vereinbarung zu treffen. Kohl zeigte dieses Bemühen. Die dritte Voraussetzung war Risikobereitschaft unter Aufgabe und Zurückstellung bisheriger Anliegen, wie z. B. die Bewahrung der alten Bonner Republik. Kohl brachte auch die Bereitschaft dazu auf – er wollte Deutschland als Ganzes und nach Berlin.

Geschichtliche Handlungen folgen nicht einem Muster von »entweder – oder«. Geschichtliche Entscheidungen sind nie alternativlos. Neben den Strukturen spielen nach wie vor Persönlichkeiten eine entscheidende Rolle in der Gestaltung von Politik. Mit einem Bundeskanzler Oskar Lafontaine (SPD) hätte die Deutschlandpolitik

1989/90 wahrscheinlich eine andere Gestalt als jene angenommen, die Helmut Kohl ihr gab. Der eine wollte noch am Fortbestand der DDR festhalten und ihr Zeit geben, der andere die schnelle Lösung der Vereinigung – auch ohne Rücksicht auf Verluste. Mit Lafontaine wäre die Einheit womöglich nicht so rasch bewerkstelligt worden.
Zurück projiziert auf die frühen 1950er-Jahre würde eine Denkfigur mit folgender Konstellation wahrscheinlich auch ein alternatives Szenario bedeutet haben: Eine Regierung unter Bundeskanzler Kurt Schumacher (SPD) mit einem Außenminister Jakob Kaiser (CDU) hätte Chancen zu Verhandlungen über die deutsche Einheit mit der Sowjetunion höchstwahrscheinlich genutzt – darauf deuten zeitgenössische Dokumente mit den Forderungen der beiden genannten Politiker hin –, jedenfalls wären sie nicht so rasch abgeblockt und verworfen worden, wie sie Adenauer im Keim zu ersticken verstand.
Konzepte der Blockfreiheit und der Neutralisierung wurden außerdem nicht nur von der Sowjetunion vorgeschlagen, sondern auch von den Westmächten intern beraten und ernsthaft diskutiert (Kap. 14.5 und 15.1). Es wäre daher höchst interessant gewesen zu sehen, wie weit man sie dazu bewegen, ja sogar zwingen hätte können, sich auf derartige Verhandlungen einzulassen. Die Widerstände dagegen wären weder unbeträchtlich noch einfach zu überwinden gewesen. Wer wollte schon im Westen die Kontrolle und Nutzung des westdeutschen Potenzials und den weiteren exklusiven Zugriff darauf aufgeben? Adenauer unternahm – wie wir wissen – keinen solchen Versuch einer Sondierung, als noch Möglichkeiten dazu bestanden. Ansätze dazu würgte er sofort ab.
Auch Kohl hatte Widerstände zu überwinden – das hinderte ihn aber nicht daran, die Initiative zu ergreifen und sein Projekt durchzuziehen. Er hatte auch nicht nur die zur Veränderung bereite ostdeutsche Bevölkerung, sondern auch die stärkste Weltmacht, die Vereinigten Staaten von Amerika, hinter sich. Adenauer hätte sich im Sinne des Selbstbestimmungsrechts der Völker auch auf sie berufen können. Am 17. Juni hatten viele Aufständische in der DDR auf seine Hilfe und Unterstützung gehofft. Nicht nur die blieben aus, sondern es fehlte ihm auch grundsätzlich ein tieferes Verständnis für die Notwendigkeit einer raschen und zum Vollzug bereiten Politik der Einheit seiner Nation wie sie Kohl praktizierte.

5.13 Legalisierter Vollzug der Einigung nach Artikel 23 Grundgesetz

Die Präambel des Grundgesetzes betonte im letzten Satz das Einigungsgebot. Es lautete: »Das gesamte deutsche Volk bleibt aufgefordert, in freier Selbstbestimmung die Einheit und Freiheit Deutschlands zu vollenden.« Rechtsgelehrte und Verfassungsexperten machten klar, dass die deutsche Einheit nur auf zwei Wegen realisiert werden könne. Entweder würde nach Artikel 146 eine neue Verfassung ausgearbeitet, die das Grundgesetz ablösen würde, oder Artikel 23 fände Anwendung,

wonach andere Teile Deutschlands dem Geltungsbereich des Grundgesetzes beitreten könnten.
Die Einsicht, die Einigung Deutschlands nicht durch Staats- und Verfassungsjuristen unnötig zu verzögern, siegte. Es setzte sich eine pragmatische Lösung, d. h. die Auffassung von einer schnellen Vereinigung durch, die auch den Vorstellungen der überwiegenden Mehrheit der Bürger in der DDR entsprach. Innen- und außenpolitische Motive waren ausschlaggebend, um die einmalige Chance rasch zu nutzen.
Der 3. Oktober 1990 sollte formal entscheidend sein: An diesem Tag trat das Grundgesetz in den neu gegründeten fünf Bundesländern in Kraft. Das waren Brandenburg, Mecklenburg-Vorpommern, Sachsen, Sachsen-Anhalt, Thüringen sowie auch Ost-Berlin.
Der Beitritt der DDR zur BRD machte dabei eine Reihe von Grundgesetzänderungen notwendig. Eine Neuformulierung der Präambel war erforderlich, nachdem Einheit und Freiheit durch die Ostdeutschen erzwungen worden waren. Artikel 23 wurde aufgehoben, und die Stimmenzahl im Bundesrat (Artikel 51) musste geändert werden. Artikel 146 wurde modifiziert, der weiterhin die Möglichkeit zu einer neuen Verfassung bietet, aber dazu keinen Zwang ausübt. Die pragmatische Lösung beschleunigte die Vereinigung. Die Verhandlungen über den zweiten Staatsvertrag, der die Konditionen eines DDR-Beitritts zur BRD regeln sollte, wurden schon im Juli aufgenommen und am 31. August 1990 mit Unterzeichnung des Einigungsvertrages finalisiert.
Zwischen Kohl und de Maizière bestand jedenfalls Konsens, dass mit Artikel 23 die von den Deutschen, v. a. im Osten, erkämpfte nationale Einheit rascher zu schaffen war als über Ausarbeitung einer gänzlich neuen Verfassung, die auch die Verabschiedung durch Volksabstimmung gemäß Artikel 146 GG erforderlich gemacht hätte. Bei dieser Variante hätten sich auch gegen die Einheit zahlreiche Blockaden und Hindernisse aufbauen lassen. In einem chaotischen Verfahren beschloss die noch existierende DDR-Volkskammer am 23. August den Beitritt der DDR zur BRD am 3. Oktober 1990.
Am 31. August hatten zuvor die Verhandlungsleiter, der bundesdeutsche Innenminister Wolfgang Schäuble und DDR-Staatssekretär Günther Krause, in Ost-Berlin den sogenannten Einigungsvertrag unterschrieben. Mit diesem rechtlich bindenden Dokument, das 45 Artikel und drei umfassende Anlagen beinhaltete, wurde das Grundgesetz teilweise modifiziert und damit in der bisherigen DDR zum 3. Oktober in Kraft gesetzt. Es besagte, dass Brandenburg, Mecklenburg-Vorpommern, Sachsen-Anhalt, Sachsen und Thüringen mit diesem Tag neue Länder der Bundesrepublik würden. Berlin wurde als »Hauptstadt Deutschlands« festgelegt, wogegen es noch von Bonner Kreisen Vorbehalte und Widerstände geben sollte, denn es hieß im Einigungsvertrag, dass die Frage des Sitzes von Parlament und Regierung nach Herstellung der Einheit Deutschlands entschieden würde.
Der Kuriosität halber sollte erwähnt werden, dass der Beitritt der neuen Länder bzw. der DDR zur BRD am 3. Oktober erfolgte, als der besagte Artikel 23 bereits am 29. September durch Urteil des Bundesverfassungsgerichts abgeschafft worden war, ein Kunststück, dass wohl nur Juristen zustande bringen. Die neuen Länder ent-

standen übrigens staats- bzw. verfassungsrechtlich erst am 14. Oktober, so dass sie vorher gar nicht der Bundesrepublik beitreten konnten.
Die Frage des Schwangerschaftsabbruchs (§ 218 Grundgesetz) sorgte noch für Kontroversen. Eine Neufassung dieses Artikels war in der Bundesrepublik mit Stimmen von SPD und FDP 1976 verabschiedet worden und sah die Straffreiheit des Schwangerschaftsabbruchs unter bestimmten sozialen und medizinischen Voraussetzungen vor. Die DDR hatte 1972 eine weit gefasste Fristenregelung eingeführt. Der Einigungsvertrag forderte eine einheitliche Praxis bis 1992. Bis dahin galten in alten und neuen Bundesländern die jeweiligen Regelungen.
Die Neufassung durch das Schwangerschafts- und Familienhilfegesetz von 1992 sah eine Fristenregelung mit obligatorischer Konsultation vor. Es wurde auf Antrag Bayerns und der Mehrheit der CDU/CSU-Fraktion durch das Bundesverfassungsgericht teilweise für nichtig erklärt. Das Gericht stellte fest, dass eine Abtreibung grundsätzlich rechtswidrig ist, dass sie bei einer medizinischen Indikation gestattet ist und auch sonst straffrei bleibt, wenn sie binnen zwölf Wochen vorgenommen wird und die Schwangere sich vorher hat beraten lassen. Ein rechtswidriger Abbruch sollte nicht von der Krankenversicherung bezahlt werden. 1995 fasste der Bundestag den § 218 in diesem Sinne neu.
Am 3. Oktober wurde der Tag der deutschen Einheit begangen, ein bürokratisches, legalisiertes und rein verfahrenstechnisches Datum, ohne emotionale Bindung und größeren Identifikationsgehalt. Der 17. Juni, in Erinnerung an den Arbeiter- und Volksaufstand in der DDR von 1953, der bis dato als »Tag der deutschen Einheit« in der alten BRD begangen worden war, wurde fallen gelassen – eigentlich unverständlich.
Der 9. November mit dem Fall der Mauer kam nicht in Frage, weil an diesem Tag des Jahres 1923 Hitler in München geputscht hatte und 1938 der reichsweite Pogrom gegen Juden stattgefunden hatte. Gegen den 9. November als möglichen Nationalfeiertag sprach sich vor allem der Zentralverband der Juden aus. Es blieb beim nüchternen, technokratisch langweiligen 3. Oktober – wahrscheinlich auch ganz bewusst und gezielt, um keine allzu starken nationalen Gefühlsaufwallungen aufkommen zu lassen.
Vielmehr angeboten hätte sich der 9. Oktober 1989, ein Tag voller Anspannung und Polarisierung in Leipzig, der mit einer großen Massendemonstration die Wende zu noch mehr friedlichen und gewaltfreien Aufmärschen in der DDR einleitete und der Staatssicherheit die Aussichtslosigkeit eines möglichen Eingreifens vor Augen führte. Vor diesem Tag schreckte man aber offenbar zurück, einmal vermutlich wegen der Montagsdemonstrationen angesichts »aufbegehrender Deutscher«, aber dann wohl auch, weil dieses Datum zu nahe am Gründungstag der DDR (7. Oktober) lag. Sorgte man sich in Zukunft über mögliche DDR-Geburtstagsfeiern zuvor? Diese Befürchtung hätte nicht für den 3. Oktober gelten können.
Diesen Tag zu wählen, war eine historische Fehlleistung, denn alles sprach für den 9. Oktober – es war eine sächsische Revolution und der Bonner Vollzug der Einheit nur ein Nachklang der Herbstereignisse, in denen es eigentlich um mehr Demokratie, mehr Freiheit und die nationale Einheit ging.

Bundespräsident Weizsäcker erklärte am 3. Oktober, dass die Einheit niemandem aufgezwungen, sondern friedlich vereinbart wurde. Sie sei Teil eines gesamteuropäischen geschichtlichen Prozesses, der die Freiheit der Völker und eine neue Friedensordnung unseres Kontinents zum Ziel habe. Weizsäcker weiter: »Diesem Ziel wollen wir Deutschen dienen. Ihm ist unsere Einheit gewidmet. Wir haben jetzt einen Staat, den wir selbst nicht mehr als provisorisch ansehen und dessen Identität und Integrität von unseren Nachbarn nicht mehr bestritten wird. Am heutigen Tag findet die vereinte deutsche Nation ihren anerkannten Platz in Europa.« Der Bundespräsident läutete damit den Abschied vom deutsch-deutschen Provisorium ein. Mit der Einigung Deutschlands war wieder ein natürlicher Zustand erreicht. Die teilstaatlichen Konstrukte Bundesrepublik und DDR waren, gleichwohl von aller Welt anerkannt, aber in ihrer Gegensätzlichkeit, Konfrontation und Verfeindung alles andere als ein friedfertiger gesamteuropäischer Normalzustand gewesen.
Am 4. Oktober 1990 trat der deutsche Bundestag des neuen Deutschland, erweitert um 144 von der Volkskammer entsandte Abgeordnete, im Berliner Reichstag zu einer ersten Sitzung zusammen. Der staatlichen und äußeren Einheit musste die gesellschaftliche und innere Einheit zwischen Ost- und Westdeutschen folgen. Die DDR war »geschluckt« worden, die alte BRD war aber selbst auch durch den Zutritt der »neuen Bundesländer« anders geworden.
Der Wegfall des mittel- und osteuropäischen sowie des russischen Absatzmarktes beschleunigte den Zerfall der ostdeutschen Wirtschaft. Die rasche Einführung der D-Mark machte den Export ihrer Produkte viel zu teurer. Hinzu kamen der Konkurrenzdruck der westdeutschen Wirtschaft und eine Tendenz zu Aufkäufen. Alle diese Faktoren spielten zusammen und forcierten den Zusammenbruch der ehemaligen DDR-Ökonomie. Massive Hilfeleistungen aus der alten BRD folgten, was nicht ohne negative Auswirkung auf die Stimmung und das Verhältnis der Deutschen in Ost und West blieb.
Kanzler Kohl hatte im Bundestagswahlkampf 1990 noch dazu den Eindruck erweckt, die erforderliche Unterstützung sei im üblichen Finanzrahmen möglich, was irrig war. Dabei ließ er die Gelegenheit ungenutzt, in dieser historischen Stunde an alle Bürger und Gesellschaftsgruppen in der alten Bundesrepublik zu appellieren, eine Tat der nationalen Solidarität zu leisten. Die Bereitschaft war zunächst da. Die notwendigen finanziellen Opfer wurden von den Westdeutschen für ihre Landsleute dann nicht gerade immer bereitwillig, geschweige denn mit Begeisterung aufgebracht. Spätestens beim Geld hörte die deutsche Gemütlichkeit der Einigung auf. Die »Ossis« fühlten sich durch den »Solidaritätszuschlag«, dem »Soli«, den »Wessis« gegenüber abhängig und zu Dank verpflichtet. Hinzu kam das Agieren der sogenannten »Treuhand« in der Ex-DDR, das zu einem Negativ-Image auch der Bundesrepublik angesichts der Wirtschaftsfolgen der Einheit beitrug.

6. Folgen und Lasten der Einheit: Transformation, Stagnation und der Ausklang der Ära Kohl (1990–1998)

6.1 Erste gesamtdeutsche Wahlen und der Preis der Einheit

Die erste gesamtdeutsche Bundestagswahl vom 2. Dezember 1990 brachte einen klaren Sieg für den »Kanzler der Einheit« und sein Parteienbündnis (Grafik 14 f.). Die rechtsgerichteten »Republikaner« unter dem ehemaligen Fernsehjournalisten Franz Schönhuber konnten von der nationalen Einigung nicht profitieren und gingen leer aus. Die CDU stand knapp vor der absoluten Mehrheit. Die FDP war mehr als nur das Zünglein an der Waage und bot sich wieder mit Hans-Dietrich Genscher, der auch als Gewinner der Einheit angesehen werden konnte, als Koalitionspartner für die deutschen Christdemokraten an. Neben den Bürgerinnen und Bürger der ehemaligen DDR waren erstmals auch die West-Berliner für den Bundestag wahlberechtigt. Die gesetzliche Mitgliederzahl des Bundestages wurde auf 656 Abgeordnete erhöht.
Bei der Wahl bildeten die alten Bundesländer, eingeschlossen West-Berlin, und die neuen Bundesländer zuzüglich Ost-Berlins jeweils ein Wahlgebiet. Um in den Bundestag einzuziehen, genügte es, in einem der beiden Wahlgebiete die Fünf-Prozent-Klausel zu erfüllen.
Infolge dieser Sonderregelung gelang der PDS trotz des Ergebnisses von nur 2,4 % im gesamten Deutschland doch noch der Einzug in den Bundestag, obwohl sie bundesweit damit die Fünf-Prozent-Hürde deutlich verfehlt hatte. Die Berechnung und Verteilung der Mandate auf die Landeslisten erfolgte jedoch auf gesamtdeutscher Ebene, sodass sogar eine PDS-Abgeordnete aus Nordrhein-Westfalen (Ulla Jelpke) in den Bundestag einziehen konnte. Prominenteste PDS-Abgeordnete aus dem Osten waren Gregor Gysi und Hans Modrow. Klare Verlierer waren die Republikaner, die mit 2,1 % nur knapp hinter der PDS lagen.
Die westdeutschen Grünen konnten bei der ersten gesamtdeutschen Wahl 1990 nicht reüssieren. Sie scheiterten an der Fünf-Prozent-Klausel. Nur in den neuen Bundesländern konnte die unter anderen Bedingungen kandidierende Koalition aus »Bündnis 90/Die Grünen« mit acht Abgeordneten in den neuen Bundestag einziehen. Die Grünen, die sich 1993 mit dem für die Volkskammerwahl 1990 gebildeten Bündnis 90 zu einer Partei zusammengeschlossen hatten, waren nunmehr etabliert. In den 1990er-Jahren waren sie in Landesregierungen vertreten. Aus den Bundestags-

wahlen 1994 ging das Bündnis 90/Die Grünen dann als drittstärkste Partei mit 7,3 % der Stimmen hervor. Vier Jahre später sollten sie 6,7 % gewinnen und zusammen mit der SPD die Bundesregierung bilden.
Die Siege der christlich-freidemokratischen Koalitionen bei den Bundestagswahlen 1990 und 1994 sicherten Helmut Kohl weitere acht Regierungsjahre. Die Strukturprobleme des vereinten Staates (Budgetdefizite, Massenarbeitslosigkeit, Integration von Menschen mit Einwanderungshintergrund, Technologierückstand etc.) blieben jedoch weitgehend ungelöst. Die Problemlösungskapazität war vor allem durch die Lasten der gesellschaftlichen und ökonomischen Folgen der deutschen Einheit eingeschränkt.

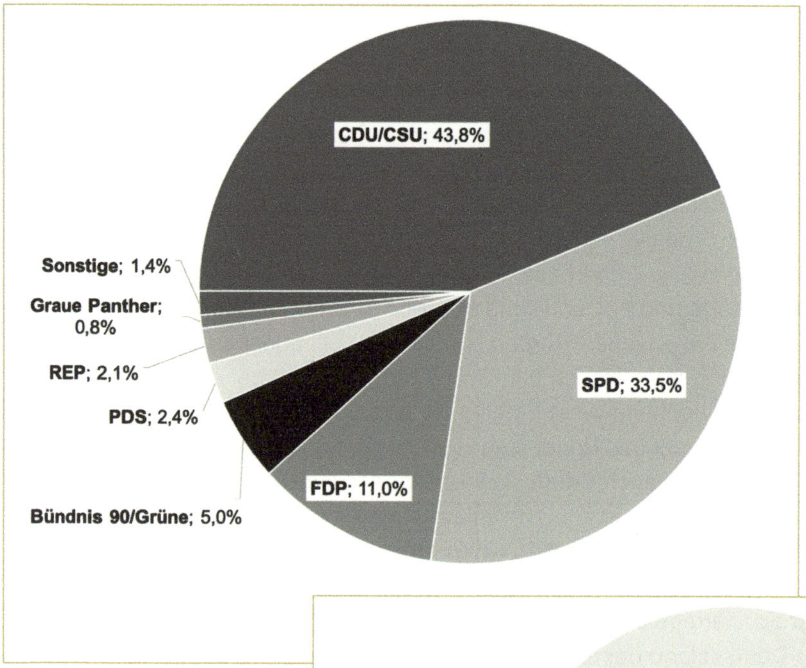

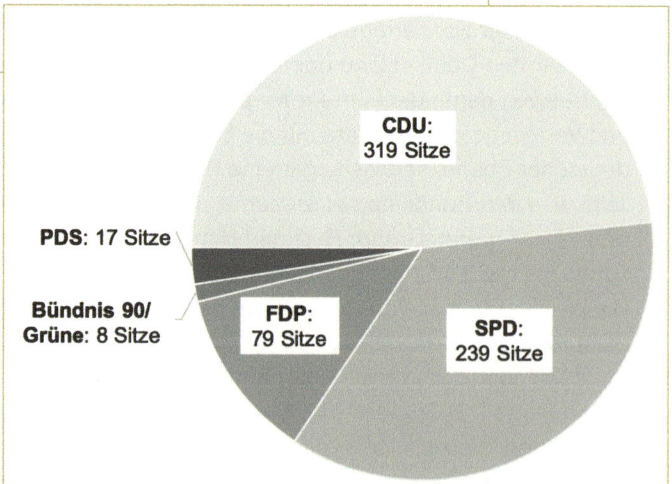

Grafiken 14 und 15: Bundestagswahlen 2.12.1990

Die langfristigen Folgeschäden aufgrund einer Teilung Deutschlands und der dafür zu bezahlende Preis bei einer Einigung wurden in der Ära Adenauer und den bundesdeutschen Nachfolgeregierungen nicht thematisiert und konsequent verdrängt.
Das hatte auch sein Gutes, sonst wäre bei allem materiellen Denken vieler mit der D-Mark so verbundener Deutscher die Einheit möglicherweise gar nicht angestrebt und die Teilung weiter hingenommen worden.
Die unvorstellbaren finanziellen Lasten des vereinten Deutschland, bedingt durch die divergierenden und einseitigen Ausrichtungen der beiden Gesellschafts- und Wirtschaftssysteme, insbesondere das komplexe und schwierige Erbe der vierzigjährigen SED-Diktatur, gingen im Jubel der Einigung 1990 zunächst völlig unter.
Alsbald wurde jedoch klar, dass die Umgestaltung der DDR-Ökonomie, des Wohnbaus, der Straßen- und Wasserwege, der Kommunikationsverbindungen sowie die Sanierung öffentlicher Einrichtungen im Gesundheits- und Sozialbereich, vor allem aber die Behebung der beträchtlichen Umweltschäden eine gewaltige Last für die neue Republik darstellten. Diese schwerwiegenden Umstände wurden auch von jenen, die eine neue deutsche Gefahr in Europa und der Welt beschworen, übersehen oder unterschätzt. Alle Deutschen waren nunmehr aufgefordert, die materiellen Lasten der durch den Ost-West-Gegensatz und die deutsche Politik auch mitzuverantwortenden geteilten Nation gemeinsam zu stemmen. Es sollten Kraftakte unvorstellbaren finanziellen Ausmaßes werden. Einige wenige in den ersten Jahren reichten nicht aus.
Der neue Staat und seine Bundesländer einigten sich bereits im Mai 1990 auf einen »Fonds Deutsche Einheit«, aus dem die neuen Länder bis 1994 insgesamt knapp 161 Milliarden D-Mark erhalten sollten. Schon nach Begründung der Währungs-, Wirtschafts- und Sozialunion wurde klar, dass die bisherigen wirtschaftlichen Förderprogramme nicht ausreichten, um die Leistungsdefizite und Strukturprobleme der ostdeutschen Ökonomie zu beheben. Zur Konzentration aller Hilfsmaßnahmen wurde 1991 ein »Gemeinschaftswerk Aufschwung Ost« beschlossen, das 1991/92 knapp 25 Milliarden D-Mark für Ostdeutschland ausschüttete, um die Modernisierung kommunaler Einrichtungen wie Krankenhäuser, Kindergärten, Kirchen, Kultureinrichtungen, Schulen und Universitäten zu ermöglichen. Arbeitsbeschaffungsmaßnahmen (ABM) wurden durch Lohnkostenzuschüsse geschaffen. Schwerpunkte der Förderung waren die Verbesserung von Standortbedingungen für Industrie- und Technologieanlagen, um Anreize für private Investoren zu bilden. Es galt, die Investitionshemmnisse und das Leistungsgefälle der Ex-DDR-Wirtschaft abzubauen sowie alte Umweltschäden zu beseitigen und neue zu verhindern.
Da sich der Finanzierungsbedarf immer wieder von Neuem stellte, wurde ab Juli 1991 ein zunächst auf ein Jahr befristeter Solidaritätszuschlag in Form eines Zuschlags von 7,5 % auf die Einkommens- und Körperschaftssteuer eingeführt, der seit 1995 neuerlich, und zwar unbefristet erhoben werden musste.
Der »Solidarpakt der Vernunft zur Finanzierung der deutschen Einheit« stellte 1993 den Länder-Finanzausgleich auf eine neue Grundlage. Vorrang bekamen alle Maßnahmen zur raschen Neugründung leistungsfähiger und innovativer Mittelstandsbetriebe.

Zu den Verpflichtungen der Deutschen bei Überwindung der Folgen der SED-Diktatur zählte auch die materielle Wiedergutmachung von Schäden, die staatliche Enteignung von privatem Eigentum und Vermögen in Zeiten der DDR verursacht hatten. Verantwortung war auch gegenüber Bürgern erforderlich, die durch Unterdrückung, Verfolgung und Haft gelitten hatten. Ein »Entschädigungsfonds« wurde gebildet, um das entstandene Leid zu lindern.

In Summe wurden zur Finanzierung der neuen Bundesländer und ihrer Städte und Gemeinden für deren Erneuerung und Modernisierung allein in der ersten Hälfte der 1990er-Jahre unvorstellbare Summen aufgebracht: Der Finanztransfer machte von 1991 bis 1995 eine Bruttosumme von 812 Milliarden D-Mark aus. Nach Abzug der Steuer- und Verwaltungseinnahmen blieb für die neuen Länder ein Nettobetrag von 615 Milliarden D-Mark. Über 50 % dieser Gelder kamen vom Bund. Der jährliche Bruttotransfer belief sich auf mehr als 5 % des westdeutschen Sozialprodukts. Jede zweite Deutsche Mark, die für Investitionen für Verkehrsinfrastruktur-Verbesserungen bezahlt wurde, kam den neuen Bundesländern zugute. Trotz dieser beachtlichen Finanztransfers war der Modernisierungs- und Sanierungsbedarf Ostdeutschlands noch lange nicht gedeckt. Die Zahlungen erfolgten noch bis ins 21. Jahrhundert.

Zwanzig Jahre nach der deutschen Vereinigung konnte eine umfassende Bilanz gezogen werden: Rechnete man alle Sozialtransfers seit 1990 zusammen und addierte die Ausgaben für die DDR-Altschulden, den Ausbau der Infrastruktur, den Finanzausgleich und die Subventionen, so gelangte man zu einer Bruttosumme von rund zwei Billionen Euro – eine gigantische Summe mit zwölf Nullen (rund 2.000.000.000.000 Euro) – abzüglich der Rückflüsse in Form von Steuereinnahmen des Bundes aus dem Osten verblieb ein Nettotransfer von 1,6 Billionen Euro. Der Betrag verteilte sich auf die öffentlichen Haushalte, den Arbeitsmarkt und die Sozialpolitik, die Wirtschaftsförderung (einschließlich Tätigkeit der Treuhandanstalt) und den Infrastrukturausbau. Die Summe entsprach in etwa dem Schuldenberg von Bund, Ländern und Gemeinden.

Die Zuwendungen bei der Privatisierung liefen nach und nach aus, jene bei den Sozialversicherungen stiegen hingegen an. Die westdeutsche Bevölkerung akzeptierte im Großen und Ganzen die notwendige Aufbauleistung, wenngleich noch weitere Hilfen erforderlich waren.

Während die Nettoeinkommen in den neuen Bundesländern 1998 mehr als 80 % des Westniveaus erreichten, stagnierte das Bruttoinlandsprodukt pro Einwohner seit Mitte der 1990er-Jahre bei etwa 61 % des westdeutschen Niveaus. Der ökonomische Aufholprozess war zum Stillstand gekommen. Die Arbeitslosenquote war im Osten doppelt so hoch wie im Westen. 2001 einigten sich Staat und Bundesländer auf einen »Solidarpakt II«, demzufolge von 2005 an für 15 Jahre (also bis 2020) 306 Milliarden D-Mark (156 Milliarden Euro) in die ostdeutschen Länder gepumpt werden sollen. Dann sollten die Sonderzahlungen für Ostdeutschland abgeschlossen sein.

6.2 Die »Treuhand«: Prügelknabe und Sündenbock – Bilanz einer finanziellen und einmaligen ökonomischen Katastrophe

Dank der jüngsten Studien von Marcus Böick, Constantin Goschler, Petra Köpping, Norbert F. Pötzl und zuvor schon von Gerlinde und Hans-Werner Sinn gibt es eine Reihe neuer Erkenntnisse und reichhaltigen Stoff zur kontroversen historischen Debatte über die Treuhand, zumal sich die Autoren nicht immer einig sind. Die Thematik liest sich wie eine grausame Kriminalgeschichte mit einem furchtbaren Ende, einer finanziellen und einmaligen ökonomischen Katastrophe.

Mit dem Drang zur D-Mark der Ostdeutschen hatte es begonnen. Dieser kam in Plakaten zum Ausdruck, auf denen zu lesen stand: »Helmut nimmt uns an die Hand. Zeig uns den Weg ins Wirtschaftswunderland« oder »Kommt die DM bleiben wir, kommt sie nicht, gehen wir zu ihr!«

Die Geschichte der Treuhandanstalt (THA) ist v. a. vor dem Hintergrund der Währungs-, Wirtschafts- und Sozialunion zu sehen (Kap. 5.9). Es gab dabei verschiedene Phasen, die von Constantin Goschler und Marcus Böick eingeteilt worden sind und hier etwas abgewandelt und zeitlich noch weiter unterschieden im Wesentlichen übernommen werden.

Die *Phase 1* besteht aus einer Kurzzeit-Treuhand nach ostdeutschen Vorstellungen (Januar-April 1990): Noch von der DDR-Reformregierung beschlossen, wurde 1990 eine »Treuhandstelle« mit Aufnahme und Sanierung der »Volkseigenen Betriebe« (VEB) beauftragt. Ein erstes Problem bestand darin, dass sich der hierfür auch zuständig fühlende »Zentrale Runde Tisch« kaum für Vermögens- und Wirtschaftsfragen interessierte. Aufgrund seiner NVA-, Partei- und Stasi-Fixierung war er fast von ökonomischer Blindheit geschlagen. Einer der wenigen, der sich über diesen Fragenkomplex Gedanken machte, war Wolfgang Ullmann. Ihm schwebte eine Treuhandstelle zur Bewahrung und Hinterlegung des »Volksvermögens« vor, v. a. aus der Befürchtung heraus, es könne entweder in die Hände von Betriebsoligarchen, sozialistischen Generaldirektoren, fallen, oder aus Sorge, es könne dem schonungslosen Zugriff des westdeutschen Kapitals ausgeliefert sein.

Die Modrow-Regierung teilte zwar die Ansicht der Bewahrung des Volksvermögens, lehnte aber dessen Demokratisierung ab. Hinzu kam die hoffnungsvolle wie illusionäre Vorstellung, Marktwirtschaft könne weitgehend ohne Privateigentum realisierbar sein. Die stellvertretende Vorsitzende des Ministerrates und Wirtschaftsministerin der DDR in der Modrow-Regierung, Christa Luft, hielt das für möglich, was Ende der 1960er-Jahre noch nicht möglich war: Einen »dritten Weg« zwischen Kapitalismus und Sozialismus nach dem Modell und der Theorie des tschechischen Ökonomen Ota Šik zu beschreiten, vorausgesetzt es gebe auch Beiträge für die Stabilität der Ökonomie durch den Staat und die Regierung, also staatliche Beteiligung.

Die *Phase 2* ergibt sich aus der forcierten Formation einer Treuhand nach westdeutschen Vorstellungen (April-Juli/August 1990): Das Ergebnis der Volkskammerwahl vom 18. März 1990 bedeutete die klare Absage an einen »dritten Weg«. Am 1. Juli

wurde die D-Mark in der DDR eingeführt, was einen Schock für die ostdeutsche Ökonomie bedeutete. Mit dieser Therapie sollte geheilt und saniert werden, was man noch gar nicht genau kannte. Der Aufwertungsschock lag bei 200 bis 300 %. Zu diesem Zeitpunkt waren noch vier Millionen Personen in zirka 8.500 Betrieben beschäftigt. Die bis dato bestehende ostdeutsche »Treuhandstelle« wird zur »Treuhandanstalt« (THA) und personell weitgehend umgebaut. Marktwirtschaftler werden in Spitzenstellen gehievt. Der Auftrag für die THA wird geändert, was einer 180 %-Kehrtwende gleichkommt. Es ging nun nicht mehr um Bewahrung des »Volksvermögens«, sondern um Entstaatlichung, also Privatisierung. Die vormalige ostdeutsche Behördenstruktur der Treuhandstelle wird marktwirtschaftlich ausgerichtet. Aktiengesellschaften unter dem Dach der neuen Treuhand-Holding sollen gegründet werden.
Das Vorhaben stellt sich als schier aussichtslos erscheinende Herkulesaufgabe heraus. Es existieren weder Telefone noch Unterlagen. Es gibt keine belastbaren Daten und Fakten über die reale Situation der volkseigenen Betriebe. Die anfängliche Lage ist chaotisch. Der erste THA-Chef, der Bundesbahn-Reformer (Bahncard, ICE-Netzausbau, Interregio-Konzept) Reiner Maria Gohlke gibt nach wenigen Wochen auf. Er war nur vom 16. Juli 1990 bis 20. August 1990 kurzzeitig Präsident der THA.
Die *Phase 3* besteht aus der massiven Inangriffnahme der ostdeutschen Betriebe mit hoher Geschwindigkeit (Juli/August 1990-April 1991): Nachfolger Gohlkes wird Detlev Karsten Rohwedder, ein Sozialdemokrat aus Nordrhein-Westfalen und gestandener Manager des Hoesch-Konzerns. In seiner Rede vor der Volkskammer führt er aus: »Erst kommt das Leben, dann die Paragrafen.« Rohwedder geht mit einer paternalistischen Haltung an die gigantische Aufgabe heran, verbunden mit der Vorstellung, den Ostdeutschen müsse man helfen und sie aus ihrer Inferiorität herausführen.
Die Idee der Einbeziehung von Generaldirektoren der VEB wird fortan als nicht mehr tragbar bezeichnet. Sie werden abberufen. Es setzt ein Eliten-Austausch von alten zu neuen Treuhand-Leitern ein. Rohwedder agiert wie ein Manager. Die Behörde entwickelt sich zu einem Unternehmen. »Bürokratie« wird zum Schimpfwort. Qualifiziertes Personal fehlt.
Vor diesem Hintergrund wendet sich Kohl an den Bundesverband der Deutschen Industrie (BDI) mit einem Rundschreiben. Große Konzerne entsenden daraufhin rund 150 Leihmanager unter fortgesetzter Bezahlung. Die Rekrutierung erfolgt weder mit Expertise noch mit Prüfung. Was die Personalstruktur der THA angeht, gilt die Faustregel: desto höher in der Hierarchie angesiedelt sind Westdeutsche, desto mehr in den unteren Rängen dominieren dort Ostdeutsche und Frauen. Vorstand, Direktoren, Abteilungsleiter und Niederlassungsleiter sind fest in westdeutscher Hand. Es macht sich eine »Wiedervereinigungsgesellschaft« mit neokolonialen Tendenzen breit.
Diese *Phase 3* ist auch eine Phase des »konfliktreichen Alltags« (Goschler/Böick) und des zunehmenden Unmuts der Ostdeutschen: Eine erste »D-Mark-Eröffnungsbilanz« kommt 1990/91 nicht zustande – sie wird erst am 15. Oktober 1992 präsentiert. Hatte Modrow im Frühjahr 1990 den Wert des DDR-Volksvermögens noch mit 1.000 Milliarden D-Mark angegeben, äußerte sich Rohwedder in Wien auf einer Werbetour für Investoren despektierlich über den »ganzen Salat« mit 600 Milliarden

D-Mark (Marcus Böick). Laut dem Stand vom September 1990 hatte sich der Kapitalbedarf der Betriebe bei einem Wert von zirka 200 Milliarden D-Mark bewegt, um weiter laufen zu können.
Im Folgejahr zeichnet sich bereits ein Katastrophen-Szenario ab. Finanzminister Theo Waigel bezifferte sodann 1992 ein ernüchterndes Defizit des »operativen Geschäfts« der THA mit 250 Milliarden D-Mark. Klar wird vor dem Ende der Prozedur als Sinekure: Die Schocktherapie führt nicht zu einem zweiten Wirtschaftswunder, sondern zu einer dramatischen Abwärtsspirale mit Massenarbeitslosigkeit.
Die Entlassung von einer Million Arbeiter und Beschäftigten muss angekündigt werden. Die einsetzende Deindustrialisierung der ostdeutschen Ökonomie führt zu Produktionseinbrüchen von 50 %. »Vom Arbeitervolk« zum »Volk ohne Arbeit« ist es ein unglaublich schneller Weg. So lautete die Aufschrift auf einem Plakat von frustrierten Demonstranten.
Die THA drückt weiter aufs Tempo. Verschärfend kommt hinzu: Die Beschleunigung der »Transformation« erfolgt ohne Durchführungsbestimmungen und Regelungen. In der Folge nimmt es nicht Wunder, dass die »Treuhand« zum Feindbild und Sündenbock für viele Ostdeutsche aufgrund der vielen Betriebsschließungen wird.
Politische Zielscheibe wird auch Helmut Kohl, dem beim Besuch in Halle im März 1991 vom örtlichen »Juso-Chef« geworfene Eier entgegenfliegen. Dieser Monat signalisiert einen Stimmungsumschwung. Hintergrund war der Besuch des Kanzlers in den Leuna-Werken, wo die THA auch »aktiv« war. Gegen Ende dieses Monats gibt es wieder Demonstrationen in Leipzig, nun aber nicht für »Deutschland einig Vaterland«, sondern gegen »Kohl und seine Bonzen«. Das Jahr 1991 sieht auch ein geteiltes Demonstrationsland Deutschland: Ostdeutsche protestieren gegen die »Treuhand« und Westdeutsche gegen den Irakkrieg.
In seinem »Osterbrief« erklärt Rohwedder kurzerhand: »Privatisierung ist die beste Sanierung«. Der 1. April 1991 stellt dann jedoch eine brutale Zäsur in seinem Leben und in der Geschichte der THA dar: Am Ostermontag dieses Tages gegen 23:30 Uhr wird Rohwedder durch das Fenster im ersten Stock seines Düsseldorfer Wohnhauses im Stadtteil Niederkassel mit dem ersten von drei Gewehrschüssen getötet. Der zweite Schuss verletzt seine Frau am Arm, der dritte trifft ein Bücherregal. Die Schüsse wurden aus 63 Metern Entfernung aus einer schräg gegenüberliegenden Schrebergarten-Siedlung abgegeben, aus einem Sturmgewehr vom Typ FN FAL im NATO-Standard-Kaliber 7,62 × 51 mm.
Rückblickend ging die Witwe Hergard Rohwedder bei der Planung und Beteiligung des Attentats von der Stasi aus. Ihr Mann sei kurz davor gewesen, das verschwundene SED-Vermögen zu finden. Die perfekte Vorbereitung sprach nach Auffassung von Sicherheitsexperten für eine Beteiligung der Stasi an dem Mord, zu dem sich die RAF bekannt hatte. Die Täter sind bis heute unbekannt. Der Mordanschlag auf Rohwedder lässt in Folge die Proteste in Ostdeutschland abflauen.
Die *Phase 4* besteht aus einer Beschleunigung der Abwicklungsgeschwindigkeit mit erheblichen sozialen Verwerfungen (April 1991-Sommer 1993): Nachfolgerin von Rohwedder wird Birgit Breuel. Sie stammt aus einer Bankiersfamilie und war

im niedersächsischen Wirtschafts- und Finanzministerium im Kabinett von Ernst Albrecht tätig. Sie hatte bisher in der THA das marktpolitische Gegengewicht zum Ruhr-Sozialdemokraten gebildet. Unter Breuel kommt die THA nicht zur Ruhe. Und sie nimmt noch mehr Fahrt auf. Es setzt eine extrem erhöhte Geschwindigkeit des Bestandsabbaus der Ex-DDR-Betriebe ein. Folglich entsteht ein regelrechter Wettbewerbs-Wettbewerb, d. h. ein Wettstreit um das Tempo der Privatisierung, was zu einer Verschärfung der Übernahmen führt.

Existierten 1990 beim Start rund 8.500 Betriebe, so waren 1993 davon 1.453 privatisiert, zeitweise durch in irrsinniger Geschwindigkeit sogar pro Monat 500 Betriebe. Dahinter verbarg sich die Befürchtung, desto länger es dauere, desto größer werde der Widerstand der Betriebsangehörigen, den es schnell zu brechen galt. Durch das extrem hohe Tempo war grober Fahrlässigkeit Tür und Tor geöffnet worden. Es häuften sich zudem Korruptionsfälle durch eine sich auswachsende Goldgräber-Mentalität. Dabei versagte die THA weitgehend als Kontrollinstanz.

Erst Ende 1991 kommt es zu einer Innenrevision dieses Ausnahmeregimes. Richtlinien und Regularien werden jetzt erst entwickelt. Die THA verkauft in der Regel keine Betriebe, sondern kauft Investitionen ein. Inzwischen schnellt die Arbeitslosigkeit auf 40–50 % in die Höhe, in einer Welt, die gelebt, gefühlt und »offiziell« keine Arbeitslosigkeit kennt. Nur zirka 30 % der Ursprungsbelegschaft bleibt erhalten. Es entstehen Generationskonflikte zwischen alteingesessenen Betriebsangehörigen mit zum Teil noch jungen westdeutschen Nachwuchsmanagern, verbunden mit individuellen Demütigungen, seelischen Verletzungen und enormen persönlichen Verlusterfahrungen.

Die *Phase 5* (1992/93) besteht aus einer »Politisierung und Skandalisierung« (Goschler/Böick) der THA bei fortgesetzter Suche nach Investoren: Birgit Breuel führt zwar engagiert diskrete Verhandlungen mit Käufern. Sie verfolgt dabei das Ziel, ausländische Investitoren zu finden und damit neue Arbeitsplätze zu schaffen. Doch Unzulänglichkeiten häufen sich wie in Bischofferode. Kali-Bergarbeiter befinden sich im Sommer 1993 im Streik. In Halle hat sich ein großes Korruptionsnetzwerk durch Stasi-Seilschaften gebildet. Im Umfeld der Privatisierung kommt es immer wieder und verstärkt zu Fällen von Fördermittelmissbrauch und Wirtschaftskriminalität. Die THA geht in einem Regen von Affären und Skandalen unter. Es entsteht eine Wagenburg-Mentalität »Wir gegen den Rest der Welt!«

Die *Phase 6* (1994) umschreibt das Abwicklungsfinale und die feierliche Selbstauflösung am 31. Dezember 1994. Sie gibt zu wenig Jubel Anlass, da die Bilanz ernüchternd ausfällt. Zum 1. Januar 1995 wird die THA in Bundesanstalt für vereinigungsbedingte Sonderaufgaben (BvS) umbenannt.

Fazit: In den Jahren 1990/91 wurde die THA zum Zwischeneigentümer von mehr als 8.000 ehemaligen »Kombinaten« und »Volkseigenen Betrieben«. Das waren staatseigene Betriebsvereinigungen mit Zehntausenden von Betriebsstätten. Durch die Übernahme von mehr als 4.000 sozialistischen Landwirtschaftlichen Produktionsgenossenschaften (LPGs) und Forstwirtschaftsbetrieben gingen zirka 4,3 Millionen Hektar agrarwirtschaftlicher Nutzfläche und Forste in den Besitz der THA über. Unter den zuletzt übernommenen Vermögenswerten befanden sich u. a. auch Objekte, welche durch die NVA, das MfS, die SED und den FDGB genutzt worden waren. Grund und Boden der »Treuhand« umfassten zeitweise mehr als die Hälfte des Gebiets der DDR.

In dieser größten Eigentums- und Vermögensumschichtung der deutschen Nachkriegsgeschichte wurden große Handels-, Industrie- und Finanzunternehmen an westdeutsche Konzerne verkauft. Der Transfer war wesentlich in der ungleichen Verteilung von Kapital und Macht zwischen Ost und West begründet. Die mit dem 1. Juli 1990 auch im Osten eingeführte D-Mark zeigte dabei die Schwächen der DDR-Ökonomie schonungslos auf.

Die Unmöglichkeit, ja Unfähigkeit der Betriebe, Löhne in D-Mark auszuzahlen und entsprechende Gehälter zu erwirtschaften, konnte durch Zuwendungen der THA nur im geringen Maße und temporär ausgeglichen werden. Die einseitige Konstellation steigerte die Arbeitslosigkeit in Ostdeutschland, die nur zeitweise als »Kurzarbeit« überspielt werden konnte. Das Staatsbudget der DDR musste durch Kredite in Milliardenhöhe aus dem bundesdeutschen Haushalt gestützt werden.

Beim Übergang der zentralstaatlichen Planwirtschaft der DDR in eine kapitalistische Marktwirtschaft nach dem Muster der Bundesrepublik kam der THA eine zentrale politische und ökonomische Steuerungsfunktion zu. Sie diente Bonn als Schlüssel zur Öffnung und Umformung der ostdeutschen Ökonomie. Ihr Mandat war noch von der DDR-Volkskammer formuliert worden. Rohwedder, zweiter Präsident der THA, hatte festgehalten: »Zügig privatisieren, entschlossen sanieren und behutsam abwickeln, was nicht mehr sanierungsfähig ist.« Dieses Ziel konnte in seiner Zeit nur in wenigen Ansätzen erreicht werden und unter seiner Nachfolgerin Breuel noch weniger.

Bis zu ihrer Auflösung hatte die THA mehr als 15.000 ostdeutsche Unternehmen und Unternehmensteile aufgelöst bzw. durch Verkauf privatisiert oder kommunalisiert. Mehr als 3.700 wurden stillgelegt. 80 % der neuen Eigentümer wurden westdeutsche Unternehmer aus der Branche. Innovative Industriekerne waren Mangelware. Etwa 80 % der verkauften Unternehmen wurden von mittelständischen Käufern erworben. Von einer mittelstandsorientierten Politik der Transformation konnte aber keine Rede sein.

Die 35 Kilometer Laufakten zum Treuhand-Komplex ergeben, dass es Investitionszusagen im Ausmaß von 170 Milliarden, aber auch Ausgaben von 350 Milliarden und zudem 270 Milliarden Defizite und nur 70 Milliarden D-Mark Erlöse gab. Rund 85.000 Verträge waren abgeschlossen worden, darunter fast die Hälfte unternehmensbezogene Privatisierungsvorgänge. Rund 14.500 Unternehmen und Betriebsteile konnten verkauft werden. Dies waren keine geschlossenen Verkäufe von Kombinaten oder Volkseigenen Betrieben (VEB) nach DDR-Muster. Es handelte sich um neu konzipierte Unternehmenseinheiten, die durch Dezentralisierung der vormaligen Großkomplexe kleinteiliger formiert worden waren.

Zirka 850 Wirtschaftsbetriebe gingen an ausländische Investoren. Ihr Anteil war 1992/93 relativ gering und teilte sich wie folgt auf. An der Spitze stand die Schweiz

(2,4 %), gefolgt vom Vereinigten Königreich (2,25 %), Österreich (1,8 %), der Niederlande (1,65 %), Frankreich (1,5 % mit dem politisch gefärbten »Elf Aquitaine«-Deal), USA (1,35 %) und andere (4.05 %). Von 500 führenden deutschen Unternehmen haben am Ende nur drei ihren Sitz in Ostdeutschland aufgeschlagen.
Knapp 4.000 Betriebe und Gesellschaften wurden aufgelöst und stillgelegt. Über 4.000 mittlere Gewerbe- und Handwerksunternehmen, die in der DDR seit 1972 sozialisiert, d. h. verstaatlicht worden waren, gingen an die rechtmäßigen Eigentümer zurück, wurden also reprivatisiert. Die Treuhand konnte Erlöse aus Privatisierungen von über 70 Milliarden D-Mark erzielen. Zusagen von Investitionen von über 200 Milliarden D-Mark und Arbeitsplätze für 1,5 Millionen Beschäftigte wurden erreicht. Die THA wertete es für sich als Erfolg, dass 15 % mehr Arbeitsplätze geschaffen werden konnten als ursprünglich zugesagt worden waren. Tatsächlich eingesetzte Geldbeträge durch Investitionen übertrafen um etwa 20 % das vertraglich vereinbarte Soll. Das Defizit für alle nicht durch Einnahmen gedeckten finanziellen Transfers wie durch Abfindungen, Investitionshilfen, Renovierungen, Sanierungen, Überbrückungszahlungen und sonstige Unterstützungen betrug aber am Ende der Treuhandtätigkeit rund 270 Milliarden D-Mark. Das war, wie wir bereits wissen, noch nicht der gesamte Beitrag, aber ein Preis, den man für die Einheit zu zahlen bereit war.
Für die Bürgerinnen und Bürger des neuen Deutschlands wurden diese Gelder wie überhaupt die noch nachfolgenden Finanztransfers als Kosten der Einheit betrachtet, effektiv waren es Investitionen in eine brutale Deindustrialisierung und gewaltsame Modernisierung der Ökonomie Ostdeutschlands. Es war die Horror-Bilanz eines Mehrfachverlustgeschäfts.
Für die Umwandlung der Besitzverhältnisse und einer kompletten Volkswirtschaft gab es aber weder einen Erfahrungswert noch ein klares Konzept. Es galten zwei Prinzipien: »learning by doing« und »power play«. Erfahrungen mussten erst gesammelt und Regeln entwickelt werden. Vor allem in den ersten Phasen gab es viele Missgeschicke und größere Pannen.
Im gesamten Zeitraum der Treuhand-Aktivitäten von 1990 bis 1994 hatte die Privatisierung in der Umstrukturierung der ehemaligen DDR-Ökonomie absoluten Vorrang. Tempo war Trumpf. Von rund vier Millionen Beschäftigten der früheren staatlichen Betriebe wurden rund 50 % auf den freien Arbeitsmarkt katapultiert. Rund ein Fünftel dieser Personen wurde arbeitslos. Die übrigen fanden neue Arbeitsplätze, wurden selbstständig, umgeschult oder in Pension geschickt.
Die für die Betroffenen schmerzlichen Folgen erzeugten viel Unmut und Zorn gegenüber der »Treuhand«, die in Ost wie West zum »bösen Buben« und zum »Sündenbock« für alle Missstände und Übel der deutschen Einheit wurde. Diese Art von Wahrnehmung ermöglichte auch Ablenkung von den realen politischen Fehlentscheidungen und Schwierigkeiten. Die Spätfolgen dieses ökonomischen Desasters wirken bis heute noch.
Die Deindustrialisierung ihres Landes war für viele Ostdeutsche bildhaft gesprochen Ergebnis westdeutscher Trampeltiere, die mit ihren Flurschadenbrettern die DDR-Wirtschaft platt gemacht hatten. »Kohlrabien« hat zuletzt Daniela Dahn als Wort

für das ökonomisch aufgesaugte Land geprägt. Der von der sozialistischen Propaganda über Jahrzehnte strapazierte Begriff vom »kapitalistischen Imperialismus« des »Klassenfeinds« fand nun in der gefühlten Erfahrung mit dem »Raubtier-Kapitalismus« der Bundesrepublik eine eigenartige Bestätigung.
In den neuen Bundesländern rührte sich alsbald der Verdacht, die »Treuhand« hätte die ostdeutsche Ökonomie bewusst zusammenkrachen lassen und alles »platt gemacht«, um erst gar nicht eine ordnungspolitische Alternative zum kapitalistischen Wirtschaftssystem der Bundesrepublik aufkommen zu lassen. Anstatt zu rekonstruieren und aufzubauen, habe die »Treuhand« das Land entindustrialisiert und die neuen Bundesländer damit strukturell benachteiligt (Abb. 41). Dieser Verdacht sollte sich erhärten und letztlich durch neueste Forschungen bestätigen lassen (v. a. auch durch Marcus Böik).

Abb. 41: Die Folgen der Treuhand – Plakat im Industriemuseum Chemnitz

In der alten Bundesrepublik wurde die Treuhand nicht selten kritisiert, sie vergeude westdeutsche Ressourcen und das Geld der Steuerzahler für ›marode‹ und ›schrottreife‹ Firmen. Vorwürfe wurden laut, die neuen Bundesbürger hätten im Sozialismus, der alles für sie geregelt habe, hartes Arbeiten verlernt.
Übersehen wurde bei der Kritik von östlicher Seite, dass es in der DDR verdeckte Arbeitslosigkeit gab, die sich bisweilen auf zirka ein Viertel der Erwerbstätigen (Arbeiter und Angestellten) erstreckt und somit auch »Arbeitslosigkeit am Arbeitsplatz« geherrscht hatte, die von frühzeitigen »Feierabenden« und »Materialpausen« gekennzeichnet war. Ausgeblendet wurde bei der Kritik von westlicher Seite allerdings ebenso, dass für die vom SED-Staat jahrzehntelang subventionierten und vom internationalen Wettbewerb losgelösten Betriebe von heute auf morgen nicht nur die Westmärkte kaum mehr erreichbar waren, sondern auch die traditionellen Absatzmärkte im Bereich der Staaten des ehemaligen COMECON und in der UdSSR wegbrachen. Der RGW sollte sich auflösen und die Sowjetunion implodieren. Beides ereignete sich bereits 1991. Diese Einbußen und Verluste konnten auf die Schnelle nicht wettgemacht werden. Die erforderlichen Erneuerungen der Produktionsstätten und die damit verbundenen Modernisierungsadaptionen brauchten Zeit und konnten in den wenigen Jahren nach der Einheit nicht so rasch durchgeführt werden, um auf dem Weltmarkt mitzuhalten.
Bemerkenswert ist der Umstand, dass die politische Entwicklung in den neuen Bundesländern trotz steigenden Unmuts und wachsender Proteste gegen die Massenentlassungen infolge Betriebsauflösungen und Stilllegungen in der Regel gewaltfrei und friedlich blieb. Nach Beendigung ihrer Arbeit wurden die restlichen Aufgaben der Treuhand auf vier kleinere staatliche Nachfolgeinstitutionen aufgeteilt.
Die entstehende Massenarbeitslosigkeit in den neuen Bundesländern, die als gesellschaftlicher Zustand in der vormaligen DDR ohne Erfahrungswert war, verdüsterte die Stimmung im Osten Deutschlands. Der ökonomische Zusammenbruch führte zur Ernüchterung. Die Euphorie über die Einheit verflog rasch. Hinzu kam die schlechte wirtschaftliche Lage im Westen Deutschlands, wo ab Mitte der 1990er-Jahre die Arbeitslosigkeit ebenfalls anstieg, was die staatlichen Handlungsspielräume hinsichtlich des »Aufbaus Ost« einzuschränken drohte.
Es ließ sich eine staatlich gelenkte Planwirtschaft nicht von heute auf morgen auf eine kapitalistische Marktwirtschaft umstellen, ganz zu schweigen von den über Jahrzehnte entstandenen Gewohnheiten und Mentalitäten der ostdeutschen Bevölkerung. Diese psychologischen Faktoren machten es in den 1990er-Jahren äußerst schwierig, zu einer ›Einheit der Herzen und Seelen‹ zu finden.
Ließ sich die äußere staatliche Einheit formell rasch vollziehen, so sollte die innere Einheit der Menschen noch lange auf sich warten lassen. Die Einheit der beiden Teilstaaten zu einem Gesamtstaat war zwar 1990 formell vollzogen, die Einigung der Ost- und Westdeutschen jedoch ein weit längerer Prozess. Sollte die Berliner Mauer rasch verschwinden, so war die »Mauer in den Köpfen« noch lange nicht zu beseitigen. Die »Wessis« wurden vielfach als »Besser Wessis« empfunden. Die »Ossis«, vielfach die »Verlierer«, wurden im Westen als Profiteure der Einheit und

»Sozialschmarotzer« betrachtet. Konnten solche Erfahrungen und Vorurteile verwundern?
BRD und DDR standen sich über Jahrzehnte in Abgrenzung und Feindseligkeit gegenüber. Im Westen wurde lange von der »Zone« gesprochen und über die »DDR« nur in Anführungszeichen berichtet. Im Osten galt »die BRD« als »Hort des Faschismus und Kapitalismus« und als der »Klassenfeind«. Diese Denkmuster des Kalten Krieges hatten sich in den Hirnen festgesetzt, sodass die Beziehungen der Menschen in Ost und West belastet und ungleich waren.
Die Westdeutschen standen der alten Bundesrepublik positiv gegenüber und interessierten sich in den Jahrzehnten vor 1989 kaum mehr für die Verhältnisse im Osten Deutschlands. Die Bürger der DDR hatten ein gespaltenes Verhältnis zum SED-Staat. Nach außen agierten sie parteikonform, zeigten sich loyal und fügten sich in die Verhältnisse. Sie verglichen indes ihre Perspektiven und Lebenschancen mit denen in der BRD und waren über das »Westfernsehen« weit besser über die Vorgänge »im Westen« informiert als umgekehrt ihre westlichen Landsleute über den Osten.
Die versuchte Bewältigung des Stasi-Erbes brachte weitere Unterschiede zwischen Deutschen im Osten und Westen hervor. Indifferenz und Selbstgefälligkeit bei Nicht-Betroffenen in den alten Bundesländern standen Enttäuschung und Verbitterung bei Stasi-Opfern im Osten gegenüber. Die Diskussion über den Umgang mit dem Stasi-Komplex diente auch als Ablenkungsmanöver vom totalitären Gesamtcharakter der DDR und von der Willkür der SED-Herrschaft und ihren botmäßigen Blockparteien. Vor diesem Hintergrund entstanden nostalgische Gefühle, die sogenannte »Ostalgie«, was zum Teil Hand in Hand mit einem Schönreden der SED-Diktatur ging (Hubertus Knabe).
In der DDR gab es allerdings auch ein spezifisches Ausmaß an Möglichkeiten der Improvisation, Fantasie und Kreativität im Alltag der Menschen wie im künstlerischen Schaffen, das sich nach 1989/90 Geschmack, Mode und Wirtschaftsdruck aus dem Westen unterwerfen musste, was auch einer Verklärung der Zeiten, in denen »nicht alles schlecht« war, immer noch Vorschub leistet.
Die (N)Ostalgie hat neben einer problematischen Tendenz zur Verklärung einen harten real-ökonomischen Kern. Um die Frage der nach wie vor bestehenden Unterschiede der Einstellung zwischen Ost und West beurteilen zu können, ist die Entwicklung der Struktur und das Wachstum der Wirtschaft in Ostdeutschland zu beachten.
Die neuen Bundesländer holten in den ersten Jahren nach der Einheit zwar auf. Die Muster des Wachstums differierten aber erheblich. Auf dem Berufsmarkt ist der Kahlschlag der Treuhandanstalt (THA) der Jahre 1990 bis in die jüngste Zeit nicht ausgeglichen worden. Neue Stellen sind nahezu vollständig im Westen geschaffen worden: Die Zahl der Erwerbstätigen war im Westen von 2005 bis 2018 von 33 Millionen auf 38 Millionen gestiegen, in den fünf ostdeutschen Ländern dagegen nur um 300.000 auf 5,9 Millionen.
Im Unterschied zu 1991 gibt es 2019 zirka 800.000 Stellen weniger. Es entfielen nicht nur Stellen, sondern komplette Berufszweige. In wenigen Jahren machte die ost-

deutsche Ökonomie Strukturbrüche durch, der im Westen im Sinne eines Strukturwandels über Jahrzehnte dauerten nämlich im Zeichen eines Übergangs von einer Industrie- zu einer Dienstleistungsgesellschaft.
Vor der Einheit waren im Osten noch knapp 50 % der Beschäftigten in der Industrie und 1991 nur mehr 26,6 % (im Vergleich dazu im Westen: 28,7 %) beschäftigt. Beim Start der THA 1990 arbeiteten noch mehr als vier Millionen Menschen in den Betrieben und 1994 gab es nur noch 1,5 Millionen. Trotz der Zunahme von Jobs auf dem Dienstleistungssektor explodierte die Arbeitslosigkeit. Mehr als 15 Jahre nach der Einheit lag sie über 15 % und erzeugte eine Übersiedlungswelle in den Westen, als klar wurde, dass sich die Lage im Osten nicht bessern würde. Die Abwanderung war massiv.
Vier der neuen Bundesländer verloren einen zweistelligen Prozentanteil ihrer Bevölkerung. Ausnahme war Brandenburg, weil das Umland von Berlin vom Zuzug Nutzen zog. Seither leidet der Osten am Fachkräftemangel. Die Demographie bremste also auch die ostdeutsche Wirtschaft.
Der Privatisierungsdruck der THA erzeugte eine spezifische Eigentümerstruktur: Nur 5 % der Betriebe gingen an Ostdeutsche, 95 % der Firmen an Investoren aus dem Westen oder dem Ausland. Große Konzerne fehlten, aber auch mittelständische Betriebe in der Provinz und in Randregionen. Die 500 größten deutschen Firmen verteilen sich sehr unterschiedlich: In Ostdeutschland mit 20 % der dort lebenden Bevölkerung gibt es nur 36 größere Firmen (7 %).

6.3 Von der Provinz in die Metropole: Berlin wird neue Hauptstadt und Bonn Bundesstadt

Nach dem 3. Oktober und dem Anschluss der DDR zur BRD sollte Berlin, jene Stadt, die mit der Bismarckschen Reichsgründung von 1871 Hauptstadt des Deutschen Reiches geworden war, nach mehr als 40 Jahren Bonner Republik nun gemäß des seit dem 1. September 2006 neuen Artikels 22, Absatz 1 des veränderten Grundgesetzes deutsche Hauptstadt werden. Der Artikel besagte kurz und trocken: »Die Hauptstadt der Bundesrepublik Deutschland ist Berlin. Die Repräsentation des Gesamtstaates in der Hauptstadt ist Aufgabe des Bundes. Das Nähere wird durch Bundesgesetz geregelt.«
Als Resultat des Zweiten Weltkrieges und im Zeichen des Kalten Kriegs erfolgte – nicht ohne deutsches Zutun – die Spaltung des Landes und in dieser Konsequenz auch die Teilung Berlins. Bereits 1944 hatten die Alliierten die Aufteilung in drei, später in vier Sektoren beschlossen und mit dem Vier-Mächte-Status eine rechtliche Sonderstellung erlangt. Es galt, von Berlin aus die Teilung der Kriegsbeute zu organisieren. Doch statt den Frieden zu organisieren, wurde Berlin zu einem Kristallisationspunkt des Kalten Kriegs. Unabhängig davon erklärte die SED-Führung nach der Aufhebung der Berlin-Blockade den sowjetischen Sektor der Stadt zur »Hauptstadt der DDR«.

Die am 23. Mai 1949 neu gegründete Bundesrepublik hingegen sprach sich in einer feierlichen Erklärung für Berlin als Hauptstadt aus, Sitz der Bundesregierung und des Parlaments als »provisorische Hauptstadt« wurde dagegen Bonn. Dort sollte man sich über die Jahre und Jahrzehnte gut und wohlig einrichten sowie die revolutionären Veränderungen im Osten Deutschlands 1989/90 mit überraschtem Staunen aufnehmen.

Trotz dieser feierlichen Erklärung hatten die Westmächte Berlin nie als Hauptstadt der BRD anerkannt. Es galt für sie der Vier-Mächte-Status, wie auch Adenauer diese Sonderstellung billigte. Er wusste um die dortige SPD-Wählerschaft und fürchtete sie angesichts der knappen Mehrheitsverhältnisse seiner Regierung in den Jahren 1949–1953. Auf sein Drängen hin sollte West-Berlin für die Wahl der Bundestagsabgeordneten nicht infrage kommen und das blieb so bis 1990. Der Westteil der Stadt war bis zur deutschen Einigung offiziell kein Teil der BRD. Im ursprünglichen Bonner Grundgesetz stand kein Wort zu Berlin und zur Hauptstadtfrage.

Durch die friedliche Revolution in der DDR von 1989 und die von den Ostdeutschen herbeigeführte Überwindung der geteilten Nation sowie zur Vereinigung Deutschlands setzte eine vehemente, nahezu typisch deutsche Debatte darüber ein, welche Stadt nun – Berlin als Ort der friedlichen Revolution und europäischer Gedächtnisort der Überwindung des Kalten Kriegs oder Bonn als Stadt des angeblichen »Provisoriums« – zukünftig Hauptstadt sein sollte.

Dass Bonn nicht nur als Name für die zweite und anscheinend mehr oder weniger gelungene deutsche Demokratie stand, sondern auch Ort eines Parteienstaates geworden war, konnte man an einem anderen Szenario ablesen: Quer durch alle Parteien sprachen sich Politiker für die Beibehaltung Bonns als Parlaments- und Regierungssitz aus, wobei sich Gewohnheit und Stolz mit Kleinmütigkeit und Provinzialität paarten. Die Stadt habe sich seit 40 Jahren ausgezeichnet und weltweit hohes Ansehen erworben. Das größere, wieder vereinigte Deutschland würde ohnehin von den Nachbarn sorgenvoll betrachtet. Berlin könne als Hauptstadt Befürchtungen verstärken, ein ökonomisch und politisch wieder erstarktes Deutschland würde mit einem Großmachtstatus assoziiert und damit unselige Erinnerungen wecken.

Die Berlin-Befürworter lehnten diese Befürchtungen als unzutreffend ab. Bonn sei immer Provisorium gewesen, bis zum Tage der deutschen Einheit. Berlin würde als Hauptstadt die neuen Bundesländer weit stärker in die neue BRD einbinden als Bonn. Der Bundestag entschied sodann die Hauptstadtfrage mit einer namentlichen Abstimmung nach einer mehrstündigen Debatte am 20. Juni 1991. Denkbar knapp sprachen sich nur 338 Abgeordnete für Berlin und 320 für Bonn aus (Abb. 42).

Die Unterlegenen versuchten noch lange, insbesondere unter Hinweis auf die Höhe der Kosten des Umzugs der Ministerien, die Entscheidung infrage zu stellen, hinauszuzögern oder gar zu blockieren. Die Bundesregierung unter Kohl blieb aber standfest, beharrte auf dem Umzugsbeschluss und begann mit dem Neubau eines Regierungsviertels im Berliner Spreebogen. Aus finanziellen Gründen sollten dann aber nicht alle Ministerien einen Neubau erhalten. Das Außenministerium nutzte das

Abb. 42: Auf eine Privatinitiative zurückgehende Postkarte mit dem Hinweis »Aus für Bonn« und einem Luftbild auf die schöne Stadt am Rhein, abgestempelt am 20.6.1991 um 22 Uhr im Zuge der knapp ausgegangenen Abstimmung des Bundestages für Berlin als neuer Hauptstadt Deutschlands mit einer Marke zu deutschen Einheit

ehemalige Gebäude des ZK der SED. Das ehemalige Reichstagsgebäude wurde für den Bundestag umfunktioniert. Bonn wurde Bundesstadt und erhielt wichtige Politikbereiche. Einige Ministerien verblieben dort, wie das Familien-, Sozial-, Landwirtschafts- und das Verteidigungsministerium, einige Einrichtungen bestanden weiterhin, wie das Bundeskartellamt, oder wurden sogar an den Rhein verlagert, wie der Bundesrechnungshof. Die Region Bonn erhielt ferner Ausgleichszahlungen für den Verlust des Parlamentssitzes in Höhe von zirka 1,6 Milliarden D-Mark.

Berlin war aber mit der Bundestagsentscheidung noch lange nicht eine Stadt für alle Deutschen geworden. Das Zusammenwachsen ist bis zuletzt nicht recht gelungen. Die jahrzehntelange Teilung der Stadt schlug sich in unterschiedlichen Mentalitäten und letztlich auch im Wahlverhalten nieder. Die SED-Nachfolgepartei PDS war im Ostteil der Stadt stark repräsentiert, im Westteil der Stadt bedeutungslos. Es fand auch im Scheitern der Vereinigung der Länder Berlin und Brandenburg seinen Ausdruck. Es war noch in DDR-Zeiten die nicht unberechtigte Sorge der Brandenburger, dass Berlin auf Kosten des Umlands mehr profitieren würde. Am 5. Mai 1996 lehnten sie eine Fusion ab.

Im Sommer 1999 zogen Bundestag und Bundesregierung von Bonn nach Berlin. Der Bundesrat revidierte seinen ursprünglichen Beschluss, in Bonn zu bleiben und ging mit. Der Bundespräsident hatte schon ein Jahr zuvor, 1998, seinen Amtssitz dorthin verlegt. Das Viertel im Spreebogen um den Reichstag wurde zu großen Teilen vollendet. Das Reichstagsgebäude, das den Bundestag beherbergt, wurde mit einer Glaskuppel überwölbt – Anziehungspunkt für viele Besucher. Zahlreiche Einblicke durch Glasflächen lassen das Parlament transparent und offen erscheinen. Die frühere Frontstadt des Kalten Kriegs der geteilten Nation inmitten der DDR, von 155 Kilometer Mauerbeton umgeben, erlebte im geeinten Deutschland einen Aufbruch zu einer globalen Metropole. Im Städtetourismus belegte die Stadt im Jahr 2003 in Europa nach London und Paris den dritten Platz.

6.4 Im Zeichen der Rezession: Stagnation und Krise des Sozial- und Wohlfahrtsstaats

Seit den 1990er-Jahren verschlechterten sich die ökonomischen, finanziellen und politischen Rahmenbedingungen für Existenz und Fortbestand des Sozial- und Wohlfahrtsstaats der Bundesrepublik. Der enorme Finanzierungsbedarf des »Aufbaus Ost« im Zuge der deutschen Einheit, die Belastung des Sozialversicherungssystems, die sich verschärfende Arbeitslosigkeit – Mitte der 1990er-Jahre waren es vier Millionen – und die damit verbundenen Steuerausfälle beschnitten die Budgetmöglichkeiten des Bundes erheblich. Die deutsche Wirtschaft verspürte außerdem den steigenden Druck des globalisierten Wettbewerbs. Hinzu kamen die Überalterung der Bevölkerung, verbunden mit erhöhtem Rentenbedarf und verstärkter Nachfrage nach Kranken- und Pflegeversicherungsleistungen, sowie der sinkende Anteil der berufstätigen Bevölkerung, die mit ihren Sozialbeiträgen diese Bedürfnisse befriedigen musste.

Ausgehend von der Gesamtpopulation entwickelte sich die Zahl von Frauen und Männern im Vergleich der Jahre 1990 und 2005 im Wesentlichen gleichförmig (Grafik 16). Im Jahr der deutschen Einheit gab es mehr Frauen über 60 Jahre als Männer. Genauso stellte es sich im Jahr 2005 dar. Der Blick auf die mittelfristigen Folgen der Einheit auf die Bevölkerungsstruktur zeigt, dass die Unter-Sechzigjährigen tendenziell männlich waren. Ab dem Alter von 60 Jahren und aufwärts gab es mehr Frauen. Sie wurden auch älter als die Männer. Der Hochpunkt bei Männern von 21

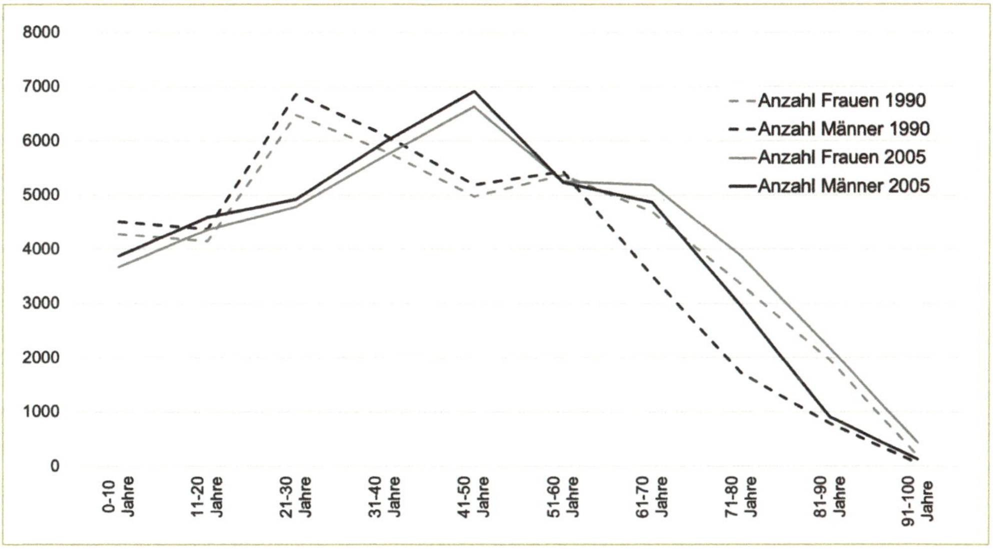

Grafik 16: Anzahl der Männer und Frauen in den Jahren 1990 und 2005 im Vergleich, alle Angaben in Tausend

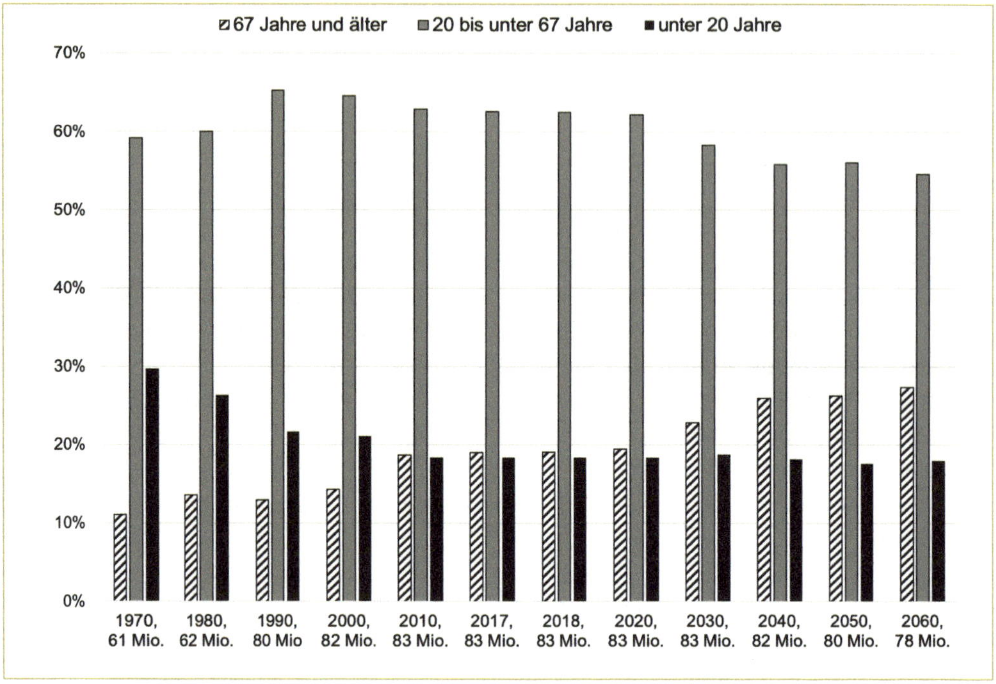

Grafik 17: Bevölkerungsentwicklung und Altersstruktur. Die Zahlen hinter den Jahresangaben zeigen die Bevölkerungszahl in Deutschland

bis 30 Jahren war 1990 erreicht. Er ergab sich aus den geburtenstarken Jahrgängen v. a. seit Mitte der 1950er bis Ende der 1960er-Jahre. Die Abflachung der Kurve sowohl bei Männern und Frauen im Alter von 41 bis 50 Jahren ließe sich auch durch die kriegsbedingten Notzeiten 1939–1945 erklären.

Die Grafik 17 zeigt einerseits den demographischen Strukturwandel Deutschlands von 1970 bis 2018 und ist für die Jahrzehnte von 2020 bis 2060 eine Prognose. Dabei sind zwei Trends evident: Die 67-Jährigen und Älteren, die sich noch zwischen 2010 und 2018 mit etwas unter 20 % zahlenmäßig die Waage hielten, werden voraussichtlich ab 2020 deutlich auf über 20 % zunehmen und 2060 auf die 30 %-Marke zugehen. In Deutschland lebten 2018 knapp etwas über 21 Millionen Rentnerinnen und Rentner, darunter 16,9 Millionen Einzelrentner und 4,1 Millionen Mehrfachrentner.

Bemerkenswert genug ist bei den unter 20-Jährigen der Umstand einer abflachenden Tendenz seit 1970 von 30 % auf unter 20 % im Jahre 2010. Zwischen diesem Jahr und 2030 bleibt dieser Wert jedoch stabil, soll aber weiter abflachen bis 2060.

Die stärkste Personengruppe der zwischen 20 bis unter 67-Jährigen (wobei es sich hier um die größtenteils erwerbstätige Bevölkerung handelt) hielt sich zwischen 1990 und 2020 relativ stabil bei über 60 %. Für die Entwicklung bis 2060 wird in

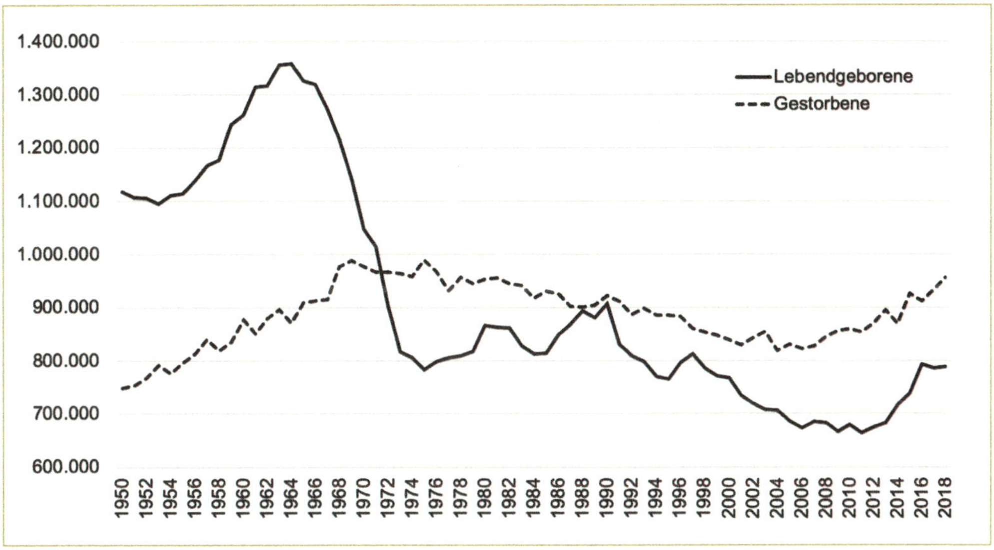

Grafik 18: Geborene und Gestorbene

diesem Bereich ein teils abflachender, teils sich stabilisierender Trend vorausgesagt. Wie sich bei einer derartigen Altersstrukturentwicklung eine Gesellschaft im 21. Jahrhundert mit ihren Ansprüchen, Bedürfnissen und Erwartungen halten kann, stellt sich als eine existentielle Frage für die Zukunft.
Schon seit geraumer Zeit wird von Seiten mancher Demographie-Forschung argumentiert, dass zur Aufrechterhaltung der Infrastruktur und des Versorgungssystems jährlich ein Bevölkerungszuwachs von rund 250.000 Personen in Deutschland erforderlich wäre. Dies erscheint auch vor dem Hintergrund einer sinkenden Gesamtbevölkerungszahl vom stabilen Wert der 83 Millionen ausgehend von 2017 zu prognostizierten 80 Millionen 2050 und 78 Millionen 2060 zwingend geboten, sollten die Vorhersagen stimmen. Wenn die Prognose zutrifft, hält der Anstieg der 67-Jährigen und Älteren bis 2060 an, während bei den unter 20-Jährigen sich der Abwärtstrend auf rund 18 % einpendeln würde.
Sieht man sich Bevölkerungspyramiden im Vergleich vom 1. Januar 1990 und dem 31. Dezember 2006 an, so ergeben sich aufschlussreiche Erkenntnisse. Indem beide Pyramiden übereinandergelegt sind, konnte man erkennen, wie sich die Altersstruktur nach oben hin verändert hat. Die Geburtenrate ging stark zurück und die Zahl der älteren Menschen nahm im Vergleich dazu deutlich zu. Es war ein Trend, der anhielt und sich innerhalb von 15 Jahren weiter steigerte. Die Bundesrepublik hatte nun viel mehr 80- und 90-Jährige. Die Lebenserwartung und die Lebenschancen erhöhten sich enorm. Allerdings ist auch zu erkennen, dass die Geburtenrate mit dieser Altersentwicklung nicht mithielt bzw. keine Kompensation dafür war.
Bei Betrachtung der Entwicklung der Geborenen und Gestorbenen in der Bundesrepublik in den Jahren ab 1950 bis in die Ära Helmut Kohl Ende der 1990er-Jahre

(Grafik 18) – es handelte sich um das alte Bundesgebiet von 1990, die DDR war noch nicht dabei – können die Zahlen der Gestorbenen und lebend Geborenen als Flächen dargestellt und ineinander gelegt werden, damit man genau erkennen kann, in welchen Jahren zwischen 1970 bis ca. 1990 es einen deutlichen negativen Überschuss gab, d.h. die Sterbe- die Geburtenrate übertrifft.

Der Vergleich der Geburts- mit den Sterbedaten zeigt zwei bemerkenswerte Trends von der alten Bundesrepublik zum vereinten Deutschland auf. Bis 1971 überwogen die Lebendgeborenen die Verstorbenen. Ab 1972 änderte sich dieser Trend und verkehrte sich ins Gegenteil. Die Sterberate war nun gegenüber der Geburtenrate deutlich höher, wobei sich die Abstände noch vergrößerten und dies trotz gestiegener Lebenserwartungen, wobei sich im Vergleich der Anstieg der überalterten Bevölkerung auch durch verbesserte Hygieneverhältnisse sowie Fortschritte in der medizinischen Betreuung und der Gesundheitsversorgung ergab. Die Menschen wurden älter. Der Einsatz von Verhütungsmitteln wie der Pille ab der zweiten Hälfte der 1960er-Jahre und der Abschied von den geburtenstarken Jahrgängen in den 1970er-Jahren mit dem Ende des Babyboomer-Phase wirkten sich seit Mitte der 1970er-Jahre verstärkend aus.

Seit Mitte der 1990er-Jahre begann ein neuerlicher Trend geburtenschwacher Jahrgänge, der sich durch eine sinkende Geburtenrate und höheren Alters von Gebärenden, bedingt durch die steigende Erwerbsquote von Frauen, erklären lässt, was die sogenannte »zweite Generation« des Pillen-Knicks darstellt.

Die Debatte um den »Umbau des Sozialstaats« wurde vor diesem Hintergrund heftiger geführt, aber auch im Zusammenhang mit dem Wirtschaftsstandort Deutschland. Sie war mit der Kritik von Unternehmerseite verbunden, dass das Sozialleistungssystem nicht mehr finanzierbar sei, privatisiert und reduziert werden müsse. Die CDU/CSU-FDP-Koalition schloss sich dieser Auffassung an und versuchte die Gesetzgebung danach auszurichten. Opposition und Gewerkschaften wandten sich jedoch dagegen. Die Streichungen würden nicht zur Beseitigung der Arbeitslosigkeit und zur Aufrechterhaltung der wirtschaftlichen Leistung führen, sondern den sozialen Frieden und die politische Stabilität gefährden. Während die Regierung in der Renten-, Kranken- und Arbeitslosenversicherung Leistungsreduktionen vornahm, wurde bei der 1995 neu festgelegten Pflegeversicherung der Grundsatz aufgegeben, die Finanzierung zu je 50 % durch Arbeitnehmer- und Arbeitgeberbeiträge zu sichern. Der Arbeitgeberbeitrag wurde durch Fortfall eines gesetzlichen Feiertages ausgeglichen. Feste Bestände des Wohlfahrtsstaats wie die Sozialhilfe kamen unter Druck der wirtschaftsstarken Kräfte. Im Arbeitsrecht erfolgten Einschnitte. Bei Kündigungsfristen wurden die geltenden Regelungen für Angestellte verschlechtert, und bei Betrieben mit bis zu zehn Arbeitnehmern galt nicht mehr der gesetzliche Kündigungsschutz.

Die Automobilindustrie hatte große Absatzverluste hinzunehmen. Konjunkturrückgänge und Konkurrenzdruck bedeuteten einen Rückgang der PKW-Herstellung um rund 25 %. Die Automobilbranche reduzierte 1993 die Zahl die Beschäftigten um Zehntausende. Volkswagen wählte eine Alternative. Der Konzern schlug eine Viertage-Arbeitswoche oder die Entlassung von 30.000 Arbeitern der VW-Werke vor. Die Anhänger der Vier-Tage-Woche sahen aufgrund der hohen Arbeitslosigkeit in der Reduktion der individuellen Arbeitszeit um 20 % und der dadurch erforderlichen Umverteilung der Arbeit ein Mittel, Arbeitsplätze zu sichern und eine Wiederbeschäftigung von Arbeitslosen zu erzielen. Umstritten war dabei die Frage des Lohnausgleichs. Während die Unternehmer eine verhältnismäßige Kürzung des Einkommens um 20 % forderten, verlangten die Gewerkschaften vollen Lohnausgleich. Die für die VW-Arbeitnehmer zuständige Gewerkschaft IG Metall reagierte positiv auf den Vorschlag der Volkswagen-Führung, was zur Einigung über die Viertage-Woche ab 1994 führte: Die Arbeitswoche sah 28,8 Std. vor und einen Verlust von 10 % des Jahreseinkommens. VW sparte rund zwei Milliarden D-Mark Personalkosten, während Entlassungen verhindert werden konnten. Sonst waren vergleichbare Regelungen die Ausnahme. Befristete Arbeitszeitreduzierungen mit Lohnkürzungen wurden allerdings in begrenztem Ausmaß in mehrere Tarifverträge als Mittel zur Arbeitsplatzsicherung aufgenommen.

6.5 Rechts- und Linksextremismus: Anschläge auf Ausländer und die letzten RAF-Attentate gegen das BRD-»Establishment«

Als Folge der deutschen Einigung 1989/90 äußerten sich auch gewalttätige Aktionen gegen Ausländer in Form eines sehr brutal agierenden Rechtsextremismus. Zunächst erschien dieser ein Phänomen der ehemaligen DDR zu sein. Soziologische Studien deuteten auf »Verlierer der Einheit«, Entwurzelte aus dem festgefügten DDR-Gesellschaftssystem und politisch Heimatlose, die aufgrund von Massenarbeitslosigkeit keine Zukunftsperspektive besaßen, die Unmut, Verzweiflung und Wut an Ausländern ausließen. Es gab eine überschaubare Personengruppe einer Minderheit aus den »sozialistischen Bruderländern« wie Angola, Kuba, Mosambik oder Vietnam, die als billige Arbeitskräfte in der Ex-DDR tätig waren, rund 80.000 Menschen, rund 0,5 % der Bevölkerung, die das SED-Regime ins Land geholt hatte. Aus Gründen der von der SED dekretierten »Völkerfreundschaft« lebten diese Menschen abgesondert von der DDR-Bevölkerung ihr eigenes Leben. Ausländer galten für sie als anonyme, abseits stehende Gruppe, fernab von Integration.

Seit 1989/90 setzte in einigen Städten der neuen Bundesländer eine Hetzjagd gegen diese »Fremden« ein. Brutal und rücksichtslos zuschlagende Täter tobten sich aus, während Teile der Bevölkerung tatenlos und schweigend gafften. Die von Ausländerfeindlichkeit gekennzeichneten Gewaltaktionen waren aber nicht nur auf die neuen Bundesländer begrenzt. Der Funke rechtsextremistischer Gewalt sprang auch auf die Bundesrepublik über. Wiederholt kam es zu nächtlichen Brandanschlägen und Übergriffen auf Asylantenheime und Wohnungen von Ausländern. Tagelange Krawalle fanatisierter und rechtsextremer junger Menschen vor Unterkünften im sächsischen Hoyerswerda im September 1991 oder in Rostock-Lichtenhagen im August 1992

waren nicht nur schockierend und beschämend, sondern beeinträchtigten das Image des vereinten Deutschland.
Ausländische Medien griffen die entsetzlichen Ereignisse begierig auf. Mit diesen schrecklichen Anschlägen ließ sich das Bild vom »hässlichen Deutschen« problemlos strapazieren. Die Behörden taten durch ihr unglückliches Agieren ein Übriges. Improvisierte und übereilte Maßnahmen der Verlegung in andere Orte halfen nicht wesentlich, zumal die Angegriffenen dadurch nur vorläufig geschützt wurden. Den Aggressionen und Forderungen der Extremisten wurde mit diesen Vorkehrungen noch recht gegeben. Behörden und Polizei waren durch die explodierende Gewalt teilweise überfordert und versagten fallweise.
Deutlich wurden fehlendes Mitgefühl und nur mangelhaft ausgeprägte Toleranz gegenüber ausländischen Mitbürgerinnen und Mitbürgern. Ein Tiefpunkt war erreicht, als in Städten der alten Bundesrepublik Brandanschläge auf von Ausländern bewohnte Häuser in Mölln im November 1992 und in Solingen im Mai 1993 erfolgten, bei denen zehn türkische Bürger, darunter fünf Kinder, mit ihrem Leben bezahlen mussten. Gegen diese heimtückischen Anschläge und unmenschlichen Gewaltausbrüche organisierte sich bundesweit Empörung und Zorn der Mehrheit der deutschen Bevölkerung. Hunderttausende gingen auf die Straßen und solidarisierten sich durch groß angelegte Demonstrationen mit den Opfern. Massenmanifestationen in Form von Lichterketten unterstrichen die entschlossene Ablehnung von Ausländerfeindlichkeit und rechtsextremer Gewalt durch die überwiegende Mehrheit der Bevölkerung und straften das Bild vom »schlechten Deutschen« Lügen. Sie appellierten gemeinsam mit Bundespräsident Richard von Weizsäcker an die Politiker, eine Reform des Staatsbürgerrechts durchzuführen, die erst am 1. Januar 2000 gültig werden sollte.
In der Zwischenzeit wiederholten sich Attacken und Übergriffe, so ein Brandanschlag auf die Synagoge in Lübeck im März 1994 oder ein Überfall auf die KZ-Gedenkstätte Buchenwald im Juli 1994. Das öffentliche Interesse ermüdete zeitweise, bis sich im Zuge schwerwiegender Straftaten wieder eine breitere öffentliche Bewegung gegen Gewalt von rechts formierte.
Die klare Haltung der überwiegenden Mehrheit der deutschen Bevölkerung äußerte sich auch in der Ablehnung rechtsextremer Parteien, die von den Wählern 1990 wie 1994 eine Absage erhielten. Lediglich bei Landtagswahlen in Baden-Württemberg konnten die Republikaner mit 9,1 % der Stimmen noch einmal gewinnen sowie in Sachsen-Anhalt die Deutsche Volksunion 1998 immerhin 12,9 % erzielen.
Im vereinten Deutschland ging politisch motivierte Gewalt nicht nur von Rechtsextremisten aus. Trotz zahlreicher Verhaftungen und Urteile war die linksextremistische Gefahr noch nicht abgewendet, wie die Mordanschläge der RAF auf den Siemens-Manager Karl-Heinz Beckurts und seinen Fahrer sowie auf den höchsten Beamten des Auswärtigen Amtes in Bonn, Gerold von Braunmühl, vier Jahre vor der Einheit, 1986, verdeutlichten.
Die nach der Überwindung der geteilten Nation nach wie vor funktionierende und über Logistik verfügende RAF ließ sich auch von den politischen Veränderungen in Deutschland 1989/90 nicht von ihrem Terrorismus abbringen. Wenige Wochen nach

dem 9. November wurde auf Alfred Herrhausen, den Vorstandssprecher der Deutschen Bank und einflussreichsten deutschen Wirtschaftsmanager, am 30. November 1989, ein todbringender Mordanschlag ausgeübt.
Die RAF wandte sich im Sinne ihrer antifaschistischen und antikapitalistischen Logik auch gegen die Einheit Deutschlands, die sie als Niederlage ihrer Bestrebungen sah. Der Chef der Treuhandanstalt Detlev Karsten Rohwedder fiel nach knapp sieben Monaten seiner Amtszeit am 1. April 1991 ebenfalls einem Mordanschlag zum Opfer. Durch gezielte Fernschüsse durch die Fensterscheiben wurde er in seiner Düsseldorfer Wohnung niedergestreckt. Die RAF bekannte sich auch zu diesem Attentat. Es sollte noch Jahre dauern, bis sich diese linksterroristische Organisation nach später Einsicht in ihren aussichtslosen Kampf gegen das »System BRD« selbst auflöste.

6.6 Vorbereitung des Euro und stärkeres internationales Engagement: Kontroversen über Deutschlands Rolle in Europa und der Welt

Über die neue Rolle des geeinten Deutschlands in Europa und der Welt wurde in den Jahren nach der Einigung wiederholt öffentlich gestritten. Aus den geopolitisch revolutionären Ergebnissen der umstürzenden Ereignisse der Jahre 1989–1991 (NATO-Gesamtdeutschland, Auflösung des COMECON und Warschauer Pakts, Zerfall der UdSSR) sowie aufgrund des Umstandes, dass das vergrößerte Deutschland nun mit 82 Millionen Einwohnern das nach Russland bevölkerungsreichste Land Europas war, wurden verschiedene Schlüsse gezogen.
Das neue Deutschland sollte stärker als bisher außenpolitische und internationale Verpflichtungen erfüllen und sich dabei auch von den traditionellen wie einseitigen Bindungen zu den westlichen Partnern, v.a. zu Frankreich und den USA, lösen. Es sollte eine mehr eigenständige, die deutschen Interessen mehr wahrende Politik praktizieren und dies sollte für die Beziehungen zu den ost- und südosteuropäischen Staaten, aber auch für Russland gelten.
Die Gegenposition lautete, dass die Einigung Deutschlands keine Veranlassung biete, an der bisherigen Rollenzuschreibung durch fortgesetzte Integration in die Europäischen Gemeinschaften und das nordatlantische Bündnis etwas zu ändern: Einerseits war hier die unter Dampf stehende »finanz- und wirtschaftspolitische Lokomotive« im Rahmen der EG weiter notwendig und andererseits die fortwährende militärische Präsenz in der NATO mit Blick auf Mittel- und Osteuropa gemeint.
Die Regierungen von Helmut Kohl und Hans-Dietrich Genscher wie auch jene von Kohl mit dem Außenminister Genscher folgenden Klaus Kinkel (FDP) wurden nicht müde zu betonen, dass auch das neue Deutschland fest mit dem Westen verbunden und v.a. der europäischen Integrationspolitik verpflichtet bleibe. Diese musste aber erst neu konzipiert werden, was z.B. mit der Organisation für Sicherheit und Zusammenarbeit in Europa (OSZE) und der Europäischen Union (EU) seit Mitte der 1990er-Jahre geschehen sollte.

Nach dem Zusammenbruch der kommunistischen Regime bildete die KSZE zunächst als einzige gesamteuropäische Institution den Rahmen für eine Neuordnung Europas, zumal die EG bis dato nur Staaten West- und Südeuropas umfasste. Mit der Unterzeichnung der »Charta von Paris für ein neues Europa« am 21. November 1990 durch die 35 KSZE-Staaten wurde der Kalte Krieg nach Jahrzehnten offiziell für beendet erklärt. Die Charta für ein neues Europa, die von allen Mitgliedern der NATO und des Warschauer Pakts unterzeichnet wurde, hatte eine friedliche Zukunft Europas verheißen: Nie wieder sollte es Krieg und Feindschaft in Europa geben. Im Rahmen der Konferenz von Helsinki 1992 wurde die KSZE zu einer Einrichtung der Vereinten Nationen mit einem institutionellen Neuaufbau umgestaltet.
Politische Vertrauensbildung und weitere wirtschaftliche Vorleistungen für die Entwicklung neuer Integrationsdynamik blieben – trotz der Lasten der deutschen Einheit – Elemente der Kontinuität deutscher Europa- und Integrationspolitik der 1990er-Jahre. Helmut Kohl erklärte dem US Secretary of State James Baker, »dass die deutsche Entwicklung in eine europäische Architektur eingebettet werden müsse«. Um die Sorge der EG-Partner aufgrund der ökonomischen Potenz Deutschlands zu dämpfen, war der Bundeskanzler umso mehr bereit, die bereits vor 1989 vereinbarte Bildung einer Wirtschafts- und Währungsunion auch gegen nationale Interessen, v. a. hinsichtlich der Beibehaltung der D-Mark, mitzutragen.
Die deutsche Währungs-, Wirtschafts- und Sozialunion zwischen der BRD und der DDR, die seit 1. Juli 1990 in Kraft war und neben dem bereits seit Jahrzehnten bestehenden innerdeutschen Handel schon eine kurzzeitige Zollunion zwischen der EG und der DDR ermöglichte, setzte damit den Anfang zur Überwindung der monetär geteilten Nation und ökonomischen Vereinigung Deutschlands. Sie sollte wegweisend auch für die europäische Einigung sein. Diese musste allerdings erst im westlichen Teil des Kontinents gefunden werden, bevor an eine »Osterweiterung« gedacht werden konnte.
Es gab unübersehbare Warnzeichen: Die finanziellen Folgen der deutschen Einheit, der Zusammenbruch des Rubel-Raums, die nachlassende wirtschaftliche Dynamik in Europa, die bei wachsender Arbeitslosigkeit immer spürbarer werdende Rezession in den EG-Staaten, Turbulenzen im Europäischen Währungssystem (EWS) durch groß angelegte internationale Spekulationen wie die durch den Börsenguru George Soros (der das britische Pfund und die italienische Lira zum Ausscheren aus dem EWS veranlasste) sowie das Versagen einer europäischen Sicherheitspolitik angesichts der Krisen und Kriege am Balkan zeigten den »Handlungsbedarf« auf, ein häufig verwendetes Wort des Bundeskanzlers.
Vor diesem Hintergrund war der in Maastricht ausgehandelte Vertrag für eine »Europäische Union« (EU) eine gemeinsame Anstrengung, um alle Kräfte zu bündeln. Am 9. und 10. Dezember 1991 stimmten die EG-Staats- und Regierungschefs auf dieser Gipfelkonferenz in dem zur Berühmtheit gelangten niederländischen Ort einem Vertrag zur Schaffung einer Wirtschafts-, Währungs- und Politischen Union mit Aufwertung der Westeuropäischen Union (WEU) und der Schaffung einer Gemeinsamen Außen- und Sicherheitspolitik (GASP) sowie einer stärkeren Zusammenarbeit in der Innen- und Rechtspolitik zu, der am 7. Februar 1992 unterzeichnet wurde.

Das Vertragswerk sollte, gemessen an den bisherigen Einigungsanstrengungen, ein großer integrationspolitischer Schritt nach vorne werden. Es diente v. a. als verstärkter Integrationsrahmen zur Kontrolle des neuen Deutschland. Der »Vertrag über die Gründung der Europäischen Union« sah eine Unionsbürgerschaft sowie die Stärkung des Europäischen Parlaments vor. Es erhielt größere Mitwirkungsrechte bei der Bestellung der Kommission und bei der europäischen Gesetzgebung. »Vertiefung« der Integration hatte für die Gemeinschaft unter Kommissionspräsident Jacques Delors Priorität vor Erweiterung, rangierte also vor Neuaufnahmen. Die innerstaatlichen Debatten um den Unionsvertrag von Maastricht erzeugten daher auch eine starke Polarisierung der öffentlichen Meinung.
Mit Ausnahme Irlands, dessen Bevölkerung im Juni 1992 ein 68,7 %-Votum für die neue Union abgab, hatten sich am Kontinent heftige europapolitische Kontroversen entwickelt. Der Ratifizierungsprozess zog sich daher über die Jahre 1992/93 hin. Frankreich hatte am 20. September 1992 nur mit knapp 51,05 % und Dänemark erst im zweiten Anlauf mit 56,8 % am 18. Mai 1993 positiv entschieden.
Die Maastricht-Entscheidung des deutschen Verfassungsgerichts in Karlsruhe war ein Meilenstein in der deutschen Staatsrechtsgeschichte, als über die Vereinbarkeit mit dem Grundgesetz entschieden und grünes Licht für den Unionsvertrag gegeben wurde. So konnte der Vertrag am 1. November 1993 endlich in Kraft treten.
Das deutsche Wirtschaftspotential war auch stets mit einer notwendig schritthaltenden demographischen Entwicklung im Zusammenhang zu sehen.
Betrachtet man die Entwicklung der Bevölkerung in absoluten Zahlen von der Gründung der Bundesrepublik bis zum ersten Jahr der Großen Koalition Merkel/Steinmeier, so zeigt sie, dass sie zunächst rund 50 Millionen Einwohner ein Jahr nach ihrer Gründung hatte. Bis zur deutschen Einigung stieg die Zahl auf über 80 Millionen Einwohner. Dieser Bevölkerungszuwachs ließ viele Politiker der Nachbarländer aufschrecken, während deren Bevölkerungen viel gelassener und ruhiger reagierten.

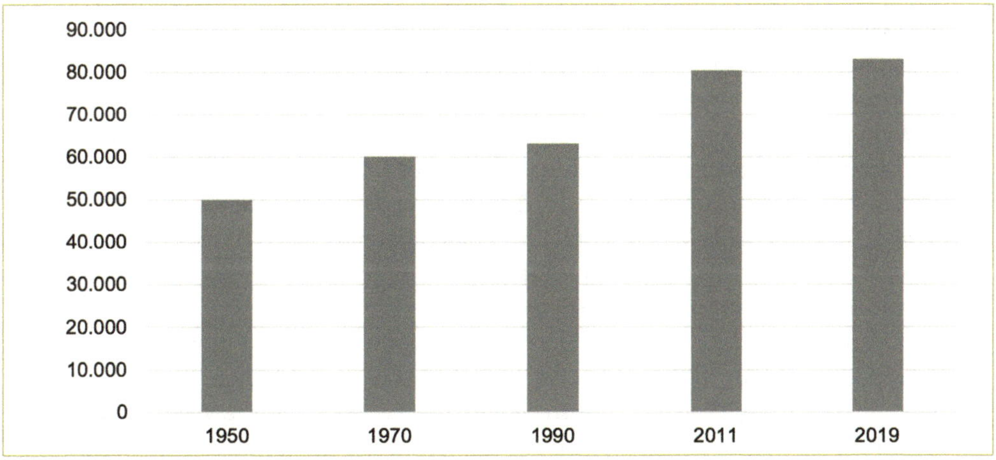

Grafik 19: Bevölkerung der Bundesrepublik Deutschland in absoluten Zahlen

Durch die verstärkte Zuwanderung ab 2013 und v. a. durch die »Flüchtlingskrise« seit 2015 wurde die 83 Millionen-Marke überschritten (Grafik 19).
Der Wirtschaftsstandort Deutschland und die Krise des Sozialstaats waren Kernthemen der öffentlichen Auseinandersetzung der Parteien. Während SPD und Gewerkschaften das Soziale der Marktwirtschaft hervorhoben, plädierte die FDP für eine von staatlichen Einflüssen freie, rein liberale Marktwirtschaft. Die CDU/CSU bewegte sich mit ihren Argumenten dazwischen. Die Regierungskoalition aus CDU/CSU und FDP unter Kohl konnte auch die Wahlen am 16. Oktober 1994 wieder für sich entscheiden, obwohl zuvor Meinungsumfragen dem SPD-Kanzlerkandidaten Rudolf Scharping einen Stimmenvorsprung bescheinigten. Der Koalitionspartner FDP hatte nach dem Abgang Genschers als Außenminister (1992) bei den Länderwahlen 1994 in kein Parlament einziehen können. Scharping sollte jedoch kein überzeugender Kandidat bleiben. Es gab Führungsdiskussionen bei den Sozialdemokraten. Hierbei spielten Oskar Lafontaine und bereits Gerhard Schröder eine wichtige Rolle.
Nach der Realisierung des deutschen Binnenmarkts war inzwischen auch der europäische Binnenmarkt durch die Vorgabe der Einheitlichen Europäischen Akte (EEA) (1987) am 1. Januar 1993 gültig geworden. Der freie Verkehr von Personen, Waren, Dienstleistungen und Kapital innerhalb der Gemeinschaften war damit gewährleistet. Die EG war mit einem Anteil am Weltimport von 25 % (1991, ohne Binnenhandel) der größte Markt der Welt und dabei, sich auch politisch enger zusammenzuschließen. Erleichtert wurde dies auch durch die geplante Einheitswährung »Euro«, deren Einführung mit einer sukzessiven Vorgehensweise bereits mit Maastricht und dem EU-Vertrag von Amsterdam 1997 (in Kraft 1999) vorbestimmt war. Kohl sprach sich klar und entschieden auch gegen den Willen der Deutschen für die europäische Währung und somit für die Aufgabe der D-Mark aus. Er handelte im Sinne der repräsentativen Demokratie und war maßgeblich für diese politische Entscheidung verantwortlich, sodass die notwendigen Vorbereitungen für diesen historischen Schritt ab Mitte der 1990er-Jahre getroffen werden konnten.
Maastricht sah einen präzisen Fahrplan für die Einführung der europäischen Einheitswährung vor. Um die notwendige Anpassung und Übereinstimmung der am Euro beteiligten Volkswirtschaften zu gewährleisten, wurden gemeinsame Kriterien erarbeitet, die für die Teilnahme an der Währungsunion zu erfüllen waren. Die Erreichung bzw. Einhaltung dieser »Konvergenzkriterien« (niedrige Inflationsrate, anhaltende Preisstabilität, kein übermäßiges Haushaltsdefizit, zwei Jahre keine Wechselkursschwankungen im EWS, Begrenzung der öffentlichen Verschuldung) für die Schaffung einer Wirtschafts- und Währungsunion (WWU) machten Budgetsanierungen, Sparmaßnahmen und Steuererhöhungen nicht nur in Deutschland, sondern auch in allen europäischen Staaten erforderlich.
Nach dem Vorbild der Deutschen Bundesbank wurde 1998 die Europäische Zentralbank (EZB) in Frankfurt/Main gegründet. Sie sollte als unabhängige Institution die Funktion haben, die Preisstabilität zu sichern. Durch die anvisierte Währungsunion entstand ein Spannungsverhältnis zwischen gemeinsamer Geldpolitik und nationaler Wirtschaftspolitik, denn die Wechselkurse zur Sicherung unterschiedlicher

wirtschaftlicher Entwicklungen gehörten nunmehr der Vergangenheit an. Die größere Transparenz des Preissystems sollte den Wettbewerb anfachen, den Konsumenten durch sinkende Preise zugutekommen sowie die Innovationstätigkeit von Unternehmen fördern und die Position der Euroländer in der globalen Ökonomie stärken. Die exportorientierte Wirtschaft der Staaten, die der Eurozone angehörten, sollte vom gesunkenen Wechselkurs des Euro zum Dollar profitieren, vor allem aber sollte internationalen Währungsspekulanten wie einem George Soros die Möglichkeit genommen werden, die einzelnen nationalen Währungen gegeneinander auszuspielen. Deutschland als das von den Exporten stärkste Land der EU sollte am meisten vom Binnenmarkt mit festen Wechselkursen profitieren, was die übernommenen Verpflichtungen im Rahmen dieser Verträge annehmbar machte. Soweit zu den Motiven der Euroeinführung.

Am 1. Januar 1999 war die D-Mark keine eigenständige Währung mehr. Die Buchgeldeinführung des Euro hatte ihr Ende eingeläutet. Noch konnten die Bundesbürger bis 31. Dezember 2001 mit ihrem liebsten Kind (nach dem Automobil) bezahlen. Der Umtausch der Banknoten und Münzen mit dem 1. Januar 2002 bildete das definitive Aus dieser für die Bundesdeutschen und ihr Selbstverständnis so wichtigen Währung. An ihre Stelle trat nun der Euro, eine gemeinsame und supranationale Währung von zwölf EU-Ländern ohne Dänemark, Großbritannien und Schweden, die an ihren nationalen Währungen bis zuletzt festhielten.

Mit weitgehender Realisierung des Binnenmarktes am 1. Januar 1993 war das Haupterfordernis der Integrationsvertiefung erfüllt und der Weg für neue Verhandlungen frei. Am 1. Januar 1995 traten Schweden, Österreich und Finnland der neu geformten EU bei. Die »Fünfzehner-Gemeinschaft« war Realität, während die norwegische Bevölkerung erneut einen Beitritt ablehnte. Innerhalb der neuen EU wurde Deutschland Hauptansprechpartner für die mittel- und nordosteuropäischen sowie ost- und südosteuropäischen Staaten, die ebenfalls eine baldige EU-Mitgliedschaft anstrebten.

Auf Beschluss der Nachfolgekonferenz in Budapest am 5./6. Dezember 1994 wurde die KSZE mit dem Datum 1. Januar 1995 in »Organisation für Sicherheit und Zusammenarbeit in Europa« (OSZE) umbenannt und erweitert. Sie umfasste seither 53 Mitgliedsstaaten aus Europa, Mittelasien und Nordamerika. Hauptziele sollten die Konfliktverhütung und Krisenbewältigung sein. Die Frage der deutschen Beteiligung am internationalen Krisenmanagement war hingegen noch offen.

Bereits kurz nach der deutschen Vereinigung hatte der Golfkrieg 1991 gegen Saddam Hussein nach dessen Einmarsch in Kuwait zu neuerlichen Debatten geführt, in denen Modifikationen bisheriger Positionen erkennbar wurden. Aufgrund der Bedrohung Israels durch den Irak wurde für eine militärische Beteiligung Deutschlands auf Seiten der von den USA angeführten Koalition plädiert. Es blieb jedoch bei logistischer Unterstützung und für das Ausbleiben militärischer Hilfe bei einer massiven finanziellen deutschen Beteiligung an den US-amerikanischen Kriegskosten (»Scheckbuch-Diplomatie«). Der Staatssekretär im Finanzministerium Horst Köhler bezifferte die Zahlung auf einen Betrag von zirka 12 Milliarden D-Mark an die USA.

Ein Militärengagement außerhalb des Territoriums der NATO, die sich zu dieser Zeit noch als Verteidigungsbündnis begriff, war in der Bundesrepublik weiterhin höchst strittig. Die Einsätze der Bundeswehr in Somalia und im Rahmen der Luftraumüberwachung Bosniens wurden vom Bundesverfassungsgerichtshof in Karlsruhe geprüft und bei Erfüllung demokratiepolitischer Auflagen, d. h. einem verfassungsmäßigen Bundestagsbeschluss, für rechtens erklärt. Mit Blick auf die Frage einer Beteiligung der Bundeswehr an der Friedenstruppe »Implementation Force« (IFOR) für Bosnien und Herzegowina ergab sich eine größere Bereitschaft der Regierungskoalition mit einer ausreichenden Mehrheit im Bundestag. Die deutsche Außenpolitik blieb in enger Koordination mit den EU- und NATO-Mitgliedern. Die von rund 500.000 auf 340.000 Soldaten reduzierte Bundeswehr sollte im Rahmen der Vereinten Nationen oder anderen Bündnispartnern temporär und gezielt zur Friedenswahrung eingesetzt werden.
Ein Jahr nach seinem Dienstantritt setzte sich 1993 Verteidigungsminister Volker Rühe (CDU) für das Konzept einer NATO-»Osterweiterung« ein, welches im deutschen Interesse läge, welches nicht länger östlichstes Land des transatlantischen Bündnisses sein sollte. Es gab nach einer Phase des Zögerns und Wartens 1991/92 auch Interesse der mitteleuropäischen Länder an einem Beitritt zum transatlantischen Bündnis. Die US-amerikanische Seite unter Präsident Bill Clinton zögerte jedoch noch beträchtlich und lehnte eine neue östlich verschobene Scheidelinie gegenüber Russland ab. Daraufhin wurde 1994 mit der »Partnerschaft für den Frieden« (PfP) ein Kooperationsrahmen mit der NATO geschaffen. Inzwischen drängten Polen, Tschechien und Ungarn in die NATO. Auf einem Sondergipfel der Staats- und Regierungschefs wurde im Juli 1997 in Madrid entschieden, diesen Ländern diese Option zu eröffnen, die schließlich von Warschau, Prag und Budapest 1999 gewählt werden sollte. Rühe war in diesem Jahr nicht mehr im Amt, er kann jedoch als maßgeblicher Antreiber dieser ersten NATO-»Osterweiterung« gelten.

6.7 Grundgesetz-Änderungen, ein erster gesamtdeutscher Bundespräsident und die politische Rolle des Bundesverfassungsgerichts

Die Problematik der sich verschärfenden Zuwanderung von Personen und Familien mit »Migrationshintergrund« – wie sie offiziell genannt wurden – führte angesichts der angespannten Lage am Arbeitsmarkt und in der Wirtschaftspolitik in Deutschland der 1990er-Jahre zu einer Modifikation des bis dato als heilig betrachteten Grundgesetzes von 1949. Nach kontroversen öffentlichen Debatten wurde 1993 eine gravierende Änderung des Asylrechts vorgenommen, die drei Jahre später vom Bundesverfassungsgericht im Kern bestätigt wurde.
Es ging um Begrenzung und Einschränkung des immer stärker werdenden Andrangs von Asylbewerbern. Während es im Jahr vor der Einheit noch knapp über 100.000 Personen waren, belief sich die Ziffer 1992 schon auf deutlich über 400.000.

Das Asylrecht für politisch Verfolgte galt nach wie vor als unantastbar. Neu war jedoch, dass Personen aus sogenannten »sicheren Drittstaaten« oder Herkunftsländern nicht mehr das Asylrecht für sich in Anspruch nehmen konnten. Dabei spielte die Annahme eine Rolle, dass politische Verfolgung hier nicht vorausgesetzt werden könne. Die Gesetzesänderung war notwendig geworden, da offenkundig Fälle von Missbrauch bei Asylanträgen zunahmen. Hinzu kam die drückende Situation auf dem Arbeitsmarkt, aber auch eine stärkere Infragestellung der Realisierbarkeit einer multikulturellen Gesellschaft, die zunehmend kritischer gesehen wurde. Zudem stellten sich bei der Integration von ausländischen Personen und ihren Familien verstärkt die Fragen von Grenzen und Möglichkeiten der Integrationsbereitschaft der Zuwanderer als auch der Integrationsfähigkeit der bundesdeutschen Gesellschaft.

Bei den Asylsuchenden und Asylberechtigten in der Bundesrepublik in den Jahren 1972 bis 1990, eingeschlossen die deutsche »Wiedervereinigung«, waren sehr starke Schwankungen erkennbar. Ausschläge im Jahr 1980 mit über 100.000, 1986 mit knapp 100.000, 1988 wieder mit über 100.000 und 1989 mit 120.000 waren mit Fluchtbewegungen aus fernen Ländern, aber auch mit Übersiedlungen von Auslandsdeutschen (Balten-, Russland-, Ungarn- und Rumänien-Deutsche) zu erklären. Ein starker Trend war 1990 im Kontext der deutschen Einigung mit ca. 200.000 Menschen zu verzeichnen, wobei zwischen Asylberechtigten und Asylsuchenden zu unterscheiden ist. Die Gesamtzahl von Asylberechtigten war deutlich geringer als die Zahl aller Asyl-Ansuchenden. Bei der Zahl der Asylberechtigten war eine Stagnation zu verzeichnen, die in keinem Verhältnis zu den Zuwanderungszahlen stand. Es blieb vielfach offen, ob die Asylberechtigten tatsächlich Asyl erhalten haben oder ihr Antrag abgelehnt worden ist.

In der Regel wurde bis Anfang der 1990er Jahre dem Antrag von berechtigten Werbern auf Gewährung von Asyl stattgegeben. Von den Ansuchenden bestand eine größere Zahl aus »Wirtschaftsflüchtlingen«, die über den Weg der Duldung in Deutschland geblieben waren. Auch wurde teilweise der Weg des illegalen Aufenthalts beschritten.

Man muss grundsätzlich bei der Entwicklung der Asylgewährung unterscheiden zwischen den entschiedenen Asylanträgen und der daraus resultierenden Gesamtschutzquote. Diese betrifft den Anteil aller Asylanerkennungen, Feststellungen eines Abschiebeverbots und Gewährungen von Flüchtlingsschutz. Die Entscheidungen erhöhten sich nach der deutschen Einheit mit leichtem und dann erhöhtem Anstieg bis 1993, um sich in Folge ab 1994 abflachend bis 2006 relativ gleichförmig zu entwickeln. Sodann erfolgte eine kontinuierliche Zunahme von Entscheidungen, die sich ab 2013 noch steigerte und ab 2014/15 bis 2016 erheblich verstärkte, so dass mehr als eine Verdopplung im Vergleich zu 2013 festzustellen ist. Der absolute Hochpunkt an Asylentscheidungen war im Jahr 2016 erreicht (Grafik 20).

Wie erklären sich diese Entwicklungen? In den 1990er-Jahren wurden gemessen an der Zahl der Asylanträge weit weniger Entscheidungen für Schutzbedürftige getroffen. Die hohen Ausschläge an Ansuchen erklären sich durch die Konflikte und

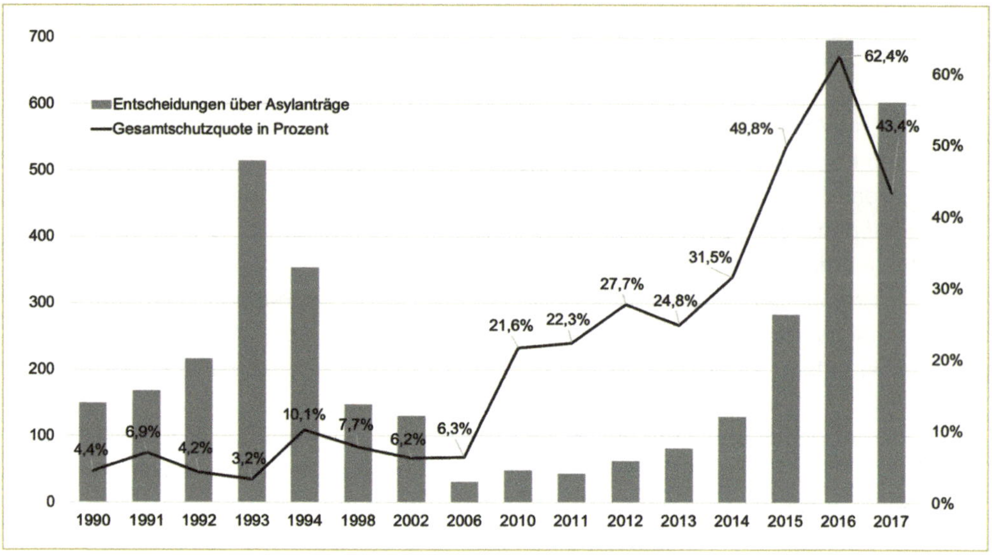

Grafik 20: Entscheidungen über Asylanträge in Tausend und Gesamtschutzquote in Prozent

Kriege im Zuge des Zerfalls Jugoslawiens ab 1991/92, die Flüchtlingsströme nach Österreich, die Schweiz und Deutschland erzeugten, v.a. durch den Bosnien Krieg 1992–1995.

Im Anschluss setzte in der zweiten Hälfte der 1990er Jahre eine Beruhigung und Stabilisierung der politischen Lage am Balkan ein. Der verstärkt einsetzende Anstieg ab 2013 lässt sich durch aufzunehmende Schutzsuchende nach dem Scheitern des »arabischen Frühlings« 2011/12 zurückführen. Die dann übermäßig stark anfallenden Asylanträge ab 2015 erklären sich v.a. durch Flüchtlinge und Migranten aus den Krisen- und Kriegsgebieten Syriens, denen weit mehr im Sinne Schutzbedürftiger entsprochen wurde als noch in früheren Jahrzehnten anderen Kategorien von Asylbewerben. Von knapp 700.000 Entscheidungen konnten im Jahre 2016 62 % der Antragsteller als Schutzbedürftige gelten. Demnach wurden knapp 40 % der Anträge nicht positiv beschieden, wogegen zum nicht geringen Teil seitens der Asylbewerber auch geklagt wurde. Längst hatte sich die politische Debatte über »sichere Herkunftsländer« verschärft, was durch die Forderung nach »Obergrenzen« zum Ausdruck kam. Ein noch weitergehender Anstieg von notwendig gewordenen Entscheidungen konnte durch die Schließung der Balkanroute und das Flüchtlingsabkommen mit der Türkei (2016) schließlich vermieden und die Zahlen im Jahre 2017 etwas abgesenkt werden. Die noch offenen, also unentschiedenen Anträge sind in der Grafik 20 nicht berücksichtigt. Zurück in die zweite Hälfte der 1990er Jahre.

Der Wandel gesellschaftlicher Wertvorstellungen fand seinen Niederschlag in neuen Gesetzen und weiteren Gesetzesergänzungen: 1994 verabschiedete der Bundestag Zusätze, die eine Förderung der wirklichen Gleichberechtigung von Mann und Frau sowie ein Verbot der Benachteiligungen von behinderten Menschen vorsahen.

Ebenfalls wurde das staatliche Ziel hinzugefügt, wonach der »Schutz der natürlichen Lebensgrundlagen« zu gewährleisten sei, wie auch die »finanzielle Eigenverantwortung« der Gemeinden. Hinzu kamen auch Kompetenzverschiebungen zwischen Staat und Bundesländern bei der Gesetzgebung.

Der Bund erhielt die Gesetzgebungskompetenz im Bereich der Gentechnologie, der Fortpflanzungsmedizin und der Organtransplantation. Bezeichnend für den Status quo der deutschen Repräsentativ-Demokratie waren die auch öffentlich debattierten Verfassungsänderungen, die Elemente direkter Demokratie zur Einführung für wert betrachteten, wie z. B. Volksbegehren, Volksentscheide und Volksabstimmungen. Sie fanden in der hierfür zuständigen Verfassungskommission nicht die notwendige Zweidrittelmehrheit.

So blieb es dabei, dass in fundamentalen existenziellen, lebensnahen und staatspolitischen Fragen wie der Einführung des Euros oder der EU-Verträge von Maastricht oder Amsterdam keine Volksabstimmungen in Deutschland zulässig waren. Der Vertrag von Amsterdam sah weitere Integrationsschritte vor, u. a. ein Einspruchsrecht des Europäischen Parlaments, wenn im Rat mit Mehrheit entschieden wird. Das Vertragswerk ermöglichte die Kooperation in den Bereichen Justiz und Innenpolitik und legte die Basis für ein einheitliches Asylrecht. Die außenpolitische Handlungsfähigkeit der EU wurde erweitert und eine gemeinsame Verteidigung ins Auge gefasst.

Der erste gewählte Bundespräsident des vereinigten Deutschland wurde der CDU/CSU-Kandidat Roman Herzog, der gegen den SPD-Mitbewerber und Ministerpräsidenten von Nordrhein-Westfalen, Johannes Rau, mehr Stimmen auf seine Person vereinte. Der studierte Jurist war Professor für Staatsrecht und Politik an der Hochschule für Verwaltungswissenschaften in Speyer, Staatssekretär von Kohl, als dieser noch Ministerpräsident des Landes Rheinland-Pfalz war, sowie Präsident des Bundesverfassungsgerichts. In seiner Antrittsrede am 1. Juli 1994 sicherte Herzog die Kontinuität der Politik seines Vorgängers Weizsäcker zu. Diese Aussage war verbunden mit einer klaren Absage an einen deutschen Sonderweg in Europa und in der Welt sowie mit der Ablehnung einer Relativierung der deutschen Verantwortung für die nationalsozialistischen Untaten. Diese Punkte waren ohnedies breiter Konsens in der politischen Kultur Deutschlands, doch sah Herzog offenbar Klärungsbedarf. Er agierte als Präsident unmissverständlicher Worte. Auf seine Anregung ging die Einführung eines jährlichen Gedenktags für die Opfer des Nationalsozialismus am 27. Januar zurück. Es war das Datum der Befreiung der letzten überlebenden Insassen des KZ Auschwitz-Birkenau durch die Rote Armee. Mit der »Berliner Rede«, jährlich zu einem spezifischen Thema zu sprechen, begründete er eine Tradition, die sein Nachfolger Rau fortsetzte. Herzog stand nur für eine Amtszeit zur Verfügung und schied 1999 aus dem Amt.

Am 26. April 1997 hatte er im Hotel Adlon eine Rede gehalten, die Geschichte machte. Er führte fast prophetisch aus:

»In Berlin wird Zukunft gestaltet. Nirgendwo sonst in unserem Land entsteht so viel Neues. Hier spürt man: Wir können etwas gestalten, ja sogar etwas verändern. Einen neuen Aufbruch schaffen, wie ihn nicht nur

Berlin, sondern unser ganzes Land braucht. Ich wünsche mir, dass von dieser Berlin-Erfahrung Impulse auf ganz Deutschland ausgehen. Denn was im Laboratorium Berlin nicht gelingt, das wird auch in ganz Deutschland nicht gelingen.«

Er sprach sich gegen »Ängstlichkeit und Innovationsstau«, einen »allzu üppigen Sozialstaat« und »überbordende[r] Bürokratie« aus. Eine einfache Formel folgte mit »Mehr Freiheit wagen – wie Amerika, mehr Leistung bringen – wie China!« Dann folgte ein Satz, der die Rede berühmt machte, wobei sich eine Erläuterung anschloss:

»Durch Deutschland muß ein Ruck gehen. Wir müssen Abschied nehmen von liebgewordenen Besitzständen, vor allen Dingen von den geistigen, von den Schubläden und Kästchen, in die wir gleich alles legen. Alle sind angesprochen, alle müssen Opfer bringen, alle müssen mitmachen: die Arbeitgeber, indem sie Kosten nicht nur durch Entlassungen senken, die Arbeitnehmer, indem sie Arbeitszeit und -löhne mit der Lage ihrer Betriebe in Einklang bringen, die Gewerkschaften, indem sie betriebsnahe Tarifabschlüsse und flexiblere Arbeitsbeziehungen ermöglichen, Bundestag und Bundesrat, indem sie die großen Reformprojekte jetzt rasch voranbringen, die Interessengruppen in unserem Land, indem sie nicht zu Lasten des Gemeininteresses wirken.«

Daran gemessen, fielen die Erfolge und Leistungen der zwei folgenden Jahrzehnte in Deutschland bestenfalls mäßig aus, zumal wenn man an einen Berliner Witz in Abwandlung des Ulbricht-Worts denkt, der auch auf Postkarten Eingang fand: »Niemand hat die Absicht, einen Flughafen zu bauen!«

Mit Jutta Limbach, Senatorin für Justiz in Berlin, wurde 1994 erstmals eine Frau Präsidentin des Bundesverfassungsgerichts. Die studierte Juristin und Professorin an der Freien Universität in Berlin war bis zu ihrer Wahl in dieses Amt Richterin und Vizepräsidentin am Bundesverfassungsgericht. In der Geschichte der Bundesrepublik waren vor allem Normenkontrollverfahren dieser Institution bedeutungsvoll. In einem solchen Verfahren prüfte das Bundesverfassungsgericht, ob eine Norm, d. h. ein Gesetz oder Vertrag, auch mit dem Grundgesetz kompatibel ist. Das führte auch zu einer Tendenz der Politisierung der Verfassungsjustiz. Viele der politisch und gesellschaftlich relevanten Kontroversen waren vor das Bundesverfassungsgericht gebracht und in verfassungsrechtlichen Prüfverfahren diskutiert worden.

Die CDU/CSU-Opposition klagte zum Beispiel in der Vergangenheit gegen den Grundlagenvertrag mit der DDR, was zurückgewiesen wurde, wobei das Gericht konstatierte, dass das Deutsche Reich rechtlich weiterbestehe und die DDR deshalb kein Ausland sei. Normenkontrollverfahren wurden im Zusammenhang mit § 218 (Schwangerschaftsabbruch), beim Asylrecht, dem Recht auf Kriegsdienstverweigerung aus Gewissensgründen oder auf freie Meinungsäußerung durchgeführt. Konflikte zwischen Verfassungsorganen, d. h. Bund und Ländern, oder zwischen Ländern mussten ebenfalls gelöst werden.

Solche betrafen Klagen der SPD- und FDP-Bundestagsfraktionen 1994 gegen Bundeswehreinsätze im Falle humanitärer Missionen, die außerhalb des NATO-Territoriums wie in Somalia oder Jugoslawien stattfanden. Dabei verstärkte sich ein

Trend, mit Blick auf die Öffentlichkeit unliebsame Entscheidungen dem Verfassungsgericht aufzubürden, Verantwortung abzuschieben und den Bundestag zu entlasten, in der vagen Hoffnung, entsprechende Entscheidungen würden dann bei einem Gerichtsurteil eher von der Bevölkerung angenommen werden, als wenn der Bundestag darüber entschieden hätte. Die Befassung des Verfassungsgerichts in der Streitfrage der NATO-Einsätze von Bundeswehrsoldaten »out of area« liefert dafür ein Beispiel.

6.8 Bundestagswahl, Sieg für Rot-Grün und Ablösung Kohls 1998

Nach dem Triumph bei den Landtagswahlen in Niedersachsen im Frühjahr 1998 wurde Ministerpräsident Gerhard Schröder von der SPD einhellig zum Kanzlerkandidaten bestimmt. Sein großer Vorsprung in den Umfragen gegenüber der noch amtierenden CDU/CSU-FDP-Koalition unter Kohl und Kinkel nahm allerdings, je näher der Wahltermin rückte, mehr und mehr ab, sodass der Ausgang wieder ungewiss schien. Schon 1994 hatte die SPD unter ihrem Kanzlerkandidaten Rudolf Scharping einen vergleichbar hohen Vorsprung nicht nutzen und Kohl noch den Sieg erringen können. Am 27. September 1998 gewann dann doch die SPD mit 40,9 % der Stimmen die Wahl. Zum ersten Mal wurde durch eine Bundestagswahl eine Regierungskoalition komplett abgewählt. Die CDU/CSU erzielte nur 35,1 %, was ihr schlechtestes Resultat seit Gründung der Bundesrepublik bedeutete. Nur in der ersten Bundestagswahl 1949 hatte sie ein schlechteres Ergebnis erzielt.

Das »Bündnis 90/Die Grünen« blieb mit 6,7 % drittstärkste Partei vor der FDP (6,2 %). Die Nachfolgepartei der SED, die Partei des Demokratischen Sozialismus (PDS), kletterte mit 5,1 % knapp über die Fünf-Prozent-Klausel und zog in den Bundestag ein. Den rechtsradikalen Parteien gelang, wie 1990 und 1994, wieder nicht der Einzug in das Parlament.

Der Sieg der SPD, die nach 1972 wieder stärkste Fraktion im Bundestag wurde, war v. a. mit dem Verlangen der Wählerschaft nach einem neuen Kanzler zu deuten. Es mag überspitzt sein, dürfte der Sache aber relativ nahekommen, dass es bei diesem Ringen um die zukünftige Regierungspolitik Deutschlands weit mehr um die Abwahl von Kohl als um die Wahl von Schröder ging. Als entscheidender Grund für den Wahlausgang galt der weitverbreitete Wunsch der Bevölkerung nach einem Wechsel. Kohl hatte seine neuerliche Kanzlerkandidatur gegen den Fraktionsvorsitzenden Wolfgang Schäuble durchgesetzt.

Die Deutschen wollten aber eine neue Politik. Offen war, mit welcher Koalition dieser Wechsel erfolgen würde. Gegen Rot-Grün gab es eher eine Abneigung. Eine Große Koalition unter SPD-Führung war gewünscht. Offenbar setzte die Bevölkerung mehr Hoffnung und Erwartung in die SPD als in die CDU/CSU, was den Abbau der hohen Arbeitslosigkeit anging. Die SPD konnte sich im Urteil der Wähler eine höhere Problemlösungskapazität als die Christdemokraten sichern.

Schröder erfreute sich mit seiner Forderung nach sozialer Gerechtigkeit und Innovation wachsenden Zuspruchs. Mit dem Schlagwort von der »neuen Mitte« zielte er im Unterschied zum SPD-Parteivorsitzenden Oskar Lafontaine erfolgreich auf unzufriedene CDU-Anhänger sowie modern denkende Jung- und Wechselwähler. Nach dem Wahlsieg der SPD in der Bundestagswahl 1998 beendete Schröder die 16jährige Kanzlerschaft Kohls und bildete eine Koalition mit Bündnis 90/Die Grünen.
Die Bundestagswahl endete nicht nur für Kohl mit einem Debakel. Auch Angela Merkels Erststimmenanteil sank um 11 % auf 37,3 %. Wolfgang Schäuble, Kohls »ewiger Kronprinz«, hatte seit 1996/97 immer wieder die »K-Frage« aufgeworfen, d. h. die Frage, wer als Kanzlerkandidat zur Bundestagswahl antreten solle. Er hatte sich gegen Kohl, den »ewigen Kanzler«, nicht durchsetzen können. Bereits vor der Kandidatenbestimmung hatte Schäuble Kritik an der Kohl-Kandidatur durchblicken lassen. Nach dessen Niederlage wurde Schäuble zum neuen Bundesvorsitzenden gewählt. Auf seinen Vorschlag hin wurde Angela Merkel, Bundesministerin für Umwelt, Naturschutz und Reaktorsicherheit (1994–1998) sowie CDU-Generalsekretärin. Sie erhielt damit die wichtigste Position, um damit ihre neue Rolle als Oppositionspolitikerin auszufüllen. Kohl wurde zum Ehrenvorsitzenden gewählt, mit Sitz im Präsidium und im Bundesvorstand der Partei.
Das Ende der Ära Kohl hatte eine Vielzahl von v. a. innenpolitischen und innerparteilichen Gründen. Als »Kanzler der Einheit« hatte er sich große Verdienste erworben. Dieser Bonus war nach zwei erfolgreich geschlagenen Wahlen (1990, 1994) allerdings verbraucht. Der Glanz der Politik der deutschen Einigung 1989/90 war zudem allzu rasch verblasst. Die gesellschaftlichen Auswirkungen in Form von Verwerfungen und die ökonomischen Folgen der Einheit hinsichtlich einer nahezu totalen Entindustrialisierung der »neuen Bundesländer« wogen weit schwerer als angenommen. Die massiven finanziellen Lasten für den »Aufbau Ost« und die damit verbundenen materiellen Aufwendungen wurden Kohl im Nachhinein als Fehlbeurteilung der Lage und Unterschätzung der wahren ökonomischen Ausmaße der Einigung zum Vorwurf gemacht und zur Last gelegt. Die Belastungen der deutschen Einigung für die Deutschen in Ost wie West waren weit schwerwiegender als ursprünglich angenommen, überschatteten die Wahrnehmung der Ereignisse von 1989/90 und die damit verbundenen deutschlandpolitischen Leistungen von Kohl.
Das Krisenmanagement der Folgen und die Bewältigung der enormen finanz- und wirtschaftspolitischen Herausforderungen der deutschen Einigung ließen die Notwendigkeit der Neubestimmung einer innovativen und zukunftsorientierten Informations-, Technologie- und Wirtschaftspolitik Deutschlands stark in den Hintergrund treten. Auf diesem Gebiet gab es erhebliche Versäumnisse in der zweiten Hälfte der Ära Kohl (1990–1998).
Hinzu kamen wachsende gesellschaftliche und ökonomische Probleme in Deutschland, die nicht gelöst werden konnten, v. a. die Höhe der Arbeitslosigkeit bereitete große Sorgen. Die christlich-liberale Regierung scheiterte mit ihrem Vorhaben, die Zahl der Beschäftigungslosen zu senken. Sie stieg in der zweiten Hälfte der 1990er-Jahre noch von 1,8 auf 3 Millionen an.

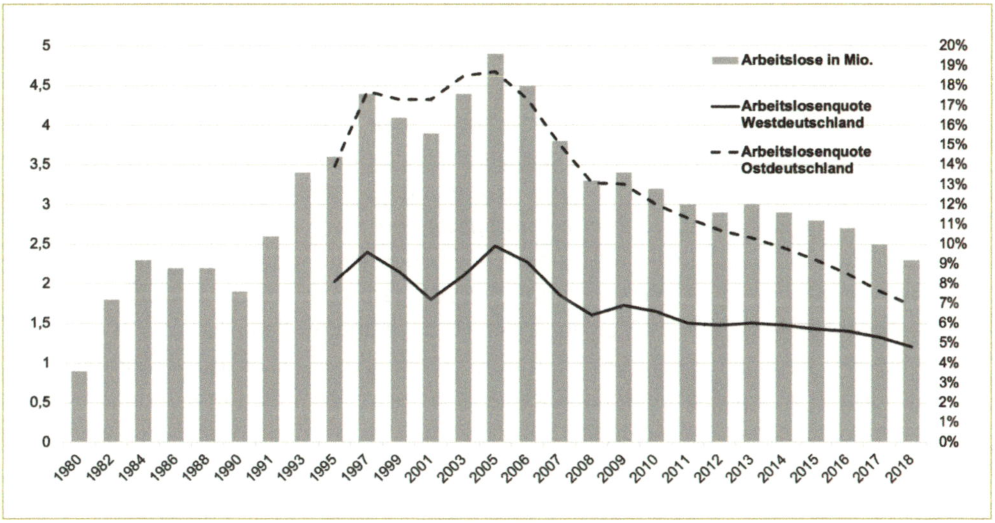

Grafik 21: Arbeitslose in absoluten Zahlen, Arbeitslosenquoten in West- und Ostdeutschland in Prozent

Die Entwicklung der Arbeitslosenzahlen in der Bundesrepublik in den Jahren 1970–1997 weist für das alte Bundesgebiet einen klaren Trend auf. Von knapp 150.000 Arbeitslosen Anfang der 1970er-Jahre erfolgte ein Anstieg im Jahr 1980 auf schon knapp 900.000. Die Zahl verdoppelte sich und erreichte im Kontext der deutschen Einigung fast zwei Millionen, wobei es sich lediglich um die registrierten Arbeitslosen handelte. Die reale Ziffer war höher. Die Quote der registrierten Arbeitslosen stieg dann bis zum Ende der Ära Kohl auf über drei Millionen Nicht angeführt sind die realen Arbeitslosenquoten. 1970 betrugen diese 0,7 %, 1980 3,8 %, 1990 7,2 % und 1997 bereits 11 %.

Die »Wirtschaftswunderjahre« wirkten demnach gar nicht so stark und nachhaltig, wie man so oft meint. Es ging schon ab den 1970er-Jahren tendenziell wirtschaftlich bergab. Dem entgegenhalten ließe sich die Auffassung, dass Wirtschaftswachstum bzw. ökonomische Stärke nicht automatisch mit einer geringen Zahl von Arbeitslosen verknüpft ist. Die Grafik 21 zeigt auch nur das alte Bundesgebiet. Ab 1990 stiegen durch den ökonomischen Rückstand der neuen Bundesländer allerdings die Arbeitslosenzahlen noch weiter. Die absoluten Zahlen würden daher noch um eineinhalb bis zwei Millionen ansteigen, wenn man bedenkt, dass Abwanderungen erfolgten, also Menschen aus den neuen Bundesländern in die alten, also in die für sie neuen Bundesländer, wechselten.

Mit Blick auf die Arbeitslosenquote Deutschlands nach der Einheit fällt auf, dass diese im Osten verhältnismäßig hoch ausfiel und zwar im Schnitt mehr als doppelt so stark war wie in Westdeutschland. Die Arbeitslosigkeit stieg nach 1990 im Osten kontinuierlich an und erreichte mit 18 % Rekordhöhen bis 2006/07. Erst dann flachte sie allmählich auf 10 % ab, um ab 2014 unter diese Marke zu fallen. Das erklärte

Ziel beim Amtsantritt von Bundeskanzler Schröder (SPD), die Arbeitslosenquote von 8,6 % im Westen und 17,3 % im Osten zu halbieren, konnte am Ende von Rot-Grün 2005 nicht im Ansatz erreicht werden: Es kam zu einem weiteren Anstieg (9,9 % im Westen, 18,7 % im Osten). In den Kabinetten Merkel I-IV konnte v. a. infolge der teilweise einschneidenden Arbeitsmarktreformen (Hartz I-IV) die Arbeitslosenquote kontinuierlich von 9,9 % auf 4,8 % im Westen und im Osten von 18,7 % auf 6,9 % gesenkt, also die Zielvorgabe Schröders verspätet aber doch erreicht werden.
In der Frage der Arbeitslosen hinkte der Osten aber weiter nach. Die Spätfolgen des Wirtschaftszusammenbruchs der Jahre 1990/91, verbunden mit dem weitgehenden Industrieabbau und dem Kahlschlag gegen kleinere und mittlere Betriebe und Firmen machte sich noch lange schmerzlich für die ostdeutsche Erwerbsquote bemerkbar.
Bei der Betrachtung des wirtschaftlichen Wachstums von 1982 (dem Jahr der sogenannten konservativen »Wende«) bis 1997 und der Veränderungen des realen Bruttoinlandsproduktes in Prozent wird deutlich, dass in den Jahren von 1983 bis 1992 ein Anstieg von mehr als 2 % erzielt werden konnte, 1990 sogar von 5,7 % Wirtschaftswachstum. 1993 ist ein kurzer Einbruch in die Rezession zu bemerken, die zu negativen Werten geführt hat. 1992 war mit dem Zusammenbruch des Europäischen Währungssystems, dem Ausscheiden des britischen Pfund und der italienischen Lira aus dem europäischen Währungsverbund ein Einschnitt gegeben. Die D-Mark musste helfen und stützen, aber auch die Folgen und Belastungen der deutschen Einigung wirkten sich aus. Die Deutschen hatten sich außerdem nicht am Zweiten Golfkrieg (1991) gegen Saddam Hussein beteiligt, was die Bündnispartner gefordert hatten. Dafür musste Bonn 1991/92 enorme Zahlungen im Rahmen der »Scheckbuch-Diplomatie« für seine Nichtbeteiligung aufbringen. Danach verlief die Entwicklung relativ konstant und lag im Schnitt bei 2 %.
Durchgreifende Neuerungen im Gesundheits-, Sozial- und Wirtschaftssystem in der Ära Kohl waren ausgeblieben. Der »Reformstau« war beklagenswert, v. a. der Mangel einer im Zeichen der Globalisierung erforderlichen Umstellung auf eine modernere und wettbewerbsorientierte Gesellschafts- und Ordnungspolitik. Deutsche Akademiker und Intellektuelle zogen es vor, in die Fremde zu gehen. Betriebe und Unternehmen verlagerten ihre Produktionsstätten ins Ausland.
Die Entwicklung des Bruttoinlandsprodukts spiegelte die konjunkturelle Entwicklung in Deutschland vom Beginn der Ära Kohl bis zu jener von Merkel wider. (Grafik 22)
Der Absturz nach der deutschen Einheit mit den Aufwendungen des »Aufbaus Ost«, der tatsächlich ein radikaler Industrieabbau Ost war, schlug sich mit dem Treuhand-Desaster und dem Tiefpunkt mit Negativwachstum im Jahr 1993 nieder.
Der wechselvolle Verlauf bis zum Platzen der Dotcom-Blase 2000 wirkte sich als neuerlicher Abwärtstrend aus. Die Banken- und Finanzkrise (Kap. 8.5) machte sich mit einem deutlichen Einbruch ab 2007/08 und einem absoluten Tiefpunkt 2009 im Zeichen der Weltwirtschaftskrise dramatisch bemerkbar. Die nachfolgende kurzzeitige Erholung wurde durch die Euro-Krise 2011–2013 jäh gestoppt.
Ab 2014 forcierte die Bundesregierung eine sparsame Haushaltspolitik. Deutschland erwirtschaftete in den Jahren bis 2019 so viele Überschüsse, nicht zuletzt durch die

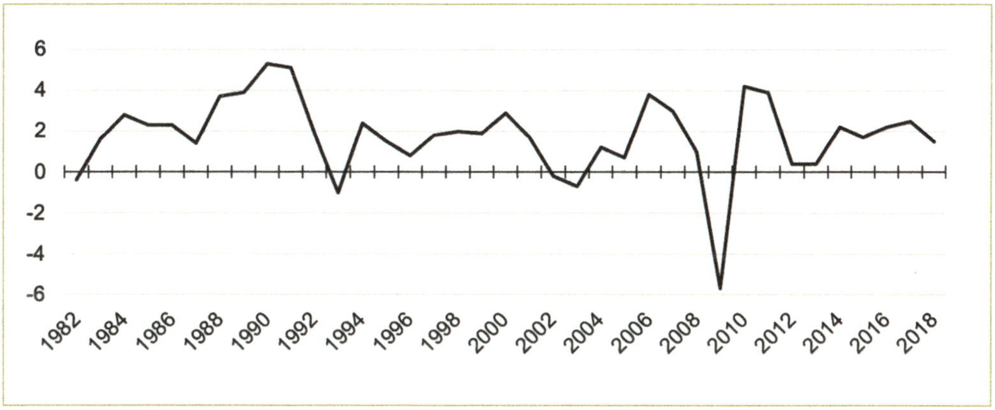

Grafik 22: BIP preisbedingt

Politik der »schwarzen Null« aufgrund der im Verfassungsrang verankerte Schuldenbremse, sodass Solidität und Stabilität gegeben waren, die sich in der Corona-Krise 2020 als nützlich erwiesen, um die ersten ärgsten Folgen des Wirtschaftseinbruchs zunächst etwas aufzufangen.

Zurückzukommen auf die Bilanz Kohls: Seine Politik in Deutschland rangierte weit weniger im Zeichen von »Neuorientierung und Kontinuität« (Andreas Rödder) als vielmehr unter dem Titel »Status quo und Stagnation«. Es herrschte mehr Blockade als Gestaltung. In der Sozialpolitik gelang die »Wende« nicht. Die Arbeitslosigkeit blieb ein Dauerthema.

Innerparteilich sanken das Vertrauen und die Zustimmung in seine Person. Niemand aus seinem näheren politischen Umfeld wagte es in den Jahren 1996–1998, auch nur ansatzweise »am Denkmal zu kratzen«. Kohl wirkte in den letzten Jahren seiner Regierungspolitik mehr auf die Politik der Ausgestaltung der EU konzentriert und zunehmend von der Bevölkerungsbasis fern. Der Wunsch nach notwendigen Veränderungen im eigenen Lande ging zunehmend an ihm vorbei.

Von einem rechtzeitigen Kurswechsel oder einem vorzeitigen Abgang von der politischen Bühne war er weit entfernt. Kein aussichtsreicher Nachfolger wurde von Kohl aufgebaut. Zu möglichen Kronprinzen wie Schäuble wurde das Verhältnis schwieriger. An seiner eigenen Spitzenkandidatur für die Bundestagswahl 1998 ließ der schon seit der Einigung immer abgehobener regierende und zunehmend realitätsfern agierende Kohl keinen Zweifel aufkommen. Er war von seiner Wiederwahl restlos überzeugt und unterschätzte den eingetretenen politischen Klimawandel und die Wechselstimmung im Lande. Auf den SPD-Plakaten wurde er als Dinosaurier karikiert, was die Gefühle der Wähler auf den Punkt brachte. Es war für die Wahl Schröders vollkommen genügend, Kohl nicht mehr zu wollen. Dieser hatte in den letzten Jahren seiner Amtszeit als Bundeskanzler an Durchsetzungs- und Überzeugungskraft verloren. Innerhalb der Partei konnte ihm niemand seine nahezu unumschränkte Machtposition streitig machen, geschweige denn ihn von dort verdrängen. Der Wähler

hatte letztlich das Wort und trug mit seinem Votum zu seiner Ablösung bei. Nach der Wahlniederlage der Union gab Kohl auch den Vorsitz der CDU auf.
Helmut Kohl war nicht nur der bis dato am längsten dienende deutsche Bundeskanzler (1982–1998), sondern auch eine der einflussreichsten politischen Persönlichkeiten in der Geschichte der Bundesrepublik und des neuen Deutschland, die er neben Konrad Adenauer (1949–1963) maßgeblich prägte, vor allem durch die Überwindung der geteilten Nation und den Vollzug der deutschen Einigung. Kohl war kein Intellektueller, sondern vielmehr ein Pragmatiker. Aufgrund seiner schlichten Art und zuletzt mitunter manchmal einfachen Ausdrucksweise wurde er von seinen Gegnern (Helmut Schmidt von der SPD oder Franz Josef Strauß von der CSU) nicht immer ernst genommen, ja unterschätzt.
Kohls Stärke bestand im »Aussitzen« von Problemen, in Hartnäckigkeit und Zielstrebigkeit. Seine flexible und offene Haltung in der deutschen Frage führte zu einer raschen politischen Lösung der Einigung. Die ökonomischen Schwierigkeiten nahm er in Kauf. Es ging ihm bei seiner Deutschlandpolitik primär um die Menschen, vor allem im Osten des Landes, für deren Leid und Schicksal er im Unterschied zu Adenauer weit mehr Mitgefühl und großes Verständnis aufbrachte. Proteste oder Unmut gegen seine Person auch aus Ostdeutschland trafen ihn daher schwer wie auch Eier- und Tomatenwürfe zirka 30 Jugendlicher anlässlich eines Besuchs der Chemiefabriken in Schkopau und Bitterfeld vor dem Rathaus in Halle an der Saale am 10. Mai 1991, gegen die er sich voller Fassungslosigkeit und Wut selbst auch körperlich zur Wehr zu setzen versuchte.
Sank die Zustimmung im eigenen Land, so bleibt abschließend festzustellen: Auf der europäischen Bühne war Kohl ein geschätzter und anerkannter Politiker, der viel zum Ansehen und Respekt der Bundesrepublik und Deutschlands beitrug. 1998 ehrte ihn die österreichische EU-Ratspräsidentschaft in Wien aufgrund seiner Verdienste um die Einführung des Euro durch einstimmigen Beschluss der Staats- und Regierungschefs zum »Ehrenbürger Europas«, eine Ehre, die zuvor nur Jean Monnet zuteil wurde.

Abb. 43: Postkarte »Ich habe fertig« – der Spruch des des Deutschen nicht mächtigen italienischen Fußballtrainers vom FC Bayern München, Giovanni Trappatoni in einer Pressekonferenz, »Ich habe fertig«, wird für eine Anti-Kohl-Propaganda-Postkarte der SPD aufgegriffen.

7. »Rot-Grün« als Experiment auf halbem Weg (1998–2005)

7.1 Die Hauptakteure: Gerhard Schröder und Joschka Fischer

Nach dem Wahlerfolg der SPD bei der Bundestagswahl 1998 wurde Gerhard Schröder am 27. Oktober 1998 vom Bundestag mit 351 von 666 abgegebenen Stimmen zum siebten Regierungschef der Bundesrepublik gewählt. Er war der erste Kanzler, der die Vereidigung ohne religiöse Beteuerung ableistete. Als Sohn einer Kriegerwitwe war er in ärmlichen Verhältnissen aufgewachsen. Er besuchte die Volksschule, absolvierte eine Kaufmannslehre und nach dem zweiten Bildungsweg und nachgeholtem Abitur ein Rechtsstudium. Als Rechtsanwalt war er von 1978 bis 1990 tätig und verteidigte u. a. in dieser Funktion den RAF-Terroristen Horst Mahler. Seit 1963 SPD-Mitglied, Bundesvorsitzender der Jungsozialisten (1978–1980), Bundestagsabgeordneter (1980–1986), Vorsitzender des SPD-Bezirks Hannover seit 1993, Mitglied des Niedersächsischen Landtags (1986–1998), SPD-Fraktionsvorsitzender und Mitglied des Parteivorstandes seit 1986 sowie des SPD-Präsidiums seit 1989 machte Schröder in der Partei alsbald von sich reden.

Von 1990 bis 1994 regierte er in Niedersachsen als Ministerpräsident eine rot-grüne Koalitionsregierung und im Anschluss eine SPD-Alleinregierung. Schröder war der erste sozialdemokratische Kanzler gegen den ursprünglichen Willen seiner Partei. Nach dem gescheiterten Griff auf den Bundesparteivorsitz und die Kanzlerkandidatur 1993 behauptete er sich fünf Jahre später auf einem Sonderparteitag mit dem Konzept »Politik der Neuen Mitte« und wurde Kanzlerkandidat. Dieser neue Kurs blieb bis zuletzt umstritten und löste innerparteiliche Konflikte aus.

Zu Beginn seiner Amtszeit soll Schröder im Februar 1999 gesagt haben, dass er zum Regieren in Deutschland nur die *Bild*-Zeitung sowie *Bild am Sonntag* und die »Glotze« brauche. Wie kein Vorgänger ließ er sich auf seine Wirkung in den Medien ein und erzielte damit hohe Popularitätswerte. Stets lag er in Meinungsumfragen weit vor seiner Partei. Bald nach der Wahl zum Bundeskanzler stellte Schröder – für SPD-Politiker eher ungewöhnlich – Luxus durch teure Anzüge und Zigarren zur Schau. Er trat in der populären TV-Unterhaltungssendung »Wetten, dass?« auf. Sein betont gutes Verhältnis zur Wirtschaft trug ihm auch die Bezeichnung »Genosse der Bosse« ein. Während sein Charisma attraktiv wirkte, bemängelten Kritiker, Schröder verwende nur Schlagworte wie »neue Mitte« oder die Politik »der ruhigen Hand« und Aussagen wie »Basta!«, um sein eigenes Image in der Öffentlichkeit aufzupolieren.

Kurzbiographie Joschka Fischer

Joschka (eigentlich Joseph Martin) Fischer wurde als drittes Kind eines Metzgers geboren. Die Eltern waren Ungarndeutsche, mussten 1946 ihren Wohnort Budakeszi nahe Budapest verlassen und wanderten nach Deutschland aus. Der von Fischer geführte Vorname leitete sich von Jóska ab, einer Verniedlichung des ungarischen József. Fischer übte verschiedenste Tätigkeiten aus. So war er Gelegenheitsarbeiter, Taxifahrer oder Buchverkäufer. 1967 engagierte er sich in der Studentenbewegung und der Außerparlamentarischen Opposition (APO). Später gestand er politisch-motivierte Gewalttaten ein, distanzierte sich aber nicht von ihnen. 1976 war er nach einer Demonstration anlässlich des Todes von Ulrike Meinhof im Zusammenhang mit einem Angriff auf Polizisten mit Molotowcocktails, bei dem zwei Polizisten schwer verletzt wurden, verhaftet worden, blieb aber nur zwei Tage in Haft. Noch vor seinem Parteibeitritt 1982 gründete er mit Daniel Cohn-Bendit und anderen den »Arbeitskreis Realpolitik« in Frankfurt, der für die Grünen »realpolitische« Positionen formulierte. 1983 in den Bundestag gewählt, gehörte er der ersten Bundestagsfraktion der Grünen an, für die er als parlamentarischer Geschäftsführer tätig war. Fischer machte sich als Redner einen zum Teil umstrittenen Namen und wurde wegen Beschimpfung des Bundestagsvizepräsidenten Richard Stücklen von einer Sitzung ausgeschlossen.
Zweimal amtierte er als hessischer Umweltminister. 1985 kam es in Hessen zur Bildung der ersten rot-grünen Landesregierung unter Ministerpräsident Holger Börner. Fischer wurde Staatsminister für Umwelt und Energie. Die Vereidigung sorgte für Aufsehen, da er in Jackett, Jeans und Sportschuhen erschien, was zur Bezeichnung »Turnschuh-Minister« führte. 1987 wurde er aus seinem Amt entlassen, da die Grünen ultimativ den Fortbestand der Koalition von der Rücknahme der Genehmigung eines Nuklearunternehmens abhängig gemacht hatten und somit im April 1987 vorzeitige Landtagswahlen notwendig wurden. Es folgte ein vierjähriges Intermezzo durch eine von Walter Wallmann (CDU) geführte rechtsliberale Koalition. 1991 kam es zu einer Neuauflage der rot-grünen Koalition unter Ministerpräsident Hans Eichel (SPD). Fischer wurde wieder Umweltminister. Zugleich war er Stellvertreter des Ministerpräsidenten und Staatsminister für Bundesangelegenheiten. 1994 legte er alle Ämter in Hessen nieder und wurde, nach dem Wiedereinzug der Grünen in den Bundestag, neben Kerstin Müller Sprecher der Bundestagsfraktion von Bündnis 90/Die Grünen.

1995 löste Fischer heftige innerparteiliche Kritik aus, weil er mit der pazifistischen Ausrichtung der Grünen brach und für militärische Maßnahmen zur Aufrechterhaltung der UN-Schutzzonen in Bosnien und Herzegowina eintrat. Die Orientierung zur Marktwirtschaft machte die Grünen unter Fischer zu einer »realpolitischen« Partei. Kritiker warfen ihm zunehmend vor, als Außenminister Positionen zu vertreten, die er vor der rot-grünen Regierungsübernahme abgelehnt hatte.
Im Laufe der rot-grünen Regierungsbildung einigte man sich auf drei Ministerposten für die Grünen. Die wichtigsten Ressorts wurden mit Fischer als Außenminister und Vizekanzler, Otto Schily (SPD, vormals bei den Grünen) als Innenminister und Rudolf

Scharping (SPD) als Verteidigungsminister besetzt. SPD-Vorsitzender Oskar Lafontaine übernahm das um Aufgabenbereiche des Wirtschaftsministeriums erweiterte Finanzministerium.

7.2 Schröders »neue Mitte«, Lafontaines Rücktritt und Verluste bei den Grünen

Schröders Motto der »neuen Mitte«, mit dem der Regierungsanspruch legitimiert wurde, war gleichbedeutend mit einem neuen politischen und ökonomischen Programm, mit dem nicht nur klassisch sozialdemokratische, d. h. gewerkschaftliche, sondern auch neue moderne Interessen bedient werden sollten. Das Konzept beruhte auf der Auffassung, dass die SPD nur Regierungsmehrheiten erzielen würde, wenn es gelänge, neben traditionellen Arbeitermilieus auch junge mobile Wähler bzw. Nichtwähler, Freiberufler und Beschäftigte im Dienstleistungssektor und der Informationsbranche zu mobilisieren, die der neuen linksorientierten Mitte zuzurechnen wären.

In der Wahlkampagne wurde das Schlagwort »neue Mitte« verwendet. Schröder proklamierte dabei die Vollbeschäftigung, obgleich dieses Ziel schon seit den 1970er-Jahren nicht mehr erreicht werden konnte. Orientiert am britischen Labour-Politiker Tony Blair, der die Reform seiner Partei betrieb und 1997 und 2001 beeindruckende Wahlerfolge erzielte, versuchten Schröder und die SPD daran anzuknüpfen und einen »dritten Weg« zu beschreiten, der die Basis für das sogenannte »Schröder-Blair-Papier« 1999 bildete.

In Bezug auf die Wirtschaft bedeutete der Kurs der »neuen Mitte« eine Ausrichtung auf eine liberale Marktwirtschaft, Intensivierung der Beschäftigungspolitik auf Kosten einer Umverteilung, Verbesserung der Rahmenbedingungen für Wirtschaftswachstum und Schaffung neuer Anreize für Bildung und Fortbildung. Propagiert wurden eine stärkere Eigenverantwortung sowie die Begrenzung der Fürsorge und Vorsorge durch den Staat, wodurch sich die Unterschiede zur Wirtschafts- und Sozialprogrammatik zur CDU/CSU mindern sollten.

Schröder peilte vorerst eine Politik der »neuen Mitte« im Bereich der Finanzen und Renten an, wodurch sich alsbald Konflikte mit Finanzminister Oskar Lafontaine ergaben. Die Regierungspolitik konnte zunächst nicht überzeugen, zumal der Streit zwischen Bundeskanzler Schröder und dem Parteivorsitzenden Lafontaine im Zeichen von Unmut an der Parteibasis 1999 zu einer Reihe von schweren Verlusten der SPD in Landtagswahlen führen sollte. Lafontaine wollte die angebots- und neoliberal orientierte Politik Schröders nicht mittragen. Der Machtkampf zwischen ihm und Schröder führte zu Imageverlusten, zumal Lafontaine als Parteivorsitzender seit 1995 die SPD zusammengeschweißt und erheblichen Anteil am Wahlsieg hatte. Nach dessen überraschendem Rückzug von allen politischen Ämtern wurde Schröder im April 1999 auch SPD-Parteivorsitzender. In dieses Amt wurde er 2001 und 2003

wiedergewählt. Neuer Finanzminister wurde der kurz zuvor abgewählte hessische Ministerpräsident Hans Eichel.
Die »Bündnisgrünen« hatten auch Anpassungs- und Umstellungsprobleme. Mit ihrem erstmaligen Eintritt in eine Bundesregierung spitzte sich die Debatte zwischen »Fundis« und »Realos« zu. Der Wandel zum liberalen Parteiprofil führte zu Konflikten mit dem ökologisch linksorientierten Wählerpotenzial. Unzufriedenheit mit der rot-grünen Regierung führte bei Landtagswahlen 1999 die CDU im Westen und die PDS im Osten zu Erfolgen.

7.3 Umstrittene Außenpolitik: »Kosovokrieg« 1999 und Friedensmission in Mazedonien

Die Außenpolitik Deutschlands änderte sich unter Rot-Grün grundsätzlich. Die Regierung argumentierte, dass sich die deutsche Position in der Welt »normalisieren« müsse. Demnach war sie in den vergangenen Jahrzehnten nicht normal. Deutschland müsse für die Sicherheit in der Welt »Verantwortung tragen«.
Die Begeisterung nach dem 9. November 1989 vermittelte zunächst den Eindruck, in Europa und der Welt stünde der Demokratie nichts mehr im Wege und der ewige Friede sei ausgebrochen. Doch gab es bereits 1991 auf dem Gebiet Jugoslawiens blutige Auseinandersetzungen angesichts der Tendenzen zur Sezession der Teilrepubliken. Die Rivalitäten zwischen Serben, Slowenen, Kroaten und Bosnier entluden sich auf grausame Weise und führten zu »ethnischen Säuberungen«. Internationale Interventionen verhinderten noch Schlimmeres, nachdem in Srebrenica mit zirka 6.000 bis 8.000 ermordeten Männern und Jugendlichen ein Massaker stattgefunden hatte, bei dem niederländische UN-Mandatstruppen nicht einzugreifen wagten. Im Abkommen von Dayton in Ohio vom 21. November 1995, welches am 14. Dezember 1995 in Paris unterzeichnet wurde, konnten die Konflikte vorläufig stillgelegt werden.
Der serbische Präsident Slobodan Milošević wendete sich dem Kosovo zu, wo er schon zu Beginn seiner Amtszeit serbischen Chauvinismus und Vorurteile gegen die albanische Mehrheit geschürt hatte. Milošević hatte schon seit den 1980er-Jahren, bald nach Titos Ableben, den Traum von einem Groß-Serbien verkörpert und unter dem Deckmantel des Sozialismus Übergriffe auf andere ethnische Gruppen, besonders die albanischen und bosnischen Muslime, aber auch auf Kroaten und deren Territorium vorbereiten lassen. Milošević ist als ein Mann in die Geschichte eingegangen, der ohne Not Spaltung und Untergang seines Landes durch seinen nationalistischen Größenwahn betrieben hatte.
In den bürgerkriegsartigen und militärischen Auseinandersetzungen blieb keine Seite der anderen etwas schuldig. Die unter Tito gebilligte Autonomie des Kosovo im Rahmen der Republik Serbien war 1989/90 bereits schrittweise aufgehoben, der Gebrauch der albanischen Sprache untersagt und die albanische Mehrheit Re-

pressionen unterworfen worden. Das Vorgehen serbischer Armee- und Polizeieinheiten veranlasste Zehntausende von Albanern zur Flucht, während die albanische Untergrundarmee UÇK ihrerseits Gewaltaktionen verübte.
Westliche Medien und Politik vermittelten den Eindruck eines drohenden Völkermords, den es abzuwenden gelte. Der Deutsche Bundestag stimmte im Februar 1999 einer Beteiligung an Kampfmaßnahmen durch die Bundeswehr zu. Ein diplomatischer Einigungsversuch auf Schloss Rambouillet scheiterte. Milošević schien zu taktieren, das westliche Bündnis spalten zu wollen und war zu keinem Einlenken bereit. Nachdem die Schlichtungsbemühungen gescheitert waren, begann die NATO am 24. März 1999 den Krieg und führte die angedrohten Luftschläge gegen Jugoslawien durch.
Bundeskanzler Schröder, Außenminister Fischer und Verteidigungsminister Scharping zögerten zuvor kaum und waren zur Beteiligung an der militärischen Konfrontation relativ rasch bereit. Sie rechtfertigten den Krieg und damit auch den Einsatz deutscher Soldaten. Vor allem der enragierte Fischer, der beim Beschluss zum Kriegseintritt die eigene Parteibasis nicht konsultierte, operierte mit dem überzogenen Argument, ein neues Auschwitz müsse verhindert werden.
Am 7. April 1999 sagte er: »Ich habe nicht nur gelernt: Nie wieder Krieg. Ich habe auch gelernt: Nie wieder Auschwitz.« Dem Nachrichtenmagazin *Newsweek* teilte er auf die Frage mit, ob er zwischen den Ereignissen im Kosovo und der nationalsozialistischen Verfolgungspolitik eine direkte Parallele sehe: »Ich sehe eine Parallele zu jenem primitiven Faschismus. Offensichtlich sind die 1930er-Jahre zurückgekehrt, und das können wir nicht hinnehmen.« Diese Art von Instrumentalisierung des Holocaust als Thema zum politischen Vorteil machte Kritiker am militärischen Vorgehen der NATO in Deutschland nur zum Teil mundtot. Wegen seines Werbens als deutscher Außenminister für den Einsatz der NATO wurde Fischer heftig kritisiert und von Angehörigen der Friedensbewegung als »Kriegsverbrecher« bezeichnet. Das Oberverwaltungsgericht Berlin entschied allerdings, dass diese Bezeichnung rechtswidrig sei. Im Mai 1999 wurde Fischer aus Protest gegen den NATO-Einsatz auf dem Grünen-Parteitag in Bielefeld mit einem roten Farbbeutel beworfen und erlitt einen Trommelfellriss im rechten Ohr.
Trotz der heftigen parteiinternen Kritik war die Mehrheit der deutschen Öffentlichkeit mit der deutschen Kriegführung gegen Serbien einverstanden. Es handle sich um eine »humanitäre Intervention«, lautete die gängige, aber fragwürdige offizielle Begründung, die den internationalen Rechtsbruch zu verschleiern suchte. Selbst Exponenten der Friedensbewegung fielen auf die einseitig antiserbische mediale Kampagne und die gezielte Propaganda der NATO und ihrer führenden Mitgliedsstaaten herein und befürworteten das militärische Vorgehen. Die Grünen als Vorkämpfer für den Pazifismus verloren dabei ihre Unschuld. Sie führten auch Gründe für ihre Entscheidung an, die sich aber rückblickend als fadenscheinig und problematisch darstellen. Es ging den Kriegsbefürwortern eigentlich darum, Milošević daran zu hindern, die westlichen Staaten gegeneinander auszuspielen und die NATO zu spalten. Das Bündnis nutzte die Kontroverse um den Kosovo auch dazu, seine Stärke zu

demonstrieren, als Interventionsmacht aufzutreten und gegen den vermeintlichen Übeltäter vorzugehen. Tatsächlich war aber die Kosovo-Problematik nicht auf ein simples »Schwarz-Weiß« zu reduzieren, sondern viel komplexer.
Es soll dabei nicht außer Betracht geraten, dass es Auslandseinsätze der Bundeswehr schon früher gegeben hatte, z. B. in Osttimor, Kambodscha und Somalia, unter Verteidigungsminister Volker Rühe (1992–1998). Darüber hinaus hat sie in nicht unerheblichem Maße Leistungen für die Vereinten Nationen erbracht, auch als die Bundesrepublik noch gar nicht UNO-Mitglied war, so bei der materiellen Ausstattung für ein asiatisches Bataillon für den Einsatz auf den Golanhöhen, in beträchtlichem Ausmaß auch bei Lufttransporten.
Trotz alledem war die Situation 1999 eine neue: Die Bundeswehr beteiligte sich am erstmaligen »out of area«-Einsatz der NATO, ein Bündnis, das sich von einem Verteidigungs- zu einem Angriffs- und Interventionsbündnis gewandelt hatte. Noch dramatischer bzw. brisanter war folgender Umstand: Der Einsatz war gemessen an internationalen Rechtsgrundsätzen völkerrechtswidrig, weil kein einstimmiges UNO-Mandat vorlag und deren Charta verletzt wurde. Auch wenn der UN-Sicherheitsrat vor Ende des Kalten Kriegs auch schon jahrzehntelang blockiert war: Der Angriff auf Rest-Jugoslawien bedeutete einen Bruch gültigen Völkerrechts, weil die Charta der Vereinten Nationen von 1945 die Anwendung von Gewalt zwischen Staaten für immer untersagt hatte, ausgenommen den Verteidigungsfall, was nicht gegeben war. China und Russland waren u. a. deshalb gegen den militärischen Angriff auf Jugoslawien. Moskau verstand sich als traditionelle Schutzmacht Serbiens.
Die Folgen der Kriegsentscheidung waren fatal: Die Situation im Kosovo wurde durch die NATO-Bombardements, verhüllend als »Luftschläge« bezeichnet, nicht besser, sondern schlechter. Serbische Einheiten gingen dazu über, Dörfer zu zerstören und ihre Bewohner zu vertreiben. Die Zahl der Flüchtlinge aus dem Kosovo vervielfachte sich im Zuge der NATO-Luftangriffe auf Serbien. Für Zehntausende von Menschen war nicht ausreichend humanitäre Hilfe vorhanden. Der als humanitäre Intervention bemäntelte NATO-Krieg verschärfte die Situation und führte zu einer tatsächlichen humanitären Katastrophe.
Das Bombardement lief über Wochen. Auf der Basis von fünf Bedingungen der NATO an Serbien (umgehende Einstellung der Gewalt und Vertreibung, Rückzug aller Streitkräfte aus dem Kosovo, Zulassung einer internationalen Friedensmission, Rückkehrmöglichkeit für alle Flüchtlinge und Beginn politischer Verhandlungen) konnte unter Einbeziehung Russlands eine politische Lösung erzwungen werden, die am 9. Juni 1999 zur Einstellung der Kampfhandlungen führte.
Unter dem Schutzschirm der Vereinten Nationen überwachten ab dem 12. Juni 1999 amerikanische, europäische und russische Soldaten als Kosovo-Force (KFOR)-Friedenstruppen die Einhaltung der Vereinbarungen. Die international zusammengesetzte Truppe agierte im Auftrag der UNO und unter Beteiligung deutscher Soldaten.
So sehr der Kosovo-Einsatz nachträglich über die UNO sanktioniert werden sollte: Deutschland war mit dem NATO-Einsatz seiner Luftwaffe erstmals seit dem Zwei-

ten Weltkrieg wieder an einer militärischen Kampfhandlung beteiligt. Der irreführend bezeichnete »Kosovokrieg« war ein Krieg gegen Serbien und ein Testfall für die neu konzipierte NATO als Interventionsbündnis sowie für die internationale Akzeptanz und eine Probe für weitere »internationale Engagements« der neuen Bundesrepublik. Das Argument von der »humanitären Intervention« diente als Rechtfertigung (Kurt Gritsch). Milošević schien zunächst den Kriegsausgang politisch zu überstehen.
Im Oktober 2000 kumulierten jedoch die Proteste gegen seine Politik und führten zu einem Machtwechsel in Belgrad. Er wurde abgewählt und 2001 von der serbischen Regierung dem Internationalen Kriegsverbrechertribunal in Den Haag überstellt, wo ihm ein jahrelanger Prozess gemacht wurde. Er starb am 11. März 2006 in Haft. Bekannt wurde zwischenzeitlich auch, dass sich die Familien Milošević wie auch die von Franjo Tuđman auf kroatischer Seite an ihrem jeweiligen Volksvermögen maßlos bereichert hatten.
In Mazedonien nahmen 2001 Gewalthandlungen zwischen der slawischen Bevölkerungsmehrheit und der albanischen Minderheit zu. Nach diplomatischem Druck und Vermittlungen kam es noch im gleichen Jahr in Skopje zu einer Friedensvereinbarung. Sie führte neben Demilitarisierung und Zusicherung von Straffreiheit für die UÇK (ausgenommen davon Kriegsverbrecher) zu einer mazedonischen Verfassungsänderung, um die Minderheitenrechte zu erweitern. UÇK und NATO stimmten einer Aktion zur Demobilisierung und Entwaffnung zu, an deren Kontrolle mehr als 400 deutsche Bundeswehrsoldaten mitwirkten.
Dem Grundgesetz zufolge hatte die Bundesregierung die Beteiligung der Bundeswehr an diesem auf 30 Tage befristeten NATO-Einsatz außerhalb des Bündnisgebiets am 29. August 2001 im Bundestag abstimmen lassen. Die Entscheidung führte unter Ablehnung durch die PDS dennoch zu einer klaren Mehrheit (528 Ja- und 40 Nein-Stimmen bei zehn Enthaltungen). Teile der SPD-Fraktion stimmten jedoch dagegen, womit die Koalition erstmals ohne eigene Mehrheit auskommen musste. Den Bundeswehreinsatz bezeichnete die Rot-Grün-Regierung nicht mehr als den Frieden erzwingende (»peace enforcement«) Maßnahme wie für den Kosovo, sondern als Maßnahme zur Stabilisierung Mazedoniens im Rahmen der EU.
Der »Kosovokrieg« machte die Defizite der »gemeinsamen« europäischen Außen- und Sicherheitspolitik, v. a. die starke militärische Abhängigkeit der EU von den USA deutlich und veranlasste die Mitgliedsstaaten, die EU-Kompetenzen auf diesen Feldern zu stärken. Aufgrund der schlechten Erfahrung im Kosovo wurde mehr Wert auf zivile Konfliktverhütung gelegt, um einen Kriegszustand wie 1999 zu vermeiden. EU und OSZE engagierten sich für Maßnahmen der Befriedung, Demokratisierung und Hilfe. Die Bundeswehr übernahm die militärische Führung des NATO-Kontingents zum Schutz der OSZE-Beobachter.
Zu den herausragendsten außenpolitischen Aktivitäten in der Zeit von Rot-Grün gehörten die Unterstützung der Errichtung des Internationalen Strafgerichtshofs, die Verabschiedung eines nationalen Aktionsplans für die Menschenrechte, die Entschuldungsinitiative für arme Länder, begonnen auf dem G7-Gipfel 1999 in Köln, sowie die weltweite Aufstockung der Entwicklungshilfe mit einer Einigung auf dem

G8-Gipfel in Gleneagles am 9. Juli 2005. Es ging um die Erhöhung der Entwicklungshilfe um 50 Milliarden US-Dollar jährlich bis 2010. Weitere außenpolitische Maßnahmen waren die Erhöhung der Mittel im Kampf gegen AIDS von 20 Millionen Euro im Jahr 1998 auf 300 Millionen Euro im Jahr 2004 sowie die Bewilligung einer 500-Millionen-Euro-Hilfe nach der Tsunami-Katastrophe 2005.

7.4 Aufschwung und Rückschlag der CDU durch die Spendenaffäre

Wiederholt gingen in Deutschland Wahlen auf Länderebene zulasten der Parteien, die auf Bundesebene Wahlgewinner waren und die Regierung gebildet hatten. Diese Kontinuität bestätigten die Jahre 1998/99. Mit Ausnahme von Hessen und Bremen verlor die SPD im Saarland, in Brandenburg, Thüringen, Sachsen und Berlin teilweise stark. 1999 verloren Bündnis 90/Die Grünen ausnahmslos, während die CDU mit Ausnahme von Sachsen (wo sie ohnehin bereits sehr stark war) deutlich zulegte. Im Saarland und in Thüringen gewann sie die absolute Mehrheit der Landtagssitze und in Sachsen konnte sie sie behaupten, wodurch die rot-grüne Mehrheit im Bundesrat verloren ging. Die Resultate belegen ein stabiles Wahlverhalten der CDU-Wähler sowie die Bereitschaft, je nach Lage verschieden zu wählen. Bei den Europa-Parlamentswahlen verlor die SPD im Juni 1999 deutlich gegenüber CDU/CSU. Kohls Grad an Popularität nahm wieder zu und übertraf sogar denjenigen von anderen Regierungsmitgliedern. Öffentliche Auftritte häuften sich. Als CDU-Ehrenvorsitzender galt ihm Anerkennung und die Vorbehalte gegen seine Regierungszeit traten zurück. Die seit November 1999 öffentlich bekannt gewordene Parteispendenaffäre paralysierte dann jedoch die CDU.

Im Dezember 1999 wurde ein Untersuchungsausschuss des Bundestages damit beauftragt festzustellen, ob Entscheidungen der Regierung Kohl durch Geldzahlungen von Interessenten beeinflusst worden waren. Kohl und der frühere Schatzmeister Walther Leisler Kiep ließen das CDU-Finanzgebaren fragwürdig erscheinen, was zur Lähmung der Partei führte, sodass sie als Oppositionskraft teilweise ausfiel. Die Lage war diffus, doch klärten sich in Folge von Ermittlungen eine Reihe schwerwiegender Sachverhalte auf.

Der Waffenhändler Karl-Heinz Schreiber hatte im Sommer 1991 dem früheren CDU-Steuerberater Horst Weyrauch im Beisein Leisler Kieps eine Million D-Mark in bar ausgehändigt. Schreiber gab an, das Geld sei für die CDU gedacht gewesen, wo es aber nie eintraf. Der Verdacht der Bestechlichkeit stand im Raum. Es erhob sich die Frage, ob es sich bei diesem Geld um eine Zahlung für die vorher genehmigte Lieferung von »Fuchs-Spürpanzern« an Saudi-Arabien handelte. Kohl gab zu, in den Jahren von 1993 bis 1998 Spenden von rund zwei Millionen D-Mark persönlich angenommen und an die CDU weitergegeben zu haben. In den Rechnungsbüchern der Bundespartei waren diese Summen jedoch nicht aufgeführt. Er weigerte sich jedoch, unter Berufung auf sein »Ehrenwort«, die Namen der Spender anzugeben.

Im Lichte dieser Affäre erschienen seine Regierungs- und Parteipolitik als das »System Kohl« in einem dichten Netzwerk persönlicher Abhängigkeiten und politischer Bindungen. Auf diese Weise gelang es dem »Bimbes-Kanzler« (pfälzisch steht das Wort für »Geldkanzler«), seine Macht zu sichern, potenzielle Rivalen (Heiner Geißler, Lothar Späth, Rita Süssmuth) zu bekämpfen und zu neutralisieren. Inwieweit hier finanzielle Dienste im Spiel waren, die außerhalb der Parteistatuten einzelnen Personen oder Bereichen geleistet wurden, stand zur Diskussion.
Beim Verkauf der Raffinerie in Leuna der ehemaligen DDR an den französischen Ölkonzern Elf Aquitaine im Zuge der deutschen Einigung waren nach Ermittlungen französischer und schweizerischer Staatsanwälte Schmiergelder in Millionenhöhe nach Deutschland gezahlt worden. Das bestätigte der frühere Vorstandsvorsitzende des Konzerns, Alfred Sirven. Die Akten des Bundeskanzleramtes zum Verkauf der Leuna-Raffinerie waren mit Ende der Regierung Kohl verschwunden, was Gegenstand staatsanwaltlicher Ermittlungen wurde.
Die ehemalige Schatzmeisterin der CDU, Brigitte Baumeister, und der ehemalige Bundesparteivorsitzende Wolfgang Schäuble gaben widersprüchliche Versionen über die Weitergabe einer 100.000-DM-Spende des Waffenhändlers Schreiber an, wovon in den Rechnungslegungen der Partei keine Notiz auftauchte.
Die Schweizer Geheimkonten der CDU – seit Anfang der 1960er-Jahre in Zürich – und Geldwäscheanlagen in Vaduz (»Norfolk-Stiftung«) bildeten eine weitere kontroverse Thematik. In den Jahren 1989 und 1992 soll Kohl dem Generalbevollmächtigten des CDU-Schatzamts zwei bis drei Millionen D-Mark für diese Konten übergeben haben. Auch diese Summen tauchten nur teilweise in den CDU-Rechnungsbüchern auf.
1983 zahlte die Frankfurter Metallbank in Hessen auf Veranlassung u. a. des dortigen CDU-Generalsekretärs und späteren Bundesinnenministers Manfred Kanther rund 21 Millionen D-Mark auf drei Konten von Schweizer Banken. Als »jüdische Vermächtnisse« getarnt, flossen sie indirekt wieder nach Hessen zurück, um den dortigen CDU-Landtagswahlkampf 1999 mitzufinanzieren.
Die Staatsanwaltschaft in Bonn stellte im Rahmen dieser Affären eine Reihe von Verfahren gegen Geldauflagen ein, z. B. das Ermittlungsverfahren gegen Kohl wegen Untreue zum Schaden der CDU gegen eine Geldbuße von 300.000 D-Mark. Es wurden 84 Strafbefehle erteilt, aber lediglich in acht Fällen Anklage erhoben. Eine umfassende Klärung erfolgte bis zuletzt nicht. Die Partei zog organisatorische Konsequenzen. Spenden ab 3.000 D-Mark durften nur über Inlandskonten überwiesen werden. Kohls Ansehen litt unter dieser Vorwürfen und Vergehen schwer.
Der Ruhm des »Kanzlers der Einheit« war im Schwinden. Die CDU-Spendenaffäre wurde zur Affäre Kohl. Auch Schäuble verlor an Amt und Ansehen. Das Zerwürfnis mit Kohl war perfekt. Der Skandal ebnete den Weg zum Aufstieg von Angela Merkel als neuer Parteivorsitzenden, die zum »System Kohl« deutlich auf Distanz ging.

7.5 Deregulierung und Internationalisierung: Deutschlands Rolle im Zeichen der Globalisierung und EU-»Osterweiterung«

Der Begriff »Globalisierung« wurde im öffentlichen Bewusstsein erst in den 1980er-Jahren voll gängig. Auf den ersten oberflächlichen Blick meinte er die Öffnung weltweiter Märkte für Produkte, Kapital und Dienstleistungen. Doch war dieses Phänomen keinesfalls auf den Bereich Wirtschaft allein zu reduzieren, sondern ein Mehrebenen-Vorgang. Konzentration von Finanzkapital und Entstehung von Welthandelsregionen wiesen auf eine ökonomische Dimension. Durch das Internet konnte Arbeit weltweit verlagert werden. Die Allgegenwärtigkeit neuer Medien machte auch auf eine kommunikationstechnologische und die Verbreitung von Massenkulturen auf eine gesellschaftliche Dimension aufmerksam. Zu den Charakteristika der Globalisierung zählten zunehmend internationale Arbeitsteilung und Verflechtung, zwischenstaatliche Kooperation, kultureller Wandel und überstaatlicher Umweltschutz. Globalisierung wurde getragen von Nationalstaaten, die gemeinsam mit internationalen Organisationen wie der EU den Abbau von Zöllen und nicht-tarifären Handelshemmnissen, die Beseitigung innerstaatlicher Regeln (»Deregulierung«), den Abbau des Beamtenapparats, die Liberalisierung des Kapitalverkehrs, die Entwicklung eines dichten Informationsnetzes sowie reduzierte Transportkosten und die Homogenisierung technischer Normen förderten. Diese Entwicklung erfuhr noch eine Intensivierung durch den Zerfall des sozialistischen Staatensystems in Mittel- und Osteuropa 1989/90 sowie durch den Zusammenbruch der Sowjetunion 1991. Beides wurde vorschnell als Triumph des Kapitalismus und der Marktwirtschaft gefeiert, wozu auch die schrittweise ökonomische und handelspolitische Öffnung der Volksrepublik China gehört.

Für Deutschland bedeuteten die Folgen der Globalisierung zahlreiche innen- und außenpolitische Zwänge. Im Zeichen der Liberalisierung verschiedenster Bereiche der Ökonomie stand Deutschland als exportorientiertes und rohstoffarmes Land als Wirtschafts- und Produktionsstandort im Wettbewerb mit anderen aufstrebenden Wirtschaftsmächten wie Brasilien, China und Indien. Die hohen Sozialstandards, schweren Steuerlasten sowie die arbeitsrechtlichen und Umweltschutz spezifischen Vorschriften rückten im Lichte des internationalen Wettbewerbs zunehmend kritisch in das Blickfeld innenpolitischer Debatten.

In der Ära Kohl wurde auf diese Herausforderungen nur eingeschränkt reagiert. Rot-Grün war daher gezwungen, mit einer aktiven Reformpolitik im Bereich der Steuern und der Altersvorsorge günstige Rahmenbedingungen im Zeichen der Globalisierung zu schaffen. Teil der Reformpolitik war auch eine verstärkte Tendenz zur Deregulierung und Entstaatlichung, was mit dem Stellenabbau im öffentlichen Dienst Hand in Hand ging.

Im Jahre 1991 waren 6.7 Millionen im öffentlichen Dienst beschäftigt. Diese Zahl reduzierte sich 2005 auf 4,6 Millionen wie Grafik 23 zeigt, die eine Aufteilung nach Beamten im Bund, den Ländern und Gemeinden und im mittelbaren öffentlichen

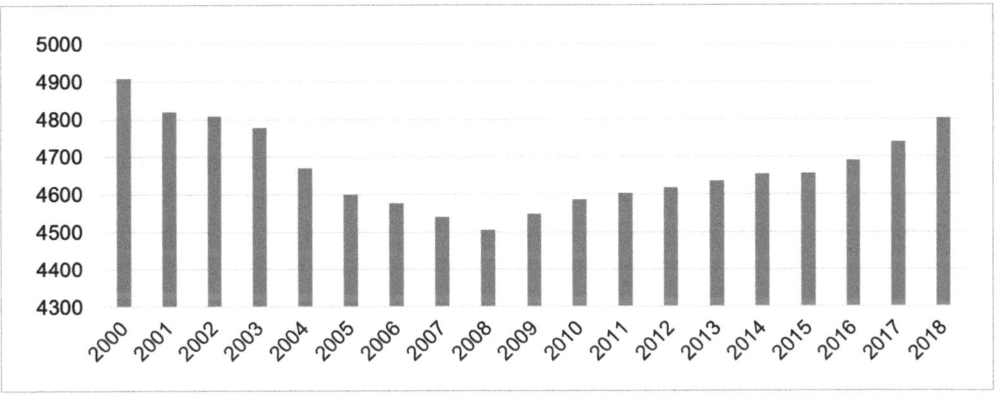

Grafik 23: Beschäftigte im öffentlichen Dienst

Dienst beinhaltet (ebenfalls in absoluten Zahlen). Im Bund waren über 0,5 Millionen Beamte beschäftigt, in den Ländern über zwei Millionen, im Gemeindebereich über eine Million und deutlich mehr als 1/2 Million im mittelbaren öffentlichen Dienst. Ein Einbruch von 1993/94 auf 1995 war v. a. durch die Ausgliederung der Post bedingt. Tendenziell war der Abbau von Beamtenstellen und die Befristung von öffentlichen Stellen deutlich. Nicht nur im Inneren wandelte sich das Bild Deutschlands.

Der öffentliche Dienst wies einen Rückgang des Beschäftigungsstands von der deutschen Einheit bis in die jüngere Zeit von 6.738.000 auf 4.803.000 Personen auf. Deregulierung, Einsparungen, Privatisierung, Outsourcing, mithin der Rückzug des Staates, und nicht zuletzt die anhebende Digitalisierung sprachen für diese Entwicklung, wobei die negativen Auswirkungen neoliberaler Ordnungspolitik erkannt und der Abwärtstrend aufgrund verschiedener Erfordernisse (Asylregelungen, innere Sicherheit) ab 2015 abgefedert und abgeschwächt wurde.

Die neue äußere Position Deutschlands erwuchs aus der Überwindung der deutschen Teilung und damit auch der Spaltung Europas. Durch seine volle Souveränität wurde Deutschland im internationalen Beziehungsgefüge als vollkommen gleichberechtigt wahrgenommen. Es forderte unter Schröder einen eigenen Sitz als ständiges Mitglied im UN-Sicherheitsrat. Entsprechend nahm die Erwartungshaltung anderer Staaten zu. Deutschland war so mehr denn je gefordert, bei friedenserhaltenden Maßnahmen in Südosteuropa, aber auch bei friedenserzwingenden militärischen Einsätzen, z. B. der WEU und NATO.

Der Konflikt um den Kosovo und der Krieg gegen Jugoslawien veränderte die Haltung der deutschen Regierung zur »Osterweiterung« der EU. Zunächst eher zurückhaltend, sah sie nun in einer schnellen Erweiterung ein Mittel zur Stabilisierung der politischen und wirtschaftlichen Lage in den mittel- und osteuropäischen Nachbarstaaten. Sie wurde zu einer strategischen Priorität deutscher Europapolitik.

Im Rahmen der EU spielte Deutschland eine zunehmend wichtigere Rolle bei der Integration der Beitrittskandidatenländer aus Mittel- und Osteuropa. Als der UNO verpflichtetes Land trat Deutschland wiederholt für die Menschen- und Minderheitenrechte ein, half bei der Linderung von Armut, förderte eine globale Umweltpolitik durch Unterstützung des Kyoto-Klimaschutz-Protokolls, propagierte den Schutz der Ressourcen der Natur und bot sich sogar unter Außenminister Fischer als Gesprächspartner und Vermittler im Nahostkonflikt an. Die unter Schröder trotz anfänglicher und zeitweise geäußerter Vorbehalte beibehaltene europäische Integrationspolitik erwies sich als Element außenpolitischer Kontinuität.

Mit starker deutscher Unterstützung nahm die EU mit zwölf Kandidaten Beitrittsverhandlungen auf, so mit Bulgarien, Estland, Malta, Lettland, Litauen, Polen, Tschechien, Rumänien, Slowakei, Slowenien, Ungarn und Zypern. Als 13. Land erhielt die Türkei auch dank besonderer Unterstützung von Rot-Grün und im Zeichen guter Beziehungen zwischen Schröder und dem türkischen Ministerpräsidenten Recep Tayyip Erdoğan 1999 den Status als Beitrittskandidat.

Schröder engagierte sich für eine Aufnahme der Türkei in die EU u. a. mit dem Argument, dass die Türkei eine friedensstiftende Brückenfunktion zwischen Orient und Okzident wahrnehme. Kritiker sahen in einem möglichen EU-Beitritt der Türkei jedoch eine Überdehnung und Überforderung der Union. Oppositionsführerin Angela Merkel bereiste im Februar 2004 drei Tage lang die Türkei und setzte sich dort für das Modell einer »privilegierten Partnerschaft« ein, und zwar als Alternative zu der von der Bundesregierung angestrebten EU-Vollmitgliedschaft. In einer Rede am 20. November 2004 bezeichnete sie im Zusammenhang mit der innenpolitischen Lage Deutschlands im Hinblick auf die Integrationsproblematik der vorwiegend türkischen muslimischen Bevölkerung die »multikulturelle Gesellschaft« als »gescheitert«. Sie brachte den Begriff der deutschen Leitkultur in die Debatte ein, der vom CDU-Fraktionsvorsitzenden Friedrich Merz im Oktober 2000 aufgebracht worden war, und kritisierte die mangelhafte Integrationsfähigkeit der Muslime. Der CDU-Politiker Jörg Schönbohm, Innensenator von Berlin, hatte schon im Juni 1998 von »deutscher Leitkultur« gesprochen.

In Schröders Amtszeit verbesserte sich das Verhältnis zwischen Deutschland und Russland beträchtlich, zumal er sich mit dem Präsidenten Wladimir Putin persönlich gut verstand. Gleichfalls verbesserte sich die Beziehung zu Frankreich auch aufgrund des guten persönlichen Verhältnisses zum französischen Staatspräsidenten Jacques Chirac. So ließ sich Schröder beim EU-Gipfel in Brüssel am 20. November 2003 sogar durch Chirac vertreten, um bei Abstimmungen über seine Reformvorhaben im Bundestag anwesend sein zu können. Das war in der Geschichte der EU eine einmalige Geste des Vertrauens und unterstrich die Übereinstimmung der politischen Führung beider Länder.

Durch die Visa-Affäre nahm das innenpolitische Image von Außenminister Fischer Schaden. Es war angekratzt, weil über die deutsche Botschaft in Kiew illegal und massenhaft Visa über fragwürdige Kanäle an zweifelhafte Personen ausgestellt worden waren. Bei den diesbezüglichen Ermittlungen nahm der CDU-Politiker Eckart von Klaeden eine prominente Rolle ein. Dennoch erwarb Fischer Anerkennung als Außenminister und galt als aussichtsreicher Kandidat für den nach dem Verfassungs-

vertrag geplanten Posten eines EU-Außenministers. Die Basis legte er mit der aufsehenerregenden Rede »Vom Staatenverbund zur Föderation« an der Humboldt-Universität in Berlin am 17. Mai 2000, als er die Finalität der europäischen Einigung betonte und für einen europäischen Föderalismus, sprich Bundesstaat, plädierte.
Die Erweiterungen der EU 2004 und 2007 um 12 Staaten und 100 Millionen Menschen ermöglichte einen Wirtschaftsraum von 500 Millionen Einwohnern, was im Zeichen globaler Konkurrenz einen gewaltigen Expansionszuwachs darstellte. Die größte Erweiterung in ihrer Geschichte machte Vorbereitungen nötig, die z. B. in der Forderung der Kopenhagener Kriterien 1993 ihren Ausdruck fanden: Jedes beitrittswillige Land musste für den Beitritt Demokratie, Rechtsstaatlichkeit, Stabilität der Institutionen, Marktwirtschaft, Menschen- und Minderheitenrechte sowie die Erfüllung des gemeinsamen Rechtsbestands (»Acquis communautaire«) gewährleisten. Nur mit Ausnahmen (»opting outs« = sich von integrationspolitischen Entscheidungen fernhalten bzw. sich von solchen Maßnahmen ausnehmen) und Übergangsfristen waren die Mitgliedschaften möglich.
Um aufnahmefähig zu sein, musste die EU selbst zu institutionellen Reformen bereit sein, die besonders von deutscher Seite gefordert wurden. Der Europäische Rat in Nizza versuchte im Dezember 2000 mit einem neuen Unionsvertrag, eine Basis für die Handlungsfähigkeit der EU im Lichte der bevorstehenden Erweiterung zu schaffen. Die Erweiterung der Mehrheitsentscheidungen und die neue Stimmengewichtung im Rat, die Erhöhung der Parlamentssitze sowie die Komposition der Kommission spielten hierbei eine Rolle. Strukturhilfen für die ärmeren neuen EU-Mitglieder waren notwendig. Die bisherige kostspielige EU-Agrarpolitik musste reformiert werden. Im Bereich der Liberalisierung des EU-Arbeitsmarkts musste Deutschland gegensteuern und plädierte für eine zeitweilige Aussetzung der Arbeitnehmerfreizügigkeit. Nizza war jedoch kein Erfolg.

7.6 Steuer- und Rentenreform sowie Schuldenabbau – Atomausstieg und Diversifizierung der Gesellschaft

Die rot-grüne Koalition beschloss bereits im November 1998 eine ökologische Steuerreform mit der Absicht, den Energiekonsum zu verteuern bzw. den Energieverbrauch zu verringern. Das Gesetz trat ab 1. April 1999 in Kraft. Die »Ökosteuer« bewirkte eine Verteuerung der Preise für den Mineralöl- und Energieverbrauch. Die Steuereinnahmen sollten zur Senkung der Rentenversicherungsbeiträge, zur Reduzierung der Arbeitskosten und zur Förderung der Beschäftigung eingesetzt werden. Der Umweltnutzen wurde von Kritikern bezweifelt, weil weder ein effizientes Steuerungssystem noch ein entsprechender Anreiz vorhanden waren, den Schadstoffausstoß zu reduzieren. Doch werde der Kraftstoff verteuert, hingegen das produzierende Gewerbe geringer belastet als private Haushalte, argumentierten die Gegner. Energieintensive Betriebe wurden auch von der Besteuerung ausgenommen. Experten hiel-

ten eine Beseitigung der Ökosteuer hingegen für falsch. Mit Rot-Grün verstärkte sich der gesellschaftliche Wandel.
Die Grafik 24 zeigt, dass bei den Eheschließungen mit den beginnenden 1950er-Jahren bis zur beginnenden Großen Koalition CDU/SPD (2005) ein deutlicher Trend nach unten gegeben war, teilweise etwas aufgehalten Anfang der 1980er- und Anfang der 1990er-Jahre. Danach ging es weiter steil bergab. Die Scheidungen, zunächst in einer Mittelposition, nahmen ab den 1980er-Jahren deutlich zu. Der Wert von 96,2 (in Tausend) im Jahr 1980 steigerte sich innerhalb von 25 Jahren auf das Doppelte. Offensichtlich waren mit der Nachkriegsgeneration auch deren Wertvorstellungen verschwunden oder sie hatten sich gewandelt. Die an stabilen Werten orientierte Vorstellungswelt der Kriegsgeneration existierte jedenfalls kaum mehr. Argumentiert wurde in diesem Zusammenhang auch, dass gerade die Ehen, die aus der Zeit von 1939 bis 1945 hervorgegangen waren, beständig(er) waren, jene Ehen der Generation ohne Krieg hingegen wechselhaft(er) und dies dazu angetan war, den Partner wieder zu verlassen, weil man sich Vorteile oder ein einfacheres oder besseres Leben versprach (Grafik 24). Anzumerken wäre hierbei, dass das durchschnittliche Heiratsalter kontinuierlich von 28 Jahren bei den Männern und 25 Jahren bei den Frauen im Schnitt um gut drei Jahre anstieg (2006). D. h. die Menschen überlegten es sich länger, ob sie überhaupt heiraten sollten. Dieser Aspekt spiegelte bis zu einem gewissen Grad auch die höheren Scheidungsraten wider. Wenn es in vielen Fällen der Ehen »schiefging«, überlegte man länger und genauer.
Die hohe Zahl der Ehescheidungen erklärt sich dadurch, dass die Menschen ökonomisch freier als früher waren, bedingt durch die höhere Berufstätigkeit der Frauen, die Lebenseinstellung freier wurde sowie gesellschaftspolitische Konventionen und moralische Wertvorstellungen weniger bindende Kraft besaßen.
Im Bereich der Familienpolitik war also Handlungsbedarf gegeben und besonders für den Osten Deutschlands ein dramatisches gesellschaftliches Auflösungspotenzial von

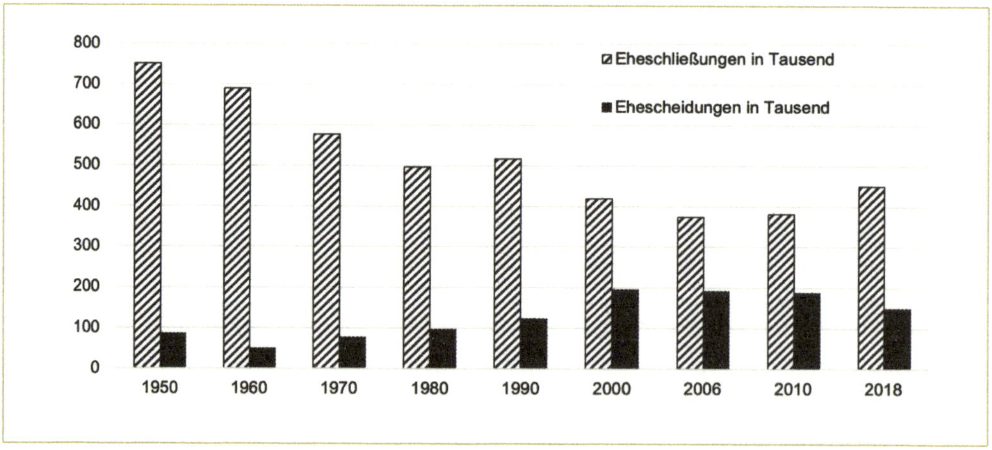

Grafik 24: Eheschließungen und Ehescheidungen in Tausend

Ehe und Familie erkennbar. Seit 2000 betrug der Anteil nicht ehelicher Geburten in den neuen Bundesländern fortlaufend über 50 % aller Geburten, kombiniert mit einem starken Geburtenrückgang, der mit einer v. a. nach 1989 drastisch gesunkenen Zahl an Eheschließungen und einem erhöhten Heiratsalter Hand in Hand ging.
Neue Formen des Zusammenlebens mit »Lebensabschnittspartnern« (LAP), der Zwang zur beruflichen Mobilität und die Abwanderung junger Leute in den Westen und die generell unsicheren sozioökonomischen Verhältnisse trugen dazu bei. Die im Vergleich zum Westen weit höhere Arbeitslosigkeit im Osten stellte sich dabei als größeres Problem dar als die demografische Entwicklung.
Vergleicht man die Zahlen der Eheschließungen und Scheidungen von der Bundesrepublik bis zum vereinten Deutschland, so lässt sich für die Scheidungen von den 1960er-Jahren bis 2000 ein kontinuierlicher Anstieg von etwa 50.000 auf das zirka Vierfache (195.000) feststellen. In den letzten zwei Jahrzehnten von 2000 bis 2018 blieb die Scheidungsquote relativ stabil (von leichten Rückgängen zwischen 2006 und 2018 abgesehen). Der Abschwung von 84.000 auf 49.000 Scheidungen im Zeitraum von 1950 bis 1960 kann mit der Stabilisierung der gesellschaftlichen und politischen Verhältnisse sowie dem vollen Durchbruch des »Wirtschaftswunders« erklärt werden und der Anstieg wiederum von 1990 bis 2010 mit dem Stress und der Verwerfungen der Transformation im Zuge der deutschen Einheit, v. a. für viele Ostdeutsche, die mit individuellen Lebensbrüchen und einschneidenden familiären Veränderungen, z. B. durch Arbeitsplatzverluste und das Pendeln nach Westdeutschland zu deuten wären. Der tendenzielle Abschwung von Eheschließungen lässt sich auf vielfältige Weise erklären und zwar durch eine freizügigere Lebensweise, einem verstärkten Trend zu LAPs und Patchwork-Familien oder auch zum Single-Dasein. Die Entwicklung lässt sich generell auch am Rückgang und Verlust von kirchlich-religiösen Bindungen festmachen.
Eine weitere tiefgreifende Steuerreform wurde am 18. Mai vom Bundestag und – gegen die Intention der Unionsführung – auch am 14. Juli 2000 vom Bundesrat beschlossen. Damit zielte Rot-Grün auf eine spürbare Entlastung der Familien, aber auch der Unternehmen, mit der erklärten Zielsetzung der Schaffung neuer Arbeitsplätze, der Ankurbelung des Wirtschaftswachstums sowie der Stärkung der Stellung Deutschlands auf dem globalen Markt und des Erhalts neuer Investitionen.
Von 2000 bis 2005 wurde der Eingangssteuersatz von 23 % auf 15 % gesenkt. Der Spitzensteuersatz reduzierte sich in der gleichen Zeit von 51 % auf 41 %, was ein Entgegenkommen für die Opposition bedeutete, die allerdings eine weitere Absenkung auf 35 % verlangt und die Benachteiligung des Mittelstandes kritisiert hatte. Die rot-grüne Koalition bezifferte das Ausmaß der Entlastungen der Steuerreform mit den Steuererleichterungen auf 87 Milliarden D-Mark.
Ein äußerst ambitioniertes Ziel bestand darin, bis 2006 ein ausgeglichenes Budget ohne Neuverschuldung zu erreichen. Weiter sollte bis 2020 die Gesamtschuld des Bundes, die 2001 zirka 1.450 Milliarden D-Mark ausmachte – getilgt werden. Kanzler Schröder und Finanzminister Eichel bewiesen die dafür notwendige Durchsetzungsstärke und Führungsqualität, als es um die Verwendung der UMTS-Lizenzerlöse von

rund 99 Milliarden D-Mark ging, die der Finanzminister zur Abtragung der Schulden einsetzte.
Die 2001 beschlossene Rentenreform – die »Riester-Rente«, benannt nach dem Minister für Arbeit und Sozialordnung Walter Riester (SPD) – wies folgende Charakteristika auf: Der Beitragssatz sollte trotz Steigerung des Alters der Gesellschaft bis 2020 unter 20 % gedrückt, bei der Anpassung Dämpfungsmittel eingesetzt werden und eine staatlich subventionierte Privatrente die geringeren Zuwächse bei der gesetzlichen Rente kompensieren. Die Zuwendungen für Normal- und Geringverdiener sollten auf 300 D-Mark steigen und Frauen für die Kindererziehung nach Kinderzahl verbesserte Zuschläge erhalten. Die Hinterbliebenenrente wurde unter Berücksichtigung einer Altersgrenze gekürzt. Gesparte Beiträge konnten vor Eintritt in das Rentenalter zur Finanzierung von Wohnungseigentum genutzt werden.
In der Energiepolitik setzten die Regierungen der Bundesrepublik bis 1998 auf eine Mischung aus Gas, Kohle, Kernenergie und regenerativen Energien. Seit dem verheerenden Reaktorunfall in Tschernobyl 1986 hatte die SPD den »Ausstieg aus der Kernenergie« in den nächsten zehn Jahren gefordert. SPD und Grüne stimmten als Regierungspartner darin überein, die Nutzung von Atomkraftwerken (AKW) im Einvernehmen mit den Betreibern einzustellen.
Die Gefahr von Unfällen, radioaktiver Strahlung und die Problematik der Entsorgung des Atommülls dienten als Gründe. Rot-Grün und die Energieversorger vereinbarten am 14. Juni 2000 ein ordnungsgemäßes Auslaufen der Atomenergienutzung: Die AKWs sollten nur noch innerhalb gewisser Fristen laufen, Wiederaufbereitungen als Entsorgung nur noch bis zum 1. Juli 2005 möglich sein, an den AKW-Standorten Zwischenlager eingerichtet und Transporte von Atommüll um bis zu zwei Drittel gesenkt werden. Der Bau des Endlagers Gorleben wurde gestoppt.
Die Unterzeichnung der Vereinbarung legte am 11. Juni 2001 die Basis für die Atomgesetzesänderung. Die Laufzeit von 19 AKWs würde nur noch 13 Jahre betragen. Ältere AKWs konnten früher stillgelegt, jüngere noch weiterbetrieben werden. Der in Frankreich und Großbritannien wieder aufbereitete deutsche Atommüll wurde wie bislang in Gorleben zwischengelagert.

7.7 Entscheidung für Zwangsarbeiterentschädigung und Kontroverse um das Holocaust-Mahnmal in Berlin

Auch das neue Deutschland zeigte nach wie vor Bereitschaft, sich verantwortungsbewusst der Geschichte des »Dritten Reiches« zu stellen und materielle Entschädigung zu leisten für Unrechtshandlungen, die im deutschen Namen während des Zweiten Weltkriegs geschehen waren. Dabei wurde aber auch der Wunsch nach einem »Schlussstrich«, also einer definitiven politischen Endregelung, schon sehr früh deutlich. Franz-Josef Strauß forderte einen solchen schon 1969: »Ein Volk, das diese wirtschaftlichen Leistungen erbracht hat, hat ein Recht darauf, von Auschwitz nichts mehr hören zu wollen!« Im Jahre 1981 hatte Helmut Schmidt allen Ernstes geäußert, Deutschland müsse »aus dem Schatten von Auschwitz treten«, um Panzer nach Saudi-Arabien verkaufen zu können. Strauß äußerte sich 1986 gegen »die ewige Vergangenheitsbewältigung als gesellschaftspolitische Dauerbüßeraufgabe«. Der Schriftsteller Martin Walser sprach 1998 in seiner Dankesrede zur Verleihung des Friedenspreises des deutschen Buchhandels von der »Routine der Beschuldigung«, der »Instrumentalisierung unserer Schande zu gegenwärtigen Zwecken« und formulierte: »Auschwitz eignet sich nicht dafür, Drohroutine zu werden, jederzeit einsetzbares Einschüchterungsmittel oder Moralkeule oder auch nur Pflichtübung«. Die Äußerungen stammten nicht von NPD-Politikern, sondern von einem christdemokratischen und einem sozialdemokratischen Vertreter sowie einem Schriftsteller und wären Jahrzehnte später politisch nicht mehr tragbar.

Das neue Deutschland war inzwischen im 21. Jahrhundert angekommen, die Verantwortung für die Geschichte der NS-Verbrechen blieb aber bestehen, und der deutsche Staat wie auch die private Seite sollten diese weiterhin sehr ernst nehmen (Kap. 12.7).

Im sogenannten »Dritten Reich« waren seit 1939, besonders ab 1942, Zwangsarbeiter zur Produktionssicherung rekrutiert worden. Im Jahre 1944 handelte es sich um über 7,5 Millionen Menschen. Arbeits- und Lebensbedingungen waren teils unterdurchschnittlich, teils menschenunwürdig. Rund 1,7 Millionen polnische und 2,8 Millionen russische Zwangsarbeiter waren eingesetzt, darunter Kriegsgefangene und Häftlinge in Konzentrationslagern. Sie mussten für renommierte Großunternehmen, aber auch mittelständische Betriebe – in der Mehrheit der Landwirtschaft – arbeiten. Ein Drittel aller Arbeitskräfte waren Zwangsarbeiter, in Rüstungsbetrieben sogar 50 %. Jahrzehntelang wurde über deren Entschädigung gesprochen, aber erst mit der neuen Bundesregierung wurden 1998 Verhandlungen aufgenommen und 2001 finalisiert.

Die Betroffenen erhielten nach einem eigenen Bundesgesetz für den mit der Zwangsarbeit verbundenen Freiheitsentzug Entschädigungen. Ansprüche gegen die ehemaligen Arbeitgeber wurden dabei nicht erfasst. Einzelne deutsche Unternehmen zahlten freiwillig schon seit Ende der 1980er-Jahre. Als zusätzliche Forderungen bei US-Gerichten anhängig gemacht worden waren, drohte eine Schädigung des internationalen Ansehens wie auch des Geschäfts deutscher Firmen. So fanden alsbald Verhandlungen Deutschlands mit den USA sowie Vertretern Israels und den Staaten Osteuropas statt, die 1999 zur Bildung eines Entschädigungsfonds von zehn Milliarden D-Mark führten.

Diese Einrichtung wurde je zur Hälfte von der Wirtschaft und der öffentlichen Hand getragen. Eine Reihe deutscher Großunternehmer gründete im gleichen Jahr eine Stiftungsinitiative »Erinnerung, Verantwortung und Zukunft«, die Gelder von deutschen Firmen sammeln sollte, die Ausschüttung war jedoch an den Verzicht auf weitere Entschädigungsverfahren gekoppelt.

Nachdem im Juli 2000 die gesetzliche Basis geschaffen war, konnte ein deutsch-amerikanischer Vertrag über die »Rechtssicherheit« deutscher Unternehmen in den

Abb. 44: Holocaust-Mahnmal Berlin.

USA unterzeichnet werden. Der Bundestag gab am 31. Mai 2001 grünes Licht für die Auszahlung der Entschädigungen. Berlin als neue Hauptstadt entzog sich auch nicht der Erinnerung an historische Entscheidungen, die während des Zweiten Weltkrieges von dieser Stadt ausgingen, wie z. B. die der Wannseekonferenz, auf der 1942 der massenhafte Mord an den europäischen Juden beschlossen und organisiert worden war. In den 1990er-Jahren wogte eine Debatte über die Schaffung eines Mahnmals »wider das Vergessen« als »Zeichen deutscher Trauer« für die Opfer des Holocaust und ein zu errichtendes »Denkmal für die ermordeten Juden Europas«.
Unter Rot-Grün wurde der Bau im Spätsommer 2001 begonnen und am 10. Mai 2005 finalisiert: 2.700 Betonstelen, jede mehr als zwei Meter lang und knapp einen Meter breit, jeweils bis zu zwei Grad geneigt und verschieden tief im Boden verankert, lassen den Eindruck einer Welle im Meer entstehen (Abb. 43). Sie stehen in exponierter Lage in der Nähe des Brandenburger Tors über einem unterirdischen Informationszentrum, dem »Haus der Erinnerung«, das ein Verzeichnis mit Namen von 4,4 Millionen getöteten Juden beinhaltet.
Der Bundestag beschloss nicht nur den umstrittenen Bau im Juni 1999, sondern erklärte das Denkmal auch zu einem nationalen Monument. Damit wurden der Holocaust und sein Gedenken zum elementaren Bestand der nationalen Identität Deutschlands, dienten aber auch zur Selbstbespiegelung und Selbstdisziplinierung, was die Politik mitunter vorgab, die deutsche Bevölkerung jedoch nicht durchgehend teilte. Schöpfer dieses großen Kunstwerks war der US-Architekt Peter Eisenman. Das über 50 Millionen Euro teure Objekt bezog andere NS-Opfer wie Sinti und Roma, Homosexuelle oder politisch Verfolgte nicht ein. Es war ausschließlich Juden gewidmet, was Einwände hervorrief. Kritiker sahen darin auch den Ausdruck einer einseitigen deutschen Belastung, »Ausblendung anderer Opfergruppen«, »Entsorgung des Grauens durch Ästhetisierung«, »peinliches Zeugnis moralischer Selbstüberhöhung«, aber auch Ergebnis »typisch deutscher« Selbstzerfleischung, zumal andere Länder und Staaten Europas mit dem Nationalsozialismus kollaboriert und ihre Bürger bei der Verhaftung

und Verschickung von Juden in die Vernichtungslager im Osten Europas mitgeholfen hatten. Die Befürworter sahen das Denkmal »wider das Vergessen« als Mahnung zur notwendigen und steten Erinnerung an das an den Juden begangene Unrecht.
Der einmalige Bau nationalen Gedenkens an den millionenfachen Judenmord der Nationalsozialisten blieb bis zuletzt nicht unwidersprochen. Björn Höcke, der Thüringer Fraktionschef und Landesvorsitzender der »Alternative für Deutschland« (Kap. 9.2), äußerte sich im Januar 2017 in einer Veranstaltung der »Jungen Alternative« in Dresden über das Holocaust-Mahnmal in Berlin: »Wir Deutschen, also unser Volk, sind das einzige Volk der Welt, das sich ein Denkmal der Schande in das Herz seiner Hauptstadt gepflanzt hat.«
In diesem Zusammenhang sprach er von einer »dämlichen Bewältigungspolitik« und forderte eine »erinnerungspolitische Wende um 180 Grad«, wobei unklar war, was er darunter verstand. Bis jetzt sei der deutsche Gemütszustand der »eines brutal besiegten Volkes«. Doppeldeutig war indes der von Höcke verwendete Begriff »Denkmal der Schande«: Meinte er ein »Denkmal zur Erinnerung an eine Schande« oder ein »schändliches Denkmal«?
Welche der beiden Bedeutungen Höcke damit transportieren wollte, blieb bewusst offen. Dem früheren Gymnasiallehrer dürfte jedoch angesichts der Brisanz seiner Aussage die Doppeldeutigkeit seiner Behauptung bewusst gewesen sein, um damit auch zu spielen. Aufgrund der heftigen medialen und öffentlichen Kritik von verschiedenen Seiten wie auch aus der eigenen Partei, zeigte er sich »erstaunt über die Berichterstattung«.
Er wies in einer »Persönlichen Erklärung« aus seiner Sicht »bösartige und bewusst verleumdende Interpretationen« seiner Rede zurück. Er habe »den Holocaust, also den von Deutschen verübten Völkermord an den Juden, als Schande für unser Volk bezeichnet«. Er habe gesagt, »dass wir Deutsche diesem auch heute noch unfassbaren Verbrechen, also dieser Schuld und der damit verbundenen Schande mitten in Berlin, ein Denkmal gesetzt haben«.
Die provokante Äußerung Höckes bedeutete allerdings eine unbestreitbare Kritik an diesem Denkmal als deutschem Erinnerungsort. Sie löste parteiübergreifend Empörung aus. Seine Entlassung als Beamter wurde gefordert. Höcke war aufgrund seiner Funktion als Politiker als Lehrer für Geschichte und Sport derzeit beurlaubt. Vizekanzler Sigmar Gabriel (SPD) war entsetzt: »Björn Höcke verachtet das Deutschland, auf das ich stolz bin. Nie, niemals dürfen wir die Demagogie eines Björn Höcke unwidersprochen lassen.« Der Zentralrat der Juden nannte Höckes Worte »zutiefst empörend und völlig inakzeptabel«. Er trete das Andenken an die sechs Millionen Juden, die in der NS-Zeit ermordet wurden, mit Füßen. Mit seinen Worten relativiere der AfD-Politiker dieses schwerste und in dem Ausmaß einzigartige Menschheitsverbrechen, erklärte der Zentralratsvorsitzende Josef Schuster. Während AfD-Vize Alexander Gauland Höcke in Schutz nahm, warf ihm Parteichefin Frauke Petry vor, der Partei zu schaden. Bundesvorstandsmitglied Alice Weidel sagte: »Solche unsäglichen, rückwärtsgewandten Debatten sind überflüssig und kontraproduktiv. Herrn Höckes Alleingänge schaden der Akzeptanz der Partei bei den Bürgern.«

Aktionskünstler im Namen eines »Zentrums für politische Schönheit« hatten daraufhin in Höckes unmittelbarer Nachbarschaft seines Wohnhauses in Bornhagen im thüringischen Eichsfeld heimlich zehn Monate lang unter einer Abdeckung ein Stelenfeld analog dem Mahnmal in Berlin aufgestellt, um ihn an seine Verantwortung zu erinnern. Die AfD forderte eine gesellschaftliche Reaktion, Anhänger blockieren den Zugang zu dem von den Künstlern angemieteten Grundstück. Höcke sprach den Aktionisten ihren Status als Künstlergruppe ab und bezeichnete sie als eine »kriminelle und terroristische Vereinigung«.
Es entbrannte ein Streit um Künstlerfreiheit und Persönlichkeitsschutz. Die Künstler wiederum stellten eine Bedingung: Sollte sich der AfD-Politiker bereit erklären, vor dem Mahnmal – in Berlin oder Bornhagen – auf die Knie zu fallen, werde »die zivilgesellschaftliche Überwachung vorerst eingestellt«. Die Forderung sollte an eine Geste Willy Brandts erinnern, der im Dezember 1970 als deutscher Bundeskanzler am Ehrenmal für die Toten des Warschauer Gettos in der polnischen Hauptstadt auf die Knie gefallen war (Kap. 2.4.3). Höcke war dazu nicht zu bewegen, unterstützt von Bornhagener AfD-Anhängern, die Journalisten als »Bolschewiken-Pack« und »Gesindel« beschimpften und am Zugang zum Objekt hindern wollten.

7.8 Streit um Staatsangehörigkeitsrecht – Einwanderungsland Deutschland

Die Bevölkerung der Bundesrepublik wies seit den 1960er-Jahren einen steigenden Ausländeranteil auf. 1960 waren es zirka 700.000 Ausländer. Aufgrund gezielter Anwerbung von Arbeitnehmern aus anderen, teilweise fernen Ländern wuchs der Anteil bis 1970 auf etwa drei Millionen. In den drei folgenden Jahrzehnten stieg die Zahl auf mehr als das Doppelte, d. h. auf über sieben Millionen an. Das waren im vereinten Deutschland 9 % der Bevölkerung. Dieses Wachstum war kein deutsches Spezifikum. Ein Blick über die Grenzen machte deutlich, dass auch in anderen europäischen Staaten die Zahl der Zuwanderer in den letzten Jahrzehnten stark angestiegen war, was auch ein Ergebnis des Erfolgs von Wachstum und Wohlstand der Europäischen Gemeinschaften war.
Betrachtet man die Zahlen zur ausländischen Bevölkerung in absoluten Zahlen und prozentual nach Altersgruppen (Grafik 25) zwischen der ersten Großen Koalition und dem Ende der Ära Helmut Kohl, zeigt sich ein deutlicher Anstieg: Die ausländische Bevölkerung wuchs von knapp zwei auf 7,5 Millionen an. Bemerkenswert sind Informationen, wie viele darunter sozialversicherungspflichtig waren. Hier ist keine Vervierfachung wie bei den absoluten Gesamtzahlen erkennbar, sondern lediglich eine Verdoppelung. Wenn man die Zeit von 1978 bis 1998 berücksichtigt, ergibt sich eine diesbezügliche Stagnation. Die Akzeptanz von Ausländern auf dem Arbeitsmarkt war weder so stark vorhanden noch die Integration so weit fortgeschritten, dass Ausländer gleichberechtigt wie Deutsche Arbeitsmöglichkeiten finden konnten. Aller-

dings ist auch das Bestreben der Ausländer bzw. von Mitbürgern mit sogenannten »Migrationshintergrund« erkennbar, keine sozialversicherungspflichtigen Beschäftigungen zu finden, sondern sich in eher kleineren Arbeitsnischen aufzuhalten. Vor dem Hintergrund des wachsenden Bewusstseins, dass die Bevölkerungsentwicklung Deutschlands auf eine alternde und an Zahl schrumpfende Gesellschaft zusteuerte, sowie hinsichtlich der Zukunftsperspektive der bundesdeutschen Wirtschaftsleistung führte die politische Debatte zu einer Neubestimmung der Bedeutung der Einwanderung. Durch die sich abzeichnende »EU-Osterweiterung« war außerdem ein neuerliches Ansteigen der Zahl ausländischer Einwanderer zu erwarten. Das sollte sich aber im Laufe der weiteren Entwicklung nicht als ein gravierendes Problem erweisen.

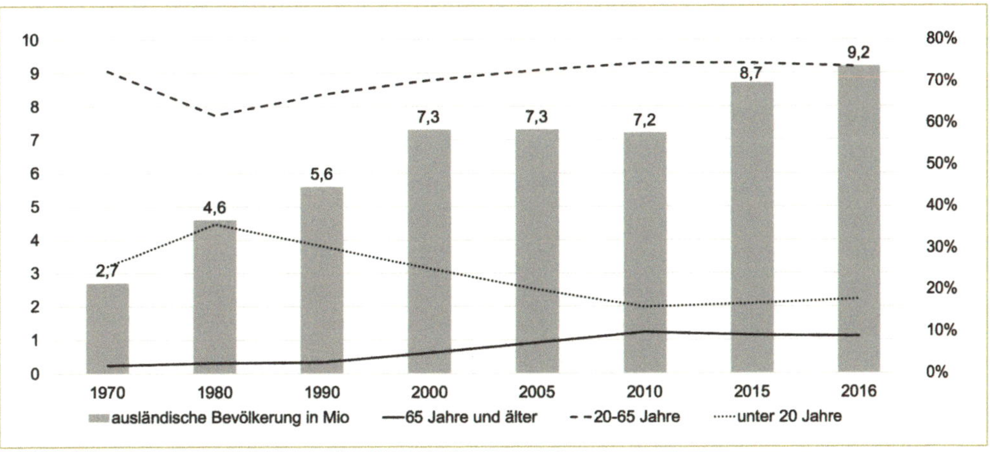

Grafik 25: Ausländische Bevölkerung in absoluten Zahlen und prozentual nach Altersgruppen

Der Anteil der ausländischen Bevölkerung in Deutschland stieg also kontinuierlich an. Von den 1970er- zu den 1980er-Jahren erhöhte er sich von 2,7 auf 4,6 Millionen. Auf etwa 7 Millionen angestiegen, blieb er bis 2010 konstant, um sich 2015 auf 8,7 Millionen zu steigern.

Das Jahr der »Flüchtlingskrise« brachte einen weiteren Anstieg auf 9,2 Millionen. Es ist gut denkbar, dass dieser Anteil sich noch weiter erhöhen wird, v.a. angesichts der weltweiten Migrationsprobleme und des Zustroms nach Europa, insbesondere des nach wie vor sehr attraktiven Deutschlands. So gesehen würde bei anzunehmend fortschreitender Tendenz jeder zehnte in Deutschland Lebende aus dem Ausland stammen bzw. einen anderen kulturellen Hintergrund haben. Der Anteil von diesen Personen mit unter 20 Altersjahren macht zirka ein Fünftel aus, jener zwischen 20 und 65 weit mehr als die Hälfte, während unter den Deutschen weit mehr ältere, über 60-Jährige als jüngere Menschen unter 20 Jahre sind.

Die Kontroverse um die 1999 beschlossene Reform des Staatsangehörigkeitsrechts durch Beschleunigung und Erleichterung der Einbürgerung sowie die doppelte Staats-

angehörigkeit für Kinder verlief zunächst entlang der ideologischen und parteipolitischen Trennlinien. Die ausgehend von Bundeskanzler Schröder gestartete Initiative zur Gewinnung ausländischer Spezialisten im Bereich der Informationstechnologie verhalf der Diskussion zu neuem Schwung. Der Mangel an Computerspezialisten veranlasste zur Ausgabe einer »Green Card« an solche Fachkräfte aus dem Ausland. Die Aktion fand allerdings nur bedingt Anklang aufgrund nicht genügend guter Konditionen.
In den Jahren 2000/01 bildeten CDU, SPD und Bündnis 90/Die Grünen im Auftrag der Bundesregierung in gemeinsamer Zusammenarbeit eine Kommission unter Leitung der früheren Bundestagspräsidentin Rita Süssmuth (CDU), um Grundsätze für eine Einwanderungspolitik auszuarbeiten. Es herrschte Konsens, dass im Unterschied zur gängigen Praxis eine aktive und gezielte Integrationspolitik erforderlich war.
Im Laufe der weiteren Debatte wurde deutlich, dass neben menschenrechtlichen auch deutsche Interessen stärkere Berücksichtigung finden müssten. Eine Dynamisierung des Asylverfahrens wurde ebenso begrüßt wie spezifische Beiträge zur Integration, wie z. B. ein umfassender Sprachunterricht. Die Süssmuth-Kommission nannte konkrete Einwanderungszahlen und damit verbundene Kosten der Integration. Die Grünen widersetzten sich einer pauschalen Begrenzung der Zahl von Zuwanderern. Ihrer Auffassung nach gäbe es keine objektiv messbare Belastungsgrenze gesellschaftlicher Integrationsfähigkeit. Sie forderten die Ausweitung des herrschenden Asylrechts auch auf Opfer nichtstaatlicher und geschlechtsspezifischer Verfolgung. Die SPD erblickte hingegen einen Bedarf an Einwanderern erst für die Zeit nach 2010 und plädierte für die Beibehaltung des Grundrechts auf Asylgewährung ohne gravierende Modifikationen.

7.9 Terrorismusbekämpfung im Zuge von »9/11« und Vertrauensfrage im Bundestag für den Afghanistan-Einsatz der Bundeswehr

Der Afghanistan-Konflikt begann bereits im April 1978 mit einem Staatsstreich durch die kommunistische Volkspartei, der einen Aufstand von Teilen der Bevölkerung nach sich zog. Im Dezember 1979 intervenierte die Sowjetunion militärisch und setzte eine kommunistische Führung ein. Es entstand ein zehnjähriger Dauerkampf zwischen sowjetisch gestützter Zentralregierung und Widerstandsgruppen der Mudschaheddin, der weite Teile des Landes verwüstete. Dem zwangsläufigen sowjetischen Abzug im Frühjahr 1989 folgte ein Zusammenbruch des Regimes 1992 und ein Bürgerkrieg, in dem die Taliban bis 1996 die Kontrolle über den Großteil des Landes übernahmen.
Am 11. September 2001 veränderte sich die Welt, als zwei US-Passagiermaschinen in die beiden 420 Meter hohen Türme des World Trade Center (WTC) in New York hineinstürzten, eine weitere in das Pentagon bei Washington raste und eine vierte auf einem Feld in Pennsylvania abstürzte.
Die TV-Bilder von diesen gezielten und größten terroristischen Anschlägen in der Menschheitsgeschichte lösten eine weltweite Schockwelle aus. Tausende un-

schuldige Zivilisten fielen den bisher unvorstellbaren Attentaten zum Opfer. Spätestens jetzt hatte sich der moderne Attentatsterrorismus in einen postmodernen Massenterrorismus verwandelt und seine hässlichste Fratze gezeigt.
Als Urheber der Schreckenstaten wurde das terroristische Netzwerk Al-Qaida genannt, als dessen Kopf Osama bin Laden galt. Das brennende und in Rauchwolken zusammenstürzende WTC bewirkte weltweites Entsetzen. Die USA riefen erstmals in der Geschichte der NATO laut Artikel 5 des Vertrags den Bündnisfall aus und damit die Hilfe ihrer Verbündeten an. US-Präsident George W. Bush beschwor ein umfassendes Bündnis gegen den Terrorismus.
Der Großteil der deutschen Öffentlichkeit und die Parteien – außer der PDS – äußerten sich zustimmend über die sich abzeichnende militärische Vergeltungsaktion der USA. Öffentlich wurde das Taliban-Regime in Afghanistan genannt, das Bin Ladens Al-Qaida-Terroristen beherbergte, doch unmittelbar nach den Anschlägen war bereits intern von der Spitze um Bush der Irak unter Führung Saddam Husseins als zukünftiges amerikanisches Hauptkriegsziel benannt worden, wie der renommierte Investigativjournalist Bob Woodward enthüllte.
Die terroristischen Attacken von »9/11« auf die USA wurden als Angriff auf das gesamte NATO-Bündnis eingestuft. Die einzelnen Mitglieder mussten nun entscheiden, welche Hilfe sie leisten würden. Bundeskanzler Schröder sicherte im Namen seiner Regierung »uneingeschränkte Solidarität« zu, wobei diese nicht konkretisiert wurde. Kritiker hielten diese Erklärung für zu weitgehend, andere für Rhetorik. Befürworter der Beistandsbekundung waren der Auffassung, dass Schröder die internationale Betroffenheit und das Gefühl der Deutschen zum Ausdruck bringen wollte.
Die Bundeswehr verlegte AWACS-Flugzeuge mit luftgestütztem Radarsystem zur Luftraumaufklärung und zur Luftraumüberwachung in die Vereinigten Staaten, um dort US-Maschinen zu ersetzen, die für den Einsatz in Afghanistan eingeplant waren. Die seit 7. Oktober 2001 laufenden angloamerikanischen Luftangriffe und der zwei Wochen später folgende Einsatz von Spezial-Bodentruppen in Afghanistan wurden in der deutschen Öffentlichkeit – trotz der zu beklagenden Zivilopfer – mehrheitlich unterstützt.
Von den Parteien sprach sich nur die PDS gegen die Militärintervention aus. Außenminister Fischer forderte wiederholt und entschieden den Sturz der dort herrschenden Taliban. Ohne diesen könne den Menschen nicht geholfen werden. Diese radikal-islamischen Kräfte hatten seit Mitte der 1990er-Jahre weite Teile des Landes unter ihre Kontrolle gebracht. Der aus Saudi-Arabien stammende Multimillionär Bin Laden konnte damit Afghanistan zur Operationsbasis seiner terroristischen Vorhaben nutzen. China und Russland schlossen sich der von Bush verkündeten »Allianz gegen den Terror« an. Es konnte aber nur eine Allianz gegen den Terrorismus gemeint sein. Als es an die Frage eines eigenen deutschen Militäreinsatzes ging, war »die Solidarität« nicht mehr so »uneingeschränkt«. Schröder hatte die Abstimmung im Bundestag mit der Vertrauensfrage verknüpft, um die Handlungsfähigkeit von Rot-Grün zu demonstrieren, doch dies sollte im Voraus nicht sicher sein. Einen Bundeswehreinsatz gegen die Taliban in Afghanistan lehnten Teile der Regierungsfraktionen im

Bundestag ab. Obwohl sich der Bundeskanzler der Zustimmung weiter Teile der Opposition, v.a. der CDU/CSU, sicher sein konnte, stellte er die Vertrauensfrage, um eine eigene Mehrheit für die Beteiligung der Bundeswehr zu erhalten.
Die deutsche Beteiligung wurde vom Bundestag schließlich in zwei Abstimmungen am 16. November und 22. Dezember 2001 auf Antrag von Schröder beschlossen. Sie umfasste die militärische Beteiligung an der Operation »Enduring Freedom«. Die Mitwirkung deutscher Streitkräfte an der Internationalen Sicherheitsunterstützungstruppe in Afghanistan (ISAF) zur Stabilisierung des Landes war auf Grundlage der Resolutionen 1386 (2001), 1383 (2001) und 1378 (2001) des Sicherheitsrats der Vereinten Nationen möglich geworden.
Deutschlands politischer Beitrag bestand u.a. in der Abhaltung der Afghanistan-Konferenz vom 27. November bis zum 5. Dezember 2001 auf dem Petersberg bei Bonn. Die ISAF verstand sich als Sicherheits- und Wiederaufbaumission unter NATO-Führung. Die Aufstellung war auf Ersuchen der Teilnehmer der ersten Afghanistan-Konferenz erfolgt. Der Einsatz war keine friedenssichernde Blauhelm-Mission, sondern ein friedenserzwingender Einsatz unter Verantwortung der beteiligten Staaten.
Auf der Petersberger Konferenz hatten die afghanischen Repräsentanten einen Stufenplan für die politische Übergabe der Verantwortung mit dem Ziel vorgestellt, Afghanistan politisch neu zu gestalten. Teil des Plans war es, den Sicherheitsrat der Vereinten Nationen zu ersuchen, das Aufstellen einer internationalen Sicherheitstruppe zu autorisieren. Ihre Aufgabe sollte darin bestehen, nach dem Abzug der militärischen Einheiten der »Vereinigten Front«, auch »Nordallianz« genannt, aus Kabul die Sicherheit in der Stadt und im umgebenden Gebiet für die afghanische Übergangsregierung unter Hamid Karzai und dem Personal der Unterstützungsmission der Vereinten Nationen in Afghanistan zu gewährleisten.
Aufgrund dieses Beschlusses und eines Schreibens des Außenministers der afghanischen Übergangsregierung Abdullah Abdullah vom 19. Dezember 2001 hatte am 20. Dezember 2001 der UN-Sicherheitsrat mit der Resolution 1386 (2001) ein auf sechs Monate begrenztes Mandat zur Aufstellung einer internationalen Sicherheitsunterstützungstruppe in Afghanistan beschlossen.
Im Januar 2002 tagte in Tokio eine Geberkonferenz. Deutschlands Beitrag waren zunächst 320 Millionen Euro, verteilt über die kommenden vier Jahre. Die EU sagte für 2001 550 Millionen Euro zu. Im Rahmen des »Petersberger Prozess« sollte für Afghanistan nun eine neue Verfassung ausgearbeitet und der Weg zu einer erstmals seit 1964 demokratisch legitimierten Regierung geebnet werden.
Der seit Juli amtierende Verteidigungsminister Peter Struck verpasste unter seiner Führung der Bundeswehr im Mai 2003 neue Verteidigungspolitische Richtlinien (VPR). Die bemerkenswerte Zentralaussage dieser Richtlinien hatte Struck am 4. Dezember 2002 am Beispiel des Afghanistan-Einsatzes erläutert: »Die Sicherheit der Bundesrepublik Deutschland wird auch am Hindukusch verteidigt.«
Obwohl die Intervention von der afghanischen Bevölkerung mehrheitlich begrüßt wurde, gelang es der in pakistanischen Rückzugsgebieten neu formierten Taliban-Bewegung, in Afghanistan allmählich wieder Fuß zu fassen. Durch den Unwillen

der an der ISAF-Aktion beteiligten Staaten, größere Truppenkontingente zu stellen, war der neue Staat auf die von den Taliban entmachteten, bei der Bevölkerung diskreditierten regionalen Machthaber angewiesen, was eine neuerliche Fragmentierung des Landes zur Folge hatte.
Die Unterfinanzierung der Aufbauarbeiten, die Konzentration der US-Bemühungen auf den seit 2003 parallel geführten Krieg im Irak und die weiter andauernde Einmischung Pakistans verhinderten eine langfristige Stabilisierung. Den dorthin geflohenen Führern der Taliban gelang es, eine neue und stärker in die internationalen Netzwerke der Dschihadisten eingebundene Bewegung zu formieren. Gegen Ende 2002 kam es zu ersten koordinierten Angriffen auf Staatseinrichtungen und ausländische Truppen. Trotz der darauf folgenden Aufstockung der NATO-Truppenverbände weiteten sich in den Folgejahren die Operationsgebiete der Aufständischen auf den gesamten Süden des Landes aus.
Nachdem sich das Operationsgebiet der ISAF zunächst nur auf Kabul und Umgebung erstreckt hatte, wurde es zwischen Oktober 2003 und September 2006 schrittweise auf weitere Teile des Landes ausgedehnt. Bei Patrouillenfahrten deutscher Soldaten wurden anfangs keine Helme getragen, da sie nicht als militärische Besatzungsmacht auftreten wollten. Außerdem trugen die Soldaten der ersten beiden Kontingente der deutschen Schutztruppe olivgrüne Tarnanzüge, um nicht mit den Amerikanern verwechselt zu werden. Ein Schusswaffengebrauch deutscher Soldaten bei ISAF-Missionen wäre zu dieser Zeit noch von der deutschen Staatsanwaltschaft auf seine Rechtmäßigkeit hin untersucht worden.
Nach einer Übergangsphase wurde in Masar-e Scharif das Regional Command North stationiert, das diverse Aufbauteams koordinierte. Im März 2006 wurde in Kabul das Kommando über das deutsche Einsatzkontingent der ISAF durch den Befehlshaber des Einsatzführungskommandos der Bundeswehr, Generalleutnant Karlheinz Viereck, von Brigadegeneral Achim Lidsba an Brigadegeneral Christof Munzlinger übergeben. Munzlinger gab das Kommando über die deutschen Soldaten Anfang Juli 2006 bei einer feierlichen Zeremonie im nordafghanischen Masar-e-Scharif an Brigadegeneral Markus Kneip ab. Kneip befehligte seit dem 1. Juni ISAF in ganz Nordafghanistan. Ende Dezember erfolgte die feierliche Übergabe an seinen Nachfolger Brigadegeneral Volker Barth.
Der Sommer 2006 war gekennzeichnet durch eine Großoffensive im Rahmen der Operation Enduring Freedom (OEF) durch amerikanische und britische Streitkräfte gegen mutmaßliche Taliban- und Al-Qaida-Kämpfer im Süden Afghanistans. Indes wurden auch Bundeswehrsoldaten im bisher eher ruhigen Norden regelmäßig angegriffen. Dabei wurde deutlich, dass die Angreifer nicht zwischen Soldaten der ISAF-Schutztruppe und der »Anti-Terror-Operation« »Enduring Freedom« unterschieden. Durch verstärkte Selbstschutzmaßnahmen der ISAF-Kräfte wurden v. a. die Arbeit der ISAF-Wiederaufbau-Teams im Lande und der dazu notwendige Kontakt zur Bevölkerung erheblich erschwert.
Am 28. September 2006 stimmte der Bundestag einem Antrag der Bundesregierung auf Verlängerung um ein weiteres Jahr zu. Das Mandat ermöglichte deutschen Sol-

daten gleichfalls die Bewegung im gesamten Land, wenn dies für den Auftrag im Rahmen der ISAF-Operation notwendig war.
Am 9. März 2007 stimmte der Bundestag dem Antrag der Bundesregierung zu, sechs Aufklärungsflugzeuge vom Typ Tornado zur Unterstützung der Friedensmission in Afghanistan zu entsenden. Die Tornados sollten Luftbilder aus ganz Afghanistan für ISAF liefern. Im Oktober startete die »Operation Harekate Yolo«: Unter deutschem Kommando und Beteiligung wurde gemeinsam mit der afghanischen Armee, Norwegen und einigen anderen kleineren Kontingenten die erste große Operation zur Bekämpfung von Aufständischen im Norden Afghanistans unternommen.
Im Januar 2008 forderte die NATO beim Bundesverteidigungsministerium einen deutschen Kampfverband für Nordafghanistan an, der ab Sommer die seit Anfang 2006 von Norwegen gestellten, rund 240 Soldaten einer schnellen Eingreiftruppe »Quick Reaction Force« (QRF) ersetzen sollte. Die QRF sollte aus zirka 205 Soldaten bestehen und mit geschützten Transportfahrzeugen Dingo 2, Wolf und dem Schützenpanzer Marder 1A5 ausgerüstet werden. Die Lage blieb weiter instabil und prekär als am 13. Juni 2008 Taliban ein Gefängnis in Kandahar erstürmten und sämtliche Insassen befreiten, etwa 1.150 mutmaßliche Extremisten, darunter ungefähr 400 Taliban. Das UN-Mandat wurde mehrfach verlängert und inhaltlich erweitert, doch an der Situation sollte sich wenig ändern (s. Kapitel 9.3).
Innere und äußere Sicherheit hatten nun auch in Deutschland höchste Priorität, denn teils harmlose, teils naive Bundesbürger hatten wie in Max Frischs »Biedermann und die Brandstifter« in ihren Häusern und Mietwohnungen die 9/11-Terroristen beherbergt. Diese wiederum hatten brave ausländische Studenten gemimt, tatsächlich aber ein Doppelleben geführt, terroristische Anschläge geplant und vorbereitet sowie ihre finanziellen Transaktionen abgewickelt. Auch in Wohnheimen der Technischen Universität in Hamburg-Harburg hatten die Attentäter Unterschlupf gefunden. Sie fanden im behaglichen, harmlosen und gemütlichen Deutschland einen idealen Ort als Ruhe- und Rückzugsraum, den sie weidlich nutzten, wie sich bei drei der Todespiloten alsbald nachweisen ließ. Eine verschärfte Terroristenbekämpfung schien nun erforderlich.
Deutschland verwandelte sich im Zuge des »11. September« von einer Idylle für »Schläfer« (unauffällig lebende Personen, tatsächlich Terroristen, die sich in deutsche Städte zurückzogen) zu einem strenger kontrollierenden und überwachenden Staat. Der frühere Pflichtverteidiger von RAF-Terroristen, der von den Grünen zur SPD gewechselte Innenminister Otto Schily, entwickelte Maßnahmenkataloge zur Terroristenbekämpfung: Das Religionsprivileg wurde aus dem Vereinsrecht gestrichen, das bisher die Verfolgung fanatischer Fundamentalisten und radikaler Muslime erschwert hatte.
Ein neuer Paragraf im Strafgesetzbuch gestattete die Verfolgung ausländischer Terroristen, auch wenn keine Teilorganisation dieser Vereinigung in Deutschland existierte, was die bisherige Rechtsprechung verhindert hatte! Jetzt mussten Banken auf Verlangen des Verfassungsschutzes Auskunft über sämtliche Kontenbewegungen Verdächtiger geben. Wenige Wochen nach den Attentaten wurden über 200 Konten

mit insgesamt acht Millionen D-Mark gesperrt. Im Oktober/November 2001 verabschiedete Rot-Grün ein zweites »Anti-Terror-Paket«, nachdem schon wenige Tage nach den Anschlägen vom Innenminister das erwähnte »Sicherheitspaket« vorgelegt worden war.

Das viel weitgehendere »Anti-Terror-Paket II« beinhaltete Maßnahmen, die das ursprüngliche Einvernehmen der rot-grünen Regierung bei Fragen der inneren Sicherheit empfindlich störten. Von den Grünen, aber auch vom Bundesjustizministerium wurden Einwände vorgebracht. Ein 30-stündiger Verhandlungsmarathon ergab eine Reihe von Änderungen. Es war das Hauptanliegen, in Deutschland lebende Terroristen dingfest zu machen bzw. die Einreise von neuen Fundamentalisten zu verhindern. Maßnahmen zur Personenerkennung wurden eingeleitet, um rasch die echte Identität von Individuen feststellen zu können. Offizielle Ausweispapiere (wie dann Reisepässe ab 2005 und Personalausweise ab 2010) mussten biometrische Daten aufweisen, den Fingerabdruck, die Handform oder Augeniris. Merkmale in verschlüsselter Form konnten gespeichert werden.

Schilys starke Ambitionen, die Kompetenzen des Bundeskriminalamts (BKA) auszuweiten, wurden allerdings von den Grünen abgeschwächt. Dem BKA sollte es dennoch möglich sein, unabhängig von der Länderpolizei verstärkt Informationen zu sammeln. Das Bundesamt für Verfassungsschutz (BfV) konnte von Banken, Luftfahrtunternehmen und Postservice-Einrichtungen Informationen über ihre Kunden verlangen und der Bundesnachrichtendienst (BND) intensiver im eigenen Land Ermittlungen einleiten. Angestellte von Institutionen wie Energieerzeugern, Kliniken oder TV- und Radioanstalten wurden einer Sicherheitsüberprüfung unterworfen. Die neuen Bestimmungen waren zunächst auf fünf Jahre begrenzt.

Rasterfahndung und Telefonüberwachung von tatsächlichen oder vermeintlichen »Schläfern« und Al-Qaida-Zellen durch das Bundeskriminalamt, den Bundesverfassungsschutz und die Polizei setzten ein. Verhöre verdächtiger Zeugen ohne Vorwarnung und die Überwachung finanzieller Transaktionen folgten. Unter den Verhafteten fanden sich arabische Geschäftsleute sowie illegale Asylanten und Studenten mit Verbindungen zu Al-Qaida.

7.10 Euroeinführung, Flutkatastrophe und die Ablehnung des Irakkriegs: Knapper Wahlsieg für Rot-Grün 2002

Für die Vertiefung der europäischen Integrationspolitik hatte die schon in den 1990er-Jahren beschlossene Währungsunion gesorgt. Der Euro, den Schröder als Ministerpräsident von Niedersachsen noch abschätzig beurteilt und als »Fehlgeburt« bezeichnet hatte, ersetzte 1999 als Buchgeld die D-Mark und seit 1. Januar 2002 sollte das neue Geld in Umlauf sein. Die mit der Euroeinführung verbundene Aufgabe der geldpolitischen Souveränität wurde in Deutschland heftig kritisiert. Diese Maßnahmen zur stärkeren Einbindung stellten eine von Frankreich geforderte Gegen-

leistung für den angeblichen Machtzuwachs der Bundesrepublik seit der Einheit im Osten Europas dar. Dafür brachte Schröder als Bundeskanzler dann mehr Verständnis auf. Tatsächlich wurden Warnungen, wonach der Euro als starke Währung durch schwächere Nationalökonomien massiv unter Druck gesetzt werden könnte, nicht viel Beachtung geschenkt. In der Schulden- und Staatsfinanzierungskrise 2009/10 sollten sich diese als berechtigt erweisen.
Am 22. September 2002 errangen SPD und Grüne bei der Bundestagswahl eine knappe Mandatsmehrheit und setzten die Koalition unter Schröder fort. Einige Monate vor der Wahl hatten CDU/CSU mit Edmund Stoiber zusammen mit der FDP unter Führung von Guido Westerwelle noch deutlich vor Rot-Grün gelegen. Wahlentscheidend sollten zwei im Voraus nicht kalkulierbare Faktoren sein: Das Fernsehen berichtete von der Flutkatastrophe in Ostdeutschland und zeigte einen Bundeskanzler Schröder mit Helm und Gummistiefeln an vorderster Front mit anderen Regierungsmitgliedern, die Kompetenz im Krisenmanagement bewiesen. Die entschiedene Ablehnung des von den USA geplanten Irakkriegs – im Unterschied zur CDU/CSU-Opposition unter Merkel und Stoiber – spielte auch eine wichtige Rolle. Die deutsche Öffentlichkeit würdigte beide Haltungen sehr. Hinzu kam noch ein dritter Faktor: Es war vor allem Fischer zu verdanken, dass die Grünen ihr Resultat von 1998 um 1,9 % auf 8,6 % verbesserten, wodurch sie trotz des verkleinerten Bundestages acht Sitze hinzugewannen und so der Regierungskoalition zum knappen Sieg verhalfen.

Historisches Ereignis: Schröders Goslaer Rede vom Januar 2003

Was von der rot-grünen Regierung in Erinnerung und für die Geschichtsbücher bleibt, ist die berühmte Goslaer Rede von Schröder am 21. Januar 2003. Vor rund 900 Genossen im Saal des Odeon-Theaters sprach der Bundeskanzler sehr bewusst und gut vorbereitete Worte: *»Ich habe speziell unseren französischen Freunden gesagt und den anderen auch, und ich sag' das hier jetzt ein Stück weit weitergehend, als das, was ich in dieser Frage sonst formuliert habe: Rechnet nicht damit, dass Deutschland einer den Krieg legitimierenden Resolution zustimmen wird. – Rechnet nicht damit. …«* Es sollte weder eine UN-Sicherheitsresolution für den Irakkrieg, noch eine Beteiligung Deutschlands an einem Militärschlag gegen den Irak geben. Kurz darauf präzisierte Schröder in Form von drei Punkten: *»Erstens: Wir wollen die Entwaffnung, wenn es denn die Massenvernichtungsmittel gibt des Irak, jeder vernünftige Mensch will das. Zweitens: Wir wissen um die Möglichkeit, das ohne Krieg zu schaffen, und wir kämpfen für diese Möglichkeit. Und drittens: Wer immer was entscheidet, der Folgen wegen und der Bedingungen wegen wird sich Deutschland unter meiner Führung an einer militärischen Intervention im Irak nicht beteiligen.«*
Mit dieser Verweigerungshaltung traf Schröder eine säkulare Entscheidung der Emanzipation von den USA. Er hatte dafür auch eine selbstbewusste Begründung: Deutschland erfülle wie kaum ein anderer Staat seine internationalen Verpflichtungen und gebe derzeit zwei Milliarden Euro für internationale Einsätze zur Friedenssicherung aus. Wer sich so engagiere, erwerbe auch das Recht, den Partnern zu sagen: »Hier seid ihr auf dem falschen Weg.«

Schröders Wahlsieg war also hauptsächlich durch dessen populäre Hilfsaktion gegenüber den Geschädigten durch das Elbhochwasser zu erklären. Wichtiger aber war seine ablehnende Haltung zum Irak-Krieg, während sich sein Gegenkandidat, Bayerns Ministerpräsident Stoiber, zu einer Nicht-Beteiligung nicht durchringen konnte. Im Vorfeld des Kriegs hatte Merkel ihre Sympathien gegenüber der Irak-Politik der USA und der »Koalition der Willigen« bekundet. Sie kritisierte sogar als deutsche Oppositionsführerin vom Boden der USA aus die Außenpolitik der Bundesregierung, was ihr scharfen Widerspruch aus Berlin einbrachte. SPD-Fraktionsvorsitzender Müntefering bezeichnete Merkels Äußerung als »Bückling gegenüber der US-Administration«. Beim Kölner Karnevalsumzug wurde sie auf einem Schauwagen dargestellt, als sie sich anschickte, in das Hinterteil von George W. Bush hineinzukriechen.
In einer Rede im Deutschen Bundestag am 19. März 2003 erklärte Merkel die Unterstützung der Union für das Ultimatum an Saddam Hussein als »letzte Chance des Friedens« und forderte die Bundesregierung auf, dies ebenso zu tun, um »den Krieg im Irak wirklich zu verhindern«. Dem klaren »Nein« der amtierenden Bundesregierung stand das Bekenntnis Merkels zu Bushs Konfrontationskurs gegenüber, der von ihr als »Drohkulisse« gegen Saddam Hussein bezeichnet worden war. Aus dieser wurde dann ein verheerender Krieg mit kontraproduktiven Folgen für das westliche Bündnis und die USA (Abb. 44).

Abb. 45: Karikatur: »Glaub ja nich, dass ich da mitfahre« – Gerhard Schröder verweigert sich George W. Bush im drohenden Irak-Krieg.

Einen möglichen Angriff auf den Irak im dritten Golfkrieg lehnte die Regierung unter Schröder und Fischer konsequent ab – auch im Falle eines möglichen Beschlusses der UNO. Die Verweigerung der Teilnahme am Krieg wurde auch nicht nur mit dem fehlenden Mandat der Vereinten Nationen, sondern auch mit dem mangelnden Zusammenhang zu den Anschlägen vom 11. September 2001 begründet. Angesichts der in der entscheidenden Phase des Wahlkampfes 2002 getroffenen Entscheidung wurde dies Schröder von Kritikern als taktisches Mittel unterstellt, zumal das Regierungsbündnis in Meinungsumfragen hinter CDU/CSU und FDP lag. Schröders Antikriegspolitik war jedoch mehr als nur Innenpolitik. Es ging ihm um eine neue und selbstständige deutsche Außenpolitik.
Aufgrund auch mangelnder Information der NATO-Bündnispartner führte die bundesdeutsche Position zu erheblichen Spannungen mit der Bush-Administration und zur Kritik am vermeintlich emanzipierten Deutschland. Doch kam Berlin weiter seinen Verpflichtungen aus dem transatlantischen Bündnis nach und beließ es beim Personal, das permanent in AWACS-Flugzeugen Luftraumsicherungen gewährleistete. Auch waren BND-Einheiten im Vorfeld des Angriffs auf den Irak und im Rahmen der Luftschläge als Informationslieferanten den kriegführenden Mächten dienstbar. Dennoch hielt die Bundesregierung an der Anti-Interventions-Haltung fest, was von einer eindeutigen Mehrheit der deutschen Bevölkerung unterstützt wurde und in zahlreichen Demonstrationen auch seinen Niederschlag fand.

7.11 Grenzen der Reformpolitik, Neuwahlen und das Ende von Rot-Grün 2005

Nach der Wiederwahl zum Bundeskanzler stieß Schröder neuerliche Reformvorhaben an, die allerdings auf heftigen Widerstand auch in eigenen Parteireihen stießen. Am 14. März 2003 präsentierte er das Reformprojekt »Agenda 2010«, das im Zeichen des globalisierten Wettbewerbs wirtschaftliches Wachstum und höhere Beschäftigung schaffen sollte. Industrieverbände befürworteten das Programm als Schritt in die richtige Richtung, das sich für Kritiker jedoch als unpopuläre Maßnahme darstellte, zumal eine vollständige Umsetzung nicht gewährleistet zu sein schien. Kritik kam neben der CDU und FDP auch von den Gewerkschaften unter Michael Sommer und vom linken Flügel der SPD. Es war von Sozialabbau die Rede, doch bei den Abstimmungen im Bundestag wurde die Kritik nur von einer Minderheit vertreten. Schröder konnte die Reformvorhaben mit Mühe und manchmal nur mehr durch angedeutete oder offene Rücktrittsdrohungen durchziehen und damit auch die Koalition noch zusammenhalten. Er hatte es zum persönlichen Anliegen erklärt, die Arbeitslosigkeit zu halbieren. Sie sank zwischen 1998 und 2002 zwar, aber bei Weitem nicht so wie vorhergesagt. Um Kritik angesichts tiefgreifender Reformbestrebungen von seiner Person abzulenken, setzte Schröder beratende Gremien und Kommissionen ein, die öffentlichkeitswirksam agierten. Sie sollten einen breiten

Konsens von Experten für die beschlossenen Reformen gewährleisten, wobei wiederum kritisiert wurde, dass auf diese Weise die Mechanismen der Demokratie ausgehebelt würden. Dagegen wurde argumentiert, dass diese Kommissionen nur im Vorfeld der Gesetzesinitiativen aktiv seien und keine Auswirkung auf die nach den üblichen Vorgängen ablaufende Gesetzgebung hätten.

Im Februar 2002 hatte Rot-Grün die Kommission »Moderne Dienstleistungen am Arbeitsmarkt« unter dem Vorsitz des VW-Personalvorstands Peter Hartz eingesetzt, der ein neues Arbeitsmarktkonzept entwickelte, die Weizsäcker-Kommission zur Zukunft der Bundeswehr, die Süssmuth-Kommission zum Thema Zuwanderung nach Deutschland und die Rürup-Kommission zur Zukunft der Sozialsysteme. Am 27. Juli 2005 sollte eine weitere Kommission unter dem Vorsitz von Kurt Biedenkopf ihre Arbeit aufnehmen und Vorschläge für eine Reform der Unternehmensmitbestimmung ausarbeiten.

Schröder bevorzugte oftmals frühere CDU-Politiker als Vorsitzende dieser Kommissionen, auch um eine möglichst große Akzeptanz in der Opposition zu erzielen. Die Gestaltungsfreiheit der rot-grünen Regierung war bereits aufgrund der Stimmenmehrheit von CDU und FDP im Bundesrat eingeschränkt. Durch Zugeständnisse konnte Schröder mitunter auch erreichen, dass einzelne Länder mit CDU-Regierungsbeteiligung seine Regierungspolitik im Bundesrat unterstützten. Doch ließen sich dadurch die innerparteilichen Gegensätze nicht abbauen.

Die Hartz-Reformen sollten die größten Sozialreformen in der Geschichte Deutschlands werden. Die Zusammenlegung von Arbeitslosen- und Sozialhilfe, verbesserte Beratungen durch »Jobcenter«, Beschleunigung der Arbeitsvermittlung, Verschärfung der Zumutbarkeitsregelungen sowie die Förderung von »Ich-AGs« und »Mini-Jobs« bei Kürzung des Arbeitslosengeldes und Lockerung des Kündigungsschutzes und »Lohnaufstockung« bei geringem Verdienst brachten keinen durchschlagenden Erfolg. Das Versprechen, die Arbeitslosigkeit hierdurch zu halbieren, erwies sich als unerfüllbar.

Am 6. Februar 2004 gab Schröder bekannt, dass er auf dem Sonderparteitag der SPD im März vom Parteivorsitz zurücktreten würde. Der bisherige SPD-Fraktionsleiter und SPD-Chef von Nordrhein-Westfalen, Franz Müntefering, wurde zum neuen Bundesvorsitzenden der SPD gewählt. Schröder rechtfertigte seine Entscheidung damit, sich »nun noch intensiver um Regierungsangelegenheiten kümmern« zu können. Eher war darin aber der Versuch zu erkennen, den mit den Reformen einhergehenden Verlust an Popularität und Zustimmung zu stoppen.

Anfang 2005 musste sich Joschka Fischer als verantwortlicher Minister einem Untersuchungsausschuss stellen, der ihn in der sogenannten Visa-Affäre befragte. Vor laufenden Fernsehkameras musste er als Zeuge auftreten, wo er infolge massiverer Vorwürfe eigene Versäumnisse zugab und die vollständige politische Verantwortung übernahm. Es war zu erheblichen Unregelmäßigkeiten bei der Ausstellung von Visa in deutschen Vertretungsbehörden, u.a. in Kiew, gekommen, wodurch eine große Zahl von Zuwanderern illegal nach Deutschland gelangte. Den geforderten Rücktritt lehnte Fischer ab. Deutliche Einbußen in seiner bisher sehr hohen Popularität waren die Folge.

Nach der schweren Niederlage der SPD bei den Landtagswahlen in Nordrhein-Westfalen am 22. Mai 2005, die eine Reihe von Landtagswahlniederlagen von 2003 und 2004 fortsetzte, kündigten eine halbe Stunde nach Schließung der Wahllokale SPD-Parteichef Müntefering und kurz darauf Bundeskanzler Schröder ohne Absprache mit der grünen Parteispitze an, eine vorgezogene Neuwahl für den Herbst 2005 anzustreben. Der Bundeskanzler sah die Basis für seine Politik infrage gestellt.
Am 1. Juli 2005 stellte er im Bundestag die Vertrauensfrage und erhielt 151 Ja-Stimmen und 296 Nein-Voten bei 148 Enthaltungen, womit die notwendige Kanzlermehrheit nicht erreicht werden konnte, was aber so gewollt war. In der Öffentlichkeit wurde es in rechtlicher wie verfassungspolitischer Hinsicht problematisch empfunden, dass Schröder – vergleichbar mit Kohl bei der Wende von 1982 – absichtlich in der Abstimmung unterliegen wollte, um sein Ziel zu erreichen.
Schröder beantragte nach Absprache mit Bundespräsident Horst Köhler die Auflösung des 15. Deutschen Bundestages. Köhler entsprach am 21. Juli 2005 dem Antrag und setzte Neuwahlen für den 18. September an. Am 25. August wies das Bundesverfassungsgericht in Karlsruhe Klagen von zwei Bundestagsabgeordneten gegen die vorzeitige Auflösung des Bundestags und die Ansetzung von Neuwahlen zurück.
Am 9. Juli 2005 wählte eine Konferenz von Landesdelegierten der niedersächsischen SPD Schröder mit 99,5 % der Stimmen (191 von 192) zum Spitzenkandidaten der SPD-Landesliste für die vorgezogene Bundestagswahl. Bis zuletzt war der Wahlkampf äußerst spannend. Am Ende erreichte die SPD nach einer dramatischen Aufholjagd 34,2 % der Stimmen und damit 222 von 614 Sitzen. Sie ging damit aus den Wahlen als stärkste Partei hervor, war aber aufgrund der Fraktionsgemeinschaft von CDU und CSU nur zweitstärkste Fraktion im 16. Deutschen Bundestag.
Die Grafik 26 zeigt den Ausgang der Bundestagswahl vom 18. September 2005, jener historischen Entscheidung, für die Schröder im Wahlkampf einen fulminanten Kurs des Aufholens eingeschlagen hatte und die Merkel in ihrer laut Umfragewerten komfortablen Position noch einmal schwer in Bedrängnis brachte: Von den zu vergebenden 614 Sitzen im Bundestag gab es nur 226 für die Koalition aus CDU/CSU mit einem kleinen Vorsprung von vier Mandaten gegenüber der stark nachziehenden SPD.
Die Bundestagswahlen von 2005 erbrachten eine überwältigende absolute Mehrheit für die Große Koalition. CDU/CSU und SPD errangen insgesamt fast 70 % der abgegebenen Stimmen. Es handelte sich für sie um einen einmaligen historischen Sieg, der von den Zeitgenossen gar nicht richtig ermessen wurde, denn diese Wahl war ein innen- und europapolitischer Stabilitätsgewinn, von dem das parteipolitische System Deutschlands im Jahre 2020 nur noch träumen konnte. Deutlich wird jedoch auch, dass die CDU/CSU nur 35,2 % errungen hatte und die SPD gerade mal ein Prozent darunter lag. Es war eine sehr knappe Entscheidung, die zur Großen Koalition unter Führung von CDU/CSU und damit auch zur Ablöse von Rot-Grün, der Schröder/Fischer-Regierung, geführt hatte.

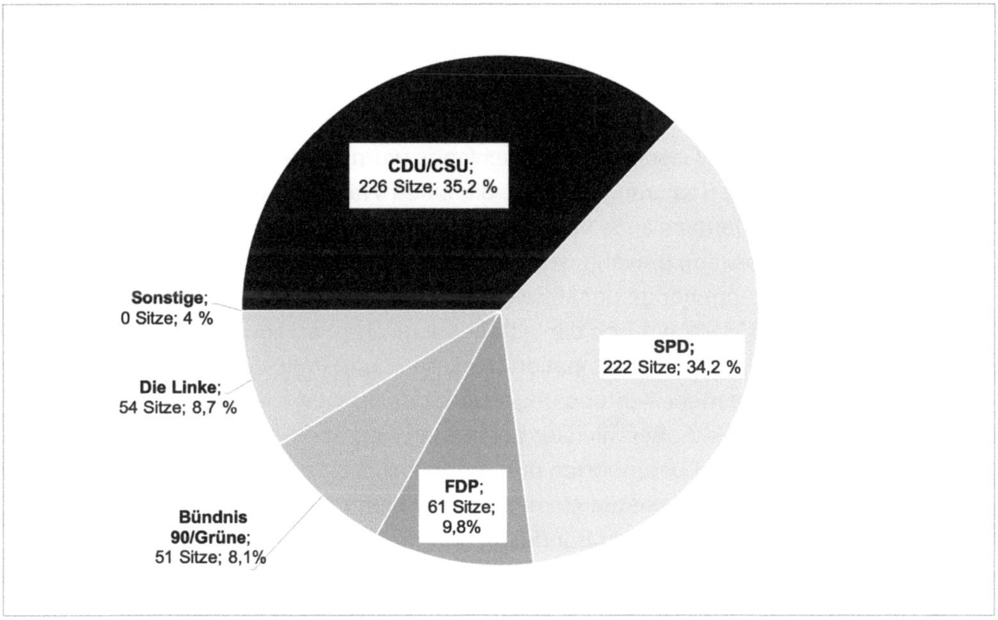

Grafik 26: Bundestagswahlen 18.9.2005

Aufschlussreich ist auch folgender Befund: Eine »Jamaika-Koalition« aus Schwarz, Gelb und Grün wäre rechnerisch möglich gewesen, die Freien Demokraten hatten 61 und die Grünen 51 Mandate erworben, doch nach langem Hin und Her und der Weigerung Schröders, das Amt vorzeitig aufzugeben, wurde eine Große Koalition aus CDU, CSU und SPD gebildet.

Im Sinne einer denkbar gewordenen Großen Koalition hatte Schröder in der TV-Runde unmittelbar nach der Wahl zunächst in einer Aufwallung von Gefühlen der Machtbewahrung – entgegen der Tradition, nach der immer die stärkere Fraktion einer Koalition den Regierungschef stellt – das Amt des Bundeskanzlers weiterhin für sich beansprucht. Erst Wochen später erklärte er indirekt seine Bereitschaft zum Verzicht auf seine Führungsrolle in einer neuen Regierung.

Seither ist Schröder wieder als Rechtsanwalt und freiberuflicher Berater tätig, u. a. für das Pipeline-Konsortium NEGP Company, gebildet vom russischen Gaskonzern Gazprom, welches die Ostsee-Pipeline von Russland nach Deutschland betrieb. Dieses Projekt hatten sowohl er als Bundeskanzler als auch Russlands Präsident Wladimir Putin unterstützt. Da Schröder als Regierungschef die Wege für dieses Vorhaben geebnet hatte, kam öffentliche Kritik auf, als er nach Ablauf seiner Amtszeit diese lukrative Position als Aufsichtsratschef des Konsortiums erhielt.

Nach der Bundestagswahl 2005 erklärte auch Fischer, dass er im Fall der Opposition im Sinne eines Generationswechsels für das Amt des Fraktionsvorsitzenden im Bundestag und andere Ämter in der Partei nicht mehr zur Verfügung stehe. 2006 legte er sein Bundestagsmandat nieder.

7.12 Rot-Grün als Projekt: Gemischte Bilanz einer einmaligen Regierung

Zum ersten Mal in der Geschichte Deutschlands wurden Vertreter der neuen sozialen Bewegungen in eine Regierung berufen, die einen Wandel in der bundesdeutschen politischen Kultur Deutschlands verkörpern sollten. Mit »Rot-Grün« wurde nicht nur eine Regierungskoalition gewählt, sondern auch ein neues Gesellschaftsprojekt verbunden, bei dem Angehörige der »68er«-Generation wie Joschka Fischer den lange herbeigesehnten »Marsch durch die Institutionen« antreten konnten, um so mehr Akzeptanz gegenüber der Emanzipation der Frauen und mehr Toleranz gegenüber Minderheiten sowie mehr Achtung gegenüber der Umwelt zu erzielen.

Dass dabei Fischer als Außenminister den ersten Angriffskrieg Deutschlands nach dem Zweiten Weltkrieg befürworten und gutheißen würde, war für viele Kriegsdienstverweigerer und Pazifisten so unfassbar wie unerträglich. Noch von Bonn und nicht von Berlin aus wurde vom Bundestag der erste deutsche militärische Kampfeinsatz nach 1945 beschlossen. Dass Innenminister Schily, einst Sympathisant und Verteidiger von RAF-Mitgliedern, zu einem Schnürer des schärfsten Anti-Terror-Pakets wurde, war für Kenner der einstigen Szene unverständlich, aber letztlich erklärbar wenn nicht notwendig: Die Verführung durch die Macht und der Sachzwang der Politik machten diesen Wandel in beiden Fällen, bei Fischer wie bei Schily, verständlich, wenngleich nicht verzeihlich.

Im negativen Sinn wurde mit Rot-Grün auch Utopismus und Unvermögen in Verbindung gebracht, z. B. die Probleme der Integration von Immigranten wahrzunehmen. Enttäuscht von Rot-Grün waren vor allem die Arbeitslosen, da es nicht gelang, die Beschäftigungslosigkeit zügig abzubauen. Ein Erfolg wurde hingegen die Rentenreform, die die Altersversorgung trotz der demografischen Verschiebungen sichern sollte. Eine kapitalgedeckte Privatvorsorge ergänzte die gesetzliche Rente, was zu ihrer Entlastung führte. Die private Altersvorsorge der Arbeitnehmer wurde auch vom Staat gefördert, um das vorgesehene Absinken des Rentenniveaus auszugleichen. Kindererziehung sollte sich in der Berechnung der Rente stärker widerspiegeln. Wie bei Aufstockung geringer Löhne im Zusammenhang mit der »Hartz-Reform« entlastete der Staat auch hier die Arbeitgeber, indem er die privat geleisteten »Riester-Beiträge« durch eine Prämie aufstockte.

Die unter Federführung von Finanzminister Hans Eichel beschlossene Steuerreform mit einem Entlastungsvolumen von über 62 Milliarden D-Mark erzielte breite Zustimmung und trug zum Ansehen der rot-grünen Koalition bei. Sie war trotz Kritik der CDU/CSU, dass der Mittelstand vernachlässigt worden sei, eine wichtige Strukturreform v. a. zur Haushaltskonsolidierung. Bei der Sanierung der Staatsfinanzen halfen die Einnahmen aus der Versteigerung der Mobilfunklizenzen der dritten Generation (UMTS) im August 2000 in Höhe von fast 100 Milliarden D-Mark.

Innenpolitisch setzte die Regierung Schröder ihr sogenanntes Wahlprogramm von »Innovation und Gerechtigkeit« neben Steuer- und Rentenreform um: Beendigung

der über Jahre hinweg geführten Auseinandersetzung um die Entschädigung von NS-Zwangsarbeitern, Änderung des seit 1913 gültigen Staatsbürgerschaftsrechts mit Zustimmung der FDP, Green-Card-Initiative, Homosexuellen-Ehe sowie verschiedene Initiativen für Bildung und Ausbildung (Schulen ans Netz, Dienstrechtsreform für Hochschullehrer) sowie Umsteuern in der Landwirtschaftspolitik.
Die sogenannte BSE-Krise, benannt nach dem Rinderwahn Bovine spongiforme Enzephalopathie (BSE), wirkte sich auch auf die Regierungsbildung aus. Mit Renate Künast wurde eine profilierte Politikerin der Grünen an die Spitze des Landwirtschaftsressorts berufen, das zum Ministerium für Verbraucherschutz und Landwirtschaft umfunktioniert wurde.
Nach Startschwierigkeiten erwies sich die Regierung als aktionsfähig. Bei relevanten Reformen konnte die Gegnerschaft aus CDU/CSU- und FDP-Reihen überwunden werden. Gegen den Widerstand aus der Wirtschaft setzte Rot-Grün auch eine Reform des Betriebsverfassungsgesetzes durch.
Einige Personalrochaden Schröders wie die Bestellung Münteferings zum SPD-Generalsekretär sowie treffsicher platzierte Anliegen wie das »Schröder-Blair-Papier«, die Vision für ein neues Europa und ein nationaler Ethikrat halfen während der Krise der CDU aufgrund ihres Parteispendenskandals, in der zweiten Hälfte der Amtszeit Schröders der SPD neues Profil zu verleihen.
Letztlich scheiterte die SPD mehr an den innerparteilichen und gewerkschaftlichen Widerständen und der sinkenden Zustimmung in der Bevölkerung als an der Gegnerschaft der Opposition. Die »Agenda 2010«, die auch eine Absage an die traditionelle Rolle als »Arbeiterpartei« war, sollte die Basis der Partei tief spalten und verunsichern. Dabei spielte DGB-Chef Michael Sommer eine maßgebliche Rolle, der sich gegen Schröder und seine Politik positionierte.

8. Bruch und Tradition: Große Koalition unter Angela Merkel (2005–2009)

8.1 Angela Merkel: Der Weg zur ersten Bundeskanzlerin

Nach sieben männlichen Amtsvorgängern war Merkel als erste Frau Bundeskanzlerin in der Geschichte der Bundesrepublik. Gleichzeitig war sie mit 51 Jahren jüngste Amtsinhaberin, die erste Person aus den neuen Bundesländern sowie die erste Naturwissenschaftlerin in dieser Funktion.

Kurzbiographie Angela Merkel

Angela Dorothea Merkel war Kind eines Theologen und einer Lehrerin. Kurz nach der Geburt der Tochter 1954 in Hamburg siedelte die Familie in die DDR über, wo der Vater für die Evangelische Kirche in Berlin-Brandenburg als Gemeindepfarrer tätig werden sollte. Nach bestandenem Abitur 1973 mit einem Notenschnitt von 1,0 folgte das Studium der Physik in Leipzig. Sie war Mitglied in der »Pionierorganisation Ernst Thälmann« und der FDJ. Als Diplom-Physikerin nahm sie eine Stelle am Zentralinstitut für Physikalische Chemie der Akademie der Wissenschaften in Berlin-Adlershof an. Nach ihrer Promotion wechselte Merkel zum Bereich Analytische Chemie. In der Zeit an der Akademie war sie in der FDJ-Kreisleitung und als Sekretärin für »Agitation und Propaganda« tätig, was sie später als »Kulturarbeit« bezeichnete, die ihr »Spaß gemacht« habe. Merkel war weder Mitglied in der SED noch in einer der Blockparteien, zählte aber auch nicht zur Opposition in der DDR.

In der Zeit der »Wende« arbeitete die »Novemberrevolutionärin« und »Beobachterin« (Jacqueline Boysen) beim »Demokratischen Aufbruch« (DA) mit, zunächst unentgeltlich als provisorische EDV-Administratorin, dann hauptberuflich als Sachbearbeiterin und eine Art Pressesprecherin im Umfeld des Vorsitzenden Wolfgang Schnur, der für das MfS tätig gewesen war. Bekannte und Freunde waren überrascht, dass Merkel dann CDU-Politikerin werden sollte. Sie hatten aufgrund ihrer Erfahrungen eine Nähe zu den Grünen erwartet.

Die Volkskammerwahl am 18. März 1990 endete für den DA mit einer schweren Niederlage (0,9 %). Aufgrund der 41 % für den Bündnispartner Ost-CDU war die »Allianz für Deutschland« faktisch Wahlsieger. Das schlechte Resultat des DA führte zu dessen Anlehnung an die CDU, die von Merkel mitgetragen wurde. Aufgrund der »Koalitionsarithmetik« wurde sie stellvertretende Regierungssprecherin der ersten und gleichzeitig letzten frei gewählten DDR-Regierung. Am 4. August 1990 stimmte ein DA-Sonderparteitag für den Beitritt zur westdeutschen CDU nach vorhergehender Fusion mit der Ost-CDU. Nach der

Einigung wurde Merkel Ministerialrätin im Bundespresse- und Informationsamt (BPA). Durch Vermittlung ihres Förderers Günther Krause, CDU-Landesvorsitzender in Mecklenburg-Vorpommern, bewarb sie sich für ein Bundestagsmandat und wurde in ihrem Wahlkreis in den Bundestag gewählt. Der Wahlsieger Kohl nominierte sie überraschend für ein Ministeramt. Merkels rascher Quereinstieg war im Wesentlichen durch die Fürsprache des Bundeskanzlers begünstigt. Aus dieser Zeit stammte auch das Wort von »Kohls Mädchen«. 1991 wurde Merkel stellvertretende CDU-Bundesvorsitzende, ein Amt, das zuvor Lothar de Maizière innehatte. Nach dessen und Krauses Rückzug sollte es ihr gelingen, CDU-Landesvorsitzende von Mecklenburg-Vorpommern zu werden.
Von 1990 bis 1994 war sie als Bundesministerin für Frauen und Jugend und von 1994 bis 1998 für Umwelt, Naturschutz und Reaktorsicherheit im Kabinett von Kohl tätig und agierte dabei als »Moderatorin« (Boysen). Merkel avancierte seit 1998 auch zur Generalsekretärin der Partei. In dieser Funktion kritisierte sie Kohls Rolle im Zusammenhang mit der Parteispendenaffäre und verlangte die Abnabelung der Partei von ihm. Die CDU forderte ihn daraufhin auf, seinen Ehrenvorsitz bis zur Nennung der Spender ruhen zu lassen. Kohl weigerte sich unter Verweis auf sein Ehrenwort und reagierte mit seinem Rücktritt. Schäuble war durch die Parteispendenaffäre ebenfalls nicht mehr als CDU-Bundesvorsitzender zu halten. So wurde Merkel am 10. April 2000 zur neuen CDU-Bundesvorsitzenden gewählt.

Merkel besaß die Fähigkeit, politische Entwicklungen genau zu beobachten und geduldig auf ihre politische Chance zu warten. Bei der Bundestagswahl 2002 hatte sie die erfolglose Kandidatur des bayerischen Ministerpräsidenten Edmund Stoiber loyal mitgetragen. Anschließend wurde Merkel als CDU-Vorsitzende wiedergewählt und setzte sich gegen den CDU/CSU-Fraktionsvorsitzenden Friedrich Merz durch, zu dem sich ein konfliktbeladenes Spannungsverhältnis entwickelte.
Das Ende der Amtszeit von Bundespräsident Johannes Rau machte eine Neubesetzung des höchsten Amtes im Staate erforderlich. Innerparteiliche Gegenspieler Merkels favorisierten Schäuble. Horst Köhler war jedoch Angela Merkels und Guido Westerwelles Kandidat, und sein Wahlerfolg in der Bundesversammlung 2004 konnte als Ausbau der Machtposition der »Pragmatikerin« (Boysen) gewertet werden. Nicht etwa weil sie von Köhlers Charisma oder seinem Redner-Talent überzeugt waren – beides war nicht sonderlich ausgeprägt –, nominierten die damaligen Oppositionspolitiker den geschäftsführenden IWF-Direktor. Vielmehr spielten partei- und macht-strategische Überlegungen eine Rolle: Der internationale Finanzexperte sollte der künftigen Reformkoalition den Weg ebnen.
Nach der Entscheidung für vorgezogene Wahlen bestimmten CDU und CSU Merkel am 30. Mai 2005 zur Kanzlerkandidatin. Sie war zunächst unumstritten, weil die innerparteilichen Gegenspieler marginalisiert werden konnten. Merkels Schattenkabinett wurde aufgrund der von ihr bevorzugten Koalition mit der FDP als »Kompetenzteam« präsentiert. Das Steuermodell des Heidelberger Universitätsprofessors Paul Kirchhof wie auch das CDU-Konzept zur Krankenversicherung (»Kopfpauschale«) waren in der Öffentlichkeit aber »schwer vermittelbar« und mitverantwortlich für die immer stärker schrumpfende Wählergunst. Auch die kurzfristige Reaktivierung ihres Kontrahenten Merz konnte diesen Abwärtstrend nicht mehr verhindern. Schröder startete eine ful-

minante Aufholjagd, bei der er nur ganz knapp an einer CDU/CSU-Mehrheit scheitern sollte. Im CDU-Programm auf dem Leipziger Parteitag wurde dann eine Abkehr von der neoliberalen Politik der Einschnitte eingeleitet. Merkel versuchte die Partei wieder auf die politische Mitte zuzusteuern.

Bei der Bundestagswahl am 18. September 2005 blieb die Union jedoch deutlich hinter ihren Prognosen zurück und konnte ihr Wahlziel, die absolute Mehrheit der Bundestagsmandate für CDU/CSU und FDP, nicht erreichen. Im eigenen Wahlkreis 15 (Stralsund, Landkreis Nordvorpommern und Landkreis Rügen) gewann Merkel 41,3 % der Erststimmen. Neben der Union musste aber auch die SPD Einbußen hinnehmen, sodass die bisherige Regierungskoalition aus SPD und Grünen ihre Parlamentsmehrheit verlor.

8.2 Große Koalition unter Merkel als Bundeskanzlerin

In der ZDF-Diskussion am Wahlabend beanspruchte Schröder trotz des Verlustes der Mehrheit von Rot-Grün die Regierungsbildung für sich und zwar in einer so selbstherrlichen Form, dass heftige Kritik die Folge war. Er selbst bezeichnete sein Verhalten später als »suboptimal«. Die CDU-internen Merkel-Kritiker waren durch den anmaßenden Auftritt des selbstsicher wirkenden Gegners gezwungen, sich hinter ihre Kandidatin zu stellen, gleichwohl sie Verluste eingefahren hatte.

Die folgenden Tage ging es um die Diskussion, ob der SPD als im Bundestag größter Einzelfraktion oder der CDU/CSU als größter Fraktionsgemeinschaft das Amt des Bundeskanzlers zustehen würde. Die Form der Koalition war noch offen.

Merkel wurde sodann von der erstmals nach der Wahl zusammengetretenen Unions-Bundestagsfraktion in geheimer Wahl mit 219 von 222 Stimmen zur Fraktionsvorsitzenden wiedergewählt – nach dem enttäuschenden Bundestagswahlergebnis ein Vertrauensvotum und wichtiger Rückhalt für die Koalitionsgespräche. Schröder führte zunächst nach der konstituierenden Sitzung des 16. Deutschen Bundestages am 18. Oktober 2005 das Amt des Bundeskanzlers auf Ersuchen des Bundespräsidenten weiter.

Merkel und Stoiber hatten mit dem Bündnis 90/Die Grünen eine mögliche schwarz-gelb-grüne »Jamaika-Koalition« zusammen mit der FDP nicht ausgeschlossen und sondiert. Weder eine schwarz-gelbe Koalition aus CDU/CSU und FDP noch ein rot-grünes Bündnis aus SPD und Bündnis 90/Die Grünen konnten aber gebildet werden. Die absolute Mehrheit der Bundestagsmandate war damit nicht zu erreichen, was auch dem Einzug der Partei »Linkspartei/PDS« geschuldet war. Diese durch ein Zusammengehen von Oskar Lafontaine und Gregor Gysi neu gruppierte Partei hatte 8,7 % der Stimmen erringen können, verbot sich aber den anderen Parteien als Koalitionspartner. Nach kurzen Sondierungsgesprächen, in denen die FDP einerseits eine Ampelkoalition kategorisch absagte, andererseits SPD und Bündnis 90/Die

Grünen eine Koalition unter Tolerierung durch »Die Linke-PDS« ablehnten, standen alle Zeichen auf Schwarz-Rot. Die Angehörigen der letztgenannten Partei wurden von einem ihrer schärfsten Kritiker als »Honeckers Erben« bezeichnet (Hubertus Knabe).
Am 10. Oktober 2005 veröffentlichten CDU, CSU und SPD eine gemeinsame Vereinbarung, die die geplante Wahl von Merkel zur Bundeskanzlerin durch den 16. Deutschen Bundestag beinhaltete. Am 12. November stellte sie nach fünfwöchigen Verhandlungen mit der SPD den Koalitionsvertrag vor, der dann am 18. November von den Vorsitzenden der drei Parteien unterzeichnet wurde.
Maßgeblichen Einfluss auf die Koalitionsverhandlungen hatte neben Merkel auch der SPD-Vorsitzende Franz Müntefering. Die SPD konnte einige wichtige Ministerien gewinnen, weil sie auf das Kanzleramt verzichtete. Nach der Niederlage bei der Abstimmung im Bundesvorstand über den neuen Generalsekretär der Partei legte Müntefering allerdings den Parteivorsitz nieder, den Matthias Platzeck übernahm, der damit auch für die SPD den Koalitionsvertrag am 18. November unterzeichnete.
Am 22. November 2005 wurde Merkel mit 397 der 611 gültigen Stimmen (Gegenstimmen: 202; Enthaltungen: 12) der Abgeordneten des 16. Deutschen Bundestages zur Bundeskanzlerin gewählt. Dies waren 51 Stimmen weniger, als die Koalitionsparteien Mandate besaßen. Tags darauf legte Schröder sein Bundestagsmandat nieder. In ihrer Regierungserklärung vom 29. November 2005 lobte Merkel Schröder für die Maßnahmen seiner Regierung im Rahmen des Programms »Agenda 2010«. Merkels Politik konnte nahtlos an der Rot-Grünen-Reformpolitik anknüpfen. Die Pastoren-Tochter aus der protestantischen Uckermark hatte sich mit ihrem beeindruckenden Durchhaltevermögen und erstaunlicher Durchsetzungskraft nun bis an die Spitze des Staates emporgearbeitet.
Noch vor Beginn der Legislaturperiode verzichtete Merkels langjähriger Konkurrent Stoiber überraschend auf das für ihn vorgesehene Amt des Wirtschaftsministers, nach eigenem Bekunden wegen Münteferings Rückzug vom Parteivorsitz der SPD, mit dem er sich ein Tandem vorgestellt hätte, was aber wenig überzeugend klang.
Zum Leiter ihres Bundeskanzleramtes wählte Merkel Thomas de Maizière, den Cousin des letzten DDR-Ministerpräsidenten Lothar de Maizière. Platzeck leitete die SPD in der großen Koalition nur kurze Zeit, da er am 10. April 2006 aus gesundheitlichen Gründen sein Amt niederlegen musste. Sein Nachfolger wurde der rheinland-pfälzische Ministerpräsident Kurt Beck, der ebenfalls glücklos agierte.
Im März 2006 legte Merkel ein »Acht-Punkte-Programm« für die zweite »Etappe« der Legislaturperiode vor, in der sie die Zielsetzungen im Zusammenhang mit der Föderalismusreform, dem Bürokratieabbau, der Forschung und Innovation, Energiepolitik, Haushalts- und Finanzpolitik, Familienpolitik, Arbeitsmarktpolitik und insbesondere der Gesundheitsreform vorgab.
Obgleich einschneidende Maßnahmen ausblieben, traf Merkels betont sachlicher Regierungsstil in der Bevölkerung wie unter Wirtschaftstreibenden und im Ausland auf Zustimmung. Am 27. November 2006 wurde sie auf dem CDU-Bundesparteitag mit 93 % der Stimmen erneut zur Bundesvorsitzenden der Partei gewählt.

8.3 Aktive Außenpolitik, EU-Ratspräsidentschaft und Bindung zu Israel

Auf außenpolitischem Feld setzte Angela Merkel alsbald überraschend viele Akzente. Sie kritisierte George Bush junior wegen des KZ-ähnlichen US-Internierungslagers auf Guantanamo. Der Empfang des Dalai Lama im Bundeskanzleramt 2007 sorgte für Verstimmung mit der Volksrepublik China. Merkel kritisierte auch öffentlich Papst Benedikt XVI. angesichts dessen im Januar 2009 höchst umstrittenen Rehabilitierungsversuchs von Bischof Richard Williamson, der den Holocaust geleugnet hatte.

Der deutsche Kardinal Joseph Ratzinger war am 19. April 2005 vom bisher größten Konklave zum Nachfolger von Johannes Paul II. gewählt worden und nahm den Namen Benedikt XVI. an. Nach fast 500 Jahren stammte damit wieder ein Papst aus Deutschland. Die Medien jubelten, die *Bild*-Zeitung titelte mit »Wir sind Papst!« und traf damit den Zeitgeist. Der 78-jährige gebürtige Bayer und ehemalige Hitler-Junge erreichte Zustimmungswerte wie ein Popstar und überraschte Menschen aus aller Welt mit Freundlichkeit, Herzlichkeit und Verbindlichkeit.

Hinter dieser Fassade verbarg sich jedoch ein überzeugter Dogmatiker und ultraorthodoxer Katholik mit entsprechend fundamentalistischen Ansichten. Ablehnung und Kritik erntete der Papst nach seiner Regensburger Vorlesung am 12. September 2006 nach einem unkommentiert gelassenen Zitat des byzantinischen Kaisers Manuel II. Palaiologos, der sich darin abwertend über den Islam geäußert hatte. Benedikt betonte außerdem in einem am 10. Juli 2007 veröffentlichten Dokument der »Kongregation für die Glaubenslehre« die Einzigartigkeit der römisch-katholischen Kirche und sprach dabei der evangelischen Kirche ihren Status als Kirche ab, was sie »im eigentlichen Sinn« nicht sei und was laut dem Ratsvorsitzenden der Evangelischen Kirche in Deutschland, Bischof Wolfgang Huber, einen Rückschlag für die Ökumene bedeutete. Als Protestantin dürfte Bundeskanzlerin Merkel dieses Papst-Diktum auch getroffen haben.

Mitte des Jahres 2006 stand das Land dann ganz im Zeichen der Fußballweltmeisterschaft – »Deutschland ein Sommermärchen« lautete der Titel eines Films von Sönke Wortmann, der auch den neuen sympathischen und unverkrampften deutschen »Fahnenpatriotismus« zum Ausdruck brachte.

Der Höhepunkt von Merkels Regierungszeit in der Großen Koalition war die gemeinsam mit Außenminister Frank-Walter Steinmeier (SPD) vom 1. Januar bis 30. Juni 2007 organisierte EU-Ratspräsidentschaft. Der Vorsitz wurde turnusmäßig im Rahmen der Dreier-Präsidentschaft mit Portugal und Slowenien wahrgenommen. Merkel nannte den EU-»Verfassungsvertrag«, die »Klima- und Energiepolitik«, die »Vertiefung der transatlantischen Wirtschaftspartnerschaft« und eine »Nachbarschaftspolitik für die Schwarzmeerregion und Zentralasien« als wichtigste Ziele. Das Verhältnis zu Russland schien als Thema nicht prominent auf.

Die deutsche Ratspräsidentschaft sollte insofern ein Erfolg werden als die Substanz des 2005 von den Bevölkerungen Frankreichs und der Niederlande abgelehnten EU-

»Verfassungsvertrags« als Reformvertrag gerettet und unterzeichnet werden konnte. Es sollte unter maßgeblicher Führung Merkels und Steinmeiers gelingen, den von der österreichischen Ratspräsidentschaft 2006 entwickelten Schwung der Debatte, den der finnische Ratsvorsitz weitertrug, in der deutschen Präsidentschaft aufzunehmen und die kontroverse Frage der offenen Vertragsfrage einer Lösung zuzuführen.

Die EU hatte sich im Rahmen der deutschen Ratspräsidentschaft feierlich zu weitgehenden Reformen verpflichtet. Bundeskanzlerin Merkel, EU-Kommissionspräsident José Manuel Barroso und der Präsident des Europäischen Parlaments, Hans-Gert Pöttering (EVP), unterzeichneten bei einem Festakt am 25. März 2007 die »Berliner Erklärung«. Sie sollte die mit Bulgarien und Rumänien am 1. Januar 2007 auf 27 Staaten und 490 Millionen Bürger gewachsene Union handlungsfähiger und bürgernäher machen. Bis 2009 sollte zu diesem Zweck ein moderner Vertrag verabschiedet sein. Die »Berliner Erklärung« rückte den Menschen in den Mittelpunkt.

Die Geschichte der EU von der Unterzeichnung der Römischen Verträge am 25. März 1957 bis heute wurde als Erfolgsmodell beschrieben. Als Errungenschaften wurden u. a. »Frieden und Freiheit«, das »europäische Gesellschaftsmodell«, »Solidarität und Gleichberechtigung«, der gemeinsame Markt und der Euro bezeichnet. Herausforderungen für die Zukunft wurden in der Globalisierung, im »Kampf gegen internationalen Terrorismus«, Rassismus und Fremdenfeindlichkeit sowie im Klimaschutz erblickt. In der »Berliner Erklärung« verpflichtete sich die EU auf innere Reformen bis zur nächsten Europawahl Mitte 2009. Das kontroverse Wort »Verfassung« blieb unerwähnt.

In ihrer Rede warb Merkel eindringlich für eine Lösung der Krise. »Ein Scheitern wäre ein historisches Versäumnis«, sagte sie als EU-Ratspräsidentin. Deshalb sei es wichtig, dass die EU in dem Ziel geeint sei, die Gemeinschaft bis zu den Wahlen zum Europäischen Parlament 2009 auf eine erneuerte gemeinsame Grundlage zu stellen. Die Bundeskanzlerin bekräftigte, sie wolle am Ende des deutschen Ratsvorsitzes im Juni 2007 einen Fahrplan für die Verfassung verabschieden. Sie setzte dabei auf Unterstützung aller Staats- und Regierungschefs. Barroso pflichtete Merkel bei und sprach sich für starke Institutionen aus. Pöttering unterstrich, die »Substanz« des Verfassungsvertrags müsse einschließlich der gemeinsamen Werte rechtlich verbindlich werden.

Merkel legte in ihrer Festrede ein überzeugendes Bekenntnis zu Europa ab. Dabei sprach sie von ihrer Erfahrung als DDR-Bürgerin, die die Spaltung Deutschlands, die Berliner Mauer und die Überwindung der Teilung Europas hautnah erlebt hatte, ohne näher auf die ostdeutsche Diktatur und den SED-Staat einzugehen. Sie verwies auf ihre persönliche Überzeugung, dass Europa »jüdisch-christliche Wurzeln« habe. Damit reagierte die Bundeskanzlerin abermals auf Kritik des Papstes. Das rechtskonservativen, fundamentalistischen Vorstellungen zuneigende Kirchenoberhaupt hatte der EU die Abkehr vom Glauben vorgeworfen. In der »Berliner Erklärung« fehlte auch ein Verweis auf das christliche Erbe. Merkel hatte darauf gedrängt, dass der Gottesbezug und der christliche Glaube in die EU-Verfassung aufgenommen werden sollten, was trotz Unterstützung von Polen, Irland und Italien aber nicht durchsetzbar war.

Die Frage eines Gottesbezugs in der Präambel war zuvor schon bei der Grundrechtscharta sehr umstritten gewesen. Sie war auch eine Forderung der Kirchen und von großen Teilen der EVP. Dagegen waren u.a. französische Vertreter mit ihrer säkularen und laizistischen Staatsauffassung. Die Befürworter des Gottesbezuges bekannten sich zu einem überstaatlichen Normensystem, an das auch der Gesetzgeber gebunden sein sollte, um ein staatliches Allmachtsstreben zu verhindern. Die Gegner des Gottesbezuges argumentierten, dass eine Referenz an das Christentum dazu benutzt werden könnte, die Türkei von der EU-Mitgliedschaft auszuschließen. Ein weiterer Kritikpunkt bestand darin, dass sich nicht religiöse Menschen ausgeschlossen oder diskriminiert fühlen könnten. Letztlich wurde in der Präambel des Verfassungsvertrags auch das »geistig, kulturelle, religiöse Erbe Europas« genannt. Als Kompromisslösung einigte man sich auf die Formulierung »schöpfend aus dem kulturellen, religiösen und humanistischen Erbe Europas«, die in die Präambel des EU-Vertrags von Lissabon eingefügt wurde.
Der tschechische Präsident Václav Klaus kritisierte Merkel und die Berliner Erklärung aus einem anderen Grund: »Es fehlt eine demokratische Debatte, eine demokratische Diskussion.« Einzelne Regierungen seien nicht ausreichend eingebunden worden.
Parallel zum Treffen der Regierungschefs begann ein Europafest rund um das Brandenburger Tor. Auf der Geburtstagsparty zum 50. Jahrestag der Unterzeichnung der Römischen Verträge präsentierten sich die 27 Mitgliedsstaaten dem Publikum. In mehr als 75 Zelten gab es Wissenswertes über die »EU-Familie« zu erfahren, aber auch über andere Organisationen wie das deutsch-französische und das deutsch-polnische Jugendwerk. Zum Abschluss wurde ein Feuerwerk veranstaltet, das mit den EU-Farben Blau und Gold den Berliner Abendhimmel erleuchtete. Auf diese Weise präsentierte sich das neue Deutschland als ein europäisches und weltoffenes Land.
Die deutsche Ratspräsidentschaft wurde zu einem Erfolg, zumal wesentliche Kompromisse zur Aushandlung eines neuen Vertrages erzielt wurden. Aufgrund ihres europapolitischen Engagements wurde die Bundeskanzlerin ausgezeichnet. Am 1. Mai 2008 erhielt Merkel den Karlspreis der Stadt Aachen »für ihre Verdienste um die Weiterentwicklung der Europäischen Union«. Die Laudatio hielt der französische Staatspräsident Nicolas Sarkozy.
Auf den Tag genau einen Monat später unterzeichneten die Staats- und Regierungschefs während eines Gipfels in der portugiesischen Hauptstadt im Hieronymus-Kloster den neuen Unionsvertrag. Der Vertrag hatte zum Inhalt, den Entscheidungsprozess in der erweiterten EU zu verbessern, indem das Abstimmungsrecht im Rat reformiert, die Größe der Kommission vermindert und die Rolle der nationalen Parlamente gestärkt werden sollte. Er schuf zudem die neuen Posten des Ratspräsidenten und des Hohen Vertreters für Außen- und Sicherheitspolitik. Um in Kraft treten zu können, musste der Vertrag von allen 27 Mitgliedsstaaten ratifiziert werden. Schließlich sollte sich das Bundesverfassungsgericht noch mit dem Thema befassen. Gegen das Zustimmungsgesetz zum Lissabon-Vertrag sowie die entsprechenden Begleitgesetze wurden sowohl Verfassungsbeschwerde eingelegt, insbesondere

wegen der Verletzung des Demokratieprinzips, als auch ein Organstreitverfahren durch den CSU-Bundestagsabgeordneten Peter Gauweiler und die Bundestagsfraktion der Linkspartei initiiert. Die Beschwerden waren insoweit erfolgreich, als das Bundesverfassungsgericht eines der relevanten Begleitgesetze als verfassungswidrig einstufte.

Der Vertrag von Lissabon selbst wurde dagegen als verfassungskonform beurteilt, wenngleich das Ratifikationsverfahren bis zur Verabschiedung des überarbeiteten Begleitgesetzes nicht abgeschlossen werden konnte. Die Große Koalition plante daher, das Gesetz noch vor Ablauf der Wahlperiode in revidierter Fassung zu verabschieden. In der Zwischenzeit hatte der Lissabon-Vertrag nach einigen genommenen Hürden in Irland Rechtskraft erlangt, was wesentlich auf den Einsatz der deutschen Bundeskanzlerin zurückzuführen war.

In der Türkei-Politik hatte Merkel in der Oppositionszeit noch von einer »privilegierten Partnerschaft« gesprochen. Während ihrer Zeit als Kanzlerin und als EU-Ratspräsidentin schwieg sie jedoch dazu. Nachdem der türkische Ministerpräsident Recep Tayyip Erdoğan bei einem Besuch in Köln vor 20.000 in einer Arena entfesselt jubelnden Landsleuten am 9. Februar 2008 die in Deutschland lebenden Türken vor einer Assimilation gewarnt und diese als »ein Verbrechen gegen die Menschlichkeit« gebrandmarkt hatte, kritisierte Merkel dessen »Integrationsverständnis«. Der türkische Ministerpräsident hatte zu seinen Landsleuten ausgeführt: »Ich verstehe sehr gut, dass ihr gegen die Assimilierung seid. Man kann von euch nicht erwarten, euch zu assimilieren.« Es sei zwar wichtig, Deutsch zu lernen, aber die türkische Sprache dürfe darüber nicht vernachlässigt werden. Die Türken stünden in Europa vor der Herausforderung, ihre Identität und ihre Kultur zu bewahren. »Es gibt einige Länder, die unseren EU-Beitritt verhindern wollen. Die Türkei hat keine Alternative als die Vollmitgliedschaft.« Eine »privilegierte Partnerschaft«, wie sie Merkel statt einer Mitgliedschaft anstrebe, lehne er ab: »Die Türkei wird ein solches Szenario nicht mitspielen«, sagte er. Im Gegensatz zu einigen EU-Mitgliedern werde die Türkei sogar die Maastricht-Kriterien erfüllen können. Die Türken müssten im Ausland besser und selbstbewusster für ihre Interessen eintreten, forderte er. »Seit über 40 Jahren tragen Türken zur wirtschaftlichen Entwicklung in Deutschland bei.« Vor diesem Hintergrund frage man sich, warum es noch keinen türkischen Bürgermeister gebe. Auch in den nationalen Parlamenten Deutschlands und anderer EU-Länder und im Europaparlament sollten mehr türkische Abgeordnete sitzen.

Das internationale Krisenmanagement fand in der Großen Koalition eine Ausweitung im Nahen und Fernen Osten. Deutsche Soldaten waren trotz schwerer Rückschläge und Verluste weiterhin im Rahmen der ISAF-Mission in Afghanistan eingesetzt. Merkel war zunächst zurückhaltend bezüglich einer deutschen Beteiligung an einer Friedenstruppe der Vereinten Nationen im Südlibanon zur Befriedung des Israel-Libanon-Konflikts. Israels Premier Ehud Olmert plädierte aber für die Beteiligung deutscher Soldaten. »Ich habe Kanzlerin Angela Merkel mitgeteilt, dass wir absolut kein Problem haben mit deutschen Soldaten im Südlibanon«, sagte er. Es gebe keine Nation, die sich Israel gegenüber freundschaftlicher verhalte als Deutschland. Am

18. März 2008 hielt Merkel vor der Knesset eine Rede, die sie auf Hebräisch begann. Sie betonte die historische Verantwortung Deutschlands für Israel, die Sicherheit des jüdischen Staates sei Teil der deutschen Staatsräson und niemals verhandelbar. Merkel war die erste ausländische Regierungschefin, die zu einer Rede vor der Knesset eingeladen worden war.

8.4 Fortgesetzte Reformpolitik mit Erfolgen und Misserfolgen

Sehr im Unterschied zu Österreich wurde in Deutschland die Große Koalition wiederholt als demokratiepolitischer Sonderfall gedeutet. Eine große Mehrheit, auf die sich eine solche Regierung im Parlament stützen konnte, wurde so reflexartig wie dogmatisch als Gefahr für die Demokratie interpretiert, und zwar mit angstvollen Argumenten, wonach die Opposition zu schwach sei und die politischen Ränder sich radikalisieren würden. Das zwiespältige Empfinden wurde noch verstärkt dadurch, dass man trotz dieser Besorgnis die Folgerung ableitete, dass nur eine Koalition aus beiden großen Parteien fähig sei, die notwendigen Strukturreformen durchzuführen. Merkel hatte die Große Koalition in ihrer ersten Regierungserklärung als eine »Koalition der neuen Möglichkeiten« bezeichnet, was zutreffend war: Eine Reihe von Reformen sollte ihr durchaus gelingen, einige weitreichende sogar. Die zweite Große Koalition in der Geschichte Deutschlands stellte sich, wie die erste der Jahre 1966–1969, wichtige Aufgaben. Dazu sollten die absoluten Mehrheiten in Bundestag und Bundesrat auch genutzt werden.
Vordringliches Anliegen war ein ausgeglichenes Budget, d.h. die Vorlage eines Haushaltsplans ohne Nettokreditaufnahmen bis 2011. Als erste Maßnahme erfolgte die Anhebung der Mehrwertsteuer auf 19 % und eine Reduzierung der Ausgaben v.a. im Bildungsbereich, was die Einführung von Studiengebühren in den Bundesländern erforderlich machte.
In der Föderalismusreform sollte das Verhältnis von Bund und Ländern neu geordnet werden. Reformen wurden in der Familienpolitik mit dem Elterngeld und dem Ausbau der Kindertagesstätten in Angriff genommen. Diese Reformen waren schon von den rot-grünen Familienministerinnen angestrebt worden, aber der Durchbruch gelang erst unter der Regierung Merkel. Das Gleiche galt für die Erhöhung des Renteneintrittsalters und die Unternehmenssteuerreform, mit der nach 20jähriger Diskussion die steuerliche Belastung deutscher Unternehmen zumindest in die Nähe des Durchschnitts der 15 langjährigen EU-Mitgliedsstaaten gesenkt wurde.
Ein Erfolg war der Koalition bis zum Ausbruch der Finanzkrise im Sommer 2008 auch bei der Haushaltskonsolidierung zu bescheinigen. Ihr engagierter Einsatz zur Bekämpfung dieser Krise war ebenfalls bemerkenswert (Kap. 8.5). Einen symbolischen Erfolg konnte die Große Koalition auch bei den Sozialversicherungsbeiträgen erzielen, die sie unter die Grenze von 40 % vom Bruttolohn senkte.

Manche Reformen blieben Flickwerk, widersprachen sich oder scheiterten: Widersprüchlich waren die »außerplanmäßigen« Rentenerhöhungen 2008 und 2009, die mit der Erhöhung des Renteneintrittsalters nicht kompatibel waren. Die Bestrebungen um Senkung der Beiträge zur Arbeitslosenversicherung wurden durch die Verlängerung der Bezugsdauer des Arbeitslosengeldes für Ältere unterlaufen. Die Gesundheits- und die Pflegereform bewirkten keine Durchbrüche. Beide führten sogar zu steigenden Beiträgen. Umstritten waren die Mindestlöhne, die nicht flächendeckend eingeführt wurden, wie es die SPD gefordert hatte. Die von der CDU/CSU verlangte Liberalisierung des Arbeitsmarktes fand nicht statt. Der von der Union geforderte mögliche Bundeswehreinsatz im Innern wurde nicht verwirklicht. Gescheitert waren auch ein Umweltgesetzbuch sowie zentrale Privatisierungsvorhaben (Bahn- und Flugsicherung).
Die Gründe liegen auf der Hand: Die Große Koalition hatte zwar eine große Mehrheit im Bundestag, aber keine unkontrollierte Macht. Es waren aber weniger andere Institutionen und Organisationen Gegner größerer Reformen, sondern vielmehr die Partner der Großen Koalition selbst, die sie verhinderten.
In inhaltlichen Fragen waren die Standpunkte der Koalitionspartner konträr. SPD und CDU hatten den Wahlkampf 2005 in der Gesundheitspolitik mit sich widersprechenden Konzepten von Bürgerversicherung und Kopfpauschale bestritten, die sich nicht in ein gemeinsames Projekt zusammenbringen ließen. Das betraf die Gesundheits-, Pflege- und Arbeitsmarktreform. Die SPD lehnte die von der CDU geforderte Liberalisierung des Arbeitsmarkts ab. Die CDU wendete die Einführung flächendeckender Mindestlöhne ab, musste aber doch eine größere Erweiterung ihrer Geltung hinnehmen. Im Wettstreit um Wählerstimmen zögerten beide Parteien, allzu weitgehende Reformen durchzuziehen.

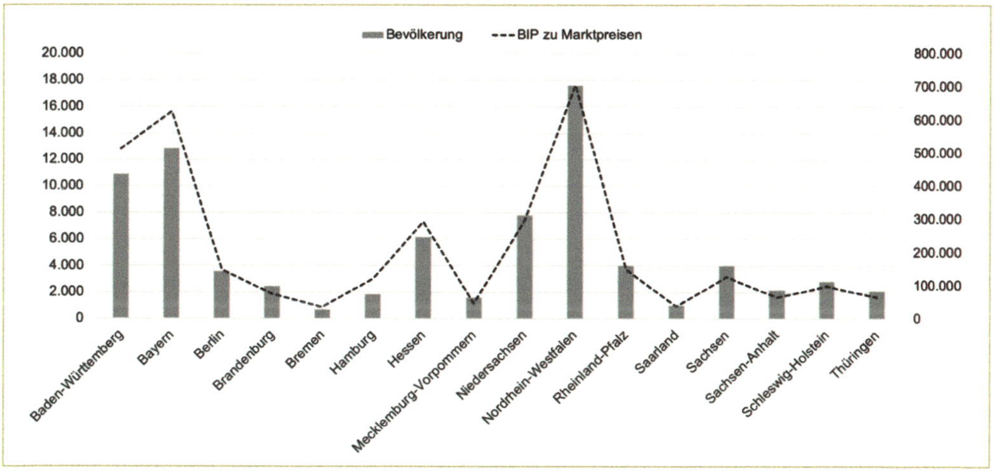

Grafik 27: Bevölkerung in Tausend und Bruttoinlandsprodukt zu Marktpreisen (nominal) in Millionen Euro 2018

Trotz aller Anstrengungen in der Arbeitsmarkt- und Wirtschaftspolitik blieb es beim West-Ost-Gefälle in der realen ökonomischen Leistung. Die Wirtschaftsdaten im Ost-West-Vergleich machen deutlich, was die bevölkerungsreichsten auch die wirtschaftsstärksten Bundesländer Deutschlands sind: Nordrhein-Westfalen, Bayern und Baden-Württemberg. Die neuen Länder wie Brandenburg, Sachsen-Anhalt, Thüringen und Mecklenburg-Vorpommern, die auch von Bevölkerungsabwanderung betroffen waren und sind, bildeten gleichzeitig die Schlusslichter in der Wirtschaftsleistung im neuen Deutschland der Berliner Republik (Grafik 27).
Demographisch hinkte der Osten weiterhin nach und war folglich auch bei Produktivität, Wirtschaftsleistung (BIP) und Marktpreisen klar im Hintertreffen. Deutschland war und ist in jeder dieser Kategorien nach wie vor gespalten bzw. unterschiedlich, z. B. bei den Beamtengehältern wie auch bei den Löhnen.

8.5 Finanz- und Wirtschaftskrise, ein Wahlkampf der Ausschließlichkeit, Bundestagswahlen und das Ende der Großen Koalition (2008/09)

In den USA platzte 2008 eine Immobilienblase und brachte das renommierte Bankunternehmen »Lehman Brothers« zum Einsturz. Im Herbst wurde durch die Insolvenz zahlreicher großer Finanzinstitute das historische Ausmaß der sich abzeichnenden Finanzkrise deutlich. Einige deutsche Landesbanken wie auch private Institute mussten Abschreibungen in erheblicher Höhe vornehmen. Der Deutsche Bundestag reagierte zunächst mit dem Risikobegrenzungsgesetz.
Am 8. Oktober 2008 gaben Angela Merkel und Finanzminister Peer Steinbrück in einer sonntäglich eilig abgehaltenen Presseerklärung vor laufender Kamera für Sparerinnen und Sparer eine Art Garantie für »ihre Einlagen« in Deutschland ab, die »sicher« seien – es gab dafür allerdings keine seriöse Grundlage: Das private Geldvermögen hatte über vier Billionen Euro ausgemacht. Das war fast das Doppelte der gesamten Wirtschaftsleistung eines Jahres und damit das X-fache der Steuereinnahmen. Im Grunde hätte der Staat eine solche Summe nicht stemmen können. Es verwundert daher nicht, dass auf Anfrage von Hans-Christian Ströbele (Grünen-Bündnis 90), wie diese Ankündigung zu verstehen gewesen sei, eingeräumt wurde, dass Merkel und Steinbrück ihre Stellungnahmen nicht rechtlich verbindlich, sondern nur »politisch« gemeint hätten, also zur Beruhigung der verunsicherten deutschen Bürgerinnen und Bürger. Diese »Garantie« sollte für jedes Institut und für alle Sparerinnen und Sparer eines Institutes gelten, das Teil der deutschen Einlagensicherung ist. Zuvor hatte die Bundeskanzlerin noch die irische Regierung wegen einer eigenen Staatsgarantie scharf kritisiert, die sich allerdings allein auf einheimische Banken bezog. Merkels Vorgehen wurde von anderen europäischen Finanzministern als nationaler Alleingang kritisiert, von der EU-Kommission jedoch als nicht wettbewerbsverzerrend und damit unproblematisch eingestuft. Bundestag und Bundesrat

verabschiedeten im Eilverfahren eine Rettungsaktion für das angeschlagene Bankensystem in Höhe von rund 500 Milliarden Euro, welches Kapitalinjektionen und Bundesbürgschaften gestattete, um den Kreditinstitutionen ihre Existenz zu sichern und die Marktwirtschaft am Leben zu halten (Eckart Conze). Das Weltwirtschaftsdesaster hatte eine Vorgeschichte und war nur im europäischen bzw. internationalen Rahmen lösbar.

Bereits 2007 hatte sich die internationale Finanzkrise angedeutet: Im Juli stand die »Mittelstandsbank« Deutsche Industriebank AG (IKB) vor dem Ende. Die staatliche Kreditanstalt für Wiederaufbau (KfW) half mit einem Risikoeinsatz von 3,5 Milliarden Euro aus und übernahm später das Gros der Anteile. Im August wurden Schwierigkeiten am US-Hypothekenmarkt bereits überdeutlich. Britische Bürger standen bei der Northern Rock Bank Schlange und hoben in ihrer Sorge rund zwei Milliarden Pfund ab. Die britische Regierung unter Gordon Brown sprach eine Garantie aus, alle Einlagen auszuzahlen und verstaatlichte das Kreditinstitut. Im Jahre 2008 nahm die Krise dann ihren Lauf: J. P. Morgan Chase übernahm die in Bedrängnis geratene Investmentbank Bear Stearn. Am 13. Juli wiesen die Hypothekenbanken Fannie Mae und Freddie Mac erhebliche Bilanzprobleme auf – am 7. September übernahm der Staat die Kontrolle.

Eine Woche später war mit der schon erwähnten Konkursanmeldung der Lehman Brothers in New York ein neuer »schwarzer Montag« gegeben: Der 14. (15.) September 2008 wurde zu einem historischen Tag für die USA und für die übrige Welt: Der Zusammenbruch dieser Investmentbank ließ eine gigantische Hypothekenblase in den USA platzen, was eine globale Finanz- und eine Weltwirtschaftskrise auslöste, die infolge eine Staatsfinanzierungskrise im Euroraum bewirkte und letztlich nicht nur die Stabilität, sondern auch die Existenz der europäischen Einheitswährung selbst infrage stellte.

Wenige Tage nach dem Lehman-Crash verlautbarten die US-Regierung und die EU-Staats- und Regierungschefs, Kapital für angeschlagene Banken zur Verfügung zu stellen. In den folgenden sechs Monaten wurden dringend notwendige staatliche Rettungsmaßnahmen in verschiedenen Ländern für die Behebung der Bankenkrise ergriffen und Konjunkturpakete für die bedrohten Volkswirtschaften geschnürt. Am 7. Oktober 2008 beschlossen die EU-Finanzminister eine Garantie für Spareinlagen in der EU von mindestens 50.000 Euro und die Stützung »systemrelevanter« Banken. Am 12. Oktober 2008 einigten sich die 15 Mitglieder der Eurozone auf gemeinsame Regeln für ein nationales Krisenmanagement.

Etwas mehr als eine Woche später kündigte der Europäische Rat Hilfen für die Industrie an. Am 4. November 2008 beschlossen die EU-Finanzminister einen Notkredit für Ungarn. Die deutsche Bundesregierung bürgte mit 26,6 Milliarden Euro, die ein Bankenkonsortium der in größte Turbulenzen geratenen Immobilienbank Hypo Real Estate lieh. Anfang April 2009 verpflichteten sich auf einem G20-Gipfel die Regierungen zu gemeinsamen Anstrengungen um die Wiedererlangung von Vertrauen in die Ökonomie und die Gewährleistung von Wirtschaftswachstum. Am 7. Mai des gleichen Jahres traf der Rat der Europäischen Zentralbank (EZB) den Grundsatzbeschluss, dass das System der Einheitswährung auf Euro lautende gedeckte Schuldverschreibungen ankaufen würde.

Was hier beschrieben wurde, war die Kettenreaktion einer weltweiten Finanz- und Wirtschaftskrise, die an Komplexität derartige Ausmaße hatte, dass es das menschliche Fassungs- und Interpretationsvermögen überstieg. So urteilte Jürgen W. Stark, Vizepräsident der Deutschen Bundesbank (1998–2006), deutscher Stellvertreter bei diversen G7- und G20-Gipfeln (1999–2006) und seit 1999 Mitglied des EU-Wirtschafts- und Finanzausschusses. Stark war von 2006 bis 2012 Mitglied des Direktoriums der Europäischen Zentralbank (EZB), des EZB-Rates und dort zuständig für Volkswirtschaft und Informationssysteme.

Rückblickend bezeichnete Stark die Phase der Kriseneindämmung von Oktober 2008 bis Februar 2009 als »die intensivste und nervenaufreibendste Arbeitsphase« seines Lebens: »Wir haben gehandelt wie wir gehandelt haben, und es war sicherlich nicht alles falsch, was wir gemacht haben.«

Die europäische Einheitswährung mit der Eurozone, die in der Zeit der Krise einen Kernraum von 16 Mitgliedern der 27 EU-Staaten umfasste, und die EZB, die die Aufgaben der nationalen Notenbanken in sich vereint hatte, stabilisierten beide in den Jahren 2008/09 das System. Stark argumentiert auch: »Ohne die Einheitswährung wäre die Reaktion auf die Krise wesentlich heterogener und weniger effektiv gewesen.« Vor allem hätte bei Fortbestand der D-Mark-Dominanz aller Voraussicht nach eine Aufwertung der Mark und mit hoher Wahrscheinlichkeit auch eine Abwertung anderer europäischer Währungen eingesetzt, wie sich ergänzen ließe. Dies hätte nicht nur dem deutschen Export, sondern auch der europäischen Gesamtwirtschaft geschadet. Dieses Urteil wird von Stefan Bruckbauer, Chefanalyst der Bank Austria-UniCredit in Wien, bestätigt:

> »Ohne den Euro [...] hätte möglicherweise Deutschland die Zeche bezahlen müssen, denn Deutschland erlebte in der Krise als eines der stabilsten (und vor allem größten) Länder in Europa einen starken Kapitalzufluss, der die langfristigen Zinsen für den deutschen Staat senkte. Ohne den Euro wäre es jedoch gleichzeitig zu einer Aufwertung der D-Mark gegenüber vielen anderen Währungen gekommen und der Vorteil hätte sich in einen Wettbewerbsnachteil für Deutschland gewandelt. Für viele andere Länder (ebenfalls stabile, aber kleinere) hätte es womöglich das Ende einer jahrzehntelangen Stabilitätspolitik bedeuten können.«

Die Große Koalition in Deutschland bewies in der Bewältigung der Finanz- und Wirtschaftskrise 2008/09 (Kap. 8.5) Aktionsfähigkeit beim Schnüren von Rettungs- und Konjunkturpaketen, der Entwicklung einer Umweltprämie und der vorläufigen Bewältigung der Opel-Krise. Ein vergleichbar konzertiertes und konsequentes Krisenmanagement war bei der Eindämmung der Staatsfinanzierungs- und Schuldenkrise 2010 im Zeichen der neuen CDU/CSU-FDP-Koalition nicht mehr in diesem reaktionsschnellen Maße gegeben.

Das Jahr 2009 stand jedoch noch weiter im Zeichen der Bewältigung der Finanzkrise, die sich zu einer weltweiten Wirtschaftskrise ausgewachsen hatte. Zur Rettung des Bankensystems und Belebung der Wirtschaft explodierten die staatlichen Verbindlichkeiten. Für den Zeitraum bis 2011 wurde von Experten für Deutschland ein weiterer Anstieg des Defizits und des Schuldenstands erwartet. Steigende Arbeitslosenzahlen und Verluste an Wohlstand galten als sicher.

Der einsetzende Wahlkampf machte deutlich, dass Merkels Präferenz nicht mehr beim Koalitionspartner SPD lag, sondern bei der FDP. Als erste Partei hatte die SPD als Spitzenkandidat Bundesaußenminister Steinmeier bestimmt. Merkel trat erneut als Kanzlerkandidatin der CDU/CSU und Guido Westerwelle als Spitzenkandidat der FDP an. Bei Bündnis 90/Die Grünen wurden Fraktionschefin Renate Künast und ihr Stellvertreter Jürgen Trittin nominiert. Bei der Linken hatte Parteichef Lothar Bisky angekündigt, nicht mehr für den Bundestag zu kandidieren. 2009 führten die Fraktionsvorsitzenden Gregor Gysi und Oskar Lafontaine die Partei erneut in den Wahlkampf. Parallel dazu trat Lafontaine als Ministerpräsidentschaftskandidat für »Die Linke« im Saarland an.

CDU/CSU und FDP einerseits und Die Linke andererseits lehnten eine Koalition mit der jeweils anderen Seite auf überregionaler Ebene grundsätzlich ab. Steinmeier lehnte die außen- und europapolitischen Positionen der Linken ab und machte klar, sich nicht mit Stimmen der Linken wählen zu lassen. Eine rot-rot-grüne Koalition war damit ausgeschlossen.

Die Linke schloss ihrerseits eine Koalition mit der SPD auf Bundesebene aufgrund außenpolitischer (Ablehnung des Afghanistaneinsatzes der Bundeswehr) und innenpolitischer (Ablehnung des Beschäftigungsprogramms »Hartz IV«) Differenzen aus.

Die Unionsparteien (CDU/CSU) favorisierten eine schwarz-gelbe Koalition vor der bestehenden Großen Koalition. Die FDP schloss eine Woche vor der Wahl auf Drängen der CDU eine Koalition mit Grünen und SPD, also eine »Ampelkoalition«, aus. Die Grünen verneinten eine Jamaika-Koalition. Durch diese vielen Ausschlüsse blieben nur die Optionen schwarz-gelbe oder Große Koalition.

Die Wahl zum 17. Deutschen Bundestag fand am 27. September 2009 statt und erbrachte für die Unionsparteien und die FDP die notwendige Mehrheit, die ihnen eine schwarz-gelbe Koalition ermöglichte. Während die Oppositionsparteien FDP, Die Linke und Bündnis 90/Die Grünen mitunter erheblich Stimmen hinzugewannen (10,7 %) und die besten Ergebnisse ihrer jeweiligen Parteigeschichte erzielten, fielen die Parteien der regierenden Großen Koalition in der Wählergunst auf ein historisches Tief. Die SPD erzielte bis dato ihr schlechtestes Bundestagswahlergebnis überhaupt (23 %), CDU und CSU ihr jeweils schlechtestes seit der ersten Bundestagswahl 1949 (33,8 %). Die Wahlbeteiligung war mit 70,78 % die niedrigste seit Bestehen der Bundesrepublik.

Folgende Befunde waren besonders bemerkenswert: Die stärkste Fraktion bildeten die Nichtwähler bei einer gleichzeitig steigenden Politisierung der Bevölkerung! Es diversifizierte sich die politische Landschaft Deutschlands weiter. Es gab keine Volksparteien mehr und Die Linke war nun definitiv auch im Westen Deutschlands angekommen. Merkel wurde trotz neuerlicher Verluste in der Wählergunst wieder als Bundeskanzlerin bestätigt. Der bisherige FDP-Oppositionspolitiker Guido Westerwelle wurde Vizekanzler und Außenminister.

In den ersten Monaten ihrer Amtszeit gab die neue Koalition, in der Merkel die »mit Abstand größten inhaltlichen Schnittmengen« sah, alles andere als ein harmonisches und einträchtiges Bild ab. Sticheleien der CSU gegen die FDP, eine wenig führungsstarke Kanzlerin sowie ein marktschreierisch, profilierungssüchtig und überambitioniert erscheinender Vizekanzler wirkten nicht sehr überzeugend. Der koalitionsinterne Streit über die Frage der Steuersenkung u. a. m. war besonders irritierend, weil es im Zeichen der Staatsfinanzierungs- und Schuldenkrise um die Stabilität des Euro, die Sanierung der Haushalte und um Impulse für die Schaffung neuer Arbeitsplätze ging. Das Ausmaß des Bedarfs an Finanzierung und Kreditstützung mit Blick auf den Sanierungsfall Griechenland war unterschätzt worden. Merkel bewies hier – im Unterschied zu ihrer Rolle bei der Bewältigung der Banken- und Finanzkrise noch während der Zeit der Großen Koalition 2008/09 – weit weniger Geschick in der deutschen Regierungsarbeit und im europäischen Krisenmanagement. Die Vertrauenskrise in den Euro sollte besonders schwer wiegen.

8.6 Fazit einer »Zwangsehe«

Der in der Öffentlichkeit entstandene Eindruck von Blockade und Stagnation der Politik der Großen Koalition entsprach nicht der Realität. Es gelang ihr zwar nicht eine Politik aus einem Guss, wie auch ihre Bilanz keine reine Erfolgsgeschichte ist. Die Große Koalition war aber bei Weitem nicht so erfolglos, wie sie in den Medien dargestellt wurde. Nennenswerte Erfolge erzielte sie bei der Föderalismusreform, der Unternehmensbesteuerung und in der Familienpolitik. In allen strukturellen Bereichen gelangen jedoch keine Durchbrüche.

Es waren die programmatischen Unterschiede zwischen den Koalitionspartnern wie auch wahltaktische Überlegungen, die weitreichende Reformen verhinderten. Die Muster innenpolitischer Entwicklung und der parlamentarischen Willensbildung veränderten sich unter der zweiten Großen Koalition in der Bundesrepublik nur wenig. Empirische Analysen haben gezeigt, dass Befürchtungen und Erwartungen übertrieben waren.

Die Große Koalition hatte trotz der breiten parlamentarischen Basis und ihrer Beteiligung an allen Landesregierungen keine unbegrenzte Macht. Am Ende der Legislatur hatte sie sogar ihre Mehrheit im Bundesrat verloren, was sich in einem Anstieg der Vermittlungsverfahren äußerte. Bundespräsident Horst Köhler übte seine verfassungsrechtliche Kontrolle außergewöhnlich stark aus. Von einer unkontrollierten Machtausübung der Großen Koalition konnte nicht die Rede sein.

Die zweite Große Koalition wurde als Zwangsehe empfunden. Gekennzeichnet von falschen Erwartungen, großen Enttäuschungen und der Qual der Wahl, den kleinsten gemeinsamen Nenner zu finden und sich darauf zu einigen, konnte sie letztlich nicht als große Erfolgsgeschichte aufgefasst werden. Vom Wähler am 18. Septem-

ber 2005 erzwungen, erwies sich diese Gemeinschaft rasch als nicht ausreichend imstande, die dringendsten Probleme des Landes zu lösen. Die beiden Parteien blockierten sich gegenseitig. Sie waren mehr darauf konzentriert, ihr Profil nicht zu verlieren, als der Regierungsarbeit zum Erfolg zu verhelfen.
Der heillose innerparteiliche Zustand der SPD verdeckte die tiefen Probleme der CDU und noch mehr die der CSU. Trotz aller Hindernisse gab es zwischen den einzelnen Akteuren Bündnisse und Partnerschaften über Parteigrenzen hinweg. Eine Freundschaft entstand zwischen CDU/CSU- und SPD-Politikern nicht. Von der Trauung zog sich eine mühsame Entwicklung hin bis zum Ende der Zwangspartnerschaft, die als eine zerrüttete Ehe beschrieben wurde (Lohse/Wehner).

9. Die schwarz-gelbe Koalition (2009–2013)

9.1 »Scheitert der Euro, dann scheitert Europa«: Griechenland-Krise und »Rettungsschirme«

Vordringliches Anliegen der Großen Koalition (2005–2009) war ein ausgeglichenes Budget und die Vorlage eines Haushaltsplans ohne Nettokreditaufnahmen bis 2011. In der Föderalismusreform sollte das Verhältnis von Bund und Ländern neu geordnet werden. Reformen wurden in der Familienpolitik mit dem Elterngeld und dem Ausbau der Kindertagesstätten (KITA) in Angriff genommen, blieben aber u. a. aufgrund von anhaltendem Personalmangel ein Dauerthema. Diese Reformen waren schon von den rot-grünen Familienministerinnen angestrebt worden, aber erste Ergebnisse gelangen erst in den Regierungen unter Merkel. Ein Erfolg war der Koalition bis zum Ausbruch der Finanzkrise im Sommer 2008 bei der Haushaltskonsolidierung zu bescheinigen.

Am 28. Oktober 2009 wurde Merkel zum zweiten Mal als Kanzlerin gewählt. Ab April 2010 prägte die Euro-Schuldenkrise ihre neuerliche Amtszeit, bei der sie sich im Zuge der Banken- und Finanzkrise (Kap. 8.5) als erfolgreiche Krisenmanagerin profilieren konnte.

Bis 2013 ging Merkel eine Koalition mit der FDP von Guido Westerwelle ein. In dieser Zeit beschlossen die Mitglieder der Eurozone einen Notfallplan für das vom Staatsbankrott bedrohte Griechenland. Die Bundeskanzlerin sah sich dabei zu einem Alarmruf gezwungen. Anlässlich der Karlspreis-Verleihung an EU-Ratspräsident Donald Tusk in Aachen meinte sie in ihrer Laudatio am 13. Mai 2010: »Scheitert der Euro, dann scheitert nicht nur das Geld, dann scheitert mehr. Dann scheitert Europa, dann scheitert die Idee der europäischen Einigung.« Diese Warnung wiederholte sie in einer Bundestagsrede am 19. Mai. Mit der dramatisierenden Behauptung war allerdings kein Beitrag zur Vertrauensbildung in das europäische Einigungswerk geleistet worden, zumal es sich um eine grobe Vereinfachung handelte, da die EU mehr als nur eine Währungsgemeinschaft ist. Der Euro war für Merkel jedoch historisch begründet und zugleich eine Aufgabe europäischer Zukunftsgestaltung. Sein Verlust sollte für sie undenkbar sein und kein Land die Eurozone verlassen. Ein Ausschluss davon war vertraglich auch gar nicht vorgesehen. Der Fortbestand des Euroraums lag aber für Merkel im Interesse der gesamten EU.

Bei einem Zerfall der Eurozone sah sie die Union als Ganzes und ihren weiteren Zusammenhalt gefährdet.
Durch den Zusammenbruch der Investmentbank Lehman Brothers in New York im September 2008 sowie die engen und weltweiten Verflechtungen des internationalen Bankensektors und Finanzmarktsystems waren europäische Kreditinstitute durch den Kauf wertlos gewordener Papiere und Zertifikate gezwungen, Wertberichtigungen vorzunehmen und die Staaten um Hilfe zu bitten. Das betraf alle EU-Mitglieder, besonders aber strukturschwache und schon zuvor hochverschuldete Länder im Süden Europas. Durch die zwangsläufige Herabstufung der Bonität dieser Länder durch Rating-Agenturen nahmen die Kreditzinsen zu. Die Staatsverschuldungskrise hatte schon im April 2010 zu einem ersten Hilfspaket für Athen in Höhe von 107,3 Milliarden Euro und ausgezahlten 73 Milliarden Euro geführt. Da in Griechenland die Wirtschaftskraft seit 2008 um 20 % zurückgegangen war, wurden neu benötigte Mittel alsbald zur Verfügung gestellt.
Die im Juni 2010 geschaffene Europäische Fazilität zur Stabilisierung der Finanzen (EFSF) sollte als vorläufiges Auffangbecken dienen, reichte aber zur Bewältigung des gesamten Krisenpotentials in der Eurozone nicht aus. Weder konnte die damals viel zitierte »Hebelwirkung« durchschlagenden Erfolg garantieren, noch die Europäische Zentralbank (EZB) die gesamten Staatsdefizite ausgleichen.
Neben Griechenland waren auch Irland, Portugal und Spanien von Hilfsmaßnahmen abhängig. Aufgrund der Befristung des EFSF-Programms bis 2013 kamen Forderungen auf, eine dauerhafte Maßnahme für bestehende und weitere Krisenfälle zu suchen. Gemeinsam mit Frankreichs Staatspräsident Nicolas Sarkozy ging die in der ersten Jahreshälfte 2010 noch zögerliche Bundeskanzlerin im Anschluss daran jedoch das Krisenmanagement verstärkt an.
Auf einem EU-Gipfel am 23. Juli 2010 wurde nach einer Reform des Finanzsektors, Erhöhung der Rücklagen, Reduzierung der Manager-Boni und Stresstests gerufen. Am 29. Oktober wurde auf einem Europäischen Rat auf deutsches Drängen erörtert, wie die Eurozone gestärkt und die Volkswirtschaften krisenfester gemacht werden könnten. Nach Verwerfung von »Eurobonds« und einer Regelung zur Staateninsolvenz auf Initiative mehrerer EU-Mitglieder, v. a. Deutschlands, einigten sich die Staats- und Regierungschefs der Euro-Gruppe am Europäischen Rat vom 16./17. Dezember 2010 auf eine Änderung des Artikels 136 über die Arbeitsweise des EU-Vertrags, um einem Stabilitätsmechanismus gesetzliche Grundlage zu geben. Die Entflechtung von Großbanken und die Schaffung neuer Finanzbehörden wurden gefordert.
Am 1. Januar 2011 nahmen drei neue europäische Finanzaufsichtsbehörden ihre Arbeit auf: für Banken, das Versicherungswesen und die betriebliche Altersversorgung sowie für Wertpapiere. Am 25. März wurde mit dem »Euro-Plus-Pakt« oder auch »Fiskalpakt« die wirtschaftspolitische Koordinierung in der »Wirtschafts- und Währungsunion« (WWU) verstärkt, womit die Basis für einen »Eurozonen-Vertrag« zur Bildung eines dauerhaften Europäischen Stabilitätsmechanismus (ESM) gegeben war. Der im IWF und der EU-Kommission erfahrene Deutsche Klaus Regling

Abb. 46: Der Deutsche Klaus Regling ist geschäftsführender Direktor des Europäischen Stabilitätsmechanismus (ESM) in Luxemburg. Die Aufnahme stammt aus dem Jahr 2015.

agierte als Krisenmanager des ESM in Luxemburg, der über Eigenmittel von mehreren hundert Milliarden Euro als Feuerkraft verfügte und damit Griechenland mehrfach retten konnte.

Nicht lange ließ der Hinweis von Kritikern auf sich warten, »Merkozy« würden mit ihrer Politik der Euro-Rettung den Kontinent spalten, wobei der Vorwurf an die so bezeichnete Verkürzung der deutsch-französischen Partnerschaft der Krisenbewältigung (2008–2012) ins Leere ging. Das »Europa der zwei Geschwindigkeiten« war längst exportwirtschaftliche, handels- und wachstumspolitische Realität, nur wurde sie ignoriert.

Ein anderer Kritikpunkt wog schwerer: Deutschland war Profiteur der Krise geworden: Aufgrund immer besserer Wirtschaftsdaten ergaben sich Null- oder sogar Negativzinsen bei der Ausgabe von Staatsanleihen während andere Euroländer wie Italien nicht mehr wie früher bei Krisenerscheinungen die Lira abwerten konnten und sich nun in einem »Euro-Gefängnis« eingesperrt empfanden. Wiederholt wurde daher Deutschland der Vorwurf gemacht, mit der Absicherung des Euro und aufgrund der Sparauflagen für die Südländer diese weiter in die Krise zu treiben und Europa zu spalten, um angeblich die deutsche Vorherrschaft zu untermauern.

Mit ESM und einem Fiskalpakt war die Kreditvergabe an verschuldete Staaten an Bedingungen geknüpft und damit die von deutscher Seite geforderte »Konditionalität« erfüllt, eine Bedingung, die notwendig erschien, um die Bereitschaft zur Zustimmung der deutschen Öffentlichkeit zu sichern. Die Krisenländer kritisierten jedoch, dass nur Einsparungen ohne Konjunkturankurbelung die Rezession noch vergrößern würden. Steigende Arbeitslosigkeit, gewaltsame Ausschreitungen und zunehmende Verarmung breiterer Bevölkerungsschichten folgten dort.

Über 18 Millionen Menschen waren bereits im Juli 2012 EU-weit arbeitslos. All dies traf besonders auf Griechenland zu, das im November 2012 neuerlich Zusagen in

Höhe von 43,7 Milliarden Euro erhalten hatte. Für die Finanz- und Wirtschaftsmacht Deutschland war der Euro ein starkes Disziplinierungs- und Einbindungsmittel sowie für den EU-Zusammenhalt die wichtigste politische Klammer geworden. Gemeinsam mit den Staats- und Regierungschefs der starken Euroländer unternahm es auch alles, um seinen Bestand zu sichern.

EZB-Chef Mario Draghi zog nicht nur mit, sondern gab auch den Ton an: Er versicherte im Zusammenhang mit den Staatsanleiheankäufen am 26. Juli 2012, alles Notwendige zu tun (»what ever it takes«), um den Euro zu erhalten: »Und glauben Sie mir – es wird ausreichen.« Im September 2012 verlautbarte der EZB-Präsident, der neben dem »Zuchtmeister« Deutschland als »Herr der Zäsur« erschien, trotz der Einwände, wonach die EZB keine Wirtschaftspolitik betreiben dürfe, Staatsanleihen von EU-Staaten auch in unbegrenztem Ausmaß aufzukaufen, wobei er sich auf die Unabhängigkeit der EZB berief. Seine Nullzinspolitik sollte bei den deutschen Sparern allerdings alles andere als gut ankommen.

Neben Draghi verdient der deutsche Finanzminister Wolfgang Schäuble in diesem Zusammenhang erwähnt zu werden, zumal dessen Politik der schwarzen Null und der Schuldenbremse im Verfassungsrang maßgeblich zur Stärkung des Euro-Verbundes beigetragen hat.

Kurzbiographie Wolfgang Schäuble

Schäuble ist einer der längstdienenden Politiker Europas. Geboren am 18. September 1942 in Freiburg/Breisgau folgte er seinem Vater in die CDU im Jahre 1965. Als promovierter Jurist arbeitete er als Regierungsrat im Finanzamt Freiburg gleichzeitig an seiner politischen Karriere. Seit 1972 gehörte er dem Bundestag an und unterstützte Kohl als Oppositionsführer, der ihn 1981 zum parlamentarischen Geschäftsführer der CDU-Fraktion und 1984 als Kanzler zum Bundesminister für besondere Aufgaben und Chef des Bundeskanzleramtes machte. Seit 1989 Bundesinnenminister und von Kohl selbst zuweilen als sein potentieller Nachfolger ins Spiel gebracht, gehörte Schäuble zu den Mitgestaltern der Deutschlandpolitik und engsten Beratern von Kohl. Mit Günther Krause verhandelte Schäuble den Einigungsvertrag mit der DDR 1990. Im gleichen Jahr von einem psychisch Kranken bei einer Wahlkampfveranstaltung angeschossen, wurde Schäuble so schwer verletzt, dass er seither einen Rollstuhl benötigt. Er kehrte aber alsbald wieder in die Politik zurück. Nach der Wahlniederlage Kohls bei der Bundestagswahl 1998 wurde Schäuble sein Nachfolger als CDU-Vorsitzender und Oppositionsführer. Er geriet jedoch 1999 in den Sog der Spendenaffäre seiner Partei und zog es daher im Februar 2000 vor, nicht mehr als Partei- und Fraktionsvorsitzender zu kandidieren, worauf ihm Merkel als Parteichefin folgte. Schäuble kam jedoch 2002 als stellvertretender Fraktionsvorsitzender wieder zurück. Im Wahlkampf 2005 gehörte er Merkels Kompetenzteam für Außen- und Europapolitik an und wurde unter ihrer Kanzlerschaft wieder Innenminister. Nach den Wahlen 2009 und dem Wechsel der CDU/CSU zur FDP als Koalitionspartner wurde Schäuble Finanzminister. Er hatte dieses Amt in der turbulenten Banken-, Finanz- und Eurokrise bis 2017 erfolgreich inne und begleitete den ESM, den Fiskalpakt und die Bankenunion mit. Zeitweise war Schäuble für das Ausscheiden Griechenlands aus der Eurozone auch öffentlich eingetreten, konnte sich in diesem Punkt aber nicht gegen die Kanzlerin mit ihrer Richtlinienkompetenz durchsetzen. Der Abbau der Staatsverschuldung durch Sparpakete und ein ausgeglichenes Budget waren Schäubles Prioritäten für Deutschland, was 2015 erstmals wieder seit 1969 gelang und womit er europäische Maßstäbe setzte. Seither wurden erhebliche deutsche Haushaltsüberschüsse erwirtschaftet, die für das Land in der Corona-Krise Polster schufen und sie erträglicher machten. Seit fast 50 Jahren Mitglied des Bundestages hat Schäuble wesentlich zur deutschen und europäischen Einigung sowie zur Festigung der Währungsunion beigetragen. Am 17. Mai 2012 wurde er mit dem Internationalen Karlspreis zu Aachen ausgezeichnet und am 24. Oktober 2017 mit 501 von 704 abgegebenen gültigen Stimmen zum Bundestagspräsidenten gewählt, ein Amt, das er bis heute innehat.

Neben dem ESM avancierte v. a. die EZB zum politischen Akteur des Euro-Krisenmanagements. Für die einen diente sie als eine Art Nothelferin, indem sie Staatsanleihen der Krisenländer aufkaufte, für die anderen hatte sie damit ihr Mandat überschritten und zum Leidwesen der deutschen Kultur der Stabilität, repräsentiert durch Bundesbankpräsident Jens Weidmann, die Inflationsgefahr vernachlässigt. Kritiker, die deshalb der EZB vorwarfen, sie habe ein Tabu gebrochen, als sie erstmals Staatspapiere ankaufte, verstummten wieder, als die Rettungsmaßnahmen positive Wirkungen zeigten.
Im Dezember 2012 einigten sich die europäischen Finanzminister auf Eckpunkte zur Schaffung des einheitlichen Bankenaufsichtsmechanismus, des »Single Supervisory Mechanism« (SSM) im Rahmen der »Europäischen Bankenunion«. Unter dem Dach der EZB wurde die Bankenaufsichtsbehörde etabliert, um Kredite an Banken direkt durch den ESM zur Verfügung zu stellen. Irland und Portugal, die große Reformanstrengungen unternommen hatten, wurden weiter unterstützt, Spanien und Italien taten sich hingegen noch schwer.
Der »Fiskalpakt« in der Wirtschafts- und Währungsunion trat am 1. Januar 2013 in Kraft. Am 19. März gab der EU-Rat bekannt, mit dem Europäischen Parlament eine Einigung über die Errichtung einer zentralen europäischen Bankenaufsicht für die Eurozone erzielt zu haben. Die EZB sollte künftig alle Banken in der Eurozone überwachen, deren Bilanzsumme den Wert von 30 Milliarden Euro oder 20 % der Wirtschaftsleistung eines Landes überschritt. Bis Ende 2013 hatten Griechenland, Irland, Portugal und Spanien den Euro-Rettungsschirm in Anspruch genommen. Mit Schaffung des Aufsichtsmechanismus für Banken und Kreditinstitute stand der erste »Pfeiler« der »Bankenunion«, die am 1. Januar 2014 Gültigkeit erlangte. Ab November nahm die EZB die Bankenaufsicht wahr.
Viel hing in der »Eurokrise« vom Krisenmanagement und der Kompromissfähigkeit Deutschlands ab, dem von Anfang an größten Zahler der Gemeinschaften. Seine Beiträge lagen vielfach höher als von der Zahl der Bevölkerung und der Leistung der Wirtschaft her erforderlich gewesen wäre. Es blieb laut dem Berliner Politikwissenschaftler Herfried Münkler jedoch weiterhin die Aufgabe Deutschlands, den Prozess der Brüsseler Kompromissfindung finanziell zu begleiten und abzusichern, das, was früher durch Kohls »Scheckbuch-Politik« geschehen war. Daraus leitete sich politischer Einfluss ab, doch jede deutsche Regierung musste tunlichst vermeiden, eine politische Vormachtposition zu beanspruchen und diese offensiv in die eigene Be-

völkerung zu kommunizieren. Merkel vermied es daher, eine allzu laute und sichtbare Rolle einzunehmen, um keinesfalls Erinnerungen an die Schatten der Vergangenheit und die Zeiten des Zweiten Weltkriegs zu wecken.
So folgte im Jahre 2015 demgemäß ein drittes Hilfspaket für Griechenland. Dennoch beschloss das griechische Parlament 2019 Verhandlungen über Reparationsforderungen an Berlin aufgrund von Beschlagnahmungen der deutschen Wehrmacht im Zweiten Weltkrieg. Es ging u.a. es um geraubtes Gold und Zwangsanleihen, die nicht beglichen worden waren. Es ergab sich eine Summe von 250 bis 300 Milliarden Euro. Berlin sah dieses Thema jedoch aufgrund des Zwei-Plus-Vier-Vertrages von 1991 für erledigt an und ließ sich nicht mehr unter vergangenheitspolitischen Druck setzen.
Ähnliche Forderungen wurden auch in Polen laut, worauf Deutschland gleichlautend reagierte, wobei dessen Gebietsverluste an Polen und die millionenfache Vertreibung von Deutschen nach Kriegsende von Warschau unberücksichtigt blieben. Dies strikt ablehnende deutsche Verhalten gegenüber den griechischen und polnischen Reparationsforderungen in den Jahren 2018/19 unter Berufung auf völkerrechtliche Verträge markierte einen deutlichen Unterschied zwischen Bonner und Berliner Republik.

9.2 Anhaltender »Aufbau Ost«, abrupter Ausstieg aus der Atomenergie und ein neonazistischer Untergrund

»Blühende Landschaften«, wie sie Kohl im Wahlkampf 1990 für Ostdeutschland vorhergesagt hatte, waren in den neuen Bundesländern nicht rasch zu verwirklichen. Knapp drei Millionen Ostdeutsche waren bis 2010 in den Westen abgewandert. Die Entvölkerung ganzer Landstriche, der Mangel an freien Berufen, ärztlicher Versorgung, industriellen Kernen und einem breiten Mittelstand als Erbe des Sozialismus waren die Hauptprobleme. Ostdeutschland hatte dennoch seit der Einigung ökonomisch aufgeholt, gleichwohl ganz wesentlich auf Grund der Unterstützung durch den Westen. Gefühlt empfanden sich jedoch viele Ostdeutsche als Bürger zweiter Klasse. Die Defizite der inneren Einheit als Folgen der vier Jahrzehnte langen Teilung und der sozialistischen Planwirtschaft ließen sich nicht auf die Schnelle ausgleichen, weshalb Minderwertigkeitsgefühle aufgrund der ungleichen Verhältnisse aufkamen.
Am 22. September 2013 kam die CDU unter Merkel bei den Bundestagswahlen der absoluten Mehrheit nahe. Sie war auf dem Höhepunkt ihrer Macht nach einem 40 %-Sieg der Union. Die Große Koalition verdiente nach den Bundestagswahlen weiterhin diesen Namen und konnte daher auch noch großgeschrieben werden. Insgesamt besaß sie nach wie vor die absolute Mehrheit mit schon etwas weniger als 70 %. Die Alternative für Deutschland (AfD) verpasste mit 4,9 % nur ganz knapp den Einzug in den deutschen Bundestag. Die Probleme für das Land sollten nicht weniger werden, wovon diese Partei zunehmend profitierte (Grafik 28).

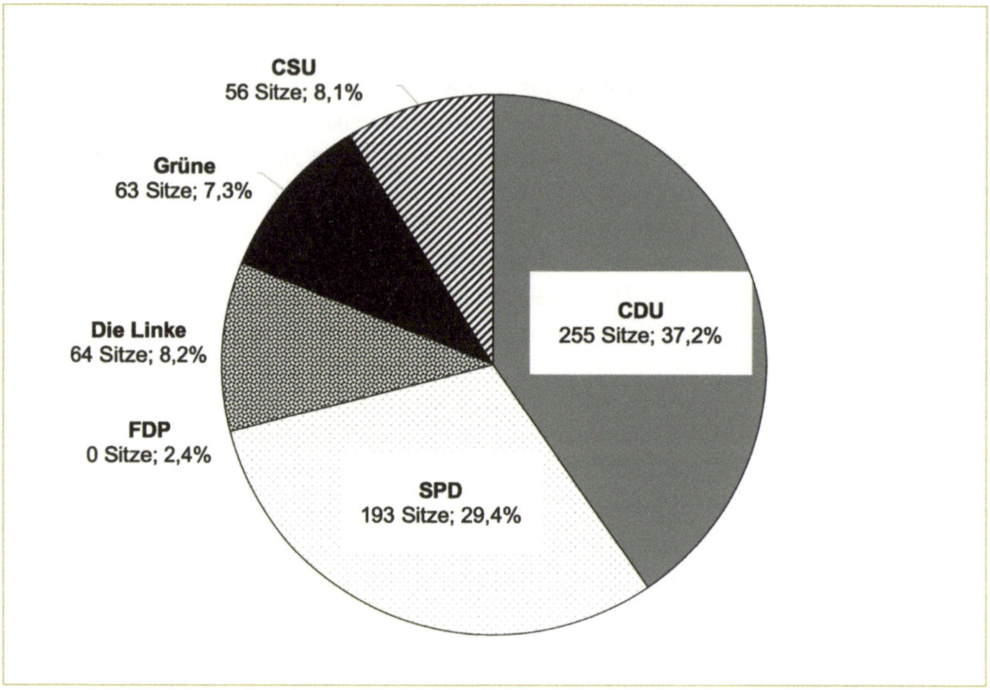

Grafik 28: Bundestagswahl 22.9.2013

Im Rahmen der wieder geschlossenen Koalition mit der SPD stellte die sich zuspitzende Migrationsfrage im Spätsommer 2015 bis dato die größte politische Herausforderung dar, die starke Rückwirkungen auf die politische Stimmung und die parteipolitische Gemengelage im Osten hatte. Dort herrschte in weiten Teilen der Bevölkerung eine Veränderungsmüdigkeit nach dem durch die deutsche Einheit entstandenen anstrengenden Transformationsstress. Es bestand ein Überdruss an Belehrungen aus dem Westen, ob nun paternalistisch-freundlich gemeint oder oberlehrerhaft-unfreundlich. Beides wurde als Arroganz und Bevormundung interpretiert, was der ehemalige Bundesinnenminister und in Dresden lebende Thomas de Maizière wusste. Mit Bodo Ramelow wurde in Thüringen bereits 2014 erstmals ein Politiker zum Ministerpräsidenten gewählt, der der Partei »Die Linke« angehörte. Im September 2017 behauptete sich zwar Merkel nochmals als Bundeskanzlerin. Wie diese Bundestagswahlen, vor allem in den ostdeutschen Ländern, mit einem deutlichen Zulauf zur Partei »Alternative für Deutschland« (AfD) aber verdeutlichten (Grafik 29), fehlte es den Deutschen 30 Jahre nach der friedlichen Vereinigung an einer Einheit der Herzen und Seelen. Es war ein immer noch kulturell und mental zutiefst gespaltenes Land. Deutsche in Ost wie West akzeptierten sich zwar mehr und mehr, verstanden sich aber immer noch viel zu wenig. Das Denken in alten Kategorien existierte weiter. »Aufbau Ost« und westdeutsche Transferleistung mit dem »Soli« sicherten zwar Kontinuität und Stabilität der neuen Berliner Republik, setzten aber nicht

genügend Handlungsspielraum, Innovationstätigkeit und Selbstwertgefühl im Osten frei, ein Ergebnis einer sich während der 40-jährigen SED-Herrschaft anders gestalteten Mentalität vor allem bei der mittleren und älteren Generation.
Die Reaktorkatastrophe im japanischen Fukushima am 11. März 2011 infolge schwerer Erdbeben und eines auf das AKW hereinbrechenden Tsunamis, einer Kernschmelze mit Explosionen und austretendem radioaktiven Material mit tausenden Toten leitete den deutschen Atomausstieg ein. Merkel verkündete am 14. März eine abrupte Kehrtwende in der deutschen Energiepolitik, ohne zuvor die eigene Partei ausreichend informiert sowie ohne zuvor den Bundestag befragt zu haben und darüber befinden zu lassen. Das Bundeskabinett hatte zwar am 6. Juni 2011 Gelegenheit, das sofortige Aus für acht AKWs und einen stufenweisen Ausstieg aus der Kernenergie bis 2022 zu beschließen, aber es war unklar, wie die konkrete Umsetzung aussehen sollte und diese Entscheidung angesichts neuer Anschaffungs- und Energiekosten ausfallen würde. Mit breiter Mehrheit leitete sodann der Bundestag am 30. Juni den vollständigen Abschied von der Nutzung der Kernenergie in Deutschland ein. Am 8. Juli 2011 stimmte auch der Bundesrat dem Gesetzespaket zu. Richtig erklärt hatte Merkel ihren Sinneswandel aber nie. Eine innerparteiliche Debatte gab es weder in der CDU noch in der CSU. Die Ethikkommission wurde nach dem größten anzunehmenden Unfall (GAU) in Fukushima nur einberufen, um der bereits gefällten politischen Entscheidung ihren Segen zu geben und den gesamtgesellschaftlichen Konsens zu bestärken. Der abrupte Ausstieg aus der Atomenergie hatte zur Folge, dass die Kraftwerksbetreiber vor Gericht ihre verlorenen Investitionskosten einklagten, die sie im Vertrauen auf eine längere Laufzeit der Reaktoren getätigt hatten, und darin Recht bekamen.
Durch die Nuklearkatastrophe in Japan hatte die Bundeskanzlerin praktisch über Nacht den Kurs der Regierung in der Energiepolitik geändert. Hatte sie nach der Bundestagswahl 2009 noch die Laufzeitverlängerung deutscher Kernkraftwerke im Jahre 2010 beschlossen und damit den Anti-Atomkonsens aufgekündigt, traf sie nun eigenmächtig die Entscheidung zum endgültigen Ausstieg aus der Atomenergie und forcierte die Energiewende hin zu erneuerbaren Energiequellen. Die deutsche Energiewirtschaft war zudem gekennzeichnet von der Abschaltung von Kohlekraftwerken und einem »Steinkohle-Pakt«. Die Energiewende, in der Deutschland eine Vorreiterrolle spielen und ein Beispiel für andere Länder abgeben sollte, hatte v. a. das Ziel, die Erderwärmung zu stoppen, sollte aber zehntausende Jobs kosten, v. a. in der Auto- und der Braunkohle-Industrie.
Fukushima und der Streit um das Bahnprojekt »Stuttgart 21« ermöglichten es Winfried Kretschmann der erste grüne Ministerpräsident des Bundeslandes Baden-Württemberg zu werden. Damit war das jahrzehntelange Monopol der CDU als Regierungspartei im »Ländle« gebrochen. Ab der Landtagswahl in Mecklenburg-Vorpommern 2016 waren die Grünen in allen Landesparlamenten und im Bundestag ohnehin vertreten. Sie schwammen weiter auf einer Welle der Sympathie, zuletzt in den Jahren 2018/19 v. a. durch ihre bürgernah agierende Bundesvorsitzenden, Robert Habeck und Annalena Baerbock.

Am 4. November 2011 warfen sich Schatten einer unrühmlichen Vergangenheit auf die noch junge Berliner Republik. Eine vermeintliche Splittergruppe namens »Nationalsozialistischer Untergrund« (NSU), wurde für Morde an türkisch- bzw. griechisch-stämmigen Personen verantwortlich gemacht. Es war eine neonazistische terroristische Geheimorganisation, die seit Ende der 1990er-Jahre gebildet wurde, um aus fremdenfeindlichen und rassistischen Motiven Mitbürger ausländischer Herkunft zu töten. Die aus Jena stammenden Uwe Mundlos, Uwe Böhnhardt und Beate Zschäpe lebten versteckt in Chemnitz und Zwickau. Sie töteten in den Jahren von 2000 bis 2007 neun Migranten und eine Polizistin, verübten über 40 Mordversuche, drei Sprengstoffanschläge in Nürnberg 1999, in Köln 2001 und 2004 sowie 15 Raubüberfälle. Die Gesamtzahl der Mitwisser, Sympathisanten, Tatbeteiligten und Unterstützer sowie ihre Vernetzungen blieben bis zuletzt im Dunkeln. Schätzungen gingen bis in den dreistelligen Bereich, darunter Exponenten aus rechtsextremen Gruppierungen und Personen des Verfassungsschutzes. Die Mordaktionen des NSU wurden öffentlich bekannt, als Mundlos und Böhnhardt tot in einem ausgebrannten Wohnmobil gefunden wurden und Zschäpe ihre Zwickauer Wohnung abbrannte sowie Bekennervideos verschickt hatte. Die polizeilichen Ermittlungen hatten sich auf das Umfeld der Opfer konzentriert, was die Angehörigen fassungslos machte und verbitterte. Beamte des Verfassungsschutzes hatten nach Bekanntwerden der Täter wichtiges Aktenmaterial vernichtet. Ein umfassendes nahezu totales Behördenversagen führte zu einem Vertrauensverlust in die Politik der inneren Sicherheit. Im Jahre 2012 traten daher die Leiter des Bundesamts für Verfassungsschutz (BfV) und der Landesbehörden in Thüringen, Sachsen und Berlin zurück. NSU-Untersuchungsausschüsse im Bundestag und in acht Landesparlamenten untersuchten den fragwürdigen Einsatz von V-Personen. Ermittlungsfehler, verwaltungstechnische Mängel und die Namen vermeintlicher wie tatsächlicher Unterstützer wurden aufgedeckt. Im Rahmen des NSU-Prozesses konnte erst nach Jahren mehr Licht in die Hintergründe der Verbrechen gebracht werden. Das Verfahren gegen Zschäpe und vier mutmaßliche Gehilfen lief seit Mai 2013 vor dem Oberlandesgericht München und zog sich hin, zumal die Hauptangeklagte die längste Zeit schwieg. Am 11. Juli 2018 wurde sie aufgrund nachgewiesener schwerer Schuld (Mittäterschaft an den Morden und Sprengstoffanschlägen sowie schwerer Brandstiftung) zu lebenslanger Haft verurteilt. Vier NSU-Helfer erhielten befristete Freiheitsstrafen. Ein abstoßendes Verhalten zeigten Sympathisanten der Angeklagten während der Gerichtsverhandlung und bei der Urteilsverkündung.
Dieser beklemmende Vorgang zwang die offizielle Politik einmal mehr zur Übernahme von Verantwortung für die Verbrechen des »Dritten Reiches«, zumal die Gefahr des neonazistischen Terrorismus durch den NSU offenkundig war.

9.3 In der Afghanistan-Falle: ISAF als Mission Impossible, »Kundūz-Affäre« und die späte Erkenntnis eines Kriegseinsatzes

Mit dem Präsidentenwechsel im Januar 2009 zu Barack Obama änderte sich die US-Strategie für Afghanistan wesentlich. Am 17. Februar entsandte er zusätzliche 17.000 Soldaten unter ISAF-Kommando in den Süden und Osten des umkämpften Landes zu den schon stationierten 36.000 US-Soldaten (13.000 unter ISAF-Kommando) in Afghanistan und am 1. Dezember 2009 kündigte er weitere 30.000 US-Soldaten für 2010 an. Im Mai übernahm General Stanley A. McChrystal das Kommando, der bereits im 2. Irakkrieg erfolgreich mit Aufstandsbekämpfung befasst war. Im August genehmigte die NATO den US-Vorschlag eines nachgeordneten Kommandos unter dem ISAF-Hauptquartier, das ISAF Joint Command (IJC). Es handelte sich um ein taktisches Kommando, das sich mit dem »Tagesgeschäft« befassen sollte. Diese Zwischenebene in der Kommandokette, die die US-Streitkräfte bereits in ähnlicher Weise bei der Multi-National Force Iraq etabliert hatten, sollte den ISAF-Kommandeur entlasten, damit sich dieser auf die operative und strategische Ebene konzentrieren konnte. Dazu gehörten die Bildung und Pflege von Beziehungen, die Koordinierung mit den Regierungen von Afghanistan und Pakistan, NGOs sowie die Ausbildung afghanischer Sicherheitskräfte. Kommandeur des IJC war der US-amerikanische Lieutenant General David M. Rodriguez, der bereits seit dem Sommer 2009 als Stellvertreter von General McChrystal innerhalb der US-Kommandokette der US Forces Afghanistan, dem regionalen Kommando aller US-Streitkräfte in Afghanistan, agierte. Seit 2009 gab es wiederholt Operationen zur Stabilisierung der Region Kundūz. Bei der Operation Oqab (»Operation Adler«) im Juli setzte die Bundeswehr erstmalig leichte Artillerie (Mörser) und Schützenpanzer ein. Bei einem Luftangriff zirka 15 Kilometer südlich der Stadt Kundūz im Norden Afghanistans wurden am 4. September zwei von den Taliban entführte Tanklastwagen und eine sich in nächster Nähe aufhaltende Personengruppe bombardiert. Georg Klein, Oberst einer bei Kundūz stationierten Bundeswehreinheit, hatte den Bombenangriff angefordert, worauf dieser von zwei US-amerikanischen Flugzeugen durchgeführt wurde. Viele Zivilisten, darunter auch Kinder, wurden dabei getötet oder verletzt. Es war die bisher größte Zahl von Opfern bei einem Einsatz sowohl in der Geschichte der Bundeswehr als auch durch ISAF-Streitkräfte. Der Angriff und die darauf folgenden Reaktionen der Bundeswehrführung wurden im Inland und Ausland heftig kritisiert. Der verantwortliche Verteidigungsminister Franz Josef Jung informierte den Bundestag und die Öffentlichkeit verspätet und unvollständig, so dass er am 27. November, als gerade neu vereidigter Bundesarbeitsminister zurücktreten musste. Karl-Theodor zu Guttenberg, sein Nachfolger als Verteidigungsminister, hatte in einer umstrittenen Aktion am Vortag kurzerhand Wolfgang Schneiderhan, den Generalinspekteur der Bundeswehr, sowie Staatssekretär Peter Wichert von ihren Aufgaben mit der Begründung entbunden, sie hätten ihm Informationen zu dem Angriff vorenthalten, was diese jedoch bestritten.

Seit Januar 2010 startete der Verteidigungsausschuss als parlamentarischer Untersuchungsausschuss die Aufklärung. Die Bundesanwaltschaft stellte das Ermittlungsverfahren wegen des Luftangriffs alsbald ein, weil weder die Vorschriften des Völkerstrafgesetzbuches noch die Bestimmungen des Strafgesetzbuches verletzt worden seien. Der Abschlussbericht des Untersuchungsausschusses wurde dem Bundestag im Oktober 2011 vorgelegt und im Dezember im Plenarsaal abschließend debattiert.
Laut Informationen der NATO waren bei diesem Angriff, der als Kriegsverbrechen gedeutet werden konnte, bis zu 142 Menschen, darunter viele unschuldige Zivilisten, ums Leben gekommen. Von deutscher Seite wurde nicht ohne Grund Verantwortung übernommen: Für die Familien von ermittelten 91 Toten und von 11 Schwerverletzten wurden je 5.000 US-Dollar als Entschädigung über die Kabul Bank gezahlt.
Neue Elemente der Afghanistan-Strategie waren ein verstärkter Ausbau und ein geändertes Trainingskonzept für die Nationalarmee und Nationalpolizei Afghanistans, sowie ein anderer Umgang mit der Bevölkerung. Dies wurde auch in der Resolution 1890 des UN-Sicherheitsrates vom 8. Oktober 2009 festgehalten, in der der ISAF und ihren Partnern nahegelegt wurde, »die afghanischen nationalen Sicherheitskräfte auszubilden, ihnen Anleitung zu geben und ihnen mehr Verantwortung zu übertragen«. Für die afghanische Bevölkerung war diese neue Strategie jedoch sehr problematisch.
Die Zahl getöteter Zivilisten stieg insgesamt von 2.118 (2008) auf 2.777 (2010) an. Zugleich sank die Zahl der durch die afghanische Regierung oder ISAF getöteten Zivilisten. Die Aufständischen töteten im Jahre 2010 1.141 Zivilisten durch Sprengfallen und 462 Zivilisten durch gezielte Tötungen, der nicht unbeträchtliche Rest starb durch die ISAF- oder Regierungskräfte.
Im Rahmen der ISAF nahmen im Oktober 2009 43 Nationen (NATO- und Nicht-NATO-Staaten) mit rund 71.000 Soldaten an Einsätzen teil, davon rund 29.000 aus den USA. Die EU stellte durch ihre Mitglieder über 30.000 Soldaten, davon etwa 8.300 aus Großbritannien, 3.380 aus Deutschland, 3.160 aus Frankreich, 2.800 aus Italien und rund 2.000 aus Polen.
Um Kritik der ISAF-Verbündeten zu begegnen, beteiligte sich die Deutsche Luftwaffe seit Dezember 2009 an Kampfeinsätzen der Royal Air Force im Süden Afghanistans. Doch in einer Umfrage aus dem gleichen Monat zweifelte eine große Mehrheit der Deutschen, dass die Bundesregierung umfassend und ehrlich über den Bundeswehr-Einsatz informiert habe. 69 % der Befragten gaben an, für einen möglichst schnellen Abzug der deutschen Streitkräfte zu sein, während nur 27 % für eine Fortsetzung des Militäreinsatzes waren. Für das überaus kritische Urteil fielen die Begründungen unterschiedlich aus: Die Einsatzbeschränkungen, die Fähigkeitslücken, die angebliche Stabilisierung eines Staates ohne Staat, die Unterschätzung des wachsenden Widerstandes von Teilen der Bevölkerung, der Vorrang der Eigensicherung und des Selbstschutzes vor der Sicherheitsherstellung sowie die überambitionierten Ziele des Einsatzes. Gefragt wurde auch, was Deutschland in Afghanistan eigentlich zu suchen habe. Zunehmend zweifelhafter war inzwischen auch das Diktum von Verteidigungsminister Peter Struck geworden, dass die deutsche Sicherheit am Hindukusch ver-

teidigt werden müsse und ob dann folglich nicht auch in anderen Krisenregionen der Welt das gleiche gelten würde. Die EKD-Ratsvorsitzende Margot Käßmann sagte in ihrer Weihnachtspredigt einen Satz, der eine öffentliche Debatte auslöste: »Nichts ist gut in Afghanistan«.

In ihrer Regierungserklärung vom 28. Januar 2010 machte Merkel dann klar, dass man die Ausbildung der afghanischen Armee stark forcieren wolle und die Zahl der deutschen Polizeiausbilder von 123 auf 200 erhöht werde. Eine Entwicklungsoffensive im Norden sollte gestartet und dafür jährlich statt 220 nun 430 Millionen Euro in den zivilen Wiederaufbau, vorwiegend im ländlichen Raum, investiert werden. Einige der damit verbundenen Ziele seien die Erhöhung des Einkommens und der Beschäftigung, zusätzlich zu bauende Straßen, bessere Zugänge zu Energie und Wasser und die Ausbildung neuer Lehrer. Deutschland sollte auch dem neuen internationalen Reintegrationsfonds (»Afghan Peace and Reintegration Programme«) jährlich 10 Millionen Euro für die kommenden fünf Jahre zur Verfügung stellen. Am 26. Februar entschied der Bundestag, die Maximalzahl der Soldaten von 4.500 auf 5.000 anzuheben, wobei 350 Mann zur Reserve gehörten. Am 17. März erfolgte der erste Einsatz einer echtzeitfähigen Aufklärungsdrohne vom Typ Heron 1 und im Mai wurden drei Panzerhaubitzen 2000 nach Afghanistan verlegt und seit dem 10. Juli 2010 mehrfach eingesetzt.

Am 14. März sollte Verteidigungsminister Guttenberg ein öffentliches Tabu brechen: Er räumte als erster deutscher Politiker ein, was vorher niemand auszusprechen wagte, nämlich, dass man »umgangssprachlich von Krieg« in Afghanistan reden könne und müsse, wofür er viel Zustimmung erntete. Er löste damit eine weitere öffentliche Diskussion aus und zeigte indirekt auf, dass bisher um die Realitäten herumgeredet worden war. Die völkerrechtliche Bewertung des Einsatzes sollte daraufhin für mehr Rechtssicherheit der Bundeswehrsoldaten sorgen. Am 19. März entschied folglich die Bundesanwaltschaft im Rahmen der rechtlichen Aufarbeitung des Luftangriffs bei Kundūz, dass die Bundeswehr in Afghanistan Partei eines »nichtinternational bewaffneten Konflikts«, also eines Bürgerkriegs, sei. Demgemäß galt für die deutschen Soldaten vorrangig das Völkerstrafgesetzbuch und nicht das deutsche Strafrecht.

Mit Resolution 1917 vom 22. März 2010 beschloss der UN-Sicherheitsrat nun eine Zusammenarbeit zwischen der ISAF und dem neu geschaffenen Hohen Zivilen Beauftragten der NATO. Am 20. Juli fand in Kabul eine Folgekonferenz statt, bei der auf Einladung der afghanischen Regierung 70 Delegationen, darunter 39 Außenminister und zehn Leiter internationaler Organisationen einschließlich der Generalsekretäre der UNO und der NATO teilnahmen. Die Veranstaltung wurde von der afghanischen Regierung und ihren Sicherheitskräften federführend in enger Zusammenarbeit mit ISAF durchgeführt als Beleg der Souveränität des Staates und der Wirksamkeit seiner Sicherheitskräfte. Diese sollten bis Ende 2014 in der Lage sein, in allen Teilen des Landes Sicherheitsoperationen führen zu können. Dafür wurde das Joint Afghan-NATO Inteqal Board (JANIB; inteqāl heißt auf Dari und Paschto »Übergabe«) beschlossen. Unter gemeinsamer Leitung der Regierung Afghanistans, der ISAF und

eines Hohen Zivilen Beauftragten sollte zu entscheiden sein, welche Landesteile aus der Verantwortung der ISAF entlassen werden könnten. Damit war auch eine Reduzierung der ISAF-Soldaten angestrebt.
Im Dezember 2011 wurde die Personalobergrenze inklusive AWACS-Besatzung von 5.350 auf 4.900 gesenkt. Im Januar 2012 waren aber immer noch 50 Länder mit 129.895 Soldaten an der ISAF beteiligt, davon 90.000 US-Soldaten. Die Bundesregierung bezifferte im Februar 2012 die Kosten des Bundeswehreinsatzes in den vergangenen zehn Jahren auf 6,1 plus 1,7 Milliarden Euro für Wiederaufbau und Entwicklung. Das Deutsche Institut für Wirtschaftsforschung (DIW) schätzte bei einem »realistischen Szenario« von einigen weiteren Jahren Engagement die Kosten der deutschen Beteiligung auf 26–47 Milliarden Euro. Sollte dieses weiter zunehmen, müsste das »Kriegsbudget« jedoch erheblich wachsen. Bei einem Abzug im Jahr 2011 betrachtete das Institut eine Gesamtsumme von 18–33 Milliarden Euro als realistisch. Die große Spanne erklärte sich nach Angaben des DIW aus »Unsicherheitsfaktoren« wie Folgekosten getöteter oder im Einsatz verletzter Soldaten, psychologischer Betreuung, des Abzugs und im Einsatz beschädigten und zerstörten Geräts, von Investitionen wie Bildung und Forschung oder Drogenbekämpfung. Würde die deutsche Beteiligung länger andauern, könnten die Kosten jährlich um zusätzliche 2,5–3 Milliarden Euro ansteigen. Offiziell genannte Zahlen bezifferten die Kosten dagegen auf »nur« 1.059 Millionen Euro für 2010.
Am 16. Mai 2012 wurde ein Strategisches Partnerschaftsabkommen mit Afghanistan geschlossen, welches die Unterstützung für das Land nach Abzug der Bundeswehr regeln sollte. Im August wurde festgelegt, dass ISAF-Truppen immer geladene Waffen tragen müssten. Am 18. Juni 2013 gab dann ISAF tatsächlich die Sicherheitsverantwortung an die afghanische Regierung weiter. Der Auftrag lautete, die vorläufigen Staatsorgane Afghanistans und ihre Nachfolgeinstitutionen bei der Aufrechterhaltung der Sicherheit in Afghanistan so zu unterstützen, dass sowohl die afghanischen Staatsorgane als auch das Personal der UNO und anderes internationales Zivilpersonal, insbesondere solches, das dem Wiederaufbau und humanitären Aufgaben nachging, in einem sicheren Umfeld arbeiten könnte, und Sicherheitsunterstützung bei der Wahrnehmung anderer Aufgaben in Unterstützung der »Bonner Vereinbarung« zu gewähren.
Die Lage in Afghanistan war aber weiterhin alles andere als sicher. Am 21. September 2013 wurden in Paktia drei ISAF-Soldaten von einem unbekannten Angreifer in Armeekleidung ermordet und ein weiterer Bundeswehr-Soldat leicht verletzt. Im Oktober 2013 beendete die Bundeswehr ihren Abzug aus Kundūz, wobei der Transport von Material und Waffen in schwer bewachten Konvois nach Masar-i-Sharif abgeschlossen werden musste. Verteidigungsminister Thomas de Maizière, Außenminister Guido Westerwelle und die afghanischen Verteidigungs- und Innenminister feierten im Feldlager am 6. Oktober in einer kleinen Zeremonie die Übergabe des Feldlagers an die afghanischen Sicherheitskräfte.
Am 28. Februar 2014 wurde das letzte Mandat mit einer Laufzeit von zehn Monaten beschlossen. Mit dem Auslaufen der Resolution 2120 (2013) des UN-Sicherheitsrates

sowie des Operationsplans (OPLAN) der NATO liefen zudem die Rechtsgrundlagen für den ISAF-Einsatz aus. Mit 31. Dezember 2014 war damit der NATO-geführte ISAF-Einsatz in Afghanistan beendet.
Nach dem 31. Dezember 2014 wurde die 13.500 Soldaten umfassende Folgemission »Resolute Support« zu Ausbildung, Beratung und Training (Train Advise and Assist; TAA) der afghanischen Sicherheitskräfte begonnen.
Die Besuche deutscher Verteidigungsminister bei den Einsatzkräften in Afghanistan führten dazu, dass das Thema in der Öffentlichkeit lebendig und präsent blieb. Peter Struck (2002–2005), Franz Josef Jung (2005–2009) und Karl-Theodor zu Guttenberg (2009–2011), dieser sogar sehr publikumswirksam mit einer TV-Show begleitet vom prominenten Talkmaster Johannes B. Kerner, sowie wieder seriöser Thomas de Maizière (2011–2013) und zuletzt Ursula von der Leyen (2013–2019) ließen es sich nicht nehmen, ihrer vaterländischen Pflicht nachzukommen.
Wie lautet eine Bilanz des bisherigen deutschen Afghanistan-Engagements? Silke Diettrich, ARD-Korrespondentin für Afghanistan, die seit 18 Jahren im Land ist, bezeichnete den Einsatz der Bundeswehr im Jahre 2019 nicht als Erfolgsgeschichte. Im Norden des Landes, wo deutsche Soldaten am längsten und am meisten präsent waren, sind die Taliban inzwischen wieder an der Macht. Unter der Zivilbevölkerung herrsche Frust und Angst vor weiteren Bombenangriffen. Nach vier Jahrzehnten Krieg seien die Menschen traumatisiert. Diettrich konnte jedoch »kleine Oasen der Hoffnung« ausmachen: Viele zeitweise im Ausland lebende Afghanistan seien zurückgekehrt und glaubten an die junge Demokratie.
Nach Angaben der Bundeswehr vom 21. Oktober 2019 verloren seit 1992 114 Soldaten ihr Leben bei Auslandseinsätzen. Davon fielen 37 durch Fremdeinwirkung und 22 starben durch Suizid. Seit 2002 waren insgesamt 54 deutsche Bundeswehrsoldaten in Afghanistan zu Tode gekommen (Stand Januar 2020). Im März 2020 beschloss der Bundestag dennoch ein weiteres Mandat für einen Afghanistan-Einsatz der Bundeswehr bis zum 31. März 2021. 358 Abgeordnete stimmten dafür, 160 dagegen und 21 enthielten sich. Mit maximal 1.300 Soldaten unterstützt die Bundeswehr weiterhin die Mission »Resolute Support« zur Ausbildung afghanischer Sicherheitskräfte. Aktuell sind 1.200 Soldaten in Afghanistan stationiert, darunter 970 im Camp Masar-e Scharif.
Zuletzt schien allen Konfliktparteien klar geworden, dass keine den Krieg gewinnen könnte. Es gab trotz andauernder Kämpfe eine Pattsituation. Zwischen September 2014 und Anfang Januar 2019 waren laut Angaben des afghanischen Präsidenten Ashraf Ghani rund 45.000 afghanische Soldaten gestorben. Aufgrund der aussichtslosen Lage, den Konflikt für sich zu entscheiden, handelten diplomatische Vertreter der Vereinigten Staaten achtzehn Monate lang ein Waffenstillstandsabkommen mit den Taliban sowie einen Abzug der US-Truppen aus. Es ist an Friedensgespräche mit der Regierung in Kabul geknüpft, blieb aber fraglich, weil die afghanische Bevölkerung nicht berücksichtigt ist.

9.4 Die NSA-Affäre und die Frage der deutschen Souveränität

Die Enthüllungen des US-amerikanischen Whistleblowers und ehemaligen CIA-Mitarbeiters Edward Snowden ließen tief in das Ausmaß der weltweiten Überwachungs- und Spionagepraktiken der US-amerikanischen geheimdienstlichen Tätigkeiten blicken. Sie lösten im Sommer 2013 die Affäre um die National Security Agency (NSA) aus. Anfangs bestritt die Bundesregierung noch, dass deutsche Bürger und Behörden davon betroffen seien, was sich jedoch als falsch erwies, als bekannt wurde, dass sogar Merkels Telefonate seit 2002, also schon vor ihrer Kanzlerzeit abgehört worden waren. Ausspionieren unter Freunden ginge aber gar nicht, ließ die nunmehrige Regierungschefin vermelden, was aber Washington nicht beeindruckte. Der BND und die NSA zogen weiter an einem Strang. Die tatsächliche Empörung hielt sich daher in Berlin in Grenzen. Deutsche Spitzenpolitiker könnten die Überwachung geahnt haben, denn nach der deutschen Einigung hatten die USA, Großbritannien und Frankreich nach wie vor Wert darauf gelegt, an ihren Rechten in Deutschland festzuhalten, u. a. deutsche Bürger und Unternehmen überwachen zu dürfen. Es lag nahe, dass sie der deutschen Einheit nur zugestimmt hatten, weil sich Deutschland verpflichtete, bestimmte Souveränitätsrechte weiterhin selbst nicht wahrzunehmen. So erklärte sich auch, dass britische und US-Geheimdienste bis zuletzt auf deutschem Boden quasi legal und ungehindert ausspähen konnten. Weder war Deutschland nach dem Einigungs- und »Zwei-plus-Vier-Vertrag souverän, noch die ehemaligen Besatzer gänzlich abgezogen, zumal sie als »befreundete« Verbündete galten und als »Partner« mit ihren in Deutschland stationierten Streitkräften und entsprechenden Immunitäten und Rechten präsent blieben.

Das Verhältnis zwischen der EU mit ihrer gewachsenen Wirtschaftsmacht und den USA war seit den 1990er-Jahren konkurrenzorientierter und konfliktreicher geworden. Die Zunahme deutscher Handelsbeziehungen mit China, dem Iran und Russland sowie auch Waffenexporte machten v. a. angloamerikanische Wirtschaftsspionage notwendiger. Die Verbindungen zwischen der NSA und der US-Wirtschaft waren evident. Das angloamerikanische Interesse an einer Überwachung der Deutschen und ihrer Exportwirtschaft war deshalb gewachsen und weit größer als zu Zeiten der stärker (selbst)eingebundenen und kontrollierten Bundesrepublik im Kalten Krieg. Vor diesem Hintergrund konnte das von der NSA überwachte »Handy« der CDU-Vorsitzenden und Bundeskanzlerin nicht überraschen (Abb. 46).

Die Unabhängigkeit der Bundesrepublik hatte seit jeher Grenzen. Wolfgang Schäuble räumte 2011 öffentlich ein: »Wir in Deutschland sind seit dem 8. Mai 1945 zu keinem Zeitpunkt mehr voll souverän gewesen.« Dieser Nachkriegszustand reichte über die Einheit von 1990 hinaus. Die »deutsch-amerikanische Freundschaft« setzte Vertrauen voraus, was aber nicht unbedingt in vollem Maße zu erwarten war, zumal wenn es um amerikanische Eigen- und Sicherheitsinteressen ging. Das wurde öffentlich deutlich, als die USA ihre Ziele auch gegenüber tatsächlichen oder vermeintlichen Part-

14 | Der Blick von außen

Nummer 319 | **Montag, 18. November 2013**

Spektrum

Big Brother is watching Angie

Von Michael Gehler

Obama sei so unbeliebt wie Vorgänger Bush. Deutsche trauten den USA nicht mehr und hielten Snowden für einen Helden, so lauteten Schlagzeilen, seit bekannt wurde, dass Merkels Telefonate seit 2002 abgehört worden sind. In seinem Buch „Überwachtes Deutschland" hat der Freiburger Historiker Josef Foschepoth schon für die alte Bundesrepublik der 1950er und 1960er Jahre detailliert belegt, wie wenig selbstständig dieser Frontstaat im Kalten Krieg gewesen ist. Die BRD hatte nur eine limitierte innere Souveränität, von äußerer gar nicht zu reden. Die Beschränkungen galten als Besatzungsrecht auch nach dem von Bundeskanzler Adenauer verkündeten „Tag der Souveränität" vom 5. Mai 1955 – nicht nur in Form der bekannten alliierten „Vorbehaltsrechte" für den Vier-Mächte-Status von Berlin, „Deutschland als Ganzes" (Wiedervereinigung eingeschlossen), das Truppenstationierungsrecht und den Schutz ihrer Streitkräfte, sondern auch für das Post- und Fernmeldewesen sowie unbeschränktes Agieren alliierter Geheim- und Nachrichtendienste. Diese auf Verhandlungen mit den Westmächten im Oktober 1954 in Paris zurückgehenden Ergänzungen wurden nicht in die offiziellen Verträge, sondern in geheimen Zusatzabkommen mit der NATO festgeschrieben. Die Briten frohlockten: „Das ist das erste Mal, dass wir es geschafft haben, die Deutschen in diesem Punkt festzunageln." Auf der Ratssitzung der NATO wurde gejubelt. Der Zweck der seit 1949 bestehenden Allianz wurde von ihrem Generalsekretär Lord Ismay (1952–57) mit „to keep the Russians out, the Americans in, and the Germans down" festgehalten. Was gelingen sollte: Die Deutschen waren weder in Europa militärisch relevant noch global eine Militärmacht. Mit seiner aktiven Mitwirkung an neuen alliierten Vorbehaltsrechten umging Adenauer nicht nur den Bundestag, sondern auch die junge bundesdeutsche Verfassung. Was grundgesetzlich untersagt war, hinderte mit seinem Einverständnis die zu befreundeten Verbündeten erklärten westlichen Siegermächte nicht daran, Deutsche weiter uneingeschränkt abzuhören. Sicherheit ging vor Freiheit für Germany made in USA. Die Westmächte machten intern klar, auf ihre Überwachungsvorbehalte nur zu verzichten, wenn ein deutsches Gesetz die Beibehaltung ihrer bisherigen Befugnisse erlauben würde, was ausgerechnet im „1968er" Jahr geschah. Die Große Koalition verabschiedete ein Notstandsgesetz und ein Gesetz zur Einschränkung des Post- und Fernmeldegeheimnisses sowie zur Ablösung der alliierten Sicherheitsvorbehaltsrechte durch den Bundestag. Was zunächst als Besatzungs- und dann als Vorbehaltsrecht galt, wurde im Mai 1968 im deutschen G10-Gesetz institutionalisiert. Nach geltender deutscher Rechtslage konnten damit ausländische Nachrichtendienste in Deutschland das Postgeheimnis weiterhin nach Belieben verletzen und mit westdeutschen Post-, Fernmelde- und Zollbeamten zusammenarbeiten. Die USA verfügten über das dichteste Überwachungsnetz in der BRD. Deutsche Geheimdienste agierten praktisch für amerikanische Geheimdienste. Bis zuletzt zogen BND und NSA an einem Strang. Deutsche Politiker mussten von der Überwachung gewusst haben. Wurde das geeinte Deutschland „voll souverän", wie Außenminister Genscher öffentlich verkündete? Bei den Verhandlungen zur deutschen Einheit 1990 hatte das Thema Spionage in Deutschland offiziell gar keine Rolle gespielt. Doch hinter den Kulissen bestanden USA, Großbritannien und Frankreich darauf, weiterhin deutsche Bürger und Unternehmen überwachen zu dürfen. Viel spricht dafür, dass es geheime Zugeständnisse der Bundesregierung v. a. an Amerikaner und Briten gab, weiterhin mit den alten Siegerrechten die neue Bundesrepublik auszuspähen. Es liegt nahe, dass die Alliierten der Wiedervereinigung nur zugestimmt hatten, weil sich Deutschland verpflichtete, bestimmte Rechte seiner Souveränität weiterhin nicht wahrzunehmen. So erklärt sich, dass britische und US-Geheimdienste bis zuletzt auf deutschem Boden legal und ungehindert weiterspionieren konnten. Weder war die BRD nach dem Einigungs- und „2+4"-Vertrag souverän, noch die ehemaligen Besatzer von der Bühne verschwunden. Der Bund trug die Aufwendungen für Stationierungskosten sowie die sonstigen inneren und äußeren Kriegsfolgelasten nach näherer Bestimmung von Bundesgesetzen (Grundgesetz Artikel 120, Absatz 1). Diente die europäische Integration v. a. der Kontrolle der Deutschen, so ist Deutschland heute für die finanzielle Absicherung und den politischen Zusammenhalt der EU hauptverantwortlich, indem es das Euro-Krisenmanagement wesentlich mitentscheidet. Die Berliner Republik ist im Unterschied zur alten Bonner Republik nicht nur Zentralmacht Europas, sondern auch in der Rolle als europäischer Währungshüter und auf der weltpolitischen Bühne als Handels- und Wirtschaftsmacht aktiv. Das Verhältnis zwischen EU und USA ist konkurrenzorientierter und konfliktreicher geworden. Die Zunahme deutscher wirtschaftlicher Beziehungen zu China und Russland sowie Waffenexporte machten Wirtschaftsspionage notwendiger. Das anglo-amerikanische Interesse an einer Überwachung der Deutschen ist deshalb weit größer als zu Zeiten des stärker eingebundenen und kontrollierten Deutschlands im Kalten Krieg. Vor diesem Hintergrund überrascht das von der NSA überwachte „Handy" Merkels gar nicht. Als deutsches diplomatisches Armutszeugnis erscheint jedoch der Umstand, dass der ehemals promovierte und wegen eines Mega-Plagiats zurückgetretene Ex-Verteidigungsminister und amerikatreue US-Netzwerker Karl-Theodor von Guttenberg das durch die NSA-Affäre erschütterte deutsch-amerikanische Verhältnis jetzt kitten soll. Die Unabhängigkeit der BRD hatte stets deutliche Grenzen, was bekannt war. Wolfgang Schäuble räumte schon 2011 öffentlich ein: „Wir in Deutschland sind seit dem 8. Mai 1945 zu keinem Zeitpunkt mehr voll souverän gewesen." Tatsächlich hat an diesem Tag die deutsche Wehrmachtsführung bedingungslos kapituliert. Bis heute besitzt Deutschland keinen Friedensvertrag. Der Nachkriegszustand reichte über das Jahr der Einheit 1990 hinaus. Eine ehrlich gemeinte deutsch-amerikanische Freundschaft setzt Vertrauen voraus. Offenbar war und ist beides nicht gegeben. Die USA verfolgen ihre Interessen auch gegenüber vermeintlichen Partnern rücksichtslos. Der Status der BRD war der eines besetzten Verbündeten ohne volle Souveränität.

gehler@uni-hildesheim.de

Michael Gehler ist seit 2006 Jean-Monnet-Professor für vergleichende Zeitgeschichte an der Uni Hildesheim.

Abb. 47: Zeitungskommentar des Verfassers in der Tiroler Tageszeitung, 18.11.2013.

nern bedenken- und rücksichtslos verfolgten. US-Präsident Barack Obama war durch die NSA-Affäre kurzzeitig in der deutschen Öffentlichkeit so unbeliebt wie sein Vorgänger Bush jr. Deutsche trauten den USA seither nicht mehr und hielten Snowden für einen Helden, der in Russland Unterschlupf gefunden hatte. Als eine Debatte aufkam, ihm Asyl in Deutschland anzubieten bzw. zu gewähren, nachdem er einen solchen Antrag gestellt hatte, wusste dies Washingtons diplomatischer Druck zu verhindern. Snowden kritisierte daraufhin die Bundeskanzlerin öffentlich. Im Jahre 2017 stellte die Bundesanwaltschaft die Untersuchungen in der NSA-Affäre auch ein, was politisch erwünscht war, um im transatlantischen Verhältnis kein weiteres Ungemach aufkommen zu lassen. Das sollte sich aber mit der Wahl von Donald Trump ganz automatisch einstellen und noch verschärfen.

9.5 Bilanz der schwarz-gelben Koalition

Was bleibt vom Kabinett Merkel II? In dieser krisenhaften Zeit fielen einschneidende Entscheidungen. Der Euro-Verbund wurde aufgrund geglückten Krisenmanagements unter Zuhilfenahme des deutschen Potentials gewahrt und eine abrupte Kehrtwende infolge einer einsamen politischen Entscheidung Merkels in der Atomenergie-Politik vollzogen. Der opferreiche und kostspielige Afghanistan-Einsatz konnte zu keinem erfolgreichen Ende geführt werden. Die NSA-Affäre zeigte die Grenzen der Partnerschaft und Loyalität im transatlantischen Verhältnis auf. Nach der Beteiligung der Luftwaffe am Krieg gegen Serbien wegen des Kosovo-Konflikts (1999) – ohne UN-Mandat – verlor die deutsche Bundeswehr mit dem angeforderten US-Luftangriff bei Kundūz zehn Jahre später ein zweites Mal ihre Unschuld.

Im zweiten Kabinett Merkel gab es viele Umbildungen aufgrund von Affären, Fehltritten, Skandalen und Verfehlungen. Die erste Umbildung folgte 2009 mit dem Rücktritt von Minister Jung infolge verfehlter Informationspolitik im Zusammenhang mit dem todbringenden Luftangriff nahe Kundūz, aber auch die spektakuläre Plagiatsaffäre von zu Guttenberg, verbunden mit dem Ende seiner politischen Karriere. Thomas de Maizière folgte ihm als Verteidigungsminister. Im Zusammenhang seiner Wahl zum FDP-Vorsitzenden übernahm der bisherige Gesundheitsminister Philipp Rösler das Amt des Bundeswirtschaftsministers und ersetzte außerdem Außenminister Guido Westerwelle in dessen Funktion als Stellvertreter der Bundeskanzlerin. Die FDP konnte von der Koalition mit der Merkel-CDU nicht profitieren, ganz im Gegenteil: Sie verlor so stark in den Wahlen, dass sie von 2013 bis 2017 nicht mehr im Bundestag vertreten war.

Nachdem am 14. März 2012 der Haushalt der rot-grünen Minderheitsregierung in Nordrhein-Westfalen im Landtag keine Mehrheit gefunden und dieser sich daraufhin aufgelöst hatte, erklärte CDU-Umweltminister Norbert Röttgen am selben Tag seine Bereitschaft, bei der Neuwahl des Landtags als Spitzenkandidat seiner Partei gegen die SPD-Ministerpräsidentin Hannelore Kraft anzutreten, die ähnliche hohe Popularitätswerte hatte wie der frühere Ministerpräsident Johannes Rau. Eine Äußerung von Röttgen anlässlich einer Pressekonferenz, die Wahl zu einer Abstimmung über den Europakurs von Merkel machen zu wollen, löste heftigen Unmut in der CDU aus. Röttgen relativierte seine Aussage kurz darauf: »Am Sonntag steht nicht der Kurs von Angela Merkel in Europa zur Abstimmung, sondern der Schuldenkurs von Frau Kraft in Nordrhein-Westfalen.« Wenige Tage vor der Wahl unterlief ihm in einer Debatte ein weiterer Fehltritt. Auf die Frage, ob er in NRW im Falle einer Niederlage auch in die Opposition gehen würde, sagte er: »Ich meine, ich müsste eigentlich dann Ministerpräsident werden, aber bedauerlicherweise entscheidet nicht allein die CDU darüber, sondern die Wähler entscheiden darüber.« Er erkannte die rhetorische Fehlleistung sogleich und redete sich auf Ironie hinaus, was nicht ohne Folgen blieb. Er verlor die Wahlen an Kraft. Horst Seehofer kommentierte die Niederlage auf seine Weise:

»Das hatte viele Ursachen, zum Beispiel, dass man sich nicht voll für dieses Land entschieden hat.« Merkel demonstrierte ihre Macht, als sie dem Bundespräsidenten nach Artikel 64 des Grundgesetzes die Entlassung von Minister Röttgen vorschlug. Am 22. Mai 2012 vollzog sie die Trennung von Röttgen und schlug die Ernennung des bisherigen Ersten Parlamentarischen Geschäftsführers der CDU/CSU-Bundestagsfraktion Peter Altmaier zum neuen Umweltminister vor.
Am 5. Februar 2013 gab der Dekan der Philosophischen Fakultät der Heinrich-Heine-Universität Düsseldorf bekannt, Annette Schavan ihren im Jahr 1980 erlangten Doktortitel mit der Arbeit zum Thema »Person und Gewissen. Studien zu Voraussetzungen, Notwendigkeit und Erfordernissen heutiger Gewissensbildung« wegen Plagiaten zu entziehen. Daraufhin musste die amtierende Bildungsministerin nach einigem Widerstreben, aber immer stärker werdendem medialen und politischen Druck ihren Rücktritt erklären. Nachfolgerin wurde Johanna Wanka, die bisherige Wissenschaftsministerin Niedersachsens. Schavans Rücktritt wurde mit einem ansehnlichen Posten im Ausland versüßt. Sie erklärte sich »bereit«, als deutsche Botschafterin am Heiligen Stuhl in Rom (2014–2018) tätig zu werden. Als sie im Anschluss daran als Präsidentin der Konrad-Adenauer-Stiftung im Gespräch war, konnte das verhindert werden. Als Nachfolger von Hans-Gert Pöttering übernahm Norbert Lammert, der bis dato verdienstvoll wirkende Bundestagspräsident (2005–2017), diese Aufgabe.

10. Vom europäischen Krisenmanager zur lahmen Ente Europas (2014–2017)

10.1 Gesellschaftliche Umbrüche, Wandlungen und Verwerfungen

Die Lasten der deutschen Einheit forderten das westdeutsche Wirtschafts- und Sozialsystem bis an seine Grenze. Der dafür eingeführte Solidaritätszuschlag war eine direkte Steuer und stand dem Bund zu. Das Aufkommen daraus betrug 16,85 Milliarden Euro im Jahr 2016. Unabhängig davon blieb Deutschland trotz »Aufbau Ost« eine über den EU-Binnenmarkt weit hinausgehende globale Exportmacht. Der Wert des Exportes betrug im Jahre 2015 insgesamt 1.193,6 Milliarden Euro mit einem Exportüberschuss von 244 Milliarden Euro. Dazu gehörte auch der Waffenexport. Während es 2018 exakt 11.142 Einzelgenehmigungen für Ausfuhren von Rüstungsgütern (im Wert von 4,82 Milliarden Euro) gab, waren es im Vorjahr noch 6,24 Milliarden. Das war ein Rückgang um 23 %. Diese Exporte gingen hauptsächlich an EU- und NATO-Staaten, aber auch an Algerien, Israel und Saudi-Arabien, was hinsichtlich von Fragen der Demokratie, Rechtsstaatlichkeit und Völkerrechtskonformität nicht unproblematisch war. Die Bundesregierung der Großen Koalition betonte im Jahr 2019 angesichts der geringen Popularität dieser Ausfuhren umso mehr »eine restriktive und verantwortungsvolle Rüstungsexportpolitik« betreiben zu wollen. Die Waffenausfuhren in Kriegs- und Krisengebiete blieben 2020 auf Rekordhöhe und verstießen gegen EU-Recht.

Unabhängig davon verbuchte der Staat wiederholt Rekordüberschüsse. Bund, Länder, Gemeinden und Sozialversicherungen nahmen 2019 58 Milliarden Euro ein, wobei die Aussichten für 2020 aufgrund der Corona-Pandemie ganz schlecht ausfallen sollten. Die gute finanzielle Lage des Bundeshaushalts sollte dabei sehr nützlich sein, die Negativfolgen der wirtschaftlichen Katastrophe abzumildern.

Aufgrund ihrer politischen Rolle als Wahrerin der europäische Integration und ihrer ökonomischen Stärke nahm die Berliner Republik unter Merkel von 2005 bis 2015 eine Führungsrolle in Europa ein. Als EU-Mitglied war Deutschland mit der im Grundgesetz verankerten und damit verfassungsmäßig abgesicherten »Schuldenbremse« Anker für eine stabile Eurozone und Beispiel für einen ausgeglichenen Staatshaushalt. Es versuchte sich zudem als Initiator für eine gemeinsame europäische Asylpolitik und profilierte sich als Verfechter einer Energiewende. Der starke Handels-

und Währungsstaat konnte aufgrund seiner großen Ausfuhrleistung, seiner Finanzmittel und Wirtschaftspotenz in und außerhalb von Europa Politik gestalten und damit ein hohes Maß an innerer und äußerer Integrationsleistung und entsprechend erfolgreichen Krisenmanagements erbringen.

Nach der deutschen Einheit ging es um neue Chancen, aber auch um große Herausforderungen zur Weiterentwicklung eines europäischen, modernen und weltoffenen Staates, der trotz zahlreicher schwerwiegender Probleme aufgrund von Arbeitslosigkeit, Beschäftigungen im Niedriglohnbereich, geringer Geburtenraten und einer stärker auseinandergehenden Schere zwischen Arm und Reich im Zeichen einer zunehmend gespalteten Gesellschaft seinen Bürgerinnen und Bürgern weiterhin gute Lebensmöglichkeiten bieten wollte. Die deutsche Sozialstruktur befand sich dabei schon zu Beginn des 21. Jahrhunderts im Umbruch. Öffentlich und auch offiziell wurde erst viel zu spät davon gesprochen und zugegeben, ein »Einwanderungsland« zu sein, was zuvor noch in den 1990er-Jahren ein politisches Tabu war.

Der ehemalige Berliner Finanzsenator Thilo Sarrazin und SPD-Mitglied, sprach sich gegen diese Einwanderungskultur aus und veröffentlichte 2010 ein sehr umstrittenes Buch mit dem Titel »Deutschland schafft sich ab«, welches kritisch auf die Problematik der Zunahme des Ausländeranteils, insbesondere der Muslime, hinwies und eine breite öffentliche Debatte auslöste. Das Pamphlet wurde wegen fragwürdiger Annahmen öffentlich zwar stark kritisiert, die darin enthaltenen teilweise zutreffenden Befunde und unbestreitbaren Fakten aber eher bagatellisiert oder gar ignoriert, so dass Sarrazin medial, politisch und offiziell als Unperson wie ein einsamer Rufer in der Wüste erschien. Das Buch entwickelte sich gerade in der Bevölkerung zu einem Verkaufsschlager. Bis Anfang 2012 wurden über 1,5 Millionen Exemplare verkauft. Es stand wochenlang auf Platz 1 der *Spiegel*-Bestsellerliste.

Aufsehenerregend war im Jahre 2013 der Rücktritt von Papst Benedikt XVI., Joseph Aloisius Ratzinger, der »zur Gewissheit gelangt« war, dass seine Kräfte infolge des vorgerückten Alters nicht mehr ausreichend und geeignet seien, »um in angemessener Weise den Petrusdienst auszuüben«. Überschattet war sein Pontifikat durch das Bekanntwerden von einer Reihe schon längere Zeit zurückliegenden Fällen von sexuellem Missbrauchs und körperlichen Übergriffen an Heimzöglingen und jungen Priestern in der römisch-katholischen Kirche. Diese auch von höheren Kreisen des deutschen Episkopats begangenen Mißbrauchsfälle waren aber über Jahrzehnte beschwiegen, ignoriert, geleugnet oder vertuscht worden. Dieses abstoßende Thema blieb bis zuletzt Gegenstand öffentlicher Erregung wie am umstrittenen Beispiel des Hildesheimer Bischofs Heinrich-Maria Janssen (1957–1982) deutlich wurde. Der heutige Bischof von Hildesheim, Heiner Wilmer, berichtete von sexuellen Übergriffen, von denen es alleine im Bistum Hildesheim über 150 gab. Er wolle jetzt völlig reinen Tisch und eine weitere Untersuchung möglich machen, die Hinweise auf ein mögliches Netzwerk und ein systematisches Vorgehen des mutmaßlichen Täters nachverfolgen solle. Im April 2019 präsentierte Wilmer eine Kommission aus zwei Psychologen und zwei Juristen, die von der früheren niedersächsischen Justizministerin Antje Niewisch-Lennartz (Grüne) geleitet wird. Kein Mitglied dieser Untersuchungsinstanz gehört der römisch-katholischen Kirche an.

Die von der CDU/CSU-FDP-Koalition (2009–2013) und der Großen Koalition (2013–2017) verfolgten Projekte für mehr qualifizierte Zuwanderung, die Einführung eines gesetzlich gültigen Mindestlohnes, der ab 1. Januar 2015 die Summe von 8,50 Euro brutto pro Stunde betragen sollte, sowie die Beförderung der Informationstechnologie und die Modernisierung der Wirtschaft waren besonders herausfordernde Zukunftsaufgaben der Kabinette Merkel II und III.

Die Digitalisierung der Wirtschaft wurde unter dem Motto »Industrie 4.0« vorangetrieben. Diese Bezeichnung firmierte für ein besser gerüstetes Deutschland in der Zukunft zur umfassenden Digitalisierung der industriellen Produktion. Sie ging zurück auf ein gleichnamiges Projekt in der Hightech-Strategie der Bundesregierung. Dabei sollte die Industrieproduktion mit moderner Informations- und Kommunikationstechnik verzahnt werden. Als Basis dienen intelligente und digital vernetzte Systeme, wodurch eine selbstorganisierte Produktion möglich werden soll: Anlagen, Logistik, Maschinen, Menschen und Herstellung kommunizieren und kooperieren direkt miteinander, womit Wertschöpfungsketten optimiert werden und zwar von der Idee über die Entwicklung, Fertigung, Nutzung und Wartung bis zur Wiederverwertung von Produkten. Dieser verheißungsvolle Wunder- und Zauberwelt fehlten allerdings die notwendigen Grundlagen: Im Jahre 2012 verfügten nur 85 % der Deutschen (76 % im EU-Schnitt) über einen Internetanschluss und nur zirka 82 % (72 % EU-Schnitt) hatten Zugriff über einen Breitbandanschluss. Die Berliner Republik wollte bis Ende 2018 eine flächendeckende Versorgung mit einer Datenübertragungsgeschwindigkeit von mindestens 50 MBit/s erreichen, was jedoch misslang. Von 62.000 deutschen Gewerbebetrieben hatten im Juni 2019 nur ein Drittel schnelles Internet, für Industrievertreter ein Innovationshemmnis erstes Ranges. Bei der Digitalisierung hinkte Berlin also stark nach. So wurde ein milliardenschweres Investitionspaket (»Digitalpakt«) für Schulen beschlossen. Größere Funklöcher bestanden aber immer noch auf dem Land. Vieles blieb Zielvorgabe ohne ausreichend qualifiziertes Personal. Die Bundesregierung hatte zwar die Bedeutung der Entwicklung der sogenannten künstlichen Intelligenz erkannt und dafür ein milliardenschweres Förderprogramm zur Verfügung gestellt, das aber vom Umfang her weit hinter den Anstrengungen in den USA und in China auf diesem Gebiet zurückblieb.

Politische wie private Kommunikation veränderten sich durch Soziale Netzwerke, wie Facebook, Instagram oder What's App. Die Jugend protestierte in diesen Foren beispielsweise massenhaft gegen eine vermeintliche Internet-Zensur durch Upload Filter, die im Zusammenhang mit einer EU-Urheber-Richtlinie für Kulturschaffende und Künstler verabschiedet wurde. Von März bis Juni 2019 erfolgte die Versteigerung von Mobilfunknetzen für die 5G-Mobilfunkgeneration, was einen Ertrag von 6,5 Milliarden Euro erbrachte, von den Anbietern aber kritisiert wurde, weil nicht genügend Mittel für den flächenmäßigen Ausbau des Netzes vorhanden waren.

Durch die Weitergabe von Benutzerdaten an die Firma Cambridge Analytica nahm Facebook möglicherweise Einfluss auf die Wahlentscheidung bei den US-Präsidentschaftswahlen 2016 und sollte daher eine hohe Geldstrafe zahlen. Neben diesem Verstoß gegen Datenschutzbestimmungen gab es auch das Problem der Löschung von Hassbotschaften, die in den Social Media verbreitet und nicht zeitgerecht wenn überhaupt gelöscht werden. Zwei Millionen Euro sollte Facebook an das Bundesamt für Justiz in Bonn wegen des Verstoßes gegen das Netzwerkdurchsetzungsgesetz zahlen (Täuschung über Hass-Posts). Frankreich verabschiedete am 11. Juli 2019 eine nationale Digitalsteuer, bei der international tätige IT-Unternehmen eine 3 %-Steuer auf online-erzielte Werbeerlöse zu entrichten haben. Es ist sehr fraglich, ob Deutschland diesem Beispiel folgt, da die USA mit Zollstrafen u. a. bei Automobilen oder beim Maschinenbau reagieren könnten.

In der wenig lohnstarken Altenpflege gab es in Deutschland im Jahre 2019 noch erheblichen Personalmangel. Der Pflegemindestlohn lag bei 11 Euro pro Stunde. Lediglich 20 % der Altenpflege-Beschäftigten befanden sich unter dem Dach eines Tarifvertrags. Der Missstand war derart prekär, dass Gesundheitsminister Jens Spahn bei einem Besuch im Kosovo 2019 um Pflegerinnen und Pfleger werben musste.

Deutschland blieb ein Land der Autobauer und Autofahrer, doch dieses Thema wurde im Zeichen der Klima-Debatte aufgrund einzelner Dieselfahrverbote in Großstädten gemäß EU-Vorgaben immer umstrittener. Der inzwischen teilprivatisierten Deutschen Bahn fehlten finanzielle Mittel für dringend nötige Investitionen und die marode Infrastruktur führte zu regelmäßigen Verspätungen. Von fünf ICE war durchschnittlich nur einer voll funktionstüchtig. »Verzögerungen im Betriebsablauf« gehörten zu den meistgehörten Begründungen der geplagten Bahnfahrer.

Neben dem Klima- bildete auch der technologische Wandel und seine Folgen eine große Herausforderung. Die Energiewende hatte man zwar schon unter Rot-Grün (1998–2005) u. a. mit dem gezielten Aufbau von Windrädern, Ausbau der Photovoltaik-Förderung sowie der Initiierung von Maßnahmen zur Wärmedämmung und dann unter Merkel seit 2011 mit dem mittelfristigen Ausstieg aus der Atomenergie in Angriff genommen, aber es gab noch viel zu tun.

Der gesellschaftliche Wandel war unaufhaltsam und zeigte sich deutlich mit der gesetzlichen Legalisierung der gleichgeschlechtlichen Ehe zum 1. Oktober 2017. Die Frauenbewegung etablierte sich weiter, aber in nur wenigen europäischen Ländern blieb die Verdienstlücke zwischen Männern und Frauen so groß wie in Deutschland. Bei allen Unterschieden kamen Männer 2017 auf einen durchschnittlichen Stundenlohn von 21 Euro, während Frauen dagegen ca. 17 Euro verdienten. Auch auf diesem Sektor war Deutschland eine gespaltene Gesellschaft, eine wachsende Kluft, die durch gesteigerte Freizeitangebote zu kompensieren versucht wurde.

Die Dienstleistungsgesellschaft erweiterte sich verstärkt zu einer Unterhaltungsgesellschaft. Die Privatisierung des Fernsehens steigerte die Vielfalt des TV-Angebots. Im Zeichen der Postmoderne formierte sich selbst im Schatten von Krisenzeiten eine munter heitere Event- und gedankenlose Spaßgesellschaft. Der Journalist Michael Jürgs verglich das Privatfernsehen schon im Jahre 2009 mit »Seicht-Gebieten«. Er war der Frage nachgegangen, warum die Zuschauer sich so hemmungslos verblöden ließen.

Das Medium Fernsehen wandte sich stärker von öffentlich-rechtlichen zu privaten Anbietern, was Printmedien immer stärkerem Wettbewerbsdruck aussetzte, die gezwungen waren, ihre Online-Angebote über das Internet auszuweiten. Dieser Trend befeuerte auch die Lust an der Aufdeckung politischer Affären und Skandale. So führte das 2011 enthüllte Massenplagiat der Doktorarbeit von Verteidigungsminister Karl Theodor von und zu Guttenberg zu einem gefundenen Fressen für die Internet-Plattform »VroniPlag« und zur atemberaubend schnellen Demontage des aufstrebenden Polit-Stars, als im Minutentakt die Copy- and Paste-Textstellen seiner akademischen Zulassungsarbeit aufgedeckt werden konnten. Von und zu Guttenberg war schon als Kanzlerkandidat und Nachfolger von Merkel gehandelt worden, u. a. von der Bild-Zeitung, die ihn sehr groß gemacht hatte, dann aber fallen lassen musste. Der offensichtlich durch einen Ghostwriter betrogene Betrüger zeigte kein Unrechtsbewusstsein angesichts der Aufdeckung des systematischen geistigen Diebstahls, gab dem medialen Druck die Schuld an seinem Rücktritt und veröffentlichte ein Buch mit dem trotzigen Titel »Vorerst gescheitert«. Übrig von Guttenbergs Amtszeit als Verteidigungsminister blieb eine im Ansatz steckengebliebene Bundeswehrreform, v. a. aber die 2010 erfolgte Aussetzung der Wehrpflicht, die bis heute fortbesteht.
Ein massiver Medienskandal wurde um die Jahreswende 2018/19 ruchbar, als der allseits mit höchsten Preisen ausgezeichnete und von Vertretern der Branche gefeierte angebliche Top-Journalist von *Der Spiegel,* Claas Relotius, entlarvt wurde, nachdem er über Jahre eine gut meinende, leichtgläubige und vertrauensselige Leserschaft mit zwar hübsch und schön erzählten sowie politisch sehr korrekten, aber rein erfundenen Geschichten an der Nase herumgeführt hatte. Relotius hatte auf diese Weise noch für andere namhafte deutsche und internationale Printmedien gearbeitet. Sein *Spiegel*-Kollege Juan Moreno sollte das ausgeklügelte »System Relotius« als raffiniertes Lügen-System entlarven. Die schreibende Zunft ging nach diesem Schock und kurzer Thematisierung rasch zur Routine über und hüllte sich über den eklatanten Fall von Medien-Lug und Trug nahezu in kollektives Schweigen, während für einen bereits zunehmend von den Printmedien abgewandten Teil der Gesellschaft mit dem Fall Relotius der scheinbar definitive Beweis für die angebliche »Lügenpresse« erbracht war. Tatsächlich konsumierten immer weniger junge Leute Presseerzeugnisse wie öffentlich-rechtliche Rundfunk- und Fernsehsender. Sie drifteten teilweise in steigendem Maße in Blogger-Angebote und Social Media ab, was auch Ausdruck einer zunehmend gespalteten öffentlichen Meinung war.
Am 24. Mai 2019 veröffentlichte *Der Spiegel* den Abschlussbericht einer eilig im Dezember 2018 einberufenen Untersuchungskommission, die von Hinweisen eines äußeren und inneren Kollegenkreises berichtete, wonach manche *Spiegel*-Journalisten in ihren Texten nicht immer korrekt arbeiteten. Es handele sich dabei um Verfälschungen, unkorrekte oder unvollständige Darstellungen »entweder aus dramaturgischen Gründen, weil sich eine Geschichte geschmeidiger erzählen lässt, wenn man beim Beschreiben nicht ausschließlich an Fakten gebunden ist, oder aus weltanschaulichen Gründen, weil sich eine Geschichte stringenter erzählen lässt, wenn man widersprüchliche Fakten weglässt«. Die Kommission kam zum Ergebnis, dass

es sich bei Relotius nicht nur um eine Ausnahme handelte, sondern unterschiedliche Meinungen bestanden, was in einem journalistischen Text noch möglich ist und was nicht. Maßgeblich verdankte sich das Bekanntwerden der Manipulationen von Relotius dem *Spiegel*-Journalisten Juan Moreno, der dabei gegen innere Widerstände ankämpfen musste und selbst bei seinen Rekonstruktionen in größte Bedrängnis kam, bis er sich durch die erdrückende Beweislage gegen Relotius davon befreien konnte.

10.2 »Flüchtlingskrise« oder die Problematik von »Wir schaffen das!«

Die rasante Wirtschaftsentwicklung der Bonner Republik seit den 1950er-Jahren hatte zum Rückgang der Arbeitslosigkeit geführt. Bald ergab sich aufgrund des Wirtschaftsbooms ein Arbeitskräftemangel im Bausektor, in Kleinbetrieben und in der Landwirtschaft. Die Bundesregierung begann mit gezielter Anwerbung von Arbeitskräften in Auslandsbüros, so in Südeuropa und der Türkei. Im Jahre 1964 war die 1-Million-Marke der sogenannten »Gastarbeiter« bereits überschritten, als ein Portugiese im Wirtschaftswunderland begrüßt wurde und ein Motorrad geschenkt bekam, und Anfang der 1970er-Jahre die 2-Million-Marke. In Folge zogen vielfach Familienangehörige der Arbeitsmigranten nach. Doch offene und ungeklärte Fragen der gesellschaftlichen Integration, wie in der Bildung und im Berufswesen, blieben entweder unbeantwortet oder wurden öffentlich kaum diskutiert, weil zu Anfang irrtümlich nur mit einem zeitlich befristeten Aufenthalt gerechnet wurde. Dass Deutschland zunehmend eine Einwanderungsgesellschaft wurde, wollte man lange von offizieller Seite nicht erkennen, wahrhaben und zugeben.
Als Merkel im September 2015 sehr positive Signale setzte, als hunderttausende Menschen aus Bürgerkriegsgebieten in Syrien nach Deutschland strömten und aufgenommen werden sollten, wurde mehr denn je deutlich, dass die Bundesregierung schon Jahrzehnte zuvor mit Blick auf die »Gastarbeiter« nur unzureichende Integrationsvorkehrungen getroffen hatte und nun umso weniger vorbereitet war, um ein öffentlichkeitswirksames Konzept für neue Zuwanderung zu präsentieren. Die v. a. kulturellen und sprachlichen Unterschieden geschuldete langwierige und andauernde Eingliederung war auch für eine Abgrenzung der »Gastarbeiter« gegenüber der deutschen Bevölkerung verantwortlich. Die Entstehung von Parallelgesellschaften hatte spätestens seit den 1980er-Jahren eingesetzt. Schon in dieser Zeit war Deutschland eine gespaltene Gesellschaft, die zwischen sogenannten »Inländern« und »Ausländern«. Die Politik erkannte nur zum Teil die entstehende Problematik, hatte aber keine hilfreichen Ideen und sinnvollen Konzepte.
Dazu passt auch folgendes historisches Detail: Peter Kohl, der Sohn von Bundeskanzler Kohl, heiratete 2001 in Istanbul im Beisein seines Vaters eine Türkin. Im Jahre 2013 wurden Äußerungen seines Vaters bekannt, wonach er die Zahl der Türken in Deutschland »um 50 Prozent zu reduzieren« wünschte, was Helmut Kohl 1982 in

einem vertraulichen Gespräch mit der britischen Premierministerin Margaret Thatcher gesagt hatte. Die National Archives des Vereinigten Königreichs hatten das »geheim« eingestufte Gesprächsprotokoll freigegeben. Kohls Büro bestätigte den Inhalt der Aussagen des seinerzeit gerade amtierenden Kanzlers. Er sagte gemäß der Aufzeichnung, Deutschland hätte kein Problem mit den Portugiesen oder Italienern, aber die Türken kämen »aus einer sehr andersartigen Kultur«. Die seinerzeitigen Äußerungen wurden von seinem Sohn ganz und gar nicht geteilt. Damals hätten diese allerdings die vorherrschende Meinung in Deutschland wiedergegeben. Der Unternehmer Kohl klagte in einem Interview mit der *Süddeutschen Zeitung* über die »Vorurteile auf Stammtischniveau« und führte weiter aus: »Viele Türken fühlen sich durch solche Äußerungen ausgegrenzt. Das verbittert sie.« Peter Kohl fand es »kaltschnäuzig«, wie das Büro seines Vaters und dieser reagierten und die alten Aussagen nicht erläutern wollten. Der Sohn distanzierte sich von der Ausländerpolitik seines Vaters und warb für Pflege der Freundschaft zwischen Deutschen und Türken, wobei er auch die Partei nicht außen vor ließ: »Auch die CDU muss die heutigen Realitäten anerkennen, dass die Türkei einer der wichtigsten Zukunftspartner für Deutschland ist«. Peter Kohl sah jedoch die Rolle seines Vaters differenziert: Später habe er den Beitrag der Türken für den Aufbau Deutschlands durchaus zu würdigen verstanden. Diese Aussage verdient noch eine Erläuterung: Zu Beginn der Amtszeit Kohls hatte die Bundesregierung 1983 das sogenannte Rückkehrhilfegesetz beschlossen, wonach Türken Prämien bekommen konnten, wenn sie in ihr Geburtsland zurückkehrten. Dass Deutschland ein Einwanderungsland für Türken sein könnte, in dem sie dauerhaft leben könnten und heimisch werden würden, war für viele Politiker nicht vorstellbar. »Die Politik hat die Lage jahrzehntelang falsch eingeschätzt«, meinte Peter Kohl.

Zu der nach wie vor fortbestehenden Problematik kamen 2015 nun noch massenhaft Kriegsflüchtlinge aus dem Mittleren und Nahen Osten nach Deutschland. Über eine Million Menschen, darunter Ägypter, Afghanen, Algerier, Iraker, Jordanier, Libyer, Tunesier, v. a. aber Syrer, versuchten, über das Mittelmeer in die EU zu gelangen, um dort ein neues Leben zu finden. So sprach man seit diesem Jahr in Deutschland wiederholt von einer vermeintlichen »Flüchtlingskrise«, eine irreführende Bezeichnung, denn es handelte sich neben Kriegsflüchtlingen auch um Wirtschaftsmigranten, v. a. aber um ein innereuropäisches Problem, nämlich um eine echte Solidaritätskrise. Die Überhandnahme der Zuwanderung in der zweiten Jahreshälfte 2015 führte dazu, dass Italien und Griechenland mit der Aufnahme und Registrierung überfordert waren und eine Vielzahl der fliehenden Menschen in Richtung Österreich und Deutschland als ihrem Wunschziel »durchwinkten«.

Die sich weiter zuspitzende und an Dramatik nicht entbehrende Lage war von der deutschen Regierungsspitze unterschätzt worden. Im Bundeskanzleramt und Innenministerium gab es keine fest etablierte Flüchtlingsexpertise, geschweige denn eine regelmäßige Konsultation von Migrationsfachleuten. Die seit Jahrzehnten über das Mittelmeer auf die italienische Insel Lampedusa Geflüchteten hatte man ignoriert bzw. auf europäischer Ebene nichts Gemeinschaftliches dagegen unternommen.

Aktuelle Vorwarnungen gab es in der ersten Jahreshälfte 2015: Am 7. Mai erklärte das Bundesamt für Migrationsfragen (BAMF), dass 450.000 Flüchtlinge in Deutschland erwartet würden. Am 19. August musste Bundesinnenminister Thomas de Maizière die genannte Zahl nahezu verdoppeln, als von 800.000 Personen die Rede war. Am 31. August sprach Merkel Sätze aus, an die sie später wiederholt erinnert werden sollte.

Historisches Ereignis: »Wir schaffen das!« (31. August 2015)

In der Bundespressekonferenz am 31. August 2015 verwendete die Bundeskanzlerin einen historischen Satz, an den sie später immer wieder erinnert werden sollte: »Ich sage ganz einfach: Deutschland ist ein starkes Land und das Motiv, indem wir an diese Dinge herangehen, muss sein: Wir haben so vieles geschafft, wir schaffen das. Wir schaffen das, und wo uns etwas im Wege steht, muss es überwunden werden, muss daran gearbeitet werden, und der Bund wird alles in seiner Macht stehende tun, zusammen mit den Ländern, zusammen mit den Kommunen genau das durchzusetzen.« Mit »Wir schaffen das!« reagierte Merkel auf die in Europa bestehende Flüchtlingskrise und die Frage der Aufnahme von zahllosen Migranten in Deutschland. Der Ausspruch löste nicht nur in den Medien, sondern auch in der Öffentlichkeit rege und kontroverse Debatten aus. Gerätselt wurde, wer ein Urheberrecht darauf beanspruchen konnte. In einem Musikvideo einer Kinderserie fragen Bauarbeiter »Können wir das schaffen?«, worauf »Bob der Baumeister« antwortete: »Yoh, wir schaffen das!« Viel mehr sprach aber für eine Anleihe eines Slogans des US-Präsidenten. Was für Obama das »Yes we can!« war, schien für Merkel das »Wir schaffen das!« Viele Deutsche definierten seither die Kanzlerin über diesen Satz. Trotz Kritik hielt sie daran fest und wiederholte den Ausspruch beim CDU-Bundesparteitag am 14. Dezember 2015. Der Appell sollte jedoch ihr umstrittenster Ausspruch bleiben. Er spaltete Deutschland wie keine andere Aussage der Kanzlerin, zumal ihr Optimismus angesichts der Flüchtlingszahlen nicht geteilt wurde. Die fehlende Zuversicht äußerte sich in einer Protestwählerpartei, die sich »Alternative« nannte. Abneigung, bis hin zu abgrundtiefem Hass schlug der Kanzlerin gerade in Ostdeutschland entgegen. Mitte September 2016 distanzierte sie sich in einem Interview mit der Wirtschaftswoche von ihrem legendären Ausspruch: Sie verstehe die Skepsis in der Bevölkerung über diesen Satz: »Er ist Teil meiner politischen Arbeit, weil ich davon überzeugt bin, dass wir ein starkes Land sind, das auch aus dieser Phase gestärkt herauskommen wird. Er ist Ausdruck einer Haltung, wie sie sicher viele aus ihrem beruflichen und privaten Leben kennen. Manchmal denke ich aber auch, dass dieser Satz etwas überhöht wird, dass zu viel in ihn geheimnist wird. So viel, dass ich ihn am liebsten kaum noch wiederholen mag, ist er doch zu einer Art schlichtem Motto, fast zu einer Leerformel geworden.« Merkel hielt unmissverständlich fest: »So war er natürlich nie gemeint, sondern anspornend, dezidiert anerkennend. Und zwar weil ich genau weiß, dass wir alle in unserem Land gemeinsam sehr viel zu schultern haben, aber dass sich das in den übertrieben oft wiederholten drei Wörtern nicht sofort abbildet.«

Österreich und Ungarn sollten kurz darauf am 4./5. September 2015 signalisieren, dass sie die in Budapest und Wien überbordenden Flüchtlingsströme nach Norden weiterzuleiten wünschten. »Offen blieb bei Merkels kategorischen und für die Öffentlichkeit zuvor geäußerten und fast ultimativ wirkenden Aussagen, *wen*

Merkel mit »Wir« meinte – nur die Deutschen oder auch die übrigen Europäer?
Vor allem aber *wie* es zu schaffen sein würde, war die entscheidende Frage, die über die Jahre nach 2015 unbeantwortet bleiben sollte, auf die aber aufgrund der Komplexität der anstehenden Probleme zunächst auch keine einfache und schnelle Antwort zu geben war. Die Bundeskanzlerin hatte gegen die Bedenken ihres Innenministers Thomas de Maizière entschieden, die Flüchtlingsströme nicht aufzuhalten bzw. zurückzuweisen. Auf dem Budapester Bahnhof Keleti hatten Albaner, Iraker und Syrer »Deutschland, Deutschland!« und »Merkel, Merkel!« skandiert. Nachdem die ungarischen Behörden die von Massen überfüllten Züge stoppten, machten sich die Flüchtlinge zu Fuß über Autobahnen, Gleise, Felder, Flure, Wälder und Wiesen auf den Weg nach Deutschland. Merkel telefonierte am 5. September mit Ungarns Fidesz-Politiker und Ministerpräsident Viktor Orbán sowie dem österreichischen Bundeskanzler Werner Faymann (SPÖ). Orbán hielt die Lage für unkontrollierbar. Merkel und Faymann beschlossen daraufhin, die Ausreise zuzulassen. Die Bundeskanzlerin ließ über ihren Regierungssprecher bekanntgeben, dass Deutschland die Flüchtlinge nicht abweisen werde. Am 13. September behauptete sich jedoch de Maizière, indem er die mit der SPD-Führung abgestimmte Einführung von Grenzkontrollen ankündigte. Das Kanzleramt signalisierte daraufhin, »zu geordneten Verfahren« zurückfinden zu müssen. Das war noch kein Kurswechsel, aber ein Hinweis, der den europäischen Partnern verdeutlichte, dass Deutschland nun auch Grenzkontrollen durchführen würde, wodurch das Problem aber nicht gelöst war, sondern erst zum Thema wurde. Am 15. September 2015 erklärte Merkel auf die Frage, ob sie zur Eskalation beigetragen habe, es gebe Situationen, in denen man »nicht zwölf Stunden nachdenken« könne, sondern »entscheiden« müsse. Trotz dieser Sachzwang-Logik zeigte sie sich von der Hilfsbereitschaft der Deutschen beeindruckt, die auch das internationale Image Deutschlands beträchtlich steigerte. Unter den EU-Mitgliedern jedoch wurde die Großzügigkeit und die Offenherzigkeit der Kanzlerin mit Besorgnis und Skepsis verfolgt. Sie beargwöhnten v. a. die damit verbundenen Folgen hinsichtlich ihrer Länder.
Unbeachtet blieb dabei, dass die deutsche Regierungschefin durch Einhaltung von Grundsätzen, Verträgen und nicht zuletzt aufgrund der eigenen Verfassung zur Aufnahme von politisch Verfolgten und Asyl Suchenden verpflichtet war, nämlich aufgrund der Genfer Konvention, der UN-Menschenrechtscharta, der Europäischen Menschenrechtskonvention des Europarates sowie des Grundgesetzes. Gefragt wurde auch nicht, wie das internationale Echo und die politischen Urteile ausgefallen wären, hätte die Kanzlerin anders entschieden, Flüchtlinge an deutschen Grenzen abgewiesen und ihnen die kalte Schulter gezeigt. Den übrigen EU-Mitgliedern redete sie auf ihre kategorische Art ähnlich ins Gewissen wie den Deutschen und zwar in gleich alternativloser, ja ultimativer Weise vergleichbar wie im Umgang mit der Eurofrage: »Wenn Europa in der Flüchtlingsfrage versagt, dann ginge ein entscheidender Gründungsimpuls eines geeinten Europas verloren. Nämlich die enge Verbindung mit den universellen Menschenrechten, die Europa von Anfang an bestimmt hat und die auch weiter gelten muss.«

Ihre Entscheidung, die deutschen Grenzen für Flüchtlinge im Spätsommer 2015 nicht gleich zu schließen, sondern die Menschen aufzunehmen, interpretierte der Berliner Politikwissenschaftler Herfried Münkler ausgehend von deutscher Verantwortung als »Macht der Mitte« positiv: Wäre die deutsche Grenze in der Nacht vom 4. auf den 5. September 2015 geschlossen worden, wäre das auf ein definitives Ende des Schengen-Raumes hinausgelaufen; vor allem hätte es zu einem Rückstau von hunderttausenden Menschen auf der Balkanroute geführt, den die schwachen Staaten dort unmöglich hätten bewältigen können und der das fragile ethnisch-religiöse Gleichgewicht dieser Staaten nach den jugoslawischen Zerfallskriegen einer dramatischen Belastungsprobe ausgesetzt hätte. Die deutsche Entscheidung, die Menschen aufzunehmen, um den zu befürchtenden Zusammenbruch der Balkanordnung zwischen Bosnien-Herzegowina und Griechenland zu verhindern, sei eine Entscheidung gewesen, in der sich laut Münkler die Bundesregierung zum Hüter des Kollektivguts »Stabilität auf dem Balkan« gemacht und aus europäischer Verantwortung heraus gehandelt habe. Dafür jedoch musste Münkler zufolge auch ein innenpolitisch hoher Preis bezahlt werden, der im Aufstieg der AfD bestand, die während des Sommers 2015 angesichts ihrer heftigen innerparteilichen Auseinandersetzungen schon im Abwärtstrend begriffen war, aber seit Anfang 2016 in den Umfragewerten wieder auf zweistellige Prozentzahlen kletterte.

Merkels Entscheidung vom 5. September 2015, in Absprache mit Budapest und Wien an der österreichisch-ungarischen Grenze festsitzenden Flüchtlingen die Einreise nach Deutschland – ohne Registrierung durch Ungarn bzw. die zuvor durchquerten Länder und damit entgegen dem Dublin-Abkommen – zu gestatten, war allerdings ein Bruch mit geltenden EU-Bestimmungen, was Kontroversen in der veröffentlichten und öffentlichen Meinung Europas auslöste, während in deutschen Städten und Gemeinden, die die Hauptlast der Folgen der Politik Merkels zu tragen hatten, zeitweise der Ausnahmezustand herrschte.

Die Kanzlerin hatte bald darauf die Notwendigkeit einer gemeinsamen und einheitlichen europäischen Asyl- und Flüchtlingspolitik betont, wobei der Integration Vorrang eingeräumt werden sollte. Dabei machte sie auf die Notwendigkeit schnellerer Asylverfahren mit beschleunigter Abschiebung von Wirtschaftsflüchtlingen aufmerksam, was aber in dem vorgesehenen Ausmaß nicht machbar und daher unrealistisch war. Ihrer vorsorglich geäußerten Auffassung nach sollten keine Parallelgesellschaften entstehen und bei fremdenfeindlichen Angriffen Strafverfolgungen erfolgen. Dabei bestanden längst schon solche getrennten und gespaltenen Gesellschaften in Deutschland, so dass weitere Ausschreitungen zu befürchten waren, wie sie beispielsweise in der sächsischen Stadt Freital durch massive Proteste gegen die Aufnahme von Flüchtlingen seit 2015 stattfanden und am 22. Juni durch Zuzug rechtsextremer Demonstranten Belagerungszustände eskalierten. Aus dem Protest hatte sich dort eine »Bürgerwehr« gebildet. Sprengstoffanschläge auf Asylunterkünfte und gegnerische Politiker wurden verübt. Es folgten Gegendemonstrationen und Solidarisierungen mit den Flüchtlingen.

In Reaktion auf die massenhafte, unkontrollierte und damit nicht registrierte Einreise hatte Deutschland am 13. September 2015 die notwendigen und allseits geforderten Grenzkontrollen eingeführt. Laut dem Abkommen von Schengen waren diese lediglich innerhalb dieses Raums nur in Ausnahmesituationen und maximal für sechs Monate zulässig. Kurz darauf kündigten auch Österreich, die Slowakei und die Niederlande die Wiedereinführung von Grenzkontrollen an.
Mit der faktischen Aussetzung des Dubliner Übereinkommens begannen sich viele Flüchtlinge nun zu entscheiden, in einem Land nach ihrem Belieben Asyl zu beantragen, wobei auch die Güte der Lebensbedingungen und die Höhe der Sozialleistungen eine Rolle spielten.
Am 11. September 2015 hatte Merkel noch verdeutlicht, dass das Grundrecht auf Asyl für politisch Verfolgte »keine Obergrenze« kenne, was gerade für Kriegsflüchtlinge gelte. Trotzig erklärte sie mit Blick auf die wachsende Ablehnung ihres Kurses in der Bevölkerung und der öffentlichen Besorgnis über die Sicherheit in Deutschland angesichts der überbordenden Flüchtlingszahlen: »Wenn wir jetzt anfangen, uns noch entschuldigen zu müssen dafür, dass wir in Notsituationen ein freundliches Gesicht zeigen, dann ist das nicht mein Land« – so als ob ihre beleidigte Haltung ein Beitrag zur Lösung der Flüchtlingsfrage wäre.
Merkels Position provozierte mehrfach Kritik auch in den eigenen Parteireihen und der Schwesterpartei CSU. Bayerns seit 2008 amtierender Ministerpräsident und CSU-Vorsitzender Horst Seehofer forderte mehrfach eine »Obergrenze« für die Aufnahme von Flüchtlingen und setzte in Folge nach langem Ringen mit Behörden und Kanzlerin die Schaffung sogenannter »Ankerzentren« für Flüchtlinge durch. Auf dem Karlsruher Parteitag am 13. Dezember 2015 konnte ein gewisser Kompromiss gefunden werden, einerseits Obergrenzen konsequent abzulehnen, andererseits »die Zahl der Flüchtlinge spürbar zu reduzieren«. Zunehmend in die politische Defensive geraten, bestätigte Merkel nochmals beharrlich den Satz vom 31. August »Wir schaffen das!«: »Ich kann das sagen«, erklärte sie, »weil es zur Identität unseres Landes gehört, Größtes zu leisten.«
Um die Jahreswende kündigte sich bereits ein klarer Kurswechsel in der deutschen Zuwanderungspolitik an: Am 16. Dezember unterstützte Merkel vor dem Bundestag in Berlin in einer Regierungserklärung zur Asylpolitik die Absicht der EU, ihre Außengrenzen, auch bei gegenteiliger Meinung der betroffenen Länder, verstärkt durch die EU-eigene Agentur wie Frontex, mit Sitz in Warschau, zu schützen. Definitiv verzeichnete Deutschland im Jahre 2015 890.000 registrierte Asylsuchende. Das BAMF war aber trotz zweier durch die Regierung beschlossener Asylpakete I und II in die öffentliche Kritik geraten, u.a. wegen Überforderung und Unregelmäßigkeiten bei der Registrierung. Folglich musste seine Führung ausgewechselt werden.
Die von Merkel Anfang September ohne Abstimmung erfolgte, exklusive und überfallsartig angekündigte deutsche Position zur Aufteilung von Flüchtlingen in Europa fand kaum Anklang unter den von dieser Frage betroffenen übrigen EU-Mitgliedern. Gleichzeitig unterstrich sie ihren Zugang zur Fragestellung mit dem Argument, dass der Zustrom der Migranten »mehr Chancen als Risiken« für Deutschland

bieten würde, allerdings verbunden mit dem Hinweis, dass die Integration gelingen müsse. Damit war allerdings ein Punkt angesprochen, der schon seit Jahrzehnten für Deutschland eine schwer lösbare Problematik darstellte. Ein umfassendes Konzept zur Lösung der Flüchtlingsfrage war von Merkel nicht zu erfahren wie auch in den Jahren ab 2015 bis zuletzt eine von der Bevölkerung immer mehr als notwendig empfundene öffentliche Grundsatzrede zum Thema »Deutschland, Europa und der Islam« ausblieb, die wegweisende Orientierungen hätte geben können, gerade angesichts auch in Deutschland einsetzender terroristischer Anschläge. Merkel bevorzugte das Thema auszusitzen und zu beschweigen, obwohl erkennbar war, dass eine allzu liberale Flüchtlingspolitik mit der Gewährleistung der inneren Sicherheit in Widerstreit geraten könnte. Eine Gefährdung der deutschen Bevölkerung war durch die von der Terrormiliz »Islamischer Staat« eingeschleusten Terroristen gegeben, deren Kalifat im Nahen Osten bis zu seiner militärischen Niederringung im März 2019 fortbestand. Die Zahl der Salafisten in Deutschland, die Werte wie Demokratie und Gleichberechtigung ablehnen und von einer intoleranten Einstellung gegenüber anderen Religionen geprägt sind, war laut Innenministerium von 2017 bis 2019 von 10.800 auf 11.500 gestiegen.

Das Jahr 2015 mit der Flüchtlingskrise hatte auch unmittelbare Auswirkungen auf die Konfessions- und Religionsstruktur in Deutschland: Nimmt man die Religionszugehörigkeiten der Gesamtbevölkerung als Kriterium, so waren von den Bürgerinnen und Bürgern in Deutschland drei Jahre später etwas mehr als die Hälfte noch christlichen Konfessionen zugehörig. Der andere Teil bekannte sich zu davon abweichenden oder ganz anderen Wertvorstellungen. Es bestanden dadurch kleine bis mittelgroße Unterschiede, die zu Hindernissen, Missverständnissen oder Kommunikationsschwierigkeiten führen konnten. Praktisch existierte eine stärker werdende Spaltung der in Deutschland lebenden Bevölkerung in christlichen geprägten und nicht-christlich bekennenden Bevölkerungsteilen, was langfristig gesehen zu einer Radikalisierung der Gesellschaft führen kann, falls eine Politisierung der Konfessionen und Religionen und eine entsprechende Polarisierung zwischen ihnen zunehmen sollten. Insofern bleibt das Neutralitätsgebot des Staates wie auch der übrigen Mitglieder in der EU in Religionsfragen eine demokratie- und staatspolitische Notwendigkeit.

Im Auftrag der Deutschen Islam Konferenz (DIK) hat das Forschungszentrum des Bundesamtes für Migration und Flüchtlinge (BAMF) eine Hochrechnung zur Zahl der Muslime für das Jahr 2015 erarbeitet. Das Resultat lautete, dass in Deutschland am 31. Dezember 2015 zwischen 4,4 und 4,7 Millionen Muslime lebten. Bei einer geschätzten Gesamteinwohnerzahl von insgesamt 82,2 Millionen gab es Ende 2015 demgemäß zwischen 5,4 und 5,7 % muslimische Glaubensangehörige.

Zentrale Ergebnisse der Hochrechnung waren dabei: Jeder vierte Muslim war erst vor kurzem nach Deutschland zugewandert, v. a. in den Jahren 2014 und 2015 war die muslimische Bevölkerungsgruppe in Deutschland angestiegen. Zwischen der Zensus-Erhebung vom Mai 2011 bis Ende 2015 waren rund 1,2 Millionen muslimische Menschen nach Deutschland gekommen. Das muslimische Leben in Deutschland wurde dabei vielfältiger. Im Jahre 2011 stammten 67,5 % der Muslime aus der Türkei. 2015 stammte fast jeder zweite Muslim aus einem anderen Land. Muslime aus dem Nahen Osten hatten sich mit einem Anteil von 17,1 % zur zweitgrößten Herkunftsgruppe entwickelt. Muslimische Neu-Zugewanderte waren v. a. aus bislang in Deutschland wenig vertretenen Herkunftsregionen gekommen, so etwa dem Nahen Osten und Südostasien. Für die Folgejahre wurde mit einem weiteren Anstieg gerechnet, jedoch nicht mehr in der gleichen Größenordnung. Die Dynamik hatte im Vergleich zu 2015 abgenommen.

10.3 Islamistischer Terrorismus, Merkels sinkender Stern und Deutschlands Verlust an Führungsfähigkeit in Europa

Weltanschaulich verschieden motivierte terroristische Anschläge erschütterten mehrfach im letzten Jahrzehnt Europa. Der norwegische Rassist und Rechtsextremist Anders Behring Breivik ermordete am 22. Juli 2011 insgesamt 77 Menschen in Oslo und auf der Insel Utoya. Er wurde ein Jahr später zur Höchststrafe von 21 Jahren und anschließender Sicherungsverwahrung verurteilt. Am 7. Januar 2015 folgte ein von fanatischen Islamisten durchgeführter Anschlag auf die Redaktion der Pariser Satirezeitschrift *Charlie Hebdo,* nachdem diese Karikaturen über den Propheten Mohammed veröffentlicht hatte. Eine breite Welle der Solidarisierung »Je suis Charlie!« ging auch durch Deutschland. Am 22. März 2016 folgte ein Anschlag von Islamisten in einer U-Bahn und am Flughafen von Brüssel.

Auch Deutschland sollte vom Terrorismus nicht mehr verschont bleiben. Die befürchteten Folgen unterbliebener sicherheitspolizeilicher Vorkehrungsmaßnahmen und missachteter politischer Warnungen vor terroristischen »Gefährdern« angesichts einer teils ahnungslosen, teils gut-menschlichen »Willkommenskultur« blieben nicht aus. Nach massenhaften Antanz-Versuchen und Übergriffen gegen Frauen am Bahnhof in Köln in der Silvesternacht 2015/16, die von Medien zunächst übergangen und erst aufgrund von Nachfragen zögerlich aufgegriffen wurden, ereignete sich am 18. Juli 2016 in Würzburg Heidingsfeld durch einen angeblich gut integrierten, unscheinbaren und minderjährigen Flüchtling aus Afghanistan ein terroristischer Gewaltakt mit islamistischem Motiv in einer Regionalbahn. Dabei verletzte er fünf Fahrgäste mit einem Beil und einem Messer schwerst. Der flüchtende Verbrecher wurde von einem rasch herbeigeeilten Spezialkommando erschossen, das sich anschließend gegen Angriffe und Kritik vonseiten grüner Politiker wehren musste. Eine weitgehend verblendete veröffentlichte Meinung fragte, ob der Täter aus »Ratlosigkeit« gehandelt oder im Sinne einer fragwürdigen Schuldumkehr, ob man ihn »zu wenig integriert« habe?

In Ansbach erfolgte am 24. Juli 2016 ein durch die terroristische Miliz »Islamischer Staat« verübter Sprengstoffanschlag durch einen syrischen Flüchtling und Terroristen, der 15 Verletzte verursachte. Der Attentäter riss sich dabei selbst in den Tod. Es war das erste Selbstmordattentat auf deutschem Boden. In Amberg schlugen im Dezember 2018 vier alkoholisierte Flüchtlinge im Alter von 17 bis 19 Jahren wahllos auf wehrlose Bürger ein. Zwölf Personen wurden verletzt, was medial gleich niedrig gehängt wurde. Die Sache erwies sich nach Ermittlungen weniger harmlos als dargestellt. Die brutale Prügel-Attacke führte zu Haftstrafen eines Iraners und eines Tatbeteiligten aus Afghanistan, die danach abgeschoben werden sollten.

Höhepunkt islamistischen Terrorismus in Deutschland war der Anschlag auf dem Breitscheid-Platz in Berlin an der Gedächtniskirche. Dort steuerte der Asylbewerber und Terrorist Anis Amri am 19. Dezember 2016 gegen 20 Uhr einen geraubten Sattelzug aus Polen (den Fahrer hatte er zuvor ermordet) in einen Weihnachtsmarkt, wobei elf Menschen starben und weitere 55 Besucher zum Teil schwer verletzt wurden. Der Attentäter konnte fliehen. Er wurde erst zwei Tage nach der Tat von der Generalbundesanwaltschaft als dringend Tatverdächtiger zur Fahndung ausgeschrieben, obwohl er den Behörden schon seit mehr als einem Jahr durch einen V-Mann bekannt und überwacht worden war. Man wusste, dass er Anschläge plante und »im Namen Allahs« töten wollte. Der 24-jährige Tunesier, der in Deutschland in Hildesheimer Salafisten-Kreisen verkehrt und mit mindestens 14 Identitäten Asyl und Sozialhilfe beantragt hatte, um Sozialbetrug zu begehen, wurde am 23. Dezember 2016 bei einer Routinekontrolle im italienischen Sesto San Giovanni von einer Polizeistreife erschossen. Der »Islamische Staat« hatte zuvor auf seiner Website die Meldung verbreitet, dass Amri in seinem Sinne gehandelt habe.

Im August 2018 geriet Chemnitz in die nationalen und internationalen Schlagzeilen, nachdem sich in der sächsischen Stadt aus Anlass eines Tötungsdelikts gegen einen 35-jährigen Deutsch-Kubaner spontane Ansammlungen betroffener Bürger und dann auch politisch-motivierte fremdenfeindliche Demonstrationen und Auseinandersetzungen verschiedener politischer Gruppierungen ereignet hatten (Abb. 47). Zu Gewalthandlungen war es am 26./27. August am Rande eines Stadtfestes gekommen, bei der durch Messerstiche der Deutsch-Kubaner tödlich und zwei weitere Personen schwer verletzt worden waren. Ein Jahr später wurde der syrische Asylbewerber Alaa S. zu neuneinhalb Jahren Haft wegen gemeinschaftlichen Totschlags verurteilt, der gemeinsam mit dem bis dato mehrfach straffällig gewordenen nordirakischen Asylbewerber Farhad Ramazan A. »ohne rechtfertigenden Grund mit einem mitgeführten Messer im bewussten und gewollten Handeln« auf das Opfer eingestochen hatte.

Rechtsextremistische Gruppen hatten aufgrund von Nachrichten zum Migrationshintergrund bzw. Asylanten-Status der Täter zu großangelegten Demonstrationen aufgerufen. In der Folge waren aus anderen Regionen Deutschlands organisierte Neonazis aufgetreten. Dabei erfolgten Angriffe gegen vermeintliche Migranten, Polizisten, Pressevertreter, unbeteiligte Passanten sowie auf ein jüdisches Restaurant. Die Polizei hatte trotz Warnungen des Verfassungsschutzes das Ausmaß der Demonstranten und ihr Gewaltpotential unterschätzt. So waren zu wenig Kräfte vor Ort im Einsatz. In Folge wurde unter dem Motto »Wir sind mehr!« im Sinne einer Gegendemonstration ein kostenloses Konzert gegen Rechtsextremismus organisiert.

Abb. 48: Ort der Massendemonstrationen – leerer Platz in Chemnitz vor dem Karl Marx-Denkmal 2019

Die Ereignisse und deren Bewertung hatten nachträglich die Versetzung des Präsidenten des Bundesamtes für Verfassungsschutz, Hans-Georg Maaßen, in den einstweiligen Ruhestand zur Folge. Maaßen hatte eine von der offiziellen Darstellung der Vorgänge abweichende Bewertung abgegeben und bezweifelte, dass es in Chemnitz »Hetzjagden« gegen Ausländer gegeben hätte. Sachsens Ministerpräsident Michael Kretschmer kündigte ein härteres Vorgehen gegen extremistische Straftäter an und betonte das Gewaltmonopol des sächsischen Staates. Die politische Instrumentalisierung durch die politische Rechte bezeichnete er »abscheulich«. Er kritisierte allerdings auch Medienberichte, wonach rechtextreme Gruppen Menschen mit Migrationshintergrund durch die Stadt gejagt hätten. Bei seiner Regierungserklärung zu den Vorfällen von Chemnitz führte er aus: »Es gab keinen Mob, keine Hetzjagd und keine Pogrome.«
Die Chemnitzer Oberbürgermeisterin Barbara Ludwig (SPD) kritisierte Merkel für ihr Fernbleiben nach den Ausschreitungen. Der Wochen später erfolgte Besuch im November sei viel zu spät gekommen und werde die Stadt erneut aufwühlen. Ludwig bemängelte ferner, dass die Kanzlerin ihre Entscheidung zur Migration 2015 nie rich-

tig erklärt habe. Damit sei Vertrauen in den Staat verloren gegangen. In Chemnitz fand bis dato der stärkste emotionale Ausbruch gegen die Migrationspolitik der Kanzlerin statt. Das Oberhaupt der Stadt konnte diese Problematik in ihrer Stellungnahme nicht mehr verschweigen.

Das europäische Krisenmanagement erwies sich in der Migrationsfrage weiterhin als mangelhaft. Die Mitgliedstaaten agierten bei der Regelung der Flüchtlingsbewegung nach Europa so egoistisch wie ratlos. Als ein Grund für die Zunahme der Flüchtlingszahlen wurde die aufnahmebereite Haltung der Bundeskanzlerin genannt. Die in Deutschland zunächst vorherrschende Willkommen-Stimmung hatte sie durch ihre öffentlichen Aussagen bestärkt, die sich mit Hilfe der modernen Kommunikationsmittel rasch verbreiteten. Sie konnten als Aufforderung zum Kommen verstanden werden, was zur Außerkraftsetzung des Schengener Abkommens geführt hatte. Die ansonsten stets abwägend, kühl und rational agierende Merkel hatte mit ihrem emotionalen und menschlichen, die Folgen jedoch nicht bedachten Satz »Wir schaffen das!« praktisch eine Einladung ausgesprochen, nach Deutschland zu kommen, damit zur Steigerung der Flüchtlingszahlen beigetragen und den Unmut anderer europäischer Staatenvertreter herausgefordert. Sie stieß damit deutlich und rasch an Grenzen der europäischen Mithilfe und Solidarität, v. a. seitens der mitteleuropäischen und südöstlichen EU-Mitglieder, die 2015/16 mit der Errichtung meterhoher Stacheldrahtzäune reagierten, ihre Außengrenzen dichtmachten und damit ein deutliches Zeichen des Endes des zeitweise sehr populär gewordenen Wortes »refugees welcome« markierten (Abb. 48).

Die Ablehnung ihrer weitherzigen Flüchtlingspolitik war auch eine Retourkutsche für Merkels unabgestimmte politische Botschaft wie für den die Jahre zuvor verordneten Sparkurs für die Südeuropäer im Krisenmanagement der »Eurokrise«. Aus der »Flüchtlingskrise« entstand eine Solidaritätskrise und daraus erwuchs eine Regierungskrise in Berlin. Verluste an Zustimmung für Merkels Führung setzten ein. Die Krisenmanagerin Europas war nicht gefordert, sondern überfordert. Im Herbst

Abb. 49: Merkel-Selfie mit einem Flüchtling.

2015 konnten sie und ihr Regierungsteam nur noch deklaratorisch zurückrudern, um nicht größere Vertrauensverluste zu erleiden.
Eine fundamentale und bis dato unterschätzte Erkenntnis drängte sich auf: Ohne Mithilfe anderer Staaten war Deutschland in der EU nicht ausreichend manövrierfähig. Krisenmanagement war lediglich gemeinsam zu gestalten und nur erfolgreich im Verbund mit möglichst allen EU-Mitgliedern. Ab 2015 konnte Merkel auf europäischer Ebene kaum mehr agieren, sondern nur noch reagieren. Ihr Stern war im Zeichen der »Flüchtlingskrise« im Sinken begriffen, wobei diese von anderen EU-Staatenvertretern benutzt wurde, um ihre Position zu schwächen. Bei der Bewältigung der unterschätzten Ausmaße der Zuwanderung musste die Berliner Republik erkennen, dass europäische Gefolgschaft nicht unbegrenzt funktionierte. Merkel war wie selbstverständlich davon ausgegangen, dass ihr alle europäischen Partner folgen müssten und würden. Ungarns Premier Orbán, der gegen Migranten eingestellt war, bezeichnete das als »moralischen Imperialismus«. Merkel hinterließ in dieser Frage 2016 nicht nur eine gespaltene Gesellschaft in Deutschland und eine gespaltene christdemokratische Union, sondern auch gespaltene Mitglieder der Europäischen Union.

10.4 Schließung der Balkanroute, Flüchtlingsabkommen mit der Türkei, Spannungen mit Ankara und Etablierung der AfD

Das Versagen beim Schutz der Außengrenzen und die Uneinigkeit der EU-Mitglieder in der Frage der Einführung eines Quotensystems waren Wasser auf die Mühlen der Gegner, Kritiker und Skeptiker der Union, ohne zu erkennen, einzusehen oder gar zuzugeben, dass eigentlich die Staaten die wahren Verursacher des Problems waren.
In Großbritannien wurde im Zeichen einer immer stärker emotional hochkochenden Stimmung die Haltung Merkels in der Flüchtlingsfrage als Grund für das Versagen bei der Beherrschung des Ausnahmezustandes und als Verlust der staatlichen Kontrolle kritisiert. Das Argument lautete: Berlin habe die Vereinbarungen von Schengen einseitig suspendiert, die einzelnen EU-Mitglieder entzweit und damit die EU gespalten. Dadurch, dass Deutschland Flüchtlinge aus Syrien nicht zurückgeschickt habe, auch wenn diese über andere Mitgliedsstaaten in die EU gelangt seien, wäre das System von Dublin verletzt worden. »Gebt uns die Kontrolle zurück!« lautete die simple Parole wie die daraus folgende unrealistische Politik der »Brexit«-Befürworter.
Diese Kritik war öffentlich nicht leicht von der Hand zu weisen. Seit langem war ein Quotensystem zur Flüchtlingsverteilung in Europa seitens der EU-Kommission verlangt worden. Das Dublin-System bezüglich des Reglements der Erstaufnahme-Staaten war lediglich für überschaubare Flüchtlingszahlen angelegt und erwies sich nun aufgrund der Menschenmassen als nicht mehr anwendbar, zumal es den Großteil den südeuropäischen EU-Mitgliedern überlassen hatte, die zudem noch durch die Bewältigung der Banken-, Finanz- und Staatsschuldenkrise belastet waren.

Deutschland, Österreich und Schweden, die zwischenzeitlich die meisten Flüchtlinge aufgenommen hatten, bestanden auf eine Quotenregelung. Dagegen sprachen sich die mitteleuropäischen Staaten, vor allem die Länder der Visegrád-Gruppe (»V4«) Polen, Tschechien, die Slowakei und Ungarn, aus. Sie widersetzten sich dabei heftig, aber auch Großbritannien, das in den Jahren nach der EU-»Osterweiterung« einen erheblichen Zuwachs von Mittel- und Osteuropäern als Arbeitnehmer im Dienstleistungsbereich, wie beispielsweise in der Gastronomie, aufzuweisen hatte. Hunderttausende polnische Auswanderer hatte es zunächst ins Vereinigte Königreich gezogen. Im Unterschied zu Deutschland, Frankreich oder Österreich, die auf Übergangsfristen bei der Gewährung der Arbeitnehmerfreizügigkeit gepocht hatten, verzichtete Großbritannien 2004 auf solche Regelungen für den Zuzug von Arbeitsmigranten aus Mittel- und Osteuropa. Im Kontext der »Brexit«-Debatte grassierten daher im United Kingdom Ausländerfeindlichkeit, Nationalismus und Rassismus, vor allem in England, wovon rechtsgerichtete Populisten profitierten.
Auf österreichische Initiative fand am 24. Februar 2016 in Wien eine Westbalkan-Konferenz statt, bei der die Anrainer-Staaten der Balkanroute den Andrang von Flüchtlingen zum Thema machten und zu reduzieren versuchten. Österreichs Außenminister Sebastian Kurz erreichte dort die Schließung der Balkanroute, trug zum Stopp der Flüchtlingsströme nach Deutschland bei und schien damit auch Entlastung für die bereits stark in der Kritik stehende deutsche Bundeskanzlerin zu schaffen.
Viel ausschlaggebender für den Stopp war aber ein am 18. März 2016 zwischen der EU und der Türkei abgeschlossenes Abkommen, demzufolge Brüssel in Zusammenarbeit mit Ankara drei Milliarden Euro für Flüchtlingslager in der Türkei bereitstellen, die Zollunion mit der EU vertiefen, den türkischen EU-Beitrittsprozess wiederbeleben und die humanitären Verhältnisse in Syrien verbessern sollte. Die von Ankara geforderte Einführung der Visa-Freiheit für Türken in der EU machte Brüssel wiederum von der Bereitschaft des türkischen Politikers der AKP (»Partei für Gerechtigkeit und Aufschwung«) und seit 2014 als Staatspräsident amtierenden Recep Tayyip Erdoğan abhängig, das türkische »Anti-Terror-Gesetz« zu ändern, wozu dieser allerdings keine Neigung bekundete. Kroatien, Slowenien, Serbien und Mazedonien schlossen indes ihre Grenzen für Einreisende ohne Visum, wodurch es für Zuwanderer praktisch unmöglich wurde, über den Balkanweg nach Zentraleuropa zu gelangen. Zusätzlich zur finanziellen Unterstützung der Türkei bei der Flüchtlingsunterbringung sagte die EU Verbesserung des Grenzschutzes und der Seenot-Rettung sowie ein Vorgehen gegen die Schleuser zu. Ab 2016 war folglich auch ein Rückgang der Asylanträge in Deutschland festzustellen.
Anstatt des zunächst vereinbarten Betrags von drei Milliarden Euro forderte Ankara angesichts weiterer Flüchtlingsströme alsbald die doppelte Summe. Wiederholt drohte es auch das Flüchtlingsabkommen auszusetzen, zumal die Beziehungen zu Deutschland und zur EU seit dem versuchten Militärputsch vom 15. Juli 2016 in der Türkei und den von Erdoğan eingeleiteten Verfolgungsmaßnahmen gegen Personen, die daran teilgenommen und diesen unterstützt haben sollten, angespannt

waren – nicht zuletzt deshalb, weil die Maßnahmen des türkischen Regimes immer mehr autoritäre Formen annahmen. Auch hier stieß Deutschland deutlich an Grenzen seines Krisenmanagements, ja es war geradezu gezwungen, gute Miene zu einem demokratiepolitisch und rechtsstaatlich immer fragwürdigeren Land zu machen. Zeitweise schien es so, als wären insbesondere Merkel und die EU-Staaten durch Erdoğans unverhohlene Drohgebärden und sein innenpolitisch unversöhnliches Vorgehen nach Niederwerfung der tatsächlichen oder vermeintlichen Putschisten bei seinem gleichzeitigen Entgegenkommen in der Abhaltung des Zustroms weiterer Flüchtlingsmassen nach Europa zu Wohlverhalten gegenüber Ankara gezwungen und damit auch erpressbar.

In der Folge verschlechterte sich das Klima zwischen der EU und der Türkei aufgrund der Einschränkung der Pressefreiheit und der Inhaftierung ausländischer Korrespondenten. Der deutsch-türkische Journalist Deniz Yücel und der Menschenrechtsverfechter Peter Steudtner mussten sich im Jahre 2017 in der Türkei aufgrund von Vorwürfen, »Terroristen« zu sein, verantworten. Yücel war von 2007 bis 2015 Redakteur der *taz* und seit 2015 Türkei-Korrespondent der *WeltN24*-Gruppe. Ein Jahr saß er wegen angeblicher »Terrorpropaganda« in türkischer Untersuchungshaft. Im Februar 2018 wurde Yücel aus der Haft entlassen, nachdem die türkische Staatsanwaltschaft Anklage erhoben hatte, in der sie bis zu 18 Jahre Haft für ihn forderte. Steudtner war während eines Workshops in der Türkei festgenommen worden. Aufgrund des Vorwurfs, angeblich »Terrororganisationen« unterstützt und einen Umsturz geplant zu haben, wurde auch gegen ihn Untersuchungshaft verhängt. Ohne Auflagen wurde er dann auf freien Fuß gesetzt. Das Verfahren gegen ihn lief jedoch weiter. Steudtner war der zehnte deutsche Staatsbürger, der nach dem Putschversuch in der Türkei im Juli 2016 festgenommen wurde. Cem Özdemir vom Bündnis 90/Die Grünen hielt fest, dass in der Türkei »keine Rechtssicherheit, für niemanden« mehr gelte.

Erdoğan hatte mit der Betreuung, Versorgung und Zurückhaltung von Millionen Flüchtlingen aus dem Irak, Jordanien und Syrien in der Türkei tatsächlich ein Druckmittel gegenüber der EU in der Hand, die ihrerseits wiederum versicherte, die EU-Beitrittsverhandlungen fortzuführen. Durch die Austragung der innertürkischen Konflikte zwischen Anhängern von Erdoğan und solchen von Fethullah Gülen einerseits sowie mit den Kurden andererseits, die sich auf das Verhältnis zu den Türken auch in Deutschland niederschlugen, erfuhren die Beziehungen zu Deutschland eine weitere Belastung. Die 1984 in Köln gegründete Türkisch-Islamische Union der Anstalt für Religion (Ditib) mit rund 900 türkisch-islamischen Vereinen in Deutschland, die rund 70 % der dort lebenden Muslime vertrat, definierte sich als »überparteiliche Organisation«, die sich offiziell zum Grundgesetz bekannte, sich u. a. für die Integrationsarbeit sowie die Ausbildung und Weiterbildung von Imamen engagierte, die von der Türkei entsandt und von Ankara bezahlt wurden. An der Spitze stand der Theologe Nevzat Yasar Asikoglu, der das staatliche Präsidium für Religiöse Angelegenheiten in der Türkei (Diyanet) in Deutschland vertrat, das dem türkischen Ministerpräsidenten unterstellt war. Seit 2015 stand aber Ditib im Verdacht, nicht nur Staatspräsident Erdoğan nahezustehen, sondern auch seine Kritiker auszuspionieren und den Behörden in der Türkei zu melden. Der Generalbundesanwalt ermittelte gegen den türkischen Nachrichtendienst Millî İstihbarat Teşkilâtı (MİT), der gezielt deutsch-türkische und türkische Staatsangehörige in Deutschland bespitzelte. Nicht nur die deutsche Gesellschaft war in der Migrationsfrage gespalten, sondern auch die deutsch-türkischen und türkisch-stämmigen Mitbürgerinnen und Mitbürger Deutschlands waren in ihrer Einstellung zum türkischen Potentaten und seiner Politik uneins und zerstritten.

Während sich die Führung der Berliner Republik im Verhältnis zur Türkei noch um Schadensbegrenzung bemühte und sich in Zurückhaltung übte, verbunden mit der Problematik einer missverständlichen Politik des »Appeasement« (Beschwichtigung) gegenüber einem immer autoritärer und diktatorischer werdenden Regime in der Türkei, forderte die österreichische Regierung unter Christian Kern das Einfrieren der EU-Beitrittsverhandlungen. Das deutsch-türkische Verhältnis erhielt erhebliche Risse, als im Vorfeld des für 2017 in der Türkei angesetzten Referendums über eine Verfassungsänderung türkische Politikerauftritte in der Bundesrepublik unterbunden wurden. Erdoğan war sich des gewünschten Ausgangs nicht mehr sicher und wurde zunehmend nervöser. Er emotionalisierte und polarisierte, indem er Deutschland »Nazi-Methoden« unterstellte und die Europäer ein »Nazi-Überbleibsel« nannte. Die EU nannte er eine »Kreuzfahrer-Allianz« und erinnerte dabei an das Leid, das Christen den Muslimen während der Kreuzzüge zugefügt hatten. Die in Deutschland lebenden über zwei Millionen Türken waren ein politischer Faktor für den türkischen Autokraten, selbst aber gespalten in der Frage, entweder für oder gegen ihn und seine Verfassungsreform einzutreten. Von den 58,2 Millionen Wahlberechtigten hatten 1,4 Millionen mit türkischer Staatsbürgerschaft ihren Wohnsitz in Deutschland. Von ihnen war eine traditionell starke Zustimmung zur AKP und Erdoğan zu erwarten. Bei der Präsidentenwahl im August 2014 hatte er bei der türkischen Wählerschaft in Deutschland knapp 17 Prozentpunkte mehr Stimmen für sich erhalten als in der Türkei. Bei der Parlamentswahl im November 2015 war der AKP-Anteil in Deutschland um zehn Prozentpunkte höher als ihr Anteil am Gesamtresultat in der Türkei.

Das Referendum in der Türkei erbrachte am 16. April 2017 eine knappe Ja-Mehrheit (»Evet«) von 51,4 % für die geplante Verfassungsreform, gleichwohl Erdoğan im Wahlkampf erklärt hatte, dass er sich mindestens 60 % wünschte. Das Ergebnis war so gesehen für Erdoğan eine Niederlage im Sieg, zumal er auf ein weit höheres Votum für seine Verfassungsänderungen gesetzt hatte.

Die Eröffnung und Einweihung einer überdimensionalen Moschee in Köln Ehrenfeld sorgte für weitere Irritationen und Verwerfungen mit der offiziellen Türkei und einer innenpolitischen Zerreißprobe, als deutsche Gäste und Politiker nicht eingeladen werden sollten und Erdoğan bei seinem Auftreten mit dem Islamisten-Gruß der »grauen Wölfe« auffahren sollte.

Inzwischen war in allen betroffenen EU-Aufnahmeländern klar geworden: Eine erfolgreiche Flüchtlingspolitik musste durch eine Einwanderungs- und Integrationspolitik flankiert werden. Dazu zeigten sich aber nur wenige EU-Mitglieder bereit – auch aufgrund historisch unterschiedlicher politischer Kulturen und bereits vorhandener

Abb. 50: AfD-Plakat aus dem Bundestagswahlkampf 2013.

immigrationsfeindlicher populistischer und rechtsnationalistischer Parteien, die verstärkt Zulauf besaßen. In Deutschland hatte nach der Euphorie der Willkommenskultur bereits 2016 eine teils rigide, teils sinnwidrige und ungeregelte Abschiebepolitik Platz gegriffen, was auch eine Folge des sprunghaften Anstiegs der aus einem rechtsbürgerlichen Wählerspektrum gespeisten und zunehmend populärer werdenden AfD war (Abb. 49).

Die »Alternative für Deutschland« war im Februar 2013 von Euro-kritischen Ökonomen gegründet worden. Nach Abspaltung wirtschaftsliberaler Kreise um Konrad Adam, Olaf Henkel und Bernd Lucke unter der neuen Führung um Alexander Gauland und Frauke Petry entwickelte sie sich zu einer Anti-EU- und Anti-Globalisierungspartei gegen Freizügigkeit, die Geldpolitik, »Multikulti« und Zuwanderung. Die Migrationsfrage wurde ihr Hauptthema und bezeichnenderweise bewertete Gauland die »Flüchtlingskrise« für seine Partei als »Geschenk«.

Merkel zeigte mehr als ein Jahr nach der von ihr zum Ausdruck gebrachten Willkommenskultur Einsicht und Verständnis bezüglich einer in der Bevölkerung gespaltenen Haltung in der Frage der Zuwanderung und zurückhaltender gewordenen Einstellung zu Flüchtlingen, wonach nämlich eine Belastungsgrenze erreicht worden und eine faire Verteilung innerhalb der EU zu fordern sei. Die Kanzlerin präsentierte vor dem Hintergrund der geänderten Stimmungslage eine andere Version des »Wir schaffen das«: »Es geht jetzt vordringlich um die Integration der bereits Angekommenen und nicht um die Aufnahme einer großen Zahl weiterer Flüchtlinge.«

Aufgestauter Unmut der »Wende«-Opfer in Ostdeutschland machte die AfD ab 2016 zunehmend zum Sprachrohr der Unzufriedenen. Viele ehemalige DDR-Bürgerinnen und -Bürger hatten schon seit jeher weniger Vertrauen in das politische System der Bundesrepublik als ihre Landsleute im Westen. In früheren Wahlgängen hatten im Osten die Nationaldemokratische Partei Deutschlands (NPD) und die Deutsche Volksunion (DVU) Erfolge einfahren können, deren Wählerpotential nun zur AfD stieß. In Dresden erfolgte ein Schulterschluss mit der Protestbewegung »Patrioten Europas gegen die Islamisierung des Abendlandes« (PEGIDA). Schon vor der Flüchtlingskrise, seit 20. Oktober 2014, organisierte sie Demonstrationen gegen eine von ihr behauptete angeblich bewusste Islamisierung und die Einwanderungs- und Asylpolitik Deutschlands und Europas, welche regelmäßig von Gegenveranstaltungen begleitet wurden. PEGIDA nahm deutschlandweite Dimensionen an. Mit dem Abklingen der Flüchtlingskrise 2017/18 verlief sie sich wieder, existiert aber weiter. Der Soziologe Holger Lengfeld sah in den AfD-Wählern im Osten Deutschlands weniger wirtschaftlich Abgehängte, sondern kulturell Unzufriedene ohne vergleichbare Erfahrung mit Migranten wie im Westen. Er nannte es »kulturellen Modernisierungsrückstand«. Nicht mit ihnen zu reden, wäre seiner Auffassung nach der falsche Ansatz.

Mit den wechselseitigen Vorwürfen »Nazi-Partei« und »Lügenpresse« standen bereits zwei Schlagworte für eine völlig verrohte und unsachliche Debatte als Ausdruck dafür, wie im öffentlichen und im virtuellen Raum aneinander vorbeigeredet wurde, d. h. wie gespalten und polarisiert die Stimmungslage war.

Weder konnte die AfD als Ganzes derart denunziert und mit der NSDAP Adolf Hitlers gleichgesetzt, noch alle (Print)Medien mit derartigen Beleidigungen und Unterstellungen belegt werden. Die AfD war eine deutschnationale und rechtskonservative Bürgerprotest-Partei mit deutschvölkischen und rechtsextremen Exponenten und Gruppierungen, während der Großteil der Medien über sie nicht selten selektiv und tendenziös berichtete und die negativen Seiten der Flüchtlingsthematik teils ignorierte, teils unterdrückte oder verniedlichte. Die AfD wiederum warf ihren Gegnern vor, sie zu diffamieren und ihre Mitglieder zu bedrohen. Tatsächlich gab es auch körperliche Attacken gegen ihre Politiker und Brandanschläge auf deren Fahrzeuge. So wiederum präsentierte sie sich sowohl als Opfer von Antifaschisten und Linken wie auch als einzige Partei, die für das Grundgesetz und die Interessen der Deutschen kämpfe.

An der sperrigen Haltung der EU-Mitglieder östlich des ehemaligen Eisernen Vorhangs in der Frage der Zuwanderung sollte sich nichts ändern. Merkel kam daher im Juni 2017 nicht mehr umhin, ihre Enttäuschung über die Diskussion in der EU über die Verteilung von Flüchtlingen zum Ausdruck zu bringen, wobei es ihrer Ansicht nach gar nicht um so viele Menschen gehe, wie aus Syrien in der Türkei beherbergt würden. Selbst bei weit geringeren Quoten war man nicht zu einer Einigung gekommen: »Eigentlich ist es – wenn man das Bild einer gemeinsamen Welt hat – sehr traurig, dass sich viele Länder so sperren und Angst haben vor anderen Kulturen oder Glaubensrichtungen oder weil anderen etwas weggenommen wird«, meinte die Kanzlerin verbittert. In der EU wehrten sich weiterhin v. a. die mittel- und osteuropäischen Länder gegen die in der Union vereinbarte Quotenregelung zur Verteilung syrischer Flüchtlinge.

10.5 Sanktionen gegen Russland, Diesel-Skandal und das »Brexit«-Referendum im Vereinigten Königreich

Mit seinem historisch spezifischen Verhältnis und den starken wirtschaftlichen Verbindungen zu Russland kam dem neuen europäisierten Deutschland eine Schlüsselrolle für die Entwicklung einer gesamteuropäischen Friedens- und Sicherheitsordnung zu. Es war spätestens mit der EU- und NATO-»Osterweiterung« in der Mitte Europas angekommen, aber in Folge dieser geoökonomischen und geopolitischen Verschiebungen sollten zunehmend Probleme mit Russland entstehen, zumal sich die deutsche Politik nicht aus dem Schlepptau der US-amerikanischen Politik zu lösen vermochte, geschweige denn wollte. Trotz seiner militärischen Bündnisverpflichtungen gegenüber der von den USA dominierten NATO war Deutschland aus handels-, investitions- und wirtschaftspolitischen Gründen angehalten, einen Ausgleich mit Russland zu finden, zu moderieren und in Konfliktfällen mit anderen östlichen Nachbarn gleichsam fast wie ein »Neutraler« zu vermitteln. Das fiel mitunter schwer, weil Berlin einerseits aufgrund der NATO-Bindung in einem politischen Loyalitätskonflikt war, andererseits traditionell das Österreich-Modell – Neutralität als außenpolitisches Mittel im Kalten Krieg – für sich selbst strikt ausgeschlossen und stigmatisiert hatte.
Um die Jahreswende 2013/14 spitzte sich die Lage im Zuge der Proteste am Euromaidan in Kiew gegen die prorussische Regierung von Wiktor Fedorowytsch Janukowytsch zu, der sich gegen eine EU-Assoziierung der Ukraine positioniert hatte. Der deutsche Außenminister Frank-Walter Steinmeier versuchte sich mit seinem französischen und polnischen Amtskollegen einzuschalten und zu vermitteln, konnte jedoch eine Eskalation nicht verhindern. Ausschreitungen, Gewaltanwendung und hunderte Tote folgten. Janukowytsch setzte sich nach Russland ab. Am 21. März 2014 erfolgte die Krim-Annexion durch Russland und ab 2015 setzten verstärkt kriegerische russische Infiltrationsversuche im Raum Donezk und Luhansk in der Ostukraine ein. OSZE-Beobachter-Missionen versuchten dort mit wenig Erfolg zu vermitteln und zu schlichten. Die Waffenstillstandsabkommen von Minsk (I, II) galten als Voraussetzungen für eine Normalisierung der Verhältnisse in dieser Region. Die Ukraine-Krise, die russische Annexion der Krim und der Krieg in der Ostukraine verschärften jedoch den Konflikt des Westens mit Moskau. Außenminister Frank-Walter Steinmeier versuchte neuerlich unter deutschem OSZE-Vorsitz zur Befriedung beizutragen und zu vermitteln, stieß jedoch an Grenzen. Im Zuge der von Putin befohlenen Annexion der

Krim, die Berlin als Völkerrechtsbruch verurteilte, sowie der Kriegführung Russlands in der Ostukraine verhängte die EU Sanktionen, denen sich auch Deutschland nicht verschließen konnte. Das Verhältnis zu Russland gilt seither als belastet.
Mit dem Dieselskandal rückte ein neues Thema nicht nur in den Mittelpunkt der innenpolitischen Debatte sondern vor allem auch in den internationalen Medienfokus: verschiedene Autohersteller hatten durch eine Vielzahl von Manipulationen die gesetzlich vorgegebenen Grenzwerte für Autoabgase umgangen und so einen beträchtlichen weltweiten Imageverlust der deutschen Autoindustrie verursacht. Am 18. September 2015 wurde öffentlich bekannt, dass die Volkswagen AG eine illegale Abschalteinrichtung in der Motorsteuerung ihrer Diesel-Fahrzeuge zum Einsatz gebracht hatte. US-amerikanische Abgasnormen wurden nur in einem speziellen Prüfstandmodus erreicht, im Normalbetrieb dagegen ein Großteil der Abgasreinigungsanlage überwiegend abgeschaltet. Die Enthüllung durch eine Notice of Violation der US-Umweltbehörde Environmental Protection Agency (EPA) zwang VW zur Verlautbarung, wonach die entsprechende Software in weltweit zirka elf Millionen Autos der Motorenreihe VW EA189 zum Einsatz gekommen war. In den Vereinigten Staaten war davon die Nachfolgereihe VW EA288 betroffen. Der Automobilkonzern hatte dabei noch zur Verkaufsförderung und Erhöhung seines Marktanteils von Diesel-Pkw in den USA in großen Werbefeldzügen ausgerechnet diese Fahrzeuge als besonders saubere »Clean-Diesel« angepriesen.
Laut dem Bundesverkehrsministerium waren auch in Europa zugelassene Autos von Audi und Porsche von den Unregelmäßigkeiten betroffen. Der VW-Vorstandsvorsitzende Martin Winterkorn musste zurücktreten. Die über 2,5 Millionen in Deutschland verkauften Fahrzeuge der VW-Marken Audi, Seat, Škoda und Volkswagen verursachten nach Schätzungen zwischen 2008 und 2015 in Europa eine vier bis sechsstellige Zahl an Todesfällen. In den Jahren von 2009 bis 2015 belief sich der Schaden für die Automobilindustrie in Europa und den USA auf knapp 40 Milliarden US-Dollar, wobei die Frage zu klären war, ob und wie schnell die betroffenen Fahrzeuge zurückgerufen und repariert werden konnten. Ausgehend davon wurde mit einem Anstieg der Kosten bis zu über 100 Milliarden Dollar gerechnet. Der VW-Abgasskandal bedeutete schwere finanzielle Verluste, u. a. durch immense Prozesskosten. Er bewirkte eine weitreichende Krise der deutschen Automobilindustrie. Zahlreiche Untersuchungen stellten Abweichungen zwischen realen und fingierten Prüfstandemissionen bei den Modellen deutscher und anderer Fabrikate fest. Erhebungen ergaben nachweislich, dass die Hersteller Jahre vor Bekanntwerden der Affäre die Maßnahmen anordneten oder von diesen wussten. Politische und wissenschaftliche Gremien, Regierungsstellen und Interessenverbände hatten ebenfalls Jahre vor dem Bekanntwerden auf Unregelmäßigkeiten hingewiesen und vor deren Folgen gewarnt.
Am 2. August 2017 fand als eine Art Gipfel das »Nationale Forum Diesel« statt, bei dem die Bundesregierung und deutsche Automobilhersteller Vereinbarungen hinsichtlich Schadstoffausstoß-Reduktionen trafen. Der Skandal trug auch dazu bei, dass in der politischen Debatte eine Verkehrswende gefordert wurde.

Die E-Mobilität oder Hybrid-Technologie profitierte vom Dieselskandal, wurde aber vor allem klimapolitisch immer wichtiger: VW schwenkte im November 2018 auf elektrische und digital vernetzte Fahrzeuge um. Das Auto-Bundesland Niedersachsen versicherte, beim Start in die E-Mobilität zu helfen, so Ministerpräsident Stefan Weil, denn laut einer Studie sollten bis 2035 rund 114.000 Stellen bei den Autoherstellern und Zuliefern durch den Umstieg vom Verbrennungs- auf den Elektromotor gefährdet sein. Um die Klima- und Umweltvorgaben der EU zu erfüllen, bis 2030 den CO2-Ausstoß ihrer Fabrikate um 37,5 % zu senken, beabsichtigte der VW-Konzern den Anteil von E-Autos bei den PKW-Zulassungen bis 2021 auf 40 % zu erhöhen. Andererseits bezieht sich die Höhe des angepeilten CO2-Ausstoßes nur auf den Durchschnittswert der gesamten Fahrzeugflotte. Bis zu diesem Jahr sollte auch ein Konzept für entsprechende Ladestationen auf den Straßen stehen. Die Einführung einer CO2-Steuer wurde zum großen Streitthema der Großen Koalition (»Groko«), wobei Uneinigkeit herrschte: Die SPD plädierte für eine sozialverträgliche Lösung, die CDU/CSU wollte hingegen die Bürger keinesfalls weiter belasten. Auf der europäischen Bühne ging es nicht weniger konfliktträchtig zu.
Die offenherzige Politik von Merkel gegenüber Kriegsflüchtlingen aus Syrien vom Spätsommer 2015 steigerte die britische Anti-Stimmung gegenüber der EU noch zusätzlich. Immigration wurde zu einem der Topthemen im Vorfeld des Referendums über die Frage des Verbleibs in der EU oder des Austritts. Die »Brexiteers« betonten dabei nämlich – was Merkel für Deutschland zunächst überhaupt nicht im Sinne gehabt hatte –, die Kontrolle über die Grenzen zurückzugewinnen, um die Zuwanderung auch aus den Staaten der EU zu stoppen. Der freie Personenverkehr der EU sprach jedoch dagegen. Ein Austritt mit bleibender Zugehörigkeit zum Binnenmarkt sollte daher unmöglich sein. Am 23. Juni 2016 entschieden sich die Inselbewohner knapp mehrheitlich mit 51,89 % für den Austritt aus der EU, worauf Premier David Cameron seinen Rücktritt einreichte und von der zweieinhalb Jahre glücklos verhandelnden Theresa May abgelöst wurde. Die negativen Folgen eines »Brexits« für Deutschland und die EU lagen auf der Hand: es drohte der Verlust des zweitgrößten Nettozahlers des EU-Budgets mit der zweitgrößten Ökonomie und der drittgrößten Bevölkerung der EU. Deutschland zahlte im Jahre 2015 14,3, das Vereinigte Königreich 11,5 und Frankreich 5,5 Milliarden Euro an EU-Beiträgen, wodurch der »Brexit« zu einer Mehrbelastung verbliebener EU-Nettozahler zu führen drohte. Der deutsche Finanzminister Wolfgang Schäuble ging von einer Erhöhung des deutschen Anteils an der Finanzierung des EU-Haushalts um rund 4,5 Milliarden Euro jeweils für die Jahre 2019 und 2020 aus. Auch die britischen Anteile an der Europäischen Investitionsbank (EIB) mit 16 % (3,4 Milliarden Euro) drohten zu entfallen. Die Frage des Brexit erwies sich jedoch als weit komplexer, als es v. a. die »Brexiteers« für möglich gehalten hatten. Drei Jahre nach dem Referendum war immer noch keine Lösung in Sicht, zumal im britischen Unterhaus alle von May eingebrachten Lösungen keine Mehrheit fanden, so dass sie im Juni 2019 zurücktreten musste. Ihr Nachfolger und rabiater »Brexit«-Befürworter Boris Johnson führte das Land zeitweise in eine noch stärkere Verfassungskrise. Am Ende konnte er Neuwahlen er-

reichen, in denen er am 12. Dezember 2019 mit 43,6 % als klarer Sieger hervorging. Es war für die Konservativen der größte Wahlerfolg seit den 1980er-Jahren unter Margaret Thatcher. Damit war der »Brexit« beschlossene Sache und es ist nur mehr noch offen, wie er vollzogen wird.

10.6 Rechtsextremistische Untergründe

Dass rechtsextremes Gedankengut in Deutschland weiterlebte, wurde auch in einzelnen Fällen bei entsprechenden Umtrieben in der Bundeswehr deutlich. Seit den 1980er-Jahren bestehen die sogenannten »Reichsbürger«. Dabei handelt es sich inzwischen um eine Bewegung, die bis zu 20.000 Deutsche zählt. Sie vertreten im Großen und Ganzen Auffassungen, wonach das Deutsche Reich statt der Bundesrepublik weiterbestünde, diese keine reguläre Verfassung habe und eine privatrechtliche Organisation sei. Deutschland sei noch immer besetzt und nicht souverän (was allerdings nicht einfach zu bestreiten ist, zumal es in der globalisierten und vernetzten Welt keine nationalstaatliche Souveränität im klassischen Sinne mehr gibt, wobei Deutschland aufgrund seiner Geschichte nach 1945 ein Sonderfall ist). »Reichsbürger« fälschen Dokumente bzw. stellen pseudo-offizielle Ersatzschriftstücke her. Sie weigern sich Gerichtsbeschlüsse anzuerkennen und Gebühren zu zahlen. Sie tendieren zur Gewalt und Militanz, woraus Straftaten entstehen. Einer dieser »Reichsbürger« erschoss einen Elite-Polizisten, weil er seinen Ein-Mann-Staat gegen ihn verteidigen wollte. Eine nationalistische und rechtsextreme Ideologie ist unter ihnen weitverbreitet wie auch Verschwörungstheorien verbreitet werden. Ein Beispiel unter vielen Gruppen waren die »Geeinten deutschen Völker und Stämme« (GdVuSt), die antisemitische und rassistische Vorstellungen vertraten. Im März 2020 ließ Innenminister Horst Seehofer Reichsbürger verhaften und die GdVuSt verbieten. Angesichts des Ausbruchs der Corona-Pandemie stellten sie nach behördlicher Sicht ein besonderes Gefährdungspotential dar, zumal sie vorgegeben hatten, bei einer existentiellen Staatskrise Versuche der Machtübernahme unternehmen zu wollen. Bereits im Sommer 2019 war ein neonazistischer und rechtsradikaler Untergrund erkennbar, als ein Netzwerk »Nordkreuz« in Brandenburg und Mecklenburg-Vorpommern sowie Ableger »West-« und »Südkreuz« publik wurden, die Namen und Adressen von angeblich 25.000 politischen Gegnern aus dem gesamten Bundesgebiet gesammelt hatten, die dem linken politischen Spektrum angehörten, sich positiv über Asylsuchende und Flüchtlinge geäußert hatten und getötet werden sollten. Für den »Tag X« sollte diese aus Bundeswehr- und Polizeikreisen stammenden und über Waffen verfügende Prepper-Gruppe (»to be prepared«) für den Fall des Zusammenbruchs der staatlichen Ordnung beispielsweise durch eine neuerliche Flüchtlingswelle oder islamistische Anschläge so darauf vorbereitet sein, politische Gegner zu liquidieren.

Dass die rechtsextreme Gefahr nicht nur ein lohnenswertes Thema für Medien ist, sondern eine real existierende Bedrohung für die politische Kultur und ihre Repräsentanten ist, wurde deutlich, als Walter Lübcke, ein ehemaliger CDU-Abgeordneter des Hessischen Landtags und von 2009 bis zu seinem Tod Regierungspräsident im Regierungsbezirk Kassel, Opfer eines rechtsextrem motivierten Mordanschlags wurde. Lübcke war durch sein Engagement für Flüchtlinge und seine Kritik an PEGIDA-Anhänger deutschlandweit bekannt geworden. Er wurde am 2. Juni 2019 vor seinem Wohnhaus durch einen Kopfschuss ermordet. Der am 15. Juni 2019 festgenommene dringend tatverdächtige Rechtsextremist Stephan Ernst gestand den Mord. Lübcke hatte Jahre zuvor in mehreren Ortschaften Informationsveranstaltungen zu geplanten Flüchtlingsunterkünften abgehalten. Am 14. Oktober 2015 informierte er eine Bürgerversammlung in Lohfelden über eine Erstaufnahmeunterkunft des Landes Hessen im Ort. Die Bürgermehrheit stand dem Projekt positiv gegenüber. Laut Augenzeugen hatten sich jedoch Anhänger von »Kagida«, dem Kasseler PEGIDA-Ableger, für gezielte Störrufe im Saal verteilt und Lübcke mehrmals beschimpft und ausgebuht. Darauf reagierte dieser mit der Bemerkung: »Es lohnt sich, in unserem Land zu leben. Da muss man für Werte eintreten, und wer diese Werte nicht vertritt, der kann jederzeit dieses Land verlassen, wenn er nicht einverstanden ist. Das ist die Freiheit eines jeden Deutschen.« Lübcke hatte diese Aussage auf die Störer der Veranstaltung, nicht aber auf alle Teilnehmer bezogen, wie er im Nachhinein sagte. Seine Aussage sollte ihm jedenfalls von rechtsextremistischen Kreisen schwer verübelt werden. Ernst erklärte, an der Bürgerversammlung in Lohfelden teilgenommen und durch die Aussagen Lübckes zur Tat bewogen worden zu sein, ein Geständnis, das er widerrief. Ernst war kein Einzeltäter.

Es folgten großangelegte Gedenken und Trauerbekundungen für das Opfer. In mehreren Landtagen sowie im Bundesrat wurden Ende Juni 2019 Schweigeminuten zum Andenken Lübckes abgehalten. Der Fall Lübke war nur die Spitze eines Eisbergs. Seit Jahren sahen sich schon Bürgermeister, Gemeindevertreter und Kommunalbeamte mit Drohbriefen und Gewaltaktionen sowie Hassattacken und Hetze im Internet ausgesetzt. Es sollte aber noch schlimmer kommen.

Am 9. Oktober 2019 versuchte Stephan Balliet in Halle an der Saale mit Waffengewalt in die dortige Synagoge einzudringen, um einen Massenmord an den dort versammelten Juden am Jom-Kippur-Tag auszuüben. Nachdem dies aufgrund der verriegelten Türe scheiterte, erschoss der erklärte Antisemit vor der Synagoge enttäuscht über sich und sein Versagen »aus Überforderung« eine zufällig gerade vorbeilaufende Passantin und kurz darauf einen Gast in einem Döner-Imbiss-Laden. Auf der Flucht verletzte er zwei Personen durch Schüsse schwer und konnte schließlich von zwei Streifenbeamten festgenommen werden. Die Bundesanwaltschaft war sofort eingeschaltet worden. Die Tat wurde von Bundespräsident Frank-Walter Steinmeier für »undenkbar« gehalten und erschütterte die Bundesrepublik. Sicherheitsbehörden hatte den virulenter gewordenen Antisemitismus unterschätzt und verstärkten fortan den Schutz jüdischer Einrichtungen.

Anfang 2020 stand die Berliner Republik einmal mehr unter Schock. Am 19. Februar wurden in der hessischen Stadt Hanau mehrere Menschen ermordet. Der geistesgestörte Ausländerhasser und Rassist Tobias Rathjen hatte acht Männer und eine Frau mit Migrationshintergrund in und vor zwei Shisha-Bars sowie seine 72-jährige Mutter und dann sich selbst erschossen. Fünf der Opfer hatten die deutsche und zwei die türkische Staatsangehörigkeit, je ein Opfer die afghanische, bosnische, bulgarische und rumänische. Wegen des starken Verdachts auf einen terroristischen Akt übernahm die Bundesgeneralstaatsanwaltschaft erneut sofort die Ermittlungen auf, da »es ernsthafte Hinweise auf einen rassistischen Hintergrund gab«. Der Täter hatte eine islamophobe, antisemitische, frauen- und fremdenfeindliche Weltsicht, die von verschiedenen Verschwörungstheorien getragen war. Er sah sich von Geheimdiensten verfolgt. Via Internet hatte er zum gewaltsamen Kampf und zur völligen Vernichtung ganzer Völker aufgerufen.

Zwei Wochen nach dem rassistischen Anschlag in Hanau gedachte die Stadt mit einer zentralen Gedenkfeier an die Opfer. Steinmeier nannte die Tat einen »Angriff auf das Grundverständnis unseres Zusammenlebens«. Die Trauer und Wut mischten sich jedoch mit Entschlossenheit: »Wir stehen zusammen. Wir halten zusammen. Weil wir zusammenleben wollen«, betonte er.

Die Opfer von Hanau erhoben jedoch den Vorwurf, dass die Behörden zu wenig gegen den deutschen Rechtsextremismus und Rechtsterrorismus unternehmen würden. Justizministerin Christine Lambrecht nannte diese Tendenzen daraufhin die »größte Bedrohung in unserem Land« und sprach von einer »extrem hohen Gefährdungslage«. Tatsächlich hatten seit der »Flüchtlingskrise« 2015 rechtsextremistische Gewalttaten in Deutschland zugenommen. Das Bundesamt für Verfassungsschutz bezifferte für die Jahre 2017 und 2018 die Zahl auf rund 25.000 Rechtsextremisten in Deutschland, wovon die Hälfte als gewaltbereit galt.

Nach den antisemitischen und rassistischen Morden von Halle und Hanau wurde auch nach einer politischen Mitverantwortung der AfD von Seiten der anderen Parteien gefragt. Führende AfD-Repräsentanten mussten sich tatsächlich seit diesen ideologisch-politisch Verbrechen fragen, ob sie mit ihren scharfen Verbalattacken gegen Ausländer, Fremde und Migranten zu einer veränderten Stimmungslage in Deutschland beigetragen hatten, was von keiner anderen Partei des politischen Spektrums in dieser Form gesagt werden konnte. Die Verrohung der Sprache in der deutschen Gesellschaft wurde von Bundestagsfraktionschef Alexander Gauland in einem diesbezüglichen Interview nach Hanau bestätigt, die Ursachen blieben aber unerwähnt. Einsicht in diese politische Notwendigkeit hielt dann aber doch Einzug. Die AfD wollte nun stärker auf solche Äußerungen ihrer Funktionäre achten: »Auch wir haben uns manchmal in der Wortwahl vergriffen«, gestand Gauland ein. Er appellierte allerdings auch an andere Parteien, sich zu mäßigen. Parteichef Tino Chrupalla wollte bei der AfD einen Prozess der »Selbstreflexion« anstoßen. Das war dringend erforderlich.

11. Die ausklingende Ära Merkel und die Berliner Republik am Scheideweg (2017–2020)

11.1 Die Bundestagswahl 2017 als politisches Erdbeben und der Einzug der AfD in den Bundestag

Im Wahljahr 2017 stellte sich die Frage, ob es in Deutschland ein weiteres Mal eine Große Koalition geben würde. Zu Jahresbeginn war der Abgeordnete des Europaparlaments und dessen Präsident Martin Schulz mit einem Ergebnis von 100 % vom Parteitag der SPD zum Vorsitzenden und Kanzlerkandidaten gewählt worden. Ein medialer Hype setzte ein, mit dem niemand gerechnet hatte, am wenigstens er selbst. Wie einen Heilsbringer schrieben ihn viele Printmedien groß. Bei CDU und CSU kam ein mulmiges Gefühl auf. Sie hatten schon keinen gemeinsamen Kandidaten für den Bundespräsidenten und Frank-Walter Steinmeier von den Sozialdemokraten als neues Staatsoberhaupt akzeptiert. Bis dato stritt man unter den christdemokratischen Schwesterparteien über die »Obergrenze« in der Flüchtlingsfrage. Als Seehofer Merkel auf dem CSU-Parteitag am 20./21. November 2015 in München öffentlich bloßstellte und offenkundig demütigte, bewahrte sie bei allem Ärger und Unmut die Ruhe, die im Lande selbst jedoch politisch gesehen trügerisch war.
Der CDU-Sieg bei den Landtagswahlen im Saarland unter Annegret Kramp-Karrenbauer verhieß zunächst noch einmal bessere Aussichten, aber im Kernland der Sozialdemokratie, Nordrhein-Westfalen, folgte eine »krachende« Niederlage, so Schulz, für »Landesmutter« Hannelore Kraft, wovon sich die SPD in den Folgejahren nicht mehr erholen sollte. Schulz startete zwar seinen beherzten Wahlkampf und setzte auf eine Wechselstimmung. Der bis dato weithin politisch unterschätzte CDU-Politiker aus Aachen, Landesminister (2005–2010) und Landtagsabgeordnete von Nordrhein-Westfalen (seit 2010), Armin Laschet, sollte die Wahl für sich entscheiden und als Ministerpräsident einer Koalitionsregierung mit der FDP vorstehen.
Slogans wie »Es ist Zeit« und »Für mehr Gerechtigkeit« sollten Schulz helfen, indem er zentrale Themen (Bildungsmisere, Kitas, Mieten, Pflege-Elend, Mängel in westdeutscher Infrastruktur und die Rentenfrage) ansprach. Er präsentierte sich als großer Zukunftsgestalter, während Merkel als Status-quo-Verwalterin erschien. Je mehr er kämpfte, desto mehr sanken jedoch paradoxerweise seine Umfragewerte. Das Engagement des »Altgenossen« Gerhard Schröder im Aufsichtsrat des russischen Energiekonzerns Rosneft war keine Hilfe im Wahlkampf. Schulz konnte nur

sagen, dass er diesen Posten nicht angenommen hätte. Parteichef Sigmar Gabriel, der sich schon zum zweiten Mal nicht als Kanzlerkandidat für die SPD anzutreten getraut hatte, unterstützte Schulz nur halbherzig, wie er es schon bei dessen Vorgänger Peer Steinbrück getan hatte, um dann gegen ihn zu intrigieren. Die Kanzlerin praktizierte demonstrative Ignoranz gegenüber dem neuen SPD-Kandidaten. Im Zeichen der unsicheren internationalen Lage und der krisenhaften EU fühlten sich viele Deutsche bei ihr besser aufgehoben. Schulz konterte zwar ihren Wahlspruch mit »Deutschland geht es gut, ja. Aber nicht allen Deutschen geht es gut«, doch auch das half ihm nicht entscheidend weiter. Das CDU-Programm griff zudem viele SPD-Positionen auf und machte sie sich zu eigen, während sich Merkel auf ihrem Vorsprung ausruhte. In ihren Reden ignorierte sie Schulz ostentativ. Für den noch bestehenden Koalitionspartner hatte sie mit Blick auf das unrealistische rot-rot-grüne Schreckgespenst als neue Variante eines Regierungsbündnisses nur etwas übrig wie »Sie können die SPD fragen, was und wann sie will – Sie bekommen keine Antwort.« Eine TV-Konfrontation war die letzte Hoffnung für den SPD-Kandidaten, doch das Duell wurde zum Duett, zumal auch die Moderatoren den brisanten Fragen des Landes nicht genug Raum gaben. In der direkten Begegnung machte sich Merkel schnell Schulz' Positionen zu eigen, wie z. B. die EU-Beitrittsverhandlungen mit der Türkei abzubrechen. Er forderte eine zweite TV-Debatte, doch Merkel ließ ihn abblitzen. In TV-Publikumsbefragungen wurde es für sie schon schwieriger, zumal dann, wenn Alltagsprobleme auftauchten: Als ein junger Krankenpfleger aus Hildesheim mit erschreckenden Defiziten in seinem Berufsfeld auftrat, wirkte sie verlegen: »Das treibt uns auch um«, sagte die Frau, die v. a. umtrieb, unbedingt weiterzumachen. Gesundheitsminister Jens Spahn (CDU) ging dann nach den Wahlen das schwer vernachlässigte Aufgabenfeld mit viel Ambition und Elan an.

Das Flüchtlingsthema dominierte den Wahlkampf stärker als es Merkel erwartet hatte, woraus v. a. die AfD Nutzen zog. Sie erhielt 12,6 % der Stimmen und wurde auf Bundesebene drittstärkste Partei. Massive Verluste an Zustimmung gab es für die Regierungsparteien auch bei den folgenden Landtagswahlen in Bayern und in Hessen 2018. Die Krisenmanagerin Merkel wirkte ausgelaugt und überfordert. Die AfD profitierte von den kommunikativen Mängeln und organisatorischen Unzulänglichkeiten, v. a. aber vom sprachlichen Versagen im Umgang mit der Massenzuwanderung von 2015. Breite Grundsatzdebatten fehlten im Wahlkampf, u. a. auch die von der Politik noch nicht angenommene Herausforderung der Digitalisierung. So wirkte die Zuwanderungsfrage im Finale als Merkel-Malus. Die Spekulation auf ein Kurzzeitgedächtnis der Deutschen sollte nicht aufgehen, zu stark hatten sich die Bilder von den Flüchtlingsmassen vom Spätsommer 2015 eingeprägt, auch weil bis zuletzt offen war, wie das »Wir schaffen das!« wirklich zu schaffen war, obwohl es ja geschafft worden war (aber eben wie).

Bei hunderttausenden Menschen ohne Asylanspruch war bis dato kein Abschub erfolgt und wenn eine Verfügung gegeben war, wurde dagegen geklagt. Sorgen der Bürger wurden in der politischen Debatte abgewiegelt und Kritik an der Migrationspolitik mitunter auch auf fremdenfeindliche oder rassistische Phobien reduziert. Ein

umfassendes Einwanderungsgesetz zur Beendigung des Asylmissbrauchs und eine Regelung des Zugangs zum Arbeitsmarkt fehlte. Kurzfristig eingesetzte Wahlkampfmanöver wie Schäubles vor den Urnengängen ausgeworfener Köder der Steuerentlastung für die Bürger verfingen nicht mehr. Seehofer reaktivierte im bayerischen Wahlkampf im Zeichen innerparteilicher Rivalitäten den Plagiator und Ex-Verteidigungsminister von und zu Guttenberg. Dies half weder der CSU, noch bescherte es »Dr. Googleberg« ein innenpolitisches Comeback. Die »Flüchtlingskrise« diente als Wahlkampfthema Nummer eins für die AfD, die zunächst von der »Eurokrise« (2010–2014) profitiert hatte. Sie fungierte als Protestpartei, profitierte aber auch von dem schon länger zurückliegenden Parteienfrust und der weit verbreiteten Politikverdrossenheit einer zunehmenden gespaltenen Gesellschaft. Die Stärke der AfD bestand darin, bei unerwartet einsetzenden, weite Teile der Bevölkerung betreffenden Krisen wie um den Euro oder die Migranten, zielgerichtet Defizite zu benennen, Feindbilder zu identifizieren, die Personalisierung von Politik zu betreiben und damit breiteste Formen anzunehmen. Ihre Schwäche hingegen war, dass durch Nachlassen oder Überwindung von Krisen durch die Regierungspolitik ihr Potential an Zustimmung rasch schwinden konnte. Ein weiteres Problem der Partei bestand in ihrem ideologisch braunen Bodensatz, dem rechten »Flügel«. Als sich die Parteisprecherin Frauke Petry gegen fundamental oppositionelle und rechtsgerichtete Kreise in der AfD wandte, sich aber nicht durchsetzen konnte, verzichtete sie im April 2017 nach einem für populistische Parteien nicht unüblichen innerparteilichen Richtungsstreit auf die Spitzenkandidatur für die Bundestagswahl. Im Anschluss schied sie aus der Fraktion aus und gründete eine neue »blaue Wende«-Partei, die jedoch keine Chance mehr haben sollte. Ihren Austritt aus der Bundestagsfraktion und der Partei begründete sie damit, dass sie in der AfD keine Aussicht mehr zur mittelfristigen Regierungsfähigkeit sah. Dafür rückte Alice Weidel, die an radikalen Tönen nicht sparsame Bundestagsabgeordnete der AfD, weiter nach vorne.
Bereits am 1. Mai 2016 hatte die AfD einen scharfen Kurs mit dem Slogan »Der Islam gehört nicht zu Deutschland« beschlossen, wobei der Bau von Minaretten, Muezzin-Rufe und Vollverschleierungen untersagt werden sollten. Der erste Ausspruch war eine Antwort auf eine Rede des vormaligen Bundespräsidenten Christian Wulff (2010–2012), der am 3. Oktober 2010 genau das Gegenteil gesagt hatte. Die AfD eilte trotz innerparteilicher Streitereien und ideologisch-politischer Zerstrittenheit auf Länderebene von Wahlerfolg zu Wahlerfolg und dies nicht nur auf Kosten von CDU-Wählerschichten. Im Jahre 2016 war die AfD in zehn Landtagen (Baden-Württemberg, Berlin, Brandenburg, Bremen, Hamburg, Mecklenburg-Vorpommern, Rheinland-Pfalz, Sachsen, Sachsen-Anhalt und Thüringen) vertreten.
Die Ergebnisse der Bundestag-Wahlen vom 24. September 2017 führten zu einer Reihe von signifikanten Veränderungen. Nun war inzwischen auch substantiell mit 45 % eine schwarz-gelb-grüne »Jamaika-Koalition« möglich. Der seit 2016 in aller Öffentlichkeit ausgetragene und anhaltende Streit in der Beurteilung der Flüchtlingsfrage unter den christdemokratischen Schwesterparteien bedeutete quasi eine Wahlhilfe für die AfD. Die Querelen zwischen CSU und CDU wirkten bei den Wahlen 2017

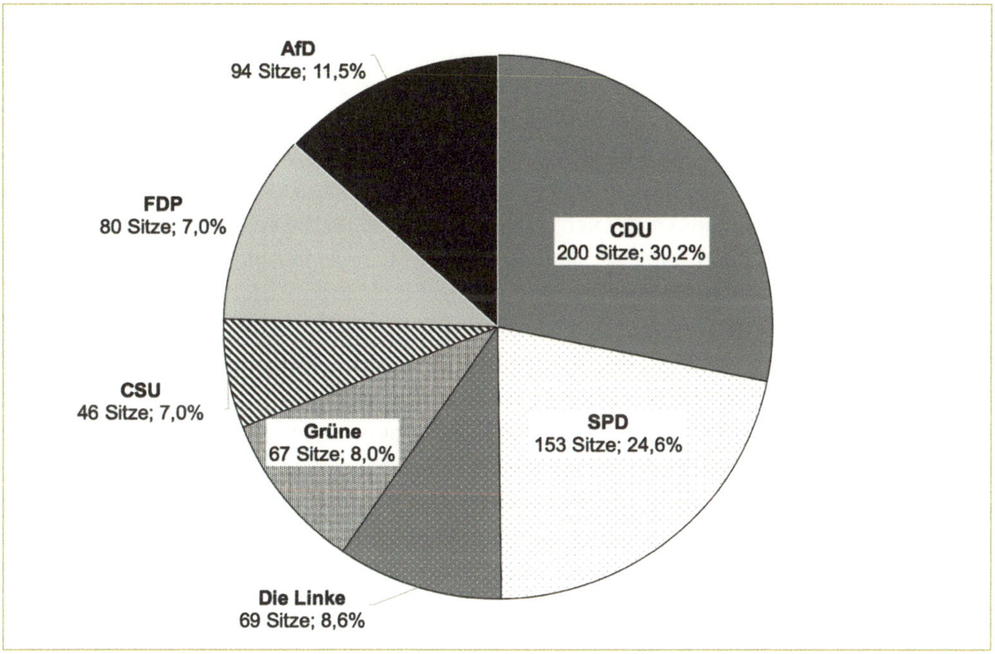

Grafik 29: Bundestagswahl 24.9.2017

stark nach. Kritisierte einst Seehofer – Synonym des Widerspruchs und wiederholt für eine Rolle rückwärts gut (auch spöttisch genannt »Drehhofer«) – Merkel mehrfach in der Migrationsfrage, die er als »Mutter aller Probleme« in Anspielung auf die Kanzlerin bezeichnen sollte, dann hielt er sie vor den Wahlen wieder für die »beste Kandidatin«.

Für viele CSU-Anhänger war sein Verhalten nicht mehr nachvollziehbar. Sie wählten entweder ihre Partei trotz Merkel oder wanderten zur FDP oder AfD ab. Die wiederum hatte frech plakatiert: »Wir halten, was die CSU verspricht.« Die v.a. von Männern gewählte AfD war nach den Wahlen 2017 im Osten zweitstärkste und mit 27 % in Sachsen sogar stärkste Partei. Das markierte einen deutlichen Unterschied gegenüber den politischen Einstellungen in Westdeutschland.

Während die AfD in den Bundestag einzog, befand sich die SPD auf dem Rückzug. Sie verkündete gleich am Wahlabend das Ende der Großen Koalition (»Groko«) und den Gang in die Opposition. Erst in der Berliner TV-Runde wurde Schulz richtig angriffslustig und giftig, als er den »skandalösen Wahlkampf« der Kanzlerin kritisierte. Zuvor hatte er sie schon »prinzipienlos« und als »Weltmeisterin des Ungefähren« bezeichnet. Eine Koalition mit ihr schloss er folglich aus.

Im Nachgang der Bundestagswahlen wurde intensiv über eine »Jamaika«-Koalition zwischen Spitzenvertretern aus CDU/CSU, FDP und Grüne verhandelt. Alle Zeichen standen nach dem Rückzug der SPD auf ein schwarz-gelb-grünes Regierungsbündnis. Der Alt-Grüne Jürgen Trittin brachte jedoch diese Quadratur des Kreises auf den

Punkt: die CDU müsse nun »ökologischer«, die CSU »liberaler« und die FDP »sozialer« werden. Ihr im Wahlkampf als Solist erscheinender Christian Lindner forderte nicht nur eine innenpolitische »Trendwende«, sondern auch Distanz mit Blick auf die von Frankreichs Staatspräsident Emmanuel Macron vorgeschlagene vertiefte deutsch-französische Partnerschaft, zumal wenn diese auf vermehrte deutsche finanzielle Transfers hinauslaufen sollte. Seehofer verlangte kleinlauter »Kein weiter so!«, um die »rechte Flanke« zu schließen. Ob Merkel so die »progressive Mitte« halten konnte, erschien fraglich. Sie hatte aus der CDU eine Anti-Atom-, Wehrdienstabschaffende, Griechenland-Rettungs- und Pro-Flüchtlinge-Partei gemacht und sich damit von der rechten Mitte schon lange abgesetzt. Die Koalitionsverhandlungen liefen, ohne dass sie sich stärker einbrachte. Der Chef des Bundeskanzleramtes Peter Altmeier sollte sie führen, wobei dieser mehr um die Grünen als um die FDP warb, deren Beteiligung schon als sicher angenommen wurde. Letztlich scheiterten die Verhandlungen am Ausstieg der Liberalen, die sich zu wenig berücksichtigt sahen. Die wochenlangen Verhandlungen sollten zuletzt v. a. am Widerstand der FDP unter Christian Lindner scheitern. Noch einmal quälten sich Christdemokraten und Sozialdemokraten bis ins neue Jahr durch Verhandlungen, um dann neuerlich eine Große Koalition zu bilden, die immerhin noch die absolute Mehrheit innehatte, aber nur mehr 61 %. Erstmals war die deutschnationale Bürgerrechtspartei AfD mit 11,5 % in den Bundestag eingezogen. Es zeichnete sich ein Trend ab, der bereits europaweit festzustellen war: eine Diversifizierung (Vielgestaltigkeit) des Parteienspektrums, eine Erosion der klassischen Wählerschichten der Volksparteien (CDU, SPD) und die Schwierigkeit von Mehrheitsfindungen und Regierungsbildungen. Die Hälfte des deutschen Parteienspektrums war uneins und zersplittert, wie die Grafik 29 verdeutlicht.

Vor den Wahlen hatte in den öffentlichen Debatten eine Entpolitisierung längst Methode. Entscheidungslosigkeit und die Verweigerung der politischen Diskussion wie bei der Frage der Erhöhung des Renteneintrittsalters oder des Familiennachzugs von Flüchtlingen und Migranten ließen ein politisches Vakuum entstehen, das durch die AfD verbal-rhetorisch gefüllt wurde. Die über-kritische Fokussierung von Medien und Politik auf diese Partei führte zu einer Blockade ausgewogener und kontroverser Debatten-Fähigkeit. Die Linke attackierte mit Sahra Wagenknecht unentwegt die »Nazi-Partei«, was keinen politischen Erfolg brachte.

Der Politikwissenschaftler Karl-Rudolf Korte nannte die »Groko« ein »Stillhalteabkommen über einem Minenfeld« und eine »Umarmungsdemokratie«. Sie stand für ihn für einen Verlust an Debattenkultur im Bundestag, die in TV-Talkshows verlegt worden war. So langweilig der Wahlkampf um Platz eins war, so fehlte es nicht an Spannung beim Rennen um Platz drei. Die gesteigerte Wahlbeteiligung von 76 % sprach dafür. Korte bezeichnete das Wahlergebnis auch als »nachträgliche Volksabstimmung über die Flüchtlingsfrage« und damit als Votum gegen die Kanzlerin. *Der Spiegel*-Journalist Jakob Augstein ging noch weiter und bezeichnete Merkel als trauriges Beispiel für eine »Mutter der AfD«. Sie verdiene die Abwahl, da sie die Verantwortung dafür trage, »dass Nazis in den Bundestag einziehen werden«. Merkel

werde aber weiter Kanzlerin bleiben. So fragte Augstein, ob es sich überhaupt noch lohne, wählen zu gehen. Sie selbst hatte tatsächlich großen Anteil am Wahlausgang durch Auslösung und Unterschätzung der Zuwanderungsthematik.
37 % der Gesamtbevölkerung fanden es z. B. gut, dass die AfD den Einfluss des Islam in Deutschland verringern wollte. Doch war diese Partei weiterhin intern zerstritten, was aber nichts daran änderte, dass sie von der politisch gespaltenen Gesellschaft weiter profitierte. Ihr Fraktionschef Alexander Gauland, ein enttäuschter ehemaliger CDU-Politiker in Hessen, nannte die AfD einen »gärigen Haufen«. Sie blieb daher starken innerparteilichen Spannungen ausgesetzt, die zu Abspaltungen von Teilen und Kleingruppen führten. Nach Petry folgte der national- und rechtskonservative André Poggenburg. Der radikal deutschnationale und vom Verfassungsschutz nicht nur beobachtete, sondern auch von ihm umgarnte Björn Höcke konnte im sogenannten »Flügel« der Partei, der als rechtsextrem galt, als Angriffsfläche für Gegner außerhalb und Kritiker innerhalb der Partei dienen. So hatte sich auch eine medial weit weniger im Fokus stehende gemäßigte »Alternative Mitte« gebildet, um einen Kontrapunkt zu setzen. Im Januar 2019 wurde die AfD vom Verfassungsschutz voreilig als »Prüf-Fall« erklärt, was zurückgenommen werden musste. Die Behörde durfte die AfD prüfen, aber sie nicht als »Prüf-Fall« bezeichnen. Dieser Befund änderte sich im März 2020, als der neue Chef des Bundesverfassungsschutzes (BfV) Thomas Haldenwang, den sogenannten »Flügel«, der keine offizielle Parteigliederung der AfD war, aber aus einer Reihe führender Exponenten und mehreren Tausend Mitgliedern bestand, als »rechtsextrem« einstufte, was Beobachtungs- und Überwachungsmöglichkeiten eröffnete. Damit wurde die gesamte Partei unter Generalverdacht gestellt, wogegen sich die AfD rechtliche Schritte vorbehalten wollte.
Der amtierende AfD-Landeschef in Brandenburg Kalbitz war lange Zeit im organisierten Rechtsextremismus verwurzelt. Das BfV hatte den Anfangsverdacht vom Januar 2019 bestätigt gesehen, nach dem es sich bei dem »Flügel« um einen Zusammenschluss mit rechtsextremen Bestrebungen handle. In Thüringen wurde er in der jüngsten Vergangenheit »durch eine Verschärfung, Radikalisierung und Verfestigung seiner rechtsextremistischen Positionen und Verbindungen in die rechtsextremistische Szene« charakterisiert. Wegen Höckes unzweideutiger Tendenz waren vier Bundestagsabgeordnete aus der AfD-Fraktion ausgetreten. Er sprach bei einem Treffen des »Flügels« im März 2020 im sächsisch-anhaltinischen Schnellroda von der Notwendigkeit, dass die Gegner »ausgeschwitzt« gehörten, um das »Wichtigste zu leben«, nämlich die Einheit der Partei, worauf die Zuhörer in Jubelschreie ausbrachen und seinen Namen skandierten. Haldenwang bezifferte die Mitgliederzahl des »Flügels« auf rund 7.000 Personen. Angeblich 25 der 89 AfD-Bundestagsabgeordnete sollten dessen Teil sein oder ihm nahestehen.
Exponenten des »Flügels«, der mit eigenem Logo und Transparenten auftrat, wie Höcke oder Kalbitz, die als »Rechtsextremisten« bewertet wurden, gelobten sodann eine Auflösung des »Flügels« bis Ende April 2020, was ein Ende ihrer öffentlichen Aktivitäten bedeuten, aber kaum einer Aufgabe oder gar einem Verzicht ihrer Ideologie gleichkommen konnte.

Abb. 51: Annegret-Kramp-Karrenbauer als CDU-Parteivorsitzende, seit 2019 Bundesverteidigungsministerin

Mit bewussten verbalen Provokationen und Wortspielen hatte nicht nur Höcke in der Öffentlichkeit auf sich aufmerksam zu machen versucht, sondern auch deutsch-völkische, nationalistische und rechtsextreme Kreise bedient. Auf das ausdrückliche Bekenntnis zur Verantwortung für die 12 Jahre deutscher Geschichte von 1933 bis 1945 bezeichnete Gauland im gleichen Atemzug »Hitler und die Nazis« beim Bundeskongress der »Jungen Alternative für Deutschland« Anfang Juni 2018 »nur als ein Vogelschiss in über tausend Jahre erfolgreicher deutscher Geschichte«. Mit dieser Minimierung und Relativierung legte der AfD-Politiker ein geistiges Armutszeugnis ab und einen verantwortungslosen verbalen Umgang mit dem Nationalsozialismus an den Tag. Da es sich bei Gauland um einen gebildeten und durch viele Bücher zur deutschen Geschichte ausgewiesenen Intellektuellen handelt, konnte es sich hier nicht nur um eine rhetorische Entgleisung handeln, sondern um eine bewusste Grenzüberschreitung, einen gezielten politischen Tabubruch. Über die schockierende Bewertung des Holocaust-Mahnmals in Berlin im Januar 2017 durch Höcke wurde bereits berichtet (Kap. 7.7). AfD-Vertreter unterhielten auch Beziehungen zu fremdenfeindlichen Gruppierungen mit internationalen Vernetzungen. Seit 2018 sah die Partei mit PEGIDA keine Unvereinbarkeit mehr. Die Identitären, eine extrem rechtskonservative Jugendbewegung, galt als eines ihrer Rekrutierungsfelder unter jüngeren Menschen im vor-politischen Raum.

Die Wahlverlierer der Bundestagswahlen von 2017 dachten nicht daran, Konsequenzen zu ziehen. Seehofer wollte nicht zurücktreten und Merkel gab sich völlig uneinsichtig: »Ich kann nicht erkennen, was wir jetzt anders machen müssten«, lautete ihre für viele unverständliche Reaktion auf die Wahlverluste. Sie setzte weiter auf die Fähigkeit zur Duldung und Zutraulichkeit der Deutschen, doch die »Volksparteien« waren von ihnen klar abgestraft worden.

Personaldebatten beherrschten daher die ehemaligen Groko-Parteien, aber Seehofer und Merkel blieben weiter im Amt. Sie repräsentierten das gesellschaftlich und politisch gespaltene Deutschland, welches inzwischen auch in der europäischen Normalität angekommen war. Klar war nach diesem Wahlergebnis, dass sie parteipolitische Amtsinhaber mit Verfallsdatum waren. Beide sahen sich daher auch nach den einsetzenden Wahlverlusten auf Länderebene gezwungen, den jeweiligen Parteivorsitz abzugeben.

Auf Merkel folgte am Hamburger CDU-Sonderparteitag am 7. Dezember 2018 die saarländische Ministerpräsidentin Annegret Kramp-Karrenbauer (Abb. 50) mit einem hauchdünnen Ergebnis gegen ihren Mitbewerber Friedrich Merz. Die christdemokratische Union war in der Kandidatenfrage zutiefst gespalten. CDU-Wähler waren tendenziell für Kramp-Karrenbauer, die Mitglieder für Merz und die Delegierten entschieden nur äußerst knapp in einer Stichwahl mit der Mehrheit von 517 der 999 abgegebenen Stimmen (51,75 %) gegen Merz, der selbst 482 Stimmen (48,25 %) bekam. Auf Seehofer folgte im Januar 2019 Markus Söder als CSU-Vorsitzender.

Aus diesen Personalrochaden resultierte jedoch keine gestärkte Position Deutschlands in Europa. Es drohte an sich selbst zu scheitern, nämlich an der Gefahr innenpolitischer und innerparteilicher Selbstlähmung, so dass es keine neuen Impulse für die von äußeren und inneren Krisen gebeutelte EU geben konnte: Die wochenlangen erfolglosen Verhandlungen zur Bildung einer schwarz-gelb-grünen »Jamaika-Koalition« (CDU/CSU, FDP und Grüne) im Jahre 2017, die ablehnende und dann unentschlossene und zögerliche Haltung der SPD-Spitze zur Regierungsübernahme 2017/18, die sich im Zeichen einer Sozialdemokratie Europas in ihrer schwersten Krise befand, und die monatelang sich zäh hinziehende Bildung der Großen Koalition (2017–18) mit den anhaltenden Konflikten zwischen CDU und CSU im Zeichen des Ringens zwischen Seehofer und Merkel in der Migrationsfrage schwächten Deutschlands Stellung in der EU. Die Bundeskanzlerin wurde durch abnehmenden innenpolitischen und innerparteilichen Rückhalt und wachsende öffentliche Kritik an ihrer Politik zur lahmen Ente Europas. So erfreulich das Jahr 2017 für Proeuropäer mit der Wahl Macrons in Frankreich sein konnte, so war 2018 ein verlorenes deutsch-französisches Jahr für Europa. Merkel versagte in einer substanziellen und zeitgerechten Beantwortung der integrationspolitischen Reformvorschläge des französischen Staatspräsidenten. Das Ende ihrer Ära schien nach Aufgabe des Parteivorsitzes, den sie 18 Jahre lang innehatte, absehbar. Es schien nur mehr eine Frage der Zeit, wann sie als Regierungschefin abgelöst werden würde, zumal sie in der Öffentlichkeit gesundheitliche Schwächen zeigte. Sie ließ sich jedoch davon nicht weiter beirren und hielt durch.

So konnte noch in ihrer Amtszeit in der Frage der Zuwanderung ein Durchbruch erzielt werden: Am 7. Juni 2019 verabschiedete der Bundestag nach hitziger Debatte ein Migrationspaket mit besseren Chancen für ausländische Fachkräfte und einer Bleibeperspektive für Menschen in Helfer-Berufen. Asylbewerber sollten etwas mehr Geld erhalten. Mehr Abschiebungen waren aber eher unwahrscheinlich, da manche Herkunftsländer bei der Identifizierung und Rücknahme ihrer Staatsbürger wenig kooperativ waren. Wer einen Job hatte, seinen Lebensunterhalt selbst bestreiten konnte und Deutsch sprach, sollte »geduldet« werden und vorerst bleiben. Neben sieben Einzelgesetzen wurde das Staatsangehörigkeitsrecht im August reformiert. Personen mit doppelter Staatsangehörigkeit, die sich einer terroristischen Vereinigung angeschlossen hatten, sollte der Pass entzogen werden. Auch durften in Mehrehen lebende Menschen nicht eingebürgert und im Falle falscher Angaben sollte ihre Aufnahme rückgängig gemacht werden.

11.2 Der Aachener Vertrag – kein verheißungsvoller Neustart für Europa

Angesichts der innenpolitischen Selbstlähmung 2017/18 stellte sich die Frage, ob zwischen Berlin und Paris eine neue Achse zu schmieden war, wollten doch beide Seiten den deutsch-französischen Elysée-Vertrag vom 22. Januar 1963 erneuern. Macron hatte gleich nach den deutschen Wahlen am 26. September 2017 an der Sorbonne eine Neuauflage dieses Vertrags vorgeschlagen. Er wollte ihn am 22. Januar 2018 unterzeichnen, was jedoch aufgrund der verzögerten deutschen Regierungsbildung nicht gelang.
War der Vertrag schon 1963 in der kleinen Sechser-Gemeinschaft umstritten gewesen, umso schwieriger sollte sich der Neuanlauf mit einer viermal größeren EU-Mitgliederzahl und dem größeren vereinten Deutschland gestalten. Einwände gegen die »Avantgarde« und Vorbehalte wegen »Bevormundung« durch das Duo waren vorhanden. Ebenso opponierte die Linke in beiden Ländern. Macrons Vorschläge zum Umbau der Eurozone für 19 Länder konnten in einem bilateralen Pakt kaum wirksam werden, abgesehen davon, dass diese bei zahlungsstarken Euro-Partnern auf Kritik stießen. Die Vereinbarung zwischen beiden Ländern wurde dann nach Bildung einer neuerlichen Großen Koalition aus CDU/CSU und SPD erst ein Jahr später, am 22. Januar 2019, im Krönungssaal des Aachener Rathauses unterschrieben, in der Stadt, wo Macron schon den Karlspreis verliehen bekommen hatte (Abb. 51).
Das ergänzende Vertragswerk knüpfte an den Elysée-Vertrag an und enthielt 28 Artikel, die das Spektrum der künftigen Kooperation regelten. Berlin und Paris vereinbarten eine möglichst enge Abstimmung in Fragen der Europapolitik und verpflichteten sich wechselseitig, ihre Zusammenarbeit in der Außen- und Sicherheitspolitik zu vertiefen. Wann und wie immer möglich, sollte ein gemeinschaftliches Agieren folgen. Das eigenständige Handeln der EU wurde ausdrücklich gefordert, nachdem Macron in seiner berühmt gewordenen Sorbonne-Rede die Notwendigkeit der Erlangung einer »Souveränität Europas« betont hatte. Berlin und Paris bekräftigten ihren gegenseitigen Beistand im Falle eines bewaffneten Angriffs auf eines ihrer Länder, wie das Artikel 5 des NATO- und Artikel 42 des EU-Vertrages schon vorsahen. Militär- und Rüstungskooperation sollten effizienter werden. Ein regelmäßig zusammentretender Sicherheits- und Verteidigungsrat von Ministern beider Regie-

Abb. 52: Unterzeichnung des Aachener Vertrags am 22. Januar 2019, Emmanuel Macron und Angela Merkel am Tisch, jeweils dahinterstehend die Außenminister Jean-Yves Le Drian und Heiko Maas.

rungen sollte dabei behilflich sein. Gemeinsame Streitkräfte mit Interventionsfähigkeit, deren Aufstellung Macron schon seit langem in die Debatte geworfen hatte und damit bei der deutschen Verteidigungsministerin Ursula von der Leyen auf viel Gegenliebe gestoßen war, galten als fixiert. Zur Stabilisierung politisch prekärer Drittstaaten sollte zwar nicht militärisch, dafür aber geheimdienstlich, justiziell und polizeilich kooperiert werden sowie eine engere europäische Partnerschaft mit Ländern Afrikas folgen. Zusammenarbeit galt auch für den Rahmen der Vereinten Nationen, zumal Deutschland 2019/20 als nichtständiges Mitglied den Vorsitz von Frankreich im Sicherheitsrat (SR) übernahm. Die Unterstützung für das deutsche Anliegen, einen ständigen Sitz im UN-SR zu erlangen, wurde zwar zugesichert, womit jedoch die Absicht, den ständigen Sitz Frankreichs in einen EU-Sitz umzuwandeln ad acta gelegt war und damit auch die Idee, mit einer »europäischen Stimme« in der Weltgemeinschaft zu sprechen.
Bestimmungen zu deutsch-französischen Grenzregionen sahen Verbesserungen im Zusammenwirken im Bereich Infrastruktur und Gesundheit durch gemeinsame Berufsschulzentren, Gewerbegebiete sowie zweisprachige Krankenhäuser vor. Die Grenzräume können dabei von nationalstaatlichen Gesetzen abweichen. Nicht weniger beachtenswert war das proklamierte hehre Ziel, einen gemeinsamen deutsch-französischen Wirtschaftsraum mit einheitlichen Regeln zu bilden.

Ein deutsch-französisches Zukunftswerk sollte Wissenschaft und Forschung näher zueinander führen, um den gesellschaftlichen Wandel in beiden Staaten zu untersuchen und entsprechende Lösungsvorschläge zu unterbreiten. Nach den Studien-, sollen nun auch Schulabschlüsse (»Abibac«) gegenseitig anerkannt werden.
Defizite und Unvereinbarkeiten im deutsch-französischen Verhältnis waren aber nicht zu übersehen. Mutig wären ein gemeinsam anzustrebendes deutsch-französisches Einwanderungsgesetz als Impulsgeber für die übrigen EU-Mitglieder wie auch eine verbindliche gemeinsame Energiepolitik gewesen. Wie der europapolitische Mehrwert des neuen deutsch-französischen Vertrags mit einem gesellschaftspolitisch aufgewühlten Frankreich und einem innenpolitisch instabilen Deutschland umzusetzen sein würde, war aber mehr als fraglich. Die scharfe Ablehnung des deutschen Vorschlags, den französischen Sitz im UN-Sicherheitsrat in einen EU-Sitz umzuwandeln, verhieß für das gemeinschaftliche Europa nichts Gutes. Die bescheidene bis kontraproduktive Antwort von Kramp-Karrenbauer auf die europaweit gemachten Vorschläge von Macron zur Reform der EU taten ein Übriges. Sie forderte einen Umzug des Europäischen Parlaments von Straßburg nach Brüssel und den Bau eines gemeinsamen Flugzeugträgers, was angesichts der Materialmängel und Rückstände der deutschen Bundeswehr in Paris zu Kopfschütteln, wenn nicht zur Belustigung führte.
Die elementaren deutsch-französischen Gegensätze und Unterschiede sollten fortbestehen: deutscher Atomausstieg versus französische AKW-Dominanz, deutsche Haushaltsdisziplin versus französische Staatsverschuldung, deutsche Parlaments- versus französische Interventionsarmee, um nur drei zu nennen. Neben diesen Hindernissen konnte sich der Zusammenhalt der EU weder über den »Brexit« noch die Beziehungen zwischen Berlin und Paris allein entscheiden. Ausschlaggebend blieb das Erfordernis, die EU-Länder von Mittel- und Südosteuropa einzubinden, wo die lange leidvolle Geschichte unter dem Sowjetsozialismus noch viel stärker fortgewirkt hatte als im Westen des Kontinents angenommen. Damit war klar, dass es um weit mehr als einen bilateralen, nämlich um den gesamteuropäischen Zusammenhalt gehen musste.
Die Einwände der mittel- und osteuropäischen Staaten gegen das Duo von Berlin und Paris ließen nicht lange auf sich warten. Umso schwieriger sollte der Neuanlauf mit einem innenpolitisch instabilen und unruhigen Frankreich und dem größer gewordenen vereinten Deutschland werden, das zum Missbehagen von Budapest, Prag und Warschau die EU von heute weit mehr dominierte als die Bonner Republik noch zu Zeiten von EWG und EG.
Es blieb für Deutschland trotz aller innenpolitischen Zerrissenheit ein regierungspolitisches Ziel, deutsche und europäische Interessen miteinander zu verknüpfen. Die selbst eingebundene Vormacht Europas konnte sich mit dem Aachener Vertrag zwar etwas aus der selbstverschuldeten europäischen Handlungsschwäche herausmanövrieren. Ein starker koalitionspolitischer Konsens war aber unvermeidlich, um aus der hausgemachten europäischen Selbstisolierung auszubrechen. Mit Aachen konnte ein kleines Zeichen zur Überwindung der Krise in der EU gesetzt werden, zumindest die anhaltende Negativdebatte über das alles überschattende »Brexit«-

Chaos in London kurzfristig etwas ausgeblendet werden. Im Lichte der prekären Mischung aus innenpolitischer Radikalisierung in Frankreich, des offenen EU-Finanzrahmens infolge des »Brexit« und des fraglichen Euro-Kandidaten Italien war der deutsch-französische Akt ein Hoffnungsschimmer. Wenn es jedoch nicht gelingen sollte, andere Staaten dazu zu gewinnen und mit einzubinden, konnte es kaum ein verheißungsvoller Neustart für die gesamte EU werden.

Dass nicht alles im Verhältnis zwischen Berlin und Paris stimmig war, wurde beim deutsch-russischen Nord Stream II-Gaspipeline-Projekt deutlich. Gegen das Vorhaben, Erdgas von Russland über eine Ostseepipeline nach Mecklenburg-Vorpommern zu liefern, legte Frankreich in Brüssel ein Veto ein. Doch ein deutsch-französischer Kompromiss konnte relativ zügig gefunden werden. Die Erdgasleitung von Russland sollte diversifiziert, aber nicht mehr grundsätzlich in Frage gestellt werden. Eine neue EU-Gasrichtlinie und die Ausweitung auf Zulieferleitungen aus Drittstaaten waren die Lösung. Später forderte der amerikanische Präsident Donald Trump, von dem Bau der Erdgasleitung Abstand zu nehmen, weil die Abhängigkeit Europas von russischen Erdgaslieferungen zu groß werden würde, aber auch um den Import amerikanischen, durch Grundwasser schädigendes Fracking gewonnenen Erdgases nach Europa zu fördern. Massive amerikanische Androhungen von Sanktionen drohten das Projekt für beteiligte Firmen zu verzögern.

Die Seenot-Rettung von Bootsflüchtlingen lag ganz in den Händen von NGOs, nachdem Anfang 2019 die 2015 begonnene EU-Militäroperation »Sophia« abgebrochen worden war. Die Vereinten Nationen hatten die EU daraufhin aufgefordert, umgehend wieder die Seenot-Rettung im Mittelmeer aufzunehmen. Dabei war der EU im Jahre 2012 für ihren Einsatz für Frieden, Versöhnung, Demokratie und Menschenrechte der Friedensnobelpreis als Institution verliehen worden. In Italien regierten seit 2018 Rechts- und Linkspopulisten in einem Bündnis mit Luigi Di Maio von der »Fünf Sterne-Bewegung« und Matteo Salvini von der Lega, der als Innenminister wiederholt Brüssel und Berlin scharf attackierte, bis er sich durch Koalitionsbruch im August 2019 mit der Cinque Stelle und angestrebten, aber nicht stattfindenden Neuwahlen selbst ausbremste. Einmal mehr eskalierten die deutsch-italienischen Beziehungen als die Deutsche Carola Rackete, Kapitänin der »Sea Watch 3«, entgegen Salvinis Anweisung Bootsflüchtlinge im Mittelmeer aufgenommen und nach Lampedusa gebracht hatte. Salvini bezeichnete Rackete daraufhin als »deutsche Zecke«. Gegen eine mögliche Inhaftierung der Kapitänin hatten sich viele Prominente und Politiker aus Deutschland gewandt, darunter Bundespräsident Frank-Walter Steinmeier, womit viel Unmut auf Seiten der Italiener ausgelöst wurde.

Ein ostentativer Schulterschluss von CDU und CSU sowie der Aachener Vertrag waren zu Beginn des Jahres 2019 erste Anzeichen, um aus der selbstverschuldeten deutschen Malaise und europäischer Selbstisolierung wieder herauszufinden. Nach den erfolgten Europawahlen am 26. Mai (Abb. 52) konnte Merkel zwar nicht den bayerischen CSU-Politiker und Europaparlamentarier Manfred Weber, den Spitzenkandidaten der Europäischen Volkspartei (EVP), als Kommissionspräsidenten durch-

Abb. 53: Ein Plakat zu den Europawahlen 2019 zeigt Robert Habeck (Grüne).

setzen. Doch sollte am 16. Juli 2019 mit Ursula von der Leyen als neue Kommissionspräsidentin (Abb. 53) und der IWF-Chefin Christine Lagarde als neue EZB-Präsidentin ein Kompromiss unter den Staats- und Regierungschefs gefunden werden – ohne das allerdings vertragsrechtlich nicht zwingend vorgesehene, aber propagierte Spitzenkandidatenmodell zu respektieren. Beide Politikerinnen hatten nicht für die Wahlen kandidiert. Macron hatte von der Leyen vorgeschlagen, deren Ambitionen in der europäischen Verteidigungspolitik er schätzte, und konnte so Lagarde als EZB-Chefin durchbringen. Macron und Merkel erwiesen sich bei diesen Personalentscheidungen als Repräsentanten des Europäischen Rates, also nicht als supranationale Gemeinschaftseuropäer, sondern als intergouvernementale Regierungseuropäer.
Von der Leyen war durch die äußerst knappe Wahl im auch gespaltenen Europäischen Parlament mit nur neun Stimmen Mehrheit über dem erforderlichen Quorum die zweite deutsche EU-Kommissionsvorsitzende nach Walter Hallstein (1958–1967). Vor der Abstimmung über die Präsidentschaft der EU-Kommission hatte sie ihren Rücktritt als Verteidigungsministerin verkündet. Ihre Nachfolgerin wurde die CDU-Vorsitzende Annegret Kramp-Karrenbauer. Durch die Nichtberücksichtigung der bei der Europawahl aufgestellten Spitzenkandidaten Manfred Weber (CSU) und Frans Timmermans (PvdA/SPE) durch den Europäischen Rat (Ablehnung des ersteren durch den französischen Präsidenten und des letzteren durch die Regierungschefs mittelosteuropäischer Staaten) sollte nach Meinung vieler Kommentatoren der Unmut der Wählerinnen und Wähler über die EU zunehmen.
Die Landtagswahlen in Brandenburg und Sachsen am 1. September 2019 verhießen spannungsreiche innenpolitische Zeiten. Es gab viele Verlierer und einen klaren Gewinner: Die AfD errang im Freistaat Sachsen 27,5 % (Zugewinne von 17,8 %), während bis auf die Freien Wähler und Grünen alle anderen Parteien verloren. In

Abb. 54: Die neue EU-Kommissionspräsidentin Ursula von der Leyen in Brüssel.

Brandenburg gewann die AfD 23,5 % (plus 11,3 %). Während in Sachsen eine »Kenia«-Koalition (CDU-SPD-Grüne) als Notlösung überlegt wurde, schien in Brandenburg eine rot-rot-grüne Regierung das Resultat zu sein. Die Erfolge der AfD gingen v. a. auf Wähler aus ökonomisch abgehängten, entvölkerten und strukturschwachen Grenz- und Randregionen sowie bisherige städtische Nicht-Wähler zurück. Verlustreich gestalteten sich die Ergebnisse für die CDU, besonders aber für die SPD in Sachsen. Die große Koalition war dort abgewählt, das gleiche galt für die rot-rote Regierung in Brandenburg. Bei der Landtagswahl in Thüringen gewann die Partei Die Linke des amtierenden Ministerpräsidenten Bodo Ramelow an Stimmen hinzu und wurde mit 31 % erstmals bei einer Landtagswahl im vereinten Deutschland stärkste Partei. Die AfD konnte mit einem Plus von 12,8 Prozentpunkten den größten Stimmenzuwachs unter allen Parteien verzeichnen und wurde mit 23,4 % zweitstärkste Partei, gefolgt von der CDU, welche mit 21,7 % der Stimmen der größte Verlierer der Wahl war und ihr schlechtestes Ergebnis im Freistaat einfuhr. SPD und Grüne mussten ebenfalls Verluste hinnehmen. Für keine Regierungsoption gab es eine Mehrheit. Sollten FDP und CDU am Ende doch mit Rot-Rot-Grün zusammenarbeiten, nur um die AfD als Regierungspartei zu verhindern?

Bei der Wahl des Thüringer Ministerpräsidenten am 5. Februar 2020 kandidierte Thomas Kemmerich (FDP) im dritten Wahlgang für das Amt. Er tat dies, um eine »bürgerliche Alternative« zu den beiden Kandidaten von links und rechts außen anzubieten. Zuvor hatten in zwei Wahlgängen weder der bisherige Ministerpräsident Ramelow (Die Linke) noch Christoph Kindervater (AfD) die absolute Mehrheit erreicht. Im dritten Wahlgang erhielt Kemmerich 45 von 90 Stimmen bei einer Enthaltung und wurde damit neuer Ministerpräsident. Dies war lediglich mit Beteiligung der AfD möglich, die ihren Kandidaten nur mehr noch zum Schein ins Rennen geschickt hatte. Tatsächlich stimmte die AfD zur Überraschung aller geschlossen gemeinsam mit der

FDP und den meisten Abgeordneten der CDU für Kemmerich. Es folgten massive gesellschaftliche und öffentliche Proteste. Kemmerich kündigte darauf einen Tag später seinen Rückzug an und trat am 8. Februar 2020 zurück.
Bei einer Neuwahl am 4. März erhielt Ramelow im dritten Wahlgang mit 42 Ja-Stimmen die erforderliche Mehrheit. Er hatte alle Stimmen der rot-rot-grünen Koalition inne. Damit war er erneut Ministerpräsident von Thüringen und bildete eine Minderheitsregierung. Die AfD hatte 22 Mandate. Die vier im Plenarsaal anwesenden FDP-Bundestagsabgeordneten stimmten nicht ab und blieben sitzen. Die Liberalen hatten zuvor einen Wahlboykott angekündigt. Auch Ramelows Gegner, die Thüringer Partei und Fraktionschef Björn Höcke waren zuvor in zwei Versuchen gescheitert. Ramelow verweigerte ihm die Hand, solange er sich nicht klar zur Demokratie bekennen würde. Die Regierungskrise in Thüringen blieb nicht ohne Rückwirkungen auf Berlin. FDP-Chef Lindner musste die Vertrauensfrage stellen, blieb aber in Funktion. Die CDU-Vorsitzende Kramp-Karrenbauer kündigte am 10. Februar 2020 ihren Rückzug sowie ihren Verzicht auf die Kanzlerkandidatur für 2021 an. Sie war bereits politisch geschwächt, besaß seit Monaten keine guten Umfragewerte und hatte beim Leipziger CDU-Parteitag 2019 schon die Vertrauensfrage gestellt. Zwar konnte sie den Streit mit der CSU unter Markus Söder in der Migrationsfrage beilegen, nicht aber die Zerrissenheit der eigenen Partei in der Führungsfrage überwinden, aber auch in der doppelten Problematik der klaren Abgrenzung von der Linken und der eindeutigen Distanzierung von der AfD. Eine sogenannte »Werteunion« von zirka 4.000 CDU-Mitgliedern lehnte die Ausgrenzung der AfD ab und hatte die Wahl Kemmerichs mit Unterstützung der AfD begrüßt. Gegen diese innerparteilichen Kreise konnte sich Kramp-Karrenbauer offenbar nicht durchsetzen. Die CDU befand sich damit in einer innerparteilichen Krise. Ein Parteitag sollte programmatische Klarheit bringen und einen Nachfolger als Parteivorsitzenden und einen Kanzlerkandidaten bestimmen. Als Nachfolger kamen der nordrhein-westfälische Ministerpräsident Armin Laschet, der frühere CDU/CSU-Fraktionsvorsitzende Friedrich Merz und Gesundheitsminister Jens Spahn sowie zuletzt der ehemalige CDU-Umweltminister Norbert Röttgen in Frage. Die Ära Merkel schien mehr denn je im Auslaufen begriffen, da sich ihre favorisierte Nachfolgerin, Kramp-Karrenbauer, innerparteilich nicht behaupten konnte.

11.3 Deutschland im 21. Jahrhundert – eine vorläufige Bilanz der Ära Merkel

»Die deutsche Frage ist wieder da«, sagte der Mainzer Historiker Andreas Rödder zuletzt in seinem Buch »Wer hat Angst vor Deutschland?« – das stimmt und stimmt nicht, denn die deutsche Frage war nie von der europäischen und internationalen Tagesordnung verschwunden. Sie stellte sich beim Wiener Kongress 1814/15, blieb durch das gesamte 19. Jahrhundert virulent und erreichte mit Versuchen der Einhegung und Kontrolle durch den »Friedensvertrag« von Versailles 1919 sowie den

Konferenzen von Jalta und Potsdam 1945 weitere Höhepunkte. Immer wieder versuchte Europa, das deutsche Problem in den Griff zu bekommen, was zwar zeitweise, aber nie dauerhaft und gänzlich gelang. So schritt man nach dem Zweiten Weltkrieg auch mit außereuropäischer Unterstützung durch die USA und unter tätiger deutscher Mithilfe in Ost wie West zur Teilung Deutschlands, aber auch diese Lösung währte nur eine gewisse Zeitspanne. Durch den »Zwei-plus-Vier-Vertrag« (Bundesrepublik, DDR plus die vier Mächte UdSSR, USA, Großbritannien und Frankreich) über »die abschließende Regelung in Bezug auf Deutschland« vom 12. September 1990 (in Kraft getreten am 15. März 1991) wurde die Einheit international anerkannt. Offiziell sprach die deutsche Seite von der Erlangung der »vollen Souveränität«, die Realität sah jedoch anders aus.
Seit 1989 hatte sich in Deutschland sehr viel verändert: Nach einer euphorischen Aufbruchstimmung über die sich angeblich auflösenden Konfrontationsmuster des Kalten Krieges und dem vermeintlichen Siegeszug der liberalen Demokratie (Francis Fukuyama) verlief die Entwicklung ganz anders als erwartet. Die Zäsur begünstigte nicht nur die Entwicklung der Demokratie, sondern auch eine Emanzipation vom überwunden geglaubten Nationalismus. Die Öffnung des Ostens und die Implosion des Sowjet-Imperiums ermöglichten die NATO-»Osterweiterung«, die von Deutschland unter Bundeskanzler Kohl und Verteidigungsminister Volker Rühe ganz maßgeblich unterstützt wurde. Die EU folgte mit ihrer »Osterweiterung« später nach.
Die deutsche Frage bestand demnach fort, denn das vereinte Deutschland sollte mit dem Maastrichter EU-Vertrag ökonomisch fester denn je eingebunden werden. Mittels der NATO-»Nordost-«, »Ost-« und »Südosterweiterung« vom Baltikum bis Rumänien zwischen 1999 und 2007 wurde Deutschland quasi militärisch eingebunden und umrahmt.
So sehr es ein europäisches Dilemma war, Deutschland dauerhaft zu kontrollieren, so gab es auch ein deutsches: Der Historiker Ludwig Dehio hatte von einer »halben Hegemonie« gesprochen: Deutschland sei nie so stark, um ganz Europa beherrschen zu können, aber immer noch so stark, um bei anderen Nationen aufgrund seiner Stärke Befürchtungen auszulösen und Sorgen zu bewirken.
Was bedeutete das für seine Rolle in der EU im 21. Jahrhundert? Deutschland war und bleibt die führende Handels-, Wirtschafts-, Währungs- und Zahlungsmacht in Europa. Die deutsche Dominanz in der EU ist unbestreitbar, doch ist es auf die Exportmärkte anderer EU-Mitglieder ebenso angewiesen sowie in der Union von der Zustimmung zu seiner Integrationspolitik abhängig. Allein kann es anderen Mitgliedern nicht seinen Willen aufzwingen, bedingt durch das Erfordernis der Mehrheitsentscheidungen bzw. der Veto-Möglichkeiten im Rat der EU. Es gilt daher gleichsam in Abwandlung eines Wortes von Immanuel Kant, des deutschen Philosophen der Aufklärung, der *kategorische Integrationsimperativ:* Nämlich Deutschland kontrolliert eingebunden zu halten, jenes eherne Gesetz der europäischen Integration, aber mehr denn je auch für die Berliner Republik selbst: »Handle jeweils so, dass Dein Verhalten zu einer allgemeingültigen gemeinschaftsrechtlichen Gesetzgebung für Europa werden kann.«

Deutschland ist zudem ohne die Mithilfe anderer europäischer Mitstreiter nicht ausreichend manövrierfähig. Es ist nur im Verbund mit der EU und ihren Mitgliedern erfolgreich wie die Bewältigung der Migration gezeigt hat. Daher waren Androhungen von Kürzungen der Mitgliedsbeiträge und Streichungen von EU-Finanzhilfen für andere EU-Partner kein produktiver Umgang mit von ihnen als begründet angesehenen Solidaritätsenthaltungen in der Migrationsfrage, sondern verschärften nur bereits bestehende Spannungen zwischen alten und neuen Mitgliedern. Diese Lektion wurde dem scheinbar übermächtigen Deutschland (2015–2019) erteilt, die es schließlich zum Ablassen von der Forderung nach einer unbedingten Übernahme von Flüchtlingskontingenten zwang.

Bei allen Befürchtungen wiederkehrender deutscher Macht, wird ein Befund von außen zumeist übersehen: Gravierend ist und bleibt v. a. die gesellschaftliche Fragmentierung und die innenpolitische Gespaltenheit Deutschlands, was zu einem guten Teil mit den Auswirkungen und Folgen der deutschen »Wiedervereinigung« zu tun hat. Nach einer kurzen Euphorie, die gerade mal von November 1989 bis ins Frühjahr 1990 angehalten hatte, folgten Desillusionierung, Enttäuschung und Ernüchterung nach dem Sprung in das eiskalte Wasser der gar nicht so sozialen Marktwirtschaft mit einer nahezu totalen Entindustrialisierung und grassierender Massenarbeitslosigkeit im Osten Deutschlands. Möglichkeiten, diese abrupten und gravierenden Einheitserlebnisse zu bewältigen, die mit vielen Lebensbrüchen verbunden waren, etwa durch gemeinsamen Erfahrungsaustausch und bewusstes Reden über den sozialen Absturz und individuelles und persönliches Leid fehlten. Der Drang zur D-Mark und der Rausch des Materiellen in der westlichen Glitzerwelt sorgten nicht für Herzensfreude und Seelenwärme. So schnell die Einheit für den Westen politisch durchgezogen werden konnte und sollte, so sehr lief sie in Ostdeutschland gesellschaftlich und ökonomisch schief. Der rasche Umtausch der Ost-Mark in die D-Mark ließ die ostdeutsche Binnen- und Exportwirtschaft alsbald zusammenbrechen, zumal die Konkurrenz der Westprodukte attraktiver und übermächtiger war. Die Treuhand räumte dann noch weg, was die rasche Übernahme der D-Mark erzeugt und übriggelassen hatte. Der ostdeutschen ökonomischen Katastrophe folgte die seelische Malaise mit entsprechender Ostalgie und Verklärung der DDR-Vergangenheit. Viele Ostdeutsche wurden erst nach der »Wende« so richtige DDR-Bürgerinnen und Bürger, was sie weder vorher so waren noch subjektiv gefühlt und empfunden hatten. So manche wurden sich erst ab den 1990er-Jahren ihres spezifisch ostdeutschen Daseins bewusst.

Die Berliner Republik war im Jahre 2019 immer noch ein Land mit zwei Seelen, was in unterschiedlichen politischen Einstellungen, resultierend aus verschiedenen Mentalitäten, seinen Ausdruck fand. Die »Jugendweihe« zu DDR-Zeiten, als Ersatz für Firmung und Konfirmation gedacht, wurde nach wie vor beibehalten. Eine flächendeckende Entchristlichung war eines der stärksten Erbe der Ära Ulbricht und Honecker. Russland und Russen sind für viele Ostdeutsche gefühlt mentale Verbündete, mit denen man Umbruch- und Verlusterfahrungen teilte. Die Mehrheit der Ostdeutschen (55 %) lehnte Sanktionen gegen Moskau folglich ab. 42 % der Ostdeutschen sahen sich im Jahre 2019 noch als Bürger zweiter Klasse und mehr als die Hälfte ihre Lebensleistung nicht ausreichend gewürdigt. Westdeutsche Politiker überließen sie vielfach ihrem Schicksal. Die AfD nahm sich ihrer mit westdeutschem Führungspersonal (und folglich mehr ostdeutschen als westdeutschen Wählern) an. Mit knapp 90 Abgeordneten war die Partei im Bundestag stark vertreten, jeder Dritte von Ihnen kam aus dem Osten.

Die seit 2017 auf Bundesebene bestehende Große Koalition (CDU/CSU-SPD) hatte es bis 2019 kaum oder nicht geschafft, ihre durchaus beachtlichen sachpolitisch erzielten Ergebnisse erfolgreich zu vermitteln. Deutschland blieb gesellschaftlich und parteipolitisch mehr denn je gespalten, wodurch seine europapolitische Handlungsfähigkeit eingeschränkt war. Wiederholt rief Merkel zwar die EU zur Geschlossenheit auf, was aber nur wenig fruchtete, zumal auch im eigenen Land die politische Stabilität und der soziale Zusammenhalt zu einem nicht geringen Teil verloren gegangen war. Bei den Europaparlamentswahlen am 26. Mai 2019 wählte der Westen mehrheitlich die Grünen und der Osten die AfD, gleichwohl auch in den ostdeutschen Städten grün. Die Gesellschaft wirkte gleichsam »ver-rückt«. Die Wähler in den früheren Teilen in Ost- wie Westdeutschland hatten politisch sehr unterschiedliche Ansichten entwickelt.

Trotz aller politischen Verrücktheiten blieb Deutschland im ureigensten Interesse und im Sinne des schier unvermeidlichen kategorischen Integrationsimperativs in und außerhalb Europas weiter verpflichtet, so zu handeln, dass deutsche und europäische Interessen gleichsam miteinander kompatibel blieben. Es ist allerdings zu erwarten, dass bei weiterer Diversifizierung und Erosion des deutschen Parteienspektrums, d. h. bei einem Verlust an innenpolitischer Stabilität und noch mehr gespaltener Gesellschaft zwischen einer offenen, links-liberalen und weltbürgerlichen einerseits und einer national-konservativ-rechtsbürgerlichen Wählerschaft mit entsprechendem politischen Lager andererseits, dieser Imperativ nicht mehr zu befolgen sein wird. Die selbst-eingebundene Vormacht hatte sich zeitweise in Europa in eine selbst-isolierte Ohnmacht manövriert, aus der sich das Land nur selbst befreien kann.

In der neuen Berliner Republik wurden gleichzeitige Bekenntnisse zur deutschen Nationalstaatlichkeit und historischen Schuld nicht mehr als Widerspruch aufgefasst. Die Auseinandersetzung mit der NS-Vergangenheit blieb aber lebhaft. Sie spielte beim Streit um die Errichtung eines Holocaust-Mahnmals eine Rolle. Symbolträchtig wurde das großflächige Monument unweit des Brandenburger-Tors ein Kennzeichen der neuen Republik, um die politische und moralische Verantwortung für die NS-Verbrechen zu übernehmen. Gleichzeitig gab es eine Debatte um ein »Zentrum für Flucht und Vertreibung«. Das für rund 60 Millionen Euro entstandene Dokumentationszentrum für die »Stiftung Flucht, Vertreibung, Versöhnung« in Berlin war im Sommer 2019 fertiggestellt und sollte im Februar 2020 an die Stiftung übergeben werden. Wie stark das Leid der zirka 12 bis 14 Millionen deutschen Vertriebenen bei dieser Dauerausstellung im Fokus sein sollte, war viele Jahre Teil leidenschaftlicher und erbitterter Diskussionen.

Trotz aller Einbindung und Selbsteinbindung wurde Deutschland unter Rot-Grün außenpolitisch selbstbewusster. Mit der Spaltung des sich einigenden Kontinents in ein »altes« und »neues« Europa im Vorfeld des Irakkriegs 2003 hatten die USA unter Verteidigungsminister Donald Rumsfeld noch Erfolg, scheiterten aber mit »Nation Building« im Irak. Die Bundesrepublik lehnte unter Kanzler Schröder und Außenminister Fischer eine Beteiligung an diesem fragwürdigen Unternehmen konsequenter Weise ab. In diesem Zusammenhang ist daran zu erinnern, dass schon unter Bundeskanzler Ludwig Erhard (1963–1966) die Bundesrepublik ausgeschlossen hatte, als Verbündeter der USA am Vietnamkrieg teilzunehmen. Stattdessen war das deutsche Hospitalschiff Helgoland an den Kriegsschauplatz in Asien entsandt worden.
In Afghanistan befanden sich die verbündeten Truppen der NATO auf dem Rückzug. Die weltpolitische Hyper-Dominanz der USA im Zeichen der Unipolarität seit 1991 wurde in den Jahren nach 2001 durch eine Welt der Multipolarität abgelöst und die Berliner Republik sah sich nicht veranlasst, etwas dagegen zu unternehmen. Deutschland war weit davon entfernt, bis 2024 mindestens 2 % des BIP für sein Militär zur Stärkung der NATO auszugeben. Bis zuletzt zierte es sich, das amerikanische Verlangen zu erfüllen, seine Militärbeiträge entsprechend zu erhöhen, was einer Gefolgschaftsverweigerung nahekam. Die Zahl der Deutschen, die eine Mitgliedschaft im transatlantischen Bündnis befürworteten, sank zwischen 2017 und 2019 von 68 % auf 54 %. Der deutsche Rückhalt für die von den USA angeführte Militärallianz war im Schwinden begriffen.
Die Wiederwahl Barack Obamas am 4. November 2012 verhieß eine neuerliche Bestätigung der atmosphärischen Verbesserung im transatlantischen Verhältnis seit den Irritationen und Verwerfungen mit der Administration von Bush jr. (2000–2008). Die Wahl des Immobilien-Giganten und Multi-Milliardärs Donald Trump am 8. November 2016 wirkte dann aber umso frustrierender und schockierender auf die Führung der Berliner Republik. Die Absage an das Transatlantische Handels- und Investitionsabkommen (TTIP), die Kündigung der Pariser Klimaschutzvereinbarung und des Atom-Abkommens mit dem Iran sowie die wiederholte Androhung von Strafzöllen zur Behebung der US-Handelsbilanzdefizite gegenüber deutschen und europäischen Produkten, v. a. der Automobilindustrie, waren ungeahnte, ja völlige neue Dimensionen im transatlantischen Verhältnis, was einer Götterdämmerung für die pro-amerikanische deutsche politische Kultur gleichkam.
Der Streit um gerechte Zölle, angestoßen vom US-Präsidenten, konnte zweifach auf Deutschland bzw. Europa zurückwirken, nämlich einmal aufgrund möglicher Zollerhöhungen auf Automobilimporte in die USA, andererseits aufgrund eines verringerten Absatzes in China, wenn dort durch einen Rückgang des Wirtschaftswachstums bei einem möglichen Handelskrieg mit den USA die Kaufkraft sinken würde. Im Verhältnis zu den Vereinigten Staaten wird und wurde in diesem Zusammenhang immer bemängelt, dass der deutsche NATO-Beitrag zu gering wäre und die Zollfrage dabei gewissermaßen als Druckmittel ins Spiel gebracht würde. Das westliche Bündnis war zunehmend von Interessengegensätzen und Spaltungstendenzen bedroht.

In der Öffentlichkeit setzte ein erheblicher Vertrauensverlust hinsichtlich der USA ein. Ihr Präsident wurde für Deutschland und die Welt laut Umfragen für gefährlicher gehalten als Putin. Die überaus einseitige und parteiische Nahostpolitik der USA wurde ebenfalls hinterfragt, wobei das Argument, es handle sich hierbei um einen Antiamerikanismus bzw. um Antisemitismus nicht mehr verfing. Im Unterschied zu Trump kritisierte Merkel mutig die israelische Siedlungspolitik und befürwortete wie auch die EU eine echte Zweistaatenlösung zwischen Israel und Palästinensern. In der Streitfrage des Atomabkommens mit dem Iran stellte sich Berlin auch gegen Washington und Tel Aviv, weshalb Israels Premier Benjamin Netanjahu Merkel einen zu sanften Kurs gegenüber Teheran vorwarf.

Die Welt Merkels war im Vergleich zu der von Kohl viel komplexer, konfliktreicher und unüberschaubarer geworden. Im Unterschied zum Kalten Krieg, der in der Mitte des Kontinents mit dem »Eisernen Vorhang« eine Trennlinie gezogen hatte, verlagerten sich die Konfliktzonen nun an die Peripherien Europas. Deutschland war nach dem finanziell-materiellen »Aufbau Ost« nicht nur als europäische Mittelmacht zurückgekehrt, sondern mit seiner Exportstärke auch ökonomische und monetäre Zentralmacht Europas geworden. Seine Handels- und Wirtschaftsinteressen erlaubten aufgrund der neuen Mittellage keine einseitig transatlantische und westeuropäische Ausrichtung mehr. Es konnte nicht mehr so stark West-Ost-ausgerichtet sein wie im Kalten Krieg, sondern musste in seiner Außenpolitik die traditionell vernachlässigte Nord-Süd-Dimension stärker berücksichtigen und Weltpolitik mitgestalten. Joschka Fischers aktive Nahost-Politik deutete das bereits an und Frank-Walter Steinmeiers praktizierte Diplomatie der Vermittlung in der Iran-Frage wie auch beim Ukraine-Konflikt, zeigte es auf. Merkel hatte als Krisenmanagerin noch den Ton bei der Lösung der »Eurokrise« (2010/11–2013/14) angegeben.

Die neue Hauptstadt stand für ein neues, buntes und multikulturelles Deutschland im erweiterten und vereinten Europa, war aber mental noch in einen östlichen und westlichen Teil unterscheidbar. Während der deutschen EU-Ratspräsidentschaft (2007) wurde die »Berliner Erklärung« verabschiedet, die den 2005 an negativen Referenden in Frankreich und den Niederlanden gescheiterten EU-»Verfassungsvertrag« retten und in den nur leicht abgeänderten Unionsvertrag von Lissabon zu überführen helfen sollte. Damit unterstützte die zu dieser Zeit noch innenpolitisch stabile und gefestigte Berliner Republik die EU und trug Verantwortung für den Zusammenhalt in Europa. Berlin bewährte sich auch bei der Bewältigung der Banken- und Finanzmarktkrise (2008/09), während die schwarz-gelbe Koalition Merkel-Westerwelle in der Griechenland-Frage, der Staatsverschuldungskrise und im Umgang mit den Anfängen der »Eurokrise« (2009–2010) noch zögerte und sich erst allmählich zu »Rettungspaketen« durchringen konnte. Sie wurden dann von der Kanzlerin als »alternativlos« bezeichnet, woraus sich als Reaktion eine Partei mit dem Namen »Alternative« bildete, die sich zunächst des Themas Euro annahm und infolge insbesondere politisch heimatlos gewordene Wählerinnen und Wähler im Zeichen der »Flüchtlingskrise« anzog. Damit hatte die stets nüchtern politische Folgenabschätzungen kalkulierende Kanzlerin nicht gerechnet.

Die Berliner Republik musste sich innenpolitisch dem Umweltthema stellen, was den Regierungsparteien zunächst nur auf unzureichende Weise gelingen sollte. Merkel hatte es schon seit 2007 zur Chefsache erklärt, womit sie ihrer Zeit deutlich voraus war. Es erwies sich dann aber als politischer Fehler, von den gesetzten Klimazielen für das Jahr 2020 abzurücken, so dass sich die Jugend enttäuscht von ihr abwandte. Die Klimaschutzwelle erreichte Deutschland im Frühjahr und Sommer 2019, als die 16jährige schwedische Umweltaktivistin Greta Thunberg die Jugend, insbesondere viele junge deutsche Schülerinnen und Schüler, mit ihrer Forderung nach einer konsequenten Klimapolitik aufrüttelte. Sie rief vor der EU-Wahl zum »globalen Klimastreik« auf und prägte mit diesem Thema den Wahlkampf. Die unter »Fridays for Future« firmierenden »Schulstreiks für das Klima« wuchsen sich zu einer Bewegung aus, die die Einhaltung des Pariser Klimaschutz-Übereinkommens forderte (Abb. 54). Auf dieser Sympathiewelle schwammen auch die Grünen unter Robert Habeck und Annalena Baerbock, die in den Umfragewerten so zulegten, dass schon von möglichen Kanzlerkandidaten die Rede war.
Noch im September 2019 verabschiedete die Große Koalition ein Klimapaket, das allerdings von Umweltschützern und Grünen als ein »Paketchen« kritisiert worden ist, nämlich als viel zu schwach, um die Klimaziele zu erreichen. Nichtsdestotrotz stellte sich die Koalitionsregierung selbst ein gutes Zeugnis zur Halbzeitbilanz aus, welches sich die SPD mit Regierungseintritt als Ziel gesetzt hatte.
Was kennzeichnete Angela Merkel als Politikerin und Bundeskanzlerin? Ihr Charakter wird als misstrauisch gegenüber ihren Mitmenschen geschildert. Von ihrem direkten Umfeld erwartete sie absolute Loyalität. Vertrauen gewährte sie gegen Vertraulichkeit. Als Person war sie völlig frei von politischen Affären und Skandalen. Die protestantische Pfarrerstochter aus der Uckermark blieb diesbezüglich unangreifbar, integer und seriös. Sie wollte erklärtermaßen »Deutschland dienen« und zwar in einer aufrechten und rechtschaffenen Weise nahezu mit preußischer Disziplin und deutscher Tugendhaftigkeit.
Wohin wollte die Bundeskanzlerin Deutschland führen? Das fragten viele ihre Kritiker. Die Frage war an sich falsch gestellt. Es konnte für Merkel in ihrer Amtszeit fast nur darum gehen, ihr Land in politisch stürmischen Zeiten in ruhiges Fahrwasser zu manövrieren und v. a. die von Spaltungstendenzen geschwächte europäische Staatengemeinschaft zusammenzuhalten, zumal sie weniger leidenschaftliche Herzen-Europäerin, aber umso mehr pragmatische Vernunft-Europäerin war. Im Jahre 2016 hatte ihr US-Präsident Obama geraten und sie schließlich auch davon überzeugt, in den unruhigen und unsicheren Zeiten nochmals als Kanzlerin zu kandidieren, um die politische Stabilität in Europa zu sichern. Ihr Entschluss dazu reifte langsam und mit ihrer Entscheidung, es zu tun, hielt sie auch eisern und konsequent an diesem Willen fest. Ihr schleichender innenpolitischer Machtverlust hatte 2015 schon eingesetzt.
Was machte Merkels Erfolg aus und worin war Misserfolg begründet? Ihre größte Stärke bestand darin, die Entwicklung kontroverser öffentlicher Debatten abzuwarten, zu beobachten und sich erst festzulegen und zu entscheiden, wenn alle Pro- und Contra-Argumente ausreichend ausgetauscht und gut abgewogen waren. Ihr langes

Abb. 55: Fridays for Future-Demonstration in Leipzig beim 2. Internationalen Klimastreik, 24.5.2019.

Schweigen und Zögern in Streitfragen wurden ihr als Aussitzen von politischen Entscheidungen, Schwäche und Visionslosigkeit angekreidet. Wenn es sein musste, konnte sie aber auch sehr rasch entscheiden, wie in den Fällen des AKW-Ausstiegs und der Flüchtlingsaufnahme. Es bleibt ein Bild von Widersprüchlichkeiten zurück. Merkel erschien nach außen als politische Anti-Populistin. Tatsächlich ließ sie intern die veränderten Stimmungslagen in der Bevölkerung genau beobachten und erkunden. Sie (re)agierte auf diese wie eine heimliche und stille Populistin, indem sie über das Bundespresseamt und über demoskopische Institute gezielte Meinungsumfragen durchführen ließ. Merkel regierte in Kenntnis der Stimmung im Volk dadurch sehr nahe an der Meinung der Bevölkerung, sowohl als die Tendenz unter den Deutschen für einen Ausstieg aus der Atomenergie als auch ihre Bereitwilligkeit zur Aufnahme von Kriegsflüchtlingen auf breiter Ebene gegeben war. Die Aussage »Wir schaffen das!« vom 31. August und die weitreichendste Entscheidung ihrer gesamten Kanzlerschaft vom 4. September 2015 waren zu diesen Zeitpunkten von einer positiven Mehrheitsstimmung in der Bevölkerung getragen. So erklären sich zum Teil ihre Entscheidungen als leise Populistin.

Sie blieb letztlich eine Kanzlerin der Widersprüche. Ihre gesamte Amtszeit kann in fünf Phasen eingeteilt werden, die sehr unterschiedlich ausfallen.

(1) In den Jahren von 2005 bis 2007 gelang es ihr, gemeinsam im Verbund mit dem Regierungspartner SPD in der Großen Koalition unter Mithilfe und Unterstützung von Vizekanzler und Außenminister Frank-Walter Steinmeier den durch negative Referenden in Frankreich und den Niederlanden im Jahre 2005 gescheiterten EU-»Verfassungsvertrag« im Kern zu bewahren und während der deutschen Ratspräsident-

schaft (2007) im daraus erwachsenden »Grund-« bzw. »Reformvertrag« zu sichern. Dieser später genannte Unionsvertrag von Lissabon sollte schließlich 2009 in Kraft treten und bis heute gültig bleiben. Damit bewies Merkel bereits ausgesprochenes Talent im Umgang mit der Bewältigung und Lösung von europa- und integrationspolitischen Krisen.
(2) In den Jahren von 2008/09 bis 2014/15 beeindruckte Merkels pragmatisches »Euro«-Krisenmanagement in Absprache und Koordination mit dem ambitionierten französischen Staatspräsidenten Nicolas Sarkozy (2007–2012) und dem politisch schwächeren François Hollande (2012–2017). Der Bundeskanzlerin kam bei der Sicherung der Eurozone und der Wahrung des Zusammenhalts der EU gemeinsam mit EZB-Präsident Mario Draghi (2014–2019), den Staats- und Regierungschefs und dem Kommissionspräsidenten José Manuel Barroso (2004–2014) eine zentrale Rolle zu.
(3) Im Zuge der »Flüchtlingskrise« des Jahres 2015 spielte Merkel eine zunehmend umstrittenere Rolle, indem sie zunächst auf eine gemeinsame und partnerschaftliche Aufnahme von Kontingenten der Zuwanderer aus den Kriegs- und Notstandsgebieten des Mittleren Ostens beharrte, was zum Einspruch und Widerstand Tschechiens, der Slowakei aber auch Ungarns und Polens führen sollte und die EU-Mitglieder an den Rand einer politischen Spaltung drängte. Erst im Laufe der Jahre 2016/17 lenkte Merkel ein, versuchte jedoch in Folge teils nachdrücklich, teils vergeblich, den Zusammenhalt der europäischen Staats- und Regierungschefs, v. a. in der Frage der Migration, wieder herzustellen.
(4) In den folgenden Jahren ihrer Kanzlerschaft (2017–2019) verabsäumte es die Bundeskanzlerin, auf diverse Vorschläge des französischen Staatspräsidenten Emmanuel Macron, beginnend mit seiner berühmten Sorbonne Rede vom 26. September 2017, adäquate, konkrete, rechtzeitige und substantielle Antworten zu geben. Sie verpasste damit einmalige Gelegenheiten, Seite an Seite mit Frankreich der erlahmten europäischen Integrationsdynamik neue gemeinsame Zielvorstellungen zu vermitteln und entsprechend konkrete Projekte voranzutreiben. Sie schwächte damit nicht nur die innenpolitische Position Macrons, der im Zuge wachsender innerfranzösischer Widerstände durch die monatelang anhaltende Streikbewegung der »Gelb-Westen« in die Defensive geraten war, sondern erregte damit auch seinen Unmut gegenüber Merkels Spitzenkandidaten, Manfred Weber, für die anstehenden Wahlen zum Europäischen Parlament im Mai 2019. Sie weckte mit ihrem Verhalten aber auch zunehmend den Widerspruch europapolitisch engagierter Kreise und Kräfte sowohl in der deutschen Öffentlichkeit als auch in den eigenen Parteireihen.
(5) Die letzte Phase der Ära Merkel (2019/20) war von Machtverlust, Moderation und Schadensbegrenzung auf der innenpolitischen und innerparteilichen Ebene gekennzeichnet. Reihenweise traten Vertrauenspersonen den Rückzug an: Gesundheitsminister Hermann Gröhe musste Jens Spahn weichen. CDU-CSU Fraktionssprecher Volker Kauder bekam keine Mehrheit mehr und wurde von Ralph Brinkhaus abgelöst. Zuletzt gab sich die Parteivorsitzende Annegret Kramp-Karrenbauer aufgrund schlechter Umfragewerte und angesichts der Meinungsunterschiede mit der CDU in den ostdeutschen Ländern in der Frage des Umgangs mit der AfD geschlagen

und zog sich zurück. Angesichts des schleichenden Macht- und Vertrauensverlustes in der eigenen Partei war Merkel unter den anderen EU-Mitgliedern ein deutlich geschwächter Partner. Sie überließ Macron nahezu gänzlich die Meinungsführerschaft in der Debatte über die Zukunft der EU und versuchte sich mehr und mehr auf der globalen und internationalen Bühne zu profilieren.
Der deutsche Historiker Andreas Rödder bilanziert hier kritisch: Merkel habe vielfältige Spaltungen hinterlassen: in den eigenen Parteireihen, in Ost- und Westdeutschland und in der EU. Dagegen sprachen teilweise jedoch Meinungsumfragen vom Juli 2019, wonach sich 70 % der Deutschen über ihre Regierungsarbeit »zufrieden« äußerten. Demnach hielten sich die Spaltungstendenzen in Grenzen. Hinter dem weiteren Fortbestand der Großen Koalition standen aber nach wie vor große Fragezeichen.
Die Große Koalition war in den Jahren 2018/19 vielfach mit innerparteilichen Personaldebatten belastet. Andrea Nahles sah sich aufgrund parteiinterner Kritik zum Rücktritt vom Parteivorsitz der Sozialdemokraten gezwungen. Monatelang war die SPD mit sich selbst beschäftigt, ihre Nachfolge zu klären. Schließlich setzte sich das Duo Norbert Walter-Borjans mit Saskia Esken durch, die mehrfach die Groko in Frage gestellt hatten. Zuletzt drohte auch der CDU das gleiche Szenario einer internen Auseinandersetzung, nachdem Annegret Kramp-Karrenbauer ihren Rückzug vom Parteivorsitz angekündigt hatte und rivalisierende Flügel unterschiedliche Präferenzen für ihre Nachfolge hatten.
Einmal mehr war die Bundeskanzlerin mit einer Krise, der im Februar 2020 voll zum Ausbruch gekommenen Pandemie des Corona Virus Covid19 konfrontiert, der im Dezember des Vorjahrs von China seinen Ausgang genommen und sich seit Januar binnen weniger Wochen in der gesamten Welt ausgebreitet hatte. Nachdem Merkel wochenlang dem Gesundheitsminister Jens Spahn das Feld der politischen Kommunikation überlassen hatte, der das Virus zunächst noch herunterspielte, schaltete sie sich dann mehr in die öffentliche Debatte ein.
Bei der Pressekonferenz am 11. März 2020 machte sie verspätet deutlich, nun politische Verantwortung zu übernehmen. Sie kündigte umfassende staatliche Maßnahmen zur Bewältigung der Krise an und sah dabei Deutschland in einer guten Position, um seine Wirtschaft zu schützen. Es verfüge über ausreichend finanzielle Rücklagen und Notfallinstrumente, um zusätzliche Mittel freizugeben und das wirtschaftliche Leben aufrechtzuerhalten.
Die Bundeskanzlerin verwies auf das deutsche Infektionsschutzgesetz und stellte die Erhöhung von Kurzarbeitergeld, Liquiditätshilfen für kleine und mittelständische Unternehmen sowie Lohnfortzahlungen in Aussicht. Zur Eindämmung des Virus machte sie klar: »Wir werden tun, was nötig ist«, damit Deutschland »möglichst gut durch diese Krise hindurch komme«.
Die Zusage, von der Krise betroffenen Unternehmen mit unbegrenzten Kreditprogrammen zu helfen, wurde von Finanzminister Olaf Scholz und Wirtschaftsminister Peter Altmaier alsbald bekräftigt und zügig in Angriff genommen. Es sollte über einen erhöhten Garantierahmen bei der Staatsbank Kreditanstalt für Wiederauf-

bau (KfW) eine halbe Billion Euro zur Verfügung gestellt werden. Das Ausmaß der Krisenfolgen machte es in Folge notwendig, mehrfach bei den verschiedenen staatlichen Hilfs- und Unterstützungsmaßnahmen nachzubessern.

Wie bei der Banken- und Finanzmarktkrise ging es um das »Gewinnen von Zeit«, wie Merkel erläuterte, um das Gesundheitssystem nicht zu überlasten, weshalb die Verbreitung des Virus durch einschränkende Maßnahmen im Alltag verlangsamt wurde. Die Kanzlerin verdeutlichte, dass es v. a. um den Schutz älterer Menschen und solchen mit Vorerkrankungen gehe: »Da sind unsere Solidarität, unsere Vernunft, unser Herz für einander auf eine Probe gestellt.«

Am 17. März sagte sie auch eine umgehende Umsetzung der Einreisebeschränkungen für Nicht-EU-Bürger nach Deutschland infolge eines Videogipfels mit den EU-Staats- und Regierungschefs zu. Die Beschränkung galt zunächst für 30 Tage. Es ging nun um gemeinsames Agieren gegen die ökonomischen Folgen der Epidemie. Wichtig war es, laut Merkel, den Binnenmarkt und damit den freien Fluss von Waren aufrechtzuerhalten, denn es müsse mit »ernsten, sehr ernsten Konsequenzen« für die Wirtschaft gerechnet werden.

Die Krise um das zunächst noch unterschätzte Corona-Virus war nicht nur für die Bundeskanzlerin, sondern auch für das parteipolitische System eine große politische Gefahr und gleichzeitig eine echte politische Chance. Merkel konnte gemeinsam mit der oft kritisierten Großen Koalition und den Ministerpräsidenten der Länder als neuerliche Krisenmanagerin die Folgen der Pandemie eingrenzen, wodurch Anerkennung und Wertschätzung für sie zeitweise wieder zunahmen. Das vermeintlich negative Bild von der »Flüchtlingskanzlerin« schien dadurch zu verblassen. Sollte das Krisenmanagement jedoch nicht gelingen und die Wirtschaft immer unzufriedener mit den Maßnahmen sein und die Bevölkerung mit immer mehr Unverständnis darauf reagieren, war mit einem weiteren Imageverlust für die deutsche Regierung und ihre Chefin zu rechnen. Durch die öffentliche Debatte über die Sinnhaftigkeit der offiziellen Politik im Umgang mit der Pandemie drohten sich durch kontroverse Demonstrationen neue Formen der gesellschaftlichen Spaltung in Deutschland abzuzeichnen.

Ein echter Paukenschlag war am 25. März 2020 zu vernehmen, als Finanzminister Olaf Scholz den Nachtragshaushalt im Bundestag präsentierte. Mit 122,5 Milliarden Euro sollte der Bund Maßnahmen zur Bewältigung der Corona-Folgen finanzieren. Die enorme Summe war nach Scholz notwendig, »um uns mit aller Kraft gegen die sozialen und wirtschaftlichen Folgen der Krise stemmen zu können«. Er formulierte dabei drei Zielsetzungen, die jedoch alsbald in einen Konflikt miteinander geraten sollten und ein politisches Spannungsfeld zwischen den Ministerpräsidenten der Länder entstehen ließen:

a) eine gute Gesundheitsversorgung von Erkrankten sicherzustellen und dafür zu sorgen, dass alle die geschützt sind, die sie behandeln,
b) den Lebensunterhalt der Bürgerinnen und Bürger zu sichern, die von der Krise betroffen sind, sowie
c) die Wirtschaft zu stabilisieren und Arbeitsplätze zu erhalten.

»Es ist wichtig, dass unsere Hilfen schnell dort ankommen, wo sie gebraucht werden«, unterstrich Scholz. Mit dem Nachtragshaushalt, der eine Nettokreditaufnahme von 156 Milliarden Euro vorsah, waren haushaltsrechtliche Voraussetzungen geschaffen worden, um der Krise Herr zu werden.
Sechs Jahre von 2014 bis 2019 kamen die Kabinette Merkel III und IV ohne Neuverschuldung aus. Die »schwarze Null« musste nun in der Budgetpolitik geopfert und die im Grundgesetz verankerte Schuldenbremse außer Kraft gesetzt werden. Die Bundesregierung beschloss außerdem die Errichtung eines »Wirtschaftsstabilisierungsfonds«. Damit sollten finanzielle Flüssigkeit und Eigenmittelausstattung von Unternehmen gewährleistet bleiben. Zählte man alle Mittel zusammen, wie die des Rettungsfonds für die Wirtschaft und die KfW-Kredite, stand am Ende ein Hilfspaket von 1,2 Billionen Euro. Das waren historisch einmalige Notfall-Maßnahmen mit unfassbaren Geldbeträgen, die der Bundestag in Notbesetzung per Eilverfahren in der letzten März-Woche 2020 durchgewunken hat.
Trotz der unfassbaren Summe und des hohen Tempos gab es einen pragmatischen Konsens unter allen Fraktionen. Nur die AfD hatte sich gegen die Aufhebung der Schuldenbremse ausgesprochen. Der Bundestag habe seine »Handlungsfähigkeit« bewiesen, betonte Bundestagspräsident Wolfgang Schäuble. Als er vor seiner Aussprache an die Helfer im Lande und die erkrankten Parlamentskollegen erinnerte, folgte stehender Applaus aller Abgeordneten.
In der Frage der Lockerung der Beschränkungen im Zeichen der Bewältigung der Corona-Krise unterlag Merkel im Ringen mit den Ministerpräsidenten der Bundesländer, die sich mit ihren regionalen Sonderinteressen durchsetzen konnten, was auf einen weiteren Machtverlust der Bundeskanzlerin hindeutete. Der deutsche Föderalismus war dabei auch Ausdruck eines zum Teil gespaltenen Deutschlands.
Am 3. Juni 2020 einigte sich nach 21 Stunden Verhandlungen im Zeichen der Folgenbewältigung der Corona-Krise die Große Koalition in staatspolitischer Konsensbereitschaft über ein gesellschaftlich breites, großes, umfassendes und umsichtiges Konjunkturprogramm von 130 Milliarden Euro für dieses und das nächste Jahr. Sie bewies damit einmal mehr Handlungsfähigkeit und Krisenmanagement sowie Merkel wieder Führungs- und Moderationsfähigkeit.
Wie konnte es angesichts dieser Mega-Katastrophe mit Deutschland und der EU weitergehen? Kann im Lichte dieses Krisenszenarios die EU in ihrer Integration überhaupt noch weiter fortschreiten? Die Antwort fiel schon vor der Corona-Pandemie wenig zuversichtlich aus. Merkel und Macron waren, wie gesagt, keine Gemeinschaftseuropäer, sondern im Notfall nationale Interessenpolitiker, also Regierungseuropäer, was sich allein schon an der Debatte der »Corona-Bonds« (gemeinsame Haftung für die Folgen der Virus-Verbreitung für die Gesundheits- und Wirtschaftssysteme) festmachen ließ, die an jene Debatte der »Eurobonds« in den Jahren der europäischen Währungskrise erinnerte. Deutschland lehnte diese gemeinsam mit den Niederlanden und Österreich in beiden Fällen ab.
Als Ersatz für Corona-Bonds stimmten die EU-Finanzminister der Eurozone am 9. April 2020 überein, dass nach der bisher schon aktiv gewordenen Europäischen

Zentralbank nun auch der Europäische Stabilitätsmechanismus (ESM) und die Europäische Investitionsbank (EIB) aktiv werden sollten. Enthalten sind drei Elemente: vorsorgliche Kreditlinien des Euro-Rettungsschirms ESM von bis zu 240 Milliarden Euro, die besonders den von der Pandemie betroffenen Staaten zugutekommen könnten; ein Garantiefonds für Unternehmenskredite der EIB, der 200 Milliarden Euro mobilisieren soll; und das von der EU-Kommission vorgeschlagene Kurzarbeiter-Programm namens »Sure« im Umfang von 100 Milliarden Euro. Von den Hilfen sollten vor allem Italien und Spanien profitieren. Generell sollten Kreditlinien aus dem ESM nur an geringfügige Auflagen geknüpft und die Gelder für Ausgaben im Gesundheitssystem beschränkt werden. Wirtschaftspolitische Reformen wie zuletzt von den Niederlanden gefordert waren damit kein Thema.

Es blieb für das Jahr 2020 das Dilemma der kränkelnden und daher schwächelnden deutschen Europapolitik bestehen. Diese glich einer seit 2017 lahm gewordenen Ente, die sich auf die globale Bühne geflüchtet hat, ohne Mittel und Wege gegen den nach rechts verschobenen öffentlichen politischen Diskurs und eine rechtsgerichtete, deutschnationale bis hin zum völkischen Rechtsextremismus tendierende Bürgerprotest-Partei im Deutschen Bundestag gefunden zu haben, die das politische System schon mit einer vergleichsweisen kleinen Landesaffäre ins Wanken bringen konnte. Dieses politische Problem konnte nur in Deutschland selbst gelöst werden. Fällt die europapolitische deutsche Rückendeckung für die EU weiter aus, wird es für die Kommission von Ursula von der Leyen umso schwieriger, Erfolge zu erzielen. Jacques Delors als EG-Kommissionspräsident (1985–1995) konnte mit seiner Integrationspolitik nur erfolgreich sein, weil Kohl und Mitterrand hinter ihm standen. Beide Staatsmänner waren mehr als nur Regierungseuropäer und hatten eine breite innenpolitische Basis hinter sich.

Am 19. Mai 2020 schlugen Macron und Merkel einen 500 Milliarden-Euro-Notfall-Plan in Form von Zuschüssen für von der Corona-Krise besonders betroffene EU-Mitglieder vor. Die Kommission fungierte als Impulsgeber und Kompromissfinder. Am 27. Mai 2020 präsentierte sie unter dem Motto »Next Generation EU« einen 750 Milliarden Euro schweren Wiederaufbaufonds, gepeist durch Anleihen auf dem Kapitalmarkt. Der Plan sollte zu zwei Dritteln aus 500 Milliarden Euro durch nicht rückzahlbare Zuschüsse und einem Drittel aus 250 Milliarden Euro in Form von Krediten bestehen, verbunden mit Rückzahlungen ab 2028 bis 2058. Die Mittel sollten nicht in die nationalen Haushalte, sondern in spezifische Projekte für Klimafreundlichkeit, Digitalisierung und soziale Gerechtigkeit fließen. Die Mitgliedsstaaten sollten bei von der Leyens Plan nur anteilige Haftung an ihrem jeweiligen Anteil am EU-Haushalt übernehmen, der Union aber die Erlaubnis für die Aufnahme von Schulden gestatten. Von der Leyen betonte die Notwendigkeit gemeinsamer Investitionen für die zukünftigen Projekte, die durch den europäischen Haushalt gehen sollten, der auch noch eigens zu beschließen war. Die Einigung unter den EU-27 fiel bis zuletzt äußerst schwer. Nun war Abstimmung und Koordination der Mitgliedstaaten gefragt – was durch Umschichtungen von Krediten und Zuschüssen im Kompromisswege gelingen sollte – und für die deutsche Ratspräsidentschaft blieb das Ziel klar: den Zusammenhalt zu wahren und Solidarität in Pandemie-Zeiten zu üben. Einigkeit war notwendig, um bei den viel weiter gehenden Riesenthemen Afrika, China, Russland und USA ein geschlossenes und wirksames Auftreten Europas zu gewährleisten.

Die deutsche Frage wird daher umso mehr auf allen Ebenen weiter aktuell, brisant und offen bleiben. Allein die Europäische Union als weiterhin notwendiger Funktionsrahmen und europapolitische Entschlossenheit in Deutschland erscheinen als Garanten der Kontinuität für eine Fortsetzung der Geschichte der EU als nach wie vor relevanter Referenzpunkt sowie entscheidender integrationspolitischer Impulsgeber und Stabilitätsanker für den Kontinent und die Welt.

12. Drei unterschiedliche Republiken mit zehn verschiedenen Dimensionen: Bonn – Pankow – Berlin

Blickt man zurück auf die deutsche Geschichte, so trifft der Titel des Werks »Achterbahn« von Ian Kershaw zur Geschichte Europas auch für die deutsche Geschichte im 20. Jahrhundert völlig zu. In Anlehnung an Fritz Sterns Memoiren-Buch »Fünf Deutschland und ein Leben«, der ausgehend von seinen Erlebnissen in der Weimarer Republik, dem Dritten Reich, der DDR, der BRD und der Berliner Republik seine Erinnerungen geschrieben hat, haben sich Autor und Verlag dieses vorliegenden Buches zur Darstellung von »drei Deutschland« nach 1945 entschieden.

Abb. 56: Drei Generationen in Deutschland sowie »Fünf Deutschland und ein Leben« im Jahre 2007: Fritz Stern (Mitte) bei einem Besuch in Hildesheim, links: der Buchautor, rechts: der Chefredakteur der *Hildesheimer Allgemeinen Zeitung,* Hartmut Reichardt

Nach der NS-Diktatur der Verführung, Vernichtung und Zustimmung (1933–1945) folgte mit der DDR eine Diktatur der Anpassung, Repression und Verfolgung seitens der SED (1949–1989). Im Unterschied zum NS-Staat war der SED-Staat keine Konsensdiktatur. Er verkörperte eine Erziehungs-, Grenzschutz und Überwachungsdiktatur.

Beide Diktaturen Deutschlands waren – trotz aller ihrer Unterschiede – auf ihre Weise sehr deutsch und totalitär im Sinne von kompromisslos, konsequent und umfassend, aber nicht gleichen Ausmaßes hinsichtlich der Vernichtungs- und Zerstörungspotentiale, gleicher Durchdringung mit ihrer Ideologie und gleicher Folgewirkungen mit Blick auf das Weltgeschehen. In allen drei jetzt genannten Kriterien waren die Nationalsozialisten den SED-Sozialisten in einem viel kürzeren Zeitraum voraus, was letztlich den qualitativen und quantitativen Unterschied zwischen den beiden deutschen Diktaturen markiert. Der SED-Staat war eine Diktatur nach der Diktatur mit ideologischer Abgrenzung, politischer Distanz, aber auch organisatorisch-strukturellen Übernahmen.

Nach der Kapitulation der Deutschen Wehrmacht und dem Einschreiten der zwei Hauptsieger-Mächte gab es zwei Deutschland. Im Westen bestand neben und parallel zur DDR die Bundesrepublik. Aus beiden deutschen Staaten ging 1990 das geeinte Deutschland hervor, dass sich erst allmählich als Berliner Republik verstehen ließ. Nach Ende des Kalten Kriegs entstand aus den zwei Deutschland im Laufe der 1990er Jahre ein neues drittes, demographisch, gesellschaftlich, kulturell, politisch und territorial andersartiges Deutschland mit einer neuen Hauptstadt.

Der definitive Bruch mit Bonn war aber nicht mit dem Hauptstadtbeschluss des Bundestages zum Regierungsumzug an die Spree am 20. Juni 1991 verbunden (sechs Ministerien verblieben nämlich mit ihrem Erstsitz in Bonn wie Verteidigung; Ernährung und Landwirtschaft; wirtschaftliche Zusammenarbeit und Entwicklung; Umwelt, Naturschutz und nukleare Sicherheit; Gesundheit sowie Bildung und Forschung), sondern mit der deutschen Kriegsbeteiligung gegen Serbien wegen des Kosovo-Konflikts durch Bombardement von Belgrad ab dem 24. März 1999. Dieser Bruch geschah im Kontext des Wandels der NATO von einem Verteidigungs- zu einem Interventionsbündnis und der sich ab diesem Jahr auch vollziehenden ersten NATO-»Osterweiterung« um Polen, Tschechien und Ungarn, forciert unter Bundeskanzler Kohl und Verteidigungsminister Volker Rühe. Das Jahr 1999 machte das neue dritte Deutschland nach dem Zweiten Weltkrieg in seiner nun auch außenpolitischen, außen-militärischen sowie nachbarschafts- und sicherheitspolitischen Dimension deutlich.

Der Vergleich zwischen den verschiedenen Staatsformen der deutschen Geschichte nach 1945 ergibt eine Reihe relevanter Befunde und weiterführender Erkenntnisse. Die Perspektive wird noch bereichert, wenn die unterschiedlichen Herrschaftsformen und Regierungssysteme des 19. und der ersten Hälfte des 20. Jahrhunderts als Hintergrundfolien in den Blick genommen werden, v. a. um sich dem Einwand der »kurzatmigen Zeitgeschichte« zu entziehen.

12.1 Die geschichtliche und historiographische Dimension deutscher Staatlichkeit

Die deutschen Staatsbildungen von 1871 bis 1949 waren mit erheblichen Belastungen für Europa, sein Staatensystem und seine kulturelle und politische Einheit verbunden: Selbstentmachtung, Selbstzerstörung und Teilung des Kontinents in Ost und West sind durch diese Reichs- und Staatsbildungen erst maßgeblich möglich geworden. In allen Fällen waren die Folgen massiv – das nationalsozialistische »Dritte Reich« nahm darunter eine Sonderstellung ein, denn es hatte für die gesamte Welt so katastrophale wie verheerende und zerstörerische Konsequenzen, die bis heute nachwirken. All dies wäre ohne deutsche Regierungs- und Staatspolitik in der ersten Hälfte wie auch über weite Strecken der zweiten Hälfte des 20. Jahrhunderts nicht möglich gewesen.

Die gravierenden Hypotheken und Folgen im Grunde *aller* deutschen Staatsbildungen im 19. und 20. Jahrhundert in Deutlichkeit und Klarheit zu erkennen, wie in unumwundener Offenheit zu bekennen und zu benennen, ist von der in der alten Bundesrepublik geprägten westdeutschen Geschichtsschreibung und den von ihr sozialisierten Historikerinnen und Historiker nicht zwingend zu erwarten gewesen, aber auch von der jüngeren Generation des neuen Deutschlands – v. a. mit Blick auf die alte Bundesrepublik – kaum oder gar nicht als Thema aufgegriffen und begriffen worden.

Für Preußen wie die Bundesrepublik – zwei eigenartige Staatsgründungen – gerieten kritische Aspekte ihrer Geschichte, v. a. die mit ihrer Entstehung verbundenen Belastungen und Hypotheken für das politische System Europas des 19. und 20. Jahrhunderts aus dem Blick. Berühren wir aber zunächst die historiografische Seite der ersten Dimension der – im Unterschied zur DDR – dominanten bundesdeutschen Geschichtsdeutung, die lange Zeit meinte, ausschließlich und allein über Ostdeutschlands Geschichte 1949–1990 befinden zu können.

Zwischen Preußen und der alten Bundesrepublik gab es bei allen geschichtlichen Unterschieden Analogien und Parallelen. War der westdeutsche Staat zeitweilig ein kaum besonders geliebtes Provisorium, änderte sich diese Einstellung spätestens seit den 1970er-Jahren. Mit beiden deutschen Staaten begannen sich die Historiker/innen ihrer Zeit zu identifizieren. Sie begannen allmählich positive Gesänge auf sie zu anzustimmen. Das war kein besonderes deutsches Phänomen, sondern galt für viele sich wieder etablierende europäische Staaten nach 1945. Es war vielmehr ein Spezifikum der Zunft.

Einer der prominentesten westdeutschen Geschichtsschreiber, der Gesellschaftshistoriker Hans-Ulrich Wehler, räumte so freimütig wie ungeniert ein: »In gewisser Hinsicht gehöre ich zu den Lobrednern der alten Bundesrepublik.« So verwundert auch nicht das Diktum seines Lehrers Theodor Schieder über seinen jungen Schüler, es handle sich bei Wehler um einen »Treitschke redivivus«. Was war damit gemeint?

Der »Preußen-Historiker« Heinrich von Treitschke hatte die borussianische Legende aufgegriffen, wonach das preußische Königtum die Mission zur Gründung des deutschen Nationalstaats im 19. Jahrhundert habe. Wehler lobte seinerseits, wie es scheint in dieser Tradition, die alte Bundesrepublik zum eigentlichen Staat Deutschlands in der zweiten Hälfte des 20. Jahrhunderts aus und hoch.
Für die DDR waren es in der Regel Partei-Historiker, die ihren ostdeutschen Staat im Sinne des »Klassenkampfs« und des Marxismus-Leninismus zum wahren deutschen sozialistischen Staat stark schrieben wie beispielsweise Ernst Diehl. Mit der Bezeichnung »Diktat des Konsenses« umschrieb Martin Sabrow die Geschichtswissenschaft in der DDR. Er nannte es auch eine Geschichte als Herrschaftsdiskurs, wenn es vom Umgang mit der Vergangenheit in der DDR ging. Die Historiker/innen-Zunft blieb in beiden deutschen Staaten so gesehen ihrem Zeitgeist verhaftet und verschrieben, was heute auch kaum anders ist.
Deutschland vor 1990 war eine geteilte Nation mit Geschichtsschreibungen einer gespaltenen Historiker/innen-Zunft, was bis heute nachwirkt: Es dominierte lange die Sichtweise einer westdeutschen Siegerpose unter den bundesdeutschen Geschichtsforscher/innen, deren Bild von der deutsch-deutschen Geschichte sich jedoch allmählich im Sinne einer gesamtdeutschen Betrachtung zu differenzieren und zu nuancieren beginnt.
Ein Zweites: Preußen wie die alte Bundesrepublik schlossen nicht alle Deutschen bzw. deutschsprachigen Bevölkerungen ein. Sie waren nur halbe Lösungen bzw. Teilstaatsbildungen – jedenfalls empfanden die Zeitgenossen dies durchaus noch so. Dennoch proklamierten sie jeweils für sich das ›bessere‹ und ›fortschrittlichere‹ Deutschland zu sein. So wurden sie nicht nur gleich zu ihrer Zeit, aber umso mehr nachher überhöht, spiegelten aber tatsächlich nicht die gesamtdeutsche politische Realität wider – von der außerdeutschen, sprich deutschsprachigen Welt einmal abgesehen. Diese Art von Teilgeschichtsschreibungen trugen zur Abgrenzung, Engführung, Isolierung, Kleinteiligkeit, Partikularismus, Provinzialität und Weltabgewandtheit historischer Betrachtungen und Darstellungen bei – fern von Europa und der Globalität.
Ein Drittes zur europäischen Dimension: Schon 1848 hatte es die zunächst noch offene Diskussion in der Nationalversammlung der Frankfurter Paulskirche über die Frage von Klein- und Großdeutschland gegeben. Die Staatsbildung Preußens hatte nicht nur den Ausschluss Österreichs aus dem Reichsverband, sondern auch die Aufgabe des Konzepts eines »dritten Deutschlands« zur Folge, die Staatsbildung der alten Bundesrepublik die Absage an ein Europa als »dritte Kraft«, das Abhängen der Mittel- und Ostdeutschen jenseits der Elbe und das Überlassen in ihr Schicksal hinter dem »Eisernen Vorhang«. Damit verbunden war in letzter Konsequenz die Inkaufnahme und Mitverantwortung für die Teilung Deutschlands und die Spaltung Europas.
Wenn man allerdings so argumentiert, kann nicht übersehen werden, dass die Sowjetunion nach dem Zweiten Weltkrieg weite Teile Mittel- und Osteuropas besetzt und kontrolliert, v. a. aber diese mit dem aufgezogenen »Eisernen Vorhang«

abgeschottet hat. Damit war für die DDR eine klare und scharfe Abgrenzung vom »imperialistisch-kapitalistischen« Westen beabsichtigt. Die Gründung der Bundesrepublik bedeutete daneben eine klare Absage an die kommunistische Politik und die sowjetische Präsenz östlich der Elbe. Sie war auch eine Frontstaatsbildung im Zeichen des Kalten Krieges.

Erkennbar wird die Positionierung und Zeitbedingtheit der vom Kalten Krieg und von der Westintegration geprägten westdeutschen Historiografie, wenn geschrieben wurde: »Der Weg der ›alten‹ Bundesrepublik führte von der deutschen Misere in die westliche Welt, und diese ›Ankunft im Westen‹ wird auch durch das Ende der DDR und die Wiederherstellung der nationalen Einheit nicht rückgängig gemacht werden« (Axel Schildt, ähnlich Hans-Ulrich Wehler und zuletzt Heinrich August Winkler mit seinem ›langen Weg nach Westen‹). Solchen Vorstellungen scheint noch ein Denken in den Dichotomien und Gegensätzlichkeiten des Ost-West-Konflikts zugrunde zu liegen.

Deutschland ist mit seiner Einheit 1990 nun in der Mitte Europas angekommen. Im Kontext der »EU-Osterweiterung« hat sich eine neue Perspektive für die Berliner Republik aufgetan, die die »Ankunft im Westen« in den Hintergrund treten lässt und relativiert. Die deutsche geopolitische Lage hat sich seither deutlich verändert. Deutschlands Status musste neu justiert und konditioniert werden. Die »Ankunft im Westen« war lediglich eine Etappe und ist noch kein Ende der Geschichte. Es ist Eckart Conze in den folgenden Feststellungen nicht uneingeschränkt, aber in seinen Schlussfolgerungen zuzustimmen, wenn er 2009 festgehalten hat:

»Was von 1989/90 her gesehen eine Erfolgsgeschichte schien – und in alt-bundesrepublikanischer Perspektive zweifelsohne [sic!] auch eine war –, bietet zwei Jahrzehnte später wieder ein anderes Bild. 60 Jahre nach der Republik-Gründung – und 20 Jahre nach dem Fall der Mauer – können Deutungsmuster wie Westernisierung [sic!] oder Liberalisierung allein, die zentrale Elemente des erfolgsgeschichtlichen Narrativs (Hans Günter Hockerts) sind, eine Geschichte der Bundesrepublik, die systematisch über die Mitte der 1970er-Jahre und auch über die deutsche Vereinigung hinausreicht, nicht mehr leiten.«

Eine reine Erfolgsgeschichte konnte es aber per se schon zuvor nicht sein – das könnte nur ein Mythos leisten. Vielmehr stellte sich die Aufgabe einer »Problemerzeugungsgeschichte« (Hans Günter Hockerts).

Die ostdeutsche und die bundesdeutsche Geschichte nur für sich allein, isoliert voneinander zu sehen und getrennt zu erzählen, ist aus verschiedenen Gründen nicht mehr durchzuhalten, was allein schon eine Kontextualisierung in europäischer und globaler Hinsicht nahelegt. Abgesehen davon waren, wie schon gesagt, beide Staaten stark aufeinander bezogen – in völlig konträrer ideologischer Abgrenzung und Differenz sowie politischer Distanz und Gegnerschaft bei gleichzeitiger wechselseitiger ökonomischer Abhängigkeit und kultureller Verbundenheit. Beide waren in einer »asymmetrisch verflochtenen Parallel- und Abgrenzungsgeschichte« (Martin Sabrow) miteinander verbunden. So gesehen war die alte Bundesrepublik auch »im Osten« zu Hause, ein Osten, der aber gar nicht der Osten, sondern die Mitte Europas war. So wurde auch betont, »den Systemgegensatz von Demokratie und Diktatur nicht übermäßig« herauszustellen, sondern »Elemente eines gemeinsamen Erfahrungsraumes« der Deutschen in Ost wie West zu erkennen. Neben der Systemkonkurrenz war »das gesamtdeutsche Bewusstsein über einen längeren Zeitraum bestehen« geblieben (Andreas Wirsching).

Eine kritische Geschichtsschreibung zu Deutschland nach 1945 wird außerdem bereits bei den zeitgenössischen Begrifflichkeiten ansetzen müssen. Sie darf diese nicht einfach unhinterfragt übernehmen: Apologien und Beschönigungen waren und sind wiederkehrende Muster der deutschen politischen Rhetorik gewesen. So sehr der formelle Rechtsnachfolger des Reiches eine politische Kontinuität zu Herrschaft, »Reich« und Staatlichkeit vor 1945 ausschloss, so ließ sich aus dem völligen Nichts heraus kein neuer Staat aufbauen.

Der Begriff der »Wiedervereinigung« ist dabei ebenso irreführend wie der der »Wiederbewaffnung«. Weder konnte die alte Bundesrepublik ›wiederbewaffnet‹ werden, noch waren die Bundesrepublik und die DDR vor 1990 jemals vereint gewesen. »Antifaschistischer Schutzwall« und »Republikflucht« – Wortschöpfungen der SED-Rhetorik-Formeln – entlarvten sich schon zu ihrer Zeit als schlichte Propaganda- und leicht durchschaubare wie untaugliche Rechtfertigungsversuche.

Aber auch in der Bundesrepublik gab es Schönfärberei: Der eigentlich »Generalvertrag« heißende Vertrag von 1952 wurde zum »Deutschlandvertrag« gemacht, wobei es sich nur um den westdeutschen Staat handelte. Der schlicht und einfach so benannte »Deutsch-Französische Vertrag« von 1963 wurde zum »Freundschaftsvertrag« hochstilisiert. Die genannten Begriffe waren Ausdruck einer emotional wie ideologisch und politisch aufgeladenen Terminologie von zeitgenössischer politischer Rhetorik und Propaganda. Sie sollten von der Geschichtsschreibung nicht unbedacht und kritiklos übernommen, sondern dekonstruiert werden.

Sich mit der eigenen Geschichte und Erfahrung selbstkritisch auseinanderzusetzen, bedeutet stets eine Herausforderung. Sie ist nicht nur ein spezifisch (west)deutsches, sondern darüber hinaus auch ein grundsätzliches Problem der Geschichtsschreibung und ihrer Zunft, entsprechend mit Abhängigkeiten von Machtkonstellationen und Zeitbedingtheiten umzugehen.

Wie abgehoben, losgelöst von den harten deutsch-deutschen, ja gesamtdeutschen Realitäten, bis hin zu einer Tendenz der Verklärung die Geschichte der Bundesrepublik gesehen und gedeutet wurde, ist an verschiedenen Formulierungen erkennbar: Die »Erfolgsgeschichte« der Bundesrepublik sei die »ausgebliebene Katastrophe« (Hans Peter Schwarz) und dieser »Phönix aus der Asche«, eine »geglückte Demokratie« (Edgar Wolfrum), auf der »Suche nach Sicherheit« (Eckart Conze) gewesen. Es hätte bei der Hypothek der Vergangenheit und der »Belastung durch die Spaltung Deutschlands« auch »durchaus anders kommen« (so Conze) können.

Eine »Belastung« war die Hilfe und Unterstützung durch die Bundesrepublik für den Osten Deutschlands nach der Einheit. War aber die jahrzehntelange Teilung der Nation nicht weit mehr als nur eine »Belastung«? Sind solche Formulierungen

nicht eher Verniedlichungen? Was hätte noch »Schlimmeres« kommen können und sollen? Weitere Teilungen, die gänzliche Zerstückelung oder gar die atomare Selbstzerstörung Deutschlands im scheinbar Sicherheit bietenden Kalten Krieg?
Die deutsche Anomalie bestand in der »Vergangenheitshypothek und der fortwährenden Spaltung der Nation«, wie Edgar Wolfrum es zu Recht benannt hat.
Die Abtrennung der deutschen Ostgebiete, die Vertreibung der Deutschen aus ihrer Heimat und die Teilung Deutschlands waren allerdings im eigentlichen Sinne die Katastrophen der deutschen Nachkriegsgeschichte. War das nicht das, was Adenauer mit einem »Super-Versailles« zu bezeichnen versuchte?
Der erste Nachkriegskanzler meinte allerdings mit diesem Schlagwort, dass die vier Siegermächte über die Köpfe der Deutschen hinweg entscheiden würden, was er unbedingt verhindert sehen wollte, aber letztlich doch auf ihre eigene Weise wieder geschah. Wie sollte es auch anders geschehen? Mit den Deutschen zusammen wollten die Alliierten dies aus begreiflichen Gründen nicht tun.
Was waren die ausschlaggebenden Elemente, die entscheidenden Charakteristika und spezifischen Kennzeichen der Geschichte Deutschlands nach 1945? Was zeigt uns auch der Blick zurück in die Geschichte vor dem Beginn der deutschen Nachkriegsgeschichte an? »Geglückte Demokratie« (Wolfrum) und »Die Suche nach Sicherheit« (Conze) lauteten, wie erwähnt, Titel und Thesen. Die erste Variante hängt mit der inneren Entwicklung, die andere auch mit der äußeren Dimension deutscher Geschichte nach 1945 zusammen.
Die DDR bot ihren Bewohnern keine wirkliche Demokratie, und Sicherheit suchte sie neben dem »Klassenfeind« im Westen auch vor ihren Bürger/inne/n selbst. Sie als eine Erfolgsgeschichte zu erzählen, fällt vor dem Hintergrund ihres politischen und moralischen Zusammenbruchs 1989/90 schwer. Dennoch lässt sich ihre Geschichte nicht allein von ihrem Ende her erklären.
»Demokratie«, »Gesellschaft«, »Identität«, »Orientierungen«, »Einheit«, »Sicherheit«, »Vergangenheit« sowie Wirtschafts- und Zahlungsleistung und nicht zuletzt die neue Dimension der Berliner Republik können uns als gesamtdeutsche zusammenfassende Kategorien dienen und weitere Anhaltspunkte liefern.

12.2 Die Dimension des demokratie-, gesellschafts- und wirtschaftspolitischen Zusammenhangs

Die Weimarer Republik war Ergebnis einer Kriegsniederlage, einer von der schon gespaltenen deutschen Linken selbst ausgerufenen Republik. Strittig war bereits von Anfang an ihre gesellschaftspolitische Ausrichtung. Zwei Republiken waren anvisiert worden: Karl Liebknecht deklarierte eine sozialistische Räterepublik, während Philipp Scheidemann eine (sozial)demokratische und parlamentarische Republik proklamierte. Die Gründung der Weimar Republik war allerdings – zugespitzt formuliert – eine Demokratie mit zu wenig Demokraten, eine im Rückblick aber doch vielfach unterschätzte Republik, die über weite Strecken ein nicht unbeachtliches Krisenmanagement leistete und bis zu einem gewissen Grad auch eine innere Konsolidierung und Stabilisierung sowie die Emanzipation von den Forderungen der Siegermächte des Ersten Weltkriegs erreichte.

Die Gründung der Bundesrepublik war ebenfalls Ergebnis einer Kriegsniederlage, aber mehr noch als Weimar auch Resultat einer atlantischen und westalliierten Besatzungsherrschaft und Bündnispartnerschaft, also von außen erzwungen und eine besonders durch Alliierten Kontrollrat, Entnazifizierung und »Umerziehung« verordnete deutsche Demokratie. Ihre Ausrichtung war formell und von den inhaltlichen Vorgaben her »demokratisch«, »freiheitlich«, »europäisch« und »westlich«. Es wurde eine Demokratie heranwachsender und sich mit ihr allmählich identifizierender Demokraten.

Die DDR war auch Produkt einer Kriegsniederlage, vor allem aber das Ergebnis der Präsenz nur einer einzigen Besatzungsmacht auf deutschem Boden, der Sowjetischen Militäradministration (SMAD). Als sozialistischer Einheitsstaat konstruiert, wurde die DDR ein Staat verhinderter, unterdrückter und verfolgter Demokraten. Allein diese Dimension manifestierte schon die deutsche Gespaltenheit und die geteilte Nation.

War die Weimarer Republik eine unvollendete Demokratie, so die Bonner Republik eine von außen kontrollierte und von innen weiterentwickelte und demnach eine auch anscheinend »geglückte Demokratie« (Edgar Wolfrum), worauf noch genauer zu sprechen sein wird. Sie war innerhalb weltanschaulicher »Blöcke« und Lager stark konsensorientiert und weit weniger pluralistisch ausgerichtet als die Weimarer Republik. Genau das schien ein Garant für ihre parteipolitische Kontinuität und innenpolitische Stabilität zu sein, wenngleich auch mit der Problematik behaftet, eine schwache, eher statische, d. h. wenig dynamische und entwicklungsfähige Demokratie zu sein.

Edgar Wolfrum empfindet z. T. wie Hans-Peter Schwarz das »Aufregende« an der Geschichte der Bundesrepublik, »daß die Katastrophe ausblieb und daß dieser Staat zu einer der stabilsten und angesehensten westlichen Demokratien geworden ist«. Derartige an Superlativen nicht arme Feststellungen erscheinen übertrieben.

War nach der Katastrophe des Nationalsozialismus (1933–1945) noch eine weitere Katastrophe zu erwarten? Konnte es nach der Niederringung der Hitler-Diktatur nicht eigentlich nur besser werden? Für Edgar Wolfrum ist es »vielmehr außerordentlich erklärungsbedürftig und im Grunde so ungewöhnlich, daß er [der Weg der Bundesrepublik] uns ins Staunen versetzen muß«.

Sind die demokratische Wandlungsfähigkeit der Deutschen und die Entwicklung der bundesdeutschen Demokratie wirklich so »außerordentlich erklärungsbedürftig«? Bei genauerer Betrachtung und weiterem Nachdenken ist dieser Vorgang relativ leicht erklärbar: Die Siegermächte zerschlugen die zentralstaatlichen Gewaltmonopole und Herrschaftsstrukturen des »Dritten Reiches«, Strukturen eines in sich zusammenfallenden, so aggressiv wie expansiven kurzlebigen Kriegs- und Raubtierimperiums. Deutschland wurde militärisch besetzt, in zwei Staaten geteilt und politisch kontrolliert. Diese Kontrolle erfolgte trotz Beendigung des Besatzungsstatuts mit einer seit 1955 gegebenen und nach 1990 bis heute fortbestehenden Bündnispartnerschaft. Berlin genoss als ehemalige Reichshauptstadt und Machtzentrale eine Sonderbehandlung durch den Vier-Mächte-Status. Es gehörte nicht zum Territorium der alten Bundesrepublik und war Sache der Siegermächte. Dagegen nahm sich das Provisorium in Bonn am Rhein relativ harmlos an. Insgesamt wurde mit diesen einschneidenden Eingriffen und Maßnahmen von außen eine einseitige Machtkonzentration verhindert, ein dominanter und wirtschaftlich prosperierender Parteienstaat aufgebaut sowie einem nicht unerheblichen Länderföderalismus Tür und Tor geöffnet, was ganz im Sinne der alliierten Bestrebungen der Dezentralisierung und Schwächung Deutschlands war.

Vor diesem Hintergrund verwundert es schon weniger, dass auf diese Weise eine »Zähmung der unruhigen Deutschen« (Wolfrum) gelingen konnte. Eine solche gleichermaßen aufgezwungene und verordnete, in Folge von außen gestärkte, kontrollierte und gelenkte Demokratie musste in jedem Fall eine bessere Entwicklungschance besitzen, als sie die Weimarer Republik jemals besessen hatte.

Bei der Betrachtung des Weges, den die Bundesrepublik nahm, wird man daher nicht ins Schwelgen geraten müssen. Kritisch anzumerken bleibt bei allem Staunen, dass die Bonner Republik weder eine starke basisdemokratische noch eine intensive direktdemokratische Ausprägung erfahren hat, ja bis zuletzt keine solche ausformte. Es handelt sich um eine indirekte, stark repräsentative Demokratie, die ihren Bürger/inne/n bei der Beantwortung und Entscheidung fundamentaler, ja existenziell wichtiger Fragen ihrer eigenen Daseinsberechtigung und Zukunftsgestaltung keine direkte Einbindung, also keine unmittelbare Mitbestimmung, gestattete: sei es in der Frage der Aufstellung von Streitkräften, der militärischen Bündniszugehörigkeit, der Nutzung bzw. der Abschaffung der Atomkraft als Energiequelle, der Aufstellung von Mittelstreckenraketen im eigenen Lande, der Beibehaltung der eigenen Währung oder der Beteiligung an Kriegen.

Über die Köpfe der Bundesdeutschen hinweg wurde über die sogenannte »Wiederbewaffnung«, die NATO-Mitgliedschaft, die Inbetriebnahme von Atomkraftwerken und ihre Abschaltung, die NATO-»Nachrüstung«, die Aufgabe der D-Mark, die Bombardierung »Restjugoslawiens« oder die Teilnahme am Afghanistankrieg entschieden. Es blieb im Wesentlichen bei einer indirekten, also repräsentativen Demokratie, bei der der Wähler in regelmäßigen Zeitabständen zur Urne treten durfte. Basisdemokratische und zivilgesellschaftliche Elemente fehlten bei den Fundamentalentscheidungen der deutschen Nachkriegsgeschichte oder es wurde gegen sie behördlich und exekutiv vorgegangen.

Das ist bei allen Jubelgesängen und Lobpreisungen wie auch bei einer eher nüchternen Bestandsaufnahme der »geglückten Demokratie« (Wolfrum) nicht zuletzt auch mit Blick auf die Abkehr von den »Volksparteien«, Demokratiemüdigkeit, Politikverdrossenheit und die Erosion der traditionellen politischen Lager kritisch zu bedenken, was gleichwohl über Deutschland hinausgehend ein weitverbreitetes Phänomen in Europa und der Welt ist.

Die Entwicklung, die die westdeutsche Demokratie nahm, hatte zahlreiche historische Gründe: Weil Bonn nicht Weimar sein durfte und wollte, wurde zum Beispiel der Bundespräsident nicht mehr direkt gewählt. In Österreich war es genau umgekehrt: keine Direktwahl in der Ersten Republik und ab den 1950er-Jahren Direktwahl. Über den demokratiepolitischen Effekt und Wert der Wahl des Staatsoberhaupts kann man streiten. Gewichtiger erscheint der Befund, dass die Ära Adenauer als eine »Kanzlerdemokratie« bezeichnet wurde und wohl auch eine solche war. Im Umgang mit Andersdenkenden, Gegnern, Kritikern und Skeptikern war diese Demokratie nicht immer zimperlich. Daran zeigte sich auch das Ausmaß ihrer demokratiepolitischen Qualität. Es war eine von politischen und wirtschaftlichen Eliten getragene Demokratie, die leicht in autoritäre Muster abgleiten konnte (*Spiegel*-Affäre, Notstandsgesetze, Ausnahmegesetze im Kontext des »deutschen Herbstes«). Es war eine stark auf die Person des jeweiligen Kanzlers, seine Delegierten sowie die Parteien und Verbände zugeschnittene Demokratie.

Es verwundert daher nicht, dass in der zweiten Hälfte der 1960er-Jahre im Kontext dieser als autoritär empfundenen Wirtschafts- und Parteieliten-Demokratie Aufbrüche einsetzten, Anstöße erfolgten und Impulse zur Veränderung ausgingen – getragen von Jugendlichen und Studenten. Das Jahr 1968 steht symbolisch für diese scheinbare Trendwende, die allerdings keine stärkeren, die Gesellschaft revolutionierenden Auswirkungen hatte. Es gab zwar – wenn man sich die Kategorien des Historikers Charles Tilly zu eigen macht – partiell revolutionäre Ereignisse und Situationen, aber keine wirklich revolutionären Ergebnisse.

»1968« steht für Aufbegehren, Rebellion und Unruhe, war aber keine Revolution. Wenn man Götz Aly folgt, gab es sogar »anti-modernes«, »intolerantes«, »post-totalitäres« und »repressives« Verhalten seitens der protestierenden Studentenschaft. Aly ging sogar soweit, die »1968er« mit den 1933er Verhältnissen einer intolerant auftretenden SA zu vergleichen! So weit musste man nicht gehen, aber provozierend anregend ist das schon.

Letztlich fand die von der akademischen Jugend beabsichtigte demokratiepolitische Revolution 1968 nicht statt. Die revolutionären Ereignisse und Situationen wirkten aber als Katalysatoren mit Blick auf die Veränderung der parteipolitischen Landschaft mit der sozialliberalen Koalition. Bundeskanzler Willy Brandt folgte ein Jahr später mit dem bezeichnenden Slogan »Mehr Demokratie wagen«. Das klang fast so, wie wenn das vorher nicht gewagt und ausprobiert worden wäre. Es war auch so gemeint.

Im Kontext der Bedrohung durch die »Rote-Armee-Fraktion« (RAF) und der Terroristenbekämpfung in der Regierungszeit von Helmut Schmidt war aber dann mit stärkeren Demokratisierungsschüben nicht zu rechnen. Die Bundesrepublik wandelte am Rande der Rechts- und Verfassungsstaatlichkeit.

Im Jahr 1982 wurde von der CDU/CSU unter Helmut Kohl zwar die »geistig-moralische Wende« verkündet, es handelte sich aber um keine durchgreifende Strukturveränderung im Sinne einer demokratie- und gesellschaftspolitischen Wende.

Mit der stärkeren Einbindung der Deutschen in die EU im Zuge der deutschen Einheit ergaben sich neue Herausforderungen für die Demokratie. In den Tagen der »Eurokrise« stellte sich die kaum öffentlich diskutierte demokratiepolitische Problematik in dramatischer Form neu: die Harmonisierung und Kontrolle der Haushaltspolitik durch die EU, eine nun schon für möglicher gehaltene europäische Wirtschaftsregierung in Brüssel und die mit der Griechenland-Rettungsaktion bereits eingeleitete Transferunion – all dies ohne direktdemokratische Einbindung der deutschen Bürgerinnen und Bürger. Diese hatten längst den Überblick über die Folgen der Entscheidungen und Vorgänge auf europäischer Ebene verloren, ohne dass sie darüber in breiter Form kritisch diskutiert, geschweige denn darüber abgestimmt hätten. Die zur politischen Kultur Deutschlands zählenden TV-Talkshows konnten diesen Mangel nicht ersetzen.

Die »Eurokrise«, die in Wahrheit eine internationale Banken- und Finanzmarktkrise sowie eine europäische Staatsfinanzierungs- und Schuldenkrise war, hat nicht nur die Defizite der »Wirtschafts- und Währungsunion« (WWU) offengelegt, sondern auch die Mängel der demokratischen Begründung und politischen Legitimation der deutschen Demokratie für den auch immer fraglicher gewordenen Weg in einen europäischen Bundesstaat aufgezeigt. Die Problematik der bundesdeutschen Demokratie war praktisch auf die Ebene der EU weiter transferiert worden.

War diese Bonner Republik am Ende gar nur ein Oberflächenphänomen im Sinne einer Parteien-, Konsum-, Schönwetter-, Sozial- und Wohlfahrtsstaatsdemokratie? Die Beantwortung dieser Frage wird die verschiedenen Forschungsdisziplinen noch länger beschäftigen. Die »geglückte Demokratie« konnte an ihrem Fortbestehen und ihrer Stabilität im Kontext der Folgen der Banken-, Finanz-, Wirtschafts- und der Schuldenkrise (2008–10) studiert werden. Die politische Bewährungsprobe kann bisher als bestanden bezeichnet werden.

In Westdeutschland war nach 1949 erst eine ängstliche und verzagte Demokratie entstanden. Die deutschen Politiker hatten kein sonderlich starkes Vertrauen und Zutrauen in ihre Landsleute. Adenauer hatte den Opportunismus der Deutschen gegenüber dem Nationalsozialismus vor Augen. Kohl war kein Anhänger der direkten, sondern Verfechter der repräsentativen Demokratie, andernfalls hätte er die europäische Einheitswährung im eigenen Land und in Europa nie durchsetzen können.

Geschlossen agierende und starke Regierungen wie Große Koalitionen hatten vor 1990 bemerkenswerterweise kaum eine Chance – auch in Krisenzeiten, in denen sich solche lagerübergreifenden und parteipolitischen Kooperationen besonders angeboten und als notwendig erwiesen hätten. Die stete Angst vor einer Radikalisierung der Ränder und die wiederholte Sorge vor politischem Extremismus blockierten die Entwicklung einer stärker pluralen politischen Kultur im Nachkriegsdeutschland. Es blieb vielfach bei einer kontrollierten und statischen Parteiendemokratie. Die Bundesrepublik war somit weit mehr eine Konkordanz- und Konsensdemokratie als eine Konflikt- und Konfrontationsdemokratie. Mit solchen Formen umzugehen, fiel schwer.

Nach Ausfechtung der außen-, innen-, gesellschafts- und wirtschaftspolitischen Grundsatzfragen (militärische und wirtschaftliche Westintegration durch NATO- und EWG-Mitgliedschaft, soziale Marktwirtschaft) passten sich die großen Parteien in der

Bundesrepublik spätestens ab Mitte der 1980er-Jahre in ihren Positionen immer stärker an. Das ging bis zur Unterschiedslosigkeit und zu ihrer Unwählbarkeit. Dass die Nichtwähler im Jahre 2009 schon eine der stärksten Wählergruppen mit 29,2 % ausmachten, konnte nicht unbedingt für eine als geglückt zu bezeichnende Demokratie sprechen.

Fragen der Charakteristika und der Kennzeichen der deutschen Nachkriegsgeschichte sind auch Fragen der Kontinuität. So stellt sich die Frage der Machtpolitik: Adenauer, Kohl und Merkel waren ausgeprägte Machtmenschen und Machtpolitiker. Das traf auf Brandt, Schmidt und wohl auch auf Schröder etwas weniger zu. Alle drei Sozialdemokraten hatten die Abgabe und den Verlust von Macht hinzunehmen, während Adenauer, Kohl und Merkel Strategien und Techniken des Machterhalts und Machtausbaus weit erfolgreicher zu entwickeln und einzusetzen verstanden.

Ulbricht und Honecker waren im System des SED-Staats auch auf ihre Weise ausgesprochene Machtmenschen. Der erste musste infolge eines Putsches unfreiwillig die Macht abgeben, sein Nachfolger widerwillig infolge wachsenden Drucks in der Parteispitze, die ihn zum Rücktritt zwang. Die DDR war nur dem äußeren Schein nach eine Demokratie, ja, praktisch eine Diktatur im Sinne eines post-totalitären proletarischen Einparteienstaates.

Während die Bundesrepublik aus der historischen Retrospektive als »Glücksfall« (Wolfrum) charakterisiert worden ist, kann dies für die DDR schwerlich behauptet werden. Während die Menschen im Weststaat ihre Lebenschancen und -verwirklichungen als »Glück« empfinden konnten (obwohl der zeitgenössische Preis und die langfristigen Kosten für die Menschen im anderen Teil Deutschlands und die folgenden Generationen ausgeblendet blieben), war dies im Oststaat weit weniger und nur im Falle parteipolitischer Konformität und ideologischer Gesinnungsloyalität der Fall.

Die Ostdeutschen mussten sich Anordnungen, Direktiven und Vorgaben einer Partei und ihres Staates, also einer alles dominierenden »Staatspartei«, in vielen Belangen unterordnen, anpassen und somit in ihr politisches Schicksal fügen. Das Leben im »freien Westen« war weit behaglicher und komfortabler als in Ostdeutschland, v. a. hinsichtlich Konsums und Wohlstands. Diesen hatten sich die Westdeutschen einerseits hart erarbeitet. Das »Wirtschaftswunder« war andererseits kein Wunder. Der wirtschaftliche Aufstieg Westdeutschlands basierte auf Fleiß und Schaffenskraft der Menschen, war aber auch günstigen konjunkturellen Rahmenbedingung (Facharbeiterzuwachs aus dem Osten, Korea-Boom, Nachfragebedarf an Gütern, Vollbeschäftigung) geschuldet.

Das bedeutete im Umkehrschluss nicht, dass im anderen Teil Deutschlands die Menschen weniger arbeitsam und fleißig oder gar faul gewesen seien. Sie hatten unter gänzlich anderen besatzungs-, gesellschafts- und ordnungspolitischen sowie internationalen Rahmenbedingungen zu arbeiten, die eine derart rasante und fulminante Aufwärtsentwicklung ihrer Wirtschaft nicht gestatteten.

Die DDR-Bevölkerung erlebte im Vergleich zu anderen Staaten des so genannten »Ostblocks« in den 1970er-Jahren dennoch auch einen gewissen Wohlstand. Dieser

stellte sich aber erst später als in der Bundesrepublik ein, war auf Pump gebaut und seit Mitte und Ende der 1980er-Jahre ohne Auslandskredite nicht mehr zu halten. Stand die alte Bundesrepublik für »Glück«, »Entfaltung«, »Selbstverwirklichung«, aber auch »Ego-Trip«, »Null Bock« und »Aussteiger«, so die DDR für »Schicksal«, »Einschränkung«, »Repression«, »Überwachung«, »Unterdrückung« und »Zwang«. Aus der BRD erwuchsen »Individualität«, »Genuss«, »Hektik«, »Machbarkeit«, »Perfektion« und »Stress«, aber auch »Lebensmüdigkeit«, »no future«, »Sattheit«, »Überdruss« und »Verweichlichung«, aus der DDR hingegen auch »Erfindungsreichtum«, Improvisationskunst«, »Solidaritätsleistung« und »Unterstützungsbereitschaft« sowie ein Leben bestehend aus »Bescheidenheit«, »Dämpfung«, »Geduld«, »Enthaltsamkeit«, »Unzufriedenheit« und »Verzicht«. Dabei gilt es auch, die Dimension der spezifisch ost- und westdeutschen Identität der Nachkriegsgeschichte zu berücksichtigen. Im Ergebnis war die deutsche Einigung im Jahre 1990 Produkt zweier frei gewählter deutscher Regierungen, was v.a. eine ostdeutsche Leistung mit tatkräftiger westdeutscher Mithilfe und Unterstützung war. Markus Meckel legt großen Wert darauf, dass die deutsche Einigung ein deutsch-deutscher Verhandlungsprozess war, gleichwohl die Verhandlungen ungleich waren und es im Westen weniger nachzulernen gab. Was Meckel heute noch aufbringt, ja ärgert, ist der Umstand, dass der ostdeutsche Anteil am demokratisch legitimierten Einigungsprozess im Westen in der Regel ausgeblendet wird. Es sei trotz alledem ein Volk in Europa geblieben, welches sich am wenigsten kenne.
Meckel fordert für den 3. Oktober 2020 im Übrigen die Abschaffung des Artikel 146 Grundgesetz, der die Möglichkeit einer neuen Verfassung für Deutschland eröffnet. Ob dieses Anliegen jedoch so klug und sinnvoll ist, mag bezweifelt werden, denn wer sagt, dass Deutschland eines Tages nicht doch eine neuere Verfassung braucht oder ist das Grundgesetz wirklich die optimale Variante und das letzte Wort zur deutschen Geschichte und Einheitsstaatlichkeit? Kaum eine Verfassung der Welt wurde übrigens so häufig geändert wie das Grundgesetz.

12.3 Die Dimension der äußeren und inneren Sicherheit – ein gemeinsames Anliegen

Eckart Conze machte »Die Suche nach Sicherheit« zu einem Motto seiner »Geschichte der Bundesrepublik Deutschland von 1949 bis in die Gegenwart«, wobei sich bei dieser Generalthese mehrere Fragen stellen: Zum einen, wenn zwischen historischer alter Bundesrepublik und jüngerem neuen Deutschland relativ problemlos eine Verbindung und damit auch ein logischer Zusammenhang hergestellt wird. Alte und neue Bundesrepublik können schwerlich als Gesamtprodukt konstruiert und dann als ein solches dargestellt werden, wenn das nicht unerhebliche Stück Geschichte der früheren DDR miteinbezogen wird. Bonner und Berliner Republik sind grundverschieden von ihrer Entstehung, Geschichte und ihrem Profil. Darüber hinaus

fragt sich, welcher Begriff von ›Sicherheit‹ hier gemeint und welches Verständnis von ›Sicherheit‹ angesprochen ist. Der facettenreiche Begriff kann so ausgeweitet werden, dass die Konturen verschwimmen und verloren gehen. Es handelt sich hier wohl z. T. um nachträglich relevant erscheinende Erklärungen und Rückprojektionen von einem Sicherheitsbegriff des 21. Jahrhunderts.
Das wird auch an einem geschichtlichen Beispiel deutlich, dass eine gewisse Unsicherheit in der Analyse verrät. Conze zitiert Adenauer in seiner Weihnachtsansprache von 1958, in der sich der Bundeskanzler »an jene Zeiten vor 1914« erinnerte, »in denen noch in Wirklichkeit Friede, Ruhe und Sicherheit auf Erden [!] weilten«. Hier fragt man sich sogleich, welche Vorstellungen von Sicherheit und Friedenszuständen vor dem Ersten Weltkrieg vorhanden waren. Vom Boxeraufstand (1900), dem russisch-japanischen Krieg (1904/05), der Annexionskrise um Bosnien-Herzegowina und den Marokko-Krisen (1908/09) und den beiden Balkan-Kriegen (1912/13) schien der erste deutsche Nachkriegskanzler keine Kenntnis besessen oder diese Ereignisse nicht wahrgenommen zu haben. Adenauer war bekanntlich zunächst Beigeordneter, dann Oberbürgermeister der Stadt Köln und als späterer Bundeskanzler mehr Kleineuropäer und Westeuropäer als Großeuropäer und Gesamteuropäer gewesen.
Noch viel kritischer nachfragen lässt sich, ob »Suche nach Sicherheit« tatsächlich das Eigentliche und Wesentliche der westdeutschen Staatlichkeit – laut Conze »der rote Faden durch die Geschichte der Bundesrepublik über alle Einschnitte von Kanzler- oder Regierungswechseln hinweg« – gewesen und darüber hinaus für eine integrierte deutsche Nachkriegsgeschichte zu verwenden ist.
Bei genauerer Betrachtung und kritischer Überlegung scheint die »Suche nach Sicherheit« kein spezifisch bundesdeutsches Alleinstellungsmerkmal gewesen zu sein – zumindest auch ein Anliegen der DDR (Sicherheit vor dem Westen, vor den eigenen Bürgern etc.) – wenn schon, dann ein generelles Bedürfnis der Gesellschaften und Staaten Nachkriegseuropas aufgrund der Bedrohungs- und Gefahrenszenarien des Kalten Krieges. aber auch aufgrund der Zerstörungspotenziale von zwei Weltkriegen, die vom europäischen Kontinent ausgegangen waren.
Für alle ging es gleichermaßen um die Rettung des Nationalstaats. Das hat Alan S. Milward vor Jahrzehnten durch sein Werk »The European Rescue of the Nation State« gelehrt und als das eigentliche Motiv für die europäische Integration identifiziert. Galt dies denn dann auch wie selbstverständlich für die Neuschöpfung des deutschen Weststaats, der Bundesrepublik?
Davon abgesehen scheint »Suche nach Sicherheit« im Falle Deutschlands gar nicht der Kern der Zielsetzungen gewesen zu sein. Bedingungen für »Sicherheit« waren »Existenz«, »Stabilität« und »Stärke«. Diese Voraussetzungen galt es zunächst zu schaffen. Solcherlei Aufgaben zu lösen, war nicht nur eine Frage von Jahren, sondern von Jahrzehnten und Gewissheit schon gar nicht damit verbunden. So war es meines Erachtens der Wunsch nach drei Dingen: Existenz, Stabilität und Stärke. Das Bestreben, stabile, starke und unangreifbare Staaten aufzubauen – in Ost wie West – war das Entscheidende und Verbindende deutsch-deutscher Nachkriegsgeschichte.

Im Lichte der Erfahrung des Zusammenbruchs von drei staatlichen Konstruktionen, des Kaiserreichs 1918, der Weimarer Republik 1933 und des NS-Staats 1945, war das Verlangen nach dauerhaften Staaten das Hauptanliegen – in Ost- wie Westdeutschland. Demokratie (Edgar Wolfrum) trat dagegen zurück und Sicherheit (Eckart Conze) war ein notwendiges Mittel zum Zweck, quasi ein logisches Nebenprodukt der drei genannten Anliegen für einen starken und ›souveränen‹ Staat.
Die alte Bundesrepublik war ein leistungsstarker und stabiler, aber kein souveräner Staat. Für die DDR konnte dies für das erste Jahrzehnt ihres Entstehens (1949–1959/60) überhaupt nicht gesagt werden – weder leistungsstark, noch stabil, geschweige denn souverän. Erst nach dem Bau der Mauer gab es für den SED-Staat mehr Stärke und Stabilität, die in den 1970er-Jahren Basis für eine Scheinblüte boten. Letztlich scheiterte aber der ostdeutsche Teilstaat, »Stalins ungeliebtes Kind« (Wilfried Loth), am Mangel von innerer wirtschaftlicher Stabilität und äußerer politischer Stärke durch den Ausfall seines Protektors, während der westdeutsche Teilstaat ein hohes Maß an Stärke und 1990 auch scheinbar die »volle« Souveränität erlangte – eingebettet in den viel stärkeren Rahmen der EU als es der RGW für die DDR jemals war. Diese Stabilität resultierte aus der traditionell starken westdeutschen Handels-, Export-, Wirtschafts- und Währungsmacht. Sie ermöglichte den Aufbau und die Etablierung eines potenten Sozial- und Wohlfahrtsstaats, wobei dieser in den 1980er-Jahren bereits an Grenzen stieß und keine durchgehende Kontinuität aufwies – mit Blick auf die 1950er-Jahre war dieser noch nicht so ausgeprägt und seit den 1990er-Jahren bereits von Einschnitten gekennzeichnet.
Doch sind die Schatten dieser Sozial- und Wohlfahrtsstaatsdemokratie schon für die alte Bundesrepublik erkennbar und weisen damit auch auf die andere Seite der Medaille hin: Bereits im Verlaufe der 1980er-Jahre war es nicht gelungen, das bundesdeutsche Steuer- und Sozialsystem substanziell zu reformieren. Seit den 1950er-Jahren gab es eine wohlfahrtsstaatliche Expansion. Das bedeutete hohe Ausgaben und steigende Schulden. In diesem Bereich existierte tatsächlich eine Kontinuität von Adenauer bis Kohl, die sich im Kontext der Vereinigung erschwerend auswirken sollte:

»Die Lasten der Einheit forderten nach 1990 das westdeutsche Wirtschafts- und Sozialsystem ohnehin bis an seine Grenze. Zugleich hat die »Wiedervereinigung« freilich die langfristig akkumulierten Verwerfungen der alten [Herv. i.O.] Bundesrepublik noch einmal katalytisch verstärkt, indem sie ein im Kern unreformiertes westdeutsches Wirtschafts-, Steuer- und Sozialsystem ebenso auf die neuen Länder ausdehnte wie eine von Wohlstand, Individualisierung und ›feinen Unterschieden‹ geprägte Leitkultur« (Andreas Wirsching).

Hinzu kommt noch eine andere Dimension: Das Verlangen und die Suche nach Schutz vor der Bedrohung aus dem Osten seitens der alten Bundesrepublik bei den Vereinigten Staaten von Amerika und den westlichen Verbündeten mit NATO, EWG und EG sowie das Bestreben nach Fortexistenz und Konsolidierung der DDR unter dem Schutzschirm der UdSSR im Osten mit RGW und WVO waren in der scheinbaren Stabilität des Kalten Kriegs so selbstverständlich wie trügerisch.

Die »Suche nach Sicherheit«, angeblich wesentliches Element und das Interpretationsmuster der Geschichte der Bundesrepublik und ihrer politischen Sinnstiftung, entbehrte auch nicht einer Perversität. Sie glich nämlich einem regelmäßigen Tanz auf dem heißen Vulkan: Die dichteste Atomwaffenkonzentration der Welt befand sich auf deutschem Boden und barg das Risiko totaler Zerstörung der Humanressourcen und Regierungszentren. Der Anspruch einer »Suche nach Sicherheit« war mit der Realität eines beträchtlichen Maßes an Sicherheitsgefährdung verbunden.

Es verwundert daher nicht, dass Staatsmänner in West wie Ost, Kohl wie Honecker, dieses Szenario begriffen und sich v. a. aus Selbsterhaltungstrieb und Überlebenswillen aufeinander zubewegten und auf Minimalpositionen verständigten, um den ›Frieden‹ zu erhalten, v. a. aber Schutz vor der vermeintlichen Suche nach Sicherheit, also auch Schutz vor den Schutzmächten selbst, zu suchen. Eine Emanzipation fand vor 1989 aber nicht statt. Es blieb letztlich bei den Bindungen an die großen Machthaber in Ost und West.

Erst wenn die gesamten Archivbestände der NATO und des Warschauer Paktes vollständig zugänglich sind, wird man die gesamte Tragweite des Irrwitzes der »deutschen Suche nach Sicherheit« nachvollziehen können, die mit der zeitweisen Duldung und Inkaufnahme eines hohen Maßes an atomarer und militärischer Selbstvernichtung Hand in Hand gegangen war.

Sicherheit suchte sich die DDR beim großen Bruder und Schirmherrn in Moskau. Die »Suche nach Sicherheit« verlief seitens der Bonner Republik in eine entgegengesetzte, ebenfalls sehr einseitige Richtung, schien aber alternativlos. Sie war nicht nur äußerst kostenintensiv, sondern auch Ausdruck einer Kurzsichtigkeit wie Perspektivlosigkeit, gepaart mit einer Missachtung und Unterschätzung der eigenen geopolitischen und geoökonomischen Möglichkeiten im Zentrum Europas, die einer machtpolitischen Selbstvergessenheit, ja einer Selbstverleugnung der eigenen Machtstellung gleichkamen. Diese eigenartige Suche nach Sicherheit bei anderen Mächten, sei es die UdSSR oder seien es die USA gewesen, versperrte eine Suche nach sich selbst. Deutsche Interessen zu vertreten, war lange Zeit nach außen hin inopportun und unzeitgemäß. Besser sollten sie durch andere vertreten werden. Kohl vermied wie seine Vorgänger Schmidt und Brandt den Begriff der »Wiedervereinigung«. Dafür tauchte das Wort in der Propaganda und Publizistik auf. Eine Deutschlandpolitik, die zur formellen »Einheit« führen konnte, fand erst in den Jahren 1989/90 einen konkreten Ansatzpunkt. Sie hat bis heute weder zu einer wirklichen Einigung der Deutschen untereinander geführt, noch ist sie zu einem Abschluss gekommen, zumal man nicht auf sie vorbereitet, geschweige denn auf sie eingestellt war und sie erwartet hatte.

12.4 Die außenpolitische Dimension als Divergenz-Problem

Die außenpolitische Dimension beider deutscher Staaten macht es erforderlich, auf die aus dem Weltkrieg hervorgegangenen beiden Supermächte, die USA und die UdSSR, einzugehen. Die Vereinigten Staaten konnten als gütiger, ja »wohlwollender Hegemon« (Helga Haftendorn) bezeichnet werden, was jedoch von ihrer ureigenen und zentralen europapolitischen Interessenlage ablenkt. Es ging Washington v. a. um deutschlandpolitische und geostrategische Motive: Kontrolle und Nutzbarmachung des westdeutschen Potenzials zur Gewinnung des Kalten Kriegs in Europa, d. h. kurz- und mittelfristig zur Eindämmung der kommunistischen Bedrohung und langfristig zur Niederringung der Sowjetunion beizutragen.
Die UdSSR wurde als bedrohliches weil expansives Imperium gesehen. Ihre Politik musste in jedem Fall als repressiver Hegemonial-Versuch über Mittel- und Osteuropa empfunden werden. Ihr ging es auch um ein europapolitisches, d. h. deutschlandpolitisches und geostrategisches Interesse: Nach der Ablehnung von Vorschlägen zur Neutralisierung bzw. Neutralität Deutschlands und dem Ende gesamtdeutscher Aspirationen ging es um Kontrolle, Nutzung und Stützung des ostdeutschen Potentials zur Demonstration einer zukünftigen sozialistischen Alternative für Deutschland, aber auch um Blockierung und Verhinderung einer direkten Verbindung Polens zum freien Westen.
Für die deutsche Politik ergab sich – wie für die Österreich-Lösung 1955 – ein existenzielles Dilemma: Der Schlüssel zur Einheit lag in Moskau – nicht in Washington oder im Westen durch eine »Politik der Stärke«, wie Adenauer öffentlich verlautbaren und dabei in die Irre führen sollte: Man brauchte für die Einheit Deutschlands nicht nur die Akzeptanz und Duldung des »wohlwollenden Hegemons«, sondern auch das Einverständnis und die Zustimmung des »repressiven Hegemons«. Kohl verschloss sich dieser Erkenntnis im Jahre 1990 nicht mehr.
Zutreffend hält Wolfrum zum Ost-West-Gegensatz fest: »Das geteilte Deutschland war die Nahtstelle des Konflikts.« Man kann es noch weiter ausformulieren: Deutschland war erster und hauptsächlicher Brandherd des Kalten Kriegs in Europa und mit Berlin ein besonders neuralgischer Punkt gegeben – einerseits als Stachel im Fleisch, andererseits als westliches Schaufenster mitten im Sozialismus.
Adenauer und Ulbricht waren beide Nachkriegspolitiker, die sich in ihrem Kalten-Krieg-Denken idealtypisch ergänzten. Sie waren Repräsentanten im deutsch-deutschen Kalten Krieg, der die Deutschen über vier Jahrzehnte trennte und spaltete. Der deutsche Bundeskanzler sorgte sich Anfang der 1960er-Jahre über Entspannungsziele der US-Politik für Europa. Er brauchte die Konfrontation mit dem »Sowjetkommunismus« und schürte eine übertriebene Angst vor Kommunisten und v. a. die Furcht vor einer Neutralisierung Deutschlands, wie Ulbricht den »Klassenfeind«, die »faschistische« und »imperialistische BRD« zur Abgrenzung seiner »demokratischen« und »friedliebenden« Republik als Gegner beschwor und gleichzeitig benötigte.

Beide – Adenauer und Ulbricht – personifizierten und verkörperten auf unterschiedliche und dennoch ähnliche Weise von ihren jeweiligen Schirmherren und Sponsoren ›Tribut- und Vasallen-Staaten‹. Die Lehnsherren saßen in Washington und Moskau und ihre Gefolgsleute in Bonn und Pankow.
Ein Land aber, das wie Deutschland, am Schnittpunkt der Ost-West-Interessen in Europa lag, hatte im Falle einseitiger Ausrichtungen und Parteinahmen seiner beiden Teile automatisch die politischen Konsequenzen für einen gespaltenen Kontinent zu tragen. Die Folgen mussten sich bei einem zugespitzten ideologischen, machtpolitischen, militärischen und ökonomischen Gegensatz für einen Teil des Landes negativ und verhängnisvoll auswirken.
Eine »Politik der Mitte« und eine Konzeption der Brückenfunktion, die zu einer impliziten Politik der Allianzfreiheit oder im Laufe erworbener Freiheiten und gewachsener Eigenständigkeit gar zu einer expliziten Politik der Neutralität geführt hätten, wurden zuerst in West- und dann auch in Ostdeutschland ausgeschlossen, hing doch die Existenz sowohl der Bundesrepublik als auch der DDR von ihren jeweiligen ‚»Block«-Zugehörigkeiten und den entsprechenden Vormächten ab.
Eine solche Politik des Ausgleichs und des Vermittelns, die zur Entspannung in Europa viel früher hätte beitragen können und von beiden deutschen Staaten aber auch hätte getragen werden müssen, wurde als denkmögliche Alternative verworfen. Deutsche Bereitschaft und politischer Wille zur Selbstbestimmung wären Voraussetzungen dazu gewesen, die jedoch fehlten. Im anderen Fall konnten die Macht-»Blöcke« über das weitere Schicksal Deutschlands selbst befinden und bestimmen, was folgerichtig geschah.
Die Gründungen der Bundesrepublik und DDR (1949) gingen der deutschen Teilung voraus, die sich erst im Laufe der ersten Hälfte der 1950er-Jahre durch die definitive ‚»Block«-Einbindung beider deutscher Staaten (1949–1955) vollzog. Ost- wie Weststaatsgründung waren beides Produkte des spätestens seit 1947 einsetzenden Kalten Kriegs, der als solcher schon öffentlich wahrnehmbar war. Die deutsch-deutsche Konstellation und die Strukturen des Kalten Kriegs waren eng miteinander verbunden. Aufgrund der politischen Großwetterlage und aufgrund ihrer eigenen geostrategisch wichtigen Lage mussten die Deutschen 40 Jahre lang auf ihre Einheitschance warten. Erst als die Systemauseinandersetzung zwischen Ost und West aufhörte, konnten sich Deutsche einigen und Deutschland als Ganzes eine staatliche Einheit bilden.
Während die DDR eine »Ostintegration« im Sinne der »Sowjetisierung« ihrer Gesellschaft, Kultur und Wirtschaft erfuhr, so stand für die alte Bundesrepublik »Westintegration« und »Amerikanisierung« auf der Tagesordnung. Die kulturellen und politischen Dimensionen der Europäisierung traten bis 1989/90 dagegen zurück und spielten nur eine sekundäre Rolle. Das sollte sich nach der Einheit 1990 ändern: verstärkte Europäisierung wurde für Gesamtdeutschland nun wichtiger als weiter fortgesetzte und intensivierte Amerikanisierung.
Der markante Unterschied zwischen den beiden teilstaatlichen Orientierungen in zwei verschiedene Himmelsrichtungen bestand vor 1990 darin, dass die Bundes-

republik mit der zweitrangigen aber wichtig gebliebenen »Europäisierung« via »europäischer Integration« ein alternatives Szenario unterhalb der transatlantischen Ebene besaß, ein Äquivalent, das der DDR in dieser attraktiven wie prominenten Form fehlte. Es blieb bei der Sowjetisierung von Sowjetdeutschland. Neben dem Land der unbegrenzten Möglichkeiten, den USA, diente auch »Europa« als »Zauberwort« (Eckart Conze) für den Weststaat. »Europa« fehlte hingegen dem ostdeutschen Teilstaat als Orientierungspunkt oder gar als Identifikationselement völlig.

Dem europäischen Einigungsverlangen der Bundesrepublik lagen auch ureigene deutsche Interessen und (national)staatliche Motive, zugrunde. Es ging wesentlich vom Streben nach Erweiterung von Märkten aus und war von diesem Verlangen auch weiterhin getrieben. Die Bundesrepublik hatte für den deutschen Teilungsverlust und den politischen Einheitsverzicht die EGKS- und die EWG-Mitgliedschaft als Ersatz erhalten.

Die angeblich »freiwillige Souveränitätsabgabe« (Edgar Wolfrum) ist bezogen auf die (frühe) Bundesrepublik jedoch eine Fehlannahme und ein Irrglaube zugleich, denn der eben erst mithilfe der Besatzungsmächte bzw. der Westalliierten aus der Taufe gehobene deutsche Weststaat (1949) besaß noch einige Jahre überhaupt keine Souveränität, die es abzutreten gegolten hätte, zum Beispiel, als es um die Verhandlungen der Europäischen Gemeinschaft für Kohle und Stahl (EGKS) 1951/52 ging. Die junge Bundesrepublik konnte hier nur europäische Souveränität gewinnen und nichts an deutscher Souveränität verlieren, die sie gar nicht besaß. Insofern tat sich Bonn in seiner Europa- und Integrationspolitik mit der Existenz einer Hohen Behörde der Montanunion in Luxemburg oder einer EWG-Kommission in Brüssel wesentlich leichter als Paris. Erster Präsident sollte bezeichnenderweise auch ein Deutscher, Walter Hallstein, werden.

Diese Zeit der sich ausprägenden Ost-West-Konfrontation und manifestierenden deutschen Teilung empfanden die meisten Westdeutschen gar nicht als so negativ, denn das »Wirtschaftswunder« begann nahezu alles zu überstrahlen. Die deutschlandpolitisch »dunklen« Perioden der 1950er- und 1960er-Jahre erfuhren dann in den 1970er-Jahren eine Aufhellung.

Die Zurückstellung des deutschen Einheitsgebots wurde im Westen nicht nur goutiert, sondern auch honoriert. Dies war die Voraussetzung sowohl für die Duldung, als auch für das Gelingen der Einbindung der Bundesrepublik in den westlichen Staatenclub. Der Verzicht auf ein größeres Deutschland war eine Notwendigkeit für die ersten erfolgreichen Schritte der westeuropäischen Integration. Es blieb dabei auch ein primäres Ziel bundesdeutscher Politik, Vertrauen zu schaffen. Das anhaltende Misstrauen und die gebliebene Skepsis gegenüber Deutschland und seiner Verlässlichkeit hielten an und wurden mit 1989/90 blitzschnell und schlaglichtartig deutlich.

Viele seiner europäischen »Partner«, ja sogar »Freunde« aus der christdemokratischen Parteienfamilie, zeigten Kohls noch vorsichtig gehaltenes Zehn-Punkte-Programm mit dem Gedanken einer Art Konföderation beider deutscher Staaten die kalte Schulter. So viel hatten demnach die deutschen Vorleistungen zur west-

europäischen Vertrauensbildung die Jahrzehnte zuvor nicht beigetragen. Kritisch könnte man in diesem Sinne rückblickend argumentieren, dass die Integrationskonstruktionen der Montanunion (EGKS) (1952) und der Europäischen Wirtschaftsgemeinschaft (EWG) (1958) lediglich Mittel zur Kriegsbeendigung und des Waffenstillstands, also vorläufige Vorformen von Ersatzfriedensverträgen für den geschlagenen Hauptkriegsgegner und den provisorischen deutschen Weststaat darstellten. Es ist auch in diesem Zusammenhang sehr zutreffend von einem »Integrationsfrieden« gesprochen worden (Hanns Jürgen Küsters).
Anstatt einen Friedensvertrag mit Deutschland abzuschließen, wurde auf der einen Seite die verstärkte Integration der Bundesrepublik im Militär- und Verteidigungsbündnis der NATO sowie im Handels- und Wirtschaftsverbund der EWG und EG forciert. Auf der anderen Seite wird man mit Fug und Recht argumentieren können, dass der ökonomisch überdurchschnittlich vom Export abhängende Handels- und Währungsstaat Bundesrepublik auch von der europäischen Integration profitierte und durch Einbeziehung des innerdeutschen Handels und somit der DDR in das EWG-Zollgebiet des »Gemeinsamen Marktes« ein wichtiges handelspolitisches und wirtschaftliches Präjudiz für die spätere ökonomische und währungspolitische Verwirklichung der deutschen Einheit (1990) schaffen konnte.
Die Bundesrepublik hat im Zeitraum von 1949 bis 1989 insgesamt betrachtet sehr beachtliche, ja überdurchschnittliche finanzielle, ökonomische und politische Vorleistungen für die europäische Integration erbracht. Sie war größter Nettozahler, finanzierte bspw. die Agrarwirtschaft Frankreichs (damit auch die teilweise unsinnige europäische Agrarpolitik mit ihrem hohen Subventionsaufwand), dessen Überseegebiete und seine Atomstreitkraft und stellte die Frage der deutschen Einheit zurück, um nicht zu sagen, dass ihr Gründervater Adenauer – jedenfalls für seine Amtszeit – bewusst darauf verzichtet hatte. Es handelte sich um eine paradoxe, ja um eine verquere Politik – Ausdruck der Anomalien der deutsch-deutschen Konstellation und des Kalten Krieges in Europa. Wie weit eine solche Politik stets »europäisch« zu bezeichnen war, nämlich im Gegenteil v. a. von national-politischen Interessen getragen und motiviert war sowie so von dritter Seite auch als solche gesehen wurde, wäre noch genauer zu untersuchen.
Die vom Willen der UdSSR weitgehend, aber nicht immer vollständig abhängige DDR war ein Zufallsergebnis gescheiterter Deutschlandpolitik Stalins. Sie war unfreiwilliges Zwangsprodukt der Frühphase des Kalten Krieges (1947–1953). Dagegen war die Westintegration der Bundesrepublik Ergebnis einer mehr oder weniger freien Willensentscheidung für »Europa« (eigentlich eine anmaßende Bezeichnung für eine Teil- bzw. Randregion des Kontinents, die diesen Namen für sich beanspruchte, aber im Grunde nicht verdiente) mit der notwendigen Bindung an die Ideologie und Politik der Vereinigten Staaten, die Jahrzehnte später durch den NATO-Doppelbeschluss noch einmal bekräftigt werden sollte.
Wenn die DDR als eine »Satrapie des sowjetischen Kolonialreiches« von Hans-Ulrich Wehler bezeichnet worden ist, so sollte über den anderen Teil Deutschlands nicht großzügig und souverän hinweggegangen werden. Für die alte Bundesrepublik kann

wohl auch gesagt werden, dass es sich bei ihr um einen ›Quasi-Satelliten‹ des US-amerikanischen Empire gehandelt hat. Die Bonner Republik war ebenso ein Kind des Kalten Krieges, verbunden mit Deformationen, Einseitigkeiten, Fixierungen, Uniformierungen und Verwerfungen von Gesinnungen und Haltungen. Das wird von einer Außenperspektive und erst im Rückblick angesichts neuer Erkenntnisse sowie des verblassenden Glanzes US-amerikanischer Politik, der man weitgehend unkritisch gegenübergestanden hatte, nach und nach deutlicher erkennbar.
Die schon in den 1960er-Jahren angedachte »Ostpolitik« der Bundesrepublik war eine zwangsläufige Folge der Einbahnstraßenpolitik der Westintegrationspolitik der 1950er-Jahre. Dieser neue Ansatz sollte sich erst im Laufe der 1970er- und 1980er-Jahre auswirken, als sich sowohl Schmidt als auch Honecker von den Schutzmächten partiell zu emanzipieren versuchten und auf ihre Weise nicht nur deutsch-deutsche Interessen definierten, sondern auch wahrnahmen. Sollte es aber bei der Trennung der Deutschen bleiben?
Peter Bender hat die Entwicklung beider deutscher Staaten als Kurven beschrieben. Zu Beginn bestanden noch Gemeinsamkeiten, die aus der Einheit des Reiches bestanden. In den 1950er-Jahren begann die Entfernung, in den 1960er-Jahren folgte die Entfremdung. Im Zuge des Grundlagenvertrags gingen die Entwicklungslinien wieder aufeinander zu und näherten sich, ohne deckungsgleich zu werden.
Die Auseinandersetzung mit dem NS-Erbe, die gleichsam auch Teil gespaltener außenpolitischer Orientierungen war, verlief dagegen ungleich. Die Bundesrepublik hatte hauptsächlich die Last der Nazi-Vergangenheit zu tragen und zwar völlig allein die »Wiedergutmachung« gegenüber Israel. Die DDR wähnte sich durch den ihr ureigenen »Antifaschismus« als nicht verantwortlich für den Nationalsozialismus. Das kann aber nicht darüber hinwegtäuschen, dass sie wiederum – ganz im Unterschied zur BRD – die Hauptlasten der Kriegsentschädigungen in Form von Demontagen und Ressourcenabbau als quasi Reparationen an die Sowjetunion zu tragen hatte, was im Westen Deutschlands vielfach übersehen wurde.
Dagegen vollzog sich die ›Emanzipation‹ von den Schutzmächten, obzwar nicht gleichzeitig und aus gleichen Motiven, aber nahezu zeitgleich in gleiche Richtungen. Die Frage der Einheit entzweite zwar beide Staaten, doch blieb die Erkenntnis, »daß sie zwei bleiben müssen, um das mögliche Maß an Einheit zu erreichen« (Peter Bender). In Berlin waren sie am stärksten verfeindet. Es war nicht nur Ort der Demonstration von Prestige und Kampfplatz der Großmächte, sondern auch Hindernis für die DDR und Last für die BRD.
Mit den 1970er-Jahren wurde »Europa« allmählich zu einer geistigen und mehr sinnstiftenden Klammer: Das Thema bestimmte das deutsche Schicksal und auf diesem Wege kamen die Deutschen auch mit ihren eigenen Anliegen und Wünschen besser voran. »Wandel durch Annäherung« (Egon Bahr), eine Anfang der 1960er-Jahre geprägte Formel entwickelte sich zu einer Konzeption und führte zur Aufgabe einer einseitigen außenpolitischen Schwerpunktsetzung der vergangenen Jahrzehnte und zur Begründung der gesamteuropäisch angelegten Konferenz über Sicherheit und Zusammenarbeit (KSZE) mit der Schlussakte von Helsinki vom 1. August 1975, die mit

der Teilnahme beider deutscher Staaten, vertreten durch Erich Honecker und Helmut Schmidt, auch eine gesamtdeutsche Veranstaltung war. Nun trat man sich gleichberechtigt und offen gegenüber. Die Hallstein-Doktrin war tot.
Nach der Konfrontationsphase unter Adenauer und Ulbricht in den 1950er und 1960er-Jahren näherten sich in den 1970er-Jahren beide deutsche Staaten auf der bilateralen und internationalen Ebene fast unmerklich bis zu einer gewissen Entfernung einander an, die Deutschen in Ost und West aber schienen sich untereinander mehr und mehr zu entfremden. Darüber hinaus vertieften BRD und DDR durch ihre gegensätzliche Ausrichtung und Politik sowie die Partizipation in unterschiedlichen Militärbündnissen wie NATO und Warschauer Pakt die Teilung Europas und zementierten die Strukturen des Kalten Krieges weiter.
Von dieser politischen und moralischen Verantwortung der beiden deutschen Staaten ist von der deutschen Geschichtsschreibung seltsamerweise kaum die Rede, zu sehr scheinen das Leid und die Opfer der ostdeutschen Bevölkerung im Vordergrund zu stehen oder – davon ganz abgesehen und unberührt – es wird die »Erfolgsgeschichte Bundesrepublik« (Wolfrum) herausgestellt, die ohnedies scheinbar alles zu überstrahlen versteht. Wenn diesen Erfolg »vor allem ausländische Beobachter bis heute« betonen, so ist noch mehr Quellenkritik geboten: Die wenigsten unter ihnen hatten Interesse an einem vereinten und wiedererstarkten deutschen Staat. Die gespaltene Nation und der westdeutsche Staat waren für sie optimal.
Eine gezielte Nutzbarmachung des Themas »Europa« für die Stärkung der eigenen Identität war in den 1970er-Jahren im Zeichen des KSZE-Prozesses in beiden deutschen Staaten nicht sonderlich gegeben, obgleich sich unter den Politikern wie den Menschen in Ost- wie Westdeutschland eine wachsendes Bewusstsein für eine deutsch-deutsche Verantwortungsgemeinschaft für »Sicherheit und Zusammenarbeit in Europa« entwickelte und zur Annäherung von Standpunkten und auch zur Findung kleinster gemeinsamer Nenner zwischen Bonn und Ost-Berlin führte. Die Errichtung von Grenzübergangstellen an der »innerdeutschen Grenze« bzw. der »Staatsgrenze der DDR« waren Anzeichen einer Lockerung. Der Todesstreifen wurde für den kleinen Grenzverkehr etwas durchlässiger.
Die DDR blieb jedoch als nicht demokratisch legitimierte deutsche Republik im hohen Maße vom Willen Moskaus, ja letztlich auch von der Existenz der UdSSR abhängig. Das war bei der alten Bundesrepublik und den USA nicht in diesem starken Maße der Fall. Sie verfügte über mehr und zwar beträchtliche Freiheitspotenziale, die auch eine Emanzipation und Abkehr von der US-Politik zuließen, ohne dabei gleich ihre Existenz aufs Spiel zu setzen. Dazu war die Bundesrepublik ökonomisch einfach zu potent. Schwächeanzeichen und Reformmaßnahmen in der Sowjetunion mussten hingegen früher oder später auf die Existenz der DDR negativ zurückwirken, ja bis zur Existenzkrise zurückschlagen und fatale wie tödliche Auswirkungen für sie selbst haben.
Mit der deutschen Einigung sollten sich die europäische Architektur und politische Landschaft Europas grundlegend ändern. Die Bonner Republik war nahezu »total« im Westen verankert gewesen. Sie gehörte nun der Vergangenheit an. Der »besetzte

Feindstaat« (Edgar Wolfrum) (1945–1949/55) war zum »besetzten Verbündeten« (Hermann-Josef Rupieper) (1955–1990) geworden.
Die Berliner Republik war nur mehr zu einem geringen Teil ein besetzter Verbündeter. Restverbände verblieben auf deutschem Territorium, v. a. amerikanische Militärbasen und Kommandostellen in Westdeutschland – im Osten Deutschlands wurden keine nicht-deutschen NATO-Verbände stationiert.
Die Berliner Republik war in der Mitte des Kontinents angekommen – »Ankunft in der Mitte Europas« könnte man sagen – und musste nun auch automatisch für den »Osten« offener sein. Neben der Marktausweitung in Ostdeutschland sollte auch die ökonomische Expansion durch die »EU-Osterweiterung« ganz neue und gesteigerte Chancen für die deutsche Wirtschaft eröffnen.
Die Deutschen und ihre angeblichen, tatsächlich aber erst ab 1989/90 wirklich aktiv einsetzenden Einheitsbestrebungen wurden im Ausland mit Argwohn und Skepsis beäugt. In Wirklichkeit waren sie bis dato gar nicht mehr so daran interessiert und v. a. weit weniger »aggressiv« und »gefährlich« wie sie im Osten und im Westen Europas gesehen und befürchtet worden waren.
Im ostdeutschen Kabarett »Die Distel« wurde es 1990 offen ausgesprochen: »Was war das für 'ne Einigkeit, als wir geteilt noch waren.« Spätestens in den 1970er-Jahren nahmen die meisten Westdeutschen die Teilung ihres Landes als Tatsache hin, wenn sie sich nicht schon vorher in ihrem Weststaat so gut und gemütlich wie möglich eingerichtet hatten. Die deutsche Spaltung und die Teilung der Nation wurden diesseits und jenseits des »Eisernen Vorhangs« als unabänderliche »Normalität« begriffen, was sich jedoch als Irrtum und Selbsttäuschung erweisen sollte. Es waren dann auch mehr exogene Kräfte als interne Faktoren, die die umstürzenden Ereignisse von 1989/90 ermöglichten und beschleunigten.
Der Titel »Deutschland. Von der geteilten Nation zur gespaltenen Gesellschaft« dieses Buchs soll keine abgeschlossene, lineare oder gar teleologische Entwicklung suggerieren. Die Einheit wurde 1990 zwar formell realisiert, aber die Einigung war ein bis weit ins 21. Jahrhundert hineinreichender Prozess, der noch anhält. Dies kann nicht verwundern, zu groß und tief waren die Wunden, die Deutschland durch Teilung und Zweistaatlichkeit seit 1949 erfahren musste. Eine Teleologie des Strebens nach Einheit im Sinne von Konrad Adenauer bis Helmut Kohl hat es auch nicht gegeben. Kohl hat nicht das verwirklicht, was Adenauer wollte. Kohl ging, wie gezeigt werden, konnte, viel weiter voran, ja degradierte, erweiterte und überwand zu einem guten Teil das, was Adenauer aufgerichtet und eingerichtet hatte: die Bonner Republik.
Diese Konstruktion war voller Widersprüchlichkeiten gewesen: Dass diese westdeutsche Republik die Einheit angestrebt habe (und im Grunde damit ja ihre eigene Existenz aufs Spiel gesetzt hätte), gehört zu den Legenden bundesdeutscher Nachkriegsgeschichte. Die eigentliche Lebenslüge war aber viel mehr die Zusicherung, dass die Westintegration zur »Wiedervereinigung« führen würde. Adenauers Deutschlandpolitik führte in Wirklichkeit in eine Sackgasse, die an der Berliner Mauer endete.

Erst über den mühsamen Umweg der Annäherung, Entspannung und des Wandels wurde ein Richtungswechsel eingeleitet. Genauso handelt es sich aber auch um eine Legende, dass Willy Brandt, Egon Bahr und Helmut Schmidt die »Wiedervereinigung« unmittelbar vor Augen gehabt hätten – das Gegenteil war der Fall. Sie hatten den deutsch-deutschen Status quo auch als Realität begriffen, ja begreifen müssen. Humanitäre Erleichterung und politische Entspannung – das waren ihre Ziele. Der Kulminationspunkt dieser Politik war mit Oskar Lafontaine und seiner Position 1989/90 erreicht.
Die Ironie der Geschichte: Die Einheit kam und keiner rechnete damit. Der Wunsch zur Einheit ging vom Osten aus – ungewollt von Gorbatschow, gewollt von den Ostdeutschen und weniger als mehr gewollt vom Westen. Mit dem Fall der DDR war auch das »Provisorium« der alten Bundesrepublik fällig, jener BRD, die sich zunächst als Provisorium, dann zunehmend als Normalität und Realität empfunden hatte sowie im Fortgang der Geschichte als solche erklärt worden war – tatsächlich waren beide deutsche Staaten nur Teil eines größeren Ganzen gewesen und daher zwei (Teil-)Staaten geblieben, die sich auf ihre ökonomisch abgrenzende und politisch-militärisch antagonistische Weise als anomale, unzeitgemäße, ja wirklichkeitsfremde Kunstprodukte aus der Zeit des Kalten Krieges repräsentierten, jener Epoche von Stalin, Molotow, Truman, Eisenhower und Dulles, und in der zweiten Hälfte der 1980er-Jahre nicht mehr haltbar gewesen sind.
In einem Europa der Entspannung, Kooperation und Verständigung sowie in einem Europa und seiner Integration des Binnenmarktes mit freiem Personen-, Dienstleistungs-, Waren- und Kapitalverkehr und einer geplanten gemeinsamen Währung hatte die Teilung Deutschlands in ihrem ganzen Aberwitz und ihrer einzigartigen Unsinnigkeit keine reale Grundlage mehr. Vor allem die DDR, aber auch die sie mit Milliardenkrediten finanzierende Bundesrepublik, waren im Zeichen des Delors-Konzepts »EG '92«, Anachronismen geworden. Die »Provisorien« hatten Abschied zu nehmen, Abschied von der Geschichte, Abschied von sich selbst.
Mit 1989 änderte die Geschichte ihren Rhythmus. Die Idee der Einheit der deutschen Nation ließ sich zwar über Jahrzehnte aufhalten, unterdrücken und verzögern, wofür auch die Politik von Adenauer und Ulbricht ihren Teil beitrug, aber letztlich nicht verhindern.
Hat der »deutsche Sonderweg« mit einer verspäteten Nationalstaatsbildung im 19. Jahrhundert bestanden – so eine strittige und hinterfragte These (Helga Grebing) –, so schien es vielmehr einen anderen »deutschen Sonderweg« nämlich jenen in die Teilung Deutschlands nach 1945 gegeben zu haben. Der gleichzeitige Normalzustand wurde in Westeuropa der durch europäische Integration und ihre Institutionen eingebundene und gerettete Nationalstaat (Alan S. Milward).

12.5 Die Dimension der deutschen Einheit 1989/90 als nationaler Aufstand

Die Bundesrepublik wurde spätestens in den 1980er-Jahren als Normalfall empfunden. So habe sich die »alte« Bundesrepublik »endgültig von ihrem Selbstverständnis als Provisorium« verabschiedet. Als »ein ganz normaler Staat« (Wilhelm Bleek/Hanns Maull) war sie nun »zu einem weitgehend souveränen deutschen Teilstaat mit einer eigenen Staatsräson und einem etablierten Platz im westlichen Bündnis geworden« (Andreas Wirsching). War aber die anscheinend feststehende und so auch festgeschriebene Teilung nicht ein anormaler Zustand?
Wenn man das Argument vom »normalen Staat« der alten Bundesrepublik weiterdenkt, müsste konsequenterweise die Vereinigung beider Staaten 1990 dann ein Abschied von der »Normalität« gewesen sein.
Andreas Wirsching hält zu diesen Anomalien und Paradoxien deutsch-deutscher Nachkriegsgeschichte dezent und schonend fest:

»Nun gehört es zu den größten Ironien der neuesten deutschen Geschichte, dass der tatsächliche Abschied vom Provisorium zu eben jenem Zeitpunkt gleichsam ›passierte‹, als sich die ›alte‹ Bundesrepublik definitiv von ihrem Selbstverständnis als Provisorium löste. 1989/90 vollzog sich der Abschied vom Provisorium also in ganz anderer Weise, als ihn die große Mehrheit der Westdeutschen gerade vorzunehmen im Begriff war.«

»Das Ende des doppelten Deutschland« (Wirsching) war mit 1990 eingeläutet. Tatsächlich bedeutete der Abschied vom Provisorium der alten Bundesrepublik auch den Abschied von der real-existierenden Abnormität der geteilten Nation. Dagegen spricht allerdings wiederum ein anderer Erkenntniswert: Die deutsche Vielstaaterei war in der mittleren und neueren Geschichte der Normalzustand und der territorial festumrissene und geschlossene nationale Einheitsstaat die Ausnahme. Sollte mit BRD und DDR diese Art der Geschichte deutscher Teilstaatlichkeit eine Fortsetzung finden und zum Dauerzustand werden? Es schien vierzig Jahre lang so.
Am Ende kehrten jedoch die Deutschen von ihrer »lang-zeithistorischen Normalität« und der »kurz-zeithistorischen Abnormität« in die »europäische Normalität« des Europa der Nationen und der EU-Mitgliedstaaten zurück, eines Europas, das nach 1919 wieder und nach 1989 abermals eine Reihe neuer Staatenbildungen hervorgebracht hatte. Das ganze Deutschland sollte nun seine weitere Zukunft als Mitgliedstaat in der EU finden. An dieser historischen Entwicklung schien auch kein anderer deutscher Weg mehr vorbeizuführen.
Im Zuge der Entkolonisierung der 1950er- und 1960er-Jahre sowie im Zeichen des Zusammenbruchs des großen Vielvölkerreichs Sowjetunion und des kleineren Nationalitäten-Verbunds Jugoslawien in den 1990er-Jahren war eine Vielzahl neuer Staaten entstanden. Nach dem Zerfall der UdSSR und Jugoslawiens waren es insgesamt 26 neue Staaten. In diesem Kontext erscheint die dramatisch rasche Entwicklung zur deutschen Nationalstaatsbildung als ein »normaler«, ja nur zu konse-

quenter, logischer und natürlicher Prozess. Es war so gesehen auch kein deutscher Sonderweg, der mit 1989/90 beschritten wurde, sondern ein europäischer, wenn auch nicht ein ausgeprägt supranationaler. Der »Sonderweg« bestand in der deutsch-deutschen Zweistaatlichkeit, in Bundesrepublik und DDR, also singulären Anomalien der europäischen Staatenwelt im 20. Jahrhundert.
Die Ereignisse in Ostdeutschland waren eingebettet in die mittel-ost- und südost-europäischen Umwälzungen und Staaten-Neubildungen. Sie waren somit auch Teil einer mitteleuropäischen »Normalität«. Durch den festen westeuropäischen Integrationsrahmen fanden sie Akzeptanz und Zustimmung in der Welt.
Die aufkommenden Bürgerproteste der »Wende« von Oktober 1989 waren nicht Ursache, sondern Folge eines Erosionsprozesses des multinationalen Sowjet-Imperiums, der schon vor Jahren in Polen und Ungarn eingesetzt und mit der Politik Gorbatschows eine entscheidende Bestärkung und Legitimation erfahren hatte. Diese politische Persönlichkeit war auch mehr Produkt der Entspannungspolitik der 1970er-Jahre als der Aufrüstungs- und Nachrüstungspolitik der NATO seit Beginn der 1980er-Jahre. Inspiriert war Gorbatschow von der deutschen Sozialdemokratie unter Willy Brandt, dem Präsidenten der Sozialistischen Internationale (1976–1992) und seinem engen Berater und Vertrauten Egon Bahr, die Architekten der Entspannungspolitik waren, nicht aber von US-Präsident Ronald Reagan und seinem Außenminister George P. Shultz. Mit Reagan sollte Gorbatschow sich dann aber 1986/87 in der Abrüstung und Beseitigung von Nuklearwaffen einigen.
Aufgrund der erodierenden Herrschaftsposition der Sowjetunion im Kontext der eigenen Machtüberdehnung wie im Zeichen des gescheiterten Afghanistan-Unternehmens und der gesellschaftlichen Erstarrung, der Misswirtschaft in der DDR und der Globalisierung der Ökonomien war der Zusammenbruch des »Ostblocks« wie auch des ostdeutschen Staates nur mehr eine Frage der Zeit. An dessen Erhaltung und Unterstützung hatte 1990 – als seine Wirtschaftsdaten und Verbindlichkeiten bekannt wurden – kein internationales Bankenkonsortium mehr ein allzu großes Interesse.
Die Sowjetunion konnte diesen ostdeutschen Subventionsstaat nicht mehr sponsern, der Westen wollte ihn nicht mehr stützen, sodass nach dessen Liquidierung alle finanziellen Lasten von der Bundesrepublik zu tragen waren. Aufgrund dieser Konstellationen wurde die deutsche Einigung für den Westen wie den Osten erträglich. Die DDR – ein Staat fliehender Bürger – war für sich genommen nicht mehr existenzfähig. Die Westdeutschen mussten für die Einheit zahlen und für die finanziellen Folgen der DDR-Misere aufkommen, nachdem die Ostdeutschen für ihr vierzigjähriges Schicksal hinter dem »Eisernen Vorhang« zu ›zahlen‹ hatten.
Mit dem Ende des Kalten Krieges in Europa musste auch das Relikt deutscher Zweistaatlichkeit, die Mauer in Berlin, fallen, die seinerzeit die DDR vor ihrem völligen Exodus bewahrt, ihren demographischen Status quo gesichert und damit zur politischen Stabilität beigetragen, wie sie auch Chruschtschow als einen Kompromiss in der Auseinandersetzung um Deutschland betrachtet hatte. Die Mauer war eine Lebensversicherung für den ostdeutschen Zwangsstaat gewesen. Mit ihrem Fall war

seine Sterbeurkunde unterzeichnet und sein politisches Schicksal praktisch besiegelt worden.

Das Jahr 1989 markierte die entscheidende Differenz zwischen beiden deutschen Staaten. Demokratie und Rechtsstaat auf der einen Seite, Diktatur und Nicht-Rechtsstaat auf der anderen. Dass die Demokratie westlichen Typs den Sieg davontragen sollte, war die Entscheidung der aufbegehrenden ostdeutschen Bevölkerung, die für sich beschloss, den Weg zur persönlichen Freiheit und zur deutschen Einheit zu beschreiten. »Die Deutschen vereinigten sich bereits, die Politiker mussten ihnen folgen« (Peter Bender).

Der Schlüssel zur deutschen Einheit lag, wie viele Menschen in der DDR nach und nach realisierten, nicht – wie Adenauer mit seiner »Politik der Stärke« und angeblich gemeinsam mit dem Westen zu suggerieren versuchte – im ›stärksten Bündnis der Weltgeschichte‹ mit Sitz in Brüssel und der Supermacht in Washington, sondern in Moskau. Das will noch einmal festgehalten werden, weil es nicht Gemeingut der stark westlich orientierten deutschen Historiographie ist.

Der Machtstellung der Sowjetunion in Mittel- und Osteuropa war mit einer »Politik der Stärke«, d. h. mit fortgesetzter Konfrontation, nicht beizukommen, wie der Westen bereits Ende der 1960er-Jahre nach Ende der Ära Adenauer verstanden und die NATO von »massive retaliation« auf »flexible response« umzustellen begonnen hatte. Das Machtmonopol lag auf Seiten der kommunistischen Herrschaftsträger, was die Ostdeutschen gut genug wussten.

Aus der Erfahrung des gescheiterten Aufstands vom 17. Juni 1953 lautete eine der Parolen der Demonstranten »Keine Gewalt«. Weite Teile der DDR-Bevölkerung emanzipierten sich damit von einem ursprünglich von Moskaus Gnaden eingesetzten Marionettenregime. Die Ostdeutschen hatten sich im Unterschied zu ihren westdeutschen Landsleuten mehr nationales Bewusstsein bewahrt. Sie waren zweifellos die »›deutscheren‹ Deutschen«, die mehr Goethe und Schiller gelesen und mehr Bach und Händel gehört hatten, wie der ehemalige westdeutsche Politiker Bernhard Vogel äußerte, der nach der »Wende« als langjähriger Ministerpräsident von Thüringen (1992–2003) amtiert hatte und wissen musste, wovon er sprach.

Mit dem offiziellen Gedenken an Martin Luther, der Erinnerung an Preußen und seiner Koalition mit Russland gegen Napoleon sowie der Wiederentdeckung des preußischen Königs Friedrich II. und der Beschäftigung mit Reichskanzler Otto von Bismarck und seiner kooperativen Russland-Politik begann sich die DDR die ›positiven‹ Aspekte deutscher Nationalgeschichte anzueignen, während für die Bundesrepublik nur mehr das NS-Erbe übrig zu bleiben schien und der Holocaust weiter zu ›bewältigen‹ blieb, der nicht zu bewältigen war.

Die SED hatte seit Mitte der 1970er-Jahre eine »sozialistische Nation« Deutschlands im Zeichen der »sowjetischen Freundschaft« beschworen, während die Bundesrepublik gleich auf zwei »äußere Karten« setzen konnte: die atlantische Bindung und die europäische Integration. Dadurch wurden die Bürger der Bundesrepublik moderner und weltoffener, während die Bevölkerung der DDR weit mehr abgeschottet, auf sich bezogen, von der westlichen Welt getrennt in viel stärkeren deutschen und nationalen Dimensionen dachte. Das Wort »Deutschland« trug die SED – wie im Westen die SPD – weiterhin in ihrem Namen. Hinzu kam noch der Begriff »Einheit«. Für alle Welt sichtbar wurde der Befund aufbrandender nationaler Euphorie in den Wochen zwischen Oktober und Dezember des Jahres 1989. Kein Vergleich dazu war die in Anbetracht der sich anbahnenden deutschen Einheit weit weniger national aufgeladene und patriotische Stimmung in der Bundesrepublik und den westlichen Bundesländern – abgesehen von den Empfindungen in den grenznahen Regionen wie in Bayern, Franken oder Hessen.

Trotz der »doppelten Staatsgründung« (Christoph Kleßmann) und der deutschen Zweistaatlichkeit war der Gedanke an die deutsche Nation immer noch bestehen geblieben. Alle Versuche zur Schaffung einer eigenständigen und separaten »sozialistischen Nation« via DDR oder auch Vorstellungen von einer westdeutschen Nation auf dem Wege eines »Verfassungspatriotismus« (Dolf Sternberger) waren weder aussichtsreich im Sinne einer offensiven Identitätsbildung, noch wurden sie von Bürgerinnen und Bürger verinnerlicht.

Dagegen blieb die Idee von der deutschen Nation und ihrer Einheit v. a. in der DDR-Bevölkerung wach. Sie brach sich 1989 Bahn, im Sinne der bürgerlichen, insbesondere bürgerrechtlichen Freiheitsbewegung, vermeintlich stehend in der Tradition des Vormärz von 1848. Demokratie- und Einheitsgedanke ergänzten sich und wirkten zusammen. Besonders beachtlich war der Umstand, dass der historische Vorgang sich im Wesentlichen ohne Gewalt vollzog. Es handelte sich um friedliche Aufmärsche und geordnete Proteste mit kontrolliertem Ungehorsam unter Einhaltung strikter Disziplin, geprägt von einem Denken in obrigkeitsstaatlichen Dimensionen und regelkonformen Verhaltens. Diese Charaktereigenschaften kennzeichneten diese spezifisch ostdeutsche Umwälzung, die mehr ein Aufstand im Sinn einer Rebellion als einer Revolution glich und in deren Gefolge eine deutsch-deutsche Neuordnung einsetzte – eben stark ausgegangen vom Osten, aber dann umso stärker vorgegeben und durchgezogen vom Westen Deutschlands. So sehr es Aufstände und Rebellionen waren, die Ergebnisse dieser Ereignisse und die weiteren Entwicklungen waren dann allerdings revolutionär.

Dies ist umso bemerkenswerter als weder ein Krieg der NATO – wie es die SED-Propaganda wiederholt unterstellte – noch eine Politik »imperialistischer Mächte« erforderlich waren, um die zweite Diktatur auf deutschem Boden zu beseitigen, sondern die Menschen im eigenen Lande selbst: Das Volk des »Arbeiter- und Bauernstaates« der DDR konnte und wollte nicht mehr länger gegängelt sein und eingekerkert werden. Es bahnte sich seinen Weg in die Freiheit. Am Ende des Tages eroberte nicht die Nationale Volksarmee, sondern der Zweitakter Trabbi den Westen wie unser Cover-Bild von Birgit Kinder es so schön illustriert.

Der Beitritt zum Bundesgebiet war für viele DDR-Bürgerinnen und Bürger jedoch ernüchternd. Nachdem die Euphorie im Frühjahr 1990 verflogen war, empfanden sie die weitere Entwicklung ab Herbst zunehmend als Einverleibung durch ein anderes System oder »Übernahme«, wie das Ilko-Sascha Kowalczuk genannt hat, wobei hier v. a. westdeutsches Kapital zu Gange war.

Der Begriff »Wiedervereinigung« ist dabei weder treffend noch zielführend, sondern rechtlich unzutreffend und irreführend. Er mag zwar für die Stimmung unmittelbar nach der »Wende«, z. B. bei Verwandtschaftsbegegnungen und persönliche Umarmungen, seine Berechtigung haben, trifft aber die Gefühlslage vieler Ostdeutscher nach der deutschen Einheit seit dem Oktober 1990 nicht mehr. Ostdeutschland war und blieb ein Land der ›kleinen Leute‹ mit einer weitgehenden Entwertung ihres Erfahrungsschatzes, wozu die Handhabung der Treuhand ganz maßgeblich beitrug. Mit der DDR brach eine ganze Lebenskultur zusammen.

Fünf Bundesländer traten formell der Bundesrepublik bei, aber andere Menschen trafen nun auf andere Menschen. Es war ein ›Aufbruch‹ vieler Ostdeutscher, der am 9. Oktober 1989 stattgefunden hatte, und ein ›Durchbruch‹, der am 9. November 1989 erfolgte, so wie es das Cover-Bild unseres Buches symbolisieren mag. Ein großer ›Abbruch‹ als individueller ›Einbruch‹ und persönlicher ›Umbruch‹ setzte jedoch dann für viele Ostdeutsche mit dem 3. Oktober 1990 ein.

Für die DDR und das SED-System war es ein »Endspiel« (Ilko-Sascha Kowalczuk), welches letztlich verloren ging, nicht nur für den Einparteien-Staat, sondern auch für viele seiner Bürgerinnen und Bürger, so dass der Begriff der »Übernahme« (Ilko-Sascha Kowalczuk) griffiger und zutreffender erscheint als »Wiedervereinigung«, ja eigentlich von einer Aufgabe im Sinne einer ›Kapitulation‹ und ›Unterwerfung‹ zu sprechen ist.

Die Westdeutschen empfanden sich mehrheitlich als ›Sieger‹ und ›Überlegene‹. Viele von ihnen, v. a. Bürger aus dem äußersten Westen Deutschlands, waren vor 1989, wenn überhaupt, maximal nur einmal »in der Zone« gewesen, als sie z. B. nach West-Berlin gefahren sind und sich von dort in die DDR begeben hatten. Bei jenen Westdeutschen, die im grenznahen Raum lebten und Verwandtschaftsbesuche im anderen Teil Deutschlands machten, sah das wiederum anders aus.

Handelte es sich 1989/90 um eine Revolution? War es eine solche, die sich in der DDR in den Oktober- und November-Wochen vollzog? Das Thema ist umstritten. Die angeblich ›selbstgemachte Revolution‹ sei ein Mythos, argumentieren Kritiker. Vielmehr wird behauptet, dass es eine ›selbst ermächtigte Minderheit‹ von Bürgerrechtlern und Oppositionellen gewesen ist, umgeben von massenhaft strukturellen Opportunisten. Die ostdeutsche Gesellschaft sei 1989 völlig hoffnungslos, 1990 umso hoffnungsvoller und nach 1990 umso enttäuschter gewesen, so Ilko-Sascha Kowalczuk.

Verwiesen wird dabei auch auf die Kehrseite dieses Selbstermächtigungserlebnisses von 1989, als Afrodeutsche aus Angola oder Mosambik auf offener Straße angegriffen und mit Aggression und Rassismus konfrontiert wurden, sagt Thomas Krüger, Theologe und DDR-Bürgerrechtler, seit 2000 Präsident der Bundeszentrale für politische Bildung.

12.6 Die Dimension der geteilten Nation mit den Langzeitfolgen einer gespaltenen Gesellschaft

So erfolgreich und gewaltfrei diese Rebellion mit Slogans »Wir sind das Volk« und »Wir sind ein Volk« auch war, die Kehrseite der Medaille war Jahrzehnte noch spürbar: Die Bewahrung einer spezifisch deutschen und nationalen Haltung war so viel stärker in der ostdeutschen Gesellschaft verankert, dass sich das in jüngeren Ereignissen der östlichen Bundesländer mit dem Aufkommen der PEGIDA, den Erfolgen der AfD und Formen des Rechtsextremismus bis hin zum terroristischen NSU äußerte. Die aufgesetzte Parteiprogrammatik und die propagierte Staatsideologie des Sozialismus konnten am schlummernden und subkutan vorhandenen Nationalismus offensichtlich kaum etwas ändern. Trotz des von oben verordneten »Antifaschismus« hatte es rechtsextreme Tendenzen auch in der NVA, wie z. B. Hakenkreuz-Schmierereien an den Wänden der Kasernen gegeben.
Während zuletzt 77 % der Westdeutschen Demokratie als »ein lohnendes System« betrachteten, waren es in Ostdeutschland nur rund 40 %. Solche Umfragewerte dokumentieren, wenngleich sie auch nur Momentaufnahmen sind, mitunter auch die Fragilität des ostdeutschen Demokratiebewusstseins. Die Idee der repräsentativen Demokratie fand nie tieferen Eingang in den neuen Bundesländern. Eine breitgefächerte Erwachsenenbildung fand erst allmählich und verzögert statt. Die gespaltene Gesellschaft geht v. a. stark auf die Geschichte der geteilten Nation zurück, die eben auch eine geteilte Geschichte (Frank Bösch) ist. Die Identität der Deutschen war insofern bis 1989 eine geteilte, geprägt von einer doppelten Geschichtserfahrung – Ergebnis der nationalen Gespaltenheit. Viele Deutsche in Ost wie West wurden dadurch auch zerrissen.
Stimmt aber das im Westen so vorherrschende Bild vom »Ostdeutschen« oder ist diese Vorstellung mehr Konstrukt als Realität? Betroffene, Psychologen und Zeitzeugen tendieren zur Auffassung, dass es den »Ostdeutschen« so vereinfacht vor 1989 gar nicht gab. Viele Menschen fühlten sich im geographischen Osten Deutschlands zu Hause. Sie bezeichneten sich mitunter als Sachsen oder Thüringer. Erst nach dem Untergang und Ende der DDR, als sie in der Bundesrepublik ankamen und die Bundesdeutschen so richtig kennenlernten, empfanden sie sich wohl als richtige ›DDR‹-Bürgerinnen und ›DDR‹-Bürger oder als »Ostdeutsche«. Hinzu kam für viele »Jetzt erst gefühlte DDRler« – neben der schockierenden Erfahrung der materiellen Unterschiede – die Erkenntnis auch der Verschiedenheit in den Wertvorstellungen. Ein weiterer Grund für die Andersartigkeit liegt in einer tiefsitzenden Enttäuschung über die als verletzend erlebten und negativ gefühlten Folgen der Einheit seitens der bundesdeutschen »Neubürger«.
Hinter der ausgeprägten Arroganz und mangelnden Sensibilität der »Wessis« stand laut Thomas Krüger ein hohes Maß an finanzieller, monetärer und wirtschaftlicher Machtpolitik, die zu Geldspritzen, aber auch zu Ausverkäufen führte. Der Bundesdeutsche und die Bundesrepublik hatten ausreichendes Eigenkapital, die DDR und

der Ostdeutsche nicht. So setzte nach 1990 neben dem Riesentransfer von Finanzmitteln von West nach Ost parallel dazu eine massive Eigentumsverschiebung von Ost nach West ein.
Was ergeben Studien über die Einstellungen und Wertvorstellungen der Ost- und Westdeutschen aus dem Jahre 2018 im Vergleich? Die Annahme, dass sich auf kapitalistischen Knopfdruck von heute auf morgen die gesellschaftlichen und ökonomischen Strukturen in Ostdeutschland schnell ändern und ohne Weiteres auf diejenigen in Westdeutschland umstellen ließen, war in Unkenntnis einer über Jahrzehnte geprägten sozialistische Ordnung blauäugig gewesen.
Es handelte sich um ein politisches System, das von der westlichen Welt abgeschottet war, so dass Weltoffenheit kaum existierte. Die Ergebnisse einer Umfragestudie von Rainer, Albrecht, Bauernschuster, Endl-Geyer, Fichtl, Hener und Ragnitz über Einstellungen und Verhaltensweisen Ost- und Westdeutscher 28 Jahre nach der »Wende« zeigen, »dass in vielen gesellschaftlichen Teilbereichen ein steter Annäherungsprozess im Gang ist und dass sich die Auffassungen in den beiden Landesteilen eher selten auseinander entwickeln«. Vielfach hatten sich ostdeutsche den westdeutschen Verhaltensmustern angenähert. Im Freizeitverhalten gab es zwischen Ost und West weitgehende Übereinstimmung. Hinsichtlich der geschlechtlichen Rollenbilder orientierten sich die Westdeutschen an den Ostdeutschen. Die Unterschiede nahmen ganz generell zwischen Ost und West unter Jüngeren schon deutlich ab.
Die zwei jahrzehntelangen sehr unterschiedlichen System-Erfahrungen waren jedoch in vielen Bereichen noch spürbar. In der Frage Gemeinschaftsgefühl und Vertrauen wichen die Muster noch stark ab. 40 Jahre Stasi-Überwachung mussten sich bemerkbar machen. Vertrauen in Mitmenschen war 1990 im Westen weit höher ausgeprägt. Während im Westen nach 1990 die Hinnahme von Asylbewerbern als Nachbarn zunahm, ging diese im Osten zurück. Die Grünen hatten durchgehend mehr Zuneigung im Westen und die Linke mehr im Osten. Westdeutsche nutzten ihr Wahlrecht stärker, wobei die Differenz bei den letzten Bundestagswahlen (2013, 2017) geringer wurde. Ostdeutsche sind weit mehr der Meinung, Ausländer sollten unter sich heiraten und bei Arbeitsplatzknappheit wieder in ihr Herkunftsland zurückgeschickt werden. Mehr Ostdeutsche als Westdeutsche meinten, dass für die Einbürgerung von Zuwanderern die Sicherung des eigenen Lebensunterhalts vorausgesetzt werden müsse. Was die Flüchtlingsaufnahme angeht waren mehr Ostdeutsche der Ansicht, dass Asylanten und Wirtschaftsflüchtlingen kaum Zuzug gestattet werden sollte. Selten gab es unter ihnen solche, die Ausländern gleiche Sozialleistungen zubilligen wollten.
Migration ablehnende Parteien und Organisationen konnten im Osten mehr Menschen mobilisieren als im Westen. Die AfD erhielt in der Bundestagswahl 2017 doppelt so viele Stimmen im Osten wie im Westen. PEGIDA beurteilen 13,9 % der Westdeutschen als positiv, während es 28,3 % im Osten taten. Ostdeutsche stellten mehr Verbindung zwischen Ausländern und Kriminalität her und sahen sie auch mehr als Belastung für das soziale System. Antisemitische, ausländerfeindliche und rassisti-

sche Gewalt- und Straftaten waren im Osten in Relation zur Einwohneranzahl höher als im Westen.
Im Westen herrschte mehr Zufriedenheit mit dem Einkommen und dem Leben. Dies war auch objektiv an Einkommensunterschieden bis zu 11 % messbar. Ein durchgehender Unterschied existierte in der Fürsprache der Ostdeutschen für ein staatliches Intervenieren zur Minderung der Einkommensunterschiede. Ostdeutsche rechneten sich auch häufiger zu niedrigeren sozialen Schichten als Westdeutsche. Gesellschaftliche Unterschiede wurden von Ostdeutschen häufiger als ungerecht wahrgenommen, was auch eine Konsequenz der schlechteren demographischen Struktur im Osten war.
Was das Rollenverhältnis von Frau und Mann sowie Familie und Berufstätigkeit angeht, gab es Annäherungen, wobei Westdeutsche sich bei allen noch bestehenden Unterschieden dem ostdeutschen Muster anschlossen. Die Vorstellung, dass der Mann arbeitet und die Frau für die Besorgung des Haushalts und die Betreuung der Kinder zuständig sei, fand im Westen zwar immer noch mehr Zuspruch, aber Trendänderungen zeichneten sich ab. Die Auffassung und Realität von Erwerbstätigkeit war im Osten egalitärer.
Als Gesamtfazit der Studie wurde konstatiert, dass das System der sozialen Marktwirtschaft im geeinten Deutschland mehr und mehr akzeptiert wurde. Die jungen und jüngeren Ostdeutschen orientierten sich in ihren Einstellungen am Westen. Erfahrungen mit dem jeweils völlig konträren System im Osten und seiner entsprechenden Abgrenzung zum anderen manifestierte sich in beiden Teilen Deutschlands. Auch die jüngeren Generationen wurden von ihrem Elternhaus geprägt, so dass sich noch Auffassungen und Wertvorstellungen aus der Zeit des Sozialismus erhalten haben.
Die Integrationskraft der Volksparteien ließ in beiden Teilen Deutschlands, besonders im Osten, über die Jahrzehnte nach 1990 immer mehr nach, wofür es verschiedene Gründe gibt. Die PDS schuf sich das Monopol der Kritik am Einigungsprozess. Nach dem sozialistischen Reflex folgte der deutschnationale Nachhall und der nationalistische Rückfall der deutschen Einheit. Die AfD repräsentiert dieses Phänomen, ist aber auch Ausdruck eines geteilten deutsch-deutschen Paradox: sie rekrutiert ihr Führungspersonal aus dem Westen, hat dort auch die meisten Mitglieder, im Osten hingegen mehr Wähler.
Die Idee von der deutschen Nation und ihrer Einheit war, wie schon erwähnt, im Unterschied zur DDR-Bevölkerung in jener der Bundesrepublik in den 1980er-Jahren kaum mehr lebendig. Dass die Bundesrepublik den Rahmen für eine friedliche und rasche Eingliederung der DDR in das demokratisch-westliche Wirtschafts- und Politiksystem ermöglichte, war allerdings kein Zufall, sondern bereits durch das Grundgesetz (1949) und die Römischen Verträge (1957) angelegt worden. So konnte im neuen und vergrößerten Deutschland auch die Geschichte der Unterdrückung, Verfolgung und des Vertrauensbruchs im vormaligen ostdeutschen Staat öffentlich zur Diskussion gestellt und aufgerollt werden.
In der Bewältigung der Vergangenheit dieser zweiten deutschen Diktatur hatte die alte Bundesrepublik einen großen Vorsprung an Erfahrungspraxis, die nun auch für

den SED-, v. a. aber den Stasi-Komplex Anwendung finden sollte. Von einer gänzlichen Bewältigung des DDR-Erbes kann aber auch nach 30 Jahren deutsche Einheit noch keine Rede sein, was nicht verwundert: In der Bundesrepublik währte die Auseinandersetzung mit dem NS-Erbe weit mehr als drei Jahrzehnte.

12.7 Die Dimension der Identitätskompensationen

Die deutsche Nation war diskreditiert und geteilt. Was blieb an Ersatzidentitäten für Westdeutschland? Die Frage ist dreifach zu beantworten: Automobilisierung, der Stolz auf die eigene Währung und der Sport. Die Fußball-Bundesliga beginnend ab 1963, die bundesdeutschen Siege bei den Fußball-Weltmeisterschaften 1954, 1974 und 1990 sowie – die Lieblingskinder vieler Deutscher – die D-Mark und der »VW«, ein »Volkswagen« als Erfolgswagen, bildeten sinnstiftende Elemente für »Deutschland«, den deutschen Weststaat und seine Bürger – ein neues und andersartiges »made in Germany«, nun als echtes Markenzeichen.
Dagegen konnte die DDR weder mit der Fußball-Oberliga noch mit dem »volkseigenen« Gefährt des Trabants (»Trabi«), auf dessen Erwerb man jahrelang warten musste, geschweige denn mit der viel schwächeren Ost-Mark ernsthaft konkurrieren. Auf allen drei Feldern war die DDR im Nachteil und die deutsche Nation damit gespalten.
Neben dem Volkswagen gab es in der Bundesrepublik noch ein weiteres »Kult-Auto«: den Mercedes 300 SL. Dafür existierte in Ostdeutschland neben dem Trabi als gewöhnlichem Otto-Normalverbraucher-Gefährt der »Wartburg« für ein gehobenes Publikum und höhere Parteifunktionäre. In dieser Hinsicht gab es eine doppelte Zweiklassengesellschaft der Pkw-Besitzer, eine deutsch-deutsche und eine innere ostdeutsche Kultur der Automobilisten.
Die im Vergleich zur Bevölkerungszahl exorbitant großen Erfolge von DDR-Sportlern in sehr vielen, vor allem den olympischen Disziplinen, müssen hier jedoch auch Erwähnung finden, zumal sie das Selbstwertgefühl der DDR als »Sportnation« in nicht zu unterschätzender Weise stärkten, wenn nicht sogar beflügelten. Es ist dabei auch zu fragen, ob dieser Erfolgsumstand ungeachtet der ja erst nach der »Wende« aufgedeckten Zwangsdoping-Maßnahmen dazu beigetragen hat, die aus den zuvor genannten Gängelungen, Repressionen und Zurücksetzungen resultierende Unzufriedenheit der Menschen 40 lange Jahre im Zaum zu halten imstande war.
Die Rolle des Sports (Fußball in Westdeutschland, Leichtathletik in Ostdeutschland) spielte jedenfalls nach außen zur Eingliederung beider deutscher Staaten in die Weltgemeinschaft, aber auch nach innen zur Identitätsbildung und Sinnstiftung eine Rolle. Deutsche Einheit und der Fußball-Weltmeisterschaftssieg 1990 fielen kurioserweise sogar zusammen. Die Nation war hier für einen Moment geeint, als Deutschland im Finale der in Italien ausgetragenen WM durch ein Elfmetertor von Andreas Brehme das Argentinien von Diego Armando Maradona mit 1 : 0 bezwingen konnte.

12.8 Die vergangenheitspolitische Dimension

Wenn es neben dem Verlangen nach Existenz, Stabilität und Stärke eine weitere Kontinuität der bundesdeutschen Nachkriegsgeschichte gab, dann war es das wiederkehrende Verlangen nach einer dauerhaften Befassung mit der NS-Vergangenheit, die einerseits als Beitrag zur Selbstdisziplinierung und Selbstvergewisserung verstanden werden konnte, andererseits auch nur aufgrund der anhaltenden Wirtschaftserfolge als Ausdruck einer beschaulichen und selbstgefälligen Wohlstandsgesellschaft möglich war. Die Feststellungen Eckart Conzes dokumentieren diese Fixierung und Konzentration der öffentlichen Diskurse auf deutliche Weise:

»Keine der großen Debatten um die Zukunft der Republik ist frei von Bezügen zur nationalsozialistischen Vergangenheit. Das war in all den Jahren ihres Bestehens nie anders. Dieses Staatswesen entstand und entwickelte sich in permanenter Auseinandersetzung mit dieser Vergangenheit. Darin und dadurch gewinnt seine Geschichte am Ende doch eine nationale Dimension. Das kann auch gar nicht anders sein, denn trotz aller Internationalisierung, Transnationalisierung und Entnationalisierung vor und nach 1990 – der nationalen, nationalhistorischen Klammer vermag die Bundesrepublik nicht zu entkommen. Die Geschichte Deutschlands und der Deutschen liegt im Schatten des Nationalsozialismus, und so ist sie auch mehr als sechs Jahrzehnte später zu schreiben.«

Dieser sehr gelehrige und höchst professoral verordnete Imperativ gibt jedoch zu denken. Wenn – wie Conze schreibt – die Auseinandersetzung mit dem Nationalsozialismus »am Ende doch eine nationale Dimension« gewinnt, so fragt sich, ob darin eine europäische Zweckbestimmung liegen konnte bzw. ob Deutschland es durch die »permanente Auseinandersetzung mit dieser Vergangenheit« mit einer dauerhaften Nabelschau und einer zu dominanten Selbstbeschäftigung zu tun bekam, die eben von den europäischen, internationalen, transnationalen und globalen Aufgaben und Herausforderungen ablenkte oder dafür sogar blind machte. Nationale Engführung und politische Provinzialität haben damit auch etwas zu tun.
Überspitzt formuliert: Während die Deutschen in Ost wie West ihre Vergangenheit zu bewältigen hatten, bewältigten andere mehr ihre Gegenwart und Zukunft. Die Beschäftigung mit der Geschichte des Nationalsozialismus war aber auch – was nicht übergangen werden kann – eng verbunden mit der Leistung von »Wiedergutmachung« – in den verschiedensten Formen. Die Fixierung der politischen Kultur auf die NS-Vergangenheit blieb dafür eine unerlässliche Voraussetzung.
Die gesellschaftlich und politisch in Kauf genommene Spaltung der Nation und die Teilung Deutschlands in Form von zwei Staaten und der Glaube an ihre Dauerhaftigkeit waren Ergebnis einer Fehleinschätzung und Überbewertung der eigenen Geschichte. Sie führten auf einen Irrweg, der von der geteilten Nation für gegeben und als normal angesehen wurde.

Der 1927 in Danzig geborene, stets mit SPD-Kanzlern und Sozialdemokraten sympathisierende Schriftsteller Günter Grass verinnerlichte diesen Zustand so sehr, dass er sich im Kontext der Vereinigung der beiden deutschen Staaten zur sinngemäßen Aussage verstieg, dass das historische Faktum Auschwitz als Strafe fortbestehe und die deutsche Einheit untersage, was gleichsam als ›Buße‹ erschien. Wie kaum ein anderer Schriftsteller hatte sich Grass mit den Irrungen und Wirrungen der deutschen Geschichte auseinandergesetzt, war selbst jedoch ein Exponent eben dieser Verwicklungen.
Der 1999 mit dem Literaturnobelpreis geehrte Wahrer des schlechten Gewissens der deutschen Öffentlichkeit hatte jahrzehntelang seine Mitgliedschaft in der Waffen-SS der Panzerdivision »Frundsberg« als junger 17- und 18jähriger Bursche verschwiegen, was ihm erst in seinem 2006 erschienenen Erinnerungsroman »Beim Häuten der Zwiebel« eingefallen war.
Die Vorstellung, wonach die Last der NS-Vergangenheit und die daraus erwachsene Verantwortung für den Auschwitz-Komplex den Deutschen die Einheit verbiete, war sowohl politisch und moralisch als auch volkspädagogisch geleitetes Wunschdenken abgehobener intellektueller Debatten. Es handelte sich dabei gleichzeitig um die Furcht vor den eigenen Potenzialen und um eine Unterschätzung der historischen Wirkmächtigkeit nationalstaatlichen Denkens in Europa, das sich in der Geschichte des 19. und 20. Jahrhunderts wiederholt Geltung verschaffen konnte und vor der künstlichen deutschen Zweistaatlichkeit 1989/90 auch kein Halt machte. Unstrittig und davon unabhängig blieb die historische Verantwortung für Geschehenes bestehen.
Mit der Fertigstellung des Holocaust-Mahnmals im Jahre 2005 unweit des Brandenburger Tors dokumentierte das neue Deutschland seine anhaltende politische Verantwortung für das von Deutschen während der NS-Zeit begangene Unrecht bei gleichzeitiger Verurteilung der NS-Gewalttaten und Betonung ihres Mitgefühls für die Opfer und darüber hinaus auch die besondere politisch-moralische Verbundenheit mit dem Staat Israel. Bundespräsident Roman Herzog hatte bereits zuvor, im Jahr 2000, den 27. Januar 1945, den Tag der Befreiung des Konzentrationslagers Auschwitz durch die Rote Armee, als Holocaust-Gedenktag im neuen Deutschland eingeführt.
Die Auseinandersetzung mit der NS-Vergangenheit blieb weiterhin im Fokus offizieller Bekundungen, um von deutscher Seite sichtbar zu demonstrieren, die politische und moralische Verantwortung für den Mord an den europäischen Juden zu übernehmen. Gleichzeitig gab es eine heftige Debatte um das Projekt der Errichtung eines »Zentrums für Flucht und Vertreibung«, das Kritiker jedoch sogleich als Ausdruck und Gefahr der Relativierung der NS-Untaten betrachteten. Ein Zentrum gegen Vertreibungen war sodann ein 1999 präsentiertes Projekt des Bundes der Vertriebenen (BdV) zur Dokumentation der Vertreibungen im 20. Jahrhundert, welches in Berlin eröffnet werden sollte.
Der BdV gründete im Jahr 2000 eine gleichnamige Stiftung mit Sitz in Wiesbaden. Das Vorhaben stieß im Inland und Ausland auf Kritik, besonders in Polen und Tsche-

chien. Seine Konzeption wurde von der deutschen Bundesregierung daher nicht übernommen.
Im Gegenzug wurde 2008 nach einem Beschluss der Bundesregierung in Berlin die Stiftung »Flucht, Vertreibung, Versöhnung« zur Erinnerung an die weit über 10 Millionen Deutschen errichtet, die nach 1945 aus Ost- und Mitteleuropa vertrieben wurden, von denen ein Großteil ums Leben kam. Diese Stiftung sollte auch an andere Vertreibungen von 60 bis 80 Millionen Menschen in der ersten Hälfte des 20. Jahrhunderts erinnern und im ehemaligen Deutschlandhaus im Bezirk Kreuzberg ein »Ausstellungs-, Dokumentations- und Informationszentrum zu Flucht und Vertreibung« mit Präsenzbibliothek, Veranstaltungen und einem Zeitzeugenarchiv 2021 eröffnen.
Die emotionalen und äußerst schwierigen Debatten zeigen, dass in der Berliner Republik Bekenntnisse zur neuen deutschen Nationalstaatlichkeit und der politischen Geschichtsverantwortung nicht mehr als Widerspruch aufgefasst wurden und gleichzeitig an verschiedene Verbrechen in der Geschichte Europas im 20. Jahrhundert erinnert werden konnte.
In ostentativer und offizieller Abgrenzung zur Geschichte des Nationalsozialismus besteht eine Kontinuität der Staatsdoktrin zwischen Bonner und Berliner Republik. Daraus erwuchs einerseits ein hohes Maß an politische Verantwortung für die eigene Vergangenheit, führte aber andererseits auch wiederholt zu starker Rückbezogenheit der Politik. Dies schwächte den kritischen Umgang mit der SED-Diktatur ab und verstellte mitunter den öffentlichen Blick auf aktuelle politische Aufgaben wie den drängenden Bedarf der Lösung von Gegenwartsproblemen (Bildungs-, Bundeswehr-, Renten- und Steuerreform, Erneuerung der Infrastruktur und Wohnungsbedarf) und der Klärung von Zukunftsfragen (Demographie, Digitalisierung, Energiesicherung, Klimawandel und Migration).
Die amerikanische Philosophin Susan Neiman bilanzierte, dass Deutschland seine Geschichte vorbildlich aufgearbeitet, ja im internationalen Vergleich in Sachen Vergangenheitsaufarbeitung »eine Meisterleistung« vollbracht habe. Dieses Urteil traf sie jedoch nur für die Geschichte des Nationalsozialismus. Diese sogenannte zweite Vergangenheitsaufarbeitung sei dagegen »eine Schande«:

»Die Überheblichkeit, mit der Westdeutschland Ostdeutschland überrollt, wie man die Anstrengungen der Opposition völlig ignoriert hat – so, als sei es den Ostdeutschen nur um Bananen gegangen! Diese Übernahme fand mit einer unglaublichen Raubgier statt. Nicht einmal der Bitte, die Nationalhymne der DDR zu übernehmen, wurde stattgegeben. Dabei wäre das so richtig gewesen! Denn die BRD-Hymne klingt für ausländische Ohren immer noch wie ›Deutschland über alles‹.«

Ganz generell zum Umgang mit belasteter Geschichte in Deutschland meinte Neiman in einem Interview mit der *Neuen Zürcher Zeitung* am 7. März 2020: »Die Deutschen übertreiben, wenn sie ständig sagen, man habe in Sachen Vergangenheitsaufarbeitung immer noch zu wenig gemacht. Das geht in Richtung Selbsthass.«
Wieder und wieder suchten die Deutschen nach der politischen und moralischen Katastrophe der NS-Herrschaft Selbstvergewisserung in intensiver Auseinandersetzung

und in ostentativer Abgrenzung zu dieser Zeit. Sie bewegten sich in ihrer politischen Kultur spätestens seit den 1970er-Jahren relativ kontinuierlich in Konzentration ihres Selbstverständnisses auf die Schatten der nationalsozialistischen Vergangenheit zu. Dies führte zu einer starken Rückbezogenheit auf die eigene Geschichte, sprich Fixierung auf die Vergangenheit (das Wort von der »Bewältigung« stand paradigmatisch für dieses Dauerthema) und verstellte vielfach den Blick für Gegenwartsprobleme wie Immigration von Migranten und ihre gesellschaftliche Integration oder die Beschäftigung mit der Lösung von Zukunftsfragen (Demografie und Rentenbedarf oder Klima und Umwelt.
Ungebrochene deutsche Verantwortung für die NS-Vergangenheit und zielstrebige Verwirklichung der nationalen Einheit ließen sich aber nach 1989/90 relativ problemlos miteinander verbinden und stellten keinen Widerspruch mehr dar, einen Widerspruch, den Günter Grass noch nahezu dogmatisch postuliert hatte, worin er sich fundamental irren sollte.

12.9 Die Dimension der Wirtschafts- und Zahlungspolitik

Westdeutschland war und blieb Exportweltmeister, bis die Volksrepublik China ihr den Rang abzulaufen begann. Dennoch behielt es eine weltweite Spitzenstellung. Dieser nach wie vor immens starke Handels-, Industrie- und Währungsstaat konnte aufgrund seiner enormen Ausfuhrleistung, Finanzmittel und Wirtschaftspotentiale Politik gestalten sowie auch ein hohes Maß an europäischer Integrationsleistung erbringen. Integrationsleistung hieß – offen gesprochen – auch andauernde Zahlungsbereitschaft. Aus der enormen Wirtschaftskraft resultierten dauerhafte Beitragsleistungen, um nicht zu sagen ›Tributzahlungen‹ an das gemeinschaftliche postmoderne Imperium EU, in dem die deutsche Wirtschaftshegemonie gut aufgehoben war. Umso mehr war der (west)deutsche Staat diese Aufwendungen gerne und stets zu leisten gewillt.
Gemessen am Bruttoinlandsprodukt der deutschen Wirtschaft nahmen sich jedoch diese Beiträge für die Europäische Union bescheiden aus. Nach Angaben der EU-Kommission und bezogen auf das BIP der Staaten waren im Jahre 2018 Dänemark und Deutschland die größten EU-Nettozahler. Der negative Haushaltssaldo entsprach jeweils 0,39 % des BIP. Dann folgten Österreich (0,35 %), Schweden (0,32 %) und die Niederlande (0,31 %). Für Deutschland waren das 13,4 Milliarden Euro und machten pro Kopf 161 Euro aus.
Deutschland hatte für ganz andere Bereiche weit mehr Finanzleistungen und Zahlungsverpflichtungen aufgebracht und aufzubringen. Es war bereit, für das »Dritte Reich« und seine Verbrechen politische Verantwortung zu übernehmen und tätigte dafür entsprechende »Wiedergutmachung« an Israel, die die Bundesrepublik als ganz besonderes Anliegen sehr ernst nahm.

Die Bundesregierung informierte den Bundestag am 4. November 2013 über die Höhe der Wiedergutmachungsleistungen an jüdische Verfolgte bis zum 30. Juni 2013. Demzufolge erhielt die Jewish Claims Conference zirka 727 Millionen Euro an Einmal-Beihilfen (bzw. etwa 251 Millionen Euro auf einer anderen Rechtsgrundlage), knapp drei Milliarden Euro an laufenden Beihilfen, Überbrückungszahlungen in Höhe von rund 110 Millionen Euro, eine institutionelle Förderung in dreistelliger Millionen-Euro-Höhe sowie einen Verwaltungskostenersatz.

Die Gesamtsumme aller Entschädigungsleistungen der öffentlichen Hand belief sich bis Dezember 2016 auf 74,5 Milliarden Euro. Sie umfasste Zahlungen nach dem Bundesentschädigungsgesetzes (BEG) von 1956 (wobei »Asoziale«, Euthanasieopfer, Homosexuelle, Jenische, Kommunisten, Kriegsgefangene, Roma, Sinti, Zwangsarbeiter und Zwangssterilisierte davon ausgenommen waren), dem Bundesrückerstattungsgesetz (BRüG), für Schadenersatz für entzogene und nicht mehr auffindbare Vermögenswerte und dem Bundesergänzungsgesetz (ERG) zur Entschädigung von Opfern der NS-Verfolgung, dem Israel-Vertrag, Globalverträgen mit zwölf westeuropäischen Regierungen, Leistungen im Öffentlichen Dienst, dem Fonds für Menschenversuchsopfer, Leistungen der Bundesländer außerhalb des BEG, diverse Härteregelungen und Leistungen an die Stiftung »Erinnerung, Verantwortung und Zukunft«. Die Summe ergab sich aus verschiedenen Zahlungen zu unterschiedlichen Zeiten, wobei die abweichende Kaufkraft nicht berücksichtigt werden konnte.

Gezahlt werden musste von deutscher Seite außerdem für die alliierte Besatzung, Demontagen und die Marshall-Plan-Hilfe, die »Wiederbewaffnung« und den Bundesgrenzschutz, die Westintegration via westeuropäischer Einigung (z. B. durch Finanzierung des gemeinsamen Agrarmarkts, des Nuklearprogramms von Frankreich und dessen Überseegebiete seit 1958), die Entwicklungshilfe, die Häftlingsfreikäufe aus der DDR, die NATO-Nachrüstung Anfang der 1980er-Jahre, die Milliardenkredite für die DDR, Polen und Ungarn in den 1980er-Jahren, die Aufnahme von Asylsuchenden, aber auch letztlich für die »Wiedervereinigung« und besonders für die Folgen der Einheit, den »Aufbau Ost« durch den »Soli« (ab 1990 bis heute), die Nicht-Beteiligung

Abb. 57: Rund 50 Jahre dauerte die Truppenpräsenz der vier Siegermächte in Berlin und Deutschland. Auf eine Privatinitiative zurückgehender Briefumschlag u. a. mit eingedruckten Briefmarken (die zwei rechts außen) und einem großen Stempel vom 8.9.1994, der an die »Verabschiedung der Alliierten« erinnert, »Dank für den gewährten Schutz« zum Ausdruck bringt und darauf hinweist, dass nun die Bundeswehr diese Aufgabe übernimmt. Angloamerikaner blieben aber noch präsent. Die Briefmarken zeigen den Braunschweiger Löwen, Schloss Celle, Schloss Rastatt und die Büste der Nofretete im Ägyptologischen Museum in Berlin.

am Golfkrieg durch »Scheckbuch-Diplomatie« (1991), die Stützung des Europäischen Währungssystems 1992 (gegen die damals schon massiv betriebenen Spekulationen), die Ausgleichszahlungen Bonn-Berlin und den russischen Truppenabzug (1994) (Abb. 56).

Hinzu kamen Zahlungen, die sich aus der Verantwortung für die Vergangenheit ergebende Zwangsarbeiterentschädigung in der Regierungszeit von Rot-Grün, aber auch für die Europäische Einheitswährung (durch Aufgabe der D-Mark), die EU-»Osterweiterung« (ab 2004/07), die Mitbeteiligung am Afghanistankrieg (seit 2002 bis heute und in weiterer Zukunft), die Stabilisierung des Bankensystems in der Finanz- und Wirtschaftskrise (2008/09) sowie im Zusammenhang mit der europäischen Schuldenkrise und der Griechenland-Hilfe für die »Euro-Rettung« (ab 2010), wobei zwischen staatlichen Aufwendungen und Zahlungen im Wege von Krediten durch deutsche Banken genauer zu unterscheiden wäre.

Gesamt gesehen handelte es sich um gigantische, nicht exakt bezifferbare Milliarden-, ja Billionen-Beträge, also Summen in unvorstellbarer Höhe, die Deutschland – gleich ob die alte Bonner oder neue Berliner Republik – aufzubringen hatte. So gesehen waren und sind beide historisch einmalige Zahlungsstaaten.

Vor einer zu einseitigen Bewertung ist allerdings zu warnen: Es wurde nicht nur gegeben und gezahlt, sondern auch erhalten und verdient. Durch die Truppenpräsenz der Besatzungsmächte, der späteren Verbündeten, wurde die Bundesrepublik freundlich formuliert ein Sicherheitskonsument, sprich ein sicherheitspolitischer Nutznießer, womit sich dieser mehr auf den Aufbau und die Entwicklung seiner Wirtschaft konzentrieren konnte. Durch die Wiedergutmachungsleistungen konnte man auf Vertrauenskapital – wenigstens im Westen – hoffen und letztlich auch »zählen«. Die Leistungen im Rahmen der europäischen Integration bedeuteten eine Art innerwestlichen Zahlungsausgleich und eröffneten neue Absatzmärkte für Westdeutschlands Exportwirtschaft.

Hätte die Bonner Republik die Europäischen Gemeinschaften weniger subventioniert und unterstützt, wäre das Integrationstempo reduziert worden. Der seit 1958 projektierte »Gemeinsame Markt« der EWG und der 1993 realisierte »Binnenmarkt« der späteren EU wie auch der Euro schienen für die Aufrechterhaltung und Steigerung von Deutschlands Wirtschaftsmacht so unvermeidlich wie alternativlos. Von diesen Errungenschaften der europäischen Einigung profitierte der deutsche Außen- und Binnenhandel beträchtlich.

Und: Bonn unter Kohl wie Berlin unter Schröder und Merkel übernahmen – trotz historischer Belastung und finanzieller Zahlungen – zunehmend eine Führungsrolle in der EU und ihrer Wirtschaftsintegration – zum Leidwesen von Frankreich, Großbritannien oder gar dem neu hinzugekommenen Polen.

Der »Zahlungsstaat« lohnte also politisch. Er ist als eine historische Begriffskategorie in die Debatte über die deutsche Nachkriegsgeschichte einzuführen, bleibt aber noch eingehender zu untersuchen und ausgewogen zu diskutieren. Dieses Kriterium kann jedenfalls als zentrale Dimension bundesdeutscher Nachkriegsgeschichte nicht vernachlässigt oder gar übergangen werden. Auffallend ist näm-

lich, dass dieser nicht zu übersehende Befund eine von der deutschen Geschichtsforschung kaum genannte Kontinuität der (west)deutschen Nachkriegs- und Gegenwartsgeschichte ist.
So gesehen ging es nicht primär um die »Suche nach Sicherheit«, sondern um »Arbeit«, »Effizienz«, »Leistung«, »Schaffen«, »Stärke«, »Wohlstand« und »Zahlen«. Mit diesen Attributen und Eigenschaften gelang die Integration in die westliche Staaten- und Völkergemeinschaft (EWG, EG, EU, NATO und UNO).
Bemerkenswert dabei ist die folgende Pointe: Die genannten enormen finanziellen Aufwendungen, sprich Zahlungen, gingen bis heute mit einem – im Unterschied zu anderen Staaten Europas wie Frankreich oder Großbritannien, also vermeintlichen oder tatsächlichen ›Siegerstaaten‹ – sehr hohen Lebensstandard der Deutschen einher, was das eigentlich Erstaunliche ist und eine wirkliche beachtliche Leistung war, die kein anderer Staat in dieser Form – sowohl gemessen in Relation zu seiner Bevölkerungszahl als auch zu seinem Wirtschaftswachstum – aufzuweisen hat. Der alt-bundesrepublikanische und neudeutsche »Zahlstaat« ließ sich problemlos mit einem »Konsumstaat«, einem »Sozialstaat« und »Wohlfahrtsstaat« verbinden. Diese Staatsformen ergänzten sich nicht nur, sondern gingen ineinander auf: In dieser außergewöhnlichen Konstellation ist die Einzigartigkeit (West)Deutschlands im Vergleich zu anderen europäischen Nachkriegsstaaten zu sehen. Selbst die DDR war im Vergleich zu anderen sozialistischen mittel- und osteuropäischen Staaten noch ein besser gestellter Staat, doch im Unterschied zur BRD war sie im Hintertreffen.
An den bereits genannten Befunden wird die markante Differenz zur DDR deutlich: Ihre Integration in die sozialistische Staatenwelt der Mitte und des Ostens Europas wie auch ihre Maßnahmen zur Bildung von Vertrauen waren ihr nicht gelungen. Sie hatte dort auch weit weniger anzubieten als die Bundesrepublik, v. a. konnte die DDR nicht viel zahlen.
Beim SED-Staat handelte es sich nicht um eine Frage der Zahlungsbereitschaft, sondern um das Problem der Zahlungsfähigkeit. In der Frage der »Wiedergutmachung« handelte es sich bei der DDR aber um Zahlungsverweigerung. Sie war von bundesdeutschen Milliardenkrediten und sowjetischer Unterstützung – durch deutlich unter dem Weltmarktniveau liegenden Preisen für Energie- und Rohstofflieferungen – abhängig. Als diese 1989/90 ausblieben, war ihr Ende besiegelt.
Konnte die Bundesrepublik ihren Bürgern Konsum und Wohlstand durch Zahlung sichern, so war dies für die DDR nur bedingt auf Pump möglich. »Kommt die D-Mark nicht zu uns, dann gehen wir zu ihr!« war ein bezeichnender Slogan in »Wende«-Zeiten in der noch bestehenden DDR. Das Denken in materiellen Kategorien wie der »Geldbörse« sollte die Ostdeutschen 1990 alsbald erfassen.

12.10 Die neue Dimension der Berliner Republik

Die zur »deutschen Normalität« erklärte Zweistaatlichkeit in den 1980er-Jahren war im Grunde anormal; die Teilung Deutschlands als interpretierte Folge des Zweiten Weltkriegs und ›Strafe der Geschichte‹ ein Irrglaube und eine unzutreffende Vereinfachung – sie war praktisch Ergebnis der Uneinigkeit der Siegermächte in der Frage der weiteren Behandlung der deutschen Frage und Resultat der uneinigen und zerstrittenen politischen Lager in Deutschland selbst.

So existierten seit 1949 zwei deutsche Staaten in Europa, die angesichts der veränderten europäischen und globalen Rahmenbedingungen Ende der 1980er-Jahre nicht mehr aufrechtzuerhalten waren. Die Widerstände alter SED-Garden, diese Realität anzuerkennen, sind bekannt und bis heute noch in Zeitzeugengesprächen greifbar, das Widerstreben, Bonn aufzugeben und nach Berlin zu ziehen, nicht minder aussagekräftig. Andreas Wirsching hat zutreffend festgehalten: »Die Mehrheit hatte sich im Provisorium Bundesrepublik gut eingerichtet. Der Abschied von ihm fiel nicht leicht.« Doch war er unvermeidlich und bedeutete eine Zäsur.

Die Übernahme der neuen Länder in den Geltungsbereich des Grundgesetzes war nicht nur ein einfacher ›Anschluss‹ der ehemaligen DDR an die Bundesrepublik, sondern die Begründung eines neuen Deutschland – auch wenn diese nicht an einem einzigen Datum festzumachen ist und vielen Deutschen diese neue Republik noch nicht bewusst geworden ist.

Die deutsch-deutsche Konstellation im Jahre 1990 stand unter gänzlich anderen Vorzeichen und Rahmenbedingungen als die Gründung der Bonner Republik 1949. Der Ursprung der neuen Republik ist ein demokratisch verhandelter Prozess gewesen, der aus revolutionären Ereignissen hervorgegangen war.

Die deutsche Revolution des Herbsts 1989 unterschied sich von allen Befreiungs- und Umsturz-Bewegungen in Mittel- und Osteuropa insofern, als sie die Ideen von Freiheit und Nation zu verknüpfen verstand. Unmittelbar und ohne größere Umwege ging aus ihr ein formell nach außen geeinter deutscher Nationalstaat hervor. Die Einheit wurde in Freiheit, d. h. in freier Selbstbestimmung vom Volk der DDR angestrebt und erzwungen. Aus westdeutscher Sicht könnte das nicht unbedingt gesagt werden und das erklärte z. T. auch die Geschichte der anhaltenden deutschen Malaise seit 1989/90.

So fehlt den Deutschen bis heute – 30 Jahre nach dem gewaltlosen Umsturz in der DDR und der friedlichen Vereinigung mit der Bundesrepublik – nach wie vor die innere Einheit, die Einheit der Herzen und Seelen, ja auch die Überzeugung von der Folgerichtigkeit und Notwendigkeit der deutschen Einheit, wobei sich diese Problematik auch als eine Generationenfrage darstellt. Es ist eine Frage der älteren und mittleren Generation, die jüngere hat damit kaum mehr Probleme. Deutsche in Ost wie West akzeptieren und respektieren sich inzwischen besser, verstehen sich aber im Grunde noch nicht wirklich, weil das Denken in alten Kategorien weiter dominiert.

Von einer gegenseitigen Liebe kann nicht die Rede sein. Dazu wird es Generationen brauchen.
Die Teilung hat über die Jahrzehnte viele und zu tiefe Gräben aufgerissen, als dass sich diese in den Jahren nach der »Wende« alle einfach und rasch hätten zuschütten lassen: Es waren persönliche, familiäre, verwandtschaftliche, gesellschaftliche, ideologische, politische, ökonomische und soziale Gräben. Vorbehalte und Vorurteile bestanden und bestehen daher immer noch und trüben das innerdeutsche Klima, das von Einigkeit und Geschlossenheit noch entfernt ist.
Die Eingliederung der ehemaligen DDR als »neue Bundesländer« in das System der Bundesrepublik stand unter dem Motto »Aufbau Ost«. Der westdeutsche Übertragungsprozess sicherte zwar ein gewisses Maß an Kontinuität und Stabilität des neuen Deutschland, setzte aber nicht genügend ostdeutschen Handlungsspielraum und Innovationstätigkeit frei. Die Umstellung der ostdeutschen auf die westdeutsche Wirtschaft und Gesellschaft hatte zu hoher Arbeitslosigkeit und zahlreichen sozialen Problemen im Osten des Landes geführt und dabei die ohnedies schon durch 40 Jahre Teilung geförderte Entfremdung zwischen Ost und West noch verstärkt. Dabei war auch der desaströse Zustand der DDR nicht nur in ökonomischer, sondern vor allem auch in infrastruktureller und umweltpolitischer Hinsicht zu berücksichtigen, der gigantische Transferleistungen nach sich zog. »Blühende Landschaften«, wie sie Helmut Kohl 1990 prophezeit und versprochen hatte, waren nicht so rasch zu verwirklichen. Vielmehr entstand eine Art »deutscher Mezzogiorno ohne Mafia«, wie es Helmut Schmidt ernüchtert konstatiert hatte.
Rund 2,7 Millionen Ostdeutsche waren bis 2010 in den Westen abgewandert. Die Entvölkerung ganzer Landstriche, der Mangel an Freiberuflern sowie ärztlicher Versorgung, industriellen Kernen und einem breiten Mittelstand – letzteres übrigens ein weiteres Erbe des Sozialismus – sind bis heute die Hauptprobleme in den »neuen Bundesländern«. Ostdeutschland hat dennoch seit der Einigung aufgeholt, wenngleich durch den Westen teuer bezahlt.
Die Zweistaaten-Gründung 1949 und die Teilung Deutschlands in den 1950er-Jahren forderten seit 1990 ihren Preis. Die Westdeutschen mussten ihren jahrzehntelang genossenen Wohlstand nun mit den Ostdeutschen teilen bzw. zurückzahlen. Vor 1989 erwirtschaftete jeder Ostdeutsche ein Drittel dessen, was ein Westdeutscher zum Sozialprodukt beitrug. Die Produktivität im Osten Deutschlands war 2010 bei 70 % angelangt. Motor der Entwicklung war das verarbeitende Gewerbe: VW baute in Zwickau ein Werk, Opel in Eisenach und BMW in Leipzig. Doch blieben Unterschiede: Während die Industrie in Thüringen ihre Wertschöpfung jährlich um 10 % erhöhte, waren es in Mecklenburg-Vorpommern nur 5 %. Die Arbeitslosenquote im Osten hatte sich von einem Spitzenwert von 21 % in den 1990er-Jahren im Jahre 2010 mit 12 % deutlich reduziert. Die ostdeutsche Wirtschaft sorgte für ihre knapp sechs Millionen Erwerbstätigen, aber ihre Kraft reicht noch nicht aus, um ihre Arbeitslosen und Rentner selbst zu finanzieren. Entsprechend hohe Transfers flossen weiter von West nach Ost. Es waren 35 Milliarden Euro pro Jahr, allein für die Renten- und Arbeitslosenkasse.

Die Entscheidung für die neue Hauptstadt im Osten des Landes wirkte günstig auf das Verhältnis zwischen West- und Ostdeutschen – ein gegenteiliges Szenario mit Bonn als fortgesetzter Bundeshauptstadt hätte wohl eher weniger förderlich auf das Zusammenleben gewirkt, was den Wessis nicht von Anfang an begreiflich zu machen war. Der Umzug nach Berlin hatte an der innen- und außenpolitischen Ausrichtung Deutschlands zunächst nicht viel geändert.

Die Geschichte der Einheit Deutschlands ist trotz oder wegen aller finanzieller Anstrengungen und wirtschaftlichen Lasten im Großen und Ganzen durchweg erfolgreich verlaufen, zumal wenn man sich folgende Frage stellt: Was haben die Deutschen aus ihrer jüngeren Geschichte gelernt und aus ihrer fortgesetzten Existenz als Nation gemacht? Drei Staaten waren binnen knapp 25 Jahren zugrunde gegangen: 1918 das Kaiserreich, 1933 die Weimarer Republik und 1945 der NS-Staat.

»Fünf Deutschland und ein Leben« hatte der Historiker Fritz Stern erfahren: Weimar-Deutschland, das »Dritte Reich«, die alte Bundesrepublik, die DDR und die Berliner Republik. Die Deutschen hatten nach der militärischen Niederlage von 1918, der verhängnisvollen Diktatur ab 1933 und ihrem Zusammenbruch 1945 sowie mit dem Untergang der zweiten Diktatur, der DDR, 1990 eine weitere Chance bekommen, sich neu zu positionieren und zu profilieren. Das war vor allem auf die geostrategisch wichtige, nämlich zentrale Position ihres Landes auf dem Kontinent und ihre wirtschaftliche Leistungskraft zurückzuführen. Deutschland war und blieb – auch während der Zeit der Teilung – in der Mitte Europas und damit politisch und ökonomisch wichtig für alle Weltmächte und für seine Nachbarn sowieso.

Es gab Chancen – zunächst zwei Chancen 1918/19 und 1945. Die gesamtstaatliche Demokratie sollte nicht gelingen. Nach der nationalsozialistischen Diktatur folgte die Teilung Deutschlands in eine sozialistische Diktatur unter sowjetischer Kontrolle und eine Demokratie als Provisorium unter westlicher Vormundschaft – mit allen Geburtswehen und Folgeproblemen. Die dritte Chance im 20. Jahrhundert eröffnete sich 1989/90.Nach einer langen Phase der »Angst vor der Macht« ist spätestens mit der Berliner Republik die »Rückkehr auf die Weltbühne« (Gregor Schöllgen) gelungen. Die neue Bundesrepublik löste sich schrittweise, wenn auch weniger dramatisch und spektakulär aus der erzwungenen Abhängigkeit und von der übertriebenen Bindung zu den USA. Berlin tanzte nicht mehr nach jeder amerikanischen Pfeife, vermittelte im Nahostkonflikt und hielt den Draht nach Moskau wieder und weiter aufrecht. Die Beteiligung am Afghanistan-Krieg, aus dem sich schon Briten im 19. Jahrhundert und Russen im 20. Jahrhundert mit blutiger Nase zurückziehen mussten, war ein schwerer Fehler. Es konnte auch nicht Aufgabe Deutschlands sein, militärisch zu intervenieren – das lehrt allein schon seine eigene Geschichte, was sich ständige Beschwörer der Vergangenheit und gleichzeitige Befürworter von Militärinterventionen vor Augen halten sollten.

Die Grundpfeiler des westdeutschen Nachkriegsstaats waren zwischen den Großparteien CDU und SPD weitgehend unbestritten: Bindung an die USA, weitgehende Integration Westeuropas, Verständigung, Aussöhnung und Partnerschaft mit Frankreich, Verantwortungsübernahme für das Erbe des »Dritten Reiches« und Wiedergutmachungsleistungen an Israel. Hans-Dietrich Genscher verstand deutsche Außenpolitik auch als »Friedenspolitik«. Eine Beteiligung der Bundeswehr an »out-of-area«-Operationen lehnte er selbst bei einer einstimmigen UNO-Mandatierung als nicht Grundgesetz-konform ab.

Die Grundpfeiler des ostdeutschen Nachkriegsstaats waren eine Einparteiendiktatur mit einem Pseudoparteien-Pluralismus und einem ausgeprägten Überwachungs- und Verfolgungsapparat: Abhängigkeit von der UdSSR, nur teilweise Integration Mittel- und Osteuropas, weder substantielle Verständigung noch wirkliche Aussöhnung mit Polen, weder Bereitschaft zur Übernahme von Verantwortung für den Nationalsozialismus noch Wiedergutmachungsleistungen für Israel. Diese Eigenschaften kennzeichneten diesen zweiten deutschen Staat anderer Art, der sich mit Ausnahme der Entsendung von Vorausabteilungen im Rahmen der Niederwerfung des »Prager Frühlings« durch die Warschauer Pakt-Staaten im Jahre 1968 an keinen Militärinterventionen beteiligte, wohl aber mehrfach in Gefechtsbereitschaft war.

Diese Gegensätze zu vereinen und versöhnen, war nicht nur eine Aufgabe, sondern auch ein Prozess, der 30 Jahre nach der deutschen Einheit noch im Gange ist.

Die Berliner Republik baute im Wesentlichen auf den Grundpfeilern des westdeutschen Staates auf. Sie sollte darüber hinaus innere und äußere Handlungsfreiheit erlangen, d. h. »volle Souveränität« besitzen, wenn man von einer solchen in einer Welt der globalisierten und institutionalisierten internationalen Beziehungen nach 1990 mit EU, IWF, NATO, UNO und WTO überhaupt noch sprechen konnte.

Im Krieg gegen das restliche Jugoslawien im Zeichen des Kosovo-Konflikts 1999 wurden zum ersten Mal seit dem Zweiten Weltkrieg deutsche Luftwaffen-Einheiten im Rahmen des ersten Angriffs der NATO in ihrer Geschichte eingesetzt. Die enge Bindung der Bundesrepublik an die USA wurde erneut während der Irak-Krise 2003 fragwürdig und lockerte sich durch die souveräne Entscheidung des Bundeskanzlers Schröder, sich nicht an diesem Krieg zu beteiligen, der unter Vorspiegelung falscher Tatsachen von den USA vom Zaun gebrochen worden war. Wie sich im Nachhinein herausstellte, war die Entscheidung der Regierung Schröder nicht nur völkerrechtlich korrekt, sondern auch politisch richtig.

Die europäische Integration sollte nun auch die Mitte und den Osten Europas umfassen, wofür die neue Bundesrepublik – ganz im Unterschied zu Frankreich – eine spezifische »Kompetenz« und »Zuständigkeit« reklamieren konnte. Die gesellschaftlich-kulturellen Beziehungen zu Frankreich stagnierten und drohten einzuschlafen. Zuletzt wurden sie wieder etwas belebt.

Die verantwortungsvolle Haltung zur Geschichte und die Unterstützung für Israel blieben, obwohl sich Provokationen und Gewalthandlungen der Konfliktparteien ablösten, ja mehr noch: Die Berliner Republik engagierte sich unter Außenminister Fischer aktiv im diplomatischen Ringen um eine Lösung des Nahostkonflikts und die Bundesmarine wurde im Libanonkrieg gegen die Hisbollah-Attacken auf Israel 2008 eingesetzt. Beide Vorgänge wären vor 1990 noch völlig undenkbar gewesen. Undenkbar war auch, dass die Bundeswehr – ursprünglich und eigentlich als reine Arme zur Verteidigung und Kriegsverhinderung konzipiert – zu Bodeneinsätzen auf

fremden Territorien herangezogen werden sollte wie dies – im Zuge der Reaktionen der USA und ihrer Verbündeten auf den 11. September 2001 – in Afghanistan im Rahmen der ISAF-Operationen geschah.
Langsam begriff jedoch die deutsche politische Kultur, dass sich die Berliner Republik damit in einen militärischen Konflikt eingeschaltet hatte. Sie rang sich erst sehr spät, nach mehreren »gefallenen« deutschen Soldaten, zum öffentlichen Eingeständnis durch, dass es sich um einen Krieg handelte, an dem man beteiligt war. Dies bedeutete auch das indirekte Eingeständnis einer neuen Dimension deutscher Außenpolitik: Deutschland führte wieder Krieg.
Die Bedenken und Schwierigkeiten, die die Berliner Republik und mit ihr die bundesdeutsche Bevölkerung und Öffentlichkeit mit dem Afghanistankrieg hatten, sprachen eigentlich für sie. Die politischen Folgen des opferreichen Luftangriffes auf zwei von Taliban entführte Tanklaster im September 2009 bei Kundūz zeigten dies deutlich (Kap. 9.3): Der ehemalige Verteidigungsminister musste zurücktreten, als Informationsdefizite und Kommunikationspannen bekannt wurden. Der neue Verteidigungsminister geriet unter medialen Druck, als er diesen Angriff – in Unkenntnis der Begleitumstände und Folgen – zunächst als »militärisch angemessen« bezeichnet hatte.
Selbst der Bundespräsident bekam Kritik zu spüren und zog die Konsequenzen: Horst Köhler trat nicht nur, aber wohl auch wegen öffentlicher Medienkritik am 31. Mai 2010 überraschend von seinem Amt zurück. Zuvor hatte er den dortigen Einsatz der Bundeswehr mit deutschen Exportinteressen verteidigt und den Siegeswillen der eigenen Soldaten im Unterschied zur Haltung der US-amerikanischen GIs in Zweifel gezogen.
Einerseits stand damit die Grundgesetz-Konformität zur Diskussion. In der Truppe selbst hatten andererseits die ihr unterstellten Zweifel am Gewinn dieses Krieges Enttäuschung ausgelöst. Eigentlicher Hintergrund des Ausscheidens Köhlers dürfte aber der Dauerzwist der CDU/CSU-FDP-Koalition über Reformfragen, aber auch der fehlende Rückhalt seitens der Regierungsführung für seine Person gewesen sein. Jedenfalls gab es noch nie einen Rücktritt eines amtierenden Bundespräsidenten in der Geschichte der alten oder neuen Bundesrepublik. In der zweiten Amtszeit Köhlers fehlten Überzeugungskraft, Schwung und eine gute Kommunikations- und Pressearbeit. Deutsche Politik war auch längst nicht mehr so einförmig und festgelegt wie in Bonner Zeiten, sondern diversifizierter und offener geworden.
Wie in der Außenpolitik sich die Akzente verschoben, so gab es auch in der Innenpolitik bemerkenswerte Verlagerungen der Kräfteverhältnisse.
Das parteipolitische Erbe der DDR hieß nun statt SED »Partei des demokratischen Sozialismus« (PDS), die sich später unter Führung von Gregor Gysi und Oskar Lafontaine in »Neue Linke« bzw. »Die Linke/PDS« umbenannte und nach den Grünen in der alten BRD zu einer weiteren Diversifizierung und neuerlichen Pluralisierung des Parteienspektrums beitrug – ein Erbe der DDR, was nicht nur schlechtes Erbe sein musste, wenn es domestiziert, modernisiert und säkularisiert ist sowie konstruktiv eingesetzt wird.

Mit der Berliner Republik entstand ein neues bundesdeutsches Staatswesen, weder vergleichbar mit der Bonner Republik, noch mit der DDR. Rückschauen wie »50 Jahre Bundesrepublik« (1999) oder gar »60 Jahre Bundesrepublik« (2009) beruhten jedoch auf Pseudokontinuitäten und Scheinkonstruktionen.
Wie stark sich die politische Kultur durch die Berliner Republik geändert hatte, wird daran deutlich, dass seit 2005 eine Frau, und zwar eine evangelische Pfarrerstochter aus der Mark Brandenburg, als Bundeskanzlerin amtierte, eine Konstellation, die zu Zeiten des katholischen Rheinländers Adenauer in der »rheinisch-katholischen« (eigentlich interkonfessionellen) CDU nicht vorstellbar gewesen wäre.
Die Deutschen nutzten seit 1990 ihre Chance zur Weiterentwicklung eines europäischen, modernen und weltoffenen Staates, der trotz aller Probleme mit Blick auf steigende Arbeitslosigkeit, fallende Geburtenrate, die auseinandergehende Schere zwischen Arm und Reich, neue Verschuldung und geringeres Wirtschaftswachstum im Zeichen der Bewältigung der Corona-Krise seinen Bürgerinnen und Bürgern nach wie vor viele Lebenschancen bietet – weit mehr als andere Staaten auf der Welt es tun.
Die Bundesrepublik hatte die Wirtschaftskrisen der 1970er- und 1980er-Jahre besser als ihre europäischen Nachbarn überstanden. Das sollte auch bei der Bewältigung der Finanz-, Schulden- und Währungskrise gelingen und für die Fortexistenz der Europäischen Union sprechen. Das lässt auch für die Überwindung der Corona-Krise hoffen, die nur im globalen und transnationalen Rahmen gelingen kann.
Das Schicksal Deutschlands und Europas waren, sind und bleiben auch weiterhin untrennbar miteinander verbunden. Nicht ein geteiltes und uneiniges, sondern nur ein einheitliches und geschlossen auftretendes Deutschland ist diesem Europa in Krisen- wie in Normalzeiten dienlich – dies mussten die übrigen Europäer auch erst erfahren und begreifen. Es bleibt daher die kategorische Integrationsimperativ für deutsche Politik ein Gebot: »Handle jeweils so, dass dein Verhalten in Europa zu einer allgemeingültigen gemeinschaftlichen Gesetzgebung werden kann.«

Abkürzungsverzeichnis

ABM Arbeitsbeschaffungsmaßnahmen
ACC Allied Consultation Committee
ADN Allgemeiner Deutscher Nachrichtendienst – offizielle DDR-Nachrichtenagentur
AKP-Staaten Staaten des afrikanischen, karibischen und pazifischen Raumes
AKW Atomkraftwerk
APO Außerparlamentarische Opposition
ARD Arbeitsgemeinschaft der öffentlich-rechtlichen Rundfunkanstalten der Bundesrepublik
AWACS Airborne Warning and Control System
BDI Bundesverband der Deutschen Industrie
BdL Bank deutscher Länder
BEG Bundesentschädigungsgesetz
BHE Bund der Heimatvertriebenen und Entrechteten
BIP Bruttoinlandsprodukt
BIZA Bank für Internationalen Zahlungsausgleich
BKA Bundeskriminalamt
BMW Bayerische Motorenwerke
BND Bundesnachrichtendienst
BPA Bundespresse- und Informationsamt
BRD Bundesrepublik Deutschland
BRüG Bundesrückerstattungsgesetz
BSB Betriebe mit staatlicher Beteiligung
BSG Betriebssportgemeinschaft
BVG Bundesverfassungsgericht
BvS Bundesanstalt für vereinigungsbedingte Sonderaufgaben
CARE Cooperative for American Remittances to Europe
CDU Christlich-Demokratische Union
CDUD Christlich-Demokratische Union Deutschlands
CFLN Französisches Befreiungskomitee
COMECON Council on Mutual Economic Cooperation
ČSFR Tschechoslowakische Föderative Republik
ČSSR Tschechoslowakische Sozialistische Republik
CSU Christlich Soziale Union
DA Demokratischer Aufbruch
DBD Demokratische Bauernpartei Deutschlands
DDP Deutsche Demokratische Partei
DDR Deutsche Demokratische Republik
DFB Deutsche Fußballverband
DFG Deutsche Forschungsgemeinschaft
DFV Deutsche Fußball-Verband der DDR
DGB Deutscher Gewerkschaftsbund
DHfK Deutsche Hochschule für Körperkultur
DKP Deutsche Kommunistische Partei
DM Deutsche Mark
DP Demokratische Partei
dpa Deutsche Presseagentur
DPs Displaced Persons
DRP Deutsche Reichspartei
DSU Deutsche Soziale Union
DTSB Deutscher Turn- und Sportbund
DVP Deutsche Volkspartei
DVU Deutsche Volksunion
EAC European Advisory Commission
ECU European Currency Unit
EEA Einheitliche Europäische Akte
EFSF Europäische Fazilität zur Stabilisierung der Finanzen
EFTA Europäische Freihandelsassoziation
EG Europäische Gemeinschaft

EGKS Europäische Gemeinschaft für Kohle und Stahl
EJCD Europäische Junge Christliche Demokraten
EKD Evangelische Kirche in Deutschland
EMRK Europäische Konvention zum Schutz der Menschenrechte und Grundfreiheiten
EPG Europäische Politische Gemeinschaft
EPZ Europäische Politische Zusammenarbeit
ERP European Recovery Program
ESM Europäischer Stabilitätsmechanismus
EU Europäische Union
EUCD Europäische Union Christlicher Demokraten
EURATOM Europäische Atomgemeinschaft
EVG Europäische Verteidigungsgemeinschaft
EVP Europäische Volkspartei
EWG Europäische Wirtschaftsgemeinschaft
EWR Europäischer Wirtschaftsraum
EWS Europäisches Währungssystem
EZB Europäische Zentralbank
FAZ Frankfurter Allgemeine Zeitung
FDGB Freier Deutscher Gewerkschaftsbund
FDJ Freie Deutsche Jugend
FDP Freie Demokratische Partei
Fundis Fundamentalisten
GAP Gemeinsame Agrarpolitik
GASP Gemeinsame Außen- und Sicherheitspolitik
Gestapo Geheime Staatspolizei
GST Gesellschaft für Sport und Technik
HVA Hauptverwaltung Aufklärung
IBM International Business Machines Corporation
IFOR Friedenstruppe »Implementation Force«
IKB Deutsche Industriebank AG
IMs Inoffizielle Mitarbeiter
IMT Internationales Militärtribunal
INF Intermediate-Range Nuclear Forces
ISAF International Security Assistance Force
KB Kulturbund
KDV Kriegsdienstverweigerung
Kf Kreditanstalt für Wiederaufbau
KFOR Kosovo Force
KI Kommunistische Internationale
KITA Kindertagesstätten
KOMINFORM Kommunistisches Informationsbüro
KPD Kommunistische Partei Deutschlands
KPdSU Kommunistische Partei der Sowjetunion
KPÖ Kommunistische Partei Österreichs
KSE Konventionelle Streitkräfte in Europa
KSZE Konferenz über Sicherheit und Zusammenarbeit in Europa
KVAE Konferenz über Vertrauensbildung und Abrüstung in Europa
KVP Kasernierte Volkspolizei
KZ Konzentrationslager
LAP Lebensabschnittspartner
LDPD Liberal-Demokratische Partei Deutschlands
LPG Landwirtschaftliche Produktionsgenossenschaft
MAD Militärischer Abwehrdienst
MfS Ministerium für Staatssicherheit
MLF Multilateral Force
MNV Ministerium für Nationale Verteidigung
MRP Mouvement Républicain Populaire
Nasi Nationale Sicherheit
NATO North Atlantic Treaty Organization
NDPD Nationaldemokratische Partei Deutschlands
NDR Norddeutscher Rundfunk
NE Nationaleinkommen

NKWD Narodnyj kommissariat wnutrennich del (Innenministerium der UdSSR)
NOK Nationales Olympisches Komitee
NS Nationalsozialismus
NSA National Security Agency
NSDAP Nationalsozialistische Deutsche Arbeiterpartei
NVA Nationale Volksarmee
NWDR Nordwestdeutscher Rundfunk
OEEC Organization for European Economic Cooperation (Organisation für europäische wirtschaftliche Zusammenarbeit)
OKW Oberkommando der Wehrmacht
OMGUS Office of Military Government of the United States
OPEC Organisation der erdölexportierenden Länder
ORF Österreichischer Rundfunk
OSZE Organisation für Sicherheit und Zusammenarbeit in Europa
ÖVP Österreichische Volkspartei
PDS Partei des Demokratischen Sozialismus
QRF Quick Reaction Force
RAF Rote Armee Fraktion
Realos Realpolitiker
RGW Rat für gegenseitige Wirtschaftshilfe
SA Sturmabteilung
SAG Sowjetische Aktiengesellschaften
SALT Strategic Arms Limitation Talks
SBZ Sowjetische Besatzungszone
SD Sicherheitsdienst
SDP Sozialdemokratische Partei der DDR
SED Sozialistische Einheitspartei Deutschlands
SG Sportgemeinschaft
SMAD Sowjetische Militäradministration
SPD Sozialdemokratische Partei Deutschlands
SPÖ Sozialdemokratische Partei Österreichs
SR Saarländischer Rundfunk
SRG Schweizer Rundfunk- und Fernsehgesellschaft
SRP Sozialistische Reichspartei
SS Schutzstaffel
SSG Schulsportgemeinschaft
SSM Single Supervisory Mechanism
Stasi Ministerium für Staatssicherheit (umgangssprachlich)
SWR Südwestrundfunk
SZ Süddeutsche Zeitung
THA Treuhandanstalt
UÇK Ushtria Çlirimtare e Kosovës (Albanische Untergrundarmee)
UdSSR Union der Sozialistischen Sowjetrepubliken
UK United Kingdom
UMTS Universal Mobile Telecommunications System
UNO United Nations Organization
USA United States of America
VEB Volkseigene Betriebe
VEBA Vereinigte Elektrizitäts- und Bergwerks AG
VKSE Verhandlungen/Vertrag über konventionelle Streitkräfte in Europa
VOPO Volkspolizei
VPR Verteidigungspolitische Richtlinien
VVN Vereinigung der Verfolgten des Naziregimes
VW Volkswagen
WAA Wiederaufarbeitungsanleitung
WDR Westdeutscher Rundfunk
WEU Westeuropäische Union
WTC World Trade Center
WVO Warschauer Vertragsorganisation
WWU Europäische Währungs- und Wirtschaftsunion
ZA Zentralausschuss
ZDF Zweites Deutsches Fernsehen
ZESt Zentrale Erfassungsstelle
ZK Zentralkomitee

Bibliografie

Abelshauser, Werner, Deutsche Wirtschaftsgeschichte seit 1945, München (Vahlen) 2004.

Aly, Götz, Unser Kampf. 1968 – ein irritierter Blick zurück, Frankfurt/Main (S. Fischer) 2008.

Albrecht, Clara/Bauernschuster Stefan/Fichtl, Anita/Hener, Timo/Ragnitz, Joachim/Rainer Helmut, Deutschland 2017 – Studie zu den Einstellungen und Verhaltensweisen der Bürgerinnen und Bürger im vereinigten Deutschland ifo Forschungsbericht Nr. 96, ifo Institut, München (C. H. Beck) 2018.

Altrichter, Helmut, Russland 1989. Der Untergang des sowjetischen Imperiums, München 2009.

Aretz, Jürgen/Buchstab, Günter/Gauger, Jörg-Dieter (Hrsg.), Geschichtsbilder. Weichenstellungen deutscher Geschichte nach 1945, Freiburg – Basel – Wien (Herder) 2003.

Badstübner, Rolf, Vom »Reich« zum doppelten Deutschland. Gesellschaft und Politik im Umbruch Berlin (Dietz) 1999.

Bahr, Egon, Zu meiner Zeit, München (Karl Blessing Verlag) 1996.

Bald, Detlef/Wette, Wolfram (Hrsg.), Alternativen zur Wiederbewaffnung in Westdeutschland 1945–1955 (Frieden und Krieg. Beiträge zur Historischen Friedensforschung 11), Essen (Klartext) 2008.

Baring, Arnulf, Im Anfang war Adenauer. Die Entstehung der Kanzlerdemokratie, München (dtv) 2. Auflage 1982.

Bauer, Friedrich, Botschafter in zwei deutschen Staaten. Die DDR zwischen Anerkennung und Auflösung (1973–1990). Die aktive österreichische Neutralitätspolitik, Wien (Eigenverlag Bauer) o. J.

Beck, Ulrich, German Europe, Cambridge (Polity Press) 2013.

Becker, Jörg, Destabilisierungsversuche der BRD im deutsch-deutschen Kalten Krieg. Bizim Radyo – türkische Radiosendungen aus der DDR von 1959 bis 1989, http://www.uni-hildesheim.de/de/43813.htm (January 29, 2010).

Beer, Mathias, Flucht und Vertreibung der Deutschen. Voraussetzungen, Verlauf, Folgen, München C. H. Beck 2011.

Bender, Peter, Deutsche Parallelen. Anmerkungen zu einer gemeinsamen Geschichte zweier getrennter Staaten, Berlin (Siedler) 1989.

Bender, Peter, Deutschlands Wiederkehr. Eine ungeteilte Nachkriegsgeschichte 1945–1990, Stuttgart (Klett Cotta) 2007.

Bender, Peter, Episode oder Epoche? Zur Geschichte des geteilten Deutschland, München (dtv) 2. Auflage 1996.

Benz, Wolfgang (Unter Mitarbeit von Edelgard Bially, Gisela Gerdes, Jana Richter, Angelina Schardt, Juliane Wetzel), Deutschland seit 1945. Entwicklungen in der Bundesrepublik und in der DDR. Chronik – Dokumente – Bilder, München (Bundeszentrale für politische Bildung) 1990.

Bertelsmann Stiftung (Hrsg.), Woran glaubt die Welt? Analysen und Kommentare zum Religionsmonitor 2008, Gütersloh (Bertelsmann Stiftung) 2009.

Bienert, Michael C./Schaper, Uwe/Wentker, Hermann (Hrsg.) Hauptstadtanspruch und symbolische Politik. Die Bundespräsenz im geteilten Berlin 1949–1990, Berlin (be.bra Verlag) 2012.

Biess, Frank, Republik der Angst: Eine andere Geschichte der Bundesrepublik Berlin: (Rowohlt) 2019.

Bispinck, Henrik//Danyel, Jürgen/Hertle, Hans H./Wentker, Hermann (Hrsg.), Aufstände im Ostblock. Zur Krisengeschichte des realen Sozialismus, Berlin (Ch. Links) 2004.

Blaschke, Karlheinz, Die »sächsische« Revolution von 1989 – ein städtisches Ereignis, in: Bernhard Kirchgässner/Hans-Peter Becht (Hrsg.), Stadt und Revolution (Stadt in der Geschichte 27), Stuttgart (Klett) 2001, S. 109–123.

Bleek, Wilhelm/Maull, Hanns (Hrsg.), Ein ganz normaler Staat? Perspektiven nach 40 Jahren Bundesrepublik, München – Zürich (Pieper & Georg W. Schaer) 1989.

Böick Marcus, Die Treuhandanstalt (Schriftenreihe der Landeszentrale für politische Bildung Thüringen), Erfurt 2015.

Böick, Marcus, Die Treuhand. Idee – Praxis – Erfahrung 1990–1994, Göttingen (Vandenhoeck & Ruprecht) 2018.

Bonwetsch, Bernd, Die Stalin-Note 1952 – kein Ende der Debatte, in: *Jahrbuch für Historische Kommunismusforschung* 2008, S. 106–113.

Bösch, Frank (Hrsg.), Geteilte Geschichte. Ost- und Westdeutschland 1970–2000 Göttingen (Vandenhoeck & Ruprecht) 2015.

Boysen, Jacqueline, Angela Merkel. Eine Karriere, Berlin (Ullstein) 2005.

Boysen, Jacqueline, Das »weiße Haus« in Ost-Berlin. Die Ständige Vertretung der Bundesrepublik bei der DDR, Berlin (Ch. Links) 2010.

Bracher, Karl-Dietrich/Jäger, Wolfgang/Link, Werner, Republik im Wandel 1969–1974. Die Ära Brandt (Geschichte der Bundesrepublik Deutschland Bd. 5/I), Stuttgart – Mannheim (dva) 1986.

Brandt, Willy, Begegnungen und Einsichten 1960–1975, Hamburg (Hoffmann & Campe) 1976.

Brandt, Willy, Erinnerungen, Frankfurt/Main – Zürich (Propyläen) 1989.

Brandt, Willy, Friedenspolitik in Europa, Frankfurt/Main (Fischer) 1968.

Brandt, Willy, Links und frei. Mein Weg 1930–1950, Hamburg (Knaur) 1982.

Brandt, Willy, Mein Weg nach Berlin, München (Kindler) 1960.

Bruck, Elke, François Mitterrands Deutschlandbild, Frankfurt/Main (Peter Lang), 2003.

Bruckbauer, Stefan, Mittel- und Osteuropa – weiterhin ein interessanter Raum für europäische Banken? Bericht über den Vortrag im Rahmen der »Europagespräche« des Instituts für Geschichte der Universität Hildesheim, 18.1.2010, http://www.uni-hildesheim.de/de/43812.htm (abgerufen am 5.4.2020).

Bruns, Wilhelm, Die Regelung der äußeren Aspekte der deutschen Einigung, in: *Deutschland-Archiv* 23 (November 1990), Heft 11, S. 1726–1732.

Buchstab, Günter/Kleinmann, Hans-Otto (Bearb.), Helmut Kohl. Berichte zur Lage 1989–1998. Der Kanzler und Parteivorsitzende im Bundesvorstand der CDU Deutschlands (Forschungen und Quellen zur Zeitgeschichte 64), Düsseldorf (Droste) 2012.

Bulmer, Simon, Deutschland in der EU: Europas unverzichtbarer Hegemon?, in: *integration* 42 (2019), 1, S. 3–20.

Burrichter, Clemens/Nakath, Detlef/Stephan, Gerd-Rüdiger (Hrsg.), Deutsche Zeitgeschichte von 1945 bis 2000. Gesellschaft – Staat – Politik. Ein Handbuch, Berlin (Dietz Verlag) 2006.

Conze, Eckart, Die Suche nach Sicherheit. Eine Geschichte der Bundesrepublik Deutschland von 1949 bis in die Gegenwart, München (Siedler) 2009.

Conze, Vanessa, Das Europa der Deutschen. Ideen von Europa in Deutschland zwischen Reichstradition und Westorientierung (1920–1970), München (Oldenbourg) 2005.

Creuzberger, Stefan, Kampf für die Einheit. Das gesamtdeutsche Ministerium und die politische Kultur des Kalten Krieges 1949–1969 (Schriften des Bundesarchivs 69), Düsseldorf (Droste) 2008.

Creuzberger, Stefan, Westintegration und Neue Ostpolitik. Die Außenpolitik der Bundesrepublik, Berlin (be.bra verlag) 2009.

Creuzberger, Stefan/Geppert, Dominik/Hoffmann, Dierk, How to write the History of a Divided Nation: Germany, 1945–1990, in: *German Historical Institute London Bulletin* Vol. XLI (May 2019), No. 1, pp. 3–18.
Cuccia, Deborah, There are two German States and two must remain? Italy and the long Path from theGerman Question to the Re-unification (Historische Europa-Studien 23), Hildesheim – Zürich – New York (Georg W. Olms) 2019.
Dahn, Daniela, Der Schnee von gestern ist die Sintflut von heute. Die Einheit – Eine Abrechnung, Hamburg (Taschenbuch Verlag) 2019.
Diehl, Ernst (Hrsg.), Geschichte der Sozialistischen Einheitspartei Deutschlands (Abriß), Berlin (Dietz Verlag) 1978.
Diehl, Ernst (Mithrsg.), Deutsche Geschichte in zwölf Bänden, Berlin (Dietz Verlag) 1982–1989.
Diehl, Ernst (Hrsg.), 750 Jahre Berlin, 1237–1987. Thesen, Berlin (Dietz Verlag) 1986.
Diehl, Ernst (Hrsg.), Geschichte der Sozialistischen Einheitspartei Deutschlands, Berlin (Dietz Verlag) 1988.
D'Ottavio, Gabriele, 1989 oder das Ende der »parallelen Geschichten« Deutschlands und Italiens?, in: *Geschichte in Wissenschaft und Unterricht* 67 (2016), Heft 1/2, S. 39–57.
Der Grosse Ploetz. Die Enzyklopädie der Weltgeschichte, Göttingen (Vandenhoeck & Ruprecht) 35th total new and expanded edition 2008.
Deutz-Schroeder, Monika/Schroeder, Klaus, Oh, wie schön ist die DDR. Kommentare und Materialien zu den Ergebnissen einer Studie, Schwalbach/TS (Wochenschauverlag) 2009.
Diedrich, Torsten/Ehlert, Hans, Wentzke Rüdiger (Hrsg.), Im Dienste der Partei. Handbuch der bewaffneten Organe der DDR, Berlin (Ch. Links) 1998.
Dokumente zur Deutschlandpolitik I. Reihe/Bd. 5: Europäische Beratende Kommission 15. Dezember 1943 bis 31. August 1945, Erster und Zweiter Halbband, bearbeitet von Herbert Elzer (Dokumente zur Deutschlandpolitik, ed. by Bundesministerium des Inneren und vom Bundesarchiv), München (Oldenbourg) 2003.
Dokumente zur Deutschlandpolitik, hrsg. vom Bundesministerium des Inneren u. vom Bundesarchiv. Rh. VI, Bd. 2: 1. Januar 1971 bis 31. Dezember 1972; Die Bahr-Kohl-Gespräche 1970–1973. Bearb. v. Hanns Jürgen Küsters, Monika Kaiser, Hans-Heinrich Jansen und Daniel Hofmann, 2 Bde., München (Oldenbourg) 2004.
Dokumente zur Deutschlandpolitik, hrsg.v. Bundesministerium des Inneren u. vom Bundesarchiv. VI. Reihe, Band 4: 1. Januar 1975 bis 31. Dezember 1976. Bearb. v. Hans-Heinrich Jansen, Monika Kaiser in Verbindung mit Daniel Hofmann, München (Oldenbourg) 2007.
Dürkop, Oliver/Gehler, Michael (Hrsg.), In Verantwortung. Hans Modrow und der deutsche Umbruch 1989/90, Innsbruck – Wien – Bozen (Studienverlag) 2018.
Ehlert, Hans/Greiner, Christian/Meyer, Georg/Thoß, Bruno (Hrsg.), Die NATO-Option (Anfänge westdeutscher Sicherheitspolitik 1945–1956, Bd. 3), München (Oldenbourg) 1993.
Engelbrecht, Jörg/Moran, Wolfgang, Sechzig Jahre deutsche Geschichte 1949–2009, Münster (Aschendorff) 2009.
Engelmann, Roger/Großbölting, Thomas/Wentker, Hermann (Hrsg.), Kommunismus in der Krise. Die Entstalinisierung 1956 und die Folgen, Göttingen (Vandenhoeck & Ruprecht) 2008.
Engler, Wolfgang, Die Ostdeutschen. Kunde von einem verlorenen Land, Berlin (Aufbau Verlag) 1999.
Engler, Wolfgang/Hensel, Jana, Wer wir sind. Die Erfahrung ostdeutsch zu sein, Berlin (Aufbau Verlag) 2018.
Eppelmann, Rainer u. a. (Hrsg.), Bilanz und Perspektiven der DDR-Forschung, Paderborn – Wien – Zürich (Schöningh) 2003.

Eschenburg, Theodor, Jahre der Besatzung 1945–1949 (Geschichte der Bundesrepublik Deutschland Bd. 1), Stuttgart – Wiesbaden (dva) 1983.
Faulenbach, Bernd/Meckel, Markus/Weber, Hermann (Hrsg.), Die Partei hatte immer recht. Aufarbeitung von Geschichte und Folgen der SED-Diktatur, Essen (Klartext) 1994.
Foschepoth, Josef (Hrsg.), Adenauer und die Deutsche Frage, Göttingen (Vandenhoeck & Ruprecht) 2. Auflage 1990.
Foschepoth, Josef (Hrsg.), Kalter Krieg und Deutsche Frage. Deutschland im Widerstreit der Mächte 1945–1952, Göttingen (Vandenhoeck & Ruprecht) 1985.
Foschepoth, Josef, Überwachtes Deutschland. Post- und Telefonüberwachung in der alten Bundesrepublik, 4. durchgesehen Auflage, Göttingen (Vandenhoeck & Ruprecht) 2013.
Foschepoth, Josef, Verfassungswidrig! Das KPD-Verbot im Kalten Bürgerkrieg, Göttingen (Vandenhoeck & Ruprecht) 2017.
François, Etienne/Schulze, Hagen (Hrsg.), Deutsche Erinnerungsorte. Eine Auswahl, Bonn (Schriftenreihe der Bundeszentrale für politische Bildung 475) 2005.
Franzke, Jochen, Kurswechsel Moskaus in der deutschen Frage, in: *Deutschland-Archiv* 23 (September 1990), Heft 9, S. 1371–1374.
Frei, Norbert, Vergangenheitspolitik. Die Anfänge der Bundesrepublik Deutschland und die NS-Vergangenheit, München (C. H. Beck) 2. Auflage 1997.
Friedrich, Jörg, Der Brand. Deutschland im Bombenkrieg 1940–1945 (Spiegel Edition 45), Hamburg (Spiegel Verlag) 2002.
Fuhr, Eckhard (gem. m. Nicola Kuhn, Hans-Ulrich Ronnger und Wolfram Weimer), Geschichte der Deutschen 1949–1990. Eine Chronik zu Politik, Wirtschaft und Kultur, Frankfurt/Main (Insel) 1990.
Fulbrook, Mary, A Concise History of Germany, third edition, Cambridge (Cambridge University Press) 2019.
Gaddis, John Lewis, Der Kalte Krieg. Eine neue Geschichte, München (Siedler) 2007.
Galkin, Aleksandr/Tschernjajew, Anatolij (Hrsg.), Michail Gorbatschow und die deutsche Frage. Sowjetische Dokumente 1986–1991. Deutsche Ausgabe hrsg. von Helmut Altrichter, Horst Möller und Jürgen Zarusky, kommentiert von Andreas Hilger (Quellen und Darstellungen zur Zeitgeschichte 83), München (Oldenbourg) 2011.
Gallus, Alexander, Die Neutralisten. Verfechter eines vereinten Deutschland zwischen Ost und West 1945–1990, Düsseldorf (Droste) 2001.
Gallus, Alexander/Schildt, Axel/Siegfried, Detlef, Deutsche Zeitgeschichte – transnational, Göttingen (Vandenhoeck & Ruprecht) 2015.
Gassert, Philipp, Kurt Georg Kiesinger 1904–1988. Kanzler zwischen den Zeiten, München (dva) 2006.
Gehler Michael/Graf, Maximilian (Hrsg. in Zusammenarbeit mit Philipp Greilinger, Sarah Knoll und Sophie Bitter-Smirnov), Österreich und die deutsche Frage. Vom Honecker-Besuch in Bonn bis zur Einheit 1987–1990, Göttingen (Vandenhoeck & Ruprecht) 2018.
Gehler, Michael (Hrsg. unter Mitarbeit von Andreas Pudlat), Vom gemeinsamen Markt zur europäischen Unionsbildung. 50 Jahre Römische Verträge 1957–2007. From Common Market to European Union Building/50 years of the Rome Treaties 1957–2007 (Institut für Geschichte der Universität Hildesheim, Arbeitskreis Europäische Integration, Historische Forschungen, Veröffentlichungen 5), Wien – Köln – Weimar (Böhlau) 2009 (siehe den Beitrag Andreas Pudlat, S. 521–540).
Gehler, Michael, Europa. Ideen – Institutionen – Vereinigung – Zusammenarbeit, Reinbek/Hamburg (Lau Verlag) 2018.

Gehler, Michael, Modellfall für Deutschland? Die Österreichlösung mit Staatsvertrag und Neutralität 1945–1955, Innsbruck – Wien – Bozen (Studienverlag) 2015.

Gehler, Michael, Revolutionäre Ereignisse und geoökonomisch-strategische Ergebnisse: Die EU- und NATO-»Osterweiterungen« 1989–2015 im Vergleich, Bonn (Zentrum für Europäische Integrationsforschung Discussion Paper C 239) 2017.

Gehler, Michael, Three Germanies. From Partition to Unification and Beyond, London (Reaction Publisher) (2nd edition expanded edition) 2020.

Gehler, Michael. Le tre Germanie, Germania Est, Germania Ovest e Repubblica di Berlino, Bologna (Odoya) 2013.

Gehler, Michael/Böhler, Ingrid (Hrsg.), Verschiedene europäische Wege im Vergleich. Österreich und die Bundesrepublik Deutschland 1945/49 bis zur Gegenwart. Festschrift für Rolf Steininger zum 65. Geburtstag, Innsbruck – Wien – Bozen (Studienverlag) 2007 (siehe den Beitrag von Wolfgang Mueller, S. 123–154).

Gehler, Michael/Graf, Maximilian (Hrsg.), Europa und die deutsche Einheit. Beobachtungen, Entscheidungen und Folgen, Göttingen (Vandenhoeck & Ruprecht) 2017.

Gehler, Michael/May, Otto, Motiv Europa. Postalische Dokumente zur Geschichte und Einigungsidee seit 1945, Hildesheim (Franzbecker) 2019.

Gehler, Michael/May, Otto (Hrsg.), Postalische Dokumente zur Geschichte Deutschlands 1945-1990. Katalog zur gleichnamigen Ausstellung in Hildesheim, Hildesheim (Franzbecker) 2011, durchgesehene Neuauflage 2018.

Gehler, Michael/Pudlat, Andreas (Hrsg., gem. m. Imke Scharlemann), Grenzen in Europa (Historische Europa-Studien 2), Hildesheim – Zürich – New York (Georg W. Olms) 2009 (siehe das Interview von Imke Scharlemann mit Hans-Jürgen Grasemann, Die deutsch-deutsche Grenze aus juristischer Hinsicht, S. 195–207).

Gehler, Michael/Schmidt, Rainer F./Brandt, Harm-Hinrich/Steininger, Rolf (Hrsg.), Ungleiche Partner? Österreich und Deutschland in ihrer gegenseitigen Wahrnehmung. Historische Analysen und Vergleiche aus dem 19. und 20. Jahrhundert (Beiheft 15 der Historischen Mitteilungen der Leopold von Ranke-Gesellschaft), Stuttgart (Steiner) 1996, Nachdruck Innsbruck – Wien – Bozen (Studienverlag) 2009.

Gehler, Michael/Steininger, Rolf, 17. Juni 1953. Der unterdrückte Volksaufstand. Seine Vor- und Nachgeschichte, Reinbek/Hamburg (Lau Verlag) 2018.

Geiger, Tim/Amos Heike (Bearb.), Die Einheit. Das Auswärtige Amt, das DDR-Außenministerium und der Zwei-plus Vier-Prozess, ed. by Auftrag des Instituts für Zeitgeschichte München – Berlin, hrsg. v. Horst Möller, Ilse Dorothee Pautsch, Gregor Schöllgen, Hermann Wentker and Andreas Wirsching, Göttingen (Vandenhoeck & Ruprecht) 2015.

Geppert, Dominik, Die Ära Adenauer (Geschichte kompakt), Darmstadt (Wissenschaftliche Buchgesellschaft) 2. Auflage 2007.

Geppert, Dominik, Isolation oder Einvernehmen? Großbritannien und die deutsche Einheit 1989/90, in: *Geschichte in Wissenschaft und Unterricht* 67 (2016), Heft 1/2, S. 5–22.

Geppert, Dominik/Wengst, Udo (Hrsg.), Neutralität – Chance oder Chimäre? Konzepte des Dritten Weges für Deutschland und die Welt 1945–1990, München (Oldenbourg) 2005.

Gerhards, Jürgen/Lengfeld, Holger, European Citizenship and Social Integration in the European Union, London (Routledge) 2015.

Gerhards, Jürgen/Lengfeld, Holger, Wir, ein europäisches Volk? Sozialintegration Europas und die Idee der Gleichheit aller europäischen Bürger, Wiesbaden (Springer VS) 2013.

Gieseke, Jens/Wentker, Hermann, Die Geschichte der SED. Eine Bestandsaufnahme, Berlin (Metropol Verlag) 2011.

Ginsburg, Tobias, Die Reise ins Reich. Unter Reichsbürgern, Berlin (Verlag Das Neue Berlin), Berlin 2018.
Görtemaker, Manfred, Die Berliner Republik. Wiedervereinigung und Neuorientierung (Deutsche Geschichte im 20. Jahrhundert 16), Berlin (be.bra verlag) 2009.
Görtemaker, Manfred, Geschichte der Bundesrepublik Deutschland. Von der Gründung bis zur Gegenwart, München (C. H. Beck) 1999.
Görtemaker, Manfred, Kleine Geschichte der Bundesrepublik Deutschland, München (Beck) 2002.
Goschler, Constantin, Schuld und Schulden. Die Politik der Wiedergutmachung für NS-Verfolgte seit 1945, Göttingen (Wallstein) 2005.
Goschler, Constantin, Wiedergutmachung. Westdeutschland und die Verfolgten des Nationalsozialismus (1945–1954), München (Oldenbourg) 1992.
Goschler, Constantin/Böick Marcus, Wahrnehmung und Bewertung der Arbeit der Treuhandanstalt (Studie im Auftrag des Bundesministeriums für Wirtschaft und Energie), Bochum (Studie des Zeithistorischen Instituts der Ruhr-Universität-Bochum) 2017.
Graf, Maximilian, Österreich und die DDR 1949–1990. Politik und Wirtschaft im Schatten der deutschen Teilung (Internationale Geschichte 3), Wien 2016.
Graf, Maximilian, Das Paneuropäische Picknick im Kontext. Wie Österreich zum Tor in die Freiheit werden konnte und welche Folgen dies hatte, in: Stefan Karner/Philipp Lesiak (Hrsg.), Der erste Stein aus der Berliner Mauer. Das paneuropäische Picknick 1989 (Veröffentlichungen des Ludwig-Boltzmann Instituts für Kriegsfolgenforschung, Graz – Wien – Raabs 30), Graz (Leykam) 2019, S. 33–59.
Graf, Maximilian, Before Strauß: The East German Struggle to Avoid Bankruptcy During the Debt Crisis Revisited, in: The International History Review (2019). OnlineFirst: https://www.tandfonline.com/doi/full/10.1080/07075332.2019.1641542
Graf, Maximilian, Die DDR und die EWG 1957–1990, in: *Revue d'Allemagne et des pays de langue allemande* 51 (2019) 1, S. 21–35.
Graf, Maximilian, Nichtanerkennung zu eigenen Lasten? Die DDR und die Europäische Wirtschaftsgemeinschaft in den langen 1970er-Jahren, in: Ulrich Mählert/Felix Wemheuer et al. (Hrsg.), *Jahrbuch für historische Kommunismusforschung* Berlin Metropol Verlag) 2020, S. 225–238.
Gräf, Heinz, Grenze durch Deutschland/Frontier through Germany/Frontière à travers l'Allemagne, Düsseldorf (Droste) 1961.
Grafe, Roman, Die Grenze durch Deutschland. Eine Chronik von 1945 bis 1990, Berlin (Ch. Links) 2002.
Grafe, Roman (Hrsg.), Die Schuld der Mitläufer. Anpassen oder Widerstehen in der DDR, München 2009.
Graml, Hermann, Die Legende von der verpaßten Gelegenheit. Zur sowjetischen Notenkampagne des Jahres 1952, in: *Vierteljahrshefte für Zeitgeschichte* 29 (1981), S. 307–341.
Graml, Hermann, Nationalstaat oder westdeutscher Teilstaat. Die sowjetischen Noten vom Jahre 1952 und die öffentliche Meinung in der Bundesrepublik. in: *Vierteljahrshefte für Zeitgeschichte* 25 (1977), S. 821–864.
Grasemann, Hans-Jürgen, Eine Unrechtsgrenze in Europa. Die Zentrale Erfassungsstelle in Salzgitter http://www.uni-hildesheim.de/de/35576.htm (May 10, 2020).
Grayling, Anthony Clifford, Die toten Städte. Waren die alliierten Bombenangriffe Kriegsverbrechen? München (Bertelsmann) 2007.
Grebing, Helga, Der »deutsche Sonderweg« in Europa 1806–1945. Eine Kritik, Stuttgart (Kohlhammer) 1986.

Grebing, Helga, Die Bundesrepublik als Ende des deutschen Sonderwegs?, in: *Gewerkschaftliche Monatshefte* 40 (1989), Heft 5, S. 276–283.
Gritsch, Kurt, Inszenierung eines gerechten Krieges? Intellektuelle, Medien und der »Kosovo-Krieg« (Historische Europastudien 3), Hildesheim – Zürich – New York (Georg W. Olms) 2010.
Groeben, Hans von der, Aufbaujahre der Europäischen Gemeinschaft. Das Ringen um den Gemeinsamen Markt und die Politische Union (1958–1966), Baden-Baden (Nomos) 1982.
Groeben, Hans von der, Deutschland und Europa in einem unruhigen Jahrhundert. Erlebnisse und Betrachtungen von Hans von der Groeben, Baden-Baden (Nomos) 1995.
Groeben, Hans von der, Europäische Integration aus historischer Erfahrung. Ein Zeitzeugengespräch mit Michael Gehler, Bonn (ZEI Discussion Paper C 108) 2002.
Grosser, Alfred, Die Bonner Demokratie. Deutschland von draußen gesehen, Düsseldorf (Rauch) 1960.
Grosser, Dieter, Das Wagnis der Währungs-, Wirtschafts- und Sozialunion. Politische Zwänge im Konflikt mit ökonomischen Regeln (Geschichte der Deutschen Einheit in vier Bänden, Bd. 2), Stuttgart (dva) 1998.
Grosser, Pierre, 1989. L'année où le monde a basculé, Paris (Perrin) 2009.
Grosser, Pierre, Les Temps de la guerre froide: Réflexions sur l'Histoire de la guerre froide et les causes de sa fin, Bruxelles – Paris (Complexe) 1995.
Gruner, Wolf D./Woyke, Wichard, Europa-Lexikon. Länder – Politik – Institutionen, München 2004, 2. Auflage 2007.
Gruner, Wolf D., »Les Europe des Européens«. The Perceptions of Europe in the Debates of the Consultative Assembly of the Council of Europe 1949–1951, in: Marie-Thérèse Bitsch/Wilfried Loth/Raymond Poidevin (Eds.), Institutions Européennes et Identités Européennes (Organisation Internationale et Relations Internationales 89), Bruxelles (Bruylant) 1998, S. 89–121.
Gruner, Wolf D., Deutschland in Europa 1750 bis 2007: Vom deutschen Mitteleuropa zum europäischen Deutschland, Presa Universitară Clujeana 2009.
Guérin-Sendelbach, Valérie, Frankreich und das vereinigte Deutschland. Interessen und Perzeptionen im Spannungsfeld, Opladen (Leske und Budrich) 1999.
Hacke, Christian, Die Außenpolitik der Bundesrepublik Deutschland. Von Konrad Adenauer bis Gerhard Schröder. Frankfurt/Main – Berlin (Ullstein) 2003.
Hacke, Christian, Die Außenpolitik der Bundesrepublik Deutschland. Weltmacht wider Willen? Berlin (Propyläen) neue und erweiterte Ausgabe 1997.
Haftendorn, Helga, Deutsche Außenpolitik seit dem Zweiten Weltkrieg. Zwischen Selbstbeschränkung und Selbstbehauptung, München (dva) 2001.
Hanrieder, Wolfram F., Deutschland – Europa – Amerika. Die Außenpolitik der bundesrepublik Deutschland 1949–1994, Paderborn (Schöningh) 1995.
Hänsch, Klaus, Europäische Integration aus historischer Erfahrung. Ein Zeitzeugengespräch mit Michael Gehler, Bonn (ZEI Discussion Paper C 197) 2010.
Hardtwig, Wolfgang/Winkler, Heinrich August (Hrsg.), Deutsche Entfremdung. Zum Befinden in Ost und West, München (Beck'sche Reihe BsR 1032) 1994.
Hawel, Marcus, Die normalisierte Nation. Vergangenheitsbewältigung und Außenpolitik in Deutschland, Hannover (Offizin) 2007.
Hawes, James, The shortest History of Germany. From Julius Caesar to Angela Merkel – A Retelling for Our Times, New York (The Experiment) 2017.
Helwig, Gisela (Hrsg.), Rückblicke auf die DDR. Festschrift für Ilse Spittmann-Rühle, Köln (Wissenschaft und Politik) 1995.

Henrich-Franke, Christian, 70 Jahre Bundesrepublik Deutschland. Nationale Staatlichkeit im föderalen Europa, Wiesbaden (marix Verlag) 2019.
Hentschel, Volker, Ludwig Erhard. Ein Politikerleben, München 1996.
Herbert, Ulrich, Geschichte Deutschlands im 20. Jahrhundert, München (C. H. Beck) 2014.
Herbst, Ludolf (Hrsg.), Westdeutschland 1945–1955. Unterwerfung, Kontrolle, Integration, München (Oldenbourg) 1986.
Herbst, Ludolf, Option für den Westen. Vom Marshallplan bis zum deutsch-französischen Vertrag, München (dtv) 1989.
Hertle, Hans-Hermann, Chronik des Mauerfalls. Die dramatischen Ereignisse um den 9. November 1989, Berlin (Ch. Links) 11. erweiterte Ausgabe 2009.
Heydemann, Günther/Oberreuter, Heinrich (Hrsg.), Diktaturen in Deutschland – Vergleichsaspekte. Strukturen, Institutionen und Verhaltensweisen, Bonn (Schriftenreihe der Bundeszentrale für politische Bildung Vol. 398) 2003.
Hildebrand, Klaus, Von Erhard zur Großen Koalition 1963–1969 (Geschichte der Bundesrepublik Deutschland Bd. 4), Stuttgart – Wiesbaden (dva) 1984.
Hildebrandt, Reinhard, Zusammenfügen oder Vereinnahmen? Die internationalen Aspekte deutsch-deutscher Politik, in: *Deutschland-Archiv* 23 (Juli 1990), Heft 7, S. 1047–1057.
Hilger, Andreas (Hrsg.), Diplomatie für die deutsche Einheit. Dokumente des Auswärtigen Amts zu den deutsch-sowjetischen Beziehungen 1989/90 (Schriftenreihe der Vierteljahrshefte für Zeitgeschichte 103), München (Oldenbourg) 2011.
Hilger, Andreas/Schmeitzner, Mike/Vollnhals, Clemens (Hrsg.), Sowjetisierung oder Neutralität? Optionen sowjetischer Besatzungspolitik in Deutschland und Österreich 1945–1955 (Schriften des Hannah-Arendt-Instituts für Totalitarismusforschung 32), Göttingen (Vandenhoeck) 2006.
Hillmer, Uwe/Deutz-Schroeder, Monika/Schroeder Klaus, Rechtsextremismus und Jugendgewalt in Deutschland. Ein Ost-West-Vergleich, Paderborn (Schöningh) 2004.
Hockerts, Hans Günter (gemeinsam mit Elisabeth Müller-Luckner), Koordinaten deutscher Geschichte in der Epoche des Ost-West-Konflikts (Schriften des Historischen Kollegs Kolloquien 55), München (Oldenbourg) 2004.
Hockerts, Hans Günter (Hrsg.), Drei Wege deutscher Sozialstaatlichkeit. NS-Diktatur, Bundesrepublik und DDR, München (Oldenbourg) 1998.
Hockerts, Hans Günter, Grenzen der Wiedergutmachung. Die Entschädigung für NS-Verfolgte in West- und Osteuropa 1945–2000, Göttingen (Wallstein) 2006.
Hoffmann, Dierk/Schwartz, Michael (Hrsg.), Sozialstaatlichkeit in der DDR. Sozialpolitische Entwicklungen im Spannungsfeld von Diktatur und Gesellschaft 1945/49–1989 (Schriftenreihe der Vierteljahrshefte für Zeitgeschichte Sondernummer), München (Oldenbourg) 2005.
Hoffmann, Dierk/Schwartz, Michael/Wentker, Hermann (Hrsg.), Vor dem Mauerbau. Politik und Gesellschaft in der DDR der fünfziger Jahre, München (Oldenbourg) 2003.
Hoffmann, Dierk/Wentker, Hermann (Hrsg.), Das letzte Jahr der SBZ. Politische Weichenstellungen und Kontinuitäten im Prozess der Gründung der DDR, München (Oldenbourg) 2000.
Holtmann, Everhard/Köhler, Anne, Wiedervereinigung vor dem Mauerfall. Einstellung der Bevölkerung der DDR im Spiegel geheimer westlicher Meinungsumfragen, Bonn (Bundeszentrale für politische Bildung, Schriftenreihe 1684) 2016.
Ihme-Tuchel, Beate, Die DDR (Kontroversen um die Geschichte, Darmstadt (Wissenschaftliche Buchgesellschaft) 2. Auflage 2007.
Jäger, Wolfgang, Die Überwindung der Teilung. Der innerdeutsche Prozeß der Vereinigung 1989/90 (Geschichte der Deutschen Einheit in vier Bänden, Bd. 3), Stuttgart (dva) 1998.

Jäger, Wolfgang/Link, Werner, Republik im Wandel 1974–1982. Die Ära Schmidt (Geschichte der Bundesrepublik Deutschland Bd. 5/II), Stuttgart – Mannheim (dva) 1987.
Jähner, Harald, Wolfszeit: Deutschland und die Deutschen 1945–1955, Berlin (Rowohlt) 2019.
Jansen, Thomas, Die Entstehung einer Europäischen Partei. Vorgeschichte, Gründung und Entwicklung der EVP, Bonn (Europa Union Verlag) 1996.
Jarausch, Konrad, Die Umkehr. Deutsche Wandlungen 1945–1995, Bonn (Schriftenreihe der Bundeszentrale für politische Bildung Bd. 469) 2004.
Jesse, Eckhard, Die Demokratie der Bundesrepublik Deutschland. Eine Einführung in das politische System, Berlin (Colloquium Verlag) 6. Auflage 1982.
Kagan, Robert, The New Question. What Happens When Europe Comes Apart?, in: *Foreign Affairs* Vol. 98 (May/June 2019), Nr. 3, pp. 108–120.
Kershaw, Ian, Achterbahn. Europa 1950 bis heute, München (dva) 2019.
Kielmannsegg, Peter Graf, Nach der Katastrophe: Geschichte des geteilten Deutschland, Berlin (Siedler) 2000).
Kleßmann, Christoph, Die doppelte Staatsgründung. Deutsche Geschichte 1945–1955, Göttingen (Vandenhoeck & Ruprecht) 5. erweiterte Auflage 1991.
Kleßmann, Christoph, Zwei Staaten, eine Nation. Deutsche Geschichte 1955–1970, Bonn (Schriftenreihe der Bundeszentrale für politische Bildung Bd. 343) 2. erweiterte Auflage 1997.
Kleßmann, Christoph/Lautzas, Peter (Hrsg.), Teilung und Integration. Die doppelte deutsche Nachkriegsgeschichte, Bonn (Schriftenreihe der Bundeszentrale für politische Bildung Bd. 482) 2005.
Knabe, Hubertus, Die Täter sind unter uns. Über das Schönreden der SED-Diktatur, Berlin (Propyläen) 2007.
Knabe, Hubertus, Honeckers Erben. Die Wahrheit über die Linke, Berlin (Propyläen) 2009.
Knabe, Hubertus, 17. Juni 1953. Ein deutscher Aufstand, Berlin (Ullstein) 2004.
Kohl, Helmut, Die deutsche Einheit. Reden und Gespräche. Mit einem Vorwort von Michail Gorbatschow (Redaktion: Ulrike Brandt-Schwarze), Bergisch Gladbach (Lübbe Verlag) 1992.
Kohl, Helmut, Erinnerungen 1930–1982, München (Droemer und Knaur) 2004.
Kohl, Helmut, Erinnerungen 1982–1990, München (Droemer und Knaur) 2005.
Kohler-Koch, Beate (Hrsg.), Die Osterweiterung der EG. Die Einbeziehung der ehemaligen DDR in die Gemeinschaft Baden-Baden (Nomos) 1991.
Köhler, Henning, Adenauer. Eine politische Biographie, Frankfurt/Main – Berlin (Propyläen) 1994.
König, Mareike/Schulz, Matthias, Die Bundesrepublik Deutschland und die europäische Einigung 1949–2000. Politische Akteure, gesellschaftliche Kräfte und internationale Erfahrungen. Festschrift für Wolf D. Gruner zum 60. Geburtstag, Stuttgart (Steiner) 2004.
Köpping, Petra, »Integriert doch erst mal uns!« Eine Streitschrift für den Osten, Berlin (Ch. Links) 2018.
Korte, Karl-Rudolf, Deutschlandpolitik in Helmut Kohls Kanzlerschaft. Regierungsstil und Entscheidungen 1982–1989 (Geschichte der Deutschen Einheit in vier Bänden, Bd. 1), Stuttgart (dva) 1998.
Korte, Karl-Rudolf/Fröhlich, Manuel, Politik und Regieren in Deutschland, Strukturen, Prozesse, Entscheidungen, 3. Auflage, Paderborn (Schöningh/UTB) 2009.
Korte, Karl-Rudolf/Schoofs, Jan (Hrsg.), Die Bundestagswahl 2017. Analysen der Wahl-, Parteien-, Kommunikations- und Regierungsforschung, Wiesbaden (Springer) 2019.
Kossert, Andreas, Kalte Heimat. Die Geschichte der Deutschen Vertriebenen nach 1945, Berlin (Siedler) 2009.
Kowalczuk, Ilko-Sascha, Die Übernahme. Wie Ostdeutschland Teil der Bundesrepublik wurde, München (C. H. Beck), 2. Auflage 2019.

Kowalczuk, Ilko-Sascha, Endspiel. Die Revolution von 1989 in der DDR, München (C. H. Beck) 2009.

Kraushaar, Wolfgang (Hrsg.), Die RAF. Entmythologisierung einer terroristischen Organisation, Bonn (Schriftenreihe der Bundeszentrale für politische Bildung Bd. 657) 2008.

Kulke-Fiedler, Christine, Die Integration des Wirtschaftsgebietes der ehemaligen DDR in den EG-Binnenmarkt, in: *Deutschland-Archiv* 23 (Dezember 1990), Heft 12, S. 1873–1879.

Kuppe, Johannes L., Modrow in Bonn, in: *Deutschland-Archiv* 23 (März 1990), Heft 3, S. 337–340.

Küsters, Hanns Jürgen, Das Ringen um die deutsche Einheit. Die Regierung Helmut Kohl im Brennpunkt der Entscheidungen 1989/90, Freiburg – Basel – Wien (Herder) 2009.

Küsters, Hanns Jürgen, Der Integrationsfriede. Viermächte-Verhandlungen über die Friedensregelung mit Deutschland 1945–1990 (Dokumente zur Deutschlandpolitik Studien 9), München (Oldenbourg) 2000.

Küsters, Hanns Jürgen, Die Gründung der Europäischen Wirtschaftsgemeinschaft, Baden-Baden (Nomos) 1982.

Küsters, Hanns Jürgen/Hofmann, Daniel, Dokumente zur Deutschlandpolitik. Deutsche Einheit. Sonderedition aus den Akten des Bundeskanzleramtes 1989/90, München (Oldenbourg) 1998.

Küsters, Hanns Jürgen, Das Ringen um die deutsche Einheit. Die Regierung Helmut Kohl im Brennpunkt der Entscheidungen 1989/90, Freiburg – Basel – Wien (Herder) 2009.

Lappenküper, Ulrich, Die Außenpolitik der Bundesrepublik Deutschland 1949 bis 1990 (Enzyklopädie Deutscher Geschichte 83), München (Oldenbourg) 2008.

Lappenküper, Ulrich, Die deutsch-französischen Beziehungen 1949–1963. Von der Erbfeindschaft zur »Entente élémentaire«, 2 Bde. München (Oldenbourg) 2001.

Lappenküper, Ulrich, Mitterrand und Deutschland. Die enträtselte Sphinx (Quellen und Darstellungen zur Zeitgeschichte 89), München (Oldenbourg) 2011.

Lehmann Hans Georg, Deutschland-Chronik 1945 bis 2000, Bonn (Schriftenreihe der Bundeszentrale für politische Bildung Bd. 366) 2000.

Lehmann, Ines, Die Außenpolitik der DDR 1989/90. Eine dokumentierte Rekonstruktion, Baden-Baden (Nomos) 2011.

Lemke, Christiane, Die Ursachen des Umbruchs 1989. Politische Sozialisation in der ehemaligen DDR, Darmstadt (Westdeutscher Verlag) 1991.

Lemke, Michael, Die Berlinkrise 1958 bis 1963: Interessen und Handlungsspielräume der SED im Ost-West-Konflikt, Berlin (Akademie Verlag) 1995.

Leonhard, Nina, Integration und Gedächtnis. NVA-Offiziere im vereinigten Deutschland, Konstanz (UVK Verlag) 2016.

Leonhardt, Holm A., Europa konstitutionell. Politische Kämpfe in der EG 1950–1983, Hannover (Leonhardt Verlag) 1983.

Lever, Paul, Berlin rules. Europe and the German Way, London – New York (Tauris) 2018.

Limmer, Gerhard, Die Wunder-Wende von Neustadt und Sonneberg im Jahre 1989, Teil 1 und Teil 2 (Limmi's Zeit-Zeugen Film), DVD, Kamera & Copyright G. Limmer, 96465 Neustadt bei Coburg (09568/5021).

Lindner, Bernd, Die demokratische Revolution in der DDR 1989/90, 5. aktualisierte Auflage Bonn (Bundeszentrale für politische Bildung) Bonn 2010.

Lindner, Bernd, Nähe + Distanz, Bildende Kunst in der DDR, Erfurt (Landeszentrale für politische Bildung Thüringen) 2017.

Lindner, Bernd, Zum Herbst ´89. Demokratische Bewegung in der DDR, Leipzig (Forum Verlag) 1994.

Lippert, Barbara/Stevens-Ströhmann, Rosalind, German Unification and EC Integration. German and British Perspectives, London (Pinter Publishers) 1993.
Lohse, Eckart/Wehner, Mark, Rosenkrieg. Die große Koalition 2005–2009, Köln (Fackelträger) 2009.
Loth, Wilfried, Die Sowjetunion und die deutsche Frage. Studien zur sowjetischen Deutschlandpolitik von Stalin bis Chruschtschow, Göttingen (Vandenhoeck) 2007.
Loth, Wilfried, Die Teilung der Welt. Geschichte des Kalten Krieges 1941–1955, München (dtv) 2000.
Loth, Wilfried, Helsinki, 1. August 1975. Entspannung und Abrüstung (20 Tage im 20. Jahrhundert), München (dtv) 1998.
Loth, Wilfried, Stalins ungeliebtes Kind. Warum Moskau die DDR nicht wollte, Berlin (Rowohlt) 1994.
Loth, Wilfried, The Crucial Issues of the Early Cold War. The German question from Stalin to Khrushchev: The meaning of new documents, in: *Cold War History* Vol. 10 (May 2010), No. 2, pp. 229–245.
Loth, Wilfried/Picht, Robert (Hrsg.), De Gaulle, Deutschland und Europa, Opladen (Leske & Budrich) 1991.
Maelstaf, Geneviève, Que faire de l'Allemagne? Les responsaubles français, le statut international de l'Allemagne et le problème de l'unité allemande (1945–1955) Paris (Direction des Archives Ministère des Affaires Étrangères) [1998].
Mählert, Ulrich, Die Freie Deutsche Jugend 1945–1949, Paderborn (Schöningh) 1995.
Mählert, Ulrich/Stephan, Gerd-Rüdiger, Blaue Hemden Rote Fahnen. Die Geschichte der Freien Deutschen Jugend, Opladen (Leske & Budrich) 1996.
Mann, Golo, Deutsche Geschichte des 19. und 20. Jahrhunderts, Frankfurt/Main (Büchergilde) 1958.
Mastny, Vojtech/Byrne, Malcolm, A Cardboard Castle? An Inside History of the Warsaw Pact 1955–1991, Budapest – New York (CEU Press) 2005.
Mastny, Vojtech/Schmidt, Gustav, Konfrontationsmuster des Kalten Krieges 1946 bis 1956, München (Oldenbourg) 2003.
Mau, Steffen, Lütten Klein. Leben in der ostdeutschen Transformationsgesellschaft, Berlin (Suhrkamp) 2019.
Mayer, Tilman (Hrsg.), 20 Jahre Deutsche Einheit. Erfolge, Ambivalenzen, Probleme (Schriftenreihe der Gesellschaft für Deutschlandforschung 97), Berlin (Duncker & Humblot) 2010.
Meckel, Markus, Selbstbewußt in die Deutsche Einheit. Rückblicke und Reflexionen, Berlin (Arno Spitz Verlag) 2001.
Meckel, Markus, Zeitansagen. Reden und Texte aus zwei Jahrzehnten, Hannover (ibidem-Verlag) 2019.
Meckel, Markus, Zu wandeln die Zeiten. Erinnerungen, Leipzig (evangelische Verlagsanstalt) 2020.
Mehringer, Hartmut/Schwartz, Michael/Wentker, Hermann (Hrsg.), Erobert oder befreit? Deutschland im internationalen Kräftefeld und die sowjetische Besatzungszone (1945/46), München (Oldenbourg) 1999.
Merseburger, Peter, Willy Brandt 1913–1992. Visionär und Realist, Stuttgart – München (dva) 3. Auflage 2002.
Mertens, Lothar, Bilanz und Perspektiven des deutschen Vereinigungsprozesses (Schriftenreihe der Gesellschaft für Deutschlandforschung Bd. 90), Berlin (Duncker & Humblot) 2006.
Metz, Andreas, Die ungleichen Gründerväter. Adenauers und Erhards langer Weg an die Spitze der Bundesrepublik, Konstanz (Universitätsverlag) 1998.

Meyer, Carsten, Die Eingliederung der DDR in die EG, Köln (Verlag Wissenschaft und Politik) 1993.
Milward, Alan S., The European Rescue of the Nation State, London (Routledge) 1992.
Milward, Alan S., The Reconstruction of Western Europe 1945–1951, London 1984, Berkeley – Los Angeles (University of California Press) 1986 reprint 1992.
Mitterrand, François, De l'Allemagne, de la France, Paris (Editions Edile Jacob) 1996.
Moreno, Juan, Tausend Zeilen Lüge. Das System Relotius und der deutsche Journalismus, Berlin (Rowohlt) 2019.
Morsey, Rudolf, Die Bundesrepublik Deutschland. Entstehung und Entwicklung bis 1969 (Oldenbourg Grundriss 19), München (Oldenbourg) 5. erweiterte Auflage 2007.
Mueller, Wolfgang/Gehler, Michael/Suppan, Arnold (Eds.), The Revolutions of 1989. A Handbook (Österreichische Akademie der Wissenschaften/Philosophische Historische Klasse/Institut für Neuzeit- und Zeitgeschichtsforschung/Internationale Geschichte/International History 2), Wien (ÖAW Verlag) 2015.
Müller, Helmut M. (in Zusammenarbeit mit Karl Friedrich Krieger, Hanna Vollrath und Meyers Lexikonredaktion), Schlaglichter der deutschen Geschichte, Bonn (Schriftenreihe der Bundeszentrale für politische Bildung 615) 1990, 1993, 2002, 2009.
Müller, Uwe/Hartmann, Grit, Vorwärts und Vergessen! Kader, Spitzel und Komplizen: Das Gefährliche Erbe der SED-Diktatur, Berlin (Rowohlt) 2009.
Münkel, Daniela, Herbst '89 im Blick der Stasi. Die geheimen Berichte an die SED-Führung. Auswahledition, Berlin 2. Auflage (BStU) 2014.
Münkler, Herfried, Macht der Mitte. Die neuen Aufgaben Deutschlands in Europa, Hamburg (edition Körber-Stiftung) 2015.
Münkler, Herfried/Münkler, Marina, Abschied vom Abstieg. Eine Agenda für Deutschland, Berlin (Rowohlt) 2019.
Musial, Bogdan, Kampfplatz Deutschland. Stalins Kriegspläne gegen den Westen, Berlin (Propyläen) 2008.
Neiman, Susan, Von den Deutschen lernen. Wie Gesellschaften mit dem Bösen in ihrer Geschichte umgehen können, München (Hanser) München 2020.
Neubert, Ehrhart, Geschichte der Opposition in der DDR 1949–1989, Berlin (Ch. Links) 1997.
Norwig, Christina, Die erste europäische Generation. Europakonstruktionen in der Europäischen Jugendkampagne 1951–1958 (Göttinger Studien zur Generationenforschung 21), Göttingen (Wallstein Verlag) 2016.
Offner, Hannelore/Schroeder, Klaus, Eingegrenzt – Ausgegrenzt. Bildende Kunst und Parteiherrschaft in der DDR 1961–1989, Berlin (Akademie-Verlag) 2000.
Oldenburg, Fred, Sowjetische Deutschland-Politik nach der Oktober-Revolution in der DDR. in: *Deutschland-Archiv* 23 (Januar 1990), Heft 1, S. 68–76.
Oplatka, Andreas, Der erste Riss in der Mauer. September 1989 – Ungarn öffnet die Grenze, Wien (Paul Zsolnay) 2009.
Osterroth, Franz/Schuster, Dieter, Chronik der deutschen Sozialdemokratie, Band III: Nach dem Zweiten Weltkrieg, Berlin (JHW Dietz) 1975.
Overesch, Manfred, Buchenwald und die DDR oder die Suche nach Selbstlegitimation, Göttingen (Vandenhoeck und Ruprecht) 1995.
Overesch, Manfred, Der Augenblick und die Geschichte: Hildesheim am 22. März 1945, Hildesheim – Zürich – New York (Georg W. Olms) 2005.
Overesch, Manfred, Gesamtdeutsche Illusion und westdeutsche Realität. Von den Vorbereitungen für einen deutschen Friedensvertrag zur Gründung des Auswärtigen Amts der Bundesrepublik Deutschland 1946–1949/51, Düsseldorf (Droste) 1978.

Pape, Matthias, Ungleiche Brüder. Österreich und Deutschland 1945–1965, Köln – Weimar – Wien (Böhlau Verlag) 2000.

Pfeiffer, Rolf, Eine schwierige und konfliktreiche Nachbarschaft – Österreich und das Deutschland Adenauers 1953–1963 (Forschungen zur Geschichte der Neuzeit, Marburger Beiträge 7), Münster – Hamburg – London (LIT Verlag) 2003.

Pfeil, Ulrich, Bremser oder Wegbereiter? Frankreich und die deutsche Einheit 1989/90, in: *Geschichte in Wissenschaft und Unterricht* 67 (2016), Heft 1/2, S. 23–38.

Pfetsch, Frank R., Die Außenpolitik der Bundesrepublik 1949–1992, München (UTB) 2. erweiterte Auflage 1993.

Piazolo, Michael, Das integrierte Deutschland. Europäische und internationale Verflechtungen (Grundinformation Politik/Bayerische Landeszentrale für politische Bildungsarbeit), München (Bayerische Landeszentrale für politische Bildungsarbeit) 2006.

Plato, Alexander, Die Vereinigung Deutschlands – ein weltpolitisches Machtspiel. Bush, Kohl, Gorbatschow und die geheimen Moskauer Protokolle, Berlin (Ch. Links) 2003.

Pötzl, Norbert F., Erich Honecker. Eine deutsche Biographie, Stuttgart – München (DVA) 2002.

Pötzl, Norbert F., Der Treuhandkomplex. Legenden. Fakten. Emotionen, Hamburg (Kursbuch Edition) 2019.

Pötzsch, Horst/Halder Winfried, Deutsche Geschichte von 1945 bis zur Gegenwart: Die Entwicklung der beiden deutschen Staaten und das vereinte Deutschland, 4. aktualisierte und erweiterte Auflage, München (Bayerische Landeszentrale für politische Bildungsarbeit) 2015.

Rainer, Helmut/Albrecht, Clara/Bauernschuster, Stefan/Endl-Geyer, Victoria/Fichtl, Anita/Hener, Timo/Ragnitz, Joachim, Mauer in den Köpfen? Die Einstellungen und Verhaltensweisen Ost- und Westdeutscher 28 Jahre nach der Wende, in: *ifo Schnelldienst* 71 (8. November 2018), 21, S. 56–61.

Rathgeb, Eberhard, Deutschland kontrovers. Debatten 1945 bis 2005, Bonn (Schriftenreihe der Bundeszentrale für politische Bildung Bd. 494) 2005.

Rauchensteiner, Manfried, Der Sonderfall. Die Besatzungszeit in Österreich 1945 bis 1955, Graz – Wien – Köln (Styria) 1979.

Recker, Marie-Luise, Geschichte der Bundesrepublik Deutschland, München (Beck) 3. erweiterte Auflage 2009.

Reutter, Werner (Ed.), Germany on the Road to »Normalcy«. Policies and Politics on the Red-Green Federal Government (1998–2002), Houndmills – Baskingstoke – New York (Palgrave) 2004.

Ritter, Gerhard, Der Preis der deutschen Einheit. Die Wiedervereinigung und die Krise des Sozialstaats, München (C. H. Beck) 2006.

Rödder, Andreas, 21.0: Eine kurze Geschichte der Gegenwart München (C. H. Beck) 2015.

Rödder, Andreas, Deutschland einig Vaterland. Die Geschichte der Wiedervereinigung, München (C. H. Beck) 2009.

Rödder, Andreas, Die Bundesrepublik Deutschland 1969–1990 (Oldenbourg Grundriss der Geschichte Bd. 19 A), München (Oldenbourg) 2004.

Rödder, Andreas, Wer hat Angst vor Deutschland? Geschichte eines europäischen Problems, Frankfurt/Main (Fischer Verlag) 2018.

Rüttgers, Jürgen/Decker, Frank (Hrsg.), Europas Ende, Europas Anfang. Neue Perspektiven für die Europäische Union, Frankfurt – New York (Campus) 2017 (siehe den Beitrag von Münkler, Deutsche Hegemonie in Europa? Über die Rolle und Aufgaben einer »Macht in der Mitte«, S. 103–116).

Ruggenthaler, Peter (Hrsg.), Stalins großer Bluff. Die Geschichte der Stalin-Note in Dokumenten der sowjetischen Führung (Schriftenreihe der Vierteljahrshefte für Zeitgeschichte 95), München (Oldenbourg) 2007.
Rupieper, Hermann-Josef. Der besetzte Verbündete. Die amerikanische Deutschlandpolitik 1949–1955, Opladen (Leske & Budrich) 1991.
Sabrow, Martin (Hrsg.), Geschichte als Herrschaftsdiskurs. Der Umgang mit der Vergangenheit in der DDR, Köln – Weimar – Wien (Böhlau) 2000.
Sabrow, Martin, Das Diktat des Konsenses. Geschichtswissenschaft in der DDR 1949–1969, München (Oldenbourg) 2001.
Sabrow, Martin, Erinnerungsorte der DDR, München (C. H. Beck) 2009.
Sabrow, Martin, Wohin treibt die DDR-Erinnerung? Dokumentation einer Debatte, Göttingen (Vandenhoeck & Ruprecht) 2007.
Sabrow, Martin, Der führende Repräsentant. Erich Honecker in generationsbiographischer Perspektive, in: *Zeithistorische Forschungen* Bd. 10 (2013), S. 61–88.
Sabrow, Martin, Erich Honecker. Das Leben davor. 1912–1945, München (C. H. Beck) 2016.
Sawczuk, Janusz, Turbulentes 1989. Genese der deutschen Einheit (Nationalisms across the Globe 6), Oxford – Bern – Berlin – Bruxelles – Frankfurt am Main – New York – Wien (Peter Lang) 2011.
Schabert, Tilo, Wie Weltgeschichte gemacht wird. Frankreich und die deutsche Einheit, Stuttgart (Klett Cotta) 2002.
Schildt, Axel, Ankunft im Westen. Ein Essay zur Erfolgsgeschichte der Bundesrepublik, Frankfurt/Main (S. Fischer) 1999.
Schildt, Axel/Sywottek, Arnold (Hrsg.), Modernisierung im Wiederaufbau. Die westdeutsche Gesellschaft der 50er Jahre (Politik- und Gesellschaftsgeschichte, Forschungsinstitut der Friedrich-Ebert-Stiftung, Bd. 33, hrsg. v. Dieter Dowe und Michael Schneider), Bonn (Verlag J. H. W. Dietz Nachf.) 1993.
Schinze-Gerber, Marco, Franz Josef Strauß. Wegbereiter der deutschen Einheit und Europäer aus Überzeugung (Historische Europa-Studien – Geschichte in Erfahrung, Gegenwart und Zukunft Bd. 23), Hildesheim – Zürich – New York (Georg W. Olms) 2020.
Schmidt, Helmut, Die Selbstbehauptung Europas, Perspektiven für das 21. Jahrhundert, Stuttgart – München (dva) 2000.
Schmidt, Helmut, Globalisierung. Politische, ökonomische und kulturelle Herausforderungen Stuttgart (Goldmann) 1998.
Schmidt, Helmut, Handeln für Deutschland, Berlin (Rowohlt) 1993.
Schmidt, Helmut, Weggefährten – Erinnerungen und Reflexionen, Berlin (Siedler) 1996.
Schmidt, Klaus-Peter, Die Europäische Gemeinschaft aus der Sicht der DDR (1957–1989), Hamburg (Kovać) 1991.
Schmidt, Siegmar/Hellmann, Gunther/Wolf, Reinhard (Hrsg.), Handbuch zur deutschen Außenpolitik, Wiesbaden (VS Verlag für Sozialwissenschaften) 2007.
Schöllgen, Gregor, Angst vor der Macht. Die Deutschen und ihre Außenpolitik, Berlin (Ullstein) 1993.
Schöllgen, Gregor, Der Auftritt. Deutschlands Rückkehr auf die Weltbühne, München (Ullstein) 2004.
Schöllgen, Gregor, Die Außenpolitik der Bundesrepublik Deutschland, München (C. H. Beck) 3. Auflage 2004.
Schöne, Jens, The Peaceful Revolution. Berlin 1989/90. The Path to German Unity, Berlin (Berlin Story Verlag) 2009.

Schröder, Gerhard, Entscheidungen. Mein Leben in der Politik, Hamburg (Hoffmann und Campe) 2. Auflage 2006.
Schröder, Hans-Jürgen (Hrsg.), Marshallplan und westdeutscher Wiederaufstieg. Positionen – Kontroversen, Stuttgart (Franz Steiner Verlag) 1990 (siehe die Beiträge von Werner Abelshauser, S. 97–113, 150–178).
Schroeder Klaus/Staadt, Jochen (Hrsg.), Die Grenze des Sozialismus in Deutschland. Alltag im Niemandsland, Berlin (Peter Lang) Berlin 2018.
Schroeder, Klaus, Das neue Deutschland. Warum nicht zusammenwächst, was zusammengehört, Berlin (wjs) 2010.
Schroeder, Klaus, Der Preis der Einheit. Eine Bilanz, München – Wien (Hanser) 2000.
Schroeder, Klaus, Der SED-Staat. Partei, Staat und Gesellschaft 1949–1990, München (Hanser-Verlag) 1998.
Schroeder, Klaus, Der SED-Staat. Partei, Staat und Gesellschaft 1949–1990, München (Propyläen Taschenbuch) 2000.
Schroeder, Klaus, Die DDR. Geschichte und Strukturen, 2. aktualisierte und ergänzte Auflage, Stuttgart (Reclam) 2019.
Schroeder, Klaus/Deutz-Schroeder, Monika, Der Kampf ist nicht zu Ende. Geschichte und Aktualität linker Gewalt, Freiburg (Herder) 2019.
Schumacher, Jörg, Das Ende der kulturellen Doppelrepräsentation. Die Auswärtige Kulturpolitik der Bundesrepublik Deutschland und der DDR am Beispiel ihrer Kulturinstitute 1989/90 (Studien zur Kulturpolitik. Cultural Policy) Frankfurt/Main u. a. (Peter Lang) 2011.
Schwan, Heribert/Steininger, Rolf, Die Bonner Republik 1949–1998, Berlin (Propyläen) 2009.
Schwartz, Michael, Ethnische »Säuberungen« in der Moderne. Globale Wechselwirkungen nationalistischer und rassistischer Gewaltpolitik im 19. und 20. Jahrhundert (Quellen und Darstellungen zur Zeitgeschichte Bd. 95), München (Oldenbourg) 2013.
Schwartz, Michael, Vertriebene und »Umsiedlerpolitik«. Integrationskonflikte in den deutschen Nachkriegs-Gesellschaften und die Assimilationsstrategien in der SBZ/DDR 1945–1961 (Quellen und Darstellungen zur Zeitgeschichte Bd. 61), München (Oldenbourg) 2004.
Schwarz, Hans-Peter (Hrsg.), Die Bundesrepublik Deutschland. Eine Bilanz nach 60 Jahren, Köln – Wien – Weimar (Böhlau) 2008.
Schwarz, Hans-Peter, Adenauer. Der Aufstieg: 1876–1952, Stuttgart (dva) 1986.
Schwarz, Hans-Peter, Adenauer. Der Staatsmann: 1952–1967, Stuttgart (dva) 1991.
Schwarz, Hans-Peter, Die Ära Adenauer. Epochenwechsel 1957–1963 (Geschichte der Bundesrepublik Deutschland Bd. 3), Stuttgart – Wiesbaden (dva) 1983.
Schwarz, Hans-Peter, Die Ära Adenauer. Gründerjahre der Republik 1949–1957 (Geschichte der Bundesrepublik Deutschland Bd. 2), Stuttgart – Wiesbaden (dva) 1981.
Schwarz, Hans-Peter, Helmut Kohl. Eine politische Biographie, München (dva) 2012.
Schwarz, Hans-Peter, Reichsgründung und Wiedervereinigung. Variationen zum Thema »Vergleichbarkeit und Unvergleichbarkeit« von Otto von Bismarck und Helmut Kohl, in: Tilman Mayer (Hrsg.), 20 Jahre Deutsche Einheit. Erfolge, Ambivalenzen, Probleme (Schriftenreihe der Gesellschaft für Deutschlandforschung 97), Berlin (Duncker & Humblot) 2010, S. 27–45.
Schwarz, Hans-Peter, Vom Reich zur Bundesrepublik. Deutschland im Widerstreit der außenpolitischen Konzeptionen in den Jahren der Besatzungsherrschaft 1945–1949, Neuwied – Berlin 1966, Stuttgart (Klett Cotta) 2. Auflage 1980.
Schwarz, Hans-Peter, Die neue Völkerwanderung nach Europa. Über den Verlust politischer Kontrolle und moralischer Gewissheit, München (DVA) 2017.
Schwarz, Hans-Peter, Wiedervereinigung, Vereinigung, Eingliederung, Restauration, Systemwechsel – einige Paradigmen zur Interpretation des Umbruchs 1989/90, in: Theo Stammen/

Heinrich Oberreuter/Paul Mikat (Hrsg.), Politik – Bildung – Religion. Hans Maier zum 65. Geburtstag, Paderborn – München – Wien – Zürich (Schöningh) 1996, S. 377–387.
Seidendorf, Stefan, Frankreich, Deutschland und die europäische Integration im Aachener Vertrag, in: *integration* 42 (2019), 3, 187–204 Baden-Baden (Nomos).
Sieker, Ekkehard/Landgraeber, Wolfgang/Wisnewski, Gerhard, Das RAF-Phantom, München (Knaur) 2008.
Sietz, Henning, Attentat auf Adenauer. Die geheime Geschichte eines politischen Anschlags, Berlin (Siedler) 2003.
Sinn, Gerlinde/Sinn, Hans-Werner, Kaltstart. Volkswirtschaftliche Aspekte der deutschen Vereinigung München (dtv Beck Wirtschaftsberater) 1993.
Spohr, Kristina, Helmut Schmidt. Der Weltkanzler, Darmstadt (Theiss Verlag) 2016.
Staadt, Jochen, Die Eroberung der Kultur beginnt! Die Staatliche Kommission für Kunstangelegenheiten der DDR (1951–1953) und die Kulturpolitik der SED, Frankfurt/Main (Peter Lang) 2011.
Staadt, Jochen, Die geheime Westpolitik der SED 1960–1970. Von der gesamtdeutschen Orientierung zur sozialistischen Nation (Studien des Forschungsverbundes SED-Staat an der Freien Universität Berlin), Berlin (Akademie Verlag) 1993.
Staadt, Jochen/Schroeder, Klaus, Die Todesopfer des DDR-Grenzregimes an der innerdeutschen Grenze 1949–1989. Ein biografisches Handbuch, Frankfurt/Main (Peter Lang) 2017.
Staadt, Jochen/Schroeder, Klaus, Feindwärts der Mauer. Das Ministerium für Staatssicherheit und die West-Berliner Polizei, Frankfurt/Main (Lang) 2014.
Staadt, Jochen/Voigt, Tobias/Wolle, Stefan, Operation Fernsehen. Die Stasi und die Medien in Ost und West, Göttingen (Vandenhoeck & Ruprecht) 2008.
Staritz, Dietrich, Die Gründung der DDR. Von der sowjetischen Besatzungsherrschaft zum sozialistischen Staat, München (dtv) 3. Auflage 1995.
Stark, Hans, Helmut Kohl. L'Allemagne et l'Europe. La politique d'intégration européenne de la République fédérale 1982–1998, Paris (L'Harmattan) 2004.
Stark, Jürgen, Lehren aus der globalen Finanz- und Wirtschaftskrise, Bericht über den Vortrag im Rahmen der »Europagespräche« des Instituts für Geschichte der Universität Hildesheim, 21.12.2009, http://www.uni-hildesheim.de/de/43846.htm (abgerufen 10.4.2020).
Steininger, Rolf, Berlinkrise und Mauerbau 1958 bis 1963. Mit einem Kapitel zum Mauerfall 1989, München (Olzog) 4. erweiterte Auflage 2009.
Steininger, Rolf, Der Kalte Krieg, Frankfurt/Main (S. Fischer) 2003.
Steininger, Rolf, Deutsche Geschichte. Darstellung und Dokumente in vier Bänden, Bd. 1: 1945–1947, Bd. 2: 1948–1955, Bd. 3: 1955–1974, Bd. 4: 1974 bis zur Gegenwart, Frankfurt/Main (Fischer) 2002.
Steininger, Rolf, Eine Chance zur Wiedervereinigung? Die Stalin-Note vom 10. März 1952. Darstellung und Dokumentation auf der Grundlage unveröffentlichter britischer und amerikanischer Akten (Archiv für Sozialgeschichte Beiheft 12), Bonn (Dietz) 2. Auflage 1986.
Steininger, Rolf, Von der Teilung zur Einheit. Deutschland 1945–1990. Ein Lesebuch, Innsbruck – Wien – Bozen (Studienverlag) 2020.
Steininger, Rolf, Wiederbewaffnung. Die Entscheidung für einen westdeutschen Verteidigungsbeitrag: Adenauer und die Westmächte 1950, Erlangen (Straube) 1989.
Steininger, Rolf/Schwan, Heribert, Helmut Kohl. Virtuose der Macht, Mannheim (Artemis & Winkler – Patmos) 2009.
Stephan, Gerd-Rüdiger (Hrsg.), »Vorwärts immer, rückwärts nimmer!« Interne Dokumente zum Zerfall von SED und DDR 1988/89, Berlin (Dietz Verlag) 1994.
Stern, Carola, Ulbricht. Eine politische Biographie, Köln – Berlin (Kiepenheuer & Witsch) 1963.

Stern, Carola/Winkler, Heinrich August (Hrsg.), Wendepunkte deutscher Geschichte 1848–1990, Frankfurt/Main (S. Fischer) 7th edition 1998.
Stern, Fritz, Fünf Deutschland und ein Leben. Erinnerungen, München (C. H. Beck) 2007.
Stickler, Matthias, Ostdeutsch heißt Gesamtdeutsch. Organisation, Selbstverständnis und heimatpolitische Zielsetzungen der deutschen Vertriebenenverbände 1949–1972 (Forschungen und Quellen zur Zeitgeschichte Bd. 46), Düsseldorf (Droste) 2004.
Stiftung Haus der Geschichte der Bundesrepublik Deutschland – Zeitgeschichtliches Forum Leipzig (Hrsg.), Einsichten. Diktatur und Widerstand in der DDR, Leipzig (Reclam) 2001.
Stourzh, Gerald, Um Einheit und Freiheit. Staatsvertrag, Neutralität und das Ende der Ost-West-Besetzung Österreichs 1945–1955 (Studien zu Politik und Verwaltung 62), Wien – Köln – Graz (Böhlau) 4. erweiterte Auflage 1998, 5. Auflage 2005.
Stöver, Bernd, Der Kalte Krieg. Geschichte eines radikalen Zeitalters 1947–1991, München (C. H. Beck) 2007.
Stöver, Bernd, Die Bundesrepublik Deutschland (Kontroversen um die Geschichte, Darmstadt (Wissenschaftliche Buchgesellschaft) 2002.
Stöver, Bernd, Zuflucht DDR. Spione und andere Übersiedler, München (C. H. Beck) 2009.
Stuhler, Ed, Die letzten Monate der DDR. Die Regierung de Maizière und ihr Weg zur deutschen Einheit, Berlin (Ch. Links) 2010.
Suppan, Arnold/Mueller, Wolfgang (Eds.), Peaceful Coexistence or Iron Curtain? Austria, Neutrality, and Eastern Europe in the Cold War and Détente, 1955–1989 (Europa Orientalis, ed. by Institut für Osteuropäische Geschichte an der Universität Wien 7), Wien – Berlin (LIT Verlag) 2009.
Teltschik, Horst, 329 Tage. Innenansichten der Einigung, Berlin (Siedler) 1991.
Ther, Philipp, Das andere Ende der Geschichte. Über die Große Transformation, Berlin (Suhrkamp) 2019.
Ther, Philipp, Deutsche und polnische Vertriebene. Gesellschaft und Vertriebenenpolitik in der SBZ/DDR und in Polen 1945–1956 (Kritische Studien zur Geschichtswissenschaft 127), Göttingen (Vandenhoeck & Ruprecht) 1998.
Ther, Philipp, Die Außenseiter. Flucht, Flüchtlinge und Integration im modernen Europa, Berlin (Suhrkamp) 2017.
Ther, Philipp, Die dunkle Seite der Nationalstaaten. »Ethnische Säuberungen« im modernen Europa (Synthesen. Bd. 5), Göttingen (Vandenhoeck & Ruprecht) 2011.
Ther, Philipp, Die neue Ordnung auf dem alten Kontinent: Eine Geschichte des neoliberalen Europa, Berlin (Suhrkamp) 2014.
Thiemeyer, Guido, Die Geschichte der Bundesrepublik Deutschland. Zwischen Westbindung und europäischer Hegemonie, Stuttgart (Kohlhammer) 2016.
Thoß, Bruno, NATO-Strategie und nationale Verteidigungsplanung. Planung und Aufbau der Bundeswehr unter den Bedingungen einer massiven Vergeltungsstrategie 1952–1960 (Sicherheitspolitik und Streitkräfte der Bundesrepublik Bd. 1), München (Oldenbourg) 2006.
Thränhardt, Dietrich, Geschichte der Bundesrepublik Deutschland, Frankfurt/Main (edition suhrkamp NF Vol. 267) 1986.
Türk, Henning, Die Europapolitik der Grossen Koalition 1966–1969. München (Oldenbourg) 2006.
Uhl, Matthias, Die Teilung Deutschlands. Niederlage, Ost-West-Spaltung und Wiederaufbau 1945–1949 (Deutsche Geschichte im 20. Jahrhundert 11), Berlin (be.bra verlag) 2009.
Van Creveld, Martin, Kampfkraft. Militärische Organisation und militärische Leistung 1939–1945 (Einzelschriften zur Militärgeschichte 31), Freiburg/Breisgau (Rombach) 1989.

Vinke, Hermann, Die Bundesrepublik. Eine Dokumentation mit zahlreichen Biographien und Abbildungen, Ravensburg (Ravensburger Buchverlag) 2009.

Warlouzet, Laurent, De Gaulle as a Father of Europe: The Unpredictability of the FTA's Failure and the EEC's Success (1956–58), in: *Contemporary European History* 20 (2011), Nr. 4, pp. 419–434.

Weber, Hermann, Die DDR 1949–1990, München (Oldenbourg Grundriss) München (Oldenbourg) 3. Auflage 2000.

Weber, Jürgen (Hrsg.), Die Republik der fünfziger Jahre. Adenauers Deutschlandpolitik auf dem Prüfstand, München (Olzog) 1989.

Weber, Jürgen, Deutsche Geschichte 1945 bis 1990, München (Bayerische Landeszentrale für Politische Bildungsarbeit) 2004.

Wehler, Hans-Ulrich, Deutsche Gesellschaftsgeschichte, 5. Bd.: Bundesrepublik und DDR 1949–1990, München (C. H. Beck) 2008.

Wehler, Hans-Ulrich, Eine lebhafte Kampfsituation. Ein Gespräch mit Manfred Hettling und Cornelius Torp, München (C. H. Beck) 2006.

Weidenfeld, Werner mit Wagner, Peter M. und Bruck, Elke, Außenpolitik für die deutsche Einheit. Die Entscheidungsjahre 1989/90 (Geschichte der Deutschen Einheit in vier Bänden, Bd. 4), Stuttgart (dva) 1998.

Weizsäcker, Richard von, Vier Zeiten. Erinnerungen, Berlin (Pantheon Verlag) 2010.

Wengst, Udo/Wentker, Hermann (Hrsg.), Das doppelte Deutschland. 40 Jahre Systemkonkurrenz, Berlin (Ch. Links) 2008.

Wensierski, Peter, Die unheimliche Leichtigkeit der Revolution. Wie eine Gruppe junger Leipziger die Rebellion in der DDR wagte, Bonn (Bundeszentrale für politische Bildung 10107) 2017.

Wentker, Hermann, Außenpolitik in engen Grenzen. Die DDR im internationalen System 1949–1989 (Quellen und Darstellungen zur Zeitgeschichte Bd. 72), München (Oldenbourg) 2007.

Wentker, Hermann, Justiz in der SBZ/DDR 1945–1953. Transformation und Rolle ihrer zentralen Institutionen (Quellen und Darstellungen zur Zeitgeschichte Bd. 51), München (Oldenbourg) 2001.

Westad, Odd Arne, Der Kalte Krieg. Eine Weltgeschichte, Stuttgart (Klett Cotta) 2019.

Wettig, Gerhard, Bereitschaft zu Einheit in Freiheit? Die sowjetische Deutschland-Politik 1945–1955, München (Olzog) 1999.

Wettig, Gerhard, Stadien der sowjetischen Deutschland-Politik, in: *Deutschland-Archiv* 23 (April 1990), Heft 4, S. 1070–1078.

Winkler, Heinrich-August, Der lange Weg nach Westen, 2 Bde, München (Verlag C. H. Beck) 3. Auflage 2001.

Winkler, Heinrich-August, Geschichte des Westens. Von den Anfängen in der Antike bis zum 20. Jahrhundert, München (C. H. Beck) 2009.

Wirsching, Andreas, Abschied vom Provisorium. Geschichte der Bundesrepublik Deutschland 1982–1990 (Geschichte der Bundesrepublik Deutschland Bd. 6), München (dva) 2006.

Wolfrum, Edgar, Die geglückte Demokratie. Geschichte der Bundesrepublik Deutschland von ihren Anfängen bis zur Gegenwart, Stuttgart (Pantheon) 2007.

Wolfrum, Edgar, Die Mauer. Geschichte einer Teilung, München (C. H. Beck) 2009.

Wolfrum, Edgar, Rot-Grün an der Macht. Deutschland 1998–2005, München (C. H. Beck) 2013.

Wolfrum, Edgar, Der Aufsteiger. Eine Geschichte Deutschlands von 1990 bis heute, Stuttgart (Klett-Cotta) 2020.

Zelikow, Philip/Rice Condoleezza, Sternstunde der Diplomatie. Die deutsche Einheit und das Ende der Spaltung Europas, München (Propyläen) 2. Auflage 2001.

Zentrum für Zeithistorische Forschung Potsdam/Stiftung Berliner Mauer (Hrsg.) (Hans-Hermann Hertle/Maria Nooke, Projektleiter), Die Todesopfer an der Berliner Mauer 1961–1989. Ein biographisches Handbuch, Berlin (Ch. Links) 2009.
Bundeszentrale für politische Bildung
https://www.bpb.de/
Haus der Geschichte der Bundesrepublik Deutschland
https://www.hdg.de/
Deutsches Historisches Museum
https://www.dhm.de/
Bundesstiftung zur Aufarbeitung der SED-Diktatur
https://www.bundesstiftung-aufarbeitung.de/de/start
Rainer, Helmut/Albrecht, Clara/Bauernschuster, Stefan/Endl-Geyer, Victoria/Fichtl, Anita/Hener, Timo/Ragnitz, Joachim, Mauer in den Köpfen? Die Einstellungen und Verhaltensweisen Ost- und Westdeutscher 28 Jahre nach der Wende, in: *ifo Schnelldienst* 71 (8. November 2018), 21, S. 56–61, https://www.ifo.de/DocDL/sd-2018-21-rainer-etal-ostdeutsche-westdeutsche-2018-11-08.pdf
Deutsche Einheit in Grafiken So unterschiedlich wachsen Ost und West. Wie hat sich die Wirtschaft in den neuen Bundesländern entwickelt? Die Löhne sind rasant gestiegen – doch nur in elf Jahren wuchs Ost besser als West. Woher rühren die Unterschiede? Von Benjamin Bidder und Arne Kulf, Der Spiegel, 3.10.2019, https://www.spiegel.de/wirtschaft/soziales/deutsche-einheit-so-unterschiedlich-wachsen-ost-und-west-a-1288816.html

(alle abgerufen 15.4.2020).

Verzeichnis der Abbildungen und Grafiken

Abbildungen

Abb. 14: Brennpunkte des Volksaufstands vom 17. Juni 1953 in der DDR.
Quelle: Frank Grube/Gerhard Richter, Die Gründerjahre der Bundesrepublik zwischen 1945 und 1955, Hamburg 1981.
Abb. 15: Panzer gegen Demonstranten am 17. Juni 1953 in Ost-Berlin,
Quelle: Bundesarchiv.
Abb. 16: Deutscher Kalter Krieg ist auch deutsch-deutscher Postkrieg: »10 Jahre Berliner Mauerbau« mit der Versicherung Ulbrichts »Niemand hat die Absicht, eine Mauer zu errichten!« auf einer Postkarte, 13.8.1971.
Quelle: Sammlung Dr. Otto May, Hildesheim.
Abb. 17: Letzte Überreste der Berliner Mauer, aufgenommen während einer Stadtrundfahrt 2010.
Foto: Michael Gehler.
Abb. 18: Checkpoint Charlie in Berlin.
Foto: Institut für Geschichte der Universität Hildesheim.
Abb. 19: Hinweisschild am Checkpoint Charlie, Mauermuseum Berlin.
Foto: Michael Gehler.
Abb. 20: Deutschland in den Grenzen von 1937? Wahlplakat der CDU aus den 1950er-Jahren.
Foto: Michael Gehler.
Abb. 21: Aufzeichnung von Sir Ivone Kirkpatrick 16.12.1955
Quelle: Michael Gehler, Modellfall für Deutschland? Die Österreichlösung mit Staatsvertrag und Neutralität 1945–1955, Innsbruck – Wien – Bozen 2015, S. 1092.
Abb. 22: Demonstration gegen die geplante Atombewaffnung der Bundeswehr in München 1958.
Quelle: Hans Georg Lehmann, Deutschland Chronik 1945–2000, Bonn 2000, Süddeutscher Verlag München.
Abb. 23: John F. Kennedy mit Willy Brandt und Konrad Adenauer in Berlin, 26.6.1963.
Quelle: Bundesregierung, Foto: Egon Steiner
Abb. 24: Zeitungsartikel »Wir sichern unsere Grenzen!«.
Quelle: Geraer Volkswacht, 14.8.1961.
Abb. 25: Umschlag eines Ersttagsbriefs mit dem eingespritzen farbigen Schriftzug »20 Jahre SED«.
Quelle: Sammlung Otto May, Hildesheim.
Abb. 26: DDR-TV-Sendung »Der Schwarze Kanal« von Karl-Eduard von Schnitzler, DDR-Museum Berlin.
Foto: Michael Gehler.
Abb. 27: Bild vom Treffen Brandt-Stoph in Erfurt, 19.3.1970.
Quelle: Anatomie einer Veränderung. Willy Brandt. Mit einem Essay von Hermann Schreiber, Fotografiert von Sven Simon, Düsseldorf – Wien 1970. Foto: Sven Simon.
Abb. 28: Willy Brandt blickt vom Hotelfenster auf zujubelnde DDR-Bürger in Erfurt, 19.3.1970.
Quelle: Anatomie einer Veränderung. Willy Brandt. Mit einem Essay von Hermann Schreiber, Fotografiert von Sven Simon, Düsseldorf – Wien 1970. Foto: Sven Simon.
Abb. 29: Willy Brandts Kniefall vor dem Mahnmal des Warschauer Ghettoaufstandes, 7.11.1970.
Quelle: Anatomie einer Veränderung. Willy Brandt. Mit einem Essay von Hermann Schreiber, Fotografiert von Sven Simon, Düsseldorf – Wien 1970. Foto: Sven Simon.
Abb. 30: Deutsch-deutscher Kalter Krieg im Postverkehr: Ein Brief, der nicht wegen der Briefmarken, sondern wegen des Aufdrucks »10 Jahre antifaschistischer Schutzwall«, also Propaganda für den Mauerbau seitens des SED-Regimes, zurückgeschickt worden ist.
Quelle: Sammlung Otto May, Hildesheim.
Abb. 31: Bild vom DDR-Grenzpfahl und dem Hoheitszeichen der DDR.
Foto: Michael Gehler.

Abb. 45: Karikatur: »Glaub ja nich, dass ich da mitfahre« – Gerhard Schröder verweigert sich George W. Bush im drohenden Irak-Krieg.
Quelle: Augsburger Allgemeine, 14.9.2002, Nr. 213, Paulmichl 2002.

Abb. 46: Der Deutsche Klaus Regling ist geschäftsführender Direktor des Europäischen Stabilitätsmechanismus (ESM) in Luxemburg. Die Aufnahme stammt aus dem Jahr 2015.
Foto: Michael Gehler

Abb. 47: Big Brother is watching Angie. Zeitungsartikel des Verfassers.
Quelle: Tiroler Tageszeitung, 18.11.2013.

Abb. 48: Ort der Massendemonstrationen – leerer Platz in Chemnitz vor dem Karl Marx-Denkmal 2019.
Foto: Michael Gehler.

Abb. 49: Merkel-Selfie mit einem Flüchtling.
Quelle: Bundesregierung. Foto: Steffen Kugler.

Abb. 50: AfD-Plakat aus dem Bundestagswahlkampf 2013.
Foto: Michael Gehler.

Abb. 51: Annegret-Kramp-Karrenbauer als CDU-Parteivorsitzende
Quelle: Bundesregierung. Foto: Guido Bergman.

Abb. 52: Unterzeichnung des Aachener Vertrags am 22. Januar 2019, Emmanuel Macron und Angela Merkel am Tisch, jeweils dahinter stehend die Außenminister Jean-Yves Le Drian und Heiko Maas.
Quelle: Bundesregierung. Foto: Guido Bergmann

Abb. 53: Ein Plakat zu den Europawahlen 2019 zeigt Robert Habeck (Grüne)
Foto: Michael Gehler

Abb. 54: Die neue EU-Kommissionspräsidentin Ursula von der Leyen
Foto: Michael Gehler

Abb. 55: Fridays for Future-Demonstration in Leipzig beim 2. Internationalen Klimastreik, 24.5.2019.
Quelle: Wikipedia. https://de.wikipedia.org/wiki/Fridays_for_Future#/media/Datei:2._Internationaler_Klimastreik_am_24._Mai_2019 _in_Leipzig_-_Demozug.jpg. Foto: Tobias Möritz.

Abb. 56: Drei Generationen in Deutschland sowie »Fünf Deutschland und ein Leben« im Jahre 2007: Fritz Stern (Mitte), links: der Buchautor, rechts: der Chefredakteur der Hildesheimer Allgemeinen Zeitung, Hartmut Reichardt.
Foto: Oliver Dürkop.

Abb. 57: Auf eine Privatinitiative zurückgehender Briefumschlag u. a. mit eingedruckten Briefmarken (die zwei rechts außen) und einem großen Stempel vom 8.9.1994, der an die »Verabschiedung der Alliierten« erinnert.
Quelle: Sammlung Otto May, Hildesheim.

Grafiken

Grafik 1: Flüchtlinge und Vertriebene: Volkszählung 13.9.1950.
Datenquelle: Burrichter, Clemens/Nakath, Detlef/Stephan, Gerd-Rüdiger (Eds.), Deutsche Zeitgeschichte von 1945 bis 2000. Gesellschaft – Staat – Politik. Ein Handbuch, Berlin 2006, S. 1216 f.; eigene Darstellung.

Grafik 2: Bundestagswahlen 14.8.1949.
Datenquelle: Der Grosse Ploetz. Die Enzyklopädie der Weltgeschichte, Göttingen, 35,. völlig neue und erweiterte Ausgabe 2008, S. 1458; eigene Darstellung.

Grafik 12: Importe in die DDR und in die BRD im Vergleich.
Datenquelle: Clemens Burrichter/Detlef Nakath/Gerd Rüdiger Stephan (Hrsg.), Deutsche Zeitgeschichte von 1945 bis 2000. Gesellschaft – Staat – Politik. Ein Handbuch, Berlin 2006, S. 726–727. Tendenzen der wirtschaftlichen Entwicklung der DDR und der BRD 1950–1989/2001. Stichproben Importe.; eigene Darstellung.

Grafik 13: Volkskammerwahlen 18.3.1990.
Datenquelle: Der Grosse Ploetz. Die Enzyklopädie der Weltgeschichte, Göttingen, 35. völlig neue und erweiterte Ausgabe 2008, S. 1478; eigene Darstellung.

Grafik 14: Bundestagswahlen 3.12.1990.
Datenquelle: Der Grosse Ploetz. Die Enzyklopädie der Weltgeschichte, Göttingen, 35. völlig neue und erweiterte Ausgabe 2008, S. 1479; eigene Darstellung.

Grafik 15: Bundestagswahlen 2.12.1990.
Datenquelle: Der Grosse Ploetz. Die Enzyklopädie der Weltgeschichte, Göttingen, 35. völlig neue und erweiterte Ausgabe 2008, S. 1479; eigene Darstellung.

Grafik 16: Anzahl der Männer und Frauen in den Jahren 1990 und 2005 im Vergleich.
Alle Angaben in Tausend.
Datenquelle: Bevölkerung in Deutschland. © Statistisches Bundesamt (Destatis), 2020. https://service.destatis.de/bevoelkerungspyramide/#!y=1958&v=2. Abrufdatum: 09.03.2020; eigene Berechnung und Darstellung.

Grafik 17: Bevölkerungsentwicklung und Alterstruktur. Die Zahlen hinter den Jahresangaben zeigen die Bevölkerungszahl in Deutschland.
Datenquelle: Bundeszentrale für politische Bildung. https://www.bpb.de/nachschlagen/zahlen-und-fakten/soziale-situation-in-deutschland/61541/altersstruktur. 01.04.2020; eigene Darstellung.

Grafik 18: Geburten und Gestorbene.
Datenquelle: © Statistisches Bundesamt (Destatis), Genesis-Online.
Abrufdatum: 09.12.2019; eigene Darstellung.

Grafik 19: Bevölkerung der Bundesrepublik Deutschland in absoluten Zahlen.
Datenquellen: Daten für 1950–1990: Andreas Rödder, Die Bundesrepublik Deutschland 1969–1990, München 2004, S. 28. Daten für 2011 und 2019: Bevölkerung nach Geschlecht und Staatsangehörigkeit. Ergebnisse der Bevölkerungsfortschreibung auf Grundlage des Zensus 2011. © Statistisches Bundesamt (Destatis), 2020. https://www.destatis.de/DE/Themen/Gesellschaft-Umwelt/Bevoelkerung/Bevoelkerungsstand/Tabellen/liste-zensus-geschlecht-staatsangehoerigkeit.html. Abrufdatum: 03.02.2020; eigene Darstellung.

Grafik 20: Entscheidungen über Asylanträge in Tausend und Gesamtschutzquote in Prozent.
Datenquelle: Bundeszentrale für politische Bildung. https://www.bpb.de/nachschlagen/zahlen-und-fakten/soziale-situation-in-deutschland/61634/asyl. Abrufdatum 09.03.2020.; eigene Darstellung.

Grafik 21: Arbeitslose in absoluten Zahlen, Arbeitslosenquoten in West- und Ostdeutschland in Prozent.
Datenquelle: Bundeszentrale für politische Bildung. https://www.bpb.de/nachschlagen/zahlen-und-fakten/soziale-situation-in-deutschland/61718/arbeitslose-und-arbeitslosenquote. 09.03.2020.; eigene Darstellung.

Grafik 22: BIP preisbedingt.
Datenquelle: Volkswirtschaftliche Gesamtrechnungen. Wichtige Zusammenhänge im Überblick. Tabelle 1 Bruttoinlandsprodukt, Bruttonationaleinkommen, Volkseinkommen. © Statistisches Bundesamt (Destatis), 2019. Abrufdatum: 19.9.2019; eigene Darstellung.

Personenverzeichnis